"十三五"国家重点出版物出版规划项目

经济科学译丛

微观经济学

（第四版）

戴维·A. 贝赞可（David A. Besanko）
罗纳德·R. 布罗伊蒂加姆（Ronald R. Braeutigam）　著
迈克尔·J. 吉布斯（Michael J. Gibbs）
张利风　译

MICROECONOMICS
(FOURTH EDITION)

中国人民大学出版社
·北京·

《经济科学译丛》总序

中国是一个文明古国，有着几千年的辉煌历史。鸦片战争后，中国由盛而衰，一度成为世界上最贫穷、落后的国家之一。中国共产党领导的革命把中国从饥饿、贫困、被欺侮、被奴役的境地中解放出来，1949 年中华人民共和国成立，中国人民从此当家做主。1978 年以来的改革开放，使中国真正走上了通向繁荣富强的道路。

中国改革开放的目标是建立一个有效的社会主义市场经济体制，加速发展经济，提高人民生活水平。但是，要完成这一历史使命绝非易事，我们不仅需要从自己的实践中总结教训，也要从别人的实践中获取经验，还要用理论来指导我们的改革。市场经济虽然对我们这个共和国来说是全新的，但市场经济的运行在发达国家已有几百年的历史，市场经济的理论亦在不断发展完善，并形成了一个现代经济学理论体系。虽然许多经济学名著出自西方学者之手，研究的是西方国家的经济问题，但他们归纳出来的许多经济学理论反映的是人类社会的普遍行为，这些理论是全人类的共同财富。要想迅速稳定地改革和发展我国的经济，我们必须学习和借鉴世界各国包括西方国家在内的先进经济学的理论与知识。

本着这一目的，我们组织翻译了这套经济学教科书系列。这套译丛的特点是：第一，全面系统。除了经济学、宏观经济学、微观经济学等基本原理之外，这套译丛还包括了产业组织理论、国际经济学、发展经济学、货币金融学、财政学、劳动经济学、计量经济学等重要领域。第二，简明通俗。与经济学的经典名著不同，这套丛书都是国外大学通用的经济学教科书，大部分都已发行了几版或十几版。作者尽可能地用简明通俗的语言来阐述深奥的经济学原理，并附有案例与习题，对于初学者来说，更容易理解与掌握。

经济学是一门社会科学，许多基本原理的应用受各种不同的社会、政治或经济体制的影响，许多经济学理论是建立在一定的假设条件上的，假设条件不同，结论也就不一定成立。因此，正确理解并掌握经济分析的方法而不是生搬硬套某些不同条件下产生的结论，才是我们学习当代经济学的正确方法。

本套译丛于 1995 年春由中国人民大学出版社发起筹备并成立了由许多经济学专家学者组成的编辑委员会。中国留美经济学会的许多学者参与了原著的推荐工作。中国人民大学出版社向所有原著的出版社购买了翻译版权。北京大学、中国人民大学、复旦大学以及中国社会科学院的许多专家教授参与了翻译工作。前任策划编辑梁晶女士为本套译丛的出版做出了重要贡献，在此表示衷心的感谢。在中国经济体制转轨的历史时期，我们把这套译丛献给读者，希望为中国经济的深入改革与发展做出贡献。

《经济科学译丛》编辑委员会

作者简介

戴维·A. 贝赞可（David A. Besanko）是美国西北大学凯洛格商学院管理与战略 Alvin J. Huss 杰出教授。2007—2009 年，他担任主管战略和计划的高级副院长；2001—2003 年为主管课程与教学的高级副院长。1977 年，贝赞可在俄亥俄大学获得政治科学学士学位；1980 年在西北大学获得管理经济学和决策科学硕士学位，1982 年在西北大学获得管理经济学和决策科学博士学位。在加入西北大学凯洛格商学院之前，贝赞可教授在 1982—1991 年于印第安纳大学担任教职。另外，1985 年他在贝尔通信研究所经济学研究岗位上从事博士后研究工作。贝赞可教授讲授的课程包括管理与战略、竞争策略和管理经济学。1995 年和 2010 年，西北大学凯洛格商学院毕业班授予贝赞可博士 L. G. Lavengood 年度教授称号（这是西北大学凯洛格商学院教师能获得的最高教学荣誉）。他是目前西北大学凯洛格商学院教师中两次获得该奖项的两位教师之一。在西北大学凯洛格商学院，他还获得了 Alumni Choice 教学奖（2006）、Sidney J. Levy 教学奖（1998，2000，2009）以及 Chair's Core 教学奖（1999，2001，2003，2005）。

贝赞可教授的研究领域包括竞争策略、产业组织、企业理论和管制经济学。他已出版两本专著，在经济学和商学一流学术期刊上发表了 40 多篇论文，这些期刊包括《美国经济评论》（*American Economic Review*）、《计量经济学》（*Econometrica*）、《经济学季刊》（*Quarterly Journal of Economics*）、《兰德经济学杂志》（*RAND Journal of Economics*）、《经济研究评论》（*Review of Economic Studies*）、《管理科学》（*Management Science*）。贝赞可教授是《战略经济学》（*Economics of Strategy*）一书的作者（合作者为 David Dranove、Mark Shanley 以及 Scott Schaefer）。

罗纳德·R. 布罗伊蒂加姆（Ronald R. Braeutigam）是西北大学经济学系的 Harvey Kapnick 教授。他目前担任本科教育的副教务长，曾担任温伯格艺术与科学学院负责本科教研工作的高级副院长。1970 年他从塔尔萨大学获得石油工程学士学位；随后进入斯坦福大学学习，获得工程硕士学位，并在 1976 年获得经济学博士学位。他先后在斯坦福大学、加州理工学院工作，也曾担任柏林科学中心的高级研究员。他在政府和实业界都工作过。他的职业生涯起步于印度标准石油公司的石油工程师，曾担任美国白宫电信政策委员会的经济学专家，也担任过国会、大量政府机构、私人公司在定价、成本核算、管理策略、反托拉斯以及管制方面的经济学顾问。

布罗伊蒂加姆教授获得过许多教学奖，包括西北大学 Alumni 协会优秀教学奖（1991）、西北大学优秀教学奖（1997—2000）（这是西北大学教师能获得的最高教学荣誉）。

布罗伊蒂加姆教授的研究领域包括微观经济学、产业组织学。他的研究工作主要聚焦于管制经济学和管制改革，尤其是电信、交通和能源部门方面的管制与管制改革。他在经济学的一流学术期刊上发表了大量论文，这些期刊包括《美国经济评论》、《兰德经济学杂志》、《经济学与统计学评论》（*Review of Economics and Statistics*）、《国际经济评论》（*International Economic Review*）。他是《监管规则》（*The Regulation Game*）一书的作者（合作者为 Bruce Owen），也是《多元化公共事业价格水平监管》（*Price Level Regulation for Diversified Public Utilities*）一书的作者（合作者为 Jordan J. Hillman）。他曾担任欧洲产业经济学研究协会（European Association for Research in Industrial Economics）的主席。

迈克尔·J. 吉布斯（Michael J. Gibbs）是芝加哥大学布斯商学院经济学和人力资源的临床教授，也是劳动研究所的研究员。他在芝加哥大学先后获得学士、硕士和博士学位。吉布斯教授曾先后在哈佛大学、密歇根大学、南加州大学、巴黎政治大学担任过教职，还在丹麦的奥胡斯大学商学院从事过研究工作。吉布斯教授是人事管理经济学方面的著名学者。他获得过教学和研究方面的许多奖项。吉布斯教授是《实践人事经济学》（*Personnel Economics in Practice*）一书的作者（合作者为 Edward Lazear）。

序 言

在从事多年本科生和 MBA 微观经济学教学后，我们发现，结合各种有吸引力的案例、实际生活中出现的问题及获得的经验展开教学活动是最有效的教学方式。利用理论对真实世界及各种问题进行分析，能促使学生真正掌握经济学的分析工具。由于案例、问题往往能结合图表及文字叙述展开分析，因此，案例、问题分析的作用能得到强化和丰富。这种方法使学生能清楚地把握各种核心概念之间的相互联系。大量的实践分析有利于学生对概念的把握。这种方法使学生知晓如何将所学知识应用于实际市场和企业的运作。

第一版的评审人和使用者告诉我们，这种方法简直就是为他们及他们的学生量身定做的。以第一版为基础，第二版强化了这种模式，增加了许多案例、问题，并对每一个解释、每一张图表及每一道边做边学习题进行了检查，使本书尽可能简明易懂。遵循第二版的思路，第三版增加了一些新近发生的案例和问题。事实上，我们在每一章至少增加了 5 道习题（共有近 90 道新习题）。第四版，我们又添加了许多新习题，并增加了 30 多个现实案例分析。另外，第 4 章增加了一个介绍资金的时间价值（如现值和终值）的附录。最后，在布卢姆教育目标分类基础上，我们将一系列非常具体、可行的学习目标作为每一章的开始。

● **解在问题中。**不同于其他教科书，我们注重实际分析的训练以及对大量不同问题的讨论。根据我们的经验，学生需要逐步训练才能逐步将微观经济理论内化。这需要通过对大量实际问题、具体的方程和数字的分析才能实现。要掌握任何一项技能或运动，无论是钢琴、芭蕾还是高尔夫，任何人都必须明白，学习过程的基础包括不断的重复训练。重复训练的内容往往看起来和“现实”条件下所使用的技能没有关系。我们认为，在微观经济学的学习中，不断重复训练也能实现相同的目的。在修完本课程后，一个学生将来也许永远也不会进行比较静态分析。然而，通过利用具体的数字和方程，学生可以具体了解需求或供给移动的均衡影响。学生不仅对比较静态分析能有非常深切的感受，而且为解读现实生活中出现的各种事件做好了准备。

每一章嵌入的边做边学习题有助于引导学生对所学知识的感悟。在每一章，我们都有 3～10 道边做边学习题。这些经过精心设计的习题用于阐述该章的核心观点。它们往往是图表和文字叙述的有机统一。通过这些具体数值和代数关系的运用，学生能够理解图表和文字所表达的含义。这些边做边学习题对学生做相似的练习题以及处理更为复杂的章后习题提供了帮助，并引导他们对本书随后内容的学习。

如上所述，我们已经添加了配套的章后习题集，以向学生和教师提供更多加深理解知识的机会。在第 1～13 章，每一章都有 25～35 道章后习题；在第 14～17 章，每一章都有 20～25 道章后习题。在每一章，每一个知识点都至少有一道相对应的习题。章后习题所覆盖的知识点一般都按照章中的顺序出现。在本书的结尾，我们提供了部分习题的解答。

边做边学习题 2.6 ☞

特殊需求曲线的弹性

问题：

(a) 假设常弹性需求曲线可用方程 $Q=200P^{-\frac{1}{2}}$ 表示。需求价格弹性为多少？

(b) 假设线性需求曲线可用方程 $Q=400-10P$ 表示。当 $P=30$ 时，需求价格弹性为多少？当 $P=10$ 时呢？

解：

(a) 由于这是一条常弹性需求曲线，需求价格弹性在需求曲线的任意处均等于$-1/2$。

(b) 因为这是一条线性需求曲线，我们可以通过运用方程 (2.4) 来求需求价格弹性：$\epsilon_{Q,P}=(-b)(P/Q)$。因为 $b=-10$ 而 $Q=400-10P$，当 $P=30$ 时，

$$\epsilon_{Q,P}=-10\left(\frac{30}{400-10\times 30}\right)=-3$$

而当 $P=10$ 时，

$$\epsilon_{Q,P}=-10\left(\frac{10}{400-10\times 10}\right)=-0.33$$

需要注意的是：当 $P=30$ 时，需求是有弹性的；当 $P=10$ 时，它是无弹性的。换言之，$P=30$位于需求曲线的弹性区域，$P=10$ 位于无弹性区域。

相似习题：2.5，2.6，2.12

● **理论上可行，但它真的能用到真实世界中吗？**许许多多“真实世界”的案例讲述了如何将微观经济学应用于实际的商业决策和公共政策问题。在每一章的开始，我们都要用一个涉及面较广的现实案例介绍该章所讨论内容的主题，并利用真实的市场和企业将特定的概念与工具具体化。平均而言，每一章都有 7 个案例。它们都以专栏的形式在正文中出现。在第四版，我们仔细检查、更新了所有的案例，并补充了一些案例。全书现在共有 120 多个案例。新的案例包括美国的医疗改革、美国国际集团（AIG）的破产、芝加哥的停车收费价格，以及意大利奶酪之王的紧急救助等内容。

● **图表告诉我们故事。**和大多数教科书相比，我们使用了更多的图表。这是由于，图表是经济学分析的核心部分，图表能够使我们用简单的方式描述复杂的事物。在经济学的讨论中，一个图表的作用要超过上千文字叙述。在每次更新再版时，我们都尽量使图表更清楚、更方便学生使用。

案例 2.7

卡特里娜飓风告诉了我们美国汽油需求价格弹性的什么信息

汽油价格往往是高度不稳定的。图 2-23 通过描绘 2005 年美国汽油的平均零售价格验证了这一点。在短期中，价格的大幅波动是很常见的，如季节性波动。在很大程度上，季节性变化是由于需求的变化。在春季到晚夏，由于天气变暖，学校停课和放暑假，汽油价格通常会上升。在冬季，汽油价格通常会降低。由于汽油是由原油提炼制成的，所以汽油价格也会由于原油价格的变化而波动。

除了这些因素，汽油价格也能快速地反映供给的变化。如果供应链中断，那么价格将会显著变化。典型的商用汽油库存水平通常为几天的消费量。如果一家炼油厂或者管道出了问题，那么汽油价格将会飙升。

● **有关要点。**对经济学观点和概念的语言描述异常复杂，也不直观。虽然图表是非常有力的经济学工具，但学生可能在开始时并不能很容易地理解。我们相信，我们在这些图表下阐述的经济学直觉不仅清晰，也能为学生效仿。我们努力让我们在字里行间的阐述保持流畅。对案例一步一步的耐心解释能使即使不是视觉类型的学习者也能理解图表的结构和我们所要表达的意思。

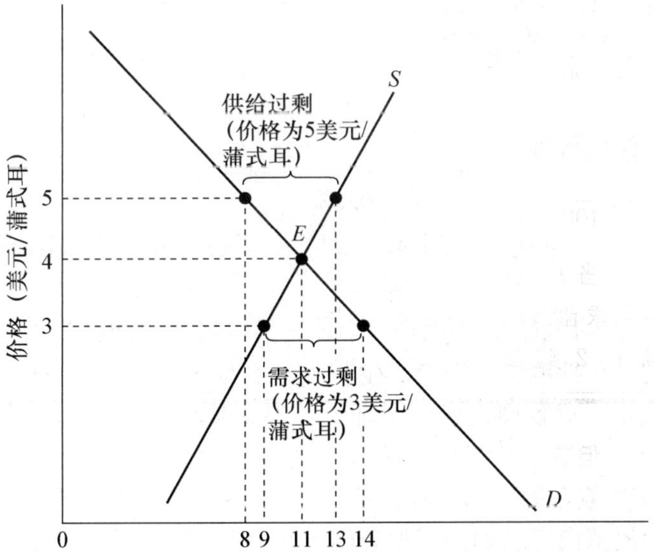

图 2-5　玉米市场中的需求过剩和供给过剩

说明：如果玉米的价格为 3 美元/蒲式耳，将会产生需求过剩，因为市场有 140 亿蒲式耳的需求，而只有 90 亿蒲式耳被提供；如果玉米的价格为 5 美元/蒲式耳，将会产生供给过剩，因为市场将提供 130 亿蒲式耳，而需求仅为 80 亿蒲式耳。

组织结构和内容范围

在组织结构和内容范围方面，本书遵循传统。是更彻底地涵盖传统主题，还是相反，广泛地增加一些一个季度或一学期微观经济学课程并不适用的主题*，本书在这两者之间进行了一定程度的权衡。然而，一个教一学期微观经济学课程的教师可以使用本书全部或接近全部的内容，只教一个季度微观经济学或管理经济学课程的教师可以使用本书中的 2/3 内容。本书结构如下。

微观经济学导论	消费者理论	生产与成本理论	完全竞争市场	垄断和买方垄断	不完全竞争市场和策略行为	专题
1 总揽及介绍约束优化分析、均衡分析、比较静态分析	3 介绍消费者选择	6 生产函数、边际产量、平均产量和规模报酬	9 价格接受型企业利润最大化的产出选择、短期和长期均衡的价格	11 垄断和买方垄断定价理论	13 不完全竞争市场价格的形成	15 风险，不确定性，信息，包括不确定性下的效用理论、决策树分析、保险市场以及信息不对称和拍卖
2 介绍需求曲线、供给曲线、市场均衡和弹性	4 预算线、效用最大化以及显示性偏好的分析	7 成本概念、投入选择以及成本最小化	10 利用完全竞争市场模型分析政策干预的作用	12 价格歧视	14 同时行动博弈和序贯行动博弈	16 一般均衡理论和经济效率介绍
	5 消费者选择和消费者剩余的比较静态分析	8 总成本、平均成本和边际成本曲线的构建				17 外部性和公共产品

本书内容的选用

在撰写本教科书时，我们力图使本书能够适合微观经济学不同课程时间以及不同授课方式的需要。

- 一个季度课程（10 周）：如果是一个季度的本科微观经济学课程，那么教师可以选择涵盖传统主题（包括消费者理论、生产和成本理论）的第 1～11 章作为授课内容。如果教师倾向于淡化消费者理论或生产理论，那么他可以再选择第 13 章和第 14 章的内容。
- 一个学期课程（15 周）：如果是一学期的本科微观经济学课程，那么教师应该选择第 1～15 章作为授课内容。如果课程必须包括一般均衡理论、公共产品及外部性，那

---

* 和中国大学采用的学期不同，美国大学一般采用学期制（semester）和季度制（quarter）。学期是自该年的 8 月底至来年的 5 月中旬，以圣诞节至 1 月 15 日左右的假期为界，分为秋学期和春学期 2 个学期，每学期有 17～18 周。季度制是将一年分成 4 个阶段，每学期有 10 周左右。——译者注

么教师可以讲授第 1～14 章以及第 16 章、第 17 章，可以不讲授第 15 章。

● 两个季度课程（20 周）：对连续两个季度的本科微观经济学课程（在我们西北大学就是如此安排的），第一个季度讲授第 1～11 章，第二个季度讲授剩下的第 12～17 章。

● MBA 层次的管理经济学课程（10 周或 15 周）：如果是一个季度课程，教师也可以不讲授消费者理论、生产函数以及成本最小化（第 3～6 章，以及第 7 章后半部分）的相关内容，只讲授第 1 章和第 2 章、第 7 章的前半部分（经济学成本），以及第 8～14 章。

如果是一个学期的课程，那么教师可以再加上生产、成本最小化以及第 15 章的内容。

教辅资源*

非常感谢埃塞克斯大学（University of Essex）的 Katharine Rockett、洛约拉马利蒙特大学（Loyola Marymount University）的 Dorothea Herreiner、迈阿密大学（University of Miami）的 David Spigelman、加州大学河滨分校（University of California, Riverside）的 Daya Muralidharan、坦帕大学（University of Tampa）的 Brian Kench、堪萨斯州立大学（Kansas State University ）的 Douglas W. Copeland 以及 Lanny Arvan 准备了下面的资源。

本书的配套网站（www. wiley. com/go/global/besanko）拥有大量适合教师和学生的资料。那里还提供了大量在线资料以及课程授课提纲的 PPT、Excel 形式的问题（这些问题提供了解释书中核心概念的图形）。

教师手册。包括大量书中没有提供的案例、网址、相关的参考文献等材料。这些材料丰富了每一章的内容、习题、案例。详见配套网站。

习题解答。提供了章后习题的解答以及教材中没有提供的其他解决方案。详见配套网站。

试题库。包含了近 1 000 道选择题，也对和学习目标相关但难易程度不同的习题集提供了简洁的解答。详见配套网站。

机考题库。包含拥有试卷生成程序的机考题库。可以方便地让教师设计他们所需要的考试。详见配套网站。

学习指南。包括每章的总结、选择题与解答（解答在每一章的最后）、复习题与解答、习题与解答、实践性问题与解答。

学生练习测验。每一章至少包括 10～15 道实践性问题。难易程度不同的选择题以及简答题可以帮助学生评估自己对课程内容的掌握情况。

补充商业业务选择。威立的商业业务选择程序是一个简单、一体化的在线定制出版过程。它可以让你将威立一流的商业出版物和无版权［如英士国际商学院（INSEAD）、《财富》杂志、《经济学人》、《华尔街日报》、哈佛商学院案例等］的内容结合起来。通过一系列简单的操作，学生能够将课堂上的授课内容和真实世界的案例联系起来！相关

* 中国人民大学出版社并未购买相关教辅资源的版权，请读者填写书末的教学支持信息反馈表向威立出版公司申请索取。

事宜，请和威立办事处联系。

Aplia。Aplia 是一个基础的管理系统。它包含成绩册、和课本相关的教程、习题、绘图工具、新闻分析以及实验等。它还包括本书的电子版。更多的信息，请查询网页 www.aplia.com/wiley 或与当地的威立办事处联系。

WileyPLUS。对有效的教和学来说，它是一个创新的、以研究为基础的在线环境。

从 WileyPLUS，学生将得到什么

以研究为基础的设计。提供了将相关资源（包括全书的电子版）和容易开展研究的结构（该结构有利于学生更有效地学习）有机结合起来的在线环境。

- WileyPLUS 通过将教科书内容编排为更小、更好管理的“块”强化了结构。
- 相关的媒体、案例和实践范例项目强化了学习的目标。
- 包括日历、课程进度跟踪以及自我评价工具的创新功能，可以提高时间管理的效率、强化薄弱环节。

一对一的管理。任何时候，学生都能访问有助于促进其学习的资源。学生可以参与相关的案例（通过多种媒体方式）和实例练习项目，包括：

- 边做边学习题动画。
- Excel 模板。
- 概念题。

可度量的成果。对每个学习阶段，学生都能够评价自己的学习进程，并快速地得到反馈。同单独进行测试一样，WileyPLUS 能对学习中存在的优点和弱点提供精确的报告，因此，学生对他们花时间去做正确的事情充满信心。利用 WileyPLUS，学生通常知道他们努力的确切回报。

从 WileyPLUS，教师能得到什么

WileyPLUS 提供了可靠、可定制的资源。这些资源不仅强化了课程的课内外目标，而且能使教师对每个学生的学习进程一目了然。预设的材料和活动可帮助教师最优化时间。

定制课程计划。WileyPLUS 自带了由本课程独有的学科专家设计的预设定制课程计划。简单的拖放工具，使教师可以根据自己的需要设定课程计划。

预设的活动包括：

- 问题。
- 阅读和资源。
- 陈述。
- 书面测试。
- 熟知概念。

课程材料和评价内容包括：

- 教师手册。
- 习题解答。
- 试题库。

- PPT 幻灯片。
- 课堂问题反应系统（遥控器）。
- 分级阅读、作业问题布置（和在线教科书一起）。
- 问题布置。

成绩簿。WileyPLUS 能快速提供有关学生课堂表现、为实现目标而利用课程材料和进程的报告，以帮助通知决策和推动课堂讨论。

致 谢

随着本书的不断发展，我们获益于威立出版公司内外的许多人。我们欣赏威立经济学团队的指导和想象力。从本书第一版开始，他们对本书的承诺就保留了下来。对他们的支持，我们表示衷心的感谢。

我们要特别感谢策划编辑 Lacey Vitetta 对第四版的支持、鼓励以及指导。项目编辑 Jennifer Manias 提供的编辑帮助，使我们这一版和前一版都能在最后期限前完成。Furino Production 公司的 Jeanine Furino 对本书进行了细致和建设性的处理。Amy Scholz，我们的市场经理，不知疲倦地将本书推广到市场上去。威立出版公司的其他工作人员为本书漂亮的排版和设计做出了贡献。这些人包括 Dorothy Sinclair、Janet Foxman、Maddy Lesure、Sheena Goldstein 以及 Anna Melhorn。

我们非常感谢迈克尔·J. 吉布斯。吉布斯对本书第四版的案例做出了重要贡献。他更新了原有的案例，并在第四版中添加了许多新案例。这样的工作使本书与时俱进。他的工作是创造性的、思想性的、精心的、认真的。和他一起工作是件愉快的事情。

本书叙述和结构的明晰要归功于 Leonard Neufeld 的努力。Len 提供了细致且有见地的线和图的编辑。Len 仔细检查了本书原稿的每一行，并就本书的阐述提出了无数的建议。西北大学的学生 Melissa Hayes 从学生的角度对本书第一版的可读性提出了广泛的建议。对 Nick Kreisle，我们亏欠的实在是太多了。作为一名教学助理，Nick 是我们的同事。他将本书作为其所教授微观经济学课程的教科书。他仔细审阅了第一版和第二版的手稿，并提出了许多有价值的建议。令我们感到高兴的是，他现在已成为 Kreisle 博士。

要特别感谢 Eric Schulz。他在威廉姆斯学院就向我们提出了不少建议。他在西北大学用本书作为他上课用的教科书。Ken Brown 和 Matthew Eichner 在本书出版前在他们的课堂上试用了本书的原稿。Ken 向我们提供了他使用第一版的经验，并对本书关键主题的提升提出了许多有建设性的建议。我们也从 Yossi Spiegel、Mort Kamien、Nabil Al-Najjar、Ambarish Chandra、Justin Braeutigam 和 Kate Rockett 等人处受益匪浅。

最后，我们无比感谢西北大学经济学 310-1 课程布罗伊蒂加姆的学生，以及西北大学凯洛格商学院微观经济学 430 课程的学生。这些学生帮助我们修正了本书的许多错误。他们的学习经验帮助我们使本书各章更清晰、更方便阅读。

本书的发展得到了本书早期原稿的评审人和我们同事的大量帮助。对下面名单上的人，我们表示衷心感谢。

我们由衷感谢下面这些人对本书第四版提出的评论：

Donald Bumpass，Sam Houston State University；Tina A. Carter，Florida State University；Carl Davidson，Michigan State University；Helen Knudsen，University of Pittsburgh；Robert P. McComb，Texas Tech University；Zuohong Pan，Western Connecticut State University；Irene Trela，University of Western Ontario；以及其他匿名审稿人。

第三版的审稿人：

Javad Amid，Uppsala University，Sweden；Shahina Amin，University of Northern Iowa；Eihab Fathelrahman，Washington State University，Vancouver；Thomas Gresik，University of Notre Dame；Eric Jamelske，University of Wisconsin，Eau Claire；Dean Karlan，Yale University；Mark Killingsworth，Rutgers University；Qihong Liu，The University of Oklahoma；Robert P. McComb，Texas Technical University；Brian McManus，Washington University；Silve Parviainen，University of Illinois；Francisca G. C. Richter，Cleveland State University；Brain Simboli，Lehigh University；Charles N. Steele，Montana State University.

第二版的审稿人：

James Burnell，College of Wooster；Whewon Cho，Tennessee Technological University；Paul Cowgill，Duke University；Ron Deiter，Iowa State University；Martine Duchatelet，Barry University；Otis W. Gilley，California State University，L. A.；Marvin A. Gordon，University of Illinois at Chicago；Gregory Green，Indiana State University；Umit Gurun，Michigan State University；Russell F. Hardy，University of New Mexico at Carlsbad；Dr. Naphtali Hoffman，Elmira University；Don Holley，Boise State University；Jiandong Ju，University of Oklahoma；Mary Kassis，State University of West Georgia；Sang H. Lee，Southeastern Louisiana University；Charles Mason，University of Wyoming；John J. Nader，Grand Valley State University；Charles M. North，Baylor University；Richard M. Peck，University of Illinois-Chicago；Brian Peterson，Manchester College；Thomas Pogue，University of Iowa；Malcolm Robinson，Thomas More College；Philip Rothman，East Carolina University；Christopher S. Ruebeck，Lafayette College；Barbara Schone，Georgetown University；Konstantinos Serfes，SUNY-Stony Brook；Mark Thoma，University of Oregon；Michele T. Villinski，DePauw University；Robert O. Weagley，Missouri State University.

第一版的审稿人：

Anas Alhajji，Colorado School of Mines；Scott Atkinson，University of Georgia；Doris Bennett，Jacksonville State University；Arlo Biere，Kansas State University；Douglas Blair，Rutgers University；Michael Bognanno，Temple University；Stephen Bronars，University of Texas，Austin；Douglas Brown，Georgetown University；Kenneth Brown，University of Northern Iowa；Don Bumpass，Sam Houston State University；Colin Campbell，Ohio State University；Corey S. Capps，University of Illinois；Manual Carvajal，Florida International University；Kousik Chakrabarti，University of Michigan，Ann Arbor；Myong-Hun Chang，Cleveland State University；Ken Chapman，California State University；Yongmin Chen，University of Colorado-Boulder；Kui Kwon (Alice) Chong，University of North Carolina-Charlotte；Peter Coughlin，University of Maryland；Steven Craig，University of Houston；Mike Curme，Miami University；Rudolph Daniels，Florida A & M University；James Dearden，Lehigh University；Stacey Deirgerconlin，Syracuse University；John Edwards，Tulane University；Matthew Eichner，Johns Hopkins University；Ronel Elul，Brown University；Maxim Engers，University of Virginia；Raymond Fisman，Columbia University；Eric Friedman，Rutgers University；Susan Gensemer，Syracuse University；Steven Marc Goldman，University of California，Berkeley；Barnali Gupta，Miami University；Claire Hammond，Wake Forest University；Shawkat Hammoudeh，Drexel University；Lyn Holmes，Temple University；Michael Jerison，SUNY-Albany；Jiandong Ju，University of Oklahoma；David Kamerschen，University of Georgia；Donald Keenan，University of Georgia；Mark Killingsworth，Rutgers University；Philip King，San Francisco State University；Charles Lamberton，South Dakota State University；Donald Lien，University of Kansas；Leonard Loyd，University of Houston；Mark Machina，University of California at San Diego；Mukul K. Manjumdar，Cornell University；Gilbert Mathis，Murray State University；Michael Mckee，University of New Mexico；Claudio Mezzetti，University of North Carolina；Peter Morgan，University of Michigan；John Moroney，Texas A&M；Wilhelm Neuefeind，Washington University；Peter Norman，University of Wisconsin，Madison；Mudziviri Nziramasanga，Washington State University；Iyatokunbo Okediji，University of Oklahoma；Ken Parzych，Eastern Connecticut State University；Donald Pursell，University of Nebraska-Lincoln；Michael Raith，University of Chicago；Sunder Ramaswamy，Middlebury College；Jeanne Ringel，Louisiana State University；Robert Rosenman，Washington State University；Santanu Roy，Florida International University；Jolyne Sanjak，SUNY-Albany；David Schmidt，Indiana University；Mark Schupack，Brown University；Richard Sexton，University of California，Davis；Jason Shachat，University of California，San Diego；Maxwell Stinchcombe，University of Texas，Austin；Beck Taylor，Baylor University；Curtis Taylor，Texas A&M University；Thomas TenHoeve，Iowa State University；John Thompson，Louisiana State University；Paul Thistle，Western Michigan University；Guoqiang Tian，Texas A&M；Theofanis Tsoulouhas，North Carolina State University；Geoffrey Turnbull，Louisiana State University; Mich Tvede, University of Pennsylvania; Mark Walbert, Illinois University; Mark Walker, University of Arizona; Larry Westphal, Swarthmore College; Kealoha Widdows, Wabash College; Chiounan Yeh, Alabama State University.

威立感谢纽约爱纳大学（Iona College, New York）的 Mary Lesser 博士为本书做出的贡献。

目　录

第1部分　微观经济学导论

第2部分 消费者理论

第3部分 生产与成本理论

第 4 部分　完全竞争

第 5 部分　市场势力

第 6 部分　不完全竞争与策略行为

第 7 部分　专　题

第 1 部分

微观经济学导论

第1章 经济问题的分析

微观经济学和气候变化

到21世纪头十年末，科学界已形成如下共识：气候变化是真实的，这种变化也无法完全用自然的力量进行解释。

- 有充分的证据表明，目前地球大气中的温室气体（温室气体是由二氧化碳和甲烷等组成的化合物，它能使地球表面变热）的浓度是近50万年以来最高的。
- 强有力的证据表明，气候正在变暖。政府间气候变化专门委员会（IPCC）发布的第四次评估报告（该报告最能代表科学界对气候变化的共识）显示："气候系统的变暖是毋庸置疑的。观测到的全球平均气温和海洋温度都有明显的上升；雪和冰在广泛地融化，全球平均海平面在上升。"①
- 有非常令人信服的证据表明，部分气候变化是由人类行为引起的。政府间气候变化专门委员会的报告显示："对过去15年气候变化的大范围研究形成了以下共识：观测到的气候变化不仅是由自然本身引起的。"②

但是，如果对气候变化的判断是毋庸置疑的，能为气候的这种变化做什么并不清楚。全世界的发电厂、工厂和汽车都在排放温室气体。就现在而言，不仅需要控制的排放源数量非常多，而且大国（例如，在排放的温室气体中占最大比例的美国）可能会不

---

① "Summary for Policymakers" in *Climate Change 2007: The Physical Science Basis. Contributions of Working Group I to the Fourth Assessment Report of the Intergovernmental Panel on Climate Change*, S. Soloman, D. Qin, M. Manning, Z. Chen, M. Marquis, K. B. Avery, M. Tignor, and H. L. Mikllers (eds.) (Cambridge: Cambridge University Press 2007), p. 5. http://www.ipcc.ch/ipccreports/ar4-wg1.htm (访问日期：2009年4月3日)。

② H. R. Le Treut, R. Somerville, U. Cubasch, Y. Ding, C. Mauritzen, A. Mokssit, T. Peterson, and M. Prather, "Historical Overview of Climate Change," in *Climate Change 2007: The Physical Science Basis*, p. 103. *Warming Policies* (New Haven, CT: Yale University Press, 2008), p. 11.

惜一切代价阻碍削减温室气体的排放。

由于排放温室气体的个体并不会考虑其对环境产生的危害，所以，气候变化是个比较难以处理的问题。《纽约时报》的专栏作家汤姆·弗里德曼（Tom Friedman）认为：我希望，世界20个主要经济体的领导人将承诺实施会计的新标准，即自然之市场会计标准。为什么要这样做？这是由于，我们在金融系统和气候系统中进行的错误定价，导致在这两个系统中产生了大量过剩的有毒资产和有毒空气，这些有毒的东西对整个地球的稳定构成威胁。现在很明显的是，我们正在同时经历金融系统和气候系统的崩溃。正如美国国际集团出售的保险衍生品价格并没有反映真实的成本和违约引起的风险（我们纳税人将支付这些差额）一样，石油公司、煤炭公司和电力公司销售的能源价格也没有反映环境成本和破坏气候的真实风险（因此，未来的纳税人将支付这些差额）。①

但弗里德曼对此问题的论述暗示了一个解决方案：应该促使当事人做出反映实际气候变化的成本决策，经济上的价格应该包括排放温室气体所造成的伤害。利用微观经济学的基本思想，有助于思考和解决此问题，如欧盟（EU）的交易系统。根据《京都议定书》的规定，欧盟的温室气体排放量必须比1990年的排放量低8%。为了实现此目标，欧盟采用了"总量管制与交易系统"。② 为了用尽可能少的成本减少污染量，总量管制与交易系统应用了微观经济学。总量管制是指，先设定来自特定来源（如发电厂或工厂）的二氧化碳排放量。在同一时间内，这些企业能够产生二氧化碳，并被授权排放一定配额的二氧化碳。企业在开放的市场上自由地出售拥有的配额。这个计划背后的思想是，企业可以将其通过较低成本（如通过安装污染控制设备）减少的排放量出售给其他控制排放成本较高的企业。

这个系统的美妙之处在于，它通过市场导向，能够以尽可能低的成本实现排放量减少的目标。另外，政府或政府组织（如欧盟）不需要清楚什么是企业更便宜的减少污染的方法，自由市场通过企业之间配额的交易就可以实现它。在减少排放量上具有低成本的企业可以在市场上出售其拥有的配额，而较高成本的企业可以在市场上购买配额。随着时间的推移，通过减少供给限额，政府可以减少污染量，而且这些污染量的减少肯定是以最低成本进行的。

2010年夏，中国已经着手应用总量管制与交易系统，而美国从法律上限制温室气体的计划在国会遭到冷落。美国总量管制与交易系统的反对者指出了该计划对消费者的影响。一个最明显的反对声明是美国参议院环境与公共工程委员会网站的文章，题为《反对总量管制与交易系统资源中心：昂贵的气候法案暴露的影响》。③ 很明显，反对者认为，该计划将导致立即付现成本，等同于对消费者的另一项税收。注意，关于这个问题的颇具争议的党派性质，"华盛顿的民主党积极推动全球变暖的总量管制与交易系统立法，如果通过该法案，那么加油站、杂货铺、我们日常生活的能源成本将急剧上升。作为在线资源中心，该网站服务于那些想对总量管制与交易系统立法的严重经济影响了

① "The Price Is Not Right," *New York Times* (March 31, 2009).

② 《京都议定书》形成于20世纪90年代末。它呼吁工业化国家缩减温室气体的排放量。欧盟批准了该议定书，但美国没有批准该议定书。

③ See the page at http://epw.senate.gov/public/index.cfm?FuseAction=Issues.View&Issue_id=e93fc5c2-802a-23ad-42b5-798ae9c9ebeb.

解更多的人"。

微观经济学有非常广泛的应用研究。它可以帮助公共政策的制定者处理非常棘手的问题，如气候变化，也能帮助政府官员对其采纳政策可能产生的意想不到的后果进行预测。例如，微观经济学对总量管制与交易系统的分析显示，总量管制与交易系统提供了一个潜在的温室气体排放的正确价格。在某些情况下，哪怕政策制定者在设定上限时犯了极小的错误，这个系统都有可能出现对排放量过低或过高的定价。①

微观经济学也能帮助企业更好地理解它们所处的竞争环境，给企业提供一些具体的工具。这些工具常常通过一些价格策略使企业获得额外的利润。微观经济学帮助我们理解家庭在给定价格和偏好等情况下消费决策的形成，也能揭示竞争市场上的价格为什么会有波动，甚至帮助我们理解一些社会现象，例如犯罪和婚姻（有经济学家专门研究这些）。经济学家几乎都是利用以下三个分析工具展开研究：约束优化分析、均衡分析以及比较静态分析。

本章概要 在阅读和学习本章之后，你将会解决以下问题：

- 比较经济学的两大分支：微观经济学和宏观经济学。
- 描述微观经济学的三个主要分析工具，即约束优化分析、均衡分析和比较静态分析，熟悉每个工具的案例。
- 理解规范分析和实证分析的差异。

1.1 为什么要学习微观经济学

经济学是专门研究如何对有限的资源进行分配以满足人类无限欲望的学科。人类想要能够满足个人欲望的产品和服务，包括食物、衣服、住所，以及任何能提高生活质量的物品。因此，人们不断想方设法生产更多或更好的产品或者服务以提高幸福感，但欲望是无限的。然而，为了生产产品和服务，我们需要资源，包括劳动、管理人才、资本以及自然资源。资源被认为是稀缺的。这是由于它们的供应是有限的。资源的稀缺性意味着，关于生产产品和服务的选择要受限制。最终，满足人类欲望的选择也受到限制。这就是为什么经济学通常被描述为约束选择的学科。

广义地讲，经济学有两个分支：微观经济学和宏观经济学。前缀"micro"来自希腊语"mikros"，意思是"很小"。因此，微观经济学是研究单个经济决策者经济行为的学科，如一个消费者、一个工人、一家企业或一个经理的经济行为。微观经济学也研究单个家庭、行业、市场、工会或贸易协会的经济行为。相反，前缀"macro"来自希腊语"makros"，意思是"很大"。所以，宏观经济学是研究一个国家（地区）经济如何表现的学科。宏观经济学课程研究经济体中的总收入和总就业水平、利率和价格水平、通货膨胀以及商业周期的特点等。

① 这方面的研究如 W. J. McKibbin and P. J. Wilcoxen, "The Role of Economics in Climate Change Policy," *Journal of Economic Perspectives*, 16, no. 2 (Spring 2002): 107–129。

约束选择对宏观经济学和微观经济学都很重要。例如，在宏观经济学中，我们会看到一个充分就业的社会，如果生产更多的国防用品，就会生产较少的民用产品。今天，制造更多的产品会消耗更多的自然资源，如天然气、煤以及石油，但留给未来的资源就少了。在微观经济环境中，一个消费者可能决定花更多的时间在工作上，那么花在娱乐活动上的时间就少了。消费者可以在今天花更多的收入去消费，那么留给明天的储蓄就更少了。一个经理可能在广告上花更多的公司资源，但用于研发的资源就会更少了。

就如何分配稀有资源而言，每个社会都有自己独特的决策方法。有的社会通过高度集中的组织分配稀有资源。例如，在冷战期间，东欧国家和苏联利用政府机构严格控制资源的分配。其他国家，如北美或西欧国家，一直利用高度分散的市场系统分配资源。无论是哪种市场体系，每个社会都必须回答以下问题：

- 生产哪些产品和服务，以及生产多少？
- 谁来生产这些产品和服务，以及如何生产？
- 谁会得到这些产品和服务？

微观经济分析通过研究单个经济体的行为，试图回答以上问题。通过回答有关消费者和厂商如何行动的问题，微观经济学有助于我们将所收集的片段组成一个完整的经济模型。微观经济分析也提供了一个观察政府在经济中扮演的角色以及政府行为影响的良好视角。通常，用微观经济工具可以讨论和解决当代社会中的一些最重要的问题。这些问题包括（但不限于）环境污染、租金、最低工资法、进口关税和配额、税收和补贴、食品券、政府住房和教育援助计划、政府保健项目、安全的工作场所以及对私人企业的监管等。

1.2 三个关键的分析工具

为了研究世界上非常复杂的现实问题（或正式地讲，经济学家正在解决的问题），我们需要建立和分析经济模型。一个经济模型就像是一幅地图。一幅地图把一个复杂的物理问题（地形、道路、房屋、商店、停车场、小巷以及其他特征）简化到一些点：主要的街道和高速公路。地图就是为特定目的提供服务的一个抽象模型——它告诉我们，我们身在何处以及我们如何到达我们想去的地方。为了给实际情况提供一个简单的表达，地图"忽略"或"抽象"了许许多多具体的东西（例如，美丽的榆树和房屋的位置）。这些具体的东西才使每个城镇都是独一无二和令人陶醉的。

经济模型和地图十分相似。例如，为了搞明白哥伦比亚的干旱如何影响美国的咖啡价格，经济学家会建立一个忽略该行业许多细节的模型，忽略该地区工人的各种历史或个人方面的细节。这些细节在《商业周刊》上也许会成为一篇有趣的文章，但对我们理解决定咖啡价格的根本原因却没有帮助。

无论是用于研究化学、物理还是经济学，一个模型都必须规定在分析中要用到哪些变量，以及哪些变量是由模型决定的。因此，区分模型中的外生变量和内生变量就变得非常重要。**外生变量**（exogenous variable）是指，在模型中，变量的值已经给定了。换句话说，外生变量的值是由模型外观察到的一些因素决定的。**内生变量**（endogenous variable）是指，该变量的值是由研究模型自身决定的。

> **外生变量：**在一个经济方案（模型）的分析中，值已经给定的变量。
> **内生变量：**值由研究的经济方案（模型）决定的变量。

为了理解它们之间的区别，假设你想建立一个模型去预测一个球体从高楼楼顶被释放后下降的距离。你会设定一些基本的变量，如重力和球体通过区域的空气密度，在分析中，把这些变量作为给定（外生）的变量。给定外生变量，你的模型将描述球体下降的距离和它被释放之后下降时间之间的关系。通过你的模型预测出的距离和时间，就是内生变量。

几乎所有的微观经济学模型都依靠三个关键的分析工具。我们认为，这三个工具使微观经济学在研究某一领域时是独一无二的。无论具体问题是什么——美国的咖啡价格，或者互联网企业的决策——微观经济学都使用以下三个分析工具：

- 约束优化分析。
- 均衡分析。
- 比较静态分析。

贯穿全书，我们会将这些工具运用到微观经济问题中。在接下来的部分，我们将介绍这三个分析工具，并举例说明如何运用它们。别期望仅阅读本章你就能驾驭这些工具。当然，当我们在后面章节中运用这些工具时，你应当学着去认识它们。

□ 约束优化分析

如我们前面所提到的，经济学是一门在约束下选择的学科。当想做出最好（最优）的选择时，决策者就要使用**约束优化分析**（constrained optimization analysis）工具，把选择的任何局限性或限制性因素都考虑进去。因此，我们可以把约束优化问题看作两部分：一个目标函数和一系列约束条件。**目标函数**（objective function）是决策者寻求“优化”（即最大化或最小化）的函数关系。例如，一个消费者想购买商品来最大化她的满足感。在这个例子中，目标函数就是购买特定商品组合与她满足程度之间的函数关系。同样地，一个厂商希望通过计划生产活动使生产成本最小化。这时，目标函数表示，随着该企业生产计划的变化，总生产成本如何变化。

决策者还必须注意到，在实际选择中，经常受到约束。这些约束反映了资源的稀缺性，或者由于某种原因只能进行特定的选择，无法选择其他。在约束优化问题中，**约束**（constraints）就是强加给决策的限制性或局限性的条件。

> **约束优化分析：**一个有助于做出最好（最优）选择的分析工具，考虑了该选择的任何可能的限制性或局限性因素。
> **目标函数：**决策者寻求最大化或最小化的函数关系。
> **约束条件：**在约束优化问题中，强加给决策者的限制性或局限性因素。

约束优化分析的例子

为了理解目标函数和约束条件之间的界限，我们来看下面两个例子。看看你能否在不同的例子中识别出目标函数和约束条件（不必试图去解这些问题，在后面的章节中，我们将介绍求解方法。现阶段的重点是理解约束优化问题）。

边做边学习题 1.1 ☞

约束优化分析：农民的栅栏

假设一个农民计划修建一个矩形的栅栏作为羊圈。他有 F 英尺的栅栏，无力购买更多的栅栏。但是，他可以选择羊圈的尺寸，羊圈长 L 英尺、宽 W 英尺。他想选择能最大化羊圈面积的羊圈长宽尺寸。他必须保证他修建的栅栏总长度（羊圈的周长）不超过 F 英尺。

问题：

(a) 该问题的目标函数是什么？

(b) 约束条件是什么？

(c) 该模型中的变量（L、W 和 F），哪些是外生变量？哪些是内生变量？为什么？

解：

(a) 在该问题中，目标函数是农民试图最大化面积 LW。换句话说，农民选择 L 和 W 去最大化目标函数 LW。

(b) 约束条件就是强加给农民的限制。我们已知农民只有 F 英尺栅栏可用作矩形羊圈。羊圈的约束条件是 $2L+2W$ 不能超过可用的栅栏数量 F 英尺。因此，约束条件可写作：$2L+2W\leqslant F$。

(c) 农民只有 F 英尺栅栏可用。这样，周长 F 是外生变量，这是由于，它在分析中是给定的。内生变量是 L 和 W，因为它们的值可由农民选择（由模型决定）。

相似习题： 1.4，1.16，1.17

按照惯例，经济学家通常将边做边学习题 1.1 中农民所面临的情况的约束优化问题表述为：

$$\max_{(L,W)} LW$$

满足：$2L+2W\leqslant F$

第一行表示目标函数，即面积 LW。它告诉我们是最大化还是最小化该函数（如果是最小化该目标函数，那么将“max”变为“min”）。在“max”的下面是决策者（农民）可以控制的内生变量；在该例中，“(L, W)”表示农民可以选择的羊圈长度和宽度。

第二行表示羊圈周长的约束条件。它告诉我们，只要羊圈周长不超过 F 英尺，农民就可以自由选择 L 和 W。把这两行放在一起，我们知道，农民可以通过选择 L 和 W 来最大化羊圈面积，但选择受可用栅栏数量的限制。

现在，我们利用微观经济学中非常著名的消费者选择问题来阐述约束优化问题的概念（第 3、4、5 章将对消费者选择进行深入的分析）。

边做边学习题 1.2 ☞

约束优化分析：消费者选择

假设一个消费者只购买两种商品：食品和衣服。对每一种商品，消费者都必须决定每个月购买多少单位。用 F 表示她每个月购买的食品数量，用 C 表示她购买的衣服数量。她想用这两种商品最大化她的满足感。假设在购买 F 单位食品和 C 单位衣服时，消费者的满足感水平由 FC 来衡量，但是，她每月购买商品的数量受到她的预算限制。花钱才能购买商品，但该消费者的收入是有限的。为了简化问题，假设该消费者每月有固定收入 I，她每月的花销不能超过收入 I。购买每单位食品花 P_F，购买每单位衣服花 P_C。

问题：

(a) 该问题的目标函数是什么？

(b) 约束条件是什么？

(c) 哪些变量（P_F、F、P_C、C 和 I）是外生变量？哪些是内生变量？为什么？

(d) 写出该约束优化问题的表达式。

解：

(a) 目标函数是该消费者寻求最大化其满足感。在本例中，消费者选择一定数量的食品和衣服以最大化她的满足感，用 FC 来衡量。因此，目标函数就是 FC。

(b) 约束条件是消费者选择食品和衣服数量时受到收入的限制。如果在每单位食品价格为 P_F 时，她购买了 F 单位的食品，那么她在食品上的支出为 $(P_F)(F)$。如果在每单位衣服价格为 P_C 时，她购买了 C 单位的衣服，那么她在衣服上的支出为 $(P_C)(C)$。所以，总支出就是 $(P_F)(F)+(P_C)(C)$。由于总支出不能超过全部收入 I，约束条件就是，$(P_F)(F)+(P_C)(C)\leqslant I$。

(c) 外生变量是当消费者做出购买决定时，已经给定的变量。因为每月的收入是固定的，所以 I 就是外生变量。食品价格 P_F 和衣服价格 P_C 也是外生变量，因为她不能左右这些价格。消费者唯一能够选择的就是选择购买食品和衣服的数量。因此，F 和 C 是内生变量。

(d) 该约束优化问题可表达为：

$$\max_{(F,\ C)} FC$$

满足：$(P_F)(F)+(P_C)(C)\leqslant I$

第一行表示消费者想最大化 FC，且她能选择 F 和 C。第二行描述了约束条件：总支出不能超过总收入。

相似习题： 1.4，1.16，1.17

案例 1.1

电力公司：每年 8 760 个决策

我们身边有很多约束优化的例子。通常，电力公司拥有电厂，并利用电厂生产电力。一家电力公司必须决定每家电厂生产多少电量以满足客户需求。

电力公司的约束优化问题比较复杂：

- 该公司必须生产足够多的电力以确保消费者每时每刻都能享受服务。
- 为了做出好的生产决定，该公司必须预测电力需求。但是，一天中的电力需求随时间变化而变化；此外，一年中的电力需求随季节变化而变化。例如，夏天，最大的电力需求出现在下午，许多消费者在办公场所和家里使用空调。傍晚，随着温度的降低，电力需求相应下降。

公司的某些电厂运行成本相对更高。例如，烧石油的电厂比烧天然气的电厂运行成本更高。用核燃料的电厂可以以更低的成本运行。如果该公司想以最低的成本生产电力，那么，它的目标函数必须把这些不同的成本考虑进去。

- 如果电力公司预计很长一段时间电力需求都较低，那么它可能关闭个别电厂的生产。但是投产和关停电厂需要大量成本，所以，电力公司希望，低电力需求只维持较短时间（如几个小时），它不希望关闭电厂。因为在电力需求上升时，它可以重启这些电厂。
- 电力公司还必须考虑向消费者传输电力的成本。
- 对电力而言，一天中的每一小时都是一个现货市场。一家公司可能从其他电力公司买卖电力。如果电力公司能够以足够低的价格购买电力，那么它从其他电力公司那里购买部分电力替代全部自己生产，就能降低自己的成本。如果电力公司能够以足够高的价格卖出电力，那么它会发现，生产多于自己顾客需求的电是有利可图的。它能将额外的电力卖给其他电力公司。

一般来说，电力公司以小时为单位做出生产决策——一年有 8 760（365 天乘以每天 24 小时）个生产决策！①

边际原理与约束优化

约束优化分析能揭示，一些对经济问题“明显”的回答并不那么正确。通过边际原理解约束优化问题的方式，我们将进一步解释上述观点。

假设你是一家小规模啤酒公司的产品经理，公司生产高质量的少量啤酒。下一年度，你有 100 万美元的媒体广告预算。你必须在当地电视广告和电台广告间分配这笔预算。尽管电台广告更便宜，但是电视广告拥有更多的观众。电视广告还更具说服力，更能形成新的销量。

为了搞清楚一笔给定的预算花在电视广告和电台广告上的影响，针对这个市场，你已经做了调查，并估计出了在电视广告和电台广告上花给定的预算将新增的啤酒销量，如表 1-1 所示。例如，假设在电视广告上花 100 万美元，每年你会新增 25 000 桶销量。相反，如果你在电台广告上花 100 万美元，每年你会新增 5 000 桶销量。当然，你可以将预算在两种广告间分配，表 1-1 也给出了这种决定下产生的影响。例如，如果你在电视广告上花 40 万美元，在电台广告上花 60 万美元，你将从电视广告中新增 16 000 桶销量，从电台广告中新增 4 200 桶销量，新增的总销量为 16 000+4 200=20 200 桶啤酒。

---

① 对电力市场结构的更进一步讨论，请参见 P. Joskow and R. Schmalensee, *Markets for Power: An Analysis of Electric Utility Deregulation* (Cambridge, MA: MIT Press, 1983)。

表 1-1　　　　花在电视广告和电台广告上的钱所产生的新增啤酒销量

	新增啤酒销量（桶/年）	
总支出（美元）	电视广告	电台广告
0	0	0
100 000	4 750	950
200 000	9 000	1 800
300 000	12 750	2 550
400 000	16 000	3 200
500 000	18 750	3 750
600 000	21 000	4 200
700 000	22 750	4 550
800 000	24 000	4 800
900 000	24 750	4 950
1 000 000	25 000	5 000

根据表 1-1 中的信息，如果你的目标函数是最大化啤酒的新增销量，那么你将如何分配你的广告预算？

这就是一个约束优化问题。你希望花在电视广告和电台广告上的费用能最大化目标（啤酒的新增销量），约束条件为在电视广告和电台广告上的总支出不能超过你 100 万美元的广告预算。运用前面介绍的概念，假设 $B(T,R)$ 表示你在电视广告上花 T 美元和在电台广告上花 R 美元时新增的啤酒销量，则约束优化问题为：

$$\max_{(T,R)} B(T,R)$$
$$\text{满足：} T+R=100\text{ 万}$$

快速阅读表 1-1 后，你可能会对该问题给出一个“显然”的答案：将 100 万美元预算全部花在电视广告上，一美元也不花在电台广告上。依照表 1-1 的建议，相同的钱花在电视广告上比花在电台广告上总是能产生更多的新增销量（事实上，相同的钱，就产生的新增销量而言，电视广告是电台广告的 5 倍）。然而，这个答案是不正确的。原因就在于，它没有正确利用约束优化分析在经济学中的力量和重要性。

假设你考虑将全部预算花在电视广告上。这样，你会得到 25 000 桶新增销量。但是，如果你在电视广告上花 90 万美元并在电台广告上花 10 万美元，会发生什么呢？从表 1-1 中我们看到，电视广告会产生 24 750 桶新增销量，电台广告会产生 950 桶新增销量；这样在 100 万美元的预算下，就产生了 25 700 桶新增销量。这将比原先多 700 桶新增销量。事实上，你可以做得更好。通过在电视广告上花 80 万美元并在电台广告上花 20 万美元，你能产生 25 800 桶新增啤酒销量。尽管表 1-1 显示，电台广告比电视广告的影响力更小，但是你将预算分别花在电视广告和电台广告上会更有意义。

这个例子强调了在微观经济学中反复出现的一个观点：解任何约束优化问题，都要依靠决策变量对目标函数值的边际影响。钱花在电视广告上的边际影响是每在电视广告上增加一美元时新增的啤酒销量。钱花在电台广告上的边际影响是每在电台广告上额外增加一美元时新增的啤酒销量。由于在把 100 万美元预算中的 80 万美元分配给电视广告时，额外 10 万美元花在电视广告上的边际影响要小于额外 10 万美元花在电台广告上的边际影响，你就会认为应该把部分广告费花在电台广告上。为什么会这样？这是因为，当我们为电视广告分配下一个 10 万美元时，新增的啤酒销量与投入之比是(24 750－24 000)/100 000，即额外花在电视广告上的每一美元增加 0.007 5 桶啤酒销量。但是，当我们为电台广告分配下一个 10 万美元时，新增的啤酒销量与投入之比是(24 000＋950－24 000)/100 000，即额外花在电台广告上的每一美元增加 0.009 5 桶的销量。因此，电台广告的边际影响大于电视广告的边际影响。因此，这 10 万美元广告预算应该花在电台广告上，而不是电视广告上。(事实上，如我们已看到的，如果你希望做得更好，应该将预算中的最后 20 万美元分配在电台广告上。)

在广告的这个例子中，利用边际原理得到了一个不那么符合直觉的结果，这也许会使你感到不快，甚至使你产生怀疑。那很好——当第一次在微观经济学中接触边际原理时，学生通常都有这样的反应。但是，无论你有没有注意到，在我们的日常生活中，我们每个人都在运用边际原理。例如，尽管比萨也许是你最喜欢的食品，你可能宁愿吃比萨，也不愿吃诸如胡萝卜和西兰花之类的蔬菜，但是你不可能将你每周的食品预算全部花在比萨上面。为什么不这样做？原因就在于：在某个时点（可能是你从星期一晚餐到星期六晚上都吃了比萨后），你食品预算中的另一个 10 美元花在比萨上带来的额外满意或满足感小于你将其花在其他食物上带来的满足感。尽管你可能没有意识到，但是这就是一个约束优化问题中的边际原理。

微观经济学中的“边际”术语告诉我们，当增加一单位自变量时，因变量将如何变化。对你来说，术语“自变量”和“因变量”可能是陌生的。为了理解它们，思考这两个变量之间的关系，比如生产一种产品的总成本和生产量（经济学家叫“产出”）之间的关系。我们会预料到，企业生产得越多，它的总成本就越高。在这个例子中，我们将总成本称为因变量，因为它的值取决于产量，而我们称产量为自变量。

边际成本度量的是最后一单位自变量（产出）对因变量（总成本）的增量影响。例如，假如企业花额外 5 美元去增加 1 单位产出，边际成本就是 5 美元。等价地，边际成本可以被认为是当自变量（产出）变化时因变量（总成本）的变化比例。如果边际成本是 5 美元，那么新生产 1 单位产出，总成本上升 5 美元。

我们将在全书中使用边际方法。例如，我们将在第 4 章和第 5 章使用边际方法解边做边学习题 1.2 中所描述的消费者选择问题。

□ 均衡分析

微观经济学中第二个重要的工具就是均衡分析，一个在许多学科中都能看到的概念。一个系统中的**均衡**（equilibrium）是指一种静止状态，或者只要外部因素保持不变就会无限继续下去的一种状态。也就是说，只要没有外部因素干扰均衡，这种状态就不会变。为了理解均衡，你可以想象图 1－1 中所描述的包含球和杯子的物理系统。在该系统中，重力推动球下降到杯子的底部。球最初被放在点 A，当球被释放后，球不会保持在点 A。当然啦，球会来来回回地滚动，直到它停在点 B。所以，当在点 A 释放球时，该系统处于非均衡状态，因为球不会停留在那里。如果在点 B 释放球，那么系统是处于均衡的。在外部因素改变之前（如果有人翻转杯子，球会从点 B 移动到其他点），当球位于点 B 时，该系统都会保持均衡。

均衡：一种静止状态，或者只要外部因素保持不变就会无限继续下去的一种状态。

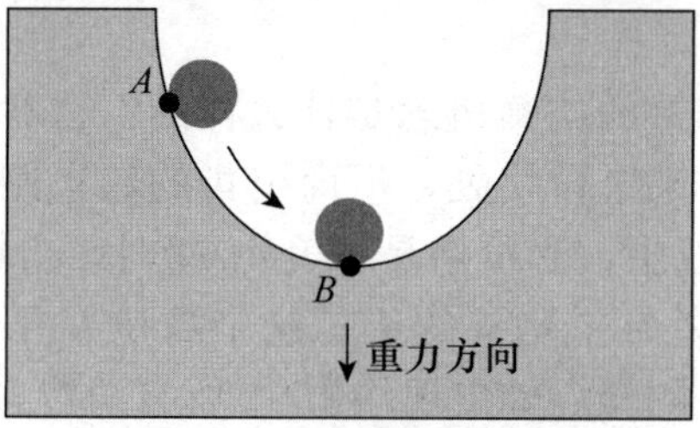

图 1-1　一个球和杯子的均衡

说明：当球停在杯子的底部点 B 时，这个物理系统是均衡的。球可以无限期地停在那里。当球位于点 A 时，该系统处于非均衡状态，因为重力会将球推向点 B。

在更早的经济学入门课程中，你也许已经知道了竞争市场中的均衡概念。在第 2 章中，我们会介绍更多的关于市场、供给和需求的详细情况。但是现在，让我们简要地回顾一下，有关供给和需求的分析如何解释市场中的均衡。

考虑咖啡豆的全球市场。假设咖啡豆的需求曲线和供给曲线如图 1-2 所示。需求曲线告诉我们，在该市场中，在任何给定的咖啡豆价格下，咖啡豆会被购买的数量(Q)。可以将需求曲线看作一系列“如果……那么”问题的回答。例如，如果咖啡豆的价格是 2.5 美元/磅，那么咖啡豆的需求量是多少？图 1-2 中的需求曲线告诉我们，如果咖啡豆的价格是 2.5 美元/磅，那么消费者将购买 Q_2 磅的咖啡豆。需求曲线还告诉我们，如果咖啡豆的价格是 1.5 美元/磅，那么消费者将购买 Q_4 磅的咖啡豆。需求曲线的斜率为负或曲线向下倾斜表明，更高的价格会减少咖啡豆的消费。

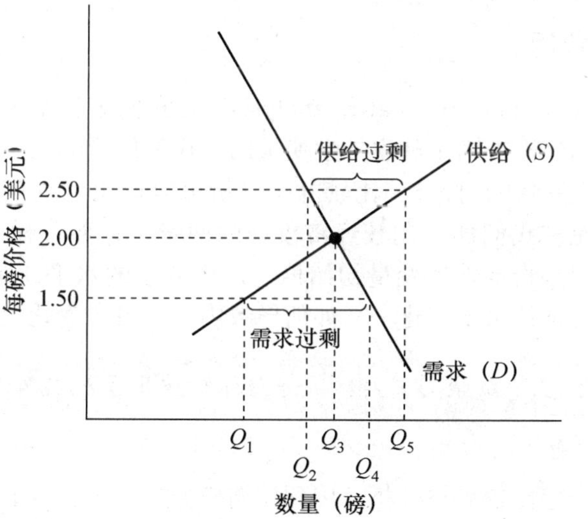

图 1-2　咖啡豆市场中的均衡

说明：咖啡豆的均衡价格是 2 美元/磅。在该价格处，市场出清（供给数量和需求数量都等于 Q_3 磅）。当价格高于 2 美元/磅时，因为存在供给过剩，市场不会出清；当价格低于 2 美元/磅时，因为存在需求过剩，市场也不会出清。

供给曲线告诉我们，在该市场中，在任何给定的咖啡豆价格下，咖啡豆会被供给的数量。你也可以将供给曲线看作一系列“如果……那么”问题的回答。例如，如果咖啡豆的价格是 1.5 美元/磅，那么咖啡豆的供给数量是多少？图 1-2 中的供给曲线表明，在该价格下，咖啡豆的供给为 Q_1 磅。供给曲线还表明，如果咖啡豆的价格是 2.5 美元/磅，咖啡豆的供给为 Q_5 磅。供给曲线的斜率为正（或曲线向上倾斜）表示，更高的价格会刺激生产。

与该供给和需求讨论相关的均衡概念是什么样的？在竞争市场中，在某个价格处，市场出清时达到均衡，即在某个价格处，厂商出售的数量刚好等于消费者需求的数量。在图 1－2 所画的咖啡豆市场中，当价格是 2 美元/磅时，市场出清。在该价格处，厂商供应 Q_3 磅咖啡豆，且消费者希望购买的正是这个数量（几何术语就是，如图 1－2 所示，在需求曲线和供给曲线的交点处出现均衡）。所有消费者都愿意支付 2 美元/磅购买咖啡豆，且所有厂商都愿意以该价格出售咖啡豆并找到买家。因此，价格 2 美元/磅能够保持不变，这里没有向上或向下的价格压力。换句话说，这就是均衡点。

理解了一个系统中的均衡状态，就能理解为什么其他状态是非均衡状态。在图 1－1 中，如果球被释放在其他位置，而不是杯子的底部，重力会使球移动到杯子的底部。在竞争市场中，在非均衡价格处，会发生什么呢？例如，如果咖啡豆的价格是 2.5 美元/磅，为什么咖啡豆市场是非均衡的？在该价格处，只有 Q_2 磅的需求，但是有 Q_5 磅的咖啡豆将被供给出售。这样，市场中将有咖啡豆的供给过剩。部分厂商生产的咖啡豆会找不到买家。为了找到买家，这些失意的厂商愿意以低于 2.5 美元/磅的价格出售咖啡豆。市场价格会降至 2 美元/磅以消除供给过剩。

类似地，为什么价格低于 2 美元/磅不是一个均衡价格？假定价格是 1.5 美元/磅。在该价格处，咖啡豆的需求数量是 Q_4 磅，但只有 Q_1 磅咖啡豆供应。市场中存在需求过剩。部分消费者将不能买到咖啡豆。这些失意的消费者愿意支付高于 1.5 美元/磅的价格。市场价格必将上升到 2 美元/磅以消除需求过剩，产生市场价格上升的压力。

□ 比较静态分析

比较静态分析（comparative statics analysis）是我们第三个关键的分析工具。在经济模型中，比较静态分析被用于观察外生变量的变化如何影响内生变量的水平（前面有关于外生变量和内生变量的讨论）。比较静态分析可以运用到约束优化问题或均衡分析中。比较静态分析允许我们通过比较经济模型的两张“快照”做一个“前-后”分析。第一张快照告诉我们，给定外生变量初始值，内生变量的水平。第二张快照告诉我们，外部冲击——外生变量的水平变化——如何导致内生变量的变化。

比较静态分析：在经济模型中，比较静态分析被用于观察外生变量的变化如何影响内生变量的水平。

让我们考虑一个把比较静态分析运用到均衡模型的例子：开心果市场。世界上最大的开心果生产国是伊朗。开心果是伊朗的一个很重要的产品：除石油外，开心果是伊朗最大的出口商品。2007 年，伊朗的开心果收入超过 10 亿美元。2008 年春天，严重干旱和反常的严寒天气，导致伊朗的开心果产量相比 2007 年下降了 1/3。① 由于这个外部冲击，开心果的价格从 2007 年的每千克 4 200 托曼上升到 2008 年的每千克 5 300 托曼，

① “Iran Pistachio Prices Soar in Wake of Frost Damage,” *BBC Monitoring Middle East* (May 1, 2008).

上涨了 26%（900 托曼大约等于 1 美元）。

我们可以用比较静态分析去解释全球开心果市场发生了什么。如图 1-3 所示，在一个普通年份，如 2007 年，供给曲线是 S_1，且需求曲线是 D。在这些条件下，均衡价格（一个内生变量）是 4 200 托曼/千克，均衡数量（也是一个内生变量）是 Q_1。2008 年，伊朗的干旱和寒冷天气导致全球开心果供给曲线向左上方移动，即从 S_1 到 S_2。因为全球消费者对开心果的需求没有受到伊朗干旱和寒冷天气的影响，所以有理由认为，开心果的需求曲线没有变化。如图 1-3 所示，供给曲线的移动导致开心果的均衡价格从 4 200 托曼/千克上涨到 5 300 托曼/千克，使开心果的均衡数量从 Q_1 降到 Q_2。

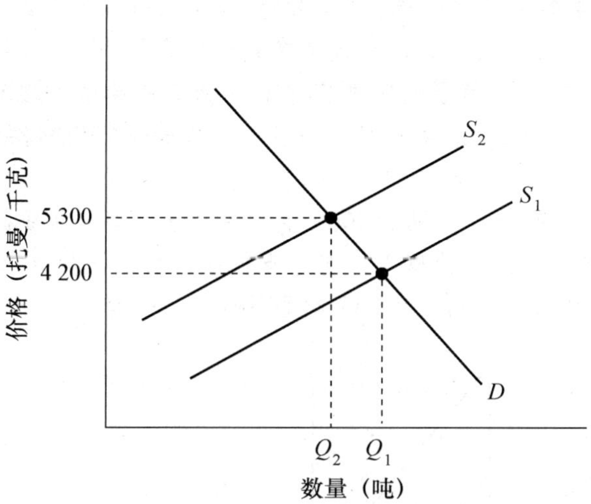

图 1-3　开心果市场的比较静态分析

说明：2008 年春天，伊朗的干旱和寒冷天气造成开心果的供给曲线向左上方移动，即从 S_1 到 S_2。开心果的均衡价格从 4 200 托曼/千克上涨到 5 300 托曼/千克，开心果的均衡数量从 Q_1 降到 Q_2。

每天，你几乎都可以从《华尔街日报》或当地报纸的商业版上看到比较静态分析的例子。通常，外生事件会影响农产品、牲畜以及金属的价格。我们经常能在报纸上看到诸如“哥伦比亚罢工引起咖啡价格飙升”或“出口需求上升引起玉米价格上涨”的头条新闻。当看到这类头条新闻时，你可以用比较静态分析来思考一下这些情况。如案例 1.2 所示，我们甚至可以用比较静态分析方法来解释经济衰退对体育赛事票价所产生的影响。案例 1.2 后面的两个边做边学习题告诉你，如何在市场均衡模型和约束优化模型中运用比较静态分析方法。

案例 1.2

体育赛事中最紧俏的门票

每年 8 月，佐治亚州都会举行大师赛，而大师赛是全世界最久负盛名的专业高尔夫锦标赛（它是四大职业高尔夫大师赛之一）。但是大师赛门票（事实上，以“大师赛徽章”为大家所熟知）就像足球队的季票——如果你过去买到过门票，你就能继续购买。门票是如此有价值，以至过去买到过门票的人都继续购买门票。然而，从 1972 年开始，大师赛的门票就不向普通大众出售了。因为排队买票的名单太长，所以排队名单也关闭了。因此，大师赛的门票就成了大家公认的“体育赛事中最紧俏的门票”。按照一位门票经销商的说法，大师赛门票是“所有赛事中（体育或其他赛事）最抢手的票”。①

如果你想得到一张大师赛门票，你必须从门票经销商（如 Stubhub）或互联网拍卖网站（如 eBay）那里购买。尽管大师赛门票的票面价格是几百美元，但是人们从互联网或门票经销商那里购买门票都要支付数千美元。事实上，大师赛票价是由市场决定的。

2009 年，发生了几年里都没有发生过的事情：大师赛门票价格下跌了。2009 年 4 月 10 日，Stubhub 称，第二轮锦标赛的大师赛门票价格出现了下降，从 2008 年的1 073 美元下降到 2009 年的 612 美元，下降了 43%。②

2008 年与 2009 年最重要的不同在于，2009 年春天美国陷入经济萧条，而这影响了许多奢侈品的需求。一部分人认为，看大师赛是一件奢侈的事，他们选择不看。

图 1-4 用比较静态分析解释大师赛门票市场萧条的影响。在给定的年份，大师赛门票的供给是固定的，所以供给曲线 S 是垂直的。它表示门票的供给不随价格变化。在普通年份，需求曲线是 D_1。大师赛门票的一般价格（如在 2007 年或 2008 年）是 1 100 美元，在 S 和 D_1 的交点。但是 2009 年的萧条导致需求曲线向左移动，从 D_1 移动到 D_2。这表示，在各种可能的价格下，愿意支付该价格的人数在 2009 年少于 2008 年。这导致了大师赛门票的市场价格从 1 100 美元下降到 600 美元。

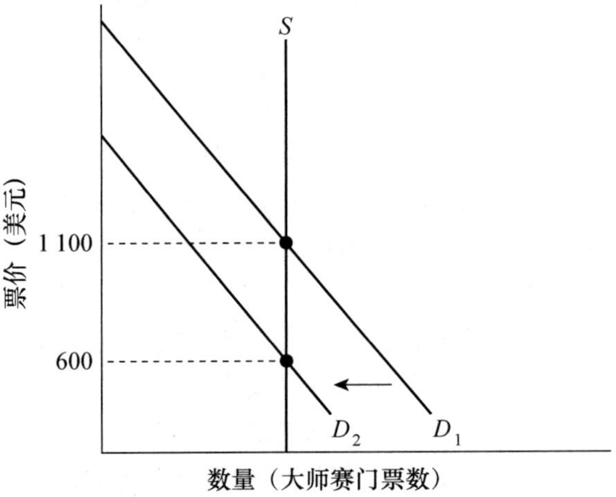

图 1-4　对大师赛门票市场的比较静态分析

说明：在一个普通年份，市场均衡出现在 D_1 和 S 的交点，均衡价格是 1 100 美元。2009 年的经济萧条造成需求曲线从 D_1 移动到 D_2，则大师赛门票的市场均衡价格下降到 600 美元。

边做边学习题 1.3

比较静态分析：美国玉米市场的市场均衡

假设在美国玉米的需求数量 Q^d 取决于两个因素：玉米的价格 P 和该国的收入水平

① “How to Get Masters Tickets,” http://golf.about.com/od/majorchampionships/a/masters_tickets.htm（访问日期：2009 年 4 月 10 日）。

② “$612: Friday Masters Badges on Stubhub,” http://online.wsj.com/article/SB123932360425607253.html#mod=article-outset-box（访问日期：2009 年 4 月 10 日）。

I。假设需求曲线是向下倾斜的，玉米价格更低会导致更多的玉米需求。还假设，如果收入增长，需求曲线向右移动（即更高的收入导致更多的玉米需求）。玉米价格和收入决定的玉米需求数量可用需求函数 $Q^d(P, I)$ 表示。

假设玉米的供给数量 Q^s 也取决于两个因素：玉米的价格 P 和在玉米生长期间的降雨量 r。供给曲线是向上倾斜的，价格上升导致供给更多的玉米。假设更多的雨会（生产更多的玉米）使供给曲线向右移动。由价格和降雨量决定的玉米供给量可用供给函数 $Q^s(P, r)$ 表示。

不断调整玉米的价格，并达到均衡，以使市场出清（$Q^d = Q^s$）。均衡数量为 Q^*，均衡价格为 P^*。我们假设玉米市场只是美国经济的很小一部分，那么，玉米市场的事件不会明显影响全国性的收入。

问题：

(a) 假设收入从 I_1 上升到 I_2。请画图解释作为外生变量的收入对内生变量产生的影响。

(b) 假设收入 I_1 保持不变，但是降雨量从 r_1 上升到 r_2。画出第二个图形，解释外生变量降雨量如何影响内生变量的变化。

解：

(a) 如图 1-5 所示，收入变化导致需求曲线右移（增加需求），从 D_1 移动到 D_2。供给曲线 S_1 的位置不变，因为不依赖 I。因此，均衡价格从 P_1^* 上升到 P_2^*。所以，收入的改变导致均衡价格的改变。

均衡数量也上升了，从 Q_1^* 上升到 Q_2^*。所以收入的改变也导致了数量的改变。

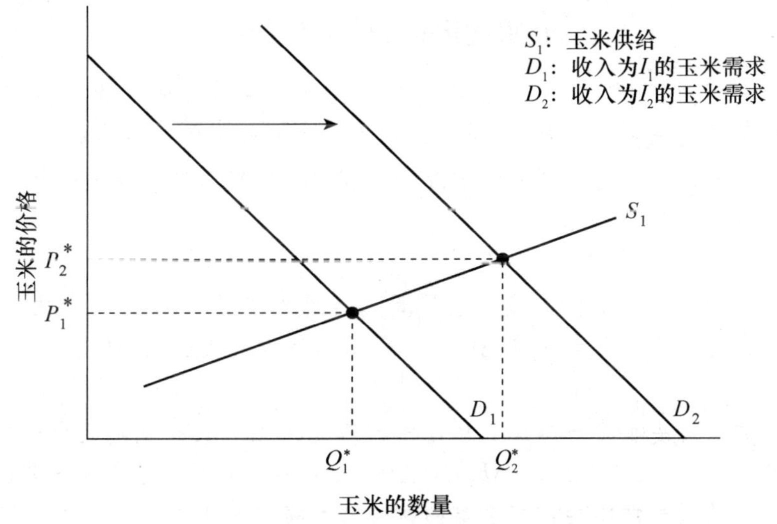

图 1-5　比较静态分析：收入增长

说明：收入从 I_1 上升到 I_2，导致需求曲线从 D_1 移动到 D_2（需求增加）。均衡市场价格从 P_1^* 上升到 P_2^*，均衡数量从 Q_1^* 上升到 Q_2^*。

(b) 如图 1-6 所示，降雨量的增加使供给曲线右移（增加供给），从 S_1 移动到 S_2。因为不依赖 r，需求曲线 D_1 的位置不受下雨的影响。因此，均衡价格从 P_1^* 下降到 P_2^*。降雨量的变化导致均衡价格变化。

均衡数量从 Q_1^* 上升到 Q_2^*。所以，降雨量的变化也导致数量的变化。

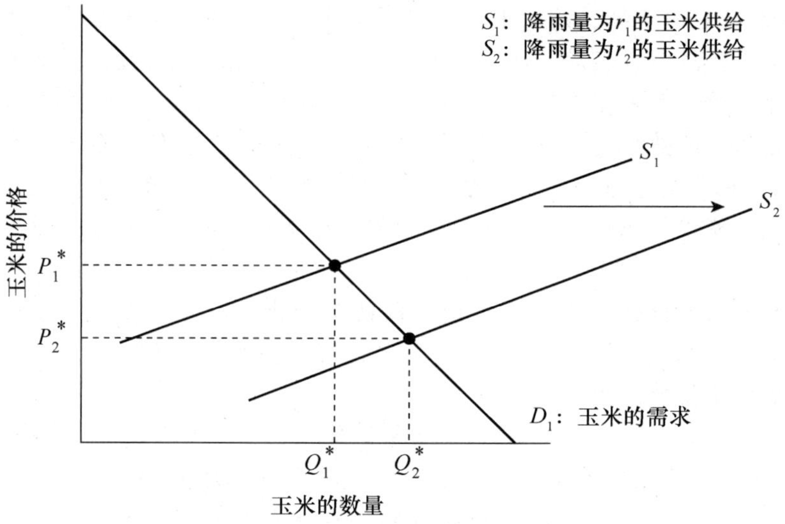

图 1-6　比较静态分析：降雨量的增加

说明：降雨量从 r_1 上升到 r_2，导致供给曲线从 S_1 移动到 S_2（供给增加）。均衡市场价格从 P_1^* 下降到 P_2^*。均衡市场数量从 Q_1^* 上升到 Q_2^*。

相似习题： 1.2，1.5，1.6，1.7，1.12，1.13

边做边学习题 1.4 ☞

约束优化的比较静态分析

在农民的栅栏问题中（边做边学习题 1.1），外生变量是栅栏的周长 F 英尺，内生变量是羊圈的长度 L 英尺和宽度 W 英尺。也许，你已经求解了一个如前面一样的问题：当农民修建一个矩形羊圈时，最大化羊圈的面积（在本练习中，你不必知道如何得出答案。只需相信它是正确的）。

问题：

如果给农民额外长 ΔF（Δ，是希腊字母，意思是"变化的"）的栅栏，羊圈的长宽将如何变化？换句话说，外生变量 ΔF 的变化如何影响内生变量 ΔL 和 ΔW 的变化？

解：

由于羊圈的最优组合是一个正方形，我们知道羊圈的长和宽均是周长的 1/4，所以 $L=F/4$ 且 $W=F/4$。因此，$\Delta L=\Delta F/4$，$\Delta W=\Delta F/4$。比较静态分析结果告诉我们，如果给农民额外 4 英尺长的栅栏，那么羊圈的长宽都将增加 1 英尺。

相似习题： 1.20

1.3　实证分析与规范分析

微观经济分析可以运用到研究实证问题和规范问题上。**实证分析**（positive analysis）试图解释，一个经济系统是如何工作的，或者去预测随着时间的推移它是如何变化的。实证分析回答解释性的问题，比如“发生了什么?”或“正在发生什么?”实证分析也会回答一个预测性的问题：“如果一些外生变量改变，会发生什么?”相反，**规范分析**（normative analysis）回答规范性的问题，比如“应该做什么?”通常，规范分析主要集中在社会福利问题上，讨论在公共产品中什么产品应该得到加强，或者什么产品应该减少。规范分析通常涉及价值判断。例如，政策制定者想知道，我们是否应当提高最低工资，以使缺乏技术和缺乏经验的工人受益。

实证分析：指试图解释一个经济系统是如何工作的，或者去预测它随着时间的推移如何变化的分析方法。

规范分析：通常，主要集中在社会福利问题上，讨论在公共产品中什么产品应该得到加强，或者什么产品应该减少。

本章已有大量的实证分析。在农民的栅栏问题中（边做边学习题 1.1），一个实证分析问题就是：“农民将为羊圈选择多大的长、宽，以使羊圈面积最大?”另一个实证分析问题是：“如果再给农民 1 英尺栅栏，羊圈面积会如何变化?”在消费者选择的问题中（边做边学习题 1.2），实证分析告诉我们，消费者对每种商品的购买量将取决于所有商品的价格和她的收入水平。实证分析帮助电力公司经理（案例 1.1），在给定服务水平时，去生产最低成本的电力。最后，实证分析让我们理解为什么某种商品（如咖啡豆）的特定价格是均衡价格，其他价格是非均衡价格。实证分析还解释了为什么暴雨、罢工，以及霜冻会提高商品的价格。

所有这些例子均表明，对消费者和企业经理而言，运用微观经济原理去预测和讨论是很重要的。实证分析对公共政策研究也很有用。例如，政策制定者想知道新的税收对市场的影响、政府补贴对厂商的影响、关税或配额对进口的影响。政策制定者还想知道政府预算如何影响厂商和消费者，以及影响的大小。

规范分析旨在研究如何达到一些人认为的理想社会目标。假设政策制定者想为低收入家庭提供更多住房。他们可能要问，是向这些家庭提供住房市场的住房券更好，还是实施租金控制（以阻止房东向租客收取高于法律规定数量的租金）更好。再者，假如政府想减少污染，是应该对污染征税呢，还是严格限制工厂和汽车的排放呢?

这些例子表明，在规范分析之前做实证分析是很重要的。政策制定者可能会问规范性的问题，“我们应当实施租金控制项目还是住房券项目?”为了全面理解这个选择，政策制定者首先需要做实证分析，了解如果实行租金控制和住房券会发生什么。实证分析将告诉我们，每个政策会影响哪些人，以及如何影响他们。

微观经济学能够帮助政策制定者了解和比较两种政策对消费者与厂商的影响。因此，微观经济学有助于使争辩变得清楚并产生更多透明的公共政策。

案例 1.3

最低工资的实证分析和规范分析

全球有 100 多个国家都制定了最低工资。根据 1998 年《英国国家最低工资法》，英国创建了低收入委员会。作为政府官方咨询小组，低收入委员会是一家独立机构（低收入委员会的网站 http://www.lowpay.gov.uk/有许多资料，包括最低工资问题的研究）。1918 年，加拿大开始实行最低工资政策，由省和地区设定最低工资，职业不同最低工资也不同。美国各州可能有州最低工资，但是联邦政府制定了最低工资（2009 年为 7.25 美元/小时）。工人的最低工资取州和联邦政府中较高的那一个。英国的最低工资随年龄变化；直到 2010 年，基于年龄，年轻人的最低工资有两个档，学徒的是第三档。

经济学家广泛地研究和争论最低工资。有关最低工资，经济学家各抒己见。例如，2006 年，罗伯特·瓦布里斯（Robert Whaples）在对美国经济学会的 210 位经济学家的调查中发现：在所调查的经济学家中有近 47%的人认为，应当取消联邦最低工资。然而，有近 38%的经济学家认为应提高最低工资。①

这也许不会令人感到惊讶，我们可以找到一个最低工资实证分析和规范分析的例子。在美国，卡德（David Card）和克鲁格（Alan Krueger）讨论了，当新泽西州提高最低工资而邻州没有提高最低工资时，快餐业的就业影响。② 卡德和克鲁格发现，新泽西州提高最低工资并没有减少快餐业的就业。

尽管这个结论具有一定的颠覆性——卡德和克鲁格的研究和微观经济学教材中有关最低工资的一般分析不一致③——然而，这仅是一个实证分析。它的目的是回答一个解释性问题：当一个州提高最低工资时，就业会发生什么？

相反，考虑规范分析的例子，Sgpolitics.net 的编辑提出在新加坡制定最低工资。该编辑写道："新加坡人是否有资格领取最低工资"的问题已经"激起千层浪"（与最低工资相关的就业问题）。但是，他写道：最终，我认为这个问题应该归结为，我们试图创建什么类型的社会，我们应该在新加坡鼓励哪种商业和自由企业模式。如果商业或公司仅因必须为员工支付最低工资而不得不倒闭，试问大家想看到这种情况在新加坡盛行吗？难道我们不应该迫使私营企业向价值链高处移动并减少对廉价劳动力的依赖吗？④美国经济学家史蒂文·兰兹伯格（Steven Landsburg）在 2004 年写的一篇文章中给出了一个反对最低工资的强有力的证据。⑤ 兰兹伯格认为，最低工资向缺乏技术的工人转移了收入，但是它没有将负担扩展到所有纳税人身上。兰兹伯格说："相反，最低工资将全部负担放在了一小部分人身上，那就是最低工资工人的老板。在某种程度上，是他们的消费者承担了负担。如果你想向穷困的工人转移收入，这里有更公平且更诚实的方法。例如，所得税抵免可以实现与最低工资相同的目标，却没有将负担加在小部分人身上。"

兰兹伯格的文章是一个规范分析的例子。它既解决了一个规范性的问题（最低工资应当被其他政策取代吗），又涉及两个重要的价值判断：第一，通常由大部分人承担收

---

① Robert Whaples, "Do Economists Agree on Anything? Yes!" Economist's Voice 3, no. 9 (November 2006), http://www.bepress.com/ev/vo13/iss9/art1（访问日期：2009 年 9 月 1 日）。

② David Card and Alan Krueger, "Minimum Wages and Employment: A Case Study of the Fast Food Industry in New Jersey and Pennsylvania," *American Economic Review*, 84, no. 4 (September 1994): 772-793.

③ 本书也包含了这一点，详见第 10.6 节。

④ "We need a minimum wage in Singapore," August 26, 2009 by Ng E-Jay, editor, Sgpolitics.net (on the web at http://www.sgpolitics.net/?p=3572).

⑤ Steven Landsburg, "The Sin of Wages: The Real Reason to Oppose the Minimum Wage," Slate (July 9, 2004), http://slate.msn.com/id/2103486/（访问日期：2009 年 9 月 1 日）。

入再分配负担比由小部分人承担会更好。第二，因为让政治家为更透明的政策负责任会更容易，所以更透明的收入再分配政策（如所得税抵免）比不透明的政策（如最低工资）效果要好。

实证分析经济问题和规范分析经济问题的例子有很多，在许多地方都能找到。在专业学术期刊上很容易找到实证分析的例子。规范分析的例子通常发表在报纸署名文章或专栏上，或者（日益增加的）博客上。

本章小结

● 经济学是研究有限资源的分配以满足人类无限欲望的学科。它经常被认为是一门约束选择的学科。

● 微观经济学考察单个经济决策者的经济行为，如一个消费者或一家企业，以及经济主体组合，如家庭或行业。

● 经济学常常通过对特定问题建立模型并分析模型来展开研究。由于现实世界的复杂性，经济模型是从现实中抽象出来的。

● 在任何模型的分析中，必须知道哪些变量是给定的（外生变量），以及哪些变量是由模型决定的（内生变量）。

● 微观经济分析的三个基本工具是：(1) 约束优化分析，指决策者在约束条件下最大化或最小化目标函数（边做边学习题 1.1、1.2）。(2) 均衡分析，用于描述一种静止状态，或者只要外部因素保持不变就会无限继续下去的一种状态。(3) 比较静态分析。经济模型中，比较静态分析被用于观察外生变量的变化如何影响内生变量的水平，包括均衡问题（边做边学习题 1.3）和约束优化问题（边做边学习题 1.4）。

● 在微观经济学中，术语“边际”是用来度量，当增加一单位自变量时，因变量的变化大小。

● 微观经济学提供的工具，我们可用于研究实证问题和规范问题。实证分析试图解释经济系统如何工作，并预测当外生变量变化时内生变量会如何变化。规范分析回答规范性问题，如“应该做什么？”规范分析将评价标准引入分析。

复习题

1. 微观经济学和宏观经济学之间有哪些区别？

2. 为什么经济学经常被说成是约束选择的学科？

3. 约束优化分析工具如何帮助决策者做出选择？在一个约束优化模型中，目标函数和约束条件扮演什么角色？

4. 假设小麦市场是竞争的，有向上倾斜的供给曲线和向下倾斜的需求曲线，且均衡价格是每蒲式耳小麦 4 美元。为什么一个更高的价格（如每蒲式耳 5 美元）不是均衡价格？为什么一个更低的价格（如每蒲式耳 2.5 美元）不是均衡价格？

5. 在一个经济模型中，外生变量和内生变量之间的区别是什么？建立一个只有外生变量的模型（没有内生变量）会有用吗？

6. 为什么经济学家要做比较静态分析？在比较静态分析中，内生变量和外生变量的角色各是什么？

7. 实证分析和规范分析的区别是什么？下面哪一个问题需要实证分析，哪一个问题需要规范分析？

a）互联网拍卖公司对当地汽车经销商的利润有什么影响？

b）政府应当对互联网的商品销售征收特别税吗？

习　题

1.1　讨论下面的陈述："因为供给曲线和需求曲线不断移动，市场永远不可能真正达到均衡。因此，均衡的概念是无用的。"

1.2　在一篇名为《玉米价格提升出口需求、作物数量》的文章中，《华尔街日报》确认了几个能推动美国玉米价格走高的外部冲击。① 假设美国的玉米市场是竞争市场，有向上倾斜的供给曲线和向下倾斜的需求曲线。对下面的每一种情况，画图解释外生事件如何使美国市场的玉米价格升高。

a）美国农业部宣称，对中国和日本的玉米出口是"令人惊人的乐观"，比预期高出大约 30%。

b）一些分析家指出，由于天气干旱，美国的玉米产量会创下 6 年来最低。

c）厄尔尼诺效应的加强，会使南美洲西海岸的气候更加暖和，减少美国以外的玉米产量，所以外国对美国玉米的依赖会增加。

1.3　在 2008 年年初，全球石油市场的石油价格上升，在 2008 年 7 月达到了顶点，每桶石油约为 140 美元。在 2008 年下半年，石油价格下跌，在年末仅略高于每桶 40 美元。假设全球石油市场有一条向上倾斜的供给曲线和一条向下倾斜的需求曲线。对下面的每一种情况，画图解释外生事件如何使 2008 年的石油价格上升或者下跌。

a）2008 年，中国繁荣的经济使全球石油需求达到了一个新纪录。

b）2008 年的金融危机使美国和其他发达国家在 2008 年下半年陷入了严重的经济萧条。

c）2008 年，伊拉克的宗派暴力事件下降，使伊拉克的石油生产能力上升。

1.4　一家生产手机的企业使用设备和劳动。当它使用 E 小时机器设备和雇用 L 小时劳动时，它能生产出 Q 单位的手机。Q、E 和 L 之间的关系如下：$Q=\sqrt{EL}$。该企业必须为每单位机器小时支付 P_E，为每单位劳动小时支付 P_L。假设告诉生产经理要生产 $Q=200$ 单位手机，那么，为完成生产目标，她想选择能使成本最小化的 E 和 L。

a）此问题的目标函数是什么？

b）约束条件是什么？

c）变量（Q、E、L、P_E 和 P_L）中哪些是外生变量？哪些是内生变量？说明为什么。

d）写出该约束优化问题的表达式。

1.5　在美国，铝的供给取决于铝的价格和电力（在铝的生产中，这些都是关键的投入要素）的平均价格。假设电力价格提高，铝的供给曲线向左移动（即更高的电力平均价格减少铝的供给）。铝的需求取决于铝的价格和全国收入水平。假设全国收入增加，铝的需求曲线向右移动（即更高的收入增加铝的需求）。与 2003 年相比，2004 年全美收入增加，电力价格却下跌。和 2003 年铝的均衡价格相比，2004 年铝的均衡价格将如何变化？均衡数量将如何变化？

1.6　乙醇（即酒精）是无色易燃液体，当与汽油混合时，会产生汽车燃料，作为汽油替代品。乙醇汽车燃料的需求数量取决于乙醇价格和汽油价格。由于乙醇燃料是汽油的替代品，汽油价格上升会导致乙醇的需求曲线右移。乙醇的供给数量取决于乙醇价格和玉米价格（在美国，玉米是生产乙醇最主要的投入）。玉米价格上升会导致乙醇的供给曲线左移。相比于 2007 年，美国 2008 年上半年的

① 参见 Aaron Lucchetti 1997 年 8 月 22 日文章的第 C17 页。

汽油价格有明显的上升，玉米价格也上升了。与 2007 年相比，2008 年上半年乙醇汽车燃料的均衡价格会如何变化？

1.7 在美国，汽油价格取决于汽油的供给和对汽油的需求。石油企业在几个市场上供给汽油。因此，美国的汽油供给取决于美国的汽油价格和其他市场的汽油价格。当国外市场的汽油价格上升时，因为企业更倾向于向其他市场供给汽油，美国的汽油供给会下降。国外汽油价格的上升如何影响美国的汽油均衡价格？

1.8 计算机显示器的需求函数为 $Q^d=700-P$，供给函数为 $Q^s=100+P$。方程中 P 表示市场价格。填写下表。哪个市场价格是均衡价格——供给等于需求？

P	200	250	300	350	400
Q^d					
Q^s					

1.9 计算机内存条的需求函数为 $Q^d=500-2P$，供给函数为 $Q^s=50+P$。P 表示市场价格。哪个市场价格是均衡价格——供给等于需求？均衡数量是多少？

P	50	100	150	200	250
Q^d					
Q^s					

1.10 太阳镜的需求函数为：$Q^d=1\ 000-4P$，P 表示市场价格。太阳镜的供给函数为 $Q^s=100+6P$。填写下表，并找出均衡价格。

P	80	90	100	110	120
Q^d					
Q^s					

1.11 预期今年夏天阳光特别充足。因此，太阳镜的需求上升，已知需求函数为：$Q^d=1\ 200-4P$。与习题 1.10 相比，均衡价格将如何变化？解释并填写下表。

P	80	90	100	110	120
Q^d					
Q^s					

1.12 假设羊毛的供给曲线为：$Q^s=P$，Q^s 是当价格为 P 时供应的数量。还假设需求曲线为：$Q^d=10-P+I$，Q^d 是价格为 P 和收入水平为 I 时的需求数量。假定 I 是外生变量。

a）假设收入水平 $I=20$。画出供给和需求之间的关系，并在图中指出均衡价格和均衡数量。

b）解释如果羊毛价格为 18，为什么羊毛市场不是处于均衡状态。

c）解释如果羊毛价格为 14，为什么羊毛市场不是处于均衡状态。

1.13 思考习题 1.12 中所介绍的羊毛市场。假设收入从 $I_1=20$ 增加到 $I_2=24$。

a）用比较静态分析，找出收入变化对羊毛均衡价格的影响。

b）用比较静态分析，找出收入变化对羊毛均衡数量的影响。

1.14 你是录像收集员，为你的大楼用户收集录像。大楼里的其他人告诉你，在一年中，他们可能会租多少部录像。你的工作就是找到租借要求录像数量的最便宜的方法。在对各种方法进行调查后，你发现有三种租借计划可供选择。

计划 A：每部录像支付 3 美元，没有额外费用。

计划 B：加入普通观众俱乐部。每年支付会费 50 美元，每部录像额外收费 2 美元。

计划 C：加入特别观众俱乐部。每年支付会费 150 美元，每部录像额外收费 1 美元。

a）如果要求你每年租 75 部电影，要达到最低的成本，你选择哪一个计划？

b）如果要求你每年租 125 部电影，要达到最低的成本，你选择哪一个计划？

c）在本题中，录像的租借数量是外生变量还是内生变量？说明原因。

d）计划选项（A、B或C）是外生变量还是内生变量？说明原因。

e）录像上的总支出是外生变量还是内生变量？说明原因。

1.15 再思考习题 1.14 中的录像收集员问题。假设你的大楼用户给你一笔特定的钱，希望你在预算下最大化租借录像的数量。你可以从习题 1.14 中的三种计划（A、B或C）中选择。

a）如果要求你每年花 125 美元去租借最多的录像，你会选择哪个计划？

b）如果要求你每年花 300 美元去租借最多的录像，你会选择哪个计划？

c）在本题中，录像的租借数量是外生变量还是内生变量？说明原因。

d）计划选项（A、B或C）是外生变量还是内生变量？说明原因

e）录像上的总支出是外生变量还是内生变量。说明原因。

1.16 一家主要的汽车制造商正考虑如何在两个电视节目（国家橄榄球联盟比赛和美国职业高尔夫巡回赛）间分配 200 万美元的广告预算。下表给出了，当花在国家橄榄球联盟比赛和美国职业高尔夫巡回赛上一定费用时，新增的 SUV 销量。

总支出（百万美元）	新增的 SUV 销量（千辆/年）	
	国家橄榄球联盟比赛	美国职业高尔夫巡回赛
0	0	0
0.5	10	4
1.0	15	6
1.5	19	8
2.0	20	9

该制造商的目标是分配 200 万美元的广告预算，以最大化 SUV 的销售量。用 F 表示用在国家橄榄球联盟比赛上的广告费，用 G 表示用在美国职业高尔夫巡回赛上的广告费，$C(F, G)$ 表示新增的销量。

a）该问题的目标函数是什么？

b）约束条件是什么？

c）写出约束优化问题的表达式。

d）根据表中给出的信息，制造商应该如何分配它的广告预算？

1.17 一家电力企业有两个电厂，每个电厂都排放二氧化碳（一种温室气体）。当前，每个电厂每年排放 100 万吨二氧化碳。然而，新的排放标准限制该企业两个电厂每年总共只能排放 100 万吨二氧化碳。当电厂减少二氧化碳排放量时，它的运行成本会上升。下表给出了每个电厂不同排放水平时的运行成本。

一个电厂排放的二氧化碳（吨/年）	电厂 1 的年运行成本（百万美元）	电厂 2 的年运行成本（百万美元）
0	490	250
250 000	360	160
500 000	250	90
750 000	160	40
1 000 000	90	10

企业的目标是选择每个电厂的排放水平，以最小化它的电厂总运行成本。受两个电厂每年总排放100万吨二氧化碳的限制。用X表示电厂1的排放量，用Y表示电厂2的排放量。用$TC(X, Y)$表示企业总运行成本。

a）该问题的目标函数是什么？

b）约束条件是什么？

c）写出该约束优化问题的表达式。

d）根据表中的信息，企业会为每个电厂选择多少排放水平？

1.18 桃子的需求曲线为：$Q^d=100-4P$，P是桃子的价格（美分/磅），Q^d是桃子的需求数量（用每年千蒲式耳表示）。桃子的供给曲线为：$Q^s=RP$，R表示降雨量（在桃子生产季每月的英寸量），Q^s是桃子的供给量（用每年千蒲式耳表示）。用P^*表示市场均衡价格，用Q^*表示市场均衡数量。完成下表，揭示随着降雨量的变化均衡数量和价格是如何变化的。验证：当$R=1$时，均衡价格是20美分/磅，且均衡数量是每年20 000蒲式耳。

R	1	2	4	8	16
Q^*	20				
P^*	20	16.67			

1.19 全球对开心果的需求曲线为：$Q^d=10-P$，P是开心果的美元价格，Q^d是开心果的数量（每年百万千克）。全球对开心果的供给曲线为：$Q^s=\frac{9P}{1+0.05(T-70)^2}$，$T$是开心果生产季节的平均温度（华氏度）。供给曲线表明，当温度偏离理想温度70℉后，开心果的供给数量会下降。用P^*表示均衡价格，用Q^*表示均衡数量。完成下表，给出随着温度变化均衡数量和价格是如何变化的。验证：当$T=70$时，均衡价格是每千克1美元，且均衡数量是每年900万千克。

T	30	50	65	70	80
Q^*（百万千克/年）				9	
P^*（美元/千克）				1	

1.20 思考边做边学习题1.4中农民栅栏问题的比较静态，L是羊圈的长，W是宽，$A=LW$是羊圈的面积。

a）假设最初给定农民$F_1=200$英尺长的栅栏。完成下表。证明，最优的栅栏设计（用200英尺做出最大面积）是正方形。

L	10	20	30	40	50	60	70	80	90
W	90	80							
A	900								

b）现在，假设给农民240英尺长的栅栏（$F=240$）。完成下表。最优设计的羊圈，长L和宽W各增加多少？

L	20	30	40	50	60	70	80	90	100
W	100	90							
A	2 000								

c）当栅栏长度从200英尺增加到240英尺（$\Delta F=40$）时，最优长度的变化（ΔL）是多少？

d）当栅栏长度从200英尺增加到240英尺（$\Delta F=40$）时，最优面积的变化（ΔA）是多少？在本例中，面积 A 是内生变量还是外生变量？说明原因。

1.21 下面哪些陈述建议是实证分析，哪些陈述建议是规范分析？

a）如果美国解除古巴雪茄的进口禁令，那么雪茄的价格会下降。

b）佛罗里达的霜冻会导致橙汁价格上升。

c）为了向公立学校提供收入，应当提高对酒精、烟草以及赌场的税收，而不是增加所得税。

d）应当允许电话公司如提供电话服务一样提供有线电视服务。

e）如果电话公司被允许提供有线电视服务，那么这两种服务的价格都会下降。

f）政府对农民的补贴太高，所以在未来十年里应当取消。

g）如果对每包雪茄的税收增加 50 美分，则每包雪茄的均衡价格将上升 30 美分。

第 2 章

需求与供给分析

什么决定了玉米的价格

玉米是全球最重要的农作物之一。它用于我们日常需要的多种食品和工业品（如玉米油、甜味剂以及酒精）的生产。近年来，在汽油和石油价格增长的情况下，由于玉米能用于乙醇燃料的生产，所以玉米吸引了更多人的关注。美国是世界上最大的玉米消费者，也是最大的玉米生产者和出口国，美国的玉米出口价格定位了全球玉米价格。

图 2－1 说明了在一个竞争市场中玉米的价格变化。价格看似随意地上升或下降，

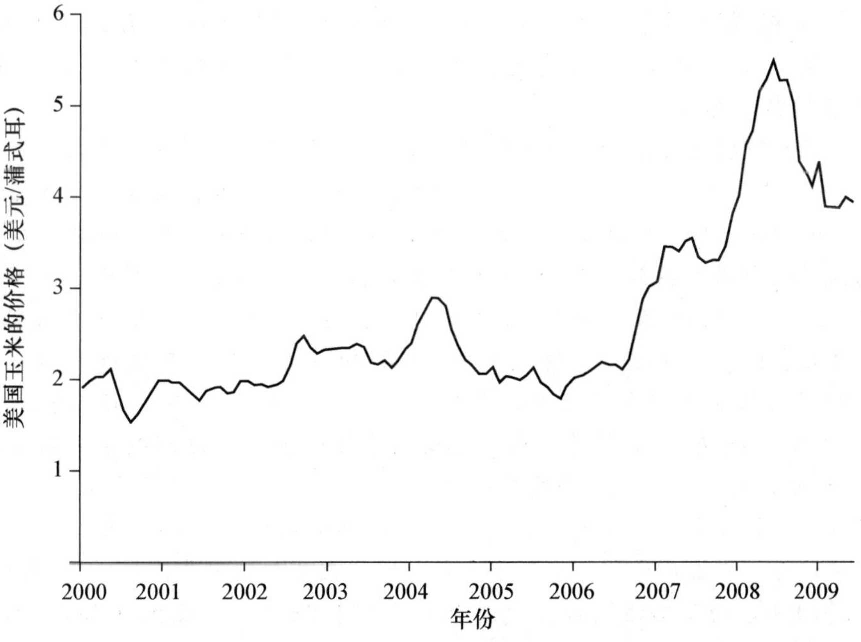

图 2－1　2000—2009 年美国玉米的价格

说明：图中所示为 2000 年 1 月至 2009 年 6 月农民得到的玉米月度价格；在 2008 年 6 月价格达到最高，即 5.47 美元/蒲式耳。

资料来源：Economic Research Service，Feed Grains Database，U. S. Department of Agriculture，http://www.ers.usda.gov/data/feedgrains/（到访日期：2009 年 7 月 9 日）。

并不是个别市场参与者（如玉米农场主、谷物运营商、商品交易者）能控制的。即使这样，我们也可以从他们的行为上理解市场价格变化的原因。在玉米这个例子中，图 2-1 显示的价格可以追溯到 21 世纪初玉米供给与需求的一些重大变化所带来的影响。在 2002 年以及 2003 年年初玉米价格的小幅上升，反映了 2002 年夏天美国玉米种植期干旱所带来的玉米供给减少。2004 年和 2005 年价格的下降，是由于这两年美国玉米出乎意料的大增产。

自 2006 年年末起玉米价格的持续增长来自美国政府的许多政策变化。甲基叔丁基醚（MTBE）是一种高辛烷值汽油添加剂，通常被用于提升汽油辛烷值与引擎性能。由于它是一种致癌物，许多国家在 21 世纪初就禁止使用甲基叔丁基醚。乙醇，一种被广泛应用于酒精饮料、溶剂和香水生产的无色易燃液体，开始作为甲基叔丁基醚的替代品被使用。在美国，几乎所有生产的乙醇都来自玉米。2005 年美国国会取消了对将甲基叔丁基醚添加到汽油中的炼化企业的责任保护，这加速了由玉米生产的乙醇作为汽油添加剂的进程。在 21 世纪初中期，乙醇对甲基叔丁基醚的替代增加了由玉米生产乙醇的需求，因此玉米的需求也随之增加。

另外，在 2005 年以及 2007 年，国会通过了包括“可再生能源授权”计划等能源法案，呼吁美国在 2009—2022 年设立可再生燃料最低限度消费。这项授权将导致由玉米生产的乙醇消费数量在 2015 年之前都急剧升高（在 2015 年后，可再生燃料的增长也可以从其他途径获得）。这项法案带来了美国乙醇类燃料数量增加（如 E85，一种由 85%乙醇和 15%汽油组成的混合物），因此玉米的需求变得更大。美国乙醇使用量增加带来的玉米需求量扩大是 2007 年和 2008 年玉米价格急剧上升的重要原因。美国国会预算中心估计，2007 年 4 月—2008 年 4 月玉米价格增长的 1.75 美元/蒲式耳（即从 3.39 美元变化到 5.14 美元）中的 28%～47%来自美国乙醇生产者的需求增加。①

那么，又有哪些其他因素导致了价格的大幅增长？其中一部分增长来自美国的急速扩张和 2005—2008 年全球经济的“泡沫”时期。另一部分增长来自玉米市场上供给者的变化。石油价格的增长增加了农民的生产成本。此外，2008 年年初发生在美国玉米种植带的大暴雨和洪水带来了 2008 年大部分玉米收成将不景气的恐慌。以下这些因素缓解了 2008 年下半年和 2009 年玉米价格的上涨：经济危机带来全球玉米需求减少；石油价格下降让农民从高价燃料中得以解脱；2008 年玉米收成大幅减少的担心也是言过其实；2009 年气候条件恢复了正常。因此，玉米价格从 2008 年 6 月的最高价下降到 2009 年早期的 3.90 美元/蒲式耳。由于乙醇需求量的转变持续影响着玉米市场，价格仍然比 21 世纪初的 2.00 美元/蒲式耳高。

作为世界上第二大玉米消费者，中国明显有类似的模式。2007 年，因为玉米价格上涨损害了经济，中国政府暂停用玉米生产乙醇，敦促企业用其他材料，如纤维素，生产乙醇。2010 年，为了给近创纪录的价格一个下行压力，以及推测玉米价格将走高，中国政府销售储备玉米（增加供给）。国务院发展研究中心副部长徐小青在北京的一次

① “The Impact of Ethanol Use on Food Prices and Greenhouse-Gas Emissions,” Congressional Budget Office (April 2009).

会议上讲到，“政府已经发出了一个明确、强烈的信号，我们有充足的储备”，根本的供需关系没有变化。①

在第 1 章介绍的供给与需求分析工具有助于我们理解，在过去十年中有关玉米市场的价格变化情况。事实上，它们能够帮助我们理解从玫瑰到电力甚至胡椒等各种市场上价格的种种表现。

本章概要 在阅读和学习本章之后，你将会解决以下问题：

- 描述需求与供给分析的三大组成——需求曲线、供给曲线和市场均衡的概念。
- 分析外生变量的变化如何影响需求曲线和供给曲线，如何改变均衡价格与均衡数量。
- 阐述价格弹性的概念。
- 计算特定需求曲线的需求价格弹性。
- 解释需求价格弹性如何影响总收入。
- 讨论决定需求价格弹性的因素。
- 比较市场主导型与品牌主导型需求价格弹性。
- 解释和比较其他弹性：需求收入弹性、需求交叉价格弹性与供给价格弹性。
- 解释需求价格弹性和供给价格弹性在短期与长期不同的原因。
- 运用“粗略计算”的方法，利用少数价格、数量和弹性的数据描述出需求曲线与供给曲线的主要特征。

2.1 需求、供给与市场均衡

第 1 章介绍了均衡和比较静态分析。在本章中，我们将这些工具运用于完全竞争市场的分析。完全竞争市场包括大量的买者和卖者。相对于市场上商品和服务的总成交量来说，任何买者或卖者的交易都微不足道。因此，在进行商品采购与生产时，每个买者与卖者只能使用市场决定的价格。完全竞争市场模型也常被称为“价格接受行为”模型。

图 2-2 描述了一个完全竞争市场的基本模型。横轴（Q）描绘了在完全竞争市场中玉米的供给和需求数量。纵轴（P）表示玉米的交易价格。一个市场可以从三个维度进行描述：商品——市场上交易的产品（图 2-2 的商品是玉米）；地理位置——交易发生的地点（图 2-2 的地理位置是美国）；时间——交易发生的时间（图 2-2 的时间是 2009 年，此时玉米的价格约为 4 美元/蒲式耳）。

① As quoted in “China to Curb Corn Price Gains as Record Levels Near (Update3)”, Bloomberg May 24, 2010, 5: 57 AM EDT, on the web at http://www.businessweek.com/news/2010-05-24/china-to-curb-corn-price-gains-as-record-levels-near-update3-.html.

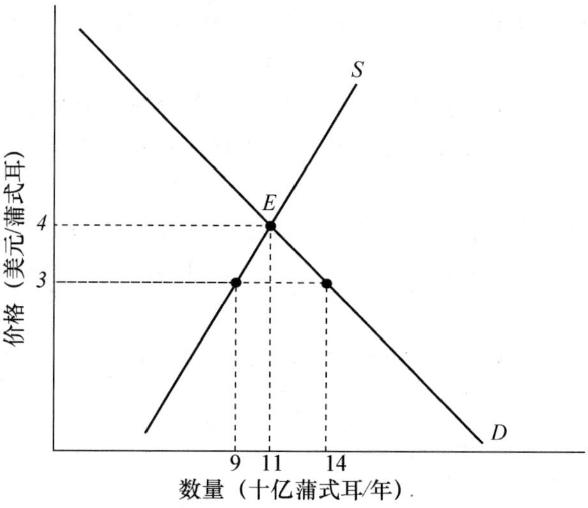

图 2-2　2009 年美国的玉米市场

说明：曲线 D 表示玉米的需求曲线；曲线 S 表示玉米的供给曲线。交点 E 是市场均衡点。

□ 需求曲线

在图 2-2 中，曲线 D 表示的是玉米的**市场需求曲线**（market demand curve）。这条曲线告诉我们：在不同价格水平下消费者愿意购买的玉米数量。例如，这条需求曲线表明，当价格为 3 美元/蒲式耳时，玉米的年需求量为 140 亿蒲式耳；当价格为 4 美元/蒲式耳时，年需求量仅为 110 亿蒲式耳。

市场需求曲线：表示在不同价格水平下消费者愿意购买的商品数量。

一些公司（如美国的 ADM 公司和通用磨坊公司）将玉米加工成中间产品（如高果糖玉米糖浆和玉米糁），再制造为最终产品（如软饮料、早餐麦片）从而形成了玉米的供给。图 2-2 所描绘曲线中的一部分需求被称为**派生需求**（derived demand）——由其他商品的生产和销售衍生出来的需求。例如，对高果糖玉米糖浆的需求就是从用于代替蔗糖等软饮料的需求中派生出来的。同时，各中间商及批发商也会购买玉米，再转卖给零售商，零售商再将其出售给最终消费者。因此，图 2-2 所描绘曲线中的另一部分需求被称为**直接需求**（direct demand）——商品本身产生的需求。需求曲线 D 代表了美国市场中所有玉米购买者的总需求。

派生需求：由其他商品的生产和销售衍生出来的需求。
直接需求：由买方想直接消费商品产生的需求。

在图 2-2 中，我们用纵轴表示价格、用横轴表示数量绘制了需求曲线。在后面的章节中我们还会用这种方式绘制需求曲线。需求曲线告诉我们，在给定数量或产出供给量下，市场能够“承受”的最高价格。在图 2-2 中，如果玉米的供给商总共提供了 140 亿蒲式耳用于销售，玉米所能达到的最高价格为 3 美元/蒲式耳。

除了价格外，其他因素也影响一种商品的需求量。相关商品的价格、消费者收入、消费者偏好以及广告都会影响一种特定产品的需求。但是，需求曲线只局限于描绘产品价格与需求量的关系。所以，当我们描绘需求曲线时，假定其他条件不变。

图 2-2 中的需求曲线呈现向下倾斜的趋势。这表明：玉米价格越低，需求量越大；玉米价格越高，需求量越小。在其他条件不变的情况下，价格和需求量之间存在负相关关系，即**需求定律**（law of demand）。大量关于市场需求曲线的研究都证明了，价格和需求量之间存在负相关关系，所以我们将这种关系称为需求定律。同时，你可能考虑到香水、名牌商品、水晶等所谓的奢侈品。当价格越高时，消费者更愿意购买这些奢侈品，因为高价格意味着更高档。① 但是，以上几个例子并不违反需求定律，因为当价格变化时，影响这些商品需求的其他因素也发生了变化。消费者对这些商品质量的满意度也发生了改变。假如消费者对质量的满意度不发生变化，我们可以设想，当价格提高时，消费者会减少对奢侈品的购买。

需求定律：在其他条件不变的情况下，价格和需求量之间存在负相关关系。

边做边学习题 2.1 ☞

绘制一条需求曲线

假设美国对新汽车的需求可用方程表示为：

$$Q^d = 5.3 - 0.1P \tag{2.1}$$

其中，Q^d是当每辆汽车的平均价格为 P（以千美元计）时新汽车的年需求量（以百万辆计）。（目前，不用考虑 5.3 和 −0.1 的含义。）

问题：

(a) 当每辆汽车的平均价格为 15 000 美元时，新汽车的年需求量为多少？当平均价格为 25 000 美元时，年需求量为多少？当平均价格为 35 000 美元时，年需求量又为多少？

(b) 画出汽车的需求曲线。该曲线是否遵从需求定律？

解：

(a) 给定平均价格，为找到汽车的年需求量，我们利用方程（2.1），有：

每辆汽车的平均价格（P）（美元）	运用方程（2.1）	需求量（Q^d）（百万辆/年）
15 000	$Q^d = 5.3 - 0.1 \times 15 = 3.8$	3.8
25 000	$Q^d = 5.3 - 0.1 \times 25 = 2.8$	2.8
35 000	$Q^d = 5.3 - 0.1 \times 35 = 1.8$	1.8

(b) 图 2-3 显示了汽车的需求曲线。通过描绘解（a）中的平均价格和需求量的点并将这些点连成一条线就得到了需求曲线。图 2-3 中曲线向下倾斜表明，当价格上升

① Michael Schudson, *Advertising, The Uneasy Persuasion: Its Dubious Impact on American Society* (New York: Basic Books, 1984), pp. 113-114.

时，汽车的需求量将下降。

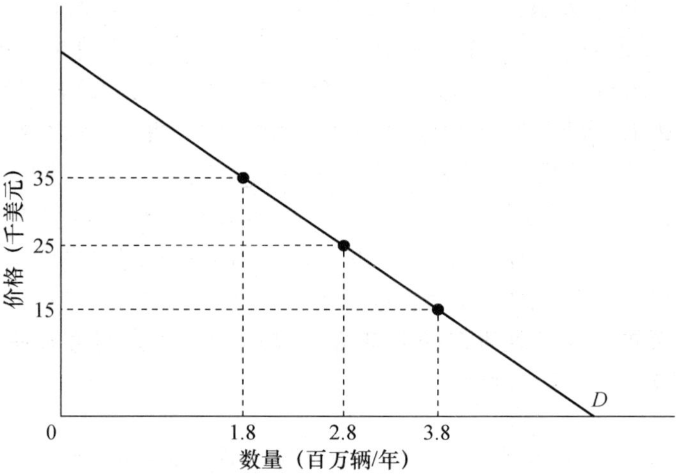

图 2-3　美国的汽车需求曲线

说明：因为需求曲线向下倾斜，需求定律适用于该市场。

相似习题： 2.1，2.2，2.4

□ 供给曲线

在图 2-2 中，标为 S 的曲线就是玉米的**市场供给曲线**（market supply curve）。它向我们展示了，玉米供给者在不同的价格下愿意提供的玉米总量。例如，供给曲线告诉我们：在 2009 年，当价格为每蒲式耳 3 美元时，有 90 亿蒲式耳的玉米将被提供；当价格为每蒲式耳 4 美元时，有 110 亿蒲式耳的玉米将被提供。

美国玉米的供给主要来自全国各地种植玉米的农民。在给定年份，玉米可用供给由当年收获的玉米以及以前收获的储存起来的玉米构成。我们应当认为供给曲线 S 是由美国所有单个玉米供应商的供给曲线加总构成。

供给曲线向上倾斜说明，在更高的价位上，玉米供应商愿意提供相比于低价格时更多的玉米。价格和供给量之间存在正相关关系，即**供给定律**（law of supply）。有关市场供给曲线的研究证明了供给量和价格之间存在正相关关系，这也是为什么我们将这种关系称为供给定律。

至于需求方面，除了价格外，其他因素也影响着生产商愿意向市场供给的商品的数量。例如，**生产要素**（factors of production）——用来生产一种商品的资源，如劳动和原材料——的价格对卖方愿意提供的商品数量产生影响。卖家生产的其他商品的价格也同样会影响供给量。例如，当石油价格上涨的时候，天然气的供给将会上升，因为更高的石油价格刺激了更多的石油生产，而天然气是石油的一种副产品。当我们画出如同图 2-2 一样的供给曲线时，我们假设所有影响供给的其他因素都是固定不变的。

市场供给曲线： 表示商品供给者在不同价格下愿意提供的商品总量的曲线。

供给定律： 当其他影响供给的因素不变时，价格和供给量之间存在正相关关系。

生产要素： 用来生产一种商品的资源，如劳动和原材料。

边做边学习题 2.2

绘制一条供给曲线

假定加拿大每年小麦的供给由下面的方程描述：

$$Q^s = 0.15 + p \tag{2.2}$$

其中，Q^s 是当小麦的平均价格为 P（以美元/蒲式耳计）时加拿大每年生产的小麦数量（以十亿蒲式耳计）。

问题：

(a) 当小麦的平均价格为 2 美元/蒲式耳时，小麦每年的供给量为多少？当价格为 3 美元/蒲式耳时呢？当价格为 4 美元/蒲式耳时呢？

(b) 画出小麦的供给曲线。它是否遵从供给定律？

解：

(a) 在给定每蒲式耳平均价格的情况下，为了找到小麦的年供给量，运用方程 (2.2)，有：

每蒲式耳平均价格（P）（美元）	运用方程（2.2）	供给量（Q^s）（百万蒲式耳/年）
2	$Q^s = 0.15+2=2.15$	2.15
3	$Q^s = 0.15+3=3.15$	3.15
4	$Q^s = 0.15+4=4.15$	4.15

(b) 图 2－4 显示了该条供给曲线的图像。我们通过描绘解 (a) 中的价格和供给量的点并将这些点连成一条线得到了该供给曲线。图 2－4 中供给曲线向上倾斜的事实证明，该曲线满足供给定律。

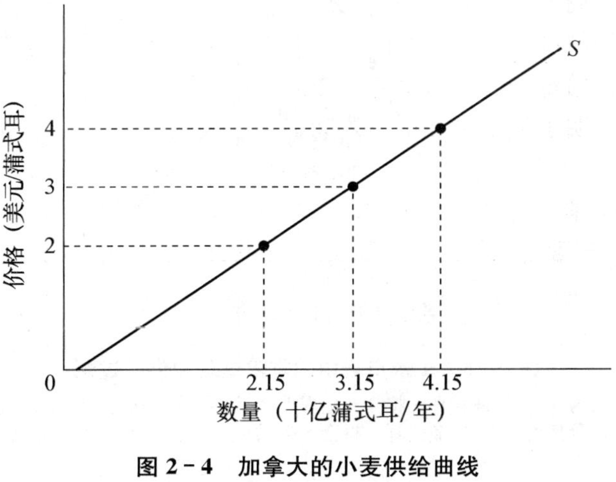

图 2－4　加拿大的小麦供给曲线

说明：因为供给曲线向上倾斜，供给定律适用于该市场。

□ 市场均衡

在图 2-2 中，需求曲线和供给曲线相交于点 E，此时价格为 4 美元/蒲式耳，数量为 110 亿蒲式耳。在该点，市场处于**均衡**（equilibrium）（需求数量与供给数量相等，市场出清）。我们在第 1 章中讨论过，均衡是只要外生变量（例如，降雨量，国民收入）保持不变，市场价格就没有任何变化趋势的点。在均衡价格以外的任何价格，都存在迫使价格发生变动的压力。例如，在图 2-5 中，如果玉米的价格为 5 美元/蒲式耳，就存在**供给过剩**（excess supply）的现象——在该价格下，供给数量（130 亿蒲式耳）超过了需求数量（80 亿蒲式耳）。玉米供给商不能卖出和它们所希望数量一样多的玉米，这样便产生了促使价格下降的推动力。当价格下降时，需求数量将会增加，而供给数量则会减少，市场向 4 美元/蒲式耳的均衡价格移动。如果玉米的价格为 3 美元/蒲式耳，就会产生**需求过剩**（excess demand）的现象——在该价格下，需求数量（140 亿蒲式耳）超过了供给数量（90 亿蒲式耳）。玉米的买主不能够获得和他们所希望一样多的玉米，因此产生了促使价格上升的推动力。当价格上升时，供给数量将增加，需求数量将减少，市场向 4 美元/蒲式耳的均衡价格移动。

均衡：只要外生变量保持不变，市场价格没有任何变化趋势的点。
供给过剩：一种在给定价格下供给数量超过需求数量的情形。
需求过剩：一种在给定价格下需求数量超过供给数量的情形。

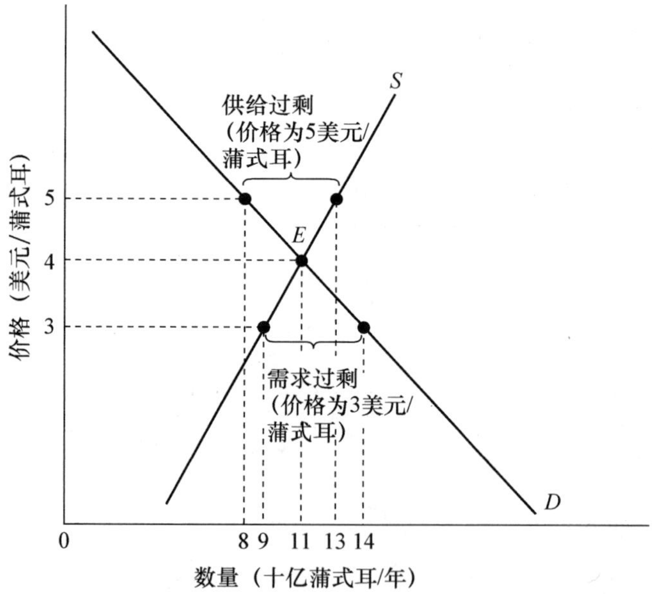

图 2-5　玉米市场中的需求过剩和供给过剩

说明：如果玉米的价格为 3 美元/蒲式耳，将会产生需求过剩，因为市场有 140 亿蒲式耳的需求，而只有 90 亿蒲式耳被提供；如果玉米的价格为 5 美元/蒲式耳，将会产生供给过剩，因为市场将提供 130 亿蒲式耳，而需求仅为 80 亿蒲式耳。

边做边学习题 2.3 ☞

计算均衡价格和均衡数量

假定蔓越橘的市场需求曲线为方程 $Q^d=500-4P$，其市场供给曲线（当$P\geqslant 50$ 时）为方程 $Q^s=-100+2P$，其中 P 为以美元表示的每桶蔓越橘的价格，数量（Q^d或者Q^s）以每年千桶计。

问题：

当价格和数量为多少时，蔓越橘市场处于均衡？用图像表达出该均衡。

解：

当均衡时，供给数量等于需求数量，我们可以利用这个关系来解出 P 值：$Q^d=Q^s$，即 $500-4P=-100+2P$，解得 $P=100$。因此，均衡价格为每桶 100 美元。然后，我们可以将求得的均衡价格代入需求曲线或供给曲线任意一个方程求出均衡数量：

$$Q^d=500-4\times100=100$$
$$Q^s=-100+2\times100=100$$

由此，均衡数量为每年 100 000 桶。图 2-6 以图像展示了该均衡状态。

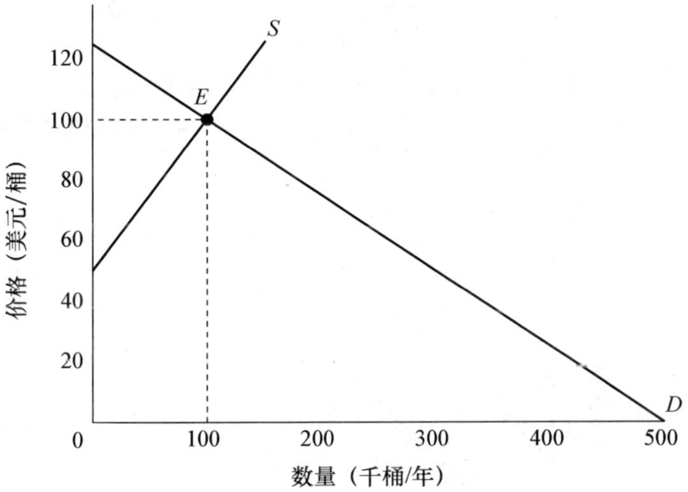

图 2-6　蔓越橘市场中的均衡

说明：市场均衡发生在点 E 处，即需求曲线和供给曲线的交点。均衡价格为 100 美元/桶，均衡数量为每年 100 000 桶蔓越橘。

相似习题：2.3

□ 供给和需求的移动

供给或需求一方的移动

到目前为止，本章有关需求曲线和供给曲线的讨论都是，在除价格外其他影响需求数量以及供给数量的因素都保持不变的假设条件下进行的。然而，在实际中，这些其他因素往往不是固定不变的，因此需求曲线和供给曲线的位置以及市场均衡的位置也将取决于这些因素。图 2－7 和图 2－8 向我们展示了，如何具体化我们的分析，以解释其他变量对市场均衡的影响。这些图反映的就是比较静态分析。有关比较静态分析，我们在第 1 章中已讨论过。在两种情况下，我们都可以对外生变量（例如消费者收入或者工资率）的变化怎样改变内生变量（价格和数量）的均衡值进行探索。

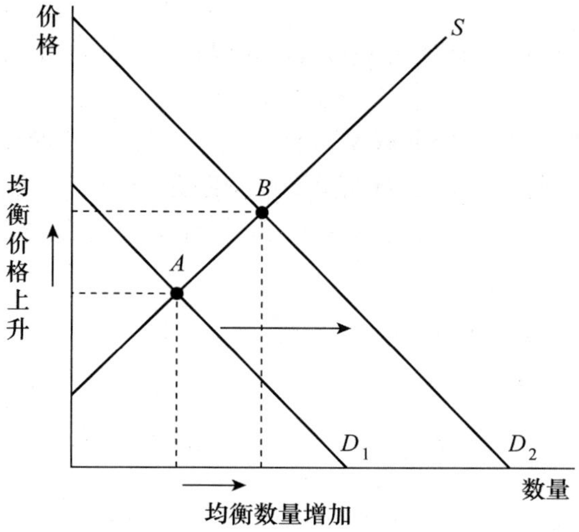

图 2－7　由可支配收入增加引起的需求变动

说明：消费者的可支配收入增加引起了对某一特定商品需求的增加，需求曲线将向右移动（即偏离纵轴），从 D_1 移至 D_2，市场均衡也从点 A 移动到点 B。均衡价格上升，均衡数量增加。

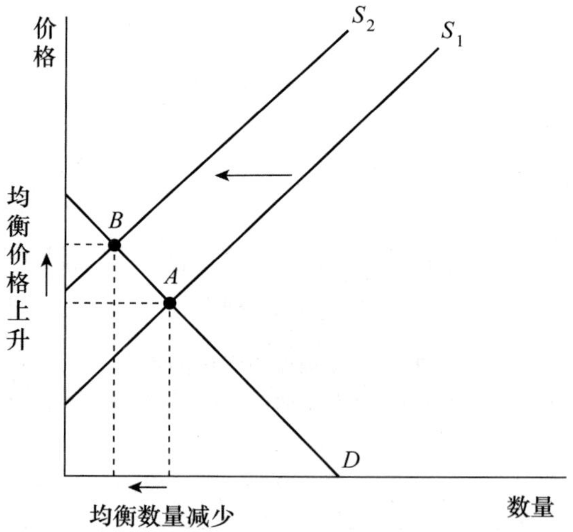

图 2－8　由劳动价格上升导致的供给变动

说明：劳动价格上升使供给曲线向左移动（即朝向纵轴），从 S_1 移至 S_2。市场均衡从点 A 处移至点 B 处。均衡价格上升，均衡数量减少。

对市场均衡做比较静态分析，首先必须明确一个特定的外生变量是如何影响需求或供给或它们两者的。然后，将这种变量的变化以需求曲线的移动、供给曲线的移动或者两条曲线的移动表达出来。例如，假设更高的消费者收入增加了对某种特定商品的需求。更高的可支配收入对市场均衡的影响表现为需求曲线向右移动（即偏离纵轴），如图 2-7 所示。[①] 该移动意味着，在任何价位上，需求数量都比之前增加。该变化使市场均衡从点 A 向点 B 移动。由于更高的收入导致更高的需求，所以均衡价格和均衡数量都增加了。

再举一个例子，假设某一特定行业中工人的工资率上升了。由于成本会随着劳动成本的上升而上升，一些企业很有可能降低其生产水平；一些企业甚至有可能会走向破产。劳动成本的增加使得供给曲线向左移动（即朝向纵轴），如图 2-8 所示。这种移动说明，和之前相比，在任何价格下，更少的产品将被供给，市场均衡将从点 A 处移至点 B 处。劳动价格的上升提高了均衡价格，减少了均衡数量。

图 2-7 向我们表明：在供给曲线不变的情况下，需求的增加会造成更高均衡价格以及更大均衡数量的结果。图 2-8 则说明：在需求曲线不变的情况下，供给减少造成更高均衡价格以及更少均衡数量的结果。通过对需求减少以及供给增加做类似的比较静态分析，我们可以得到四个基本的供需定律：

(1) 需求增加＋不变的供给曲线＝更高的均衡价格以及更大的均衡数量。

(2) 供给减少＋不变的需求曲线＝更高的均衡价格以及更少的均衡数量。

(3) 需求减少＋不变的供给曲线＝更低的均衡价格以及更少的均衡数量。

(4) 供给增加＋不变的需求曲线＝更低的均衡价格以及更大的均衡数量。

边做边学习题 2.4 ☞

市场均衡的比较静态分析

假设在美国对铝的需求为 $Q^d=500-50P+10I$，其中 P（美元/千克）为铝的价格，I 为美国每个公民的平均收入（千美元/年）。平均收入是汽车以及使用铝进行生产的其他产品的需求的一个重要决定因素，也是铝本身的需求的决定因素。进一步假设美国铝的供给（当 $P\geq 8$ 时）以方程 $Q^s=-400+50P$ 表达。在需求函数和供给函数中，数量都是以百万千克铝/年为单位来进行计量的。

问题：

(a) 当 $I=10$（即 10 000 美元/年）时，铝的市场均衡价格为多少？

(b) 如果每个公民的平均收入仅为每年 5 000 美元（即 $I=5$ 而不是 $I=10$），需求曲线将会发生怎样的变化？计算这种需求变动对市场均衡价格以及均衡数量造成的影响，并画出供给曲线和需求曲线（当 $I=10$ 时以及当 $I=5$ 时）以说明这种影响。

解：

(a) 我们将 $I=10$ 代入需求方程，得到铝的需求曲线表达式为：$Q^d=600-50P$。

然后我们利用 Q^d 与 Q^s 相等计算出均衡价格：$600-50P=-400+50P$，得到 $P=10$。所以均衡价格为 10 美元/千克。均衡数量为 $Q=600-50\times 10$，即 $Q=100$。因此，均衡数量为 1 亿千克/年。

(b) I 的变化生成了新的需求曲线，我们将 $I=5$ 代入需求方程，得到以下方程：

---

① 如图 2-7 所示，这种移动并不一定是平移。

$Q^d=550-50P$。图 2-9 显示了该需求曲线以及 $I=10$ 时的需求曲线。和之前一样，我们利用 Q^d 与 Q^s 相等计算出均衡价格：$550-50P=-400+50P$，即可得 $P=9.5$。因此，均衡价格由 10 美元/千克降至 9.50 美元/千克。均衡数量为 $Q=550-50\times 9.50$，即 $Q=75$。因此，均衡数量由 1 亿千克/年降至 7 500 万千克/年。图 2-9 展现了这种影响结果。需要注意的是，这和供需定律中的第三条是一致的：在供给曲线不变的情况下，需求的减少会造成更低均衡价格以及更少均衡数量的结果。

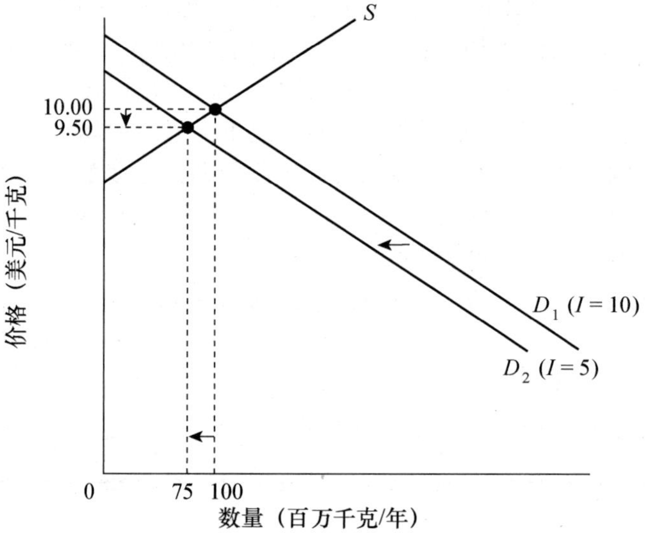

图 2-9　铝市场中的均衡

说明：初始的市场均衡价格为 10 美元/千克，均衡数量为 1 亿千克。当平均收入减少时（即当我们从 $I=10$ 向 $I=5$ 移动时），铝的需求曲线向左移动。新的均衡价格为 9.5 美元/千克，新的均衡数量为 7 500 万千克。

相似习题：2.11，2.18

案例 2.1

情人节效应

在美国和英国，2 月 14 日是浪漫的情人节。在墨西哥和许多南美洲国家，这一天是其他关系的庆典，被称为“爱情和友谊日”（Day of Love and Friendship）。类似地，在瑞典这一天被称为“爱心日”（All Hearts' Day）。通常这些庆典都是互送礼物，而列在礼单首位的是鲜花。事实上，开始于 20 世纪 60 年代的瑞典爱心日得到了瑞典花卉产业的大肆宣传。英国一家做得不错的线上花店，Serenata Flowers，认为经典款销量很高：一打红玫瑰。

很自然地，需求增加影响价格。你在情人节前后支付的红玫瑰的价格往往比一年中其他时间的价格要高 3～5 倍。通过展现三年时间里（1991 年、1992 年以及 1993 年）每年两个不同时间里（2 月和 8 月）鲜切玫瑰的价格和数量，图 2-10 说明了这种情况。[①]

① 图 2-10 中的数据来自“Fresh Cut Roses from Colombia and Ecuador,” Publication 2766，International Trade Commission（March 1994）的表 12 和表 17。2 月的数据由 1 月的最后两个星期以及 2 月的前两个星期的数据构成。

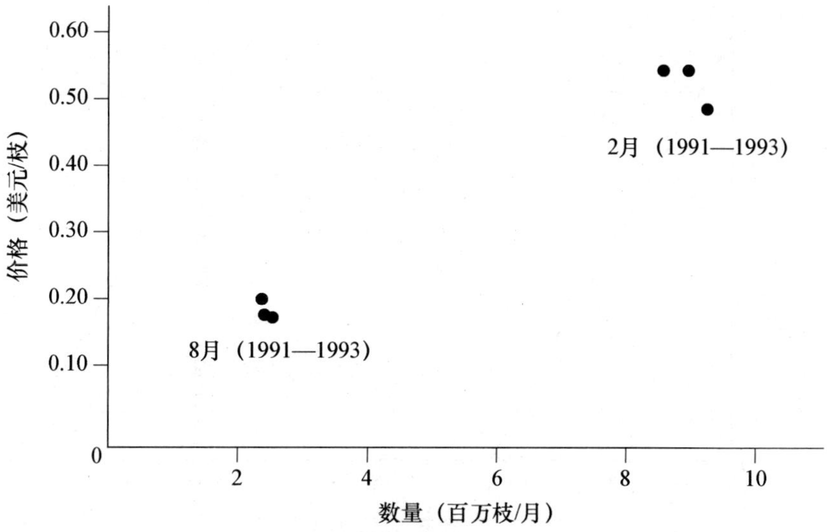

图 2－10　鲜切玫瑰的价格和数量

说明：1991—1993 年 8 月和 2 月玫瑰花的价格以及数量——和 8 月相比，2 月的价格以及数量均高出很多。

情人节玫瑰花的定价行为能被理解为比较静态分析的应用。图 2－11 描述了 20 世纪 90 年代早期美国鲜切玫瑰花市场的市场均衡。在这一时期，红色混合茶色玫瑰花的批发价通常大约为 0.20 美元/枝。① 然而，在每一年里，市场都会在情人节前后的时间里发生变化。在情人节的前几天里，红玫瑰的需求急剧增加，导致玫瑰花的需求曲线向右移动，从 D_1 移至 D_2。需求向右移动使均衡价格增至大约 0.50 美元/枝。即使价格变高了，均衡数量也要比之前多出一些。

这个结果并不违反需求定律。它反映了一个事实：情人节均衡的变化是因为情人节之前以及之后的需求曲线是不同的。图 2－11 解释了，为什么我们对情人节红玫瑰价格有较高的预期（情人节的现象是一个外生变量，它严重影响了对红玫瑰的需求）。

图 2－11 的逻辑同样有助于解释玫瑰花市场的另一个现象：白玫瑰和黄玫瑰的价格。它们的价格在情人节前后同样上升了，但要少于红玫瑰价格的增长程度。总的来说，它们的价格要比红玫瑰的价格更加稳定，因为白玫瑰和黄玫瑰在情人节受欢迎程度相对较低，它们更多地用于婚礼以及其他特殊事件。这些事件在一年里分布更为均匀，因此相比于红玫瑰的需求曲线，白玫瑰和黄玫瑰的需求曲线波动较小。因此，它们的均衡价格也更稳定。

供给和需求均变动

到目前为止，我们一直关注供给曲线或者需求曲线发生移动造成的影响。然而，有时通过讨论供给和需求都发生变动产生的影响，我们可以更好地理解市场中价格和数量的变动。

① 这些均为批发价格（即鲜花零售商支付给它们的供给商的价格），不是最终消费者支付的零售价格。

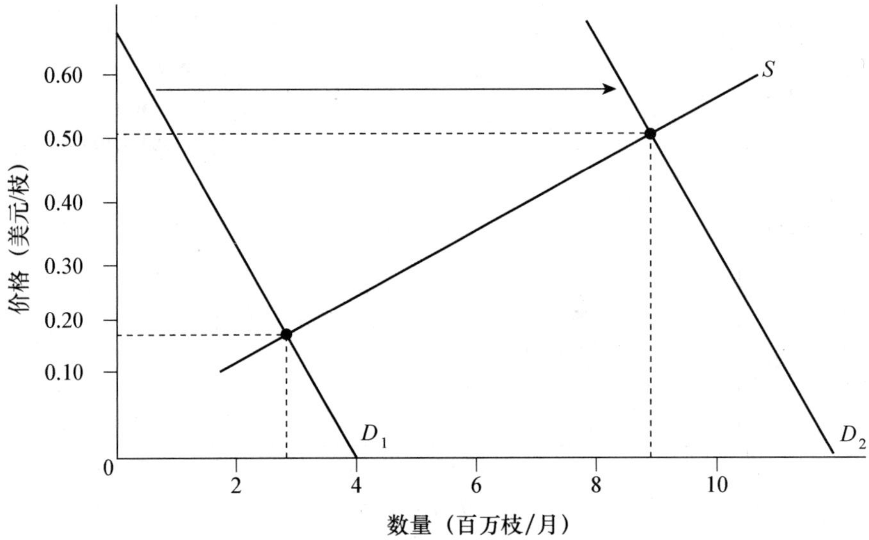

图 2-11　鲜切玫瑰市场

说明：在平常月份中，鲜切玫瑰市场在价格大约为 0.20 美元/枝时达到均衡。然而，在情人节前后几周，玫瑰花的需求曲线向右移动，从 D_1 移至 D_2，均衡价格以及均衡数量都增加。

我们用 21 世纪美国玉米市场的例子来解释这一点。图 2-12 显示了 2006 年当价格大约为 2 美元/蒲式耳（点 A）时玉米市场的均衡以及 2008 年当价格升至 5 美元/蒲式耳（点 B）时玉米市场的均衡之间的区别。我们已经讨论过，玉米价格在这一时期的变化可以归因于需求的增加（尤其是美国用玉米生产乙醇的市场的增长）以及供给的减少（尤其是 2008 年美国玉米种植地带受暴雨和洪水的影响）。这两方面变动的综合影响导

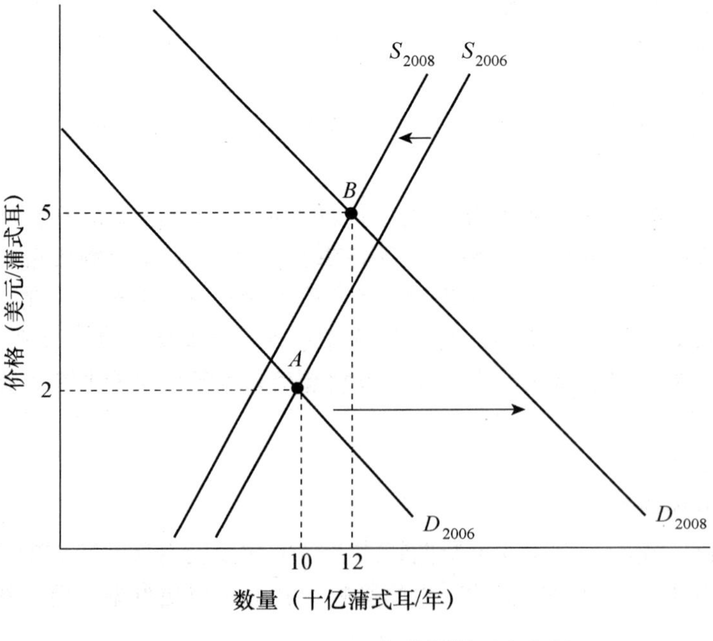

图 2-12　2006—2008 年美国的玉米市场

说明：价格的上升可由供给变动和需求变动的综合影响来解释。尤其是，需求曲线从 D_{2006} 向右移至 D_{2008}，而供给曲线从 S_{2006} 向左移至 S_{2008}，均衡从点 A 移至点 B。均衡价格从 2 美元/蒲式耳增至 5 美元/蒲式耳。

致了均衡价格的升高。相比之下，这些变动对均衡数量的影响并不明显。需求增加趋向于将均衡数量往上抬，供给增加趋向于将均衡数量往下压。对均衡数量总的影响将取决于移动的大小，以及需求曲线和供给曲线它们自己的形状。图 2-12 显示了均衡数量的增加（从 100 亿蒲式耳至 120 亿蒲式耳），这是在 2006—2008 年美国所发生的变化。

案例 2.2

让每个家庭以及每张桌子上都有电脑

1975 年比尔·盖茨和保罗·艾伦创办了微软，宣布公司的使命是“让每个家庭以及每张桌子上都有电脑”。在那个时候，只有少量的个人电脑模型被销售给电脑爱好者。那些电脑的功能十分有限。当然，微软的目标已经在全球发达经济体中基本实现。这最主要的原因就是电脑、外围设备以及软件价格的大幅下降。图 2-13 显示了最近 20 年里电脑成本下降的情况。

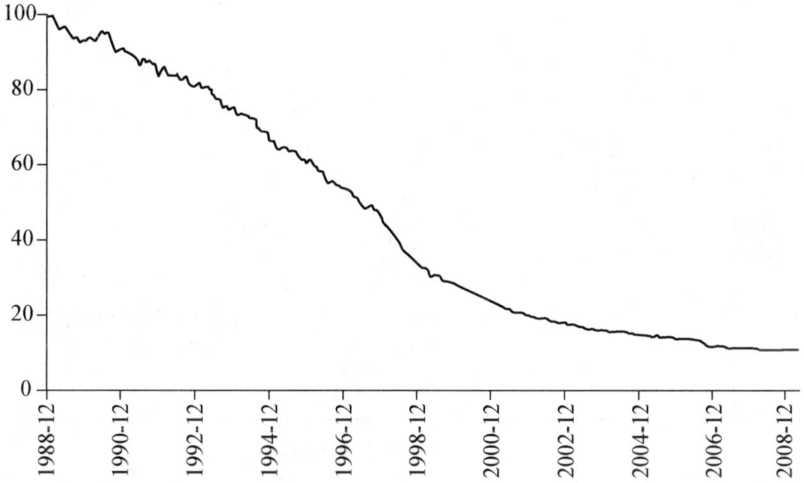

图 2-13　1988—2008 年电脑以及外围设备的质量调整价格

说明：这是一张显示相似功能电脑的平均价格如何随时间变化的价格指数图。1988 年年底该指数等于 100。到 2008 年，价格指数降至 10 左右。

图中的数据是一个价格指数。该价格指数显示相似功能电脑的平均价格如何随时间变化。在 1988 年年底，该指数等于 100。该指数值按照当月的电脑价格与 1988 年年底类似电脑的价格之比来计算。例如，假设 1988 年 12 月电脑的定价为 5 000 美元。1990 年年底的指数值大约为 90，因此，相似电脑在当月大约需要花费 4 500 美元（5 000 美元的 90%）。价格估计是由美国劳工统计局（BLS）提供的。最近几十年，电脑组件的数量和价格变化剧烈以致美国劳工统计局不得不一直发展特殊的方法来估计电脑的价格。① 简而言之，每 6 个月，美国劳工统计局就会对新的计算机零配件或与之功能相近的附件价格进

① “How BLS Measures Price Change for Personal Computers and Peripheral Equipment in the Consumer Price Index.” U. S Bureau of Labor Statistics，June 2008，http://www. bls. gov/cpi/cpifaccomp. htm.

行调查，以便估算最新的电脑价格。这些新零配件的价格随后被用于生成一个新的电脑价格。

图 2-13 显示了一个令人难以置信的电脑价格下降过程。在 20 世纪 90 年代中期购买一台电脑的花费大约是 20 年前相似功能电脑所花费的 1/10！如果质量调整价格数据能追溯到 1975 年微软刚创立的时候，我们会见证相似的趋势。同时，被卖出电脑的总数也已经翻了好几倍。用什么来解释这种价格和数量模式？

图 2-14 显示了这其中发生了什么。从 20 世纪 70 年代个人电脑问世开始，电脑的需求曲线一直向右不断移动。各种因素的结合促成了这种变动。由于电脑变得越来越强大，公司开始开发大量软件以及外围设备来帮助工作。对消费者来说，这些新的补充产品增加了拥有一台电脑的价值。类似地，许多新的电脑用途不断被推出。除此之外，消费者在如何使用电脑方面也变得越来越精通，通过使用电脑提高了他们的生产率。

我们知道，在供给曲线固定不变的情况下，需求增加会造成均衡价格升高。电脑价格下降意味着，除了需求曲线外，其他因素必定发生了变化。图 2-14 显示了所观察价格和数量符合需求曲线以及供给曲线同时向右移动情况的模式。

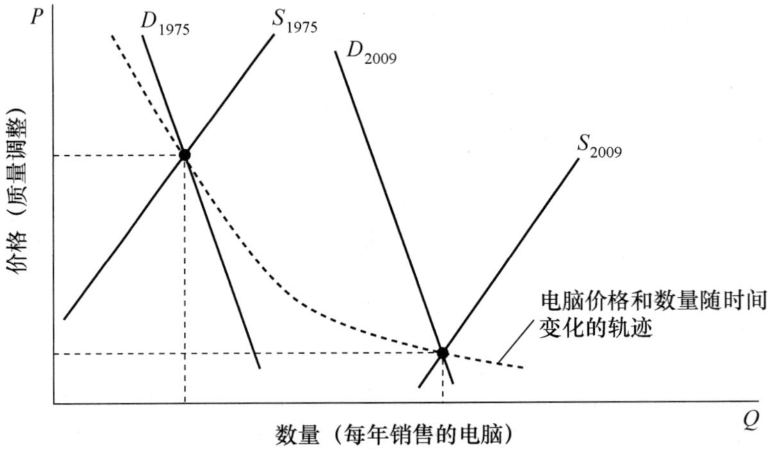

图 2-14　1975—2009 年电脑的供给和需求

说明：图 2-13 中价格的模式以及同一时期数量的急剧增长，可以由电脑的需求曲线和供给曲线的向右移动来解释说明。供给曲线由 S_{1975} 移至 S_{2009}，需求曲线由 D_{1975} 移至 D_{2009}。

是什么造成了电脑供给的增加呢？最重要的影响就是“摩尔定律”（以英特尔创始人戈登·摩尔的名字命名。他第一个对此现象进行了描述）。① 摩尔定律指出，可以安装在一个集成电路中的晶体管数量每两年翻一番。近几十年来的发展过程说明，这个规律非常正确。这种指数增长催生了更快、更便宜的芯片。在同一时期，许多其他电脑的组件也实现了质量上的快速进步以及价格上的降低。这些进步使得电脑制造商生产给定功能的电脑更便宜成为可能。我们将在这本书后面的部分中看到，当一个公司的成本以这种方式降低时，供给曲线会向右移动。最终，因为许多新的电脑企业进入市场，供给曲线也会向右移动。科技进步和新进入者的综合影响使电脑的供给曲线向右移动，且移

① “Cramming More Components onto Integrated Circuits.” Gordon Moore, *Electronics Magazine*, 1965.

动程度等于或者超过需求曲线向右移动的程度。价格和数量的长期路径由图 2-14 中的虚线表示。

2.2 需求价格弹性

需求价格弹性（price elasticity of demand）衡量的是需求量对价格的敏感程度。需求价格弹性（以 $\epsilon_{Q,P}$ 来表示）等于需求量（Q）变化的百分比除以价格（P）变化的百分比，即

$$\epsilon_{Q,P}=\frac{\text{数量变化的百分比}}{\text{价格变化的百分比}}$$

假如 ΔQ 为需求数量的变化量，而 ΔP 为价格的变化量，那么

$$\text{价格变化的百分比}=\frac{\Delta Q}{Q}\times 100\%$$

而 $$\text{数量变化的百分比}=\frac{\Delta P}{P}\times 100\%$$

因此， $$\text{需求的价格弹性为 }\epsilon_{Q,P}=\frac{\frac{\Delta Q}{Q}\times 100\%}{\frac{\Delta P}{P}\times 100\%}$$

或者 $$\epsilon_{Q,P}=\frac{\Delta Q}{\Delta P}\frac{P}{Q} \tag{2.3}$$

例如，假设当某种商品的价格为 10 美元（$P=10$）时，需求数量为 50 个单位（$Q=50$），之后价格升至 12 美元（$\Delta P=2$），需求数量减少到 45 个单位（$\Delta Q=-5$）。如果我们把这些数字代入方程（2.3）中，我们可以得到在这种情况下需求价格弹性为

$$\epsilon_{Q,P}=\frac{\Delta Q}{\Delta P}\frac{P}{Q}=\frac{-5}{2}\frac{10}{50}=-0.5$$

由这个例子我们可以知道，$\epsilon_{Q,P}$ 的值必定为负数。它反映了这样一个事实，即需求曲线向下倾斜，是因为价格和数量之间的反向关系：当价格升高时，数量减少，反之亦然。下面的表格显示了经济学家如何对 $\epsilon_{Q,P}$ 值的可能范围进行分类。

$\epsilon_{Q,P}$ 的值	类别	含义
0	**完全无弹性需求**（perfectly inelastic demand）	需求量对价格完全不敏感
$-1\sim0$	**无弹性需求**（inelastic demand）	需求量对价格相对不敏感
-1	**单位弹性需求**（unitary elastic demand）	需求量增加百分比等于价格降低百分比
$-\infty\sim-1$	**弹性需求**（elastic demand）	需求量对价格相对敏感
$-\infty$	**完全弹性需求**（perfectly elastic demand）	价格升高导致需求量减少到 0，价格降低导致需求量增加到无限大

需求价格弹性：在影响需求的其他因素保持不变的情况下，需求量变化的百分比除以价格变化的百分比。

完全无弹性需求：需求价格弹性等于 0。

无弹性需求：需求价格弹性为 -1～0。

单位弹性需求：需求价格弹性等于 -1。

弹性需求：需求价格弹性为 $-\infty$～-1。

完全弹性需求：需求价格弹性等于 $-\infty$。

为了了解需求价格弹性和需求曲线形状之间的关系，请看图 2－15。在这张图中，需求曲线 D_1 和需求曲线 D_2 相交于点 A 处，此时价格为 P，数量为 Q（此时，忽略需求曲线 D_3）。已知从点 A 处价格增加的百分比为 $\Delta P/P$，沿需求曲线 D_2 需求量减少的百分比为 $\Delta Q_2/Q$，它要大于沿需求曲线 D_1 需求量减少的百分比 $\Delta Q_1/Q$。因此，在点 A 处，相较于需求曲线 D_1，需求曲线 D_2 更有弹性，也就是说，在点 A 处，需求曲线 D_2 的需求价格弹性要比需求曲线 D_1 更负。这说明，两条相交于某一特定点的需求曲线，在它们相交的那一点，两条曲线中更为平坦的那一条更富有弹性。

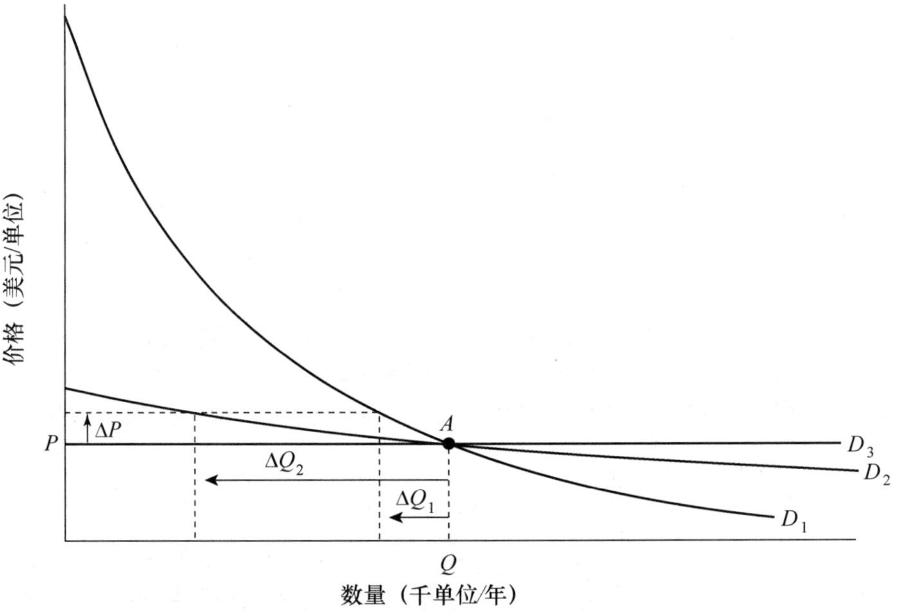

图 2－15　不同需求曲线需求价格弹性的比较

说明：假如从点 A 开始，已知价格增加的百分比为 $\Delta P/P$，沿着需求曲线 D_1 是一个相对较小需求量减少的百分比 $\Delta Q_1/Q$；在价格发生相同变化百分比的情况下，沿着需求曲线 D_2 形成相对较大需求量减少的百分比 $\Delta Q_2/Q$。因此，在点 A 处，需求曲线 D_2 相较于需求曲线 D_1 更具有弹性。需求曲线 D_3 是完全弹性的。在这条需求曲线上，需求价格弹性等于负的无穷大。

在图 2－15 中，需求曲线 D_3 显示，随着需求变得越来越有弹性，一直到极端情况会发生什么样的状况。需求曲线 D_3 显示的是完全弹性需求（即 $\epsilon_{Q,P}=-\infty$）。在完全弹性需求曲线 D_3 上，在价格为 P 时，任何正向数量都可以被卖出，所以此时需求曲线是一条水平线。与完全弹性需求相反的是完全无弹性需求（即 $\epsilon_{Q,P}=0$），此时，需求量对价格完全不敏感。[1]

对商业公司、非营利机构以及其他正在决定如何对它们的产品或服务进行定价的组织来说，需求的价格弹性是非常有用的信息。这也是特定行业中市场结构以及竞争本质的重要决定因素。最后，需求价格弹性在确定各种政府干预（如价格上限、关税和进口配额）的影响时也是非常重要的。在后面的章节里，我们将运用需求价格弹性来对这些问题进行讨论。

边做边学习题 2.5 ☞

需求价格弹性

假设最初价格为 5 美元，需求量为 1 000 单位。另外假设：如果价格升至 5.75 美元，需求量将降至 800 单位。

问题：

需求曲线在该区域的需求价格弹性是多少？需求是弹性的还是无弹性的？

解：

在这种情况下，

$$\Delta P=5.75-5=0.75(\text{美元}),\quad \Delta Q=800-1\,000=-200$$

所以 $$\epsilon_{Q,P}=\frac{\Delta Q}{\Delta P}\frac{P}{Q}=\frac{200}{0.75}\frac{5}{1\,000}=-1.33$$

因此，在 5～5.75 美元的价格范围内，价格每增加 1 个百分点，需求量减少 1.33 个百分点。因为，需求的价格弹性为－∞～－1，所以需求在此价格范围内是有弹性的（即需求量对价格是相对敏感的）。

相似习题： 2.4

□ 特定需求曲线的弹性

线性需求曲线

需求曲线最为常用的形式是**线性需求曲线**（linear demand curve），用方程 $Q=a-bP$ 表示，其中 a 和 b 是正的常数。在这个方程中，常数 a 代表除价格外所有影响商品需求的因素（如收入、其他商品的价格）的影响。系数 b 反映了商品价格如何影响需求量。[2]

线性需求曲线： 用方程 $Q=a-bP$ 表示，其中 a 和 b 是正的常数。

任何向下倾斜的需求曲线都有相对应的**逆需求曲线**（inverse demand curve）。它是用数量来表示价格的函数。通过将需求曲线方程转换成以 Q 表示 P 的方式，我们可以得到逆需求曲线。线性需求曲线的逆需求曲线为：

① 本章习题 2.12 要求你画出完全无弹性需求曲线的图。

② 然而，不久你就会看到，$-b$ 并不等于需求价格弹性。

$$P=\frac{a}{b}-\frac{1}{b}Q$$

其中 a/b 被称为**窒息价格**（choke price）。它是需求量降为 0 时的价格。[①]

> **逆需求曲线**：以 Q 表示 P 的需求曲线。
> **窒息价格**：需求量降为 0 时的价格。

运用方程（2.3），我们可以发现，图 2-16 中线性需求曲线的需求价格弹性可由下面的公式给出：

$$\epsilon_{Q,P}=\frac{\Delta Q}{\Delta P}\frac{P}{Q}=-b\frac{P}{Q} \tag{2.4}$$

该公式告诉我们，对于线性需求曲线，当我们沿着曲线移动时，需求价格弹性是不同的。在窒息价格 a/b（当 $Q=0$ 时）和价格 $a/(2b)$（需求曲线的中点 M 处）之间，需求价格弹性为 $-\infty\sim-1$。这就是所谓的需求曲线的弹性区间。当价格为 $0\sim a/(2b)$ 时，需求价格弹性为 $-1\sim0$。这就是需求曲线的无弹性区间。

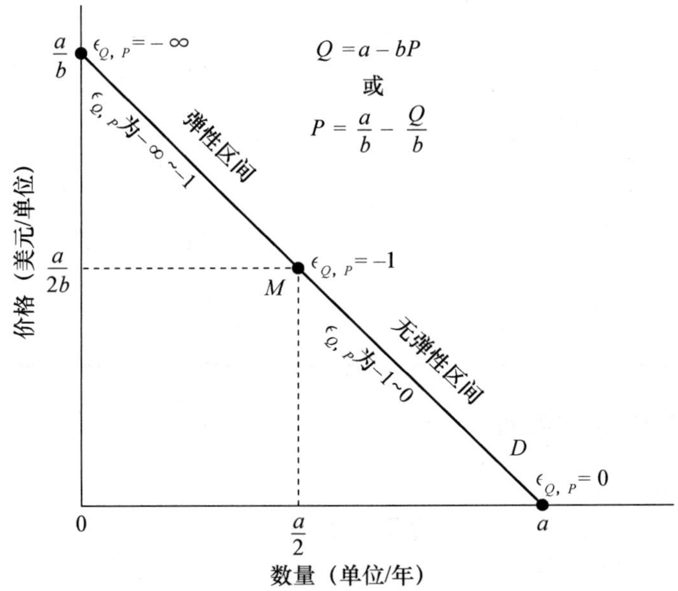

图 2-16　沿着线性需求曲线的需求价格弹性

说明：在中点 M 的左上方的区域，需求是有弹性的，需求价格弹性为 $-\infty\sim-1$。在中点 M 的右下方的区域，需求是无弹性的，需求价格弹性为 $-1\sim0$。

方程（2.4）强调需求曲线的斜率 $-b$ 和需求价格弹性 $-b(P/Q)$ 之间的区别。斜率度量的是一单位价格变化引起的需求量的绝对变化。与之相比，需求价格弹性度量的是价格变化一个百分点引起的需求量变化的百分点。

你可能会问，为什么不直接使用斜率来测量数量对价格的敏感程度？这是由于，需

① 你可以验证：将价格 $P=a/b$ 代入需求曲线方程中，可得此时需求量为 0，即：

$$Q=a-b\left(\frac{a}{b}\right)=a-a=0$$

求曲线的斜率取决于测量价格和数量的单位。因此，对不同商品（其数量单位不同）的斜率的比较或对不同国家（其价格以不同的货币单位计量）的斜率的比较是没有意义的。相比之下，需求价格弹性以常用的方式（即百分点）来表示价格和数量的变化。这就允许我们在不同商品和不同国家之间就需求量对价格的敏感程度进行比较。

常弹性需求曲线

另一种常用的需求曲线是**常弹性需求曲线**（constant elasticity demand curve），用方程 $Q=aP^{-b}$ 表示，其中 a 和 b 是正的常数。对于常弹性需求曲线，需求价格弹性总是等于指数 $-b$。① 因此，经济学家经常使用常弹性需求曲线，并运用统计技术估计需求价格弹性。

常弹性需求曲线：用方程 $Q=aP^{-b}$ 表示，其中 a 和 b 是正的常数。$-b$ 是这条曲线的需求价格弹性。

边做边学习题 2.6

特殊需求曲线的弹性

问题：

(a) 假设常弹性需求曲线可用方程 $Q=200P^{-\frac{1}{2}}$ 表示。需求价格弹性为多少？

(b) 假设线性需求曲线可用方程 $Q=400-10P$ 表示。当 $P=30$ 时，需求价格弹性为多少？当 $P=10$ 时呢？

解：

(a) 由于这是一条常弹性需求曲线，需求价格弹性在需求曲线的任意处均等于 $-1/2$。

(b) 因为这是一条线性需求曲线，我们可以通过运用方程（2.4）来求需求价格弹性：$\epsilon_{Q,P}=(-b)(P/Q)$。因为 $b=-10$ 而 $Q=400-10P$，当 $P=30$ 时，

$$\epsilon_{Q,P}=-10\left(\frac{30}{400-10\times 30}\right)=-3$$

而当 $P=10$ 时，

$$\epsilon_{Q,P}=-10\left(\frac{10}{400-10\times 10}\right)=-0.33$$

需要注意的是，当 $P=30$ 时需求是有弹性的，当 $P=10$ 时它是缺乏弹性的（换言之，$P=30$ 位于需求曲线的弹性区域，$P=10$ 位于无弹性区域）。

相似习题：2.5，2.6，2.12

□ 需求价格弹性和总收入

企业、管理顾问以及政府机构经常使用需求价格弹性。为什么企业会关心需求价格弹性？让我们分析一下价格增加对一家企业总收入产生的影响。**总收入**（total revenue）

---

① 在本章的附录中，我们证明了这一结果。

就是销售价格乘以销售数量，或者 PQ。你可能认为价格上涨了，总收入也就增加了。但是，更高的价格往往会使需求量减少。因此，更高价格的“好处”可能抵消了它的“成本”（成本就是需求数量的减少）。当考虑提高价格时，企业必须考虑这种权衡。如果需求是有弹性的（需求量对价格是相对敏感的），数量减少会超过高价所带来的好处，总收入将会减少。如果需求是无弹性的（需求量对价格是相对不敏感的），数量减少并不会产生严重的影响，总收入将会增加。需求价格弹性可以帮助企业预测价格上涨对收入的影响。

总收入：销售价格乘以销售数量。

□ 需求价格弹性的决定因素

通过运用统计技术，人们已经对许多产品的需求价格弹性进行了估算。表 2-1 给出了美国的各种食品、烟草和酒类产品的估算值，表 2-2 是各种交通方式的估算值。是什么决定了这些弹性？表 2-1 显示，香烟的估计弹性为−0.107。这表明香烟的价格每上涨 10%，就会导致香烟的需求量下降 1.07%。这告诉我们，香烟是无弹性需求：当所有香烟的价格上升时（可能是因为香烟税上调），香烟的总体消费不太可能受到很大的影响。这个结论是有意义的。尽管由于香烟变得更加昂贵，消费者可能想削减香烟的消费，但是大多数人发现这样做很难，因为吸烟已经形成了习惯。

表 2-1　　选定的食品、烟草、酒类产品的需求价格弹性估计值

产品	估计值 $\epsilon_{Q,P}$
雪茄	−0.756
罐装和熟食海鲜	−0.736
鲜鱼和冻鱼	−0.695
奶酪	−0.595
冰激凌	−0.349
啤酒和麦芽饮料	−0.283
面包和烘焙产品	−0.220
葡萄酒和白兰地	−0.198
小甜饼和咸饼干	−0.188
烘焙咖啡	−0.120
香烟	−0.107
嚼用烟草	−0.105
宠物食品	−0.061
早餐谷物食品	−0.031

资料来源：Emilio Pagoulatos and Robert Sorensen, “What Determines the Elasticity of Industry Demand,” *International Journal of Industrial Organization*, 4 (1986): 237-250.

表 2-2　　选定的交通方式的需求价格弹性估计值

种类	估计值 $\epsilon_{Q,P}$
飞机旅行，休闲	−1.52
火车旅行，休闲	−1.40
飞机旅行，商务	−1.15
火车旅行，商务	−0.70
城市公共交通	−0.34～−0.04

资料来源：Elasticities from the cross-sectional studies summarized in Tables 2, 3, 4 in Tae Hoon Oum, W. G. Waters II, and Jong-Say Yong, "Concepts of Price Elasticities of Transport Demand and Recent Empirical Estimates," *Journal of Transport Economics and Policy* (May 1992): 139-154.

在许多情况下，仅根据统计技术，决策者无法得到需求价格弹性的精确数值估计。因此，决策者不得不依靠他们对产品和市场性质的了解对价格敏感程度做出有根据的推测。

有许多因素会影响产品的需求价格弹性。换句话说，许多因素会影响需求对价格相对敏感或不敏感的程度。

- 当产品有很好的替代品时，需求价格弹性会相对较大（或者，当产品有很少或不太满意的替代品时，需求价格弹性往往就小）。休闲旅客对航空旅行的需求价格有弹性（如表 2-2 所示）的原因之一是，休闲旅客通常认为，他们有较好的可替代飞机的交通方式，比如，他们可以坐汽车；对商务旅客来说，汽车却不是一种很好的替代方式，因为大多数商务旅行对时间很敏感。这就解释了为什么，如表 2-2 所示，商务旅行的需求价格弹性（绝对值）比休闲旅行的要小。
- 当消费者在某产品上支出很大时（不论按绝对值还是按占支出总额的比例），需求价格弹性往往较大。例如，对产品如冰箱、汽车的需求往往更有弹性。相比之下，当消费者在产品上支出很小时，需求价格弹性较小，如表 2-1 中的许多食品杂货。当消费者必须花很多钱购买一个产品时，对这笔开销的仔细评估和密切关注价格的收益超过当他不做这些的收益。
- 当产品被消费者视为必需品时，需求价格弹性往往很小。例如，由于几乎没有家庭可以不需要水、电等，家庭对于这些产品的需求对价格往往相对不敏感。

□ 市场层面和品牌层面的需求价格弹性

需求价格弹性使用中存在一个常见的错误，即仅因为对一种产品的需求无弹性，就假设该产品的每个卖家面临的需求也是无弹性的。例如香烟。正如前面所讨论的那样，香烟需求对价格不特别敏感：所有品牌香烟价格的增加只会小幅影响总体香烟需求。然而，如果只有一个牌子的香烟［如沙龙（Salem）］价格上涨，那么对这个品牌的需求可能会大幅下降，因为消费者会用价格未改变而相对便宜一些的烟进行替代。因此，即使需求在市场层面上无弹性，在品牌层面上也可能具有高弹性。

市场层面弹性和品牌层面弹性的区别反映了替代性对消费者价格敏感程度的影响。例如，吸烟者需要香烟，因此不存在更好的选择。但是，吸烟者不一定只吸沙龙牌香烟。因此，当沙龙牌香烟价格上升时，他们将转移到提供差不多满意程度的另一个香烟品牌上。

在评估价格变化的影响时，什么决定了一家公司应该使用市场层面还是品牌层面的弹性呢？这取决于公司对竞争者做什么样的预期。如果一家公司预计其竞争对手能够适应价格变化，那么市场层面弹性将提供公司的产品需求如何随价格变化的信息。相反，如果公司预计其竞争对手不适应其价格变化（或只有经过长时间的时间差才能做到），那么品牌层面弹性是合适的。

案例 2.3

人们怎样买车：品牌的重要性

贝里（Berry）等人利用现代统计技术估计了许多汽车品牌的需求价格弹性。① 表 2-3 展示了部分估计。这些评估表明，个别型号的汽车是具有高度弹性的（为—6.5～—3.5）。相比之下，市场层面对汽车的需求价格弹性估计值一般为—1.5～—0.8。② 这说明，品牌层面的需求价格弹性和市场层面的需求价格弹性之间存在区别。

表 2-3　　1990 年选定的汽车型号的需求价格弹性估计

型号	价格（美元）	估计值 $\epsilon_{Q,P}$
马自达 323	5 039	—6.358
尼桑森特拉	5 661	—6.528
福特雅士	5 663	—6.031
雪佛兰卡瓦利	5 797	—6.433
本田雅阁	9 292	—4.798
福特金牛	9 671	—4.220
别克世纪	10 138	—6.755
尼桑千里马	13 695	—4.845
阿库拉传奇	18 944	—4.134
林肯城市轿车	21 412	—4.320
凯迪拉克赛威	24 544	—3.973
雷克萨斯 LS400	27 544	—3.085
宝马 735i	37 490	—3.515

资料来源：Table V in S. Berry, J. Levinsohn, and A. Pakes, "Automobile Prices in Market Equilibrium," *Econometrica*, 63 (July 1995): 841-890.

品牌层面的需求价格弹性比市场层面的需求价格弹性更负。这是因为，当只有一家公司提高价格时，这将提高消费者用其他公司产品替代该公司产品的可能性。这表明，大多数为负的汽车品牌层面弹性应该是在部分市场上出现：在这些市场上，对消费者来

① S. Berry, J. Levinsohn, and A. Pakes, "Automobile Prices in Market Equilibrium," *Econometrica*, 63 (July 1995): 841—890.

② 例如，参见 McCarthy, Patrick, "Market Price and Income Elasticities of New Vehicle Demands," *Review of Economics and Statistics*, 78 (August 1996): 543—547。

说，该品牌产品很容易被其他品牌产品替代。表 2-3 中的数据也证实了这一点。最具弹性的需求通常出现在小型和超小型汽车市场（马自达 323，尼桑森特拉）上。这些市场都是最拥挤的。相比之下，因为存在更少的替代品，豪华车市场的需求（雷克萨斯 LS400，宝马 735i）稍微缺乏价格弹性。

2.3 其他弹性

我们可以用弹性描述对需求的任何决定因素的需求响应性。除了需求价格弹性外，两个常见的弹性是需求收入弹性和需求交叉价格弹性。

□ 需求收入弹性

需求收入弹性（income elasticity of demand）是指，当价格和其他影响需求的因素保持不变时，需求数量变化的百分比和收入变化的百分比的比值：

$$\epsilon_{Q,I}=\frac{\frac{\Delta Q}{Q}\times 100\%}{\frac{\Delta I}{I}\times 100\%}$$

或者，重新整理各项后，

$$\epsilon_{Q,I}=\frac{\Delta Q}{\Delta I}\frac{I}{Q} \tag{2.5}$$

需求收入弹性：当价格和其他影响需求的因素保持不变时，需求数量变化的百分比和收入变化的百分比的比值。

表 2-4 显示了对两种不同类型美国家庭估计的需求收入弹性：收入在贫困线以上的家庭和收入在贫困线以下的家庭。对于这两种类型的家庭，估计的需求收入弹性都为正值。这表示，随着收入的增加，商品的需求数量增加。然而，需求收入弹性也可能为负值。一些研究表明，在亚洲的经济发达国家中，比如日本，大米的需求收入弹性是负的。①

表 2-4　　根据家庭状况，挑选的食物产品的需求收入弹性

产品	估计的收入弹性：非贫困家庭	估计的收入弹性：贫困家庭
牛肉	0.458 7	0.265 7
猪肉	0.486 9	0.260 9
鸡肉	0.360 3	0.258 3
鱼肉	0.465 9	0.316 7

① Shoichi Ito, E. Wesley, F. Peterson, and Warren R. Grant. "Rice in Asia: Is It Becoming an Inferior Good?," *American Journal of Agricultural Economics*, 71 (1989): 32-42.

续前表

产品	估计的收入弹性：非贫困家庭	估计的收入弹性：贫困家庭
奶酪	0.366 7	0.224 7
牛奶	0.424 7	0.265 0
水果	0.361 5	0.295 5
蔬菜	0.383 9	0.259 3
早餐谷物	0.379 2	0.202 2
面包	0.332 3	0.163 9
油脂	0.463 3	0.251 5
非家用食品	1.122 3	0.609 2

资料来源：Tables 7 and 8，John L. Park，Rodney B. Holcomb，Kellie Curry Raper，and Oral Capps Jr.，“A Demand Systems Analysis of Food Commodities by U. S. Households Segmented by Income，” *American Journal of Agricultural Economics*，78，no. 2 (May 1996)：290－300.

□ 需求交叉价格弹性

商品 i 相对于商品 j 的**需求交叉价格弹性**（cross-price elasticity of demand）是指商品 i 需求数量变化的百分比和商品 j 价格变化的百分比的比值：

$$\epsilon_{Q_i,P_j}=\frac{\dfrac{\Delta Q_i}{Q_i}\times 100\%}{\dfrac{\Delta P_j}{P_j}\times 100\%}$$

或者，重新整理各项后，

$$\epsilon_{Q_i,P_j}=\frac{\Delta Q_i}{\Delta P_j}\frac{P_j}{Q_i} \tag{2.6}$$

其中，P_j 表示商品 j 的初始价格，Q_i 表示商品 i 的初始需求数量。表 2－5 是水果产品的需求交叉价格弹性。

需求交叉价格弹性：商品 i 需求数量变化的百分比和商品 j 价格变化的百分比的比值。

表 2－5　选择的新鲜水果产品的需求交叉价格弹性

	苹果的需求	香蕉的需求	桃子的需求
苹果的价格	－0.586[a]	－0.409	0.015
香蕉的价格	－0.207[b]	－1.199	1.082
桃子的价格	0.118	0.546	－1.105

a. 这是苹果的需求价格弹性。

b. 这是苹果相对于桃子的需求交叉价格弹性。

资料来源：Elasticities taken from Table 5 in S. R. Henneberry，K. P. Piewthongngam，and H. Qiang. “Consumer Safety Concerns and Fresh Produce Consumption，” *Journal of Agricultural Resource Economics*，24 (July 1999)：98－113.

交叉价格弹性可正可负。如果 $\epsilon_{Q_i,P_j}>0$，这表明，商品 j 更高的价格增加了商品 i 的需求数量。在这种情况下，商品 i 和商品 j 是**需求替代品**（demand substitutes）。表 2-5 说明，苹果和桃子是需求替代品：当桃子的价格上涨时，苹果的需求量也增加（苹果相对于桃子的需求交叉价格弹性=0.118）。同样地，当苹果的价格上涨时，桃子的需求量也增加（桃子相对于苹果的需求交叉价格弹性=0.015）。

需求替代品：如果一种商品的价格上涨，另一种商品的需求量增加，以这种形式关联的两种商品为需求替代品。

如果 $\epsilon_{Q_i,P_j}<0$，商品 j 更高的价格会减少商品 i 的需求数量。在这种情况下，商品 i 和商品 j 是**需求互补品**（demand complements）。表 2-5 说明，苹果和香蕉是需求互补品：当香蕉的价格上涨时，苹果的需求量减少（苹果相对于香蕉的需求交叉价格弹性=−0.207）。同样地，当苹果的价格上涨时，香蕉的需求量也减少（香蕉相对于苹果的需求交叉价格弹性=−0.409）。

需求互补品：如果一种商品的价格上涨，另一种商品的需求量减少，以这种形式关联的两种商品为需求互补品。

案例 2.4

人们怎样买车：价格的重要性

表 2-6 展示了表 2-3 中一些汽车的需求交叉价格弹性（表 2-6 也包含了这些汽车的需求价格弹性）。例如，表 2-6 表明，福特雅士相对于尼桑森特拉的需求交叉价格弹性是 0.054。这说明，一辆尼桑森特拉的价格每上涨 1%，福特雅士的需求增加 0.054%。虽然所有的交叉价格弹性都相当小，要注意的是小型汽车（森特拉，雅士）和高档汽车（雷克萨斯 LS400，宝马 735i）之间的交叉价格弹性为 0 或接近 0。其合理性在于：小型汽车和高档汽车是不同的细分市场。不同的人买宝马和福特雅士，所以一种需求不会受另一种价格的大幅影响。相反，在小型汽车的细分市场内，交叉价格弹性相当高。这说明，在该细分市场内，消费者认为森特拉和雅士是各自的替代品。

表 2-6　选择的汽车的需求交叉价格弹性

	森特拉的价格	雅士的价格	LS400 的价格	735i 的价格
森特拉的需求	−6.528[a]	0.078[b]	0	0
雅士的需求	0.054	−6.031	0.001	0
LS400 的需求	0	0.001	−3.085	0.093
735i 的需求	0	0.001	0.032	−3.515

a. 这是森特拉的需求价格弹性。

b. 这是森特拉相对于雅士的需求交叉价格弹性。

资料来源：Adapted from Table Ⅵ in S. Berry, J. Levinsohn, and A. Pakes, "Automobile Prices in Market Equilibrium," *Econometrica*, 63 (July 1995): 841-890.

案例 2.5

可口可乐与百事可乐[①]

如果可口可乐的价格下降，对百事可乐的需求会有什么影响？如果百事可乐的价格下降，又将如何影响可口可乐的需求？加斯米（Gasmi）等人研究了美国软饮料市场的竞争相互作用，估计了可口可乐和百事可乐的需求函数。[②] 利用他们研究中的价格均值和其他变量，我们能推出可口可乐和百事可乐的需求价格弹性、需求交叉价格弹性与需求收入弹性，见表 2-7。[③]

表 2-7　可口可乐和百事可乐：需求价格弹性、需求交叉价格弹性和需求收入弹性

弹性	可口可乐	百事可乐
需求价格弹性	−1.47	−1.55
需求交叉价格弹性	0.52	0.64
需求收入弹性	0.58	1.38

表 2-7 显示，需求交叉价格弹性是正的（0.52 和 0.64）。这告诉我们，可口可乐的价格下降会使百事可乐的需求减少，百事可乐的价格下降会使可口可乐的需求减少。因此，消费者将这些产品视为替代品，一个品牌价格下降将会使另一个品牌的需求受损。此外，当消费者的收入上升时，两种产品的需求都会增加。这说明，消费者收入的增加有利于这两个品牌。最后，每个品牌的需求价格弹性都为$-\infty \sim -1$。因此，对于可口可乐和百事可乐，两者的品牌层面需求是有弹性的。

□ 供给价格弹性

供给价格弹性（price elasticity of supply）衡量的是供给数量 Q^S 对价格的敏感度。供给价格弹性记为 $\epsilon_{Q^s,P}$。它告诉我们，供给数量变化的百分比和价格变化的百分比的比值：

$$\epsilon_{Q^s,P}=\frac{\dfrac{\Delta Q^s}{Q^s}\times 100\%}{\dfrac{\Delta P}{P}\times 100\%}$$

$$=\frac{\Delta Q^s}{\Delta P}\frac{P}{Q^s}$$

该公式在企业层面和市场层面都适用。企业层面的供给价格弹性告诉我们，单个企业的供给对价格的敏感程度；市场层面的供给价格弹性告诉我们，市场供给对价格的敏

① 该例取自 F. Gasmi, J. J. Laffont, and Q. Vuong, "Econometric Analysis of Collusive Behavior in a Soft Drink Market," *Journal of Economics and Management Strategy*, 1 (Summer 1992): 278-311。它的灵感来自我们的前同事 Matthew Jackson 的课堂笔记。

② 在第 13 章，我们将利用这些需求函数来研究可口可乐和百事可乐的价格竞争。

③ 在几个不同的市场行为假设下，加斯米等人估计了需求函数。这里呈现的数据和作者认为的最优模型相符。

感程度。

供给价格弹性：在影响供给的其他因素保持不变的情况下，供给数量变化的百分比和价格变化的百分比的比值。

2.4 长期中的弹性与短期中的弹性

□ 长期中的弹性比短期中的弹性更大

在面对价格改变时，消费者无法迅速地调整他们的购买决策。比如，面对天然气价格上涨，在短期中消费者会调低恒温器，这会导致消费减少。但经过一段时间，消费者可能用节能锅炉换掉旧的锅炉，这样天然气的消费量更少。因此，区分**长期需求曲线**（long-run demand curve）和**短期需求曲线**（short-run demand curve）非常重要。在长期，消费者能根据价格变动充分调整他们的购买决策；在短期，消费者不能根据价格变动充分调整他们的购买决策。我们预期，一些存量慢慢减少的产品（比如天然气）的长期需求将会比短期需求更富有价格弹性。在图 2－17 中，长期需求曲线比短期需求曲线更为“平坦”。

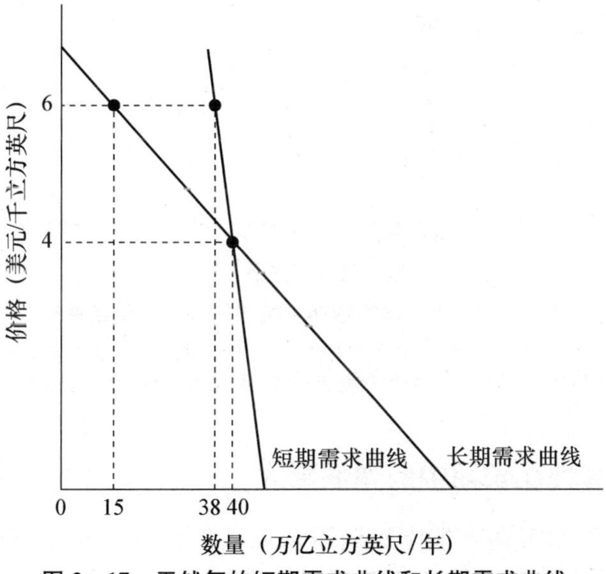

图 2－17　天然气的短期需求曲线和长期需求曲线

说明：在短期中，天然气价格从 4 美元/千立方英尺升到 6 美元/千立方英尺，诱使消费者的年需求量从 40 万亿立方英尺下降到 38 万亿立方英尺。然而在长期中，当消费者能够对价格从 4 美元/千立方英尺升到 6 美元/千立方英尺进行充分调整时，年需求量下降到 15 万亿立方英尺。

长期需求曲线：在长期，消费者能根据价格变动充分调整他们的购买决策。
短期需求曲线：在短期，消费者不能根据价格变动充分调整他们的购买决策。

同样地，当价格变动时，企业有时候也不能充分调整它们的供给决策。例如，在短期中，当价格大幅上升时，一个半导体生产者可能无法增加晶片供给。这是因为，它面临生产能力的约束——即使再雇用工人，也只能生产那么多的晶片。但是，如果预期价格的上升是持久的，那么公司能够提高现有工厂的生产能力或建立一个新工厂。因此，在长期中，由价格提高导致供给数量的增加将会比在短期中由价格提高导致供给数量的增加更加明显。图 2-18 说明了**长期供给曲线**（long-run supply curve）和**短期供给曲线**（short-run supply curve）的区别。在长期，销售者能根据价格变动充分调整他们的供给决策；在短期，销售者不能根据价格变动充分调整他们的供给决策。图 2-18 表明，对半导体之类的商品，其长期供给曲线比短期供给曲线更为平坦。

长期供给曲线： 在长期，销售者能根据价格变动充分调整他们的供给决策。
短期供给曲线： 在短期，销售者不能根据价格变动充分调整他们的供给决策。

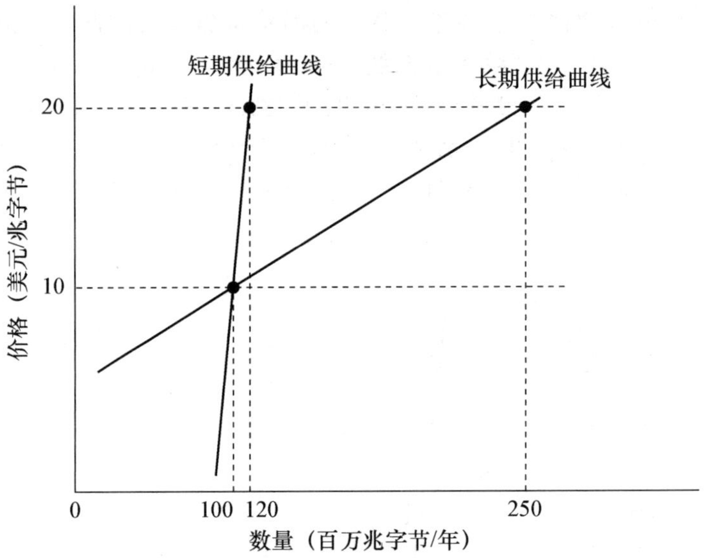

图 2-18　半导体的短期供给曲线和长期供给曲线

说明：在短期中，半导体价格从 10 美元/兆字节上升到 20 美元/兆字节，会促使供给数量小幅增加（从每年 1 亿兆字节到每年 1.2 亿兆字节）。在长期中，当生产者能根据价格上升充分调整生产时，长期供给曲线更平坦，供给数量增加到每年 2.5 亿字节。

□ 短期中的弹性比长期中的弹性更大

对某些产品，长期市场需求比短期需求更缺乏弹性。对如汽车和飞机之类经过许多年依然能提供有价值服务的**耐用品**（durable goods）而言，这显得尤为准确。为了说明这一点，考虑商用飞机的需求。假设波音和空中客车（全球商用飞机的两个生产者）提高新商用飞机的价格。这不大可能显著影响飞机的长期需求。这是由于，航空公司（比如美国航空公司和英国航空公司）需要飞机来维持运营。这不存在可行的替代。[①] 但在短期，更高飞机价格的影响非常显著。已经飞了长达 15 年的飞

① 并不是说，这对需求没有影响。更高的飞机价格可能提高了进入航空业的成本，导致一些潜在航空运营商无法进入该行业。

机，在更换之前，航空公司可能还想努力再使用2年或3年。因此，在长期，新商用飞机的需求可能相对缺乏价格弹性；在短期（在价格变动的2年或3年中），其需求将相对有弹性。图2-19展示了这种可能性。更为陡峭的需求曲线，是世界范围内飞机总数对价格变化在长期的反映；更为平坦的需求曲线，是对价格上涨后第一年新飞机订单的影响。

耐用品：如汽车和飞机之类，经过许多年依然能提供有价值的服务的产品。

案例2.6

原油：价格与需求

利用1970—2000年油价和石油消费量的数据，库珀（Cooper）估计了23个国家原油需求的短期和长期价格弹性。[①] 表2-8为他研究的一些国家的估计值。比如，日本的石油短期需求价格弹性为−0.071，然而长期需求价格弹性为−0.357。

表2-8　　选定国家的长期和短期原油需求价格弹性

国家	价格弹性	
	短期	长期
澳大利亚	−0.034	−0.068
法国	−0.069	−0.568
德国	−0.024	−0.279
日本	−0.071	−0.357
韩国	−0.094	−0.178
荷兰	−0.057	−0.244
西班牙	−0.087	−0.146
英国	−0.068	−0.182
美国	−0.061	−0.453

对所有的国家来说，短期需求相对缺乏弹性。虽然长期需求也缺乏弹性，但是其缺乏程度比短期要小。这和在长期中石油购买者能根据更高或更低的价格充分调整他们的消费量，但在短期中无法做出类似调整的实际状况一致。

对某些产品，长期市场供给比短期市场供给更缺乏弹性。对能回收或在二手市场（即旧产品或回收产品的市场）上可以进行转卖的产品尤其如此。例如，在短期中，铝价格的提高会引起两种来源的供给增加：额外增加的新铝，废料制成的再生铝。但是，在长期中，废杂铝的库存将会减少，由价格上升而导致的供给量的增加将会主要来自新铝的生产。

① John C. B. Cooper, "Price Elasticity of Demand for Crude Oil: Estimates for 23 Countries," *OPEC Review* (March 2003): 3-8.

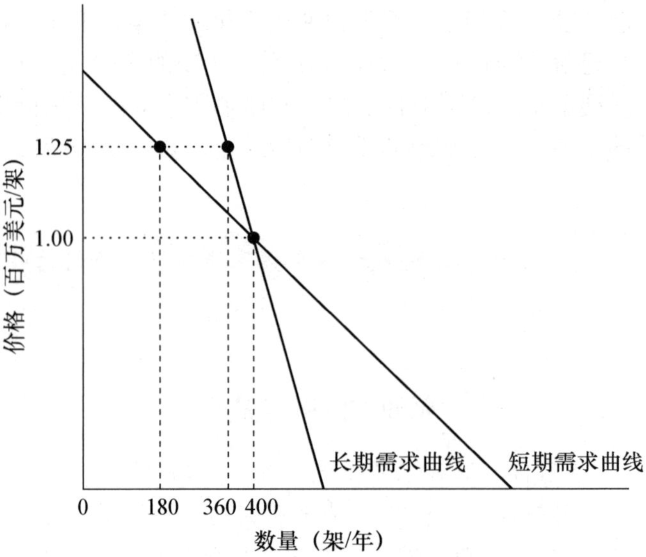

图 2-19　商用飞机的短期需求曲线和长期需求曲线

说明：商用飞机的价格从 100 万美元/架上升到 125 万美元/架，这可能导致长期需求轻微减少，从每年 400 架下降到每年 360 架，如长期需求曲线所示。但是，在短期中（例如，价格上升后的第一年），需求的下降将会非常显著，从每年 400 架下降到每年只有 180 架，如短期需求曲线所示。但是，当现有的飞机报废后，需求的增加将达到一个长期水平（每年 360 架飞机），对应的新价格为 125 万美元/架。

2.5　粗略计算

需求曲线从何而来？如何推导出真实市场中实际产品的需求函数？确定需求曲线的一种方法是，收集市场上的产品数量、价格，以及其他可能影响该产品需求的决定因素的数据，然后利用统计方法估计最匹配数据的需求函数。这种方法为数据密集型：分析者必须收集足够的数量、价格和其他影响需求主因的数据，才能使估计的统计结果正确。但是，针对复杂的统计分析，分析者经常无法拥有足够多的数据资源，因此，需要利用一些技巧，以使分析者能以一个概念上正确的方法，从价格、数据和有关弹性的零碎信息中推断出需求曲线的形状或方程。由于这些技巧简单，也不是非常正式，所以被称为粗略计算。

□ 利用数量、价格和弹性信息拟合线性需求曲线

通常，你可以在一个特定市场上获得现在的或典型的价格、数量等估计需求价格弹性所需的信息。这些值可能来自统计研究（表 2-1、表 2-2 和表 2-3 中弹性的来源）或资深观察家的判断（比如，行业参与者、投资分析师、咨询师）。如果你假设需求曲线方程是线性的（比如 $Q=a-bP$），那么你可以从这三个信息片段（现行价格、数量和估计的弹性）中推导出该线性需求（比如，a 和 b 的值）的方程。

拟合一条线性需求曲线使数量、价格和弹性数据与其相适应的过程如下：假设已知需求量 Q^* 和价格 P^*，$\epsilon_{Q,P}$ 是需求价格弹性的估计值。回想一下线性需求函数的需求价

格弹性公式。

$$\epsilon_{Q,P}=-b\frac{P^*}{Q^*} \tag{2.7}$$

解公式（2.7）求 b，得

$$b=-\epsilon_{Q,P}\frac{Q^*}{P^*} \tag{2.8}$$

为了得到 a，我们知道 Q^* 和 P^* 一定在需求曲线上。因此，一定有 $Q^*=a-bP^*$，或 $a=Q^*+bP^*$。

将公式（2.8）代入上面的表达式，

$$a=Q^*+\left(-\epsilon_{Q,P}\frac{Q^*}{P^*}\right)P^*$$

通过消去 P^* 和分解出 Q^*，我们得到

$$a=(1-\epsilon_{Q,P})Q^* \tag{2.9}$$

公式（2.8）和公式（2.9）提供了一系列生成线性需求曲线方程的公式。

我们可以利用美国的鸡肉价格和消费说明此拟合过程。1990 年，美国的人均鸡肉消费大约是每人 70 磅，经通货膨胀调整后的鸡肉平均零售价格大约是 0.7 美元/磅。鸡肉的需求相对缺乏价格弹性，其估计值为−0.6～−0.5。[①] 因此，

$$Q^*=70$$
$$P^*=0.70$$
$$\epsilon_{Q,P}=-0.55\text{(取中间值)}$$

利用公式（2.8）和公式（2.9），我们得到

$$b=-(-0.55)\frac{70}{0.70}=55$$
$$a=[1-(-0.55)]70=108.5$$

因此，1990 年鸡肉的需求曲线为 $Q=108.5-55P$。

该曲线被描绘在图 2－20 中。

□ 通过粗略计算法确定供给曲线和需求曲线

在本章开始，我们已经讨论了外生因素如何引起需求曲线和供给曲线移动，进而改变均衡价格和均衡数量。在本节，我们将讨论类似的变化和观察到的数据如何被用于供给曲线和需求曲线的粗略推导。

我们将用具体的例子来说明。考虑 2006—2010 年美国碎石市场。假设碎石的市场需求曲线和供给曲线都是线性的：$Q^d=a-bP$ 和 $Q^s=f+hP$。我们认为，需求曲线是向

① 下面所有的数据都来自如下论文：Richard T. Rogers，"Broilers：Differentiating a Commodity，" in Larry Duetsch，ed.，*Industry Studies*（Englewood Cliffs，NJ：Prentice Hall，1993），pp. 3－32。特别是 4～6 页的汇总数据。

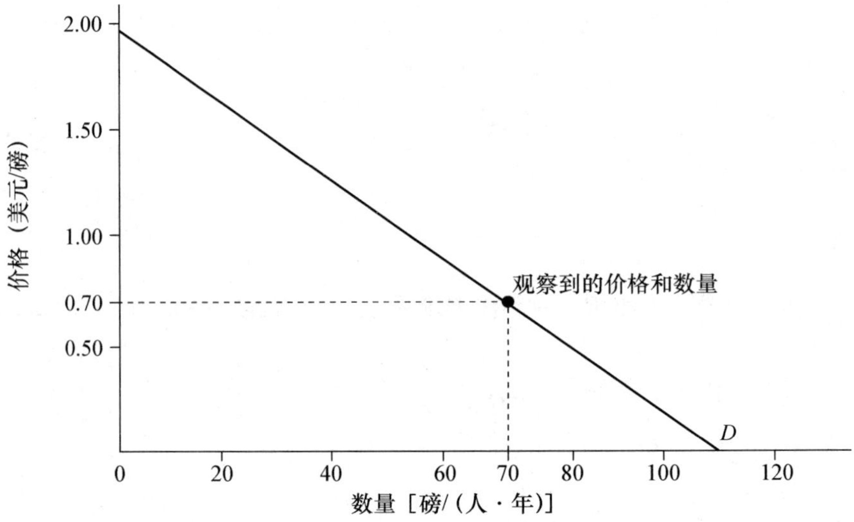

图 2－20　一条线性需求曲线与观察到的市场数据相拟合

说明：线性需求曲线 D 已与美国市场上观察到的鸡肉数据比较吻合。

下倾斜的，供给曲线是向上倾斜的，因此我们认为 $b>0$，$h>0$。

现在，假设我们有 2006—2010 年碎石市场的下列信息：

- 在 2006—2008 年，该市场是平静的。市场价格为 9 美元/吨，每年销售 3 000 万吨。
- 在 2009 年，由于奥巴马政府的经济刺激计划，进行为期一年的高速公路建设。碎石的市场价格上涨到 10 美元/吨，销售了 3 300 万吨。
- 到了 2010 年，新建设结束。工会的新合同提高了碎石产业的工人工资。碎石的市场价格为 10 美元/吨，销售了 2 800 万吨。

现在利用这些信息进行分析：2009 年发生的为期一年的高速公路建设很有可能导致碎石的需求曲线向右移动。假设移动是平移，如图 2－21 所示。在该假定下，没有任何原因能使 2006—2009 年的供给曲线移动，需求曲线右移允许我们计算供给曲线的斜率，因为 2006—2008 年和 2009 年的市场均衡都落在初始供给曲线上，在图 2－21 中记为 S_{2008}。

$$h=S_{2008}\text{ 的斜率}=\frac{\Delta Q^*}{\Delta P^*}=\frac{3\,300\text{ 万}-3\,000\text{ 万}}{10-9}=300\text{ 万}$$

因此，需求移动和供给曲线的斜率一致。改变需求以提供供给曲线的信息，这看起来比较奇怪，但其实并不令人诧异。需求的改变使市场沿着一条特定的供给曲线移动，因此，供给数量对价格是非常敏感的。类似地，由工资上涨导致碎石市场供给的移动与需求曲线的斜率一致，在图 2－21 中记为 D_{2008}。高速公路建设在 2010 年结束，所以在那一年，碎石的需求曲线回到初始位置，供给的移动（假定为平移）沿着需求曲线 D_{2008} 改变市场。

$$-b=D_{2008}\text{ 的斜率}=\frac{\Delta Q^*}{\Delta P^*}=\frac{2\,800\text{ 万}-3\,000\text{ 万}}{10-9}=-200\text{ 万}$$

注意，在这两个计算中使用的是统一的逻辑。我们知道一条曲线已发生移动；然而，在另一条曲线上，我们无法计算出未发生移动的曲线的斜率。

既然已经计算了需求曲线和供给曲线的斜率，现在我们就可以回去计算 2010 年的

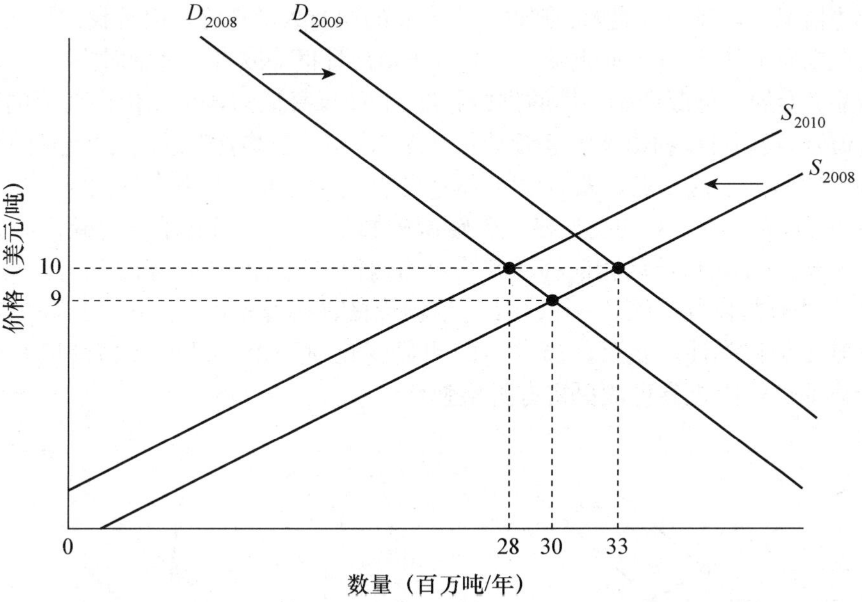

图 2-21 根据观察到的价格和数量变化确定需求曲线与供给曲线

说明：碎石市场在 2006—2008 年是均衡的。在 2009 年，为期一年的高速公路建设活动使需求曲线右移至 D_{2009}。市场沿着供给曲线 S_{2008} 变化，所以均衡价格和均衡数量的变化与供给曲线 S_{2008} 的斜率一致。在 2010 年，需求曲线移回到 D_{2008}，但由于碎石行业工人工资增加，供给曲线左移至 S_{2010}。由于市场沿着需求曲线 D_{2008} 变化，所以均衡价格和均衡数量的改变与需求曲线 D_{2008} 的斜率一致。

需求曲线和供给曲线的截距 a 与 f。由于我们知道了那一年以 10 美元/吨的价格销售了 2 800 万吨，必须满足下列等式：

$$28=a-(2\times10)\quad（需求）$$

$$28=f+(3\times10)\quad（供给）$$

解这些方程得 $a=48$，$f=-2$。因此，2010 年该市场的需求曲线和供给曲线分别为 $Q^d=48-2P$ 和 $Q^s=-2+3P$。

已经确定了需求曲线和供给曲线，我们现在可以利用它们预测需求和供给的变化如何影响均衡价格与均衡数量。假设我们预期在 2011 年有新的公路建设，不论价格如何，这将会使每年碎石的需求增加 1 500 万吨。进一步假设，那些供给条件和 2010 年的供给条件相似。在均衡点，$Q^d=Q^s$，通过解等式 $48-2P+15=-2+3P$，我们可以得到 $P=13$ 美元/吨，即预测的均衡价格。2011 年的均衡数量被预测为 $-2+3\times13=37$（百万吨）。粗略分析给我们提供了“快速而简单”的方法，以预测市场中价格和数量的未来变动。

这个分析有一个重要的限制。只有在需求曲线保持不变的情况下，我们才可以通过供给移动确定需求曲线的斜率；只有在供给曲线保持不变的情况下，我们才可以通过需求移动确定供给曲线的斜率。如果两条曲线同时移动，那么我们既不能考虑需求曲线的移动，也不能考虑供给曲线的移动，均衡数量和均衡价格的变化不能确定两条曲线的斜率。

□ 通过供给的移动确定需求价格弹性

在前一节，我们利用价格和数量的实际变动确定供给曲线或者需求曲线的方程。然而，在某些情况下，我们可能无法知道一个产品的均衡数量变化，但是我们可能对供给曲线的移动范围有个估计。[商业报纸（比如《华尔街日报》或者《金融时报》）经常报道有关农业产品、金属和能源产品市场的供给状况。] 如果我们知道市场价格变化的程度（它被广泛报道），我们可以利用该信息来评定产品需求富有价格弹性或缺乏价格弹性的程度。

图 2－22 验证了这一点。图 2－22（a）说明，当需求相对富有弹性时，供给的给定移动（从 S_1 到 S_2）将会对均衡价格产生轻微的影响。但是当需求相对缺乏弹性时，如图 2－22（b）所示，供给的相同移动将会对均衡价格造成更为显著的影响。图 2－22 告诉我们，当供给的轻微变化对一个产品的市场价格有显著影响时，这个产品的需求极有可能非常缺乏价格弹性。相反，当供给的明显变化对一个产品的市场价格有轻微影响时，这个产品的需求极有可能更富有价格弹性。

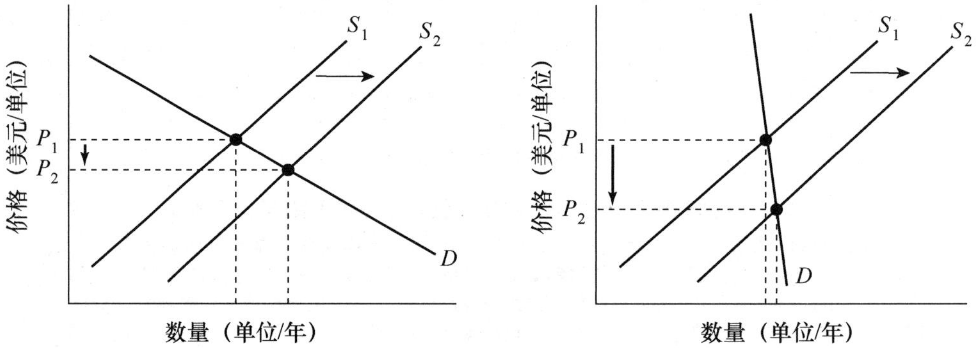

（a）当需求相对富有弹性时，供给变化对价格的影响　（b）当需求相对缺乏弹性时，供给变化对价格的影响

图 2－22　供给变化对价格的影响依赖于需求价格弹性

说明：在图（a）中，需求相对富有弹性，供给的变化对价格有轻微的影响。在图（b）中，需求相对缺乏弹性，供给的相同变化对均衡价格有更明显的影响。

案例 2.7

卡特里娜飓风告诉了我们美国汽油需求价格弹性的什么信息

汽油价格往往是高度不稳定的。图 2－23 通过描绘 2005 年美国汽油的平均零售价格验证了这一点。① 在短期中，价格的大幅波动是很常见的，如季节性波动。在很大程度上，季节性变化是由于需求的变化。从春季到晚夏，由于天气变暖，学校停课和放暑假，汽油价格通常会上升。在冬季，汽油价格通常会降低。由于汽油是由原油提炼制成的，所以汽油价格也会由于原油价格的变化而波动。

除了这些因素，汽油价格也能快速地反映供给的变化。如果供应链中断，那么价格将会显著变化。典型的商用汽油库存水平通常为几天的消费量。如果一家炼油厂或者管道出了问题，那么汽油价格将会飙升。

这个现象在 2005 年 8 月 29 日卡特里娜飓风袭击路易斯安那州和墨西哥湾后尤其明显。② 在美国石油和汽油产业中，这个地区起着重要的作用。墨西哥湾石油钻井平台生

① 这些数据来自美国能源信息署。

② "Oil and Gas: Supply Issues after Katrina," *Congressional Research Service*, Library of Congress, September 2005.

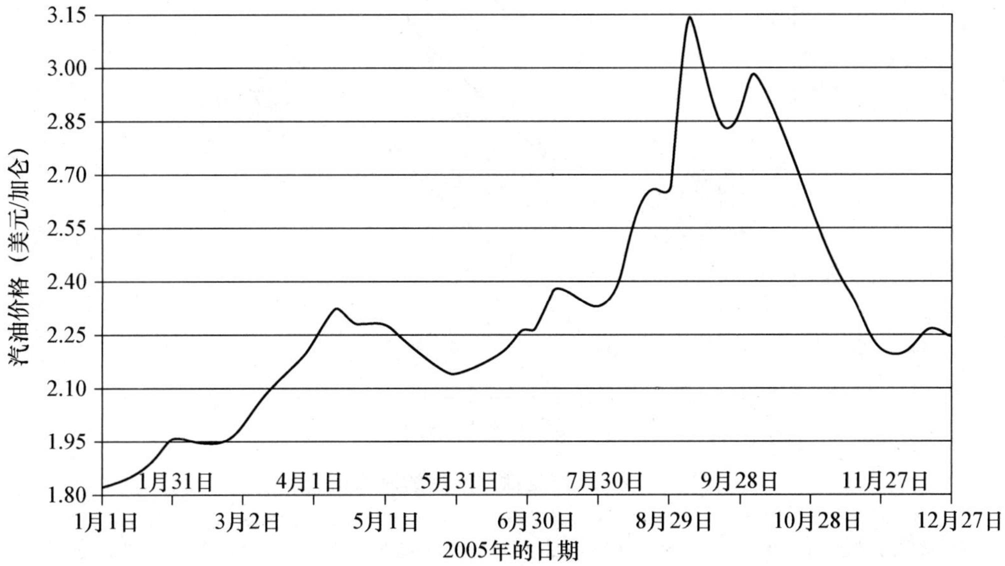

图 2－23　2005 年美国的汽油价格

说明：在 2005 年，美国的汽油价格波动较大。在 2005 年 9 月初，汽油价格超过 3 美元/加仑，达到了顶峰。

产的原油约占美国原油总量的 25%。路易斯安那州近海石油港口（LOOP）是油轮码头。许多炼油厂设在路易斯安那州、密西西比州或得克萨斯州。最后，通过管道，把这个地区的石油输送到东部沿海和中西部。

损坏一个石油钻井平台、炼油厂、管道或路易斯安那州近海石油港口可能会导致石油价格上升，但卡特里娜飓风同时影响了这几个方面。飓风过后，墨西哥湾几乎所有的石油生产暂时停止。路易斯安那州近海石油港口关闭了好几天；管道的输送能力下降；许多炼油厂被损坏，或被断电和缺少工作人员；炼油产能每天下降了约 200 万桶。根据政府的数据，2005 年 8 月的供应下降了大约 8.3%。

从 8 月 29 日到 9 月 5 日，汽油的零售价格上涨了 17.5%。价格的上升是在 8 月下旬卡特里娜飓风是强飓风的预期基础上。总的来说，汽油价格比一个月前的价格高出约 33.5%。当供给增加到正常水平时，价格很快又开始下降。供给增加在一定程度上反映了石油和汽油供应链的逐步修复、政府临时增加短期供给的政策。路易斯安那州近海石油港口和管道迅速恢复到接近满负荷运转。在 8 月 31 日，美国政府授权从战略石油储备得到的原油总计约 1 250 万桶。国际能源署协调类似的全球反应。在一些地区，为了使该行业的供给和需求更加平衡，美国环境保护署暂时放弃了一些汽油和柴油燃料标准。到 2005 年 11 月中旬，汽油价格就恢复到卡特里娜飓风袭击前的水平。

为什么供给的变化对汽油价格有如此大的影响呢？前一节的逻辑告诉我们，汽油的需求可能相当缺乏弹性。事实上，我们可以利用汽油供给和价格的数据大致确定汽油在短期内缺乏弹性的程度。图 2－24 就说明了这一点。

卡特里娜飓风后的汽油供给减少被描绘成一条向左移动的供给曲线，从 S_0 到 S_1。如图 2－24 所示，如果供给曲线向左移动 8.3%，那么需求的均衡数量一定减少，但减少量小于供给的减少量。我们有以下结论：

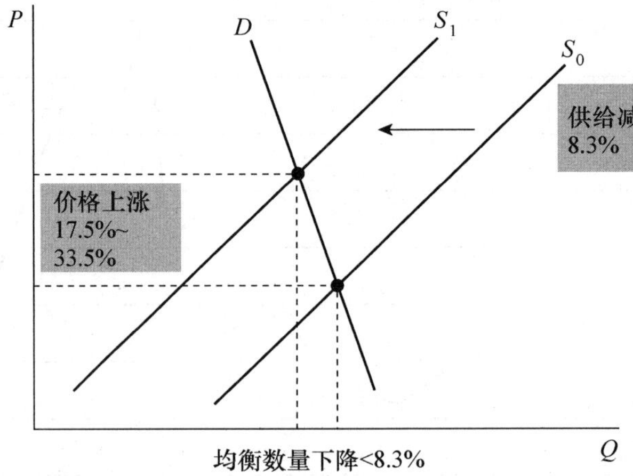

图 2-24　卡特里娜飓风后的汽油市场

说明：在2005年卡特里娜飓风后，汽油供给迅速下降，下降了大约8.3%。这反映在供给曲线从S_0向左移动到S_1。假设需求保持固定，该供给的变化转化为均衡数量下降，但下降要少于8.3%。卡特里娜飓风之后的一周，汽油零售价格上涨17.5%，将预期卡特里娜飓风包括在内的价格上升了33.5%。这意味着，需求价格弹性为−0.47～0。

- 汽油均衡价格的百分比变化为17.5%～33.5%，这取决于我们是否包括预期卡特里娜飓风而造成的价格上升。
- 汽油需求均衡数量的百分比变化为−8.3%～0。

这些数字意味着，汽油的需求价格弹性(ΔQ%)/(ΔP%)在−0.47[=(−8.3)/17.5]和0之间。如果我们将预期价格上涨包括在内，价格弹性在−0.24[(−8.3)/33.5]和0之间。这告诉我们，短期的汽油需求缺乏弹性。这个结论是说得通的。在短期内，消费者很难改变交通方式或取消度假，当汽油价格上升时，消费量不会有大的变化。

案例 2.8

辣椒的价格

1999年年初，辣椒市场的观察员预言，全球辣椒产量将增长6%，主要是因为印度和越南的供给大幅增加。观察员还预言供给增加将促使价格下跌40%～50%，影响极大。① 但是辣椒的价格波动和往年一样。图2-25显示了1982—1994年辣椒价格的剧烈波动。② 特别是在1987—1994年，辣椒价格从2.37美元/磅跌到0.56美元/磅。因为每年美国的辣椒需求（美国是全球最大的辣椒进口国）变化不大，大部分辣椒价格波动可能归因于供给变化，而不是需求变化。③ 1987—1994年辣椒价格下降就是这个原因。到20世纪90年代初，在20世纪80

---

① 这些预言来自“Big Fall Expected This Year in World Pepper Prices,” *Financial Times*（February 19，1999)。事实证明专家的预言是错误的。1999年意外高的降雨量使印度尼西亚的辣椒减产近40%，印度的辣椒减产近30%。结果是1999年辣椒价格上涨，而不是下跌。参见“Rains Bring Pepper Shortfall,” *Financial Times*（August 18，1999)，p. 28。

② 这些数据来自Peter J. Buzzanell and Fred Gray，“The Spice Market in the United States：Recent Developments and Prospects,” *Agricultural Information Bulletin*，Number 709，Foreign Agriculture Service，U. S. Department of Agriculture，July 1995。

③ 这不是说辣椒的需求曲线一点也没动，只是需求变化没有供给变化那么明显。

年代中期（当时辣椒价格高）开始种植辣椒的国家，如印度尼西亚，开始大量供给辣椒。

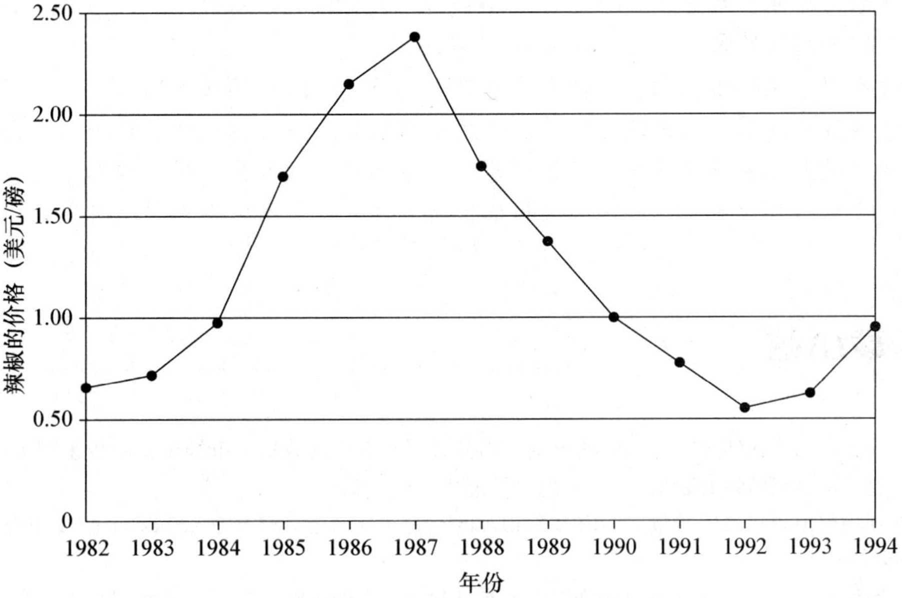

图 2-25　1982—1994 年辣椒的价格

说明：1982—1994 年，辣椒的价格波动极大，在 1987 年达到峰值 2.37 美元/磅，在 1992 年跌到谷值 0.56 美元/磅。

为什么供给变化对辣椒价格有这么大的影响？前一节的逻辑告诉我们，辣椒的需求可能非常缺乏弹性。事实上，如果我们为了证明而假设专家对 1999 年的预言是正确的，我们可以确定辣椒需求缺乏弹性的程度，如图 2-26 所示。

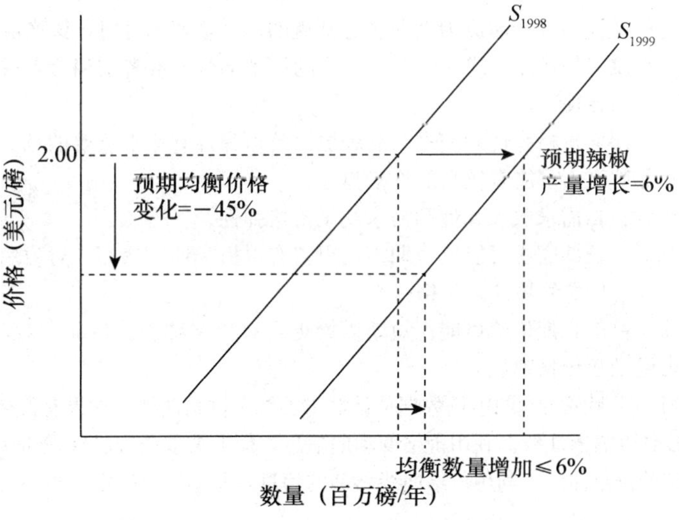

图 2-26　1998 年和 1999 年的辣椒市场

说明：相比于 1998 年，专家预计 1999 年全球辣椒产量增长 6%。这反映为供给曲线右移 6%，从 S_{1998} 移至 S_{1999}。假设需求曲线 D 保持不变，右移转化为均衡数量增长不足 6%。专家还预计辣椒价格将下跌 45%。这意味着沿着需求曲线 D，价格下跌 45%导致数量增长 0～6%。

辣椒供给增加 6%被描绘成供给曲线右移，从 S_{1998} 移至 S_{1999}。如果供给曲线远离给定数值（6%），需求均衡数量必须增加，但是小于供给移动量，如图 2-26 所示。因此，采用专家的预测值，我们可以得出以下结论：

- 辣椒的均衡价格变化百分比为－45％（专家的预测平均值）。
- 辣椒的均衡数量变化百分比为0～6％。

总的来说，这些预测意味着需求价格弹性为6/(－45)～0/(－45)，即－0.133～0。它告诉我们辣椒的需求非常缺乏弹性。辣椒的需求相对缺乏价格弹性这一结论是说得通的。辣椒只是消费者日常预算或餐馆预算的一小部分。大部分使用辣椒调味的人，都很难找到一个辣椒替代品。所以，当辣椒的价格上涨时，辣椒的需求量没有很大的变化。

本章小结

- 市场需求曲线说明了，对不同的价格，消费者愿意购买的数量。市场供给曲线说明了，对不同的价格，生产者愿意销售的数量。（边做边学习题2.1和2.2）
- 市场均衡出现在供给数量和需求数量相等的点。在这个点，供给曲线和需求曲线相交。（边做边学习题2.3）
- 市场均衡的比较静态分析包括分析外生变量改变产生的影响。比如，消费者收入、其他商品的价格或者生产要素的价格对市场均衡价格、均衡量的影响。（边做边学习题2.4）
- 需求价格弹性衡量的是需求数量对价格的敏感度。它是需求数量变化的百分比和价格变化的百分比的比值。（边做边学习题2.5）
- 经常使用的需求曲线包括弹性固定的需求曲线和线性需求曲线。在沿着一条弹性固定的需求曲线移动时，需求价格弹性为常数，在沿着一条线性需求曲线移动时，需求价格弹性会变化。（边做边学习题2.6）
- 当商品有可行的替代品或产品成为消费者总开支的一个重要部分时，该产品的需求往往更富有价格弹性。当商品几乎没有替代品或成为消费者支出的一小部分，或者被消费者视为必需品时，该产品的需求往往更缺乏价格弹性。
- 区分需求的市场层面价格弹性和需求的品牌层面价格弹性有非常重要的意义。需求在市场层面缺乏价格弹性，但在品牌层面可能有较高的价格弹性。
- 其他重要的弹性包括需求收入弹性和需求交叉价格弹性。
- 对许多产品来说，长期需求可能比短期需求更富有价格弹性。然而，对耐用品来说，比如商用飞机，长期需求可能比短期曲线更缺乏价格弹性。
- 同样地，许多产品的长期供给可能比短期供给更富有价格弹性。然而，对可循环利用的产品，长期供给比短期供给更缺乏价格弹性。
- 粗略分析法可用于用观察到的市场数据估计需求曲线、供给曲线。如果有价格、数量和需求价格弹性的数据，就可以估计需求曲线。利用价格变动的信息，加上需求曲线已经发生了变化的信息，我们就可以确定一条固定的供给曲线。利用供给曲线移动的信息，我们可以确定一条固定的需求曲线。

复习题

1. 为什么需求过剩将导致市场价格升高？为什么供给过剩将导致市场价格降低？
2. 利用供给曲线和需求曲线说明下列事件对咖啡市场的影响：

a）茶的价格上涨100%。

b）表明食用咖啡因与癌症的发病率有联系的一项研究被发表。

c）一场霜冻使哥伦比亚的咖啡豆产量减半。

d）聚苯乙烯泡沫塑料咖啡杯的价格上升300%。

3. 假设我们观察到大豆的价格上涨了，大豆的销售量也上升了。利用供给曲线和需求曲线说明这种价格与数量变化模式的两种可能解释。

4. 汽车价格上涨10%使汽车的需求数量减少8%。汽车的需求价格弹性是怎么样的？

5. 一条线性需求曲线的方程为 $Q=50-100P$。窒息价格为多少？

6. 解释为什么我们能够预测快艇的需求价格弹性比灯泡的需求价格弹性更负。

7. 许多商务旅行者在乘飞机旅行时能从他们的公司得到报销，而度假旅行者通常自己支付他们的旅行费用。这将如何影响商务旅客和度假旅行者的航空旅行需求价格弹性之间的比较？

8. 解释为什么在产品类别中，整个产品类别（如酸奶）的需求价格弹性可能比一个典型品牌（如达能）的需求价格弹性少负。

9. 两种产品之间需求交叉价格弹性的符号能告诉我们有关商品之间什么样的关系？

10. 为什么需求曲线的变化能确定供给曲线而不是确定需求曲线？

习　题

2.1 日本的啤酒需求方程为：$Q^d=700-2P-P_N+0.1I$，其中 P 是啤酒的价格，P_N 为坚果的价格，I 是消费者的平均收入。

a）当坚果的价格上升时，啤酒的需求会发生什么变化？啤酒和坚果是需求替代品还是需求互补品？

b）当消费者的平均收入增加时，啤酒的需求会发生什么变化？

c）画出当 $P_N=100$、$I=10\,000$ 时，啤酒的需求曲线。

2.2 假设一个特定市场的需求曲线为 $Q=5-0.5P$。

a）绘制该曲线。

b）在什么价格上，需求是单位弹性需求？

2.3 咖啡的需求曲线和供给曲线分别为 $Q^d=600-2P$，$Q^s=300+4P$。

a）画出供给曲线和需求曲线，并指出均衡点。

b）利用代数，确定咖啡的市场均衡价格和均衡数量。

2.4 假设当地商店对百吉饼的需求为 $Q^d=300-100P$。在这个方程中，P 代表以美元计的一个百吉饼的价格。

a）填写下面的表格：

P	0.10	0.45	0.50	0.55	2.50
Q^d					
$\epsilon_{Q,P}$					

b）绘制该曲线。它是线性的吗？

c）在什么价格上，需求是单位弹性的？

d）在什么价格上，需求会无弹性？

e）在什么价格上，需求会有弹性？

2.5 一个小镇对冰激凌的需求曲线在过去的几年里一直稳定。在大多数的月份里，当每份最受欢迎冰激凌的均衡价格为 3 美元/份时，客户每月购买 300 份。对某一个月，用于制造冰激凌的材料价格上涨，使供给曲线向左移动。当那个月的均衡价格上涨到 4 美元/份时，客户每月只买 200 份。利用这些数据绘制一条该小镇的冰激凌线性需求曲线。寻找价格等于 3 美元/份和 4 美元/份时的需求价格弹性。在什么价格上，需求为单位弹性的？

2.6 Granny 餐厅销售苹果派。Granny 知道苹果派的需求曲线不会随着时间而移动，但是 Granny 想获取更多有关需求的知识。Granny 通过改变苹果派的价格来测试苹果派市场。当将每个派定价为 4 美元时，Granny 每周能销售 30 个派；当将每个派定价为 5 美元时，Granny 每周能销售 24 个派；当将每个派定价为 4.5 美元时，Granny 每周能销售 27 个派。

a）利用这些数据绘制 Granny 的苹果派的线性需求曲线。

b）在三个价格下，分别找到需求价格弹性。

2.7 每年美国橄榄球超级碗在官方价格 P_0 下的门票都很抢手。一般来说，黑市（被称为黄牛）票价远高于官方价格。利用供给和需求分析来回答下面的问题：

a）黄牛的存在意味着官方价格 P_0 和均衡价格之间有什么关系？

b）如果对黄牛进行严厉的罚款，将如何影响黑市的平均价格？

2.8 你决定研究新鲜樱桃市场。你了解到在过去的 10 年中，樱桃价格一直在涨，然而樱桃的购买数量也在增加。这看起来矛盾，因为你在微观经济学中学到，价格的上升通常会降低需求数量。如何解释这种看似奇怪的价格和消费模式？

2.9 假设在过去的 6 个月内，玉米的价格上升了。但是，生产者销售的玉米数量却在下降。这与供给定律相悖吗？如果不相悖，为什么？

2.10 解释为什么一个需求价格弹性为正的产品一定违反需求定律。

2.11 假设玉米的供给数量取决于玉米的价格（P）和降雨量（R）。玉米的需求取决于玉米的价格和可支配收入水平（I）。供给方程和需求方程分别为 $Q^s=20R+100P$，$Q^d=4\,000-100P+10I$。

a）绘制能说明降雨量增加对玉米的均衡价格和均衡数量产生影响的需求曲线与供给曲线。

b）绘制能说明可支配收入减少对玉米的均衡价格和均衡数量产生影响的需求曲线与供给曲线。

2.12 回想一下，当需求完全无弹性时，$\epsilon_{Q,P}=0$。

a）绘制一条完全无弹性的需求曲线。

b）假设 1961 年罗杰·马里斯（Roger Maris）棒球卡的供应完全无弹性。再假设，由马克·麦圭尔（Mark McGwire）和萨米·索萨（Sammy Sosa）在 1998 年要打破马里斯创造的本垒打记录的追求使人们对马里斯的职业生涯产生了新兴趣，这造成对 1961 年马里斯棒球卡的需求上升。均衡价格将会发生什么变化？马里斯棒球卡的均衡数量又会发生什么变化？

2.13 考虑一条线性需求曲线，$Q=350-7P$。

a）推导出该需求曲线对应的逆需求曲线。

b）窒息价格为多少？

c）在 $P=50$ 时，需求价格弹性为多少？

2.14 假设在法国钢的需求量为 $Q_s=100-2P_s+0.5Y+0.2P_A$，其中，Q_s 为每年钢的需求量，P_s 为钢的市场价格，Y 是法国的真实国内生产总值，P_A 是铝的市场价格。在 2011 年，$P_s=10$，$Y=40$，$P_A=100$。2011 年钢的需求为多少？在给定 2011 年市场的情况下，需求价格弹性为多少？

2.15 公司目前每单位产出定价为 100 美元，它的收入（价格乘以数量）是 70 000 美元。在这个价格下它面临需求弹性（$\epsilon_{Q,P}<-1$）。如果公司提价 2 美元/单位，公司可能面临下列哪种产出水平？请解释你的选择。

a）400。

b）600。

c) 800。

d) 1 000。

2.16 吉娜（Gina）通常为每加仑冰激凌支付的价格为 5～7 美元。随着价格的变动，她每月花在冰激凌上的总支出随价格的下降而增加。这意味着，她对冰激凌的需求价格弹性是多少？

2.17 高尔夫球市场的供需关系为：$Q^d=90-2P-2T$，$Q^s=-9+5P-2.5R$，其中 T 是用来制作高尔夫球杆的金属钛的价格，R 是橡胶的价格。

a) 如果 $R=2$，$T=10$，计算高尔夫球的均衡价格和均衡数量。

b) 在均衡点，计算需求价格弹性和供给价格弹性。

c) 在均衡点，计算高尔夫球相对钛价格的需求交叉价格弹性。这种弹性的符号告诉你高尔夫球和钛是替代品还是互补品？

2.18 在大都市，只有出租车和私人汽车可以使用市区与机场之间的高速公路。出租车服务市场是竞争性的。有一个出租车专用车道，所以出租车总是能够以每小时 55 英里的速度行驶。对出租车的需求取决于出租车车费 P。私人汽车在高速公路上的平均速度为 E，汽油的价格为 G。出租车供给的里程数取决于出租车车费和汽油的价格。

a) 如果汽油的价格上涨，你预期对出租车的需求有何变化？如果私人汽车行驶的平均速度提高，你预期对出租车的需求有何变化？

b) 假设出租车的需求方程为 $Q^d=1\,000+50G-4E-400P$。出租车的供给方程为 $Q^s=200-30G+100P$。画出当 $G=4$、$E=30$ 时，画出出租车的供给曲线和需求曲线。找出均衡时的出租车车费。

c) 找出一般情况下的均衡出租车车费（即当你不知道 G 和 E 时）。显示随着 G 和 E 的变化，均衡的出租车车费将如何变化。

2.19 对以下几对商品，你预期其需求交叉价格弹性是正、负还是零？请对你的答案做简要解释。

a) 泰诺（Tylenol）和布洛芬（Advil）。①

b) DVD 机和录像机。

c) 热狗和小圆面包。

2.20 对以下几对商品，你预期其需求交叉价格弹性是正、负还是零？请对你的答案做简要解释。

a) 红色雨伞和黑色雨伞。

b) 可口可乐和百事可乐。

c) 葡萄果冻和花生酱。

d) 巧克力碎饼干和牛奶。

e) 计算机和软件。

2.21 假设芝加哥和达拉斯之间的航空旅行市场仅由美国联合航空公司与美国航空公司两家航空公司提供服务。某经济学家研究了这个市场，并预计每家航空公司的往返机票的需求曲线如下：

$$Q_U^d=10\,000-100P_U+99P_A\text{（美国联合航空公司的需求）}$$
$$Q_A^d=10\,000-100P_A+99P_U\text{（美国航空公司的需求）}$$

其中，P_U 是美国联合航空公司收取的价格，P_A 是美国航空公司收取的价格。

a) 假设美国联合航空公司和美国航空公司都对从芝加哥到达拉斯的往返机票收取 300 美元。美国联合航空公司在芝加哥和达拉斯之间的需求价格弹性是什么？

b) 当两家航空公司都对芝加哥和达拉斯间的往返机票收取 300 美元时，市场层面的需求价格弹

① 这两种都是退热药。——译者注

性是什么?(提示:由于只有美国联合航空公司和美国航空公司两家航空公司为芝加哥-达拉斯市场提供服务,假定两家航空公司的收费价格一样,芝加哥和达拉斯航空的总需求方程是什么?)

2.22 你有以下信息:

- 在当前价格下,烟草的需求价格弹性是-0.5。
- 当前每根香烟的价格是0.05美元。
- 每年销售1 000万根香烟。

找到一条和这些信息吻合的线性需求曲线,并画出该需求曲线。

2.23 对以下每个例子,讨论在短期或长期中你是否认为(需求或供给)弹性会变得更大。

a)对当地电影院座位的供给。

b)对让城镇里唯一的验光师做眼科检查的需求。

c)对烟草的需求。

2.24 假设在2011年,全球的笔记本电脑的硬盘驱动器市场由大量制造商组成。实际上,当笔记本硬盘驱动器市场繁荣发展时,新的生产商相对比较容易进入这个产业。

在2011年2月,笔记本硬盘驱动器的需求出现了意外的暂时飙升,无论什么价格,人们对硬盘驱动器的需求均以每月25%的速度增加。结果,在2月末,笔记本硬盘驱动器的价格上升到5美元/兆字节。这种需求飙升在2011年3月结束,笔记本硬盘驱动器的价格也回落到需求暂时飙升发生之前的水平。

2011年8月,又出现了笔记本电脑需求的持续增长,这导致在任何可能价格的情况下,对硬盘驱动器的需求以每月25%的速度增加。9个月后,笔记本硬盘驱动器的价格已经每单位涨了1美元。

在这两种情况下,市场经历了相同大小的需求变化。但均衡价格的变化不同,这是为什么?

2.25 当晚餐的平均价格是8美元时,对城里唯一餐馆的晚餐需求是单位弹性需求。在这个价格下,每晚有120人在餐馆就餐。

a)找到一条符合这些信息的线性需求曲线,然后画出该曲线。

b)你是否需要有需求价格弹性的信息才能找出该曲线?为什么?

2.26 在以下每对商品中,你认为具有较大需求价格弹性的商品是哪个。简要说明你的理由。

a)黄油和鸡蛋。

b)你的国会议员去华盛顿的旅行(例如,去众议院投票)和你去夏威夷的旅行。

c)普通橙汁和纯果乐牌橙汁。

2.27 在某个城市,公共交通(例如地铁和城市公交)的价格在很多年里一直是10比索。假设这种出行市场的需求曲线有以下特征:在长期,$Q=30-2P$;在短期,$Q=15-P/2$。请验证,长期需求曲线比短期需求曲线更平坦。有关这种商品需求对价格的敏感性,上述信息告诉了你什么?讨论为什么会这样。

2.28 思考1998—2000年发生在美国市场的草莓事件:

- 1998年:平静无事。市场价格是5美元/蒲式耳,400万蒲式耳被销售。
- 1999年:发生了恐慌:来自密歇根州的草莓可能被污染。草莓的市场价格变成4.5美元/蒲式耳,250万蒲式耳被销售。
- 2000年:年初,当媒体报道最初有关污染草莓的报道是个骗局时,对污染草莓的恐慌才结束。然而,美国中西部连续的洪水破坏了艾奥瓦州、伊利诺伊州和密苏里州部分重要的草莓农地。草莓的市场价格变成8美元/蒲式耳,350万蒲式耳被销售。

找出和这些信息一致的线性需求曲线和供给曲线。

2.29 以下为某城市出租车服务的需求和供给变化信息。价格P是每英里的价格,数量是出租车在过去一个月行驶的全部路程量(以千英里计)。

1月:最初的供给方程和需求方程为$Q^s=30P-30$(当$P\geqslant1$时),$Q^d=120-20P$。

2月:由于汽油价格升高,出租车服务的供给方程变成$Q^s=30P-60$(当$P\geqslant2$时)。

3 月：在春假期间，出租车服务的需求增加了，因此需求方程是 $Q^d=140-20P$。

a）找出每个月的均衡价格和均衡数量。

b）以图的形式说明你的答案。在图中标明均衡价格和均衡数量。

2.30 思考两个国家的石榴需求曲线。在第一个国家，石榴是人们饮食的重要部分，并且石榴是许多大众美食菜谱所需的关键食材。对大多数菜肴，石榴不存在可行的替代品。在第二个国家，如果石榴价格较合适，家庭会购买石榴，但消费者不认为石榴是特殊的或者唯一的，在他们的菜谱中，受欢迎的菜肴几乎不依赖石榴。

假如两个国家都原产石榴。进一步假设，由于运输方式的固有局限性，这里不存在石榴的跨国贸易。每个国家的石榴市场都独立于其他国家。最后，假设两个国家都经历了周期性的干旱和与其他气候有关的冲击，这导致供给条件产生了出乎意料的改变。

下面的图形说明了十年间每个国家石榴价格随时间变化而变化（实线是其中一个国家的时间轨道；虚线是另一个国家的时间轨道）的情况。根据提供的信息，两个国家各对应哪条时间轨道？

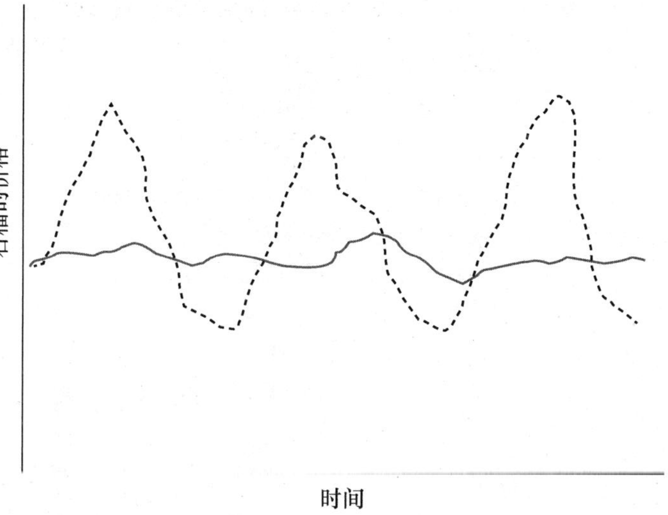

附录：常弹性需求曲线的需求价格弹性

在本章，我们说对形式为 $Q=aP^{-b}$ 的常弹性需求曲线来说，点需求价格弹性是不变的。对这条需求曲线，有

$$\frac{dQ}{dP}=-bap^{-(b+1)}$$

点需求价格弹性为：

$$\epsilon_{Q,P}=\frac{dQ}{dP}\frac{P}{Q}$$

$$=-bap^{-(b+1)}\times\frac{P}{aP^{-b}}\quad（将 Q 代入表达式）$$

$$=-b（在消项之后）$$

这说明，常弹性需求曲线的需求价格弹性总是等于需求方程的指数 $-b$。（如需了解更多导数的使用，请看本书最后的数学附录。）

第 2 部分

消费者理论

第 3 章 消费者偏好与效用的概念

为什么你喜欢你所喜欢的

2008—2009 年波及全球的经济危机引起了消费者行为的巨大变化，汽车等行业中的变化尤为显著。许多因素导致了这些变化。股票价格和收入水平的不断下降意味着，人们在商品和服务上的花费整体上都在下降。越来越高的燃油费以及消费者对环境保护与日俱增的关注，促使大量消费者购买高效节能的交通工具。政府的政策也对消费者的行为产生影响。在 2009 年夏季，美国联邦政府引进了一项旧车换现金计划（其官方名称为“汽车补贴折扣制度”）。该计划是指，当消费者用一辆旧车去换购新的更加节能高效型汽车时，就会得到多达 4 500 美元的政府补贴。这项给予消费者的补贴计划使汽车的销售量上升，至少在经济困难时期暂时性地帮助了汽车产业。自 2008 年年末开始，一些欧洲国家也提供了类似的现金激励政策来促使消费者以旧换新。

作为一名消费者，你必须在日常生活的每一天进行选择。除了选择汽车外，你必须决定去租或者购买什么类型的房屋，去购买什么食物和衣服，去接受何等程度的教育等。消费者选择为约束优化分析提供了一个很好的例子。第 1 章所介绍的微观经济学使用的分析工具就包括约束优化分析。人们拥有有限的资源，但欲望是无限的。消费者选择理论集中关注消费者在有限的资源中怎样选择商品和服务。

在接下来的三章里，我们将学习消费者选择。在本章，我们先学习消费者偏好。我们研究消费者的偏好是为了理解消费者如何对不同系列的商品进行比较（或排列）。在这部分的讨论中，我们忽略购买商品的成本。因此，在假定所有商品都可以免费被“购买”的情况下，消费者偏好就可以显示出消费者是否真的更加喜欢某一特定系列的商品。比如，当不考虑运行成本和购买成本时，出于对环境的考虑，消费者也可能会选择节能高效型而不是低效能的车辆。

当然，在现实世界中，消费者购买商品是一定得花费点什么的，消费者的收入当然也是有限的。这个现实将引导我们进入第 4 章——关于消费者选择讨论的第二部分。当商品价格昂贵时，消费者的收入就会限制他所能购买的商品集。在第 4 章中我们将介绍：在给定消费者收入和商品价格的情况下，如何描述消费者能够购买的商品集合。接下来我们将运用消费者偏好来回答下面的问题：在消费者能够买得起的那些商品中，他会选择哪一个？

为什么我们要如此深入地研究消费者选择？这是由于，消费者不是唯一对消费者选择感兴趣的团体，在第 5 章中我们将运用消费者选择理论去推导消费者关于任何商品或者服务的需求曲线。由于这些曲线反映出消费者愿意为商品支付多少，所以商业经营者十分关注消费者的需求曲线。政府也很关注消费者的需求和偏好。例如，假如政府乐于帮助那些低收入家庭购买食物，政策制定者就必须决定该怎么做才能实现这个目的。政府应该简单地给予那些家庭一些现金补助，让它们自己随意地花费这些补助，还是应该以只能用于购买食品的粮票等票券的形式去援助它们？或许有人会问：旧车换现金计划是否真的是激励消费者购买高效节能型汽车的最好办法？我们将看到，此类政府计划的有效性和价值在很大程度上都依赖于消费者偏好。

本章概要　在阅读和学习本章之后，你将会解决以下问题：

- 从商品和服务的市场购物篮子角度描述消费者偏好。
- 关于消费者偏好的三个基本假定：偏好的完备性，偏好的传递性，越多越好。
- 区别序数偏好和基数偏好。
- 使用效用函数描述偏好，分析边际效用的概念以及边际效用递减规律。
- 使用效用函数对单一商品偏好和多种商品偏好进行分析。
- 用简洁的方式绘制效用函数的无差异曲线。
- 分析商品边际替代率的概念。
- 描述和对比一些特殊的效用函数。

3.1 偏好的表示

在现代经济中，消费者购买的商品琳琅满目。首先考虑一个消费**篮子**（basket）（有时称之为消费约束），我们将它定义为消费者可能消费的商品和服务组合。例如，第一个篮子的商品可能包括一条牛仔裤、两双鞋子和 5 磅巧克力糖。第二个篮子里可能装着两条牛仔裤、一双鞋子和 2 磅巧克力糖。更一般地，一个篮子里可能不仅包括特定数量的牛仔裤、鞋子和巧克力糖，而且包括房子、电子产品、电影票、体育比赛入场券以及许多其他东西。

为了用图表来解释篮子这个概念，我们考虑一个简化的例子：消费者只能购买两种商品，食物和衣服。图 3－1 列出了 7 种可能的消费篮子。购买 E 篮子商品的消费者每周消费 20 单位食物和 30 单位衣服；选择 B 篮子商品的人则每周消费 60 单位食物和 10 单位衣服。篮子里也可能仅有一种商品，比如 J 篮子（只有食物）和 H 篮子（只有衣服）。

篮子：消费者可能消费的商品和服务组合。

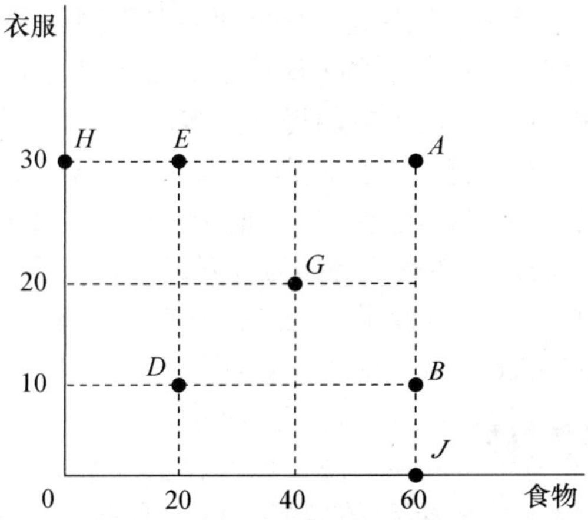

图 3-1　每周的食物和衣服篮子

说明：点 A、点 B、点 D、点 E、点 G、点 H 和点 J 代表消费者一周内可能购买的 7 种食物和衣服组合篮子。

消费者偏好（consumer preferences）告诉我们，在可以免费得到篮子的假设下，对任意两个篮子，消费者是如何排列篮子的（即对任意两组不同的商品组合，消费者更喜欢哪一组）。当然，消费者的实际选择除了消费者偏好外，还取决于其他许多因素，包括收入和篮子的花费。但现在，我们仅考虑消费者对不同篮子的偏好。

消费者偏好：在可以免费得到篮子的假设下，对任意两个篮子，消费者是如何排列篮子的（即对任意两组不同的商品组合，消费者更喜欢哪一组）。

□ 消费者偏好假定

对消费者偏好的研究，我们是在消费者选择理论下的三个基本假定基础上展开的。在这些假定下，我们认为在绝大多数情况下消费者都会产生理性的行为。之后，我们将讨论在哪些情形下这些假定可能无效。

1. 偏好的完备性

就是说，消费者能够排列任意两个篮子。

例如，对 A 篮子和 B 篮子，消费者可以根据下列可能性之一描述她的偏好：

她喜欢 A 篮子胜过 B 篮子（写作 $A>B$）。

她喜欢 B 篮子胜过 A 篮子（写作 $B>A$）。

她漠不关心或者同等喜欢 A 篮子和 B 篮子（写作 $A\approx B$）。

2. 偏好的传递性

这个假定的意思是消费者会做出一致的选择。假定一位消费者告诉我们，她喜欢 A 篮子胜过 B 篮子，喜欢 B 篮子胜过 E 篮子。我们就可以推断：她喜欢 A 篮子胜过 E 篮子。运用我们刚刚引用的描述偏好的标记法，我们可以用下面的形式描述传递性：如果 $A>B$ 且 $B>E$，那么 $A>E$。

3. 越多越好

对一个消费者来说，拥有更多的某种商品总是更好的。假设该消费者在考虑图 3-1 中的篮子。如果越多越好，那么她喜欢更多食物、更多衣服。所以，她喜欢 A 篮子胜

过 E 篮子或者 H 篮子，这是由于她从这三个篮子中获得同等数量的衣服而从 A 篮子中却得到更多的食物。她会喜欢 A 篮子胜过 B 篮子或者 J 篮子，这是因为她从这三个篮子中得到同等数量的食物而从 A 篮子中却得到更多的衣服。她也会喜欢 A 篮子胜过 G 篮子或者 D 篮子，因为她从 A 篮子中会得到比另外两个篮子中任何一个都更多的食物和衣服。因此，在这 7 个篮子中，她最喜欢 A 篮子。但是，如果没有得到更多关于消费者偏好的信息，我们就无法判断消费者将如何排列每一对篮子。举例来说，如果没有更多的信息，我们就不知道，相比 G 篮子，她是否更喜欢 E 篮子，因为她从 G 篮子中会得到更多的食物、更少的衣服。

□ 序数偏好和基数偏好

在本书中，我们将提及两种类型的偏好：序数和基数。**序数偏好**（ordinal ranking）为我们提供消费者排列篮子顺序的信息。例如，对图 3－1 中的 A 篮子，消费者购买的食物和衣服都是 D 篮子里的三倍。我们知道，相比 D 篮子，消费者更喜欢 A 篮子，因为越多越好。然而，一个序数偏好并不能告诉我们，相对于 D 篮子，她有多喜欢 A 篮子。

基数偏好（cardinal ranking）为我们提供了消费者偏好具体是多少数值的信息。有了基数偏好，我们不仅知道相比 D 篮子消费者更喜欢 A 篮子，而且我们可以测量她对 A 篮子的偏好强度。我们可以做一个定量描述，比如“消费者喜欢 A 篮子的程度是 D 篮子的两倍”①。所以，基数偏好比序数偏好包含了更多的信息。

序数偏好：一种关于消费者相比一个篮子是否更喜欢另一个篮子的偏好，但这种偏好不包含消费者偏好强度的定量信息。

基数偏好：相比另一个篮子来说，消费者可以在数量上度量对一个篮子的偏好。

对消费者来说，通常很容易回答关于序数偏好的问题，比如：“你喜欢拥有一个装着汉堡包和炸薯条的篮子，还是一个装着热狗和洋葱圈的篮子呢?”但是，由于并不拥有对不同篮子偏好程度进行度量的工具，消费者很难描述他们更偏好另一个篮子的程度为多少。但幸运的是，在我们深入研究消费者行为理论时，你就会发现，获得消费者从一个篮子得到多少满足感的数量并不重要。尽管我们经常使用基数偏好来简化解释，但是序数偏好通常就能给我们提供充分的信息去解释一个消费者的决策。

3.2 效用函数

偏好的完备性、偏好的传递性和越多越好的假设（三个假设）允许我们用**效用函数**（utility function）来描述偏好。效用函数度量消费者从消费任一篮子的商品和服务中获

① 如文中所讲的，A 篮子中的食物和衣服都是 D 篮子的三倍。然而，这并不一定意味着消费者喜欢 A 篮子的程度精确地是 D 篮子的三倍。如果你去购买三倍你现在所拥有的商品，你的满意度就一定会成三倍地增长吗？对大部分消费者来说，满意度肯定会提升，但少于三倍。

得的满意度水平。我们可以用代数式或者图表来描述效用函数。

效用函数： 度量消费者从消费任一篮子的商品和服务中获得的满意度水平。

□ 单一商品偏好： 边际效用的概念

为了说明效用函数的概念，我们首先假设一个简单的情景：一位叫萨拉（Sarah）的消费者只买汉堡这一种商品。我们用 y 表示她每周购买的汉堡数量，用 $U(y)$ 表示萨拉从她所购买的 y 个汉堡中获得的满意度（或者效用）。

图 3－2（a）描绘了萨拉关于汉堡的效用函数。建立起这个图表的效用函数方程是 $U(y)=\sqrt{y}$。我们观察到萨拉的偏好满足我们上述的三个假设。它们是完备的，因为萨拉可以把满意程度分配到每一个 y 值上。也同样满足越多越好的假设，因为她消费的汉堡越多，她的效用就越高。例如，假设 A 篮子里的汉堡数量是 1 个，B 篮子里的数量是 4 个，C 篮子里的数量是 5 个。萨拉按照下面的顺序排列这些篮子：$C \succ B$，$B \succ A$。这是基于下面的事实：萨拉在点 C 的效用大于点 B，而且在点 B 的效用又大于点 A。最后，萨拉的偏好是具有传递性的：因为相对于 B 篮子她更喜欢 C 篮子，相对于 A 篮子她更喜欢 B 篮子，而相对于 A 篮子，她也更喜欢 C 篮子。

边际效用

在研究消费者行为时，我们经常想知道的是，当商品的消费量发生变化（Δy）时，满意度会有怎样的改变（ΔU）。因此，经济学家提出了**边际效用**（marginal utility）（MU）的概念：商品总效用的改变量与商品消费量改变量的比值。所以，商品 y 的边际效用（MU_y）就是

$$MU_y=\frac{\Delta U}{\Delta y} \tag{3.1}$$

从图形来看，某一特定点的边际效用可以用效用函数在该点切线的斜率表示。例如，在图 3－2（a）中，当汉堡的数量 $y=4$ 时，萨拉的边际效用就是切线 RS 的斜率。由于切线的斜率随着效用函数 $U(y)$ 而改变，所以萨拉的边际效用也就取决于她所购买的汉堡的数量。在这方面，和我们大多数人一样：萨拉从消费更多某种商品中获得的额外满意度取决于她已经消费了多少数量的这种商品。

边际效用： 商品总效用的改变量与商品消费量改变量的比值。

在图 3－2 中，效用函数为 $U(y)=\sqrt{y}$[图(a)]，边际效用为 $MU_y=1/(2\sqrt{y})$[图(b)]。[①] 这个公式精确地反映了边际效用取决于数量 y。

边际效用递减规律

在画总效用曲线和边际效用曲线时，你应该记住以下几点：

① “数学附录”中的边做边学习题 A.4 展示了如何根据总效用的公式推导边际效用等式。为了说明本例中 $MU_y=1/(2\sqrt{y})$ 的合理性，我们用数字来验证边际效用值。假设消费量从 $y=4$ 上升到 $y=4.01$，所以增量 $\Delta y=0.01$，效用值就从 $U(4)=\sqrt{4}=2$ 增加到 $U(4.01)=\sqrt{4.01}\approx 2.0025$。因此，效用的增量 $\Delta U\approx 0.0025$。所以，边际效用就是 $\Delta U/\Delta y=0.0025/0.01=0.25$。如果我们把 $y=4$ 代入方程 $MU_y=1/(2\sqrt{y})$ 中也会得到这个数值。

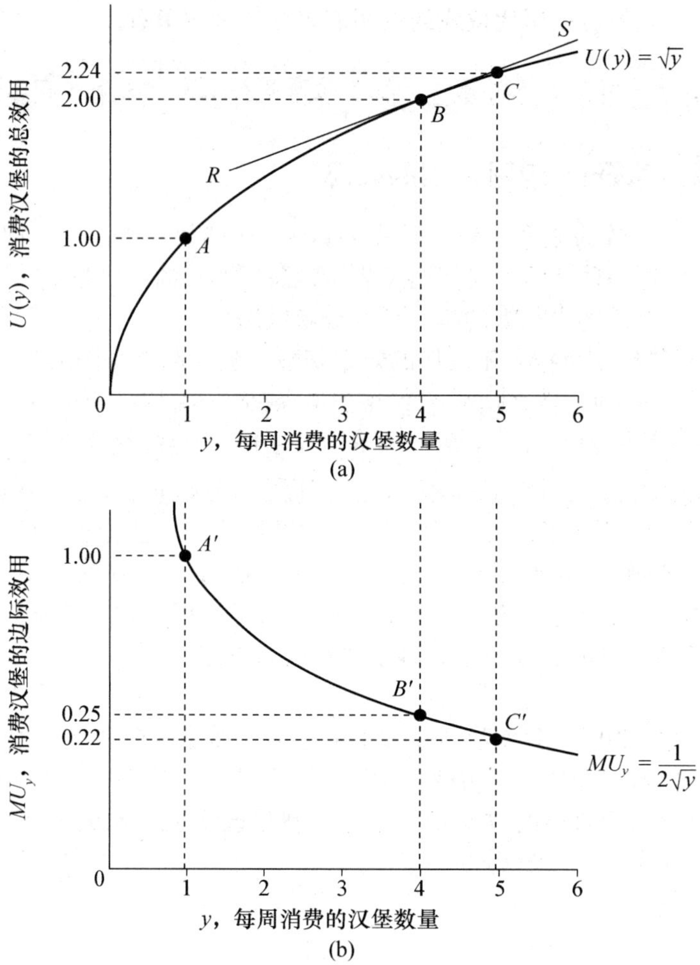

图 3－2　单一商品（汉堡）的总效用和边际效用

说明：图 3－2（a）描绘的是效用函数$U(y)=\sqrt{y}$，相应的边际效用如图 3－2（b）所示。在图 3－2（a）中，效用函数的斜率就是边际效用。比如，当 $y=4$ 时，效用函数的斜率是 0.25（由过点 B 的切线 RS 的斜率表示）。因此，当 $y=4$ 时，边际效用是 0.25。

- 总效用和边际效用不能画在同一张图中。在图 3－2 的两张图中，横轴是相同的（都代表每周消费的汉堡数量 y），但是两张图中的纵轴却不同。总效用是以 U 为单位（或者其他可能的什么），边际效用是以每个汉堡的效用为单位（即 ΔU 除以 Δy）。所以，总效用曲线和边际效用曲线必须画在两张不同的图中。

- 边际效用是（总）效用函数的斜率。在图 3－2（a）中，总效用曲线任意一点的斜率都是 $\Delta U/\Delta y$，即当消费量增加或下降时该点的总效用变化率，这也是边际效用所衡量的（请注意任意一点的 $\Delta U/\Delta y$ 也是该点效用曲线切线段的斜率）。举例来说，图 3－2（a）中的点 B，效用曲线的斜率［$U(y)=0.25$］（也就是说，当 $y=4$ 时，$\Delta U/\Delta y=0.25$）＝切线段 RS 的斜率＝该点的边际效用＝图 3－2（b）中边际效用曲线 MU_y 的点 B' 的纵坐标值。

- 在经济学中，即使采用其他的衡量方法，总函数和边际函数之间的关系也成立。边际函数值通常是相应总函数的斜率。在本书中，我们将继续讨论其他函数的这种关系。

在图 3-2（b）中，随着萨拉吃的汉堡越多，她的边际效用在不断递减。这种趋势就解释了**边际效用递减规律**（principle of diminishing marginal utility）：在某一点之后，商品的边际效用随着该商品消费量的增加而递减。递减的边际效用反映了一个共同的人性特点。无论是汉堡、糖果、鞋子还是棒球赛，我们消费得越多，从额外增加的消费中获得的附加满意度在下降。在消费了第一单位、第二单位或者第三单位的商品后，边际效用可能不会降低。但是在达到某一消费量之后它通常会降低。

为了理解边际效用递减规律，考虑一下你从另一个汉堡中得到的额外满意度。假设这周你已经吃了一个汉堡。如果你吃第二个汉堡，你的效用会有一定数量的增加，这就是第二个汉堡的边际效用。如果这周你已经吃了五个汉堡，又准备吃第六个汉堡，你的效用的增加量就是第六个汉堡的边际效用。如果你和绝大多数人一样，你第六个汉堡的边际效用就会低于第二个汉堡的边际效用。在这个例子中，汉堡的边际效用就在逐渐递减。

边际效用递减规律：在某一点之后，商品的边际效用随着该商品消费量的增加而递减。

总是越多越好吗

越多越好这个假设在边际效用方面暗示着什么呢？如果一件商品总是越多越好，那么，当这件商品的消费量增加时，总效用一定会增加。换句话说，这件商品的边际效用总是正的。

在现实生活中，这个假设不总是对的。让我们回到汉堡的例子中。萨拉可能会发现每周在吃第一个、第二个和第三个汉堡时，她的总效用在增加。尽管她每多吃一个汉堡，边际效用就会减少，但是对这些汉堡，她的边际效用是正的。她可能会在某一点发现，一个额外的汉堡将不再给她带来更多的满足感。比如，她可能会发现，每周第七个汉堡的边际效用是 0，而第八个或者第九个汉堡的边际效用甚至可能为负值。

图 3-3 描绘了这个例子中的总效用曲线和边际效用曲线。起初（对 y 值小于 7 的汉堡数），随着消费量的增加总效用不断提高，效用曲线的斜率是正的［例如，线段 RS（效用曲线在点 A 的切线，此时，萨拉在购买第二个汉堡）的斜率是正的］，所以，边际效用是正值（如点 A' 所示）。然而，汉堡消费量达到 7 个以后，随着消费量的增加，边际效用逐渐降低。当萨拉已经购买了足够多的汉堡时，她的边际效用达到了 0（点 B'）。因为边际效用是 0，所以总效用曲线的斜率为 0（在点 B 和效用曲线相切的线段 MN，其斜率为 0）。如果萨拉买了 7 个以上的汉堡，她的总满意度就会降低（例如，点 C 的总效用曲线的斜率是负值，所以它的边际效用也是负的，如点 C' 所示）。

尽管越多不一定总是越好，然而我们仍然有理由认为，消费者的实际购买量还是越多越好。例如，在图 3-3 中，我们通常只会画出前 7 个汉堡的效用函数。由于把钱花费在降低满意度的汉堡上是毫无意义的，所以消费者从来没有想过要购买 7 个以上的汉堡。

□ 多种商品的偏好：边际效用、无差异曲线和边际替代率

下面来看看总效用和边际效用的概念如何应用到现实生活中。在现实生活中，消费者可以在无数的商品和服务中随意挑选。为了研究消费者在选择最优篮子时进行的权衡，我们必须仔细考虑消费者消费多种商品所获得的效用的内涵。

我们用下面一个相对简单的例子来讨论哪些是在多种商品下消费者选择的最重要因

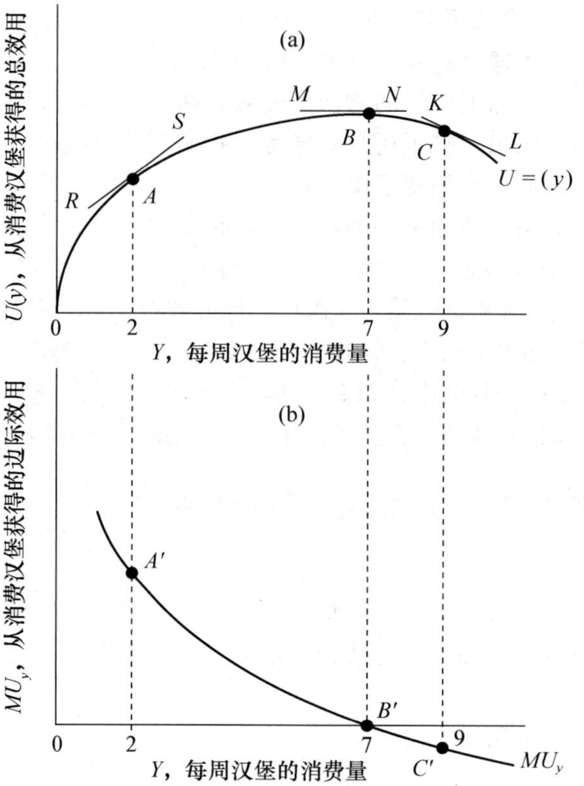

图 3－3　边际效用可能为负值

说明：图 3－3（a）展示的是效用曲线 $U(y)$，图 3－3（b）描绘的是相应的边际效用曲线。在点 A 处效用曲线的斜率是正的，因此它的边际效用是正的，如图 3－3（b）中的点 A' 所示。点 B 的效用曲线的斜率是 0，也就是说，边际效用是 0，如点 B' 所示。点 C 的效用曲线的斜率是负值，因此边际效用就是负值，如点 C' 所示。

素。消费者，布兰登（Brandon），必须决定在一个特定月份购买多少食物和多少衣服。用 x 表示每月消费的食物单位数量，用 y 表示衣服的单位数量。另外，假设布兰登任意篮子（x，y）的效用可以用 $U=\sqrt{xy}$ 度量。这个消费者的效用函数就如图 3－4 所示。因为我们现在有两种商品，所以表示布兰登效用函数的图中就必须有三个坐标轴。在图 3－4 中，食物的消费单位数量，x，在图的右轴上；衣服的消费单位数量，y，用左轴表示。纵轴测量的是布兰登购买任意篮子商品的满意度水平。例如，A 篮子包含 2 单位食物（$x=2$）和 8 单位衣服（$y=8$）。因此，布兰登在 A 篮子中实现了 $U=\sqrt{2\times 8}=4$ 的效用水平。如图所示，也可以通过选择其他篮子实现相同的效用水平，如 B 篮子和 C 篮子。

边际效用的概念也很容易延伸到多种商品的例子中。任一商品的边际效用是指，在其他商品的消费量保持不变的情况下，随着该种商品消费量的增加，总效用的变化比值。比如，消费者只消费两种商品，并且效用函数是 $U(x, y)$，食物的边际效用（MU_x）反映的是在 y 不变但食物的消费量变化（Δx）时，满意度水平是如何变化的（ΔU）：

$$MU_x=\left.\frac{\Delta U}{\Delta x}\right|_{y\text{不变}} \tag{3.2}$$

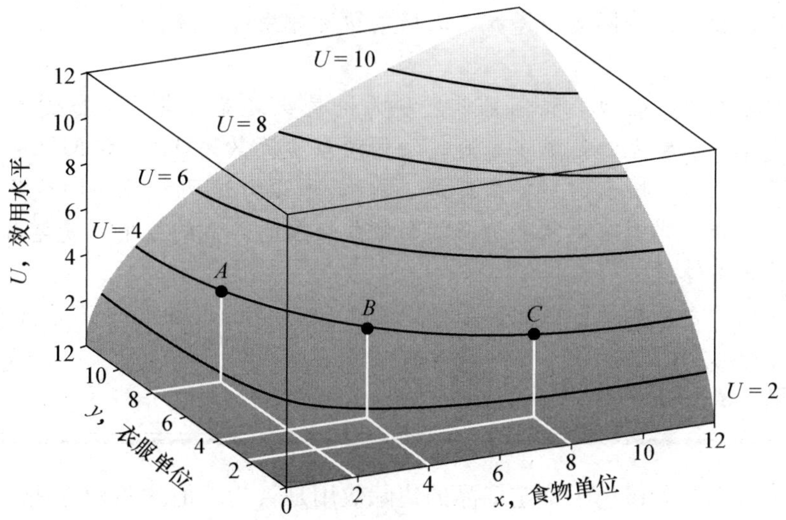

图 3－4　效用函数 $U=\sqrt{xy}$ 的图示

说明：纵轴表示效用水平，食物的数量（x）与衣服的数量（y）分别是右轴和左轴。代表相同效用的等高线也显示在图中。例如，消费者对 A 篮子、B 篮子、C 篮子没有任何差异，因为它们所带来的效用水平是一样的（$U=4$）。

相似地，衣服的边际效用（MU_y）反映的是在食物消费量（x）不变而衣服的消费量发生很小改变（Δy）时，满意度水平是如何变化的（ΔU）：

$$MU_y=\left.\frac{\Delta U}{\Delta y}\right|_{x\text{不变}} \tag{3.3}$$

你可以用公式（3.2）和公式（3.3）从 $U(x,y)$ 中推导出 MU_x 与 MU_y 的数学表达式。[①] 当消费一组（x，y）的总效用是 $U=\sqrt{xy}$ 时，边际效用就是 $MU_x=\sqrt{y}/(2\sqrt{x})$ 和 $MU_y=\sqrt{x}/(2\sqrt{y})$。所以，在 A 篮子（$x=2$，$y=8$）中，$MU_x=\sqrt{8}/(2\sqrt{2})=1$，以及 $MU_y=\sqrt{2}/(2\sqrt{8})=1/4$。

下面的边做边学习题 3.1 显示，效用函数 $U-\sqrt{xy}$ 满足越多越好和边际效用递减的假设。由于越多越好和边际效用递减被广泛地认为反映了消费者偏好的合理特性，所以我们将运用这一效用函数来解释消费者选择理论中的相关概念。

边做边学习题 3.1 ☞

边际效用

让我们来看看满足越多越好和边际效用递减假设的效用函数。假设一名消费者对食物和衣服的偏好可以用效用函数 $U=\sqrt{xy}$ 表示，这里 x 表示食物的单位数量，y 表示衣服的单位数量，并且 x、y 的边际效用用以下公式表示：$MU_x=\sqrt{y}/(2\sqrt{x})$ 和 $MU_y=\sqrt{x}/(2\sqrt{y})$。

问题：

（a）证明：对具有这一效用函数的消费者而言，每种商品都是越多越好。

① 数学附录中的边做边学习题 A.7 展示了如何推导这个例子中的 MU_x 和 MU_y。

(b) 证明：食物的边际效用递减，衣服的边际效用也递减。

解：

(a) 通过考察效用函数，我们可以发现无论是 x 还是 y 增加，U 总会增加。这说明，对每种商品，消费者都是越多越好。下面观察边际效用 MU_x 和 MU_y：由于 x 和 y 的平方根肯定是正值（所有的平方根都是正数），所以，这两种商品的边际效用一定总是正值。这就意味着当消费者购买更多的食物或衣服时，他的效用总是增加。从而，对每种商品也是越多越好。

(b) 在这两种商品的边际效用函数中，随着分母值的增加（分子保持不变），边际效用减少。因此，MU_x 和 MU_y 都是递减的。

相似习题： 3.4

边做边学习题 3.2 讨论了确定商品的边际效用是否为正值的两种方法。第一，看总效用函数。如果消费了更多的商品，总效用增加，那么边际效用是正的。第二，看商品的边际效用，观察它是否为正数。如果商品的边际效用是正数，那么，随着商品消费量的增加，总效用也会增加。

边做边学习题 3.2 ☞

不递减的边际效用

有些效用函数满足越多越好的假设，但边际效用却不递减。假设一名消费者对汉堡和根汁汽水的偏好用效用函数 $U=\sqrt{H}+R$ 表示，这里 H 表示消费的汉堡数量，R 表示根汁汽水的数量。边际效用就是

$$MU_H=\frac{1}{2\sqrt{H}}$$

$$MU_R=1$$

问题：

(a) 对该消费者而言，每种商品都是越多越好吗？

(b) 对该消费者而言，汉堡的边际效用是递减的吗？根汁汽水的边际效用是递减的吗？

解：

(a) 无论是 H 还是 R 增加，U 总是增加，所以对每种商品都是越多越好。同样地，MU_H 和 MU_R 也都是正的，这再次证明越多越好。

(b) 随着 H 的增加，MU_H 减少，所以消费汉堡的边际效用递减。然而，$MU_R=1$（无论 R 为何值），所以，根汁汽水有一个保持不变（而不是递减）的边际效用（也就是说，当消费者多购买一瓶根汁汽水时，他的效用总是以同等数量增加）。

相似习题： 3.5

无差异曲线

为了解释涉及消费者选择的权衡，我们可以把图 3－4 中布兰登的三维效用函数简

化为如图 3-5 所示的二维图像。这两个图像解释了相同的效用函数 $U=\sqrt{xy}$。在图 3-5 中，对布兰登来说，每一条曲线都代表拥有相同效用水平的篮子。每一条曲线都叫作**无差异曲线**（indifference curve），因为布兰登对那条曲线上的篮子是一样满意的（或者在这些篮子间选择无差异）。例如，布兰登对 A 篮子、B 篮子、C 篮子是一样满意的，因为它们全都位于效用值 $U=4$ 的无差异曲线上（对比图 3-4 和图 3-5，观察同一效用函数 $U=4$ 的无差异曲线在三维图像和二维图像中各是怎样的）。像图 3-5 的图表有时被称为无差异曲线图，因为它描绘了一系列无差异曲线。

无差异曲线：一条连接一系列对消费者产生相同满意度的消费篮子的曲线。

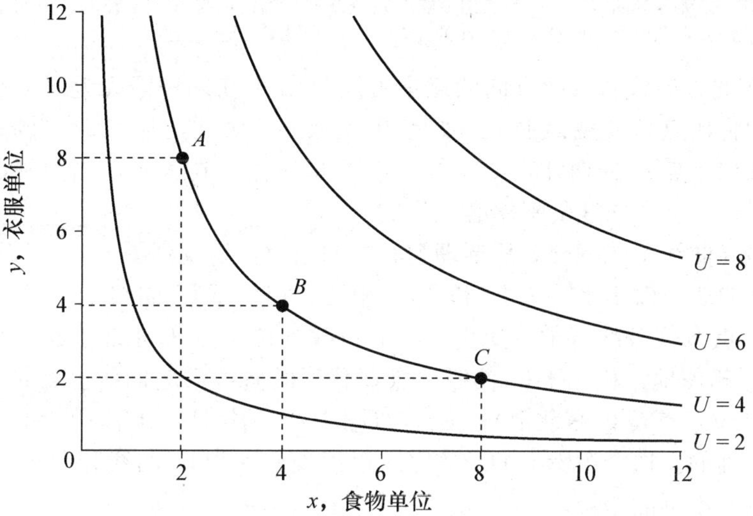

图 3-5　效用函数 $U=\sqrt{xy}$ 的无差异曲线

说明：在任何一条无差异曲线上，所有篮子的效用都是一样的。比如，对图中 A 篮子、B 篮子、C 篮子，消费者是一样偏好的，因为它们产生同等水平的效用（$U=4$）。

无差异曲线具有以下四个性质：

（1）当消费者喜欢两种商品（也就是说，当 MU_x 和 MU_y 都是正值）时，所有的无差异曲线的斜率为负。

（2）无差异曲线不能相交。

（3）每一个消费篮子位于一条且仅在一条无差异曲线上。

（4）无差异曲线不能很“粗”。

下面我们将详细地探讨这些性质。

（1）当消费者喜欢两种商品（也就是说，当 MU_x 和 MU_y 都是正值）时，所有的无差异曲线的斜率为负。在图 3-6 中，假设消费者目前拥有 A 篮子。既然消费者对两种商品的边际效用都是正值，那么，相比于 A 篮子，消费者更喜欢北边、东边或东北边的篮子。我们通过在图中画箭头标注来指示偏好的方向。箭头指向东方代表 $MU_x>0$ 这一事实。箭头指向北方代表 $MU_y>0$ 这一事实。

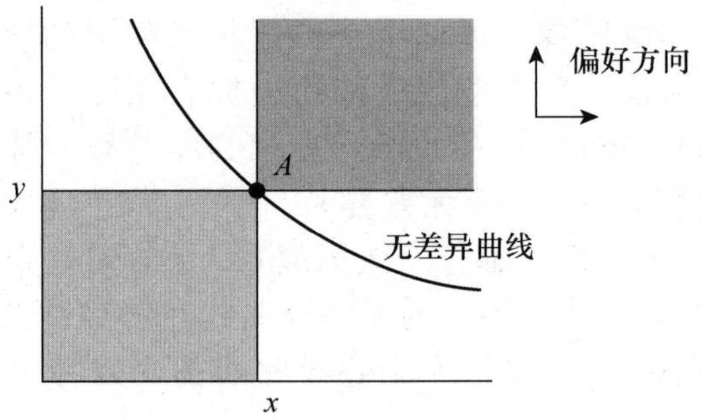

图 3-6　无差异曲线的斜率

说明：假设商品 x 和商品 y 都受消费者欢迎（$MU_x>0$ 且 $MU_y>0$，表示消费者喜欢更多的 y 和 x）。点 A 东北方向阴影区域的点不可能与点 A 在同一条无差异曲线上，因为它们比点 A 更受欢迎。点 A 西南部阴影区域的点也不可能与点 A 在同一条无差异曲线上，因为它们不如点 A 受欢迎。因此，与 A 篮子在同一条无差异曲线上的点必须位于点 A 的西北部或者东南部，而且穿过点 A 的无差异曲线的斜率一定是负值。

点 A 的东北方向或者西南方向的点不可能与点 A 在同一条无差异曲线上，因为相对来说，它们将比点 A 更受欢迎或不如点 A 受欢迎。因此，与点 A 在同一条无差异曲线上的点要么位于点 A 的西北，要么位于点 A 的东南。这表示，当两种商品的边际效用都是正的时，无差异曲线的斜率必定为负。

（2）无差异曲线不能相交。想要理解其中的原因，请观察图 3-7，该图描绘了两条虚拟的无差异曲线（效用水平为 U_1 和 U_2）相交。相比于 U_2 曲线上点 T 代表的篮子来说，U_1 曲线上点 S 代表的篮子更受欢迎，正如点 S 位于点 T 东北部这一事实所示；因此，$U_1>U_2$。相似地，相比于 U_1 曲线上点 Q 代表的篮子，U_2 曲线上点 R 代表的篮子更受欢迎（点 R 位于点 Q 的东北部）；因此，$U_2>U_1$。很明显，$U_1>U_2$ 和 $U_2>U_1$ 同时成立是不可能正确的。这个逻辑上的矛盾之所以出现是因为 U_1 曲线和 U_2 曲线相交了；所以，无差异曲线不可能相交。

（3）每一个消费篮子位于一条且仅在一条无差异曲线上。这一点由无差异曲线不能相交这一性质得出。在图 3-7 中，点 A 代表的篮子位于两条交叉的无差异曲线（曲线 U_1 和曲线 U_2）上；一个点位于两条曲线上，这个点只能位于两条曲线的交点处。因为无

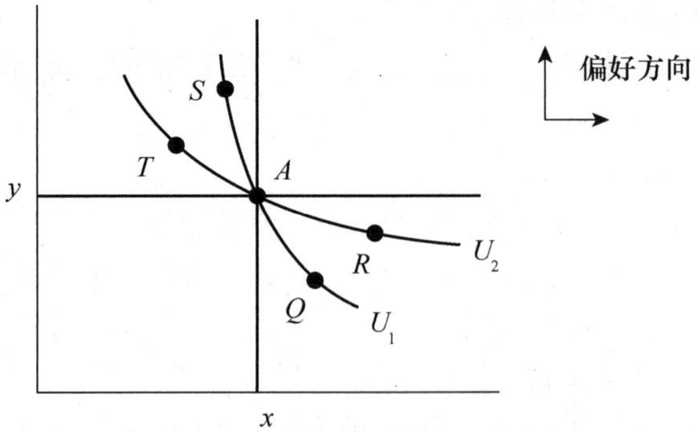

图 3-7　无差异曲线不能相交

说明：如果我们画两条交叉的无差异曲线（U_1 和 U_2 有不同的效用水平），然后就会出现一个逻辑矛盾。既然点 S 位于点 T 的东北部，那么 $U_1>U_2$。但是由于点 R 位于点 Q 的东北部，那么 $U_2>U_1$。这一逻辑矛盾（$U_1>U_2$ 和 $U_2>U_1$）之所以出现是因为两条无差异曲线相交。

差异曲线不能相交，所以每一个消费篮子只能位于一条单独的无差异曲线上。

（4）无差异曲线不能很“粗”。想要理解其中的原因，请观察图 3-8，该图描绘了一条穿过独立的 A 篮子和 B 篮子的很粗的无差异曲线。既然点 B 位于点 A 的东北部，那么点 B 的效用一定高于点 A 的效用。所以，点 A 和点 B 不可能位于同一条无差异曲线上。

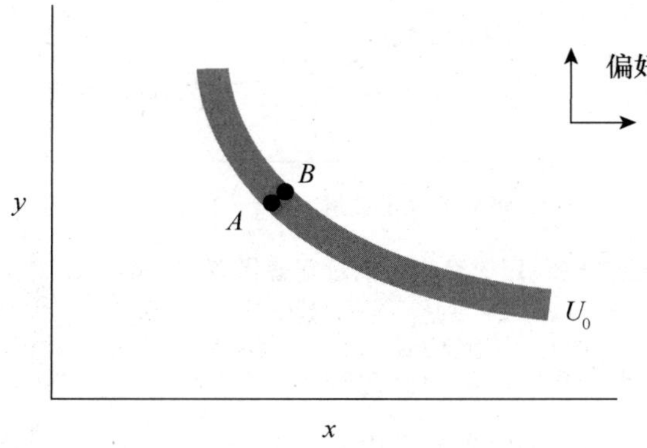

图 3-8　无差异曲线不能很“粗”

说明：一条粗的无差异曲线 U_0 包含了 A 篮子和 B 篮子。但是点 B 位于点 A 的东北部，所以点 B 的效用一定比点 A 的高。因此，点 A 和点 B 不可能位于同一条无差异曲线上。

边际替代率

在保持效用水平不变的前提下，消费者用一种商品替代另一商品的意愿被称为**边际替代率**（marginal rate of substitution）。例如，一名消费者用汉堡替代柠檬汽水的边际替代率就是，在保持相同满意度的情况下，消费者愿意放弃柠檬汽水去获得更多的汉堡。

当两种商品的边际效用都为正值时，消费者在这两种商品之间愿意做的权衡可以用无差异曲线的斜率解释。想要知道其中的原因，请看图 3-9 中的无差异曲线 U_0。该图描绘了一名特定的消费者埃里克（Eric）每周消费汉堡数和柠檬汽水杯数的情况。埃里克从任意给定的篮子，如 A 篮子，移动到曲线右方同等喜爱的篮子，如 B 篮子，就一定要放弃一种商品（几杯柠檬汽水）去获得更多的另一种商品（汉堡）。无差异曲线任意一点的斜率（即曲线在该点切线的斜率）是 $\Delta y/\Delta x$——y 的改变量与 x 的改变量的比值。这就是埃里克用柠檬汽水替代汉堡的边际替代率——为了增加额外的汉堡（Δx），他愿意放弃的柠檬汽水的数量（Δy）。

边际替代率：在保持效用水平不变的前提下，消费者放弃一种商品去获得更多的另一种商品的比值。

例如，埃里克在点 A 的无差异曲线的斜率为 -5。这就意味着，在 A 篮子所代表的消费水平下，埃里克愿意以 5 瓶柠檬汽水换取额外的 1 个汉堡。因此，他在点 A 用汉堡替代柠檬汽水的边际替代率是 5。在点 D，无差异曲线的斜率是 -2。在这个消费水平下，埃里克的边际替代率是 2——他愿意放弃仅有的 2 瓶柠檬汽水去换 1 个额外的汉堡。

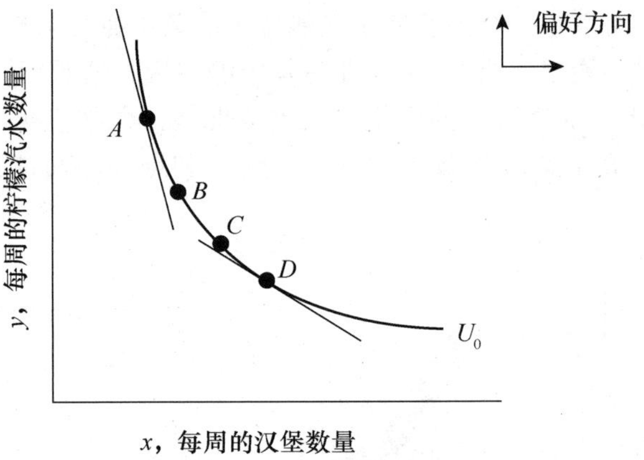

图 3-9　用 x 替代 y 的边际替代率（$MRS_{x,y}$）

说明：用 x 替代 y 的边际替代率（$MRS_{x,y}$）就是，在保持效用水平不变的前提下，消费者愿意放弃 y 去获得更多的 x。在一张以 x 为横轴、y 为纵轴的图上，任意篮子的 $MRS_{x,y}$ 就是穿过这个篮子的无差异曲线的斜率的负值。A 篮子处的无差异曲线的斜率为 -5，所以 $MRS_{x,y}=5$。D 篮子处的无差异曲线的斜率为 -2，所以 $MRS_{x,y}=2$。

上面的讨论清楚地表明了 x 替代 y 的边际替代率（用 $MRS_{x,y}$ 表示）和无差异曲线的斜率之间的关系。在一张以 x 为横轴、y 为纵轴的图上，任意点的 $MRS_{x,y}$ 就是该点无差异曲线的斜率的负值。

我们也可以这样表达任意篮子的边际替代率：该篮子商品的边际效用比率。为什么可以这样表示？考虑一下无差异曲线 U_0 上的任意特定点，假设消费者关于 x 和 y 的消费水平分别改变 Δx 与 Δy。对效用的相应影响 ΔU 将是①

$$\Delta U = MU_x(\Delta x) + MU_y(\Delta y) \tag{3.4}$$

但是，ΔU 必定为 0，因为沿着无差异曲线 U_0 改变 x 和 y，效用总是不变的。所以，$0=MU_x(\Delta x)+MU_y(\Delta y)$，也就可以写作 $MU_y(\Delta y)=-MU_x(\Delta x)$。现在我们可以求解无差异曲线的斜率 $\Delta y/\Delta x$：

$$\left.\frac{\Delta y}{\Delta x}\right|_{\text{效用保持不变}} = -\frac{MU_x}{MU_y}$$

最后，既然 $MRS_{x,y}$ 是无差异曲线斜率的负值，那么

$$-\left.\frac{\Delta y}{\Delta x}\right|_{\text{效用保持不变}} = \frac{MU_x}{MU_y} = MRS_{x,y} \tag{3.5}$$

案例 3.1

什么影响你的偏好

消费者行为理论假设，消费者的无差异曲线外在给定而且保持不变。在现实中，消费者的偏好会随着时间、年龄、教育或经历的变化而变化。也有一些设计好的行为影响消费者对商品和服务的态度。消费者偏好的改变也可能是这些行为的结果。

① 你会发现：这个公式是 x 和 y 分别改变 Δx 和 Δy 之后效用改变量的近似值。Δx 和 Δy 越小，这个近似值就越精确。这是由于，当 x 和 y 发生微小变化时，边际效用近似不变。

通过广告，公司经常影响你的偏好。例如，对30秒的广告，美国国家广播公司的超级碗的电视广播平均要300万美元。为什么一则广告价格那么高？不管美国超级碗是否有趣，它的收视率总是很高。收视率高了，广告商就知道它们的广告会传递到千家万户。此外，尽管电视观众认为商业广告很讨厌，但是在超级碗期间却不同。在超级碗期间，许多观众期待公司推出的广告能既诙谐又有创新性。由于媒体会非常详细地讨论超级碗的广告，所以广告商也会从好的广告中获得额外的公众关注度。

如图3－10所示，超级碗的广告价格逐年增加，在2009年达到了一个创纪录的价格。当预期的比赛激烈程度变高时，广告的价格就会升高。例如，1998年，在一场势均力敌的全美职业橄榄球联盟锦标赛中，当丹佛野马队打败了绿湾包装工队时，超级碗的广告价格显著升高。在经济萧条时期，价格有时会下降，比如2001年和2002年。尽管2009年经济严重萧条，广告价格却上升了。但根据美国国家广播公司的报道，相比前些年，公司更难卖出广告时间了（超级碗的老广告商，联邦快递公司和通用汽车公司，那一年都没有购买广告）。由于在2008年9月经济开始进入严重萧条时期之前，许多广告就已经被卖出去了，所以平均价格或许会更高些。

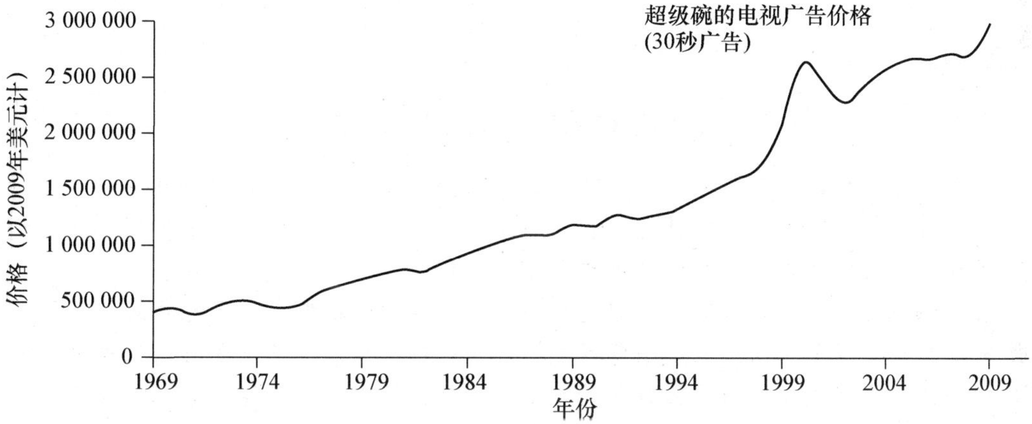

图3－10　超级碗的电视广告价格

说明：以2009年美元计的30秒广告价格。

资料来源：*Advertising Age* for 1969－2007；Reuters for 2008—2009.

政府和利益团体也会影响消费者偏好。例如，1953年，美国癌症学会在一篇把吸烟和癌症联系起来的报道中发出了关于吸烟的警示。一些政府就要求香烟生产商在外包装上印制一些形象的图片（如口腔癌的图片）以警示消费者吸烟的危害。2009年6月，美国通过了《家庭吸烟预防和烟草控制法案》。它禁止那些被认为是针对未成年人的推销和广告。它还要求香烟包装的上半部分、正反面都有严格的健康警示。该法案要求在2年内食品药品监督管理局增加类似于在其他国家使用的图片警示标志。经济学家研究发现，这类警示和广告限制对消费者的香烟需求产生了深远的消极影响。

边际替代率递减

对许多（但并非全部）商品来说，当x商品的消费数量沿着一条无差异曲线增加时，$MRS_{x,y}$降低。这是为什么？在图3－9的A篮子处，埃里克想要得到1个更多的汉堡，愿意放弃多达5瓶柠檬汽水。之所以这样，是因为在A篮子处，埃里克喝了太多的柠檬汽水，只吃了几个汉堡。所以，我们可能期望$MRS_{x,y}$大一些。但是，假如埃里克移到了D篮子处，在该处他消费的汉堡多了，柠檬汽水少了，他可能就不会为了获得另外一个汉堡而愿意放弃和刚才一样多的柠檬汽水了。因此，埃里克在D篮子处的$MRS_{x,y}$就低于A篮子处。埃里克在D篮子处的$MRS_{x,y}$是2，低于他在A篮子处的$MRS_{x,y}$。在这个例子中，埃里克的偏好呈现出x替代y的**边际替代率递减**（diminishing marginal rate of substitution）。换句话说，当埃里克对x商品的消费量沿着一条无差异曲线增加时，x替代y的边际替代率降低。

对无差异曲线的形状而言，x替代y的边际替代率递减有什么意义呢？在一张以x为横轴、y为纵轴的图上，x替代y的边际替代率仅是无差异曲线斜率的负数。如果x沿着一条无差异曲线增加，$MRS_{x,y}$降低，那么随着x的增加无差异曲线的斜率一定会变得更平坦（较小负值）。因此，如图3-9所示，$MRS_{x,y}$递减的无差异曲线一定凸向原点。

边际替代率递减：消费者偏好具有的一个特点，就是沿着无差异曲线，随着一种商品消费量的增加，另一种商品替代该种商品的边际替代率递减。

案例3.2

人们怎样买车：性能的重要性

在本章的开始，我们在探讨买一辆汽车时，燃油率水平可能是你面临的选择之一。但是，你也可能会在意汽车的其他性能。例如，它应该大一些还是小一些？它应有个大发动机和大马力，还是一个小发动机和更低的油耗？

换句话说，在买汽车的时候，你是在买一系列性能。正如在不同的商品间通过效用函数来定义这些商品从而建立起消费者选择理论一样，我们也可以在同一商品（比如汽车）的不同种类之间建立效用函数来定义这种商品的性能，从而建立起一种消费者选择模型。例如，消费者从不同品牌的汽车那里获得的满意度，就可以通过一个包含马力、油耗、行李空间等的效用函数来描述。当公司试图预测一款新产品的潜在市场时，市场调查员通常就会使用这种基于性能的方法进行分析。

阿格（Nestor Arguea）、萧政（Cheng Hsiao）和泰勒（Grant Taylor）利用数据（对美国汽车市场的价格，使用众所周知的特征价格模型）对汽车的性能进行估价。①关于特征价格模型的讨论是高级计量经济学课程的基础，所以这里我们就不再详细探讨阿格等人的方法。简单地说，特征价格模型是测量某一特定性能边际效用的方法。因此，对典型消费者来说，两种不同汽车性能特征价格的比率（如马力和油耗）代表着这两种性能的边际替代率。

根据阿格等人的评估，在1969年，对一位典型的美国汽车消费者来说，马力替代油耗的边际替代率为3.79。这意味着，在油耗方面，这位典型的消费者愿意为了每加仑油耗能多走1英里而放弃3.79马力。在1969—1986年，马力替代油耗的边际替代率

① N. M. Arguea, C. Hsiao, and G. A. Taylor, "Estimating Consumer Preferences Using Market Data—An Application to U. S. Automobile Demand," *Journal of Applied Econometrics* 9 (1994): 1-18.

逐年降低，直到1986年的0.71。

马力替代油耗的边际替代率降低反映出消费者偏好的变化，或者反映出汽车价格、汽油价格以及消费者收入的变化。在下一章我们将看到，当价格和收入都发生变化时，消费者将从一个消费束（以及相应的无差异曲线）转移到另一个，这些消费束的边际替代率可能不同。

这个例子的关键是，边际替代率不再仅是一个理论概念了，它也可以被估计，并可以帮助我们理解消费者在商品和商品性能之间进行的权衡。

边做边学习题3.3

$MRS_{x,y}$递减的无差异曲线

假设一位消费者对两种商品的偏好用效用函数 $U=xy$ 表示。对这个效用函数，$MU_x=y$，$MU_y=x$。①

问题：

(a) 画出效用值为 $U_1=128$ 的无差异曲线。然后回答下列问题：

(1) 无差异曲线和两个坐标轴相交吗？

(2) 无差异曲线的形状显示出 $MRS_{x,y}$递减吗？

(b) 在同一张图上再画一条效用值为 $U_2=200$ 的无差异曲线。证明 $MRS_{x,y}$是如何取决于 x 和 y 的，然后运用这一信息确定这一效用函数的 $MRS_{x,y}$是否递减。

解：

(a) 想画出效用函数为 $U=xy$，效用值为 $U_1=128$ 的无差异曲线，我们标出 $xy=128$ 的点，比如，点 G（$x=8$，$y=16$）、点 H（$x=16$，$y=8$）和点 I（$x=32$，$y=4$），然后用一条平滑的曲线连接这些点。图3-11就展示了这条无差异曲线。

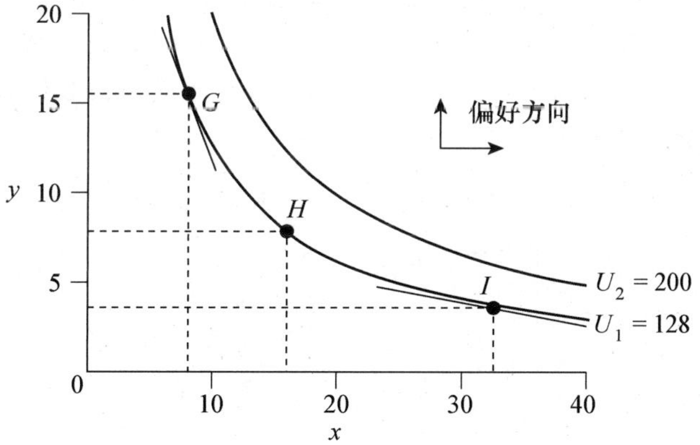

图3-11　$MRS_{x,y}$递减的无差异曲线

说明：在这张图中，无差异曲线的效用函数为 $U=xy$，$MRS_{x,y}=y/x$。在曲线 U_1上，G 篮子处的 $MRS_{x,y}$是16/8=2。因此，点 G 的无差异曲线的斜率为−2。I 篮子处的 $MRS_{x,y}$是4/32=1/8。因此，点 I 的无差异曲线的斜率为−1/8。随着 x 的增加，对 U_1（和 U_2）而言，$MRS_{x,y}$递减；同时，无差异曲线凸向原点。

无差异曲线 U_1可以和两个坐标轴相交吗？既然 U_1是正的，那么 x 和 y 也一定都是

① 在数学附录中，边做边学习题A.7告诉我们如何获得这些边际效用函数。

正值（假设消费者购买的两种商品的数量都为正值）。假如 U_1 和 x 轴相交，交点的 y 值就必定为 0；同样地，如果 U_1 和 y 轴相交，交点的 x 值就必定为 0。如果 x 或 y 的值为 0，U_1 的值也就为 0，而不是 128。因此，无差异曲线 U_1 不可能和任意坐标轴相交。

U_1 曲线的 $MRS_{x,y}$ 递减吗？图 3－11 显示，U_1 凸向原点。因此，对 U_1 来说，$MRS_{x,y}$ 递减。

(b) 图 3－11 也画出了无差异曲线 $U_2=200$，它位于 $U_1=128$ 的右上方。

无论何时，只要消费者的 x 和 y 为正数，MU_x 和 MU_y 就都为正值。因此，无差异曲线的斜率就为负值。这意味着，当沿着无差异曲线增加 x 时，y 必定减少。由于 $MRS_{x,y}=MU_x/MU_y=y/x$，所以当我们沿着无差异曲线增加 x、减少 y 时，$MRS_{x,y}=y/x$ 将降低。所以，$MRS_{x,y}$ 取决于 x 和 y，而且 x 替代 y 的边际替代率递减。

相似习题：3.10，3.11

下面的边做边学习题 3.4 涉及边际替代率递增的无差异曲线。在理论上，这种曲线是可能的，但事实上，这种曲线很少见。

边做边学习题 3.4 ☞

$MRS_{x,y}$ 递增的无差异曲线

考虑在效用函数的边际替代率递增时会出现什么情况。

问题：

假设消费者在两种商品（x，y）之间的偏好可以用效用函数 $U=Ax^2+By^2$ 表示，其中，A 和 B 为正的常数。对这个效用函数，$MU_x=2Ax$，$MU_y=2By$。证明：$MRS_{x,y}$ 递增。

解：

既然 MU_x 和 MU_y 都为正值，那么无差异曲线的斜率将是负的。这就意味着，当 x 沿着无差异曲线增加时，y 值减少。我们知道 $MRS_{x,y}=MU_x/MU_y=2Ax/(2By)=Ax/(By)$。这就是说，当沿着无差异曲线增加 x、减少 y 时，$MRS_{x,y}$ 将增加。所以，我们就有一个递增的 x 替代 y 的边际替代率。图 3－12 显示了这个效用函数的无差异曲线。有了递增的 $MRS_{x,y}$，它们就凹向原点。

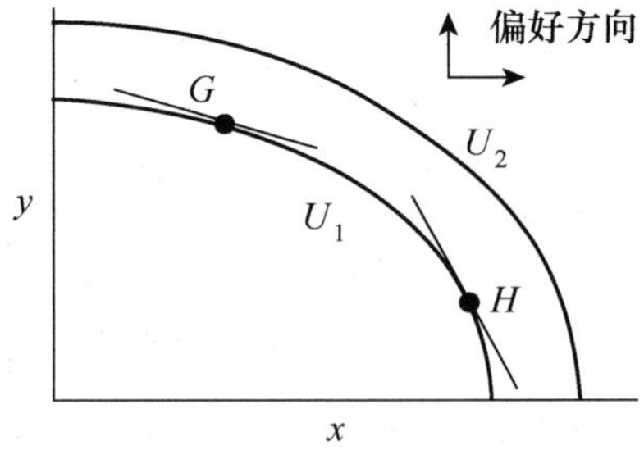

图 3－12 $MRS_{x,y}$ 递增的无差异曲线

说明：如果 H 篮子的 $MRS_{x,y}$ 高于点 G，那么无差异曲线 U_1 在点 H 处的斜率将会比在点 G 处的更负(陡)。因此，$MRS_{x,y}$ 递增，无差异曲线将会凹向原点。

相似习题：3.10，3.11

3.3 特殊偏好

消费者用一种商品替代另一种商品的意愿取决于我们所讨论的商品的类型。例如，有的消费者可能把可口可乐和百事可乐看作完全替代品，并且总是非常乐意用一瓶替代另一瓶。若真如此，百事可乐替代可口可乐的边际替代率将恒等于 1，而不是递减。有时候，消费者可能不愿意用一种商品替代另一种商品。例如，有的消费者可能总是愿意精确地在三明治上抹一盎司花生酱配一盎司果酱，而不愿意以任何其他的比例来使用花生酱和果酱。想要包含这样或那样的案例，需要一些特殊的效用函数。这里我们讨论四种：完全替代品及完全互补品的效用函数、柯布-道格拉斯效用函数和拟线性效用函数。

□ 完全替代品的效用函数

在一些情况下，消费者可能把一种商品看成另一种商品的**完全替代品**（perfect substitutes）。当一种商品替代另一种商品的边际替代率保持不变时，这两种商品是完全替代品。例如，戴维（David）既喜欢天然黄油（B），又喜欢人造黄油（M），而且他始终愿意用一磅的任一商品替代另一商品。那么 $MRS_{B,M}=MRS_{M,B}=1$。我们可以用诸如 $U=aB+aM$（a 为任意正的常数）来描述这类偏好。（在这一效用函数下，$MU_B=a$，$MU_M=a$。另外，$MRS_{B,M}=MU_B/MU_M=a/a=1$，并且无差异曲线的斜率也将恒等于$-1$。）

完全替代品：在消费中，一种商品替代另一种商品的边际替代率保持不变的两种商品。因此，无差异曲线是直线。

一般来说，完全替代品的无差异曲线都是直线，而且边际替代率尽管不一定为 1，但一定是常数。举例来说，假设一位消费者既喜欢吃薄煎饼，也喜欢吃华夫饼，并且总是愿意用 2 张薄煎饼替代 1 个华夫饼。用效用函数 $U=P+2W$（P 代表薄煎饼数，W 代表华夫饼数）描述他的偏好。在这些偏好下，$MU_P=1$ 且 $MU_W=2$，所以每个华夫饼产生的边际效用是一张薄煎饼的 2 倍。另外，我们观察到 $MRS_{P,W}=MU_P/MU_W=1/2$。图 3-13 展示了这一效用函数的两条无差异曲线。由于 $MRS_{P,W}=1/2$，所以在以 P 为横轴、W 为纵轴的图上，无差异曲线的斜率为$-1/2$。

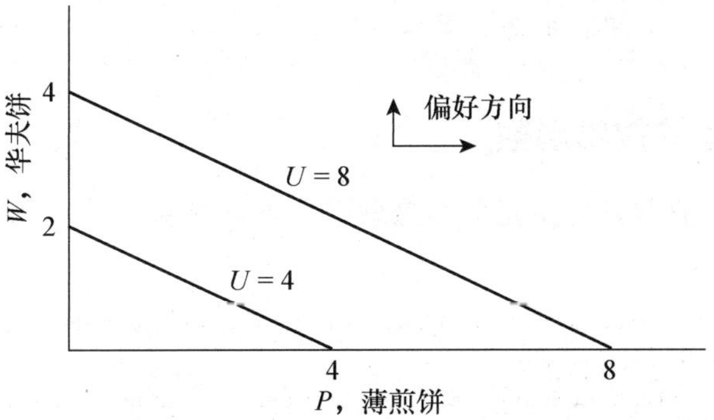

图 3-13　完全替代品的无差异曲线

说明：效用函数为 $U=P+2W$ 的消费者认为，2 张薄煎饼是 1 个华夫饼的完全替代品。$MRS_{P,W}=1/2$，所以无差异曲线是斜率为$-1/2$的直线。

案例 3.3

偏好测试

如果听信电视上的广告，你可能会相信大多数商品都是非常不同的产品，而且相比其他品牌，大多数消费者对某一品牌有很强的偏好。可以确定的是，品牌之间确实存在不同，而且各个品牌的价格不同。但是品牌真的如此不同，以至于可以让生产商提高产品价格且不会损失大笔订单吗？

埃尔津加（Elzinga）对美国啤酒业的观察表明："一些研究表明，至少在蒙眼测试的情况下，大多数啤酒爱好者不能辨别出啤酒的品牌。"他同时注意到，啤酒酿造商始终致力于"投资相当多的人才和资源以宣传啤酒之间真正的或想象的区别，怀揣着制造产品差异化的愿望"。最后，埃尔津加表明，尽管啤酒酿造商努力让它们的产品有别于竞争对手的，但是当一个啤酒品牌想大幅提升价格时，大多数消费者依然很愿意用另一个品牌的啤酒去替代。[①]

最近一项关于葡萄酒爱好者的研究也得出了相似的结论。[②] 食品和红酒生产商 Fearless Critic Media 在 2007—2008 年组织了 506 名参加者参与了 17 场蒙瓶试酒。每瓶红酒的价格从 1.65 美元到 150 美元不等。它要求测试者给每瓶红酒评级；然后，由经济学家对这些数据进行统计分析。经济学家们发现，价格和质量之间存在细微的负相关。他们同时发现，对经过红酒训练的测试者而言，价格和质量之间是正相关的，但是这个关联度很低，且统计学意义不大。

最近，那个测试队中的两名成员合作进行了一个可能比之前的红酒测试更加麻烦的相似研究。[③] 由于罐装的狗粮和用家禽的肝脏（有时候是肉）做成的酱至少有部分是由小块的肉末制成的，所以他们就研究测试者能否在盲测中区别这两种产品。该团队调和一种由人类级农产品制成的高档有机狗粮，直到其浓度与肉酱相似。将狗粮与斯帕姆午餐肉[④]、超市的肝泥香肠以及两种类型的美食家肉酱做对比。好消息是，72%的测试者把狗粮列为五种商品中口味最差的。坏消息是，这一结果没有统计学意义。

这种类型的研究并没有表明，全部的消费者认为啤酒、红酒或者肉酱类型的产品都是完全替代品。然而，当一名消费者对某一品牌没有强烈的偏好时，B 品牌替代 A 品牌的边际替代率可能近乎不变，并且很可能接近 1。这是由于，消费者很可能愿意放弃一单位的某一品牌去换取一单位的另一品牌。

□ 完全互补品的效用函数

在一些情况下，消费者可能完全不愿意用一种商品替代另一种商品。考虑图 3-14

① K. Elzinga, "The Beer Industry," in W. Adams, *The Structure of American Industry*, 8th ed. pp. 142-143 (New York: Macmillan Publishing Company, 1990).

② R. Goldstein et al., "Do More Expensive Wines Taste Better? Evidence from a Large Sample of Blind Tastings," *Journal of Wine Economics* (Spring 2008).

③ J. Bohannon et al., "Can People Distinguish Paté from Dog Food?" *American Association of Wine Economists'* Working Paper #36, April 2009.

④ 斯帕姆午餐肉是一种由预先煮好的猪肉馅和骨胶制作的便宜的罐装食品。

中描绘的一个消费者对左脚鞋子与右脚鞋子的典型偏好。消费者想要成双的鞋子，即每一只右脚鞋子都要准确地对应一只左脚鞋子。消费者从一双完整的鞋子中获得满意感，但不会因多余的右脚鞋子或左脚鞋子而获得额外的福利。如图 3－14 所示，这个例子的无差异曲线由成直角的直线段组成。

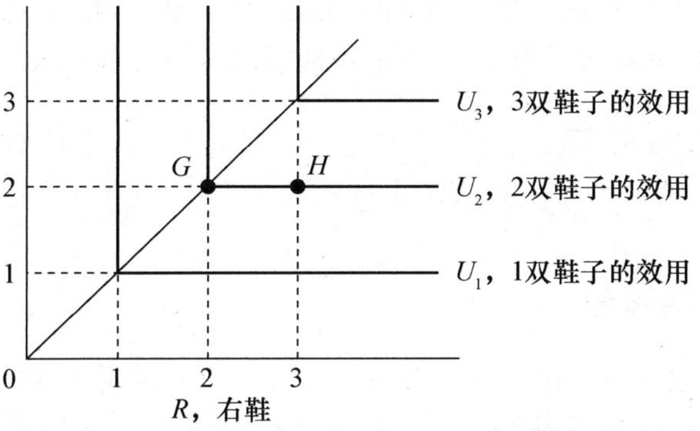

图 3－14　完全互补品的无差异曲线

说明：消费者想要每一只右脚鞋子准确地对应一只左脚鞋子。例如，在 G 篮子处，他有 2 只左脚鞋子和 2 只右脚鞋子，但他的福利却并没有因移动到拥有 2 只左脚鞋子和 3 只右脚鞋子的 H 篮子处而有所增加。

拥有图 3－14 中所示偏好的消费者，认为左脚鞋子和右脚鞋子是消费中的**完全互补品**（perfect complements）。完全互补品就是消费者总是愿意以固定比例来消费的两种商品。在这个例子中，想要得到左脚鞋子和右脚鞋子的比例就是 1∶1。[①]

在这个例子中，完全互补品的效用函数是 $U(R, L)=10\min(R, L)$，L 代表左脚鞋子，R 代表右脚鞋子，其中符号“min”的意思是取括号中两个数值中的最小值。举例来说，在 G 篮子处，$R=2$，$L=2$；所以 R 和 L 的最小值为 2，那么 $U=10\times2=20$。在 H 篮子处，$R=3$，$L=2$；所以 R 和 L 的最小值仍然是 2，那么 $U=10\times2=20$。这就表明 G 篮子和 H 篮子在同一条无差异曲线 U_2（此处 $U_2=20$）上。

完全互补品： 在消费中，消费者总是愿意以固定比例来消费的两种商品。

□ 柯布-道格拉斯效用函数

效用函数 $U=\sqrt{xy}$ 和 $U=xy$ 都是**柯布-道格拉斯效用函数**（Cobb-Douglas utility function）的案例。对两种商品，柯布-道格拉斯效用函数更常用的表达式是 $U=Ax^{\alpha}y^{\beta}$，其中 A、α、β 是正的常数。[②]

柯布-道格拉斯效用函数有三个特性，这使得它非常便于消费者选择的研究。

---

① 固定比率的效用函数有时候也被称为里昂惕夫效用函数。经济学家里昂惕夫首先利用固定比例的生产函数分析美国国民经济各部门之间的关系。我们将在第 6 章探讨里昂惕夫生产函数。

② 这种类型的函数因两人得名：查尔斯・柯布是阿默斯特学院的一名数学家；保罗・道格拉斯是芝加哥大学的一名经济学教授（后来成为伊利诺伊州的参议员）。在研究生产理论时，我们将会在第 6 章看到它经常被用于描述生产函数。柯布-道格拉斯效用函数很容易拓展到两种以上商品。例如，三种商品的效用函数可能会用 $U=Ax^{\alpha}y^{\beta}z^{\gamma}$ 来表示，这里 z 表示第三种商品的数量，而且 A、α、β、γ 都是正的常数。

● 两种商品的边际效用都是正值。边际效用是 $MU_x=\alpha Ax^{\alpha-1}y^{\beta}$，$MU_y=\beta Ax^{\alpha}y^{\beta-1}$；因此，当 A、α、β 都是正的常数时，MU_x 和 MU_y 都是正值。这就意味着，“越多越好”的假设得到满足。

● 既然边际效用都是正值，无差异曲线也将向下倾斜。

● 柯布-道格拉斯效用函数呈现出递减的边际替代率。因此，无差异曲线将如图 3－11 所示，凸向原点。本章末的习题 3.21 将请你证明边际替代率递减。

柯布-道格拉斯效用函数：形如 $U=Ax^{\alpha}y^{\beta}$ 的函数，其中 U 代表消费者从消费 x 单位的一种商品和 y 单位的另一种商品中得到的效用，A、α、β 是正的常数。

□ 拟线性效用函数

拟线性效用函数（quasilinear utility function）的性质经常可以简化分析。此外，经济学研究表明，在许多情境下，这类效用函数能够合理地估计消费者的偏好。例如，我们将在第 5 章看到，一个拟线性效用函数可以描述这样一种偏好：无论消费者的收入是多少，他都会购买同等数量的某种商品（比如牙膏或咖啡）。

图 3－15 描绘了拟线性效用函数的无差异曲线。当在无差异曲线图上向正北方移动时，x 替代 y 的边际替代率保持不变，这是拟线性效用函数的突出特点。也就是说，对任意 x 值，所有无差异曲线的斜率都是相同的，所以无差异曲线彼此平行。

拟线性效用函数的方程式是 $U(x,y)=v(x)+by$，这里 b 是一个正的常量，$v(x)$ 为 x 的增函数——也就是说，$v(x)$ 的值随着 x 的增加而增加［例如，$v(x)=x^2$ 或者 $v(x)=\sqrt{x}$］。这一效用函数与 y 线性相关，但一般不与 x 线性相关。这正是称之为拟线性的原因。

拟线性效用函数：该效用函数至少有一种消费的商品呈线性相关，但另外的商品可能不呈线性相关。

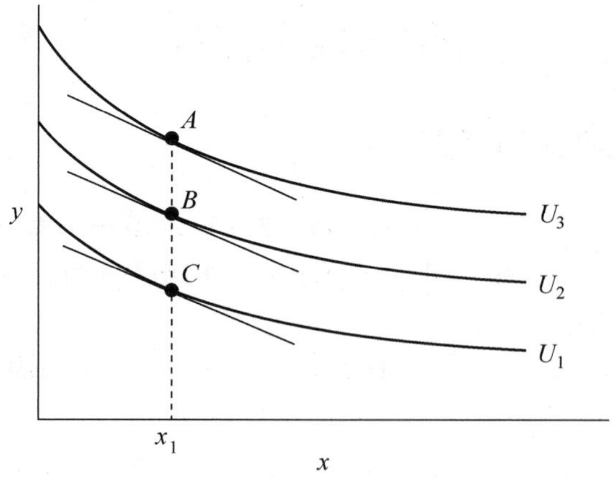

图 3－15　拟线性效用函数的无差异曲线

说明：拟线性效用函数的表达式为 $U(x,y)=v(x)+by$，这里 $v(x)$ 表示 x 的函数增量，b 为一个正的常数。无差异曲线是平行线，所以对任意 x 值（比如 x_1），无差异曲线的斜率都是一样的（例如，在 A 篮子、B 篮子、C 篮子处，无差异曲线的斜率完全相同）。

案例 3.4

呼啦圈、凯蒂猫和豆豆娃

个体消费者的偏好经常会受潮流的影响，尤其是在某一商品或服务广受欢迎期间。20 世纪最狂热的潮流之一就是呼啦圈——1957 年惠姆-奥公司生产的一种轻便的塑料圆管。在 1958 年上半年，惠姆-奥公司售出了 2 500 万个呼啦圈，随着这一潮流蔓延至欧洲和日本，更多的订单随之而来。到 1958 年年底，这一潮流已经减退了，惠姆-奥公司开始转向它的下一个主要产品——飞盘。

20 世纪 70 年代中期开始出现凯蒂猫潮流。东京的三丽鸥（Sanrio）公司是一家生产流行文化产品的公司，该公司要求设计师清水优子设计具有可爱特性的猫。到 2005 年，凯蒂猫的销售额约占三丽鸥公司销售额的一半，其在 60 多个国家从收藏品到排气管的商标使用许可权的价值超过 10 亿美元。夏威夷大学专注日本文化的人类学教授亚诺（Yano）认为："三丽鸥公司的一个明确目标是不让凯蒂猫潮流衰退。因此，它不做广告。它希望能够成为时尚引领者从而使潮流持续下去。"①

三丽鸥的理念是有道理的。历史上有许多流行潮流经历了衰退。在 1993 年，Ty 公司引进了豆豆娃——一种小的毛绒玩具。随后豆豆娃成为最流行的时尚，Ty 公司的最高收入达到 60 亿美元。人们经常排队去买新款。然而，到了 1999 年，人们对豆豆娃的狂热开始减退，于是 Ty 公司宣布生产一款名为"终点"的小熊来结束这一生产线。后来，Ty 公司在 2008 年建立了一个名为豆豆娃 2.0 的生产线，但是，新款产品再也没有呈现出 20 世纪 90 年代所呈现出的时尚。

潮流改变消费者偏好。例如，假设消费者只买两种商品，豆豆娃和食物。在潮流期间，如图 3－16（a）所示，当消费者通过购买更多的豆豆娃就能大大提高他的满意度时（比如，把他的消费量从 A 篮子改为 B 篮子），无差异曲线是相对平坦的。在这一潮流之后，如图 3－16（b）所示，当消费者通过购买更多的豆豆娃只能增加很少的额外满意度时，无差异曲线更加陡峭了（也就是说，豆豆娃替代食物的边际替代率增大了）。在图 3－16（b）中，消费者对豆豆娃仍然感兴趣，如果他完全停止喜欢它们，无差异曲线将变为垂线，且更高的无差异曲线更靠右。

在本章我们通过分析消费者只买两种商品的例子，使关于偏好（包括图表）的讨论保持简单化。但是，我们在这里描述的原则也适用于更加复杂的消费者选择问题，包括多种不同商品之间的选择。例如，如案例 3.2 中所讲的，消费者买车时通常会考虑很多因素，其中包括车子的空间、发动机的型号、耗油量、燃油效率、可靠性、配件的实用性和安全性能。使用本章介绍的知识，我们可以说消费者从一辆汽车获得的效用取决于那辆车子的性能。如案例 3.2 中所描述的那样，消费者经常在不同性能之间进行权衡。

① "Hello Kitty: the cat that got the cream" by Helen Soteriou, BBC News, Wednesday, 31 October 2007, on the web at http://news.bbc.co.uk/2/hi/7069062.stm.

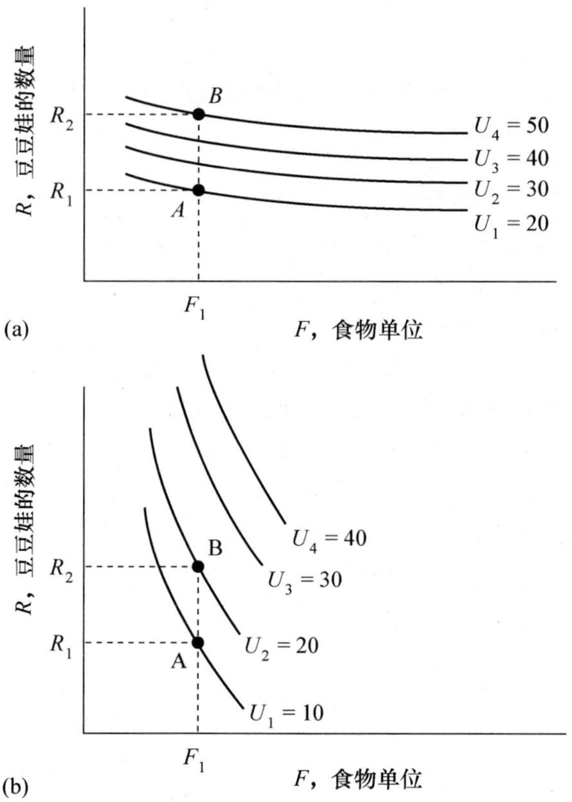

图 3-16　潮流和偏好

说明：如图 3-16（a）所示，在豆豆娃流行期间，消费者通过购买更多的豆豆娃（从 A 篮子移向 B 篮子）可以获得更多额外的满意（从无差异曲线 U_1 移到 U_4）。如图 3-16（b）所示，当这个潮流结束时，从 A 篮子向 B 篮子的移动产生的附加满意度降低了（效用从 U_1 增至 U_2），现在消费者对豆豆娃的兴趣降低了。随着他对豆豆娃兴趣的降低，无差异曲线变得越来越陡峭。

案例 3.5

拥有越多，越幸福？取决于参照水平的偏好①

当消费的商品比平常购买的越来越多时，你会变得越来越幸福吗？换句话说，你的效用增加了吗？我们贯穿本章的一个假设——“越多越好”——可能会暗示，你的答案是肯定的。② 如我们将在接下来的两章中所看到的那样，收入增加会让你拥有更大的商品和服务束，同时把你推向越来越高的效用水平。

但是，和大多数人一样，上升的消费量可能并不总是给你带来更高的幸福感。关于幸福感的决定因素的研究表明，越多通常不是越好。这一领域最有影响力的研究者之一是理查德·伊斯特林（Richard Easterlin）。由于对幸福经济学的首创研究，他于 2009 年获得颇具威望的德国劳动研究所（Institut zur Zukunft der Arbeit，IZA）劳动经济学

① 我们要感谢埃里克·舒尔茨对这一案例的评论和建议。

② 当然，我们在谈论那些“好的”而不是“坏的”东西（“坏的”东西包括一些诸如污染和交通拥堵的现象）。

奖。下面引用一段宣布该奖项时的颁奖词：

> 理查德·伊斯特林在20世纪70年代第一次向我们展示了：增加财富并不一定能够提升个人幸福。相比稍贫穷的社会，平均而言，较富裕社会确实更令人满意。但是，一旦劳动收入能保证满足个人的基本物质财富需求，个人和社会的幸福感就不再随着经济财富的增长而提升。社会比较和预期生活水平的变化强烈影响着个人幸福感……总之，伊斯特林的研究表明，一旦收入水平足以提供食物、住宿和其他基本需求，富裕国家的人就没有比贫穷国家的人更高的幸福感。这个发现即著名的“伊斯特林悖论”。[①]

能否用合适的方法，使传统微观经济学有关消费者选择的理论和有关心理幸福的经验发现相一致？在心理学和经济学理论之间架桥是经济学一个重要领域的核心目标，即众所周知的行为经济学。行为经济学研究试图加强经济学模型的心理基础，以便经济学能够更好地预测个人决策。

行为经济学家科赛吉（Koszegi）和雷宾（Rabin）已经提出了一个基于参照水平的偏好理论，这一理论产生的含义和关于幸福的心理研究相一致。[②] 科赛吉和雷宾假定，个人的效用不仅取决于个人对商品和服务的绝对消费量，还取决于消费商品和服务与参照水平之间的相对水平。在科赛吉和雷宾的理论中，参照水平是指，消费者对每一种商品可能最终购买量的期望（在做出消费决策之前）。如果消费者最终购买量少于预期值，消费者就会认为遭受了亏损；如果消费者最终购买量超过预期值，消费者就会认为受益（通常，期望值会比亏损小）。这些假设表明存在下面的情况：消费量的增加使得消费者并不比之前更幸福。如果消费者最终的消费量正好等于其预期值，那么符合这个例子。

包含消费参照水平的效用函数是普遍现象的特殊状况。这类现象是指，个人总是趋向于调整自己的状态，在该状态下能够发现自己。心理学家把享乐性适应定义为：面对特定的事情，在经历了暂时爆发后，我们的情绪总有回到某一特定范围的趋势。这解释了为什么人们虽然会认为，如果身体残疾就会非常悲惨，但是如果真的残疾了就会调整心态并趋于寻找生活下去的勇气（或者，至少比预期中的悲惨要少一些痛苦）。这也可以解释下面的现象：那些结婚的人在短期及中期内会经历一个幸福感的大幅提升，但最终幸福感会大幅下降。此外，那些离婚的人最终也往往并不比之前幸福（部分原因是他们往往也会忽略离婚造成的其他问题）。

行为经济学是经济学的一个重要领域，它对那些传统微观经济学理论模型无法解释的行为进行实验和实证分析。此外，它还指出，传统的理论工具要怎样修改才能使预测和现实世界现象相一致。例如，行为经济学家已经能够解释拖延症、缺乏自我控制和利己主义相悖意愿（比如，在干旱期间居民会更愿意响应自愿节水的号召）等现象。这些研究丰富了经济学理论（也促进了商业出版社的生意），并“给经济学带上了人的面具”[③]。

---

① 德国劳动研究所颁奖稿，2009年5月4日。

② B. Koszegi and M. Rabin, “A Model of Reference-Dependent Preferences,” *Quarterly Journal of Economics* 12, no. 4 (2006): 1133-1165.

③ “Putting a Human Face on Economics,” *Business Week* (July 31, 2000), pp. 76-77.

本章小结

● 消费者偏好告诉我们，在假设可以免费得到篮子的前提下，对任意两个消费篮子，消费者是如何排列篮子的。在大多数情况下，对消费者偏好做以下三个假设是合理的：

（1）偏好是完备的。这样消费者就可以对所有的篮子进行排列。

（2）偏好是可传递的。这意味着，如果相对于 B 篮子，消费者更喜欢 A 篮子，相对于 E 篮子，他更喜欢 B 篮子，那么，和 E 篮子相比，他更喜欢 A 篮子。

（3）它们满足越多越好的特性，这样无论拥有更多的哪件商品，都会增加消费者的满意度。

● 效用函数测量消费者从消费任意篮子商品中获得的满意度水平。偏好的完备性、偏好的传递性和越多越好这三个假设表明偏好可以用效用函数来表示。

● 商品 x 的边际效用（MU_x）是商品总效用的改变量与商品消费量改变量的比值。（边做边学习题 3.1 和 3.2）

● 无差异曲线展示了给消费者带来同一满意度水平的一系列消费篮子。无差异曲线不能相交。如果消费者既喜欢商品 x 也喜欢商品 y（也就是说，MU_x 和 MU_y 都是正值），那么无差异曲线的斜率为负值。

● 对任意篮子的 x 替代 y 的边际替代率（$MRS_{x,y}$）均是在保持效用水平不变的前提下，消费者愿意放弃 y 去获得更多的 x。在一张以 x 为横轴、y 为纵轴的图上，任意篮子的 $MRS_{x,y}$ 都是无差异曲线在这一篮子处斜率的负值。（边做边学习题 3.3 和 3.4）

● 对大多数商品而言，我们可以期待观察到一个递减的 $MRS_{x,y}$。在这种情况下，无差异曲线凸向原点。

● 如果两种商品在消费中是完全替代品，那么一种商品替代另一种商品的边际替代率将保持不变，无差异曲线将是直线。

● 如果两种商品在消费中是完全互补品，消费者总想以固定的比例来购买这两种商品。在这种情况下，无差异曲线将是 L 形的。

● 如果消费者的效用函数是拟线性效用函数（例如，对 y 呈线性，但一般来说对 x 不呈线性），无差异曲线将平行。对任意 x 值，所有无差异曲线的斜率（还有 $MRS_{x,y}$）都是一样的。

复习题

1. 什么是一篮子商品？
2. 偏好是完备的这一假设对消费者排列任意两个篮子意味着什么？
3. 看图 3-1。如果满足越多越好假设，那么，这七个篮子中哪一个篮子是最不被消费者喜爱的？
4. 列出一个不满足偏好具有传递性这一假设的偏好例子。
5. 越多越好这一假设对商品的边际效用意味着什么？
6. 序数偏好和基数偏好的区别是什么？
7. 假定黛比（Debbie）只买汉堡。假设她的边际效用总为递减的正值。画一张以总效用为纵轴、汉堡的数量为横轴的图。解释一下，你如何判定图中任意点的边际效用。
8. 为什么不能在同一张图上同时画出总效用曲线和边际效用曲线？
9. 亚当（Adam）消费两种商品：房屋和食物。

a）假定我们已经知道亚当最近消费的篮子里房屋和食物的边际效用。我们可以确定那个篮子里房屋替代食物的边际替代率吗？

b）假定我们已经知道亚当最近消费的篮子里房屋替代食物的边际替代率。我们可以确定那个篮子里房屋和食物的边际效用吗？

10. 假定迈克尔（Michael）只购买两种商品，汉堡（H）和可乐（C）。

a）$MRS_{H,C}$与边际效用MU_H和MU_C之间有什么关系？

b）画一条具有代表性的无差异曲线，使之适用于下面的情况：两种商品的边际效用都是正值，且可乐替代汉堡的边际替代率递减。使用你的图，解释无差异曲线和汉堡替代可乐的边际替代率之间的关系。

c）假定汉堡替代可乐的边际替代率保持不变。在这样的情况下，汉堡和可乐是完全替代品还是完全互补品？

d）假定迈克尔每吃2个汉堡就要喝1杯可乐。画一条具有代表性的无差异曲线。在这种情况下，汉堡和可乐是完全替代品还是完全互补品？

11. 假定消费者正在购买47种商品，其中一件是房屋。房屋的数量用H表示。如果你想测量消费者现在篮子里房屋的边际效用（MU_H），其他46种商品的消费水平就要保持固定。这是为什么？

习　题

3.1 比尔（Bill）有一个关于食物和汽油的方程式为$U=x^2y$的效用函数，x表示食物的消费量，y表示汽油的数量。证明：对拥有这一效用函数的消费者而言，每一种商品都是越多越好。

3.2 考虑单一商品的效用函数$U(x)=3x^2$，且边际效用函数为$MU_x=6x$。在两张独立的图上画出效用函数和边际效用函数。效用函数满足边际效用递减规律吗？说明原因。

3.3 吉米（Jimmy）关于热狗具有以下效用函数：$U(H)=10H-H^2$，$MU_H=10-2H$。

a）在两张单独的图上画出效用函数和边际效用函数。

b）假定吉米可以随心所欲地吃热狗，而且不用花钱。用代数法和图表法求他停止吃热狗时的H值。

3.4 考虑效用函数$U(x, y)=y\sqrt{x}$，边际效用为$MU_x=y/(2\sqrt{x})$，$MU_y=\sqrt{x}$。

a）对每一种商品，消费者都认为越多越好吗？

b）消费者的偏好展示出x商品的边际效用递减吗？y的边际效用也递减吗？

3.5 卡洛斯（Carlos）有一个取决于每个月享受音乐会和歌剧数量的效用函数。他的效用函数为$U=xy^2$，x为他每个月观看的音乐会场数，y是每月观看的歌剧场数。相应的边际效用为$MU_x=y^2$，$MU_y=2xy$。

a）对每一种商品，卡洛斯都认为越多越好吗？

b）对每一种商品，卡洛斯都有一个递减的边际效用吗？

3.6 画出以下商品的两条无差异曲线，U_1和U_2，且$U_2>U_1$。在每张图中都把第一种商品的数量作为横轴。

a）热狗和红番椒（消费者都喜欢，且红番椒替代热狗的边际替代率递减）。

b）食糖和低脂糖（消费者都喜欢，且从1盎司低脂糖中获得的满意度与从1盎司食糖中获得的满意度相同）。

c）花生酱和果酱（消费者愿意用2盎司的花生酱换取1盎司的果酱）。

d）坚果（消费者既没有喜欢也没有不喜欢）和冰激凌（消费者喜欢）。

e）苹果（消费者喜欢）和肝（消费者不喜欢）。

3.7 亚历克莎（Alexa）喜欢冰激凌，但不喜欢酸奶。如果你让她多吃 1 克酸奶，她总是要求再吃 2 克冰激凌以保持一个恒定的满意度。画一张以酸奶的克数为纵轴、冰激凌的克数为横轴的图，画出一些具有代表性的无差异曲线，同时指出效用递增的方向。

3.8 乔（Joe）有一个关于汉堡和热狗的效用函数：$U=x+\sqrt{y}$，x 代表汉堡数量，y 代表热狗数量。这个效用函数的边际效用为 $MU_x=1$，$MU_y=1/(2\sqrt{y})$。

这个效用函数具有 $MRS_{x,y}$ 递减的性质吗？

3.9 朱莉（Julie）和托妮（Toni）消费两种商品，且具有以下效用函数：

$U^{Julie}=(x+y)^2$，$MU_x^{Julie}=2(x+y)$，$MU_y^{Julie}=2(x+y)$

$U^{Toni}=x+y$，$MU_x^{Toni}=1$，$MU_y^{Toni}=1$

a）画出这些效用函数的无差异曲线。

b）朱莉和托妮对不同篮子有相同的序数偏好。对朱莉和托妮而言，相比于 B 篮子，A 篮子更受欢迎。朱莉和托妮对不同篮子的 x 和 y 有相同的序数偏好吗？说明原因。

3.10 朱莉从消费食物 F 和衣服 C 中获得的效用由 $U(F, C)=FC$ 描述。对这个效用函数，边际效用为 $MU_F=C$ 和 $MU_C=F$。

a）在一张以 F 为横轴、C 为纵轴的图上，分别画出 $U=12$，$U=18$ 和 $U=24$ 的无差异曲线。

b）这些无差异曲线的形状表明朱莉拥有一个递减的食物替代衣服的边际替代率吗？说明原因。

c）使用边际效用，证明 $MRS_{F,C}=C/F$。对无差异曲线 $U=12$，在拥有 2 单位食物和 6 单位衣服的篮子处，其斜率为多少？在拥有 4 单位食物和 3 单位衣服的篮子处，斜率又为多少？无差异曲线的斜率表明朱莉拥有一个递减的食物替代衣服的边际替代率吗？[确保 b）和 c）的答案是一致的!]

3.11 桑迪（Sandy）只消费汉堡（H）和奶昔（M）。在 A 篮子处，包含 2 个汉堡和 10 杯奶昔，他的 $MRS_{H,M}$ 是 8。在 B 篮子处，包含 6 个汉堡和 4 杯奶昔，他的 $MRS_{H,M}$ 是 1/2。A 篮子和 B 篮子在同一条无差异曲线上。画出无差异曲线，并使用 $MRS_{H,M}$ 的信息以确保无差异曲线的弯曲度能够被准确地描绘。

3.12 亚当喜欢他的拿铁咖啡，该咖啡必须精确地按照 1/4 的浓咖啡和 3/4 的热牛奶来配置。在一张以热牛奶的体积为横轴、浓咖啡的体积为纵轴的图上，画出他的两条无差异曲线 U_1 和 U_2，且 $U_1>U_2$。

3.13 画出能够描述以下类型消费者偏好的无差异曲线。

a）我既喜欢花生酱，也喜欢果酱，而且我从 1 盎司花生酱里获得的额外满意度总是和从 2 盎司果酱里获得的一样。

b）我喜欢花生酱，但是对果酱既没有喜欢也没有不喜欢。

c）我喜欢花生酱，但不喜欢果酱。

d）我喜欢花生酱和果酱，但是我只想用 2 盎司的花生酱换取 1 盎司的果酱。

3.14 斯特兰奇泰（Strangetaste）博士用他的收入只购买食物（F）和衣服（C）。他对这两种商品的边际效用都是正值，且他的 $MRS_{F,C}$ 递增。画出斯特兰奇泰博士的两条无差异曲线，U_1 和 U_2，且 $U_2>U_1$。

下面的习题将让你熟悉一系列效用函数和边际效用函数，并且将帮助你学习怎样画无差异曲线。

3.15 考虑效用函数 $U(x, y)=3x+y$，且 $MU_x=3$，$MU_y=1$。

a）这两种商品都满足越多越好的假设吗？

b）随着消费者购买更多的商品 x，x 的边际效用是递减、不变还是递增？说明原因。

c）$MRS_{x,y}$ 是什么？

d）随着消费者沿着一条无差异曲线用 x 替代 y，$MRS_{x,y}$ 递减、不变还是递增？

e）在一张以 x 为横轴、y 为纵轴的图上，画一条具有代表性的无差异曲线（它不需要精确的尺度，但是需要准确地反映出 $MRS_{x,y}$ 是否递减）。另外，在图上注明这条无差异曲线是否会和任一或者两条坐标轴相交。把这条曲线标为 U_1。

f）在同一张图上画出第二条无差异曲线 U_2，且 $U_2>U_1$。

3.16 当效用函数为 $U(x, y)=\sqrt{xy}$ 时，回答习题 3.15 中的所有问题。边际效用为 $MU_x=\sqrt{y}/(2\sqrt{x})$，$MU_y=\sqrt{x}/(2\sqrt{y})$。

3.17 当效用函数为 $U(x, y)=xy+x$ 时，回答习题 3.15 中的所有问题。边际效用为 $MU_x=y+1$，$MU_y=x$。

3.18 当效用函数为 $U(x, y)=x^{0.4}y^{0.6}$ 时，回答习题 3.15 中的所有问题。边际效用为 $MU_x=0.4(y^{0.6}/x^{0.6})$，$MU_y=0.6(x^{0.4}/y^{0.4})$。

3.19 当效用函数为 $U=\sqrt{x}+2\sqrt{y}$ 时，回答习题 3.15 中的所有问题。边际效用为 $MU_x=1/(2\sqrt{x})$，$MU_y=1/\sqrt{y}$。

3.20 当效用函数为 $U(x, y)=x^2+y^2$ 时，回答习题 3.15 中的所有问题。边际效用为 $MU_x=2x$，$MU_y=2y$。

3.21 假定一位消费者对两种商品的偏好可以用柯布-道格拉斯效用函数 $U=Ax^{\alpha}y^{\beta}$ 表示，这里 A、α、β 都是正的常数。边际效用为 $MU_x=\alpha Ax^{\alpha-1}y^{\beta}$ 和 $MU_y=\beta Ax^{\alpha}y^{\beta-1}$。针对这个效用函数，回答习题 3.15 中的所有问题。

3.22 假定一位消费者对两种商品的偏好可以用拟线性效用函数 $U(x, y)=2\sqrt{x}+y$ 表示。边际效用为 $MU_x=1/\sqrt{x}$，$MU_y=1$。

a）越多越好这一假设适合这两种商品吗？

b）随着消费者购买更多的 x，x 的边际效用递减、不变还是递增？说明原因。

c）$MRS_{x,y}$ 的表达式是什么？

d）当消费者沿着一条无差异曲线用更多的 x 替代 y 时，$MRS_{x,y}$ 是递减、不变还是递增？

e）在一张以 x 为横轴、y 为纵轴的图上，画一条具有代表性的无差异曲线（它不需要精确的尺度，但是需要准确地反映出 $MRS_{x,y}$ 是否递减）。另外，在图上注明这条无差异曲线是否会和任一或者两条坐标轴相交。

f）证明当 $x=4$ 时，每一条无差异曲线的斜率都相等。斜率的值为多少？

3.23 丹尼尔（Daniel）和威尔（Will）每人消费两种商品。当他们消费同样的篮子时，丹尼尔的每种商品的边际效用都要高于威尔的。但是，在任意篮子处，他们的其中一种商品替代另一种商品的边际替代率都是相同的。他们对不同篮子的序数偏好相同吗？

3.24 克莱尔（Claire）消费三种商品，食物（F）、住房（S）和衣服（C）。在当前消费水平下，食物的边际效用为 3，住房的边际效用为 6。用住房替代衣服的边际替代率是 4。这些信息足够确定衣服替代食物的边际替代率吗？如果足够，食物替代衣服的边际替代率是多少？如果不够，为什么不能确定？

3.25 假设某消费者的效用函数为 $U=[x^{\rho}+y^{\rho}]^{1/\rho}$，其中 ρ 为 $-\infty\sim1$。这是等替代弹性效用函数。在第 6 章，我们将介绍等替代弹性效用函数。这个效用函数的边际效用为

$$MU_x=[x^{\rho}+y^{\rho}]^{\frac{1}{\rho}-1}x^{\rho-1}$$

$$MU_y=[x^{\rho}+y^{\rho}]^{\frac{1}{\rho}-1}y^{\rho-1}$$

这个效用函数的 $MRS_{x,y}$ 递减吗？

3.26 安妮（Annie）消费三种商品，食物（F）、住房（S）和衣服（C）。在当前消费水平下，食物替代衣服的边际替代率为 2，衣服替代住房的边际替代率为 3。

a）这些信息足够确定食物替代住房的边际替代率吗？如果足够，食物替代住房的边际替代率是多少？如果不够，为什么不能确定？

b）这些信息足够确定住房的边际效用吗？如果足够，住房的边际效用是多少？如果不够，为什么不能确定？

第 4 章

消费者选择

对你喜欢的，你应该购买多少

据美国劳工统计局统计，在 2007 年，美国大约有 1.2 亿个家庭。一般家庭的税前年收入约为 63 100 美元。这些家庭的消费者面临许多决策。在他们的收入中，应该有多少用于消费，又应该有多少用于储蓄？他们平均大约花费 49 600 美元。他们还必须决定怎样把支出分配到不同种类的商品和服务中，其中包括食物、住房、衣服、交通、医疗保健、娱乐和其他项目。

当然，所有家庭统计数据的平均值均掩盖了由年龄、地理位置、收入水平、婚姻状况和家庭结构不同造成的消费类型的千差万别。表 4－1 对比了所有家庭以及不同收入水平家庭的消费类型。

表 4－1　　2007 年美国家庭的平均消费

	所有家庭	收入在 20 000～29 999 美元的家庭	收入在 40 000～49 999 美元的家庭	收入在 70 000 美元以上的家庭
家庭数量（户）	121 171 000	14 720 000	11 824 000	37 322 000
家庭平均人口（人）	2.5	2.2	2.4	3.1
抽查人口年龄*（岁）	48.8	52.3	46.8	47.0
（抽查人口）上过大学的百分比（%）	60	44	59	79
税前收入（美元）	63 091	24 893	44 555	130 455
税后收入（美元）	60 858	24 709	43 628	124 613
平均年消费额（美元）	49 638	29 704	41 083	84 072
在选定项目上的花费				
食物（美元）	6 133	4 071	5 689	9 464

续前表

	所有家庭	收入在 20 000～29 999 美元的家庭	收入在 40 000～49 999 美元的家庭	收入在 70 000 美元以上的家庭
住房（包括住宿、福利、供给、家具、设施）(美元)	16 920	10 994	13 997	27 408
服装和服务（美元）	1 881	1 016	1 517	3 275
交通（美元）	8 758	5 434	7 346	14 362
医疗保健（美元）	2 853	2 841	2 800	3 928
娱乐（美元）	2 698	1 375	2 029	4 927

*抽查人口：指被问到下面问题的人提到的第一个成员："请告诉我们，这家人或者租客中所有人或其中一个人的名字。"

资料来源：Bureau of Labor Statistics. 所有数据均来自 Table 2，*Income Before Taxes：Average Annual Expenditures and Characteristics*，Consumer Expenditure Survey，2007。消费者支出调查表可参见网站 www. bls. gov/cex/tables. htm（访问日期：2009 年 8 月 19 日）。

一个随机获得的表格反映了一些有趣的消费记录。低收入消费者往往花费的比现有的税后收入还要多。他们选择现在借钱，将来再去还贷。例如，对收入在 20 000～30 000 美元的家庭，每年的花费总是超出他们税后收入 5 000 美元左右。相反，那些年收入在 70 000 美元以上的家庭，每年的储蓄超过他们税后收入的 30%。该表还表明，受过高等教育的消费者整体上期待获得更高的收入。这影响消费者上大学的选择。

消费者决策对整体经济和私营企业以及机构的经济状况都会产生深远的影响。例如，消费者在交通上的花费不仅影响航空业和汽车业的经济状况，还会影响其他相关商品，例如燃料和保险。医疗保健的消费水平不仅会影响私营部门里医疗保健服务的供应商，而且会影响医疗保险和医疗补贴等公共部门项目的需求。

在本章我们将建立起消费者选择理论，即解释消费者怎样在可获得的商品和服务中分配他们有限的收入。它以第 3 章的遗留问题为起点。在第 3 章，我们建立了研究消费者选择的第一块基石：消费者偏好。然而，偏好本身并不能解释，为什么消费者会做出他们自己的选择。消费者偏好告诉我们：在假定所有篮子都可以免费"购买"的前提下，相比另一个篮子，消费者是否更喜欢某一特定篮子的商品和服务。但是购买每个篮子的商品和服务一定会花去消费者点什么，并且消费者在购置这些商品时，拥有的资源也是有限的。

本章概要　在阅读和学习本章之后，你将会解决以下问题：

- 写出预算约束的公式并画出预算线。
- 通过图表解释收入的改变或价格的改变怎样影响预算线。
- 描述消费者最优选择的条件。
- 通过图表解释消费者最优选择的相切条件。
- 给定收入、价格和边际效用的信息，解决一个最优的消费篮子。
- 解释最优消费篮子可以解决效用最大化问题和花费最小化问题的原因。
- 解释最优消费篮子可以在角点出现的原因。
- 当消费者选择的商品中有一种是复合商品时，用图表说明预算线和消费者最优选择。
- 阐述显示性偏好的概念。

- 运用显示性偏好的概念判定，观察到的消费者选择是否和效用最大化一致。

4.1 预算约束

预算约束（budget constraint）定义了消费者在有限的收入下能够购买的篮子集。假定消费者埃里克只购买两种类型的商品：食物和衣服。我们用 x 表示他每月购买的食物数量，用 y 表示衣服数量。1 单位食物的价格为 P_x，1 单位衣服的价格为 P_y。最后，为了保持例子的简单，我们假定埃里克每月有固定收入 I 美元。

每个月，埃里克在食物上的总消费是 $P_x x$（单位食物的价格乘以购买的食物数量）。类似地，他每个月在衣服上的总消费是 $P_y y$（单位衣服的价格乘以购买的衣服数量）。

预算线（budget line）是指，埃里克在花掉所有的可支配收入时，能够购买的食物（x）和衣服（y）的全部组合。预算线可以表示为

$$P_x x + P_y y = I \tag{4.1}$$

> **预算约束：** 消费者在有限的收入下能够购买的篮子集。
> **预算线：** 消费者在花掉所有的可支配收入时能够购买的篮子集。

我们假设：埃里克每月的收入 $I=800$ 美元，每单位食物的价格 $P_x=20$ 美元，每单位衣服的价格 $P_y=40$ 美元，图 4－1 在这些假设下描绘了埃里克的预算线。如果他把 800

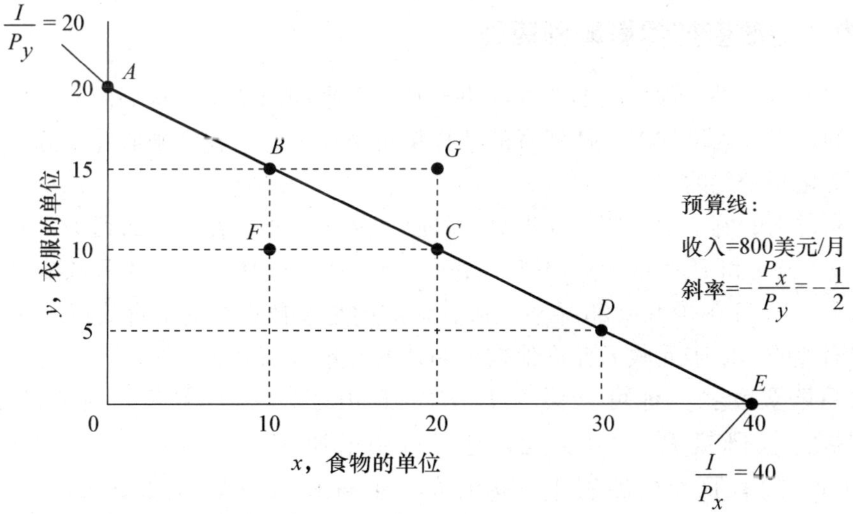

图 4－1　预算线

说明：当埃里克每月的收入为 800 美元、每单位食物的价格 $P_x=20$ 美元、每单位衣服的价格 $P_y=40$ 美元时，连接 A 篮子和 E 篮子的线就是他的预算线。这条预算线的公式是 $P_x x+P_y y=I$（即 $20x+40y=800$）。埃里克可以购买预算线上或者之内的任意篮子——A～F 篮子（注意，F 篮子只用花费 600 美元）。然而，他不能购买预算线之外的篮子，例如 G 篮子。想要购买 G 篮子，他就得花费 1 000 美元，这明显超过了他的月收入。

美元全部花费在食物上，他最多能买到 $I/P_x=800/20=40$ 单位食物，因此，预算线的水平截距就在 $x=40$ 处。如果埃里克只买衣服，他最多能买到 $I/P_y=800/40=20$ 单位衣服，所以预算线的垂直截距就在 $y=20$ 处。

如图 4-1 所描绘的那样，埃里克的收入限制了他只能购买预算线上或者之内的任意篮子（A～F 篮子），但是他不能购买预算线之外的篮子，例如 G 篮子。想要购买 G 篮子，他就得花费 1 000 美元，这明显超过了他的月收入。这两个系列的篮子——埃里克能够买到的篮子和他不能买到的篮子——就说明了预算约束的含义。

既然预算约束限制消费者只能购买预算线上及其以内的篮子，那么预算约束的公式就一定和预算线的公式（4.1）稍有不同。预算约束可以表示为

$$P_x x+P_y y\leq I \tag{4.1a}$$

预算线的斜率又告诉我们什么？预算线的斜率是 $\Delta y/\Delta x$。如果埃里克把全部收入花费在图 4-1 中的 B 篮子上——也就是 10 单位食物（x），15 单位衣服（y）——当他想移动到 C 篮子处，即增加 10 单位食物（$\Delta x=10$）时，就必须放弃 5 单位衣服（$\Delta y=-5$）。总的来说，我们可以看到，既然食物的价格是衣服的一半，那么埃里克每想要增加 1 单位食物就必须放弃 1/2 单位衣服，预算线的斜率就反映出了这一点（$\Delta y/\Delta x=-5/10=-1/2$）。因此，预算线的斜率告诉我们：消费者想获得额外的 1 单位横轴上的商品，就必须放弃多少单位纵轴上的商品。

必须注意的是，预算线的斜率为 $-P_x/P_y$。① 如果商品 x 的价格是商品 y 的价格的三倍，消费者要得到更多的 1 单位商品 x，就必须放弃 3 单位商品 y，且斜率为 -3。如果价格相等，预算线的斜率就为 -1——消费者想要得到更多的 1 单位商品 x 就要牺牲 1 单位商品 y。

□ 收入的改变如何影响预算线

如我们上面所讲，预算线的位置取决于收入水平和消费者所购买商品的价格。或许你已经料到，当收入增加时，消费者的选择集也增加了。让我们来研究预算线是如何随着收入的变化而变化的。

在刚刚讨论的例子中，假设埃里克的月收入从 $I_1=800$ 美元增加到 $I_2=1\,000$ 美元，保持 $P_x=20$ 美元和 $P_y=40$ 美元不变。如图 4-2 所示，如果埃里克只买衣服，他现在可以买到 $I_2/P_y=1\,000/40=25$ 单位衣服，对应的是新预算线的垂直截距。既然 $P_y=40$ 美元，这增加的 200 美元收入允许他购买额外的 5 单位商品 y。

如果只购买食物，他可以买到 $I_2/P_x=1\,000/20=50$ 单位，对应的是新预算线的水平截距。既然 $P_x=20$ 美元，他可以用增加的 200 美元收入购买额外的 10 单位商品 x。随着收入增加到 1 000 美元，他现在可以购买之前在预算线之外的 G 篮子了。

---

① 为什么如此？首先，从公式（4.1）中解出 y，$y=(I/P_y)-(P_x/P_y)x$。然后，我们引用直线的一般代数式：$y=mx+b$，m 表示直线的斜率，b 是 y 轴的截距。这和从预算线公式里解出的 y 的公式联立：y 轴的截距为 I/P_y，斜率为 $-P_x/P_y$。

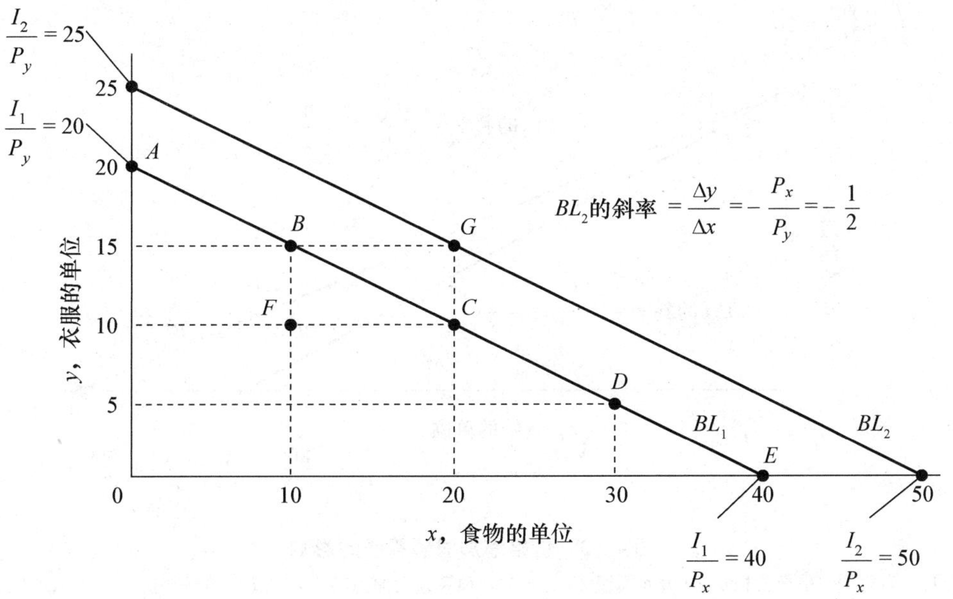

图 4-2　收入改变对预算线的影响

说明：食物的价格为 $P_x=20$ 美元/单位，衣服的价格为 $P_y=40$ 美元/单位。如果消费者的收入为 $I_1=800$ 美元/月，预算线就为 BL_1，垂直截距为 $y=20$，水平截距为 $x=40$，斜率为 $-1/2$。如果收入增加到 $I_2=1\,000$ 美元/月，预算线就是 BL_2，垂直截距为 $y=25$，水平截距为 $x=50$，且斜率为 $-1/2$。消费者在收入为 800 美元时不能购买 G 篮子，但是当收入增至 1 000 美元时就能买得起它了。

这两条预算线的斜率是相同的，因为食物和衣服的价格都没有改变（$\Delta y/\Delta x=-P_x/P_y=-1/2$）。

因此，收入的增加让预算线以平行线的方式向外移动。它拓展了消费者能选择的篮子集。相反，收入的减少使预算线向内平移，降低了消费者可获得的篮子集。

□ 价格的改变如何影响预算线

如果食物的价格从每单位 $P_{x_1}=20$ 美元增加到 $P_{x_2}=25$ 美元，而收入和衣服的价格保持不变，埃里克的预算线会如何改变呢？如图 4-3 所示，由于 I 和 P_y 都没有改变，预算线的垂直截距依然保持不变。然而，水平截距从 $I/P_{x1}=800/20=40$ 单位降至 $I/P_{x2}=800/25=32$ 单位。如果埃里克把 800 美元全都花在食物上，更高的食物价格就意味着，他只能购买 32 单位而不再是 40 单位食物。预算线的斜率就从 $-(P_{x1}/P_y)=-(20/40)=-1/2$ 变为 $-(P_{x2}/P_y)=-(25/40)=-5/8$。新的预算线 BL_2 就比 BL_1 的倾斜度更大，这就意味着埃里克想要增加 1 单位更多的食物就要比之前放弃更多单位衣服。当食物的价格为 20 美元时，埃里克仅需要放弃 1/2 单位衣服；当食物的价格达到 25 美元时，他必须放弃 5/8 单位衣服。

因此，一种商品价格的增加使该种商品轴上的截距移向原点。相反，一种商品价格的降低将使该种商品轴上的截距远离原点。无论出现哪一种情况，预算线的斜率都将改变，同时反映出在两种商品之间的权衡。

当预算线向内转动时，消费者的购买力下降，因为他能够选择的篮子数减少。当预

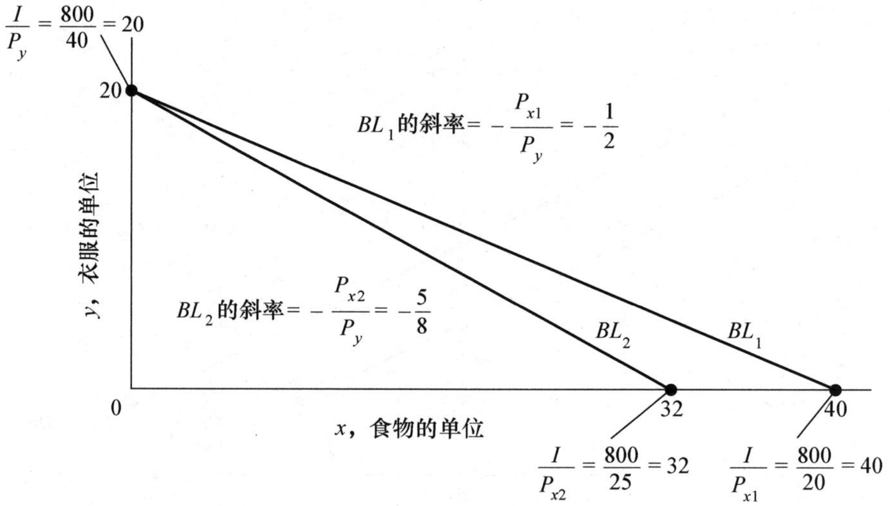

图 4-3　价格增加对预算线的影响

说明：当食物的单位价格从 20 美元增至 25 美元时，预算线向原点转动，从 BL_1变为 BL_2，水平截距从 40 单位变为 32 单位。垂直截距没有改变，因为收入和衣服的价格都保持不变。新的预算线 BL_2比 BL_1的倾斜度更大。

算线向外转动时，相比之前，消费者能够购买更多的篮子，我们也可以说消费者的购买力提升了。如上所述，收入的增加或者价格的降低都会提升购买能力，然而，价格的上升或者收入的减少都会降低购买力。

案例 4.1

不断上升的汽油价格

近年来，美国一加仑汽油的平均零售价发生了很大的变化。如下表所示，2008 年夏季，普通汽油的零售价发生了显著的变化。从 1 月底至 6 月底，每加仑汽油的价格从 2.95 美元升至 4.03 美元，这也是美国汽油价格首次突破 4.00 美元/加仑。

2008 年美国普通汽油的平均零售价格

日期	1 月	2 月	3 月	4 月	5 月	6 月	7 月
价格（美元/加仑）	2.95	3.12	3.26	3.57	3.91	4.03	3.90

资料来源：U. S. Energy Information Administration，http://tonto. eia. doe. gov/oog/info/gdu/gasdiesel. asp (accessed September 25，2009).

汽油价格的上升对预算线产生了怎样的影响？为了简化，假定消费者只买两种商品：汽油和衣服，然后进一步假定消费者的收入和衣服的价格都保持不变。我们就可以画出类似图 4-3 中的预算线了，横轴表示汽油的加仑数（代替食物的单位数）。汽油价格的上升会使预算线朝原点转动，即从 BL_1变为 BL_2。

消费者对 2008 年汽油价格的上升做出了不同方式的反应。随着汽油价格从 1 月至 6 月的与日俱增，高速公路的总驾驶里程逐月递减。据美国交通部评估，在 2008 年上半年，行驶里程的总下降量达 200 亿英里。与此同时，坐地铁通勤的人次增加。汽油价格的上升同时影响了汽车的销售量。运动型多功能车和皮卡车等油耗大的交通工具，其销售量在5月份就下降了近40%，此后在6月份亦是如此。小型车辆的销售量相对上升了。此外，柴油发动机型汽车的销售量上升了（因为柴油的价格并没有急剧上升）。

在接下来的部分，我们将会把预算线和第3章的效用理论结合起来。学完这些，你将能解释，在面对汽油价格上涨时，消费者为何会改变他们的消费习惯。

边做边学习题4.1 ☞

好消息/坏消息和预算线

假设一名消费者的收入（I）翻倍了，他篮子里的两种商品的价格（P_x和P_y）也翻倍了。他把收入翻倍看作好消息，因为这提升了他的购买力。然而，价格的翻倍却是坏消息，因为这降低了他的购买力。

问题：

好消息和坏消息的净效应是什么？

解：

预算线的位置是由x和y的截距决定的。在收入和价格都翻倍之前，y的截距是I/P_y；在翻倍之后，y的截距是$2I/2P_y=I/P_y$，所以y的截距不变。相似地，x的截距也是不变的。因此，预算线的位置不变，同样不变的是它的斜率，因为$-(2P_x/2P_y)=-(P_x/P_y)$。收入和价格的翻倍对预算线、两种商品的购买量或者消费者的购买力都没有产生净效应。

相似习题：4.1，4.2

我们已经知道：消费者可以选择预算线上或之内的任意篮子。但是他到底会选择哪个篮子呢？现在我们来回答这个问题。

4.2 最优选择

假定消费者总是理性地做出购买决策，而且了解偏好和预算约束，我们就可以算出消费者的**最优选择**（optimal choice），也就是每种商品的最优购买量。更加精确地说，最优选择意味着，消费者选择这样的一篮子商品：（1）它能够使满意度（效用）最大；（2）它能够使消费者的消费保持在预算约束之内。

请注意，最优消费篮子必须位于预算线上。想要知道原因，重新查看图4-1。假设埃里克喜欢更多的两种商品（食物和衣服），很明显诸如F篮子就不可能是最优篮子，因为F篮子并没有要求埃里克花去所有的收入。那些未花掉的收入就可以用于购买更多的食物或者衣服，从而增加他的满意度。[①] 正是这个原因，预算线之内没有一个点是最优的。

① 这一发现可以推广到以下案例中：消费者考虑购买两种以上的商品，例如N种商品，并且对消费者来说，所有商品的边际效用都是正值。对一个最优消费篮子来说，所有收入都必须花光。

最优选择：消费者选择这样的一篮子商品：(1) 它能够使满意度（效用）最大；(2) 它能够使消费者的消费保持在预算约束之内。

当然，消费者不可能总是在给定的时间内花掉所有的可支配收入。他们总是把部分收入储蓄起来，以备将来的消费。把时间引入消费者选择的分析就意味着，消费者不仅是在两种商品之间做选择，还包括诸如今天食物的消费量，今天衣服的消费量，明天的食物和衣服的消费量。但是，现在为了保持事情的简化，我们假设没有明天。之后，我们再把时间（借贷和储蓄的可能性）引入讨论。

为了进一步阐明消费者的最优选择，我们用 $U(x, y)$ 表示消费者从购买 x 单位食物和 y 单位衣服中获得的效用。消费者必须在满足 $P_x x+P_y y \leqslant I$ 这一预算限制的条件下选择 x 和 y。该消费者的最优选择可以表示为

$$\max_{(x,y)} U(x,y) \tag{4.2}$$
$$\text{满足 } P_x x+P_y y \leqslant I$$

这里符号"$\max\limits_{(x,y)} U(x, y)$"的意思是"选择 x 和 y 使效用最大化"，"满足 $P_x x+P_y y \leqslant I$"的意思是"对 x 和 y 的花费一定不能超过消费者的收入"。如果消费者对这两种商品都喜欢更多，食物和衣服的边际效用就都是正值。在最优篮子处，所有的收入都会花掉（也就是说，消费者将会在预算线 $P_x x+P_y y=I$ 上选择一个篮子）。

图 4-4 描述了埃里克的最优选择问题。他每月的收入为 $I=800$ 美元，食物的价格为 $P_x=20$ 美元/单位，衣服的价格为 $P_y=40$ 美元/单位。预算线的垂直截距为 $y=20$，这

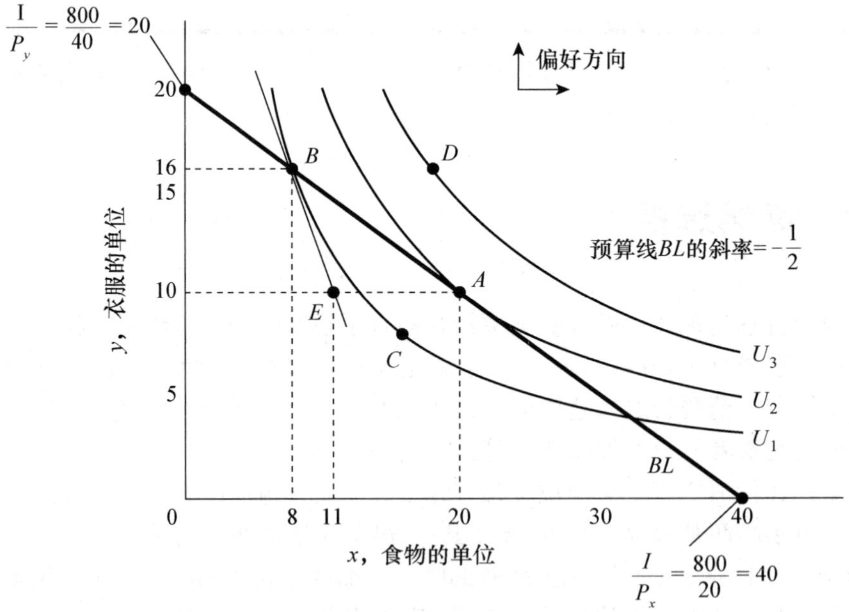

图 4-4　最优选择：给定预算下的效用最大化

说明：如果消费者既想使效用最大化，又必须每月将消费限制在 800 美元的预算约束之内，消费者将会选择哪个篮子？他应该选择 A 篮子，实现 U_2 的效用水平。其他在预算线 BL 上或者之内的任何篮子（例如 B 篮子、E 篮子或者 C 篮子），都是买得起的，但是满意度相对降低。预算线之外的篮子（如 D 篮子）是买不起的。

在最优篮子 A 处，预算线和一条无差异曲线相切。无差异曲线 U_2 在点 A 的斜率和预算线的斜率都为 $-\frac{1}{2}$。

表明，如果埃里克把所有收入都用于买衣服，那么他每月可以买到 20 单位衣服。类似地，水平截距 $x=40$ 表明，如果埃里克把收入全部花费到食物上，他每月能够买到 40 单位食物。预算线的斜率是 $-P_x/P_y=-1/2$。埃里克的三条无差异曲线分别如 U_1、U_2、U_3 所示。

在效用最大化的同时，又要满足预算约束，埃里克将会选择下面的篮子：既可以使他达到最高的无差异曲线，又在预算线上或者之内。图 4－4 中的最优篮子是 A，此时埃里克的效用水平为 U_2。其他任何在预算线上或者之内的点，给他带来的都是更低的效用水平。

为了进一步理解为什么 A 篮子是最优篮子，我们来探讨为何其他的篮子不是最优的。首先，预算线之外的篮子，如 D 篮子，不可能是最优的，因为埃里克买不起它们。所以，我们可以把注意力集中在预算线上或者之内的篮子。预算线之内的任意篮子，例如 E 篮子或者 C 篮子，也不是最优的，正如我们上面所阐明的，最优篮子必须位于预算线上。

如果埃里克沿着预算线远离点 A，即使是很小的一段距离，他的效用也会降低，因为无差异曲线凸向原点（用经济学术语来说就是 x 替代 y 的边际替代率递减）。在最优篮子 A 处，预算线刚好和无差异曲线 U_2 相切。这就意味着预算线的斜率（$-P_x/P_y$）和无差异曲线的斜率是相等的。引用一下公式（3.5），无差异曲线的斜率为 $-MU_x/MU_y=-MRS_{x,y}$。因此，在最优篮子 A 处，这一相切条件要求

$$\frac{MU_x}{MU_y}=\frac{P_x}{P_y} \tag{4.3}$$

或者 $MRS_{x,y}=P_x/P_y$。在本章附录 1 中，我们展示了如何用正式的数学方法得到这一条件。

图 4－4 中的最优篮子 A 就是**内部最优**（interior optimum）。在实现内部最优时，消费者购买的两种商品都是正数（$x>0$，$y>0$）的最优篮子。这个最优量位于预算线和无差异曲线相切的点。换句话说，在一个内部最优篮子处，消费者选择使边际效用的比值（即边际替代率）和商品价格的比值相等的商品。

内部最优：消费者购买的所有商品都是正数的最优篮子。

我们也可以通过改写公式（4.3），将这一相切条件表述为

$$\frac{MU_x}{P_x}=\frac{MU_y}{P_y} \tag{4.4}$$

相切表明，在内部最优处，消费者的选择使得花费在每种商品上的每一美元获得的边际效用都相同。换句话说，在内部最优篮子处，花费在商品 x 上的每一美元的额外效用和花费在商品 y 上的每一美元的额外效用相等。因此，在最优篮子处，消费者从在每种商品上花的每一美元中获得的效用都相等（感受到了货真价实）。

尽管我们一直关注的是消费者只购买两种商品的事例，如食物和衣服，但是有关消费者最优选择的分析，也可以用于消费者购买两种以上商品的事例。例如，假设消费者在盛有三种商品的篮子中选择。如果所有商品的边际效用均为正，那么在最优篮子处消

费者将会花掉所有的收入。如果最优篮子是内部最优的，消费者将会选择花掉所有的收入，并使得从花在三种商品上的每一美元中获得的边际效用都相等。相同的原则适用于消费者购买任意给定数量商品的案例。

案例 4.2

“家庭烹饪”与“外出就餐”的边际效用大比拼：探讨“货真价实”的含义

经济理论表明：在最优消费篮子处购买数量为正值的每种商品，消费者从在每种商品上花的每一美元中获得的效用都相等（感受到了货真价实）。我们可以用这一条件推导一些有趣的含义：美国家庭家庭烹饪和外出就餐的边际值大比拼。回忆一下表 4-1，2007 年美国家庭在食物上的平均年消费为 6 133 美元。在这一数字中，3 465 美元（或者 56.5%）花费在家庭烹饪的食物上，而 2 668 美元（或者 43.5%）花费在家庭之外的食物上（比如，从餐馆和快餐店购买的食物）。① 据美国农业部评估，1995 年，在一般的美国家庭中，将近 2/3（66%）的总卡路里摄入量来自家庭之内消费的食物，稍微超过 1/3（34%）的总卡路里摄入量来自家庭之外消费的食物。在 20 世纪 70 年代晚期，仅有 18%的总卡路里来自家庭之外消费的食物。②

我们可以用这些数据和“货真价实”条件来描绘，关于来自家庭之内和家庭之外消费的食物的卡路里的边际效用的推论。以 X 表示家庭之内消费食物的数量（用卡路里测量），用 Y 表示家庭之外消费食物的数量（也用卡路里测量），我们就可以把公式 (4.4) 中的“货真价实”条件重写为

$$\frac{MU_x X}{P_x X}=\frac{MU_y Y}{P_y Y}$$

为了得到这一表达式，我们把公式 (4.4) 中左边的分子和分母同乘以 X，右边的分子和分母同乘以 Y。在上述表达式中，P_x 和 P_y 分别是在家庭之内和家庭之外消费一卡路里食物的价格，$P_x X$ 和 $P_y Y$ 分别是在家庭之内和家庭之外食物的总消费量。如前文所述，2007 年，对一般的美国家庭，$P_x X=3\,465$ 美元，$P_y Y=2\,668$ 美元。因此，对一般的美国家庭，“消费者从在每种商品上花的每一美元中获得的效用都相等”条件意味着

$$\frac{MU_x X}{3\,465\text{ 美元}}=\frac{MU_y Y}{2\,668\text{ 美元}}$$

我们将其整理一下，得

$$\frac{2\,668\text{ 美元}}{3\,465\text{ 美元}}\,\frac{X}{Y}=\frac{MU_y}{MU_x}$$

① 这些数据（表 4-1 中没有展示的数据）来自 Bureau of Labor Statistics, Table 2, *Income Before Taxes: Average Annual Expenditures and Characteristics*, *Consumer Expenditure Survey*, *2007*, http://www.bls.gov/cex/2007/Standard/income.pdf（访问日期为 2009 年 9 月 25 日）。

② U.S. Department of Agriculture, Economic Research Service, Agriculture Information Bulletin No. (AIB750), 484 pp, May 1999, *America's Eating Habits: Changes and Consequences*, Chapter 12, "Nutrients away from Home," Table 2, p. 219, http://www.ers.usda.gov/Publications/AIB750.

现在，如我们之前所说，在20世纪90年代中期，一般的美国家庭在家庭之内消费的食物卡路里占66%，在家庭之外的占34%。如果在2007年美国家庭的这一比值不变，这就表明，$\frac{X}{Y}$——家庭之内和家庭之外消费食物的总卡路里比值——等于$\frac{66}{34}$或者约为1.94。“消费者从在每种商品上花的每一美元中获得的效用都相等”条件就可以表示为

$$\frac{MU_y}{MU_x}=1.49$$

这就告诉我们，对一般的美国家庭，外出就餐的卡路里边际效用是家庭就餐卡路里边际效用的1.49倍。也就是说，家庭之外消费的边际卡路里比家庭之内消费的边际卡路里产生的效用多49%。

这一推论似乎是可信的。家庭之外的食物消费通常出现在特殊场合（例如，外出就餐庆祝结婚周年纪念日）或者出现在一些娱乐时刻（例如，在一个特定日期或在一个长工作周的周末外出就餐）。有时候全家外出就餐，只是因为它恰好提供了打破“老样子”菜单和家庭烹饪常规菜单的机会。正由于以上原因，在家庭之外消费食物的边际卡路里摄入比在家庭之内消费食物的边际卡路里摄入要产生更多的效用，这一说法似乎是合理的。

诸如此类的推算一般都依赖于一系列简单的假设。例如，在推算中，食物的价格反映出购买家庭消费食物或者外出就餐需要花费多少。但是它们并没有反映出与家庭烹饪相关的其他活动的价格（诸如来回杂货商店或准备食物）或者外出就餐之外的价格（如来回餐馆）。同样地，我们的推算假设，对一般的美国家庭，在21世纪末，家庭之内消费和家庭之外消费的卡路里最小值与20世纪90年代中期保持一致。既然在20世纪80年代和90年代早期，家庭之内消费的卡路里比值保持平稳下降，这一假设或许就无效了。事实上，这一比值或多或少已经下降，或许接近60%，甚至可能更低些，这些似乎都是可信的。例如，如果2007年来自家庭之内消费食物的卡路里比值确实是60%，那么家庭之外消费食物的卡路里边际效用也仅比家庭之内的高出15%。

这个例子解释了：“消费者从在每种商品上花的每一美元中获得的效用都相等”，加上消费数据和消费水平比值，可以对不同群体消费者的偏好提供许许多多的解释。

□ 利用相切条件理解一个篮子何时不为最优

利用等式（4.3）和等式（4.4）中描述的相切条件，我们讨论为何如图4-4中B篮子之类的内部篮子不是最优的。图中给定了无差异曲线图，因为效用函数为$U(x, y)=xy$。如我们在边做边学习题3.3中所讲的，这个效用函数的边际效用为$MU_x=y$，$MU_y=x$。例如，在B篮子处（即$y=16$，$x=8$），边际效用为$MU_x=16$，$MU_y=8$。同时我们知道$P_x=20$美元，$P_y=40$美元。

如何利用相切条件来判定B篮子不是最优选择？看一下公式（4.3）。公式的左边部分告诉我们，在点B处，$MU_x/MU_y=16/8=2$。也就是说，在点B处，埃里克用x替代y的边际替代率是2。在点B处，他愿意放弃2单位衣服（y）来换取额外的1单位食物（x）。[①]

① 请记住，$MRS_{x,y}=MU_x/MU_y=-$（无差异曲线的斜率）。在图4-4中，点B的无差异曲线的斜率为-2（和在点B处与无差异曲线相切的直线的斜率相同）。

但是在给定的商品价格下，埃里克为了得到额外的1单位食物必须放弃2单位衣服吗？公式（4.3）的右边部分告诉我们 $P_x/P_y=20/40=1/2$，因为衣服的价格是食物的两倍。所以，想要得到额外的1单位食物，他只需放弃1/2单位衣服。因此，在 B 篮子处，为了得到额外的1单位食物，他需要放弃2单位衣服，但他仅愿意放弃1/2单位衣服。为了得到额外的1单位食物，B 篮子需要让他放弃的超过他愿意放弃的，所以 B 篮子不可能是他的最优选择。

现在我们一起来考察公式（4.4）中相切条件的另一种形式，从而可以发现，在内部最优中，对所有商品来说，为什么花费的每一美元的边际效用都要相等。这也是 B 篮子不是最优选择的另一个原因。

如果对比在 B 篮子处花费在两种商品上的每一美元的边际效用，我们不难发现 $MU_x/P_x=16/20=0.8$，并且 $MU_y/P_y=8/40=0.2$。埃里克花费在食物上的每一美元的边际效用（MU_x/P_x）比花费在衣服上的（MU_y/P_y）要高些。因此，他会把花费在衣服上的最后1美元花费在食物上。这种收入的再分配如何影响他的效用呢？在衣服上少花1美元，他的效用减少0.2；在食物上多花1美元，他的效用就增加0.8。在这种情况下，效用的净效应增加了0.6。[①] 所以，如果埃里克正在购买 B 篮子，他就没有选到最优的篮子。

□ 找到一个最优消费篮子

如上所述，当两者的边际效用都为正值时，最优消费篮子才位于预算线上。进一步来讲，只要边际替代率递减，在无差异曲线和预算线的切点处就会出现内部最优消费篮子。这一事实已经用图4-4中的 A 篮子阐述过。

边做边学习题4.2阐明了，怎样利用有关消费者的预算线和消费偏好的信息找到他的最优消费篮子。

边做边学习题 4.2 ☞

找到内部最优

埃里克购买两种商品，食物（用 x 度量）和衣服（用 y 度量）。他的效用函数为 $U(x,y)=xy$。他的边际效用为 $MU_x=y$，$MU_y=x$。他每月收入为800美元。食物的价格为 $P_x=20$ 美元，衣服的价格为 $P_y=40$ 美元。

问题：

找到埃里克的最优消费束。

解：

在边做边学习题3.3中，我们已经知道这个效用函数的无差异曲线凸向原点，并

① 由于 $P_x=20$ 美元，消费者在食物上每增加1美元消费就意味着得到额外的1/20单位食物，所以 $\Delta x=+1/20$。类似地，由于 $P_y=40$ 美元，消费者在衣服上每减少1美元花费就意味着减少消费1/40单位衣服，所以 $\Delta y=-1/40$。引用公式（3.4），消费量的改变对总效用的影响可以近似地用公式 $\Delta U=(MU_x\times\Delta x)+(MU_y\times\Delta y)$ 表示。因此，花费在衣服上的1美元重新分配到食物上，对效用的影响约为 $\Delta U=(16\times1/20)+[8\times(-1/40)]=0.6$。

且不与坐标轴相交。所以最优篮子一定是内部的，且食物和衣服的消费量都为正值。

我们怎么才能找到一个最优篮子呢？我们知道一个最优篮子必须满足以下两个条件：

● 最优篮子必须在预算线上。这就意味着 $P_x x+P_y y=I$，或者根据给定信息，$20x+40y=800$。

● 因为是内部最优，所以无差异曲线一定要和预算线相切。从公式（4.3）可知，相切就要求 $MU_x/MU_y=P_x/P_y$，或者根据给定信息，$y/x=20/40$，或者 $x=2y$。

所以我们有了含有两个未知量的两个方程。如果我们把 $x=2y$ 代入预算线方程，就可得到 $20(2y)+40y=800$。所以 $y=10$，$x=20$。埃里克的最优消费篮子就是每月购买 20 单位食物和 10 单位衣服，正如图 4-4 中的 A 篮子所示。

相似习题：4.3，4.4

□ 考虑最优化的两种方法

我们之所以证明图 4-4 中的 A 篮子对消费者是最优的，是因为它解决了以下问题：在给定的预算约束（即每月 800 美元花费）下，消费者应该选择哪个篮子以最大化其效用？在这个例子中，对两种商品的花费都没有超过 800 美元，消费者需要选择含有 x 和 y 的篮子使其效用最大化，最优化可描述为以下形式：

$$\max_{(x,y)}\text{效用}=U(x,y) \tag{4.5}$$
$$\text{满足 } P_x x+P_y y\leqslant I=800$$

在此例中，内生变量为 x 和 y（消费者选择篮子）。效用水平也是内生的。外生变量为 P_x、P_y 和收入 I（即花费水平）。通过图解法，可以得出在预算线上且使得消费者达到最高无差异曲线的篮子，从而解决消费者选择问题。图 4-4 中这条无差异曲线为 U_2。

我们可以通过一个不同的问题找到处理消费者最优化的另一种方法：消费者应该选择哪个篮子以使其支出（$P_x x+P_y y$）最小化，同时能达到既定的效用水平 U_2？方程（4.6）用代数方法表达了这一问题：

$$\min_{(x,y)}\text{支出}=P_x x+P_y y \tag{4.6}$$
$$\text{满足 } U(x,y)=U_2$$

这就是**支出最小化问题**（expenditure minimization problem）。在这个问题中，内生变量仍为 x 和 y，但是外生变量是 P_x、P_y 和要求的效用水平 U_2。支出水平也是内生的。图 4-5 中的 A 篮子是最优的，因为它解决了支出最小化问题。我们来一探究竟。

支出最小化问题：既能使总花费最小又能达到既定效用水平的商品间消费者选择。

在图 4-5 中，我们找出只需要最小的支出却能达到无差异曲线 U_2 的篮子（在图中，U_2 对应的效用水平是 200）。

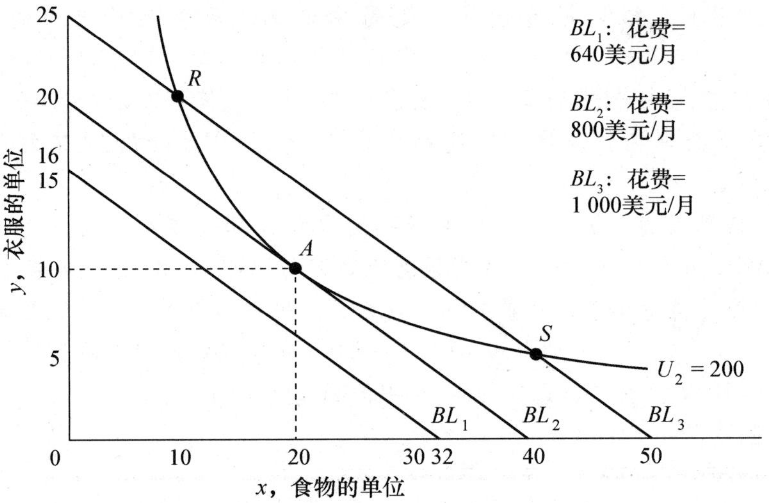

图 4-5　最优选择：达到既定效用的最小化支出

说明：如果消费者想使支出最小且必须达到效用水平 U_2，他应该选择哪个篮子？他应该选择每月只花费 800 美元的 A 篮子。U_2 上的其他任何篮子的花费都会超过 800 美元。比如，消费者想要购买 R 篮子或者 S 篮子（也在 U_2 上），每月就需要花费 1 000 美元（因为 R 篮子和 S 篮子在预算线 BL_3 上）。任何少于 800 美元的总支出（例如，640 美元，预算线 BL_1 所代表的）都不能使消费者达到无差异曲线 U_2。

在图 4-5 中，我们画了三条不同的预算线。如果消费者每月花费 640 美元，就可以购买到预算线 BL_1上的所有篮子。然而遗憾的是，预算线 BL_1上的所有篮子都不能让他达到 U_2的效用水平，所以他需要花费比 640 美元更多的钱去达到要求的效用。那么如果每月花费 1 000 美元，他就能达到无差异曲线 U_2吗？如果每月花费 1 000 美元，预算线 BL_3上的所有篮子，比如 R 篮子和 S 篮子，就都能买到。但是在 U_2上，还有其他的篮子可以让消费者的支出少于 1 000 美元。所以想要找出使支出最小的篮子，我们就一定得找出和无差异曲线 U_2相切的预算线。这条预算线就是 BL_2，它在点 A 与之相切。因此，消费者只要购买仅花费 800 美元的 A 篮子，就可以达到 U_2了。任意少于 800 美元的支出都不能购买到无差异曲线 U_2上的篮子。

公式（4.5）的效用最大化问题和公式（4.6）的支出最小化问题就是对偶问题。在既定的收入水平下，使效用最大化的篮子可以让消费者达到效用水平 U_2。同样的篮子也让消费者实现了效用水平 U_2下的支出最小化。

我们已经看到，在图 4-6 中，B 篮子不是最优的，因为预算线和无差异曲线没有在该篮子处相切。如果在 B 篮子处，消费者每月花费 800 美元且达到的效用水平为 $U_1=128$，那么他应如何改善他的选择呢？我们可以从对偶角度的任一个——效用最大化或者支出最小化——来回答这个问题。因此，第一，消费者可以问："如果我每月花掉 800 美元，什么样的篮子能够使我的满意度最大化？"他会选择 A 篮子然后实现一个更高的效用水平 U_2。第二，消费者也可能会问："如果我对效用水平 U_1很满意，那么我最少需要花多少钱？"如图所示，这个问题的答案就是 C 篮子，此时他每月只需要花费 640 美元。

所以，我们已经用两种方式证明了 B 篮子的非最优性：如果消费者继续每月花费 800 美元，他可以增加效用；或者他可以花费更少的钱而保持住他现在在 B 篮子处的同等效用水平。

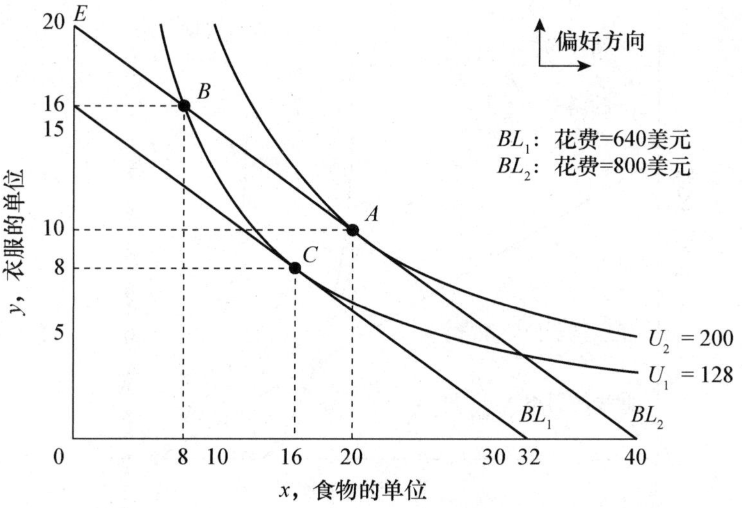

图 4-6 非最优选择

说明：在 B 篮子处，消费者每月花费 800 美元，实现效用水平 U_1。有两种方式可以看出 B 篮子不是最优选择。第一，消费者可以通过选择 A 篮子，继续每月花费 800 美元，实现更高的效用水平，达到无差异曲线 U_2。第二，消费者可以通过选择 C 篮子继续保持效用水平 U_1，但是每月的花费少于 800 美元。

□ 角点

在我们讨论的所有例子中，最优消费者篮子都是内部的。也就是说，消费者购买的两种商品的数量都为正值。然而，在现实生活中，消费者对所有商品的购买量不可能都为正值。比如，并不是所有的消费者都拥有一辆汽车或者一栋房子。有些消费者可能不会把钱花在香烟或者饮酒上。如果消费者不能在预算线和无差异曲线相切处找到一个内部篮子，消费者就可能在**角点**（corner point）处发现一个最优篮子，也就是沿着坐标轴的一个篮子，此时会有一种或者更多的商品完全不被购买。如果最优篮子出现在角点，预算线或许就不再与无差异曲线在最优篮子处相切。

我们再一次考虑一个在两种商品（即食物和衣服）之间做出选择的消费者。如果他的无差异曲线图如图 4－7 所示，没有无差异曲线和预算线相切。那么在预算线上的任意内部篮子处，例如 S 篮子，无差异曲线都要比预算线更陡峭（更负）。这就意味着 $-MU_x/MU_y < -P_x/P_y$，或者（颠倒这个不等式）$MU_x/MU_y > P_x/P_y$。然后，通过交叉相乘，$MU_x/P_x > MU_y/P_y$，这也告诉我们，花费在食物上的每一美元的边际效用要比衣服的高，所以消费者愿意购买更多的食物，购买更少的衣服。这一点不仅对 S 篮子成立，而且对预算线上的所有篮子都成立。消费者会继续用食物替代衣服，一直沿着预算线移动，直到他达到角点 R 篮子。在 R 篮子处，无差异曲线 U_2 依然比预算线更陡峭。他愿意继续用食物替代衣服，但是此时已经没有可采购的衣服，没有多余可用的替代品了。因此，对这位消费者来说，最优选择是 R 篮子，因为这是预算线上能给消费者带来最大效用（U_2）的篮子。

角点：当完全没有购买某种商品时，消费者最优选择问题的一个解决方案，而且在这种情况下，最优篮子位于坐标轴上。

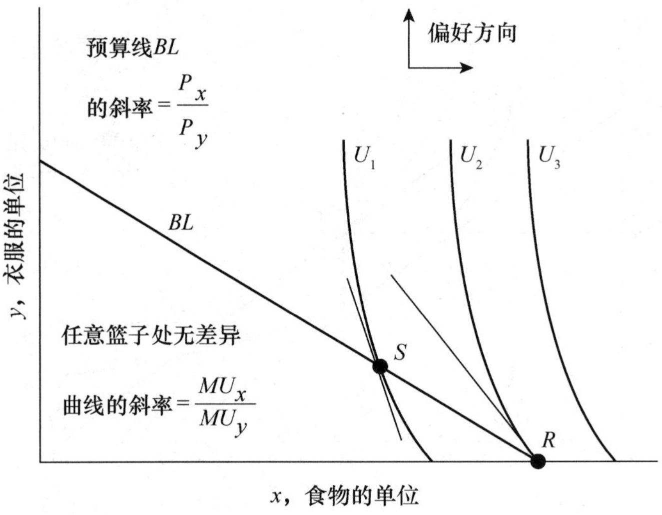

图 4-7　角点

说明：在 S 篮子处，无差异曲线 U_1 比预算线更陡峭（更负）。这就意味着花费在食物上的 1 美元的边际效用比衣服的高，所以消费者愿意购买更少的衣服和更多的食物。他将会沿着预算线移动，直到达到角点 R 篮子处，此时没有多余的替代品，因为他已经完全不再购买衣服。

边做边学习题 4.3

找到角点解

戴维正在考虑购买食物（x）和衣服（y）。他的效用函数为 $U(x, y)=xy+10x$，边际效用为 $MU_x=y+10$，$MU_y=x$。他的收入 $I=10$ 美元。他面临的食物价格为 $P_x=1$ 美元，衣服价格为 $P_y=2$ 美元。

问题：

戴维的最优篮子是什么？

解：

如图 4-8 所示，预算线的斜率为 $-(P_x/P_y)=-1/2$。预算线的方程为 $P_xx+P_yy=I$，或者 $x+2y=10$。想要找到最优点，我们就必须确保我们理解无差异曲线的形状。两个边际效用都是正值，所以无差异曲线一定是负向倾斜。当我们使 x 沿着无差异曲线递增、使 y 递减时，x 替代 y 的边际替代率 $[MRS_{x,y}=MU_x/MU_y=(y+10)/x]$ 递减。因此，无差异曲线凸向原点。最后，无差异曲线会与 x 轴相交，因为只有当消费者购买食物（$x>0$）而不买衣服（$y=0$）时，才有可能实现正的效用水平。这就意味着消费者的最优篮子可能是 x 轴上的角点。我们在图中勾画了戴维的三条无差异曲线。

假设我们（错误地）认为，戴维的最优篮子是内部的，为位于预算线上且与无差异曲线相切的一个点。如果最优篮子在预算线上，那么它必须满足预算线方程：

$$x+2y=10$$

如果该篮子在切点处，那么 $MU_x/MU_y=P_x/P_y$，或者 $(y+10)/x=1/2$，即

$$x=2y+20$$

这两个含有两个未知量的方程的解为 $x=15$，$y=-2.5$。但是这一代数"答案"表明，戴维应该购买负数量的衣服，这是毫无意义的，因为无论 x 还是 y 都不可能为负值。

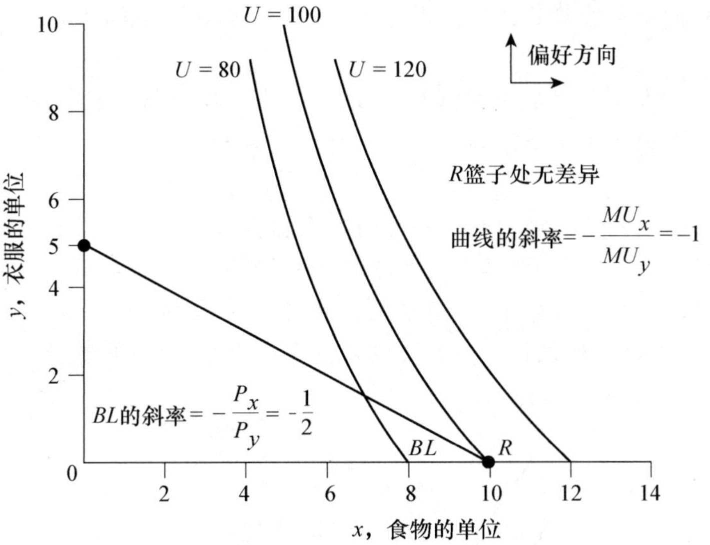

图 4-8　角点解（针对边做边学习题 4.3）

说明：预算线：消费者的收入为 10 美元，价格 $P_x=1$ 美元，$P_y=2$ 美元。预算线的斜率为 $-1/2$。
无差异曲线图：画出了三个效用水平的无差异曲线，即 $U=80$，$U=100$ 和 $U=120$。
最优消费篮子：最优篮子是 R，此处无差异曲线的斜率为 -1。

这就告诉我们在预算线上没有一点和无差异曲线相切。因此，最优篮子也不是内部的，最优点只能是角点。

最优篮子到底在哪里呢？从图中可以看出，最优篮子将是 R 篮子（一个角点），此时戴维把全部的收入花在食物上，所以 $x=10$，$y=0$。在该篮子处，$MU_x=y+10=10$，$MU_y=x=10$。在点 R 处，花费在 x 上的 1 美元的边际效用是 $MU_x/P_x=10/1=10$，同时花费在 y 上的 1 美元的边际效用为 $MU_y/P_y=10/2=5$。在点 R 处，戴维愿意购买更多的食物和更少的衣服，但是他不能再这么做了。这是由于，R 篮子是位于 x 轴上的一个角点。在点 R 处，戴维选择了这样的一个篮子：既位于预算线上又达到了可以达到的无差异曲线中最高的无差异曲线。

相似习题：4.9，4.10

边做边学习题 4.3 阐述了，当消费者的边际替代率递减（无差异曲线凸向原点）时，角点就可能存在。边做边学习题 4.4 则向我们展示了：当消费者非常乐意用一种商品去换取另一种商品时，角点通常就是最优的（比如，如果你把天然黄油和人造黄油看作是完全替代品，并且非常乐意用 1 盎司彼此进行交换，那么你将只会购买每盎司价格更低的那种产品）。

边做边学习题 4.4 ☞

完全替代品的角点解

萨拉（Sara）把巧克力冰激凌和香草冰激凌看作是完全替代品。她两者都非常喜欢，并且总是愿意用一勺巧克力冰激凌去换两勺香草冰激凌。换句话说，对她来说巧克力冰激凌的边际效用是香草的两倍。因此，$MRS_{C,V}=MU_C/MU_V=2$。

问题：

如果一勺巧克力冰激凌的价格（P_C）是香草冰激凌价格（P_V）的三倍，那么萨拉还会购买两种类型的冰激凌吗？如果不会，她会买哪种？

解：

如果萨拉买这两种冰激凌，那么一定有一个内部最优而且满足相切条件。但是所有无差异曲线的斜率都是-2，预算线的斜率为-3（$P_C/P_V=3$），所以预算线永远不可能与无差异曲线相切。这一点如图 4－9 所示：无差异曲线都是直线，而且不如预算线陡峭（更平缓些）。因此，最优篮子将会是角点（A 篮子），此时萨拉只购买香草冰激凌。

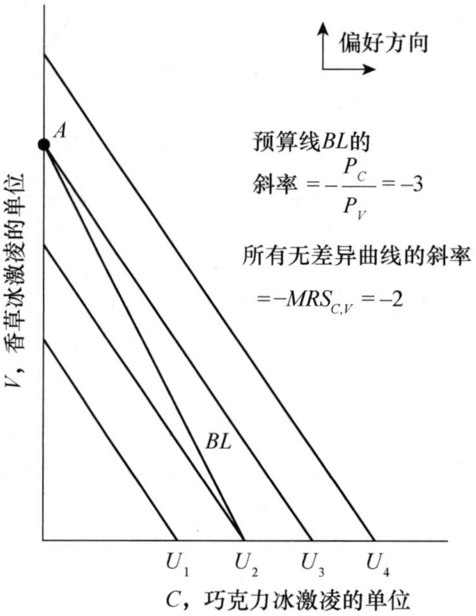

图 4－9　完全替代品

说明：花费在香草冰激凌上的 1 美元的边际效用总是比花在巧克力冰激凌上的大。因此，最优篮子 A 在角点处。

想要看出这一结论的另一种方法是，观察到萨拉花费在巧克力冰激凌上的 1 美元的边际效用比花费在香草冰激凌上的少：$(MU_C/MU_V=2)<(P_C/P_V=3)$，所以 $MU_C/MU_V<P_C/P_V$，或者 $MU_C/P_C<MU_V/P_V$。萨拉总是试图用巧克力去换取更多的香草，这会引导到诸如 A 篮子的角点。

相似习题：4.18

4.3　复合商品的消费者选择

尽管消费者一般都会购买许多商品和服务，但是经济学家通常想要集中关注消费者对某一特定商品和服务的选择，例如消费者对房屋和教育水平的选择。在这种情况下，使用以消费者关注的商品（比如，房屋）为横轴、其他结合在一起的综合商品为纵轴的二维图表来处理消费者的选择问题是非常有用的。纵轴上的商品就叫作**复合商品**（composite good），因为它是其他所有商品的复合物。按照惯例，一单位复合商品的价格是 $P_y=1$。因此，纵轴代表的不仅是复合商品的单位数量，也是在复合商品上的总花费（$P_y y$）。

复合商品：代表除了正在购买的商品外其他的所有商品。

在这一部分，我们将运用复合商品来阐述消费者选择理论的四个应用。首先我们看一下图 4-10。这里我们关注的是消费者对房屋的选择。横轴是房屋的单位 h（比如，以平方英尺度量）。房屋的价格为 P_h。纵轴则为复合商品，以 y 作为度量单位，且价格为 $P_y=1$。如果消费者把所有的收入（I）都用于房屋上，那么他至多可以购买到 I/P_h 单位的房屋，也就是预算线在横轴上的截距。如果他把所有的收入都花费到其他商品上，他至多可以买到 I 单位复合商品，也就是预算线在纵轴上的截距。加之图中的无差异曲线，最优篮子只能在点 A 了。

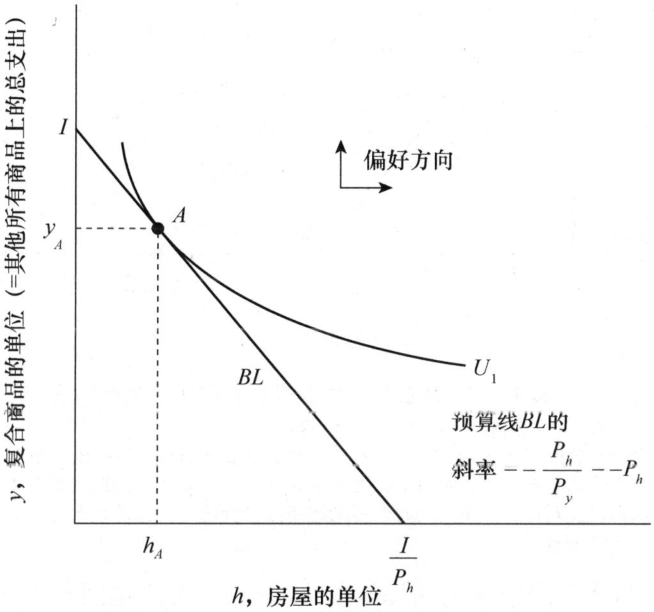

图 4-10　房屋的最优选择（对比复合商品）

说明：横轴度量的是房屋的数量 h。房屋的价格为 P_h。如果消费者的收入为 I，他至多能够买到 I/P_h 单位房屋（预算线在横轴上的截距）。纵轴度量的是复合商品（其他所有商品）的数量 y。复合商品的价格为 $P_y=1$。如果消费者把所有的收入都花费到其他商品上，他至多可以买到 I 单位复合商品。因此，预算线在纵轴上的截距为 I，即收入水平。预算线 BL 的斜率为 $-\frac{P_h}{P_y}=-P_h$。给定消费者的偏好，最优篮子为点 A，此时消费者购买 h_A 单位房屋且在其他商品上花费 y_A。

□ 应用：代金券和现金补贴

政府经常会有一些计划，旨在帮助那些低收入消费者购置更多的生活必需品，比如食物、住房或者教育。例如，美国政府实施了一项食物券计划，对低收入者购买食物和饮料进行补贴（见案例 4.3）。对低收入者购置房屋，美国政府也提供相应的帮助。现在我们运用消费者选择理论来考察，政府活动是如何增加消费者选择的房屋数量的。

假定消费者对房屋和其他商品的偏好如图 4－11 中的无差异曲线所示。消费者的收入为 I，而且必须对其租住的每单位（比如，平方英尺）房屋支付 P_h，对他购买的每单位复合商品支付 $P_y=1$。预算线是 KJ。如果他把收入都花在房屋上，他至多可以租住 I/P_h 单位房屋。如果他把所有收入都花费在其他商品上，他可以买到 $I/P_y=I$ 单位复合商品。根据他的偏好和预算线 KJ，他会选择消费束 A，拥有 h_A单位房屋和效用 U_1。

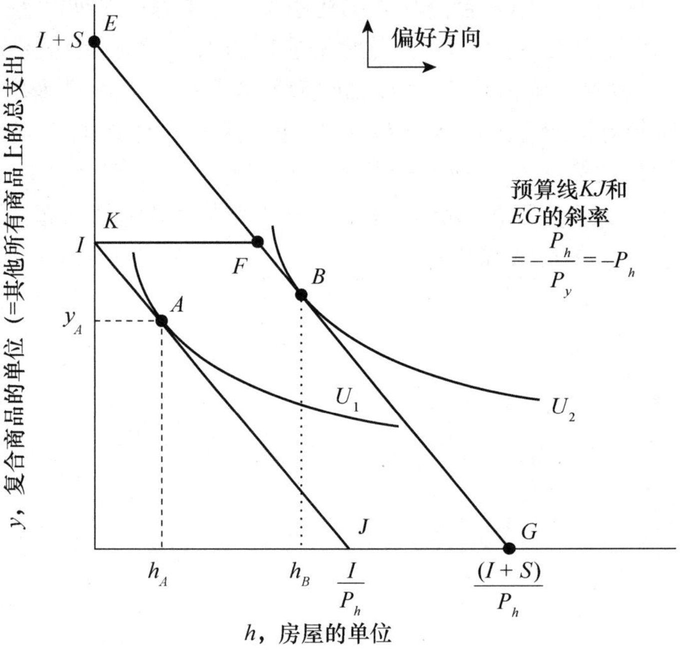

图 4－11　房屋的最优选择：补助和代金券

说明：考虑一下可能会有效增加消费者房屋购买量的两种计划。

收入补助：如果消费者从政府领到 S 美元的收入补助，那么预算线会从 KJ 移动到 EG。

房屋代金券：如果政府给消费者发放只能用于购买房屋的 S 美元代金券，预算线就会从 KJ 移动到 KFG。

当无差异曲线如图所示时，对接受 S 美元的收入补助还是接受价值 S 美元的代金券，消费者将是无差异的。无论在哪种情况下，他都会选择 B 篮子。

现在假设政府认定一定数量的房屋，如 h_A单位，无法达到适当的生活标准，而且正式颁布法律，规定每个人至少拥有 h_B单位房屋，此处 $h_B>h_A$，那么政府要如何引导消费者把房屋的消费量从 h_A增加到 h_B呢？

一种方法是，给予消费者 S 美元的现金收入补助。这种收入的增加使图 4－11 中的预算线 KJ 移动到 EG。如果消费者把全部收入 I 和 S 美元的现金补助都花费在复合商品上，他可以购买到包含有 $I+S$ 单位复合商品但没有房屋的 E 篮子。如果他把所有的收入和现金补助都花费在房屋上，他可以购买到含有 $(I+S)/P_h$ 单位房屋的 G 篮子。根据图中的预算线 EG 和无差异曲线，他的最优选择是含有 h_B单位房屋且效用水平为 U_2的 B 篮子。必须注意的是，现金补助的 S 美元必须达到能够诱导消费者去满足政府住房标准 h_B的水平。

刺激住房消费的另一种方法是给消费者发放房屋代金券（有时称为票券）。这些房屋代金券代表一定的金额，但是只能用于住房消费的支付。假设房屋代金券的价值为 S 美元。有了这些代金券，消费者的预算线就会变成 KFG，因为消费者无法用这些代金券去购买其他的商品。他能够花费在其他商品上的最大资金数依然是他的现金收入 I，所以在代金券计划下，他不能购买线段 KF 上方的篮子。

如果他把所有的现金收入 I 都花费在其他商品上，而只用代金券去购买房屋，那么他可以购买到含有 I 单位复合商品和 S/P_h 单位房屋的 F 篮子。如果他把所有的现金收入加上代金券都用于购买房屋，那么他可以购买到含有 $(I+S)/P_h$ 单位房屋而没有任何复合商品的 G 篮子。

对消费者或对政府而言，重要的是：究竟是让消费者接受 S 美元的收入补助还是接受价值 S 美元只能用于购买房屋的住房代金券？如果无差异曲线如图 4－11 所示，那么无论采用哪一种方式，消费者都会因选择 B 篮子且达到无差异曲线 U_2 而感到相同的快乐。

但是假设无差异曲线如图 4－12 所示，那么情况就大不一样了。在没有政府补贴的情况下，预算线再次还是 KJ，消费者选择住房水平为 h_A 的 A 篮子。为了引导消费者使用这一现金补助去租住 h_B 单位房屋，补助的金额必须是 S 美元。这样，消费者就选择效用为 U_4 的 T 篮子。然而，政府也可以通过给消费者发放价值 V 美元（注意 $V<S$）的

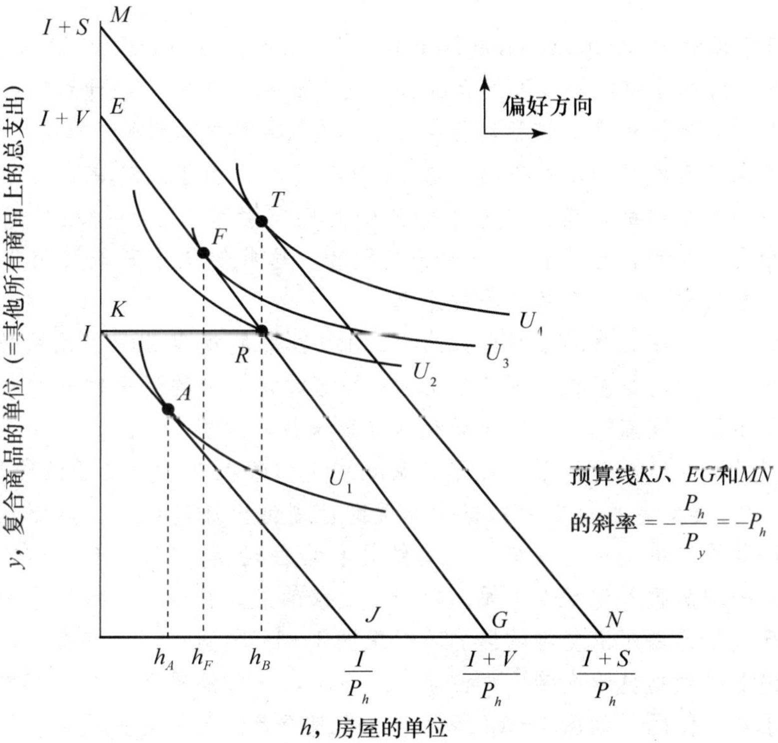

图 4－12　住房的最优选择：补助和代金券

说明：如果消费者的收入为 I，他将会选择 h_A 单位住房。政府可以用以下两种方法中的任意一种来引导消费者选择 h_B 单位住房：

- 给予消费者 S 美元的收入补助，使预算线移至 MN。消费者会选择 T 篮子。
- 给予消费者价值 V 美元且只能用于住房消费的代金券，使预算线移至 KRG。消费者会选择 R 篮子。
- 由于 T 篮子位于比 R 篮子更高的无差异曲线上，相比 V 美元的代金券，拥有图中所示偏好的消费者宁愿选择 S 美元的收入补助。但是，政府可能会选择花费少一些的代金券计划。为了引导消费者选择 h_B 单位住房，如果政府选择了现金补助计划，而不是代金券计划，就必须多花 $(S-V)$ 美元。

代金券，引导消费者租住 h_B 单位房屋。有了这一代金券，预算线就是 KRG。消费者将会购买效用为 U_2 的 R 篮子。①

在如图 4－12 所示的无差异曲线图中，消费者接受价值 V 美元代金券不如接受 S 美元的收入补助。但如果政府的初衷是把房屋的消费量增至 h_B，采取代金券计划，政府就比收入补助计划节约（$S-V$）美元。

我们也可以从消费者角度考虑：如果收到 V 美元的现金补助，消费者将会做何反应。此时，预算线就变为 EG，消费者也会选择效用为 U_3 的 F 篮子。消费者宁愿选现金补助，而不是价值 V 美元的代金券，因为在代金券的情况下，他只能选择仅达到效用为 U_2 的 R 篮子。然而，有了 V 美元的现金补助，消费者的住房选择（h_F）可以低于政府既定的目标水平（h_B）。

案例 4.3

代金券与现金大比拼：补充营养援助计划

补充营养援助计划（Supplemental Nutrition Assistance Program，SNAP，即 2008 年之前众所周知的食物券计划）是美国最大的食物援助计划。尽管一些计划可以追溯至 1939 年，但它真正起始于 1964 年。该活动旨在帮助低收入人群提高购买营养品和食物的能力。

食物券是由政府发行的纸质票券。在 2009 年 6 月，由于政府完成了向电子储值卡的过渡，所有的食物券都被淘汰。电子储值卡的拥有者可以在经授权的商店使用储值卡，去购买食物、饮料和生产食物的种子或植物。这些储值卡不能被用于购买诸如酒精、香烟、宠物粮和非处方药品之类的东西。

在这一计划下，政府平均每月向大约 1 270 万户家庭提供 227 美元的救济金，2008 年联邦政府在这方面的花费将近 346 亿美元。② 支付储值卡的资金由联邦政府提供。该计划的管理费用则由联邦政府、州政府和地方政府共同承担。

想要获得补充营养援助计划的资格，家庭资产和收入都必须低于政府规定的水平。自 1979 年之后，接受者不需要为补充营养援助计划付出任何代价。然而，个人或家庭所接受的援助数量取决于家庭规模、家庭结构和居住场所。2007 年，接受补充营养援助计划的家庭平均月收入为 691 美元。对四口之家的最大补助为 506 美元/月。③

补充营养援助计划对消费者的影响可以用图 4－11 和图 4－12 来表示，以复合商品为纵轴，以消费的食物量为横轴。如图 4－11 显示，一些消费者对补充营养援助计划或者现金同等乐意。但是，如图 4－12 所示，一些消费者则乐于接受现金而不是补充营养援助计划。

---

① 尽管无差异曲线 U_2 的斜率是在 R 篮子处界定的，但是预算线的斜率却无法在该点界定，因为预算“线”在点 R 处有一个拐角。因此，你不能使用相切条件去找最优，比如对点 R。

② 数据来源：http://www.fns.usda.gov/pd/SNAPsummary.htm（访问日期：2009 年 9 月 25 日）。

③ 数据来源：“Characteristics of Food Stamp Households: Fiscal Year 2007,” U.S. Department of Agriculture, Food & Nutrition Service, http://www.fns.usda.gov/ora/menu/Published/SNAP/FILES/Participation/2007CharacteristicsSummary.pdf（访问日期：2009 年 9 月 25 日）。

许多人认为，政府应该给予那些低收入家庭现金补助，而不是诸如补充营养援助计划的实物补助。现金补助的支持者认为：实施代金券计划本就昂贵，而且政府对个人的消费决策施加要求更是不适当。实物补助的支持者争论道：对纳税人来说，实物补助的花费通常要比现金补助的少得多。

□ 应用：加入俱乐部

消费者可以加入那些让他们以折扣价购买商品和服务的俱乐部。假设一名爱好音乐的大学生每月花费 300 美元用于购买音乐唱片和其他商品。他对音乐唱片和其他商品的边际效用都为正值，且他的边际替代率递减。现在每张唱片花费 20 美元。在这一价格下，他每月买 10 张唱片，然后把 100 美元用于其他商品。

该消费者刚好收到一条邀请他加入唱片俱乐部的广告。但他每月必须交 100 美元的会员费，然后才可以以 10 美元/张的价格随心所欲地购买唱片。消费者选择理论将解释为什么他想要加入这样的俱乐部，加入俱乐部会如何影响他将要选择的篮子。

图 4－13 解释了该消费者的选择问题。横轴度量每月购买的唱片数量，纵轴则为其他复合商品（y）的单位数量。一张唱片的价格为 P_{CD}，复合商品的价格为 $P_y=1$。在消费者加入俱乐部之前，预算线为 BL_1。他把所有的钱都用于购买 300 单位的其他商品，或者用于购买 15 张唱片。BL_1的斜率为$-P_{CD}/P_y=-20$。在预算线 BL_1下，消费者将选择 A 篮子，此时预算线 BL_1与无差异曲线 U_1相切。在 A 篮子处的切线告诉我们，$MRS_{CD,y}=20=P_{CD}/P_y$。

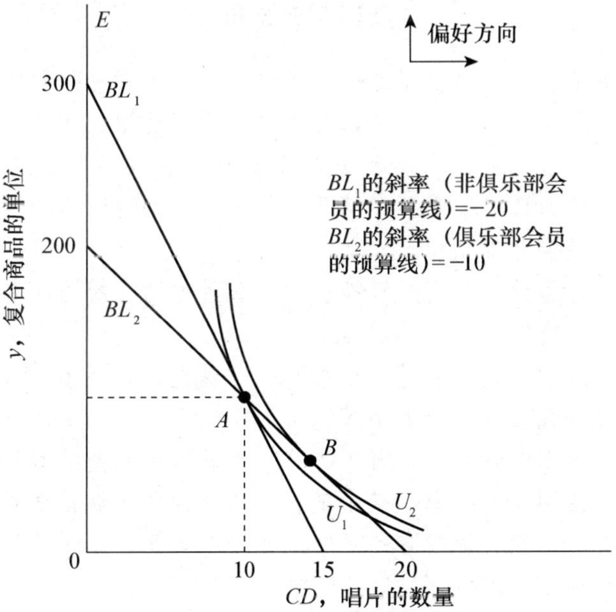

图 4－13　加入俱乐部

说明：如果消费者不属于唱片俱乐部会员，他的预算线是 BL_1，最优篮子是效用为 U_1 的 A 篮子。如果他加入了俱乐部，他的预算线为 BL_2，最优篮子是效用为 U_2 的 B 篮子。加入俱乐部会对消费者更有利（即会有更高水平的效用），而且会购买更多的唱片。

假如该消费者愿意加入唱片俱乐部，预算线就是 BL_2。而加入该俱乐部后，他必须每月支付 100 美元的费用。这意味着只剩 200 美元/月用于购买其他商品和唱片。他可以买到 20 张唱片（预算线 BL_2 的水平截距），或者，他用剩余的 200 美元只购买复合商品（预算线 BL_2的垂直截距）。预算线 BL_2的斜率为$-P_{CD}/P_y=-10$。

如图 4－13 所示，预算线 BL_1和预算线 BL_2恰好在 A 篮子处相交。这就意味着，在加入俱乐部之后，该消费者仍会选择 A 篮子，即 100 美元用于会员费，100 美元用于购买唱片（以 10 美元/张的价格购买 10 张唱片），还有 100 美元用于购买其他商品。这就告诉我们，在加入俱乐部之后，因为还可以购买没有加入俱乐部时选择的篮子，消费者的情况没有变糟。

但是，如果该消费者加入俱乐部，A 篮子就不再是最优的。我们已经知道在 A 篮子处 $MRS_{CD,y}=20$；在新的唱片价格下，$P_{CD}/P_y=10$。因此，预算线 BL_2不再和穿过 A 篮子的无差异曲线相切。消费者就会寻找一个新的篮子 B，此处预算线 BL_2和无差异曲线相切（并且 $MRS_{CD,y}=10=P_{CD}/P_y$）。消费者在俱乐部里选择 B 篮子的境况会变好（达到效用水平 U_2），可以买到更多的唱片（15 张）。

在购买其他许多类型的商品时，消费者也会做出相似的决策。例如，当购买无线电话服务时，消费者每月支付更少的月费，付出更高的每分钟话费；反之亦然。类似地，加入乡村俱乐部的消费者要支付会员费，但是他们为每一回合的高尔夫球赛支付的费用比那些没有加入俱乐部的少得多。

案例 4.4

通话套餐定价

那些提供无线电话与无线通信服务的公司经常会为消费者提供一组价格和服务选择的菜单。消费者从菜单中选择一项方案，并支付相应的费用。例如，从 2009 年 9 月起，美国电话电报公司为芝加哥地区的苹果手机 3GS 服务提供一些选择。尽管为了分析方便，我们已经对这两个通话方案进行了简化，但是下面的这两个通话方案和美国电话电报公司实际提供的选择依然很相似。

- 对于 40 美元/月的计划，每月可拨打 450 分钟电话。超出 450 分钟的额外通话费用为 0.40 美元/分钟。我们称之为 A 方案。
- 对于 60 美元/月的计划，每月可拨打 900 分钟电话。超出 900 分钟的额外通话费用为 0.40 美元/分钟。我们称之为 B 方案。

追求效用最大化的消费者会选择哪个方案？回答这个问题的第一步就是要画出每种方案相应的预算线。在图 4－14 中，横轴度量通话分钟数，纵轴度量每月在价格为 1 美元的复合商品上花费的金额。消费者的月收入为 500 美元。如果他把所有收入都花在复合商品上，他可以买到 500 单位（E 篮子）复合商品。

假设消费者订购 A 方案。在支付 40 美元的套餐费之后，只要每月的无线通话少于 450 分钟，他就可以买到 460 单位复合商品。在达到 450 分钟之前，他的预算线都是平坦的。这就意味着，一旦交了月租费，消费者实际上是以 0 美元的价格获得第一个 450 分钟的通话。实际上，这正是这些方案通常宣传的："只需 40 美元，你的第一个 450 分钟都是免费的。"由于在 A 方案中，消费者超过了 450 分钟的限制就要额外支付 0.40 美元/分钟，预算线在 R 篮子右侧的斜率是－0.40。如果在 A 方案下，消费者使用的通话时间为 500 分钟，他的总花费就是 60 美元［即 40＋0.40×(500－450)］。A 方案的预算线为 MRT。如果他把所有的预算都花在通话上，每月可消费 1 600 分钟（T 篮子）。

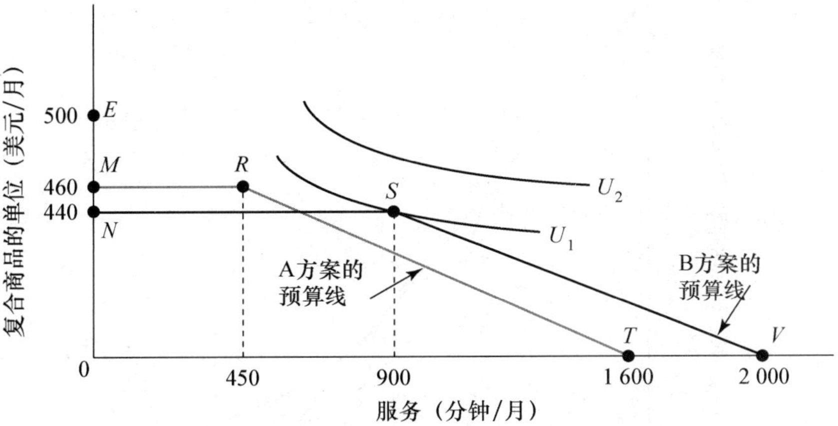

图 4－14　选择无线通话方案

说明：在 A 方案下，消费者支付 40 美元，可以免费通话达 450 分钟。如果他的通话时间超过 450 分钟，他必须为超出部分每分钟额外支付 0.40 美元。因此，他的预算线为 MRT。在 B 方案下，他支付 60 美元，然后免费通话 900 分钟。如果他的通话时间超过 900 分钟，他必须为超出部分每分钟额外支付 0.40 美元。因此，他的预算线为 NSV。最优选择取决于无差异曲线的形状。在图中的无差异曲线下，他会选择 B 方案，使用 900 分钟的通话。

图 4－14 用 NSV 描述了 B 方案中的预算线。

该图帮助我们理解为何一部分消费者选择一种方案，另一部分消费者选择其他方案。如果某消费者每月需要 450 分钟，那么他会选择 A 方案。他的无线通话费为 40 美元/月。他也可能选择 B 方案，但根据他所需要的服务水平，这样的选择花费显然过多。(如果在 B 方案下只消费 450 分钟，也会花费他 60 美元。)

类似地，如果消费者每月需要 900 分钟的服务，他会选择 B 方案，消费 S 篮子。在 B 方案下，他的花费为 60 美元。他也可以选择 A 方案，但是根据他所需要的服务水平，这样的选择更贵（220 美元）。

如果消费者拥有类似图 4－14 中的无差异曲线图，就会选择 B 方案，消费每月含 900 分钟服务的 S 篮子。

□ 应用：借款和贷款

到目前为止，我们一直通过假定消费者拥有既定数量的收入，也没有借款和贷款来简化论述。以复合商品为例，我们可以调整消费者选择模型以允许借款和贷款。(在下面的分析中，储蓄是指把钱存入银行，实际上就是储户以银行提供的利率把钱借给银行。)

假设消费者今年的收入为 I_1，明年的收入为 I_2。如果消费者不能借款或者贷款，那么他今年必须在商品和服务上花费 I_1，明年则花费 I_2。

现在我们可以使用复合商品来帮助我们陈述在这两年里消费者的消费选择，无论是否包含借款和贷款。在图 4－15 中，横轴表示消费者今年在复合商品上的花费（C_1）；由于复合商品的价格为 1 美元，横轴也代表了今年购买的复合商品数量。类似地，纵轴表示明年在复合商品上的花费（C_2），同样等于明年购买的复合商品数量。在没有借款和贷款的情况下，消费者在这两年期间可以选择购买 A 篮子。

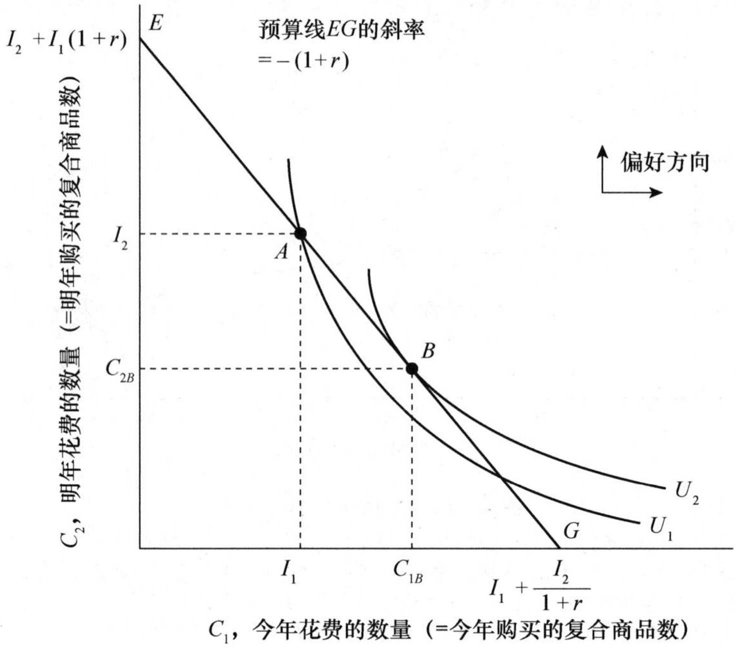

图 4－15　借款和贷款

说明：消费者今年的收入为 I_1，明年的收入为 I_2。如果他既不借款也不贷款，他选择 A 篮子。假设他可以以利率 r 借款或贷款。如果他的无差异曲线图如图所示，他会选择 B 篮子，即今年从银行借款（$C_{1B}-I_1$），明年偿还。借款已经使他的效用从 U_1 增至 U_2。

现在假设消费者把钱存入银行，且今年的利率 r 为 10%（$r=0.1$）。如果他今年存入 100 美元，明年他会获得 100 美元加上利息 10 美元（＝0.1×100 美元），总共 110 美元。所以，如果他从点 A 开始，今年每减少 1 美元的消费（预算线左移），那么他明年将会增加（$1+r$）美元的消费（预算线上移）。预算线的斜率为 $\Delta C_2/\Delta C_1=(1+r)/(-1)=-(1+r)$。

另外，我们假设消费者今年可以以 10%的年利率 r 借款（$r=0.1$）。如果他今年借入 100 美元，那么明年他必须支付 110 美元。如果他从点 A 开始，今年每次增加 1 美元的消费（预算线右移），他明年就需要减少（$1+r$）美元的消费（预算线下移）。再次，预算线的斜率为 $-(1+r)$。

想要定位预算线，我们就需要找到它的水平截距和垂直截距。如果消费者今年不花一分钱，而把收入 I_1 全部存入银行，明年就可以花费 $I_2+I_1(1+r)$；这就是预算线的垂直截距。类似地，如果他今年借可能的最大值，并毫无结余，那么今年的花费可以达到 $I_1+I_2/(1+r)$；这就是预算线的水平截距。①

如图 4－15 所示的无差异曲线图中的消费者将选择 B 篮子，今年从银行借款（$C_{1B}-I_1$），然后明年偿还借款，此时他只能消费 C_{2B}。借款使他的效用从 U_1 增至 U_2。

这项分析向我们显示了：消费者偏好和银行利率是如何决定的，以及为什么有些

---

① $I_2+I_1/(1+r)$ 就是经济学家所指的消费者收入的终值，$I_1+I_2/(1+r)$ 是经济学家所谓的消费者收入的现值。在本章的附录 2 中，我们将会探讨终值和现值的概念，同时介绍其他一些资金时值的相关概念。

人是借款人而其他人则是储蓄者。你能画出在第一阶段愿意储蓄资金的消费者的无差异曲线图吗?

案例 4.5

贷还是不贷

到目前为止，关于借款和贷款的讨论，我们一直假设，如果消费者储蓄资金（也就是说，消费者实际上是把资金借给银行），他获得的利率与他借款后必须支付的利率是一样的。然而，实际上，你借款后所要支付的利率通常比储蓄时获得的利率要高。这种差价就是金融机构的利润来源。

我们讨论一下借款利率和贷款利率的不同是如何影响消费者预算线的形状的。在 2009 年夏天，美国经济处于极度大萧条。在经济萧条期间，许多消费者的个人债务数量很高，其中包括抵押贷款的许多债务都要高出他们住宅的市场价值。此外，许多银行也面临极大的财政压力（许多已经关门了）。出于这些原因，信用卡债务的利率也比正常经济时段要高，尽管定期存单的投资回报率非常低。2009 年 8 月，一张新信用卡的平均利率将近 15%，而对一个平常的一年定期存款却只提供 1.5%的利率。

假设马克（Mark）第一年的收入为 20 000 美元，第二年的收入为 24 150 美元。如果他既不借款也不贷款，那么他可以购买图 4 - 16 中的 A 篮子。

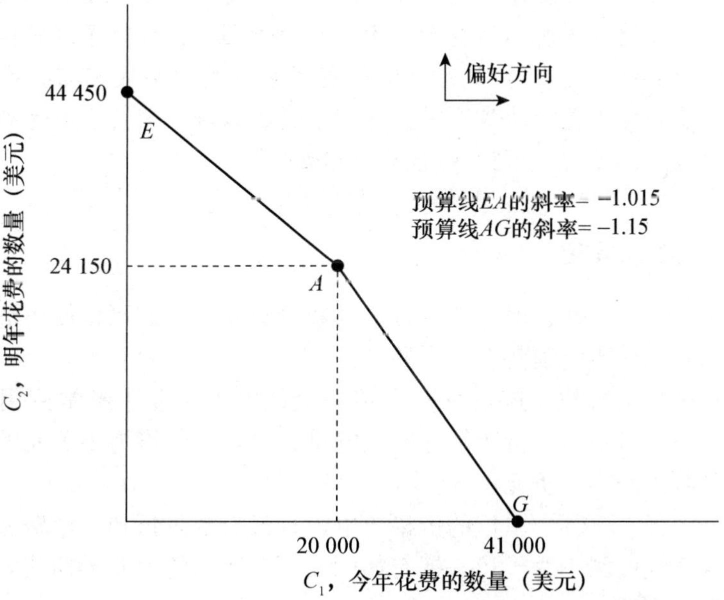

图 4 - 16　借款利率和贷款利率不同时的消费者选择

说明：消费者第一年的收入为 20 000 美元，第二年的收入为 24 150 美元。如果他既不借款也不贷款，他会选择 A 篮子。假设他以 1.5%的利率储蓄（把钱借给银行）。他第一年节约的每 1 美元都会在第二年给他带来额外的 1.015 美元。因此，点 E 和点 A 之间的预算线的斜率就是−1.015。类似地，如果他选择第一年从银行借入 1 美元，第二年就必须支付 1.15 美元。因此点 A 和点 G 之间的预算线的斜率为−1.15。

现在我们找出预算线沿着纵轴的角点，这代表的是当马克第一年分毫未花而把所有的收入存到第二年时他能够选择的篮子。如果储蓄的利率为 1.5%（$r_L=0.015$），他第二年的可支配资金为 44 450 美元（第一年的 20 000 美元收入，加上 300 美元利息，再加上第二年的 24 150 美元收入)，就可以购买 E 篮子。A 篮子和 E 篮子之间的预算线的斜率为 $-(1+r_L)=-1.015$，这反映出这样的事实：马克第一年多储蓄 1 美元，在第二年可以多消费 1.015 美元。

现在我们找出预算线沿着横轴的角点，这代表的是当马克第一年尽可能多地花费而第二年身无分文时他能够选择的篮子。为了第一年能够尽可能多地花费，他会在第一年通过增加信用卡债务而借入尽可能多的资金，然后在第二年偿还。马克第一年最多能借到 21 000 美元，这是由于信用卡的债务等于他第二年的全部收入（21 000 美元加上利息 3 150 美元等于 24 150 美元）。因此，他第一年的最大开销是 41 000 美元（20 000 美元收入加上 21 000 美元借款），此时他可以购买 G 篮子。如果他从点 A 开始，第一年每次增加 1 美元的消费（预算线右移），他第二年就需要减少（$1+r_B$）美元的消费（预算线下移）。A 篮子和 G 篮子之间的预算线的斜率为 -1.15。

借款利率和储蓄利率决定了两部分预算线的斜率（图 4－16 中的 EA 和 AG)。在这个例子中，由于 2009 年夏天借款利率和储蓄利率之间的差异太大，所以两部分预算线斜率的区别也非常明显。这让预算线在 A 篮子处形成一个凸出的“结”，我们也希望消费者能够把它作为他们的最优化篮子。在 A 篮子处，马克既不借款也不储蓄。如果这两个利率变得非常接近（在没有经济大萧条的平常年份里会出现这种情况)，预算线在点 A 处仍会有结点，但是斜率会变得更加相近。

想要考察消费者究竟是借款人还是贷款人，我们需要画出消费者的无差异曲线。你能画出在第一年愿意储蓄资金的消费者的无差异曲线图吗？拥有了这种偏好，消费者能达到的最高无差异曲线一定会与 A 篮子和 E 篮子之间的预算线相切。你能画出在第一年愿意借款的消费者的无差异曲线图吗？拥有了这种偏好，消费者能达到的最高无差异曲线一定会与 A 篮子和 G 篮子之间的预算线相切。

□ 应用：数量折扣

在许多产品市场上，销售商为消费者提供数量折扣。我们可以使用消费者选择理论来理解这种折扣是如何影响消费者行为的。

公司提供多种数量折扣。这里我们介绍一个在电力工业中经常使用的数量折扣方案。在图 4－17 中，横轴为消费者每月的耗电量。纵轴为价格为 1 美元的复合商品的数量。消费者的月收入为 440 美元。

假设电力公司以 11 美元/单位的价格售电，且没有数量折扣。消费者面临的预算线就是 MN，且预算线的斜率为 -11。拥有如图 4－17 所示的无差异曲线，消费者会选择含有 9 单位电的 A 篮子。

现在假设供应商提供以下的数量折扣：前 9 单位电的价格为 11 美元/单位，但是之后额外的电价仅为 5.5 美元/单位。现在预算线就包含两部分。第一部分是 MA。第二部分是斜率为 -5.5 的 AR，因为消费者在购买 9 单位电之后，每单位电的价格为 5.5 美元。根据图中的无差异曲线，当消费者参与数量折扣时，他一共会购买 16 单位电（在 B 篮子处)。这一数量折扣导致他购买了额外的 7 单位电。

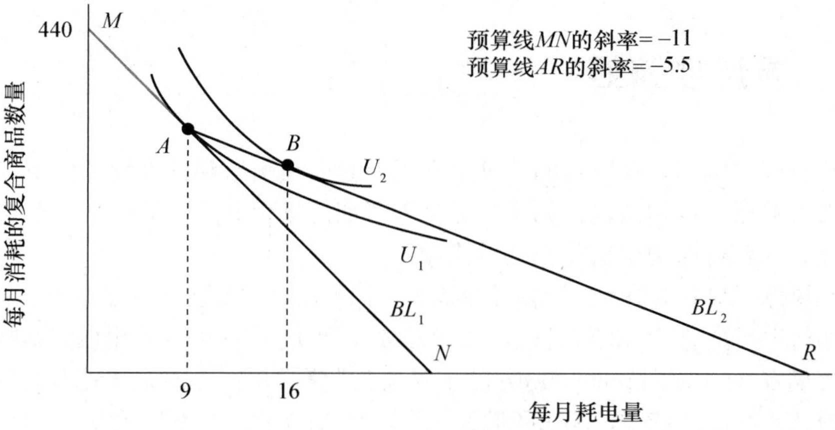

图 4-17　数量折扣

说明：如果电力公司以 11 美元/单位的价格售电，消费者面临的预算线就是 *MN*。根据图中所示的无差异曲线，消费者会选择含有 9 单位电的 *A* 篮子。如果供应商提供数量折扣，第一个 9 单位电要价 11 美元/单位，但是额外的电价仅为 5.5 美元/单位，这样预算线就包含两个部分，*MA* 和 *AR*。消费者一共会购买 16 单位电（在 *B* 篮子处）。因此，数量折扣已经引导他购买了额外的 7 单位电。本图表明，数量折扣可以让消费者实现更高的满意度。

数量折扣扩大了消费者能够买到的篮子集。在图 4－17 中，额外的篮子就是 *RAN* 所界定区域中的那些。如图所示，折扣可以让消费者购买到比其他任何可能的方法带来的满意度都要高的篮子。

案例 4.6

飞行是对自己的奖励

1981 年美国航空公司发起了该行业的第一次乘客优惠活动，常旅客旅行奖励计划——A 等便利计划（A Advantage Travel Awards）。同年末期，美国联合航空公司也推出了它的乘客优惠活动，美联航前程万里（United Airlines Mileage Plus）。现在世界上其他的航空公司也都有此类活动。这些活动向那些多次选择特定航空公司的旅行者提供许多奖励。会员可以累计他们飞行过的里程，然后将这些里程用于提升待遇或者兑换免费机票。他们也可以接受其他的优惠，包括优先换领高等级机票、首选座位，以及专属的售票窗口和候机室。

乘客优惠活动一般设不同级别的会员，这取决于乘客一年之内在该航空公司飞行的里程数。例如，在 A 等便利计划中，每年少于 25 000 英里的乘客可以进行里程累计。每年飞行 25 000～50 000 英里的会员会获得第二年的 A 等便利黄金会员身份，同时获得飞行里程加上 25%里程奖励的里程优惠卡。每年飞行 50 000～100 000 英里的乘客会获得第二年的 A 等便利白金会员身份。在其他的优惠中还有一项，白金会员会获得飞行里程加上 100%里程奖励的里程优惠卡。同样地，每年飞行里程超过 100 000 英里的乘客，会拥有更高的会员级别（首席白金会员）加上额外的优惠。

乘客优惠活动的条件相当复杂，这里不再讨论那些特殊的规定和奖励。最重要的一点是，你旅行得越多，额外的旅程就会越便宜，也就是说，你收到了数量折扣。这就是现在乘客优惠活动如此受欢迎的原因。截至 2009 年，美国的 A 等便利计划已经注册了不止 6 300 万名世界各地的会员。

4.4 显示性偏好

现在你已经了解到，在既定的偏好（即无差异曲线图）和预算线条件下，如何找到消费者的最优篮子。换句话说，如果知道消费者如何排列篮子，那么无论消费者面临何种预算限制，你都可以判定出什么是最优篮子。

但是如果你不知道消费者的无差异曲线图，你可以通过观察他在预算线改变时的行为来推断他如何排列篮子吗？也就是说，消费者对篮子的选择能够反映出他的偏好信息吗？

显示性偏好（revealed preference）的主要观点非常简单：当 B 篮子花费的与 A 篮子一样多时，消费者选择 A 篮子，那么我们就认为，对 A 篮子至少和对 B 篮子一样喜欢。（我们把它写作 $A \succeq B$，意思是要么 $A \succ B$，要么 $A \approx B$。）当 C 篮子远比 D 篮子昂贵时，消费者依然选择 C 篮子，那么我们就认为，相比 D 篮子，他一定更喜欢 C 篮子（$C \succ D$）。如果给定足够多的不同价格和收入下有关消费者选择的结果，即使不能判定出他的无差异曲线图的精确形状，我们也可以了解到许多有关他如何排列篮子的信息。显示性偏好分析假设，消费者总是选择最优篮子，即使价格和收入改变，他的偏好也不会改变。

显示性偏好：通过观察消费者对篮子的选择如何随价格和收入的变化而变化，显示性偏好能够使我们了解消费者对篮子的序数排序。

图 4－18 阐述了消费者行为如何反映出其偏好信息。给定初始收入水平和两种商品的价格（住房和衣服），消费者面临预算线 BL_1 并且选择了 A 篮子。假设价格和收入改变了，预算线变为 BL_2，然后他选择了 B 篮子。关于消费者偏好，他的选择反映出了什么？

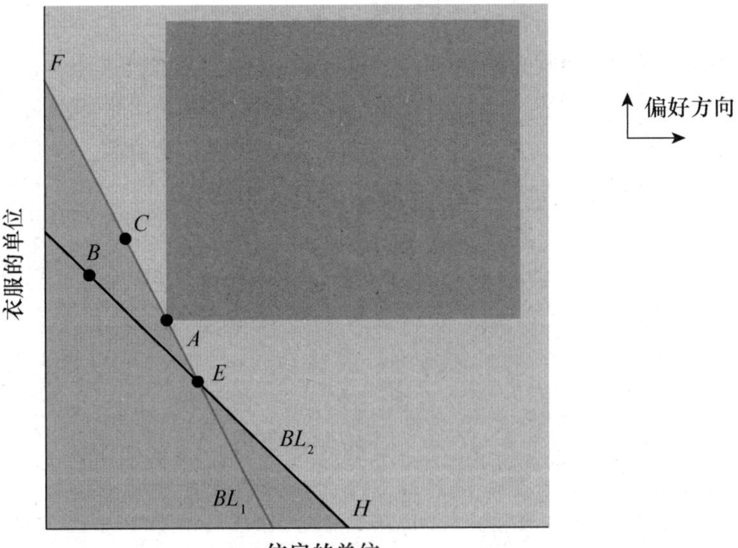

图 4－18　显示性偏好

说明：假设我们不知道消费者的无差异曲线图，但是我们拥有两条不同的预算线下的消费者选择的观察结果。当预算线为 BL_1 时，消费者选择 A 篮子。当预算线为 BL_2 时，消费者选择 B 篮子。关于消费者偏好，他的行为反映出了什么？如我们在正文中所证明的那样：经过点 A 的无差异曲线一定会穿越颜色最浅区域的某个地方，或许还包括 EF 上的其他篮子。

首先，当消费者可以支付得起 BL_1 之上或者之内的其他任何篮子时，比如 B 篮子，他会选择 A 篮子。因此，A 篮子至少和 B 篮子一样受欢迎（$A \succeq B$）。但关于 A 篮子和 B 篮子，他如何排列呢？考虑一下 C 篮子。由于在能够买得起 C 篮子的情况下，消费者选择了 A 篮子，那么我们认为 $A \succeq C$，而由于 C 篮子位于 B 篮子的右上方，相比于 B 篮子，C 篮子一定更受欢迎（$C \succ B$）。然后，根据传递性，相比于 B 篮子，A 篮子也一定更受欢迎（如果 $A \succeq C$ 且 $C \succ B$，那么 $A \succ B$）。

消费者的行为还帮助我们了解到穿过 A 篮子的无差异曲线的形状。相比于 A 篮子，其北边、东边和东北边的篮子都更受欢迎（包括颜色最深区域的篮子）。相比颜色较深区域的所有篮子，消费者更喜欢 A 篮子，至少和点 F 与点 E 之间的其他任何篮子一样受欢迎。我们还知道：相比 EH 部分的任何篮子，消费者更喜欢 A 篮子。这是由于相比 B 篮子，消费者更喜欢 A 篮子，而 B 篮子至少和 BL_2 上其他任何篮子一样受欢迎。因此，尽管我们不能精确地知道穿过 A 篮子的无差异曲线位于何处，但是它一定会穿越颜色最浅区域的某个地方，或许还包括 EF 上除了 A 篮子外的篮子，但是不包括 E 篮子。

□ 观察到的选择是否为效用最大化

在关于显示性偏好的探讨中，我们一直假设，消费者总是在既定的预算约束下通过选择最优篮子来实现效用最大化。但是消费者也可能正在通过其他方法来选择他的篮子。显示性偏好能否告诉我们，消费者在以一种与效用最大化保持一致的方式选择篮子？或者，换个问法：什么样的消费者选择，会导致我们发现消费者没有始终实现效用最大化？

考虑一个追求效用最大化的消费者只购买两种商品的事例。假设当商品的初始价格为（P_x，P_y）时，消费者选择含有（x_1，y_1）的篮子 1。在第二组价格（$\tilde{P}_x$，$\tilde{P}_y$）下，他选择含有（x_2，y_2）的篮子 2。

在初始价格下，篮子 1 会花去消费者 $P_x x_1 + P_y y_1$。我们假设在初始价格下，篮子 2 也是可以买得起的，那么

$$P_x x_1 + P_y y_1 \geqslant P_x x_2 + P_y y_2 \tag{4.7}$$

公式（4.7）左边部分告诉我们，在初始价格下，消费者购买篮子 1 需要花费多少。公式右边度量的是在初始价格下购买篮子 2 的必需支出。

既然在初始价格下，他选择篮子 1（当然篮子 2 也是买得起的），这就反映出，他喜欢篮子 1 至少和篮子 2 一样多。

我们还知道，在第二组价格下，他选择了篮子 2 而不是篮子 1。由于他已经反映出同等地喜欢篮子 2 和篮子 1，那么在新的价格下，篮子 2 也一定不比篮子 1 贵。否则，在新的价格下，他一定还会选择篮子 1。公式（4.8）表明，在新的价格下，篮子 2 不比篮子 1 花费得多。

$$\tilde{P}_x x_2 + \tilde{P}_y y_2 \leqslant \tilde{P}_x x_1 + \tilde{P}_y y_1 \tag{4.8}$$

如果消费者选择保持效用最大化，为什么必须满足公式(4.8)呢？如果不满足，那么

$$\tilde{P}_x x_2 + \tilde{P}_y y_2 > \tilde{P}_x x_1 + \tilde{P}_y y_1 \tag{4.9}$$

如果公式（4.9）成立，它就意味着，在第二组价格下篮子 2 比篮子 1 贵。既然消费者在第二组价格下选择了篮子 2（当然是在篮子 1 也买得起的时候），那么，相比篮子 1，他一定更喜欢篮子 2。但这与我们之前讲的，他喜欢篮子 1 至少和篮子 2 一样多的结论相矛盾。为了消除这个矛盾，必须得满足公式（4.8）[相应地，一定不能满足公式（4.9）]。

因此，如果公式（4.8）不成立，消费者的行为一定是没有满足效用最大化。边做边学习题 4.5 阐述了，显示性偏好分析在发现此类行为方面的应用。

边做边学习题 4.5 ☞

未实现最大效用的消费者选择

问题：

某消费者每周的收入为 24 美元，且购买数量分别为 x 和 y 的两种商品。最初商品的价格为 $(P_x, P_y)=$(4 美元，2 美元)，他选择包含 $(x_1, y_1)=(5, 2)$ 的 A 篮子。后来价格变为 $(\widetilde{P}_x, \widetilde{P}_y)=$(3 美元，3 美元)；然后，他选择含有 $(x_2, y_2)=(2, 6)$ 的 B 篮子。图 4-19 阐明了这些选择和他的预算线。证明：在这两个阶段，他都没有选择效用最大化的篮子。

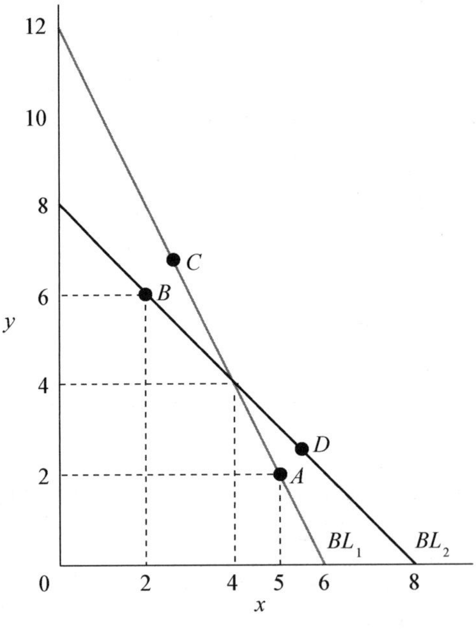

图 4-19　未实现最大效用的消费者选择

说明：当预算线为 BL_1 且消费者能够买得起 C 篮子时，他选择了 A 篮子，有 $A \succeq C$。由于 C 篮子位于 B 篮子的右上方，因此一定有 $C \succ B$。这表明 $A \succ B$（如果 $A \succeq C$ 且 $C \succ B$，那么 $A \succ B$）。

当预算线为 BL_2 且消费者能够买得起 D 篮子时，他选择了 B 篮子，因此 $B \succeq D$。由于 D 篮子位于 A 篮子的右上方，所以一定有 $D \succ A$。这表明 $B \succ A$（如果 $B \succeq D$ 且 $D \succ A$，那么 $B \succ A$）。

既然 $A \succ B$ 与 $B \succ A$ 不可能同时成立，那么消费者也一定没有选到最优篮子。

解：

有两种方法可以证明消费者没有实现效用最大化。第一，图解法。我们观察到在预算线 BL_1 上，当消费者能够买得起 C 篮子时他选择了 A 篮子。因此，A 篮子至少与 C

篮子一样受欢迎（$A \succeq C$）。更进一步来看，由于 C 篮子位于 B 篮子的右上方，相比 B 篮子，他一定更喜欢 C 篮子（$C \succ B$）。利用传递性，我们可以推断出，相比 B 篮子，他一定更喜欢 A 篮子（如果 $A \succeq C$ 且 $C \succ B$，那么 $A \succ B$）。

我们使用类似的方法来推理在给定预算线 BL_2 时，消费者对 B 篮子的选择。这里，消费者在能够买得起 D 篮子的情况下选择了 B 篮子。因此，B 篮子至少与 D 篮子一样受欢迎。更进一步来看，由于 D 篮子位于 A 篮子的右上方，相比 A 篮子，他一定更喜欢 D 篮子。利用传递性，我们可以推断出，相比 A 篮子，他一定更喜欢 B 篮子（如果 $B \succeq D$ 且 $D \succ A$，那么 $B \succ A$）。

A 篮子比 B 篮子更受欢迎，B 篮子比 A 篮子更受欢迎，这两者是不可能同时成立的。因此，无论在哪条预算线上，消费者都没有选择最优篮子。

第二，我们也可以用代数法得出同样的结论。在初始价格 $(P_x, P_y)=$(4 美元，2 美元）下，消费者在买得起 B 篮子的情况下选择了 A 篮子。他需要为 A 篮子支付 $P_x x_1 + P_y y_1 = 4\times5+2\times2=24$ 美元，而他本可以只为 B 篮子支付 $P_x x_2 + P_y y_2 = 4\times2+2\times6=20$ 美元。这就表明，相比于 B 篮子，他更喜欢 A 篮子［注意公式（4.7）成立：$P_x x_1 + P_y y_1 \geqslant P_x x_2 + P_y y_2$］。

然而，在新的价格 $(\tilde{P}_x, \tilde{P}_y)=$(3 美元，3 美元）下，消费者在买得起 A 篮子的情况下选择了 B 篮子。他需要为 B 篮子支付 $\tilde{P}_x x_2 + \tilde{P}_y y_2 = 3\times2+3\times6=24$ 美元，而他本可以只用为 A 篮子支付 $\tilde{P}_x x_1 + \tilde{P}_y y_1 = 3\times5+3\times2=21$ 美元。这就表明，相比于 A 篮子，他更喜欢 B 篮子。

因此，在这两种价格水平下，他的行为是不一致的，这就意味着，他不一定总是选择最优篮子［即公式（4.8）不成立：$\tilde{P}_x x_2 + \tilde{P}_y y_2 > \tilde{P}_x x_1 + \tilde{P}_y y_1$］。

相似习题：4.25，4.27，4.30

案例 4.7

利他主义理性吗

利他主义与效用最大化行为一致吗？在学习了第 3 章、第 4 章以后，你可能认为，这显然是不可能的。因为，在我们目前所阐述的消费者选择理论中，个人总是试图谋求自身效用最大化。这种行为似乎很自私，而且这和人们应与人为善的观点是不一致的。但是，不仅在现实世界里确实存在无私奉献的行为，而且在可以随意选择表现自私自利或无私奉献的实验室实验中，人们也经常会（自愿地）选择无私奉献。

关于与消费者选择理论相一致的无私奉献的一种解释是，个人的效用函数可能是一个关于消费者本身的消费量和其他消费者的消费量的增函数。若果真如此，一定程度的利他主义就与个人最优行为一致了。安德烈奥尼（Andreoni）和米勒（Miller）使用实验方法与显示性偏好理论，试图检测利他主义是否也为效用最大化行为的结果。① 在他们的实验中，一位实验对象面临给他及其他实验对象分配代币（每个代币值一定的金

① J. Andreoni and J. H. Miller, "Analyzing Choice with Revealed Preference: Is Altruism Rational?," in C. Plott and V. Smith, eds. *Handbook of Experimental Economics Results* (Amsterdam: Elsevier, 2004).

额）的任务。通过改变实验对象所得的代币数量，以及把代币赠与他人和保存代币的相对价格，安德烈奥尼和米勒用这种方式改变实验对象的预算线，从而用显示性偏好去检测实验对象的选择是否与效用最大化一致。

安德烈奥尼和米勒发现，几乎所有实验对象的选择——无论是否表现出利他主义——都与效用最大化一致。大约22%的实验对象是绝对自私的。他们的行为和效用函数是一致的，效用函数只取决于其自身分配到的代币数量。其余实验对象中的绝大多数都表现出利他主义行为，这样的行为与服从预算约束的效用函数最大值是一致的。例如，16%的实验对象总是平均地分配代币，描绘这种行为合理性的效用函数必然揭示了个人本身的消费量和其他实验对象消费量的完全互补性：$U=\min(x_S, x_O)$。这里，x_S代表自身代币的分配量，x_O代表其他人代币的分配量。

我们能获得怎样的结论？尽管并不是每个人都是利他主义者——这个世界上也确实存在一些私利最大化者——但是人们也不能假定，利他主义和效用最大化不一致。慷慨的冲动可以与个人效用最大化的愿望相结合。

边做边学习题4.5证明了显示性偏好分析的一个潜在的有力应用。尽管不知道消费者的无差异曲线图，但是我们可以用消费者选择的证据去推断他有没有实现效用最大化。我们用一个习题结束这一部分的内容。这个习题将帮助你理解一些从显示性偏好分析中获得的结论。

边做边学习题4.6 ☞

显示性偏好的其他应用

图4-20中的各个图都描绘了个人对两种商品x和y的消费选择。对x和y，消费者都喜欢（x和y都是越多越好）。在每一个例子中，当预算线为BL_1时，消费者选择A篮子；当预算线为BL_2时，消费者选择B篮子。

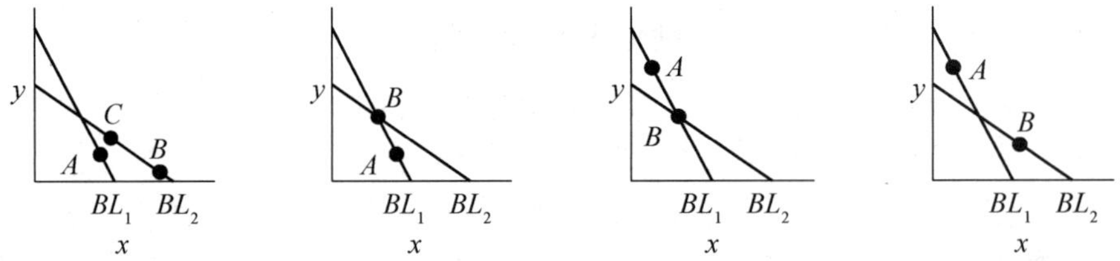

(a) 案例1　(b) 案例2　(c) 案例3　(d) 案例4

图4-20　显示性偏好

说明：在每个案例中，当预算线为BL_1时，消费者选择A篮子，当预算线为BL_2时，消费者选择B篮子。在每个案例中消费者排列两个篮子的方式说明了什么？在案例1中，我们推断B篮子比A篮子更受欢迎。在案例2中，消费者选择与效用最大化行为不一致。在案例3中，我们推断出A篮子勉强比B篮子更受欢迎。在案例4中，我们不能推断出任何排列。

问题：

在每个案例中，消费者对两个篮子的排列方式说明了什么？

解：

案例1：在预算线BL_2上，当消费者能够买得起A篮子时，他选择了B篮子（我们

知道这是因为 A 篮子在预算线 BL_2 内部）。因此，$B \succeq A$。

但考虑同样在预算线 BL_2 上的 C 篮子。由于在能够买得起 C 篮子时，消费者选择了 B 篮子，$B \succeq C$ 一定成立。另外，由于 C 篮子在 A 篮子的右上方，所以 $C \succ A$ 也一定成立。因此，$B \succ A$（如果 $B \succeq C$ 且 $C \succ A$，那么 $B \succ A$）。

这个例子表明，当消费者选择预算线上的篮子时，它一定比预算线之内的任意篮子都更受欢迎。

案例 2：在预算线 BL_2 上，在能够买得起 A 篮子时，消费者选择了 B 篮子（我们知道这是因为 A 篮子在预算线 BL_2 内部）。根据案例 1 的推论，既然 A 篮子在预算线 BL_2 内部，我们可以得出 $B \succ A$。

现在考虑一下预算线 BL_1。由于 A 篮子、B 篮子都在预算线 BL_1 上，而消费者选择了 A 篮子，因此，$A \succeq B$。

这一矛盾（$B \succ A$ 与 $A \succeq B$ 不可能同时成立）表明，消费者并不总是通过购买最优篮子来实现效用最大化。

案例 3：在预算线 BL_1 上，在消费者能够买得起 B 篮子时，他选择了 A 篮子（两者都在预算线 BL_1 上）。因此，$A \succeq B$。

在预算线 BL_2 上，消费者选择了 B 篮子，但是付不起 A 篮子，此外再无任何新的信息。我们只能断定 $A \succeq B$ 这一排序。

案例 4：在预算线 BL_1 上，消费者选择了 A 篮子，但买不起 B 篮子；在预算线 BL_2 上，消费者选择了 B 篮子，但是付不起 A 篮子。这两个选择没有告诉我们消费者排列 A 篮子、B 篮子的任何信息。（想要了解消费者如何排列两个篮子，我们必须至少观察这样一个应用：在消费者能够买得起两个篮子的情况下，他是如何选择的。）

相似习题： 4.21，4.23，4.24，4.28

显示性偏好理论充满着惊人的力量。在不知晓消费者的效用函数和无差异曲线图的情况下，显示性偏好让我们能够运用消费者选择的信息去推断：在既定的预算约束下，如果消费者想要实现效用最大化，他应该对篮子如何排序。它还可以让我们发现：在既定的预算约束下，消费者何时没有选到最优篮子。

本章小结

- 预算线表示当消费者花光所有的收入时，她能够购买到的篮子集。如果消费者的收入增多，预算线会以平行线的方式向外移动。如果横轴的商品的价格改变，预算线绕着纵轴的截距旋转（保持消费者收入和纵轴的商品价格不变）。（边做边学习题 4.1）
- 如果消费者在给定预算线下实现效用最大化（也就是说，选择位于预算线上或之内的篮子），而且所有商品的边际效用都为正值，最优篮子就位于预算线上。（边做边学习题 4.2）
- 当追求效用最大化的消费者购买正数值的两种商品时，她选择的商品组合必然满足：两种商品的边际效用比值（也就是边际替代率）等于两种商品的价格之比。（边做边学习题 4.2）
- 当追求效用最大化的消费者购买正数值的两种商品时，她选择的商品组合必然满足：花费在两

种商品上的每一美元的边际效用都相等。(边做边学习题 4.3 和 4.4)

● 对追求效用最大化的消费者来说，当他无法买到能够使花费在两种商品上的每一美元的边际效用都相等的两种商品时，最优篮子必然位于角点处。(边做边学习题 4.3 和 4.4)

● 显示性偏好帮助我们推断，在不知道无差异曲线图的情况下，消费者是如何排列篮子的。我们通过观察消费者在价格和收入变化时所选择的篮子来了解他们的偏好。当消费者面对相同花费的 A 篮子和 B 篮子而选择了 A 篮子时，我们就知道 A 篮子至少和 B 篮子一样受欢迎。当 C 篮子比 D 篮子花费更多时，消费者选择了 C 篮子，我们就知道：相比 D 篮子，消费者更喜欢 C 篮子。显示性偏好分析也可以帮助我们分析观测到的消费者行为是否与消费者效用最大化相符。(边做边学习题 4.5 和 4.6)

复习题

1. 如果消费的两种商品的边际效用都为正值，为什么消费者总是选择预算线上的篮子?
2. 收入的改变如何影响预算线的位置?
3. 在消费者购买的商品中，其中一种商品的价格上涨如何影响预算线的位置?
4. 在消费者选择理论中，内部最优和角点最优的区别是什么?
5. 在内部最优篮子处，为何预算线的斜率必然等于无差异曲线的斜率?
6. 在内部最优篮子处，为何花费在所有商品上的每 1 美元的边际效用都必然相等?
7. 为什么在角点处，花费在所有商品上的每 1 美元的边际效用不一定必然相等?
8. 假设收入为 1 000 美元的消费者，在预算约束下，找到了使效用最大化且效用水平为 U_1 的 A 篮子。为什么这个篮子在实现效用水平 U_1 时，也必须使得消费者的支出最小化?
9. 什么是复合商品?
10. 在不清楚消费者的效用函数的情况下，显示性偏好分析如何帮助我们了解消费者的偏好?

习　题

4.1 佩德罗 (Pedro) 是一名大学生，每月从父母处获得 1 000 美元的生活费。他把这些生活费用于支付房租和看电影 (假设佩德罗的其他消费，比如食物和衣服都已经支付过了)。在佩德罗就学的城镇，每平方英尺房屋的租金为 1.50 美元/月。每场电影花费 10 美元。我们用 x 表示房屋的平方英尺数，用 y 表示他每月观看的电影场数。

a) 佩德罗预算约束的表达式是什么?

b) 画出佩德罗的预算线。

c) 在既定的月生活费下，他最多能够租住多少平方英尺的住房?

d) 在既定的月生活费下，他每月最多能观看几场电影?

e) 假设佩德罗的父母给他增加了 10%的生活费；同时，假设在他所就学的城镇，包括房租和电影票价格在内的所有商品的价格也增加了 10%。这样佩德罗的预算线会发生什么样的变化?

4.2 萨拉购买苹果和橘子 (她只吃这些水果)。她每月对水果的预算金额为 50 美元。假设一个苹果售价 0.25 美元，一个橘子为 0.50 美元。

a) 萨拉预算约束的表达式是什么?

b) 画出萨拉的预算线。

c）用图像表明：如果苹果的价格增至 0.50 美元/个，萨拉的预算线将如何改变。

d）用图像表明：如果橘子的价格降至 0.25 美元/个，萨拉的预算线将如何改变。

e）假设萨拉决定将水果的每月预算减半。她了解到橘子和苹果在以五折低价出售，而且在接下来的一个月内都是如此；也就是说，苹果的价格从 0.25 美元/个降至 0.125 美元/个，橘子的价格从 0.50 美元/个降至 0.25 美元/个。这样萨拉的预算线会发生怎样的改变？

4.3 朱莉偏好食物 F 和衣服 C，效用函数为 $U(F, C)=FC$。她的边际效用为 $MU_F=C$，$MU_C=F$。假定 1 单位食物花费 1 美元，1 单位衣服花费 2 美元。朱莉可以在食物和衣服上花费 12 美元。

a）在一张图上分别画出 $u=12$、$u=18$ 和 $u=24$ 的无差异曲线。使用图（没有代数式）找出食物和衣服的最优（效用最大化）选择。横轴表示食物的数量，纵轴表示衣服的数量。

b）使用代数式（相切条件和预算线）找出食物和衣服的最优选择。

c）在最优篮子处，衣服替代食物的边际替代率是多少？用图像法和代数法证明。

d）假设朱莉打算用 12 美元的预算购买 4 单位食物和 4 单位衣服（而不是最优篮子）。她花费在食物上的每一美元的边际效用高于还是低于花费在衣服上的？如果在不增加支出的情况下增加效用，上述问题显示朱莉应如何用衣服替代食物？

4.4 安（Ann）通过消费食物 F 和衣服 C 获得的效用为 $U(F, C)=FC+F$。食物和衣服的边际效用为 $MU_F=C+1$，$MU_C=F$。食物价格为 1 美元/单位，衣服价格为 2 美元/单位。安的收入为 22 美元。

a）安正在花光收入。如果她购买 8 单位食物，她将消费多少单位衣服？

b）画出她的预算线。将衣服的单位数标注在纵轴上，将食物的单位数标注在横轴上。标出她现在的消费篮子。

c）画出效用水平为 36 和 72 的无差异曲线。无差异曲线凸向原点吗？

d）使用图（不用代数式）找出食物和衣服的效用最大化选择。

e）使用代数式找出食物和衣服的效用最大化选择。

f）当效用最大时，衣服替代食物的边际替代率是多少？用图像法和代数法证明。

g）安的衣服替代食物的边际替代率递减吗？用图像法和代数法证明。

4.5 考虑效用函数为 $U(x, y)=\min(3x, 5y)$ 的消费者；也就是说，这两种商品是比值为 3∶5 的完全互补品。两种商品的价格为 $P_x=5$ 美元，$P_y=10$ 美元，消费者的收入为 220 美元。试求出最优消费篮子。

4.6 简（Jane）喜欢汉堡（H）和奶昔（M）。她的无差异曲线凸向原点且不与坐标轴相交。奶昔的价格为 1 美元，汉堡的价格为 3 美元。她把所有的收入都花费在购买的篮子上，奶昔替代汉堡的边际替代率为 2。她现在的选择是最优的吗？如果是，说明原因。如果不是，她应该购买更少的汉堡和更多的奶昔，还是反之？

4.7 雷（Ray）每周 100 美元的收入只用于购买汉堡和根汁汽水。他现在每周购买 20 瓶根汁汽水，根汁汽水的边际效用是 6。根汁汽水的价格为 2 美元/瓶。目前，他每周还消费 15 个边际效用为 8 的汉堡。在当前选择的篮子处，他实现了效用最大化吗？如果不是，他每周应该购买更多的汉堡还是更少的汉堡？

4.8 戴夫（Dave）现在每周消费 10 个热狗和 6 瓶苏打水。在他目前的消费篮子里，热狗的边际效用为 5，苏打水的边际效用为 3。如果热狗的价格为 1 美元/个，苏打水的价格为 0.50 美元/瓶，戴夫的效用最大化了吗？如果没有，他应该怎样重新分配他的花费以增加效用？

4.9 海伦（Helen）对唱片（C）和三明治（S）的偏好为 $U(S, C)=SC+10(S+C)$，且 $MU_C=S+10$，$MU_S=C+10$。如果唱片的价格为 9 美元/张，三明治的价格为 3 美元/个，每天在这些商品上的总花费为 30 美元，找出海伦的最优消费篮子。

4.10 科里（Corey）通过消费汉堡（H）和牛排（S）获得的效用为$U(H, S)=\sqrt{H}+\sqrt{S+4}$。汉堡的边际效用为$\frac{0.5}{\sqrt{H}}$，牛排的边际效用等于$\frac{0.5}{\sqrt{S+4}}$。

a）绘出效用水平为$U=12$的无差异曲线。

b）假设汉堡的价格为1美元/个，牛排的价格为8美元/份。此外，假设科里每月可以花费100美元购买这两种商品，描绘出在这一既定的预算下科里关于汉堡和牛排的预算线。

c）根据a）和b）的答案，在既定的预算下，科里的最优消费篮子是什么？

4.11 这个问题会帮助你理解，在边际替代率非递减的情况下会发生什么。斯特兰奇泰博士只用收入购买炸薯条（F）和热狗（H）。两种商品的边际效用都是正值，他的炸薯条替代热狗的边际替代率$MRS_{H,F}$递增。热狗的价格为P_H，炸薯条的价格为P_F。

a）画几条斯特兰奇泰博士的无差异曲线，包括与其预算线相切的那条。

b）证明在既定的预算约束下，切点并不是效用最大化的篮子。运用你刚画出的无差异曲线，在图像上指出最优篮子的位置。

4.12 朱莉消费两种商品，食物和衣服，而且每种商品的边际效用总是正值。她的收入为24美元。起初，食物与衣服的价格都为2美元/单位。新政府策略实施以后，食物的价格为1美元/单位，衣服的价格升为4美元/单位。假设在最初的预算约束下，她的最优选择是10单位食物和2单位衣服。

a）在价格改变以后，你能否预测出她的效用是升高、降低还是与初始价格时一样？

b）你的答案需要一个递减的衣服替代食物的边际替代率吗？说明原因。

4.13 托妮喜欢用她10 000美元的收入购买普罗马尼亚与卡斯托里阿之间的往返旅行和其他的商品。幸运的是，普罗马尼亚航空公司提供航空服务和常客优惠计划。这两个城市的往返旅行通常要500美元，每年出行超过10次的乘客，可以在当年的额外旅行中享受200美元/次的往返旅行。

a）在以往返旅行的次数为横轴、以其他商品为纵轴的图上，画出托妮的预算线（提示：这个问题表明预算线不一定总是直线）。

b）在a）所绘的图中，画出能够说明为何托妮在选择常客优惠计划后境况会变得更好的无差异曲线集。

c）另绘一张图，画出与a）部分一样的预算线。画出能够说明为什么托妮在选择常客优惠计划后境况会变得更差的无差异曲线集。

4.14 某消费者偏好两种商品，汉堡（H）和奶昔（M）。他对这两种商品的偏好用效用函数$U=\sqrt{H}+\sqrt{M}$表示。对这个效用函数，$MU_H=1/(2\sqrt{H})$，$MU_M=1/(2/\sqrt{M})$。

a）判断这个效用函数的$MRS_{H,M}$是否递减。

b）画出典型无差异曲线的形状。标为曲线U_1。这条曲线和坐标轴相交吗？在同一张图上，画出第二条无差异曲线U_2，且$U_2>U_1$。

c）消费者每周的收入为24美元。汉堡的价格为2美元/单元，奶昔的价格为1美元/单位。如果想使效用最大，他每周应购买多少单位的奶昔和汉堡？用图阐述你的答案。

4.15 贾斯廷（Justin）的效用函数为$U=xy$，且边际效用为$MU_x=y$，$MU_y=x$。x的价格为2，y的价格为p_y，他的收入是40。当他在满足预算约束的情况下实现最大效用时，他购买5单位y。y的价格和购买x的数量分别为多少？

4.16 一名学生消费根汁汽水和价格为1美元的复合商品。现在，政府对每6罐装根汁汽水收取0.50美元的消费税。现在这个学生每月购买20个6罐装根汁汽水。（思考一下，每6罐装根汁汽水的价格增加0.50美元时的消费税和免税时的汽水价格。）政府在考虑减免对根汁汽水的消费税，而换作让消费者每月上缴10美元的人头税（即，不管这名学生每月购买多少根汁汽水，他只需上缴 10 美元/月的税）。如果这项新提议被采纳，这名学生的消费组合（特别是，购买的根汁汽水数量）和福利将会受到怎样的影响？（假设这名学生的根汁汽水替代其他商品的边际替代率递减。）

4.17 当汽油的价格为 2.00 美元/加仑时，乔每年消费 1 000 加仑的汽油。当价格增至 2.50 美元/加仑时，为了补偿乔的损失，政府决定给他 500 美元/年的现金返还。在价格增加与现金返还之后，乔的境况相比之前是变得更好还是更坏？他的汽油消费量会怎样变化？（假设乔的汽油替代其他商品的边际替代率递减。）

4.18 保罗只消费两种商品，比萨（P）和汉堡（H），他的效用函数 $U(P,H)=P+4H$ 表明，它们是完全替代品。比萨的价格为 3 美元/单位，汉堡的价格为 6 美元/单位，而且保罗的月收入为 300 美元。知道他喜欢比萨，作为生日礼物，保罗的奶奶赠送他价值 60 美元的必胜客餐券。尽管保罗很高兴收到这份礼物，但是他的奶奶或许并没有认识到，她可以花费更少的钱来让保罗达到一样的高兴。她只需要给保罗多少现金就可以让他与收到生日餐券一样高兴？

4.19 杰克一次做出两个月的消费和储蓄决策。他这个月的收入为 1 000 美元，而且他知道下个月的工资会增至 1 050 美元。现在的利率是（他可以自由选择借款或贷款）5%。x 和 y 分别表示这个月与下个月的消费。对以下各个效用函数，说明杰克在第一个月是需要借款、贷款还是两者都不需要。（提示：在每个案例中，先假设杰克每月既不借款也不贷款而是简单地花掉他的收入。这样做是最优的吗?）

a) $U(x,y)=xy^2$，$MU_x=y^2$，$MU_y=2xy$。

b) $U(x,y)=x^2y$，$MU_x=2xy$，$MU_y=x^2$。

c) $U(x,y)=xy$，$MU_x=y$，$MU_y=x$。

4.20 下图为消费者在两个时间段的预算线，其中借款利率为 r_B，贷款利率为 r_L，且 $r_L<r_B$。在阶段 1，消费者购买 C_1 单位复合商品，在阶段 2 购买 C_2 单位。下面是消费者做出两个阶段消费决策时的总体情况：用点 A 表示消费者在每个阶段完全花掉收入时的篮子（预算线的结点处）。那么对 MRS_{C_1,C_2} 递减的消费者，如果在第一个阶段 A 篮子处 $MRS_{C_1,C_2}>1+r_B$，他就会选择借款；如果在 A 篮子处，$MRS_{C_1,C_2}<1+r_L$，他就会选择贷款。如果 MRS 介于这两者之间，那么他既不借款也不贷款。（你可以自己证明。注意递减的 MRS 在证明过程中非常重要。）

使用这一结论，考虑一下梅格（Meg）的决策，她本月收入为 2 000 美元，下月为 2 200 美元，且效用函数为 $U(C_1,C_2)=C_1C_2$，这里 C 表示每月的消费值。对这个效用函数，$MU_{C1}=C_2$，$MU_{C2}=C_1$。假设 $r_L=0.05$（贷款利率为 5%），$r_B=0.12$（借款利率为 12%）。梅格这个月是借款、贷款还是两者皆不是？如果借款利率降至 8%又将如何？

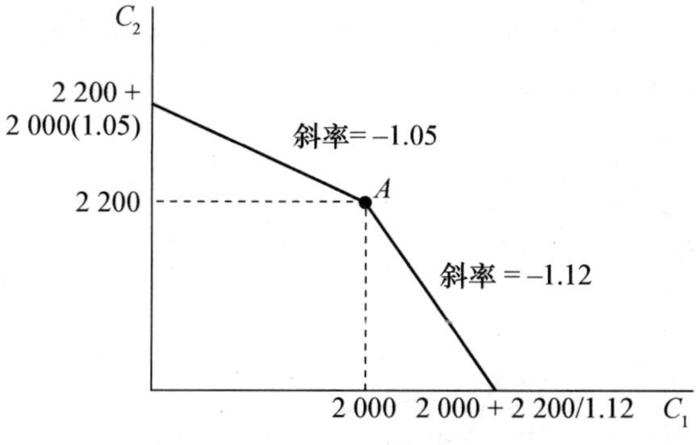

4.21 萨莉（Sally）消费房屋（其数量用 h 表示）和其他商品（以 y 度量的复合商品），这两种她都喜欢。起初她的收入为 100 美元，一单位房屋的价格（P_h）为 10 美元。在最初的篮子里，她消费 2 单位房屋。几个月之后，她的收入增至 120 美元，但遗憾的是，她所在城市的房屋价格也涨至 15

美元。复合商品的价格不变。在后来的篮子里，她消费 1 单位房屋。运用显示性偏好分析（不用画出无差异曲线），你认为她如何排列初始篮子和后来的篮子？

4.22 萨曼莎（Samantha）购买食物（F）和其他商品（Y），效用函数为 $U=FY$，且 $MU_F=Y$，$MU_Y=F$。她的收入是 12。食物的价格为 2，其他商品的价格为 1。

a）当她实现效用最大化时，她购买多少单位食物？

b）政府最近完成的一项研究表明，一个健康的饮食习惯，每位消费者至少消费 $F=8$ 单位食物。政府也在考虑给予像萨曼莎这样的消费者现金补助，以引导她购买 $F=8$ 单位食物。现金补助的额度需要多大？在以 F 为横轴、Y 为纵轴的图像上证明：她获得现金补助时的最优篮子是一个最优选择。

c）作为 b）中现金补助的替代选项，政府也在考虑给像萨曼莎这样的消费者发放食物券，即，具有现金价值且只能在购买食物时才能兑现的票券。证明：如果政府给予她价值 16 美元的票券，她会选择 $F=8$。在最优选择图像上阐明她的最优选择。（你也可以用 b）中的图像。）

4.23 如下图所示，消费者购买两种都很喜欢的商品，食物和房屋。当她的预算线为 BL_1 时，她的最优选择是 A 篮子。给定预算线 BL_2，她选择 B 篮子；给定预算线 BL_3，她选择 C 篮子。

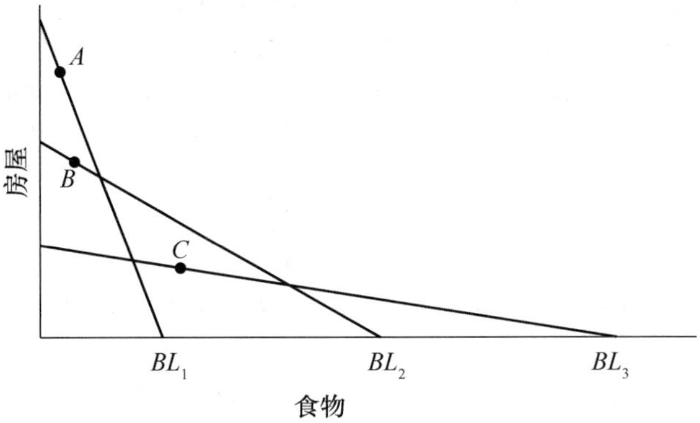

a）关于 A 篮子、B 篮子、C 篮子，你能推断出消费者将如何排列吗？如果你能推断，说明如何排序。如果不能推断，说明原因。

b）在图上，对不如 B 篮子受欢迎的篮子，请用阴影区域标出（或者清晰地标明），并解释你为何标明这些区域。

c）在图像上，对比 B 篮子更受欢迎的篮子，请用阴影区域标出（或者清晰地标明），并解释你为何标明这些区域。

4.24 下图描绘了消费者对他都喜欢的 x 和 y 的消费决策。当他面临的预算线为 BL_1 时，他选择了 A 篮子；然后，当面临的预算线为 BL_2 时，他选择了 B 篮子。如果他面临的预算线为 BL_3，在效用最大化的情况下，他可能选择的篮子是什么？

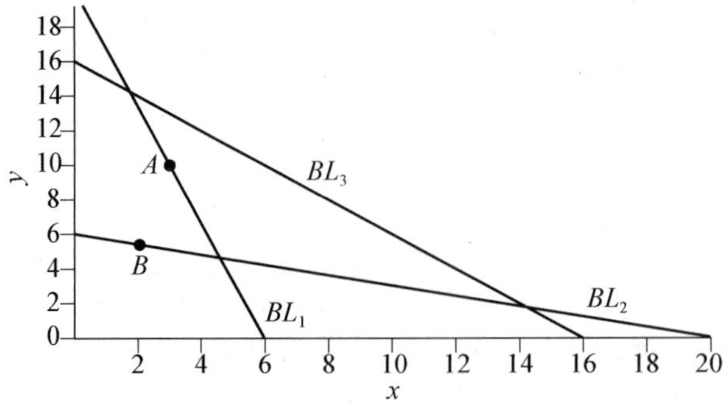

4.25 达雷尔（Darrell）的月收入为 60 美元。他把这些钱用于家庭通话（以分钟计算）和其他商品。他的移动电话公司向他提供了两种方案：

- A 方案：无月租，打电话 0.50 美元/分钟。
- B 方案：支付 20 美元的月租，打电话 0.20 美元/分钟。

分别画出达雷尔在两种方案下的预算约束。如果 A 方案更适合他，在效用最大化的情况下，他会购买什么样的篮子集？如果 B 方案更适合他，他又会购买什么样的篮子？

4.26 图 4-17 阐述了从数量折扣获得更多收益的消费者案例。你能画出无法从数量折扣增加收益的消费者的无差异曲线图吗？

4.27 安杰拉（Angela）的月收入为 120 美元，她将收入用于购买 MP3 和复合商品（在这个问题中，你可以始终假设复合商品的价格为 1 美元）。现在，她还未加入 MP3 俱乐部，所以她必须支付的每个 MP3 的零售价格为 2 美元；她的最优篮子包含 20 个 MP3/月。

在过去的几个月里，一家媒体公司海星公司给安杰拉提供了一个加入它的“优惠俱乐部”的机会；想要加入俱乐部，她每月要支付 60 美元会员费，但之后，她可以随心所欲地以 0.50 美元/个的价格购买 MP3。她已经决定不加入俱乐部。

海星公司现在推荐安杰拉加入“经济俱乐部”，此时她每月需要支付 30 美元的会员费，之后可以随心所欲地以 1 美元/个的价格购买 MP3。画出下列情况下的图形：(1) 安杰拉没有加入俱乐部时的预算线和最优篮子。(2) 她加入优惠俱乐部的预算线。(3) 她加入经济俱乐部的预算线。安杰拉一定会加入经济俱乐部吗？如果加入了该俱乐部，她每月会购买多少 MP3？运用显示性偏好论据说明你是如何找到答案的。

4.28 亚历克斯（Alex）购买两种商品，食物（F）和衣服（C）。他两种商品都喜欢。他对商品的偏好不会逐月改变。下面的表格描述了他的收入、他选择的篮子和两个月内商品的价格。

月份	P_F	P_C	收入	选择的篮子
1	3	2	48	$F=16$，$C=0$
2	2	4	48	$F=14$，$C=5$

a) 用点 A 来表示他在第一个月的消费篮子，用点 B 表示在第二个月的消费篮子；在一张以 F 为横轴、C 为纵轴的图上，分别画出他在第一个月和第二个月的预算线和消费篮子。运用显示性偏好分析，对 A 篮子和 B 篮子，亚历克斯偏好哪一个（也就是说，他如何排列它们）。

b) 在第三个月，亚历克斯的收入增至 57。食物和衣服的价格都是 3。假设他的偏好不变，如果他追逐最大效用，画出他在第三个月可能选择的篮子。

4.29 布赖恩（Brian）消费电力（E）和价格总是为 1 的复合商品（Y）。他喜欢这两个商品。

在阶段 1，电力公司规定，电价统一为 7 美元/单位。布赖恩消费含有 20 单位电和 70 单位复合商品的最优篮子。

在阶段 2，电力公司修订了定价方案，对第一个 5 单位的电要价 10 美元/单位，而对额外的每一单位电要价 4 美元/单位。布赖恩的收入保持不变。在这一方案下，布赖恩的最优篮子包含 30 单位电和 60 单位复合商品。

在阶段 3，电力公司允许消费者选择阶段 1 的定价方案或者阶段 2 的定价方案。布赖恩的收入保持不变。他会选择哪个定价方案？画图解释你的答案。

4.30 卡丽娜（Carina）购买两种她都喜欢的商品 X 和 Y。在 1 月份，在既定的预算线 BL_1 下，她选择 A 篮子。在 2 月份，在既定的预算线 BL_2 下，她选择 B 篮子。在 3 月份，在既定的预算线 BL_3 下，她选择 C 篮子。假设在这三个月里，她的无差异曲线图从未改变。运用显示性偏好分析证明她的选择是否与效用最大化行为保持一致。如果一致，描述她是如何排列这三个篮子的。如果无法推断她如何排列篮子，请说明原因。

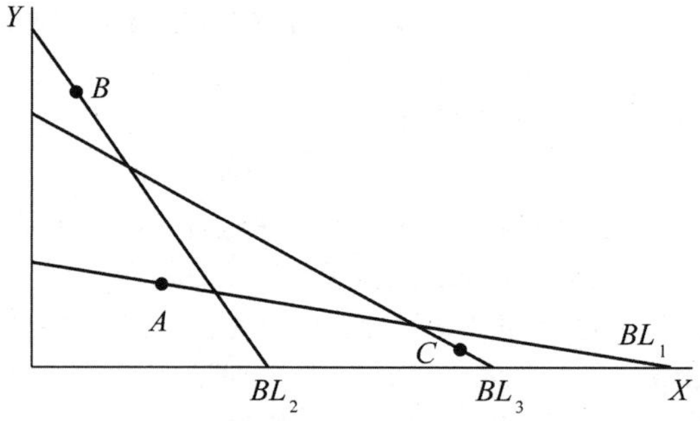

附录 1：消费者选择的数学运算

在这一部分我们使用微积分原理中的拉格朗日乘子（Lagrange multipliers）来解决消费者选择问题。假设消费者购买两种商品，用 x 和 y 分别表示第一种和第二种商品的数量。第一种商品的价格为 P_x，第二种的价格为 P_y。消费者的收入为 I。

假定两种商品的边际效用都为正值，那么我们知道消费者在他的最优篮子处会花掉全部收入。因此消费者选择问题就是

$$\max_{(x,y)} U(x,y) \tag{A4.1}$$
$$\text{满足 } P_x x + P_y y = I$$

我们将拉格朗日函数（Λ）定义为 $\Lambda(x, y, \lambda)=U(x, y)+\lambda(I-P_x x-P_y y)$，这里，$\lambda$ 是一个拉格朗日乘子。内部最优的一阶必要条件（$x>0$，$y>0$）为

$$\frac{\partial \Lambda}{\partial x}=0 \Rightarrow \frac{\partial U(x,y)}{\partial x}=\lambda P_x \tag{A4.2}$$

$$\frac{\partial \Lambda}{\partial y}=0 \Rightarrow \frac{\partial U(x,y)}{\partial y}=\lambda P_y \tag{A4.3}$$

$$\frac{\partial \Lambda}{\partial \lambda}=0 \Rightarrow I-P_x x-P_y y=0 \tag{A4.4}$$

偏导数 $\partial U(x, y)/\partial x$ 是 x 的边际效用（MU_x）的数学表达式。它度量在 y 保持不变的情况下，效用是如何随着 x 的增加而增加的。类似地，偏导数 $\partial U(x, y)/\partial y$ 是 y 的边际效用（MU_y）的数学表达式。它度量在 x 保持不变的情况下，效用是如何随着 y 的增加而增加的。

可以把公式（A4.2）和公式（A4.3）联合起来，消去拉格朗日乘子。从而，一阶条件可以简化为

$$\frac{MU_x}{MU_y}=\frac{P_x}{P_y} \tag{A4.5}$$

$$P_x x+P_y y=I \tag{A4.6}$$

公式（A4.5）正是满足在最优处花费每一美元的边际效用都相等（$MU_x/P_x=MU_y/P_y$）的条件；相应地，无差异曲线与预算线相切（$MU_x/MU_y=P_x/P_y$）。公式（A4.6）是预算线的等式。所以，消费者选择问题的数学解答就告诉我们，内部最优篮子满足相切条件并且在预算线上。这验证了，我们在正文中使用图表法得出的最优化条件。

想要了解拉格朗日乘子的深入讨论，请参考本书的数学附录。

附录 2：资金的时间价值

假设你中了一张彩票，然后你可以在两种奖金之间选择：今天获得 100 美元现金或者一年以后获得 100 美元现金。和大多数人一样，你更倾向于第一个奖赏。这表明经济学中的一个重要性质：资金具有时间价值。给定这样一个选择：立刻接受一定数额的资金或者在将来的某一天获得同等数量的资金，人们宁愿选择目前的金额而不是将来的同等金额。

资金具有时间价值这一事实是由现实世界市场的一个重要特性——利率的存在——反映出来的。作为贷款的一个条件，债权人一般要求债务人不仅要偿还借出的本金，还要支付所借资金的利息。利息是对债权人今天牺牲的东西（即今天不能使用本金）所做的补偿。

资金具有时间价值的事实使得在不同的时点，不同数量资金的对比变得复杂。例如，如果在彩票中赢得的奖金为即刻获得 100 美元现金，或者从现在起一年后获得 120 美元现金，你在这两者之间的偏好就不会那么明显了。在这个附录中，我们将向你介绍在不同时点比较资金价值的技巧。

□ 终值与现值

为了说明我们如何对现在获得的 100 美元奖金与一年后获得的 120 美元奖金进行比较，假定你可以将 100 美元奖金存入一个年利率为 5%（$r=0.05$）的账户中，而且除此之外，你没有其他获得更好回报的投资选择。一年之后，你账户存款的价值会增至 105（$=100\times1.05$）美元。这一数额——105 美元——是在利率为 5%的情况下 100 美元一年以后的终值。一般来说，每一阶段的利率为 r，且在 t 阶段之后获得**数额为 C 的终值**（future value of an amount C）就是，把 C 美元存入一个能够在每阶段获得利率为 r 的账户，你在 t 阶段之后获得的资金总量。某一金额的终值公式是

$$C(1+r)^t$$

这一公式保持不变是因为你账户里资金的利息是以复利计算的：

● 在第一阶段，你赚得的利息等于你账户里 C 美元的 r 倍，所以在这一阶段结束时，你的账户余额会增至 $C(1+r)$。

● 在第二阶段，你赚得的利息等于你账户里 $C(1+r)$ 美元的 r 倍，所以在这一阶段结束时，你的账户余额会增至 $C(1+r)+rC(1+r)$，即 $C(1+r)^2$。

● 在第三阶段，你赚得的利息等于你账户里 $C(1+r)^2$ 美元的 r 倍，所以在这一阶段结束时，你的账户余额会增至 $C(1+r)^2+rC(1+r)^2$，即 $C(1+r)^2(1+r)$ 或者 $C(1+r)^3$。

将这一推理方法重复至 t 阶段就可以得出终值公式。

注意，在我们的例子中，100 美元奖金一年之后的终值少于一年之后获得的 120 美元奖金。因此，我们推断，一年之后获得的 120 美元奖金比即刻获得的 100 美元奖金更有价值。

这一方法依据终值的对比。我们也可以比较它们现在的价值。我们可以考虑：为了在一年之后获得 120 美元，你现在需要在利率为 5%的账户中存入多少资金。这个答案就是从以下等式中解出的 C 值：

$$C(1.05)=120(\text{美元})$$

或者

$$C=\frac{120}{1.05}$$
$$=114.28(\text{美元})$$

这个数值——114.28美元——就是在利率为5%的情况下，一年之后获得120美元的现值。一般来说，每一阶段的利率为 r，且在 t 阶段之后获得的**数额为 C 的现值**（present value of an amount C）等于你现在在账户中存入的一笔钱（该笔钱在每阶段获得的利率都为 r）的金额，该笔钱能让你在 t 阶段之后拥有 C 美元的收入（本金加上利息）。公式就是

$$\frac{C}{(1+r)^t}$$

想要计算资金的现值，你需要知道距今的阶段数 t，也就是未来你获得资金的时间；还有利率 r，即**贴现率**（discount rate）。贴现率就是用于现值推算的利率。在我们的例子中，由于一年之后120美元的现值超过了100美元，我们就会得出以下结论：一年之后获得的120美元奖金比现在获得的100美元奖金更有价值。

现值是一个极其有用的概念。这是由于，它可以让从不同时点获得的金钱数额之间进行直接的比较。正因为它如此有价值，这一概念被广泛应用，其中包括公司投资预算、保险业的保险统计分析和公共部门的成本效益分析。

现值的概念可以拓展到一连串资金的现值。C_1，C_2，…，C_T，分别表示距今第一个阶段后获得的资金，距今第二个阶段后获得的资金，等等，这一连串金额的现值就是下面一连串现值的总和，即

$$\frac{C_1}{(1+r)}+\frac{C_2}{(1+r)^2}+\cdots+\frac{C_T}{(1+r)^T}$$

举例来说，假设一家咨询公司想要通过一个三年期合同，在一年之后获得100万美元，在两年之后获得120万美元，在三年之后获得150万美元。如果贴现率为10%，那么这个合同里现金流的现值就是

$$\frac{1\,000\,000}{1.10}+\frac{1\,200\,000}{1.10^2}+\frac{1\,500\,000}{1.10^3}=3\,027\,799(\text{美元})$$

注意：这一现值少于这些款项的简单加总（370万美元）。这是因为一年后、两年后、三年后获得的资金不如现在就获得资金的价值多。

一连串资金的一个特殊例子就是**养老金**（annuity）。养老金是在一个特定的时间段内，一连串固定不变且时间间隔相同的款项。贴现率为 r，且需经过 T 阶段的养老金 C 的现值的计算公式为

$$\frac{C}{(1+r)}+\frac{C}{(1+r)^2}+\cdots+\frac{C}{(1+r)^T}$$

经过几步代数计算之后，这一公式可以改写为以下形式：

$$\frac{C}{r}\left[1-\frac{1}{(1+r)^T}\right]$$

养老金的一个特殊形式是**终身养老金**（perpetuity）。这是一种永久有效的养老金。终身养老金的一个例子是1752年英国政府发行的永续公债，这一债券允诺对债券持有人永久支付一笔固定数额的资金（其中的一些债券至今还在）。必须注意的是，当 T 变为无限大时，$\frac{1}{(1+r)^T}$ 项变为0，我们可以根据养老金的现值公式推导出终身养老金的现值公式。因此，终身养老金的现值公式就是

$$\frac{C}{r}$$

例如，如果你拥有英国政府发行的自下年起连续每年支付1 000英镑的债券，而且你的贴现率为0.20，那么这一终身养老金的现值就是

$$\frac{1\,000}{0.20}=5\,000(\text{英镑})$$

因此，虽然一连串无限的 1 000 英镑的总金额是无穷大的，但 1 000 英镑终身养老金的现值却是有限的。这是因为金钱具有时间价值。因此，在遥远的将来，比如 1 000 年之后获得的一笔资金，其现值实际上只是 0。

□ 纯现值

现值的一个重要应用是对收益和成本进行比较。假设一家公司正在考虑建设一家新工厂，而且在工厂 20 年的生存年限里，新工厂生产的产品每年给公司增加 150 万美元的现金流。进一步假设，建立新工厂需要花费 2 000 万美元。最后，假设公司对新投资的贴现率为 15%。那么新工厂的一连串收益比工厂的投入成本更高吗？想要回答这个问题，我们就要计算工厂的纯现值。纯现值（net present value，NPV）是收益流的现值与为获得收益而必须支付的先期成本之间的差额。纯现值的公式是

$$NPV=-C_0+\frac{C_1}{(1+r)}+\frac{C_2}{(1+r)^2}+\cdots+\frac{C_T}{(1+r)^T}$$

这里 C_0 表示想要获得现金收益流 C_1，…，C_T，必须支付的最初预付款项。把这一公式应用到本例中，我们可以看到新工厂的纯现值（它的收益流就是年金）是

$$\begin{aligned}NPV&=-20\,000\,000+\frac{1\,500\,000}{1.15}+\frac{1\,500\,000}{1.15^2}+\cdots+\frac{1\,500\,000}{1.15^{20}}\\&=-20\,000\,000+\frac{1\,500\,000}{0.15}\left[1-\frac{1}{1.15^{20}}\right]\\&=-10\,611\,003(\text{美元})\end{aligned}$$

由于 $NPV<0$，我们就明白了新工厂收益的现值低于新工厂的先期成本。因此，新工厂的收益值低于成本值。

□ 现值、终值与最优消费选择问题

在第 4.3 节有关不同时间消费者选择的分析中，现值与终值的概念占有一席之地。首先，我们来看消费者的预算线。如图 4－15 所示，消费者的预算线的水平截距等于

$$I_1+\frac{I_2}{1+r}$$

这就告诉我们，给定消费者今年和明年的预期收入流，消费者今年花费的最大值就等于今年收入与明年收入的现值。消费者可以通过借出相当于他未来全部收入的资金形成现在的最大消费。

消费者的预算线的垂直截距是

$$I_2+I_1(1+r)$$

这告诉我们，消费者在明年能够花费的最大值是今年收入与明年收入的终值。消费者可以通过把今年的全部收入储蓄起来，然后在明年花掉明年的收入加上他的储蓄，再加上他储蓄的累积收益，从而达到他未来的最大消费。

预算线的斜率为 $-(1+r)$。这说明，消费者想要获得额外的 1 美元当前消费，就必须放弃 $1+r$ 美元的未来消费。换句话说，增加当前 1 美元消费要求消费者牺牲终值为（$1+r$）美元的未来消费。

现在，我们来考虑消费者当前和未来消费的最优水平，然后探讨在什么样的情形下，消费者可能会成为一名债务人或者一名债权人。如果切点将最优篮子界定在图 4－15 中预算线上点 A 的右下方，

消费者就会发现借款是最优选择。为了探讨这一事例的可能情形，我们做一个简单的假设，也就是，消费者的效用函数公式为

$$U(C_1)+\frac{U(C_2)}{1+\rho}$$

其中，$U(C)$ 是一个效用函数，它计算在既定的年份里，消费者从消费价值 C 美元的复合商品中获得的效用。换句话说，在贴现率为 ρ 时，我们假定消费者的效用是今年与明年消费总效用的现值。贴现率是指消费者的**时间偏好率**（rate of time preference），也是一种测量消费者耐心程度的方法。消费者的 ρ 值越高，消费者就越有耐心，也就是说，消费者从将来的消费中获得的效用就越少。

今年消费量替代明年消费量的边际替代率，等于今年消费量的边际效用与明年消费量的边际效用之比。根据以上效用函数，这就等于

$$MRS_{C_1,C_2}=(1+\rho)\frac{U'(C_1)}{U'(C_2)}$$

这里 $U'(C_1)$ 与 $U'(C_2)$ 分别表示今年与明年的消费量的边际效用。消费者的最优篮子位于图 4－15 中点 A 的右侧，即消费者将会借款，如果在图 4－15 中的点 A 处，MRS_{C_1,C_2} 大于预算线的斜率的绝对值，即

$$\frac{U'(I_1)}{U'(I_2)}>\frac{1+r}{1+\rho}$$

如果满足以下条件，这种状况更有可能成立：

- 消费者极其有耐心，也就是说，消费者的时间偏好率 ρ 远远大于市场利率 r。

以及/或者

- 消费者在今年既定收入下消费量的边际效用大于在明年既定收入下消费量的边际效用。如果消费的边际效用递减，且消费者期待今年至明年的收入增加，即 $I_2>I_1$，这种情况就会出现。

因此，消费者的最优选择理论表明，在消费者期待收入增加时，耐心程度较低的消费者往往比耐心程度较高的消费者更容易借款。在既定时间偏好率下，对收入增加期望越高的人，借款的倾向比对收入增加期望越低的人要更高。

第 5 章

需求理论

理解香烟的需求为什么对公共政策很重要

在 2009 年，美国对卷烟征收的联邦消费税升至对每包 20 支香烟征税约 1 美元，这是历史上增长最大的联邦税。在不同的州征收的香烟税是不同的。在全国范围内，平均而言，消费税从 1995 年的每包 0.57 美元增加到了 2009 年的每包约 2.21 美元。①

了解高烟草税潜在的优点和缺陷、对烟草征税的原因，对理解香烟需求的本质以及香烟需求对香烟价格和消费者收入的反应是至关重要的。

例如，反对吸烟的人认为，对香烟征收高消费税是抑制吸烟的一种方法。提高消费税导致香烟价格提高，这可以抑制吸烟。由于香烟的需求价格弹性比较低，上述效应只在有限的范围内才有效。然而，香烟的高消费税税率可能有助于阻止年轻人去吸烟。在一份对香烟需求价格弹性的总结中，美国疾病控制中心表示，香烟价格提高 10%，导致吸烟的成年人人数下跌 4%，导致年轻的香烟消费者人数下降 7%。

为了平衡预算，处于经济衰退中的各个州已在考虑提高香烟消费税（以及其他消费税，如关于汽油和酒精的税）。例如，肯塔基州和阿肯色州（历史上，这些州都是烟草税较低的州）最近增加了近 100%的卷烟消费税。② 对这一政策来说，香烟需求相对缺乏弹性是一个好消息。这是由于对缺乏价格需求弹性的商品来说，更高的税率通常能为政府带来更高的税收收入。③

另一方面的原因在于，卷烟税可能对处于衰退中的州的财政有益。有证据显示，香

① 这里讨论的相关材料来源于：*Morbidity and Mortality Weekly*, U. S. Center for Disease Control, 58 (19) (May 22, 2009), pp. 524-527。

② "States Look at Tobacco to Balance the Budget," *New York Times* (March 20, 2009).

③ 在第 10 章，我们将讨论消费税对商品的价格和政府财政收入产生的影响。

烟需求不仅对价格变化相对不敏感，而且对消费者收入变化也不敏感。① 因此，在经济衰退期间，吸烟者收入水平降低不会对一个州从卷烟消费税中获得的收入产生大的影响（假设税率不变）。换句话说，由于香烟需求不太受经济萎缩的影响，和那些周期性商品（如酒店房间或新汽车）相比，对香烟征税可能是一个相对稳定的税收来源。

同第 4 章一样，在消费者选择各种商品和服务时，由于预算约束，价格和收入在消费者决策的形成中扮演了非常重要的角色。在本章，我们将学习价格和收入水平的改变对个人消费决策的影响，讨论为什么有些商品的需求（如卷烟）对价格和收入的变化不敏感，而其他商品（如汽车）的需求对收入和价格的改变就非常敏感。

本章概要 在阅读和学习本章之后，你将会解决以下问题：

- 解释消费者对一种商品的需求如何取决于收入和所有商品的价格。
- 研究商品的价格变化如何通过替代效应和收入效应影响消费者。
- 利用三种衡量标准（消费者剩余、补偿变化和等价变化）解释商品的价格变化如何影响消费者的福利。
- 从个体的需求曲线得到市场需求曲线。
- 讨论网络外部性效应对需求曲线的影响。
- 解释消费者在劳动和闲暇之间如何分配时间，以及这种分配和市场上劳动供给之间的关系。
- 解释消费价格指数的偏差。

5.1 最优选择与需求

需求曲线是从哪里来的？在第 4 章中，我们了解了如何决定消费者的最优篮子。给定消费者的偏好和收入，以及所有商品的价格，我们可以问：在冰激凌的价格为 5 美元/加仑时，消费者每个月将购买多少冰激凌？这是消费者对冰激凌的需求曲线上的一个点。通过重复这样的过程，当冰激凌的价格为 4 美元/加仑、3 美元/加仑或 2 美元/加仑时，可以得到消费者的冰激凌需求曲线上的更多点。如果是仅包含食物和衣服两种商品的简单组合，我们如何获得需求曲线呢？

□ 价格改变的影响

当收入和衣服的价格保持不变时，食物的价格变化会对消费者的选择产生什么影响？要回答这个问题，我们有两种方法：一种是使用图 5－1（a）中的最优选择图，另一种方法是使用图 5－1（b）中的需求曲线。

观察最优选择图

在图 5－1（a）中，横轴 x 表示食物的消费数量，纵轴 y 表示衣服的消费数量。在

① See Joni Hersch, "Gender, Income Levels, and the Demand for Smoking," *Journal of Risk and Uncertainty* 21, no. 2/3 (2000), pp. 263-282.

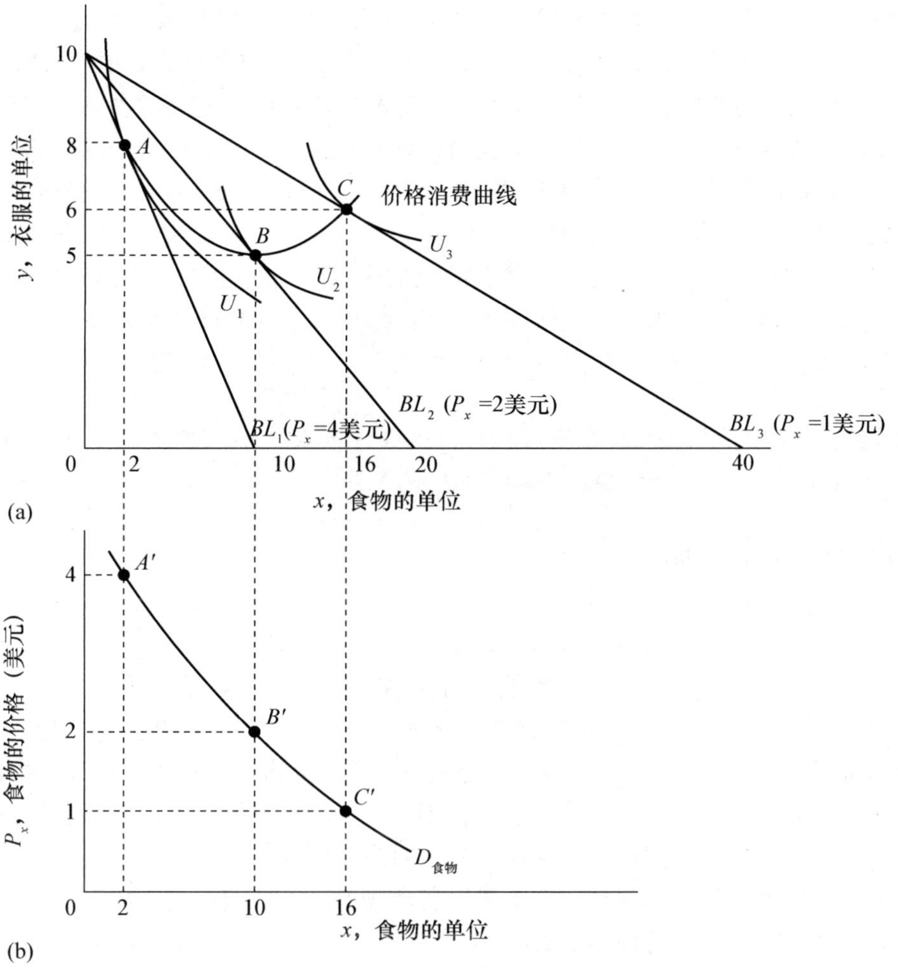

图 5－1　一种商品价格的变化对消费的影响

说明：消费者的周收入为 40 美元，衣服的价格 P_y 为 4 美元/单位。

（a）**最优选择图**。当食物的价格为 4 美元/单位时，预算线为 BL_1；当食物的价格为 2 美元/单位和 1 美元/单位时，预算线为 BL_2 和 BL_3。最优篮子为 A 篮子、B 篮子和 C 篮子。连接所有最优点的线叫作价格消费曲线。

（b）**食物的需求曲线**（以上面的最优选择图为基础）。价格越低，消费者购买的食物越多，所以需求曲线是向下倾斜的。

图中，有三条消费者的无差异曲线（U_1，U_2，U_3）。假设消费者的周收入为 40 美元，每单位衣服的价格 $P_y=4$ 美元。

假设消费者在食物和衣服的选择中包含三种不同的食物价格。首先，假设食物的价格 $P_x=4$ 美元/单位。当 $P_x=4$ 美元/单位、$P_y=4$ 美元/单位、$I=40$ 美元时，消费者的预算线用图中的 BL_1 表示。预算线 BL_1 的斜率为 $-P_x/P_y=-4/4=-1$。消费者的最优点为点 A，此时消费者消费 2 单位食物/周和 8 单位衣服/周。

当食物的价格下降到 $P_x=2$ 美元/单位时，将发生什么？由于收入和衣服的价格都不变，预算线的垂直截距不变。然而，正如我们在第 4 章中所看到的那样，水平截距右移（到 BL_2）。预算线 BL_2 的斜率为 $-P_x/P_y=-2/4=-1/2$。消费者的最优点为点 B，相应的周消费是 10 单位食物和 5 单位衣服。

最后，假设食物的价格下降为 $P_x=1$ 美元/单位。预算线向外旋转变为 BL_3，斜率为 $-P_x/P_y=-1/4$。消费者的最优点为点 C，周消费为 16 单位食物和 6 单位衣服。

下面介绍一种分析方法，这种方法可用于分析在消费两种物品时食物价格变化对消费者的影响：改变食物的价格，将所有消费最优点连接起来（假设衣服的价格和收入保持不变）。这条曲线叫作**价格消费曲线**（price consumption curve）。[①] 在图 5－1（a）中，最优点 A、B、C 位于价格消费曲线上。

显然，随着食物价格的下降，消费者的效用变大。当食物的价格为 4 美元/单位时（她选择点 A），她的效用为 U_1。当食物的价格为 2 美元/单位时（她选择点 B），她的效用升到 U_2。如果食物的价格下降到 1 美元/单位，她的效用升到更高的 U_3。

价格消费曲线：在收入和其他商品的价格保持不变的情况下，当一种商品的价格改变时，由消费者效用最大化篮子组成的集合。

改变价格：在需求曲线上移动

我们可以依据最优选择图图 5－1（a）画出图 5－1（b）中所显示的食物需求曲线。纵轴表示食物的价格，横轴表示食物的数量。

我们来看看这两张图是如何联系的。当食物的价格为 4 美元/单位时，消费者选择图 5－1（a）中的点 A，包含 2 单位食物。这和在图 5－1（b）中的点 A'对应。同样地，当食物的价格为 2 美元/单位时，消费者选择 10 单位食物，即图 5－1（a）中的点 B，这和图 5－1（b）中的点 B'对应。最后，对图 5－1（a）中的点 C，如果食物的价格下降到 1 美元/单位，消费者购买 16 单位食物，对应于图 5－1（b）中的点 C'。总之，食物价格的下降导致消费者对食物的需求量沿着食物的需求曲线向下和向右移动。

需求曲线也就是"支付意愿"曲线

在学习经济学时，有时候你会发现，将需求曲线作为消费者对一种物品的支付意愿是非常有用的。为什么这是正确的？在图 5－1（a）中，当消费者处于最优点 A 时（购买 2 单位食物），为购买额外的食物，她愿意支付的价格是多少？她愿意为另外一单位食物支付 4 美元。这是为什么呢？在点 A，食物替代衣服的边际替代率为 $MRS_{x,y}=1$。[②] 因此，在点 A，增加一单位食物与增加一单位衣服对她的效用是一样的。在衣服的价格为 4 美元/单位时，额外增加一单位食物的价格也是 4 美元。这个推理有助于我们理解为什么图 5－1（b）的需求曲线上的点 A'的价格为 4 美元。当消费者购买 2 单位食物时，额外一单位食物（她愿意支付的额外一单位食物）的价格为 4 美元。

在点 B，消费者的 $MRS_{x,y}$ 下降为 1/2；在点 C，她的 $MRS_{x,y}$ 下降到 1/4。因此，在点 B 处，额外一单位食物的价格为 2 美元（当她消费 10 单位食物时），在点 C 处为 1 美元（当她消费 16 单位食物时）。换句话说，消费的食物越多，她为增加一单位食物所愿意支付的价格就越低。

---

① 在一些书中，价格消费曲线也叫"价格扩张路径"。

② 在点 A，无差异曲线 U_1 和预算线 BL_1 相切，所以它们的斜率是相等的。预算线的斜率是 $-P_x/P_y=-1$。在点 A 的 $MRS_{x,y}$ 为无差异曲线斜率（和预算线）的负数，即 $MRS_{x,y}=1$。

□ 收入改变的影响

收入改变对消费者选择食物和衣服将产生怎样的影响？让我们来看最优选择图图 5-2（a）。在图 5-2（a）中，横轴（x）表示消费的食物数量，纵轴（y）表示消费的衣服数量。假设食物的价格为 $P_x=2$ 美元/单位，衣服的价格为 $P_y=4$ 美元/单位。当两种商品的价格都保持不变时，预算线的斜率为 $-P_x/P_y=-1/2$。

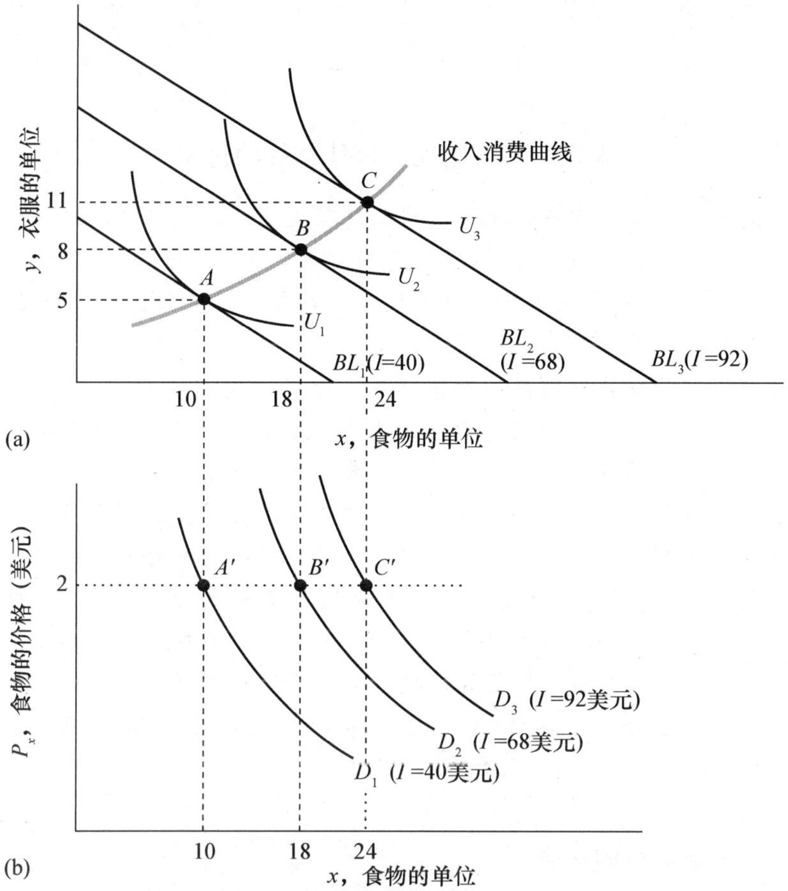

图 5-2　收入改变对消费的影响

说明：食物的价格为 $P_x=2$ 美元/单位，衣服的价格为 $P_y=4$ 美元/单位。当收入改变时，这两种商品的价格都保持不变。

（a）**最优选择图**。预算线表示三种不同的收入水平。所有预算线的斜率为 $-P_x/P_y=-1/2$。BL_1 是周收入为 40 美元时的预算线。同样地，BL_2 和 BL_3 分别为周收入是 68 美元和 92 美元时的预算线。当收入改变时，有一条线连接所有的最优点（点 A、点 B 和点 C）。这条线叫收入消费曲线。

（b）**食物的需求曲线**。当收入上升时，消费者的食物需求曲线外移。

在第 4 章，我们知道，收入增加会导致预算线平行向外移动。使用三个不同的收入水平和三条不同的无差异曲线（U_1，U_2，U_3），图 5-2（a）显示了消费者的预算线以及对食物和衣服的最优选择。最初，当消费者的周收入为 $I_1=40$ 美元时，预算线为 BL_1；她选择点 A，每周消费 10 单位食物和 5 单位衣服。当她的周收入上升到 $I_2=68$ 美元时，预算线外转，变为 BL_2。因此，她选择点 B，每周消费 18 单位食物和 8 单位衣服。如果周收入上升到 $I_3=92$ 美元，预算线为 BL_3，最优篮子为点 C，消费 24 单位食物和 11 单位衣服。

下面为描述收入改变对消费影响的一种方法：在价格保持不变时，将收入改变时的消费者选择的所有最优点连起来，这条线就叫作**收入消费曲线**（income consumption curve）。① 在图 5-2（a）中，最优点 A、B 和 C 位于收入消费曲线上。

收入消费曲线：在商品的价格保持不变的情况下，当收入变化时，由消费者效用最大化篮子组成的集合。

案例 5.1

人们为有线电视支付什么样的价格

在美国，对每一个家庭来说，有线电视都是其最重要的节目来源之一。有线电视最直接的竞争者是直播卫星（DBS）。最近，消费者有了第三个选择，通过互联网观看电视节目。最近 20 年来，对有线电视的公共政策一直在变。在 1984 年，对这个产业的管制放松了，有线系统快速地扩张了它们所提供的服务。然而，在 20 世纪 90 年代初，国会担心，当地有线运营商收取过高的价格会导致很多家庭难以有足够多的可选择项目。1992 年，国会通过一系列条例对这个产业加强管制。然后，到了 1996 年，由于认识到竞争有利于节目数量的增加，国会取消了大多数管制措施。

以下是此公共政策讨论的焦点：消费者愿意为有线电视服务支付多少钱？消费者对此产品价格改变的敏感性有多少？最近的一项研究显示，消费者对基本有线电视的价格需求弹性为−1.5，付费电视和直播卫星的价格需求弹性要比这个高。② 因此，价格提高 10%会导致减少 15%的订阅者。这个估计比 20 世纪 90 年代的要高，可能是由于现在消费者的选择比那时多。另一项研究发现，当付费有线电视费用提高很多时，很多订阅者就会转向直播卫星。③ 然而，该研究还发现，对当地体育节目，直播卫星和付费有线电视之间的交叉价格弹性比较小。付费有线电视提供当地体育节目，直播卫星则不提供。

改变收入：需求曲线的移动

在图 5-2（a）中，当收入增加时，消费者会购买更多的产品。换句话说，收入的增加导致每一种产品的需求曲线都向右移动。在图 5-2（b）中，我们描述了收入改变对食物需求曲线的影响。纵轴为食物的价格（固定在 2 美元/单位），横轴为食物的数量。当消费者的周收入为 40 美元时，每周购买 10 单位食物，这和图 5-2（b）中的需求曲线 D_1 上的点 A' 对应。如果周收入上升到 68 美元，她每周买 18 单位食物，这对应于需求曲线 D_2 上的点 B'。最后，如果周收入上升到 92 美元，她每周买 24 单位食物，

① 在一些书中，收入消费曲线也叫“收入扩张路径”。

② Austan Goolsbee and Amil Petrin, “The Consumer Gains from Direct Broadcast Satellites and the Competition with Cable TV.” *Econometrica* (2004), vol. 72, no. 2, pp. 359−381.

③ Andrew Wise and Kiran Duwadi, “Competition between Cable Television and Direct Broadcast Satellite: The Importance of Switching Costs and Regional Sports Networks,” *Journal of Competition Law & Economics* (2005), vol. 1, no. 4, pp. 679−705.

这对应于需求曲线 D_3 上的点 C'。

用同样的方法，你可以描述收入改变对衣服的需求曲线的影响（参考本章后面的习题 5.1）。

恩格尔曲线

另一种表示收入和消费者购买特定商品的关系的方法是**恩格尔曲线**（Engel curve）。它反映的是消费者的收入和购买商品的数量之间的关系。图 5-3 中的恩格尔曲线展示了消费者收入水平和购买商品数量的关系。横轴（x）表示食物的数量，纵轴（I）表示收入的水平。恩格尔曲线上的点 A'' 表示，当消费者的周收入为 40 美元时，她会购买 10 单位食物；点 B'' 表示，当周收入为 68 美元时，她会购买 18 单位食物；当周收入为 92 美元时，她会购买 24 单位食物（点 C''）。必须注意的是，在画恩格尔曲线时，必须保持所有商品的价格不变（食物的价格为 2 美元/单位和衣服的价格为 4 美元/单位）。不同的价格组合可以画出不同的恩格尔曲线。

恩格尔曲线： 在所有商品的价格保持不变时，一条表示产品的消费数量和收入水平之间的关系的曲线。

在图 5-2（a）中，收入消费曲线表示，当收入增加时，消费者会购买更多的食物。当这种情况发生时，这样的商品（食物）就叫作**正常品**（normal good）。正常品的恩格尔曲线有一个正的斜率，如图 5-3 所示。

正常品： 随消费者收入增加而增加消费的商品。

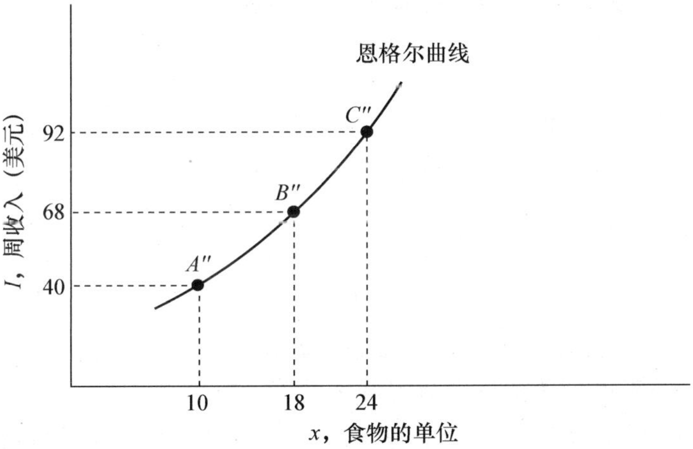

图 5-3 恩格尔曲线

说明：恩格尔曲线表示，在所有商品的价格保持不变时，收入和商品（上图中为食物）购买量之间的关系。每单位食物的价格为 2 美元，每单位衣服的价格为 4 美元。

从图 5-2（a）中我们可以看出，衣服是一种正常品。因此，如果画衣服的恩格尔曲线，纵轴表示收入，横轴表示衣服的数量，则恩格尔曲线的斜率必然是正的。边做边学习题 5.1 表明，如果一种商品的收入需求弹性为正，那么它的恩格尔曲线的斜率也是正的。

当收入增加时，对某一商品而言，消费者可能并不总是增加消费。当收入增加时，消费者对一种商品的购买数量下降，则说明这种商品是**劣等品**（inferior good）。假设消费者对热狗和另外一种商品组合的偏好如图 5-4（a）中所描述的。当收入非常低时，对消费者来说，热狗是正常品。例如，当月收入从 200 美元上升到 300 美元时，消费者的最优点从点 A 移动到点 B，他会购买更多的热狗。然而，当收入再增加时，消费者倾向于购买更少的热狗和更多的其他商品（如牛排或海鲜）。在图 5-4（a）中，收入消费曲线就说明了点 B 和点 C 间的这种可能性。在收入消费曲线的这个变化段内，热狗是劣等品。

劣等品： 随消费者收入增加而减少消费的商品。

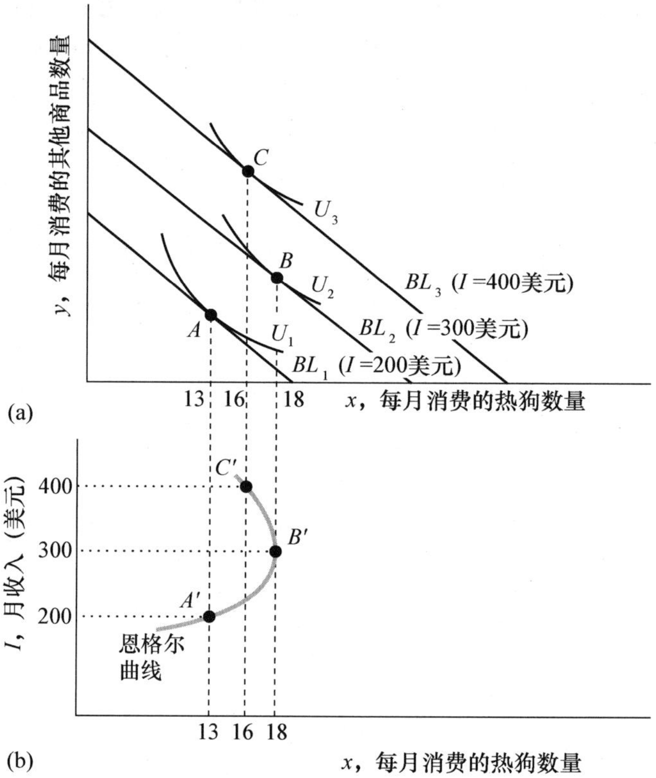

图 5-4　劣等品

说明：（a）当月收入从 200 美元上升到 300 美元时，消费者每月对热狗的消费从 13 单位（点 A）上升到 18 单位（点 B）。然而，当月收入从 300 美元上升到 400 美元时，消费者每月对热狗的消费从 18 单位下降到 16 单位（点 C）。

（b）在点 A' 和点 B' 之间（即月收入为 200～300 美元），热狗是正常品，此时恩格尔曲线的斜率为正。在点 B' 和点 C' 之间（即月收入为 300～400 美元），热狗是劣等品，恩格尔曲线的斜率为负。

热狗的恩格尔曲线如图 5-4（b）所示。当收入区间上恩格尔曲线的斜率为正时，热狗是正常品；当收入区间上恩格尔曲线的斜率为负时，热狗是劣等品。

边做边学习题 5.1 ☞

正常品的收入需求弹性是正的

问题：

某消费者喜欢参加摇滚音乐会和消费其他商品。用 x 表示他每年参加摇滚音乐会的次数，用 I 表示每年的收入。证明下面的说法是正确的：如果把摇滚音乐会当作正常品，则摇滚音乐会的收入需求弹性是正的。

解：

从第 2 章中我们已经知道，当所有价格保持不变时，收入需求弹性的定义为$\epsilon_{x,I}=(\Delta x/\Delta I)/(I/x)$。如果摇滚音乐会是正常品，那么$x$会随着收入$I$的增加而增加，所以$(\Delta x/\Delta I)>0$。由于收入$I$和摇滚音乐会的消费数量$x$都是正的，所以$(I/x)>0$也必然成立。因此，$\epsilon_{x,I}>0$。

相似习题：5.3，5.5

这个习题反映了一个普遍的规律：如果一种商品是正常品，那么它的收入需求弹性是正的。反之亦然：如果一种商品的收入需求弹性是正的，那么这种商品是正常品。

运用同样的推理，你也可以说明下面的论述是对的：(1) 劣质品的收入需求弹性是负的。(2) 如果一种商品的收入需求弹性是负的，那么它是劣质品。

案例 5.2

爱尔兰马铃薯饥荒

19 世纪初，爱尔兰的人口快速增长。将近一半的爱尔兰人靠小农场里的微薄收入生活。其他人由于无法依靠自己的农地生活，不得不向大地主租用土地进行生产。但这些大地主的地租非常高，租地种的农民也无利润可言。

由于非常穷，很多爱尔兰人依靠廉价的马铃薯生存。在《为什么爱尔兰饥饿》中，著名经济史学家莫基尔（Joel Mokyr）描述了 19 世纪 40 年代，马铃薯在爱尔兰人的食物结构中变得越来越重要：

> 在 19 世纪上半叶，爱尔兰人的食物结构毫无疑问地发生了极大变化。在 18 世纪的食物中，马铃薯被看成是各种蔬菜、乳制品、猪肉和鱼的补充而越来越重要。尽管存在有关 18 世纪爱尔兰食物的热情洋溢的报道，但是这并不具有代表性，因为这些食物只涉及那些不断萎缩的富裕农民阶层。在 19 世纪，食物情况变得更为糟糕。所有阶层的食物都变糟糕了。这是由于某些物资供给（如乳制品、鱼和蔬菜）的下降。其中最主要的原因是能买得起好食物的人数在相对下降。对马铃薯的依赖覆盖了所有阶层，对占总人口 2/3 的较低收入阶层来说尤其如此。[①]

莫基尔的描述说明，一个典型爱尔兰消费者的收入消费曲线就像图 5－4 所示的（马铃薯代替横轴的热狗）那样。对低收入者而言，马铃薯是正常品。当消费者是高收入者时，他们可以购买其他类型的食物，因此会减少对马铃薯的消费。

作为食物和一种收入来源，爱尔兰人高度依赖马铃薯，在 1845—1847 年，当植物病引起马铃薯产量下降时，引发危机就不奇怪了。在爱尔兰马铃薯危机中，大概有 75 万人死于饥饿或疾病，其他成千上万的人由于贫穷和饥荒被迫从爱尔兰移居国外。

① Joel Mokyr, *Why Ireland Starved: A Quantitative and Analytical History of the Irish Economy, 1800－1850* (London: George Allen and Unwin, 1983), pp. 11 and 12.

□ 收入或价格改变的影响：一种代数方法

到现在为止，我们使用图形方法来说明，一种商品的消费如何依赖于收入和价格，即当给定消费者的收入水平时，如何找出需求曲线的形状（如图 5－1 所示），以及当收入水平改变时，需求曲线会如何变化（如图 5－2 所示）。

我们也可以用代数方法描述需求曲线。也就是说，给定一个效用函数和预算约束，我们可以找到消费者需求函数的方程。下面用两个练习来说明这种代数方法。

下面练习（*a*）中的解和边做边学习题 4.2 的解很相似，在给定收入水平和价格时，找出食物和衣服的最优消费量。然而，边做边学习题 5.2 要更深入些。通过使用外生变量（P_x，P_y 和 I）来代替实际数字，可以得到需求方程，并通过它可以得到每一个价格和收入水平上的食物需求量。

边做边学习题 5.2 ☞

找到一条需求曲线（无角点）

一个消费者购买两种商品，食物和衣服。效用函数为 $U(x, y)=xy$，其中 x 表示食物的消费量，y 表示衣服的消费量。边际效用为 $MU_x=y$ 和 $MU_y=x$。食物的价格为 P_x/单位，衣服的价格为 P_y/单位，收入为 I。

问题：

(a) 证明食物的需求曲线方程为 $x=I/(2P_x)$。

(b) 食物是正常品吗？当收入为 $I=120$ 美元时，画出食物的需求曲线 D_1。当收入为 $I=200$ 美元时，画出需求曲线 D_2。

解：

(a) 在边做边学习题 3.3 中，我们知道，效用函数 $U(x, y)=xy$ 的无差异曲线凸向原点，并和坐标轴不相交，所有最优组合都位于效用曲线上，即消费者购买的食物和衣服数都大于 0。

我们怎样确定食物的最优选择？我们知道，内部最优解必须满足两种情况：

- 最优解位于预算线上，这意味着方程 $P_x x+P_y y=I$ 成立。
- 由于最优条件是内点的，并满足相切条件，方程（4.3）必须成立：$MU_x/MU_y=P_x/P_y$，或者 $y/x=P_x/P_y$ 或 $y=(P_x/P_y)x$。

将 $y=(P_x/P_y)x$ 代入预算约束 $P_x x+P_y y=I$ 中，得

$$P_x x+P_y\left(\frac{P_x}{P_y}x\right)=I$$

或

$$x=I/(2P_x)$$

这就是食物的需求曲线方程。给定消费者的收入和食物的价格，可以很容易地找到消费者消费的食物数量。

(b) 如果收入为 120 美元，需求曲线 D_1 的方程为 $x=120/(2P_x)=60/P_x$。如我们在图 5－5 中所做的一样，我们可以画出需求曲线。

当收入增加到 200 美元时，需求曲线向右移动，变为 D_2，该线的方程为 $x=200/(2P_x)=100/P_x$。因此，食物为正常品。

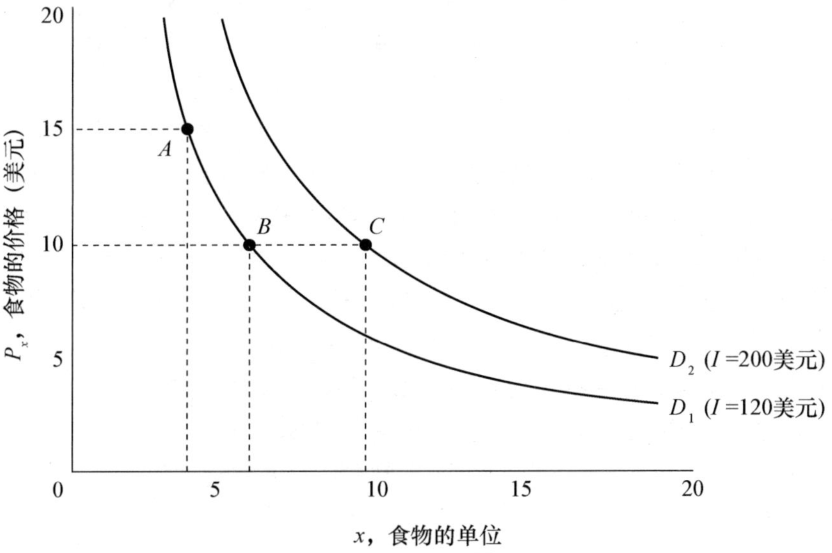

图 5－5　在不同收入水平下食物的需求曲线

说明：对食物 x 的需求量取决于食物的价格 P_x 和收入水平 I。代表食物需求量的方程为 $x=I/(2P_x)$。当收入为 120 美元时，需求曲线为图中的 D_1。如果食物的价格为 15 美元/单位，消费者购买 4 单位食物（点 A）；如果食物的价格下降到 10 美元/单位，消费者购买 6 单位食物（点 B）。如果收入上升到 200 美元，需求曲线向右移动，变为 D_2。在这种情况下，如果食物的价格为 10 美元/单位，消费者购买 10 单位食物（点 C）。

相似习题： 5.6，5.8

边做边学习题 5.3 ☞

找到一条需求曲线（有一个角点解）

一个消费者消费两种商品，食物和衣服。他的效用函数为 $U(x, y)=xy+10x$，其中 x 表示购买的食物数量，y 表示购买的衣服数量。边际效用为 $MU_x=y+10$ 和 $MU_y=x$。消费者的收入为 100 美元，食物的价格为 1 美元/单位，衣服的价格为 P_y/单位。

问题：

证明消费者衣服的需求曲线方程为

$$y=\frac{100-10p_y}{2p_y}（当\ p_y<10\ 时）$$

$$y=0（当\ p_y\geq 10\ 时）$$

并用此方程填写下面的表格，说明在衣服的每个价格下，消费者能购买多少数量的衣服（这些点都位于需求曲线上）。

P_y	2	4	5	10	12
y					

解：

在边做边学习题 4.3 中，我们知道，效用函数$U(x, y)=xy+10x$ 的无差异曲线都凸向原点并与 x 轴相交。这是由于，当消费者购买食物（$x>0$）而且不购买衣服（$y=0$）时，可以得到正效用。当衣服的价格太高时，他可能不会购买衣服（即选择一个角点解）。

我们怎样确定消费者对衣服的最优选择？如果他有内部最优解，那么他的最优选择在预算线上。这意味着，价格 x 和给定的收入要满足方程（4.1），即 $x+p_y y=100$。在内部最优解上，用方程（4.4）表示的相切条件必须成立，即 $MU_x/MU_y=P_x/P_y$，或$(y+10)/x=1/P_y$，或更简单的形式：$x=p_y y+10p_y$。

将 $x=p_y y+10p_y$ 代入预算线公式 $x+P_y y=100$ 中，得 $2P_y y+10P_y=100$，或 $y=(100-10p_y)/(2P_y)$。必须注意的是，当 $P_y<10$ 时，从此方程中解得的衣服需求量的值应该是正的。但如果 $P_y\geqslant 10$，$(100-10p_y)$ 为 0 或负值，那么消费者不会购买衣服（实际上，当 $P_y\geqslant 10$ 时，$y=0$，因为消费者购买的衣服数量不可能是负的）。也就是说，在 $P_y\geqslant 10$ 的情况下，消费者有一个角点解，即他只购买食物。

将此方程用于需求曲线，我们可以填表如下：

P_y	2	4	5	10	12
y	20	7.5	5	0	0

相似习题：5.12，5.16

5.2 一种商品价格的改变：替代效应与收入效应

在上一节中，我们分析了一种商品价格改变引起的所有效应。这里，我们将这种效应分为两部分：替代效应和收入效应。

- 当一种商品的价格下降时，相对其他商品来说，这种商品变得更便宜了。相反，如果这种商品的价格上升，相对其他商品来说，这种商品变得更贵了。在这两种情况下，消费者都经历了**替代效应**（substitution effect）——当一种商品的价格改变时，为了达到同样的效用水平，消费者改变这种商品的购买数量。例如，如果食物的价格下降，消费者可用更多的食物替代其他商品以达到同样的效用水平（即购买更多的食物和更少的其他商品）。类似地，如果食物的价格上升，消费者可用其他商品代替食物以达到同样的效用水平。
- 当一种商品的价格下降时，消费的购买力增加了。当价格下降时，消费可以购买同样数量的商品，还有剩余的钱用来购买更多的商品。相反，价格上升导致消费者购买力下降（即消费者已没有能力购买同样数量的商品）。因为价格上升对消费者的影响就像收入变化一样，这种购买力的变化就是**收入效应**（income effect）。也就是说，消费者认识到，价格改变意味着购买力的增加或减少，他可以通过消费更多或更少商品来增加或减少自己的效用。收入效应可以解释商品购买总数量变化中替代效应无法解释的部分。

替代效应：在效用水平和其他商品的价格保持不变的前提下，消费者消费商品的数量随商品的价格变化而变化。

收入效应：在所有商品的价格保持不变时，消费者消费商品的数量随购买力变化而变化。

当一种商品的价格改变时，替代效应和收入效应同时发生，导致消费从最初点（价格改变前）到最终点（价格改变后）的一个整体移动。为了更好地理解价格改变的所有效应，我们将它分解成两个部分——替代效应和收入效应。

在下面的讨论中，我们用价格下降来进行这种分析（边做边学习题 5.5 对价格上升进行了相应的分析）。

□ 替代效应

假设消费者购买两种商品，食物和衣服。这两种商品都有正的边际效用，而且食物的价格下降。替代效应就是为了达到同样的效用，消费者所购买食物的额外数量。图 5-6 所示的三个最优选择图表示，在价格改变时找到替代效应的步骤。

第一步：找出最初的消费组合（在最初价格为 P_{x_1} 时，消费者的选择）。如图 5-6（a）所示，当食物的价格为 P_{x_1} 时，消费者面临的预算线为 BL_1，他选择位于无差异曲线 U_1 上的点 A 以最大化效用。他购买的食物数量为 x_A。

第二步：找出最终的消费组合（当价格下降到 P_{x_2} 时，消费者的选择）。如图 5-6（b）所示，当食物的价格下降到 P_{x_2} 时，预算线向外旋转，变为 BL_2，消费者在无差异曲线 U_2 上的点 C 达到最大效用。他购买的食物数量为 x_C。因此，价格改变对食物数量总的影响为 $x_C - x_A$。可以预见的是，由于价格下降，消费者会认识到，他可以达到一个更高的效用水平。因此，最初的选择点 A 必然位于新预算线 BL_2 内部。

第三步：找出分解点，使我们分辨出数量改变中由替代效应引起的那部分变化。只要记住下面两点，我们就可以找到这样的点。首先，分解点反映了价格的下降，所以它一定位于和预算线 BL_2 平行的预算线上。其次，分解点反映了在价格下降后，消费者维持最初效用水平的情况，这一点必须是预算线和无差异曲线 U_1 的切点。如图 5-6（c）所示，预算线 BL_d（分解预算线）上的点 B（分解点）满足这两个条件。在点 B，消费者购买的食物数量为 x_B。因此，消费者从点 A 移动到点 B 就是由替代效应解释的部分，即食物购买数量总效应中由替代效应解释的部分为（$x_B - x_A$）。

□ 收入效应

在图 5-6 中，假设消费者的收入为 I。当食物的价格为 P_{x_1} 时，他能购买的商品组合都位于预算线 BL_1 上；当食物的价格为 P_{x_2} 时，他能购买的商品组合都位于预算线 BL_2 上。分解预算线 BL_d 位于预算线 BL_2 内，这意味着，要达到预算线 BL_d 上点所需的收入 I_d 少于位于预算线 BL_2 上点所需的收入 I。点 A（位于预算线 BL_1 上）和点 B（位于预算线 BL_d 上）位于同一条无差异曲线 U_1 上（即点 A 和点 B 带给消费者的效用是一样的）。也就是说，以上两种情况对消费者来说是无差异的：（1）较高的收入 I 和较高的食物价格 P_{x_1}（即购买点 A 组合）。（2）较低的收入 I_d 和较低的食物价格 P_{x_2}

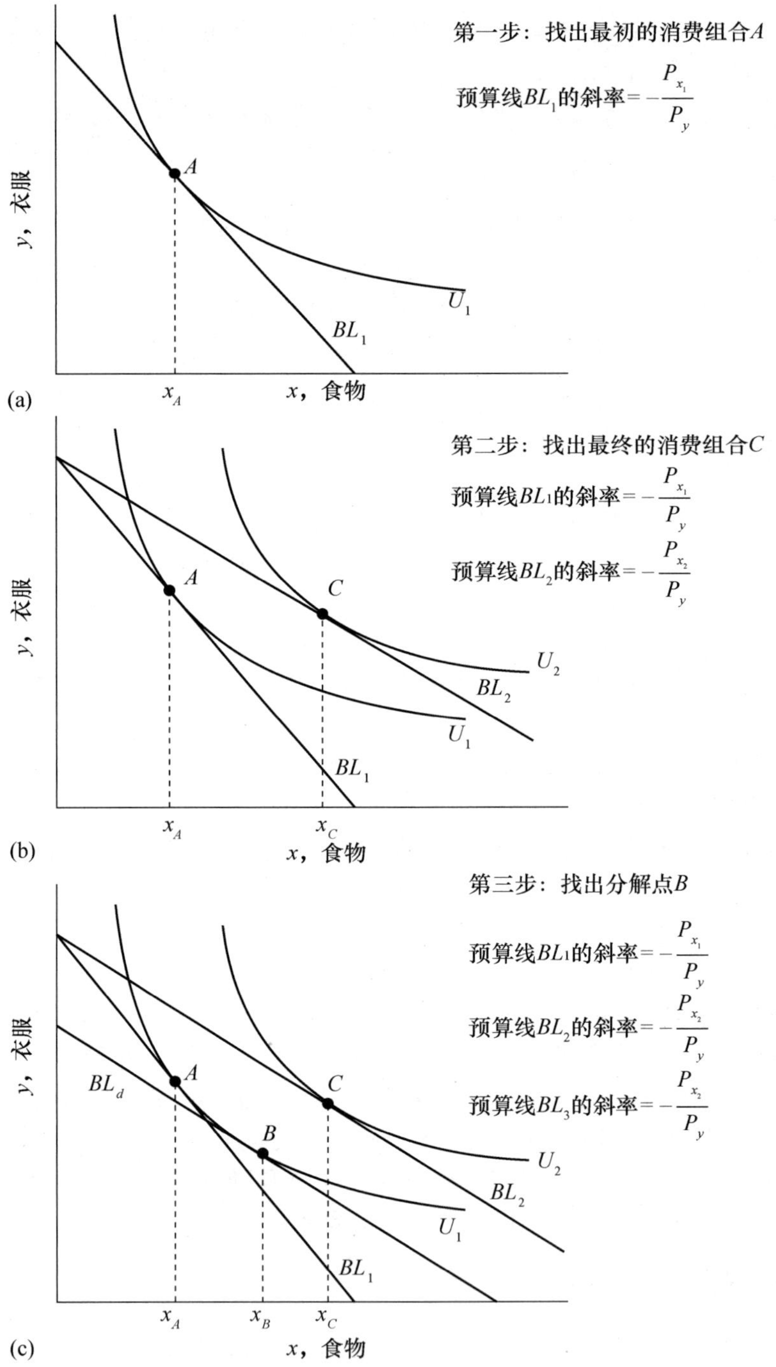

图 5－6　收入效应和替代效应：例 1（x 是正常品）

说明：当食物的价格从 P_{x_1} 降到 P_{x_2} 时，替代效应导致食物消费量从 x_A 增加到 x_B（替代效应是 x_B-x_A）。收入效应导致食物消费量从 x_B 增加到 x_C（收入效应为 x_C-x_B）。总的食物消费量变化是（x_C-x_A）当一种商品是正常品时，收入效应和替代效应相互强化。

（即购买点 B 组合）。换言之，如果能以一个较低的价格 P_{x_2} 购买食物，消费者愿意将收入降到 I_d。

下面，我们来找出收入效应，即当效用改变时，消费者改变一种商品的购买数量。在图 5-6 所示的例子中，从点 A 到点 B 的移动（由替代效应发生的移动）并没有反映效用的改变。如上所述，我们可以将这种移动归结为收入从 I 降到 I_d，同时价格从 P_{x_1} 降到 P_{x_2} 的结果。实际上，当食物的价格下降时，消费者的收入并没有下降，所以他的效用水平是上升的，我们将此解释为对“失去”收入的“补偿”。当我们这样做时，预算线从 BL_d 移动到 BL_2，消费者的最优选择从点 B（在预算线 BL_d 上）移动到点 C（在预算线 BL_2 上）。因此，从分解点 B 运动到最终点 C 的收入效应（也就是，食物购买数量总效应中由收入效应解释的部分）为 x_C-x_B。

总之，当食物价格从 P_{x_1} 下降到 P_{x_2} 时，总的食物消费量变化是（x_C-x_A）。这又可以分解为替代效应（x_B-x_A）和收入效应（x_C-x_B）。将替代效应和收入效应相加，我们就得到了总的消费量变化。

□ 商品为非正常品时的收入效应和替代效应

图 5-6 所示图形反映的是正常品（如食物）的情况（我们称它为例 1）。当食物的价格下降时，收入效应导致食物消费量增加。因为边际替代率递减，替代效应也会导致食物消费量的增加。这样，收入效应和替代效应的作用方向是一样的。当价格下降时，食物的需求量上升，因此食物的需求曲线是向下倾斜的。（类似地，如果食物的价格上升，两种效应都是负的。如果食物的价格上升，消费者对食物的购买量就会减少。）

然而，收入效应和替代效应的作用方向并不总是同方向的。考虑图 5-7 中的例 2［代替图 5-6 中的三个图形，我们只画了最终的一张图，和图 5-6（c）类似，包括最初的商品组合、最终的商品组合和分解点］。最终商品组合（点 C）位于分解点 B 的正上方。当预算线从 BL_d 移动到 BL_2 时，食物的消费量不变。因此，收入效应为零（$x_C-x_B=0$）。在这种

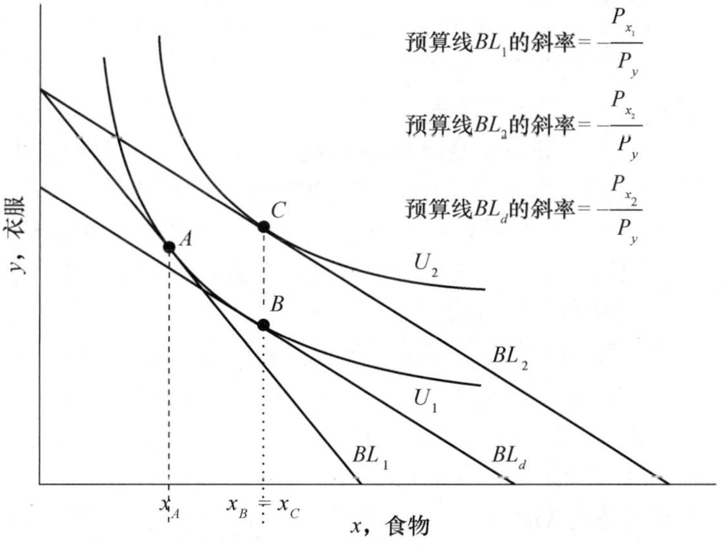

图 5-7　收入效应和替代效应：例 2（x 既不是正常品也不是劣等品）

说明：当食物的价格从 P_{x_1} 降到 P_{x_2} 时，替代效应导致食物消费量从 x_A 增加到 x_B（替代效应是 x_B-x_A）。由于 $x_C=x_B$，收入效应为零（收入效应为 $x_C-x_B=0$）。所以，对食物的总效应为 x_C-x_A。

情况下，食物价格降低导致一个正的替代效应（$x_B-x_A>0$）和零收入效应。因为当价格变低时，消费者增加对食物的购买量（$x_C-x_A>0$），所以食物的需求曲线仍是向下倾斜的。

收入效应和替代效应的作用方向甚至可能是相反的，如图 5-8 中的例 3 所示。当食物是劣等品时，无差异曲线显示收入效应是负的（即最终的商品组合 C 在分解点 B 的左边）；当预算线从 BL_d 向外移动变为 BL_2 时，食物的消费量减少（$x_C-x_B<0$）。相反，替代效应还是正的（$x_B-x_A>0$）。在这种情况下，由于替代效应大于收入效应，食物总消费量的改变还是正的（$x_C-x_A>0$）。所以，食物的需求曲线还是向下倾斜的。

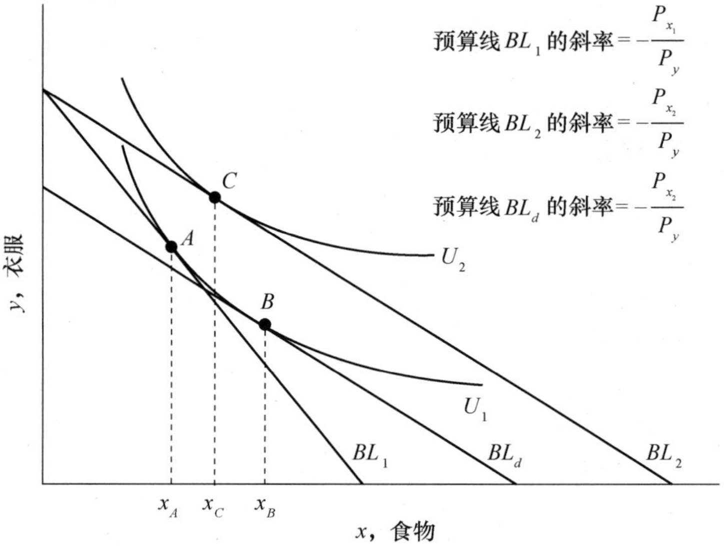

图 5-8　收入效应和替代效应：例 3（x 是劣等品），有一条向下倾斜的需求曲线

说明：当食物的价格从 P_{x_1} 下降到 P_{x_2} 时，替代效应导致食物消费量从 x_A 增加到 x_B（替代效应是 x_B-x_A）。收入效应为负（$x_C-x_B<0$）。对食物的总效应为 $x_C-x_A>0$。劣等品的替代效应和收入效应的方向是相反的。

图 5-9 中的例 4 显示了**吉芬商品**（Giffen good）的情形。在这个例子中，无差异曲线说明，食物是一种强劣等品。最终的商品组合 C 不仅位于分解点 B 的左边，同样位于最初点 A 的左边。收入效应是负的，并且超过了正的替代效应。

图 5-9 所示例 4 的食物需求曲线又是怎样的？当食物的价格从 P_{x_1} 下降到 P_{x_2} 时，食物的消费量从 x_A 下降到 x_C。在这个价格区域内，食物的需求曲线是向上倾斜的。吉芬商品有一段需求曲线是向上倾斜的。

我们已经注意到，对一些消费者来说，有些食物是劣等品。例如，当你收入上升时，因为你可能决定吃更多的牛排和更少的热狗，所以你对热狗的消费可能会下降。对劣等品的消费通常只占消费者收入的一小部分，因此个别商品的收入效应通常并不大。最大的收入效应通常都跟正常品（如食物和房子）联系，而不是和劣等品联系。对一种劣等品而言，如果收入效应超过替代效应，那么收入需求弹性是负的，并且对该商品的支出占消费者预算的比重也非常大。因此，吉芬商品虽然非常有趣，但它和现实关系并不大。

吉芬商品：收入效应超过替代效应的强劣等品。在某个价格区域内，它的需求曲线是向上倾斜的。

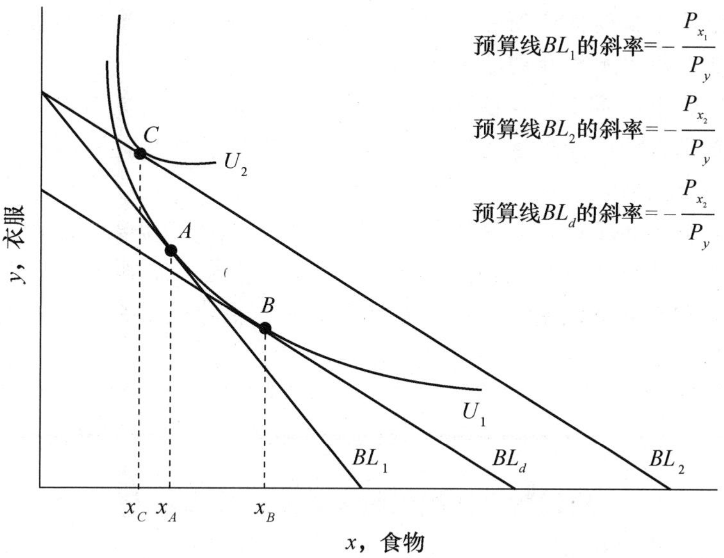

图 5-9　收入效应和替代效应：例 4（x 是吉芬商品）

说明：当食物的价格从 P_{x_1} 下降到 P_{x_2} 时，替代效应导致食物消费量从 x_A 增加到 x_B（替代效应是 x_B-x_A）。收入效应为负（$x_C-x_B<0$）。对食物的总效应为负（$x_C-x_A<0$）。

研究人员花了很长时间用于确定，吉芬商品对人类来说是否存在。一些经济学家指出，爱尔兰马铃薯饥荒比较接近吉芬商品（见案例 5.2）。然而，正如莫基尔所观察的那样："对低收入人群来说，马铃薯是一种很好的正常品。对可以负担其他种类食物的高收入人群而言，他们消费更少的马铃薯"。因此，在收入较低的情况下，当马铃薯的支出占消费者总支出的比例很大时，马铃薯也许就不是劣等品。这就解释了，为什么研究人员无法发现马铃薯在那个时候已成为吉芬商品。

案例 5.3

老鼠对价格改变的反应

在第 2 章中，我们引用的研究表明：由于很多商品是可以互相替代的，所以消费者对这些商品和服务的需求曲线是负斜率的。在 20 世纪 80 年代初期，一些经济学家设计了许多的实验来研究老鼠对价格相对改变时的反应。在第一个实验中，在不同的容器中，给白鼠提供了根汁汽水和鸡尾酒的混合液。为换取一单位饮料，一只老鼠可以通过按操作杆的次数来支付"价格"。研究人员允许老鼠每天以一个固定的数量按操作杆，这就是老鼠的收入。

每只老鼠都可以选择它最初的饮料组合。然后，研究人员通过改变老鼠换取每单位饮料所需按操作杆的数量来改变饮料的价格。老鼠的收入也可以进行调整，以使得它可以购买最初的组合。研究人员发现，老鼠会改变其消费方式。在食物价格较低时，选择消费更多的饮料。老鼠的选择说明，当一种饮料的价格改变时，它们愿意用一种饮料替代另一种。

在第二个实验中，给老鼠提供了一系列类似在食物和水之间的选择。当相对价格改变时，老鼠乐意用价格较低的商品进行一些有限的替代。但在这个实验中，交叉价格需求弹性就比较低，因为水和食物不能很好地相互替代。

在第三个实验中，研究人员设计了一个实验来验证，对老鼠来说，吉芬商品是否存在。让老鼠在奎宁水和根汁汽水之间进行选择。研究人员发现，对老鼠来说，奎宁水是劣等品。他们将老鼠的收入水平减少，使老鼠将大部分预算用在奎宁水上。这是有可能发现吉芬商品的合适环境。当一种低档商品（奎宁水）占消费者支出比例的大部分时，理论估计这样的商品很有可能是吉芬商品。当研究人员降低奎宁水的价格时，他们发现，老鼠实际上会换取更少的奎宁水，并购买更多的根汁汽水。研究人员认为，对老鼠来说，奎宁水是吉芬商品。①

边做边学习题 5.4

用代数方法找出收入效应和替代效应

在边做边学习题 4.2 和 5.2 中，消费者购买两种商品，食物和衣服。他的效用函数为 $U(x, y)=xy$，其中，x 代表食物的数量，y 代表衣服的数量。边际效用为 $MU_x=y$，$MU_y=x$。假设每周的收入为 72 美元，衣服的价格为 $P_y=1$ 美元/单位。最初食物的价格为 $P_{x_1}=9$ 美元/单位，随后价格下降为 $P_{x_2}=4$ 美元/单位。

问题：

找出食物收入效应和替代效应的数值，并用图把结果画出来。

解：

为找到收入效应和替代效应，我们采用之前所描述的方法。

第一步：当食物的价格为 9 美元/单位时，找到最初的商品组合 A。我们知道，在最优点，下面两个条件必须满足。第一，最优选择必须位于预算线上。这意味着 $P_x x+P_y y=I$；在本题中，$9x+y=72$。

第二，如果最优选择是内点解，那么相切条件必须满足。从方程（4.3）中我们知道，在切点上有 $MU_x/MU_y=P_x/P_y$。结合本题给出的条件，可以简化为 $y=9x$。

我们求解这两个方程，得到 $x=4$ 和 $y=36$。所以，在点 A，消费者每周购买 4 单位食物和 36 单位衣服。

第二步：当食物的价格为 4 美元/单位时，找到最终的商品组合 C。重复第一步，现在食物的价格为 4 美元/单位；同样有包含两个未知量的两个方程：

$4x+y=72$（从预算线中得到）

$y=4x$（来自相切条件）

解这两个方程，得到 $x=9$ 和 $y=36$。所以，在点 C，消费者每周购买 9 单位食物、36 单位衣服。

① See J. Kagel, R. Battalio, H. Rachlin, L. Green, R. Basmann, and W. Klemm, "Experimental Studies of Consumer Demand Behavior," *Economic Inquiry* (March 1975): 22－38; and J. Kagel, R. Battalio, H. Rachlin, and L. Green, "Demand Curves for Animal Consumers," *Quarterly Journal of Economics* (February 1981): 1–16; and R. Battalio, J. Kagel, and C. Kogut, "Experimental Confirmation of the Existence of a Giffen Good," *American Economic Review* (September 1991): 961–970.

第三步：找到分解点 B。分解点必须满足下列两个条件：第一，它必须和点 A 一起位于最初的无差异曲线 U_1 上。消费者的效用函数为 $U(x, y)=xy$。所以，在点 A，效用 $U_1=4\times36=144$。在点 B，食物和衣服的数量必须满足 $xy=144$。第二，分解点是分解预算线和无差异曲线相切的点。分解预算线上的食物价格 P_x 就是最终的价格 4 美元/单位。当相切时，$MU_x/MU_y=P_x/P_y$，也就是 $y/x=4/1$，或 $y=4x$。我们解 $xy=144$ 和 $y=4x$ 这两个方程，可以得到在分解点上，食物 $x=6$，衣服 $y=24$。

现在我们找出收入效应和替代效应。替代效应就是当消费者在无差异曲线 U_1 上从点 A（此时，他购买 4 单位食物）移动到点 B（此时，他购买 6 单位食物）时增加的食物购买量。因此，替代效应就是 6－4＝2 单位食物。

收入效应是从点 B（此时，他购买 6 单位食物）移动到点 C（此时，他购买 9 单位食物）时增加的食物购买量。收入效应是 9－6＝3 单位食物。

图 5－10 画出了收入效应和替代效应。在这个问题中，食物是正常品。同预期一样，收入效应和替代效应有相同的方向。随着食物价格的下降，所购买食物的数量在增加，因此，消费者对食物的需求曲线是向下倾斜的。

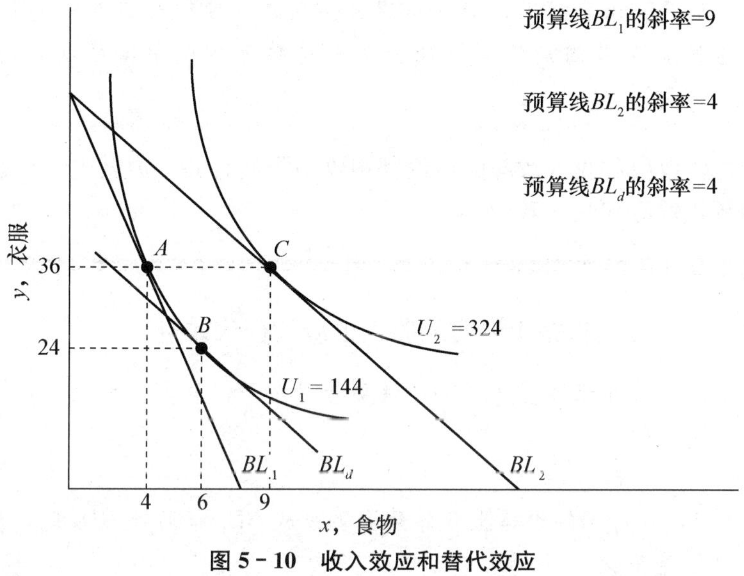

图 5－10　收入效应和替代效应

说明：当食物的价格从 9 美元/单位下降到 4 美元/单位时，替代效应导致食物的消费量从 4 单位（位于最初点 A）上升到 6 单位（位于分解点 B）。因此，替代效应为 6－4＝2 单位食物。收入效应为消费者从分解点 B（此时购买 6 单位食物）移动到最终点 C（此时购买 9 单位食物）时食物消费量的改变，因此收入效应为 9－6＝3 单位食物。

相似习题： 5.20

案例 5.4

经济学家最终找到了吉芬商品？中国的大米和面条

100 多年来，经济学家一直在寻找吉芬商品存在的可信证据。这些研究关注那些占消费者收入很大比例的劣等品。如前面所提到的那样，对很多低收入消费者来说，他们将收入的大部分用于购买马铃薯，马铃薯并不是劣等品，研究人员也就不能将 19 世纪

40年代爱尔兰的马铃薯作为吉芬商品。

经济学家麦肯齐（David McKenzie）分析了从1994年到1996年墨西哥的玉米饼需求。该时期是平均收入下降和玉米饼价格急剧上升的时期。[①] 麦肯齐发现，低收入消费者通常将大部分收入消费在玉米饼上。但他发现，对收入水平很低的消费者来说，玉米饼是一种正常品。因此，对这部分消费者来说，玉米饼不是吉芬商品。他发现对高收入消费者来说，玉米饼是劣等品。因此，玉米饼的恩格尔曲线类似于图5-4（b）。但他认为，也不能由此就得出，对高收入消费者来说，玉米饼就是吉芬商品。

最近，两个经济学家的一项研究声称，他们首次发现了吉芬商品的证据。在2006年，詹森（Jensen）和米勒（Miller）对中国的湖南省和甘肃省进行了实地调查。[②] 在湖南，大米是当地人的主食；在甘肃，小麦是主食（以馒头和面条的方式食用）。詹森和米勒随机选择家庭，并给这些家庭5个月的大米价格补贴或5个月的小麦面粉价格补贴。数据包括享受价格补贴的家庭和不享受价格补贴的家庭。他们的数据显示，对湖南的部分消费者而言，大米是吉芬商品；有较弱的证据显示，在甘肃，小麦面粉是一种吉芬商品。同玉米饼一样，对一定收入的人来说，大米和小麦面粉是正常品，对其他人来说却是劣等品。詹森和米勒指出，很多研究试图从总消费和价格数据中寻找吉芬商品，这无法找出有劣等品需求的消费者；减少对汇总数据的使用，可能有助于寻找吉芬商品。

以上关于替代效应和收入效应的讨论都跟价格降低有关。边做边学习题5.5将显示价格上升时的替代效应和收入效应。

边做边学习题5.5 ☞

价格上升时的收入效应和替代效应

图5-11中的无差异曲线描述了一个消费者对房子x和其他商品y的偏好。两种商品的边际效用都是正的。

问题：

依据图5-11，当房子的价格上升导致预算线从BL_1移动到BL_2时，房子的收入效应和替代效应分别是多少？

解：

在房子的最初价格上，消费者的预算线为BL_1，消费者的最优选择是点A，消费者达到无差异曲线U_1。当房子的价格上升时，消费者的预算线为BL_2，消费者的最优选择为点C，消费者达到无差异曲线U_2。

下面画出分解预算线BL_d。分解预算线BL_d和最终预算线BL_2平行，分解点B是分解预算线BL_d和最初无差异曲线U_1的切点。（学生经常认为，分解点位于最终无差异曲线上而不是最初无差异曲线上。这是错误的。）随着我们从最初的消费组合A移动

---

① 该例来自David McKenzie，“Are Tortillas a Giffen Good in Mexico?” *Economics Bulletin* 15，no. 1，(2002)：1-7。

② Robert Jensen and Nolan Miller，“Giffen Behavior：Theory and Evidence，” National Bureau of Economic Research，Working Paper，July 2007.

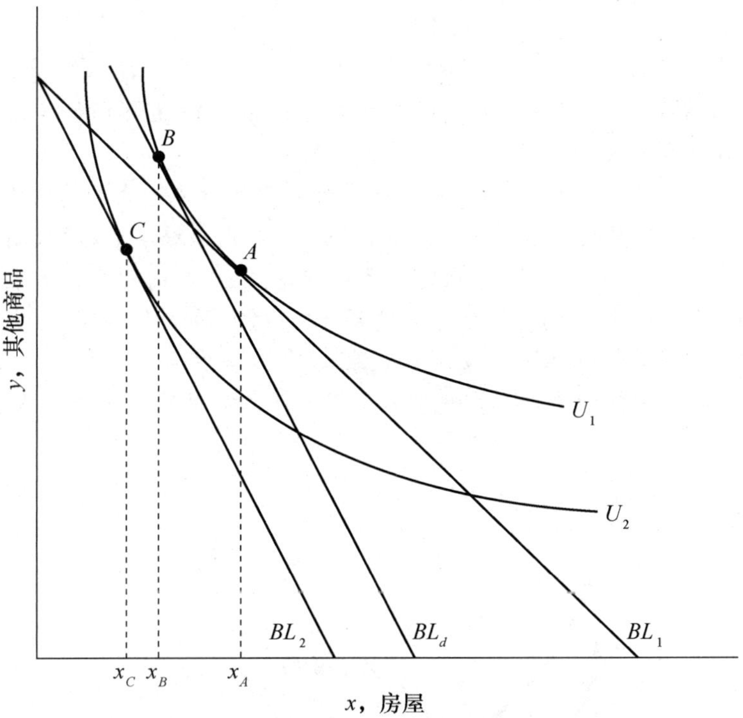

图 5-11　价格上升时的收入效应和替代效应

说明：在最初点 A（位于预算线 BL_1 上），消费者购买 x_A 单位食物。在最终点 C（位于预算线 BL_2 上），消费者购买 x_C 单位食物。在分解点 B（位于预算线 BL_d 上），消费者购买 x_B 单位食物，替代效应为 x_B-x_A，收入效应为 x_C-x_B。

到分解点 B，房子的消费量从 x_A 下降到 x_B。因此，替代效应为（x_B-x_A）。消费者从分解点 B 移动到最终点 C 时房子的消费量变化就是收入效应。收入效应为（x_C-x_B）。

相似习题：5.9，5.21，5.33

边做边学习题 5.6 ☞

拟线性效用函数的收入效应和替代效应

有个喜欢巧克力的大学生，她每天有 10 美元的预算。在那个收入水平下，她购买 x 单位巧克力和 y 单位复合商品。复合商品 y 的价格为 1 美元/单位。

拟线性效用函数 $U(x,y)=2\sqrt{x}+y$ 代表该大学生的偏好（参考第 3 章有关这种效用函数的讨论），$MU_x=1/\sqrt{x}$，$MU_y=1$。

问题：

(a) 假设巧克力的最初价格为每盎司 0.5 美元，消费者的最优选择包含多少盎司巧克力和多少单位复合商品？

(b) 假设巧克力的价格下降为每盎司 0.2 美元，最优选择包含多少盎司巧克力和多少单位复合商品？

(c) 巧克力价格下降的替代效应和收入效应是多少？用图将这些效应描述出来。

解：

(a) 在最优内点解上，必然有 $MU_x/MU_y=P_x/P_y$ 或 $1/\sqrt{x}=P_x$。因此，该大学生对巧克力的需求曲线为 $x=1/(P_x)^2$。当巧克力的价格为每盎司 0.5 美元时，她每天购买 $1/(0.5)^2=4$ 盎司巧克力。

我们可以从预算线方程 $P_xx+P_yy=I$ 求得该大学生对复合商品的需求量。从已知条件中，我们可以得出预算线方程为 $0.5\times4+1\times y=10$，所以该学生购买 8 单位复合商品。

(b) 当价格下降到 0.2 美元/盎司时，我们使用 (a) 中的巧克力需求曲线来求消费者对巧克力的需求。在较低的价格下，她购买 $x=1/(0.2)^2=25$ 盎司巧克力。现在的预算线方程为 $0.2\times25+1\times y=10$，她购买 $y=5$ 单位复合商品。

(c) 在这个问题的前两个部分，我们找到了关于最初的商品消费组合 A 和最终的商品消费组合 C。图 5-12 显示了这些点。

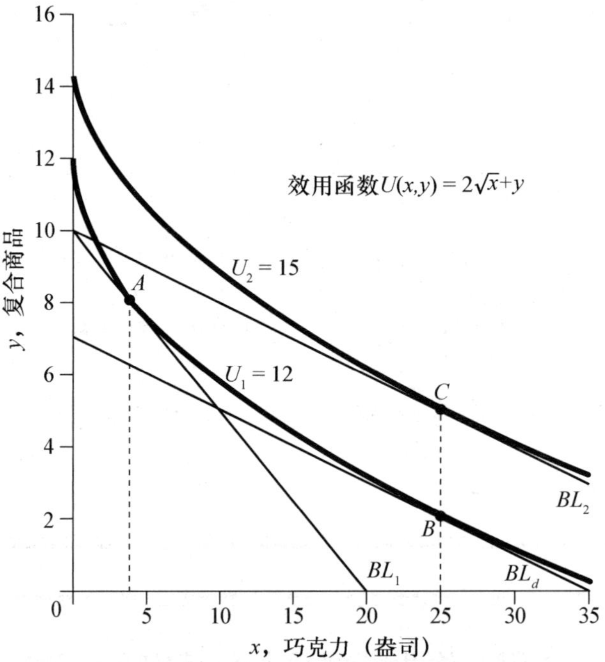

图 5-12　拟线性效用函数的收入效应和替代效应

说明：最初的商品消费组合 A 位于预算线 BL_1 上，消费者以价格 0.5 美元/盎司购买了 4 盎司巧克力。最终商品消费组合 C 位于预算线 BL_2 上，消费者以价格 0.2 美元/盎司购买了 25 盎司巧克力。对分解预算线 BL_d 上的分解点 B，消费者也以价格 0.2 美元/盎司购买了 25 盎司巧克力。替代效应为 $25-4=21$ 盎司，收入效应为 $25-25=0$ 盎司。

为了找到收入效应和替代效应，我们需要找到分解点 B。关于点 B，我们知道两点：第一，消费者在点 B 的效用和在最初点 A 的效用一样（即当 $x=4$、$y=8$ 时，效用 $U_1=2\sqrt{4}+8=12$）。因此，在点 B，$2\sqrt{x}+y=12$。第二，分解预算线在点 B 的斜率必须和最终预算线在点 C 的斜率相等（即 $MU_x/MU_y=P_x/P_y$）。给定 $MU_x=1/\sqrt{x}$，$MU_y=1$ 且在点 C，$P_x=0.20$，$P_y=1$，方程可简化为 $1/\sqrt{x}=0.20$。解这两个方程，我们得到在点 B，$x=25$ 和 $y=2$。点 B 如图 5-12 所示。

随着消费者从最初点 A（她购买 4 盎司巧克力）移动到分解点 B（她购买 25 盎司

巧克力)，替代效应就是消费者购买巧克力的变化量。巧克力的替代效应是 25－4＝21 盎司。收入效应是当消费者从分解点 B 移动到最终点 C 时所购买巧克力的变化量。因为她在点 B 和点 C 所购买巧克力的数量是一样的，所以收入效应为零。

边做边学习题 5.6 中描述的拟线性效用函数有一个特性：复合商品 y 的边际效用为常量，无差异曲线凸向原点。在价格不变的情况下，在最优内点解上，当收入改变时，消费者对 x 的购买量不变。换句话说，收入消费曲线在图中是一条垂直的线，如图 5－7 所示，商品 x 价格改变产生的收入效应为零。

5.3 一种商品价格的变化：消费者剩余的概念

消费者剩余（consumer surplus）是消费者在购买一件商品时愿意支付的最大价格和他在市场上购买这件商品时实际支付价格的差额。因此，消费者剩余衡量了在购买商品时消费者的净收益，也可以作为一个度量价格改变对消费者福利影响的工具。在本节中，我们从两个不同的角度观察这种影响：第一，看需求曲线；第二，看最优选择图。

消费者剩余： 消费者在购买一件商品时愿意支付的最大价格和他在市场上购买这件商品时实际支付价格的差额。

□ 从需求曲线理解消费者剩余

在之前的章节中，在知道效用函数的情况下，我们讨论了价格改变对消费者选择和效用的影响。如果我们不知道效用函数，但我们知道需求曲线的方程，我们就可以用消费者剩余的概念来衡量价格改变对消费者的影响。

让我们从一个例子开始。假设你正考虑买一辆特定的汽车，而且你愿意为它支付的价格为 15 000 美元；但你支付 12 000 美元就可以在市场上买到这辆车。因为愿意支付的数量超过了实际的支付，所以你会购买它。当这么做时，你从这项购买中获得了 3 000 美元的消费者剩余。消费者剩余就是消费者从一项购买中获得的经济净效益，也就是消费者愿意支付的最大价格（15 000 美元）和实际支付价格（12 000 美元）的差额。

当然，对多种类型的商品，你可能愿意购买的数量多于 1 单位。对这样的一件商品，你就会有一条需求曲线。需求曲线代表了你愿意为商品支付的价格。假设你喜欢打网球，并且以每小时的时间来租用网球场。你对网球场租用时间的需求曲线如图 5－13 所示。图 5－13 显示，每个月你为使用网球场的第一个小时愿意支付的价格为 25 美元，第二个小时为 23 美元，第三个小时为 21 美元，等等。因为你打网球的边际效用是递减的，你的需求曲线是向下倾斜的。

假设你每小时必须支付 10 美元去租用球场。在那个价格下，你的需求曲线表明，你在那个月已经打了 8 小时网球。因为你在第八个小时愿意支付的价格为 11 美元，在第九个小时愿意支付的价格仅为 9 美元，打得越多所支付的价格就越低。

你每个月打 8 小时网球的消费者剩余是多少？为了计算消费者剩余，我们将你消费

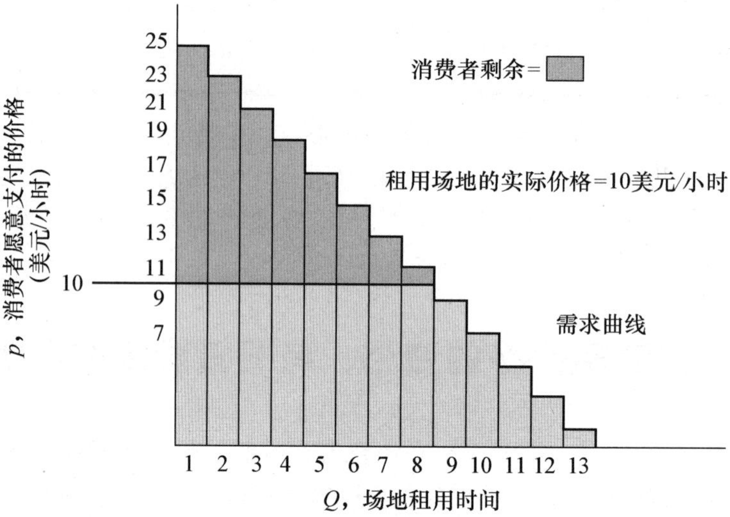

图 5-13　消费者剩余和需求曲线

说明：需求曲线下的深色阴影部分，且在消费者必须支付的 10 美元/小时以上的部分，就是消费者额外使用网球场一小时的消费者剩余。从购买 8 小时的球场时间中，消费者获得的消费者剩余为 64 美元。

的每单位的消费者剩余加起来。第一个小时的消费者剩余为 15 美元（你愿意支付 25 美元打网球，但实际支付了 10 美元）；第二个小时的消费者剩余为 13 美元。每个月使用网球场 8 小时的消费者剩余为 64 美元（8 小时的消费者剩余的总和，等于 15＋13＋11＋9＋7＋5＋3＋1）。

如这个例子所示，消费者剩余是消费者为商品支付价格以上和需求曲线以下的区域。我们用一系列“条线形”需求曲线来帮助我们理解每单位的消费者剩余。实际上，需求曲线是平滑的，而且可以用代数方程来表示。对平滑的需求曲线来说，消费者剩余的概念和上面的是一样的。

如我们将要说明的，在价格改变情况下，只有在消费者的收入效应为零时，需求曲线以下区域才可以衡量消费者的净效益。这可能是一个合理的假设，但不容易满足。因此，在一般情况下，需求曲线以下区域不能准确地衡量消费者的净效益。但现在我们假设不存在收入效应，就不需要考虑这么复杂了。

边做边学习题 5.7 ☞

消费者剩余：从需求曲线求取

假设方程 $Q=40-4P$ 代表消费者对牛奶的月需求曲线。当每加仑牛奶的价格为 P 美元时，Q 加仑代表消费者购买的牛奶的数量。

问题：

(a) 当每加仑牛奶的价格为 3 美元时，每个月的消费者剩余是多少？

(b) 当每加仑牛奶的价格为 2 美元时，消费者剩余增加多少？

解：

(a) 图 5-14 显示了牛奶的需求曲线。当价格为 3 美元/加仑时，消费者购买 28 加仑牛奶。消费者剩余是需求曲线以下、3 美元以上的区域——三角形 G 的面积，或者 $(1/2)(10-3)\times 28=98$ 美元。

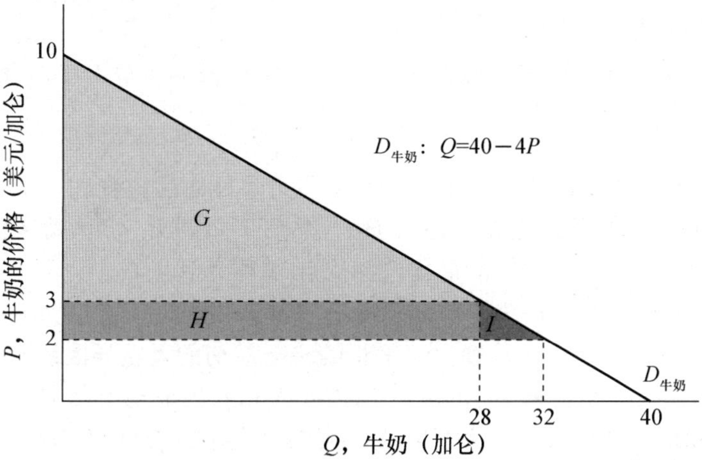

图 5－14　消费者剩余和需求曲线

说明：当牛奶的价格为每加仑 3 美元时，消费者剩余是三角形 G 的面积＝98 美元；如果牛奶的价格下降到每加仑 2 美元，增加的消费者剩余＝面积 H(28 美元)＋面积 I(2 美元)＝30 美元。当价格为每加仑 2 美元时，总的消费者剩余＝98 美元＋30 美元＝128 美元。

（b）如果价格从 3 美元/加仑下降到 2 美元/加仑，那么消费者会购买 32 加仑牛奶。消费者剩余会增加 H（28 美元）和 I（2 美元）的面积，即 30 美元。现在总的消费者剩余为 128 美元（$G+H+I$）。

相似习题：5.18，5.19

□ 从最优选择图中理解消费者剩余：补偿变化和等价变化

我们已经说明了，价格的改变对消费者效用水平产生的影响。然而，对每单位效用没有自然测量的方法。因此，经济学家通常以金钱来衡量价格改变对消费者福利的影响。当一件商品的价格改变时，我们如何估计消费者分配的金钱价值？在本节，我们使用最优选择图来学习回答这个问题的两种有效的方法：

● 第一，我们来看为了达到价格改变前的效用水平，消费者收入的变化：在价格下降后，消费者愿意放弃的收入是多少；或者在价格上升后，消费者额外所需的收入是多少。我们将收入的这种变化称为**补偿变化**（compensating variation）（因为收入的这种变化可以完全补偿消费者由价格改变产生的影响）。因为价格下降使得消费者的福利变好，所以价格下降的补偿变化是正的；对于价格上升，因为价格上升使得消费者的福利变坏，所以补偿变化是负的。

● 第二，我们来看为了达到价格改变后的效用水平，消费者收入的变化：在价格下降前，消费者所需的额外的收入是多少；或者在价格上升前，消费者所要减少的收入是多少。我们称收入的这种变化为**等价变化**（equivalent variation）（因为它是指收入改变对消费者的影响和价格改变对消费者的影响是相等的）。由于价格下降使消费者的福利变好了，所以价格下降的等价变化是正的；对于价格上升，由于价格上升使得消费者的福利变差了，所以等价变化是负的。

> **补偿变化**：在一件商品的价格下降后，为了维持价格下降前的效用水平，消费者愿意放弃的钱的数量。
>
> **等价变化**：在一件商品的价格下降前，为了达到价格下降后的效用水平，消费者需要增加的钱的数量。

在图 5-15 所示的最优选择图中，消费者购买两种商品：食物 x 和衣服 y。衣服的价格为 1 美元/单位，食物的最初价格为 P_{x_1}，然后下降到 P_{x_2}。消费者的收入固定，预算线从 BL_1移动到 BL_2，消费者的最优选择从点 A 移动到点 C。

补偿变化是购买最初价格为 P_{x_1} 的点 A 所需收入和购买新价格为 P_{x_2} 的分解点 B 所需收入之差。点 B 是和最终预算线 BL_2 平行的线与最初的无差异曲线 U_1 的切点。

等价变化是购买最初价格 P_{x_1} 的点 A 所需收入和购买最初价格 P_{x_1} 的点 E 所需收入之差。点 E 是和最初预算线 BL_1 平行的线与最终无差异曲线 U_2 的切点。

从图上看，补偿变化和等价变化是衡量最初与最终无差异曲线之间距离的两种简单方法。由于衣服的价格为 1 美元/单位，所以可以用线段 OK 来衡量消费者的收入。线段 OL 衡量当食物的新价格为 P_{x_2} 时为购买商品组合 B 所需的收入。线段 KL 就是补偿变化。B 篮子和 A 篮子位于同一条无差异曲线 U_1 上。如果消费者可以以较低的价格购买食物，那么她愿意接受 KL 长度的收入减少。

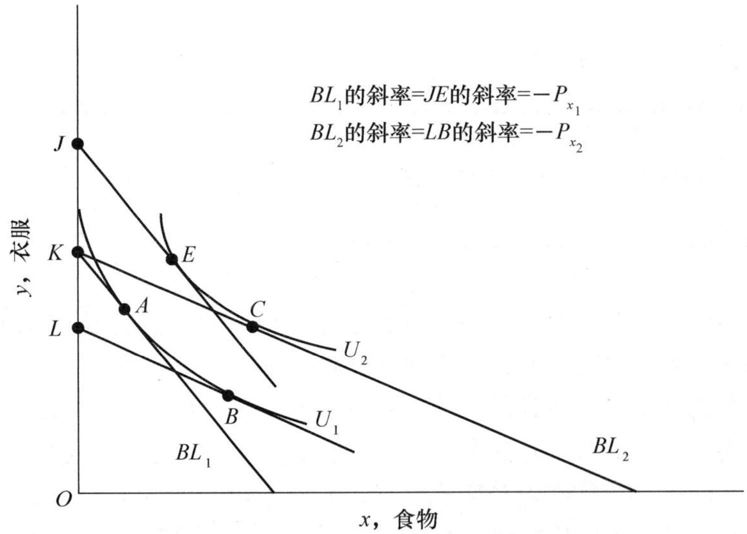

图 5-15　正收入效应的补偿变化和等价变化

说明：价格从 P_{x_1} 变化到 P_{x_2} 的收入效应是正的，所以补偿变化（KL 的长度）和等价变化（JK 的长度）并不相等。在这个例子中，$JK>KL$。

由于 $P_y=1$ 美元/单位，所以和之前一样，在找等价变化时，线段 OK 可以代表消费者的收入。线段 OJ 衡量在原价格 P_{x_1} 下购买商品组合 E 所需的收入。线段 OK 和线段 OJ 的差（线段 KJ）就是等价变化。E 篮子和 C 篮子位于同一条无差异曲线上，因此消费者需要增加 KJ 的收入以使从在最初较高价格下购买食物中和从在最终较低价格下购买食物中获得的福利相等。

总的来说，由于价格改变会有一个非零的收入效应（在图 5－15 上，点 C 位于点 B 的右边，所以收入效应是正的），补偿变化（线段 KL）和等价变化（线段 KJ）的大小并不一样。这就是在度量消费者和价格改变相关的货币价值时为什么要小心的原因。

然而，图 5－16 表明，如果效用函数是拟线性的，由于价格改变时的收入效应为零（如我们在边做边学习题 5.6 中所显示的），补偿变化和等价变化就相等了。由于拟线性效用函数的无差异曲线在图中是平行的，所以对每个 x 值，两条曲线之间的垂直距离是一样的。[①] 所以，在图 5－16 中，点 C 在点 B 正上方，点 E 在点 A 正上方，线段 CB 和线段 EA 是相等的。在该图中，补偿变化是线段 JK（和线段 EA 相等）；等价变化是线段 KL（和线段 CB 相等）。如果 $JK=EA$、$KL=CB$ 且 $EA=CB$，那么 $JK=KL$。也就是说，补偿变化和等价变化相等。

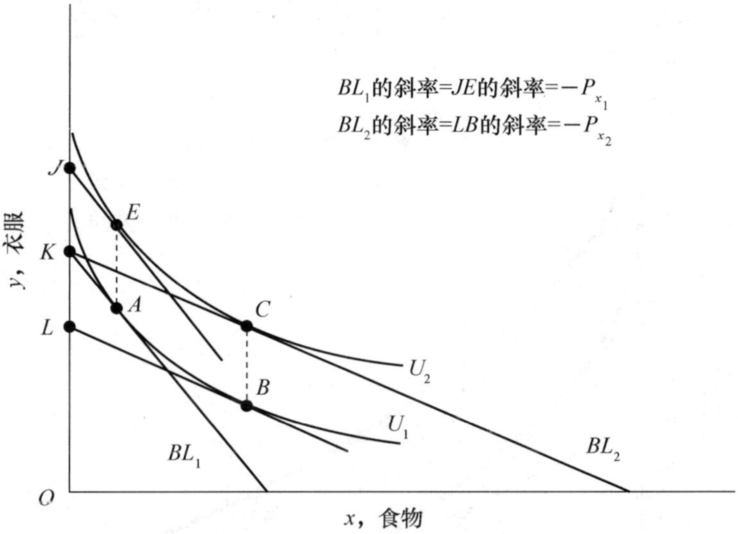

图 5－16　无收入效应时的补偿变化和等价变化（效用函数是拟线性的）

说明：效用函数是拟线性的，因此无差异曲线 U_1 和 U_2 是平行的，没有收入效应（点 C 位于点 B 正上方，且点 E 位于点 A 正上方）。补偿变化（KL）和等价变化（JK）相等。

此外，如果没有收入效应，那么不仅补偿变化和等价变化彼此相等，而且补偿变化和等价变化都等于消费者剩余的改变（由价格改变引起的需求曲线以下区域的改变）。边做边学习题 5.8 将此作为讨论的重点。

边做边学习题 5.8 ☞

无收入效应时的补偿变化和等价变化

在边做边学习题 5.6 中，一个大学生购买巧克力和复合商品，且有拟线性效用函数 $U(x, y)=2\sqrt{x}+y$。她每天的收入为 10 美元，复合商品 y 的价格为 1 美元/单位。边

① 假设效用函数 $U(x, y)$ 是拟线性的，所以 $U(x, y)=f(x)+ky$，其中 k 是正的常数。当 y 增加 1 单位时，U 增加 k 单位，边际效用 $MU_y=k$。因此，y 的边际效用是固定的。对任何给定点的 x 值，$\Delta U=k\Delta y$。因此，无差异曲线之间的垂直距离都为 $y_2-y_1=(U_2-U_1)/k$。注意，对每个 x 值，两条无差异曲线之间的垂直距离是一样的。因此，无差异曲线是平行的。

际效用为 $MU_x=1/\sqrt{x}$，$MU_y=1$。假设巧克力的价格为每盎司 0.50 美元，然后下降到每盎司 0.20 美元。

问题：

(a) 巧克力价格下降的补偿变化是多少?

(b) 巧克力价格下降的等价变化是多少?

解：

(a) 考虑图 5－17 中的最优选择图。补偿变化是她的收入（10 美元）与在巧克力的新价格为 0.20 美元/盎司下购买分解篮子 B 所需的收入的差。在篮子 B 上，她购买 25 单位巧克力和 2 单位复合商品，所以她需要 $P_xx+P_yy=0.20\times25+1\times2=7$ 美元。因此，当巧克力的价格从每盎司 0.50 美元下降到每盎司 0.20 美元时，她愿意将日收入从 10 美元减少到7 美元（改变了 3 美元）。因此，补偿变化等于 3 美元。

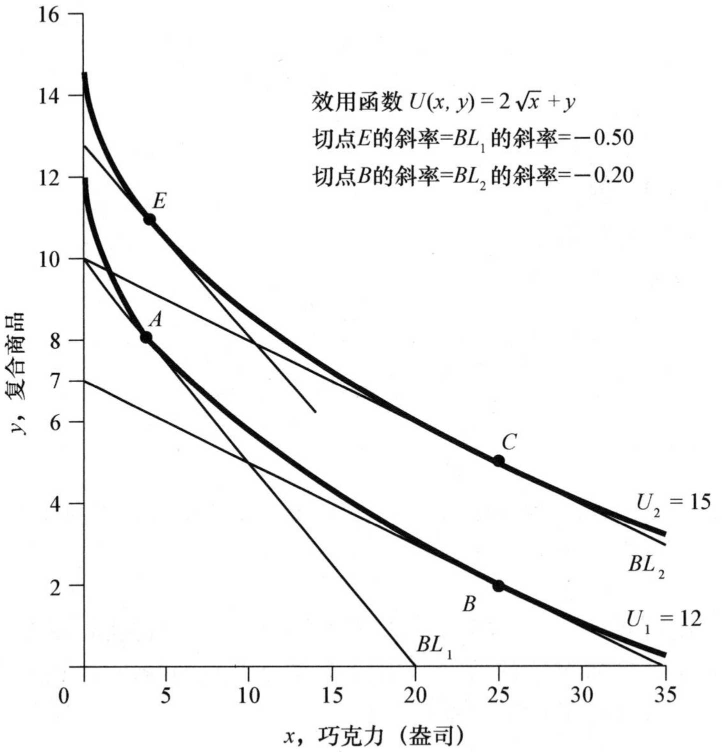

图 5－17　无收入效应的补偿变化和等价变化

说明：消费者的日收入为 10 美元，复合商品 y 的价格为每单位 1 美元。当巧克力的价格为每盎司 0.50 美元时，消费者的预算线为 BL_1，消费的商品组合为 A，效用为 U_1。当巧克力的价格下降到每盎司 0.20 美元时，她的预算线为 BL_2，消费的商品组合为 C，效用为 U_2。为了在价格下降后还能达到效用 U_1，她只要用 7 美元消费商品组合 B 就可以了。所以，补偿变化为 10－7＝3 美元。为了在价格减少前达到效用 U_2，她要花 13 美元消费商品组合 E，所以，等价变化为 13－10＝3 美元。当没有收入效应（在这里，效用函数是拟线性的）时，补偿变化和等价变化是相等的。

(b) 在图 5－17 中，等价变化是她在巧克力的价格为每盎司 0.50 美元时购买 E 篮子所需的收入和她实际的收入（10 美元）的差。为找出等价变化，我们需要确定 E 篮子的位置。我们知道 E 篮子位于最终无差异曲线 U_2（值为 15）上。因此，在点 E，$2\sqrt{x}+y=15$。我们还知道在点 E，无差异曲线 U_2 的斜率（$-MU_x/MU_y$）必须和最初

预算线 BL_1 的斜率（$-P_x/P_y$）相等，即 $(1/\sqrt{x})/1=0.5/1$，$x=4$。我们将 x 的值代入方程 $2\sqrt{x}+y=15$，得到 $y=11$。因此，在点 E，消费者购买 4 单位巧克力和 11 单位复合商品。当巧克力的最初价格为 0.50 美元/盎司时，为了购买 E 篮子，她所需的收入为 $P_x x+P_y y=0.5\times4+1\times11=13$ 美元。等价变化就是这个数量（13 美元）和她的日收入（10 美元）的差，即 3 美元。因此，等价变化和补偿变化是相等的。

相似习题： 5.27

考虑边做边学习题 5.8 中的消费者。在价格改变时，如果我们用巧克力需求曲线以下的区域来衡量消费者剩余，将会出现什么情况？边做边学习题 5.6 已经表明，该消费者对巧克力的需求函数为 $x=1/(P_x)^2$。图 5－18 说明了该巧克力的需求曲线。当巧克力的价格从每盎司 0.50 美元下降到每盎司 0.20 美元时，消费者每天对巧克力的消费从 4 盎司上升到 25 盎司。图中的阴影面积就是当巧克力价格下降时消费者剩余的增加。阴影面积为 3 美元，这同补偿变化、等价变化都一样。因此，当效用函数是拟线性的（即没有收入效应）时，需求曲线下面积的变化可以准确度量价格改变时的货币价值。

我们发现：当商品的价格下降时，如果有收入效应，补偿变化和等价变化对货币价值的度量会产生差异。此外，用不同度量方法度量的需求曲线以下阴影面积的改变也有所不同。然而，当收入效应非常小时，等价变化和补偿变化就比较接近。因此，需求曲线下面积的变化是对补偿变化和等价变化的一个很好近似（尽管不是非常精确）。

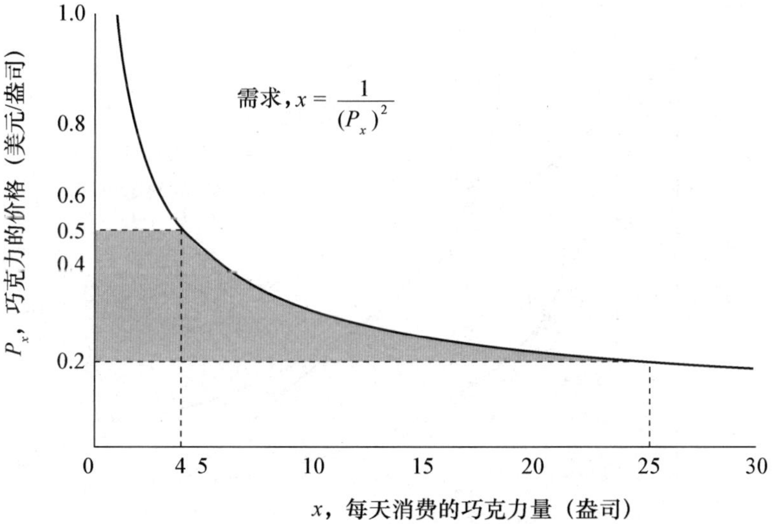

图 5－18　无收入效应的消费者剩余

说明：当巧克力的价格从每盎司 0.50 美元下降到每盎司 0.20 美元时，消费者每天的消费量从 4 盎司上升到 25 盎司。她的消费者剩余的增加就是阴影面积，即每天 3 美元。

边做边学习题 5.9

有收入效应时的补偿变化和等价变化

在边做边学习题 5.4 中，消费者购买两种商品，食物 x 和衣服 y。他的效用函数为 $U(x, y)=xy$。他每周的收入为 72 美元，每单位衣服的价格为 1 美元。他的边际效用为

$MU_x=y$，$MU_y=x$。假设食物价格从每单位 9 美元下降到每单位 4 美元。

问题：

(a) 食物价格下降的补偿变化是多少？

(b) 食物价格下降的等价变化是多少？

解：

(a) 在图 5－19 的最优选择图中，补偿变化是他的收入（72 美元）和在新食物价格 4 美元/单位下购买商品组合 B 所需收入的差。在点 B，他购买 6 单位食物和 24 单位衣服。所以，他需要 $P_x x+P_y y=4\times6+1\times24=48$ 美元。如果食物的价格从 9 美元/单位下降到 4 美元/单位，消费者愿意将他的收入从 72 美元减少到 48 美元（24 美元的改变）。因此，和价格下降联系起来的补偿变化是 24 美元。

(b) 在图 5－19 中，等价变化是在食物最初价格为每单位 9 美元时购买商品组合 E 所需的收入和他的实际收入（72 美元）的差。为找出等价变化，我们需要确定点 E 的位置。我们知道点 E 位于最终无差异曲线 $U_2(U_2=324)$ 上。因此，在点 E，$xy=324$。我们也知道最终无差异曲线 U_2 上点 E 的斜率（$-MU_x/MU_y$）必须和最初预算线 BL_1 的斜率（$-P_x/P_y$）相等，即 $y/x=9/1$，$y=9x$。解这两个方程，得到 $x=6$ 和 $y=54$。所以，在点 E，消费者购买 6 单位食物和 54 单位衣服。在食物最初价格为 9 美元/单位时，购买商品组合 E，他所需的收入为 $P_x x+P_y y=9\times6+1\times54=108$ 美元。等价变化就是这个数量（108 美元）和收入（72 美元）的差，即 36 美元。因此，等价变化（36 美元）和补偿变化（24 美元）并不相等。

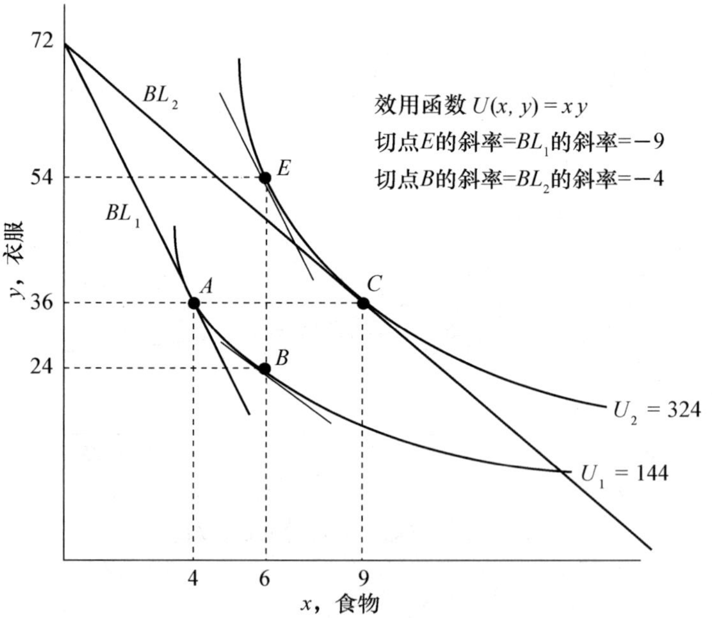

图 5－19　有收入效应的补偿变化和等价变化

说明：消费者的周收入为 72 美元，衣服的价格为 1 美元/单位。当食物的价格为 9 美元/单位时，消费者的预算线为 BL_1，他购买的商品组合为 A，效用为 U_1。当食物的价格下降到 4 美元/单位时，他的预算线为 BL_2，他购买的商品组合为 C，效用为 U_2。为了在价格降低后达到效用 U_1，他需要 48 美元来购买商品组合 B。因此，补偿变化是 72－48＝24 美元。为了在价格下降前达到效用 U_2，他需要 108 美元的收入来购买商品组合 E。所以，他的等价变化为 108－72＝36 美元。当有收入效应（E 篮子不是在点 A 的正上方，C 篮子也不在点 B 的正上方）时，补偿变化和等价变化一般不相等。

相似习题：5.20，5.21，5.32，5.33

再考虑边做边学习题 5.9 中的消费者。在价格改变时，如果我们用食物需求曲线以下的区域衡量消费者剩余，将会出现什么情况？边做边学习题 5.4 表明食物的需求函数为 $x=I/(2P_x)$。图 5－20 显示了周收入为 72 美元时的需求曲线。随着食物价格从每单位 9 美元下降到每单位 4 美元，他的消费量从 4 单位上升到 9 单位。图 5－20 中的阴影面积是消费者剩余的增加，它等于 29.20 美元。必须注意的是，消费者剩余的增加（29.20 美元）和补偿变化（24 美元）、等价变化（36 美元）都是不同的。因此，当收入效应不为零时，需求曲线以下阴影面积的改变不能准确测量补偿变化或等价变化。

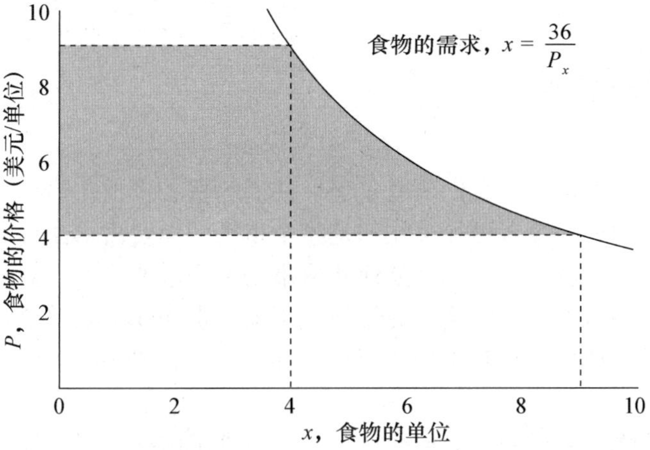

图 5－20　有收入效应时的消费者剩余

说明：当食物的价格从 9 美元/单位下降到 4 美元/单位时，消费者的食物消费量从 4 单位上升到 9 单位，消费者剩余的增加为阴影面积，即 29.20 美元。

案例 5.5

沃尔玛超市对消费者福利的影响：你愿意为你家附近有个沃尔玛超市支付多少

大型超市非常大，占地约 200 000 平方英尺，有两个半足球场大。

大型超市提供大量低价商品，以便消费者进行一站式购买。

2008 年，国际商业观察估计，到 2011 年，中欧、东欧大型超市的销售额将增加到 2006 年的 125%。[①]

经济学家豪斯曼（Hausman）和莱贝塔格（Leibtag）对新沃尔玛超市开张能为消费者带来多少福利进行了估计。[②] 使用 1998—2001 年多个美国城市大概 61 500 户家庭食物支出的数据，豪斯曼和莱贝塔格不仅估计了由一个新沃尔玛超市进入当地零售市场

① “Eastern Europe：Hypermarket sector to boom—study”，September 1，2008 from just-food. com，online at http://www. just-food. com/article. aspx? id=103625.

② Hausman，Jerry and Ephraim Leibtag，“Consumer Benefits from Increased Competition in Shopping Outlets：Measuring the Effect of Wal-Mart，” *Journal of Applied Econometrics*，Vol 22 (2007)，pp. 1157-1187.

带来的低价格引起的补偿变化，而且估计了由新沃尔玛超市提供的产品种类增加引起的补偿变化。

豪斯曼和莱贝塔格的估计显示，食物价格降低引起的补偿变化大概等于家庭食物支出的5%，商品种类增加引起的补偿变化要更大些，大概相当于家庭食物总支出的20%。

在豪斯曼和莱贝塔格的样本中，平均每个家庭每年食物的支出为1 800美元。因此，由价格变低和商品种类增加引起的补偿变化相当于每年450美元。这代表一户典型的美国家庭在20世纪90年代末为家附近出现如沃尔玛超市一样的超市愿意支付450美元。

5.4 市场需求

在本章前几节的讨论中，我们研究了怎样使用消费者理论获得单个消费者的需求曲线。但是，商业公司和决策者更加关注的是整个市场的消费需求曲线。市场由成千上万甚至上百万的个人消费者组成，那么如何获取市场的需求曲线?

在本节中，我们将说明一个重要的规律：市场需求曲线就是单个消费者需求曲线的水平加总。这个规律适用于所有类型的市场，如由2个消费者、3个消费者或100万个消费者组成的市场。

下面通过一个例子来说明，如何通过个人消费需求曲线获得市场需求曲线。为简单起见，假设橙汁市场上只有两个消费者。第一个是“健康关注者”。出于对橙汁的营养价值及味道的喜爱，他喜欢橙汁。在表5-1中，第二列表示在第一列所示的价格下，他每个月会购买的橙汁升数。第二个是普通消费者（一个橙汁的“普通消费者”）。他也喜欢橙汁的味道，但不太关注它的营养价值。在表5-1第一列所示的价格下，第三列表示普通消费者每个月购买的橙汁升数。

表5-1　　橙汁的市场需求

价格（美元/升）	健康关注者（升/月）	普通消费者（升/月）	市场需求（升/月）
5	0	0	0
4	3	0	3
3	6	0	6
2	9	2	11
1	12	4	16

为找出在任一价格下市场对橙汁的总消费，我们采用以下方法：在给定价格下，我们可以简单地加总每一个消费者在该价格下会购买的橙汁数量。例如，如果市场价格为5美元/升，没有消费者购买橙汁；如果价格为3美元/升或4美元/升，只有健康关注者会购买。因此，如果价格为4美元/升，健康关注者会买3升，市场的需求也就是3

升；如果价格为 3 美元/升，市场需求为 6 升。最后，如果市场价格低于 3 美元/升，两个消费者都会购买橙汁。因此，如果价格为 2 美元/升，市场需求为 11 升；如果价格为 1 美元/升，市场需求为 16 升。

在图 5－21 中，我们画出了两个消费者的需求曲线（D_h 和 D_c）及市场需求曲线（粗线 D_m）。

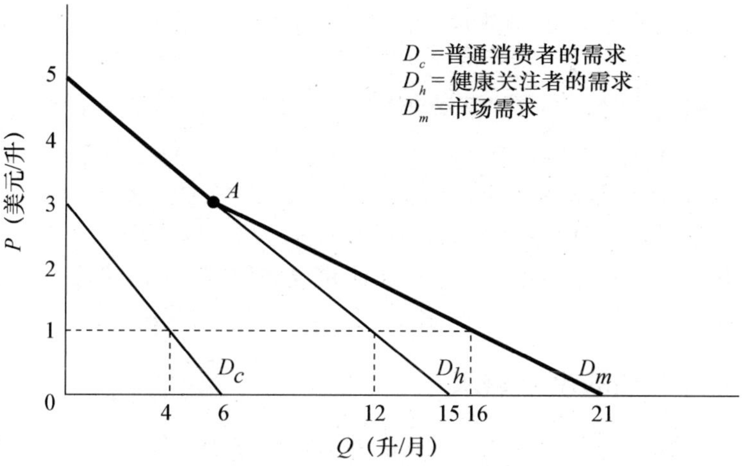

图 5－21　市场需求曲线和分段需求曲线

说明：市场需求曲线 D_m（粗线）由个人需求曲线 D_h 和 D_c 水平相加而成。

最后，我们可以用代数方法来描述这三条需求曲线。用 Q_h 表示健康关注者的需求数量，Q_c 表示普通消费者的需求数量，Q_m 表示整个市场的需求数量（该市场只包括这两个消费者）。这三条需求曲线 $Q_h(P)$、$Q_c(P)$ 和 $Q_m(P)$ 的方程是什么？

如图 5－21 所示，健康关注者的需求曲线 D_h 是一条直线；只有当橙汁的价格低于 5 美元/升时，他才会购买。需求曲线为

$$Q_h(P)=\begin{cases}15-3P, & P<5\\ 0, & P\geqslant 5\end{cases}$$

普通消费者的需求曲线也是一条直线。当价格低于 3 美元/升时，他才购买橙汁。需求曲线 D_c 是

$$Q_c(P)=\begin{cases}6-2P, & P<3\\ 0, & P\geqslant 3\end{cases}$$

如图 5－21 所示，当价格高于 5 美元/升时，没有消费者购买橙汁；当价格为 3～5 美元/升 时，只有健康关注者购买它。因此，在这个价格区间，市场需求曲线和健康关注者的需求曲线是一样的。最后，当价格低于 3 美元/升时，两个消费者都购买橙汁。（这就解释了，为什么市场需求曲线 D_m 在点 A 弯曲，在这一点，普通消费者开始有需求。）所以，市场需求曲线 $Q_m(P)$ 是两个分段需求的和，$Q_h(P)+Q_c(P)=(15-3P)+(6-2P)=21-5P$。因此，市场需求曲线 $Q_m(P)$ 为：

$$Q_m(P)=\begin{cases}21-5P, & P<3\\15-3P, & 3\leqslant P<5\\0, & P\geqslant 5\end{cases}$$

上面的讨论说明，在加总分段需求以得到市场需求曲线时，需要非常仔细。这是由于：第一，由于市场需求曲线组成包括增加量，所以在增加它们之前，就必须将市场需求曲线写出来（用Q表示P的函数），而不是使用相反的需求曲线形式（把P写成Q的函数）。

第二，当价格变化时，必须注意潜在的个人需求变化。在上面的例子中，如果你简单地将个人需求方程相加，就得到市场需求$Q_m=Q_h(P)+Q_c(P)=21-5P$。当价格大于3美元/升时，这个表达式就不成立了。比如，当价格为4美元/升时，$Q_m=21-5P$显示，市场的需求量是1升。然而，从表5-1中我们可以发现，在那个价格下，市场的需求量为3升。试试看你能否找出这种方法错误的原因（如果你找不出原因，可以参考脚注）。①

□ 有网络外部性的市场需求

到目前为止，我们一直假定个人对商品的需求独立于其他人的需求。例如，消费者愿意购买的巧克力数量依赖于消费者的收入、巧克力的价格和其他商品的价格，而不依赖于其他人对巧克力的需求。这个假定可以让我们加总市场上所有消费者的需求曲线，并得到商品的市场需求曲线。

然而，对一些商品，消费者的需求依赖于有多少其他人购买该商品。在这样的情况下，我们说该消费具有**网络外部性**（network externalities）。如果消费者对一种商品的需求随着购买该商品的消费者数量增加而上升，那么外部性是正的；如果随着购买商品的其他消费者的减少，消费者的需求数量增加，那么外部性是负的。很多商品和服务都具有网络外部性。

网络外部性：指需求具有下面的特性：消费者对一种商品的需求取决于购买这种商品的其他消费者的数量。

我们经常可以从现实网络（如电话网络）中发现网络外部性，我们也可以在其他环境（有时叫虚拟网络，因为消费者之间没有实际联系）下发现这种外部性，例如微软的电脑软件Word。即使只有一个使用者，在准备书面文件方面，该软件也具有一定的价值。然而，当有更多的使用者时，该产品对每一个使用者都变得更有价值。虚拟网络使得使用者之间交换和处理文档变得可能了。

当一种商品或服务需要两个互补的成分时，一个虚拟网络才能表现出价值。例如，

① 错误出现的原因在于，我们将$Q_h(P)=15-3P$与$Q_c(P)=6-2P$相加得出市场需求曲线$Q_m=21-5P$。根据这些个人消费者的需求曲线方程，当$P=4$时，$Q_h(P)=3$，$Q_c(P)=-2$，和等于1。但是此运算是以下面的假设为前提的，即假设价格为4美元/升时，普通消费者对橙汁的需求是负的（−2升），这在经济学上是没有意义的！当价格为4美元/升时，普通消费者的需求曲线表达式$Q_c(P)=6-2P$是无效的。在该价格下，普通消费者的消费量为0，而不是−2升。

电脑操作系统（如微软的 Windows）当存在能在该操作系统中运行的软件时，它才有价值。当能够在该操作系统中运行的软件增加时，该操作系统也变得更有价值。如果应用软件能在更多的操作系统中运行，那么该软件会更有价值。因此，更多的人使用操作系统会导致更多的应用软件，从而增加对操作系统的需求。

最后，如果一种商品或服务是流行的，就会发生正网络外部性。我们经常看到一种商品或者服务的流行影响生活方式，如衣服、儿童玩具或啤酒的流行。广告商和运营商经常会试图突出一种产品的流行性。

图 5－22 描述了一个正网络外部性的效果。该图显示了互联网链接的市场需求曲线。在这个例子中，我们假设互联网链接是指网络接入商，如美国在线或微软网络。曲线 D_{30} 表示相信有 3 000 万订阅者入网的需求曲线，曲线 D_{60} 表示相信有 6 000 万订阅者入网的需求曲线。假设最初使用费是每月 20 美元，而且有 3 000 万个订阅者（图中点 A）。

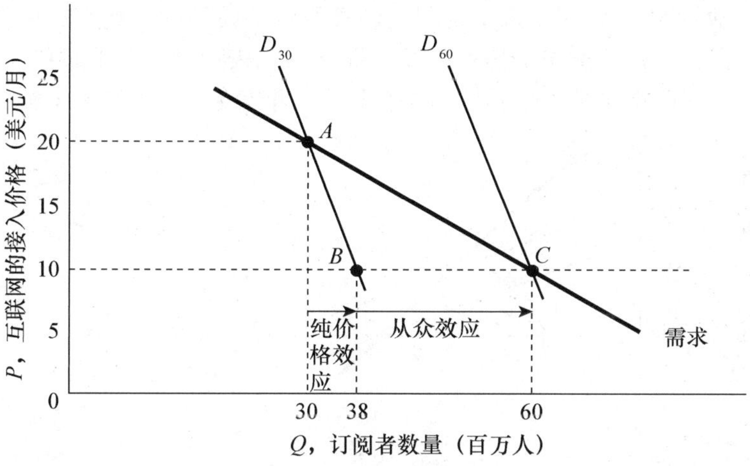

图 5－22　正网络外部性：从众效应

说明：如果每月的价格从 20 美元下降到 10 美元，入网需求会发生什么？在没有网络外部性时，因为纯价格效应，订阅者数量会从 3 000 万人增加到 3 800 万人。但订阅者数量的增加会导致更多的人想使用。正网络外部性（从众效应）增加 2 200 万个额外的互联网订阅者。

如果每月的使用费下降到 10 美元，将会发生什么？如果没有正网络外部性，那么需求数量将简单地改到需求曲线 D_{30} 的其他点上。在这种情况下，订阅者的数量会增加到 3 800 万人（图中点 B）。然而，当存在正网络外部性时，随着越来越多的人使用邮件、即时通信或其他网络功能，会有更多的人想加入。因此，在一个较低的价格上，愿意使用的消费者人数会移动到比点 B 所预示人数更多的点。在价格为每月 10 美元时，总的订阅者人数会增加到 6 000万人（图中点 C）。价格下降的总效应是增加 3 000 万个订阅者。总效应是 800 万个新订阅者（从点 A 移动到点 B）的纯价格效应加上 2 200 万个新订阅者（从点 B 移动到点 C）的从众效应。**从众效应**（bandwagon effect）是指，随着更多消费者连接到互联网，需求数量也上升的现象。因此，有正网络外部性的需求曲线（如图 5－22 中的粗需求曲线）比没有网络外部性的需求曲线（如需求曲线 D_{30}）更有弹性。

从众效应：一种正的网络外部性，指的是随着更多的消费者购买一种商品，每一个消费者对商品的需求均会增加。

对一些商品而言，存在负网络外部性。当更多的人拥有一种商品时，需求数量反而会下降。稀有物品，如斯特拉迪瓦里小提琴、贝博鲁思的棒球卡和昂贵的汽车都是这方面的例子。这些商品具有虚荣效应。**虚荣效应**（snob effect）是指，随着更多消费者购买，商品需求数量减少的负网络外部性。消费者以拥有一种特殊类型产品人数的稀少作为价值。这是虚荣效应出现的原因。当更多人购买一种商品或服务时，由于拥挤程度的上升，这种商品或服务的价值在下降。我们就可以找到虚荣效应。

虚荣效应：一种负网络外部性，指的是随着更多消费者购买一种商品，每一个消费者对商品的需求均会减少。

图 5－23 说明了虚荣效应。该图说明了健身俱乐部会员的市场需求曲线。曲线 $D_{1\,000}$ 表示相信俱乐部有 1 000 个会员的需求曲线；曲线 $D_{1\,300}$ 表示相信俱乐部有1 300个会员的需求曲线。假设俱乐部有 1 000 个会员，每个会员最初年费为 1 200 美元（图中点 *A*）。

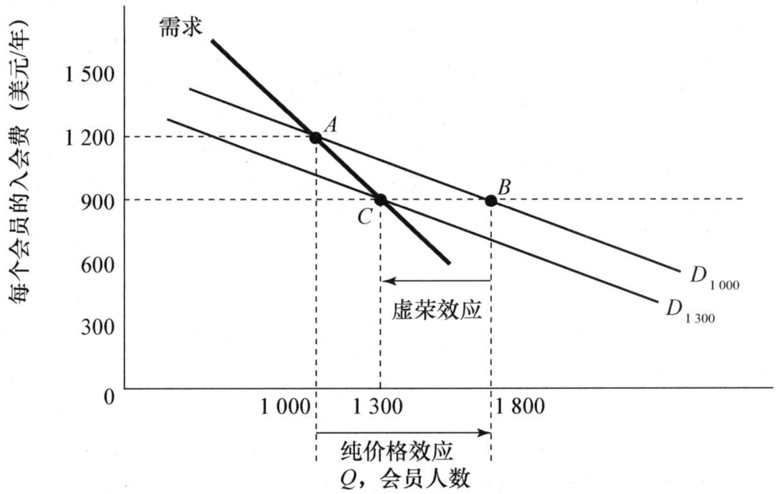

图 5－23　负网络外部性：虚荣效应

说明：当会员年费从 1 200 美元下降到 900 美元时，健身俱乐部的会员需求会发生什么？在无网络外部性时，纯价格效应使得会员数增加 800 人（从 1 000 人到 1 800 人）。但这个会员数量的增加会使得其他人不愿加入。这个负网络外部性（虚荣效应）将导致会员数减少 500 人（从 1 800 人到 1 300 人）。因此，价格减少的净效应为人数增加 300 人。

当会员年费价格下降到 900 美元时，将会发生什么？如果消费者相信会员数会保持在 1 000 人，那么实际上有 1 800 人想加入俱乐部（图中点 *B*）。然而，随着更多的人加入，消费者知道健身俱乐部会更拥挤，这会使得需求曲线向内旋转。实际上，在价格为每年 900 美元时，会员总数仅增加到 1 300 人（图中点 *C*）。价格下降的总效应是 800 个新会员（从点 *A* 移动到点 *B*）的纯价格效应加上－500 人（从点 *B* 移动到点 *C*）的虚荣效应，即总共只增加 300 人。有负网络外部性的需求曲线（如图 5－23 中连接点 *A* 和点 *C* 的需求曲线）比无网络外部性的需求曲线（如需求曲线 $D_{1\,000}$）更缺乏弹性。

案例 5.6

社交网站的外部性

很多产品表现出正网络外部性。这方面的典型例子就是电话。如果其他人不使用电话，消费者就会发现有电话是没有价值的。对大部分人来说，如果使用电话的人数增加，电话就会变得越来越有用。在某种程度上，应用软件（如微软的 Word）提供了另外的一种案例。消费者喜欢使用流行的文档格式，因为这样做，和其他人分享创建文档就变得更容易。即时通信服务更是这方面的典范。随着特别信息服务变得越来越流行，由于该服务可以用来和更多的人交流，所以，对特定的消费者，它创造出更多的价值。

近年来，我们经历了社交网站的急剧增加，如脸谱（Facebook）、领英（LinkedIn）和推特（Twitter）。领英的发展充分说明了这一点。领英允许专业人士在网站上张贴自己的资历和工作经验等信息。许多专业人士使用领英来寻找工作，或为他们的职业发展拓展人脉，或为他们的服务寻找新的消费者。2002 年领英成立。到 2003 年年底，它有83 000 个使用者；两年后，它有 400 万个使用者；到 2009 年中期，它已有 4 300 万个使用者。

脸谱的发展更快。脸谱成立于 2004 年，到 2009 年年底这个网站的使用者已经超过 3 亿人。它可以使用 50 多种语言。因为它的设计更加灵活，并且鼓励不同类型的使用者以不同的方式使用网站，所以脸谱比领英更受人欢迎。例如，来自一所特定高中和年份的校友可以确定彼此的位置，成为“脸谱朋友”，并成立一个组，发布与他们学校相关的信息。出于不同的目的，一个成员可以同时设立或参加多个组。许多脸谱的使用者将网站当作博客，发布他们当前活动的信息、爱好或者在网上链接和特定主题相关的文章。这种灵活性使得脸谱以极快的速度变得非常流行。

随着一种特殊产品变得更流行，从众效应也会更大。这使得在有正网络外部性的商品中，爆炸性的增加就变得非常普遍。正网络外部性使得市场上的新进入者面临很大的进入壁垒，哪怕新的竞争者提供数量、实用性或价格上的优惠。

5.5 闲暇与劳动之间的选择

前面的分析已经表明，消费者最优选择模型可以被应用于对日常生活的分析。在本节中，我们将使用这个模型来讨论消费者选择工作多少时间的问题。

□ 当工资率上升时，闲暇先下降，然后上升

我们将一天分成两个部分：工作时间和享受闲暇的时间。为什么消费者要工作？因为通过工作，他可以挣得收入，并且使用收入来为他在闲暇时喜欢的各种活动付账。闲暇包括所有与工作无关的活动，如吃饭、睡觉、消遣和娱乐。我们假设消费者喜欢各种闲暇活动。

假设消费者每天选择享受闲暇 L 小时。因为一天有 24 小时，闲暇剩下的时间可以用来工作，也就是 $24-L$ 小时。

消费者每小时的工资为 w。因此，他每天的总收入为 $w(24-L)$。他可以使用收入购买一种复合商品，复合商品的价格为 1 美元/单位。

消费者的效用 U 依赖于闲暇时间的数量和所能购买到的复合商品数量。图 5－24 中的最优选择图代表消费者的选择。横轴表示每天的闲暇小时数，最大不能超过 24 小时；纵轴表示他用收入能购买的复合商品数量。由于复合商品的价格为 1 美元/单位，所以纵轴也衡量了消费者的收入。

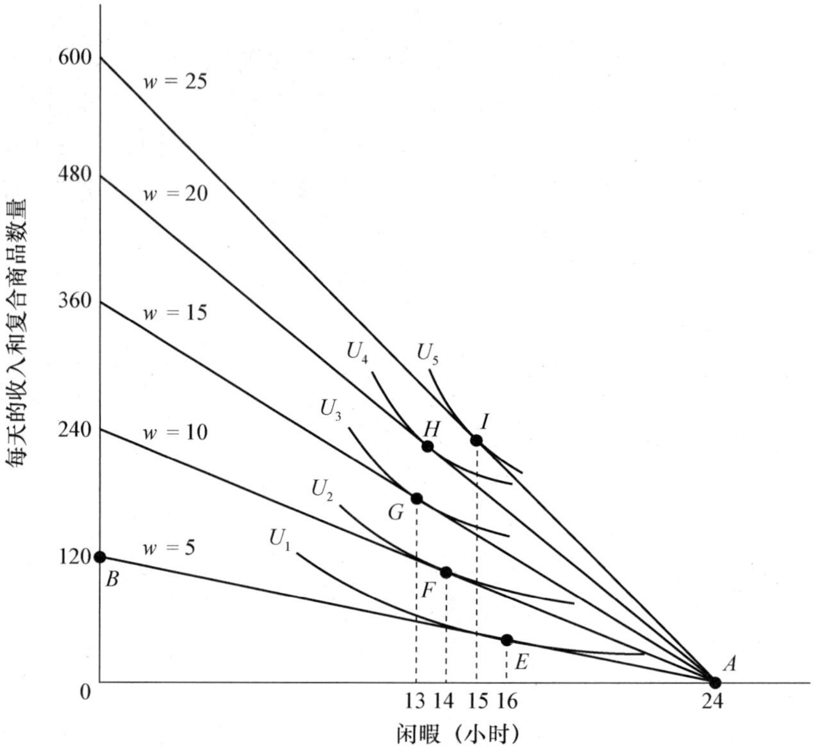

图 5－24　工作和闲暇的最优选择

说明：当工资率从 5 美元/小时升到 10 美元/小时，再升到 15 美元/小时时，消费者选择更少的闲暇时间，选择更多的工作时间：从点 E（16 小时闲暇，8 小时工作）移动到点 F（14 小时闲暇，10 小时工作），再到点 G（13 小时闲暇，11 小时工作）。但当工资率从 15 美元/小时上升到 20 美元/小时，再到 25 美元/小时时，他会选择更多的闲暇和更少的工作，从点 G 移动到点 H，再到点 I（在点 I，他只工作 9 小时，有 15 小时闲暇）。

为找出闲暇和复合商品的最优选择，我们需要一组无差异曲线和预算约束。图 5－24 显示了一组无差异曲线。在这些无差异曲线中，闲暇和复合商品的边际效用都是正的。因此，$U_5>U_4>U_3>U_2>U_1$。

在这个问题中，消费者的预算线显示了消费者所能选择的复合商品和闲暇小时（L）的所有组合。如果消费者不工作，他会有 24 小时闲暇，但却没有收入可以花费在复合商品上。这和图中预算线上的点 A 对应。

预算线的其他位置取决于工资率。如果工资率为 5 美元/小时，则将 1 小时闲暇时间用于工作，他可以购买 5 单位复合商品。因此，预算线的斜率为－5。如果每天工作 24 小时，消费者有 120 美元收入，他能购买 120 单位复合商品，对应预算线上的点 B。所以，消费者的最优选择会是点 E。因此，当工资率为 5 美元/小时时，消费者工作 8 小时。

对任何的工资率，预算线的斜率均是$-w$。图 5-24 显示了对应 5 个不同工资率（5 美元/小时，10 美元/小时，15 美元/小时，20 美元/小时，25 美元/小时）的预算线及每一个工资率下消费者的最优选择。当工资率从 5 美元/小时上升到 15 美元/小时时，闲暇的小时数在下降；然而，随着工资率继续上升，消费者开始增加闲暇时间。

下一小节将讨论，当工资率上升时，消费者在劳动和闲暇之间选择的变化的现象。

□ 向后弯曲的劳动供给曲线

由于一天只有 24 小时，所以，消费者对闲暇时间的选择，也是对劳动时间的选择。根据最优选择图图 5-24，我们可以构造出在不同工资率下消费者提供多少劳动时间的一条曲线。换句话说，我们可以画出消费者的劳动时间供给曲线，如图 5-25 所示。

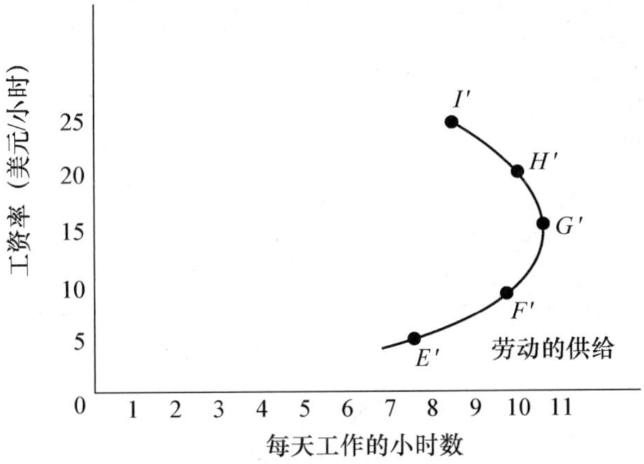

图 5-25　向后弯曲的劳动供给曲线

说明：点E'、点F'、点G'、点H'和点I'分别和图 5-24 中的点E、点F、点G、点H和点I相对应。当工资率超过 15 美元/小时时，劳动供给曲线是向后弯曲的。

在图 5-25 中，点E'、点F'、点G'、点H'和点I'分别和图 5-24 中的点E、点F、点G、点H和点I相对应。当工资率为 5 美元/小时时，消费者提供 8 小时劳动（点E'和点E）；随着工资率从 5 美元/小时上升到 15 美元/小时，消费者的劳动供给同样上升——在工资率为 15 美元/小时时，劳动供给为 11 小时（点G'和点G）；当工资率继续上升，超过 15 美元/小时时，劳动供给开始下降；直到最后，当工资率为 25 美元/小时时，消费者只工作 9 小时（点I'和点I）。对大多数商品和服务而言，价格越高，供给越多。但在这个例子中，更高的工资率减少了劳动的供给（工资率是劳动的价格）。图 5-25 中显示了向后弯曲的劳动供给曲线。为了理解这个现象，我们将从和工资率变化相关的收入效应和替代效应展开分析。

在图 5-24 中，消费者一天的时间是固定的，而不是收入固定。这就是为什么不管工资率是多少，预算线的水平截距始终是 24 小时。不管工资率为多少，每小时劳动的代价就是一小时闲暇。

然而，对消费者来说，工资率的上升使复合商品变得更便宜。如果工资率翻倍，消费者只要工作一半的时间就可以买到和以前同样数量的复合商品。这就是为什么随着工资率的上升，预算线的垂直截距在上升。如图 5-24 所示，工资率的上升会导致预算线向上旋转。

工资率的上升导致购买一单位复合商品所需的工作量减少，这同时产生替代效应和收入效应。劳动供给的替代效应是正的——它会减少消费者用更多的复合商品来替代闲暇，导致更少的闲暇和更多的劳动。相反，劳动供给的收入效应是负的——它会导致更多的闲暇和更少的劳动。因为闲暇对大部分人来说是正常品（即随着收入的上升，消费者希望拥有更多的闲暇）。

现在我们来看工资率从 15 美元/小时上升到 25 美元/小时时的收入效应和替代效应。图 5－26 显示，在最初预算线 BL_1（工资率为 15 美元/小时）时，最优初始点为 G，有 13 小时闲暇和 11 小时工作。图 5－26 同样说明，在最终预算线 BL_2（工资率为 25 美元/小时）时，最优最终点为 I，有 15 小时闲暇和 9 小时工作。最后，图 5－26 显示了分解预算线 BL_d（和最初无差异曲线 U_3 相切且和最终预算线 BL_2 平行）和分解点 J，有 12 小时闲暇和 12 小时工作。

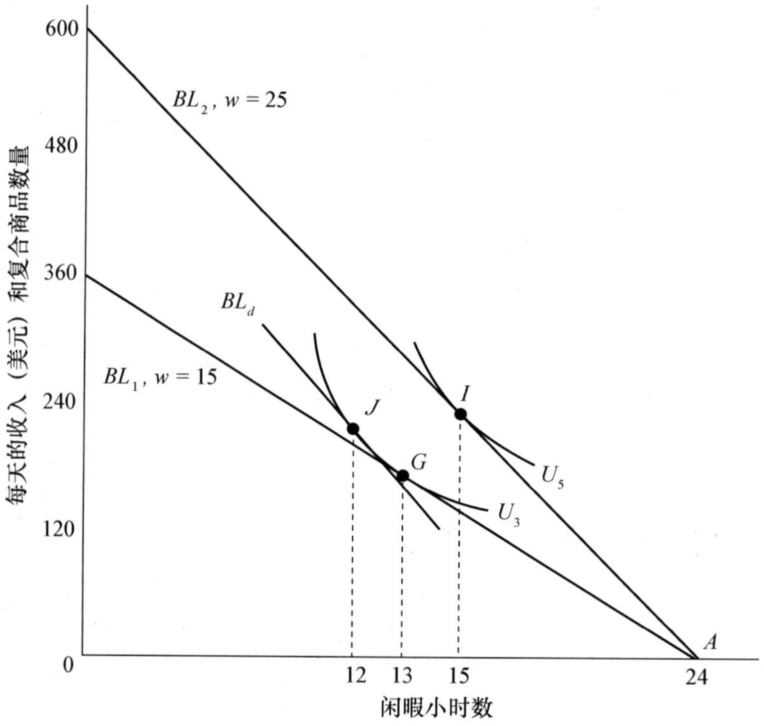

图 5－26　劳动和闲暇的最优选择

说明：在预算线 BL_1 的最初点 G 上，消费者有 13 小时闲暇（工作 11 小时）；在预算线 BL_2 的最终点 I 上，消费者有 15 小时闲暇（工作 9 小时）；在分解预算线 BL_d 的分解点 J 上，消费者有 12 小时闲暇（工作 12 小时）。闲暇的替代效应是－1 小时（点 G 和点 J 之间闲暇的改变），闲暇的收入效应是 3 小时（点 J 和点 I 之间闲暇的改变）。因此，闲暇的总效应是 2 小时；相应地，劳动的总效应是－2 小时。

闲暇的替代效应是－1 小时（从点 G 移动到点 J 闲暇的改变），闲暇的收入效应是 3 小时（从点 J 移动到点 I 闲暇的改变）。因为收入效应大于替代效应，工资率改变对闲暇数量的净效应是 2 小时。因此，工资率上升对劳动数量的净效应是－2 小时。这就解释了，当工资率大于 15 美元/小时时，图 5－25 中的劳动供给曲线为什么向后弯曲。

总之，当工资率上升时，在替代效应大于收入效应的区域，劳动供给曲线是向上倾斜的；但在收入效应大于替代效应的区域，它是向后弯曲的。

边做边学习题 5.10 ☞

闲暇的需求和劳动的供给

问题：

简（Jan）关于闲暇（L）和复合商品（Y）的效用是 $U=LY$，闲暇的边际效用是 $MU_L=Y$，复合商品的边际效用是 $MU_Y=L$。复合商品的价格为 1 美元/单位。当每天的闲暇时间为 L 小时时，简每天工作（$24-L$）小时。工资率为 w，所以她每天的收入是 $w(24-L)$。可以看出，对任何正的工资率，简花在闲暇上的最优时间数量都是一样的。她每天花在闲暇上的时间为多少？每天提供的劳动又是多少小时？

解：

当 Y 和 L 的值为正时，柯布-道格拉斯效用函数会有一个内部最优解。如果我们找到简每天对闲暇的最优选择 L，就知道她会工作（$24-L$）小时。

在简对 Y 和 L 的最优选择上，简需要满足两个条件。相切条件要求闲暇的边际效用对闲暇价格的比必须和复合商品的边际效用对复合商品价格的比相等。闲暇的价格是工资率；这代表当她选择 1 小时闲暇而不是工作时，她失去的收入。因此，在最优解上有

$$\frac{MU_L}{w}=\frac{MU_Y}{1}$$

相切条件告诉我们，$Y/w=L$，或 $Y=wL$。

简必须满足她的预算约束。她获得的收入等于她工作的时间乘以工资率，因此她挣得的收入等于 $w(24-L)$。在价格为 1 美元/单位时，她购买 Y 单位复合商品，因此支出为 Y 美元。所以她的预算约束是 $w(24-L)=Y$。

综合相切条件和预算线要求 $w(24-L)=wL$。在这个例子中，简对闲暇的最优需求是每天 $L=12$ 小时，且她每天提供 12 小时劳动，这独立于工资率。当然，对其他效用函数，她对闲暇的需求（或她提供的劳动）将依赖于工资率。

相似习题： 5.29，5.30，5.31

案例 5.7

向后弯曲的供给：护理服务

长时间以来，医疗卫生机构和医院都很难招满工作人员。相应地，它们经常增加医务人员的工资，但这并不能增加劳动的供给。

1991 年，《华尔街日报》在标题为《医疗卫生机构使用提高工资率或其他方法来招聘更多医务人员》的文章中描述了该问题。根据该文，美国医院协会发现："提高工资率将导致护士工作更少的时间，这会恶化马萨诸塞州护士的短缺。"①

① Albert R., Karr, "Medical Groups Use Pay Boosts, Other Means to Find More Workers," The *Wall Street Journal*, August 27, 1991, p. A1.

为什么会发生这种现象？我们在图5－26中已经发现，较高的工资率会引起消费者追求更多的闲暇，并由此减少劳动。换句话说，许多护士都位于她们劳动供给曲线向后弯曲的区域上。使用2000年的数据，有人专门估计了美国的护士供给。① 这个研究发现，短期的劳动供给曲线是向后弯曲的。这说明，护士市场将继续出现1991年的护士短期供给问题。

由于增加工资并不能吸引更多的医务人员，雇主开始寻求其他对策。例如，《华尔街日报》的那篇文章说，位于美国得克萨斯大学的MD安德森癌症中心采取了下面的措施：如果现有雇员推荐的新申请者接受了“高难度”的工作，则给其500美元的奖励。休斯敦的得克萨斯心脏病研究所在招聘护士时，会充分展示该职业的良好发展前景。匹兹堡大学医疗中心启动了一个“接受高中生”项目来鼓励学生进入卫生保健部门，当学生参加项目以提高他们的技能时，它将替学生支付学费。

5.6 消费价格指数

消费价格指数（Consumer Price Index，CPI）是美国关于价格和通胀趋势的最重要指标之一。它通常被认为可以衡量生活成本的变化，并且被私人部门和公共部门广泛用于经济分析。例如，个人和公司的合同、商品交换的价格经常随时间进行调整，以反映消费价格指数的变化。在工会和雇主之间的谈判中，工资率的调整通常反映过去或预期未来的消费价格指数改变。

消费价格指数也对联邦政府的预算有重要影响。在支出方面，政府使用消费价格指数调整对社会保障接受者、退休的政府工作人员和许多福利项目（如食物券和学校午餐）的支付。当消费价格指数上升时，政府的支出增加。消费价格指数的改变也影响政府通过税收收取的钱。例如，使用消费价格指数，个人所得税随着通胀而调整。随着消费价格指数的上升，税收收入减少。

测量消费价格指数并不容易。我们通过构造一个简单的例子来说明什么因素影响对消费价格指数的度量。假设一个代表性消费者只购买两种商品，食物和衣服，如图5－27所示。在第一年，食物的价格为$P_{F_1}=3$美元/单位，衣服的价格为$P_{C_1}=8$美元/单位。消费者有480美元的收入，预算线是BL_1，斜率为$-P_{F_1}/P_{C_1}=-3/8$。消费者的最优商品组合为无差异曲线U_1上的点A，包含80单位食物和30单位衣服。

在第二年，食物和衣服的价格上升到$P_{F_2}=6$美元/单位，$P_{C_2}=9$美元/单位。在第二年，消费者需要多少收入才能使境况和第一年一样好？也就是说，才能达到无差异曲线U_1？新预算线BL_2必须和U_1相切，而且有一个反映新价格的斜率，$-P_{F_2}/P_{C_2}=-2/3$。在新的价格下，位于无差异曲线上的食物和衣服的最少消费组合是B篮子，即60单位食物和40单位衣服。在新价格下，购买B篮子需要的总支出是$P_{F_2}F+P_{C_2}C=6\times 60+$

① Lynn Unruh and Joanne Spetz, “Can Wage Increases End Nursing Shortages? A Reexamination of the Supply Curve of Registered Nurses.” *Academy of Health Meetings Abstracts*, 2005: vol. 22, abstract no. 4480.

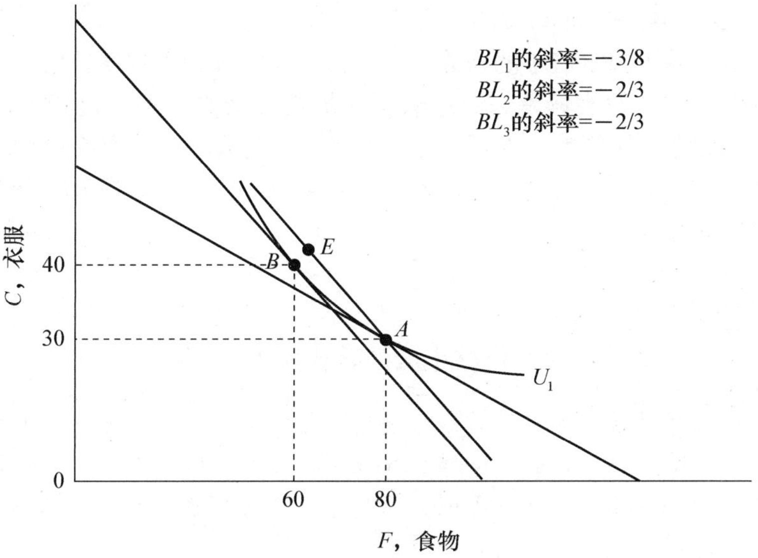

图 5-27　消费价格指数的替代偏差

说明：第一年，消费者有 480 美元收入，食物的价格是 3 美元/单位，衣服的价格是 8 美元/单位。消费者选择 A 篮子。第二年食物的价格上升到 6 美元/单位，衣服的价格上升到 9 美元/单位。在新价格下，通过购买 B 篮子，消费者可以达到最初的效用水平 U_1，花费 720 美元。一个理想的生活成本指数是 1.5(=720/480)，它告诉我们生活成本上升了 50%。然而，实际的消费价格的指数假设随着价格的改变，消费者并不用食物替代衣服，仍然在新价格下购买 A 篮子，此时他需要 750 美元收入。消费价格指数(750/480≈1.56) 说明消费者的生活成本上升了约 56%，这夸大了生活成本的实际增加量。实际上，如果消费者在第二年的收入是 750 美元，他可以选择 BL_3 上的 E 篮子，达到比 U_1 更高的效用水平。

9×40=720 美元。

原则上，消费价格指数要测量的是，消费者为了在第二年保持和第一年境况一样好，需要增加的支出百分比。在该例中，必须使支出从第一年的 480 美元上升到第二年的 720 美元。"理想的"消费价格指数就是新费用与旧费用的比，即 720/480=1.5。换句话说，在较高的价格下，为了使消费者在第二年和第一年境况一样好，收入需增加 50%。从这个意义上讲，第二年的生活成本高于第一年 50%。在计算这个理想的消费价格指数时，必须注意的是，当食物的价格相对衣服的价格上升时，消费者会用更多的衣服来替代食物，从最初的消费组合 A 移动到消费组合 B。

注意，为了获得满意的消费价格指数值，政府需要收集的数据有旧价格、新价格以及消费组合构成的变化（购买多少食物和衣服），但考虑到经济中商品和服务的巨大数量，收集的数据是非常庞大的！收集如此多随时间而改变价格的数据已经够困难了，而收集消费者实际购买商品组合变化的信息就更加困难了。

因此，为了简化消费价格指数的测量，实际上政府计算随价格改变购买固定商品组合所需支出的变化。固定的商品组合是第 年所购买的食物和衣服数量。在我们的例子中，固定篮子是点 A。在新价格下，为购买点 A 需要的收入是 $P_{F_2}F+P_{C_2}C=6\times 80+9\times 30=750$ 美元。如果在新价格下他有 750 美元，那么他的预算线是 BL_3。如果我们使用固定篮子点 A 计算消费价格指数，新支出对旧支出的比率是 750/480=1.562 5。这个指数告诉我们，为在新价格下购买固定篮子（即第一年购买的商品组合），消费者的支出需要增加 56.25%。①

如上例所示，基于固定篮子的指数对高价格的消费者给予过度补偿。经济学家将生活成本增加的夸大称为替代偏差。通过假设在最初消费水平上，消费者的篮子是固定的，消费价格指数忽略了消费者在下一年对其他相对便宜商品的可能替代。实际上，如果第二年消费者被给予 750 美元收入而不是 720 美元，他可以选择 BL_3 上的点 E，使自己的境况比点 A 时更好。

案例 5.8

价格指数的替代偏差

经济学家一直怀疑基于固定篮子的价格指数在度量价格变化方面有偏差。英国也使用类似的指数——零售价格指数（Retail Price Index，RPI）。在英格兰银行的一篇工作论文中，坎宁安（Alastair Cunningham）从以下四个方面说明为什么零售价格指数会夸大生活成本的变化。②

第一，存在替代偏差。当价格上升时，消费者改变他的购买组合，用相对便宜的商品替代许多贵的商品。第二，消费者会改变购买商品的地点，转向低成本卖场，这会产生偏差。第三，质量调整偏差。和价格的上升相联系的是质量的提高。第四，新产品偏差。原有的篮子中根本没有新出现的商品。坎宁安估计，对价格的夸大达到 0.35%～0.8%。

在美国，消费价格指数也存在相似问题。1995 年，联邦储备委员会主席格林斯潘(Alan Greenspan) 告诉国会，官方消费价格指数可能夸大了实际生活成本的增加，夸大了 0.5～1.5 个百分点。参议院财政委员会任命了一个由经济学家博斯金(Michael Boskin)主持的小组来对偏差的程度进行研究。该小组发现，消费价格指数高估了生活成本约 1.1%。

虽然对替代偏差影响的估计不可能非常精确，但是它们可能是非常重要的。公共支出项目和税收随消费价格指数进行通货膨胀调整。中央银行（如英格兰银行和联邦储备委员会）用消费价格指数评估通货膨胀的趋势。

作为博斯金委员会及其他研究者的研究成果，美国政府开始每 10 年对消费价格指数篮子的组成进行调整。目前使用的是 2002 年调整后的篮子。③

从 1999 年 1 月起，美国政府开始使用新的公式来计算消费价格指数中的许多成分指数。希望新公式能够消除替代偏差，并可以减少消费价格指数每年增加的约 0.2 个百分点。和美

① 度量以第二年价格购买固定篮子所需的支出与以第一年价格购买同样篮子所需支出之比的指数叫作拉氏指数（Laspeyres index）。让我们来通过正文中的例子计算这个指数。第一年和第二年的食物价格用 P_{F_1} 和 P_{F_2} 表示，衣服价格用 P_{C_1} 和 P_{C_2} 表示，固定篮子是第一年消费的食物 F 和衣服 C 的数量。因此，拉氏指数 L 是：

$$L=\frac{P_{F_2}F+P_{C_2}C}{P_{F_1}F+P_{C_1}C}$$

② Alastair Cunningham，1996. "Measurement Bias in Price Indices: An Application to the UK's RPI," Bank of England working papers 47，Bank of England.

③ 例如，参见 John S. Greenless and Charles C. Mason，"Overview of the 1998 Revision of the Consumer Price Index," *Monthly Labor Review* (December 1996)：pp. 3-9，and Brent R. Moulton，"Bias in the Consumer Price Index: What Is the Evidence?," *Journal of Economic Perspectives* (Fall 1996)，pp. 159-177。

国政府相似，调和消费者物价指数（Harmonized Index of Consumer Prices，HICP）也反映了在减少偏差方面的努力。该指数用于度量欧盟国家的通货膨胀情况。

本章小结

● 从个人对一种商品的偏好和预算约束中我们可以导出她的需求曲线。消费者的需求曲线说明了，随着商品价格的变化，消费者对商品最优选择的变化。我们可以将需求曲线想象成消费者对一种商品的“支付愿意”明细表。（边做边学习题 5.2，5.3）

● 如果随着收入的上升，消费者对一种商品的购买量增加，那么这种商品是正常品。如果随着收入的上升，消费者对一种商品的购买量减少，那么这种商品是劣等品。（边做边学习题 5.1）

● 我们可以将价格变化对一种商品需求数量的影响分成两个部分：替代效应和收入效应。替代效应是指，随着商品价格的改变，在保持效用水平不变的情况下，消费者对该商品购买数量的改变。当无差异曲线凸向原点（因为边际替代率递减）时，替代效应和价格改变的方向相反。如果商品的价格下降，它的替代效应是正的；如果商品的价格上升，它的替代效应是负的。（边做边学习题 5.4，5.5，5.6）

● 商品的收入效应是指，在价格不变的情况下，随着消费者购买力的改变，她对一种商品购买数量的改变。如果是正常品，收入效应和替代效应的作用方向一致；如果是劣等品，收入效应和替代效应的作用方向相反。

● 如果一种商品非常劣等，使得收入效应大于替代效应，那么该商品的需求曲线在一些价格区域内向上倾斜，这样的商品叫作吉芬商品。

● 消费者剩余是指，消费者的意愿支出与实际支付的差。在没有收入效应的情况下，消费者剩余提供了一个消费者在购买一件商品时会受益多少的货币度量。在图中，消费者剩余为普通需求曲线以下且商品价格以上的区域。消费者剩余的改变可以度量消费者在价格改变时受益或损失了多少。（边做边学习题 5.7）

● 使用最优选择图，我们可以从两个角度观察价格改变的货币影响：补偿变化和等价变化。补偿变化测量，一种商品价格降低后，为了保持和价格改变前境况一样好，消费者愿意放弃多少收入。

● 等价变化测量在价格降低前，为了使消费者和价格改变后境况一样好，需要给消费者多少收入。

● 如果有收入效应，补偿变化和等价变化是不同的。用普通需求曲线以下区域的变化度量的补偿变化和等价变化也不同。（边做边学习题 5.9）

● 如果收入效应很小，等价变化和补偿变化彼此非常接近，普通需求曲线以下区域的改变就是对价格改变的货币影响的一个很好的近似（尽管不是精确测量）。

● 如果没有收入效应，则商品价格改变对消费者带来的补偿变化和等价变化是相等的。补偿变化与等价变化和需求曲线下面区域的改变相等。（边做边学习题 5.8）

● 商品的市场需求曲线是市场上所有个人消费者需求曲线的水平加总（假设没有网络外部性）。

● 从众效应是正网络外部性。在从众效应下，随着更多的人购买，消费者对商品的需求在增加。虚荣效应是负网络外部性。在虚荣效应下，消费者对一种商品的需求随着更多的人购买而减少。

● 消费者选择模型也可以帮助我们理解个人将选择多少工作时间。一个消费者的幸福依赖于她花多少时间于闲暇活动上，同样依赖于她能购买的商品和服务的数量。她必须工作（放弃闲暇）来挣钱购买她渴望的商品和服务。因此，当决定闲暇的需求时，消费者同样决定了其劳动的供给。（边做边

学习题 5.10)

复习题

1. 什么是商品的价格消费曲线?

2. 价格消费曲线和收入消费曲线有什么不同?

3. 关于正常品的收入需求弹性，你能说出多少？对于劣等品的呢?

4. 如果无差异曲线凸向原点，而且商品的价格下降，替代效应会导致对商品的消费减少吗?

5. 假设一个消费者只购买三种商品，食物、衣服和房屋。这三种商品都可以是正常品吗？这三种商品都可以是劣等品吗？请解释原因。

6. 经济理论要求需求曲线总是向下倾斜吗？如果不是，在什么情况下，需求曲线会在一些价格区域向上倾斜?

7. 什么是消费者剩余?

8. 补偿变化和等价变化是两种测量商品价格改变对消费者收入的货币价值产生影响的方法。这两种测量有什么不同？什么时候这些测量相等?

9. 考虑下面四个观点，哪个是正网络外部性的例子？哪个是负网络外部性的例子?

(i) 人们喜欢热狗是因为它的味道以及热狗是灌装的。

(ii) 一旦扎克（Zack）发现其他人在吃热狗，他就不再购买热狗了。

(iii) 直到认识到她所有的朋友都在吃热狗，萨莉才考虑购买热狗。

(iv) 当个人收入上升 10%时，热狗的销量下降。

10. 为什么随着工资的上升，个人会减少劳动供给（需求更多闲暇)?

习　题

5.1 图 5-2 (a) 说明了，在三种周收入（$I_1=40$ 美元，$I_2=68$ 美元，$I_3=92$ 美元）下，消费者对食物和衣服的最优选择；图 5-2 (b) 说明了，随着收入的改变，消费者对食物的需求曲线是怎样移动的。画出衣服的三条需求曲线（对应每个收入水平)，说明收入改变对消费者购买衣服的影响。

5.2 假设食物的价格为 2 美元/单位和衣服的价格为 4 美元/单位，使用图 5-2 (a) 中的收入消费曲线画出衣服的恩格尔曲线。

5.3 下面哪个结论是正确的?

a) 劣等品的收入需求弹性是负的。

b) 具有负的收入需求弹性的商品是劣等品。

5.4 如果一种产品的需求是完全无弹性的，那么相应的价格消费曲线是怎样的？画图说明它的价格消费曲线。

5.5 安消费五种商品。所有商品的价格都是固定的，商品 x 的价格是 P_x。不管收入是多少，她都将收入的 25%花费在商品 x 上。

a) 说明对任何收入水平，她对商品 x 的收入需求弹性是一样的，并求出它的值。

b) 如果安总是将收入的 60%花费在商品 x 上，则 x 收入需求弹性的值会不同吗?

5.6 苏西（Suzie）购买两种商品：食物和衣服。她的效用函数是 $U(x, y)=xy$，其中 x 表示食物的消费量，y 表示衣服的消费量。此效用函数的边际效用是 $MU_x=y$，$MU_y=x$。

a) 证明衣服的需求曲线方程是 $y=I/(2P_y)$。

b) 衣服是正常品吗？当她的收入 $I=200$ 时，画出她的衣服需求曲线。将此需求曲线标示为 D_1。画出收入 $I=300$ 时的需求曲线并标示为 D_2。

c) 食物需求相对于衣服价格的交叉价格弹性为多少？

5.7 卡尔（Karl）对汉堡（H）和啤酒（B）的偏好由效用方程描述：$U(H, B)=\min(2H, 3B)$，他每个月的收入为 I 美元，且他只用收入购买这两种商品。汉堡的价格由 P_H 表示，啤酒的价格由 P_B 表示。

a) 推出卡尔对啤酒的需求曲线。

b) 汉堡价格提高 1 美元和啤酒价格提高 1 美元，哪个对卡尔的啤酒消费影响更大？

5.8 戴维的拟线性效用函数为 $U(x, y)=\sqrt{x}+y$，相应的边际效用函数为 $MU_x=1/(2\sqrt{x})$，$MU_y=1$。

a) 给定价格 P_x、P_y，推出戴维对 x 的需求曲线。证明：在内部最优解上，对 x 的需求独立于收入水平。

b) 推出戴维对 y 的需求曲线。y 是正常品吗？当 P_x 上升时，y 的需求会产生什么变化？

5.9 里克购买两种商品：食物和衣服。食物替代衣服的边际替代率递减。x 表示食物的购买量和 y 表示衣服的购买量。假设食物的价格从 P_{x_1} 上升到 P_{x_2}。画图标明，价格改变对食物消费的收入效应和替代效应。对以下每一种情况都这么做：

a) 例子 1：食物是正常品。

b) 例子 2：食物的收入需求弹性是零。

c) 例子 3：食物是劣等品，但不是吉芬商品。

d) 例子 4：食物是吉芬商品。

5.10 雷吉（Reggie）只消费两种商品：食物和房屋。在一张用横轴表示房屋和纵轴表示食物的图上，他对房屋的价格消费曲线是一条垂直的线。画出和此偏好一致的预算线和无差异曲线。当房屋的价格改变时，有关雷吉收入效应和替代效应的什么描述必然是正确的？

5.11 金杰（Ginger）的效用函数是 $U(x, y)=x^2y$，相应的边际效用是 $MU_x=2xy$，$MU_y=x^2$。她的收入是 $I=240$ 美元，面临的价格 $P_x=8$ 美元/单位和 $P_y=2$ 美元/单位。

a) 在给定价格和收入的情况下，确定金杰的最优篮子。

b) 如果 y 的价格上升到 8 美元/单位，而金杰的收入保持不变，x 的价格必须下降到多少才能使她获得和价格 P_y 变化前相等的效用？

5.12 安的效用函数是 $U(x, y)=x+y$，边际效用为 $MU_x=1$ 和 $MU_y=1$。安的收入 $I=4$。

a) 在价格 $P_x=1$ 和 $P_y=1$ 下，确定安消费的最优篮子。

b) 在价格 $P_x=1$ 和 $P_y=2$ 下，确定安消费的最优篮子。

c) 当 $P_x=1$ 和 $P_y=1$ 时，对 y 的需求是多少？当 $P_x=1$ 和 $P_y>1$ 时，对 y 的需求是多少？当 $P_x=1$ 和 $P_y<1$ 时，对 y 的需求是多少？画出安有关价格 P_y 的 y 的需求曲线。

d) 当效用函数是 $U(x, y)=2x+y$、边际效用为 $MU_x=2$ 和 $MU_y=1$、收入 $I=4$ 时，重复做 a)、b) 和 c)。

5.13 有些文章将收入需求弹性大于 1 的商品定义为奢侈品。假设消费者只购买两种商品，这两种商品都能是奢侈品吗？请解释你的回答。

5.14 斯科特（Scott）只消费两种商品：牛排和麦芽酒。当牛排的价格下降时，他购买更多的牛排和更多的麦芽酒。在一张最优选择图（包括预算线和无差异曲线）上，描绘这种消费方式。

5.15 戴夫（Dave）只消费两种商品：咖啡和甜甜圈。当咖啡的价格下降时，他购买同样数量的咖啡和更多的甜甜圈。

a) 在一张最优选择图（包括预算线和无差异曲线）上，描绘这种消费方式。

b）这种购买行为和拟线性效用函数是一致的吗？解释你的回答。

5.16 （这个问题说明了最优消费选择并不一定是内部的，也可能是在角点上。）假设消费者的效用函数为$U(x, y)=xy+10y$。这个效用函数的边际效用是$MU_x=y$和$MU_y=x+10$，x和y的价格分别是P_x和P_y，两个价格都是正的。消费者的收入是I。

a）首先假设有内部最优解。证明对x的需求可以写成$x=I/(2P_x)-5$。

b）假设现在$I=100$。因为x不可能是负的，P_x的最大值是多少（在此价格下，消费者不会购买任何x）？

c）假设$P_y=20$和$P_x=20$，在一张图上说明x和y的最优消费集，并说明因为P_x超过了在b）中计算的值，此时消费者只购买y，即和角点解对应（实际上，消费者购买$y=I/P_y=5$单位y和0单位x）。

d）将x替代y的边际替代率和c）中最优解处的比率（P_x/P_y）做比较。这能否验证下面的说法：如果消费者购买正数量的x，她的效用会减少？

e）假设收入保持在100，画出关于P_x所有值的x的需求曲线。它的位置依赖于P_y的值吗？

5.17 图中说明，当价格从P_1降到P_2时，消费者剩余改变了$ABEC$。这个面积可以分成矩形$ABDC$和三角形BDE。简单描述每个面积代表什么。记住消费者剩余测量的是消费者福利的事实。因此，消费者剩余的改变表示消费者的境况变好了多少。（提示：价格下降会导致消费量的上升。）

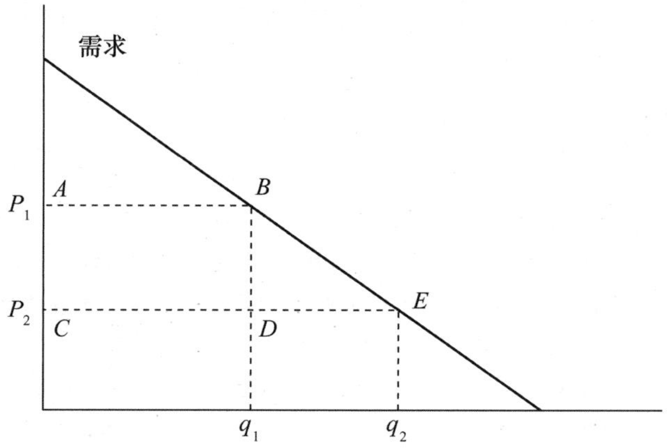

5.18 某配件的需求函数是$D(P)=16-2P$。当配件的价格从1美元/单位上升到3美元/单位时，计算消费者剩余的改变，并用图说明你的结果。

5.19 吉姆关于甜饼干（x）和其他商品（y）的偏好为$U(x, y)=xy$，边际效用为$MU_x=y$和$MU_y=x$。他的收入是20美元。

a）当$P_y=1$美元/单位时，写出x的需求表。

b）以图形的方式说明，当x的价格从1美元/单位上升到2美元/单位时，消费者剩余的改变。

5.20 卢（Lou）关于比萨饼（x）和其他商品（y）的偏好为$U(x, y)=xy$，边际效用为$MU_x=y$和$MU_y=x$。他的收入是120美元。

a）当价格$P_y=1$美元/单位和$P_x=4$美元/单位时，计算他消费的最优篮子。

b）当食物的价格降低到3美元/单位时，计算他的收入效应和替代效应。

c）计算价格改变的补偿变化。

d）计算价格改变的等价变化。

5.21 卡丽娜购买两种商品，食物F和衣服C，效用函数是$U=FC+F$。她的食物的边际效用是$MU_F=C+1$，衣服的边际效用是$MU_C=F$。她的收入是20。衣服的单位价格是4。

a）推出卡丽娜对食物的需求方程，并画出食物价格在1和6之间的需求曲线。

b）当食物的价格从1上升到4时，计算卡丽娜消费食物的收入效应和替代效应，并且画图说明这些效应。你画的图形比例不需要非常精确，但要和数据一致。

c）当食物的价格从 1 上升到 4 时，确定补偿变化数值的大小（以货币的形式）。

5.22 假设出租汽车市场分成两个部分，商务旅行者和度假游客。商务旅行者租用汽车的需求曲线是 $Q_b=35-0.25P$，其中，Q_b表示当租用价格为每天 P 美元时，商务旅行者的需求数量（以千为计量单位）。如果价格超过 140 美元/天，则没有商务旅行者会租用汽车。

度假游客租用汽车的需求曲线是 $Q_v=120-1.5P$，其中，Q_v表示当租用价格为每天 P 美元时，度假游客的需求数量（以千为计量单位）。如果价格超过 80 美元/天，则没有度假游客会租用汽车。

a）在每一个价格下填写表格并找出市场需求数量。

价格（美元/天）	商务需求量（千辆汽车/天）	度假需求量（千辆汽车/天）	市场需求量（千辆汽车/天）
100			
90			
80			
70			
60			
50			

b）画出每个部分的需求曲线，并画出出租汽车的市场需求曲线。

c）以代数的形式描述市场需求曲线。也就是说，说明市场中的需求数量 Q_m 是怎样依赖于 P 的。确保市场需求的代数方程和你在 a）和 b）中的回答是一致的。

d）如果租用一辆汽车的价格为 60 美元/天，则在每个市场中，消费者剩余分别是多少？

5.23 金属片市场中有两种类型的消费者。P 代表市场价格。

类型Ⅰ消费者的总需求数量是 $Q_1=100-2P$，$0\leqslant P\leqslant 50$。

类型Ⅱ消费者的总需求数量是 $Q_2=40-P$，$0\leqslant P\leqslant 40$。

在图上，清晰地画出总的市场需求曲线。

5.24 市场上有两个消费者：吉姆和唐娜（Donna）。吉姆的效用函数是$U(x, y)=xy$，边际效用为 $MU_x=y$ 和 $MU_y=x$。唐娜的效用函数是$U(x, y)=x^2y$，边际效用为 $MU_x=2xy$ 和 $MU_y=x^2$。吉姆的收入是 100 和唐娜的收入是 150。

a）当 y 的价格是 1 和 x 的价格是 P 时，找出吉姆和唐娜的最优篮子。

b）在不同的图上画出对所有的 P 值，吉姆和唐娜对 x 的需求。

c）当只有吉姆和唐娜是消费者时，计算并画出总需求。

d）当增加一个消费者，且他的效用函数和收入与唐娜的一样时，画出总需求。

5.25 在波尔莫内亚（Pulmonia）有 100 万个消费者喜欢租用电影视频。每个人对电影的需求曲线是一样的。租金的价格是 P 美元/单位。在给定价格下，市场需求曲线比个人需求曲线更有弹性还是更缺乏弹性？（假设没有网络外部性。）

5.26 假设在斯普林菲尔德，只有巴特（Bart）和霍默（Homer）喝七喜饮料，而且他们对七喜的逆需求曲线分别是 $P=10-4Q_B$ 和 $P=25-2Q_H$。当然，他们的需求数量都不是负的。写出斯普林菲尔德对七喜的市场需求曲线。

5.27 在最优选择图上，乔对茶的收入消费曲线是一条垂直的线，横轴表示茶，其他商品在纵轴上。

a）说明乔对茶的需求曲线必须是向下倾斜的。

b）当茶的价格从 9 美元/磅下降到 8 美元/磅时，乔的消费者剩余变化（即需求曲线以下面积的改变）为 30 美元/月。当价格下降到 30 美元附近时，你能估计出补偿变化和等价变化吗？对你的结果进行解释。

5.28 考虑正文中讨论的对劳动和闲暇的最优选择。假设消费者每天最初 8 小时的工资为每小时 10 美元，额外时间工作收到的加班工资为 20 美元/小时。

a）在最优选择图上画出预算约束。（提示：这不是一条直线。）

b）画出他每天最优加班 4 小时的一组无差异曲线。

5.29 特里（Terry）关于闲暇（L）和其他商品（Y）的效用函数是 $U(L, Y)=Y+LY$，相应的边际效用为 $MU_Y=1+L$ 和 $MU_L=Y$。其他商品的价格是 1 美元/单位。收入来自他工作挣得的工资。请证明：不管工资率为多少，特里消费闲暇的最优时间数量是不变的。他会享受多少小时闲暇？

5.30 假设诺厄（Noah）偏好闲暇（L）和其他商品（Y），效用函数为 $U(L, Y)=\sqrt{L}+\sqrt{Y}$，相应的边际效用是 $MU_L=1/(2\sqrt{L})$，$MU_Y=1/(2\sqrt{Y})$。当其他商品的价格为 1 美元/单位时，诺厄的劳动供给曲线会向后弯曲吗？

5.31 雷蒙德（Raymond）消费闲暇（L 小时/天）和其他商品（Y 单位/天），效用函数为 $U(L, Y)=L+2\sqrt{Y}$，相应的边际效用是 $MU_L=1/(\sqrt{L})$，$MU_Y=1$。其他商品的价格是每单位 1 欧元，工资率是每小时 w 欧元。

a）试说明，工资率如何决定了雷蒙德选择的闲暇时间？

b）雷蒙德的日收入如何依赖于工资率？

c）当工资率上升时，雷蒙德会增加工作时间吗？

5.32 朱莉购买食物和其他商品。她的月收入是 400 美元。食物最初的价格是每单位 1 美元，然后上升到每单位 1.20 美元，其他商品的价格不变。为帮助朱莉，她妈妈每个月给她寄一张支票。朱莉告诉她妈妈：“谢谢，妈妈。如果你每个月给我寄一张 50 美元的支票，那么我在每单位 1.20 美元下的幸福和没有收到你 50 美元但在每单位 1 美元下的幸福是一样的。”下面哪个结论是正确的？对你的结果进行解释。

食物价格的提高具有如下效应：

（a）每个月的收入效应为 50 美元。

（b）每个月的收入效应为－50 美元。

（c）每个月的补偿变化为 50 美元。

（d）每个月的补偿变化为－50 美元。

（e）每个月的等价变化为 50 美元。

（f）每个月的等价变化为－50 美元。

5.33 吉娜住在芝加哥，且喜欢坐飞机看望她在意大利的母亲。在下图中，x 表示她每年去意大利的往返数，复合商品 y 测量她每年对其他商品的消费；复合商品的价格为 p_y。在这个问题中，价格 p_y 保持不变。图中已画出她的数条无差异曲线，效用水平是 $U_1<U_2<U_3<U_4<U_5$。如图所示，如果她将所有收入都花费在复合商品上，她可以购买 y^* 单位。在最初的航空旅行价格是 1 000 美元/趟往返时，如果她将所有收入都花费在去意大利的航空旅行上，她可以购买 18 趟往返。

a）画一张同样的图，并用它表示：随着一趟往返价格从 1 000 美元上升到 3 000 美元，吉娜往返数量的收入效应和替代效应。在图中，明确地标记这些效应。

b）使用图估计和价格上升相关的补偿变化的数值大小。你可以参考图来解释你的回答。

c）利用吉娜去意大利航空旅行的需求可以测量出消费者剩余，该消费者剩余能提供和价格上升相联系的货币价值吗？用一句话解释原因。

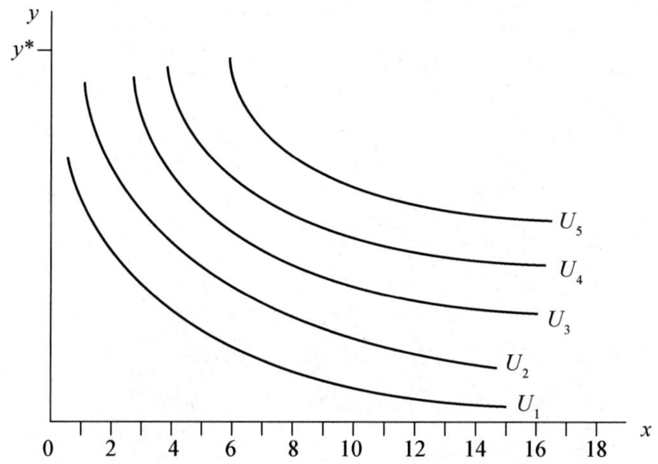
y
y*
U_5
U_4
U_3
U_2
U_1
0
2
4
6
8
10
12
14
16
18
x

第 3 部分

生产与成本理论

第 6 章

生产要素与生产函数

他们能做到价廉物美吗

阿西莫夫（Isaac Asimov）的经典小说《我，机器人》描述了一个人与机器人共存的世界。伟大的科幻小说家阿西莫夫于 1950 年创作了这部科幻小说。这部小说描述了一个存在大量机器人的世界，这些机器人可以像人类一样哭、一样笑，并且可以服务人类甚至充当人类的心理医生。以现在的标准来看，在第一台商用计算机 UNIVAC I 诞生的前一年，尤其是在当时技术水平如此低下的时代里，阿西莫夫的小说描述的世界的确是科幻小说中才能存在的世界。然而 60 多年过去了，机器人发挥着越来越重要的作用。现在甚至可以这么说，我们离一个以机器人为核心运行的世界并不是那么的遥不可及。

大约 25 年前，机器人开始在一些重要的制造业中应用，一些汽车制造商（如通用汽车公司）为了节省劳动成本，在一些装配生产线上开始配备机器人。到了 20 世纪 90 年代，机器人开始应用在一些投资巨大（甚至超过 30 亿美元）的半导体芯片工厂里。对这些芯片制造商来说，为了防止制造过程中对芯片的污染，芯片制造环境的要求相当高以至苛刻的地步。制造芯片的车间要比医院的手术室还要清洁 1 000 倍。在这种环境下，机器人要比人更能出色地完成工作。如今，机器人产业已得到了蓬勃发展，承担了更多富有想象力的工作，例如：进行前列腺手术、无人汽车驾驶、担当泳池救生员，甚至还可以挤牛奶！

然而，一些执行复杂任务的机器人并不便宜。因此，对诸如半导体芯片制造这种行业来说，在投入机器人生产的时候面临着一个重要的权衡：大量投入机器人所带来的成本节约是否能抵消机器人的昂贵价格？就目前来看，机器人变得越来越精密，一些机器人甚至可以独立完成这些精密的工作。因此，虽然价格昂贵，但是很多企业还是在是否投入机器人这个问题上做出了肯定的回答。

本章的主要内容，就是从经济学的角度为这种权衡提供理论基础。

本章概要 在阅读和学习本章之后，你将会解决以下问题：

- 解释一个生产函数代表了企业能选择的不同生产要素组合的技术。
- 说明技术有效的投入产出组合以及技术无效的投入产出组合的区别。
- 区分以下概念：总产量，边际产量，单一要素投入的生产函数的平均产量。
- 描述边际产量递减规律。
- 用图说明边际产量函数及平均产量函数与总产量函数的关系。
- 用图说明两个生产要素投入的生产函数。
- 通过生产函数方程推导等产量线。
- 解释边际技术替代率与边际产量的关系。
- 用图说明一个企业的要素替代率如何决定一个企业的等产量线的形状。
- 描述替代弹性的概念以及如何衡量企业的要素替代率。
- 比较在微观经济分析中用到的一些特殊的生产函数：线性生产函数，里昂惕夫生产函数，柯布-道格拉斯生产函数，CES 生产函数。
- 确定一个生产函数的规模报酬是增加、不变还是递减。
- 验证生产函数的变化是否代表着技术进步。如果是，判断技术进步是节约劳动型的、中性的，还是资本节约型的。

6.1 生产要素与生产函数简介

商品和服务的生产过程就是把诸如劳动、原材料以及工具与机器提供的一些服务经过一些加工转换成一些成品的过程。例如：半导体生产商，就是利用雇员提供的劳动，机器人、工厂等生产设备，以及原材料（如硅）去生产芯片。企业用于生产的劳动、资本设备等此类生产资源被称为**投入**（inputs）或者**生产要素**（factors of production），而产出的产品或者服务的数量就是企业的**产出**（output）。

投入：组合起来用于生产制成品的资源，如劳动、资本设备和原材料。
生产要素：用于生产产品的资源。
产出：一个企业生产的商品或者服务的数量。

上面所举的半导体的例子表明，现实中企业往往会选择几个生产要素的组合去生产一定量的产品。半导体公司使用工人但不使用机器人，或同时利用工人和机器人来生产相同数量的产品。**生产函数**（production function）就是企业可以选择配置各种要素技术投入的数学表达式。生产函数可以告诉我们，在给定的生产成本下，企业产出的最大数量。因此，我们可以将生产函数写成如下形式：

$$Q=f(L,K) \tag{6.1}$$

其中，Q 是产出量，L 是雇用的劳动量，K 是使用的资本量。这个公式告诉我们，企业的最大产量依赖于其所投入的劳动和资本的数量。我们可以列出各种投入的要素，企业面对的重要的权衡涉及劳动与资本之间的权衡（例如，半导体公司面对在工人与机器人之间的权衡）。此外，下面我们有关生产的理论只涉及这两类要素的投入。

生产函数：在既定生产要素投入的情况下能达到最大产出的数学表达式。

公式（6.1）中的生产函数类似于消费者理论中的效用函数。正如效用函数依赖于外生的消费者偏好一样，生产函数依赖于外生的技术条件。随着时间的推移，这些技术条件是可以改变的，比如技术进步会引起生产函数的变化。在第6.6节中，我们会讨论技术进步，在那之前，我们把生产函数视为不变。

生产函数公式（6.1）告诉我们，在给定劳动和资本组合的情况下，一个企业可以达到的最大产出是多少。当然，低效率的管理可能会达不到理论上可以达到的产量。图6-1描述了单一要素投入（劳动）生产函数的这种低效率的可能性，例如 $Q=f(L)$。在生产函数的上方以及下方的点构成了企业的**生产集**（production set），这个集是技术有效的一些投入-产出点的集合。生产集中的点 A 以及点 B 是**技术无效**（technically inefficient）的（在这些点上，企业所获得的产出比它本应该使用这么多劳动获得的产出要少）。在点 C 和点 D，在生产集的边界，是**技术有效**（technically efficient）的。在这些点上，在雇用的劳动量不变的情况下，企业能获得最大的产出。

如果我们转换一下生产函数的形式，就可以得到一个函数 $L=g(Q)$。这个公式告诉我们：在既定的产量 Q 下，我们可以使用的最少劳动 L 是多少。这个函数便是**劳动需求函数**（labor requirements function）。例如，如果 $Q=\sqrt{L}$ 是生产函数，$L=Q^2$ 就是劳动需求函数。因而为了有7单位产出，企业就至少要雇用49单位劳动。

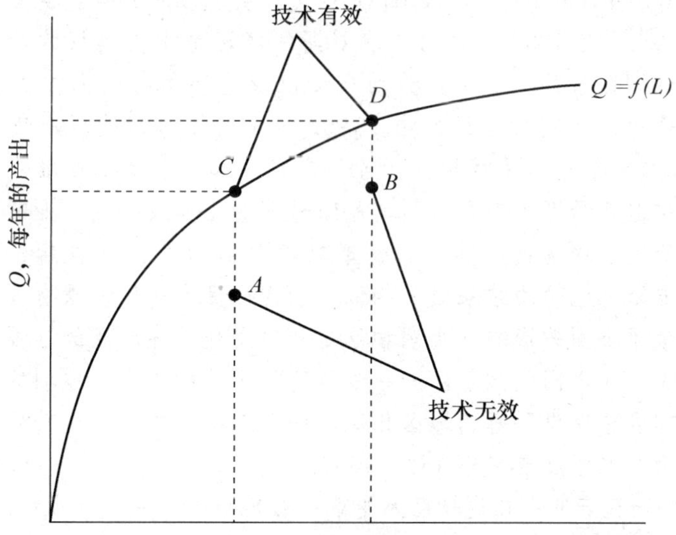

图6-1 技术有效和技术无效

说明：在点 C 和点 D，企业是技术有效的。在劳动数量不变的情况下，点 C 和点 D 达到了生产函数 $Q=f(L)$ 表示的产量。在点 A 和点 B，企业是技术无效的。在劳动数量不变的情况下，点 A 和点 B 没有达到该数量劳动能够达到的最高产出。

生产函数告诉我们：在既定要素组合的情况下，可以获得的最大的产出。$Q\leqslant f(L, K)$ 强调，一个企业实际的产量要比在一定生产要素组合下理论上能获得的最大产量小。

生产集：由所有技术上可行的投入-产出构成的集合。
技术无效：企业所获得的产出比其在既定劳动使用下能获得的最大产出少的集合。
技术有效：在劳动给定情况下，企业能获得最大产出的集合。
劳动需求函数：在既定的产量下，需要使用的劳动最少的函数。

案例 6.1

竞争提高效率

经济学家长期以来都试图回答一个问题：竞争是否真正地促进了企业的效率？由凯夫斯（Caves）和巴顿（Barton）进行的研究得出了以下结论：在美国制造商中，存在一定程度的技术无效。① 一些顶级制造商的实际产量没达到理论上既定生产要素组合（给定的劳动与资本组合）下能获得的最大产量，仅为 63%。在文章中，我们用公式 $Q/f(L, K)=0.63$ 表示顶级企业技术有效的程度。这个发现说明，从整体上来说，这些顶级的美国制造商都是技术无效的。

根据凯夫斯和巴顿的研究，决定企业技术有效的最重要因素是这家企业面临的其他企业竞争的激烈程度。他们的研究发现：和一些没有面临外国竞争的企业相比，一些面临外国竞争的企业更倾向于技术有效。此外，企业所处的行业集中程度越高，企业技术有效程度越低。这些发现表明，不管是来自外国企业还是来自本国同行业企业的竞争压力，都会促进企业竭尽所能地在有限的投入下获得最大的产出，从而使它们更加接近生产集的边界。

最近，布朗（Brown）和厄尔（Earle）研究了突然出现的巨大竞争是否对企业的技术效率产生影响。② 早在 1992 年之前，俄罗斯的经济是中央集权的计划经济，绝大多数企业是由政府机构运营的。物价、劳动市场以及经济运行的方方面面都被严格控制着。许多企业都是国家授权的垄断企业。1992 年 1 月 1 日，俄罗斯政府实施了经济上的“休克疗法”，并同时撤销了对物价、劳动市场、外贸以及工业准入的限制。俄罗斯企业史无前例地被迫开始面对来自本国其他新进入的企业及外国企业的竞争。

布朗和厄尔研究了这场突如其来的变革对将近 15 000 家俄罗斯企业的影响。他们得出的结论与凯夫斯和巴顿的结果极为相似：国内产品市场以及来自国外企业的竞争都对企业的效率产生了正面的影响。布朗和厄尔同时发现，在广阔的俄罗斯大地上，良好的基础设施促进了企业之间的竞争，进一步提高了企业的效率。他们的研究得出了如下结论：和那些基础设施建设不好的地区相比，一些基础设施建设比较好的地区所带来的对技术有效的正面影响程度要多出 45%～60%。

布朗和厄尔的研究表明：在这场巨大变革的初始阶段，一些与外商合资的俄罗斯私有企业的表现比那些国有企业要好得多。这是由于从国外的企业移植过来的优秀管理经验，可

---

① Richard Caves and David Barton, *Efficiency in U. S. Manufacturing Industries* (Cambridge, MA: MIT Press, 1990).

② David Brown and John Earle, "Market Competition and Firm Performance in Russia," *Russian Economic Trends* 9, no. 1 (March 2000): 13-18.

以在一些私有企业中使用，且更富有弹性和有效性。但是，这种相对优势最近有下降的趋势。对这种趋势的一种解释就是，竞争提高了这些国企或没有外企参与的企业的效率。

6.2 一种生产要素投入的生产函数

如何提高生产率是企业面临的最大压力。具体指的是，企业如何更广泛地从它所购买的资源中得到最大的产出。我们可以使用生产函数来表示，充分利用是提高生产率的一系列重要方法。为了更加明确地说明这些方法的内容，我们先从一种比较简单的生产函数说起，企业的产出只依赖于一种投入（生产要素）的数量——劳动。

□ 总产量函数

单一投入（生产要素）的生产函数通常就是**总产量函数**（total product function）。表 6-1 是一个半导体生产商的总产量函数。它展现了在给定一系列机器的情况下，这一年，投入劳动 L 的数量及其对应的产品数量 Q。

总产量函数：在单一投入下，反映投入与总产出之间关系的生产函数。

表 6-1　　总产量函数

L^*	Q
0	0
6	30
12	96
18	162
24	192
30	150

* L 表示每天工时的数量（以千计），Q 表示每天生产的半导体数量（以千计）。

图 6-2 是表 6-1 在图形中的表示。值得注意的是，该图有四个阶段：第一，当 $L=0$，$Q=0$ 时，即在零劳动投入的情况下，没有任何的半导体被生产出来。第二，在 $L=0$ 以及 $L=12$ 之间，随着劳动投入的增加，产出增加的速度越来越快（也就是说，总产量函数是凸的）。在此区间内，**劳动边际收益（报酬）递增**（increasing marginal returns to labor）。在劳动边际收益递增阶段，由劳动投入增加引起的产量增加是逐渐递增的。通常我们认为，在此阶段中，随着劳动投入的加大，劳动专业化分工越来越明确，导致生产效率提高，劳动边际收益增加。在一家企业起步或规模比较小的阶段，可能每个工人需要负责不同的生产步骤，从而效率没有那么高。例如：一个工人可能同时负责把原材料运送到车间、操作机器，并且要检查生产出来的产品。当工人增加时，工人的工作内容可能变得更专业化——可能一些人专门负责把原材料运送到车间，一些人只负责操作机器，还有一些人负责检查产品质量。专业化分工使工人更专注于他们所负责的工作，更加熟练，从而提高了工人的边际生产率。

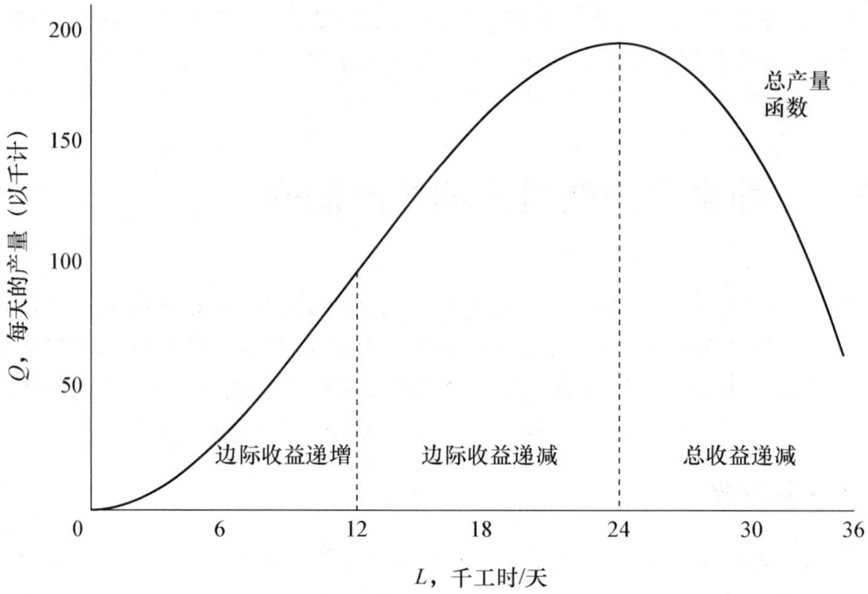

图 6-2　总产量函数

说明：总产量函数反映劳动（L）与产出（Q）之间的关系。如图所示，函数分为三个区域：边际收益递增阶段（$L<12$）；边际收益递减阶段（$12<L<24$）；总收益递减阶段（$L>24$）。

第三，在 $L=12$ 和 $L=24$ 之间，产出依然随着劳动投入的增加而增加，但增加的速度是逐渐下降的（也就是说，总产量函数是凹的）。在此阶段，**劳动边际收益（报酬）递减**（diminishing marginal returns to labor）。在劳动边际收益递减阶段，随着劳动投入的增加，产出仍然会增加，但是增加的速度会慢慢地下降。劳动边际收益递减意味着由工人专业化引起的工作效率提高带来的红利已经消失。

第四，当劳动投入的数量超过 $L=24$ 的时候，劳动投入数量的增加会引起总产量的减少。我们称此阶段为**劳动总收益（报酬）递减**（diminishing total returns to labor）阶段。当处于这个阶段时，任何劳动投入的增加都会引起总产量的减少。产生这种现象的主要原因在于，装配车间的规模大小是固定的，如果雇用了太多的工人，工人没有足够的空间进行有效的工作，工作效率的下降反映到总产量上就是产出的下降。同样，当工作的人越来越多的时候，他们的工作就会变得越来越难协调。①

劳动边际收益（报酬）递增： 随着劳动投入的增加，产出增加，但增加的速度逐渐变大。
劳动边际收益（报酬）递减： 随着劳动投入的增加，产出增加，但增加的速度逐渐变小。
劳动总收益（报酬）递减： 总产量随劳动投入的增加而减少。

□ 边际产量和平均产量

我们将从企业劳动投入的角度来阐释生产率这一概念的特征。我们可以从两个相关

① 同样，我们也可以得出以下结论：其他的投入也会带来总收益递减的结论，如原材料。例如，通过施肥，我们可以增加产量，但过度的施肥会毁坏田地，从而造成减产，最严重时会颗粒无收。

但是又相互区分的概念来阐释生产率的特征，而这两个概念都可以从生产函数中得到。第一个概念是**单位劳动平均产量**（average product of labor），我们记为 AP_L。单位劳动平均产量就是每一单位劳动投入所带来的平均产量。[①] 单位劳动平均产量是对美国及其他国家工人生产率进行比较的指标，也是经常被一些评论员提到的内容。从数学上来看，单位劳动平均产量就等于

$$AP_L=\frac{\text{总产量}}{\text{劳动投入的数量}}=\frac{Q}{L}$$

表 6－2 和图 6－3 显示了表 6－1 中的总产量函数对应的单位劳动平均产量。我们可以看出在不同阶段，企业投入不同数量的劳动所对应的人均劳动平均产量是不同的。在上述例子中，AP_L 在 $L=18$ 之前是不断增加的；当 $L>18$ 时，AP_L 才开始减少。

单位劳动平均产量：每单位劳动的平均产量。

表 6－2　　单位劳动平均产量

L	Q	$AP_L=\frac{Q}{L}$
6	30	5
12	96	8
18	162	9
24	192	8
30	150	5

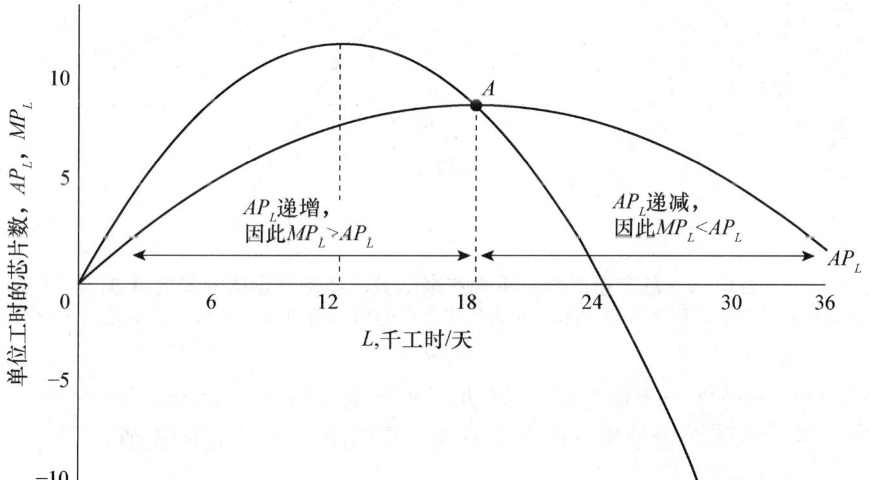

图 6－3　平均产量函数以及边际产量函数

说明：AP_L 是平均产量函数，MP_L 是边际产量函数。当 $L<12$ 时，边际产量是逐渐上升的；当 $12<L<24$ 时，边际产量是不断下降的；当 $L>24$ 时，边际 产量变为负。在点 A，AP_L 达到最大值，此时，$AP_{L=}=MP_L$。

图 6－4 画出了总产量及平均产量的曲线。从图中我们可以看出，沿着总产量曲线

① 有时候单位劳动平均产量也叫作单位劳动平均物理产量（average physical product of labor），写作 APP_L。

的任一点 L_0，在平均产量曲线上都有相对应的一个点。例如，点 A 对应的总产量是 Q_0，对应的劳动投入是 L_0；连接原点和点 A 的线段的斜率是 Q_0/L_0，即上面总产量曲线上的点 A 对应的单位劳动平均产量 AP_{L0}。在点 $L=18$ 处，从图 6－4 中我们可以看出，单位劳动平均产量达到了最大值。

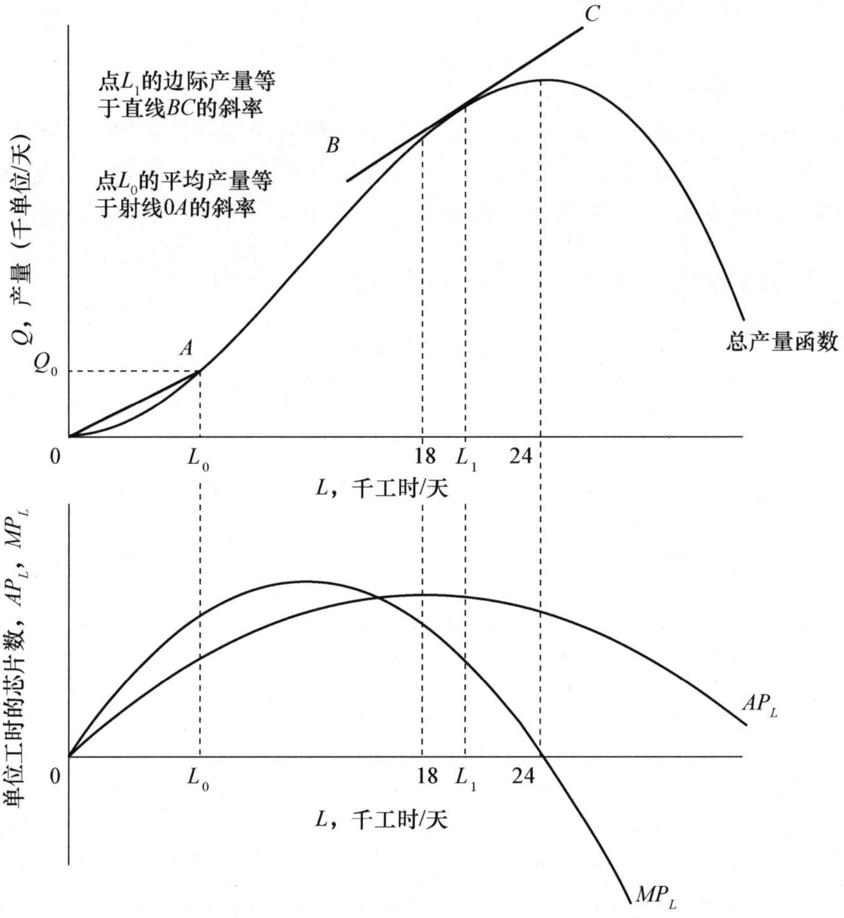

图 6－4　总产量函数、平均产量函数、边际产量函数间的关系

说明：在总产量函数中，每个点的边际产量就是这个点的切线的斜率，平均产量就是这一点与原点连线的斜率。

关于生产率的另外一个概念就是**劳动边际产量**（marginal product of labor），我们记为 MP_L。劳动边际产量是指总产量变化量和劳动投入变化量的比值：

$$MP_L=\frac{\text{总产量变化量}}{\text{劳动投入变化量}}=\frac{\Delta Q}{\Delta L}$$

劳动边际产量的概念类似于消费理论里的边际效用概念，就像我们可以画出边际效用的曲线一样，我们同样可以画出劳动边际产量的曲线（如图 6－3 所示）。边际产量和平均产量一样，不是一个独立的变量，但又和劳动投入量息息相关。当 $0\leqslant L<12$ 时，边际产量是不断增加的，我们称之为边际产量递增阶段。当 $L>12$ 时，边际产量的值开始不断减少，我们称之为边际产量递减阶段。当 $L>24$ 时，边际产量不断减少，但此时边际产量的值已经变成负值。如图 6－4 所示，在总产量函数中，每一个点都对应着一个相应的边际产量，如点 L_1，它对应的边际产量就是点 L_1 处切线 BC 的斜率。随着总产量函数的变化，每一个点的切线也是变化的，因此，边际产量也是变化的。

劳动边际产量：总产量变化量和劳动投入变化量的比值。

在大部分的生产过程中，在其他生产要素（如资本、土地）投入不变的情况下，随着一种生产要素（如劳动）的增加，边际产量会先增加，然而到一定程度后会逐渐下降。它反映了现实生产过程中的规律，我们将这个普遍的规律称为**边际收益（报酬）递减规律**（law of diminishing marginal returns）。

边际收益（报酬）递减规律：在其他生产要素投入不变的情况下，随着一种生产要素的增加，边际产量会先增加，然而到一定程度后会逐渐下降的规律。

□ 边际产量和平均产量之间的关系

同此书其他地方有关边际和平均的概念（如平均成本和边际成本）一样，边际产量和平均产量也存在系统的联系。图 6－3 展示了此联系：

- 当劳动的平均产量增加时，边际产量必然大于平均产量。也就是说，在图 6－3 中，如果 AP_L 提高，就有 $MP_L > AP_L$。
- 当劳动的平均产量降低时，边际产量必然小于平均产量。也就是说，在图 6－3 中，如果 AP_L 下降，就有 $MP_L < AP_L$。
- 当劳动的平均产量既不增加、也不减少时，因为 AP_L 最大（图 6－3 中的点 A），所以边际产量等于平均产量。

边际产量和平均产量之间的关系在涉及边际和平均概念的其他情况下也同样成立。为了理解这一点，请看下面的例子。假如你们班同学的平均身高为 160cm。现在迈克加入你们班，你们班同学的平均身高升到 161cm。那么，从中我们可以了解到多少有关迈克身高的信息？由于平均身高在增加，“边际身高”（迈克的身高）必然高于此平均值。如果平均身高下降到 159cm，那么我们可以推断出迈克的身高必然低于此平均值。如果在迈克加入后平均身高没有任何变化，那么迈克的身高必然就等于平均身高。

平均身高和边际身高之间的关系与图 6－3 所展示的平均产量和边际产量的关系是一样的。第 8 章中的平均成本和边际成本以及第 11 章中的平均收益和边际收益之间的关系也是如此。

案例 6.2

美国劳动生产率的复兴

如果可以计算美国整个经济体的单位劳动平均产量，就意味着我们得到了一个可以衡量整个经济体生产效率的标准。劳动生产率是一个经济体发展程度的重要指标。劳动生产率上升意味着，在劳动不变的情况下，将获得更多的产出，并且产出逐步增加，相应地生活标准也会逐步提高。与此相反，当单位劳动生产率的提高速度变慢时，生活水平的提高速度也会放缓。

下面的表格显示了美国在1947—2009年的年均劳动生产率。[1] 这个表格揭示了一个令人震惊的现象：虽然从1947年到20世纪70年代中期，劳动生产率每年以2.5%～3%的速度增长，但是从20世纪70年代中期至90年代中期，劳动生产率的增长明显放缓，下降到每年1.4%～1.5%的速度。从20世纪90年代后期开始，劳动生产率又开始恢复增长。1995—2005年，劳动生产率的年增长率平均在2.9%以上。值得提醒的是，1995—2005年还经历了“9·11”事件、网络泡沫时代的崩溃、2001年的衰退以及众多公司治理丑闻，这个阶段的劳动生产率增长确实令人印象深刻。

如何解释从20世纪70年代中期开始的劳动生产率增长放缓的现象？通过对各个产业阶层劳动生产率的调查，诺德豪斯（Nordhaus）发现，劳动生产率放缓的行业主要集中在能源依赖型行业，例如管道、石油、天然气开采以及汽车维修。[2] 这说明，美国劳动生产率增长放缓的罪魁祸首是1973年和1979年的石油危机。诺德豪斯认为：从某种意义上说，能源冲击是地震，严重放缓的是与能源高度相关的行业。

1947—2009年美国单位劳动生产率的增长率

年份	劳动生产率的年增长率（%）
1947—1955	3.21
1955—1965	2.61
1965—1975	2.18
1975—1985	1.38
1985—1995	1.51
1995—2005	2.94
2005—2009	1.90

为了解释1995年以来劳动生产率上升的原因，确定那些可以促使劳动生产率上升的因素就很有必要。生产率增长的第一个因素是工人所能利用的资本设备的复杂程度增加。1995—2005年是一个信息与通信技术不断发展的时代，这些发展带动了劳动生产率的提高。这种假设很有道理，即1995年以后劳动生产率的复苏增长来自资本数量及质量的提高（经济学家称之为“资本深化”）。

生产率增长的第二个因素是劳动本身质量的提升。当高技能工人和低技能工人的比例增大时，劳动的总体质量就提高了。这种情况又反过来要求更多高技能的工人（当然，每个工人在工作中所拥有的资本量也变得越来越多、越来越复杂）。

那么用什么来解释1995年以来美国劳动生产率的复苏呢？据乔根森（Jorgenson）等人的研究，资本深化是最重要的。[3] 事实上，乔根森等人发现1975年以来劳动生产

① 我们的计算数据来源于以下网址：www.bls.gov/data/。增长率根据美国所有非农企业每小时的产出变化量计算。2005—2009年的数据仅根据2009年第二季度的数据计算。

② William Nordhaus, “Retrospective on the 1970s Productivity Slowdown,” NBER Working Paper No. W10950 (December 2004), available at SSRN, http://ssrn.com/abstract=629592.

③ Dale Jorgenson, Mun Ho, and Kevin Stiroh, “Will the U.S. Productivity Resurgence Continue?” *Current Issues in Economics & Finance* 10, no. 13, Federal Reserve Bank of New York (December 2004): 1-7.

率增长率的一半以上都应归功于资本深化。正如人们所预料的，大部分资本深化是因为信息与通信技术的进步。另一方面，乔根森等人发现劳动者自身的素质在生产率增长方面起到了很小的作用。这表明，高技能工人与低技能工人的比例变化并没有对 1995 年以后劳动生产率的提高起到很重要的作用。

6.3 多种生产要素投入的生产函数

单一生产要素投入的生产函数能很好地诠释边际产量、平均产量等概念，并且能更好地说明这些概念之间的联系。然而，当真正的制造商面临决策时，如半导体制造商在考虑是否用机器人代替人类，我们就需要利用多种生产要素投入的生产函数。在本节中，我们将学习多种生产要素投入的生产函数并用图表示出来。我们还能学会以下方法：通过生产函数，企业可以比较轻松地决定生产要素间的替代关系。

□ 两种生产要素投入的生产函数的总产量和边际产量

为了更好地诠释多种生产要素投入的生产函数，我们先研究两种生产要素（劳动和资本）投入的生产函数。通过它，我们可以大致说明，一家半导体制造商在使用机器人（资本）或者人类（劳动）时的技术可能性。

表 6-3 展示了半导体制造商的生产函数（或者总产量函数）。半导体制造商生产的产品数量 Q 取决于厂商雇用的劳动数量 L 和资本数量 K。图 6-5 展示了生产函数的三维图。图 6-5 被称为**总产量山状图**（total product hill）——一张立体图，显示了半导体制造商产出的数量以及半导体制造商所雇用的两种生产要素投入的数量之间的关系。[①]

总产量山状图： 生产函数的三维立体图。

表 6-3　　半导体制造商的生产函数*

		K^{**}					
		0	6	12	18	24	30
L^{**}	0	0	0	0	0	0	0
	6	0	5	15	25	30	23
	12	0	15	48	81	96	75
	18	0	25	81	137	162	127
	24	0	30	96	162	192	150
	30	0	23	75	127	150	117

* 表中的数字表示对应的各种要素投入组合的可能产出。
** L 表示每天的工人工时数，K 表示每天的机器工时数（均以千计）。

① 在图 6-5 中我们画出了总产量山状图中几条比较重要的线，这样我们就可以绘制对应坐标轴上的相应的线。图 6-6 绘制出了固体表面的同一个总产量山状图。

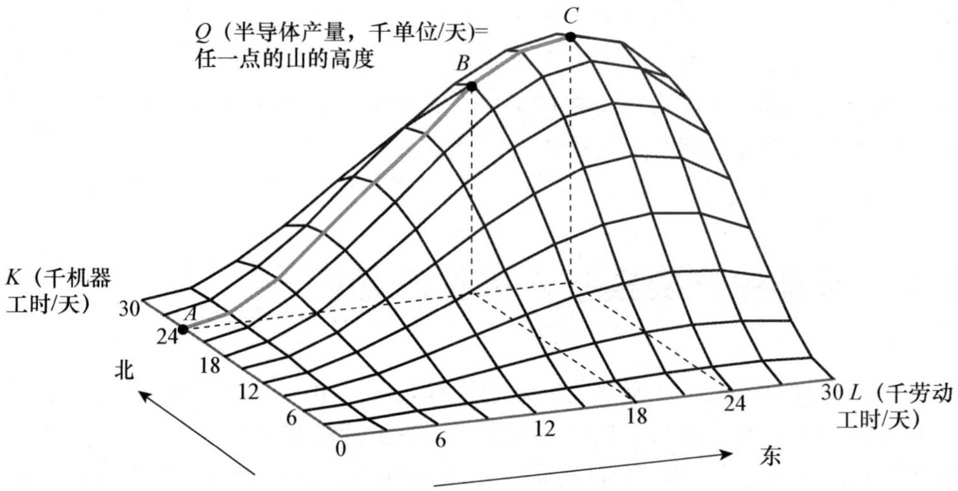

图 6-5　总产量山状图

说明：在山状图上，每一个点的山的高度等于相对应的劳动投入 L 和资本投入 K 所对应的产出 Q。

在山状图上，任意一点的山的高度就是所投入的各种生产要素组合对应的产量。我们可以沿着任意方向移动，但是最简单的方法是设想沿着两个方向中的一个移动。从劳动和资本的任意组合开始，我们可以通过增加劳动的数量向东移动，或者可以通过增加资本的数量向北移动。不管我们向东移动还是向北移动，每一个不同的海拔高度都对应着不同的产出。

现在，我们来看固定资本投入的情况，如当 K=24 时增加劳动投入。在表 6-3 中，当增加劳动投入时，一开始产量还是增加的，但当到达一定程度以后，产量开始减少（L>24）。事实上，表 6-1 中总产量函数 Q 的值与表 6-3 中 Q 的值是相同的。这表明，在有两种生产要素投入的生产函数中，通过固定其中一个生产要素的投入（例如 K=24 的情况），我们就可以获得劳动的总产量函数。

我们可以画出与图 6-5 相同的点。首先来固定资本的投入，令 K=24，在山状图上往东移动改变劳动投入的数量，然后我们可以得出路径 ABC，其中，点 C 是山上的最高点。这个路径与图 6-2 中的总产量函数形状相同，正如表 6-3 中的 K=24 那一列对应表 6-1。

正如可以把总产量的概念延伸至多种要素投入的情形，我们也可以把边际产量的概念延伸至多种要素投入的情形。投入的边际产量是指，在其他生产要素投入不变的情况下，该投入要素的变化所带来的总产量变化。劳动的边际产量为

$$MP_L = \frac{Q\text{的变化量}}{L\text{的变化量}}\Big|_{K\text{值不变}} = \frac{\Delta Q}{\Delta L}\Big|_{K\text{值不变}} \tag{6.2}$$

相似地，资本的边际产量为

$$MP_K = \frac{Q\text{ 的变化量}}{K\text{ 的变化量}}\Big|_{L\text{值不变}}$$

$$= \frac{\Delta Q}{\Delta K}\Big|_{L\text{值不变}} \tag{6.3}$$

在其他投入不变的情况下，当我们改变其中的一个生产要素时，边际产量告诉了我们总产量山状图上的陡度是如何变化的。特定点的边际产量就等于这一点上该变量改变方向的陡度。例如，在图 6－5 中，点 B 的劳动边际产量——当劳动量是 18 以及资本的数量是 24 时——就是总产量山状图在点 B 往东方向的陡度。

□ 等产量线

为了更好地说明经济权衡，等产量线有助于将生产函数的三维图形（总产量山状图）变为二维图形。同我们在消费者理论中使用无差异曲线代表效用函数一样，我们使用等高线代表生产函数。然而，我们不称这些等高线为无差异曲线，我们称它们为**等产量线**（*isoquant*）。等产量线意味着，在这条线上所有的产量都是相同的。在等产量线上，即便资本和劳动的组合各不相同，它们的产出也相同。

等产量线：表示能够产生某一产出的所有可能的劳动和资本组合。

为了说明这一点，我们考虑表 6－4 中描述的生产函数（和表 6－3 中的生产函数一样）。从这个表中我们可以看出，两种不同的劳动与资本的组合——（L＝6，K＝18）和（L＝18，K＝6）——得到的产量都是 25 单位（其中每“单位”的产出表示1 000 个半导体）。因此，这些投入组合都在 Q＝25 的等产量线上。

表 6－4　　半导体制造商的生产函数*

		K^{**}					
		0	6	12	18	24	30
L^{**}	0	0	0	0	0	0	0
	6	0	5	15	25	30	23
	12	0	15	48	81	96	75
	18	0	25	81	137	162	127
	24	0	30	96	162	192	150
	30	0	23	75	127	150	117

注：* 表中的数字表示对应的各种要素投入组合的可能产出。
L^{**} 表示每天的工人工时数，K^{**} 表示每天的机器工时数，Q^{**} 表示每天的半导体产量（均以千计）。

在图 6－6（等同于图 6－5）中，等产量线说明了表 6－4 的生产函数的总产量山状图。假设我们以保持同样的高度（即保持产出不变）为目标，从点 *A* 出发在总产量山状图上行走。我们的路径就是 *ABCDE*，高度都是 *Q*＝25（也就是说，这些不同的投入组合都能获得 *Q*＝25 的产出）。

从这个例子中，我们看到等产量线就像地形图上的线，如胡德山图（胡德山位于俄勒冈州）上的线（如图 6－7 所示）。在此地形图上，在地理上等海拔的点组成等海拔线。图 6－6 的总产量山状图类似于胡德山的地形图，总产量山状图的等产量线（见图 6-8）类似于胡德山上的等海拔线。

图 6－8 展示了表 6－4 和图 6－6 的生产函数的等产量线。在图 6－8 中，等产量线向下倾斜的事实表明：企业可以用资本代替劳动，并保持产量不变。因此，我们可以把这个结论告诉半导体制造商：它们可以通过使用大量工人和少量资本的组合或者大量资本和少量工人的组合来达到产出相同的目的。当劳动和资本（如机器人）都有正边际产量时，这种替代关系是有可能的。

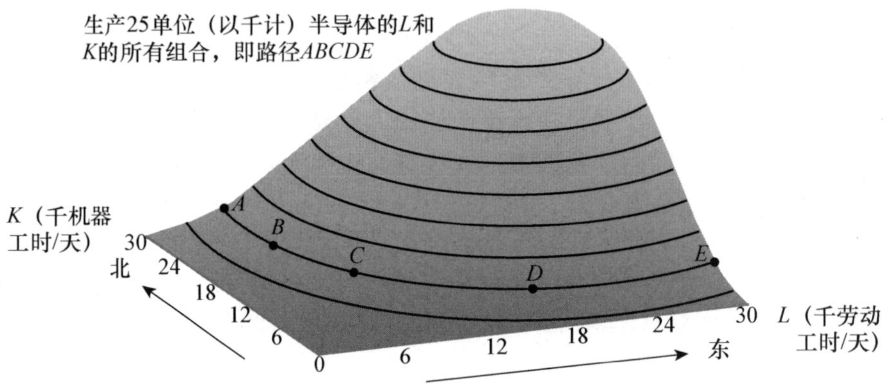

图 6－6　等产量线以及总产量山状图

说明：如果我们从点 A 开始沿着山坡走，并保持产量 25 单位不变，我们将得到这个生产函数的等产量线，即路径ABCDE。

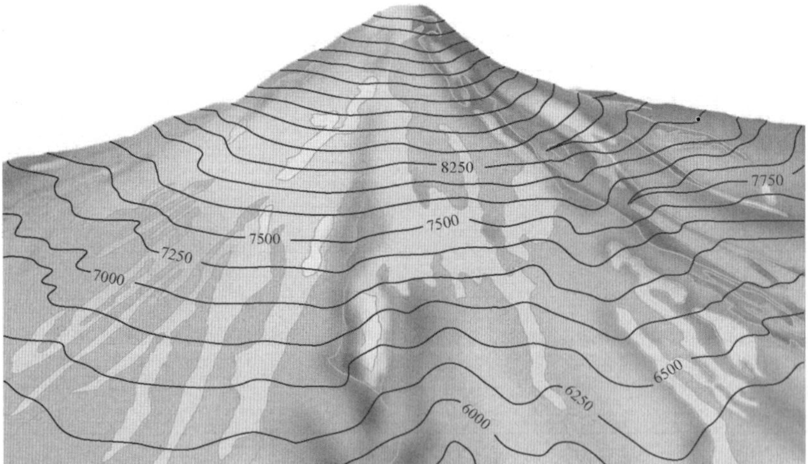

图 6－7　胡德山的三维地形图

说明：图（a）是一个三维胡德山地图。图 6－6 的总产量山状图与本图相似。
资料来源：www. delorme. com.

每一个生产函数都有无限的等产量线，每一条线对应着特定的产出水平。在图 6－8 中，等产量线 Q_1 对应着 25 单位产出。这条等产量线上的点 B 和点 D 对应着表 6－4 中标记的生产要素组合。当两种生产要素投入都具有正边际产量时，增加其中任意一个的投入都能获得更多的产量。因此，在图 6－8 中，等产量线 Q_2 和等产量线 Q_3 比等产量线 Q_1 有更高的产量。

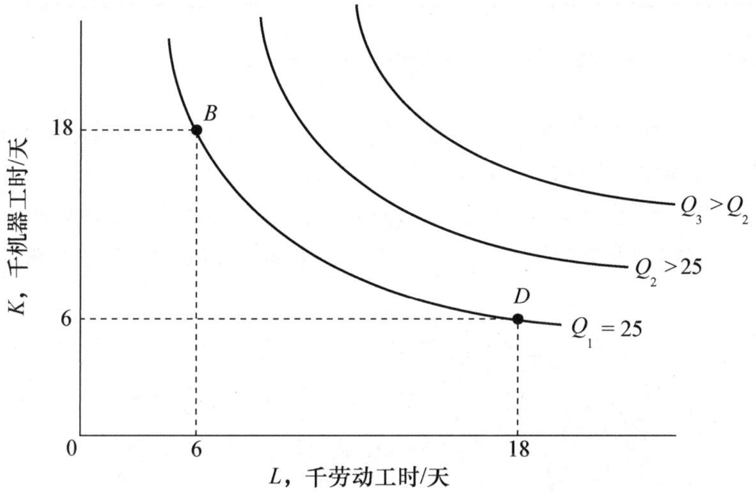

图 6－8　表 6－4 及图 6－6 的生产函数的等产量线

说明：不同劳动和资本的组合沿着 $Q_1=25$ 的等产量线（如点 B、点 D 的不同组合）有相同的产出，即每天生产 25 000 个半导体芯片。等产量线离原点越远，代表产量越大。

同样地，一条等产量线既可以用方程的形式表达，也可以用图形的形式表达（如图 6－8 的等产量线）。我们可以构建一个含有两种生产要素投入（劳动和资本）的方程来表达产量，同样，这个方程也能表达出 K 与 L 之间的替代关系。通过边做边学习题 6.1，我们将知道如何得到这样的方程。

边做边学习题 6.1

等产量线方程的推导

问题：

(a) 生产函数方程为 $Q=\sqrt{KL}$，求 $Q=20$ 时的等产量线方程。

(b) 针对同样的生产函数，求对应不同水平产出 Q 的等产量线方程。

解：

(a) $Q=20$ 的等产量线代表了在企业产出为 20 的时候所有劳动与资本的可能组合。在这条等产量线上，生产函数满足以下方程：

$$20=\sqrt{KL} \tag{6.4}$$

为了找到 $Q=20$ 的等产量线方程，我们应先获得 K 与 L 的替代关系。最简单的方法就是首先将等式 (6.4) 左右两边平方，然后求解 K，这样我们就可以得出等式 $K=400/L$。这就是产量为 20 的时候的等产量线方程。

(b) 在一般情况下，我们首先得到生产函数本身：$Q=\sqrt{KL}$。为了找到更一般的等产量线方程，我们先在等式两边平方，然后求解 K，这样我们就可以得出 $K=Q^2/L$。如果你将 $Q=20$ 代入方程，同样可以得到在（a）中求到的 $Q=20$ 的等产量线方程。

相似习题：6.9，6.10，6.11

□ 生产经济区域以及生产不经济区域

在图 6－8 中，等产量线是向下倾斜的：在图中所示的劳动和资本值范围内，通过增加劳动投入、减少资本投入，我们可以保持产量不变。但图 6－9 包含了一些图 6－8 没包含的等产量线，即有劳动或资本投入大于每天 24 000 工时时的产量情况。从图 6－9 中我们可以看出，等产量线现在有向上倾斜和向后弯曲的区域。这意味着什么？

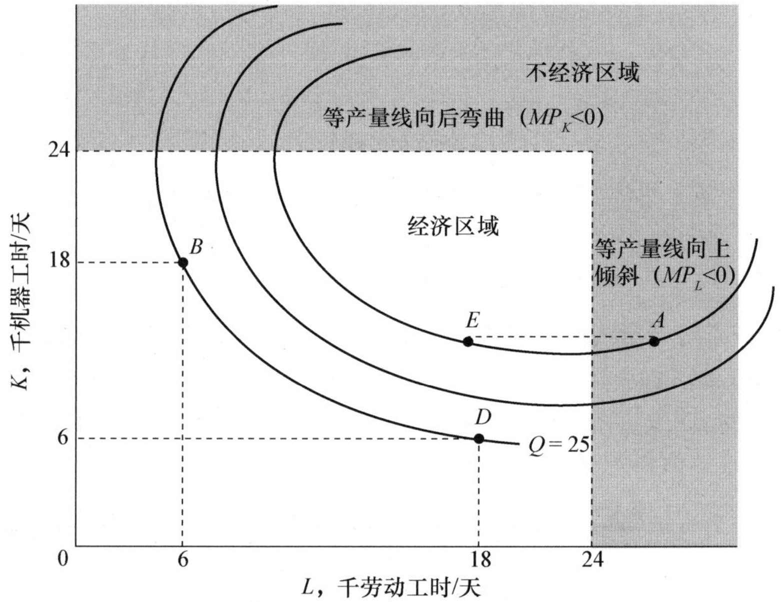

图 6－9　生产的经济区域与不经济区域

说明：等产量线向后弯曲和向上倾斜的地区是生产不经济区域。在该区域中，有一个生产要素的边际产量是负的，以生产成本最小化为目的的企业不会在该区域进行生产。

等产量线向上倾斜和向后弯曲的区域代表着一种生产要素投入的边际产量是负的，或者说，总产量处于递减阶段。例如，在图 6－9 中，等产量线向上倾斜区域的产生是因为生产要素劳动投入的总产量处于递减阶段（$MP_L<0$）。而等产量线向后弯曲区域的产生是因为资本投入的总产量处于递减阶段（$MP_K<0$）。如果处于劳动投入的总产量递减阶段，当保持资本投入不变时，增加劳动投入，总产量下降。因此，如果要保持总产量不变（沿着等产量线移动），就必须增加资本投入以弥补由于劳动投入而减少的总产量。

一个企业若要尽量减少其生产成本，那么就永远不能在等产量线上向上倾斜或向后弯曲的区域进行生产。例如，一个半导体生产商不应该在图 6－9 中点 A（劳动的总产量递减阶段）进行生产。原因就在于，企业可以通过选择投入更少的生产要素组合来生产同样数量的产品（如点 E）。在劳动投入的边际产量是负的区域，企业将花费大量的钱用于支付一些并未产生生产力的劳动投入。出于这个原因，我们把该范围内等产量线向上倾斜或向后弯曲的区域称为**生产不经济区域**（uneconomic region of production）。与此相反，我们把等产量线向下倾斜的区域称为**生产经济区域**（economic region of production）。从现在开始，我们就只讨论生产经济区域。

生产不经济区域：等产量线向上倾斜或向后弯曲的区域；在此区域，有一种生产要素投入的边际产量是负的。

生产经济区域：等产量线向下倾斜的区域。

□ 边际技术替代率

一个正在考虑是否投资使用机器人的半导体公司自然会研究机器人可以在何种程度上代替人类。也就是说，该公司必须考虑，需要投资多少才能代替一个劳动。这是企业决定是否投资机器人的关键。

等产量线的陡度在某种程度上代表了在生产过程中劳动与资本的替代变化速度。**劳动替代资本的边际技术替代率**（marginal rate of technical substitution of labor for capital）记为 $MRTS_{L,K}$。它代表等产量线的陡峭程度。资本替代劳动的边际技术替代率告诉我们：

- 在保持产量不变的情况下，增加一单位劳动投入需要减少多少单位资本投入。
- 在保持产量不变的情况下，减少一单位劳动投入需要增加多少单位资本投入。

劳动替代资本的边际技术替代率：在保持产量不变的情况下，增加一单位劳动投入需要减少多少单位资本投入。

边际技术替代率类似于消费者理论中的边际替代率。和商品 X 替代商品 Y 的边际替代率等于以 X 为横轴、Y 为纵轴画的无差异曲线的斜率的负值一样，劳动替代资本的边际技术替代率等于以 L 为横轴、K 为纵轴画的等产量线的斜率的负值。特定点的等产量线的斜率等于该点切线的斜率，如图 6－10 所示，这一点切线的斜率的负值就是边际技术替代率 $MRTS_{L,K}$。

图 6－10 展示了特定生产函数的 $Q=1\,000$ 的等产量线的边际技术替代率 $MRTS_{L,K}$。在点 A，等产量线的切线的斜率是 -2.5。因此，点 A 的边际技术替代率 $MRTS_{L,K}=2.5$，这意味着，在点 A，我们可以用代表劳动投入的 1 劳动工时代替代表资本投入的 2.5 机器工时，产量依然维持在 $Q=1\,000$ 的产出水平不变。在点 B，等产量线的切线的斜率是 -0.4。因此，点 B 的边际技术替代率 $MRTS_{L,K}=0.4$。这意味着，可以用代表劳动投入的 1 劳动工时代替代表资本投入的 0.4 机器工时，并保持产量不变。

在图 6－10 中，沿着等产量线向下移动时，等产量线的斜率越来越大（即，变得少负），这意味着 $MRTS_{L,K}$ 的值越来越小。我们称这一性质为**边际技术替代率递减规律**（diminishing marginal rate of technical substitution）。当生产函数显示边际技术替代率递减规律（随着劳动投入的不断增加，$MRTS_{L,K}$ 的值不断减少）时，等产量线凸向原点

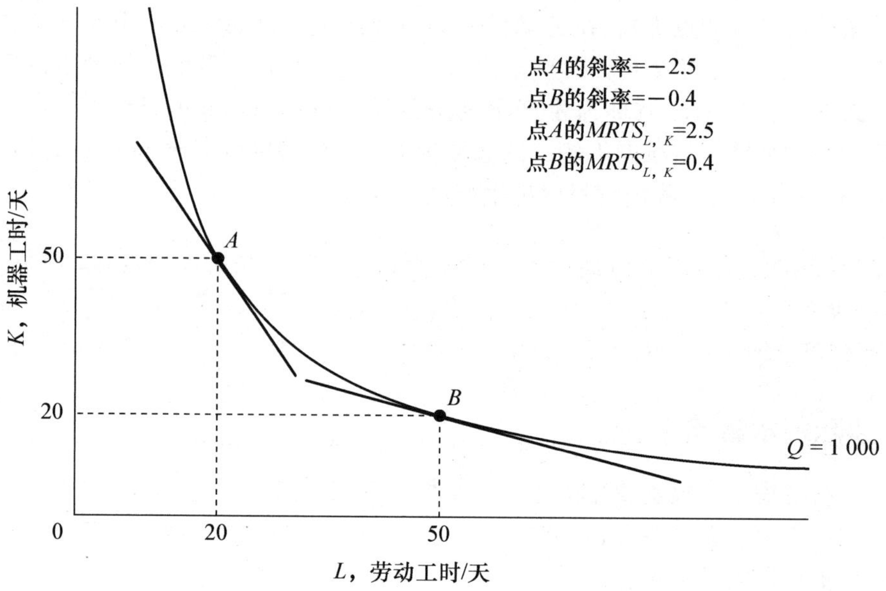

图 6－10　沿等产量线的资本替代劳动的边际技术替代率（$MRTS_{L,K}$）

说明：在点 A，$MRTS_{L,K}$的值是 2.5，企业可以用 1 单位劳动工时代替 2.5 单位机器工时，并保持产出不变。在点 B，$MRTS_{L,K}$的值是 0.4，企业可以用 1 单位劳动工时替代 0.4 单位机器工时，并保持产出不变。

（即曲线弯向原点）。

边际技术替代率递减规律：生产函数的一个特征：沿着等产量线，随着劳动的增加，劳动替代资本的边际技术替代率递减。

此外，我们可以得到劳动边际产量 MP_L、资本边际产量 MP_K 与边际技术替代率 $MRTS_{L,K}$之间准确的关系。注意到，当改变劳动投入（ΔL）并改变资本投入（ΔK）时，产出数量的改变值为

$$\Delta Q = \text{由资本投入变化造成的产出变化量} + \text{由劳动投入变化造成的产出变化量}$$

从方程（6.2）以及方程（6.3）中，我们可以得到

$$\text{由资本投入变化造成的产出变化量} = (\Delta K)(MP_K)$$
$$\text{由劳动投入变化造成的产出变化量} = (\Delta L)(MP_L)$$

因此，$\Delta Q=(\Delta K)(MP_K)+(\Delta L)(MP_L)$。在给定等产量线的情况下，产出是不变的（也就是说，$\Delta Q=0$）。因此，$0=(\Delta K)(MP_K)+(\Delta L)(MP_L)$，或者$-(\Delta K)(MP_K)=(\Delta L)(MP_L)$，整理得

$$-\frac{\Delta K}{\Delta L}=\frac{MP_L}{MP_K}$$

但是，$-\Delta K/\Delta L$ 就是等产量线的斜率的负值，也就是 $MRTS_{L,K}$。因此，

$$\frac{MP_L}{MP_K}=MRTS_{L,K} \tag{6.5}$$

这表明，劳动替代资本的边际技术替代率等于劳动投入的边际产量（MP_L）与资本投入的边际产量（MP_K）的比值（这与消费者理论里的边际替代率和边际效用之间的关系类似）。

为说明这种关系的重要性，我们以上文所说的半导体制造商为例：假如在最初的生产要素投入组合中，每增加一单位劳动投入可以增加 10 单位产出，每增加一单位资本投入可以增加 2 单位产出（也就是说 $MP_L=10$，$MP_K=2$）。因此，在目前的投入水平下，劳动投入的边际产量要比资本的高。通过方程（6.5）可以算出 $MRTS_{L,K}=10/2=5$。这意味着，在目前的投入水平下，投入 5 单位资本与投入 1 单位劳动带来的产出增加量是一样的。很明显，在做出投资决定以前，半导体制造商会考虑劳动投入以及资本投入的边际生产率，并由此来决定机器人的使用量以及工人的雇用数量。

边做边学习题 6.2 ☞

边际产量与边际技术替代率关系的应用

问题：

乍一看，你可能认为当劳动替代资本的边际技术替代率递减时，资本和劳动的边际产量也是递减的。请证明：这个说法是错误的（生产函数为 $Q=KL$，相应的边际产量为 $MP_K=L$，$MP_L=K$）。

解：首先，注意 $MRTS_{L,K}=MP_L/MP_K=K/L$。当沿着等产量线移动 L 增大、K 变小时，边际技术替代率是变小的。因此，劳动替代资本的边际技术替代率是逐渐减小的。但当 K 增大时（在测量 MP_K 时，L 是不变的），资本的边际产量 MP_K 是不变的（没有减小）。类似地，劳动的边际产量也是不变的（同样地，在测量 MP_L 时，K 是不变的）。这道题目说明，即便生产要素投入的边际产量是不变的，也依然符合边际技术替代率递减规律。需要区分的重点在于，在分析边际技术替代率 $MRTS_{L,K}$ 时是沿着等产量线进行分析的；在分析边际产量 MP_L、MP_K 时，总产量可以变化。

相似习题：6.13，6.14

6.4 生产要素的可替代性

当一个半导体制造商在决定使用机器人还是雇用劳动时，需要衡量的是这两种投入要素之间相互替代的难易程度。在某种意义上，这种衡量将决定企业在资本和劳动价格变化的情况下从一种生产模式（高的劳动-资本投入比）转移到另外一种生产模式（低的劳动-资本投入比）的能力。在本节我们将探讨企业生产过程中不同生产要素可替代的难易程度。

案例 6.3

高技术工人和低技术工人

近 20 年来，计算机在各行各业的使用越来越普及。随之而来的是企业对劳动的需求结构也发生了改变。企业需要雇用更多懂计算机知识的高技术工人代替低技术工人。

通过对1988—1991年的劳工数据以及电脑使用数据的调查，利希滕伯格（Lichtenberg）评估了计算机以及使用计算机的人员对美国企业产出的贡献程度。① 作为这个研究的一部分，利希滕伯格评估了低技术工人（除了计算机及信息技术外的人员）替代高技术工人（计算机以及信息技术人员）的边际技术替代率。如果假定一家美国公司的产出是固定不变的，也假设它的计算机设备是固定不变的。高技术工人替代低技术工人的边际技术替代率 *MRTS* 大约是6。也就是说，一旦这家公司的计算机数量固定了，在公司产出不变的情况下，1个高技术工人就可以替代6个低技术工人工作。边际技术替代率比较大的原因在于，一旦企业投资了一定规模的计算机设备，会使用计算机的高技术工人的边际产量就远远高于那些几乎不懂计算机的低技术工人的产量。

利希滕伯格认为，他评估的关于高技术工人和低技术工人的边际技术替代率与实际的公司情况一致。例如：当一家大的美国电信公司决定通过对它的客服要求进行计算机自动化来提升它的服务时，它雇用了9个程序员以及信息系统工作者。这些新的工作人员代替了之前的75个在旧系统中进行客户服务的客服人员。因此，每一个新雇用的高技术工人，可以替代8个以上（75/9≈8.3）的低技术工人。

当信息技术革命来临时，许多人担心工人的工作被机器替代会导致大量的失业。但是这种情况却未发生，原因在于计算机在某些生产领域是可以代替工人的，在某些领域计算机与工人是互补而非替代关系。② 在美国电信公司的案例中，计算机可以代替员工的工作。然而，在许多工作中，计算机使员工更具有生产效率，进而刺激了对高技术工人的需求。计算机非常善于处理一些具有规则性和逻辑性、可推测、可标准化的工作。但相反的是，人更善于处理一些需要创造力、不可测性、抽象性的工作。当然，在上述工作领域，使用计算机可以提高工人的工作效率。例如：一些关于绘制表格还有数据库的软件，可以极快地识别、处理、分析大量数据，并能够扩展员工处理问题的范围，以及使员工处理一些更加复杂的问题，从而使他们在处理一些复杂问题时更有效率。

□ 用图形表示一家企业各种生产要素投入的替代关系

考虑半导体制造商面临的两种可能的生产函数。图6-11（a）展示了第一种生产函数在产量 Q=100万个芯片/月的情况下的等产量线，图6-11（b）展示了第二种生产函数在产量 Q=100万个芯片/月的情况下的等产量线。

对企业来说，这两种函数的主要不同在于劳动和资本间替代的难易程度。在图6-11（a）中，假设企业处于点 A 的生产状态，100劳动工时和50机器工时。在点 A，对企业来说，劳动对资本的替代是很困难的。即便企业在维持产量 Q=100万个芯片/月不变的情况下，把劳动投入增加四倍，即从每月100劳动工时提升到400劳动工时，也

---

① F. Lichtenberg, "The Output Contributions of Computer Equipment and Personnel: A Firm-Level Analysis," *Economics of Innovation and New Technology* 3, no. 3-4 (1995): 201-217.

② Frank Levy and Richard Murnane, *The New Division of Labor: How Computers Are Creating the Next Job Market* (Princeton, NJ: Princeton University Press, 2004).

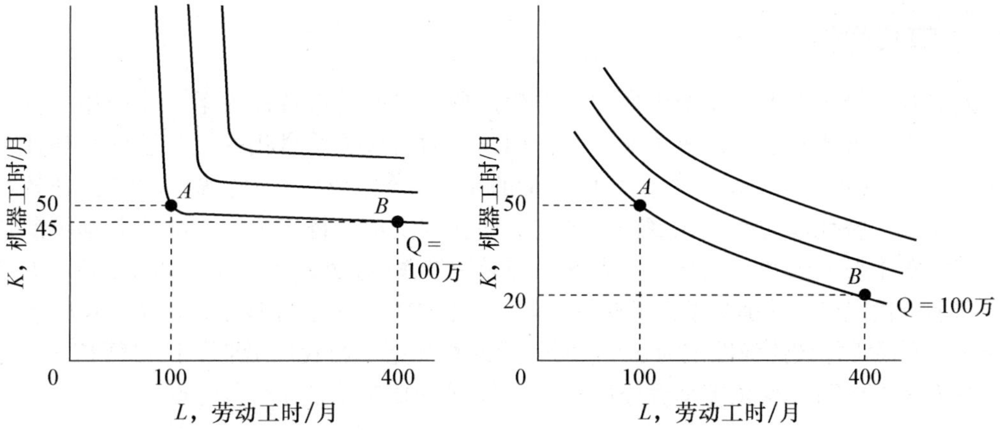

（a）有限替代关系的生产函数　　（b）充分替代关系的生产函数

图 6－11　等产量线的形状与生产要素之间的替代关系

说明：在图（a）中，从点 A 开始沿着 Q=100 万的等产量线移动（即产量不变）。当企业明显增加一种生产要素的投入时（L 或者 K），在维持产量不变的情况下，仅需减少很少的另外一种生产要素投入量。这家企业所处的是劳动与资本基本没有替代关系的生产模式。与此相反的是图（b），企业的生产要素有充分的替代关系。也就是说，在维持产量不变的情况下，明显增加其中一种生产要素的投入，需要大量减少另外一种生产要素的投入。

只能减少很小的一部分资本投入——从 50 机器工时投入减少到 45 机器工时投入。图 6－11（a）同样也表明了，企业用资本来代替劳动也是相当困难的。机器工时的大量增加（从点 A 开始沿着等产量线移动）同样只带来很少劳动工时的减少。

与此相反，在图 6－11（b）所示的生产函数中，企业生产要素投入的替代关系是相当充分的。从点 A 的生产要素投入组合开始，如果每个月把劳动的投入量从 100 劳动工时增加到 400 劳动工时，在维持产量不变的情况下，资本投入明显从 50 机器工时减少到 20 机器工时。类似地，增加机器工时的投入同样会很明显地减少劳动工时的投入。当然，企业在决定劳动和资本的投入数量的时候也会考虑劳动和资本的价格（这个问题我们会在下一章中仔细探讨），但重要的是，生产过程中的劳动-资本投入有很明显的替代关系。与图 6－11（a）不同的是，对企业来说，图 6－11（b）中的生产函数表明，生产要素投入劳动与资本之间有非常明显的替代关系。

一个半导体制造商希望知道的是，劳动与资本的替代关系是受限的还是充分的。如何区分这两种关系呢？在图 6－11（a）中，当我们穿过点 A 沿着 Q=100 万的等产量线移动时，边际技术替代率 $MRTS_{L,K}$ 急剧变化。沿着等产量线移动，在点 A 的上方，$MRTS_{L,K}$ 相当大，接近无穷大，但在点 A 的下方，边际技术替代率 $MRTS_{L,K}$ 突然变化，接近 0。与此相反，在图 6－11（b）中，当我们沿着等产量线移动时，边际技术替代率 $MRTS_{L,K}$ 变化得很缓慢。

这表明，企业生产要素投入的替代难易程度取决于生产函数等产量线的弯曲程度。以下是两种特殊情况：

- 当生产函数的生产要素之间是有限替代关系时，边际技术替代率 $MRTS_{L,K}$ 沿着等产量线急剧大幅变化。在这种情况下，如图 6－11（a）所示，图形所呈现的是 L 形。
- 当生产函数的生产要素之间有充分的替代关系时，边际技术替代率 $MRTS_{L,K}$ 沿着等产量线变化得很缓慢。在这种情况下，如图 6－11（b）所示，等产量线接近直线。

□ 替代弹性

为更好地描述在上一小节中所讨论的生产要素之间的可替代关系，我们用一种可量化的数学表达方式来表达这种关系。我们引入的对替代关系量化的概念被称为**替代弹性**（elasticity of substitution）。替代弹性衡量的是当我们沿着等产量线移动时劳动替代资本的边际技术替代率的变化速度。图 6－12 向我们展示了替代弹性。随着劳动不断地取代资本，资本投入量和劳动投入量之比，也就是**资本-劳动比**（capital-labor ratio，K/L），必定变小。我们在上一小节中已经介绍了，资本替代劳动的边际技术替代率 $MRTS_{L,K}$ 也会下降。我们通常把替代弹性记为 σ，它所表示的意义是，当我们沿着等产量线移动，边际技术替代率 $MRTS_{L,K}$ 变化 1 个百分点时，资本-劳动比变化了几个百分点：

$$\sigma=\frac{\text{资本-劳动比的百分比变化}}{\text{边际技术替代率}MRTS_{L,K}\text{的百分比变化}}$$

$$=\frac{\Delta\left(\frac{K}{L}\right)\%}{\Delta MRTS_{L,K}\%} \tag{6.6}$$

替代弹性：劳动和资本替代关系难易性的度量尺度。它是指，当我们沿着等产量线移动，劳动替代资本的边际技术替代率变化 1 个百分点时，资本-劳动比的变化程度。

资本-劳动比：资本数量和劳动数量之比。

图 6－12 展现了替代弹性。假设一家企业从点 A 的生产要素组合（L＝每月 5 劳动工时，K＝每月 20 机器工时）移动到点 B 的投入组合（L＝10，K＝10）。点 A 的资

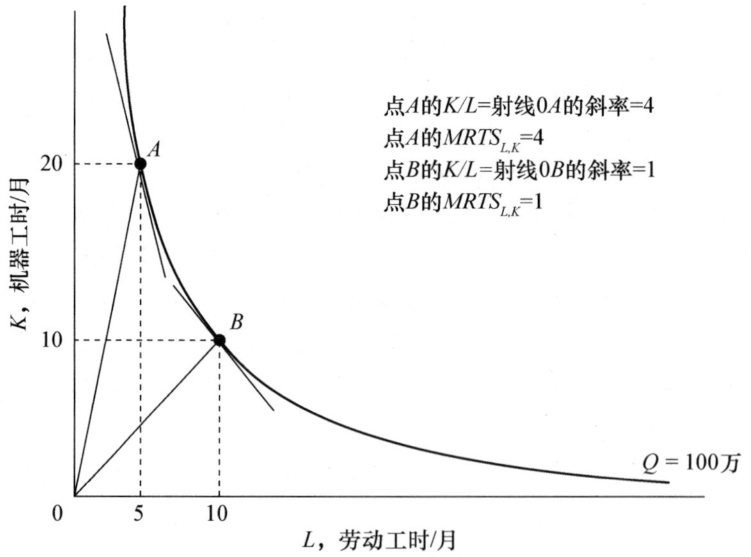

图 6－12　资本替代劳动的替代弹性

说明：当企业从点 A 的生产状态转移到点 B 的生产状态时，资本-劳动比（K/L）从 4 变到 1（－75%），与 $MRTS_{L,K}$ 的变化是一样的。因此，劳动在 AB 这段区间相对于资本的替代弹性就等于 1。

本-劳动比（K/L）等于点 A 与原点连线的斜率（$0A$ 的斜率$=4$）；点 A 的边际技术替代率 $MRTS_{L,K}=$ 等产量线在点 A 的斜率的负值（等产量线的斜率$=-4$，因此，$MRTS_{L,K}=4$）。在点 B，资本-劳动比等于 $0B$ 的斜率$=1$；$MRTS_{L,K}$等于等产量线在点 B 的斜率的负值，也是 1。因此，从点 A 到点 B 的资本-劳动比的百分比变化就是-75%（从 4 减少到 1），和边际技术替代率 $MRTS_{L,K}$的百分比变化是一样的。从而，区间 AB 的替代弹性就是 $1[=(-75\%)/(-75\%)]$。

边做边学习题 6.3 ☞

计算一个生产函数的替代弹性

问题：

一个生产函数的方程为 $Q=\sqrt{KL}$，相应的边际产量为 $MP_L=\frac{1}{2}\sqrt{\frac{K}{L}}$，$MP_K=\frac{1}{2}\sqrt{\frac{L}{K}}$。请证明：不论 K 和 L 的值是多少，这个生产函数的替代弹性恒等于 1。

解：

首先，$MRTS_{L,K}=\frac{MP_L}{MP_K}$，代入已知条件可以得到

$$MRTS_{L,K}=\frac{\frac{1}{2}\sqrt{\frac{K}{L}}}{\frac{1}{2}\sqrt{\frac{L}{K}}}$$

因此，我们可以得出

$$MRTS_{L,K}=\frac{K}{L}$$

替代弹性为

$$\sigma=\frac{\Delta\left(\frac{K}{L}\right)\%}{\Delta MRTS_{L,K}\%}$$

由于 $MRTS_{L,K}=\frac{K}{L}$，所以 $\Delta MRTS_{L,K}\%$等于 $\Delta\left(\frac{K}{L}\right)\%$。也就是说，因为劳动替代资本的边际技术替代率等于资本-劳动比，所以资本替代劳动的边际技术替代率的变化率等于资本-劳动比的变化率。由于 $\Delta MRTS_{L,K}\%=\Delta\left(\frac{K}{L}\right)\%$，因此，我们就可以用替代弹性的定义：

$$\sigma=\frac{\Delta\left(\frac{K}{L}\right)\%}{\Delta\left(\frac{K}{L}\right)\%}=1$$

相似习题：6.22，6.23

一般来说，替代弹性总是大于或等于0。替代弹性有什么重要的意义呢？

- 如果替代弹性逼近于0，那么生产要素之间基本不存在替代关系。我们可以从方程（6.6）中得出，当$MRTS_{L,K}$的变化率非常大时，σ趋近于0，如图6-11（a）所示。
- 如果替代弹性比较大，就说明生产要素之间存在替代关系。在方程（6.6）中，当$MRTS_{L,K}$的变化率比较小时，σ将会比较大，如图6-11（b）所示。

案例6.4

德国工业的替代弹性①

通过对1970—1988年投入-产出数据的研究，凯菲尔特（Kemfert）列出了一系列德国制造业关于资本和劳动的替代弹性。如表6-5所示。

表6-5　　1970—1988年德国制造业的替代弹性

行业	替代弹性
化工	0.37
采矿业	0.21
钢铁业	0.50
机动车制造业	0.10
造纸业	0.35
食品行业	0.66

表6-5揭示了两个重要的结果。首先，所有行业的替代弹性都小于1。这表明，在这些行业中，劳动和资本投入并不是完全可以替代的。其次，资本对劳动的替代性在不同的行业是有区分的。例如，钢铁业的替代弹性（0.50）比机动车制造业的替代弹性（0.1）要高很多。图6-13画出了这两个行业的等产量线。图6—13（a）是钢铁业的等产量线，图6—13（b）是机动车制造业的等产量线。

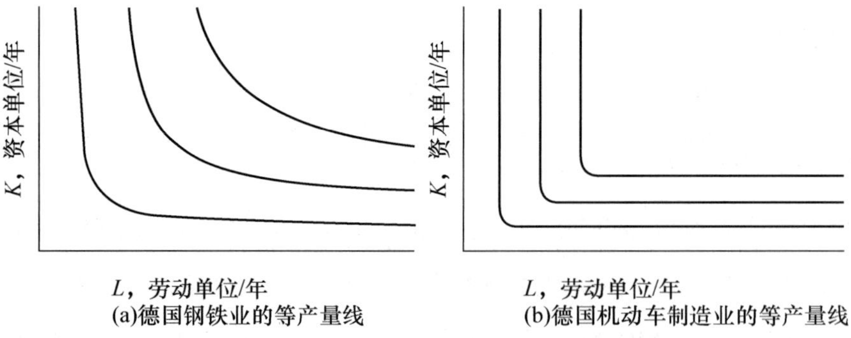

图6-13　德国钢铁业和机动车制造业的等产量线

说明：钢铁业的替代弹性［图（a）］更大，这说明相对于机动车制造业［图（b）］而言，在钢铁业中劳动和资本之间更容易相互替代。

① "Estimated Substitution Elasticities of a Nested CES Production Function Approach for Germany," *Energy Economics* 20 (1998): 249 - 264.

□ 特殊的生产函数

在一些具体的微观经济分析中，我们将使用一些特殊的生产函数。这些函数的等产量线的曲率、投入生产要素的可替代性和替代弹性都有非常明显的特征。本节将介绍一些特殊的生产函数：线性生产函数、固定比例生产函数、柯布-道格拉斯生产函数以及常数替代弹性生产函数。

线性生产函数（完全替代关系）

在一些生产过程中，一种生产要素相对于另外一种生产要素的边际技术替代率是不变的。例如，一个生产可能需要能源投入（天然气或燃油）。在任何情况下，一升的燃油都可以被一定量的天然气代替。在这种情况下，天然气替代燃油的边际技术替代率是不变的。有时公司发现一种设备能被另一种设备完全替代。例如：一家公司需要存储200千兆字节的数据，有两种硬盘类型的计算机可供选择。一种是可以存储20千兆字节的大容量硬盘计算机，而另外一种存储量就比较小，可以存储10千兆字节。一种比较极端的方法就是公司买10台可以存储20千兆字节的计算机（图6-14的点A）。另外一种比较极端的方法就是，不购买大容量硬盘的计算机，而购买20台可以存储10千兆字节的计算机（图6-14的点B）。图中间的情况就是，购买5台大容量计算机和10台小容量计算机（图6-14的点C，$5\times20+10\times10=200$）。

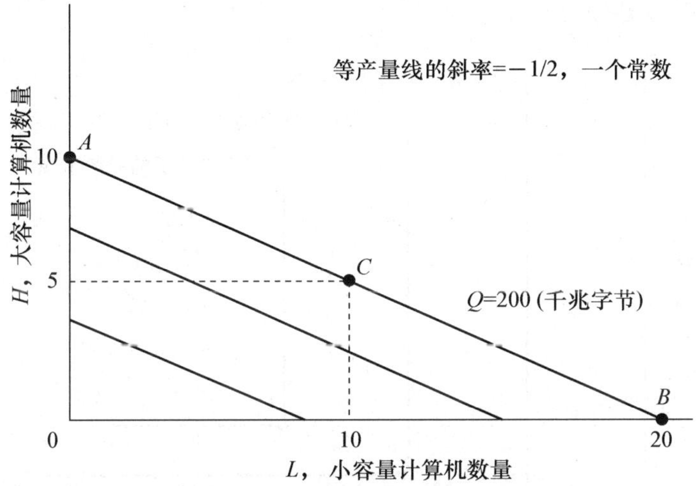

图6-14　线性生产函数的等产量线

说明：线性生产函数的等产量线都是直线。在任一点，边际技术替代率$MRTS_{L,H}$都是常数。

在这个例子中，企业的生产函数是**线性生产函数**（linear production function），其方程为$Q=20H+10L$，其中H为企业可以购买的大容量计算机的数量，L就是企业购买的小容量计算机的数量，Q为企业可以存储的数据的大小。线性生产函数的等产量线是一条直线。这样，任何等产量线的斜率就是固定的，当我们沿着等产量线移动时，边际技术替代率也是不变的。

线性生产函数： 形式为$Q=aL+bK$的生产函数，其中a和b都是正的常数。

当我们沿着等产量线移动时，边际技术替代率 $MRTS_{L,H}$ 并不改变，因此 $\Delta MRTS_{L,H}=0$。使用方程（6.6），这意味着，线性生产函数的替代弹性是无穷大的（$\sigma=\infty$）。也就是说，在线性生产函数中不同生产要素的投入是可以完全相互替代的。我们将此称为**完全替代**（perfect substitutes）。在上述例子中，大容量计算机与小容量计算机就是完全替代的关系。也就是说，两台小容量的计算机可以代替一台大容量的计算机，或者，企业完全可以通过使用两台小容量计算机来复制一台大容量计算机的工作效率。

完全替代：生产函数的要素投入之间拥有不变的边际技术替代率。

固定比例生产函数（完全互补）

图 6-15 展示了另一种非常特殊的情况：生产要素投入是氢原子（H）和氧原子（O）的水分子生产函数的等产量线。因为每一个水分子包含 2 个氢原子和 1 个氧原子，这种组合必须是固定的组合。这种生产要素的投入必须是固定比例的生产函数，我们称之为**固定比例生产函数**（fixed-proportions production function）。我们称固定比例生产函数的生产要素投入之间的关系为**完全互补**（perfect complements）关系。[①] 当投入的氢原子超过固定比例时，我们并不会生产更多的水分子；同样地，当投入的氧原子超过固定比例时，我们也不会生产更多的水分子。因此，水分子的产量 Q 符合以下关系：

$$Q=\min\left(\frac{H}{2},O\right)$$

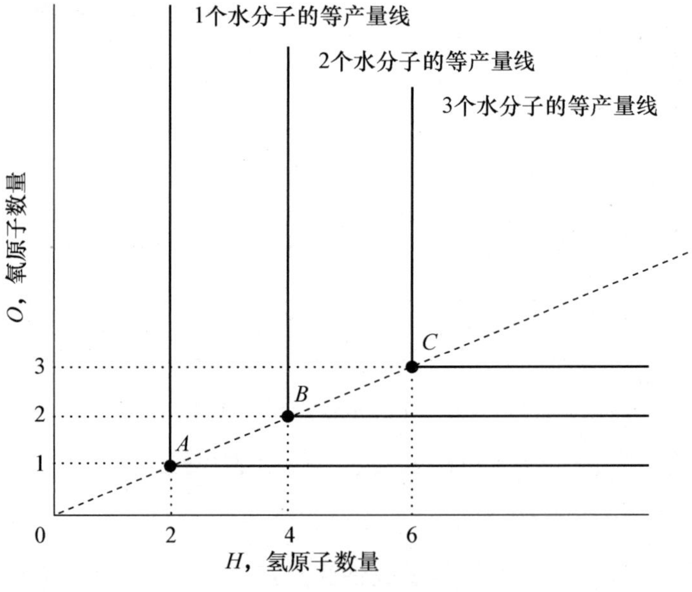

图 6-15　固定比例生产函数的等产量线

说明：两个氢原子（H）和一个氧原子（O）才能构成一个水分子。这种生产函数的等产量线是 L 形的。也就是说，生产一个水分子必须同时有两个氢原子和一个氧原子。

① 固定比例生产函数也被称为里昂惕夫生产函数。经济学家里昂惕夫曾用固定比例生产函数研究政府经济部门之间的关系。

符号“min”的意思就是“取括号里面两个数中较小的那一个”。

固定比例生产函数：一种投入品和另一种投入品以一个不变比例投入的生产函数。

完全互补：固定比例生产函数的生产要素投入之间的关系。

当生产要素投入是固定比例的时，替代弹性就是 0（也就是说 $\sigma=0$）。因为当我们穿过等产量线的拐角的地方（如点 A、点 B、点 C）时，固定比例生产函数的边际技术替代率会从∞变化到 0。当企业的生产函数是固定比例生产函数时，企业无法用一种生产要素替代其他生产要素进行生产。从图 6－15 中我们可以看出：为了生产一个水分子，很明显只有一种组合——两个氢原子和一个氧原子。

在实际的生产中，我们经常会遇到固定比例生产函数。例如，生产化学品需要其他化学原料以固定比例组合。一辆自行车需要两个车轮和一个车架。一辆汽车需要一个引擎、一个底盘、四个轮胎，而且这些投入是不可以相互替代的。

柯布-道格拉斯生产函数

图 6－16 展示的是**柯布-道格拉斯生产函数**（Cobb-Douglas production function）。它的等产量线介于线性生产函数和固定比例生产函数之间。柯布-道格拉斯生产函数的方程式是 $Q=AL^{\alpha}K^{\beta}$，其中 A、α、β 的值都是正的（在图 6－16 中，它们的值分别是 100、0.4、0.6）。在柯布-道格拉斯生产函数中，资本和劳动是可以相互替代的。不像固定比例生产函数，资本和劳动按照不同的比例使用；也不像线性生产函数，当我们沿着等产量线移动时，劳动相对于资本的替代率不是固定不变的。这表明，柯布-道格拉斯生产函数的替代弹性处于 0 和∞之间。事实上，我们可以证明柯布-道格拉斯生产函数的替代弹性恒等于 1（证明过程见本章附录）。

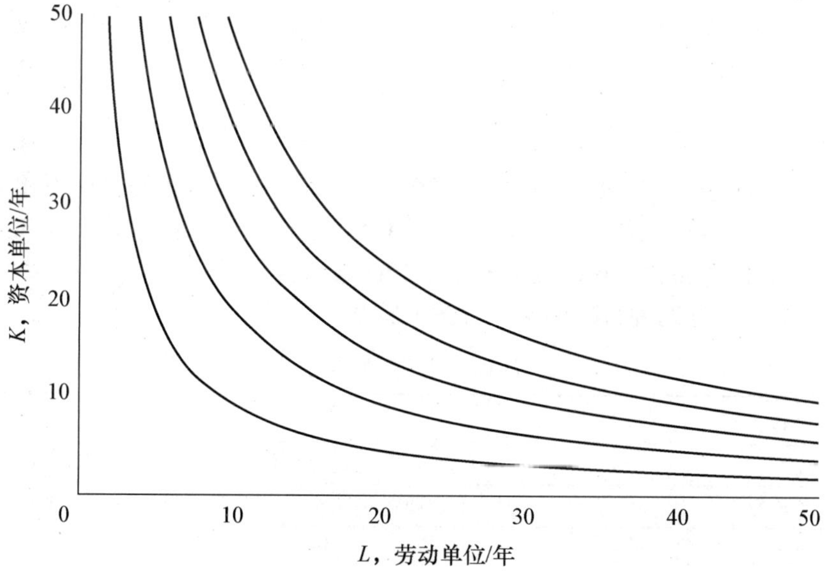

图 6－16　柯布-道格拉斯生产函数的等产量线

说明：柯布-道格拉斯生产函数的等产量线是非线性向下倾斜的曲线。

柯布-道格拉斯生产函数：形式为 $Q=AL^{\alpha}K^{\beta}$ 的生产函数，其中 Q 为产量，L 为投入的劳动，K 为投入的资本，A、α、β 都为正的常数。

案例 6.5

衡量生产率的方法

因为柯布-道格拉斯生产函数是一种能有效描述真实生产过程的函数，所以经济学家经常使用它来研究一些有关生产率的问题。例如，布卢姆（Bloom）等人用柯布-道格拉斯生产函数研究了美国和欧洲使用信息技术（IT）来提高生产率的能力。[①] 他们估计了一种比较通用的函数形式：

$$Q=AL^{\alpha}K^{\beta}IT^{\gamma}$$

IT 代表企业在计算机以及其他信息技术方面的投入。他们着重研究了两种企业在生产函数系数中的不同（尤其是 γ）。

在 20 世纪 90 年代后期，美国企业的生产率得到了大幅提升，尤其是那些与信息技术联系紧密的行业，但同样的生产率提高在欧洲并未发生。调查者研究了在英国的美资企业以及英国本土企业和一些非美资背景的跨国公司，通过对比发现：美资企业比其他企业拥有更高的生产率，这种效率差距主要来源于美资企业对信息技术进行了更有效率的使用。他们还发现，那些使用信息技术由美国跨国公司接管的非美资企业的生产率比那些没被接管的公司的生产率更高。

常数替代弹性生产函数

以上讨论的三种函数都是一个生产函数的特殊情况。这个生产函数叫作**常数替代弹性（CES）生产函数**［constant elasticity of substitution（CES）production function］，方程如下：

$$Q=\left[aL^{\frac{\sigma-1}{\sigma}}+bK^{\frac{\sigma-1}{\sigma}}\right]^{\frac{\sigma}{\sigma-1}}$$

其中，a、b、σ 都是正的常数（σ 是替代弹性）。从图 6－17 中我们可以看出，当 σ 从 0 到∞变化时，CES 生产函数等产量线的形状将从固定比例生产函数的 L 形变成柯布-道格拉斯生产函数的弯曲状，最后变成线性生产函数的直线。

表 6－6 列举了这四种特殊的生产函数的特征。

表 6－6　　四种生产函数的特征

生产函数	替代弹性（σ）	其他特征
线性生产函数	$\sigma=\infty$	生产要素是完全替代关系。等产量线是直线
固定比例生产函数	$\sigma=0$	生产要素是完全互补关系。等产量线是 L 形

① Nicholas Bloom, Raffaella Sadun, and John Van Reenen, "Americans Do I. T. Better: U. S. Multinationals and the Productivity Miracle," NBER Working Paper W13085 (May 2007), available at SSRN, http://ssrn.com/abstract=986935.

续前表

生产函数	替代弹性（σ）	其他特征
柯布-道格拉斯生产函数	$\sigma=1$	等产量线是曲线
CES 生产函数	$0\leqslant\sigma\leqslant\infty$	包括了以上三种不同情况的生产函数。等产量线的形状各异

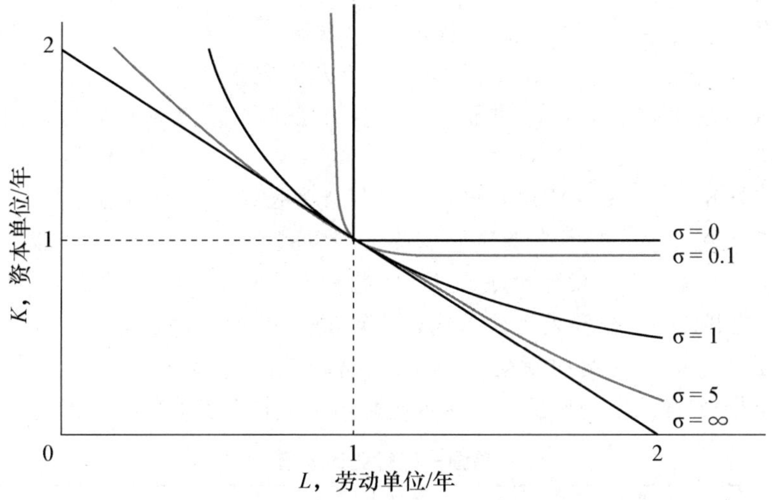

图 6－17　CES 生产函数的等产量线

说明：图中绘制了五种不同的 CES 生产函数的 $Q=1$ 的等产量线。每一条等产量线对应不同的替代弹性 σ。$\sigma=0$ 是固定比例生产函数的等产量线；$\sigma=1$ 是柯布-道格拉斯生产函数的等产量线；$\sigma=\infty$ 是线性生产函数的等产量线。

常数替代弹性（CES）生产函数：包括线性生产函数、固定比例生产函数、柯布-道格拉斯生产函数的生产函数。这三种生产函数都是 CES 生产函数的特殊形式。

案例 6.6

美国产业的 CES 生产函数

利用 1947—1998 年美国经济分析局的数据，经济学家巴利斯特雷里（Balistreri）等人利用 CES 生产函数，通过对美国 28 个产业劳动-资本投入数据以及产量的分析，得到了 28 个产业中的 σ 值。[①] 我们知道，σ 是替代弹性，因此，巴利斯特雷里等人的结论给我们研究这些行业劳动和资本的替代关系带来了新视角。

表 6－7 给出了巴利斯特雷里等人所研究的 28 个行业中的一部分 σ 值。这个表给出了两种不同类型的 σ 值：长期替代弹性、短期替代弹性。当企业有足够的时间来调整劳动和资本的投入以达到它所预期的水平时，这种情况下的替代弹性是长期替代弹性（我

① Edward Balistreri, Christine McDaniel, and Eina Vivian Wong, "An Estimation of US Industry-Level Capital-Labor Substitution Elasticities: Support for Cobb-Douglas," *North American Journal of Economics and Finance* 14 (2003): 343-356.

们将会在第7章中论述，企业依照生产要素投入的价格以及目标产出数量来得到一个合适的生产要素组合）。相反，在给定一段相对较短的时间（在这个例子中是一年）内通过短期生产函数求出的替代弹性，我们称之为短期替代弹性。

巴利斯特雷里等人的研究结果有三个值得注意的地方。第一，某些行业的资本相对于劳动的替代弹性比其他行业的要高出很多。例如：纺织业的短期替代弹性和长期替代弹性都比服装及其他纺织制造业的要低。纺织业生产大量的纺织品原材料。在短期内，甚至某种程度上在长期内，这些技术也很难调整。服装及其他纺织制造业用一些纺织品作为原材料生产衣服及其他产品。生产方式更多涉及使用缝纫机的员工个体，往往是资本密集度比较低的。很明显，此行业的企业在用资本代替劳动进行生产时有更多的灵活性。

第二，从表6-7中我们可以看出，短期替代弹性比长期替代弹性要小。这是因为，企业在长期可以有更多的时间来调整它们的生产方式。

第三，尽管有些长期替代弹性小于1、有些大于1，但是通过对28个行业中的20个行业的研究，巴利斯特雷里等人无法从统计的角度拒绝$\sigma=1$的假设。在表6-6中，我们知道$\sigma=1$对应的是柯布-道格拉斯生产函数。巴利斯特雷里等人的分析表明，在美国的各个行业中，柯布-道格拉斯生产函数很有可能是一个比较合理的代表生产技术的生产函数。

表6-7　　美国一些行业的σ值

行业	σ的值	
	短期	长期
农业服务、林业和渔业	0.23	0.36
采煤业	0.10	1.27
家具及其制造业	0.10	1.01
金属制品业	0.11	1.39
工业以及机械设备制造业	0.23	0.82
汽车及其设备制造业	0.05	0.40
纺织业	0.05	1.14
服装及其他纺织制造业	0.13	2.05

6.5　规模报酬

在之前的章节里，我们探讨了在产量不变的情况下生产要素投入之间的替代关系。在本节，我们将主要研究当生产要素投入都增加时，企业的产出如何变化。

□ 定义

在所有生产要素投入都具有正的边际产量时，当所有的生产要素投入都增长时（也就是说，当生产规模扩大时），企业的总产出一定是增长的。当然，我们更想知道的是，当生产要素投入增长一定的比例时，产出能够增加多少比例？例如：当半导体制造商投入双倍的劳动工时和机器工时时，它的产出将会增长多少？**规模报酬**（returns to scale）是指当所有生产要素投入增加一定比例时，企业的产出增加了多少比例：

$$规模报酬=\frac{\Delta(企业的产量)\%}{\Delta(所有的生产要素投入)\%}$$

规模报酬：当所有生产要素投入增加一定比例时，企业的产出增加了多少比例。

假设一家企业只使用两种生产要素，劳动（L）和资本（K），产量为 Q。假设所有的生产要素都按照同样的比例 λ（$\lambda>1$）变化（即劳动的投入由 L 增加到 λL，资本的投入由 K 增加到 λK）。① 我们用 ϕ 表示在生产要素投入等比例增加的情况下，产量增加的比例（也就是说，产量由 Q 增加到 ϕQ）。由此我们定义：

- 如果 $\phi>\lambda$，我们称之为**规模报酬递增**（increasing returns to scale）。当投入同比例增加时，产出增加的比例要比投入增加的比例大。
- 如果 $\phi=\lambda$，我们称之为**规模报酬不变**（constant returns to scale）。当投入同比例增加时，产出增加的比例与投入增加的比例是一样的。
- 如果 $\phi<\lambda$，我们称之为**规模报酬递减**（decreasing returns to scale）。当投入同比例增加时，产出增加的比例要比投入增加的比例小。

图 6－18 展示了这三种情况。

规模报酬递增：当投入同比例增加时，产出增加的比例要比投入增加的比例大。

规模报酬不变：当投入同比例增加时，产出增加的比例与投入增加的比例是一样的。

规模报酬递减：当投入同比例增加时，产出增加的比例要比投入增加的比例小。

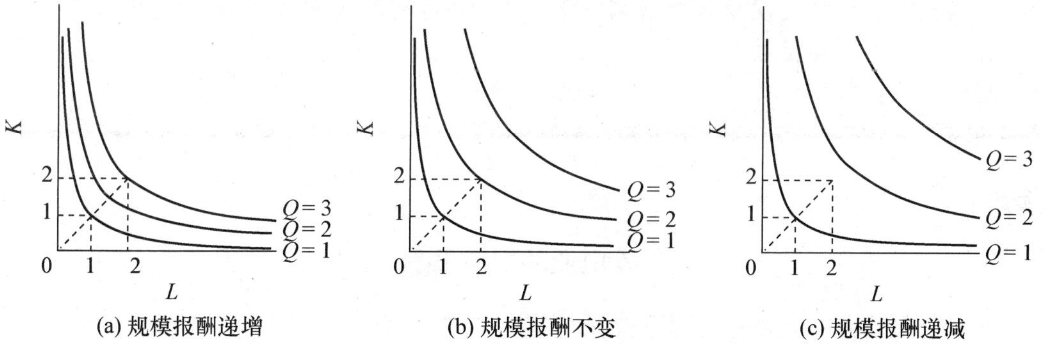

图 6－18　规模报酬递增、规模报酬不变和规模报酬递减

说明：在图（a）中，劳动和资本投入同时增加一倍，产出增加超过一倍；在图（b）中，劳动和资本投入同时增加一倍，产出也增加一倍；在图（c）中，劳动和资本投入同时增加一倍，产出增加不到一倍。

为什么规模报酬非常重要？这是由于，规模报酬递增意味着企业扩大生产规模会有

① 因此，所有投入数量的变化百分比为（$\lambda-1$）×100%。

一些成本优势。尤其是，在既定产量下，一家比较大的企业的成本要比两家规模一样大但规模都较小的公司的成本（每家公司的产量都为较大企业的产量的一半）小。例如，当两家半导体制造商以 0.1 美元/个的成本各生产 100 万个芯片时，一家相对大点的半导体制造商可以以低于 0.1 美元/个的成本生产 200 万个芯片。由于存在规模报酬递增，当一家规模较大的企业的产量为规模较小的企业的两倍时，其所用成本的增加远远没有达到较小企业的两倍。当一家大企业相对于一家小企业有成本优势时，一个市场最有效的服务是由一家大企业提供，而不是由几家小企业提供。这种规模化经营的成本优势一直是一些市场允许某些行业进行企业垄断的传统理由，如电力和石油管道运输。

边做边学习题 6.4 ☞

柯布-道格拉斯生产函数的规模报酬

问题：

柯布-道格拉斯生产函数为 $Q=AL^{\alpha}K^{\beta}$，此生产函数是规模报酬递增、规模报酬不变还是规模报酬递减？

解：

假设 L_1 和 K_1 分别代表初始投入的劳动和资本，Q_1 代表初始产量，因此 $Q_1=AL_1^{\alpha}K_1^{\beta}$。现在，同时将劳动和资本投入增加到原来的 λ 倍（$\lambda>1$），令 Q_2 代表增加投入以后的产量，我们得到 $Q_2=A(\lambda L_1)^{\alpha}(\lambda K_1)^{\beta}=\lambda^{\alpha+\beta}AL_1^{\alpha}K_1^{\beta}=\lambda^{\alpha+\beta}Q_1$。从该公式我们可以看出：

- 如果 $\alpha+\beta>1$，则 $\lambda^{\alpha+\beta}>\lambda$，因此 $Q_2>\lambda Q_1$（规模报酬递增）。
- 如果 $\alpha+\beta=1$，则 $\lambda^{\alpha+\beta}=\lambda$，因此 $Q_2=\lambda Q_1$（规模报酬不变）。
- 如果 $\alpha+\beta<1$，则 $\lambda^{\alpha+\beta}<\lambda$，因此 $Q_2<\lambda Q_1$（规模报酬递减）。

这表明，在柯布-道格拉斯生产函数中，指数和 $\alpha+\beta$ 的值决定了生产函数是规模报酬递增、规模报酬不变还是规模报酬递减。正是因为这个原因，经济学家在研究一些特定行业时经常考虑这一类函数。

相似习题：6.19，6.20，6.21，6.23

案例 6.7

发电业的规模报酬

规模报酬已经在发电业得到了广泛研究，其中经济学家纳洛夫（Marc Nerlove）做了开创性的工作。[①] 纳洛夫在研究了 1955 年美国 145 家发电企业的数据后，计算出了柯布-道格拉斯生产函数的指数，并发现它们的和大于 1。和从边做边学习题 6.4 中得出的结果一样，这意味着发电业是规模报酬递增的。其他一些学者研究了 20 世纪 50 年代与 60 年代发电业的数据，也获得了同样的结论。但是，对近几年数据的研究（函数形

① Marc Nerlove, "Returns to Scale in Electricity Supply," Chapter 7 in Carl F. Christ, ed., *Measurement in Economics: Studies in Honor of Yehuda Grunfeld* (Stanford, CA: Stanford University Press, 1963): 167-198.

式为非柯布-道格拉斯生产函数）发现，一些大的发电企业很可能处于规模报酬不变阶段。①

以上两个结论都可能是正确的。如果发电业在 20 世纪 50 年代与 60 年代处于规模报酬递增阶段，那么随之而来的将是规模报酬不变阶段，我们应该看到，在 20 世纪 60 年代以后的几年中整个发电机组的规模增长缓慢。事实上也确实如此。1960—1964 年所有机组的平均容量是 151.7 兆瓦；在 1970—1974 年，新机组的平均容量已经增长到了 400.3 兆瓦。随后十年，新机组的平均容量持续增长，但速度确实很慢：在 1980—1982 年所有安装机组的平均容量是 490.3 兆瓦。②

□ 边际报酬递减与规模报酬

了解边际报酬（见第 6.2 节）与规模报酬的区别是很重要的。规模报酬是指，所有生产要素投入同时增加对总产量的影响，而边际报酬（也就是边际产量）是指，在其他生产要素投入不变的情况下，增加一种生产要素（如劳动）投入对总产量的影响。

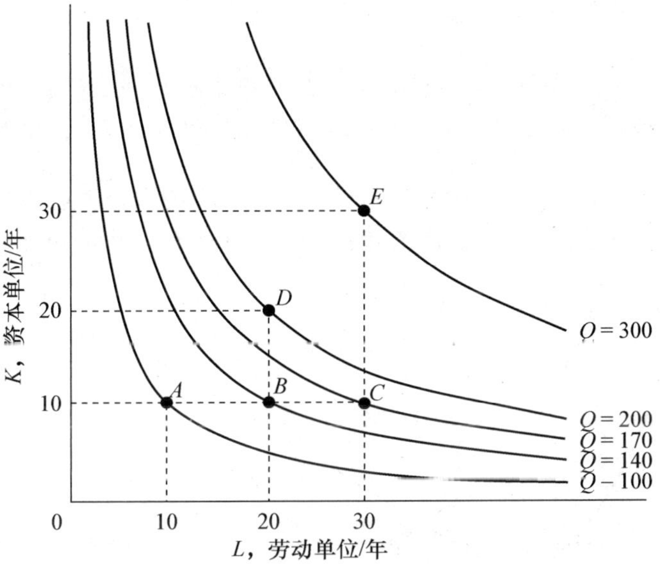

图 6－19　边际报酬递减与规模报酬

说明：生产函数的规模报酬不变，但劳动的边际报酬递减。

从图 6－19 中我们可以发现这两个概念的区别。在保持资本每年投入 10 单位的情况下，增加一倍的劳动投入，从每年 10 单位增加到 20 单位，也就是说，从点 A 移动到点 B，产出从 100 单位增加到了 140 单位。如果我们把劳动投入从 20 单位增加到 30 单位，也就是说，从点 B 移动到点 C，产出增加到了 170 单位。这种情况就处于劳动的边

① T. G. Cowing and V. K. Smith, "The Estimation of a Production Technology: A Survey of Econometric Analyses of Steam Electric Generation," *Land Economics* (May 1978): 157－170, and L. R. Christensen and W. Greene, "Economies of Scale in U. S. Electric Power Generation," *Journal of Political Economy* (August 1976): 655－676.

② 这些数据来源于下面论文的表 5.3：P. L. Joskow and R. Schmalensee, *Markets for Power: An Analysis of Electric Utility Deregulation* (Cambridge, MA: MIT Press, 1983)。

际报酬递减阶段：每 10 单位劳动投入增加所引起的产量增加是逐渐变小的。

相反，如果我们每年增加一倍劳动投入，并将资本的投入也从每年 10 单位增加到 20 单位，也就是说，我们从点 A 移动到点 D。我们可以看出，产量也增加了一倍，从 100 单位增加到了 200 单位。如果同时增加两倍劳动和资本的投入，从 10 单位增加到 30 单位（从点 A 移动到点 E），产量也增加两倍（从 100 单位增加到了 300 单位）。从图6－19 中我们可以看出，该生产函数的规模报酬不变，但劳动的边际报酬递减。

6.6 技术进步

迄今为止，我们都把企业的生产函数视为固定不变的。但是，一旦将知识加入经济运行，企业知道从经验以及研发投资中获得相应的专业知识，企业的生产函数就会改变。**技术进步**（technological progress）的概念可以让我们知道生产函数可以随时间而改变。尤其是，在既定的生产要素投入组合下，技术进步可以使产出增加。也就是说，在既定产出的情况下，我们可以少投入一点生产要素。

技术进步：由生产过程改变导致在给定生产要素投入组合下，企业可以获得更多的产出。也就是说，企业可以以更少的投入获得同样的产出。

我们把技术进步分为三类：中性技术进步、劳动节约型技术进步和资本节约型技术进步。[1] 图 6－20 展示的是**中性技术进步**（neutral technological progress）的情形。在

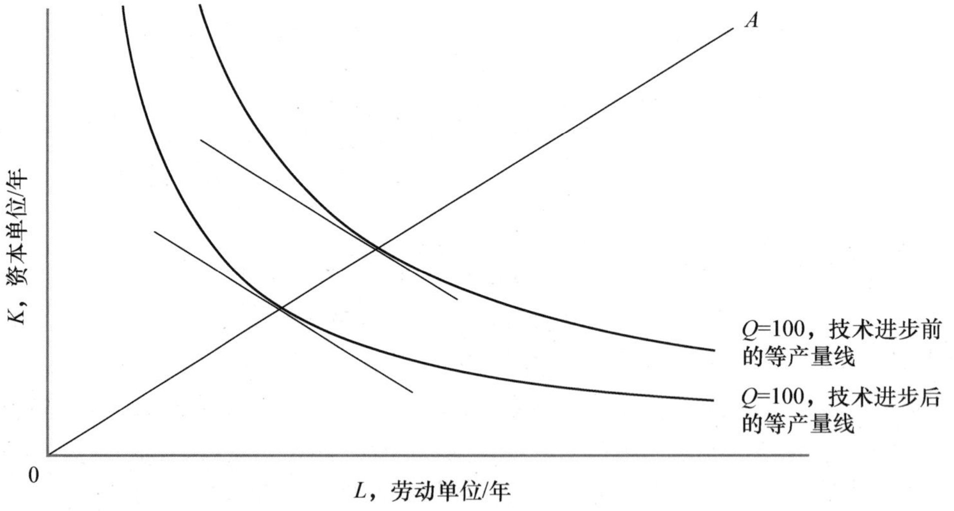

图 6－20　中性技术进步（边际技术替代率 $MRTS_{L,K}$ 不变）

说明：在中性技术进步情形下，既定产量的等产量线向原点方向移动。但是，沿着从原点出发的任一射线（如 0A）的边际技术替代率 $MRTS_{L,K}$（等产量线切线斜率的负值）是不变的。

---

① J. R. Hicks, *The Theory of Wages* (London: Macmillan, 1932).

这种情况下，既定产量的等产量线（图中产量是 100 单位）内移（代表可以用更少的劳动和资本投入获得同样的产出）。但是，沿着从原点出发的任一射线（如 0A）的边际技术替代率 $MRTS_{L,K}$是不变的。在中性技术进步的情况下，每一条等产量线都代表着一个更高的产量，但是等产量线本身的形状是不变的。

中性技术进步：在既定产量的情况下，这种技术进步可以节省劳动和资本的投入，同时不影响劳动对资本的边际技术替代率。

图 6－21 为**劳动节约型技术进步**（labor-saving technological progress）的情况。在这种技术进步下，给定产量的等产量线也是内移，但是沿着从原点出发的射线，等产量线会变得平坦一些。这意味着 $MRTS_{L,K}$ 比以前要小一些。我们回顾一下第 6.3 节的内容：$MRTS_{L,K}=MP_L/MP_K$。因此，$MRTS_{L,K}$减小意味着，在这种技术进步下，资本边际产量的增速要比劳动的快。这种形式的技术进步来源于资本设备、机器人、计算机的技术进步。资本设备、机器人、计算机的技术进步导致资本边际产量的增加大于劳动边际产量的增加。

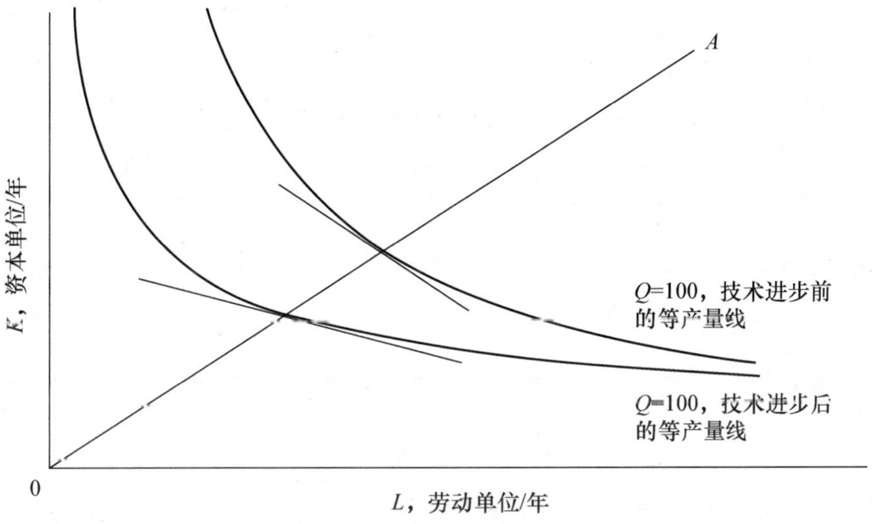

图 6－21　劳动节约型技术进步（$MRTS_{L,K}$变小）

说明：在劳动节约型技术进步下，既定产量的等产量线向原点方向移动。但是，沿着从原点出发的任一射线（如 0A）的 $MRTS_{L,K}$（等产量线切线斜率的负值）是变小的。

劳动节约型技术进步：这种技术进步使资本边际产量的增加量大于劳动边际产量的增加量。

图 6－22 描述了**资本节约型技术进步**（capital-saving technological progress）的情形。在这种情况下，既定产量的等产量线内移，$MRTS_{L,K}$增大。这意味着，劳动边际产量的增加要比资本边际产量的增加更快。例如，企业员工的教育水平或者技能水平（包括潜在的）提高，会使劳动生产率提高，进而会使劳动边际产量的增加大于资本边际产量的增加，从而产生了资本节约型技术进步。

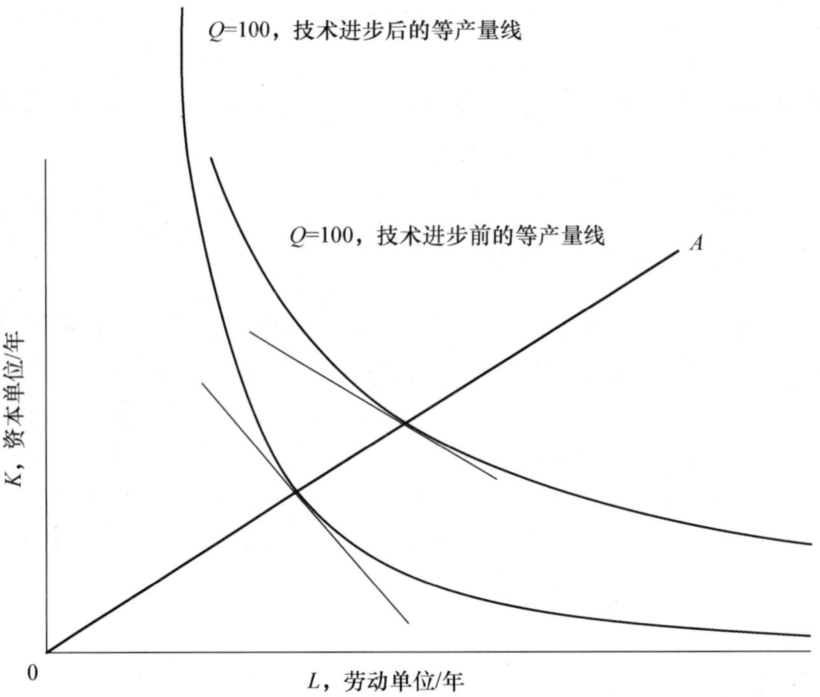

图 6－22　资本节约型技术进步（$MRTS_{L,K}$变大）

说明：在资本节约型技术进步下，既定产量的等产量线向原点方向移动，但是沿着从原点出发的射线（如 0A）的 $MRTS_{L,K}$（等产量线切线斜率的负值）是变大的。

资本节约型技术进步：这种技术进步使劳动边际产量的增加量大于资本边际产量的增加量。

边做边学习题 6.5

技术进步

一个企业的生产函数要求劳动和资本的投入量至少为 1 单位，也就是说，$L \geqslant 1$，$K \geqslant 1$。一开始时生产函数是 $Q=\sqrt{KL}$ 且 $MP_K=0.5(\sqrt{L}/\sqrt{K})$，$MP_L=0.5(\sqrt{K}/\sqrt{L})$。经过一段时间以后，生产函数变成 $Q=L\sqrt{K}$ 且 $MP_K=0.5(L/\sqrt{K})$，$MP_L=\sqrt{K}$。

问题：

a）验证这种变化属于技术进步。

b）检验这种进步是中性的、劳动节约型的还是资本节约型的。

解：

a）K 和 L 的投入量至少为 1 单位，在最终的生产函数中产出 Q 增加。因此，这种变化属于技术进步。

b）在最初的生产函数中，$MRTS_{L,K}=MP_L/MP_K=K/L$，在最终的生产函数中，$MRTS_{L,K}=MP_L/MP_K=(2K)/L$。在任何资本劳动-投入比（沿着从原点出发的射线）情况下，第二个生产函数的 $MRTS_{L,K}$ 要更大。因此，这种技术进步是资本节约型的。

相似习题：6.26，6.27，6.28，6.29

案例 6.8

技术进步以及教育进步

在过去的30年间，不同个体教育水平引起的个体之间收入的差异是美国一个非常明显的现象。图6-23描述了不同教育水平的美国工人的真实时薪（经通货膨胀调整后）的变化趋势（将1973年的工资标准化为100）。在1973—2005年，拥有学士学位的工人的时薪增加了20%。但对那些仅拥有高中学历的工人，2005年的实际工资比1973年还要稍微低一点。也就是说，过了30年，这些高中学历工人的薪资水平并没有增长。因此，在过去的30年中，接受本科或研究生学位的"工资溢价"非常明显。

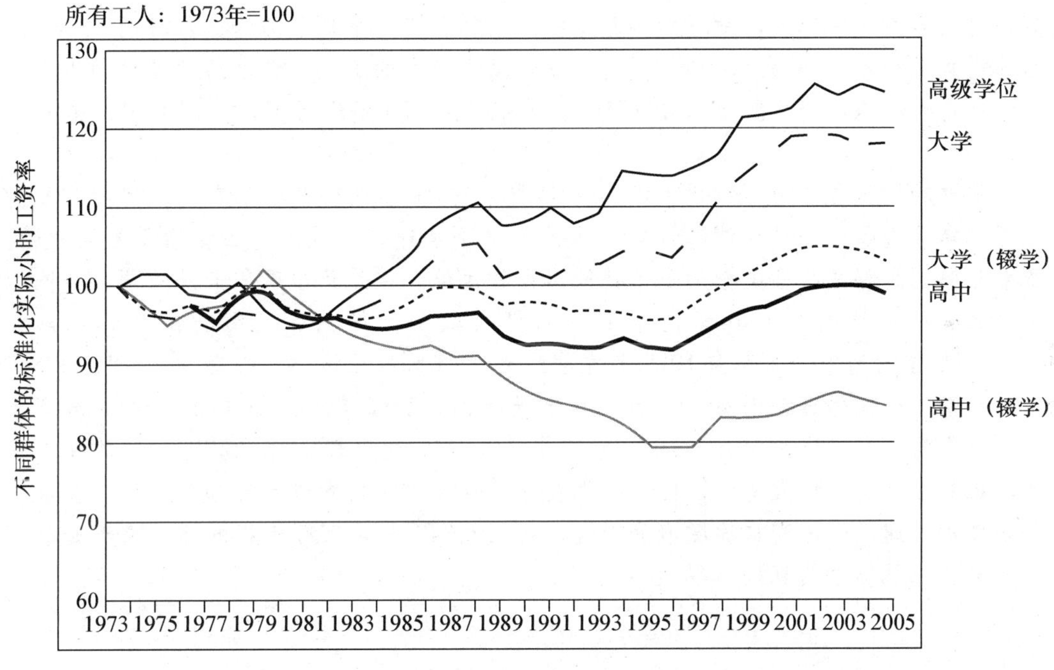

图6-23　按照教育程度划分的美国1973—2005年的实际工资

说明：本图展示了不同教育水平的美国工人在1973—2005年的真实时薪（经通货膨胀调整后）的变化趋势。把1973年的工资标准化为100，并且据此对其他年份工资进行标准化。

资料来源：Economic Policy Institute，http://www.epi.org/content.cfm/datazone_dznational（accessed November 10，2008）.

在对美国的教育和收入不平等做了全面的、历史性的研究以后，经济学家戈尔丁(Goldin)和卡茨(Katz)，在其名为《教育与科技的竞争》的研究中用令人信服的数据表明，在20世纪及21世纪早期工资收入不平等的主要原因在于：(1)技术的进步，尤其是技术进步是否促使工人拥有先进的技能。(2)在劳动市场上职工技能的供给。这反映了劳动的受教育程度。[①] 他们认为，美国 20 世纪的技术进步倾向有利于技能工人，不利于无技能工人。经济学家称之为偏向技能的技术变革。也就是说，技术进步会倾向于增加技能工人的边际产量，而不是增加无技能工人的边际产量。结合本章的术语，偏向技能的技术变革就是无技能劳动节约型技术进步。

这种形式的技术进步对技能工人的需求大于对无技能工人的需求。在各类型工人供给不变的情况下，相对于无技能工人，无技能劳动节约型技术进步抬高了技能工人的薪资水平。

但是，20 世纪美国技能工人和无技能工人的相对比例并不是一成不变的。由于 19 世纪后期和 20 世纪初美国高中的教育质量有了较大的提高，技能工人的供给增长速度大约在 1915—1980 年超过了无技能工人的供给增长速度。此外，偏向技能的技术变革也促使劳动市场的技能工人的增长率大于无技能工人的增长率。例如：戈尔丁和卡茨估计，在 1915—1940 年受过大学教育的劳动供给年增长为 3.19%，而需求年增长为 2.27%。类似地，在 1940—1960 年，受过大学教育的劳动供给年增长为 2.63%，而需求年增长仅为 1.79%。鉴于以上供求变化，在 1915 年到 20 世纪 70 年代期间，相对于没有受过大学教育的工人，受过大学教育的工人的薪资水平是下降的。这与图 6－23 所表示的模式完全不同。相对于那些没有接受过高中教育的工人，受过高中教育的工人的薪资水平也有类似的变化。所以在 1915 年到 20 世纪 70 年代后期，美国的工资差距是缩小的。

但是这种情况在 20 世纪 80 年代、90 年代以及 21 世纪初发生了变化。偏向技能的技术变革持续进行，并且在信息计算技术的促进下加速。但是技能工人的供给在收缩。其中部分原因是移民。移民增加了无技能工人的供给。但是戈尔丁和卡茨强调，美国教育水平的变化比移民更能解释技能工人的供给减少问题（移民影响仅为教育影响的 1/9）。美国的高中毕业率在 1970 年左右达到了 80%的顶峰，但一直到 20 世纪 90 年代中期，高中毕业率都在下降。戈尔丁和卡茨指出，1945 年出生人口的平均受教育时间要比他们的父辈多出两年多，1975 年出生人口的平均受教育时间仅比他们的父辈多半年。正是由于这一巨大变化，再加上无技能劳动节约型技术进步的加速作用，技能工人供给增加的速度远比需求速度增加得慢。在图 6－23 中，实际工资的增长情况是教育与技术进步相互作用的直接体现。

本章小结

- 生产函数告诉我们，企业利用要素投入能达到的最大产出。
- 单一生产要素投入的生产函数是总产量函数。一个企业的总产量函数有三个典型的区域：边际产量递增区域、边际产量递减区域和总产量递减区域。

① Claudia Goldin and Lawrence F. Katz, *The Race Between Education and Technology* (Cambridge, MA: Belknap Press 2008).

● 劳动平均产量是指每单位劳动投入带来的产出。劳动边际产量是指当企业劳动投入量变化时产出的变化率。

● 边际产量递减规律告诉我们，在其他生产要素（如资本、土地）投入不变的情况下，增加其中一种生产要素的投入量（如劳动），其边际产量在一特定的区域会下降。

● 等产量线用一个二维图形描绘了多种投入下的生产函数。等产量线表示在相同的产量下各种不同的劳动-资本投入组合。（边做边学习题 6.1）

● 对一些生产函数，等产量线有向上倾斜和向后弯曲的区域。这些区域被称为生产不经济区域。在这些区域，有一种生产要素投入的边际产量是负的。生产经济区域是等产量线向下倾斜的区域。

● 资本替代劳动的边际技术替代率告诉我们：在保持产量不变的情况下，增加一单位劳动投入需要减少多少单位资本投入。从数学的角度而言，劳动替代资本的边际技术替代率等于劳动投入的边际产量与资本投入的边际产量的比值。（边做边学习题 6.2）

● 等产量线凸向原点隐含着边际技术替代率递减的规律。随着劳动替代资本的边际技术替代率的递减，沿着等产量线，每增加一单位劳动投入可节省的资本投入量在不断减少。

● 替代弹性衡量了当 $MRTS_{L,K}$ 变化 1%时 K/L 的变化率。（边做边学习题 6.3）

● 三种特殊的生产函数：线性生产函数（生产要素完全替代）、固定比例生产函数（生产要素完全互补）和柯布-道格拉斯生产函数。这三种生产函数都是常数替代弹性生产函数中的特殊情况。

● 规模报酬是指当生产要素同比例增加时，产出增加的比例。如果产出增加的比例大于投入增加的比例，我们称之为规模报酬递增。如果产出增加的比例小于投入增加的比例，我们称之为规模报酬递减。如果产出增加的比例等于投入增加的比例，我们称之为规模报酬不变。（边做边学习题 6.4）

● 技术进步可以使企业在同样投入的情况下获得更多的产出。也就是说，在产出不变的情况下，技术进步可以使企业的投入变得更少。在给定资本-劳动投入比的情况下，根据边际技术替代率不变、递增或递减的情况，我们可以把技术进步分为中性技术进步、劳动节约型技术进步和资本节约型技术进步。（边做边学习题 6.5）

复习题

1. 生产函数告诉我们给定投入要素下的最大产量。请问：这个最大产量是什么意思？

2. 假设总产量函数为图 6 - 2 所示的传统形状。请绘制相应的劳动需求函数（纵轴是劳动投入、横轴是总产量）。

3. 平均产量与边际产量的区别是什么？你能绘制一条边际产量函数与平均产量函数重合的总产量函数吗？

4. 一种生产要素投入的总产量递减以及边际产量递减之间的区别是什么？总产量函数展现出边际报酬递减而总产量不递减，这可能吗？

5. 当劳动和资本的边际产量都为正时，为什么等产量线向下倾斜？

6. 一条等产量线能不能对应两个不同的产量？

7. 为什么一个旨在最大限度地减少支出的企业不愿意在等产量线的不经济区域进行生产？

8. 什么是替代弹性？它告诉我们什么？

9. 假设发电企业仅需要资本和劳动两种投入，生产函数是柯布-道格拉斯生产函数。现在考虑对应着三个不同产出水平的等产量线：Q=100 000 千瓦时，Q=200 000 千瓦时，Q=400 000 千瓦时。试画出三种不同规模报酬假设的图形：规模报酬不变、规模报酬递增、规模报酬递减。

习 题

6.1 一家企业使用三种生产要素来生产玫瑰：肥料、劳动和温室。假设投入的劳动和温室的数量固定不变，肥料与玫瑰产量的关系如下：

每月的肥料使用量（吨）	每月的玫瑰产量（支）
0	0
1	500
2	1 000
3	1 700
4	2 200
5	2 500
6	2 600
7	2 500
8	2 000

a）当投入使用 4 吨肥料时平均产量是多少？

b）使用第六吨肥料时的边际产量是多少？

c）是否存在边际产量递减？如果有，当肥料投入超过多少时，边际产量开始递减？

d）是否存在总产量递减？如果有，当肥料投入是多少时，总产量开始递减？

6.2 一家企业要求投入（L，K）=（7，6）来生产 100 单位产品。请说明：在以下生产函数中，能否使用给定的投入达到目标产出。如果能，说明这个投入组合是技术有效的组合还是技术无效的组合。

a）$Q=7L+8K$。

b）$Q=20\sqrt{KL}$。

c）$Q=\min(16L, 20K)$。

d）$Q=2(KL+L+1)$。

6.3 生产函数为 $Q=6L^2-L^3$，填写下面的表格，并说明在以下情况下，公司应该如何生产：

a）平均产量最大化。

b）边际产量最大化。

c）总产量最大化。

d）平均产量为 0。

L	Q
0	
1	
2	
3	
4	
5	
6	

6.4 假设 DVD 的生产函数为 $Q=KL^2-L^3$，其中 Q 是每年生产的碟片数量，K 代表资本投入的机器工时，L 代表劳动投入的工时。

a）假设 $K=600$。算出总产量函数，并且画出 $L=0$ 到 $L=500$ 的函数图形。然后画出平均产量函数和边际产量函数。算出在平均产量达到最大值时 L 的值。在何种水平下，边际产量达到最大值？

b）当 $K=1\,200$ 时。计算 a）中同样的问题。

c）当 $K=600$ 或者 $K=1\,200$ 时，是否存在边际报酬递增？

6.5 判断下列陈述是否正确：

a）如果平均产量是递增的，那么边际产量一定小于平均产量。

b）如果边际产量是负的，那么平均产量也一定是负的。

c）如果平均产量是正的，那么总产量不断增加。

d）如果总产量不断增加，那么边际产量也不断增加。

6.6 经济学家经常用以下方式证明边际产量递减规律：假设生产钢铁需要资本和劳动两种投入，并且生产函数是规模报酬不变的。如果劳动的边际产量递增，那么任何人都可以在自己后院的高炉里生产出钢铁。使用下表中生产函数的参数，证明上面的结论是荒谬的。事实说明，当生产函数蕴含规模报酬不变时，劳动的边际产量不可能一直增长。

L	K	Q
0	100	0
1	100	1
2	100	4
4	100	16
8	100	64
16	100	256
32	100	1 024

6.7 下表包含了生产要素投入量、总产量、平均产量以及边际产量，请按要求填表。

劳动（L）	总产量（Q）	AP_L	MP_L
0	0	0	—
1	19		19
2		36	
3			
4	256	64	103
5	375		
6			129
7	637	91	133
8		96	
9	891		
10		100	
11	1 089		89
12		96	
13			
14			−7
15		75	−15

6.8 使用两种生产要素（劳动 L 和资本 K）生产一种小工具。下表是各种投入组合能得到的产出。

K	L				
	0	1	2	3	4
0	0	2	4	6	8
1	2	4	6	8	10
2	4	6	8	10	12
3	6	8	10	12	14
4	8	10	12	14	16

a）使用表中产量相同的投入组合，绘出相关的等产量线。

b）分别计算每一劳动-资本投入组合中的劳动和资本的边际产量。

c）请问：此生产函数是规模报酬递增、规模报酬不变还是规模报酬递减？

6.9 假设汽车的生产函数是 $Q=LK$，其中 Q 是每年的汽车产量，L 是劳动投入（劳动工时），K 是资本投入（机器工时）。

a）画出 $Q=100$ 时的等产量线。

b）计算任一 Q 对应的等产量线方程。

c）观察等产量线并说明是否存在边际技术替代率递减规律。

6.10 假设生产函数为 $Q=L\sqrt{K}$。画出 $Q=10$、$Q=20$、$Q=50$ 时的等产量线，并说明是否存在边际技术替代率递减规律。

6.11 DVD 企业的生产函数为 $Q=KL^2-L^3$。

a）画出这个函数的等产量线。

b）此函数是否存在不经济生产区域？为什么？

6.12 假设生产函数的方程为 $Q=aL+bK$，a 和 b 都是正数。计算等产量线上劳动替代资本的边际技术替代率 $MRTS_{L,K}$。

6.13 有一种说法：当劳动替代资本的边际技术替代率递减时，其劳动和资本的边际产量不可能是递增的。用函数 $Q=K^2L^2$ 以及相应的边际产量函数 $MP_K=2KL^2$ 以及 $MP_L=2K^2L$ 来证明上面的说法是错的。

6.14 以下为生产函数及相关的边际产量。请确定每一个生产函数中劳动替代资本的边际技术替代率，并说明其等产量线是否蕴含边际技术替代率递减规律。

生产函数	MP_L	MP_K	$MRTS_{L,K}$	是否存在劳动的边际产量递减	是否存在资本的边际产量递减	是否存在边际技术替代率递减
$Q=L+K$	$MP_L=1$	$MP_K=1$				
$Q=\sqrt{LK}$	$MP_L=\frac{1}{2}\frac{\sqrt{K}}{\sqrt{L}}$	$MP_K=\frac{1}{2}\frac{\sqrt{L}}{\sqrt{K}}$				
$Q=\sqrt{L}+\sqrt{K}$	$MP_L=\frac{1}{2}\frac{1}{\sqrt{L}}$	$MP_K=\frac{1}{2}\frac{1}{\sqrt{K}}$				
$Q=L^3K^3$	$MP_L=3L^2K^3$	$MP_K=3L^3K^2$				
$Q=L^2+K^2$	$MP_L=2L$	$MP_K=2K$				

6.15 假设生产函数为 $Q=KL+K$，且 $MP_K=L+1$，$MP_L=K$。在点 A，使用 $K=3$ 和 $L=5$ 进行生产。点 B 与点 A 在同一条等产量线上，且在点 B，$K=1$。

a）计算点 B 的劳动投入。

b）计算 A 与 B 两点间的替代弹性，并对比在此范围内的替代弹性与柯布-道格拉斯生产函数替代弹性的大小。

6.16 在纵轴为资本、横轴为劳动的坐标系中，点 A 与点 B 在同一条等产量线上。点 B 的资本-劳动投入比是点 A 的两倍。当我们从点 A 移动到点 B 时，替代弹性是 2。求：从点 A 到点 B 边际技术替代率 $MRTS_{L,K}$ 的变化率是多少？

6.17 假设 F 个车架和 T 个轮胎可以生产 B 辆自行车。确切地说，每辆自行车需要 2 个轮胎和 1 个车架。

a）画出自行车生产的等产量线。

b）写出自行车生产函数的数学表达式。

6.18 生产蛋糕需要 E 个鸡蛋和 I 单位其他混合成分。确切地说，一个蛋糕需要一个鸡蛋和一包配料。即使投入两个鸡蛋和一包配料，也只能生产出一个蛋糕。类似地，即使投入一个鸡蛋和两包配料，也只能生产出一个蛋糕。

a）画出蛋糕生产函数的等产量线。

b）写出此生产函数的数学表达式。你能说出这个函数规模报酬的情况吗？

6.19 说出线性生产函数 $Q=aK+bL$（a，b 均为正数）的规模报酬情况。

6.20 说出里昂惕夫生产函数 $Q=\min(aK，bL)$（a，b 均为正数）的规模报酬情况。

6.21 谷物早餐的产量 Q 是与劳动 L、材料 M 相关的函数。生产函数为 $Q=50\sqrt{ML}+M+L$。边际产量的函数为

$$MP_L=25\sqrt{\frac{M}{L}}+1$$

$$MP_M=25\sqrt{\frac{L}{M}}+1$$

a）此生产函数是规模报酬不变、递减还是递增？

b）此生产函数存在劳动边际产量递减吗？如果有，什么时候开始？如果存在负的劳动边际产量，在什么时候为负的？

6.22 生产函数为 $Q=LK^2$，相应的边际产量为 $MP_L=K^2$，$MP_K=2LK$。证明：不管 K、L 的值为多少，此生产函数的替代弹性始终为 1。

6.23 企业的生产函数是 $Q=5L^{2/3}K^{1/3}$，且 $MP_K=(5/3)\ L^{2/3}K^{-2/3}$，$MP_L=(10/3)\ L^{-1/3}K^{1/3}$。

a）此函数是规模报酬递增、不变还是递减？

b）L 替代 K 的边际技术替代率是多少？

c）求出这个函数的替代弹性。

6.24 CES 生产函数为 $Q=(K^{0.5}+L^{0.5})^2$。

a）求此生产函数的替代弹性。

b）此生产函数是规模报酬递增、不变还是递减？

c）假设生产函数为 $Q=(100+K^{0.5}+L^{0.5})^2$。此函数是规模报酬递增、不变还是递减？

6.25 考察下表中的生产函数以及相应的边际产量。对每一个生产函数说明：a）每一种要素投入的边际产量是递减、不变还是递增；b）此生产函数是规模报酬递增、不变还是递减。

生产函数	MP_L	MP_K	劳动的边际产量	资本的边际产量	规模报酬
$Q=L+K$	$MP_L=1$	$MP_K=1$			
$Q=\sqrt{LK}$	$MP_L=\frac{1}{2}\frac{\sqrt{K}}{\sqrt{L}}$	$MP_K=\frac{1}{2}\frac{\sqrt{L}}{\sqrt{K}}$			
$Q=\sqrt{L}+\sqrt{K}$	$MP_L=\frac{1}{2}\frac{1}{\sqrt{L}}$	$MP_K=\frac{1}{2}\frac{1}{\sqrt{K}}$			
$Q=L^3K^3$	$MP_L=3L^2K^3$	$MP_K=3L^3K^2$			
$Q=LK$	$MP_L=K$	$MP_K=L$			

6.26 下表给出了投入鸡蛋以及其他原料产出饼干的数量（单位为盎司）：

鸡蛋	其他原料				
	0	4	8	12	16
0	0	0	0	0	0
1	0	8	8	8	8
2	0	8	16	16	16
3	0	8	16	24	24
4	0	8	16	24	32

最近，发现了一种新的混合鸡蛋和原料的方法。使用同样的投入但产出却不一样，新的产出如下表所示：

鸡蛋	其他原料				
	0	4	8	12	16
0	0	0	0	0	0
1	0	9	10	11	12
2	0	10	19	20	21
3	0	11	22	25	26
4	0	12	23	26	33

a）证明：生产函数的变化代表了技术进步。

b）当其他原料投入是 8 单位时，计算在以上两种情况下鸡蛋的边际产量。验证当其他原料投入是 8 单位时，技术进步提高了鸡蛋投入的边际产量。

6.27 假设初始生产函数为 $Q=500(L+3K)$。但由于创新，生产函数变为 $Q=1\,000(0.5L+10K)$。

a）证明创新导致了技术进步。

b）该技术进步是中性的、劳动节约型的还是资本节约型的？

6.28 公司的初始生产函数为 $Q=\sqrt{KL}$，且 $MP_K=0.5\ (\sqrt{L}/\sqrt{K})$，$MP_L=0.5(\sqrt{K}/\sqrt{L})$。过了一段时间，生产函数变为 $Q=KL$，且 $MP_K=L$，$MP_L=K$。（同边做边学习题 6.5 一样，假设在此生产中，L 和 K 都必须大于等于 1。）

a）证明这个变化代表了技术进步。

b）这个变化是劳动节约型的、中性的还是资本节约型的？

6.29 企业的初始生产函数为 $Q=\sqrt{KL}$，且 $MP_K=0.5(\sqrt{L}/\sqrt{K})$，$MP_L=0.5(\sqrt{K}/\sqrt{L})$。过了一段时间，生产函数变成 $Q=K\sqrt{L}$，且 $MP_K=\sqrt{L}$，$MP_L=0.5(K/\sqrt{L})$。（同边做边学习题 6.5 一样，假设在此生产中，L 和 K 都必须大于等于 1。）

a）证明这个变化代表了技术进步。

b）这个变化是劳动节约型的、中性的还是资本节约型的？

6.30 假设在 21 世纪半导体的生产需要两种投入：资本（K）、劳动（L）。生产函数为 $Q=\sqrt{KL}$。但是，在 23 世纪，半导体的生产函数变成 $Q=K$。也就是说，在 23 世纪，半导体的生产只需要资本（可能只使用机器人）。

a）这个变化是否改变了规模报酬？

b）生产函数的变化是否由技术进步造成？

附录：柯布-道格拉斯生产函数的替代弹性

在本附录中，我们将推导柯布-道格拉斯生产函数 $f(L,K)=AL^{\alpha}K^{\beta}$ 的替代弹性。通过分别对劳动和资本求偏导数，我们可以得到劳动和资本的边际产量（关于偏导数的内容，参见本书最后的数学附录）：

$$MP_L=\frac{\partial f}{\partial L}=\alpha AL^{\alpha-1}K^{\beta}$$

$$MP_K=\frac{\partial f}{\partial K}=\beta AL^{\alpha}K^{\beta-1}$$

代入

$$MRTS_{L,K}=\frac{MP_L}{MP_K}$$

这个柯布-道格拉斯生产函数的边际技术替代率为

$$MRTS_{L,K}=\frac{\alpha AL^{\alpha-1}K^{\beta}}{\beta AL^{\alpha}K^{\beta-1}}=\frac{\alpha K}{\beta L}$$

因此，整理得

$$\frac{K}{L}=\frac{\beta}{\alpha}MRTS_{L,K} \quad \text{(A6.1)}$$

所以，$\Delta(K/L)=(\beta/\alpha)\Delta MRTS_{L,K}$ 或

$$\frac{\Delta\left(\frac{K}{L}\right)}{\Delta MRTS_{L,K}}=\frac{\beta}{\alpha} \quad \text{(A6.2)}$$

从公式（A6.1）可得

$$\frac{MRTS_{L,K}}{\frac{K}{L}}=\frac{\alpha}{\beta} \quad \text{(A6.3)}$$

这样，我们用公式（6.6）的定义来计算替代弹性：

$$\sigma=\frac{\Delta(\frac{K}{L})\%}{\Delta MRTS_{L,K}\%}=\frac{\Delta(\frac{K}{L})\Big/\frac{K}{L}}{\left(\frac{\Delta MRTS_{L,K}}{MRTS_{L,K}}\right)}$$

$$=\left(\frac{\Delta\frac{K}{L}}{\Delta MRTS_{L,K}}\right)\left(\frac{MRTS_{L,K}}{\frac{K}{L}}\right) \tag{A6.4}$$

将公式（A6.2）和公式（A6.3）代入公式（A6.4）得

$$\sigma=\frac{\beta}{\alpha}\times\frac{\alpha}{\beta}=1$$

以上证明，无论 K 和 L 取什么值，柯布-道格拉斯生产函数的替代弹性都恒等于 1。

第 7 章

成本与成本最小化

隐藏在自助服务革命后面的是什么

在 20 世纪的最后 25 年，自助服务已成为美国零售业部门的普遍现象。① 消费者已经习惯从自助服务设备上加油、取钱以至难以记起这些服务曾一度是需要人提供的。然而，最近几年，零售业和服务业中的自动化脚步似乎正在加快。如今在最大的几个机场，你可以通过自助设备办理登机手续。像克罗格公司和家得宝公司这样的大型零售连锁店已经配置了许多自助设备。通过这些自助设备，顾客可以自己寻找他们的中意商品并对所购的商品进行打包和付钱。像麦当劳和玩偶匣（Jack-in-the-Box）这样的快餐店已开始安装自动点菜机。2005 年，消费者在自助设备上进行的零售交易额大约是 1 110 亿美元，到 2010 年这一数字有望突破 1 万亿美元。

是什么推动了近年来自助服务的发展？专家认为，一个重要的因素是，随着消费者越来越习惯于使用便携式电脑、手机和 PDA 等个人技术，在旅行、购物、就餐时，他们已经越来越愿意使用这些机器。但另一个关键因素是，技术进步已经使为公司安装相应的自助服务机器成为可能。这些机器能够使消费者进行如扫描商品或提交一个食物订单的操作，与有收银员（作为公司成本的一部分）时一样快速和准确。例如，《经济学人》的估计表明：通过一台自助服务机进行交易的成本仅是由员工处理交易的 1/10。“节约主要来自机器取代了雇员，而这些机器不需要医疗补贴或者薪水。”② 事实上，零

① “More Consumers Reach Out to Touch the Screen,” *New York Times* (November 17, 2003): A1 and A12; “Self-Checkout Transactions to Approach $450 billion Annually by 2008,” *Progressive Grocer* (August 8, 2005); “Self-Checkout Drops Sales of Impulse Items by More Than 45 Percent, Says New Study from IHL Consulting Group,” *Business Wire* (July 25, 2006).

② “Help Yourself: The Recession Spurs Self Service,” *The Economist*, 392, no. 8638 (July 4-10, 2009): 63.

售商及其他服务公司发现，它们可以通过资本（如自助结账系统）取代劳动（如收银员）降低成本。

本章介绍成本和成本最小化。在这一章，我们介绍的概念将帮助你更加系统地思考以下问题：成本是什么？成本如何影响决策（如自助结账系统的采用）？通过这一章的学习，我们可以更好地理解权衡的本质，像克罗格或麦当劳面对的一样——它们考虑到什么程度才应该将它们的服务自动化。

本章概要 在阅读和学习本章之后，你将会解决以下问题：

- 识别和应用在公司决策中扮演重要角色的各种成本概念，包括显性成本与隐性成本、机会成本、经济成本与会计成本、沉没成本与非沉没成本。
- 运用等成本曲线（相同总成本下资本和劳动的不同组合）的概念描述厂商长期成本最小化。
- 运用比较静态分析解释要素价格和产出水平变化如何影响厂商的要素投入及生产成本。
- 描述厂商的短期成本最小化问题，并分析在至少有一个固定因素和一个或多个可变因素条件下厂商要素投入的选择。

7.1 用于决策的成本概念

经理非常熟悉利润表中货币支出形式的成本。政治家和政策分析师更熟悉预算报表中项目支出形式的成本。消费者知晓每月账单和其他形式的成本。

经济学家则使用广义的成本概念。经济学家认为，成本就是牺牲机会的价值。什么是你每周投入 20 小时学习微观经济学的成本？它的价值就是你用于代替那 20 小时学习所做的一切（也许是休闲活动）。对一家用一架飞机为预定旅客提供服务的航空公司来说，这个成本是什么？除航空公司花费在燃料、机组人员工资、维护、机场费和乘客的食物及饮料等项目的费用外，飞机飞行的成本还包括航空公司将这架飞机出租给其他人（如另一家航空公司）而放弃的收入。在芝加哥修理高速公路的成本是什么？除了包括雇用建筑工人、购买材料和租赁设备的花费外，还包括司机牺牲在交通拥堵中的时间的价值。

因此，成本并不一定等同于货币支出。当航空公司用它们自己的飞机飞行时，它支付了燃料费、机组人员工资和维修费等。虽然它们不需要为使用飞机再花钱（即不需要从别人那里租赁它），但是，在大多数情况下，一旦使用飞机，航空公司就引入了一种成本，因为它牺牲了把飞机租给其他人使用的机会。

由于直接的货币支出并不包括所有的成本，所以经济学家区分了**显性成本**（explicit cost）和**隐性成本**（implicit costs）。显性成本涉及直接货币支出，而隐性成本则不同。例如，一家航空公司的燃料和工资支出是显性成本，因租赁给其他人而获得的收入是隐性成本。显性成本和隐性成本的总和代表了航空公司在一条特定路线上飞行所牺牲的价值。

显性成本：涉及直接货币支出的成本。
隐性成本：不涉及直接货币支出的成本。

□ 机会成本

经济学家认为成本是所牺牲机会的价值，这是基于**机会成本**（opportunity cost）的概念。考虑一个决策者（比如一家商业公司），必须在一组互斥的选择中做决定，每个选择都有一定的价值。一个特定选择的机会成本是因做出一个选择而放弃的次优选择的价值。

机会成本：因做出一个选择而放弃的次优选择的价值。

一个选择的机会成本包括有关的所有显性成本和隐性成本。例如，假设你拥有并管理自己的公司，并且正在考虑明年应该继续营业还是停业。如果你继续营业，你需要花费 100 000 美元雇用服务工人，80 000 美元购买物资；如果停业，你不需要花费这些费用。此外，这个生意需要你每星期工作 80 小时。除了管理自己的生意外，你最好的选择是在一家公司工作相同小时数，并获得每年 75 000 美元收入。在这个例子中，下一年继续营业的机会成本是 255 000 美元。这一数字包括：一个显性成本 180 000 美元——支付劳动和材料所需的现金支出；一个隐性成本 75 000 美元——因继续管理自己的生意而放弃的次优选择的收入。

机会成本的概念是前瞻性的，因为它衡量的是决策者在决策时和决策后做出牺牲的价值。为了理解这一点，我们考虑下面的情况：一家汽车公司购买了 100 万美元的钢板，并计划使用这些钢板制造汽车。作为一种替代选择，它可以把钢板转卖给其他公司。假设钢板的价格上涨了，如果转卖钢板，它将获得 120 万美元。因此，使用钢板生产汽车的机会成本是 120 万美元。在这个例子中，机会成本不同于该公司起初花在这批钢板上的费用。

对上面这个例子，你可能会问："为什么机会成本不是 20 万美元：钢板的市场价值（120 万美元）和它的初始花费（100 万美元）的差额？"毕竟，该公司已经花了 100 万美元购买钢板。为什么机会成本不是超过起初花费的数额（在这个例子中是 20 万美元）？回答这个问题要记住：机会成本的概念是向前看，而不是向后看。在考虑机会成本时我们会问："决策者在决策时放弃了什么？"在这种情况下，当汽车公司使用钢板生产汽车时，它放弃的不仅是 20 万美元，它放弃了转卖钢板收到 120 万美元的机会。120 万美元的机会成本衡量了使用钢板生产汽车而不是在市场转售它的价值。

由当前决策决定的机会成本

机会成本的前瞻性意味着，随着时间的推移和环境的变化，机会成本会改变。为了理解这一点，让我们回到上面汽车公司购买价值 100 万美元钢板的例子。当该公司起初在"购买钢板"或"不买钢板"中做决定时，相关的机会成本是 100 万美元。这是因为，如果不买钢板，公司将节省 100 万美元。

一旦公司购买了钢板，钢板的市场价格随时间的推移而变化，公司就面临一个不同的决策："使用钢板生产汽车"或"在公开市场上转售钢板"。使用钢板的机会成本是 120 万美元：公司不在公开市场上转售它所牺牲的价值。同样的钢板，同一家公司，但有不同的机会成本！机会成本不同是因为不同的机会成本对应不同情境中的不同决策。

机会成本和市场价格

我们注意到上面的例子有以下显著特征：在这两种情况下，相关的机会成本都是钢板当前的市场价格。这并不是巧合。从公司的角度来看，将原料用于进行生产的机会成本就是投入要素当前的市场价格。将原料用于生产性用途的机会成本就是公司所有者如果不使用这些原料进行生产的价值。“不用”这些原料有两种方式。第一种，可以避免购买那些原料，这样公司可以节省数目相当于原料市场价格的费用。第二种，可以在公开市场上转售未使用的原料。在这种情况下，公司可以获得数目相当于原料市场价格的收入。在这两种情况下，原料用途的机会成本都是原料当前的市场价格。

案例 7.1

熔炼还是不熔炼①

我们前面已经讲过，选择的机会成本与次优选择的收益有关。有时收益变得如此大，以至最优的行动方案就是选择这个次优选择。2000 年的凯撒（Kaiser）铝业可以说明这种情况。

多年来，凯撒铝业经营两家靠近华盛顿的斯波坎市和塔科马市的铝冶炼厂（用来制造生铝的巨型工厂）。生产铝需要大量的电力，所以生产铝的成本中最重要的决定因素之一是电价。

在 2000 年，通过之前签订的一份长期合同，凯撒铝业能以 23 美元/兆瓦时的价格从博纳维尔电力局（通过哥伦比亚河畔大坝发电的联邦机构）（BPA）购买电力。这是 1996 年与博纳维尔电力局签的合同，当时电力的现货市场价格（公开市场的当前价格）很低。然而，在 2000 年年末和 2001 年年初，电力的现货市场价格一飞冲天，平均超过了 1 000 美元/兆瓦时。②

因为合同使凯撒铝业可以用远低于市场的价格购买电力，凯撒铝业占了很大的便宜。然而，对炼铝来说，只要用电，急剧上涨的电价就创造了急剧上涨的机会成本。这是因为，合同规定，如果价格上涨，凯撒铝业有权转售电力（起初博纳维尔电力局曾提出这项权利来诱导凯撒铝业签署这份长期合同）。如果凯撒铝业使用从博纳维尔电力局购买的电力来炼铝，它就牺牲了在公开市场上转售电力的机会。凯撒铝业不转售电力而放弃的利润是巨大的。在 2000 年 12 月，凯撒铝业决定关闭两个冶炼厂，然后再以 550 美元/兆瓦时的价格向博纳维尔电力局出售电力。这一价格虽然低于电力的现货价格，但远高于凯撒铝业 23 美元/兆瓦时的成本。

在 2001 年春季和夏季，即使电力市场价格下降，凯撒铝业也没再重开冶炼厂。在 2001 年，铝的市场价格跌至两年最低。因此，凯撒铝业认为再开冶炼厂是不经济的。

---

① “Plants Shut Down and Sell the Energy” *Washington Post* (December 21, 2000), and “Kaiser Will Mothball Mead Smelter,” Associated Press (January 14, 2003).

② 在 2000 年秋和 2001 年冬，太平洋西北岸电价剧烈上涨与加利福尼亚州电力市场电力危机事件紧密相连。太平洋西北岸和加利福尼亚州的电力市场联系紧密，因为加利福尼亚州依靠输入太平洋西北岸水电站的电力来满足需要。

2003 年，塔科马工厂被卖给了塔科马港口，并在 2006 年被夷为平地。2004 年斯波坎工厂以 400 万美元的价格被卖掉。因为购买它的公司承担了现场清理污染的责任，所以价格很低。

案例 7.2

按市值计价的争议

在 2008 年金融危机期间，“按市值计价”（mark-to-market，MTM）的会计惯例引起了争议。一些银行认为，这一规则使金融危机更加糟糕。按市值计价来源于金融分析师准则委员会以会计观点估价公众公司的重要资产而建立的规则。规则要求，某些资产要以它们当前的“公平市场价值”来估价。

考虑下面的例子：一家银行通过发行抵押贷款借钱给业主。对银行来说，每份抵押贷款是一份资产。银行可以预计来自业主的每月还贷，除非抵押贷款违约。即使抵押贷款违约，银行也可以收回房子，并通过出售房子来获得补偿。因此，银行需要评估这些资产在其会计报表上的价值。

如果房屋的价值低于抵押贷款发行之时的价格，这一特定抵押贷款的价值就会下跌。抵押贷款违约的可能性将大幅上升，所以银行的预期收入将减少。即使银行没收并销售房子，也只能收回部分贷款。这就是在 2008 年发生的事情，而且数目非常大。在整个美国住房价格下跌时，抵押贷款违约率飙升。银行没收了许多房屋，但很快就发现很难将房屋售出。当房子被卖掉时，价格往往远低于起初的价值。

在这场危机中，银行不得不重估抵押贷款支持的资产的价值——按市场价值评估。这些资产的市场价值急剧下降，所以在会计报表中银行的价值也大幅下降了。这是一个重要的结论。银行能够贷给客户的钱数取决于银行所拥有资产的价值。如果资产价值下降，就必须减少放贷。在 2008 年，银行贷款暴跌到几乎史无前例的低水平。发生这种情况的一个重要原因是按市值计价大大减少了它们的资产价值。银行在经济中发挥着重要作用，借钱给企业帮助它们维持运营。随着贷款的枯竭，许多企业被迫关闭。因此，住房危机发展成为一场银行业危机，并导致整个经济大衰退。

当然，更彻底的围绕银行业中按市值计价优点争议的研究，已远远超出我们的讨论范围。然而，按市值计价的议题与这里讨论的机会成本相关。如果资产的市场价值下降而银行也不需要重估，银行会计报表就会高估它们所拥有资产的经济价值，正如 2008 年的住房危机。立足于抵押贷款的资产的会计价值将高于它们当前的机会成本。机会成本就是这些资产被银行出卖时的市场价值。换句话说，按市值计价规则的关键是，尽可能使会计报表反映经济成本。

这个例子还说明了，会计成本有时可以大于经济成本。换句话说，仅因为会计成本排除了隐性成本，而经济成本包括了隐性成本，所以，我们不能得出会计成本总是小于经济成本的结论。

□ 经济成本与会计成本

与显性成本和隐性成本的差异密切相关的是经济成本和会计成本之间的差异。**经济**

成本（economic costs）与机会成本同义，是与决策相关的显性成本和隐性成本的总和。**会计成本**（accounting costs）——呈现在会计报表上的成本——是过去已经发生的显性成本。会计报表是给公司外部人员（比如银行和股权投资者）看的，所以会计成本必须客观、可证实。这就是为什么会计报表一般只包括历史费用——即已做出的明确现金支出（例如：过去的一年中公司实际花在劳动和材料上的货币支出）。一张会计报表不包括隐性成本（如使用该公司工厂的机会成本），因为这种成本通常很难用客观可验证的方式衡量。基于相同的理由，对一家自主经营的小型公司，其会计报表中也不包含所有者的时间机会成本。由于会计报表使用历史成本，而不是当前的市场价值，所以在计算成本时，汽车公司财务报表的成本只反映公司以 100 万美元的价格购买钢板的成本，不反映 120 万美元的机会成本。

相反，经济成本包括所有与决策相关的成本。对经济学家来说，所有与决策相关的成本（无论是显性成本还是隐性成本）都是机会成本，也就是经济成本。

经济成本：企业的显性成本和隐性成本的总和。
会计成本：过去已经发生的显性成本的总和。

□ 沉没（不可避免的）成本与非沉没（可避免的）成本

为了分析成本，我们还需要区分沉没成本和非沉没成本。在评估决策的成本时，决策者应该只考虑决策实际影响的那些成本。有些成本已经发生，不管做出什么决定都无法避免。这些成本被称为**沉没成本**（sunk costs）。相比之下，**非沉没成本**（nonsunk costs）是指，在做出一个特定决策后才发生的成本。如果不做出该决策，非沉没成本是可以避免的（因为这个原因，非沉没成本也被称为可避免的成本）。当评估决策时，决策者应该忽略沉没成本，只考虑非沉没成本。为什么呢？请看下面的例子。

沉没成本：已经发生并且不能收回的成本。
非沉没成本：在做出一个特定决策后才发生的成本。

你支付 7.50 美元去看电影，10 分钟后发现这部电影很糟糕。你面临一个选择：你应该离开还是留下？留下的相关成本是你可以更有价值地花时间去做些别的事情。离开的相关成本是在 10 分钟后播放的电影更好时你放弃的享受。离开的相关成本不包括 7.50 美元的入场费，这是沉没成本。无论你决定做什么，你已经支付了入场费，它不应该影响你离开的决定。

下一个例子进一步说明了沉没成本与非沉没成本之间的区别。考虑一家生产保龄球的体育用品公司。我们假设建造这家保龄球工厂需要花费 500 万美元。一旦建成，工厂是如此高度专业化，以至除了生产保龄球外，没有别的用途。因此，如果这家体育用品公司关闭工厂，什么也不生产，它不能收回建造工厂的 500 万美元花费。

- 在决定是否建造工厂时，500 万美元是非沉没成本。这是一个仅在体育用品公司建立工厂后才发生的成本。当不建造保龄球工厂时，决策者可以避免花费 500 万美元。
- 在工厂建成后，500 万美元就成为沉没成本。不管体育用品公司如何处理这家工厂，这都是一个已经发生的成本，所以这个成本是不可避免的。因此，在决定是否运营工厂的时候，体育用品公司应该忽略这个成本。

这个例子说明了一个重要的观点：一个成本是沉没成本还是非沉没成本由正在考虑的决策决定。在一个具体的决策中，识别什么成本是沉没成本和什么成本是非沉没成本，应该考虑哪些成本随决策改变而改变。随决策改变而改变的成本都是非沉没成本；那些无论如何决策都不会改变的成本就是沉没成本。

案例 7.3

谁最有可能避免沉没成本谬误

假设几个月前你购买了一张在今天举行的露天音乐会或体育赛事的门票。但是，因为今天天气寒冷并下雨，去听音乐会或看比赛可能不是非常愉快。你应该去吗？如果你决定去是因为你不想“浪费票钱”，那么你没有正确地忽视沉没成本。心理学家和经济学家把这种行为称为“沉没成本谬误”。

最近，几位心理学家分析了年长者和年轻人谁更有可能陷入沉没成本谬误。[①] 在两种不同的情景下，他们测试大学生和退休者决定看电影的概率。第一种情形是：“你花费 10.95 美元看电影。5 分钟后，由于这部电影很糟糕，你厌倦了。”在第二种情形下，你不需要花费。参与者从下面所给选项中选择：停止观看，看 10 分钟、20 分钟、30 分钟，或者看到最后。

心理学家发现，不管是已经为电影付了钱还是没有付钱，老年人都倾向于花相同的时间看电影。在经济理论中，这是理性行为。相比之下，较之免费的电影，大学生观看付费电影的时间可能要更久一点。

心理学家用年轻人有“负面偏好”来解释这种现象。负面偏好是指，较之正面信息和事件，人们会更多地注意负面信息和事件——在这种情况下，人们试图通过延长观看这部电影的时间来弥补损失。不考虑这种心理学上的解释，实验结果表明，大学生更有可能陷入沉没成本谬误。你是这样吗？

边做边学习题 7.1 ☞

将成本概念运用于大学校园业务中

假设你在大学校园里有一家零食外卖公司。通过互联网，学生向你订购零食，如薯片和糖果。你在当地杂货店采购并交付订单。为了经营这个业务，你以每月 500 美元的价格向一家本地网页寄存公司租赁其服务器来管理、维护你的网站。你还用一辆运动型多功能车（SUV）来发货。你每月的汽车花费是 300 美元，并且每月的保险花费是 100 美元。你接下的每个订单，平均需要花费半小时的时间和价值 0.50 美元的汽油。[②] 当接下一个订单时，你从杂货商那里购买商品，之后卖给学生并收到学生的付款。如果没

---

① JoNell Strough, Clare Mehta, Joseph McFall, and Kelly Schuller, “Are Older Adults Less Subject to the Sunk-Cost Fallacy Than Younger Adults?” *Psychological Science* (2008): 650-652.

② 为了简化，我们忽略了如汽车磨损那样的成本。

有经营这项业务，你可以在学校餐厅工作，每小时挣 6 美元。现在，你每周 5 天经营你的业务，从周一到周五。周末，业务空闲，你在学校餐厅工作。

问题：

(a) 什么是显性成本，什么是隐性成本？什么是会计成本，什么是经济成本？请说出它们的区别。

(b) 上周你为客户购买了五大盒炸玉米片，但最后客户不接受此货。你为这些炸玉米片支付了 100 美元。你和杂货商有约定：如果退货，每美元它们只会支付给你 0.25 美元。这个星期，你找到一个大学生联谊会，它将以 55 美元的价格购买这些炸玉米片，并将到你的公寓去提货，这就不需要你再配送。接下这个订单（即销售这些炸玉米片给大学生联谊会）的机会成本是什么？你应该将这些炸玉米片卖给大学生联谊会吗？

(c) 假设你正考虑削减你的经营时间，从一星期五天减到四天（星期一你将在学校餐厅打工而不再经营业务）。这个决策的非沉没成本是什么？沉没成本是什么？

(d) 假设你考虑完全放弃你的业务。这个决策的非沉没成本是什么？沉没成本是什么？

解：

(a) 你的显性成本是所有涉及直接货币支出的成本。这包括你的汽车款、保险、租赁电脑的费用、汽油费用、从杂货商那里购买商品的费用。你主要的隐性成本是你所拥有时间的机会成本——每小时 6 美元。

你的经济成本是显性成本和隐性成本的总和。你的会计成本包括所有的显性成本，但不包括你所拥有时间的隐性成本。此外，你的会计成本是历史性的（例如，去年实际发生的成本）。因此，如果汽油的价格从去年起下降了，你目前的汽油成本将不等于你过去的会计成本。

(b) 你接受订单的机会成本是 25 美元。这是你将炸玉米片转售给杂货店的所得，因此这 25 美元也代表着你将玉米片卖给大学生联谊会所做的牺牲。因为你卖的价钱超过机会成本，所以你应该接受订单。

那么，100 美元的初始花费成本与 25 美元的机会成本之间的差 75 美元代表什么？这就是你试图满足一个可靠客户而投入的成本。它是你做生意的沉没成本。

(c) 有关这个决策的非沉没成本包括那些如果不做出这个决定就可以避免的成本。这些成本包括汽油费用、购买商品的费用（当然，你也“避免”了从配送商品中获益）。另外，你避免了一天时间的隐性成本（你不用再放弃周一在学校餐厅打工的机会了）。

你的沉没成本是那些你做这个决定就无法避免的成本。由于你仍然需要运动型多功能车来配送，你的汽车费用和保险费用是沉没成本。你租赁计算机时间的费用也是沉没成本，因为仍然需要维护你的网站。

(d) 若你停止经营，很显然你可以避免购买商品的花费和汽油费用。对这个决策来说，这些成本是非沉没成本。你也可以消除你所拥有时间的机会成本，所以这也是非沉没成本。你也可以避免租赁计算机时间的费用。就租赁计算机时间的成本而言，如果你只是缩减经营，它是一种沉没成本；而当你考虑全部停业时，它就成为一种非沉没成本。

那么运动型多功能车的花费属于哪种成本呢？假设你计划卖掉它，这意味着你可以避免每月 100 美元的保险费用。假设你的运动型多功能车上有你的标识，属私人定制。因为这个，外加对已用过的汽车，人们在购买时总有某种担心，所以你只能收回当初汽车花费的30%。这意味着，汽车支出的70%是沉没成本，30%是非沉没成本。

相似习题：7.1，7.2，7.3

7.2 成本最小化问题

我们已经介绍了各种不同的成本概念，让我们应用它们来分析一个重要的企业决策问题：给定产出数量，如何选择使成本最小化的投入组合？在第6章，我们看到，企业通常能够通过不同的投入组合完成给定数量的产出。在所有这些可以选择的投入组合中，企业应该选择生产成本最小的那一组。寻找这个投入组合的问题被称为**成本最小化问题**（cost-minimization problem），旨在在给定产出的条件下最小化生产成本的企业被称为**成本最小化企业**（cost-minimizing firm）。

成本最小化问题：在特定产出水平下，选择一个投入组合以最小化企业成本的问题。

成本最小化企业：在给定产出的条件下最小化生产成本的企业。

□ 长期和短期

我们将在短期和长期两种情况下讨论企业的成本最小化问题。虽然短期和长期在字面上似乎意味着时间的长度，但是从企业面临约束时的决策灵活性的角度来看它们却更有用。企业在制定**长期**（long-run）决策时面临的是一张白纸（即没有约束）：在长期，只要有需要，企业就可以任意改变任何投入的数量。当我们的体育用品公司选择是否新建一家保龄球工厂时，它面临的是一个长期决策。是否去建造工厂、建造多大的工厂，对它来说是自由的。在做出这个选择时，它也可以选择其他投入的数量（如劳动的规模、工厂的土地面积）。原则上，对企业来说，如果不去建厂，就可以避免所有投入的成本。因此，与长期决策相关的成本必然是非沉没成本。

相反，企业面临的**短期**（short-run）决策就受制于各种约束：在短期，企业不能调整部分投入的数量，并且/或者无法改变之前决策的投入。例如，一旦体育用品公司建立起保龄球工厂，就至少在一定时期面临短期决策，如在给定生产能力下选择工人数量。

长期：只要有需要，企业就可以任意改变任何投入数量的时期。

短期：至少有一种投入的数量不能被改变的时期。

在微观经济学中，短期和长期的概念有助于我们把注意力集中在所面临问题的基本特征上，能够简化问题、方便分析。事实上，企业面临的往往是连续的时期。许多决策是在“无约束”下做出的。在本节，为了仔细考虑当无约束时企业在投入决策中所做出的权衡，我们首先集中分析长期成本最小化；在下一节，我们将转向短期成本最小化，以强调某种投入方面的约束如何限制企业最小化成本的能力。

□ 长期成本最小化问题

成本最小化问题是第 1 章所讨论的约束优化的一个例子。在给定产出数量的要求下，我们想最小化企业的总成本。在第 4 章中，我们遇到的是两个约束优化的例子：预算约束下的效用最大化问题（效用最大化）和特定效用下的最小化支出问题（支出最小化）。你将看到成本最小化问题和消费理论中的支出最小化问题非常相似。

我们利用一个使用资本和劳动两种投入的企业讨论长期成本最小化问题。每种投入都有自己的价格，一单位劳动服务的价格——也叫工资率——是 w，一单位资本服务的价格是 r。劳动的价格可以是显性成本，也可以是隐性成本。如果企业（像大多数企业一样）在公开市场上雇用工人，它就是显性成本。如果企业主牺牲掉其他的工作机会而自己经营这个企业，它就是隐性成本。相似地，资本的价格可以是隐性成本，也可以显性成本。如果企业从其他企业租赁资本（如一家企业租赁计算机时间来维持它的网站），它就是显性成本。如果企业牺牲掉向其他企业出售资本的机会而将拥有的资本用于自己的企业，它就是隐性成本。①

企业决定明年生产 Q_0 单位产出。下面我们将讨论企业如何做出这个产量决定。现在 Q_0 是外生变量（例如，告诉生产经理生产多少）。生产经理面临的长期成本最小化问题就是计算出如何以成本最小化的方式生产这个数量。因此，经理必须选择能生产 Q_0 单位产出，并使总成本 $TC=wL+rK$ 最小化的资本 K 和劳动 L 的数量。这个总成本是在用劳动和资本生产时企业所承受的所有经济成本的总和。

□ 等成本线

现在让我们试着用图表法来解决企业的成本最小化问题。第一步我们要画出**等成本线**（isocost lines）。对一家企业来说，等成本线代表在给定总成本下劳动和资本组合的集合。等成本线类似于消费者选择理论的预算线。

等成本线：对一家企业来说，在给定总成本下劳动和资本组合的集合。

考虑下面的情况：$w=10$ 美元/劳动工时，$r=20$ 美元/机器工时，$TC=100$ 万美元/年。这 100 万美元的等成本线可以表示为 $1\,000\,000=10L+20K$，这也可以写成：$K=1\,000\,000/20-(10/20)L$。200 万美元和 300 万美元的等成本线也有类似的方程：$K=2\,000\,000/20-(10/20)L$ 和 $K=3\,000\,000/20-(10/20)L$。

更一般地，对任意水平的总成本 TC，以及投入价格 w 和 r，等成本线的方程是 $K=TC/r-(w/r)L$。

图 7-1 表示三种不同总成本水平 TC_0、TC_1 和 TC_2 的等成本线，并且 $TC_2>TC_1>TC_0$。一般来说，存在无限多条等成本线，每一条对应每个可能水平下的总成本。图 7-1 表明，每条等成本线的斜率是相同的：纵轴为 K，横轴是 L，那么斜率就是 $-w/r$（劳动价格与资本价格比值的负数）。特定等成本线在 K 轴上的截距是该等成本线下的总成本与资本价格的比值（例如，对等成本线 TC_0 来说，K 轴上的截距是 $TC_0/$

① 在本章附录中，我们将讨论决定资本服务价格的因素。

r)。同时，L 轴上的截距是 TC_0/w。必须注意：在图 7－1 中，当等成本线向东北方移动时，等成本线代表的总成本在增加。

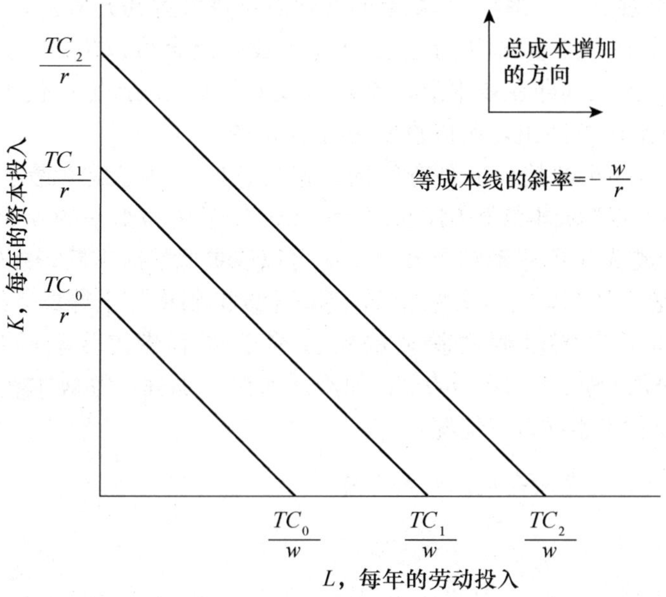

图 7－1　等成本线

说明：在等成本线图中，当等成本线向东北方移动时，等成本线代表的总成本在增加。所有的等成本线均有相同的斜率。

□ 用图像法解长期成本最小化问题

图 7－2 显示了两条等成本线和 Q_0 单位产出下的等产量线。企业成本最小化问题的

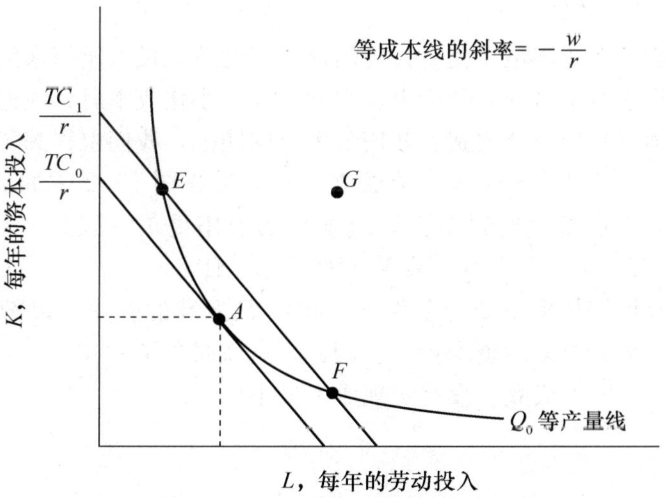

图 7－2　成本最小化的投入组合

说明：成本最小化的投入组合出现在点 A。点 G 是技术无效的。虽然点 E 和点 F 在技术上是有效的，但是它们没有最小化成本（通过移向点 A，可以把平均成本从 TC_1 降到 TC_0）。

解在点 A，即等产量线和等成本线相切的点。这意味着，在等产量线上的所有投入组合中，点 A 代表了企业最低的成本。

为了证明这个观点，考虑图 7－2 上的其他点：点 E、点 F 和点 G：

- 点 G 完全不在等产量线 Q_0 上。虽然这个投入组合可以生产 Q_0 单位产出，但是这个组合将会浪费投入（即在技术上，点 G 是无效的）。由于点 A 代表了用更少的资本和劳动还可以有 Q_0 单位产出，所以点 G 不是最优的。
- 虽然点 E 和点 F 在技术上是有效的，但是它们不满足成本最小化，因为与成本最小化的点 A 所在的等成本线相比，点 E 和点 F 位于更高水平的等成本线上。通过从点 E 移动到点 A 或从点 F 移动到点 A，企业可以以更低的成本获得相同数量的产出。

必须注意的是，在成本最小化的点 A，等产量线的斜率等于等成本线的斜率。在第 6 章，我们已经知道，等产量线的斜率的负数等于资本替代劳动的边际技术替代率 $MRTS_{L,K}$，并且 $MRTS_{L,K}=MP_L/MP_K$。如刚才所讲的那样，等成本线的斜率是 $-w/r$。因此成本最小化条件发生在以下情况：

等产量线的斜率＝等成本线的斜率

$$-MRTS_{L,K}=-\frac{w}{r}$$

$$MP_L/MP_K=w/r$$

边际产量之比＝投入价格之比　　(7.1)

在图 7－2 中，最优投入组合 A 是一个内部最优解。内部最优解涉及的所有投入的量都是正的（$L>0$ 和 $K>0$），最优解出现在等产量线和等成本线的切点。方程（7.1）告诉我们解是一个内部最优解，劳动与资本的边际产量之比等于劳动与资本的价格之比。最优化条件（7.1）也可以写成下面的形式：

$$MP_L/w=MP_K/r \tag{7.2}$$

这个条件告诉我们，在成本最小化时，每增加一美元劳动投入所带来的额外产出等于每增加一美元资本投入所带来的额外产出。因此，在最小化成本时，我们将从每单位投入中得到相同的价值（在第 4 章消费者效用最大化问题上，我们也得到了类似的条件）。

为了理解方程（7.2）为什么必须成立，我们考虑图 7－2 中的非成本最小化点，如点 E。在点 E，等产量线的斜率比等成本线的斜率更负。因此，$-(MP_L/MP_K)<-(w/r)$，或者 $MP_L/MP_K>w/r$，或者 $MP_L/w>MP_K/r$。

这意味着，在保持产出不变的条件下，在点 E 经营的企业可以额外增加一美元劳动投入并减少比一美元更多的资本投入。因此，这就减少了总成本。它表明投入组合 E [在点 E，方程（7.2）不成立] 没有实现成本最小化。

案例 7.4

选自助结账系统还是收银员

在本章开头，我们描述了自助式服务革命席卷美国整个零售业的原因：企业发现通过用资本（像自助结账系统）代替劳动（像收银员）可以降低成本。在这部分，我们进行如下验证：如果想要最小化成本，企业该如何选择资本和劳动组合。

让我们考虑本章第 2 个脚注的《经济学人》上的文章中的例子。这篇文章表明："依据最高研究协会主席门德尔松（Francie Mendelsohn）的研究，我们知道商店每台自助服务机器可以替代约 2.5 名员工。"正如我们从第 6 章中所学习的，劳动替代资本的边际技术替代率度量的是，在维持产出固定不变的情况下，如果使用额外一台机器，企业应放弃的工人数量。因此，对文中描述的企业，$MRTS_{K,L}$ 将是 2.5。这是由于，如果收银台多用一台机器，企业就可以少雇用 2.5 名员工。方程（7.1）告诉我们，当企业最小化生产成本时，劳动替代机器的边际技术替代率应该等于机器租赁价格与工资的比值。

在什么时候，企业可以通过使用更多机器替代工人来减少成本呢？如果机器的租赁价格低于工资的 2.5 倍，那么通过增加一台机器并减少 2.5 名工人企业可以以更低的成本处理相同数量的交易。我们可以用方程（7.1）和方程（7.2）进行证明。如果 $MR_K/MP_L=2.5$，$r/w<2.5$，那么 $MP_K/MP_L>r/w$。不等式也可以写成 $MP_K/r>MP_L/w$。那么，每单位资本投入的价值就高于每单位劳动投入的价值，所以，企业可以通过增加 K 和减少 L 来降低成本。

当然，在大多数商店和药店，自助服务机器和收银员都存在，而在大多数银行，你可以选择通过柜台工作人员或 ATM 存取款。原因之一就是，自助服务机器和雇员通常不可以完全替代。一台自助服务机器没有能力处理雇员所办理的每一种业务。

边做边学习题 7.2 ☞

寻找成本最小化最优内部解

问题：

最优投入组合满足方程（7.1）[或等价方程（7.2）]。但如何利用它？让我们考虑下面这个具体的问题。假设企业的生产函数为 $Q=50\sqrt{LK}$。对于这个生产函数，劳动与资本的边际产量为 $MP_L=25\sqrt{\mathrm{K/L}}$ 和 $MP_K=25\sqrt{\mathrm{K/L}}$。再假设劳动的价格 $w=5$ 美元/单位，资本的价格 $r=20$ 美元/单位。每年生产 1 000 单位产出的成本最小化投入组合是什么？

解：

劳动和资本的边际产量之比为 $MP_L/MP_K=(25\sqrt{\mathrm{K/L}})/(25\sqrt{\mathrm{L/K}})=K/L$。因此，运用相切条件［方程（7.1）］$K/L=5/20$。这意味着 $L=4K$。

另外，投入组合必须位于 1 000 单位的等产量线上（即投入组合必须是企业恰好有 1 000 单位产出）。这意味着 $1\,000=50\sqrt{KL}$，或者 $L=400/K$。

我们联立解方程组，有 $K=10$ 和 $L=40$。因此，成本最小化的投入组合就是 10 单位资本和 40 单位劳动。

相似习题： 7.8，7.9

□ 角点解

在第 4 章讨论消费者行为理论时，我们学习了角点解：预算线和无差异曲线不相切时的最优解。在成本最小化问题中，也存在角点解。图 7－3 画出了这种情况。在产出 Q_0 下的成本最小化组合 A，企业没有使用资本。

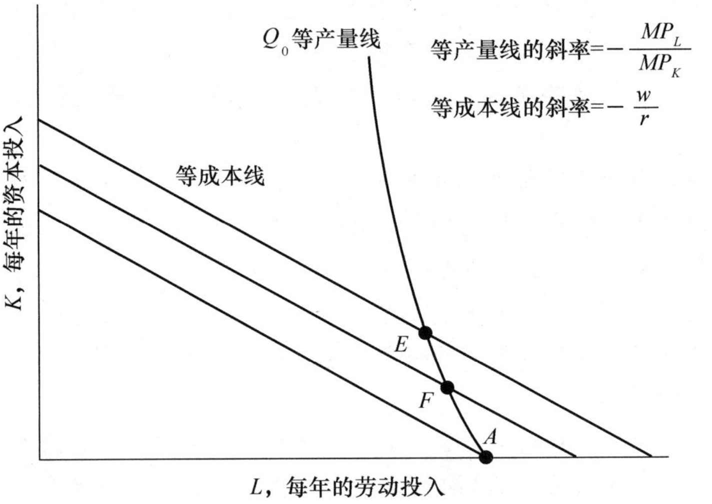

图 7－3　成本最小化问题的角点解

说明：成本最小化投入组合发生在没有使用资本的点 A。点 E 和点 F 不可能是成本最小化的解。这是由于，在保持产出不变的条件下，企业可以通过用劳动替代资本来降低成本。

在这个角点，等成本线比等产量线更加平坦，这在数学上意味着 $-(MP_L/MP_K)<-(w/r)$，或者等价于 $MP_L/MP_K>w/r$。换一种方式写出来，即

$$MP_L/w>MP_K/r \tag{7.3}$$

因此，在点 A，花费在劳动上的每美元的边际产量超过花费在资本服务上的每美元的边际产量。进一步，你会发现，在 Q_0 单位等产量线上其他点的等成本线总是比等产量线更平坦。条件（7.3）适用于沿着 Q_0 等产量线的所有投入组合。没有使用资本的角点解可被解读为在劳动投入上额外花费一美元的产出比在资本投入上额外花费一美元的产出多。此时，企业应该用劳动替代资本，直到没有资本可被替代。我们可以通过边做边学习题 7.3 更好地理解它。

边做边学习题 7.3 ☞

寻找完全替代品的角点解

问题：

在第 6 章中，我们看到投入是完全替代品的线性生产函数。假设线性生产函数为 $Q=10L+2K$，$MP_L=10$ 和 $MP_K=2$。再假设劳动的价格 $w=5$ 美元/单位，资本的价格 $r=2$ 美元/单位。找出生产 200 单位产出的成本最小化投入组合。

解：

图 7－4 显示最优投入组合是 $K=0$ 的角点解。下面的论证将说明，为什么是角点解。我们知道，当投入是完全替代品时，$MRTS_{L,K}=MP_L/MP_K$ 沿着等产量线是一个常数。在这个例子中，它等于 5。但 $w/r=2.5$，所以没有点能满足 $MP_L/MP_K=w/r$。这意味着本题没有内部解。

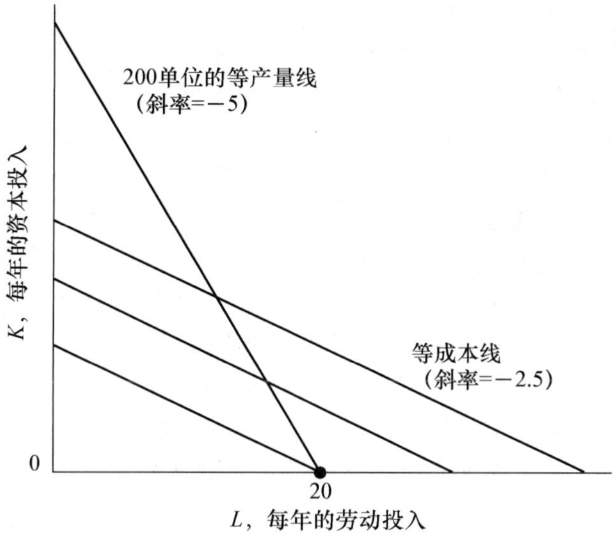

图 7－4　成本最小化问题的角点解

说明：当资本和劳动是完全替代品时，成本最小化问题的解可能是角点解。在本例中，解为 $L=20$，$K=0$。

但是角点在哪里？在这个例子中，$MP_L/w=10/5=2$，$MP_K/r=2/2=1$，所以每美元劳动的边际产量超过每美元资本的边际产量。这意味着，企业将会用劳动代替资本直到没有资本。因此，在最优投入组合下，$K=0$。因为企业要生产 200 单位产出，所以，$200=10L+2\times 0$，$L=20$。

相似习题： 7.10，7.15，7.16，7.33

在本章学习成本最小化问题时，你可能会感到非常熟悉。它类似于我们在第 4 章学习的支出最小化问题。在支出最小化问题上，消费者试图在给定效用水平的限制下最小化总支出。在成本最小化问题上，企业试图在给定产出水平的限制下最小化它在商品和服务上的支出。在应用图形分析和数学运算时，这两个问题完全相同。

7.3　成本最小化问题的比较静态分析

我们已经学习了如何处理企业成本最小化问题，下面让我们来研究投入要素价格和产出变化将产生怎样的影响。

□ 投入要素价格变化的比较静态分析

在资本价格 r 保持为 1、产出保持为 Q_0 时，图 7－5 表示了当劳动价格 w 变化时，成本最小化问题的比较静态分析。当 w 从 1 变到 2 时，成本最小化条件下的劳动数量下降（从 L_1 到 L_2），但是资本数量上升（从 K_1 到 K_2）。因此，劳动价格的上涨使得企业以资本代替劳动。

在图 7－5 中，我们看到，工资 w 的上涨使等成本线更加陡峭，这将改变等成本线与等产量线切点的位置。当 $w=1$ 时，切点位于点 A，最优的投入组合为（L_1，K_1）；当 $w=2$ 时，切点位于点 B，最优的投入组合为（L_2，K_2）。因此，随着 $MRTS_{L,K}$ 的减少，等成本线和等产量线的切点将发生在等产量线的上方（即更少的劳动，更多的资本）。为了生产给定的产出，由于相对于资本，劳动变得更贵了（w/r 增加了），公司必将使用更多的资本和更少的劳动。用相同的逻辑，当 w/r 下降时，公司将会使用更多的劳动和更少的资本，那么切点移动到等产量线的下方。

这种关系依赖于两个重要的假设。第一个假设为，在最初的投入价格下，公司所采用的两种投入数量必须是正的。也就是说，我们不从角点解开始。假如这一假设不成立——如果公司最初所采用的一种投入数量为零——并且这种投入的价格上升，公司将会继续采取这种投入为零的生产方式。因此，成本最小化的投入数量将不会如图 7－5 所示那样下降，而是将保持不变。第二个假设为，等产量线必须是平滑的（没有拐点）。图 7－6 显示了当公司拥有固定比例生产函数并且等产量线上存在拐点时，结果将如何变化。在这种情况下，我们从角点开始，劳动价格的增长并不会使成本最小化下的劳动数量发生变化。

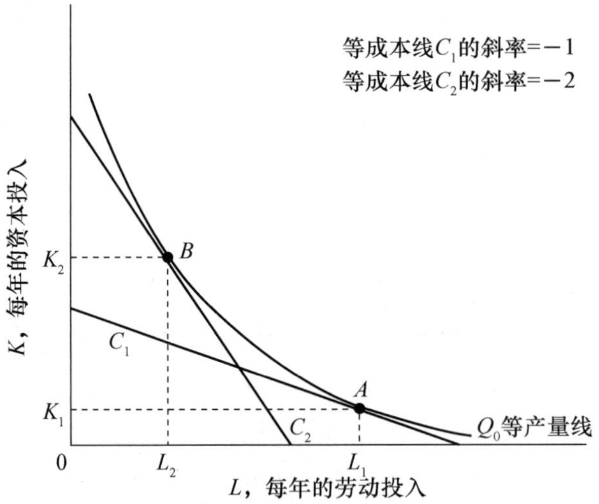

图 7－5　成本最小化问题下劳动价格变化的比较静态分析

说明：资本价格 $r=1$ 和产出水平 Q_0 保持不变。当劳动价格 $w=1$ 时，等成本线为 C_1，最优的投入组合为 A（L_1，K_1）。当劳动价格 $w=2$ 时，等成本线为 C_2，最优的投入组合为 B（L_2，K_2）。劳动价格上涨促使企业以资本代替劳动。

我们总结一下比较静态分析获得的结论。

- 当公司拥有边际技术替代率递减的平滑等产量线并且最初的投入数量为正时，投入要素价格上涨（保持产出和其他投入价格固定）将会导致成本最小化下这种投入要素的需求数量下降。
- 当公司最初就存在一种投入要素的数量为 0 或有固定比例生产函数（如图 7－6 所

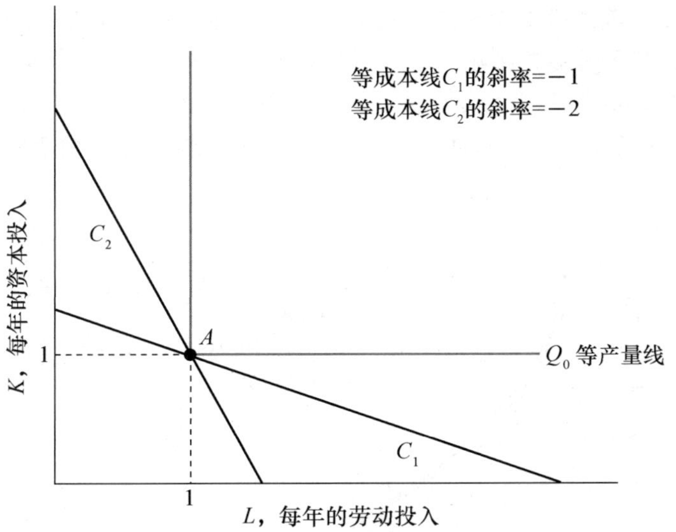

图 7－6　固定比例生产函数下，成本最小化问题下劳动价格变化的比较静态分析

说明：资本价格 $r=1$ 和产出水平 Q_0 保持不变。当劳动价格 $w=1$ 时，等成本线是 C_1，最优的投入组合为 A（$L=1$，$K=1$）。当劳动价格 $w=2$ 时，等成本线是 C_2，最优的投入组合仍然位于点 A。劳动价格的增加并没有促使企业用资本代替劳动。

示）时，这种投入要素价格上涨将不会改变成本最小化下这种投入要素的需求数量。

这些结果表明，投入要素价格的增长不会导致成本最小化下这种投入要素的增加。

案例 7.5

停车女助手会消失吗[①]

早在 20 世纪 30 年代停车计时器就被用于城市街道停车收费。从那时起到现在，这种停车计时器的技术几乎没有改变。司机把钱投到机器中，而这种机器能够计算出汽车在这个地方可以停留的时间。通常，每个停车场中都放置一个计时器。近十年来，有一种双向计时器被放置在两个邻近的停车场之间。刚开始，货币的找出和收集是通过“停车女助手”（这兴起于 20 世纪 60 年代的纽约，开始时全是女性）来完成的。自 20 世纪 80 年代开始引入的数字仪表代替了大量机械劳动，但这些仪表并不能像 20 世纪 30 年代人工操作那样准确无误。现在，仪表通常是无线通信，以至它们能向维修部门报告出现的问题。

在 2008—2009 年开始有了显著的变化：在整个城区只使用一个仪表。在一段时间后，许多针对特定街区的仪表消失了。相反，司机停车并走向街区的唯一停车仪表。司机选择需要的停车时间，并用信用卡进行支付，然后将仪表打印的回执单放到汽车的仪表板上，以此证明他已付款。虽然大部分交易都是通过信用卡来完成的，但是现在仍然可以使用硬币来支付。这种新仪表明显地降低了停车女助手或其他停车场员工的数量。

利用更复杂的仪表将更有意义，这是由于随着信息通信技术的发展，复杂仪表的成本

① Daniel Hamermesh，“Bad News for Meter-Maids，” *Freakonomics* blog，*New York Times*（September 11，2009）.

下降得非常明显，而低技能工人的工资在上涨。工资在欧洲（仪表起源的地方）尤其高。在美国的城市，政府职员通常组建工会，相对来说工资也很高。比资本价格更高的劳动价格促进了这种转换。如图 7－7 所示，在这种形势下，与面对低劳动价格和高资本价格的企业相比，成本最小化企业（或者城市政府）有使用更高资本-劳动比的激励。

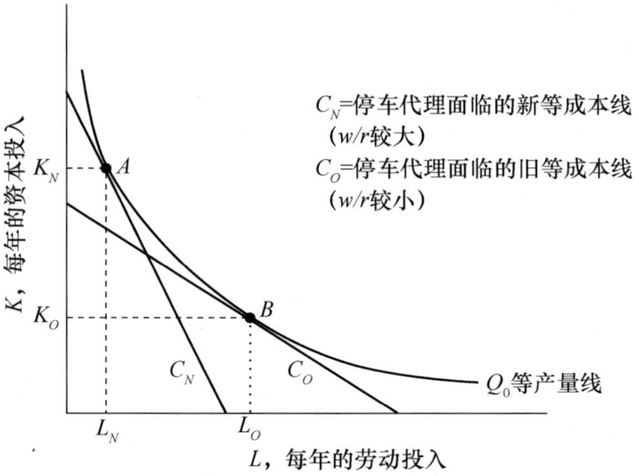

图 7－7　向现代停车计时仪的转变

说明：随着时间的推移，劳动的价格提高，而资本的成本（先进的停车仪器）降低。新等成本线比旧等成本线更加陡峭（C_N 的斜率$>C_O$ 的斜率）。因此，停车部门必须采用更高的资本-劳动比（$K_N/L_N>K_O/L_O$）。与最初相比（点 B），成本最小化下的投入组合位于等产量线上更加靠上的位置（点 A）。

案例 7.6

通过离岸外包降低成本

2009 年的调查显示，大约一半的被调查企业使用离岸外包方式。① 离岸外包是指服务外包，如编程。印度是美国信息技术行业外包的最主要承接国。

如图 7－7 所示，假设企业只用资本和技术工人这两种投入生产 Q_0 单位产出。在不使用离岸外包时，企业必须支付一个相对较高的工资，它将选择投入组合 A，它的总成本是 C_N。

现在假设企业可以从国外以较低的价格雇用同等水平的技术工人。由于通过互联网程序几乎能以 0 成本传输，所以假设企业不在意程序是在国内还是在国外完成的。如果企业仍然想生产 Q_0 单位产出，并且资本的价格保持不变，企业就会利用组合 B 生产，总成本是 C_O。因为等成本线 C_O 的纵截距小于等成本线 C_N 的纵截距，所以 $C_O<C_N$，离岸外包降低了总成本。

离岸外包业务增加导致印度合格工人相对短缺，进而工人工资上涨。印度企业开始将其接到的离岸外包业务转包给中国、拉丁美洲国家。

到 2009 年，印度最大的软件公司，塔塔咨询服务公司（TCS），在拉丁美洲有 7 家分公司。塔塔咨询服务公司拉丁美洲、西班牙、葡萄牙部总裁罗兹曼（Rozman）认为：

① Fifth Annual Conference Board /Duke Offshoring Research Network Survey，2009.

我们发现印度的工资在上升，而合格的工人相对变得更少。拉丁美洲有成本合适的合格工人，这就是为什么我们要到拉丁美洲开设分公司。①

当客户要求塔塔咨询服务公司迅速提供服务时，拉丁美洲部能够在同一时间提供大量合格的技能工人。当然，塔塔咨询服务公司给这些技能工人提供有竞争力的薪水。另外，信息技术公司日益关注由政治动荡造成的服务中断，所以对风险经理来说，像墨西哥这样政局相对稳定的国家就很有吸引力。

一个国家可利用的某种资源（技术工人的数量）的变化会影响国内外所有商品和要素投入的价格。通过一般均衡分析和国际贸易模型，我们可以更彻底地理解一种活动（如离岸外包）产生的影响。②

□ 产出变化的比较静态分析

当投入（资本和劳动）价格保持不变时，现在我们进行产出 Q 变化的比较静态分析。图 7－8 给出了 Q 从 100 增加到 200 再到 300 的等产量线。它也给出了与这三种产出水平相切的等成本线。随着 Q 的增加，成本最小化下的投入组合向东北方移动。沿着扩展线从点 A 到点 B 再到点 C。**扩展线**（expansion path）指随着产出改变，连接成本

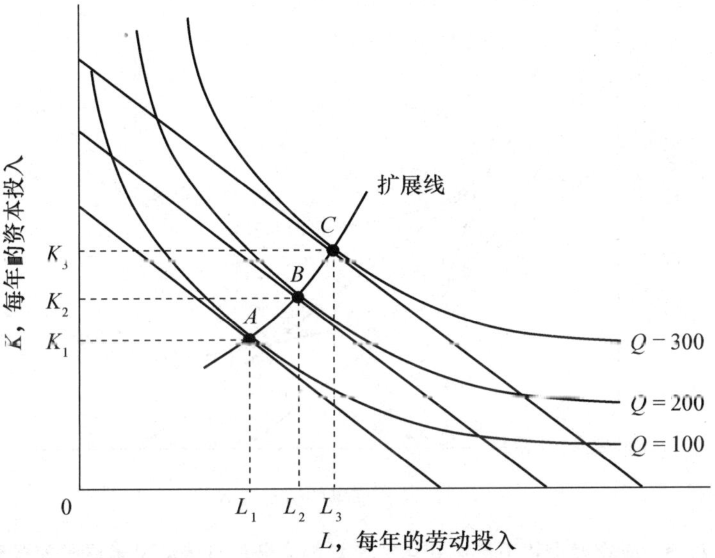

图 7－8　对于正常投入要素，成本最小化下产出变化的比较静态分析

说明：资本和劳动的价格保持不变。在产出 Q 从 100 增加到 200 再到 300 的过程中，成本最小化投入组合沿着扩展线移动，从点 A 到点 B 再到点 C。当两种投入是正常投入要素时，随着产出水平的增加，每种投入的数量也增加（$L_1<L_2<L_3$ 和 $K_1<K_2<K_3$），扩展线向上倾斜。

① "Indian wage spiral forces TCS to outsource in Mexico," by Ashling O'Connor, The Times, June 7, 2007. 来源于 2009 年 6 月 23 日的以下网页：http://business.timesonline.co.uk/tol/business/industry_sectors/support_services/article1896086.ece。

② Jagdish Bhagwhati, Arvind Panagariya, and T. N. Srinivasan, "The Muddles over Outsourcing," *Journal of Economic Perspectives*, 18, no. 4 (Fall 2004): 96-114.

最小化下投入组合的点而形成的线。随着产出的增加，每种投入的数量也增加，在这种情况下，劳动和资本都是**正常投入要素**（normal input）。如果一种投入要素的使用数量随着企业产出的增加而增加，这种投入要素就是正常投入要素。当所有投入都是正常投入要素时，扩展线向上倾斜。

扩展线：在投入要素价格保持不变时，随着产出的改变，连接成本最小化下投入组合的点而形成的线。

正常投入要素：在成本最小化条件下，随着产出的增加，投入数量也增加的投入要素。

如果其中一种投入是非正常投入要素（即劣质投入要素），情况会怎样？**劣质投入要素**（inferior input）是指，在产出增加时，企业减少对该投入要素的使用。如果企业大幅自动化它的生产过程，那么将用更少的劳动、更多的资本来提高产出。在这种情况下，劣质投入要素就会出现，如图 7－9 所示（在这个例子中，劳动是劣质投入要素）。当其中一种投入是劣质投入要素时，扩展线向下倾斜。

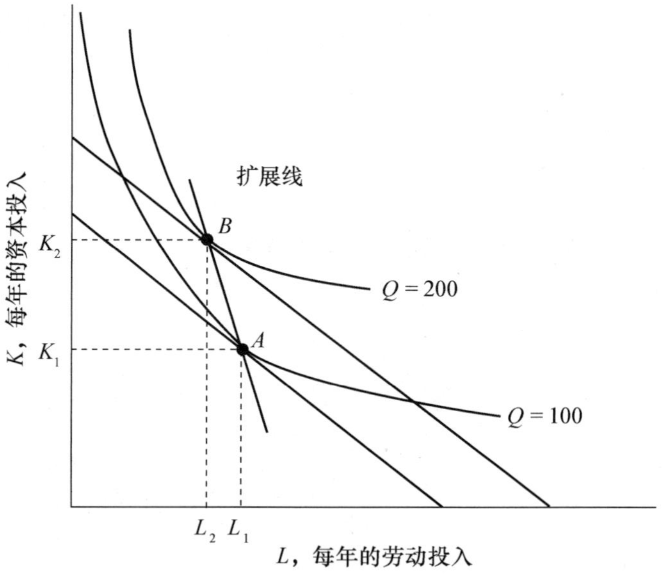

图 7－9　成本最小化下产出变化的比较静态分析（劳动是劣质投入要素）

说明：劳动和资本的价格保持不变。当产出水平从 100 增加到 200 时，成本最小化投入组合沿着扩展线从点 A 移动到点 B。如果一种投入（资本）是正常投入要素，另一种投入（劳动）是劣质投入要素，那么随着产出的增加，正常投入要素的投入数量增加（$K_1<K_2$），劣质投入要素的投入数量减少（$L_1>L_2$）。扩展线向下倾斜。

劣质投入要素：在成本最小化条件下，随着产出的增加，投入数量下降的投入要素。

当企业仅使用两种投入要素时，这两种投入要素能不能都是劣质投入要素？假设它们都是劣质投入要素，那么，当产出增加时，两种投入要素的需求都将下降。如果企业最小化成本，那么理论上这将是有效的。如果这是有效的，则两种投入的下降必然会降低产出（参见图 6－1）。因此，这两种投入要素不可能全是劣质投入要素（一种是或者全部是正常投入要素）。这个分析证明了我们的直觉：全部投入是劣质投入要素与企业通过更多投入获得更多产出的想法是矛盾的。

□ 总结比较静态分析：投入需求曲线

我们已经看到，成本最小化问题的解必然是一个最优的投入组合：一定数量的资本和劳动。我们还知道，这个投入组合决定于企业的产出水平和资本、劳动的价格。在成本最小化下，图 7－10 显示了一种找到劳动需求如何随劳动价格改变的方法。

在图 7－10 的上图中，企业最初生产 100 单位产出。资本的价格 r 保持 1 美元/单位不变。劳动的最初价格 w 是 1 美元/单位，成本最小化组合发生在点 A。

首先，在产出 100 单位保持不变，劳动价格从 1 美元/单位上涨到 2 美元/单位时将会发生什么。投入成本最小化的组合变成图 7－10 上图中的点 B。图 7－10 中的下图向我们显示了企业的**劳动需求曲线**（labor demand curve）：描述在成本最小化下，劳动需求如何随劳动价格改变的曲线。上图中从点 A 移动到点 B 对应于下图中当产出为 100 单位时沿着劳动需求线点 A' 移动到点 B'。因此，在产量不变时，劳动价格的改变将促使企业沿着同一劳动需求曲线移动。如图 7－10 所示，一般来说，劳动需求曲线向下倾斜。[①]

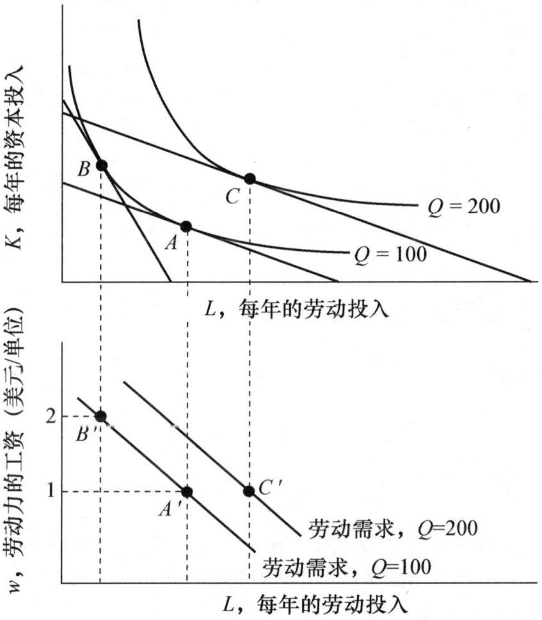

图 7－10　比较静态分析和劳动需求曲线

说明：劳动需求曲线表示，在成本最小化下，劳动需求如何随劳动价格改变。保持产出水平 100 单位不变，劳动价格从 1 美元/单位增加到 2 美元/单位将促使企业沿着劳动需求曲线从点 A' 移动到点 B'。保持劳动价格 1 美元/单位不变，年产出水平从 100 单位增加到 200 单位将导致需求曲线右移，并促使企业从点 A' 移动到点 C'。

劳动需求曲线：描述在成本最小化下，劳动需求如何随劳动价格改变的曲线。

---

① 如前面提到的那样，当公司拥有固定比例生产函数或当成本最小化下的劳动需求量为 0 时，就会出现例外。在这些例子中，劳动需求量不因劳动价格上涨而改变。

为什么产出水平改变（保持投入价格不变）会导致劳动需求曲线移动？当劳动价格为1美元/单位、产出为100单位时，企业起初选择A组合。如果企业需要把产出水平增加到200单位，并且劳动和资本的价格保持不变，成本最小化的投入组合就发生在上图的点C。上图中的从组合A移动到组合C对应于下图中的从点A'移动到点C'。点C'位于产出水平为200单位的劳动需求曲线上。因此，产出水平变化导致劳动需求曲线从$Q=100$移动到$Q=200$。如图7－10所示，如果投入是正常投入要素，并且产出增加，投入要素的需求将向右移动。如果投入是劣质投入要素，并且产出增加，投入要素的需求将向左移动。

企业的**资本需求曲线**（capital demand curve）（成本最小化下的资本需求如何随资本价格改变）也是如此。通过边做边学习题7.4，我们来学习怎么从生产函数中获得投入需求曲线。

资本需求曲线： 描述在成本最小化下，资本需求如何随资本价格改变。

边做边学习题7.4 ☞

从生产函数中获得投入需求曲线

问题：

假设企业的生产函数为$Q=50\sqrt{LK}$。劳动和资本的需求曲线各是什么？

解：

我们从相切条件方程（7.1）（$MP_L/MP_K=w/r$）开始。同在边做边学习题7.2中的一样，$MP_L/MP_K=K/L$。因此，$K/L=w/r$，或$L=(r/w)K$。这是扩展线的方程（见图7－8）。

将$L=(r/w)K$代入生产函数并消去L，得

$$Q=50\sqrt{(rK/w)K}$$

或者

$$K=(Q/50)\sqrt{w/r}$$

这就是资本需求曲线。因为$L=(r/w)K$，$K=(w/r)L$，所以有

$$\frac{w}{r}L=\frac{Q}{50}\sqrt{r/w}$$

或者

$$L=(Q/50)\sqrt{r/w}$$

这就是劳动需求曲线。请注意，劳动需求是w的减函数，是r的增函数。这与图7－5和图7－10的分析结果一致。K和L都随Q的增加而增加。因此，资本和劳动都是正常投入要素。

相似习题： 7.13，7.23，7.24

□ 投入的需求价格弹性

在前面，我们总结了如何利用成本最小化求需求曲线。在第 2 章，我们学习了需求价格弹性是用来描述需求对产品价格的敏感程度的。现在我们把需求价格弹性运用于投入需求曲线。**劳动需求价格弹性**（price elasticity of demand for labor）$\epsilon_{L,w}$是指当劳动价格改变 1%时，成本最小化下的劳动需求数量改变的百分比。即

$$\epsilon_{L,w}=\frac{(\Delta L/L)\times 100\%}{(\Delta w/w)\times 100\%}$$

整理得

$$\epsilon_{L,w}=\frac{\Delta L}{\Delta w}\frac{w}{L}$$

类似地，**资本需求价格弹性**（price elasticity of demand for capital）$\epsilon_{K,r}$是指当资本价格改变 1%时，成本最小化下的资本需求数量改变的百分比，即

$$\epsilon_{K,r}=\frac{\Delta K}{\Delta r}\frac{r}{K}$$

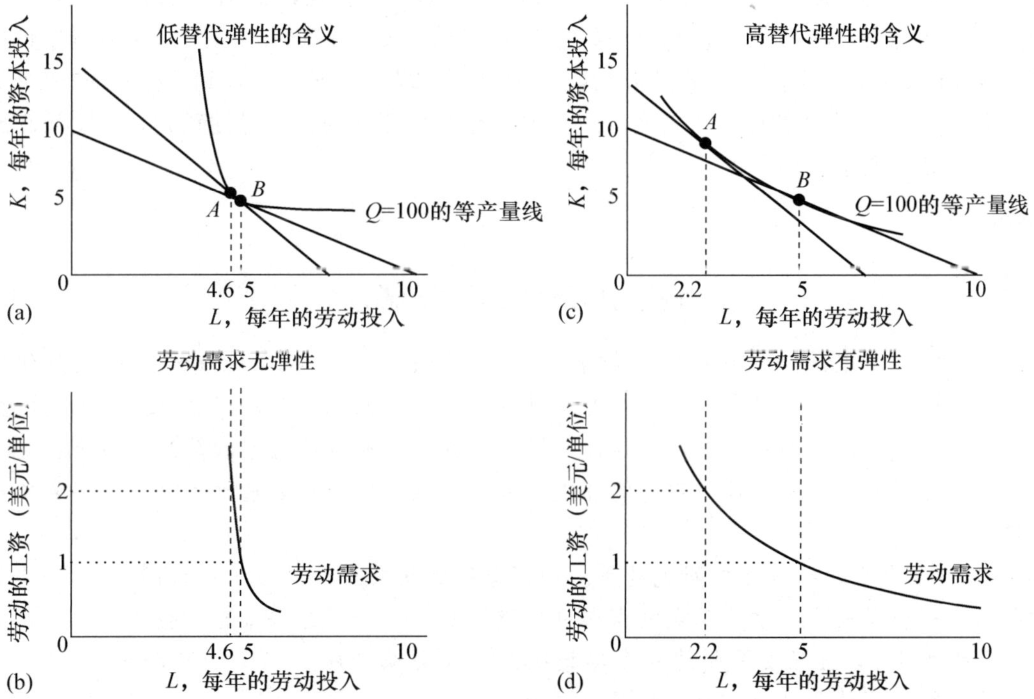

图 7-11　劳动与资本的替代弹性决定了劳动的需求价格弹性

说明：在产出和资本价格保持不变的条件下，劳动的价格从 2 美元/单位降到 1 美元/单位。在图（a）和图（b）中，因为替代弹性很低（替代弹性为 0.25），所以劳动价格降低 50%仅导致劳动需求数量上升 8%（即劳动需求对劳动价格的变化不敏感；成本最小化下的投入组合仅从点 A 移动到点 B）。在图（c）和图（d）中，因为替代弹性很大（替代弹性为 2），所以劳动价格下降 50%导致劳动需求数量上升 127%（即劳动需求对劳动价格的变化敏感；成本最小化下的投入组合移动更大，从点 A 移动到点 B）。

劳动需求价格弹性 $\epsilon_{L,w}$：当劳动价格改变1%时，成本最小化下的劳动需求数量改变的百分比。

资本需求价格弹性 $\epsilon_{K,r}$：当资本价格改变1%时，成本最小化下的资本需求数量改变的百分比。

替代弹性（见第6章）是投入要素需求价格弹性的一个重要决定因素。在图7-11（a）和（b）中，替代弹性较小，这意味着：当企业面临各种投入要素的有限相互替代时，劳动价格的较大变化只会引起成本最小化下的劳动需求数量的较小变化。在图7-11（a）中，生产函数为等替代弹性（CES）生产函数，且替代弹性等于0.25。在这个生产函数下，资本和劳动的替代程度是有限的。结果是，如图7-11（a）和（b）所示，劳动价格下降50%（即从$w=2$美元/单位降到$w=1$美元/单位）（保持资本价格不变，即$r=1$美元/单位），仅导致成本最小化下的劳动需求数量上升8%（即从4.6到5），其中成本最小化组合从点A移动到点B。在这个例子中，劳动需求价格弹性相当小，劳动需求对劳动价格相对不敏感。

相反，在图7-11（c）中，生产函数为等替代弹性（CES）生产函数，且替代弹性为2。在这个生产函数下，资本有大量机会替代劳动。结果是，如图7-11（c）和（d）所示，劳动价格下降50%（即从$w=2$美元/单位降到$w=1$美元/单位）（保持资本价格不变），导致成本最小化下的劳动需求数量上升了127%（即从2.2到5），其中成本最小化组合从点A移动到点B。在这个例子中，资本和劳动的替代弹性较大，劳动需求对劳动价格更加敏感。

案例7.7

亚拉巴马州的投入要素需求

在实际生产中，投入要素需求有弹性还是无弹性？巴尼特（Barnett）等人的研究显示，在制造业中，投入需求是相对无弹性的。[①] 利用1971—1991年的投入要素数量、投入要素价格和产出的数据，他们估计了以下情况：在亚拉巴马州的纺织、造纸、化工和冶金四大行业中，成本最小化下的资本、劳动和电力的需求数量如何随投入要素价格变化。

表7-1是巴尼特等人的研究结果。如何理解这些数据？以纺织业为例，表7-1告诉我们，在纺织业中，生产工人的需求价格弹性是−0.50。这意味着，生产工人的工资水平每增加1%，亚拉巴马州的一个典型纺织厂将会减少雇用0.5%的劳动。因此，亚拉巴马州纺织业的劳动需求对价格是无弹性的，这也说明劳动需求对劳动价格不敏感。在表7-1中，投入要素需求价格弹性为−1～0，这表明：在所研究的四大行业中，当投入要素价格改变时，企业不会积极改变投入要素的数量。也就是说，这些行业中的企业面临的情况不同于图7-11（c）和（d）所表示的那样，更类似于图7-11（a）和（b）。

---

① A. H. Barnett, K. Reutter, and H. Thompson, "Electricity Substitution: Some Local Industrial Evidence," *Energy Economics* 20 (1998): 411-419.

表 7-1　　亚拉巴马州制造业的投入需求价格弹性

投入品工业	资本	生产线工人	非生产线工人	电力
纺织业	−0.41	−0.50	−1.04	−0.11
造纸业	−0.29	−0.62	−0.97	−0.16
化工业	−0.12	−0.75	−0.69	−0.25
冶金业	−0.91	−0.41	−0.44	−0.69

资料来源：Table 1 in A. H. Barnett, K. Reutter, and H. Thompson, "Electricity Substitution: Some Local Industrial Evidence," *Energy Economics* 20 (1998): 411-419.

7.4 短期成本最小化

到现在为止，我们学习的所有例子涉及的都是长期成本最小化。在长期，企业可以改变所有的投入。本节，我们将学习短期成本最小化。在短期，至少有一种投入要素不能被改变（可能是过去的决策使改变变得不可能）。考虑前面例子中的企业。该企业仅使用资本和劳动两种投入。假设即使产出为 0，企业也无法改变它的资本数量 $\overline{K}$，但可以改变劳动数量 L（如雇用或者解雇工人）。因此，企业的总成本是 $wL+r\overline{K}$。

□ 短期视角下的成本

固定成本和可变成本；沉没成本与非沉没成本

企业总成本包括两个部分：wL 和 $r\overline{K}$。它们有很大的差异。第一，它们对产出的敏感程度不同。当生产更多或者更少时，企业在 wL 上的投入增加或者减少。劳动成本构成了企业的**总可变成本**（total variable cost），即对产出敏感的那部分成本。相比之下，企业的资本成本 $r\overline{K}$ 不会随着产出水平进行调整（企业的资本成本可能是企业从另一家企业租赁工厂的费用，或因从银行借款建厂而支付的借款费用。在这两种情况下，它们的成本都不会随企业产出水平的变化而变化）。因此，资本成本构成了企业的**总固定成本**（total fixed cost），即对产出不敏感的那部分成本。

第二，当决定生产零产出而停业时，企业的这两种成本是沉没成本还是非沉没成本，这在程度上存在差别。也可以用下面的问题来表达：企业是否应该停止生产，或者是否应该继续生产？在与停业有关的决策中，企业的劳动成本总支出 wL 是一种非沉没成本。如果企业不生产，它可以避免所有的劳动成本。因此可变成本是可以完全避免的，它们总是非沉没成本。相比之下，企业的固定资本成本 $r\overline{K}$ 可能是沉没成本，也可能是非沉没成本。如果工厂没有其他用途（即企业找不到愿意花钱使用它的其他企业），固定成本就是沉没成本。在短期，企业不能调整资本的数量，即使零产出企业也无法避免与资本有关的成本（例如，如果企业借钱建造工厂，那么，即使它不用工厂生产，也必须支付抵押贷款）。

总可变成本： 像劳动和原材料那样，在短期成本最小化下可变投入的全部支出。
总固定成本： 固定投入的成本，不随产出变化而变化。

固定成本和沉没成本是一样的吗

我们已经看到，如果企业停产，可变成本是可以完全避免的。所以，可变成本总是非沉没成本。但是，固定成本不一定是沉没成本。例如，企业的资本是固定的，并且它每月必须向银行支付 $r\bar{K}$ 的固定成本（可以想象成支付抵押贷款）。然而，企业也可能将工厂以每月 $r\bar{K}$ 的租金出租给其他企业。由此，企业可以避免所有的固定成本。在这种情况下，企业的固定成本是可以避免的（非沉没成本）。

再看另一个例子，考虑一个工厂的供暖成本。只要企业营业（不管产出是多少），供暖费就是相同的（因此，供暖成本是固定成本）。但如果企业暂时停业，生产零产出，它就可以关闭暖气，也就不存在供暖成本了。这时供暖成本是可以避免的（非沉没成本）。①

图 7－12 总结了这些结论。短期成本可能是：

● 可变成本并且是非沉没成本。（这些成本对产出非常敏感。）

● 固定成本并且是非沉没成本。（这些成本对产出不敏感，但如果企业不生产就可以避免这些成本。我们将会在第 9 章详细地讨论这种成本。在第 9 章，我们会考虑在短期中它们对企业停业决策的影响。）

● 固定成本并且是沉没成本。（这些成本对产出不敏感，即使企业生产零产出也无法避免这些成本。）

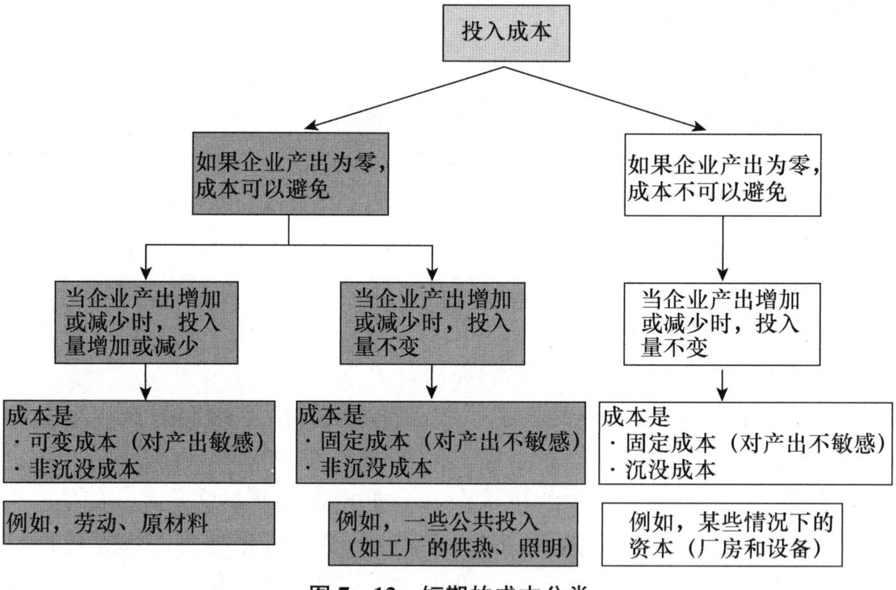

图 7－12　短期的成本分类

说明：如果企业通过零产出就能避免该成本，并且该成本随产出变化而变化，那么这种成本是可变成本（对产出敏感），并且是非沉没成本。如果企业通过零产出就能避免该成本，并且该成本不随产出变化而变化，那么这种成本是固定成本（对产出不敏感），并且是非沉没成本。如果企业通过零产出不能避免该成本，并且该成本不随产出变化而变化，那么这种成本是固定成本（对产出不敏感），并且是沉没成本。

---

① 当然，事实可能不是这样的。因为在工人不在工厂生产期间，工厂可以通过转换供暖档位改变温度，从而改变供暖成本。但在实际中，供暖成本一般不会因产量改变而出现明显的变化，这或许是因为需要保持一个恒定的温度以保持设备的最佳工作条件，或许是因为调节温度有点浪费时间。

案例 7.8

求资本投资中的沉没成本比例

在短期，一部分投资费用也会变成沉没成本，而沉没成本的比例取决于这项投资用于其他用途的可能性。

利用 1991 年之前十年的数据，阿斯普伦德（Asplund）分析了四家瑞典公司的投资状况。这四家公司都利用机床生产金属产品和非电子器械，属于资本投入型公司。通过研究这些公司的成本结构，他发现，机床的投资属于沉没成本。在处理机床时，这些公司主要通过两种途径降低沉没成本。通过改造，有些机器对其他公司有用，可以在二手市场上出售。但其他机器只适用于原公司，无法在二手市场出售。如果是这样，非沉没成本就是其再出售的残值。

阿斯普伦德发现，一旦这四家制造业公司投资安装了新的机器，就只能收回机器原始价格的 20%～50%。这意味着机器原始价格的 50%～80%为沉没成本。所以，阿斯普伦德认为："在金属加工业中，大部分资本投资（机床）都是沉没成本。"①

□ 短期中的成本最小化

下面考虑短期成本最小化问题。图 7-13 显示，公司以资本 $\bar{K}$ 试图生产 Q_0 产量。技术有效的投入组合为点 F。在点 F，公司在最小化劳动的情况下投入资本 $\bar{K}$ 可恰好生产 Q_0 产量。

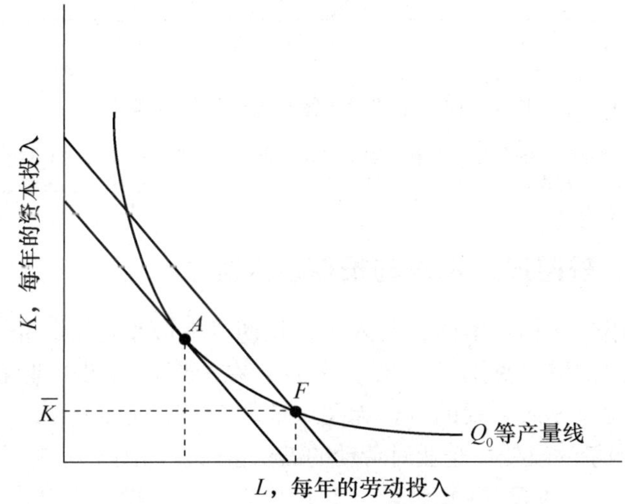

图 7-13　短期成本最小化（一种投入固定）

说明：当资本固定为 $\bar{K}$ 时，短期成本最小化投入组合为点 F。如果公司可以自由调整投入，则成本最小化下的投入组合为点 A。

这个短期成本最小化问题的唯一变量就是劳动投入量。因为企业无法使资本和劳动

① Marcus Asplund, "What Fraction of a Capital Investment Is Sunk Costs," *Journal of Industrial Economics* 47, no. 3 (September 2000): 287-304.

相互替代，所以，最优劳动量不涉及相切条件（即等成本线与等产量线 Q_0 没有相切于点 F）。相反，在长期，企业可以调整投入规模，使投入产出达到点 A，此时等成本线与等产量线相切。图 7－13 说明，短期成本最小化通常不包括长期成本最小化的投入组合；在短期，较之企业能自由调整所有投入的情况，企业的运营总成本通常较高。

图 7－14 显示了一个例外。假设企业需要生产 Q_1 产量。在长期，当企业固定资金投入为 $\overline{K}$ 时，成本最小化下的投入组合为点 B。在短期，当企业资金投入为 $\overline{K}$ 时，产量为 Q_1 的成本最小化下的投入组合仍然为点 B。在这种情况下，企业选择的资本量在长期和短期是一样的，因此，长期和短期的总成本也就一样了。

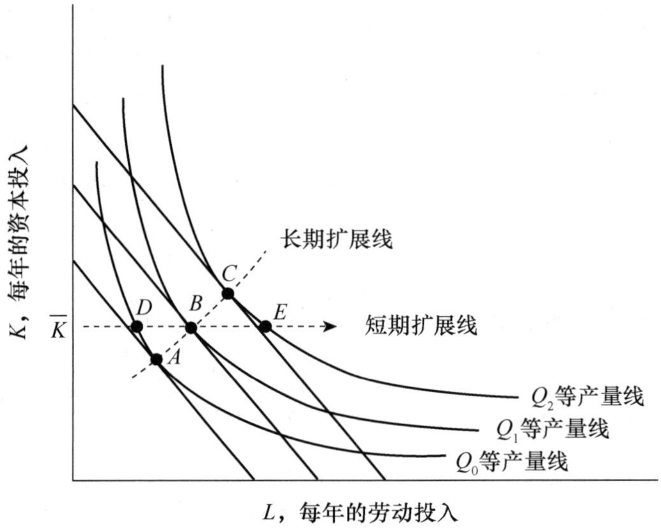

图 7－14　短期投入需求与长期投入需求

说明：在长期，随着企业产出的变化，沿着长期扩展线，企业可以改变最小成本下的劳动规模。在短期，随着企业产出的变化，沿着短期扩展线，企业可以改变最小成本下的劳动规模。这些扩展线都经过点 B。长期和短期的成本最小化投入组合都是点 B。

□ 比较静态：短期投入需求与长期投入需求

假设企业只使用劳动和资本两种投入。在长期成本最小化下，企业对劳动的需求量取决于劳动和资本的价格（见第 7.3 节）。相反，在短期，如果企业无法改变资本数量，企业所需劳动数量就与投入要素的价格无关（如图 7－13 所示）。

在短期，随着产量的改变，企业对劳动的需求会改变。图 7－14 用扩展线反映了这一关系。随着产出从 Q_0 增到 Q_1 再增到 Q_2，长期成本最小化投入组合沿着长期扩展线从点 A 到点 B 再到点 C。但在短期，资本固定为 $\overline{K}$，短期成本最小化投入组合沿着短期扩展线从点 D 到点 B 再到点 E。（如果产量为 Q_1，长期和短期的成本最小化投入组合都是点 B。）

边做边学习题 7.5 ☞

一种投入固定的短期成本最小化

问题：

假设企业的生产函数与边做边学习题 7.2 和 7.4 一样，即 $Q=50\sqrt{LK}$。企业资本

投入保持 $\overline{K}$ 不变。在短期，企业需要雇用多少劳动才能达到成本最小化?

解：

因为产量为 Q，资本固定为 $\overline{K}$，所以 $Q=50\sqrt{L\overline{K}}$。解此方程，得 $L=Q^2/(2\ 500\overline{K})$。$L$ 就是短期成本最小化下的劳动数量。

相似习题：7.27，7.28

□ 短期中的多种投入要素

当企业使用多种投入要素时，短期成本最小化问题的分析与长期成本最小化问题的分析是相似的。例如，假设企业使用三种投入要素：劳动（L）、资本（K）、原材料（M）。企业的生产函数为 f（L，K，M），相应的价格分别为 w、r、m。假设企业资本固定为 $\overline{K}$，则短期成本最小化问题转化为投入多少劳动和原材料才能使总成本（即 $wL+mM+r\overline{K}$）最小（假设企业需要的产出为 Q_0）。

图 7－15 分析了这种情况下的短期成本最小化问题（L 为横轴，M 为纵轴）。我们画了两条等成本线，一条为产量 Q_0 的等产量线。如果成本最小化问题有一个内部解，那么等成本线与等产量线的切点就是成本最小化投入组合即点 A。在这个切点上，我们有 $MRTS_{L,M}=MP_L/MP_M=w/m$，或 $MP_L/w=MP_M/m$。因此，和长期［见方程(7.2)］一样，企业总成本最小化的条件为使每美元投入的边际产量相同。边做边学习题 7.6 也是一种投入要素固定、两种投入要素可变情况下的成本最小化问题。

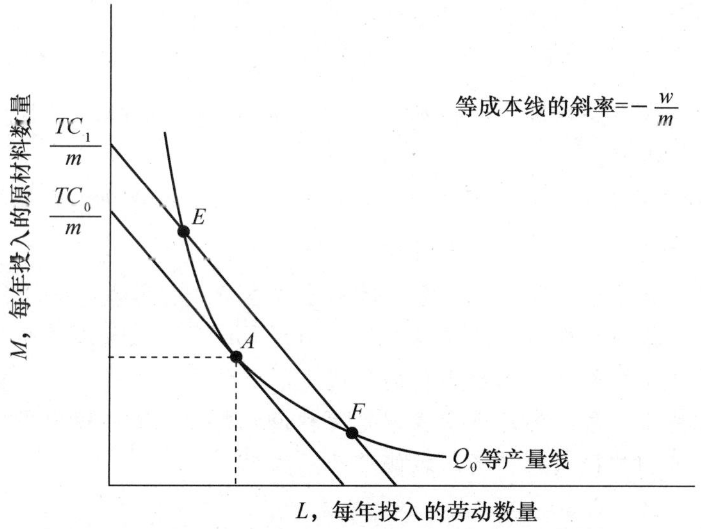

图 7－15　短期成本最小化（一种投入固定，两种投入可变）

说明：当产量为 Q_0 时，成本最小化投入组合为点 A，此时，等产量线 Q_0 与等成本线相切。点 E 和点 F 没有使成本最小化，因为企业可以将投入组合调整为点 A，使成本从 TC_1 降到 TC_0。

边做边学习题 7.6 ☞

两种投入可变的短期成本最小化

假设企业的生产函数为 $Q=\sqrt{L}+\sqrt{K}+\sqrt{M}$，其中劳动、资本、原材料的边际产量

分别为 $MP_L=1/(2\sqrt{L})$，$MP_K=1/(2\sqrt{K})$，$MP_M=1/(2\sqrt{M})$。劳动、资本和原材料的价格分别为 $w=1$ 美元/单位，$r=1$ 美元/单位，$m=1$ 美元/单位。

问题：

(a) 已知企业的产量为 12 单位，长期成本最小化的解是多少？

(b) 已知企业的产量为 12 单位，且 $K=4$ 单位，短期成本最小化的解是多少？

(c) 已知企业的产量为 12 单位，且 $K=4$ 单位、$L=9$ 单位，短期成本最小化的解是多少？

解：

(a) 这里有两个相切条件和一个必要条件：

$$\frac{MP_L}{MP_K}=\frac{1}{1}\Rightarrow K=L$$

$$\frac{MP_L}{MP_M}=\frac{1}{1}\Rightarrow M=L$$

$$12=\sqrt{L}+\sqrt{K}+\sqrt{M}$$

这三个方程式中有三个未知数。方程组的解即长期成本最小化的投入组合：$L=K=M=16$。

(b) 当 K 固定为 4 单位时，我们需要求最优投资组合中的劳动和原材料的投入量。因此，我们有一个相切条件和一个必要条件：

$$\frac{MP_L}{MP_M}=\frac{1}{1}\Rightarrow M=L$$

$$12=\sqrt{L}+\sqrt{4}+\sqrt{M}$$

这两个方程式中有两个未知数。方程组的解即在 K 固定为 4 时，短期成本最小化的投入组合：$L=25$，$M=25$。

(c) 当 K 固定为 4 单位、L 固定为 9 单位时，我们可以简单地运用生产函数去求原材料的数量：$12=\sqrt{9}+\sqrt{4}+\sqrt{M}$，得到 $M=49$。

下面的表格总结了这个习题的结果。除列出成本最小化问题的投入组合解外，该表格还列出了企业的最小总成本（总成本为 $wL+rK+mM$）。必须要注意的是，在上述总成本中，最低的成本是长期成本最小化的总成本，而稍高的总成本是一要素固定的短期成本最小化的总成本，最高的那个总成本是两种投入要素固定的短期成本最小化的总成本。这表明，企业调整投入越灵活，越能节约总成本。

相似习题：7.29，7.30

	劳动（L）（单位）	资本（K）（单位）	原材料（M）（单位）	最小化总成本（美元）
当 $Q=12$ 时，长期成本最小化	16	16	16	48
当 $Q=12$ 且 $K=4$ 时，短期成本最小化	25	4	25	54
当 $Q=12$、$K=4$ 且 $L=9$ 时，短期成本最小化	9	4	49	62

本章小结

- 机会成本是指，因做出一个选择而放弃的其他选择中的最优选择的价值。
- 机会成本是向前看的。在评估一个决策的机会成本时，需要确定被舍弃的决策在未来的价值收益。
- 从企业的角度来看，在生产服务中投入要素的机会成本就是投入要素当前的市场价格。
- 显性成本涉及直接的货币支出，而隐性成本不涉及货币支出。
- 会计成本只包含显性成本，经济成本包含显性成本和隐性成本。
- 沉没成本是指已经发生并且不能收回的成本。非沉没成本是指在做出一个特定决策后才发生的成本。
- 长期是指，只要有需要，企业就可以任意改变任何投入的数量。短期是指，至少有一种投入的数量不能被改变的时期。
- 等成本线是指，在相同总成本下，所有投入组合的集合。以劳动数量为横轴、资本数量为纵轴，等成本线的斜率为负的劳动价格和资本价格比。
- 在长期成本最小化问题的内部解处，企业可以调整各投入要素的数量，使得边际技术替代率等于投入要素价格之比。也就是说，一种投入要素的边际产量和投入要素价格的比值等于其他投入要素的相应比值。
- 在成本最小化问题的角点解处，投入要素之间边际产量与价格的比值不相等。
- 一种投入要素的价格上升，会使成本最小化下此投入要素的投入量减少或者不变。一种投入要素的价格上升不可能使成本最小化下此投入要素的投入量增加。
- 产出的增加将会导致成本最小化下正常投入要素数量增加，劣质投入要素数量减少。
- 扩展线是指，随着产出的改变，连接成本最小化下投入组合的点而形成的线。
- 投入需求曲线表示，随着投入要素价格的变化，成本最小化下投入要素数量的变化。
- 投入要素的需求价格弹性是指，在成本最小化条件下，投入要素价格变化1%所引起的投入要素数量的百分比变化。
- 投入要素之间的替代弹性小，投入要素的需求价格弹性就小。同样地，投入要素之间的替代弹性大，投入要素的需求价格弹性就大。
- 在短期，至少有一种投入要素的数量是固定不变的。可变成本对产量敏感——随产出变化而变化。固定成本对产量不敏感——不随产出变化而变化。
- 所有的可变成本都是非沉没成本。如果企业停业，固定成本可以是沉没成本（不可以避免），也可以是非沉没成本（可以避免）。
- 在短期，成本最小化问题是指，在至少有一种投入要素固定的情况下，其他投入要素数量的选择。

复习题

1. 在过去某个时刻，一家生物技术公司以0.5美元/支的价格购买了一批试管，并计划用这些试管克隆蛇细胞。请解释一下，为什么这些试管的机会成本可能和采购价格不等?

2. 你决定开展一项服务，在宿舍为学生提供电脑咨询。请举例说明在这项业务中可能发生的显性成本和隐性成本分别有哪些。

3. 为什么沉没成本和非沉没成本取决于决策本身？

4. 为什么投入要素价格的增加影响等成本线的斜率？

5. 如果不在等产量线上，在给定产量下，企业成本最小化问题有解吗？

6. 解释在成本最小化问题的内部最优解处，企业额外花在劳动上的一美元所获得的边际产量等于额外花在资本上的一美元所获得的边际产量。为什么这个条件在最优角点解处并不成立？

7. 扩展线和投入需求曲线的区别是什么？

8. 从第 5 章中我们知道，在某种条件下，随着商品价格的提高需求量也增加的商品是吉芬商品。在成本最小化理论中，一种投入要素价格的提高从来不会导致此投入要素数量的增加，为什么投入要素不是吉芬商品？

9. 给定产出水平，在什么情况下对可变投入（像劳动）的短期需求等于长期需求？

习　题

7.1 一家计算机产品零售商从制造商那里以 500 美元/台的价格购买了一批激光打印机。在这一年里，零售商将尽力以高于 500 美元/台的价格出售打印机，但仍然可能无法售完。在该年年底，制造商将以起初价格的 30%回购那些未售出的激光打印机。除了制造商外没有人愿意购买这些未售出的打印机。

(a) 在该年年初，零售商购买任何打印机之前，这些打印机的机会成本是什么？

(b) 在零售商购买激光打印机后，出售激光打印机给一个潜在顾客的机会成本是什么（假设这个顾客不买这台打印机，在该年年底它就不能被卖出）？

(c) 假设在该年年底，零售商还有大量未售出的打印机。零售商的零售价格为 1 200 美元/台。一种新的打印机即将问世，许多老打印机将不可能再以这个价格出售。零售商的市场经理认为，每台应该降低 1 000 美元，即售价为 200 美元/台。零售商的总经理强烈反对，指出如果以每台 200 美元出售，零售商将损失 300 美元/台。总经理的观点对吗？

7.2 穆尔先生的杂货店有下列收入和成本：

营业收入	250 000 美元	日常用品	25 000 美元
电费	6 000 美元	员工工资	75 000 美元
穆尔先生的工资	80 000 美元		

穆尔先生随时可以关闭杂货店，并以 100 000 美元的价格出租杂货店。同时，穆尔先生自己可以在当地一家超市工作挣 95 000 美元，或者在附近的一家餐馆工作挣 65 000 美元。但他只能选择一份工作。杂货店的会计成本是什么？穆尔先生的经济成本是什么？穆尔先生是否应该关闭他的杂货店？

7.3 去年一家小药店的店主列出了下列年收入和支出的信息。她住在一个免税国家（所以她不用担心税收）。

收入	1 000 000 美元
支付给员工的工资（不是店主自己的）	300 000 美元
公共服务支出（燃料、电话、水）	20 000 美元
为药店购买药物和其他用品的费用	500 000 美元
支付给她自己的工资	100 000 美元

她付给员工竞争性工资，并以市场价格获得公共服务、药品及其他用品。她已经拥有住房，所以使用住房没有现金支出。如果她关闭药店，就可以避免所有的费用，当然也就没有了收入。然而，她可以以 200 000 美元的价格出租她的药店。她自己还可以到其他地方工作。她的就业选择包括在另一

家药店工作，挣 100 000 美元，或作为特约顾问，挣 80 000 美元。

求：如果继续经营自己的药店，她的会计利润与经济利润是多少？如果两者的计算结果不同，请解释这两个值之间的差别。

7.4 一家咨询公司刚刚完成了对一家葡萄酒制造商的研究。它认为额外一单位劳动工时会使葡萄酒的产量每天增加 1 000 加仑。额外一单位机器工时会使葡萄酒的产量每天增加 200 加仑。劳动的价格是 10 美元/小时。机器的价格是 0.25 美元/小时。对制造商来说，在保持产出不变的情况下，是否存在降低生产总成本的方法？如果有，那是什么？

7.5 一个公司使用资本和劳动两种投入来生产。生产函数表现出边际技术替代率递减。

a）如果资本和劳动的价格都增加同一百分比（如 20%），在给定产出水平下，成本最小化的投入将发生什么变化？

b）如果资本价格上升 20%，而劳动价格上升 10%，在给定产出水平下，成本最小化的投入将发生什么变化？

7.6 一个农民采用土地、资本、劳动三种投入生产蔬菜：生产函数表现出边际技术替代率递减。

a）在短期，土地的总量是固定的。假设资本和劳动的价格都上升了 5%，在给定产出水平下，成本最小化的劳动和资本的数量将发生什么变化（记住存在三种投入，并且其中一种是固定的）？

b）假设只有劳动价格上升了 5%，短期成本最小化的劳动和资本的数量将发生什么变化？

7.7 正文讨论的扩展线是用图形表示的，即在保持投入价格不变时，成本最小化的投入如何随产出变化而变化。正文没有提到，对不同的投入价格，公司可能面临一条不同的扩展线。换句话说，随着产出的变化，投入如何取决于投入要素的价格。假设有对应于投入要素价格分别为（w_1，r_1）和（w_2，r_2）的两条扩展线，并且对每对投入要素价格，在给定任何正的产出水平下，我们都有成本最小化问题的内部解；还假定企业的等产量线光滑，并表现出边际技术替代率递减。那么，这两条扩展线会在原点（$L=0$，$K=0$）之外的点相交吗？

7.8 假设飞机生产可以表示为 CES 生产函数：$Q=(L^{\frac{1}{2}}+K^{\frac{1}{2}})^2$。该生产函数的边际产量是 $MP_L=(L^{\frac{1}{2}}+K^{\frac{1}{2}})L^{-\frac{1}{2}}$ 和 $MP_K=(L^{\frac{1}{2}}+K^{\frac{1}{2}})K^{-\frac{1}{2}}$。假设劳动的价格是 10 美元/单位，资本的价格是 1 美元/单位。一家飞机制造商想要生产 121 000 架飞机，请帮忙找出成本最小化的劳动和资本组合。

7.9 假设飞机生产可以表示为柯布-道格拉斯生产函数：$Q=LK$。该生产函数的边际产量是 $MP_L=K$ 和 $MP_K=L$。假设劳动的价格是 10 美元/单位，资本的价格是 1 美元/单位。一家飞机制造商想要生产 121 000 架飞机，请帮忙找出成本最小化的劳动和资本组合。

7.10 在一家大型公司中，处理 10 000 名工人的工资单可以使用电脑［耗时 1 小时（记为 K）］而不用职员或使用职员［耗时 10 小时（记为 L）］而不用电脑。电脑和职员是完全替代品；也就是说，该公司还可以通过使用 1/2 小时电脑和 5 小时职员来处理工资单。

a）描绘出让公司成功处理 10 000 名工人工资单的职员时间和电脑时间组合的等产量线。

b）假设电脑时间的成本为每小时 5 美元，职员时间的成本为每小时 7.5 美元。成本最小化下的 L 和 K 分别是多少？最小总成本是多少？

c）假设职员时间的成本仍然是每小时 7.5 美元。为了使企业用职员更加合算，电脑时间的最小成本是多少？

7.11 一家企业的生产函数为 $Q=KL$，其中 Q 是企业利用机器 K 和劳动 L 的产出。该生产函数的边际产量是 $MP_L=K$ 和 $MP_K=L$。投入 K 的价格是 4 美元/单位，投入 L 的价格是 2 美元/单位。现阶段，企业使用 $K=16$ 和足够多的 L 生产 $Q=32$ 的产出。如果企业可以通过调整 K 和 L 的量使生产这 32 单位产出的成本最小，那么企业可以节约多少成本？

7.12 一家企业的生产函数为 $Q=K^2L$。Q 是企业每天租用 K 单位资本、雇用 L 单位劳动的产出。资本的边际产量是 $2KL$，劳动的边际产量是 K^2。经理有一个生产目标：每天生产 8 000 单位。她知道每天的资本价格是 400 美元/单位。工资是每人 200 美元/天。

a）现在，企业每天雇用 80 人。如果企业拥有足够的资本来达到这个生产目标，它每天的总成本是多少？

b）当企业在 a）的投入组合下运营时，比较花费在 K 和 L 上的每美元的边际产量。如果想要达到产量且降低总成本，你建议怎么改变 K 和 L？

c）在长期，如果想以最小的成本每天生产 8 000 单位产出，企业应该怎样选择 K 和 L？每天生产的总成本是多少？

7.13 生产函数为 $Q=KL$，其边际产量是 $MP_L=K$ 和 $MP_K=L$。假设劳动的价格等于 w，资本的价格等于 r。推导投入需求曲线的表达式。

7.14 成本最小化企业的生产函数为 $Q=KL$，其边际产量是 $MP_L=K$ 和 $MP_K=L$。假设劳动的价格是 w 和资本的价格为 r。假设当 $w=4$ 美元/单位和 $r=2$ 美元/单位时，企业的总成本是 160 美元。当劳动价格 8 倍于资本价格时，在产出不变时企业可以调整投入组合。在价格变化后，成本最小化的投入组合又是什么？

7.15 埃贾克斯股份有限公司组装零件。它可以使用手工或使用一台特殊的零件组装机来完成组装。每个零件的组装可以由一个工人在 15 分钟内完成，也可以由机器在 5 分钟内完成。该组装也可以同时使用手工和机器。这两种类型是完全替代品，它们也是企业生产零件的唯一必要投入。

a）假设使用机器每小时 30 美元，雇用工人每小时 10 美元。如果企业想生产 120 个零件，那么成本最小化的投入组合是什么？用图示法说明你的答案。

b）如果企业使用机器的成本是每小时 20 美元，并且聘请工人的成本是每小时 10 美元，那么成本最小化的投入组合又是什么？用图示法说明你的答案。

c）写出企业的生产函数方程。设 G 是组装零件的数量，M 是使用的机器小时数，L 是使用的手工小时数。

7.16 一家建筑公司有两种类型的员工：熟练工人和非熟练工人。一个熟练工人可以在一小时内建造 1 码砖墙。一个非熟练工人需要两倍多的时间来完成相同的工作。一个熟练工人的工资是每小时 15 美元。一个非熟练工人的工资是每小时 8 美元。

a）写出劳动的生产函数。设熟练工人工作的小时数为 L_S，非熟练工人工作的小时数为 L_U，而砖墙的建造长度就是产出 Q。

b）该公司需要建造 100 码砖墙。画出在这种产出下，表示所有熟练工人和非熟练工人组合的等产量线。

c）建造这 100 码砖墙的成本最小化方式是什么？使用 b）中的图形说明你的答案。

7.17 一家涂料制造公司的生产函数为 $Q=K+\sqrt{L}$。针对这个生产函数，$MP_K=1$，$MP_L=1/(2\sqrt{L})$。该公司面临的劳动价格 w 等于 1 美元/单位，而资本价格 r 等于 50 美元/单位。

a）证明：在产出 $Q=10$ 时，公司成本最小化投入组合中不包含资本的使用。

b）保持 $Q=10$ 和 $w=1$ 不变，为了使公司的资本使用为正值，资本的价格必须降到多少？

c）保持 $r=50$ 和 $w=1$ 不变，为了使公司的资本使用为正值，Q 必须增到多少？

7.18 一位研究人员声称，他已经估计了一个行业（投入为资本和劳动）的投入需求曲线。他估计的投入需求曲线为 $L=wr^2Q$ 和 $K=w^2rQ$。这是有效的投入需求曲线吗？换句话说，它们来自一个成本最小化企业吗？

7.19 一家制造公司的生产函数是 $Q=KL+K+L$。针对这个生产函数，$MP_K=L+1$，$MP_L=K+1$。假设资本的价格 r 等于 1，w 代表劳动的价格。如果企业需要生产 5 单位产出，对成本最小化公司而言，在 w 的值是多少时会出现下列情况：

a）只使用劳动？

b）只使用资本？

c）使用劳动和资本？

7.20 假设生产函数为 $Q=\min(L, K)$，即投入是完全互补品。画出产出 $Q=10$ 时的劳动需求曲线。

7.21 一家企业的生产函数为 $Q=\min(K, 2L)$，这里 Q 是使用 K 单位资本和 L 单位劳动的产出。要素价格为 $r=1$（对应于资本）和 $w=4$（对应于劳动）。在横轴为 L、纵轴为 K 的坐标系里画出 $Q=12$ 的等产量线，指出对应于该产量的 K 和 L 的最优选择，并计算总成本。

7.22 假设生产函数为 $Q=K+L$，即投入是完全替代品。针对这个生产函数，$MP_K=1$ 和 $MP_L=1$。在企业生产 10 单位产出、资本的价格等于 1 美元/单位（$Q=10$ 和 $r=1$）时，画出劳动需求曲线。

7.23 假设生产函数为 $Q=10K+2L$。劳动的价格等于 1 美元/单位。画出企业生产 80 单位产出时的资本需求曲线。

7.24 假设生产函数为 $Q=K+\sqrt{L}$。针对这个生产函数，$MP_K=1$ 并且 $MP_L=1/(2\sqrt{L})$。推导（劳动的价格为 w 和资本的价格为 r 时）劳动和资本的需求曲线。证明：在内部最优解（$K>0$，$L>0$）处，L 的需求数量与 Q 无关。这对扩展线来说意味着什么？

7.25 一家公司的生产函数为 $Q=KL$，其边际产量是 $MP_L=K$ 和 $MP_K=L$。公司开始时面临的投入价格为 $w=1$ 美元/单位和 $r=1$ 美元/单位，并且需要达到 $Q=100$ 单位产出。之后劳动的价格 w 升到 4 美元/单位。找到每种价格下的最优投入组合，并用它们计算这个价格范围内的劳动需求价格弹性。

7.26 一辆自行车由一个车架和两个车轮组装而成。

a）写出自行车生产公司的生产函数。该公司不需要组装，所以不需要劳动投入。画出表示生产 100 辆自行车时的车架和车轮组合的等产量线。

b）假设起初一个车架的价格为 100 美元，一个车轮的价格是 50 美元。在 a）部分你画的图中，画出在成本最小化下生产 100 辆自行车的车架和车轮组合，画出穿过最优组合的等成本线。假设车架的价格涨到 200 美元/个而车轮的价格不变，重复上面的练习。

7.27 假设生产函数为 $Q=10KL^{1/3}$，公司资本固定为 $\overline{K}$。在短期，成本最小化下的劳动需求是多少？

7.28 一家工厂的生产函数是 $Q=2KL+K$。针对这个生产函数，$MP_K=2L+1$ 和 $MP_L=2K$。假设资本的价格 r 等于 5 美元/单位，劳动的价格 w 等于 4 美元/单位。

a）在短期，工厂的资本固定为 $\overline{K}=9$ 美元。找到产出 $Q=45$ 单位时的劳动需求。

b）与可以自由选择资本的情况相比，工厂损失了多少？

7.29 假设企业使用资本 K、劳动 L 和原材料 M 三种投入生产。其生产函数为 $Q=K^{\frac{1}{3}}L^{\frac{1}{3}}M^{\frac{1}{3}}$。针对这个生产函数，资本 K、劳动 L 和原材料 M 的边际产量分别为 $MP_K=\frac{1}{3}K^{-\frac{2}{3}}L^{\frac{1}{3}}M^{\frac{1}{3}}$、$MP_L=\frac{1}{3}K^{\frac{1}{3}}L^{-\frac{2}{3}}M^{\frac{1}{3}}$ 和 $MP_M=\frac{1}{3}K^{\frac{1}{3}}L^{\frac{1}{3}}M^{-\frac{2}{3}}$。资本 K、劳动 L 和原材料 M 的价格分别为 $r=1$、$w=1$ 和 $m=1$。

a）给定产出 Q，企业长期成本最小化的解是什么？

b）当资本固定为 $\overline{K}$ 时，给定产出 Q，企业短期成本最小化的解又是什么？

c）当 $Q=4$ 时，长期成本最小化下的资本数量是 4。如果在短期 $\overline{K}=4$，证明短期与长期成本最小化的劳动和原材料需求相同。

7.30 考虑边做边学习题 7.6 中的生产函数：$Q=\sqrt{L}+\sqrt{K}+\sqrt{M}$。针对这个生产函数，资本 K、劳动 L 和原材料 M 三种投入的边际产量分别为 $MP_K=1(2\sqrt{K})$，$MP_L=1/(2\sqrt{L})$，$MP_M=1/(2\sqrt{M})$。假设资本 K、劳动 L 和原材料 M 三种投入的价格分别为 $r=1$、$w=1$ 和 $m=1$。

a）给定企业产出 Q，企业长期成本最小化的解是什么？

b）给定企业产出 Q，当资本 $K=4$ 时，企业短期成本最小化的解是什么？在任何产出水平下，企业是否都愿意投入正的劳动和原材料数量？

c）给定企业产出 $Q=12$，当 $K=4$ 和 $L=9$ 时，短期成本最小化的解又是什么？在任何产出水平下，企业是否都愿意投入正的原材料数量？

7.31 艾克米公司刚刚完成了一项有关零件生产的研究。公司使用劳动和资本两种投入。研究表明，额外投入一单位劳动产出能增加 200 个零件。然而，额外投入一单位资本产出将增加 150 个零件。如果当前资本的价格是 10 美元/单位，劳动的价格是 25 美元/单位，在现有的产出下，企业是否使用了最优化的劳动和资本组合？如果不是，应该提高哪种投入？

7.32 一家企业利用边际技术替代率递减的技术生产。现在，它用 4 单位资本和 5 单位劳动来生产 32 单位产出。在这个经营点上，劳动的边际产量是 4，而资本的边际产量是 2。资本的租用价格是 2 美元/单位，工资是 1 美元/单位。32 单位产出是否属于长期成本最小化下的产出？如果是，你是怎么知道的？如果不是，说明为什么，并指出为了生产 32 单位，企业应该选择（i）更多劳动和更少资本还是（ii）更多资本和更少劳动？

7.33 完成给定生产流程的设计图（B），可以使用 1 小时电脑时间（C），也可以使用 4 小时绘图员时间（D）。（可以认为 C 和 D 是完全替代品。例如，企业也可以使用 0.5 小时电脑时间和 2 小时绘图员时间完成一份设计图。）

a）写出这个流程设计图制作的生产函数（即用 C 和 D 来表示 B）。

b）假设电脑时间的价格（P_C）等于 10 美元/单位，而绘图员的工资率（P_D）是 5 美元/单位。企业需要完成 15 份设计图。成本最小化的 C 和 D 选择是什么？在横轴为 C、纵轴为 D 的坐标系中，画出表示 15 单位产出的等产量线和等成本线说明你的答案。

7.34 在本题中，你可以运用显示偏好来观察一个企业是否属于最小化总生产成本。企业利用边际技术替代率递减的技术生产。它的产出数量在这个问题中保持不变。当投入价格分别为 w_1 和 r_1 时，企业采用下图中点 A 对应的劳动和资本组合，对应的等成本线是 IC_1。当投入价格变为 w_2 和 r_2 时，企业选择点 B，该点位于等成本线 IC_2 上。点 A 是两条等成本线的交点。这些选择和成本最小化行为一致吗？

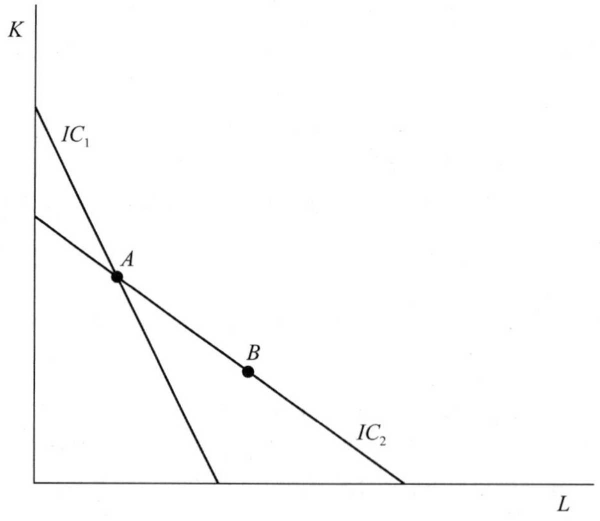

附录：成本最小化的高级议题

□ 什么决定了资本服务的价格

在第 4 章的附录中，我们介绍了有关资金时间价值的基本概念，尤其是现值的概念。我们可以使用现值的概念解释每单位资本价格 r 的决定因素。由于提供资本服务的机器通常可以工作很多年，所以在很长时间里资金的时间价值和资本服务的价格是相关的。

假设企业从另一家企业中通过租赁机器来获得资本服务，是最清晰的解释资本服务价格 r 决定因素的方式。在现实中，这种处理方式是存在的。例如，航空公司经常从专门的租赁公司租赁飞机，银行从专门的数据存储公司租用计算机。我们假设机器租赁市场是完全竞争的。因此，在面对寻找机器租赁服务的客户时，租出机器的企业必须和其他类似企业竞争。

假设租出的机器每年提供 K 小时资本服务。获得这台机器需要花费 A 美元。因此，每小时使用机器的成本就是 A/K，用 a 表示。

我们进一步假设，机器的折旧率为每年 $d\times100\%$。因此，如果 $d=0.05$，那么机器提供的工作时间每年递减 5%。如果第一年机器可以提供 100 小时工作时间，那么

- 第二年提供的工作小时数为 $(1-0.05)\times100=95$。
- 第三年提供的工作小时数为 $(1-0.05)\times100-0.05\times(1-0.05)\times100=(1-0.05)^2\times100=90.25$。
- 第四年提供的工作小时数为 $(1-0.05)^2\times100-0.05\times(1-0.05)^2\times100=(1-0.05)^3\times100=87.74$。

依此类推。

现在，设 r 为机器拥有者收取的每小时资本服务的租赁价格。如果机器拥有者面临的贴现率为 i，对他来说，租赁机器收入的净现值将是

$$\frac{rK}{(1+i)}+\frac{r(1-d)K}{(1+i)^2}+\frac{r(1-d)^2K}{(1+i)^3}+\cdots$$

虽然这并不明显，但是我们可以通过数学运算，将上式写成：

$$\frac{rK}{i+d}$$

如果出售机器服务的市场是完全竞争的，机器拥有者通过出租获得的收入现值将正好等于获得机器的花费，即

$$\frac{rK}{i+d}=A$$

或者等价于

$$\frac{rK}{i+d}=aK$$

重新整理这个表达式，我们可以得到机器服务的租赁价格 r：

$$r=a(i+d)$$

有时，r 被称为资本服务的隐性租金率。

这种分析告诉我们，资本服务的价格反映三种因素：提供服务的设备的购置成本 a；机器拥有者的贴现率 i；资本设备的折旧率 d。

上面的分析适用于企业不拥有自己的设备，只能购买资本服务的情况。如果企业实际拥有自己的设备，那会怎样？分析的方法不变。在这种情况下，资本服务的价格 r 将是企业使用机器提供生产服务的机会成本，也就是企业放弃的转售资本服务的机会成本。因此，资本服务的机会成本将是 $r=a(i+d)$。

□ 用约束最优化来解成本最小化问题

在本章中，我们把长期成本最小化问题作为一种约束最优化问题，并用拉格朗日乘子来解决它。

在劳动和资本两种投入下，成本最小化问题可以被描述为

$$\min_{(L,K)} wL+rK \quad (A7.1)$$

$$\text{s. t. : } f(L,K)=Q \quad (A7.2)$$

我们通过定义拉格朗日方程继续求解：

$$\Lambda(L,K,\lambda)=wL+rK-\lambda[f(L,K)-Q]$$

这里 λ 被称为拉格朗日乘子。这个问题有内部最优解（$L>0$，$K>0$）的条件是

$$\frac{\partial\Lambda}{\partial L}=0\Rightarrow w=\lambda\frac{\partial f(L,K)}{\partial L} \quad (A7.3)$$

$$\frac{\partial\Lambda}{\partial K}=0\Rightarrow r=\lambda\frac{\partial f(L,K)}{\partial K} \quad (A7.4)$$

$$\frac{\partial\Lambda}{\partial\lambda}=0\Rightarrow f(L,K)=Q \quad (A7.5)$$

从第 6 章中，我们知道

$$MP_L=\frac{\partial f(L,K)}{\partial L}$$

$$MP_K=\frac{\partial f(L,K)}{\partial K}$$

我们可以通过联立公式（A7.3）和公式（A7.4）消去拉格朗日乘子，所以一阶条件简化为：

$$\frac{MP_L}{MP_K}=\frac{w}{r} \quad (A7.6)$$

$$f(L,K)=Q \quad (A7.7)$$

公式（A7.6）和公式（A7.7）含有两个未知数：L 和 K。关于成本最小化问题的内部解问题，这和我们通过图像法推导出的是相同的。这些条件的解可以在长期投入需求方程中找到，$L^*(Q, w, r)$ 和 $K^*(Q, w, r)$。

更多用拉格朗日乘子解约束最优化问题的应用，参见本书的数学附录。

□ 对偶性：由投入需求函数“倒推”生产函数

本章已描述了如何从生产函数推导投入需求函数。但是，我们还可以倒转方向：如果已知投入需求函数，就可以得出生产函数的特征，甚至可以直接推出生产函数的表达式。这是因为对偶性。**对偶性**（duality）是指从生产函数到投入需求函数的对应关系。

> **对偶性：**指的是从生产函数到投入需求函数的对应关系。

我们通过边做边学习题 7.4 中的从投入需求曲线倒推生产函数来解释对偶性。我们使用这个例子是因为我们已经知道那个生产函数是什么。这样，我们就可以验证一下，我们推导出的生产函数是否正确。我们将通过三个步骤来解题。

- 第一步，从劳动需求方程开始并用 Q、r 和 L 表示 w：

$$L=\frac{Q}{50}\sqrt{\frac{r}{w}}$$

$$w=\left(\frac{Q}{50L}\right)^2 r$$

- 第二步，将 w 的表达式代入资本需求函数 $K=(Q/50)\sqrt{(w/r)}$：

$$K=\frac{Q}{50}\left[\frac{\left(\frac{Q}{50L}\right)^{2}r}{r}\right]^{\frac{1}{2}}$$

可以简化为 $K=\frac{Q^2}{2\,500L}$。

- 第三步，用 L 和 K 表示 Q 得：$Q=50K^{\frac{1}{2}}L^{\frac{1}{2}}$。

如果回到边做边学习题 7.4，你将看到，这和我们推导投入需求曲线的生产函数相同。

你可能想知道，为什么对偶性如此重要？为什么我们要从投入需求函数推导生产函数？在第 8 章介绍完长期总成本函数后，我们将讨论对偶性的意义。

第8章

成本曲线

海信是如何驾驭成本问题的

自20世纪90年代伊始，中国经济经历了史无前例的蓬勃发展。作为这一繁荣景象的一部分，许多企业（如海信公司）也在飞速成长。在20世纪90年代中期，中国最大的平板电视生产商——海信，每年的销售量以50%的速度急剧上升。它的目标是，将自身从一个碌碌无为的国内电视生产商转变为一个世界知名品牌的消费类电子产品和家电巨头。直到2010年，海信的这条圆梦之路似乎一直走得都很顺利。除了在电视销售方面外，海信也是中国个人电脑、手机、冰箱和空调方面的生产领导者之一。它拥有的销售、制造和研究等业务遍及全世界，例如，南非和匈牙利的电视制造厂以及美国（芝加哥）和比利时的研发中心。2008年，海信在建立全球品牌知名度方面迈出了重要的一步：通过签署一份赞助合同来命名墨尔本公园的一个体育馆——这里是一年一度的澳大利亚网球公开赛场地。

对海信和那些计划于21世纪头十年中期采取相似增长策略的成千上万的中国企业来说，最主要的问题是，随着产量的增加生产成本将如何变化。随着海信生产更多的电视机，毫无疑问的是其总生产成本将会上涨。但是它们将会以多快的速度增加呢？海信的高管希望随着生产的电视机数量的增多，每台电视机的成本能下降。也就是说，随着年产量的增加，它的单位成本会下降。

海信的高管也需要知道，投入要素的价格将如何影响它的生产成本。例如，中国对平板电视的需求量一直在快速增加。像海信这样的电视生产商希望在组装平板电视的过程中，其主要投入品的价格——比如液晶显示器，可以保持在较低水平，以致在需求增加时依然是有利可图的。再如，在20世纪90年代中期，海信与其他中国大型电视制造商竞争以获取制造小型电视的生产设施。这次竞争哄抬了资本的价格。海信由此不得不采取措施应对这一价格增加对总生产成本的影响。

本章就从第7章的遗留问题（成本最小化问题的比较静态分析）出发。成本最小化问题——包括长期和短期——产生了总成本曲线、平均成本曲线和边际成本曲线。在本章我们就来研究这些曲线。

本章概要 在阅读和学习本章之后，你将会解决以下问题：

- 描述并绘制一条长期总成本曲线。
- 从生产函数中推出长期总成本曲线。
- 说明长期总成本曲线如何随投入要素价格的变化而变化。
- 从长期总成本曲线中推出长期平均成本曲线和长期边际成本曲线。
- 说明平均成本和边际成本的区别。
- 辨别规模经济和规模不经济。
- 描述并绘制一条短期总成本曲线。
- 从生产函数中推出短期总成本曲线。
- 用图表阐释短期总成本曲线和长期总成本曲线之间的关系。
- 从短期总成本曲线中推出短期平均成本曲线和短期边际成本曲线。
- 解释并辨别短期平均成本、短期边际成本、平均可变成本和平均固定成本等概念。
- 说明范围经济的含义。
- 探讨学习曲线如何阐释经验经济。
- 熟悉一些常见的用于评估总成本函数的函数形式。

8.1 长期成本曲线

□ 长期总成本曲线

在第 7 章，我们研究了企业的长期成本最小化问题，并且了解了成本最小化的劳动和资本组合是如何取决于产量 Q 与劳动及资本的价格（w 与 r）的。图 8－1（a）展示了，在投入要素价格保持不变的情况下，电视机制造商的最优投入要素组合如何随产量的变化而变化。例如，当企业每年生产 100 万台电视机时，成本最小化的投入组合就出现在拥有 L_1 单位劳动和 K_1 单位资本的点 A。在这一投入组合下，该企业位于一条总成本为 TC_1 美元的等成本线上，此时 $TC_1=wL_1+rK_1$。因此，当该企业生产 100 万单位产品时，其最小总成本为 TC_1。当该企业的电视机年产量从 100 万台升至 200 万台时，它的等成本线就向东北方移动。成本最小化的投入组合也移至拥有 L_2 单位劳动和 K_2 单位资本的点 B。因此，它的最小总成本增加（也就是说，$TC_2>TC_1$）。因为如果企业可以通过生产更多产品降低总成本，就不可能将使用成本最小化的投入组合放在第一位，所以只能是上面的情况。

图 8－1（b）用 $TC(Q)$ 展示了**长期总成本曲线**（long-run total cost curve）。长期总成本曲线表明，在保持投入要素价格不变且选择使成本最小化的投入量时，最小总成本如何随产量的变化而变化。由于成本最小化投入组合将移至更高的等成本线，所以当产量 Q 增加时，长期总成本也一定会增加。同时，我们知道当 $Q=0$ 时，长期总成本为 0。这是由于在长期，企业可以随意改变它的全部投入。当它的产量为 0 时，成本最小化的投入组合就是 0 劳动与 0 资本。因此，成本最小化的比较静态分析表明，长期总成

本曲线一定是 Q 的增函数，且当 $Q=0$ 时，其值也一定为 0。

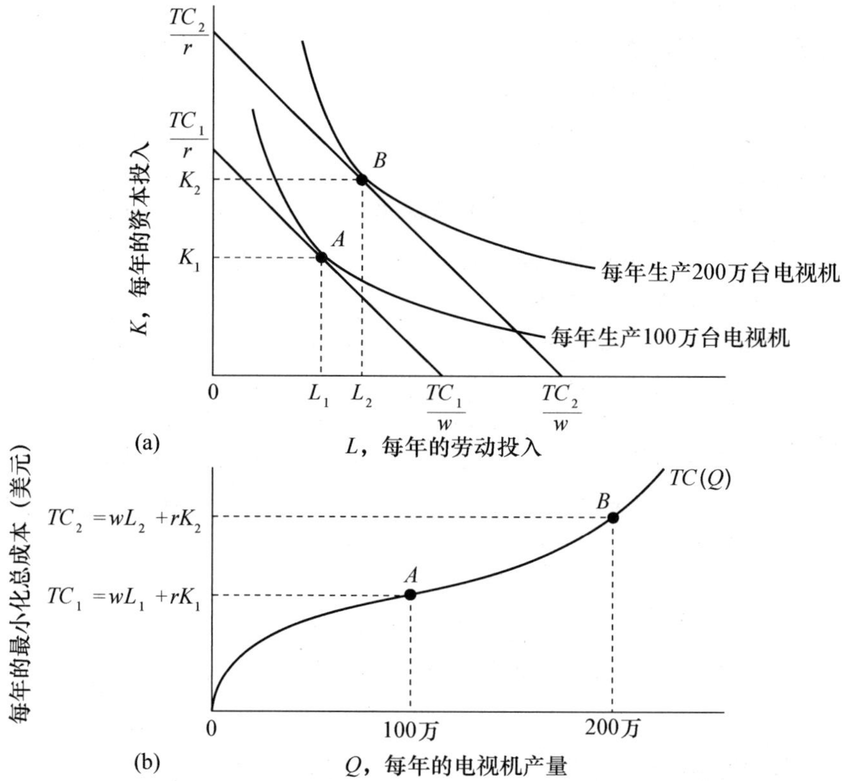

图 8-1　某电视机生产商的成本最小化和长期总成本曲线图

说明：在劳动的价格 w 和资本的价格 r 保持不变的情况下，电视机产量从每年 100 万台增至每年 200 万台。图（a）中的比较静态分析展示了在最小总成本从 TC_1 增至 TC_2 时，成本最小化的投入组合如何从点 A 移至点 B。图（b）中的长期总成本曲线 $TC(Q)$ 代表着产量和最小总成本之间的关系。

长期总成本曲线：在保持投入要素价格不变且选择使成本最小化的投入量时，说明最小总成本如何随产量的变化而变化的曲线。

边做边学习题 8.1 ☞

从生产函数推出长期总成本曲线

让我们再次回到边做边学习题 7.2 所介绍的生产函数 $Q=50\sqrt{LK}$ 中。

问题：

(a) 对于该生产函数，最小总成本是如何取决于产量 Q 及投入价格 w 与 r 的？

(b) 当 $w=25$ 美元/单位、$r=100$ 美元/单位时，长期总成本曲线的形状如何？

解：

在边做边学习题 7.4 中，我们知道以下两个方程分别描述了劳动和资本的最小量：$L=(Q/50)\sqrt{r/w}$，$K=(Q/50)\sqrt{w/r}$。为了找出最小总成本，我们可以计算：当该厂商使用成本最小化的投入组合时，其所需的总成本为

$$TC(Q)=wL+rK=w\frac{Q}{50}\sqrt{\frac{r}{w}}+r\frac{Q}{50}\sqrt{\frac{w}{r}}$$

$$=\frac{Q}{50}\sqrt{wr}+\frac{Q}{50}\sqrt{wr}=\frac{\sqrt{wr}}{25}Q$$

(b) 如果把 $w=25$、$r=100$ 代入这个总成本曲线方程，就可以得到 $TC(Q)=2Q$。图 8-2 显示长期总成本曲线是一条直线。

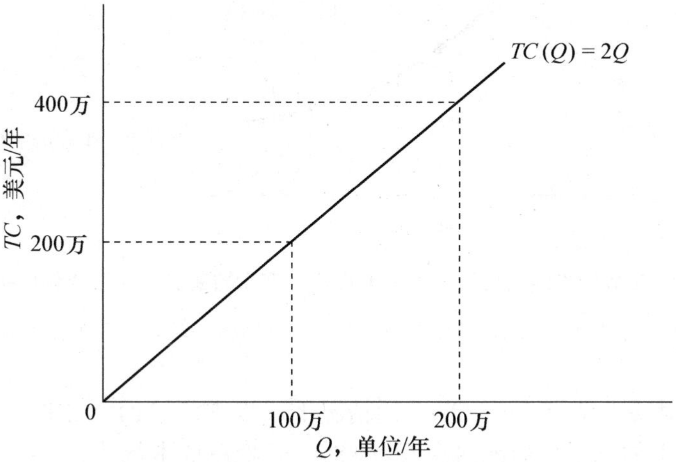

图 8-2　长期总成本曲线

说明：长期总成本曲线 $TC(Q)=2Q$ 为一条直线。

相似习题： 8.5，8.11，8.12，8.13，8.14，8.17

□ 当投入要素价格改变时，长期总成本曲线如何移动

当仅有一种投入要素价格发生改变时，长期总成本曲线将如何变化

在本章开篇，我们讨论了诸如资本的特定投入，当其未来价格更高时，海信是如何应对的。为了阐释一种投入要素价格的增加如何影响企业的总成本曲线，现在我们回到假想的电视机生产商成本最小化问题上来。图 8-3 向我们展示了，在产量和劳动的价格保持不变、资本的价格上升时发生了什么。假设最初，在电视机年产量为 100 万台时最优投入组合出现在等成本线 C_1 上的点 A，且每年最小总成本为 5 000 万美元。在资本的价格提高后，最优投入组合则位于等成本线 C_3 上的点 B，其对应的总成本也远高于 5 000 万美元。为什么呢？这是由于，新投入价格下的 5 000 万美元等成本线（C_2）和旧投入价格下的 5 000 万美元等成本线与横轴相交于同一点。然而，由于资本的价格已经上升，所以，等成本线 C_2 要比等成本线 C_1 更平坦些。该企业不会选择等成本线 C_2，产量也达不到 100 万台电视机。相反，该企业必须选择位于更东北方的等成本线（C_3），同时要达到更高的成本水平（或许是 6 000 万美元）。因此，当产量保持不变时，一种投入要素价格的上升带来了最小总成本的上升。①

① 利用类似的逻辑不难证明：当资本的价格下降时，最小总成本也下降。

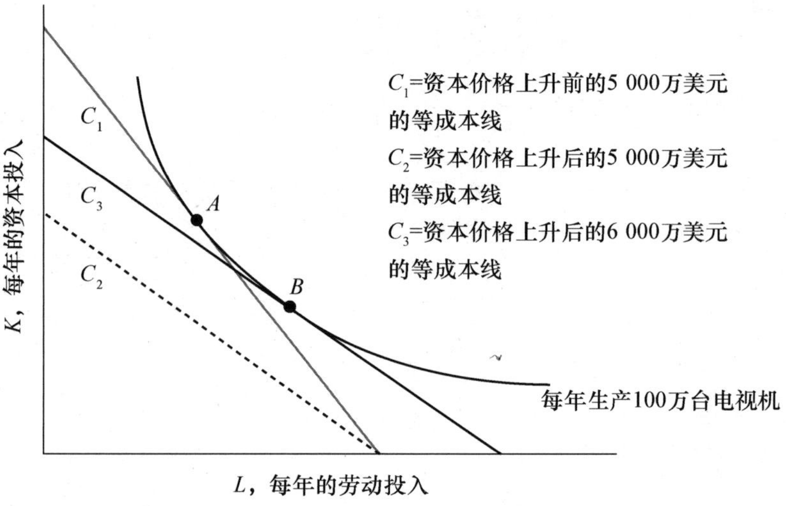

图 8－3　资本价格的变化如何影响电视机生产商的最优投入组合与长期总成本

说明：在资本的价格上升之后，该企业的长期总成本增加。等成本线从 C_1 移至 C_3'，且成本最小化投入组合从点 A 移至点 B。

上面的分析表明，在每一个 $Q>0$ 的情况下，资本价格的增加将形成一条新的位于原总成本曲线之上的总成本曲线（在 $Q=0$ 时，长期总成本依然为 0）。因此，如图 8－4 所示，一种投入要素价格的提高会使长期总成本曲线向上旋转。①

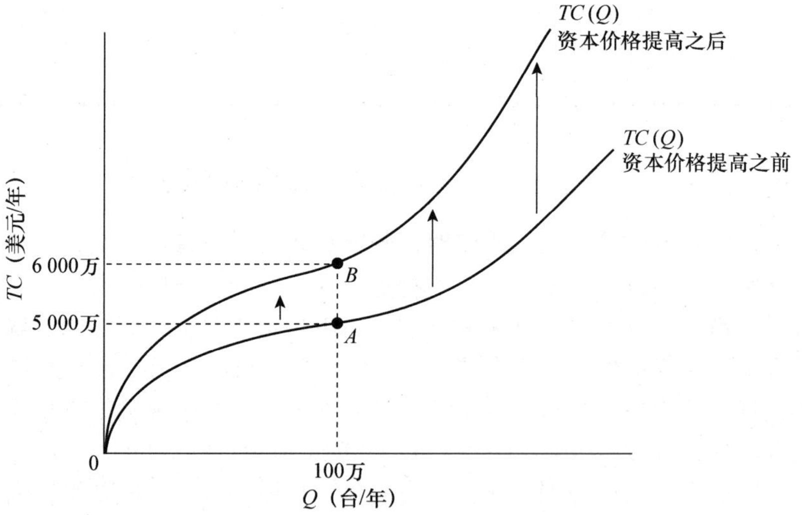

图 8－4　资本价格的变化如何影响电视机生产商的长期总成本曲线

说明：资本价格的提高引起长期总成本曲线 $TC(Q)$ 向上旋转。点 A、点 B 对应图 8－3 中的成本最小化投入组合。

当所有投入价格都成比例改变时，会发生什么

如果资本的价格与劳动的价格以同等比例（比如 10%）提高，会发生什么？答案

① 有下面的特殊情况：一种投入要素价格的提高不影响长期总成本曲线。如果企业最初位于一个该种投入要素为 0 的拐角点，那么该种投入要素价格的上升将使企业的成本最小化投入组合——以及最小总成本——保持不变。在这种情况下，投入价格的上升也不会改变长期总成本曲线。

是，当两种投入要素价格以既定的比例增加时，成本最小化投入组合不变，而总成本曲线以相同的比例向上移动。

如图 8-5（a）所示，在最初的劳动价格 w 和资本价格 r 下，成本最小化投入组合位于点 A。在两种投入的价格同时上升 10%，达到 $1.10w$ 和 $1.10r$ 时，理想的组合依然位于点 A。因为随着价格的提高，等成本线的斜率不变［$-w/r=-1.10w/(1.10r)$］，所以，等成本线和等产量线的切点也不变。

图 8-5（b）表明，当投入价格上升 10%时，总成本曲线向上移动 10%。在价格上升之前，总成本为 $TC_A=wL+rK$；在价格上升之后，总成本为 $TC_B=1.10wL+1.10rK$。因此，$TC_B=1.10TC_A$（即，对任意 L 和 K 组合，总成本都上升 10%）。

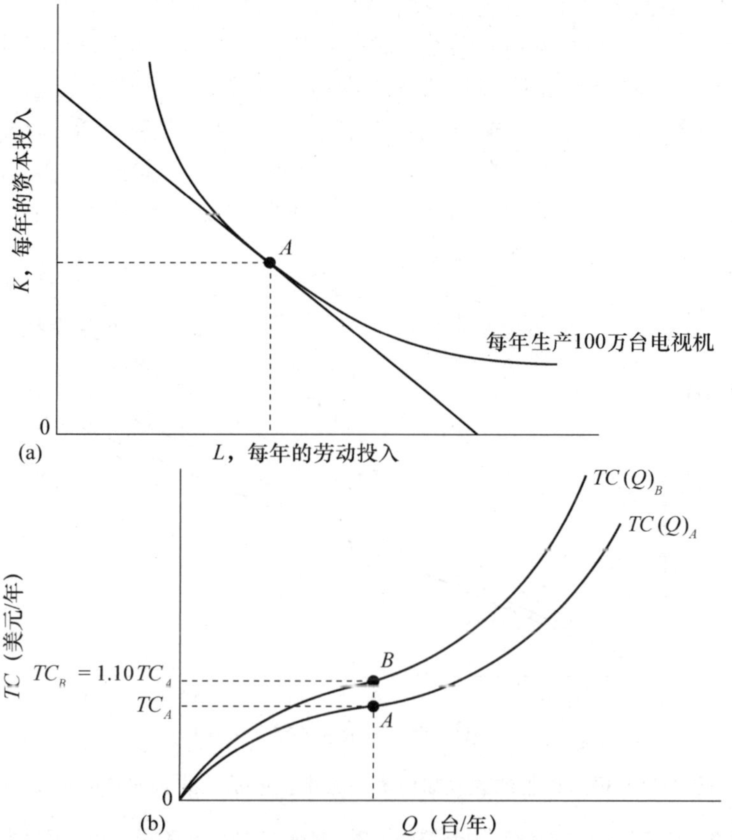

图 8-5　全部投入要素价格成比例改变如何影响成本最小化投入组合和总成本曲线

说明：每种投入要素价格都上升 10%。图（a）展示了成本最小化投入组合保持不变（位于点 A），这是因为等成本线的斜率保持不变。图（b）展示了总成本曲线向上移动相同的比例——10%。

案例 8.1

城市交通系统的长期总成本

世界各大城市的交通系统依靠各种类型的交通工具，包括通勤列车、地铁和轻轨。但在美国，最常见的城市交通工具是公共汽车。当投入要素价格或者产量改变时，公共汽车系统在长期经营方面总能比较容易地调整投入组合。例如，司机和调度员可以被聘用或者解雇，燃油采购可以适时调整，甚至公共汽车也可以被购进或卖出。因此，公共汽车系统是研究长期总成本的一个有趣案例。

利用 1996—2003 年美国 23 个大中型城市的公共汽车系统的投入价格与总乘客数的数据，亚克诺（Michael Iacono）估测了城市公共汽车系统的长期总成本曲线。[①] 他推出，长期总成本曲线是产量和以下四种投入价格的函数：劳动、资本（公共汽车）、燃油和除了燃油与公共汽车外的其他原料。我们可以用几种方法来度量产量，其中包括行驶的英里数和乘客数量。我们以每年的乘客数量来度量 Q。

图 8－6 显示了亚克诺估测的典型城市交通系统的成本曲线。正如我们之前探讨的理论所表明的，随着产量的增加，总成本增加。随着每种投入价格的增加，总成本也增加（保持其他三种投入的价格不变）。因此，劳动价格翻倍使总成本曲线向 $TC(Q)_L$ 移动。无论是资本、燃油还是其他原料的价格翻倍，其结果都是一致的，即总成本曲线向 $TC(Q)_{K,F,M}$移动。

那么，为什么劳动价格翻倍对长期总成本的影响要远大于资本、燃油或者其他原料的价格翻倍对它造成的影响？也就是说，为什么 $TC(Q)_L$ 要位于 $TC(Q)_{K,F,M}$之上？其原因在于，对一个典型的公共汽车系统来说，劳动成本大约占据了长期总成本的 50%，其他三种投入中的每一种仅占据全部投入的 16%。因此，相比其他投入价格的改变，长期总成本对劳动价格的改变会更为敏感。

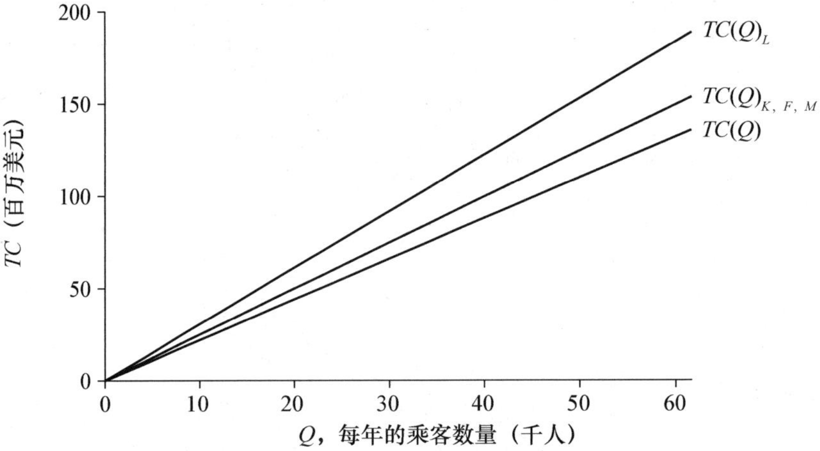

图 8－6　投入价格的改变如何影响城市交通系统的长期总成本曲线

说明：相比资本（公共汽车）、燃油和其他原料的价格，总成本 $TC(Q)$ 对劳动的价格更为敏感。保持其他三种投入的价格不变，劳动价格翻倍会使成本曲线移至 $TC(Q)_L$。无论是资本、燃油还是其他原料的价格翻倍，其结果都是一致的，即总成本曲线向 $TC(Q)_{K,F,M}$移动。

□ 长期平均成本曲线和边际成本曲线

什么是长期平均成本和边际成本

在微观经济学中，另外两种成本占据着重要的地位：长期平均成本和长期边际成

① Michael Iacono, "Modeling Cost Structure of Public Transit Firms: Scale Economies and Alternate Functional Forms," Transportation Research Board Annual Meeting, Paper #09－3435, 2009.

本。**长期平均成本**（long-run average cost）是企业每单位产量的成本。它等于长期总成本除以 Q：$AC(Q)=[TC(Q)]/Q$。

长期边际成本（long-run marginal cost）是长期总成本的改变量与相应产量改变量的比值：$MC(Q)=(\Delta TC)/(\Delta Q)$。因此，$MC(Q)$ 等于 $TC(Q)$ 曲线的斜率。

长期平均成本： 企业每单位产量的成本。它等于长期总成本除以总产量。

长期边际成本： 长期总成本的改变量与相应产量改变量的比值。

尽管长期平均成本和长期边际成本都是从企业的长期总成本曲线推出的，但是如图 8-7所示，这两种成本通常是不同的。在任何特定的产出水平上，长期平均成本都等于原点与该产量对应在长期总成本曲线上的点形成的射线的斜率，长期边际成本等于长期总成本曲线上该点的斜率。因此，在图 8-7（a）中，在长期总成本曲线 $TC(Q)$ 上的点 A 处，企业的年产出水平为 50 单位，平均成本等于射线 0A 的斜率，或者 1 500 美元/50 单位=30 美元/单位。不同的是，点 A 的边际成本是切线 BAC 的斜率（在点 A 与总成本曲线相切的直线）；这条直线的斜率是 10，所以当年产量为 50 单位时，边际成本为 10 美元/单位。

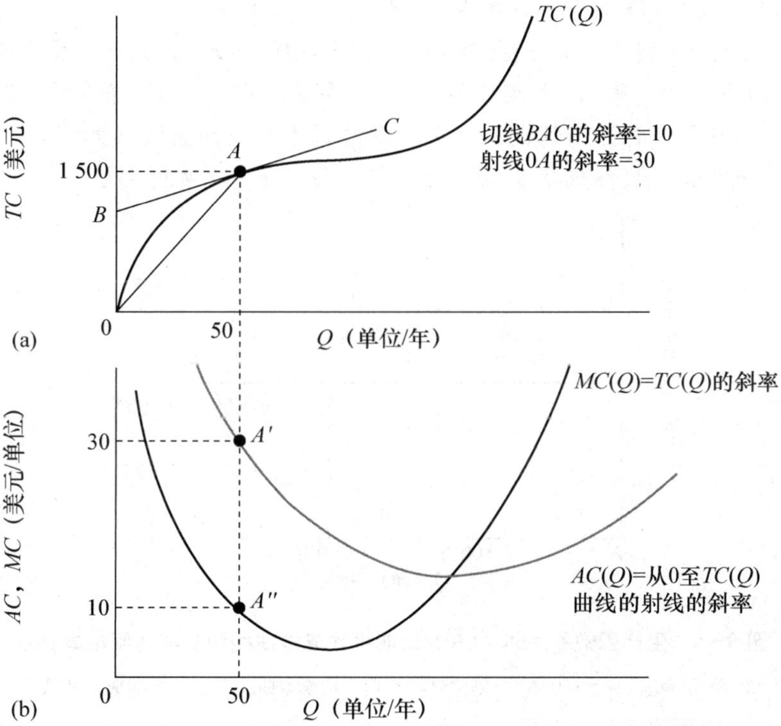

图 8-7　从长期总成本曲线中推出长期平均成本曲线和长期边际成本曲线

说明：图（a）展示了企业的长期总成本曲线 $TC(Q)$。图(b）展示了从 $TC(Q)$ 中推出的长期平均成本曲线 $AC(Q)$ 和长期边际成本曲线 $MC(Q)$。在图（a）中的点 A，当年产量为 50 单位时，平均成本=射线 0A 的斜率=30 美元/单位；边际成本=切线 BAC 的斜率=10 美元/单位。图（b）中的点 A' 和点 A'' 对应图（a）中的点 A，这表明了长期总成本曲线、平均成本曲线和边际成本曲线之间的关系。

图 8-7（b）展示了图 8-7（a）中的长期总成本曲线 $TC(Q)$ 对应的长期平均成本

曲线 $AC(Q)$ 和长期边际成本曲线 $MC(Q)$。平均成本曲线展示了，当沿着 $TC(Q)$ 移动时，诸如射线 $0A$ 之类的射线的斜率是如何变化的；边际成本曲线则展示了，当沿着 $TC(Q)$ 移动时，诸如切线 BAC 之类的切线的斜率是如何变化的。因此，在图8－7（b）中，当企业的年产量等于 50 单位时，平均成本为 30 美元/单位（点 A'），边际成本为 10 美元/单位（点 A''），分别对应图 8－7（a）中的点 A 处的射线 $0A$ 的斜率与切线 BAC 的斜率。

边做边学习题 8.2 ☞

从长期总成本曲线中推出长期平均成本曲线和长期边际成本曲线

在边做边学习题 8.1 中，我们从生产函数 $Q=50\sqrt{LK}$（其中，劳动 L 的价格为 $w=25$ 美元/单位，资本 K 的价格为 $r=100$ 美元/单位）中推出长期总成本曲线方程：$TC(Q)=2Q$。

问题：

在这一长期总成本曲线下，长期平均成本曲线和长期边际成本曲线是什么？

解：

长期平均成本是 $AC(Q)=[TC(Q)]/Q=2Q/Q=2$ 美元/单位。请注意，平均成本并不取决于 Q。它的图像将是一条如图 8－8 所示的水平线。

长期边际成本是长期总成本曲线的斜率。当 $TC(Q)=2Q$ 时，长期总成本曲线的斜率是 2，因此 $MC(Q)=2$ 美元/单位。长期边际成本也不取决于 Q。它的图像是同一条水平线。

这道习题阐释了一种普遍情况：只要长期总成本是一条直线（如图 8－2 所示），长期平均成本曲线和长期边际成本曲线就会重叠，而且是一条水平线。

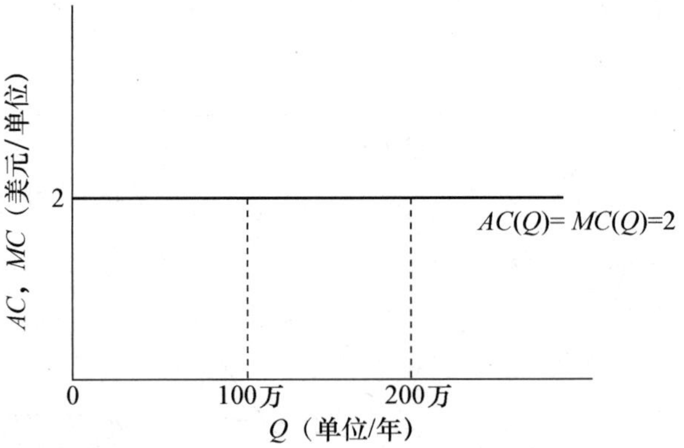

图 8－8　生产函数 $Q=50\sqrt{LK}$ 的长期平均成本曲线和长期边际成本曲线

说明：当 $w=25$ 美元/单位，$r=100$ 美元/单位时，长期平均成本曲线和长期边际成本曲线都是 2 美元/单位的水平线。

相似习题： 8.6，8.7，8.8

长期平均成本曲线与长期边际成本曲线之间的关系

和其他平均和边际的概念一样（比如，我们在第 6 章中讨论的平均产量和边际产量），长期平均成本曲线和长期边际成本曲线之间存在一种系统的关系：

● 如果随着产量的增加，平均成本减少，那么平均成本高于边际成本：$AC(Q)>MC(Q)$。

● 如果随着产量的增加，平均成本也增加，那么平均成本低于边际成本：$AC(Q)<MC(Q)$。

● 如果随着产量的增加，平均成本既不增加也不减少，那么平均成本等于边际成本：$AC(Q)=MC(Q)$。

图 8－9 阐明了这种关系。

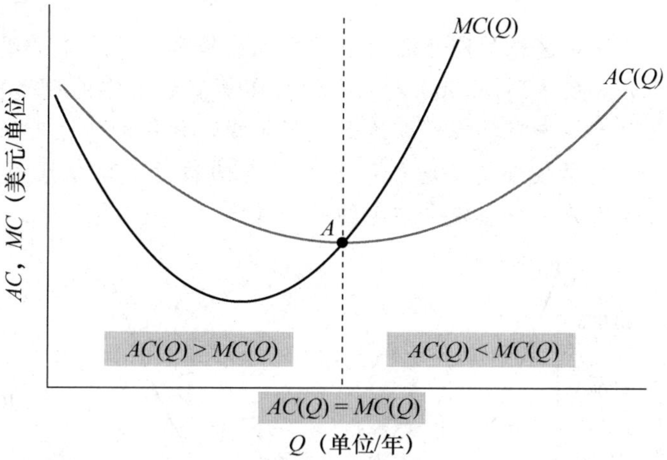

图 8－9　长期平均成本曲线与长期边际成本曲线关系图

说明：在点 A 的左侧，平均成本 AC 随产量 Q 的增加而减少，所以 $AC(Q)>MC(Q)$。在点 A 的右侧，平均成本 AC 随产量 Q 的增加而增加，所以 $AC(Q)<MC(Q)$。在点 A，平均成本 AC 达到最小值，且既不增加也不减少，所以 $AC(Q)=MC(Q)$。

正如我们在第 6 章中所讨论的，边际成本和平均成本之间的关系与任何事物的边际量和平均量之间的关系是完全一致的。比如，假定你的微观经济学老师刚刚对你最近的测试评出分值。在此之前，你的所有测试的平均成绩为 92 分，刚刚老师告诉你，基于你最近这次的测试，你的平均成绩已经升至 93 分。那么，对于你最近这次测试的成绩，你可以推断出什么呢？既然你的平均成绩已经提升，那么你的“边际得分”（最近这次测试的得分）一定高于你的平均成绩。如果你的平均成绩降至 91 分，那一定是由于你最近这次测试的成绩低于你的平均成绩。如果你的平均成绩保持不变，那么原因一定是你最近这次测试的成绩等于你的平均成绩。

案例 8.2

高等教育的成本

你所在的学院或者大学有多大？它是一所像俄亥俄州立大学那般的大型学校，还是如西北大学那样的袖珍学校？在哪所大学，学生的平均成本可能会更低些？学校的规模会影响“生产”教育的长期平均成本与长期边际成本吗？

拉金达尔·科沙尔（Rajindar Koshal）和曼珠丽卡·科沙尔（Manjulika Koshal）对学校规模如何影响教育的平均成本与边际成本进行了研究。[①] 他们收集了 1990—1991

① R. Koshal and M. Koshal, “Quality and Economies of Scale in Higher Education,” *Applied Economics* 27 (1995): 773-778.

年美国 195 所大学的学生平均成本数据，并依此估测了这些学校的平均成本曲线。① 这些大学的研究生课程都不一样，为了控制这些因素引起的成本差异，他俩评估了四组大学的平均成本曲线，划分依据是这些大学每年被授予的博士学位数量和政府资助的博士学生人数。为简单起见，我们主要探讨以下这类学校的成本曲线：拥有最多研究生课程的 66 所全国性大学（诸如哈佛大学、西北大学和加利福尼亚大学伯利克分校这样的学校）。

图 8－10 展示了针对这类学校估测的平均成本曲线和边际成本曲线。它表明，只有全日制本科生的注册人数达到 30 000 人（大约是印第安纳大学的规模），每个学生的平均成本才会下降。由于很少有学校可以达到此等规模，他俩的研究表明，对拥有较多研究生课程的大多数美国学校来说，增加一个本科生的边际成本低于每个学生的平均成本，所以增加本科生的数量将会减少学生的平均成本。

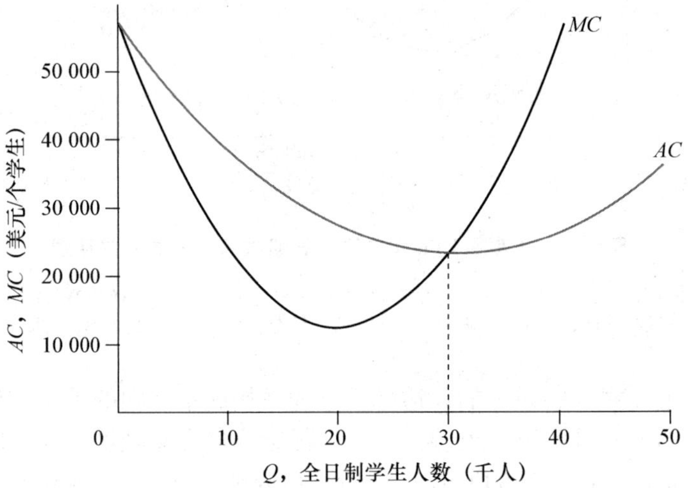

图 8－10　美国大学本科教育的长期平均成本曲线与长期边际成本曲线

说明：只有注册学生人数达到 30 000 人，增加一个学生的边际成本才低于每个学生的平均成本。在该点之前，随着学生数量的增加，每个学生的平均成本在下降。在该点之后，增加一个学生的边际成本要高于每个学生的平均成本，同时平均成本随学生人数的增加而增加。

这一发现似乎有意义。想想你的学校。它已经有了图书馆和教学楼。它也配有运营所需的校长和员工。如果有更多的学生入学，这些成本可能不会增加太多。当然，增加学生并不是完全免费的。比如，可能要增加更多的课程。但是找到能够且愿意教授大学课程的人并非难事（如研究生）。在需要更多的宿舍或者额外的教室之前，更多学生的额外成本可能不会那么大。因此，对典型大学而言，尽管每个学生的平均成本看上去相当高，但是额外录取一个学生的边际成本通常很低。若果真如此，随着学生人数的增加，平均成本将会逐步降低。

① 为了控制因学术质量不同而造成的成本差异，他们的分析允许平均成本取决于学校的师生比例和学术声誉，如以入学新生的学术能力评估测试（SAT）的平均成绩作为测量因素。在图 8－10 中，这些变量都被假定为它们的全国平均水平。

规模经济和规模不经济

基于产量增加引起长期平均成本变化有两个重要的概念：规模经济与规模不经济。如果随着产量的增加，企业的平均成本下降，那么该企业正在享受**规模经济**（economies of scale）。相反，如果随着产量的增加，企业的平均成本上升，那么该企业正在遭受**规模不经济**（diseconomies of scale）的厄运。规模经济的程度可以影响产业结构。规模经济也可以解释：在同一产业中，为何有些企业可以比同行赚取更多的利润。生产同种产品的两家企业的合并通常可以用规模经济这一主张进行解释。①

规模经济： 平均成本随产量的增加而下降的一种生产特性。
规模不经济： 平均成本随产量的增加而上升的一种生产特性。

图 8－11 展示了一条长期平均成本曲线。许多经济学家认为，这条曲线代表了真实世界的很多生产过程，并依此阐明了规模经济与规模不经济。这条平均成本曲线从左到右，先是规模经济区域（0 到 Q'），紧接着是平均成本平缓延伸区域（Q'到 Q''），然后是规模不经济区域（$Q>Q''$）。

规模经济有各种起因。某些产品制造过程中的物理特性会引起规模报酬递增，这可能就会引起规模经济。劳动的专业化也会引起规模经济。随着产量的增加，工人的数量不断增加，工人就可以专注于他们的分工工作，而专业化分工可以提高生产率。专业化分工还可以消除工人与设备之间费时费力的转换。这也会提高生产率并降低单位成本。

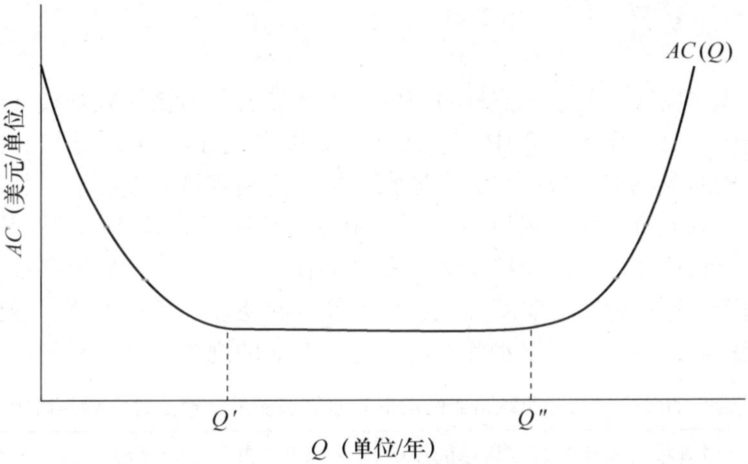

图 8－11　现实世界的代表性平均成本曲线的规模经济与规模不经济

说明：当产量少于 Q'时，它处于规模经济状态。在 Q'与 Q''之间，平均成本曲线比较平坦，之后就处于规模不经济状态。产量水平 Q'被称为最小有效规模。

规模经济也可能来自不可分割投入需求。**不可分割投入**（indivisible input）是指只有在某一特定最小规模才可使用的投入；即使企业的产量降为 0，它的数量也不可能被缩减。不可分割投入的一个例子就是早餐麦片的高速包装线。即使是最小的生产线也拥

① 参见 F. M. Scherer and D. Ross, *Industrial Market Structure and Economic Performance* (Boston: Houghton Mifflin, 1990)，其中第 4 章有关于市场结构和企业绩效的规模经济影响的详细讨论。

有年产量为 1 400 万磅麦片的巨大生产能力。一家每年只想生产 500 万磅麦片的企业仍然必须购置这套不可分割设备。

不可分割投入：只有在某一特定最小规模才可使用的投入；即使企业的产量降为 0，它的数量也不可能被缩减。

不可分割投入会导致平均成本下降（至少要超过某一特定产量区域）。这是因为当企业购置不可分割投入服务时，随着产量的增加，这项不可分割投入服务的成本被“分摊”到更多单位产品上。例如，有一家购置最小规模包装线服务用于每年生产 500 万磅麦片的企业。如果该企业将年产量增至 1 000 万磅麦片，其在这项投入上的总成本也是一样的。[①] 这会使企业的平均成本下降。

规模不经济区域（比如，图 8 - 11 中的产量高于 Q''的区域）通常被认为是由**管理不经济**（managerial diseconomies）造成的。当企业以某一既定比例增加产量时，其在管理上增加的花费高于该比例，就会出现管理不经济。想要明白为何会出现管理不经济，我们设想一家企业，该企业的成功完全取决于人才或者一位关键人物的洞察力（比如，开创这项事业的企业家）。随着这家企业的成长，虽然这位关键人物对该事业的贡献是其他任何一位管理者都无法代替的，但是企业还需要雇用许多管理者，这就使总成本的增长速度高于产量，从而使平均成本上升。

管理不经济：当企业以某一既定比例增加产量时，其在管理上增加的花费高于该比例的状况。

长期平均成本曲线上的最低点所对应的最小产量就是**最低有效规模**（minimum efficient scale，MES）（在图 8 - 11 中，最低有效规模出现在产量 Q'处）。在特定产业中，相对于市场规模的最低有效规模的大小通常会标示规模经济的重要性。相对于整体市场销售额，最低有效规模越大，规模经济的重要性就越明显。表 8 - 1 展示了一组选定的美国食品业和饮料业在整个产业销售量中所占的比例。[②] 其中，最低有效规模占市场规模比例最大的产业是蔗糖和早餐麦片。这些产业存在明显的规模经济。最低有效规模占市场规模比例最小的产业是矿泉水和面包。这些产业的规模经济似乎相对较弱。

表 8 - 1　　选定的美国食品业和饮料业的最低有效规模占整个产业销售量的比例

产业	最低有效规模占整个产业销售量的比例	产业	最低有效规模占整个产业销售量的比例
甜菜糖	1.87	早餐麦片	9.47
蔗糖	12.01	矿泉水	0.08

① 当然，它可能会增加其他投资的花费，比如那些非不可分割的原材料。

② 在这张表中，最低有效规模测量的是某一产业的中值工厂的能力。能力恰好位于这一行业工厂能力的中间区域的工厂就是中值工厂。也就是说，在一个特定产业中，就工厂的能力而言，如果在所有的工厂中有 50%的工厂低于该中值工厂，就会有 50%的工厂高于该中值工厂。最低有效规模的评估是以与最低有效规模的“工程估算”高度相关的中值工厂的能力为基础的，而最低有效规模的“工程估算”可以通过让那些信息灵通的制造和工程设计人员提供最低有效规模工厂大小的专业评估来获取。美国产业的中值工厂规模数据可以从“美国制造业普查”（U. S. Census of Manufacturing）中获取。

续前表

产业	最低有效规模占整个产业销售量的比例	产业	最低有效规模占整个产业销售量的比例
面粉	0.68	焙烘咖啡	5.82
面包	0.12	宠物食品	3.02
罐装蔬菜	0.17	婴儿食品	2.59
冷冻食品	0.92	啤酒	1.37
人造奶油	1.75		

资料来源：Table 4.2 in J. Sutton, *Sunk Costs and Market Structure: Price Competition, Advertising, and the Evolution of Concentration* (Cambridge, MA: MIT Press, 1991).

最低有效规模： 长期平均成本曲线上的最低点所对应的最小产量。

案例 8.3

医院也有商业经营

卫生保健业务似乎总是新闻不断。到 2009 年，卫生保健的总花费大约占国内生产总值的 15%。这项高水平的花费反映了高水平医疗保健还是高成本，这是一个具有很大争议的问题。在过去的 20 年里，卫生保健业中最有趣的现象之一就是通过兼并出现的医院联合。比如，20 世纪 90 年代，在芝加哥地区，西北纪念医院与几个郊区医院合并，成立了一家覆盖芝加哥北部和北岸郊区的大型综合医院。此类合并通常会引起争议。

合并的支持者认为，合并可以让医院通过"后台"运作那些不能给医院带来直接收入但又缺之不可的活动（诸如洗衣、家政、餐厅、打印和复印服务与数据处理），从而实现规模经济，节约成本。反对者则认为，这类成本节约方式太过虚幻，而且合并者主要是为了降低当地医院市场的竞争。美国反垄断当局据此已经否决了几家医院的合并。

德拉诺夫（Dranove）研究了具有规模经济的医院内部后台运营活动的范围。① 图 8-12 总结了他的一些发现。该图展示了以下三项活动的长期平均成本曲线：餐厅、打印和复印服务以及数据处理。产量以医院每年被治愈的病人数量来度量（对每项活动，当年产量为 10 000 位病人时，平均成本被标准化为指数 1.0）。这些图像表明，规模经济会因活动而异。餐厅具有明显的规模经济特征。打印和复印服务的平均成本曲线实质上是平缓的。对于数据处理服务，它在一个很低的产量水平上出现了规模不经济。总之，在加总平均 14 项后台运营活动之后，德拉诺夫发现，这些活动存在规模经济，但是当每年被治愈的病人数量达到 7 500 人时，大部分规模经济不复存在。这相当于一家拥有 200 个床位的医院，也就是当今标准的中型医院。

德雷诺夫的分析表明，在后台运营下，两家大型医院的合并并不会实现规模经济。

① David Dranove, "Economies of Scale in Non-Revenue Producing Cost Centers: Implications for Hospital Mergers," *Journal of Health Economics* 17 (1998): 69-83.

因此，除非是合并两家都很小的医院，否则，我们都应该对医院合并能整体降低每位病人的成本的声明持怀疑态度。

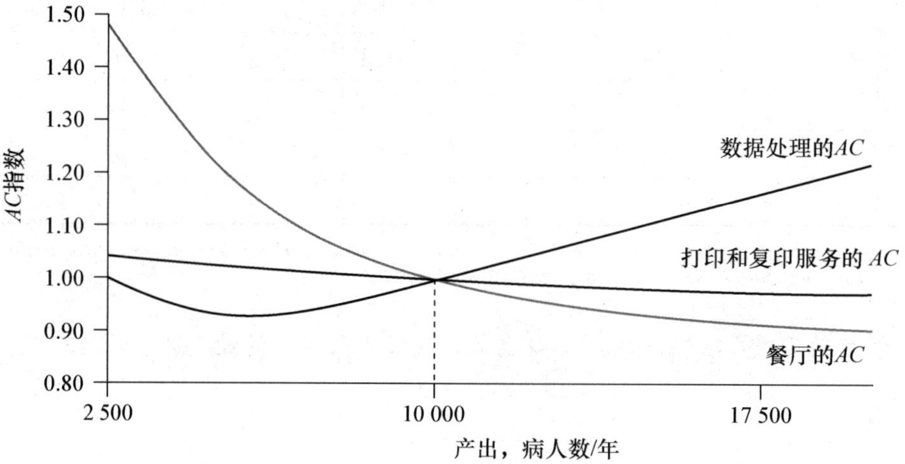

图 8－12　医院里三项后台运营活动的平均成本曲线

说明：餐厅表现出明显的规模经济。当每年被治愈的病人超过 5 000 人时，数据处理表现出规模不经济。另外，打印和复印服务的平均成本曲线实质上是平缓的（也就是说，在这项活动中，不存在明显的规模经济或规模不经济）。

规模经济与规模报酬

规模经济与规模报酬是紧密相关的，因为生产函数的规模报酬决定着长期平均成本如何随产量的变化而变化。表 8－2 用相应的三个生产函数阐明了这些关系。产量 Q 是单一变量劳动投入数量 L 的函数。该表展示了每一个生产函数以及与之对应的劳动需求函数（正如我们在第 6 章所探讨的，该函数明确指出生产既定数量产品所需的劳动数量），同时展示了既定劳动价格 w 下的总成本和长期平均成本的关系。

表 8－2　　规模经济与规模报酬的关系

	生产函数		
	$Q=L^2$	$Q=\sqrt{L}$	$Q=L$
劳动需求函数	$L=\sqrt{Q}$	$L=Q^2$	$L=Q$
长期总成本	$TC=w\sqrt{Q}$	$TC=wQ^2$	$TC=wQ$
长期平均成本	$AC=w/\sqrt{Q}$	$AC=wQ$	$AC=w$
长期平均成本如何随 Q 的变化而变化	递减	递增	不变
是规模经济还是规模不经济	规模经济	规模不经济	两者皆不是
规模报酬	递增	递减	不变

表 8－2 中阐释的规模经济与规模报酬之间的关系可以总结为：

● 如果随着产量的增加，平均成本下降，我们就拥有规模经济和递增的规模报酬（比如，表 8－2 中的生产函数 $Q=L^2$）。

● 如果随着产量的增加，平均成本上升，我们就拥有规模不经济和递减的规模报酬（比如，表 8-2 中的生产函数 $Q=\sqrt{L}$）。

● 如果随着产量的增加，平均成本保持不变，我们既没有规模经济也没有规模不经济，同时规模报酬不变（比如，表 8-2 中的生产函数 $Q=L$）。

度量规模经济的程度：总成本产出弹性

在第 2 章中，你已经学过诸如需求价格弹性和需求收入弹性的需求弹性。它们告诉我们，需求对推动需求的各种因素（比如价格和收入）的敏感度如何。我们也可以使用弹性来辨别总成本对影响它的因素的敏感程度如何。一个很重要的成本弹性就是**总成本产出弹性**（output elasticity of total cost），我们用 $\epsilon_{TC,Q}$来表示。它被定义为，当产出变化 1%时，总成本的百分比变化量：

$$\epsilon_{TC,Q}=\frac{\frac{\Delta TC}{TC}}{\frac{\Delta Q}{Q}}=\frac{\frac{\Delta TC}{\Delta Q}}{\frac{TC}{Q}}$$

由于 $\Delta TC/\Delta Q$=边际成本（MC），而且 TC/Q=平均成本（AC），

$$\epsilon_{TC,Q}=\frac{MC}{AC}$$

所以，总成本产出弹性就等于边际成本与平均成本的比率。

总成本产出弹性： 当产出变化 1%时，总成本的百分比变化量。

长期平均成本与边际成本的关系对应着平均成本随产出 Q 变化而变化的方式。这就意味着，如表 8-3 所示，总成本产出弹性可以告诉我们规模经济的程度。

表 8-3　　总成本产出弹性与规模经济的关系

$\epsilon_{TC,Q}$的值	MC 与 AC 的关系	随着 Q 的增加 AC 如何变化	规模经济/规模不经济
$\epsilon_{TC,Q}<1$	$MC<AC$	递减	规模经济
$\epsilon_{TC,Q}>1$	$MC>AC$	递增	规模不经济
$\epsilon_{TC,Q}=1$	$MC=AC$	不变	两者皆不是

案例 8.4

评估电力公司和计算机产业的总成本产出弹性

总成本产出弹性可用于描述一个产业的规模经济程度。例如，运用 1991—1995 年美国 83 家私人电力公司的数据，莱因（Rhine）对总成本产出弹性进行了评估。[①] 这些公司主要通过燃烧煤之类的化石燃料进行发电，但约 25%的发电量是由核电厂生产的。对于决定发电企业长期规模经济程度的因素，莱因非常感兴趣。

表 8-4 展示了莱因对其所研究的电力公司的长期总成本产出弹性的点估计。所有的值

① Russell Rhine, "Economies of Scale and Optimal Capital in Nuclear and Fossil Fuel Electricity Production," *Atlantic Economic Journal* 29, no. 2 (June 2001): 203-214.

都小于1，但只是略小于1。这表明，电力公司存在长期规模经济，同时莱因所研究的公司几乎完全是通过在接近最低水平长期平均成本下运营来利用规模经济的。它也可能表明，对这些公司来说，发电具有规模报酬不变、长期平均成本曲线水平（或接近水平）的特点。

表8-4　　电力公司的总成本产出弹性

	$\epsilon_{TC,Q}$	
	平均数	中位数
所有电厂	0.993	0.994
核电厂	0.995	0.995
非核电厂	0.992	0.993

再如，Chun 和 Nadiri 使用 1978—1999 年的数据对以下四个计算机行业的总成本产出弹性进行评估：电子计算机、计算机存储设备、计算机终端设备和计算机外围设备。① 表8-5显示了这些估测值。

表8-5　　四个计算机行业的总成本产出弹性

产业	$\epsilon_{TC,Q}$
电子计算机	0.759
计算机存储设备	0.652
计算机终端设备	0.636
计算机外围设备	0.664

对每一个产业，总成本产出弹性的估测值都小于1。这表明，这些产业都具有规模经济的特点。然而，与发电的案例不同的是，这些估测值并不是特别接近1；这表明，这些产业中的企业并没有完全利用可用的规模经济。比如，在电子计算机产业中，因为它包含多家生产商的产品（如个人电脑），没有一家企业可以拥有足以充分利用规模经济优势的市场份额，所以就极有可能出现这种情况。

8.2　短期成本曲线

□ 短期总成本曲线

长期总成本曲线显示，当企业可以完全自由地调整投入时，该企业的最小化总成本如何随产量的变化而变化。**短期总成本曲线**（short-run total cost curve）$STC(Q)$ 则告诉我们，在至少一种投入要素固定在某一特定水平的情况下，生产 Q 单位产品的最小总成本为多少。在下面的讨论中，我们假定该企业使用的资本数量为固定值 $\overline{K}$。短期总

① Hyunbae Chun, and M. Ishaq Nadiri, "Decomposing Productivity Growth in the U. S. Computer Industry", *Review of Economics and Statistics* 90, no. 1 (February 2008): 174-180.

成本曲线由两部分组成：**总可变成本曲线**（total variable cost curve）$TVC(Q)$ 和**总固定成本曲线**（total fixed cost curve）TFC。也就是说，$STC(Q)=TVC(Q)+TFC$。总可变成本曲线 $TVC(Q)$ 是指，在短期成本最小化投入组合下，企业在各种可变投入（比如劳动和原料）上的花费总和。总固定成本等于固定资本投入（即 $TFC=r\overline{K}$）且不随产量变化。图 8－13 展示了短期总成本曲线、总可变成本曲线及总固定成本曲线。由于总固定成本与产量无关，所以它的曲线是一条值为 $r\overline{K}$ 的水平线。因此，$STC(Q)=TVC(Q)+r\overline{K}$，这意味着在每一产量 Q 下，$STC(Q)$ 与 $TVC(Q)$ 之间的垂直距离总是 $r\overline{K}$。

短期总成本曲线：在至少一种投入要素固定的情况下，一条展示生产既定产量的最小总成本的曲线。

总可变成本曲线：在短期成本最小化投入组合下，一条展示企业在各种可变投入（比如劳动和原料）上的花费总和的曲线。

总固定成本曲线：一条展示固定投入且不随产量变化的曲线。

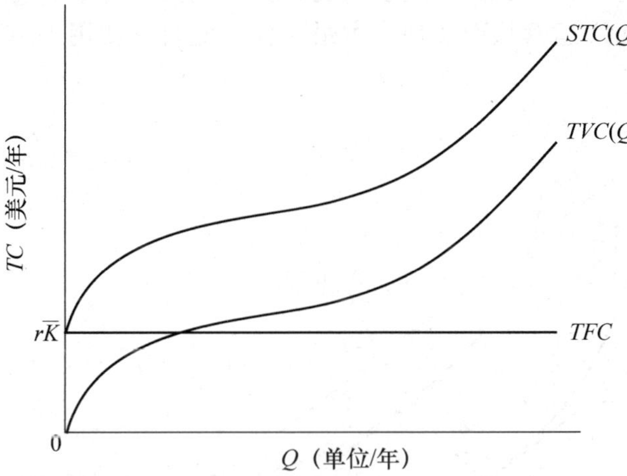

图 8－13　短期总成本曲线

说明：短期总成本曲线 $STC(Q)$ 是总可变成本曲线 $TVC(Q)$ 与总固定成本曲线 TFC 之和。总固定成本等于固定资本投入的成本 $r\overline{K}$。

边做边学习题 8.3 ☞

推导短期总成本曲线

我们再回到边做边学习题 7.2、7.4、7.5 和 8.1 中的生产函数 $Q=50\sqrt{LK}$。

问题：

当资本为固定值 $\overline{K}$，劳动和资本的价格分别为 $w=25$ 美元/单位、$r=100$ 美元/单位时，该生产函数的短期总成本曲线是什么？

解：

在边做边学习题 7.5 中，我们推出当资本为固定值 $\overline{K}$ 时，短期成本最小化的劳动量为 $L=Q^2/(2\,500\overline{K})$。我们可以从这一答案中直接得出短期总成本曲线：$STC(Q)=$

$wL+r\overline{K}=Q^2/(100\overline{K})+100\overline{K}$。总可变成本曲线与总固定成本曲线分别为：$TVC(Q)=Q^2/(100\overline{K})$，$TFC=100\overline{K}$。

请注意，在 Q 保持不变时，总可变成本与资本的数量 $\overline{K}$ 成反比。其原因是，在既定产量下，一家使用更多资本的企业可以减少雇用的劳动数量。既然 TVC 是企业的劳动花费，TVC 就应该与 $\overline{K}$ 成反比。

相似习题：8.20，8.21

□ 长期、短期总成本曲线之间的关系

我们再次考虑只使用劳动和资本两种投入要素的企业。在长期，企业可以自由地变换这两种投入的数量，但在短期，资本的数量是固定不变的。因此，企业在短期比在长期更受束缚，所以在长期企业会实现更低的成本是有一定道理的。

图 8－14 展示了一家电视机生产商的长期与短期的成本最小化问题的图像分析。最初，这家企业每年生产 100 万台电视机。在长期，当企业可以自由地调整资本与劳动的数量时，它选择在点 A 运营从而实现成本最小化，此时它使用 L_1 单位劳动、K_1 单位资本。

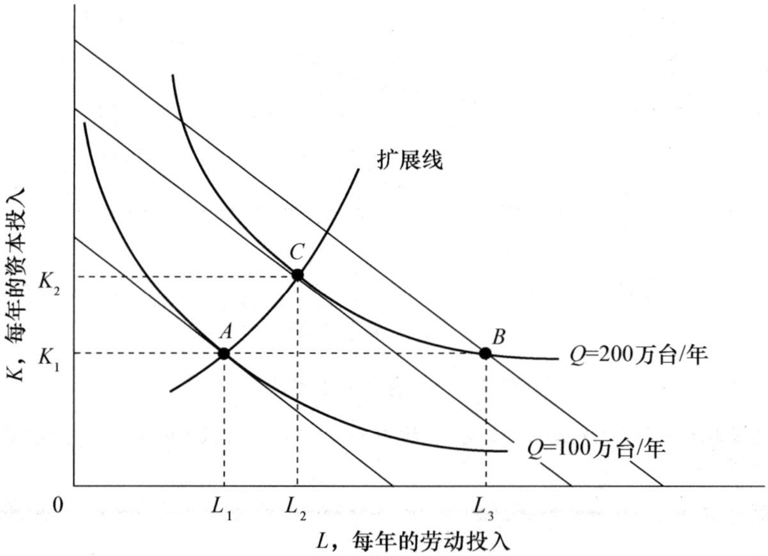

图 8－14　通常，短期总成本高于长期总成本

说明：起初，企业在点 A 运营，每年生产 100 万台电视机，此时如果企业的资本使用量固定在 K_1，那么其在长期和短期都实现了最低成本。如果产量 Q 增至 200 万台/年，并且在短期资本保持 K_1 不变，那么企业会在点 B 运营。但在长期，企业会选择在点 C 运营，因为它位于比点 B 更低的等成本线上。

假设企业想把电视机的产量升至 200 万台/年，且在短期资本的使用量必须固定在 K_1。在这种情况下，企业会选择使用 L_3 单位劳动和 K_1 单位资本，在点 B 运营。然而，在长期，企业会沿着扩展线移动，最终选择使用 L_2 单位劳动和 K_2 单位资本，在点 C 运营。由于点 B 位于比点 C 更高的等成本线上，所以当产量为 200 万台/年时，短期总

成本要高于长期总成本。

如果企业每年生产 100 万台电视机且短期受限于 K_1 单位资本，点 A 就是长期和短期的成本最小化投入组合。图 8-15 展示了企业的长期和短期总成本曲线：$TC(Q)$ 和 $STC(Q)$。我们看到，除了在点 A 处 $STC(Q)$ 等于 $TC(Q)$ 外，$STC(Q)$ 总是位于 $TC(Q)$ 之上（也就是说，短期总成本高于长期总成本）。

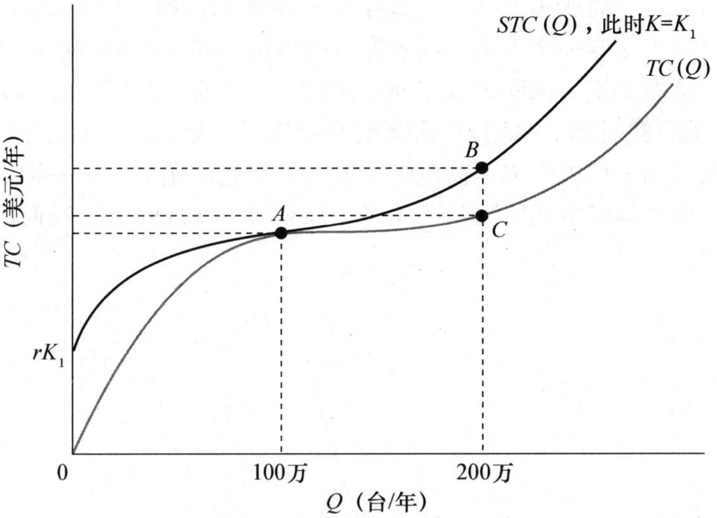

图 8-15　长期总成本曲线与短期总成本曲线的关系

说明：当资本数量固定在 K_1 时，除了在点 A 处外，$STC(Q)$ 总是位于 $TC(Q)$ 之上。当企业每年生产 100 万台电视机时，点 A 就解决了长期和短期的成本最小化问题。

□ 短期平均成本曲线和短期边际成本曲线

正如可以推出长期平均成本曲线、长期边际成本曲线，我们也可以推出**短期平均成本**（short-run average cost，SAC）曲线和**短期边际成本**（short-run marginal cost，SMC）曲线：$SAC(Q)=[STC(Q)]/Q$，$SMC(Q)=(\Delta STC)/(\Delta Q)$。因此，像长期边际成本等于长期总成本曲线的斜率那样，短期边际成本等于短期总成本曲线的斜率（请注意，在图 8-15 中的点 A 处，年产量等于 100 万台，长期总成本曲线和短期总成本曲线的斜率相等。因此，在这一产量水平下，不仅 $STC=TC$，而且 $SMC=MC$）。

短期平均成本： 在企业拥有一种或者更多固定投入的情况下，其每单位产量的总成本。

短期边际成本： 短期总成本曲线的斜率。

此外，正如我们把短期总成本分为两部分一样（总可变成本和总固定成本），我们也可以把短期平均成本分为两部分：**平均可变成本**（average variable cost，AVC）和**平均固定成本**（average fixed cost，AFC）：$SAC=AVC+AFC$。平均固定成本是每单位产量的总固定成本（$AFC=TFC/Q$）。平均可变成本是每单位产量的总可变成本（$AVC=TVC/Q$）。

平均可变成本：每单位产量的总可变成本。

平均固定成本：每单位产量的总固定成本。

图 8-16 展示了具有代表性的短期边际成本曲线、短期平均成本曲线、平均可变成本曲线和平均固定成本曲线。我们通过"垂直加总"平均可变成本曲线和平均固定成本曲线就可以获得短期平均成本曲线。① 随着 Q 不断增大，平均固定成本曲线不断下降，逼近横轴。这反映出这样一个事实：随着产量的增加，固定资本成本被"分摊"至逐步增加的产量上，从而驱使单位固定成本向 0 递减。由于随着 Q 的增加，AFC 变得越来越小，所以 $AVC(Q)$ 曲线和 $SAC(Q)$ 曲线越来越接近。短期边际成本曲线 $SMC(Q)$ 在短期平均成本曲线和平均可变成本曲线的最低点处与它们相交。这一特点反映了长期边际成本曲线和长期平均成本曲线之间的关系，而且再一次反映出，任何事物的平均值和边际值之间的关系。

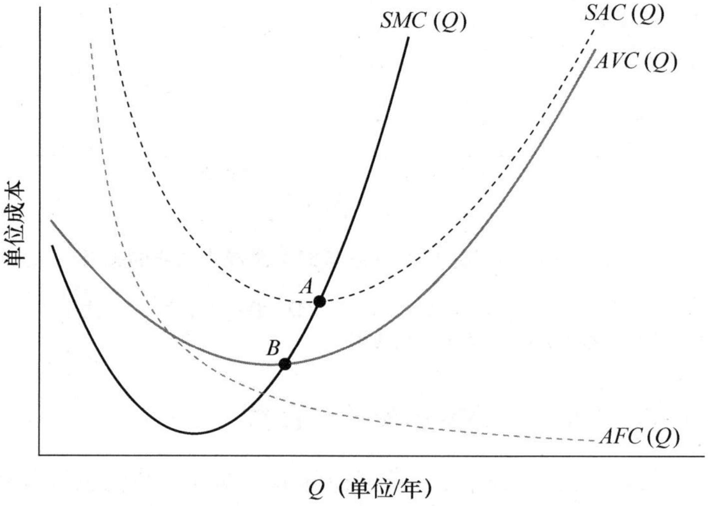

图 8-16　短期边际成本曲线和短期平均成本曲线

说明：短期平均成本曲线 $SAC(Q)$ 是平均可变成本曲线 $AVC(Q)$ 和平均固定成本曲线 $AFC(Q)$ 的垂直加总。短期边际成本曲线 $SMC(Q)$ 和 $SAC(Q)$ 相交于 $SAC(Q)$ 的最低点（点 A），和 $AVC(Q)$ 相交于 $AVC(Q)$ 的最低点（点 B）。

□ 长期、短期平均成本曲线和边际成本曲线之间的关系

作为包络线的长期平均成本曲线

长期平均成本曲线围绕不同产量水平和固定投入水平对应的一系列短期平均成本曲线形成边界线（或者包络线）。图 8-17 为一家电视机生产商的长期平均成本曲线。该企业的长期平均成本曲线 $AC(Q)$ 是 U 形曲线，这和不同水平固定资本 K_1、K_2、K_3（这里 $K_1<K_2<K_3$）所对应的短期平均成本曲线 $SAC_1(Q)$、$SAC_2(Q)$、$SAC_3(Q)$ 一样（移动到更高水平的固定资本意味着，企业扩大工厂规模或提升自动化程度）。

---

① 垂直加总的意思是，对任意 Q 值，我们均可以把该点处 AVC 曲线和 AFC 曲线的高度加在一起，从而得出 SAC 曲线的高度。

除了最优固定资本对应的产出水平（图中的点 A、点 B、点 D）外，任意固定资本水平对应的短期平均成本曲线都位于长期平均成本曲线之上。因此，当企业每年生产 100 万台电视机时，如果固定资本值为 K_1，成本将降至最低。但相应地，如果将产量扩至 200 万台或者 300 万台，那么只有固定资本值为 K_2 或 K_3，成本才降至最低。（实际上，如果 K 代表工厂规模，当企业使用固定资本 K_1 来生产 200 万台电视机时，平均成本高至 110 美元，这可能反映了，由太多工人挤在一个小工厂里造成的劳动边际产量下降。为了实现 35 美元的最小平均成本，企业不得不将工厂规模扩至 K_2。）

现在请观察图 8－17 中的短期成本曲线较粗扇形下界部分，并且假设该图像包含越来越多的短期曲线。较粗边界线会逐步变得更加平滑（也就是说，会有不断增加的较细扇形代替一些较粗扇形）。随着短期曲线数量的增大，较粗曲线与长期曲线越来越近似。因此，你可以把长期曲线当作无限条短期曲线的下包络线。这也正是为什么长期平均成本曲线有时候会被称为包络线。

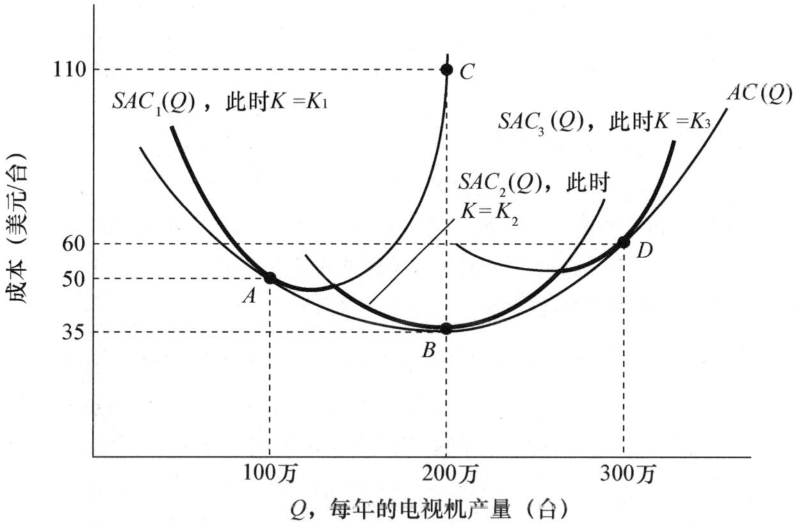

图 8－17　作为包络线的长期平均成本曲线

说明：除了点 A、点 B、点 D 外，短期平均成本曲线 $SAC_1(Q)$、$SAC_2(Q)$ 和 $SAC_3(Q)$ 都位于长期平均成本曲线 $AC(Q)$ 之上。这表明，除了工厂规模（K_1、K_2 或 K_3）最优值对应的产量外，短期平均成本总是高于长期平均成本。如果该企业在资本 K_1 固定不变的情况下每年生产 200 万台电视机，那么在短期，它会选择在点 C 运营。如果图中逐步包含更多的短期曲线，短期曲线的较粗扇形包络线会变得更平滑，最终与长期曲线一致。

□ 长期、短期平均成本和边际成本何时相同，何时不同

图 8－18 展示了图 8－17 中的曲线，还加入了长期边际成本曲线 $MC(Q)$ 和三条短期边际成本曲线 $SMC_1(Q)$、$SMC_2(Q)$ 和 $SMC_3(Q)$。图 8－18 展示了短期平均成本曲线与短期边际成本曲线之间、长期平均成本曲线与长期边际成本曲线之间的关系。如上所述，如果企业要生产 100 万台电视机，那么在长期，它会选择规模为 K_1 的工厂。因此，如果企业的工厂规模固定为 K_1，它在短期用于生产 100 万台电视机的投入组合就会与长期的一致。如果产量为 100 万台电视机，那么不仅 $SAC_1(Q)$ 与 $AC(Q)$ 相同（在点 A 处），而且 $SMC_1(Q)$ 与 $MC(Q)$ 也相同（在点 G 处）。

相似的关系出现在所有产量水平上。比如，如果企业的工厂规模固定为 K_3，那么，该企业在短期生产 300 万台电视机的效率将与在长期的一致。因此，$SAC_3(Q)$ 与 $AC(Q)$ 相同（在点 D 处），并且 $SMC_3(Q)$ 与 $MC(Q)$ 也相同（在点 E 处）。

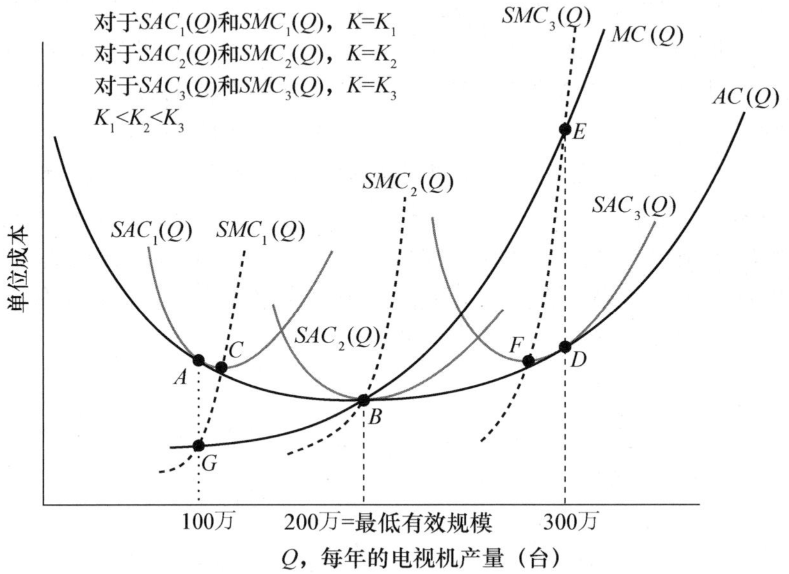

图 8－18　长期平均成本曲线、长期边际成本曲线和短期平均成本曲线、短期边际成本曲线之间的关系

说明：当企业的短期、长期平均成本相等时，它的短期、长期边际成本也一定相等。

图 8－18 还阐释了另外一个可能令你惊讶的短期平均成本曲线的特点。在短期、长期平均成本相等点所对应的产量处，短期平均成本曲线一般不会达到它的最小值。例如，在点 A，$SAC_1(Q)$ 与 $AC(Q)$ 相同，且都向下倾斜。$SAC_1(Q)$ 一定在下降，因为 $SMC_1(Q)$ 位于 $SAC_1(Q)$ 之下。$SAC_1(Q)$ 的最小值位于点 C，此时 $SMC_1(Q)$ 与 $SAC_1(Q)$ 相等。相似地，在点 D，$SAC_3(Q)$ 与 $AC(Q)$ 相同，且都向上倾斜。$SAC_3(Q)$ 一定在上升，因为 $SMC_3(Q)$ 位于 $SAC_3(Q)$ 之上。$SAC_3(Q)$ 的最小值位于点 F，此时 $SMC_3(Q)$ 与 $SAC_3(Q)$ 相等。

图 8－18 还说明，在短期、长期平均成本相等点所对应的产量上，短期平均成本曲线可能达到它的最小值。比如，在点 B，$SAC_2(Q)$ 和 $AC(Q)$ 相等，且它们都达到了最小值。$SAC_2(Q)$ 的斜率一定为 0，因为 $SMC_2(Q)$ 与 $SAC_2(Q)$ 在点 B 相交。

边做边学习题 8.4 ☞

短期、长期平均成本曲线之间的关系

我们回到边做边学习题 8.1、8.2、8.3 中的生产函数：$Q=50\sqrt{LK}$。

问题：

对于该生产函数，当资本固定为 $\overline{K}$、投入价格 $w=25$ 美元/单位、$r=100$ 美元/单位时，其短期平均成本曲线是什么？画出资本 $\overline{K}=1$ 美元/单位、$\overline{K}=2$ 美元/单位和 $\overline{K}=4$ 美元/单位对应的短期平均成本曲线。

解：

在边做边学习题 8.3 中，我们推出了该生产函数对应的短期总成本曲线：$STC(Q)=Q^2/(100\overline{K})+100\overline{K}$。因此，短期平均成本曲线就是 $SAC(Q)=Q/(100\overline{K})+100\overline{K}/Q$。图 8－19 展示了$\overline{K}=1$、$\overline{K}=2$ 和 $\overline{K}=4$ 对应的短期平均成本曲线。它还展示了该生产函数的长期平均成本曲线（从边做边学习题 8.2 中推出）。短期平均成本曲线是 U 形的，而长期平均成本曲线（一条水平线）则是短期平均成本曲线的下包络线。

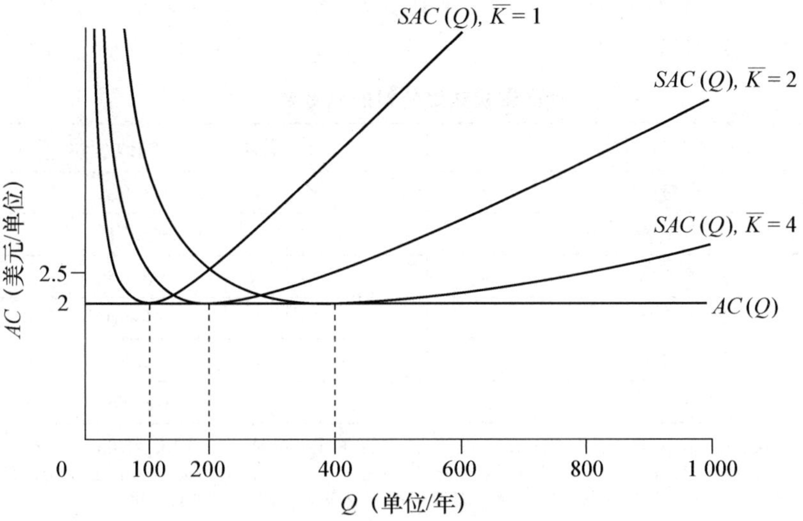

图 8－19　长期和短期平均成本曲线

说明：长期平均成本曲线 $AC(Q)$ 是一条水平线。它是短期平均成本曲线的下包络线。

相似习题：8.23，8.27

案例 8.5

追踪铁路成本

在 2003—2006 年，美国铁路面临着与日俱增的运行速度方面的抱怨。截止到 2006 年，美国地面运输委员会（负责监督美国铁路的机构）主席要求美国七大铁路公司每家提交一份如何处理服务瓶颈的计划。据行业观察者报道，部分问题源于 20 世纪 80 年代和 90 年代出售或者丢弃了 55 000 英里轨道造成的过度精简。

对铁路服务质量的担忧及其与铁路采用的轨道数量之间有何关联，这些都可能使你对铁路成本如何取决于这些因素感到好奇。当铁路公司增加它的轨道数量时，它的总可变成本是否会下降？如果会，比率又是多少？更快的服务会引起成本上升还是下降？

20 世纪 80 年代，布罗伊蒂加姆（Braeutigam）、多尔蒂（Daughety）和特恩奎斯特（Turnquist）关于铁路成本的研究为回答上面的问题提供了一些参考。① 布罗伊蒂加姆

① Ronald Braeutigam，Andrew Daughety，and Mark Turnquist，"A Firm-Specific Analysis of Economics of Density in the U. S. Railroad Industry，" *Journal of Industrial Economics* 33 (September 1984)：3-20. 铁路公司的身份保持匿名以确保数据的机密性。

等人从一家大型铁路公司获得装运成本、投入价格、产量和服务速度的数据。在他们的研究中，总可变成本是铁路公司每月的劳动、燃料、维修、轨道车、机车和其他用品的成本总和。你可以把轨道的英里数看作一项固定投入，类似于我们之前讨论的资本。一家铁路公司不可能即时变更它的轨道数量或质量以适应每月都在变化的运载量，因此，我们必须把轨道作为一项固定投入。

表 8-6 展示了假设以下变化对总可变成本的影响：增加 10%交通运输量（每月的火车运输量），火车轨道的数量（以英里计算），服务速度（装载火车每天的英里数），燃料、劳动和设备的价格。①

表 8-6　　什么影响铁路公司的总可变成本

10%的增加量	总可变成本的改变量（%）
产量	+3.98
轨道里程	−2.71
服务速度	−0.66
燃料价格	+1.90
劳动价格	+5.25
设备价格	+2.85

资料来源：Adapted from Table 1 of R. R. Braeutigam, A. F. Daughety, and M. A. Turnquist, "A Firm-Specific Analysis of Economies of Density in the U. S. Railroad Industry," *Journal of Industrial Economics* 33 (September 1984): 3-20. 各种因素的百分比变化是指相对于布罗伊蒂加姆等人的研究时期的变化。

表 8-6 涵盖了一些有趣的发现。第一，随着总产量的增加和投入价格的提高，总可变成本提高。这与你之前在本章和第 7 章中学过的理论是一致的。第二，随着固定投入量的增加，总可变成本降低（正如我们在边做边学习题 8.3 中所论述的）。在保持产量和服务速度不变的情况下，增加轨道里程（或者保持里程不变，提升轨道的质量）会降低铁路公司在可变投入（比如劳动和燃料）上的花费。例如，拥有了更多的轨道（保持产量和速度不变），铁路公司就可以降低其火车干线和火车站的拥挤度。结果，它就可能需要更少的调度员（即，更少的劳动）来控制火车的运输。第三，提升平均速度也可能降低成本。尽管这一影响并不明显，但是它表明，提升平均速度不仅使铁路乘客获益，而且使铁路公司的可变成本降低。对于这家铁路公司来说，高速会降低劳动的雇用量（例如，运载既定数量货物需要更少的列车乘务员），同时提高铁路机车的燃油效率。

布罗伊蒂加姆等人还通过这家铁路公司的轨道里程来评估长期总成本曲线和长期平均成本曲线。这里的轨道里程是指，在产量 Q 下，总可变成本和总固定成本（总固定成本即，在既定的轨道里程下，企业拥有者每月的机会成本）的最小值。图 8-20 展示了布罗伊蒂加姆等人使用这种方法估测出的长期平均成本函数。它还展示了不同轨道里程数量对应的两条短期平均成本曲线（轨道里程数用布罗伊蒂加姆等人观测数据中的相应平均里程数表示）。在图 8-20 中，产量单位以最低有效规模的百分比表示；在所研究的时间里，这家铁路公司制造的平均产量大约是最低有效规模的 40%。因此，这项

① 在这项研究中，随着时间的推移，铁路公司的轨道里程被调整以反映轨道质量的改变。

研究表明，增加交通运输量与调整轨道里程都会在一个很宽的产量范围内降低铁路公司的平均生产成本。

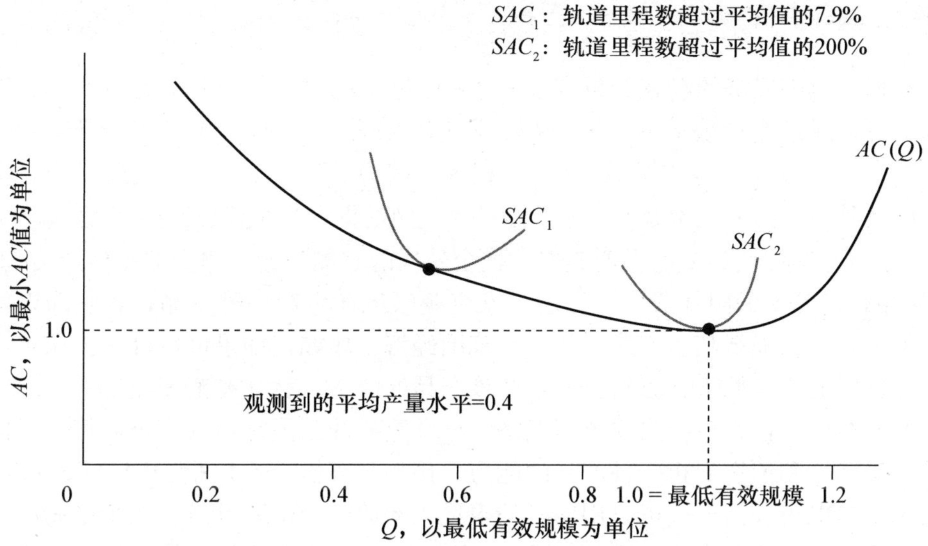

图 8-20　某家铁路公司的长期和短期平均成本曲线

说明：两条短期平均成本曲线 SAC_1 和 SAC_2 对应不同的轨道数量（以观测数据中的相应轨道平均值表示）。成本曲线表明，如果该铁路公司调整轨道数量，就可以在一个高于当前生产水平的很宽的产量范围内降低单位成本。正如我们之前见过的其他此类的 U 形成本曲线，长期曲线 $AC(Q)$ 是这些短期曲线的下包络线。

8.3 成本专题

□ 范围经济

本章一直关注的是生产一种产品或服务的企业的成本曲线。然而，在现实中，许多企业生产不止一种产品。对于生产两种产品的企业，其总成本取决于企业生产的第一种产品的数量 Q_1 和企业生产的第二种产品的数量 Q_2。我们使用表达式 $TC(Q_1, Q_2)$ 来表示企业的成本如何随 Q_1 和 Q_2 的变化而变化。

在某些情况下，当生产不止一种产品时，企业更有效率。也就是说，相比两家生产单一产品的企业，一家生产两种产品的企业可以以更低的总成本来制造和销售它的产品。这被称作**范围经济**（economies of scope）。从数学角度而言，出现以下情况就会出现范围经济：

$$TC(Q_1, Q_2) < TC(Q_1, 0) + TC(0, Q_2) \tag{8.1}$$

公式（8.1）右侧表达式中的 0 表明，单一产品企业生产的产品数量大于零，企业不生产其他产品。这种表达式有时被称为生产产品 1 和产品 2 的**独立成本**（stand-alone costs）。

范围经济：一家企业生产既定数量的两种产品的总成本低于在两家生产单一产品的企业中分别生产这些产品的总成本的情况。

独立成本：一家单一产品企业生产一种产品时的成本。

直观地，范围经济的存在告诉我们，"多样化"比"专业化"更有效率。关于这一点，我们可以通过变形公式（8.1）从数学角度来看，即 $TC(Q_1, Q_2) - TC(Q_1, 0) < TC(0, Q_2) - TC(0, 0)$。这与公式（8.1）相等，因为$TC(0, 0) = 0$；也就是说，生产数量为 0 的两种产品的总成本是 0。这个公式的左侧是指，当企业已经生产 Q_1 单位产品 1 时，其生产 Q_2 单位产品 2 的附加成本。这个公式的右侧是指，当企业不生产 Q_1 时，其生产 Q_2 单位产品 2 的附加成本。假定一家企业已经在生产一种产品，若它能以较低成本再将另一种产品加至其生产线，就存在范围经济。比如，如果可口可乐公司生产一种樱桃味软饮料的成本低于一家新公司生产该产品的成本，就存在范围经济。

人们不禁要问，为何会出现范围经济？一个重要的原因是：一家企业拥有可以运用公共投入来制造和销售不止一种产品的能力。例如，英国天空广播公司（BSkyB）——一家英国卫星电视公司——可以用同样的卫星来播放一个新闻频道、几个电影频道、几个体育频道和几个综合娱乐频道。① 那些专门转播单一频道的公司都要有一颗绕地球轨道运行的卫星。英国天空广播公司分享一颗公共卫星，这使它相比那些单一频道的公司节约了数亿美元。我们再看一个例子：欧洲隧道。它长 31 英里；穿过英吉利海峡，连接起法国加来和英国多佛。欧洲隧道包含了公路和轨道交通。如果建立两条独立的隧道（一条是公路，另一条用于轨道交通），那么建立和运行费用会比包含两种交通形式的单一隧道昂贵得多。

案例 8.6

耐克的范围经济

范围经济的一个重要来源是营销。如果一家企业在某一生产线上拥有信誉卓著的品牌名称，有时它引进额外产品的成本就会比一家公司独立经营的成本更低。这是因为，当顾客不太确信一种产品的质量时，他们通常会从这种产品的品牌名称推断它的质量。这就使得拥有卓越品牌信誉的企业在引进新产品时更具优势，因为它不用像没有卓越品牌信誉的企业那样在广告上进行大量投入。这是范围经济的一个例子。

耐克是具有非凡品牌信誉的一家企业。出现在耐克运动鞋和运动服上的标志——"钩形"商标，是现代社会最具标志性的商标之一。耐克的"钩形"商标非常容易识别，所以在播放电视广告的时候，耐克根本就不用提及它的名字，它很有信心地确定消费者知道正在宣传的是谁的产品。为了维持它的品牌，耐克每年大约花费 12%的总收入进行营销。这包括广告费，还有用于支付体育联赛、球队（比如西班牙足球队，巴塞罗那足球俱乐部）和诸如勒布朗·詹姆斯这样的运动员的代言费。耐克还要花钱以便成为重大事件的官方供应商，比如 2008 年北京奥运会或者欧洲足球锦标赛。例如，2006 年，

① 英国天空广播公司是鲁伯特·默多克新闻集团的一家子公司。

耐克报告，它欠了诸多运动员和组织22.5亿美元的代言费。

从最初的运动鞋向运动服装方面的品牌延伸，耐克做得非常成功。这种成功使耐克的这两项产品多年来都在全球市场中独占鳌头。在20世纪90年代末期，耐克把注意力转向了运动设备市场方面，引进了诸如曲棍球棒和高尔夫球之类的产品。尽管没有人能否认耐克过去在运动鞋和运动服市场上的成功，但是生产一个高质量的曲棍球棒或一个创新的高尔夫球与制造运动鞋或慢跑服却大为不同。因此，耐克似乎不太可能在研发和生产设计方面达到范围经济。

然而，耐克希望通过强大的品牌信誉、与运动设备零售商的紧密联系以及与专业运动员（比如泰格·伍兹）的特殊关系来实现营销的范围经济。耐克计划研发一些创新的运动设备，然后运用其卓越的品牌信誉和与零售业的关系使消费者相信它的产品优于现有的产品。接下来，耐克就可以引进这些新产品，而它的引进成本要比独立经营公司引进相同产品的成本低得多。

营销方面的范围经济可以非常有效，但有一定的制约性。强大的品牌信誉可以引导消费者尝试一项产品，但如果它的效果令人失望或它的质量低劣，它想要渗入市场或获得重复购买就非常困难了。耐克在运动设备市场的初次涉猎就阐明了这一风险。当耐克初次引进溜冰鞋和冰刀生产线时，它们都遭受了质量问题。

在拓展范围经济方面，名人代言也是一个有效的方法，但也有风险。2007年，亚特兰大老鹰队四分卫维克由于在家里举行斗狗比赛而遭到起诉。此时，他正在代言耐克的产品。耐克立刻暂停了它与维克的合同，并且立刻下架了与维克相关的所有产品。在2009年年末，当维克结束了18个月的监狱服刑并回到美国职业橄榄球大联盟效力时，耐克和他签订了一个新的代言合同。在2009年年末，伍兹被曝光有几段婚外情之后，他的私生活丑闻爆发。在2010年年初，伍兹请假离开职业高尔夫协会巡回赛。在丑闻爆发之后，伍兹代言产品的许多公司就迅速与他终止了合同。耐克是宣布愿意与伍兹继续合作的少数公司中的一家，它宣称“伍兹成为耐克公司的一部分已经十多年了。他是全世界最好的高尔夫运动员，而且是他这一时期最伟大的运动员之一。我们期待着他的回归。”

截止到2010年，在运动设备行业，耐克还没有达到它期待的主导地位。耐克总收入的50%左右来自鞋类，30%来自服装类。来自运动设备的收入仅占其收入的6%。然而，耐克的表现仍然是可圈可点的。运动设备市场历来都是高度分散的，到目前为止还没有一家企业实现过耐克立志要做的目标：提供从运动鞋到溜冰鞋、从高尔夫球到足球等所有种类的产品。耐克不仅为此在做，而且耐克拥有全部的产品种类。无疑，大量不同类型运动项目的体育明星对耐克产品的使用就是很好的证明。与此同时，这一现象已不是仅停留在体育明星对耐克产品的使用上，而是反映了耐克在市场营销中获得的范围经济：“钩形”标志的魅力。

□ 经验经济：经验曲线

干中学和经验曲线

规模经济是指起因于在既定时点生产大量产品的成本优势。**经验经济**（economies

of experience）是指，由在一个延续的时间段中积累的经验所带来的成本优势（又称干中学）。这就是我们将本书中的习题命名为“边做边学习题”的原因——希望大家通过做习题学好微观经济学。

经验经济：由在一个延续的时间段中积累的经验所带来的成本优势（又称干中学）。

经验经济出现的原因有以下几个。通过重复操作特定的工作，工人可以提高他们的效率。在制造过程中，工程师能够积累专业技能，并完善他们的设计。在不断深化的生产过程中，企业对处理和加工材料变得更加熟练。学习的好处通常是获得更高的劳动生产率（每单位劳动投入获得更多的产出）、更少的缺陷和更高的材料收益（每单位原材料投入获得更多的产出）。

经验经济可以用描述平均可变成本与累计产量之间关系的**经验曲线**（experience curve）来描述。① 一家企业在任意既定时间的累计产量就是在该点之前它所生产的历史产品总和。比如，如果波音公司某种喷气式飞机的产量在 2001 年为 30 架、2002 年为 45 架、2003 年为 50 架、2004 年为 70 架并且 2005 年为 60 架，那么在 2006 年年初，它的累计产量就是 30＋45＋50＋70＋60，即 255 架。平均可变成本与累计产量的代表性关系是 $AVC(N)=AN^B$，这里 AVC 代表产品的平均可变成本，N 代表累计产量。在这个公式中，A 与 B 是常量，$A>0$，B 是 −1 与 0 之间的负数。常量 A 表示第一生产单位的平均可变成本，B 代表**经验弹性**（experience elasticity）：累计产量每增加 1%，平均可变成本变化的百分比。

经验曲线：平均可变成本与累计产量之间的关系。它被用于描述经验经济。
经验弹性：累计产量每增加 1%，平均可变成本变化的百分比。

通过积累经验实现的成本降低程度通常用**经验曲线的斜率**（slope of the experience curve）表示。② 它告诉我们，当累计产量翻倍时，平均可变成本下降为初始水平的百分之多少。③ 例如，如果让一家企业的半导体累计产量翻倍，就会使其平均可变成本从 10 美元/兆字节降至 8.5 美元/兆字节，我们就可以说，该半导体经验曲线的斜率是 85%，这是因为平均可变成本降至其初始成本的 85%。用公式表示即

$$\text{经验曲线的斜率}=\frac{AVC(2N)}{AVC(N)}$$

经验曲线的斜率和经验弹性是系统相关的。如果经验弹性等于 B，斜率就是 2^B。图 8－21 展示了三条有不同斜率的经验曲线：90%、80%和 70%。斜率越小，经验曲线就“越陡峭”（也就是说，随着企业积累经验，平均可变成本下降得越快）。尽管如此，但是请注意，这三条曲线最终都趋于平缓。例如，在产量超过 $N=40$ 以后，无论经验曲

① 经验曲线也叫作学习曲线。

② 经验曲线的斜率也叫作进步率。

③ 请注意，这里使用的“斜率”一词，并非我们经常所说的直线的斜率的概念。

线的斜率是多少，经验的增加对平均可变成本的影响都非常小。在这一点，大多数经验经济都失效了。

经验曲线的斜率：当累计产量翻倍时，平均可变成本下降为初始水平的百分之多少。

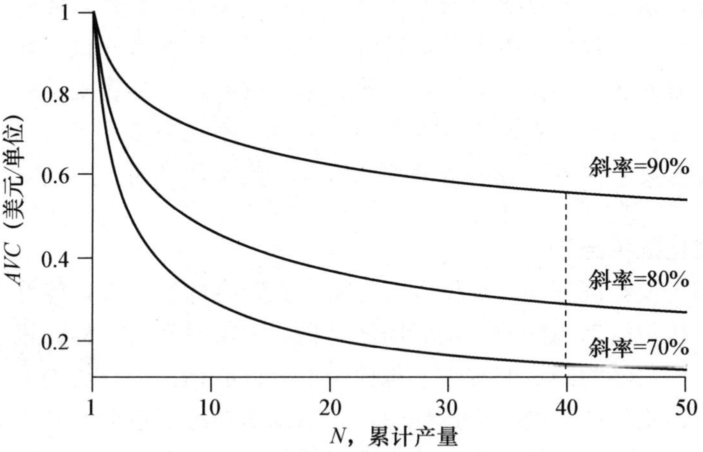

图 8-21　不同斜率的经验曲线

说明：斜率越小，经验曲线"越陡峭"，平均可变成本随累计产量增加下降得越快。但是，无论斜率是多少，一旦经验足够丰富（比如，N=40），经验的额外增加就不会再使平均可变成本大量下降。

许多产品的经验曲线的斜率都被测算过。斜率的中位数在 80%左右。这表明：对代表性企业，累计产量每翻倍一次，其平均可变成本就会降至初始值的 80%。然而，斜率因企业和产业的不同而不同。在给定的生产过程中，任意一家企业享有的斜率一般在 70%～90%，但也可能低至 60%，或者高达 100%（即，没有经验经济）。

案例 8.7

排放控制的经验曲线

在实际的生产技术中存在许多经验曲线的例子。半导体、商用和军用飞机机体以及商船等产品的制造都已被证明受益于经验经济。

但是经验经济也出现在那些或许不怎么显眼的生产中。其中一个例子就是电力公司的排放控制技术。鲁宾（Rubin）等人评估了两项广泛应用于电力行业的污染控制技术的经验曲线：一项是用于减少二氧化硫排放量的烟气脱硫技术，另一项是用于减少氮氧化物排放量的选择性催化还原系统。① 以这两项技术在 30 年内的产量和排放量数据为依据，他们计算了累积经验对运营和维护这些排放控制系统的成本的影响。烟气脱硫系统的经验曲线的斜率为 89%，而选择性催化还原系统的斜率为 88%。在 1983—1996

① Edward, Rubin, Sonia Yeh, David Hounshell, and Margaret Taylor, "Experience Curves for Power Plant Emissions Control Technologies," *International Journal of Energy Technology and Policy* 2 (1-2) (2004): 52-69.

年，烟气脱硫技术的累积经验的增加系数大约是 5。这相当于累积经验的 2.3 个“翻倍”。① 已知经验曲线的斜率为 89%，这使得 1996 年的运营和维护成本大约等于 1983 年运营和维护成本的 76%。②

这个结果对公共政策意义重大。各国政府都在讨论不同的政策（比如总量管制与交易以及烟尘排放税）以解决温室气体排放问题。减少温室气体排放量的一个方法是二氧化碳捕获和封存，该技术与这里所研究的技术存在许多相似之处，因此它也可能获益于经验经济。如果经验经济被忽略不计，通过捕获和封存技术来降低温室气体排放量的成本的估计值就会言过其实，同时，采用这些技术的收益，或者说是发展经验经济的投资额，也将会被低估。因此，在制定气候变化政策时，不仅要考虑采用一项排放控制技术的当前成本，而且要考虑累积经验对那些未来成本产生的影响。

经验经济对比规模经济

经验经济与规模经济不同。规模经济是指，在既定的时间点，能够在较大规模下以更低的单位成本执行活动的能力。经验经济是指，随着时间的推移，累积经验带来的单位成本的降低。即使经验经济非常小，规模经济也可能相当大。这种情况很可能发生在那些成熟的资本密集型产品的生产过程中，如铝制易拉罐制造业。同样地，即使规模经济非常小，经验经济也可能相当大。这种情况很可能发生在复杂的劳动密集型产品的生产（如手工生产）过程中。

如果不能正确区分规模经济和经验经济，企业在市场份额的收益方面就有可能无法得出正确的推论。例如，如果一家企业因规模经济而具有很低的平均成本，现有规模下的减产就会导致单位成本上升。如果很低的平均成本源于累积经验，那么在不增加平均成本的前提下，企业或许可以降低现有产量。

8.4 估测成本函数

假设你想估测，在不同的产量或投入价格下，一家电视机生产商的总成本是如何变化的，该怎么做呢？想要解决这个问题，你可能就要估测经济学家所说的**总成本函数**（total cost function）。总成本函数是一个表明总成本如何随影响它的因素变化而变化的数学关系式。这些影响因素有时被叫作**成本驱动因素**（cost driver）。本章的大部分内容都在分析两个主要的成本驱动因素：投入价格和规模（产量）。在前面的讨论中，我们还介绍了另外两个成本驱动因素：范围（企业生产的产品种类）和累积经验。

总成本函数：一个表明总成本如何随影响它的因素（包括产量和投入价格）变化而变化的数学关系式。

成本驱动因素：影响或者驱动总成本或平均成本的因素。

① 想要找出 5 代表的累积经验的“翻倍”值，我们可以解方程 $2^x=5$，得出 $x=2.3$。

② 我们根据该文的注释 $(0.89)^{2.3}=0.76$ 得出这一结果。

在估测成本函数时，经济学家首先收集企业或工厂在某一特定时间的横截面数据。一家电视机生产商的横截面可能包括生产商或者生产设备在特定年份的一个样本，比如2010年。在每一次的横截面测试中，你可能需要关于总成本和成本驱动因素的信息。在分析中，要考虑的成本驱动因素通常依照所进行的研究而定。在电视机制造业，对解释长期中的平均成本行为而言，规模、累积经验、劳动工资、原材料价格和资本成本都可能是重要的驱动因素。

一旦收集到总成本和成本驱动因素的数据，就可以应用统计技术来建立一个估测的总成本函数。经济学家最常用的一项技术就是多重回归。这一技术背后的基本思想是找出最适合可用数据的函数。

□ 常弹性成本函数

当你使用多重回归来估测成本函数时，一个重要的问题是选择一个能把相关的因变量（这里指总成本）与相关的自变量（比如，产量和投入价格）结合起来的函数形式。一种常见的函数形式是：**常弹性成本函数**（constant elasticity cost function），它反映总成本、产量和投入价格之间的关系。对一个涉及两种投入（资本和劳动）的生产过程，常弹性长期总成本函数为 $TC=aQ^bw^cr^d$，这里 a、b、c 和 d 都是正的常数。我们常用对数将其转换成线性关系：$\log TC=\log a+b\log Q+c\log w+d\log r$。在这种形式下，我们就可以使用多重回归来估测正常数 a、b、c 和 d。

常弹性成本函数：一个总成本与相应产量和投入价格之间弹性不变的成本函数。

我们之前已讨论过：常弹性成本函数有一个很有用的特性，那就是常数 b 是总成本的产出弹性。类似地，常数 c 和常数 d 分别是关于劳动和资本的价格的长期总成本弹性。正如我们前面所看到的，这些弹性都必须为正值，这是因为投入价格的上升会提高长期总成本。我们之前还知道，如果 w 和 r 以一个既定比例增加，长期总成本也会以相同的比例增加。这就表明，在保持长期总成本最小的条件下，对估测的长期总成本函数来说，常数 c 和常数 d 必须加起来等于1（即 $c+d=1$）。这一限制很容易引入多重回归分析。

□ 超越对数成本函数

常弹性成本函数没有考虑随 Q 增加平均成本先降低再上升的可能性（即先是规模经济，然后是规模不经济）。**超越对数成本函数**（translog cost function）则考虑了这种可能性。它假定总成本的对数与投入价格和产出的对数之间是二次关系。超越对数成本函数的方程式是

$$\log TC=b_0+b_1\log Q+b_2\log w+b_3\log r+b_4(\log Q)^2+b_5(\log w)^2+b_6(\log r)^2$$
$$+b_7(\log w)(\log r)+b_8(\log w)(\log Q)+b_9(\log r)(\log Q)$$

这一看起来令人生畏的表达式有很多有用的特性。首先，对来自任意生产函数的成本函数，它都是一个很好的近似值。因此，如果我们不知道生产函数的具体函数方程（这也是惯例），超越对数可能就是具体成本函数的一个很好的选择。此外，平均成本函数也

可能是 U 形的。因此，它考虑的既有规模经济也有规模不经济。例如，图 8－20（案例 8.5）中的短期平均成本函数曲线就被估测为超越对数函数。还要注意，如果$b_4=b_5=b_6=b_7=b_8=b_9=0$，超越对数成本函数就被化简为常弹性成本函数。所以，常弹性成本函数是超越对数成本函数的一个特殊形式。

超越对数成本函数：假定总成本的对数与投入价格、产出的对数之间存在二次关系的成本函数。

案例 8.8

估测支付处理服务的规模经济

无论是银行在线支付、银行账户之间的资金转移，还是从一方到另一方的证券转让，这些纸上交易都在迅速地被互联网和个人电脑网络上的数字交易代替。在这些系统中，最重要的部分是由美国联邦储备局操控的。联邦电子资金转账系统是银行间的电子结算系统。美联储电信证券（之前是记账式）系统为股票和债券交易提供了一个相似的服务。2008 年，这些项目的总交易达 1.5 亿次，总价值超过了 1 100 万亿美元。

美联储支付系统的另一个主要部分是自动票据交换所（ACH）。在自动票据交换所上进行的交易包括直接的薪水存款、社会保障福利支付、供应商的支付、直接借记的抵押贷款和税收。2000 年，共进行了 48 亿次的交易。2008 年这一数字就攀升至 180 亿次，总价值超过了 30 万亿美元。

美联储服务的巨大规模也引出了一个问题：它的支付处理服务是否具有规模经济的特性？亚当斯（Adams）等人利用超越对数成本函数对 1990—2000 年的这三项服务进行了估测。① 他们发现，在这三项服务中，都存在规模经济的明显证据。这表明，如果美国联邦储备局和它的小型竞争者具有同样的技术，面临相同的投入价格，那么联邦储备局的平均成本低于它的小型竞争者。换句话说，如果小型竞争者想抵消联邦储备局基于规模的成本优势，这些竞争者就需要有更高的技术（比如更好的软件）或者面临更低的投入要素价格。

发现规模经济的意义还体现在以下方面：联邦储备局对其电子转账服务的定价方式。购买这些服务的美国银行支付的价格等于联邦储备局的平均成本。随着系统的与时俱进，假定要素价格保持不变，那么美联储对其服务的要价也应该随之下降。事实上，20 世纪 90 年代就是这样的。这表明，美联储的顾客（美国的银行），或许还包括它的顾客的顾客（也就是，和这些银行打交道的家庭），都会从支付处理服务的规模经济中获益。

① Robert Adams, Paul Bauer, and Robin Sickles, "Scale Economies, Scope Economies, and Technical Change in Federal Reserve Payment Processing," *Journal of Money, Credit and Banking* 36, no. 5 (October 2004): 943-958.

本章小结

● 长期总成本曲线展示出最低的总成本如何随产量的变化而变化。(边做边学习题 8.1)

● 投入要素价格的提高使长期总成本曲线向上旋转，该曲线也必然经过点 $Q=0$。

● 长期平均成本是指企业每单位产量的成本。它等于总成本除以总产量。(边做边学习题 8.2)

● 长期边际成本是指长期总成本随相应产量变化的变化率。(边做边学习题 8.2)

● 长期边际成本可以低于、高于或者等于长期平均成本，这取决于长期平均成本随产量增加而降低、增加还是保持不变。

● 规模经济是指随着产量的增加，长期平均成本降低。规模经济的出现是由于生产单位的物理特性、劳动的分工以及投入的不可分割。

● 规模不经济是指随着产量的增加，长期平均成本提高。规模不经济的一个主要源泉就是管理不经济。

● 最低有效规模是指长期平均成本曲线达到最低时的最小产量。

● 若出现规模经济，则规模报酬递增；若出现规模不经济，则规模报酬递减；若既没有规模经济也没有规模不经济，则规模报酬不变。

● 总成本的产出弹性度量了规模经济的程度：它是指产量变化 1%时的总成本变化百分比。

● 短期总成本曲线告诉我们产量、投入价格和固定投入水平函数的最小总成本。(边做边学习题 8.3)

● 短期总成本是以下两项之和：总可变成本和总固定成本。

● 除了在固定投入水平实现成本最小化对应的产量处外，短期总成本总是高于长期总成本。

● 短期平均成本是平均可变成本和平均固定成本之和。短期边际成本是对应产量下的短期总成本的变化率。

● 长期平均成本曲线是短期平均成本曲线的下包络线。(边做边学习题 8.4)

● 生产既定数量的两种产品，如果单一企业的生产成本低于每家都生产单一产品的两家企业的成本之和，就存在范围经济。

● 当平均可变成本随累计产量增加而降低时，经验经济就会存在。经验曲线告诉我们，平均可变成本如何随累计产量的变化而变化。这一现象的强弱通常用经验曲线的斜率来表述。

● 成本驱动因素是指诸如产量或者投入要素价格这些能够影响成本水平的因素。

● 两个常见的用于估测现实世界成本函数的函数形式是常弹性成本函数和超越对数成本函数。

复习题

1. 企业长期成本最小化问题的解与长期总成本曲线存在何种关系？

2. 投入要素价格的增加通常都会使生产任一特定产量的长期总成本增加。说明原因。

3. 如果劳动的价格增加 20%，但是其他所有投入要素的价格均保持不变，那么生产某一特定产量的长期总成本的增加量会超过 20%、少于 20%抑或精确地达到 20%？如果所有投入价格都增加 20%，那么长期总成本的增加量会超过 20%、少于 20%抑或精确地达到 20%？

4. 劳动价格增加会使长期平均成本曲线发生怎样的移动？

5. a) 如果平均成本曲线正在上升，那么边际成本曲线一定位于平均成本曲线之上吗？根据你的回答解释原因。

b）如果边际成本曲线正在上升，那么边际成本曲线一定位于平均成本曲线之上吗？根据你的回答解释原因。

6. 画出在图 8-11 中展示的“平底的”长期平均成本曲线的长期边际成本曲线。

7. 总成本的产出弹性可能为负值吗？

8. 为什么短期边际成本曲线一定与平均可变成本曲线在平均可变成本曲线的最低点处相交？说明原因。

9. 假定平均可变成本曲线的曲线图是平直的，那么短期边际成本曲线的形状如何？短期平均成本曲线的形状又如何？

10. 假定短期平均成本的最小值对任何可能的产量规模都是一致的，那么对长期平均成本曲线和长期边际成本曲线的形状来说，这一信息意味着什么？

11. 范围经济和规模经济的区别是什么？对一家生产两种产品的企业来说，它有可能存在范围经济却不会发生规模经济吗？一家企业有可能存在规模经济却不发生范围经济吗？

12. 什么是经验曲线？经验经济和规模经济的区别是什么？

习　题

8.1　下面这个未完成的表格展示的是一家企业生产 1～6 单位产品时的不同成本。尽可能填写表格。如果无法填写，请解释无法填写的原因。

Q	*TC*	*TVC*	*TFC*	*AC*	*MC*	*AVC*
1	100					
2		160				
3			20			
4				95		
5					170	
6						120

8.2　下面这个未完成的表格展示的是一家企业生产 1～6 单位产品时的不同成本。尽可能填写表格。如果无法填写，请解释无法填写的原因。

Q	*TC*	*TVC*	*TFC*	*AC*	*MC*	*AVC*
1				100		
2		50	30			
3					10	
4						30
5						
6	330				80	

8.3　下面这个未完成的表格展示的是一家企业生产 1～6 单位产品时的不同成本。尽可能填写表格。如果无法填写，请解释无法填写的原因。

Q	TC	TVC	TFC	AC	MC	AVC
1	18					
2						10
3					16	
4	66					
5			10	18		
6		108				

8.4 下面这个未完成的表格展示的是一家企业生产 1～6 单位产品时的不同成本。尽可能填写表格。如果无法填写，请解释无法填写的原因。

Q	TC	TVC	TFC	AC	MC	AVC
1	20				10	
2				18		
3						15
4		72				
5					30	
6	144					

8.5 一家企业使用劳动和资本生产产品，其生产函数为 $Q=LK$。与该生产函数对应的边际产量分别为 $MP_L=K$，$MP_K=L$。假设劳动的价格为 2 美元/单位，资本的价格为 1 美元/单位。请推导长期总成本曲线和长期平均成本曲线的方程式。

8.6 某企业的长期总成本曲线为 $TC(Q)=1\,000Q^2$。请推导相应的长期平均成本曲线 $AC(Q)$。在既定的长期平均成本曲线下，下面哪一项的陈述是正确的？

a）对所有的正数 Q，长期边际成本曲线 $MC(Q)$ 位于 $AC(Q)$ 之下。

b）对所有的正数 Q，长期边际成本曲线 $MC(Q)$ 与 $AC(Q)$ 一样。

c）对所有的正数 Q，长期边际成本曲线 $MC(Q)$ 位于 $AC(Q)$ 之上。

d）对某些正数 Q，长期边际成本曲线 $MC(Q)$ 位于 $AC(Q)$ 之下；对某些正数 Q，则位于 $AC(Q)$ 之上。

8.7 某企业的长期总成本曲线为 $TC(Q)=1\,000Q^{\frac{1}{2}}$。请推导相应的长期平均成本曲线 $AC(Q)$。在既定的长期平均成本曲线下，下面哪一项的陈述是正确的？

a）对所有的正数 Q，长期边际成本曲线 $MC(Q)$ 位于 $AC(Q)$ 之下。

b）对所有的正数 Q，长期边际成本曲线 $MC(Q)$ 与 $AC(Q)$ 一样。

c）对所有的正数 Q，长期边际成本曲线 $MC(Q)$ 位于 $AC(Q)$ 之上。

d）对某些正数 Q，长期边际成本曲线 $MC(Q)$ 位于 $AC(Q)$ 之下；对某些正数 Q，则位于 $AC(Q)$ 之上。

8.8 某企业的长期总成本曲线为 $TC(Q)=1\,000Q-30Q^2+Q^3$。请推导相应的长期平均成本曲线的表达式，并在图上画出来。当产量 Q 为何值时，达到最低有效规模？

8.9 某企业的长期总成本曲线为 $TC(Q)=40Q-10Q^2+Q^3$，它的长期边际成本曲线为 $MC(Q)=40-20Q+3Q^2$。在哪一产量范围下，生产函数表现出规模经济？在哪一范围下，它表现出规模不经济？

8.10 写出下面每一个总成本函数对应的总固定成本、平均可变成本、边际成本（如果没有给出）的表达式，并画出平均总成本曲线和边际成本曲线。

a) $TC(Q)=10Q$。

b) $TC(Q)=160+10Q$。

c) $TC(Q)=10Q^2$，$MC(Q)=20Q$。

d) $TC(Q)=10\sqrt{Q}$，$MC(Q)=5/\sqrt{Q}$。

e) $TC(Q)=160+10Q^2$，$MC(Q)=20Q$。

8.11 企业生产产品的投入为劳动和资本。其生产函数为 $Q=LK$。与之相应的边际产量为 $MP_L=K$，$MP_K=L$。我们用 $w=1$、$r=1$ 分别表示劳动和资本的价格。

a) 推出该企业的长期总成本曲线关于 Q 的方程式。

b) 当资本为固定的 5 单位（即 $\overline{K}=5$）时，解该企业的短期成本最小化问题。推导该企业的短期总成本曲线关于 Q 的方程式，并将之与长期总成本曲线画在同一张图上。

c) 当 $w=1$、$r=4$ 时，长期和短期总成本曲线的图像将如何变化？

d) 当 $w=4$、$r=1$ 时，长期和短期总成本曲线的图像将如何变化？

8.12 某企业使用劳动和资本生产产品。其生产函数为 $Q=\min(L, K)$。我们用 w 和 r 分别代表劳动和资本的价格。

a) 推出该企业的长期总成本曲线关于产量 Q、投入价格 w 和 r 的方程式。

b) 当资本为固定的 5 单位（即 $\overline{K}=5$）时，解该企业的短期成本最小化问题。推导该企业的短期总成本曲线关于 Q 的方程式。将该曲线与长期总成本曲线画在同一张图上（此时 $w=1$，$r=1$）。

c) 当 $w=1$、$r=2$ 时，长期和短期总成本曲线的图像将如何变化？

d) 当 $w=2$、$r=1$ 时，长期和短期总成本曲线的图像将如何变化？

8.13 某企业使用劳动和资本生产产品。其生产函数为 $Q=L+K$。与之相应的边际产量为 $MP_L=1$，$MP_K=1$。我们用 $w=1$、$r=1$ 分别表示劳动和资本的价格。

a) 当劳动和资本的价格分别为 $w=1$ 和 $r=1$ 时，推导该企业的长期总成本曲线关于产量 Q 的方程式。

b) 当资本为固定的 5 单位（即 $\overline{K}=5$）且 $w=1$、$r=1$ 时，解该企业的短期成本最小化问题。推导该企业的短期总成本曲线关于 Q 的方程式，并将之与长期总成本曲线画在同一张图上。

c) 当 $w=1$、$r=2$ 时，长期和短期总成本曲线的图像将如何变化？

d) 当 $w=2$、$r=1$ 时，长期和短期总成本曲线的图像将如何变化？

8.14 考虑下面这个两种投入（劳动和资本）的生产函数，$Q=(\sqrt{L}+\sqrt{K})^2$。其相应的边际产量分别如下：

$$MP_L=[L^{\frac{1}{2}}+K^{\frac{1}{2}}]L^{-\frac{1}{2}}$$

$$MP_K=[L^{\frac{1}{2}}+K^{\frac{1}{2}}]K^{-\frac{1}{2}}$$

同时 $w=2$，$r=1$。

a) 假设企业要生产 Q 单位产品。求：成本最小化下的劳动数量是如何取决于产量 Q 的，成本最小化下的资本数量是如何取决于产量 Q 的？

b) 推出该企业的长期总成本曲线方程。

c) 推出该企业的长期平均成本曲线方程。

d) 当资本为固定的 9 单位（即 $\overline{K}=9$）时，解该企业的短期成本最小化问题。

e) 推出该企业的短期总成本曲线，并将之与长期总成本曲线画在同一张图上。

f) 找出相应的短期平均成本曲线。

8.15 每一辆三轮车必须按照 3 个车轮和 1 个车架进行生产。我们用 Q 表示三轮车的数量，用 W 表示车轮的数量，用 F 表示车架的数量。车轮的价格为 P_W，车架的价格为 P_F。

a) 生产三轮车的长期总成本曲线 $TC(Q, P_W, P_F)$ 是什么？

b）三轮车的生产函数 $Q(F, W)$ 是什么？

8.16 一家帽子加工企业以劳动和资本作为投入，其生产函数为 $Q=\min(4L, 7K)$，也就是说，它具有一个固定比例的生产函数。如果 w 是每单位劳动的成本，r 为每单位资本的成本，请推导该企业关于投入价格和 Q 的长期总成本曲线及平均成本曲线的表达式。

8.17 一家包装企业的生产函数如下：$Q=KL+K$，同时 $MP_L=K$，$MP_K=L+1$。假定该企业的最优投入组合是内部的（即，两种投入的数量都为正值）。推导它关于投入价格 w 和 r 的长期总成本的表达式。证明：当投入价格翻倍时，总成本也会翻倍。

8.18 某企业拥有线性生产函数 $Q=3L+5K$，且 $MP_L=3$，$MP_K=5$。推导该企业关于产量 Q 与要素价格 w 和 r 的长期总成本曲线的表达式。

8.19 某企业使用两种投入：劳动和资本。劳动的价格为 w，资本的价格为 r。企业的长期总成本为 $TC(Q)=w^{\frac{1}{5}}r^{\frac{4}{5}}Q$。根据这一方程，下面哪一项变化会使长期总成本曲线向上旋转的程度更大些：w 增加 10%，抑或 r 增加 10%？根据你的答案，解释说明该企业偏资本密集型还是偏劳动密集型。

8.20 当一家企业使用 K 单位资本和 L 单位劳动时，它在生产函数 $Q=K\sqrt{L}$ 下可以生产 Q 单位产品。每单位资本花费 20 美元，每单位劳动花费 25 美元，K 的值固定在 5 单位。

a）推出该企业的短期总成本曲线方程式。

b）在一张图上画出该企业的短期平均成本。

8.21 当一家企业使用 K 单位资本和 L 单位劳动时，它在生产函数 $Q=\sqrt{L}+\sqrt{K}$ 下可以生产 Q 单位产品。每单位资本花费 2 美元，每单位劳动花费 1 美元。

a）K 值固定为 16 单位，假设 $Q\leqslant 4$，企业的短期总成本将是多少？（提示：企业需要多少劳动?）

b）K 值固定为 16 单位，假设 $Q>4$，推出该企业的短期总成本曲线的表达式。

8.22 考虑具有三种投入（劳动、资本和原材料）的生产函数：$Q=LKM$。该生产函数相应的边际产量分别为：$MP_L=KM$，$MP_K=LM$ 且 $MP_M=LK$。同时 $w=5$，$r=1$，$m=2$，这里 m 是指每单位原材料的价格。

a）假定企业要生产 Q 单位产品。问：成本最小化时的劳动数量是如何取决于 Q 的？成本最小化时的资本数量是如何取决于 Q 的？成本最小化时的原材料是如何取决于 Q 的？

b）推出该企业的长期总成本曲线的方程式。

c）推出该企业的长期平均成本曲线的方程式。

d）假定企业要生产 Q 单位产品，但是它的资本数量固定在 50 单位（即 $\overline{K}=50$）。成本最小化下的劳动数量如何取决于产量 Q？成本最小化下的原材料如何依赖于产量 Q？

e）当资本的数量固定在 50 单位（即 $\overline{K}=50$）时，推出短期总成本曲线的方程式，并将之与长期总成本曲线画在一张图上。

f）推出相应的短期平均成本曲线的方程式。

8.23 生产函数为 $Q=KL+M$，其边际产量分别为：$MP_K=L$，$MP_L=K$，$MP_M=1$。投入 K、L 和 M 的价格分别为 4 美元/单位、16 美元/单位和 1 美元/单位。企业在进行长期运营。那么，企业生产 400 单位产量的长期总成本为多少？

8.24 生产函数为 $Q=KL+M$，其边际产量分别为：$MP_K=L$，$MP_L=K$，$MP_M=1$。投入 K、L 和 M 的价格分别为 4 美元/单位、16 美元/单位和 1 美元/单位。企业在进行短期运营，且 K 值固定为 20 单位。那么，企业生产 400 单位产量的短期总成本为多少？

8.25 生产函数为 $Q=KL+M$，其边际产量分别为：$MP_K=L$，$MP_L=K$，$MP_M=1$。投入 K、L 和 M 的价格分别为 4 美元/单位、16 美元/单位和 1 美元/单位。企业在进行短期运营，且 K 值固定为 20 单位，M 值固定为 40 单位。那么，企业生产 400 单位产量的短期总成本为多少？

8.26 已知一个短期总成本曲线方程式：$STC(Q)=1\,000+50Q^2$。推导相应的短期平均成本曲线、平均可变成本曲线和平均固定成本曲线的表达式，并一一绘出图形。

8.27 一家生产硬盘驱动器的厂商的短期总成本曲线为 $STC(Q)=\overline{K}+Q^2/\overline{K}$。在同一坐标系中，绘出三种不同工厂规模下的短期平均成本曲线：$\overline{K}=10$、$\overline{K}=20$ 和 $\overline{K}=30$。根据该图，长期平均成本曲线的形状是怎样的？

8.28 图 8-18 表明，短期边际成本曲线也可能位于长期边际成本曲线的上方。但是，在长期，全部投入的数量是在不断变化的，而在短期，只有部分投入的数量是可变的。鉴于此，为什么在所有产出水平下，短期边际成本并不总是小于长期边际成本？

8.29 下面的图像展示了某企业的长期平均成本曲线和长期边际成本曲线。它也展示了两个固定资本水平下的短期边际成本曲线：$K=150$ 和 $K=300$。对每一工厂规模，画出相应的短期平均成本曲线，并简要解释你那么画的原因以及它是如何与其他曲线保持一致的。

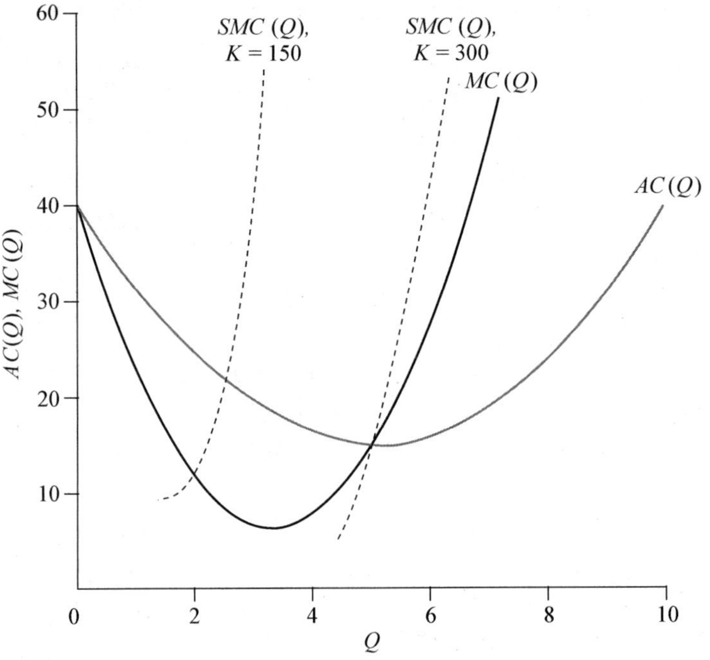

8.30 假设提供卫星电视服务的总成本如下：

$$TC(Q_1,Q_2)=\begin{cases}0，如果 Q_1=0，Q_2=0\\1\,000+2Q_1+3Q_2，其他\end{cases}$$

这里 Q_1 和 Q_2 分别表示订购体育频道和电影频道的家庭用户数量。卫星电视服务的提供表现出范围经济吗？

8.31 某家铁路公司有两项服务：货运业务和客运业务。货运业务的单独成本是 $TC_1=500+Q_1$，这里 Q_1 等于每天实现的货运服务（吨英里数量），TC_1 是每天的总成本（以千美元计）。客运服务的单独成本是 $TC_2=1\,000+2Q_2$，这里 Q_2 等于每天实现的客运服务（乘客里程数），TC_2 是每天的总成本（以千美元计）。当该铁路公司同时提供这两项服务时，它的总成本是 $TC(Q_1，Q_2)=2\,000+Q_1+2Q_2$。客运业务和货运业务的提供呈现出范围经济吗？

8.32 假定生产某一特定类型的半导体的经验曲线的斜率为 80%。又假定在五年的时间里，累积生产经验的增长系数为 8。在这段时间内，投入价格保持不变。在这段时间的开始，平均可变成本是 10 美元/单位。假设在任意的时间点，平均可变成本都与产出水平无关。那么在这五年的末尾，你的平均可变成本的最好估测是多少？

8.33 一家铁路公司提供货运和客运服务。下面这个表格展示了长期的年总成本 $TC(F, P)$，这里 P 度量客运量，F 度量货运量。比如，$TC(10, 300)=1\,000$。判断当 $F=10$、$P=300$ 时，该铁路公司是否存在范围经济。简要地阐明原因。

货运和客运服务的年总成本

		P，客运服务单位	
		0	300
F，货运服务的单位	0	成本=0	成本=400
	10	成本=500	成本=1 000

8.34 一位研究员声称已经估测了汽车生产的长期总成本函数。他的估测结果为 $TC(Q, w, r)=100w^{-\frac{1}{2}}r^{\frac{1}{2}}Q^3$，$w$ 和 r 是指劳动和资本的价格。这是一个有效的成本函数吗（即它是否与企业的长期成本最小化一致）？解释你的理由。

8.35 一家企业拥有两个生产零部件的工厂。这两个工厂生产完全相同的产品，每个工厂（i）的生产函数为 $Q_i=\sqrt{K_iL_i}$，$i=1$，2。但是在短期这两个工厂需要的资本设备数量不同。特别地，工厂 1 的 $K_1=25$，而工厂 2 的 $K_2=100$。投入 K 和 L 的价格是 $w=r=1$。

a）假设生产经理被要求生产 Q 单位产品并实现短期总成本最小化。尽管 Q 是外生的，但是经理可以选择有多少产品在工厂 1（Q_1）生产、有多少产品在工厂 2（Q_2）生产，只要 $Q_1+Q_2=Q$ 就可以了。每个工厂应该生产多少产品？

b）当产量在两个工厂之间最优分配时，估算企业的短期总成本曲线、短期平均成本曲线和短期边际成本曲线。第 100 个零部件的边际成本是多少？第 125 个零部件的边际成本是多少？第 200 个零部件的边际成本是多少？

c）在长期，企业应该如何在这两个工厂之间分配生产？推出该企业的长期总成本曲线、长期平均成本曲线和长期边际成本曲线。

附录：谢泼德引理与对偶性

□ 什么是谢泼德引理

我们对比一下边做边学习题 7.4 和 8.1 中的计算。两者都适用于生产函数 $Q=50\sqrt{KL}$。投入需求函数是

$$K^*(Q,w,r)=\frac{Q}{50}\sqrt{\frac{w}{r}}$$

$$L^*(Q,w,r)=\frac{Q}{50}\sqrt{\frac{r}{w}}$$

长期总成本函数为

$$TC(Q,w,r)=\frac{\sqrt{wr}}{25}Q$$

Q 和 r 保持固定不变，长期总成本函数是如何随劳动价格 w 的变化而变化的？在相应的劳动价格下，长期总成本曲线的变化率等于劳动需求函数：

$$\frac{\partial TC(Q,w,r)}{\partial w}=\frac{Q}{50}\sqrt{\frac{r}{w}}=L^*(Q,w,r) \qquad (A8.1)$$

相似地，在相应的资本价格下，长期总成本曲线的变化率等于资本需求函数：

$$\frac{\partial TC(Q,w,r)}{\partial r}=\frac{Q}{50}\sqrt{\frac{w}{r}}=K^*(Q,w,r) \qquad (A8.2)$$

在公式（A8.1）和公式（A8.2）中总结的关系并不是同时存在的。它们反映了长期总成本函数和投入需求函数的整体关系。这一关系就是著名的**谢泼德引理**（Shephard's Lemma）。它表明，在相应的投入要素价格下，长期总成本函数的变化率等于对应的投入要素需求函数。① 从数学上来看，

$$\frac{\partial TC(Q,w,r)}{\partial w}=L^*(Q,w,r)$$

$$\frac{\partial TC(Q,w,r)}{\partial r}=K^*(Q,w,r)$$

谢泼德引理：长期总成本函数和投入需求函数的关系：在相应的投入要素价格下，长期总成本函数的变化率等于对应的投入要素需求函数。

谢泼德引理给我们这样的直觉：如果一家企业的工资增长率为1美元/小时，那么总成本的增加量（近似地）等于增加的1美元工资乘以当时正使用的劳动数量；也就是说，总成本的增长率应该近似等于劳动需求函数。我们说“近似地”，这是因为：如果企业最小化总成本，那么 w 增加将会使该企业降低其使用的劳动数量，增加资本数量。谢泼德引理告诉我们：对 w 足够小的变化（即 Δw 几乎接近0），我们就可以使用企业当前的劳动使用量估计企业增加的成本。

□ 对偶性

谢泼德引理的意义是什么呢？它为生产函数和成本函数提供了一个重要的联系，即我们在第7章附录中介绍的对偶性。相对于谢泼德引理，对偶性的作用原理是这样的：

- 谢泼德引理告诉我们，如果我们知道总成本函数，我们就可以推出投入需求函数。
- 反过来，正如我们在第7章的附录中所看到的，如果我们知道投入需求函数，我们也可以从推导过程中推出生产函数的特性（甚至可能推出生产函数的方程式）。

因此，如果知道总成本函数，我们总是可以从推导过程中“推出”生产函数。从这个意义上来说，成本函数对偶于（即联系于）生产函数。对任意生产函数，通过成本最小化问题，我们只能从中推出唯一的总成本函数。

这是一个很有价值的结论。通过数理统计方法估测某企业的生产函数比较困难。但是，对任一产品，关于投入价格和总成本的数据通常比投入数量的数据更容易得到。因此，在对规模经济的研究中，研究者通常利用谢泼德引理。他们估测成本函数，然后使用谢泼德引理和对偶性的逻辑来推断生产函数规模报酬的性质。

□ 谢泼德引理的证明

对固定的 Q，我们用 L_0 和 K_0 表示任意投入价格组合（w_0，r_0）下的成本最小化投入组合：

$$L_0=L^*(Q,w_0,r_0)$$

$$K_0=K^*(Q,w_0,r_0)$$

① 谢泼德引理也适用于短期总成本函数和短期投入需求函数之间的关系。因此，在本节的剩余部分，我们一般不会特别指明企业处于短期还是长期。但是，为了保持一致，在本章和第7章我们都使用“长期”这种记法。

现在我们定义一个关于 w 和 r 的函数，$g(w,r)$：

$$g(w,r)=TC(Q,w,r)-wL_0-rK_0$$

由于在 $w=w_0$，$r=r_0$ 时，(L_0, K_0) 是成本最小化投入组合，所以一定会有

$$g(w_0,r_0)=0 \tag{A8.3}$$

此外，对产量 Q，在除了 (w_0, r_0) 的其他投入价格 (w, r) 下，(L_0, K_0) 是可行的（但可能不是最优的）投入组合，那么一定会有

$$g(w,r)\leqslant 0,\ \text{对于}(w,r)\neq(w_0,r_0) \tag{A8.4}$$

条件（A8.3）和条件（A8.4）意味着，函数 $g(w, r)$ 在 $w=w_0$ 和 $r=r_0$ 处达到最大值。因此，在这些点处，它对应于 w 和 r 的偏导数一定为 0：①

$$\frac{\partial g(w_0,r_0)}{\partial w}=0\Rightarrow\frac{\partial TC(Q,w_0,r_0)}{\partial w}=L_0 \tag{A8.5}$$

$$\frac{\partial g(w_0,r_0)}{\partial r}=0\Rightarrow\frac{\partial TC(Q,w_0,r_0)}{\partial r}=K_0 \tag{A8.6}$$

但是由于 $L_0=L^*(Q, w_0, r_0)$，$K_0=K^*(Q, w_0, r_0)$，所以条件（A8.5）和条件（A8.6）表明

$$\frac{\partial TC(Q,w_0,r_0)}{\partial w}=L^*(Q,w_0,r_0) \tag{A8.7}$$

$$\frac{\partial TC(Q,w_0,r_0)}{\partial r}=K^*(Q,w_0,r_0) \tag{A8.8}$$

由于 (w_0, r_0) 是投入价格的可行组合，所以条件（A8.7）和条件（A8.8）适用于任意一对投入价格，而且这正是我们在证明谢泼德引理中想要展示的。

① 在本书的数学附录中，有更多关于使用偏导数来找出含有多个变量的函数的最优值的内容。

第 4 部分

完全竞争

第 9 章

完全竞争市场

一朵玫瑰就像是一朵玫瑰是一朵玫瑰一样

位于厄瓜多尔首都基多南部大约 140 千米处的内瓦多玫瑰种植公司（Nevado Ecuador），是一家鲜切玫瑰的生产商。① 厄瓜多尔白天温暖、夜间凉爽，再加上其干燥的空气、肥沃的火山土壤，最重要的是其充足而强烈的日光，使这里基本上成为种植高大繁茂玫瑰的完美沃土。在过去的 20 年里，随着鲜切玫瑰市场的全球化，厄瓜多尔已经跃至世界领先的鲜切玫瑰供应商之列。美国家庭每年大约购买 15 亿枝玫瑰，其中将近 4 亿枝玫瑰来自厄瓜多尔，这一数值仅次于来自哥伦比亚的（哥伦比亚每年大约向美国运送 9 亿枝玫瑰）。

一些人权活动家呼吁，公众应该关注童工的雇用以及由在玫瑰种植园中大量使用杀虫剂、杀菌剂和肥料造成的危险工作环境。内瓦多玫瑰种植公司就是这些人权活动家关注的产业之中的企业，但它的表现在这一产业中尤为突出。这家公司的口号是“有道德的玫瑰”。其对环境的可持续性的关注（比如，它放弃使用杀虫剂，同时使用有机物来代替化学肥料）以及对员工的人性化待遇都远近闻名（比如，它为员工提供助学贷款和

① 这个案例参考了许多资料：《玫瑰的背后——贫穷又不幸的工人》，载《纽约时报》（2003 年 2 月 15 日），http://www.nytimes.com/2003/02/13/us/behind-roses-beauty-poor-and-ill-workers.html?scp=4&sq=roses+ecuador&st=nyt（访问日期：2009 年 12 月 18 日）；罗斯·韦娜：《厄瓜多尔的姑娘》，载《琼斯母亲》（2003 年 1 月/2 月），http://motherjones.com/politics/2002/01/deflowering-ecuador（访问日期：2008 年 12 月 18 日）；《玫瑰是［不是］玫瑰》，载《奥杜邦杂志》（2008 年 1—2 月），http://www.audubonmagazine.org/（访问日期：2009 年 12 月 18 日）；《内瓦多玫瑰种植公司首创可烹饪食用的玫瑰》，载《国际花艺》（2009 年 12 月 8 日），http://www.floracultureinternational.com/index.php?option=com_content&view=article&id=1531:nevado-ecuador-launches-edible-culinary-roses&catid=52:business&Itemid=307（访问日期：2009 年 12 月 18 日）；以及内瓦多玫瑰种植公司的网站，http://www.nevadoecuador.com/en/index.html（访问日期：2009 年 12 月 18 日）。

职业培训)。

在当代商界，诸如星巴克和麦当劳这类拥有强烈社会责任感的企业，其规模通常都是很大的。内瓦多玫瑰种植公司是厄瓜多尔最大的玫瑰生产商之一，但与市场的整体规模相比，内瓦多玫瑰种植公司的生产规模就相形见绌了。在整个厄瓜多尔从事玫瑰种植的工人中，内瓦多玫瑰种植公司拥有的550名员工占据的比例还不到10%，而且它只是厄瓜多尔从事玫瑰种植行业的400多个成员中的一员。再加上厄瓜多尔的玫瑰种植商还要与哥伦比亚、美国以及世界上其他地区的对手竞争，所以说，内瓦多玫瑰种植公司只是生产鲜切玫瑰这一大规模的企业中的一分子。对一般的顾客（比如，在当地的花店购买新鲜玫瑰的美国顾客）来说，他们很少知晓而且可能毫不关心具体的种植商（尽管内瓦多玫瑰种植公司具有社会责任感）。用斯泰因（Gertrude Stein）的话来说，在最终消费者那里，“一朵玫瑰就像是一朵玫瑰是一朵玫瑰一样。”

毫无疑问，诸如内瓦多玫瑰种植公司这样的单个企业根本无法决定整个世界市场中鲜切玫瑰的价格。因此，内瓦多玫瑰种植公司面临的核心决策并非定价，而是在给定鲜切玫瑰的世界售价的情况下，决定应该生产多少玫瑰。这一售价并不是单个企业所能决定的，相反它是在成百上千企业的共同影响下形成的。

内瓦多玫瑰种植公司是在完全竞争市场上运营的公司中的一个特例。在完全竞争市场中，企业生产出的产品毫无差异，并以相同的价格售出。每家企业的产量相对于整体的市场需求来说，都是微不足道的，没有哪家企业可以影响到市场价格。

完全竞争之所以值得深入探究有两个原因。首先，现实市场中有许多像鲜切玫瑰产业一样的行业，比如，大多数农产品、诸多的矿产品（如铜和金）、金属加工、半导体以及油轮航运：它们都包含了许多小型企业。这些企业每家生产的产品几乎同质，获取行业资源的概率也近乎相同。本章的完全竞争理论将会帮助我们理解价格的决定机制以及进入与退出这些市场。其次，完全竞争理论为微观经济学的其他部分奠定了重要的基础。在之后研究诸如垄断和寡头垄断这些市场结构时，本章所探究的许多关键性概念（比如，边际收益和边际成本在产量决策中的重要作用）都会得到应用。

本章概要　在阅读和学习本章之后，你将会解决以下问题：

- 能够描述表示完全竞争市场的条件。
- 解释经济利润和会计利润之间的区别。
- 用图像阐释完全竞争企业实现利润最大化的条件。
- 用完全竞争企业利润最大化问题推导该企业的短期供给曲线。
- 用图像阐释一条平均非沉没曲线，并且解释非沉没固定成本的存在如何影响完全竞争企业的短期供给曲线。
- 根据单个企业的短期供给曲线建立整个市场的短期供给曲线。
- 对完全竞争市场进行短期均衡的比较静态分析。
- 指出短期和长期的区别。
- 陈述长期完全竞争均衡的条件。
- 给定市场需求曲线和代表性厂商的边际成本曲线和平均成本曲线，求出长期均衡价格、市场水平上的均衡需求量和供给量、处于均衡中的单个企业的供给量以及企业的均衡数量。

- 运用图像分别证明：在成本不变行业、成本递增行业以及成本递减行业中，市场的长期供给曲线的决定机制。
- 解释何为经济租金，同时用图像证明它在完全竞争均衡中是如何出现的。
- 定义并计算价格接受型企业的生产者剩余。
- 估测整个市场在短期均衡和长期均衡中的生产者剩余。
- 解释经济利润、生产者剩余和经济租金之间的区别。

9.1 什么是完全竞争

鲜切玫瑰市场是完全竞争市场的一个特例，内瓦多玫瑰种植公司是完全竞争企业中的一员。但究竟是什么使市场成为完全竞争市场？在完全竞争市场中企业的特别之处又是什么呢？

完全竞争市场具有以下四个特点：

(1) **分散型行业** (fragmented industry)。它包含许多买家和卖家。每一个买家的购买量都相当小，所以他们对市场价格的影响是微乎其微的。每个卖家的产量相对于市场需求来说都是微不足道的，他们对市场价格的影响也是微乎其微。此外，每个卖家的投入购买量也很小，他们对投入品价格的影响也难以察觉。鲜切玫瑰市场就是分散型市场的一个极好的例子。即使是诸如内瓦多玫瑰种植公司这样大的生产商，相对于整个市场规模来讲，也是微不足道的。从生产商处购买鲜切玫瑰的买家（批发商、零售商和花商）也是小而密集的。

(2) 企业生产**无差异产品** (undifferentiated products)。也就是说，无论谁生产产品，消费者对他们的感知都是别无二致的。当你在当地一家花店购买玫瑰时，无论它们是产自内瓦多玫瑰种植公司还是其他竞争者，你都不介意。由于你是如此，所以对花店和直接从种植者那里购买玫瑰的批发商来说也是如此。如果最终消费者看不出出自不同种植者之手的玫瑰有何差异，那么只要花农和批发商能够卖得最好的价钱，他们自然也不会介意从何处购买玫瑰。所以说，玫瑰是无差异产品的一个样品。

(3) 消费者对市场中所有卖家具有**完全价格信息** (perfect information about prices)。对玫瑰市场来说，的确如此。从种植者处购买玫瑰的批发商和花商对当前的价格都相当敏锐。这些消费者需要深入地熟悉价格，因为在决定从谁手中购买玫瑰时，价格是他们主要关注的因素。

(4) 行业的特点是可以**平等地获取资源** (equal access to resources)。所有企业（那些当前处于该行业的企业以及潜在的进入者）都可以获得相同的技术和投入。当企业需要的时候，它们可以雇用一些投入，比如劳动、资本以及原材料；当不需要的时候，它们又可以解除这些雇佣。这一特性在鲜切玫瑰行业是普遍成立的：对种植玫瑰的技术理解得很透彻，而且在运转良好的市场中，经营一家玫瑰种植公司所必需的关键投资（土地、温室、玫瑰花丛和劳动）是一应俱全的。

分散型行业：一个包含许多小型买家和卖家的行业；完全竞争行业的特质之一。

无差异产品：消费者感知相同的产品；完全竞争行业的特质之一。

完全价格信息：消费者对市场中所有卖家的报价拥有充分的信息；完全竞争行业的特质之一。

平等地获取资源：所有企业（那些当前处于该行业的企业以及潜在的进入者）都可以获得相同的技术和投入；完全竞争行业的特质之一。

这些特点对完全竞争市场如何运作具有三个启示：

- 第一个特点（分散型行业）表明卖家和买家都是**价格接受者**（price taker）。也就是说，当一家企业制定产量决策时，它认为该产品的市场价格是既定的；当一个买家决定购买时，他也认为该产品的市场价格是既定的。这一特点也表明，在决定投入量时，企业认为投入价格是固定的。①
- 第二个和第三个特点（企业生产无差异产品以及消费者具有完全价格信息）表明了**一价定律**（law of one price）：买家和卖家的所有交易以一个单一、相同的市场价格进行。由于所有企业的产品都被认为是无差异的，且所有卖家的价格都是众所周知的，所以消费者一定会以市场中的最低价格购得产品。在任何高价都不能卖出产品。
- 第四个特点（平等地获取资源）表明行业具有**自由进入**（free entry）的特点。也就是说，如果新的企业进入该行业有利可图，它们最终都会这么做。自由进入并不是说一家新的企业进入该行业无须花费成本，而是说它可以获得与现存企业相同的技术和投入。

价格接受者：一个卖家或者买家在制定产量决策（卖家）或者投资决策（买家）时，认为产品的价格是既定的。

一价定律：在完全竞争行业，买家和卖家的所有交易都以单一、相同的市场价格进行。

自由进入：任何潜在的进入者都可以获得与现存企业相同的技术和投入。

在本章中，我们将探究包含以下三个启示的完全竞争理论：企业的价格接受行为、行业中每家企业获取的共同市场价格、自由进入。为了使这一理论的展开条理有序，我们将按照以下三个步骤来安排我们对完全竞争的研究：

（1）首先，在下一节，我们研究价格接受型企业的利润最大化问题。

（2）其次，我们研究在行业包含固定数量（一个被假想为很大的数量，就像包含成百上千家企业的玫瑰行业一样）的企业时，共同的市场价格是如何制定的。这被称为完全竞争市场的短期均衡分析。

（3）最后，我们探究自由进入如何影响市场价格。这被称为完全竞争市场的长期均衡分析。

一旦完成了以上所有步骤，我们就建成了一个连贯的完全竞争理论。在第 10 章，我们将运用这一理论去探究完全竞争市场如何促进资源配置和经济价值的创造。

---

① 我们在第 7 章和第 8 章分析投入选择和成本函数时始终贯穿这一假设。

案例 9.1

完全竞争的鲶鱼养殖

鲜切玫瑰的生产是完全竞争市场中的一个很好的案例。另外一个很好的案例是鲶鱼养殖。我们把鲶鱼的生产说成养殖而非捕捞，这一点可能看起来很奇怪，但养殖是这一过程的一个贴切描述（指作为水产养殖）。

在越南，鲶鱼养殖约占整个水产养殖的 50%。2007 年，越南生产了 120 万吨鲶鱼，大部分产自南部湄公河三角洲地区的养殖场。①

过去，养殖场尝试了很多生产方法，但是，今天大部分鲶鱼都养在小农场的池塘里，而不是笼子里。美国使用类似的生产方法，鲶鱼被饲养在面积为 10～15 英亩的池塘中。在美国，鲶鱼养殖是一个大产业，尤其是对位于密西西比河三角洲的各州而言。

2005 年，美国的鲶鱼养殖户的销售额达到 4.6 亿美元，雇佣人数超过 10 000。在美国，鲶鱼养殖占美国所有水产养殖产品收入的 1/3 以上。

鲶鱼养殖满足完全竞争的所有条件：

- 该行业高度分散。仅在阿肯色州，就有 120 多家鲶鱼养殖场；在密西西比州，有 350 多家；在整个美国，有 1 000 多家鲶鱼养殖场。②
- 鲶鱼养殖户生产的几近是无差异的产品。在最终消费者看来，任何一家养殖场生产的鲶鱼都是其他任何一家生产的鲶鱼的完全替代品。
- 鲶鱼养殖户把他们的产品卖给加工厂或者直接卖给诸如超市和餐馆之类的零售商。卖家和买家清楚地知道当前的价格，并且关于价格的信息也很容易得到。
- 最后，鲶鱼养殖的技术被理解得很透彻，而且很容易获取。同时，进入该行业的资金要求也不高，许多人都可能拥有建立一家鲶鱼养殖场的必要资金。③

完全竞争市场不是一个容易繁荣的行业。正如我们所见，当这类行业有利可图时，新的进入者总是会出现。最近，这一点就出现在了鲶鱼养殖行业。2004—2008 年，越南的鲶鱼出口量增加了两倍多④，这给了市场价格一个下行的压力，并对美国鲶鱼养殖户施加了压力。

由于投入价格的提高，美国的鲶鱼养殖行业受到重创。鲶鱼养殖的一个关键投入是由玉米和大豆制作的饲料。正如我们在第 2 章的引言里所叙述的那样，美国的玉米价格自 2006 年就开始上涨，而且乙醇生产商对玉米需求的与日俱增，又进一步导致玉米价格更大程度的上升。对鲶鱼行业来说，鲶鱼的饲料价格大约上涨了 33%。

这不足为奇，美国的鲶鱼养殖户已经试图通过政治体系来解决他们的麻烦。2002

① "Striped catfish aquaculture in Viet Name: A decade of unprecedented development," Nguyen Thanh Phuong and Dang Thi Hoang Oanh. Ch. 7 in S. S. De Silva and F. B. Davy (eds.), *Success Stories in Asian Aquaculture*, Springer Science + Business Media B. V. 2009, on the web at http://www.idrc.ca/en/ev147122-201-1-DO_TOPIC.html.

② 美国农业部，水产养殖普查，表 8，2005 年，http://www.agcensus.usda.gov/Publications/2002/Aquaculture/aquacen2005_08.pdf（访问日期：2009 年 12 月 21 日）。

③ "肯塔基州的鲶鱼养殖"，肯塔基州立大学，水产养殖项目，http://www.ksuaquaculture.org/PDFs/Publications/Catfish.pdf（访问日期：2009 年 12 月 21 日）。

④ Anson, Adam, "The Changing Shape of U. S. Farm-Raised Catfish," TheFishSite.com, http://www.thefishsite.com/articles/744/the-chanin-shape-of-us-farmraised-catfish（访问日期：2009 年 12 月 21 日）。

年，美国国会颁布标签法规要求越南鲶鱼用不同的名称来标示（比如，南亚小鲨鱼）。

此外，作为反倾销诉讼的结果，美国对从越南进口的鲶鱼征收关税。我们将会在第10章研究政府干预对竞争市场的影响。

9.2 价格接受型企业的利润最大化

我们通过研究价格接受型企业实现最大经济利润的决策机制来开启完全竞争市场的分析之旅。然而，为了做到这一点，我们需要简单地探讨一下何为经济利润。

□ 经济利润与会计利润

在第7章，我们辨别了经济成本与会计成本。经济成本度量的是企业用于生产和销售其产品的资源的机会成本，会计成本度量的是企业用于生产和销售其产品的历史开支。

现在，我们将**经济利润**（economic profit）和会计利润做一个类似的区别：

经济利润＝销售收入－经济成本

会计利润＝销售收入－会计成本

也就是说，经济利润是企业的销售收入和其全部经济成本（包括所有相关的机会成本）之间的差值。为了阐释得更加清楚，现在我们来考虑由其所有者经营的一家小型咨询公司。2010年，该公司赚取100万美元的收入，供应品开支和雇佣劳动花去了85万美元。所有者最佳的外出就业机会是，为另一家公司工作并赚取20万美元的年薪。该企业的会计利润是100－85＝15(万美元)。企业的经济利润要扣除所有者原有的机会成本，所以该企业的经济利润为100－85－20＝－5(万美元)。事实上，该企业赚得了－5万美元的经济利润。也就是说，这位所有者经营这家企业获取的收入，比他采纳最佳外出就业选择的收入还要低5万美元。或许我们也可以这么说，这家公司“毁坏”了所有者5万美元的财富：所有者经营自己的业务可能比选择外出少赚取5万美元的收入。

经济利润：企业的销售收入和其全部经济成本（包括所有相关的机会成本）之间的差值。

为支付其收购的资本（比如，建筑物、机器和计算机），企业必须使用其所有者的资金，我们用相似的逻辑来解释这一资金成本。为了阐释得更加清楚，我们再次回到小型咨询公司的案例中，但是要修改一下这个故事。假设这家公司由一位投资者所有，他不参与公司的日常管理（因此，我们无须担心所有者的时间机会成本）。该所有者从他的积蓄中拿出200万美元用于购买启动这项商业的资本（比如，一幢办公楼、计算机、电话和传真机）。假设这位所有者关于这笔资金的最优消费选择是把它投资于年回报率是10%（即每年20万美元）的股票和债券组合中。那么这位所有者把资金投入咨询公司就期待着公司每年至少能够赚取20万美元的会计利润。如果这家咨询公司产生的会计利润低于20万美元，企业的经济利润就为负值。像之前一样，假定企业的年收入为

100 万美元，供应品和劳动开支为 85 万美元，那么企业每年的会计利润就是 15 万美元，但是其经济利润则是 100－85－20＝－5(万美元)。这一负的经济利润表明，该公司产生的财政收入不如下面的方法所赚取的收益：企业的所有者把他的财务资源投资到其最优替代选择中。相反，如果咨询公司的会计利润超过了所有者所要求的 20 万美元的最低收益，公司的经济利润就为正值，同时表明公司赚取的财务收入超过了所有者选择最优替代投资赚取的收益。

无论何时探讨利润最大化问题，我们提及的都是经济利润的最大化。无论是内瓦多玫瑰种植公司、可口可乐公司还是微软公司，只要它是为了所有者的利益，经济利润都是一个合适的目标。

案例 9.2

财富的创造者和摧毁者

一个广泛用于度量经济利润的指标就是由思腾思特（Stern Stewart）公司创造的一个术语——**经济增加值**（economic value added，EVA）。为了计算经济增加值，思腾思特公司先计算一家公司的会计利润，然后扣除企业投资者要求的关于投资资本的最低收益。经济增加值为正的企业，其投资资本的收益超过了投资者要求的最低值。相反，经济增加值为负的企业则没能超过投资者要求的最低收益。经济增加值持续为正的企业为其所有者创造了财富：这反映在股价上，公司的市场价值将会超过公司的投资资产。相反，经济增加值持续为负的企业则会摧毁所有者的财富：公司的市场价值将低于其资产的投资成本。

思腾思特公司通过其子公司——EVA Dimensions 公司定期、广泛地追踪了世界上许多公司的经济增加值。表 9-1 和表 9-2 展示了几家知名的美国公司在 2009 年 9 月的经济增加值。① 埃克森美孚的经济利润比前 12 个月增加了 244 亿美元。微软的经济利润达 116 亿美元，事实上，自 1986 年起，它每年的经济利润都为正值。

表 9-1　　2009 年 10 大财富创造者

公司	经济增加值（百万美元）
埃克森美孚	24 444
微软	11 589
雪佛龙	10 419
阿尔特里亚	9 094
沃尔玛	7 650
通用电气	7 544
强生	5 395
默克	5 294
菲利普·莫里斯	4 791
苹果	4 612

① 感谢贝内特·斯图尔特和思腾思特公司的子公司 EVA Dimensions 公司的杨凌为我们提供数据。

表 9-2　　2009 年十大财富摧毁者

公司	经济增加值（百万美元）
摩根士丹利	−5 746
捷迪迅光电	−6 781
自由港-麦克莫兰	−7 030
斯普林特	−7 114
威瑞森	−7 744
戴文能源	−8 370
福特汽车	−10 474
美国电话电报	−11 386
花旗集团	−27 787
美国国际集团	−50 066

相反，一些知名企业的经济利润却为负值。比如，福特汽车公司的经济利润超过了−104 亿美元。很明显，它的收益并没有达到所有者要求的最低收益。结果，它摧毁了股东的财富。2009 年，由于 2008—2009 年的金融危机，表现最差的公司多是银行和保险公司（其中，美国国际集团保险公司最差）。

经济增加值：一个广泛使用的经济利润的度量指标，它等于公司的会计利润减去企业投资者要求的投资资本的最低收益。

□ 价格接受型企业利润最大化的产出选择

现在我们可以研究寻求经济利润最大化的价格接受型企业的问题了。假设该企业生产和销售的产量都为 Q，它的经济利润（用 π 表示①）$\pi = TR(Q) - TC(Q)$，这里 $TR(Q)$ 指从销售数量 Q 中获得的总收益，$TC(Q)$ 表示生产数量 Q 的总经济成本。总收益等于市场价格 P 乘以企业的产量 Q：$TR(Q) = P \times Q$。总成本 $TC(Q)$ 是我们在第 8 章中探讨的总成本曲线；它表明生产 Q 单位产出的总成本。

由于企业是价格接受者，它认为自己的产量决策对市场价格的影响微乎其微，因此，它认为市场价格 P 是既定的。它的目标就是选择一个产量 Q 以实现总利润的最大化。

为了阐释企业的这一问题，我们假设一个玫瑰种植者期望鲜切玫瑰的市场价格是 $P = 1$ 美元/枝。表 9-3 展示了不同产量水平下的总收益、总成本和利润；图 9-1（a）绘出了这些数据。

表 9-3　　价格接受型玫瑰生产商的总收益、总成本和利润

Q（千枝玫瑰/月）	$TR(Q)$（千美元/月）	$TC(Q)$（千美元/月）	π（千美元/月）
0	0	0	0
60	60	95	−35

① 经济学家通常使用希腊字母 π 来表示利润。在本书中，π 并不表示几何中的数值 3.14。

续前表

Q（千枝玫瑰/月）	$TR(Q)$（千美元/月）	$TC(Q)$（千美元/月）	π（千美元/月）
120	120	140	−20
180	180	155	25
240	240	170	70
300	**300**	**210**	**90**
360	360	300	60
420	420	460	−40

图 9－1（a）表明，在 $Q=300$（即每月生产 30 万枝玫瑰）时，利润达到最大。它还表明，总收益的图像是一条斜率为 1 的直线。因此，当 Q 增加时，企业的总收益就会以等于市场价格（1 美元）的固定比率上升。

对任何企业（无论是否为价格接受者），总收益相对于产量的变化比值叫作**边际收益**（marginal revenue，MR）。它通过 $\Delta TR/\Delta Q$ 来表示。对价格接受型企业而言，每额外增加一单位销售量就会使总收益增加，增加量等于市场价格，也就是说，$\Delta TR/\Delta Q=P$。因此，对价格接受型企业来说，边际收益等于市场价格，或者 $MR=P$。

边际收益： 总收益相对于产量的变化比值。

我们在第 8 章已了解了，边际成本（MC）是成本随着产量变化而变化的比率，可以用类似于边际收益的方法来定义：$MC=\Delta TC/\Delta Q$。图 9－1 表明，在产量 $Q=60$ 和利润最大化产量 $Q=300$ 之间，生产更多的玫瑰会增加利润。在这个范围内增加产量，总收益的增加速度要高于总成本的增加速度：$\Delta TR/\Delta Q>\Delta TC/\Delta Q$；或者 $P>MC$。当 $P>MC$ 时，玫瑰生产商每增加一枝玫瑰的产量，利润就增加 $P-MC$，即这额外一枝玫瑰的边际收益与边际成本的差值。

图 9－1 表明，当数量 $Q>300$ 时，生产更少的玫瑰才能增加利润。在这个范围内，减少产量可使总成本的降低速度高于总收益的降低速度，也就是说，边际收益低于边际成本；或者 $P<MC$。当 $P<MC$ 时，生产商每减少一枝玫瑰的产量，它的利润就会增加 $MC-P$，即这额外一枝玫瑰的边际收益与边际成本的差值。①

无论是 $P>MC$ 还是 $P<MC$，如果生产商能够增加利润，那么这些不等式约束下的产量就都没有达到利润最大化。所以，在利润最大化产量处，一定有

$$P=MC \tag{9.1}$$

公式（9.1）告诉我们：价格接受型企业在生产产量 Q^* ——边际成本等于市场价格——时可以实现利润最大化。

图 9－1（b）解释了这一条件。玫瑰种植者的边际收益曲线是一条市场价格等于 1 美元的水平直线。利润最大化的产量是 $Q=300$，此时边际收益曲线与边际成本曲线相交。这告诉我们，当玫瑰生产商面临每枝鲜切玫瑰 1 美元的市场价格时，它的利润最大

① 或者，相当于每额外生产一枝玫瑰利润减少 $P-MC$。

化决策就是每月生产并销售 30 万枝鲜切玫瑰。

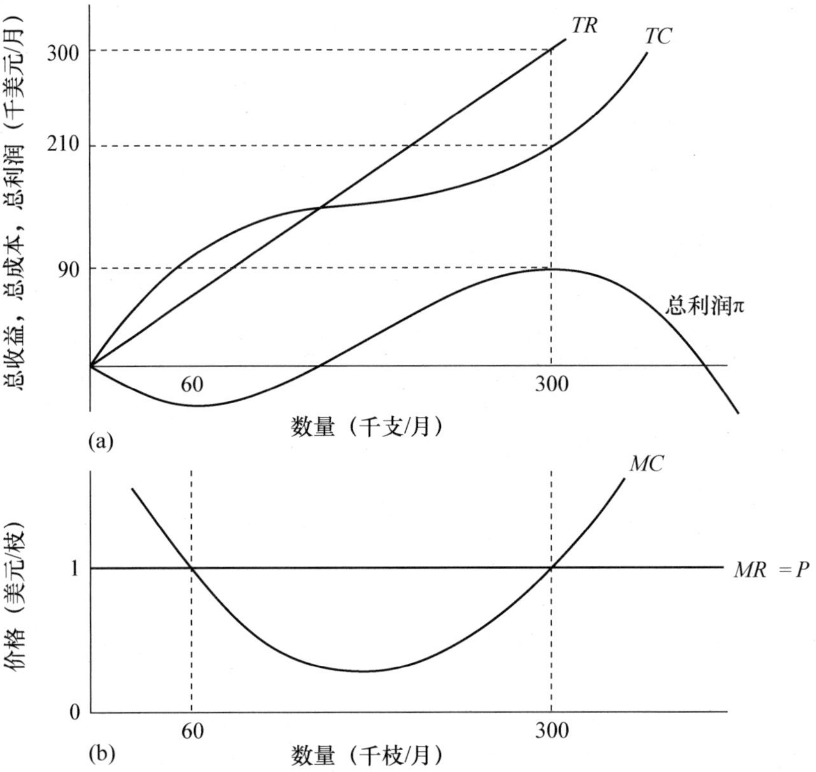

图 9-1　价格接受型企业的利润最大化

说明：图（a）展示了当玫瑰的年产量 $Q=30$ 万枝时，企业的利润 π 达到最大。图（b）表明了该点的边际成本 $MC=P$。在 $Q=6$ 万枝时，边际成本也等于价格，但这一点是利润最低点。

同时，图 9-1（b）阐明，在另一个产量 $Q=60$ 处，$MR=MC$。$Q=60$ 和 $Q=300$ 的区别在于：在 $Q=300$ 处，边际成本曲线是上升的，而在 $Q=60$ 处，边际成本曲线是下降的。$Q=60$ 也是一个最大利润产量吗？答案是否定的。图 9-1（a）向我们展示了，$Q=60$ 代表的是利润最低点而非最高点。这就表明对价格接受型企业而言，实现利润最大化有以下两个条件：

- $P=MC$。
- MC 必须递增。

如果这两个条件中的任何一个不成立，企业就不能实现利润最大化，它就可以通过增加或者降低产量增加利润。

9.3　短期均衡下的市场价格决定机制

上一节证明了如内瓦多玫瑰种植公司的价格接受型企业只有在生产市场价格等于边际成本所对应的产量时，才能达到利润最大化。但是最初的市场价格是如何决定的呢？

这一节，我们就来学习在短期市场价格是如何决定的。短期是指这样的一个时间段：(1) 行业内的企业数量固定；(2) 至少有一项投入是固定的，比如工厂规模（即资本和土地的数量）。例如，在鲜切玫瑰市场，市场价格从这个月到下个月的短期波动是由固定数目的企业（几百个小型企业）间相互作用决定的，每家企业拥有固定数量的土地、固定数量的温室以及固定数目的玫瑰花丛。土地、温室和玫瑰植株固定了，玫瑰生产商通过掐枝和修剪决策以及用于玫瑰植株上的化肥和农药数量来控制它们的产量。这些决策决定将有多少鲜切玫瑰的茎用于满足全年的需求。

我们将会看到，从诸如内瓦多玫瑰种植公司这样单个生产商的利润最大化产量决策，就可以得出这些公司的短期供给曲线。如果把该行业中现存所有厂商的短期供给曲线加总，我们就可以得到市场供给曲线。因此，市场供给曲线和市场需求曲线的交点就决定了市场价格。

□ 价格接受型企业的短期成本结构

在接下来的几节里，我们的目标就是学习如何绘出单个企业的短期供给曲线。为了实现这一目标，我们需要分析该行业的代表性厂商的成本结构。

产量为 Q 的企业的短期总成本是

$$STC(Q)=\begin{cases}SFC+NSFC+TVC(Q),\ Q>0\\ SFC,\ Q=0\end{cases}$$

这个等式明确了该企业的三种类型的成本。

- $TVC(Q)$ 代表总可变成本。这些是产出敏感成本，也就是说，它们随企业产出的增加或减少而上升或下降。总可变成本包括原材料成本和特定种类的劳动成本（比如，工厂劳动）。如果企业的产出为零，总可变成本就为零；这就是非沉没成本的例子。如果一家玫瑰生产商决定关闭其玫瑰种植业务，就不会再把钱花费在化肥和农药上。因此，这些成本就是非沉没的。
- SFC 代表企业的**固定沉没成本**（sunk fixed cost）。当企业暂时停业且产出为零时，它无法避免一些成本，这就是固定沉没成本。因此，固定沉没成本也经常被称作不可避免成本。例如，假设一家玫瑰种植商已经签订了一项长期土地租约（比如，五年）用于种植玫瑰，且租约规定禁止把这块土地转租给任何其他人。租赁费用是固定的，因为它不会随企业产出的玫瑰数量而变化。它是产出不敏感型的。同样，它是沉没的，因为即使企业的产出为零，租金支付也是不可避免的。①

固定沉没成本：即使企业关闭且产出为零也无法避免的固定成本。

- $NSFC$ 代表企业的**非沉没固定成本**（nonsunk fixed cost）。当企业生产任意产量的产品时，非沉没固定成本一定会存在，但是如果企业的产出为零，它则不一定存在。非沉没固定成本和可变成本通常也被称为可避免成本。对一个玫瑰种植者来说，非沉没固

① 当然，企业最后可以避免支付租金，但并不是因为它决定今天就关闭工厂，而是因为，一旦五年的租期届满，租金支付也就不复存在了。

定成本的一个例子就是加热温室的成本。无论企业在温室内种植 10 株玫瑰，还是 10 000 株玫瑰，温室的温度都必须保持恒定，所以加热温室的成本是固定的（也就是说，它对生产的玫瑰植株的数量不敏感）。但是如果生产商不在温室里种植玫瑰，加热成本就可以避免，所以说加热成本是非沉没的。

非沉没固定成本： 在企业生产任意产量时一定会存在，而在产出为零时不一定存在的固定成本。

因此，企业的总固定（或者产出不敏感）成本 TFC 就等于 $NSFC$ 加上 SFC。如果 $NSFC=0$，就不存在非沉没固定成本。此时，$TFC=SFC$。这也是我们在下一节要考虑的情形。

案例 9.3

关闭钻井平台[①]

无论一项固定成本是沉没的还是非沉没的（即是不可避免的还是可避免的），它通常取决于企业对它暂停运营和产出为零的预期有多久。为了阐明这一点，我们来考虑一个海洋石油钻井公司，它包含众多独立的承包商，这些承包商是被大型石油公司雇来在开放海域开采石油的。这些承包商经营海上石油钻井平台，这些大型平台被运到海上，然后用于钻探石油。

一般来说，一个既定的海上石油平台会分到固定数目的井，这些井可能同时运行。如果所有被分配到的井均是以经济速度（这由政府决定）生产的，公司就不能钻探新井。一旦这口井的运行开始低于这一速度，石油公司就可以为这个平台钻探一口新井，前提是它拥有这样的资源，且这么做是有利可图的。

一个钻井平台包含一组经理（比如，钻井平台的老板）、工程师、海军人员，以及进行钻井作业和维护平台的工人（比如，钻探工、起重机操作员、机械师和电工）。从钻井承包商的角度来说，产出数量可以用某一特定时间段内钻探的井数来衡量。运营钻井最显著的可变成本就是钻采装备，比如钻头和燃料。一个钻井平台的固定成本包含维修费、食品费、医疗费、保险费以及工人的工资。工人成本是固定的，因为承包商通常会致力于雇用船员一段时间，这样在那段时间内，劳动成本不会随钻井的数目而变化。

承包商要闲置钻井且使产出为零，有以下三种方法：

- 热堆积。一个“热堆积”钻井只是暂时停用（或许是几个星期），但维持人员配备齐全，且在短时间内就可以重新开工钻井。通过热堆积，承包商可以避免可变成本，但是所有其他成本却依然存在。当一个钻井处于热堆积时，所有固定成本都会沉没。
- 暖堆积。一个“暖堆积”钻井只是暂时停用，但通常比热堆积的暂停时间段要长

① 在此，我们非常感谢谢里登（Jason Sheridan）先生。在我们准备这个案例时，谢里登先生和我们分享了他关于海上石油钻井平台的专业知识。本案例还借鉴了 K. Corts 刊登的信息，“The Offshore Oil Drilling Industry,” Harvard Business School Case 9-799-11。

些（可能是几个月）。通过暖堆积，承包商可以避免热堆积所避免的所有成本，同时可以省去一些维修费用和一些劳动成本（因为一些工人可能会被辞退）。当一个钻井处于暖堆积时，部分固定成本是沉没的，而另一部分则是非沉没的。

● 冷堆积。一个“冷堆积”钻井会停用相当长一段时间。钻井的船员会被辞退，它的门也会被焊死。当一个钻井处于冷堆积时，除了保险外，所有固定成本都可以避免。因此，保险就成了固定沉没成本，而其他所有固定成本（维修费、食品费、医疗费用和船员成本）都是非沉没的。

我们来看墨西哥湾的一个拥有 8 个井槽的普通石油平台（钻井和公司的身份是保密的）。在 2008 年和 2009 年的大部分时间里，8 个井都以经济速度生产，而且这一点预期在近期内不会改变。经济衰退增加了更多不确定性，因为石油预期价格会低于其原先的价格。鉴于这些原因，短期内，预计不会钻探新的油井，所以这一平台上的钻井处于冷堆积。在这个钻井平台工作的船员被遣送到另外一个平台去钻探。（请注意，在这个例子中，由于公司的其他平台不需要额外雇员，所以钻井的劳动成本是非沉没的。）如果公司预期不久就需要钻探一个或多个井槽，就会让承包商将钻井处于暖堆积或者热堆积，而这取决于预期钻探会在多久之后开启。

石油钻井是相当昂贵的。例如，2009 年，运行一个钻井的成本约为 25 万美元/天。在处于热堆积时，钻井成本大约是 15 万美元/天，而在处于暖堆积时，则花费约为 4 万美元/天。因此，即使是在短期，依然存在巨大的非沉没固定成本。

在思考哪些固定成本是沉没的（不可避免的）和哪些是非沉没的（可避免的）的过程中，请记住关闭公司的决定要执行多久。企业计划生产零产出的时间越长，可避免的固定成本占据的比例就越高。

□ 当所有固定成本都为沉没成本时，价格接受型企业的短期供给曲线

本节我们推导在最简单的情况（所有的固定成本都是沉没的，也就是说，$NSFC=0$，从而 $TFC=SFC$）下价格接受型企业的供给曲线。图 9－2 描绘了鲜切玫瑰行业中的某企业的短期边际成本曲线 SMC、短期平均成本曲线 SAC 以及平均可变成本曲线 AVC。

考虑鲜切玫瑰的三种可能市场价格：0.25 美元/枝、0.30 美元/枝和 0.35 美元/枝。如果我们应用之前讲的利润最大化条件 $P=MC$，那么当价格为 0.25 美元/枝时，企业的利润最大化产出水平是 5 万枝/月（图 9－2 中的点 A）。类似地，当市场价格为 0.30 美元/枝和 0.35 美元/枝时，利润最大化产量分别为 5.5 万枝/月和 6 万枝/月（分别对应点 B、点 C）。每个产量都代表了企业短期边际成本 SMC 等于相应市场价格 P 的点，即 $P=SMC$。

企业的**短期供给曲线**（short-run supply curve）告诉我们，它的利润最大化产出决策是如何随市场价格的变化而变化的。从图上来看，对 0.25 美元/枝、0.30 美元/枝和 0.35 美元/枝的价格，企业的短期供给曲线与短期边际成本曲线 SMC 一致。因此，点 A、点 B 和点 C 都位于企业的短期供给曲线上。

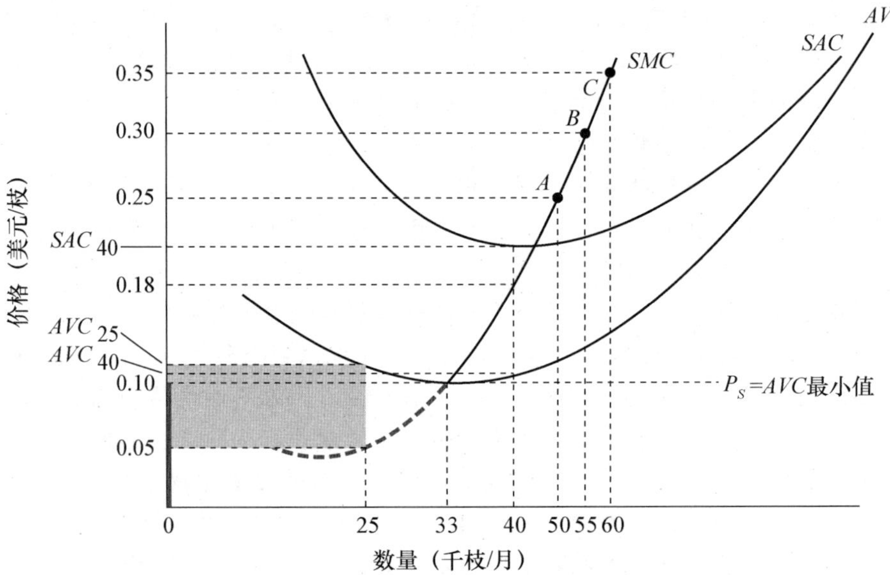

图 9-2　当固定成本全部为沉没成本时，价格接受型企业的短期供给曲线

说明：企业的短期供给曲线是短期边际成本曲线（*SMC*）高于平均可变成本最小值（用 P_S 表示）之上的部分。P_S 是企业的停业价格。对停业价格以下的价格，企业的供给为零，并且它的供给曲线就是一条与纵轴重合的垂直直线。

短期供给曲线：在企业不能完全调整它的投入（比如，资本或土地的数量）的假定下，企业利润最大化的产量随市场价格变化而变化的供给曲线。

但是，企业的短期边际成本曲线和短期供给曲线不一定在所有可能的价格处都相交。想要一探究竟，我们来假定玫瑰的价格为 0.05 美元/枝。为了实现此价格下的利润最大化，企业会生产价格等于边际成本的点所对应的产量，2.5 万枝/月。但是在这一价格下，企业的盈利为负：它的总固定成本为 *TFC*。更重要的是，对其生产的 2.5 万枝玫瑰中的每一枝，0.05 美元/枝的价格和平均可变成本 AVC_{25} 之间不再存在差值。也就是说，企业的总损失等于 *TFC* 加上 25 000（$AVC_{25}-0.05$）（图 9-2 中的阴影部分）。如果企业不生产，它的损失只是总固定（沉没）成本 *TFC*。那么在 0.05 美元/枝的价格下，企业只能通过停产来减少损失。

通常，如果市场价格 P 低于产出水平为 Q^*（Q^* 为 P 等于短期边际成本时对应的产量）的平均可变成本 $AVC(Q^*)$，即 $P<AVC(Q^*)$，企业最好是暂停营业以减少损失。

现在我们可以绘制企业的短期供给曲线了。我们已经知道，

- 在 $P=SMC$ 且 *SMC* 向上倾斜时，一个利润最大化的价格接受型企业生产的产出为正。
- 在 $P<AVC$ 时，一个利润最大化的价格接受型企业永远不会生产。

因此，在 $SMC<AVC$ 时，企业永远不会在 *SMC* 曲线的该部分生产。这是低于 *AVC* 曲线最低水平的部分。然后，如果价格低于 *AVC* 的最小值，企业的产出 $Q=0$。

因此，企业的供给曲线包含两部分：

- 如果市场价格低于 *AVC* 的最小值——在图 9-2 中用 P_S 表示的水平，那么企业会供给零产出（即 $Q=0$）。在图 9-2 中，P_S 是 0.10 美元/枝。正如图 9-2 所示，企业

在这部分的供给曲线是与纵轴重合的垂直“长钉”。我们把 P_S称为企业的**停业价格**（shutdown price）——在短期，低于此价格企业的产出就为 0。

- 如果市场价格高于 P_S，企业的产出就会是正值，而且它的短期供给曲线和短期边际成本曲线重合（如果市场价格等于 P_S，企业在停业和生产 3.3 万支玫瑰之间别无二致。无论何种状况，它的损失都等于固定沉没成本）。

停业价格：在短期，低于此价格企业的产出就为零。

这一分析表明，完全竞争企业在能够赚取正的经济利润时，会选择运营。比如，图 9-2表明，当玫瑰的价格是 0.18 美元/枝时，企业每月生产 4 万枝玫瑰。它会遭受损失，因为在这一产出水平下，0.18 美元/枝的价格低于 4 万枝/月的产量所对应的短期平均成本 SAC_{40}。但是，由于 0.18 美元/枝的价格超过了 4 万枝/月的产量所对应的平均可变成本 AVC_{40}，企业的总收益超过了总可变成本。因此，如果持续生产，企业可以抵消一些由于停产而造成的损失。当然，如果玫瑰种植商预期 0.18 美元/枝的价格会持续，那么只要时间足够，就可以缩小工厂规模（即缩小种植玫瑰的土地），甚至完全退出该行业。

边做边学习题 9.1 ☞

推导价格接受型企业的短期供给曲线

假定一家企业的短期总成本曲线为 $STC=100+20Q+Q^2$，这里总固定成本为 100，总可变成本为 $20Q+Q^2$。对应的短期边际成本曲线为 $SMC=20+2Q$。所有的固定成本都是沉没的。

问题：

(a) 平均可变成本（AVC）的公式是什么？

(b) 平均可变成本的最小值是多少？

(c) 企业的短期供给曲线是什么？

解：

(a) 我们在第 8 章已了解，平均可变成本等于总可变成本除以产量。因此，$AVC=(20Q+Q^2)/Q=20+Q$。

(b) 我们知道，平均可变成本的最小值出现在 AVC 等于 SMC 所对应的点。在本题中，$20+Q=20+2Q$，即 $Q=0$。把 $Q=0$ 代入 AVC 曲线的公式 $20+Q$，可以得出 AVC 的最小值等于 20。

(c) 企业在低于 20 的价格（平均可变成本的最小值）下不会生产。在价格高于 20 时，我们可以让价格等于边际成本，解得 Q，从而得出供给曲线：$P=20+2Q$，即 $Q=-10+P/2$。因此，企业的短期供给曲线 $s(P)$ 为

$$s(P)=\begin{cases}0, & P<20\\ -10+\frac{1}{2}P, & P\geqslant 20\end{cases}$$

相似习题：9.8，9.9，9.10

□ 当部分固定成本为沉没成本、部分是非沉没成本时，价格接受型企业的短期供给曲线

现在我们考虑一下企业拥有一些非沉没固定成本的可能性。也就是说，$TFC=SFC+NSFC$，这里 $NSFC>0$。如上所述，企业可以通过使价格等于边际成本使利润最大化。但是，与产量为正值时相反，企业产出为零时的规则与之前讨论的案例有所不同。

想要知晓其中的原因，我们首先需要定义一条新的成本曲线。企业的**平均非沉没成本**（average nonsunk cost，*ANSC*）等于平均可变成本与平均非沉没固定成本之和：$ANSC=AVC+NSFC/Q$。

平均非沉没成本：平均可变成本和平均非沉没固定成本之和。

图 9－3 表明，平均非沉没成本曲线是 U 形的，且位于短期平均成本曲线 *SAC* 和平均可变成本曲线 *AVC* 之间。在其最低点，$SMC=ANSC$。从这个意义上来说，*ANSC* 曲线表现得很像 *SAC* 曲线。

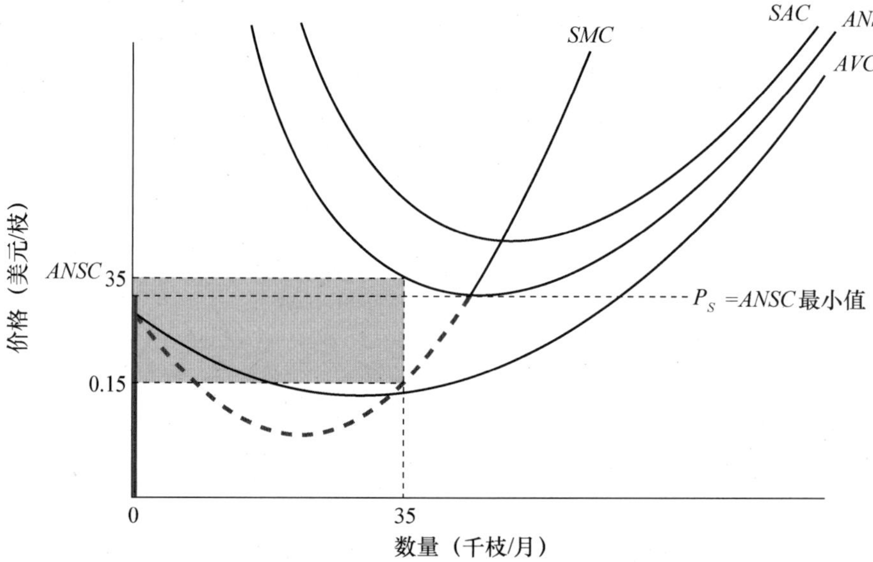

图 9－3　拥有部分非沉没固定成本企业的短期供给曲线

说明：停业价格 P_S 是平均非沉没成本的最小值。当价格大于 P_S 时，企业的供给曲线与短期边际成本曲线 *SMC* 重合。当价格低于 P_S 时，它是一条与纵轴重合的垂直“长钉”。

假定玫瑰的价格是 0.15 美元/枝，图 9－3 阐释了在企业拥有非沉没固定成本时，我们如何修改价格接受型企业的停业规则。如果企业要在这一价格下实现利润最大化，就应该生产价格等于边际成本的点所对应的产量（3.5 万枝/月）。但在这一价格下，企业遭受损失：它产生固定沉没成本 *SFC*。更重要的是，对生产的每一枝玫瑰，它的损失为 0.15 美元价格和其平均非沉没成本 $ANSC_{35}$ 之间的差额。相反，如果企业不生产，它的损失就仅是其固定沉没成本 *SFC*。也就是说，通过暂时停业，企业可以避免可变成本和非沉没固定成本。那么，在 0.15 美元/枝的价格下，企业通过停业来减少损失。

这样，它避免的额外损失就是 35 000（$ANSC_{35}-0.15$ 美元）（图 9－3 中的阴影部分）。

通常，如果市场价格 P 低于产出水平为 Q^*（Q^* 为 P 等于短期边际成本所对应的产量）时的平均非沉没成本 $ANSC(Q^*)$，即 $P<ANSC(Q^*)$，企业最好是暂停营业以减少损失。

现在我们可以绘制企业的短期供给曲线了。我们已经知道：

- 在 $P=SMC$ 且 SMC 向上倾斜时，一家利润最大化的价格接受型企业生产的产出为正。
- 在 $P<ANSC$ 时，一家拥有非沉没固定成本且追求利润最大化的价格接受型企业永远不会生产。

因此，在 $SMC<ANSC$ 时，企业永远不会在 SMC 曲线的该部分生产。这是低于 $ANSC$ 曲线最低水平的部分。然后，如果价格低于 $ANSC$ 的最小值（图 9－3 中的 P_S），企业的产出 $Q=0$。

图 9－3 展示了拥有部分非沉没固定成本的玫瑰种植企业的短期供给曲线。在价格低于平均非沉没成本的最小值部分，它是一条垂直"长钉"；当价格高于这一水平时，它与短期边际成本曲线重合。

平均非沉没成本的概念是非常灵活的，所以我们分别根据以下三种特殊情况来确定企业的供给曲线和停业价格：

- 所有固定成本都是沉没的。这是我们在前一节研究的情况。当固定成本都是沉没成本时，$ANSC=AVC$，停业规则从 $P<ANSC$ 变为 $P<AVC$。因此，企业的短期供给曲线是 SMC 曲线高于平均可变成本曲线最低点之上的部分。
- 所有固定成本都是非沉没的。在这种情况下，$ANSC=SAC$。① 现在，停业规则就从 $P<ANSC$ 变为 $P<SAC$。当所有固定成本都是非沉没成本时，企业的短期供给曲线是 SMC 曲线高于短期平均成本曲线最低点之上的部分。
- 部分固定成本是沉没的，部分是非沉没的。这是我们本节研究的情况。正如我们所看到的，企业的短期供给曲线是 SMC 曲线高于平均非沉没成本曲线最低点之上的部分。如图 9－3 所示，当部分而非全部固定成本是沉没的时，停业价格 P_S 高于 AVC 的最小值但低于 SAC 的最小值。

边做边学习题 9.2 ☞

推导拥有部分非沉没固定成本的价格接受型企业的短期供给曲线

和边做边学习题 9.1 一样，我们假定企业的短期总成本曲线为 $STC=100+20Q+Q^2$。相应的短期边际成本曲线是 $SMC=20+2Q$。

问题：

(a) 假设 $SFC=36$，$NSFC=64$。企业的平均非沉没成本曲线是什么？

(b) 平均非沉没成本的最小值是多少？

(c) 企业的短期供给曲线是什么？

解：

(a) 平均非沉没成本曲线是 $ANSC=AVC+NSFC/Q=20+Q+64/Q$。

① 这是由于 $SFC=0$，所以 $TNSC=TVC+TFC$。结果，$ANSC=(TVC+TFC)/Q=SAC$。

（b）如图 9-4 所示，当平均非沉没成本等于短期边际成本时，平均非沉没成本曲线 $ANSC$ 达到最低点：$20+2Q=20+Q+64/Q$。解得 $Q=8$。因此，平均非沉没成本曲线在 $Q=8$ 时达到最小值。把 $Q=8$ 代入平均非沉没成本曲线的方程中，得出平均非沉没成本的最小值：$ANSC=20+8+64/8=36$。因此，如图 9-4 所示，平均非沉没成本的最小值是 36 美元/单位。

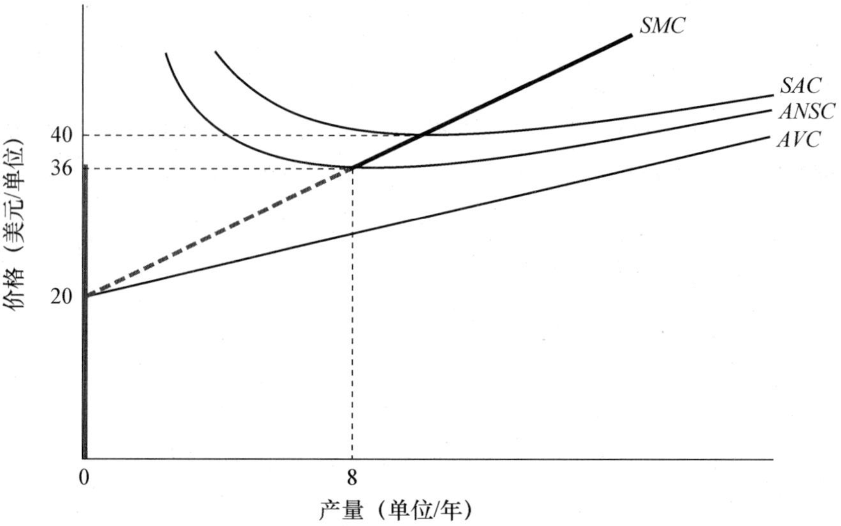

图 9-4　拥有部分非沉没固定成本的价格接受型企业的短期供给曲线

说明：企业的停业价格是平均非沉没成本的最小值，即 36 美元/单位。在价格高于 36 美元/单位时，企业的供给曲线与短期边际成本曲线 *SMC* 重合，在价格低于 36 美元/单位时，它是一条垂直“长钉”。在价格位于 36～40 美元/单位时，企业选择生产但赚取的经济利润为负值。

（c）如图 9-4 所示，在价格低于 $ANSC$ 最小值的部分（即 $P<36$），企业选择不生产。在价格高于这一水平时，企业通过使价格等于边际成本计算出实现利润最大化的产量，也就是说，$P=20+2Q$，或者 $Q=-10+P/2$。因此，企业的短期供给曲线 $s(P)$ 是

$$s(P)=\begin{cases}0,\ P<36\\-10+\frac{1}{2}P,\ P\geqslant 36\end{cases}$$

当市场价格在 36～40 美元/单位时，即使此时企业的经济利润为负值，企业在短期内也会继续生产。它选择经营遭受的损失低于它停业的损失。

相似习题：9.11，9.12，9.13

案例 9.4

玉米的价格是多少①

农业市场通常被称为完全竞争的经典例子。单个农民的某一产品的产量，比如玉

① 这个例子源于 D. B. Suits, "Agriculture," Chapter 1 in *The Structure of American Industry*, 9th ed., in W. Adams and J. W. Brock, eds.（Englewood Cliffs, NJ: Prentice Hall, 1995）。

米、大豆或者棉花，相对于这种产品的整个市场来说是微不足道的。所以，在单个农场参与的市场中，把它看成一个价格接受者也是合理的。

图 9-5 阐释了艾奥瓦州一位普通农民的供给曲线。图中展示了这位农民的短期边际成本曲线、短期平均成本曲线以及平均可变成本曲线。经济学家休茨（Suits）根据美国农业部收集的数据描绘了这些成本曲线。①

假定所有固定成本都是沉没成本，在价格低于平均可变成本的最小值时，农民不会供给玉米。在图 9-5 中，平均可变成本的最小值大约是 1.36 美元/蒲式耳。因此，当价格低于 1.36 美元/蒲式耳时，该农民的供给曲线是一条垂直“长钉”。当价格高于 1.36 美元/蒲式耳时，供给曲线与短期边际成本曲线重合。这条曲线上升得很快。例如，在产量为 5.2 万蒲式耳时，短期边际成本约是 3.50 美元/蒲式耳。在这一产量下，农场接近其土地的有效容量，且每额外蒲式耳玉米的增量成本很高。

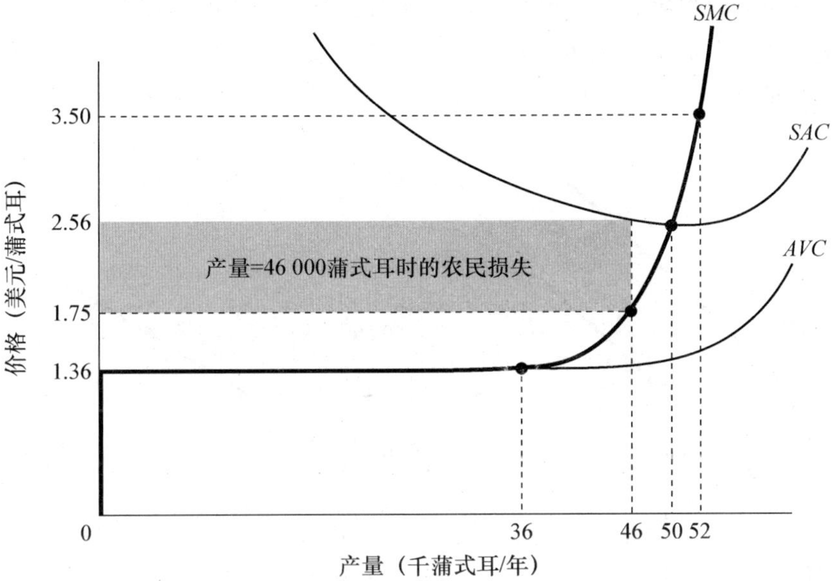

图 9-5　1991 年一位艾奥瓦州代表性农民的玉米供给曲线

说明：在价格为 1.36 美元/蒲式耳且产量约为 3.6 万蒲式耳之前，短期边际成本（*SMC*）是固定的，但之后急剧上涨。在价格高于 1.36 美元/蒲式耳之前，这位农民的供给曲线与短期边际成本曲线重合；在价格低于 1.36 美元/蒲式耳时，它是一条垂直“长钉”。

当玉米价格高于 1.36 美元/蒲式耳时，即使经济利润可能为负值，农场也会选择生产。比如，在价格等于 1.75 美元/蒲式耳时，农场的利润最大化产量是 4.6 万蒲式耳。此时，价格和平均成本之间的差值约是 0.81 美元，所以在这一价格下生产玉米，农场每年大约要损失 37 260 美元（图 9-5 中的阴影部分）。尽管如此，农民生产 4.6 万蒲式耳的玉米仍然比不生产好。如果农场不生产，它遭受的损失等于其年固定成本，大约为 47 250 美元。农场通过生产其利润最大化产量而非歇业，每年可以减少损失 9 990 美元。

① 用 1991 年的美元价格进行了更新。

□ 短期市场供给曲线

我们已经推导了单家价格接受型企业的短期供给曲线，现在我们来看怎样从企业的供给曲线过渡到整个行业的供给曲线。

在短期中，由于行业中的厂商数量是固定的，所以任何价格下的市场供给都等于该价格下每家现存企业的供给量之和。为了阐明这一点，假设图 9－6（a）中列举的鲜切玫瑰市场包含两种类型的企业：100 家类型 1 企业，每家的短期供给曲线为 ss_1；100 家类型 2 企业，每家的短期供给曲线是 ss_2。每家类型 1 企业的停业价格是 0.20 美元/枝，而类型 2 企业的停业价格则是 0.40 美元/枝。表 9－4 展示了当每枝玫瑰的价格分别为 0.10 美元、0.30 美元、0.40 美元和 0.50 美元时，每个类型企业的玫瑰生产量以及整个市场的生产量。

图 9－6（b）展示了**短期市场供给曲线**（short-run market supply curve）SS。短期市场供给曲线是通过单家企业供给曲线的水平加总推导出来的。短期市场供给曲线告诉我们市场中的所有企业供给数量的总和。请注意，尽管在图 9－6 中两个纵轴的比例是相同的，但横轴的比例并不相同，因为总市场产出要远远高于单家企业的产出。

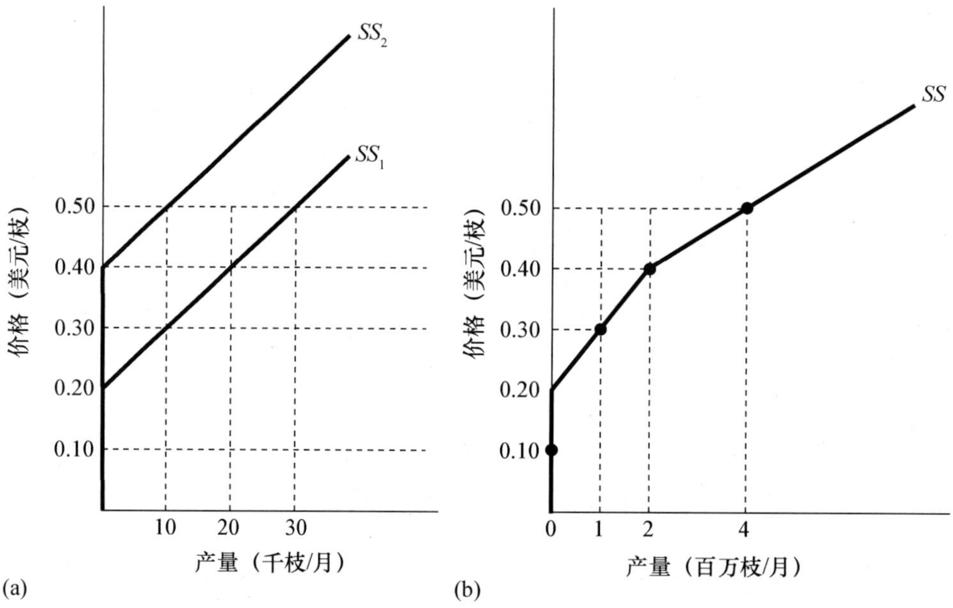

图 9－6　市场的短期供给曲线

说明：图（a）展示了两种类型企业的短期供给曲线。SS_1 是停业价格为 0.20 美元/枝的企业的短期供给曲线；SS_2 是停业价格为 0.40 美元/枝的企业的短期供给曲线。图（b）展示了市场的短期供给曲线 SS，它是图（a）中的供给曲线的水平加总。在价格处于 0.20～0.40 美元/枝时，市场供给曲线是 SS_1 曲线数量的 100 倍，因为在价格低于 0.40 美元/枝时，SS_2 代表的企业不会生产玫瑰。当价格低于 0.20 美元/枝时，SS 是一条垂直"长钉"，因为在此价格下两种类型的企业都不会供给产出。

表 9－4　　玫瑰的短期市场供给

玫瑰的价格（美元/枝）	类型 1 企业（枝）	类型 2 企业（枝）	总体市场（枝）
0.10	100×0=0	100×0=0	0
0.30	100×10 000=1 000 000	100×0=0	1 000 000
0.40	100×20 000=2 000 000	100×0=0	2 000 000
0.50	100×30 000=3 000 000	100×10 000=1 000 000	4 000 000

短期市场供给曲线：当某行业中企业的数目固定时，一条展示在每个可能的市场价格下市场中所有企业供给数量总和的曲线。

案例 9.5

铜的价格是多少

铜的生产遍及全球。2000 年，全球有 29 家不同的公司经营着 70 多家铜矿。研究铜行业的分析师收集了这些铜矿的生产能力和生产成本的详细数据。由于相对于整个铜产业市场规模来说，每家铜矿厂商都是很小的，所以把铜矿厂商看成价格接受者也是合情合理的。既然如此，我们就可以用供给曲线来描述它们的行为。图 9－7 展示了单个铜矿（宾厄姆峡谷金铜矿）、美国所有的铜矿厂商以及全世界铜矿业市场的供给曲线。①

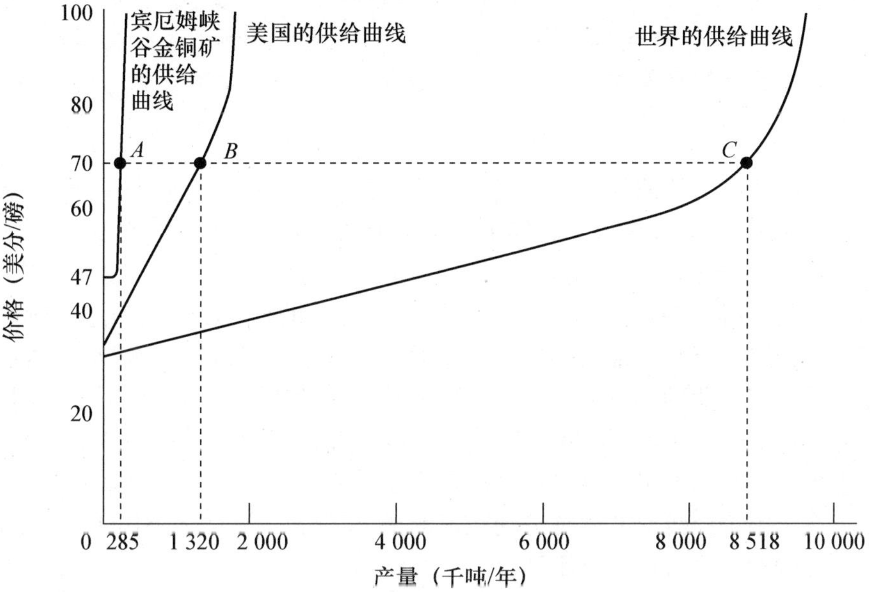

图 9－7　2000 年铜的供给曲线

说明：这些是宾厄姆峡谷金铜矿、美国 17 家铜矿和全世界 70 家铜矿的供给曲线，在这些铜矿实现完全生产能力之后，它们几近垂直。由于在铜的价格过低时，一些铜矿不生产或者不会全力生产，美国铜矿和世界铜矿的供给曲线向上倾斜。

当铜的价格为 47 美分/磅时，宾厄姆峡谷金铜矿（位于犹他州，从属于铜矿生产商力拓集团）的曲线是相当平缓的，但此后，随着价格的增长，它急剧上升。在价格为 70 美分/磅（1999 年初期的普遍价格）时，宾厄姆峡谷金铜矿选择全力出击，铜的年产量为 285 千吨（其供给曲线上的点 A）。在这一点之后，边际成本迅速提高，供给曲线几近垂直。

图 9－7 中的美国供给曲线是所有 17 家美国铜矿供给曲线的水平加总（包括力拓集

① 我们使用矿山成本数据交换公司（www.minecost.com）的数据绘制了这些曲线。这家公司专门从事包括铜矿业在内的各类矿产行业的矿业工作分析。

团和它的宾厄姆峡谷金铜矿)。① 这条曲线不断上升的斜率表明，不同铜矿的生产边际成本亦不相同。价格越低，生产铜的矿商就越少（比如，在价格低于 45 美分/磅时，就只有 4 家美国铜矿选择生产，宾厄姆峡谷金铜矿则不在其中）。在价格为 70 美分/磅时，美国生产商提供的铜的总产量大约是 1 320 千吨/年（美国的供给曲线上的点 B）。这低于美国铜矿的总生产能力 1 560 千吨/年。这表明，在这一价格下，有些铜矿可能选择完全停产，抑或没有全力出击。在 1 560 千吨/年的产量之上，边际成本迅速上升，美国的供给曲线几近垂直。

图 9－7 中的世界的供给曲线是全世界 70 家铜矿的供给曲线的水平加总。和美国的供给曲线一样，这条曲线也是向上倾斜的，因为不同的铜矿拥有不同的边际成本。在价格为 70 美分/磅时，世界的铜产量大约是 8 518 千吨/年（供给曲线上的点 C）。同时又如美国的产量一样，这一价格下的世界产量也低于世界铜矿生产能力——近似 9 000 千吨/年。超过这一水平，世界的供给曲线也几近垂直。

图 9－7 中的三条供给曲线在特定点之后几近垂直的事实表明：在短期中，无论是单家铜矿（就像宾厄姆峡谷金铜矿），还是美国或者全世界的铜矿一起，铜的供给都不可能轻易超过当前的生产能力。

由于每家企业的供给曲线与边际成本曲线重合（在企业愿意生产正产出的价格区域之上），所以市场供给曲线告诉了我们生产市场上的最后一单位供给的边际成本。例如，在图 9－6 中，当市场的玫瑰供给量为 400 万枝时，供给第 400 万枝玫瑰的边际成本是 0.50 美元。这是一定成立的，因为正如我们前面所学的，利润最大化行为使每家玫瑰生产商都将其产量扩至生产最后一单位产品的边际成本等于市场价格所对应的点处。

通过加总单家企业的供给曲线获得市场供给曲线的过程要服从一个重要的条件：当且仅当企业支付的投入要素价格不随市场产量的变化而变化时，这一方法才能生效。或许在许多市场中，投入要素价格不变的假定都是成立的。例如，如果企业对非熟练劳动服务的需求仅是整个经济对非熟练劳动需求的一小部分，那么行业中的产量变化对非熟练工人工资率的影响就可以忽略不计。

然而，在某些市场中，特定投入要素的价格可能会随市场产出的变化而改变。例如，假定一个行业雇用了一类其他行业没有雇用的熟练劳动。随着价格的上升，供给数量增加，该行业对熟练劳动的需求也会上升，这就可能导致工资率上涨。若果真如此，每家生产商的边际成本曲线都会上移。更高的边际成本就意味着，在任意价格下，这一行业中生产商供给的产出可能少于熟练劳动工资率上涨之前的产出。这就表明，如果熟练工人的工资率保持不变，这种产品的市场供给对其产品价格变化的反应会更显著。

在涉及长期市场供给曲线的章节里，我们会更加深入地探讨投入要素价格变化对市场供给的影响。接下来，除非另有明确规定，我们都假定在短期中，投入要素的价格不会随行业产出的变化而改变。

① 严格来讲，拥有不同垂直截距的单家铜矿供给曲线的水平加总会形成一条有折点的供给曲线，就像图 9－6(b) 中的曲线一样。但是当我们把诸多的曲线（17 条）都加在一起时，这条折线就变成了近乎平滑的曲线。把 17 家美国铜矿的供给曲线加总在一起，美国的供给曲线是对这条折线最佳的平滑近似。同样地，由于是世界 70 家铜矿供给曲线的加总，世界的供给曲线也是这条弯折供给曲线的一个平滑近似。

□ 完全竞争短期均衡

现在我们可以探讨完全竞争市场中的市场价格是如何决定的。只有当消费者的需求量等于所有厂商的供给量（即市场需求曲线与市场供给曲线的交点）时，**完全竞争短期均衡**（short-run perfectly competitive equilibrium）才会出现。图 9-8（b）展示了包含 100 家完全相同厂商的行业的市场需求曲线 D 和短期市场供给曲线 SS。均衡价格是 P^*，此时供给量等于需求量。图 9-8（a）展示了一家代表性厂商在其边际成本等于市场价格 P^* 时，生产的产量为 Q^*。由于这里有 100 家厂商，且每家供给 Q^* 单位产出，市场供给（在价格为 P^* 时等于市场需求）一定等于 $100Q^*$。

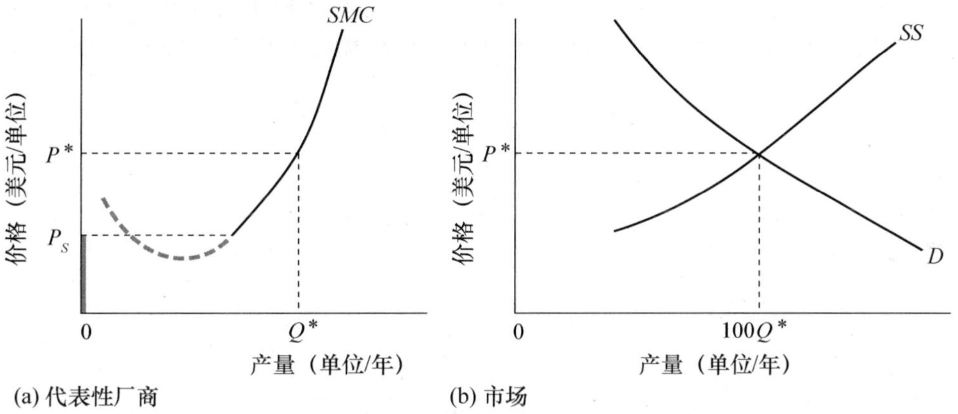

图 9-8　短期均衡

说明：短期均衡价格是 P^*，此时市场供给等于市场需求。图（a）表明代表性厂商在短期边际成本等于价格时，生产的产量为 Q^*。图（b）表明在价格为 P^* 时总供给量和总需求量都等于 $100Q^*$。

完全竞争短期均衡：在短期，需求量等于供给量所对应的市场价格和产量。

边做边学习题 9.3

短期市场均衡

一个市场中有 300 家相同的企业，且其市场需求曲线为 $D(P)=60-P$。每家企业的短期总成本曲线为 $STC=0.1+150Q^2$，所有的固定成本都是沉没的。相应的短期边际成本曲线为 $SMC=300Q$，相应的平均可变成本曲线为 $AVC=150Q$。AVC 的最小值是 0；因此，只要价格是正值，企业都会选择继续生产（你可以通过绘制 SMC 曲线和 AVC 曲线来验证这一点）。

问题：

这一市场的短期均衡价格是多少？

解：

每家企业的利润最大化产量均可以通过使边际成本等于价格得到：$300Q=P$。因此，单家企业的供给曲线就是 $s(P)=P/300$。

由于这个市场中的 300 家企业别无二致，所以市场的短期供给就等于 $300s(P)$。当市场供给等于市场需求时，就会出现短期均衡，即 $300(P/300)=60-P$。解之得，均

衡价格 $P=30$ 美元/单位。

相似习题：9.10，9.11，9.12，9.13，9.14，9.15，9.16，9.18，9.19

□ 短期均衡的比较静态分析

图 9-8（b）展示的竞争均衡看起来很熟悉。我们在第 1 章引入竞争均衡，然后在第 2 章进行了全面的研究。和那些章节一样，进行竞争均衡的比较静态分析有助于我们更好地理解决定市场均衡价格的因素。

图 9-9 展示了比较静态分析的一个例子：市场中的企业数量上升产生的影响。增加企业数量使市场的短期供给曲线从 SS_0 右移至 SS_1，这意味着在既定的市场价格下，比如 10 美元/单位，供给数量会增加。因此，企业数量的增加会导致价格下降、均衡产量上升。

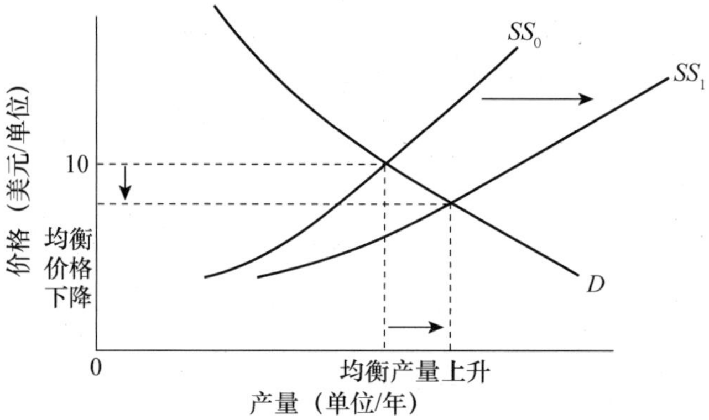

图 9-9　比较静态分析：增加企业数量

说明：增加企业数量使短期供给曲线从 SS_0 移至 SS_1。所有价格对应的供给量增加。右移导致均衡价格下降、均衡产量上升。

图 9-10 展示了比较静态分析的另一个例子：市场需求从 D 移至 D' 产生的影响。市场需求的增加导致均衡价格和均衡产量同时上升。

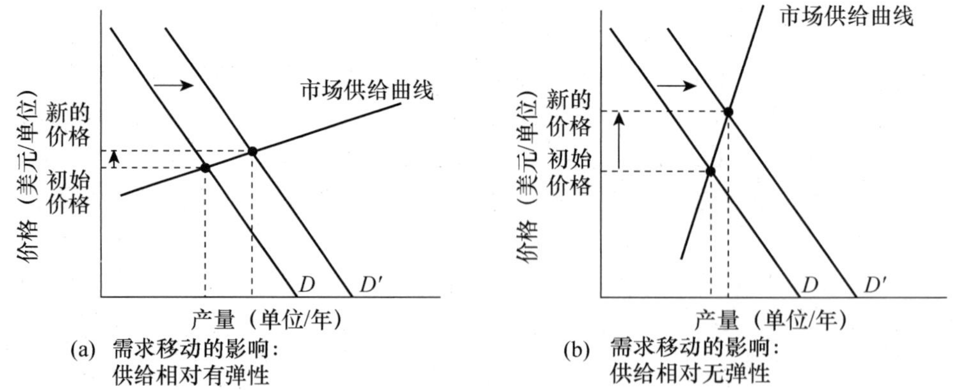

图 9-10　需求移动对价格的影响取决于供给的价格弹性

说明：在图（a）中，供给相对有弹性，需求移动对价格的影响相对温和。在图（b）中，供给相对无弹性，相同的需求移动对均衡价格的影响要明显得多。

图 9-10 也展示出，在需求移动对均衡价格的波动程度方面，供给价格弹性是一个重要的决定因素。图 9-10（a）和图 9-10（b）的对比表明：市场既定的需求移动在相对有弹性的供给下比在相对无弹性的供给下对市场价格产生的影响要大得多。我们通过短期市场供给曲线的缺乏弹性可以部分地解释油轮等产业所经历的经济繁荣与萧条交替循环。①

案例 9.6

日益具有完全竞争性的玫瑰市场

图 9-11 展示了美国在 1991 年、1992 年和 1993 年的四个不同月段的长茎红玫瑰的批发价格与数量，即 5 月、8 月、11 月与 1 月的后两周及 2 月的前两周。② 这些是 20 世纪 90 年代初期，玫瑰种植商在思考供给决策时所面临的价格。

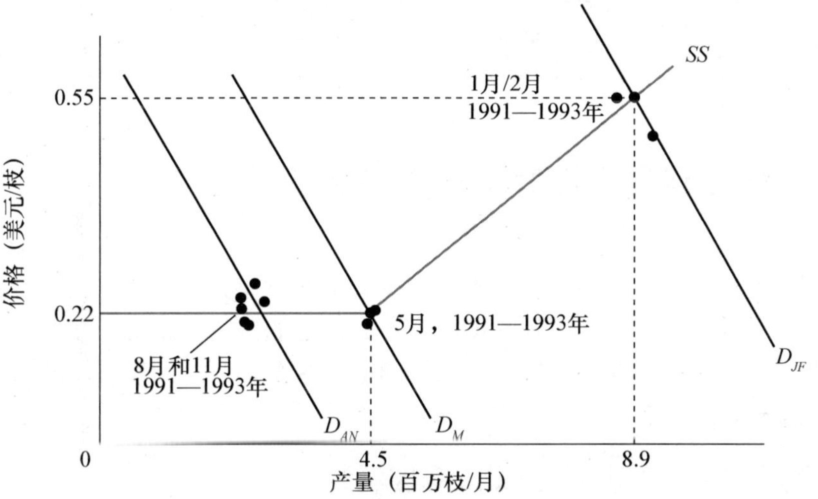

图 9-11　玫瑰的短期供给曲线

说明：D_{AN} 是 8 月和 11 月的需求曲线；D_M 是 5 月的需求曲线；D_{JF} 是刚好在情人节之前 1—2 月的需求曲线。在产量达到约 450 万枝之前短期供给曲线 SS 是一条直线（完全弹性），之后才上升（向上倾斜）。

美国玫瑰市场月需求量的变化方式具有一定的可预见性。7—12 月最低，因为这一阶段的所有节日，通常都不以玫瑰作为礼物。情人节使 1 月后两周和 2 月前两周的需求量变成最高。最后，由于母亲节（5 月中旬）以及婚礼最多的 5 月和 6 月，4—6 月的需求量居中。在图 9-11 中，D_{AN} 是需求量最低的 8—11 月的需求曲线；D_{JF} 是需求量最高的 1 月末 2 月初的需求曲线；D_M 是需求量居中的 5 月的需求曲线。

由于 1991—1993 年的供给状况相对稳定，所以我们可以通过粗略方法确定鲜切玫

① 在有关长期竞争均衡的下一节我们将详细地探讨油轮的例子。

② 这些数据来源于下面报告的表 12 和表 17："Fresh Cut Roses from Colombia and Ecuador," Publication 2766, International Trade Commission (March 1994)。图 9-11 展示了美国和哥伦比亚玫瑰的加权平均价格。一方面，哥伦比亚比索相对美元贬值；另一方面，为了反映出 1991—1993 年美国玫瑰与哥伦比亚玫瑰面对面对比的标准"品质贴水"，我们调整了这些价格。上面引用的参考资料报道的是季度产量。图 9-11 中的月产量是根据从哥伦比亚进口的玫瑰的季节特征估算出来的。

瑰的短期市场供给曲线，也就是说，我们可以使用需求的移动来绘制供给曲线。如图 9-11所示，在价格约为 0.22 美元/枝且玫瑰产量达到约 450 万枝/月之前，供给曲线是完全弹性的。换句话说，在这一价格下，玫瑰种植商愿意供给那一产量之上的任意数量。但是在情人节到来前的那个月份，为了促使种植商提供额外的产出，价格就需要上涨。

特别地，在情人节前的一个月里，平均价格和产出分别是 0.55 美元/枝和 890 万枝/月。我们可以估计出在产量为 450 万～890 万枝/月时，供给曲线的斜率为

$$\frac{\Delta Q^S}{\Delta P}=\frac{8.9-4.5}{55-22}=0.1333$$

也就是说，价格每上升 1 美分，供给就以 13.33 万枝的速度增加。我们可以使用这个计算结果得出情人节前一个月的价格供给弹性：$\epsilon_{Q^S,P}=0.1333\times(55/8.9)=0.82$。也就是说，在情人节前后，价格每上涨 1%，玫瑰的供给量就以 0.82%的速度上升。因此，玫瑰的短期市场供给曲线是相对无弹性的。

9.4 长期均衡下的市场价格决定机制

在短期中，运营企业的工厂规模不变，行业中的企业数量不变。因此，在短期的完全竞争均衡处，企业赚取的经济利润可能为正，也可能为负。相反，在长期中，已有的企业可以调整它们的工厂规模，甚至可以一起退出这个行业。此外，新的企业也可以进入该行业。这样，在长期中，企业的经济利润都是零。

□ 已有企业的长期产量和工厂规模调整

在长期中，已有的企业可以调整其工厂规模和产出速度以实现利润最大化。因此，当企业从长远经营的角度出发，在考虑其可能生产的产量时，应该使用长期成本函数来评估这些产出的成本。

为了说明这一点，请看图 9-12。图 9-12 展示了一家面临 0.40 美元/枝的价格的玫瑰生产商。在其现有的工厂规模下（其现有的玫瑰花丛、土地和温室），企业的短期边际成本曲线和平均成本曲线分别是 SMC_0 和 SAC_0。它的短期利润最大化产量是 18 000 枝/月。在这一产量和 0.40 美元/枝的价格下，企业的经济利润为正值，因为价格超过了企业的短期平均成本——约 0.22 美元/枝。

但是，在长期中，种植商可以通过扩大其工厂规模以及在扩大的规模上收获更多的玫瑰来增加利润。图 9-12 展示了一家预期市场价格为 0.40 美元/枝的玫瑰种植商的长期利润最大化产量。[①] 利润最大化产量（75 000 枝/月）是长期边际成本等于市场价格

① 这一分析假定玫瑰生产商所面临的市场价格不会随时间推移而变化。事实上，玫瑰的市场价格有可能发生波动，在此情况下，玫瑰种植商的长期利润最大化问题就会更加复杂。关于更加复杂问题的分析超出了本书的范围。

所对应的点（如图 9－12 所示，$MC=P$）。为了生产这一产量，企业选择了这一产出水平下的成本最小的工厂规模。

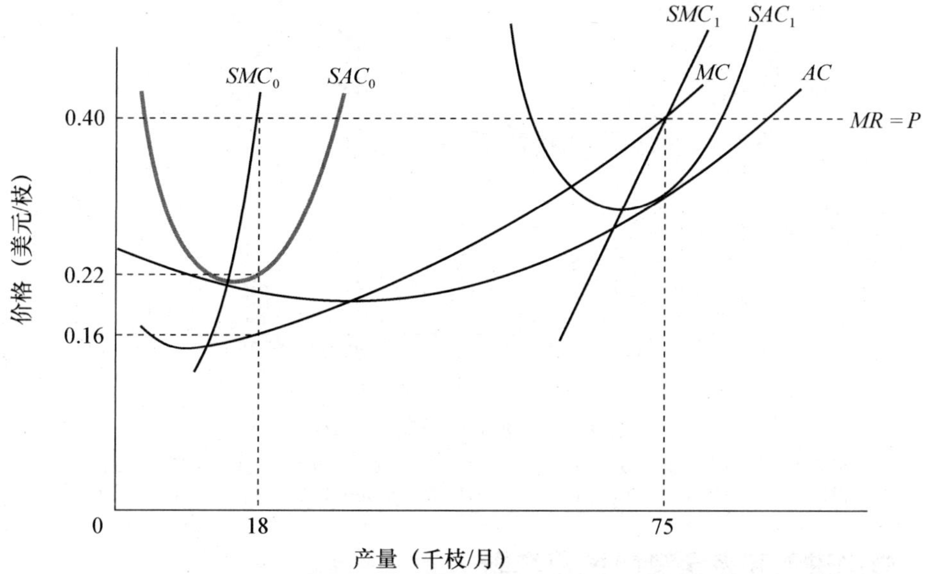

图 9－12　价格接受型企业的长期产出和工厂规模调整

说明：这家玫瑰种植商预期市场价格是 0.40 美元/枝，在其现有的市场规模下——由短期边际成本曲线 SMC_0 和平均成本曲线 SAC_0 表示，种植商的最大利润产量为 18 000 枝/月。为了实现长期中的最大利润，种植商会将产量增至 75 000 枝/月，即价格 P 等于长期边际成本 MC 所对应的产量。为了实现这一点，种植商会将其工厂规模扩至由 SMC_1 和 SAC_1 代表的最低成本水平（画出长期平均成本曲线 AC 是为了有利于和图 9－13 进行对比）。

□ 企业的长期供给曲线

上述分析表明，企业的长期供给曲线就是其长期边际成本曲线。这基本上是正确的。在价格高于长期平均成本的最小值（图 9－13 所示的 0.20 美元/枝）时，企业的长期供给曲线与其长期边际成本曲线重合。在价格低于长期平均成本的最小值时，其长期供给曲线是与纵轴（代表产出为零）重合的一条垂直“长钉”。之所以会如此，是因为在市场价格低于长期平均成本的最小值时，即使在将投入组合进行所有可能的调整以达到最低总成本之后，企业的经济利润也仍为负值。如果企业预期在近期内市场价格会维持在这一水平，那么它最好的反应将是退出这一行业。

构建企业长期供给曲线背后的逻辑与我们之前用于构建企业短期供给曲线的逻辑是相似的。在这两种情况下，如果企业产出的确为正值，我们需要考虑价格和边际成本的关系以决定最优产出水平。同时，我们要问，根据其不生产时可以避免的成本，企业是否最好选择停产。其差别就在于，在长期中，所有成本都是可避免的（即它们是非沉没的），而在短期中，如果企业的产量为零，会有部分成本是不可避免的（即它们是沉没的）。

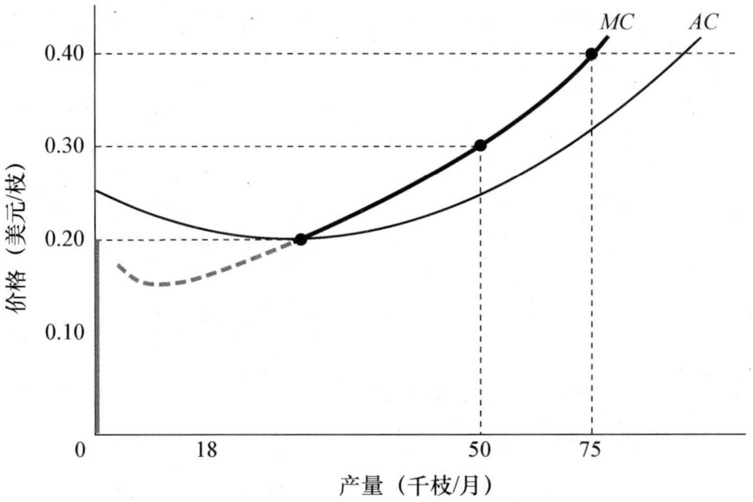

图 9-13　企业的长期供给曲线

说明：在价格高于长期平均成本的最小值（这里约为 0.20 美元/枝）时，企业的长期供给曲线与长期边际成本曲线重合。在价格低于长期平均成本的最小值时，企业的供给曲线是一条与纵轴重合的垂直"长钉"。

□ 自由进入和完全竞争长期均衡

在进行完全竞争短期均衡分析时，我们假定行业中的企业数量是固定的。但是在长期中，新的企业可以进入行业。在既定的市场价格下，如果企业可以赚取正的经济利润且因此可以为其所有者创造财富，就会进入该行业。

当价格为供给与需求的交点且企业没有动机进入或退出这一行业时，**完全竞争长期均衡**（long-run perfectly competitive equilibrium）便会出现。具体来看，完全竞争长期均衡的特征是，具有满足以下三个条件的市场价格 P^*、相同企业数量 n^* 以及每家企业的产量 Q^*：

（1）就其产出和工厂规模而言，每家企业都使长期利润最大化。给定价格 P^*，每家活跃的企业都会选择利润最大化的产量和一个该产量下的使成本最低的工厂规模。这一条件表明企业的长期边际成本等于市场价格，即 $P^* = MC(Q^*)$。

（2）每家企业的经济利润均为零。给定价格 P^*，进入这一行业的潜在参与者不可能赚取正的经济利润。此外，这一行业中的活跃企业也不可能赚取负的经济利润。这一条件表明企业的长期平均成本等于市场价格，即 $P^* = AC(Q^*)$。

（3）市场需求等于市场供给。在价格为 P^* 时，给定企业数量 n^* 和单家企业的供给量 Q^*，市场需求等于市场供给。这表明 $D(P^*) = n^* Q^*$，或者 $n^* = D(P^*)/Q^*$。

完全竞争长期均衡： 市场价格和产量是供给等于需求时所对应的点，已有企业没有动机退出该行业，潜在企业没有动机进入该行业。

图 9-14 用图像展示了这些条件（图中的数字与边做边学习题 9.4 相对应）。由于均衡价格同时等于长期边际成本和长期平均成本，所以每家企业都在长期平均成本曲线的最低点生产。如果平均成本的最小值出现了如图 9-14 中的 Q^* 的单一值，企业就在其最低有效规模处生产。所以，供给等于需求的条件表明，企业的均衡数量等于市场需

求除以最低有效规模产量。

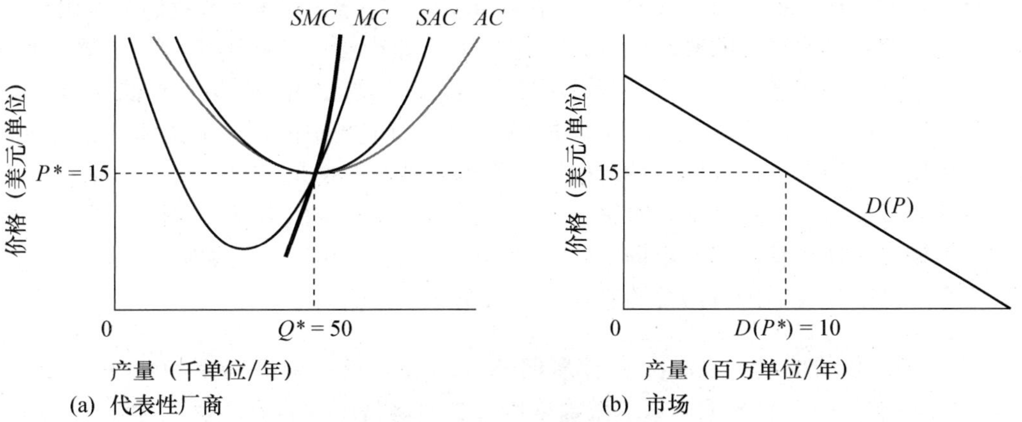

图 9－14　完全竞争市场的长期均衡

说明：长期均衡价格 P^* 等于长期平均成本的最小值（15 美元/单位）。每家企业的产量 Q^* 等于它的最低有效规模产量（5 万单位）。需求的均衡产量是 1 000 万单位。企业的均衡数量是 1 000 万单位除以每家企业的产量 5 万单位 [$n^* = D(P^*)/Q^* =$1 000 万/5 万=200]。

边做边学习题 9.4

计算长期均衡

问题：

在某市场中，所有企业和潜在进入者完全一样。每家企业的长期平均成本曲线是 $AC(Q)=40-Q+0.01Q^2$，相应的长期边际成本曲线是 $MC(Q)=40-2Q+0.03Q^2$，这里 Q 是每年的千单位数。市场需求曲线是 $D(P)=25\,000-1\,000P$，$D(P)$ 也以千单位来度量。求出每家企业的长期均衡产量、价格和企业数量。

解：

用 * 表示均衡值。长期竞争均衡满足以下三个等式：

$$P^* = MC(Q^*) = 40 - 2Q^* + 0.03(Q^*)^2 \quad \text{（利润最大化）}$$

$$P^* = AC(Q^*) = 40 - Q^* + 0.01(Q^*)^2 \quad \text{（零利润）}$$

$$n^* = \frac{D(P^*)}{Q^*} = \frac{25\,000 - 1\,000P^*}{Q^*} \quad \text{（供给等于需求）}$$

联立前两个等式，解出每家企业的产量 Q^*：$40-2Q^*+0.03(Q^*)^2=40-Q^*+0.01(Q^*)^2$，即 $Q^*=50$。因此，每家企业的均衡产量是 5 万单位/年。把 $Q^*=50$ 代入平均成本函数，可以得出均衡价格 P^*：$P^*=40-50+0.01\times 50^2=15$。15 美元/单位的均衡价格对应着每家企业的最低平均成本。把 P^* 代入需求函数，我们可以得到均衡的市场需求：$25\,000-1\,000\times 15=10\,000$，即 1 000 万单位/年。企业的均衡数量等于均衡的市场需求除以最低有效规模：1 000 万/5 万=200 家企业。

相似习题： 9.23，9.24，9.25

□ 市场长期供给曲线

在分析短期竞争均衡时，我们把均衡价格描述为市场需求曲线和市场短期供给曲线的交点。在本节中，我们将会看到长期均衡也可以用类似的方式描述：市场需求曲线和**市场长期供给曲线**（long-run market supply curve）的交点。（在本节我们会做出与我们得出市场短期供给曲线时的假定同样的假定，即行业产量的变化不影响投入要素价格。在下一节中，我们将会看到在这一假设不成立时，怎样求出市场长期供给曲线。）

假定所有的长期调整（比如，工厂规模的调整和市场中的新企业进入）都能实现，长期市场供给曲线会告诉我们各种价格对应的市场供给总量是多少。然而，我们不能像获得短期曲线那样——水平加总单家企业的供给曲线——求出市场长期供给曲线。原因在于，长期和短期相反，随着市场中的企业不断进入和退出，市场供给会发生变化。因此，不存在可以让我们进行加总的稳定的单家企业供给曲线集。

市场长期供给曲线：假定所有长期调整（工厂规模的调整和市场中的新企业进入）都能实现，一条能够展示出不同价格所对应的总供给量的曲线。

图 9－15 展示了如何构建市场长期供给曲线。起初，价格为 15 美元/单位时，市场处于长期均衡。在这一价格下，完全相同的 200 家企业都在其最低有效规模 5 万单位/年处生产，所以市场供给是 1 000 万单位/年（当然，由于市场处于均衡，需求量也是 1 000 万单位/年）。图 9－15（a）中的点 *A* 代表了某一代表性企业的长期均衡点。

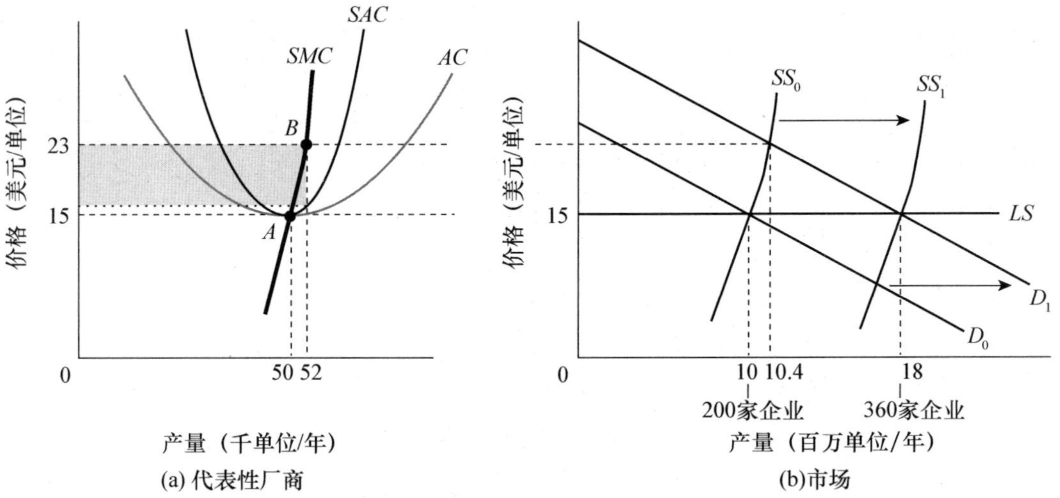

图 9－15　市场长期供给曲线

说明：起初，在价格为 15 美元/单位时，行业处于长期均衡。如图（a）的点 *A* 所示，完全相同的 200 家企业都在其最低有效规模产量5 万 单位/年处生产；因此，在图（b）的原始需求曲线 D_0 与长期供给曲线 *LS* 的交点处，总的市场供给是 1 000 万单位/年（5 万×200＝1 000 万）。如果需求曲线从 D_0 向右移至 D_1，短期均衡价格就是短期供给曲线 SS_0 与 D_1 的交点处的 23 美元/单位。在短期中，每家企业均处于图（a）中的点 *B*，供给为 5.2 万单位/年，且赚取的经济利润为正值，等于阴影部分的面积。拥有赚取利润的机会就会招致新的进入，且短期供给曲线就会右移，直至 SS_1。在这一新的长期均衡下，行业拥有 360 家企业，每家企业的供给再次回到 5 万单位/年，且均衡价格又回到 15 美元/单位。因此，在长期中，长期供给曲线 *LS* 是一条水平直线，所有供给面临的都是这一价格（15 美元/单位）。

如图 9－15（b）所示，我们假定市场需求从 D_0 移至 D_1。同时我们假定这一需求移动有望持续发生，所以市场实现了一个新的长期均衡。

在短期中，市场中有 200 家企业，在价格为 23 美元/单位、每家企业利润最大化产量为 5.2 万单位/年、市场的总供给和总需求为 200×5.2 万=1 040 万单位/年时，出现短期均衡。对单个企业，这一位置由图 9－15（a）中的点 B 表示；对市场而言，由图 9－15（b）中的短期供给曲线 SS_0 和新的需求曲线 D_1 的交点表示。

在价格为 23 美元/单位时，200 家企业中的每一家赚取的正的经济利润等于图 9－15（a）中的阴影矩形的面积。经济利润的可实现性吸引新的企业进入市场，这使短期供给曲线右移。新企业的进入一直持续到供给曲线移至 SS_1，价格降为 15 美元/单位——图 9－15（b）中的 SS_1 和 D_1 的交点。在这一点，有 160 家新企业进入该行业，每家（新的和老的）企业通过生产其最低有效规模产量 5 万单位/年来实现其利润最大化。一旦价格降至 15 美元/单位，每家企业的经济利润都为 0，就不再有额外进入和退出的激励。此外，由于在价格为 15 美元/单位时，市场需求等于总供给（360×5 万=1 800 万单位/年），所以市场出清。

这一分析表明，在初始的长期均衡价格为 P 的完全竞争市场中，长期中的额外市场需求会通过新企业的进入来满足。尽管在短期中均衡价格可能会上涨，但是在长期中，新企业的进入会使均衡价格再次降至其初始水平。因此，市场长期供给曲线会是一条与长期均衡价格 P 一致的水平直线。在图 9－15（b）中，LS 为和长期均衡价格 15 美元/单位对应的市场长期供给曲线。

□ 成本不变行业、成本递增行业和成本递减行业

成本不变行业

在构建长期供给曲线时，我们假定行业产量的扩增发生在新企业的进入不影响该行业中的企业使用的投入品（例如，劳动、原料、资本）的价格时。结果，在新的企业进入该行业时，现有厂商的成本曲线不动。当行业对该项投入的需求在该项投入的总需求中占据很小的比例时，这一假设才成立。在这种情况下，无论增加还是减少行业对该项投入的使用都不会影响市场价格。例如，玫瑰行业的企业要使用大量的天然气、蒸馏液和其他燃料来加热温室。但是其他许多行业也要使用这些燃料。因此，玫瑰产量的增加或减少——以及玫瑰种植商对加热燃料需求的相应增加——对加热燃料的整体需求不可能产生多大影响，而且可能不会显著地改变这些燃料的自由市场价格。

当行业产出的变化不会影响投入价格时，我们拥有如图 9－15 所描述的**成本不变行业**（constant-cost industry）。（“成本不变”和我们在第 8 章中学习的“规模报酬不变”并不相同，因为它意味着一个水平的长期平均成本函数。图 9－15 表明，即使企业的规模报酬改变，我们也可以拥有一个成本不变行业。相反，行业中的企业可以是规模报酬不变的，但该行业不必成本不变。）

成本不变行业：行业产出的增加或降低都不会影响投入价格的行业。

成本递增行业

当行业产出的扩展使投入要素价格上涨时，我们称之为**成本递增行业**（increasing-cost industry）。如果企业使用**行业特定投入**（industry-specific inputs）（只有该行业使用的稀缺性投入），行业可能会是成本递增的。例如，玫瑰生产商通常会雇用一个主种植者来负责种植玫瑰花丛，决定化肥和农药量，安排收获，并且创造杂交品种。好的主

种植者就很难找，那些拥有成功记录的主种植者更是备受吹捧。

成本递增行业：行业产出增加使投入价格上涨的行业。

行业特定投入：只被某一特定行业使用而不被经济中的其他行业使用的稀缺性投入。

案例 9.7

超级油轮市场何时不景气①

超级油轮是用于在世界各地间运输原油的大型轮船。油轮业已经被称作“世界上最大的扑克游戏”，其涉及的不仅是进入该行业的高风险和大股本——一艘油轮就可以耗资 1 亿多美元——而且有一些有趣的人物，比如通过油轮聚敛财富的亚里士多德·奥纳西斯和包玉刚爵士。

油轮行业的财富转移比 20 世纪 70 年代超级油轮市场的崩溃还要快。图 9－16 展示了 1973—1976 年超级油轮服务的现货价格——包租一艘超级油轮的单次航行价格。② 1973 年 9 月，超级油轮航行的即期汇率平均为 W205。但是到了年底，价格就跌至 W50 之下，低于使超级油轮赚取正经济利润的价格（接近 W80）。此后，1975—1976 年，尽管存在一些波动，但价格持续下降，直至一个相对稳定但是低得可怜的价格区间 W20～W30。

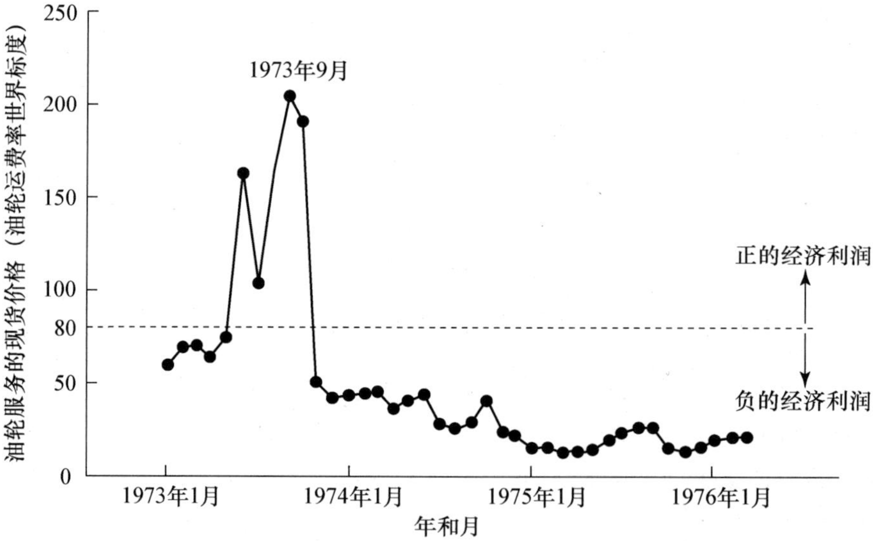

图 9－16　1973 年 1 月—1976 年 3 月，包租油轮的现货价格

资料来源：Table 2，p. 14，of *Market Conditions and Tanker Economics*（London：H. P. Drewry，1976）.

---

① 这一例子有许多来源：“The Oil Tanker Shipping Industry，” Harvard Business School Case 9-379-086；“The Oil Tanker Shipping Industry in 1983，” Harvard Business School Case 9－384－034；R. Thomas，“Perfect Competition among Supertankers：Free Enterprise's Greatest Mistake，” Chapter 14 in *Microeconomic Applications*（Cincinnati，OH：South-Western，1981）；and *Market Conditions and Tanker Economics*（London：H. P. Drewry，1976）。

② 这一价格又被称为油船运费率世界标度（缩写为 W）的单位度量，W 是标准规模的船在标准状况下运营时的油轮服务价格指数。

这其中发生了什么？油轮服务的需求取决于石油的世界需求与生产商及石油消费者之间的距离。在20世纪60年代和70年代初期，石油的需求量迅速增加，更多的石油产自中东地区。20世纪70年代初期，波斯湾的石油销量每年以接近10%的速率增加，大部分业内观察人士预期这一增长会持续下去。石油需求的增长，继而是油轮的增长在1973年的前9个月内极其迅速。这解释了1973年夏天油轮现货价格的大飞跃。图9－17把这一价格增加描绘为对应于需求移动的短期均衡（此时，其行业经营的短期供给曲线为SS_0）。

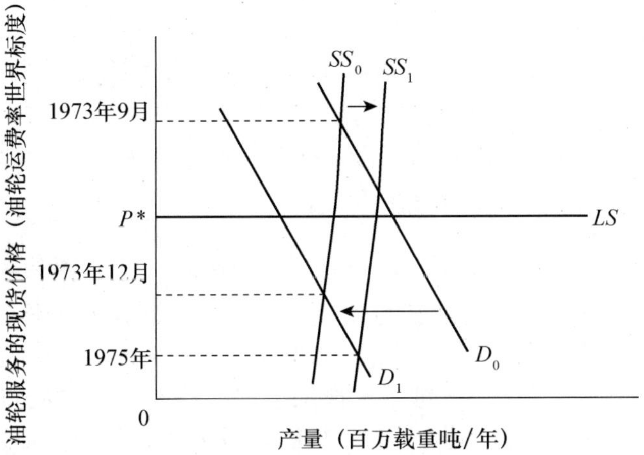

图9－17　1973—1975年，油轮市场的价格暴跌

说明：1973年初秋，油轮服务的需求曲线是D_0，短期供给曲线为SS_0，这一水平下的价格由这两条曲线的交点表示（远远高于长期供给曲线为LS时的长期均衡价格）。之后需求曲线左移至D_1，价格降至D_1和SS_0的交点水平。随后，短期供给曲线右移至SS_1，而且到了1975年，价格下降更多，直至D_1与SS_1的交点水平。

在20世纪60年代末70年代初，对油轮更高价格的预期导致人们投资新的油轮。截止到1973年，也就是第一艘超级油轮建成的第六年，全世界已经拥有将近400艘超级油轮，还有500艘在建。如果市场需求方面不像预期那样进展，油轮运力的增加会使市场价格降至长期均衡价格P^*，此时超级油轮赚取的经济利润为零（由图9－17中的长期供给曲线表示）。

但是需求状况并不像预期那样发展。1973年10月，以色列和阿拉伯国家之间爆发战争；此后不久，石油输出国组织（OPEC）对美国实施石油禁运。油价飞涨，石油输出国组织对美国的石油出口迅速下跌。在1973年9月还非常抢手的油轮运输服务，在1973年12月就开始滞销。图9－17将这一现象描述为需求曲线从D_0移至D_1。给定供给曲线SS_0，油轮服务的价格跌至长期均衡价格P^*之下。

由于超级油轮的短期供给曲线是相当无弹性的，所以1973年价格的上涨和随后年末的价格下降都尤为显著。在短期，油轮运营商对产出的调整选择非常有限：它们可以加快或降低油轮的速度以增加或减少供给，但这样也只是蜻蜓点水。运营商也可以停用油轮，把它们“封存”起来以待日后备用，或者直接当废品卖掉。封存需要成本，当作废品卖掉又是不可逆的。除非预期低价会持续下去，这两者都是不可选的。此外，超级油轮也没有别的用途。尤其是，油轮主不可能轻易地把油轮从运输石油改为运输其他货物（比如，运输粮食）。所有这一切都表明，诸如 SS_0 的短期供给曲线在很大的价格范围内都是近乎垂直的。

石油禁运最终结束了，但是 1974—1975 年油轮服务需求持续低迷。石油输出国组织生产的石油的价格依然很高，美国等西方国家降低其石油消耗量，这使石油需求降低。油轮的服务时间通常很长（一般为 20 年），所以它退出这一行业也需要很长一段时间。事实上，1974—1975 年，由于在 20 世纪 70 年代初期订购的新超级油轮一直在接受委托服务，短期的供给曲线实际上一直在右移，移至图 9－17 中的 SS_1。例如，1974 年，尽管油轮服务价格持续低迷，全世界的油轮运力却增加了 18%。这又加剧了价格的下降。

最终，油轮供给做了调整。1977 年和 1978 年，价值超过 2 000 万吨的油轮运力被当作废品卖掉。此外，将近一半的未完成油轮订购也被取消，这使油轮主在丧失预付定金和取消方面花费了成百上千万美元。油轮运力的下降，加之石油需求的逐渐回升，使得油轮价格在 20 世纪 70 年代末开始攀升。但是，该行业从 1973 年秋天开始的价格暴跌中恢复花费了十多年。

图 9－18 阐释了成本递增行业在与图 9－15 具有相同初始条件的情况下的均衡调整过程。在初始的长期均衡价格为 15 美元/单位时，行业中的 200 家完全相同的企业每家的产量都是50 000 单位/年［每一家都位于图 9－18（a）中的点 A］。假定市场需求曲线从图 9－18（b）中的 D_0 移至 D_1。起初，假定没有新企业加入、投入价格也不会变化，短期供给曲线就是 SS_0。在 D_1 和初始短期供给曲线 SS_0 的交点处，均衡价格是 23 美元/单位。在这一价格下，企业赚取的经济利润为正值，这吸引了新的进入，然后短期供给曲线右移。到目前为止，所有这些和图 9－15 所描述的情况都一致。

但是现在，随着新进入引起的行业产出增加，行业特定投入的价格（比如主种植者）开始上涨（例如，新的进入者力求通过给主种植者提供更高的工资来诱导他们跳槽）。如图 9－18（a）所示，投入要素价格的增加使每家企业的长期和短期成本函数上移［图 9－18（a）描述了一个使每家企业的最低有效规模不变（用点 B 表示，仍为 50 000 单位/年）的上移，但在一般情况下，企业的最低有效规模会随投入价格的改变而改变］。① 新的市场短期供给曲线 SS_1 上绘有所有新的进入发生之后行业中的企业数量（280 家企业），以及在这一新的（更高的）水平之上的投入价格。新的均衡价格是 20 美元/单位，市场中的交易数量是 1 400 万单位/年。虽然每条短期供给曲线是根据既定数量的企业和既定的投入价格绘制的，但是长期供给曲线 LS 却把新企业的进入和投入价格的改变都考虑在内。

当价格降至企业只赚取零利润时，调整过程就不再发生。这出现在 20 美元/单位的价格处，即新的短期供给曲线 SS_1 和新需求曲线 D_1 的交点处。由于投入价格的上涨，20 美元/单位的价格等于新的长期平均成本曲线 AC_1 的最小值。行业产出从 1 000 万单

① 在雇用一个主种植者的玫瑰种植生产商的案例中，主种植者的工资是一项固定成本。因此，主种植者工资的增加会影响 AC 曲线而不会影响 SMC 曲线。图 9－18（a）展示了投入价格增加的情况，企业使用这些投入的数量不同。如图所示，一项可变投入价格的提高会使短期边际成本曲线从 SMC_0 移至 SMC_1。

位/年扩至 1 400 万单位/年。由于每家企业的产出是 50 000 单位/年，所以现在企业的均衡数量是 280（=14 000 000/50 000）家。因此，另有 80 家新企业进入了这一行业。

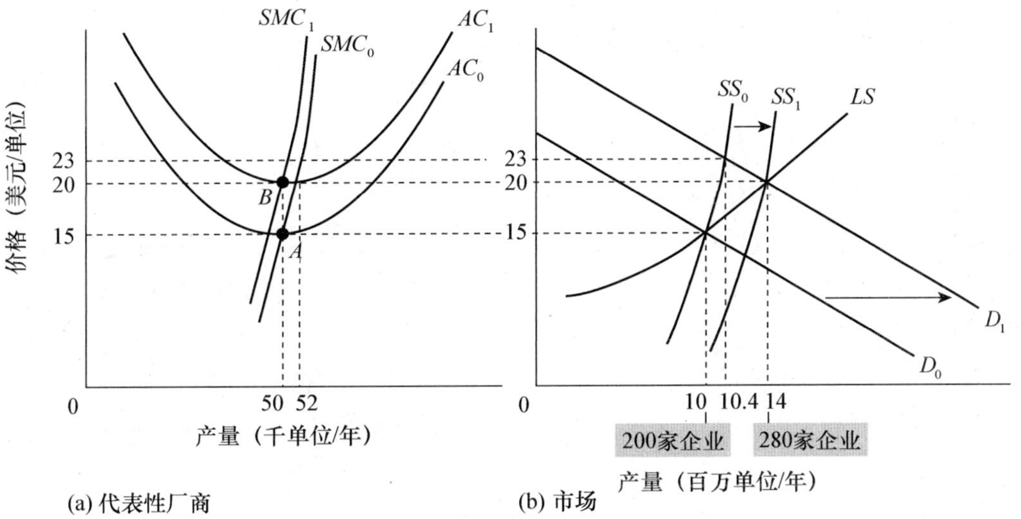

图 9-18 成本递增行业的行业长期供给曲线

说明：起初，行业处于价格为 15 美元/单位的长期均衡。市场中 200 家完全相同的企业中的每一家都生产其最低有效规模产量50 000 单位/年，即图（a）中的点 *A*；因此，市场的总供给量是 1 000 万（=5 万×200）单位/年，即图（b）中的初始需求曲线 D_0 与长期供给曲线 *LS* 的交点。之后需求曲线从 D_0 移至 D_1，其短期均衡价格就是短期供给曲线 SS_0 与 D_1 的交点处的价格 23 美元/单位。在短期中，每家企业都位于图（a）中的点 *B*，每年的供给量为 52 000 单位，且赚取的经济利润为正值。赚取利润的机会激励新的进入，从而使短期供给曲线右移，直至到达 SS_1。如图（a）所示，当新的企业加入时，行业特定投入的价格上涨，长期和短期成本曲线都上移；长期平均成本的最小值从 15 美元/单位增至 20 美元/单位。在新的长期均衡下，行业现在拥有 280 家企业，每家企业的供给量再次变为 50 000 单位/年，均衡价格是 20 美元/单位。因此，长期供给曲线 *LS* 向上倾斜。

就像图 9-18（b）中的曲线 *LS* 一样，成本递增行业的市场长期供给曲线向上倾斜。向上倾斜的市场供给曲线告诉我们，在长期中，需要用价格的上涨引发更多的行业产出。增加行业产出以及投入价格的上涨使长期平均成本的最小值上升，价格的上涨正好弥补了这一损失。

成本递减行业

有时候，行业产出的增加会使某项投入要素的价格下降。此时，我们便拥有一个**成本递减行业**（decreasing-cost industry）。为了阐释这一点，我们假设一个行业高度依赖某种特殊的电脑芯片。随着行业对芯片需求的增加，因为电脑芯片的制造商在更高的产量水平上可以采取降低成本的技术，该行业或许可以以更便宜的价格获取电脑芯片。在成本递减行业中，每家企业的平均成本和边际成本可能是下降的，但这并不是因为企业在规模经济上生产，而是由于随行业产量增加投入要素的价格下降。

图 9-19 展示了在成本递减行业中长期供给曲线 *LS* 向下倾斜的情况。初始的长期均衡价格为 15 美元/单位，200 家完全相同企业中的每一家的产量都是 50 000 单位/年[每家都位于图 9-19（a）中的点 *A*]。起初，假设没有新企业的进入，投入价格也不改变，因此短期供给曲线是 SS_0。如果市场需求曲线从 D_0 移至 D_1 [如图 9-19（b）所示]，那么短期的均衡价格就是 23 美元/单位，即 D_1 与初始短期供给曲线 SS_0 的交点。

在这一价格下，企业赚取的经济利润为正值，继而出现新的进入。到目前为止，这与图 9-15 和图 9-18 所描述的情况都一致。

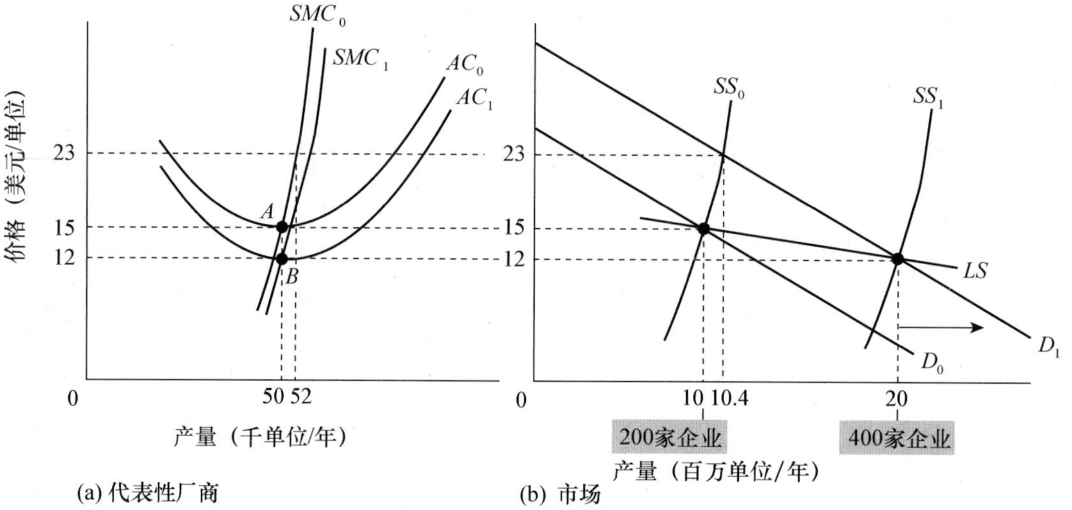

图 9-19　成本递减行业的行业长期供给曲线

说明：起初，市场包括 200 家相同的企业。在图（a）中，点 A 是一个单一企业的位置，此时市场的长期均衡价格为 15 美元/单位，企业产量为 50 000 单位/年，市场的总供给量为 1 000 万单位/年。在需求增加之后（同时投入价格降低），每家企业在点 B 处运营，此时市场的长期均衡价格是 12 美元/单位。

在图（b）中，LS 是市场长期供给曲线。最初的均衡位于 LS 和初始需求曲线 D_0 的交点处。需求的增加使需求曲线从 D_0 移至 D_1。起初，在有 200 家企业支付初始投入价格时，短期供给曲线是 SS_0。在有额外 200 家企业进入市场且投入价格降低之后，短期供给曲线就移至 SS_1。在长期中，均衡价格就变为 12 美元/单位（紧跟着投入价格的下降），即 LS 和新的需求曲线 D_1 的交点。

成本递减行业：随着行业产量的增加，部分或者全部投入价格下降的产业。

但是，如图 9-19（a）所示，当行业产出由于新企业的加入而增加时，行业特定投入（比如电脑芯片）的价格下降，这使每家企业的长期和短期成本曲线都下移（和之前一样，这个例子依然假定从 AC_0 至 AC_1 的移动使每家企业的最低有效规模保持在点 B 所示的 50 000 单位/年）。新的短期市场供给曲线 SS_1 描绘了新的进入出现之后的 400 家企业和新的（更低的）水平上的投入价格。新的均衡价格是 12 美元/单位，市场的交易数量是 2 000 万单位/年。长期供给曲线 LS 在绘制时把新企业的加入和投入价格的改变都考虑在内了；由于在市场产量加大时生产商面临着更低的投入要素价格，所以它是向下倾斜的。

案例 9.8

美国乙醇行业和玉米的价格

美国的乙醇行业为成本递增行业提供了一个极好的例子。乙醇（或者酒精，

CH_3CH_2OH）是一种无色、易燃的液体。它拥有广泛的用途，包括酒精饮料、溶剂、香水和燃料。可以通过糖发酵的方法生产乙醇，这些糖是从诸如谷物、玉米、高粱或者其他作物（如甘蔗）中获得的。当人们提及“酒”时，他们通常指的是乙醇。在巴西（美国之后的第二大乙醇生产者），乙醇的生产以甘蔗为原材料。虽然使用树木、干草、作物秸秆、藻类甚至是旧报纸也可以生产乙醇，但是相对来说比较困难。然而，在美国，大部分用作燃料的乙醇都来自玉米。

美国的乙醇行业得到了美国政府的长期支持。例如，美国对用甘蔗制得的国外乙醇征收关税。关税有效地阻止了原料为甘蔗的巴西生产商（它的平均生产成本比美国以玉米为原料的生产成本低）在美国市场的竞争。另外，当发动机燃料生产商把乙醇和汽油混在一起以提高辛烷含量时（为了降低发动机爆震，提高发动机效率），它们就有资格获得退税，即每加仑混有汽油的乙醇可退税 0.45 美元。① E85（一种含有 85%乙醇和 15%汽油的替代燃料）的生产商也可以获得税收抵免。这种税收抵免是对采购乙醇的发动机燃料生产商的补贴，并且具有增加乙醇需求的效果。

随着 21 世纪初期石油价格的稳步上升，美国对乙醇的需求量开始增加。石油价格的上涨，以及随之而来的汽油价格的上涨，使以乙醇为基础的替代燃料（比如，E85）对美国驾驶员更具有吸引力。通过改变一系列重要政策，美国政府促进了乙醇需求量的增加。2005 年，联邦政府对一些发动机燃料生产商撤销了责任保护。许多生产商使用一种名叫甲基叔丁基醚（MTBE）的化合物来提高辛烷值。由于甲基叔丁基醚与癌症有密切的联系，所以美国政府在 21 世纪初期明令禁用。不论是由于甲基叔丁基醚的禁用还是由于撤销责任保护引起的高成本，发动机燃料生产商从甲基叔丁基醚转向乙醇。此外，在 2005 年和 2007 年，国会通过了一些能源法案，其中包括使用一定数量的包含乙醇在内的生物燃料的规则。例如，2007 年的《能源独立和安全法案》要求截止到 2015 年，生物燃料的年使用量为 205 亿加仑，到 2022 年为 360 亿加仑，其中 150 亿加仑可以是乙醇。这些要求都增加了乙醇的需求。

在 21 世纪初期，乙醇市场的需求风起云涌、变化多端。完全竞争市场的模型表明，在短期中，这会使价格上涨、生产者盈利。2005 年乙醇的价格大约是 1 美元/加仑，在 2006 年增长了 4 倍。② 随着价格的上涨，现存企业的利润也开始增加。该行业的新闻报道中都谈到了“生物燃料热潮”。③

完全竞争行业的热潮通常都会吸引新企业进入，这也在乙醇行业中获得了验证。就如图 9-20（a）所示，在 2005 年之后，众多的新企业进入了该行业。例如，2005 年年初，美国乙醇工厂的数量是 81 家；到了 2009 年，全国有 190 家乙醇工厂。④ 仅在 2007 年一年内，全美国就有超过 75 家乙醇工厂在建，这一数字超过了 2004 年前的总

① 在 2008 年《农业法案》通过前，税收抵免都是 0.51 美元/加仑。

② “Corn Farmers Smile as the Price of Ethanol Rises but Experts on Food Prices Worry,” *New York Times* (January 16, 2006), Section A, p. 13; “U. S. Ethanol Ends Pivotal Year Amid Uncertainty: Rising Production Threatens Margins,” *Platts Oilgram Price Report* 85, no. 1 (January 2, 2007): 1.

③ 例如，“Biofuels Boom,” *CQ Researcher* 16, no. 34 (September 29, 2006)。

④ “Ethanol's Boom Stalling as Glut Depresses Prices,” *New York Times* (September 30, 2007).

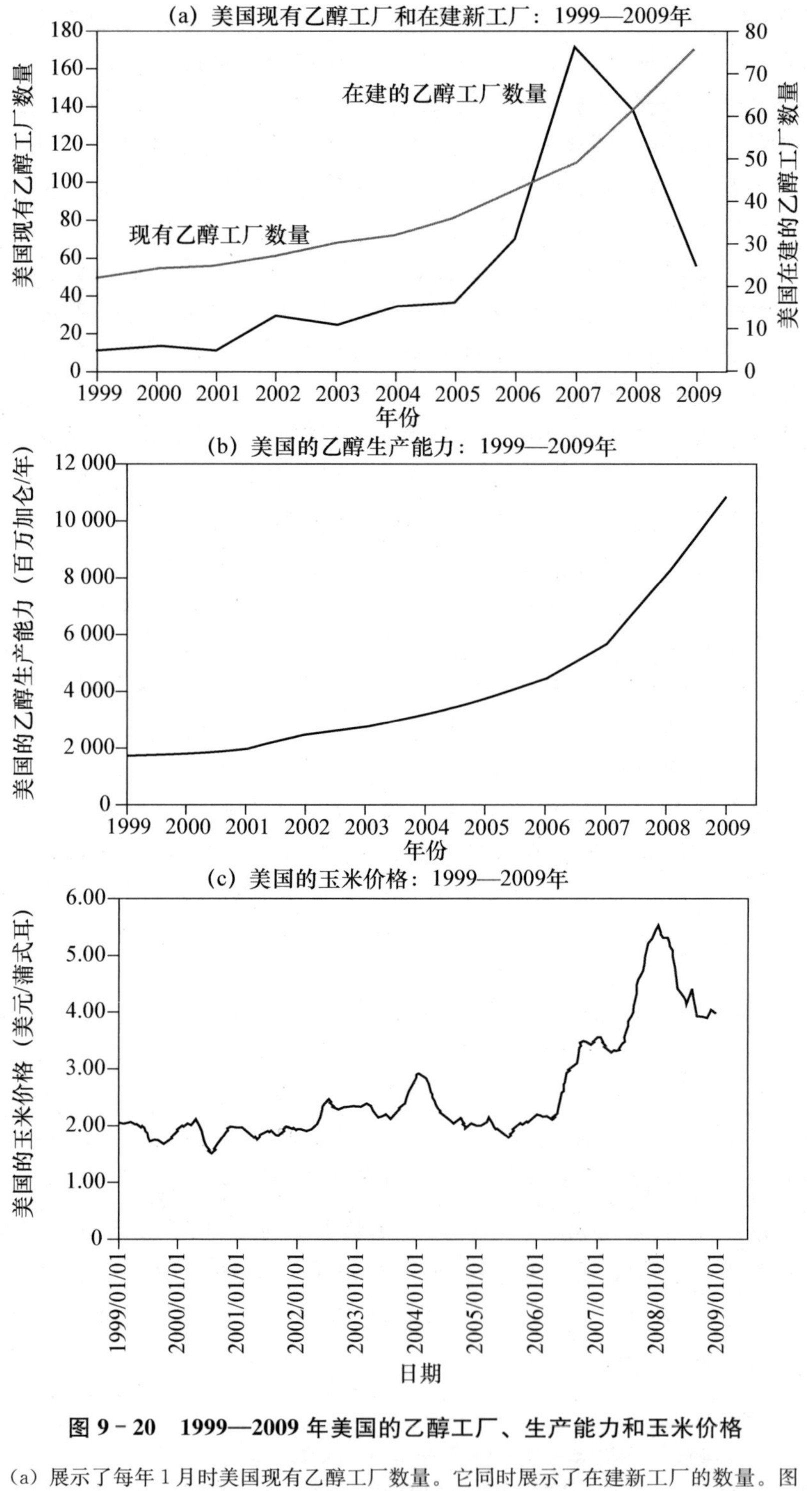

图 9-20　1999—2009 年美国的乙醇工厂、生产能力和玉米价格

说明：图（a）展示了每年 1 月时美国现有乙醇工厂数量。它同时展示了在建新工厂的数量。图（b）展示了每年 1 月时的美国乙醇工厂的总产能。图（c）展示了每年 1 月时的美国玉米价格。

资料来源：现有乙醇工厂数量和在建乙醇工厂数量以及生产能力数据来源于可再生燃料协会网站：http://www.ethanolrfa.org/industry/statistics/#C（访问日期：2009 年 12 月 26 日）。玉米价格数据来源于美国农业部经济研究局饲料数据库网站：http://www.ers.usda.gov/data/feedgrains/（访问日期：2009 年 7 月 9 日）。

工厂数。如图 9－20（b）所示，乙醇的总生产能力从 2005 年 1 月的约 36.5 亿加仑/年升至 2009 年的约 105.7 亿加仑/年。[①]

在成本不变行业，行业产出能力的扩展不会影响投入要素的价格，但是在成本递增行业，新企业的加入会引起一项或者多项投入要素的价格增加。乙醇行业是一个成本递增行业。如前所述，在美国，玉米是生产乙醇的原材料。21 世纪初期，仅乙醇生产对玉米的需求就在美国的玉米总需求量中占据了 15%～20%。在 21 世纪初，由于乙醇行业迅速扩张，玉米的价格理所当然要上涨。如图 9－20（c）所示，在 2005 年年初，美国的玉米价格约是 2 美元/蒲式耳，这是 20 世纪 90 年代末和 21 世纪初的价格。四年之后，价格已经翻至 4 美元/蒲式耳（事实上，在 2008 年的大部分时间里，平均价格超过了 5 美元/蒲式耳）。玉米价格的上涨并不全部因为乙醇，但乙醇却是一个至关重要的因素。美国国会预算办公室估计，2007 年 4 月—2008 年 4 月玉米价格上涨的 28%～47% 都源于乙醇生产增加导致的玉米需求的上涨。[②]

随着完全竞争市场朝向一个新的长期均衡移动，新企业的进入开始下降直至最终停止。因为新的进入导致产品价格下降，加之（在成本递增行业中）稀缺投入价格上涨，所以在繁荣期间享受高利润的生产商开始感觉到压力。随着临近 2009 年年底，这开启了美国乙醇工业的传奇。《明尼阿波利斯明星论坛报》（*Minneapolis Star-Tribune*）上的一篇名为《酒精繁荣就要破灭》的报道对该行业 2009 年的许多新闻报道做了概括。[③] 正如图 9－20（a）所示，酒精工厂的新建比率急剧下降。然而，尽管可能会出现“破灭”，但 2009 年美国乙醇的价格依然超过 2 美元/加仑，是 2005 年价格的两倍多。[④] 这与成本递增行业的长期均衡理论一致：市场需求的右移会使市场沿着其长期供给曲线移至一个更高价格的长期均衡。

□ 完全竞争的内涵

在本节我们学习了完全竞争市场的自由进入如何影响长期均衡价格。完全竞争意味着：自由进入会使经济利润最终为零。这是微观经济学中最重要的观点之一。它告诉我们：当获利机会被免费提供给所有企业时，经济利润不会持久。这验证了一个传统的商业观点：“如果一件事任何人都可以做到，就不会赚钱。”完全竞争理论对管理者的启示为：如果你把公司策略建立在一些极易模仿的技术和极易得到的资源之上，你就把自己置于完全竞争理论所强调的环境之中。长此以往，你将丧失经济利润。

---

① 美国乙醇工厂数量和总生产能力的数据来自可再生燃料协会的网站，http://www.ethanolrfa.org/industry/statistics/#C（访问日期：2009 年 12 月 26 日）。

② “The Impact of Ethanol Use on Food Prices and Greenhouse-Gas Emissions，” Congressional Budget Office (April 2009).

③ “Ethanol Boom Goes Bust，” StarTribune.com (November 29，2009)，http://www.startribune.com/politics/state/78108802.html（访问日期：2009 年 12 月 24 日）。

④ 当前的乙醇价格可以从 EthanolMarket.com 获得，http://www.ethanolmarket.com/（访问日期：2009 年 12 月 24 日）。

9.5 经济租金与生产者剩余

在前面，我们学习了价格接受型企业如何依据市场价格调整产量决策。我们还讨论了市场价格的决策机制。现在我们可以探讨在完全竞争市场中企业和投入的所有者（例如，劳动服务的供应商或者土地和资本的所有者）是如何从经营活动中赚取利润的。我们将会引入两个概念来描述完全竞争市场中的企业和投入所有者的收益：经济租金和生产者剩余。

□ 经济租金

在目前所介绍的理论中，我们一直假定在完全竞争市场中运营的企业可以获得相同的资源。这一点反映在下面的假设上：所有现存企业和潜在进入者都具有相同的长期成本曲线。

但是，在许多行业中，部分企业可以获得极好的生产资源，而其他企业却不能。例如，在玫瑰行业中，或许有上千位技术娴熟的人成为主种植者，但是真正能够成为极其优秀的主种植者的却只有少数。那些能够雇用到这些精英的幸运玫瑰生产商就要比那些只能雇用到一般的优秀种植者的企业更高产。

经济租金（economic rent）度量了由极其高产且供给有限的投入要素带来的经济剩余。具体来讲，经济租金等于企业愿意为该项投入服务支付的最大值与投入的**保留价值**（reservation value）之间的差额。反过来讲，投入的保留价值是指投入的所有者将其用于行业之外的最佳选择所获得的收益。将这些定义放在一起，我们得出：经济租金$=A-B$，这里

$A=$企业愿意为该项投入服务支付的最大值

$B=$投入的所有者将其用于行业之外的最佳选择所获得的收益

为了解释这一定义，我们假定一家玫瑰企业愿意为雇用一名精英种植者支付的年最大值（即经济租金定义中的 A 值）等于 10.5 万美元。[①] 进一步假定，该种植者在玫瑰行业之外的最佳雇佣机会是在郁金香行业做一名种植者，年薪为 7 万美元。这是我们定义中的 B 值。因此，这名精英主种植者带来的经济租金就是 $10.5-7=3.5$（万美元/年）。

> **经济租金：** 由极其高产且供给有限的投入要素带来的经济收益。
> **保留价值：** 投入的所有者将其用于行业之外的最佳选择所获得的收益。

经济租金经常和经济利润混淆。这些概念相关但并不相同。为了解释这一差异，我们来进一步探讨我们的玫瑰种植例子。假设每家玫瑰生产企业需且仅需一名主种植者。

① 稍后，我们将会看到这一最高意愿支付价格是如何制定的。

同时假定有两种类型的主种植者：精英型和一般型。前者的数量有限，我们假设有 20 名，但是后者的供给几乎是无限的。假想每种类型的主种植者的保留价值都是 7 万美元/年，现在，我们再假定所有主种植者的年薪都等于这一保留价值。

在拥有同等投入（劳动、资本、土地、原料）的情况下，一名精英主种植者可以比一名一般主种植者生产更多的玫瑰。因此，如图 9－21 所示，当所有主种植者的年薪都是 7 万美元时，雇用精英主种植者的企业比雇用一般主种植者的企业的平均成本和边际成本都低［图（a）的 AC'、MC' 对图（b）的 AC、MC］。请注意平均成本曲线 AC 和 AC' 是以下两部分的加总：除主种植者的工资外，企业使用其他所有消费产生的单位成本（比如，劳动、原料、土地、资本），以及主种植者生产一单位产出的工资（等于 7 万美元除以其生产的玫瑰总数）。如果企业雇用一名精英主种植者，它要节约的就是“其他消费”。同时注意，由于主种植者的工资和其生产的玫瑰数量是独立的（即种植者的工资是一项固定成本），所以种植者工资的多少并不会影响玫瑰企业边际成本曲线的位置。MC 和 MC' 之间的差值只归因于企业由于雇用精英主种植者而获得的额外产出。

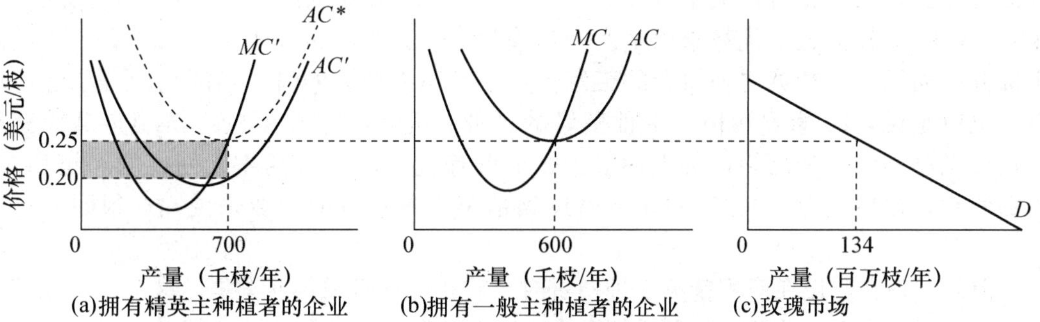

图 9－21　经济租金

说明：图（a）和图（b）：当所有主种植者的年薪相同时，拥有精英主种植者的企业的边际成本曲线（MC' 对 MC）和平均成本曲线（AC' 对 AC）都比拥有一般主种植者的企业低。在这种情况下，均衡价格为 0.25 美元/枝，一名精英主种植者的经济租金［等于图（a）中的阴影部分的面积］完全被雇用他的企业以经济利润的形式占据。但是，如果企业想要获得精英主种植者就必须去竞争，如果他们的工资被哄抬至企业愿意支付的最大值 10.5 万美元/年，拥有精英主种植者的企业的成本曲线就会移至 AC^*，这与拥有一般主种植者的企业的成本曲线 AC 一致。在这一点，每名精英主种植者自己获得其产生的经济租金，同时企业的经济利润降至零。

图（c）展示了均衡价格处的市场需求曲线和玫瑰的总产量。

图 9－21 展示了所有主种植者的工资都相同时的市场均衡。拥有一般主种植者的企业每年生产 60 万枝玫瑰，即其最低有效规模［图（b）］。拥有精英主种植者的企业的年产量为 70 万枝，即其边际成本曲线 MC' 与市场均衡价格 0.25 美元/枝的交点处［图（a）］。当价格为 0.25 美元/枝时，玫瑰的市场总需求量为 1.34 亿枝［图（c）］。其中，20×70＝1 400（万枝）由雇用到 20 名精英主种植者的企业提供；剩余的 1.2 亿枝由雇用到一般主种植者的企业提供。从图 9－21（a）中我们可发现，当企业以 7 万美元/年的工资雇用一名精英主种植者时，它的平均成本等于 0.20 美元/枝。相反，当企业以 7 万美元/年的工资雇用一名一般主种植者时，它的平均成本等于均衡价格，即 0.25 美元/枝。因此，通过雇用精英主种植者，玫瑰企业每生产一枝玫瑰就可以获得 0.05 美元的成本节约。

现在，我们来确定一名精英主种植者产生的经济租金。根据我们的定义，我们首先必须要问：企业愿意为雇用一名精英主种植者支付的最高工资是多少？企业愿意支付给精英主种植者的工资——称之为 S^* ——大多数是使企业经济利润等于零的工资。如果工资更高，那么企业最好退出这一行业。从图 9-21 中我们可以看出支付的最高工资为 S^*，这将使企业的平均成本从 AC' 移至 AC^*，从而使在产量为 70 万枝时，平均成本刚好等于市场价格 0.25 美元/枝。① 也就是说，7 万美元之外的其他工资 S^* 刚好可以抵消由精英主种植者的才能创造的 0.05 美元/枝的成本优势。平均成本曲线的上移程度等于工资为 S^* 时的单位成本 $S^*/700\,000$ 与工资为 7 万美元时的单位成本 70 000/700 000 之间的差值，而且这一移动程度必须精确地等于 0.05 美元。所以，$S^*/700\,000-70\,000/700\,000=0.05$，即 $S^*=10.5$ 万美元。也就是说，企业愿意支付给精英主种植者的最高工资是 10.5 万美元/年。经济租金就是愿意支付的最高值与主种植者的保留价值 7 万美元的差额：经济租金＝105 000－70 000＝35 000（美元）。请注意 3.5 万美元的经济租金与图 9-21（a）的阴影部分面积相对应。②

现在我们来计算一家玫瑰企业的经济利润。拥有一般主种植者的企业赚取的经济利润为零。相反，拥有精英主种植者的 20 家企业赚取的经济利润为正值，其大小等于 0.05 美元/枝的成本优势乘以生产的玫瑰数量。其乘积也等于图 9-21（a）中的阴影部分的面积。当精英主种植者的工资等于一般主种植者的时，经济利润等于经济租金。也就是说，20 家雇用精英主种植者的企业自身占据了全部的经济租金从而获得了正的经济利润。相反，精英主种植者完全没有获得任何由其才能创造的经济租金。对那些幸运地以 7 万美元/年的薪金雇用到精英主种植者的企业来说，这很明显是一个大买卖。

但是，现在假设在雇用精英主种植者时，玫瑰企业必须相互竞争。这个市场像美国职业棒球联盟或者专业篮球队那样拥有自由的职业队员。玫瑰企业之间雇用最佳主种植者的竞争会抬高精英主种植者的工资。如果竞争足够激烈，精英主种植者的工资就会被抬至企业愿意支付的最高工资 10.5 万美元/年。事实上，拥有这样的主种植者的企业就会在图 9-21（a）中的长期平均成本曲线 AC^* 上运营。③ 在长期均衡时，这些企业和那些雇用一般主种植者的企业一样，赚取的经济利润都为零。想要从其他也想雇用他们的企业那里吸引种植者，就必须支付给他们更高的工资，这些高工资又正好抵消了由额外雇用一名高产的主种植者产生的成本优势。稀缺投入的经济租金仍然是阴影部分的面积。然而，在这个例子中，租金被精英主种植者以高于 7 万美元保留价值的“薪金溢价”的形式获取，而不是被玫瑰企业以正的经济利润的形式获取。

一般来说，精英主种植者的工资在 7 万～10.5 万美元/年。雇用精英主种植者的企业赚取的经济利润也取决于这一工资。表 9-5 阐明了这一点。该表展示了经济租金是一个馅饼，或者是企业和投入所有者之间分配的剩余。经济租金一直是 3.5 万美元，但是经济利润却取决于这个“租金馅饼”如何分配。

---

① 请记住，种植者工资的高低并不会影响玫瑰企业的边际成本曲线的位置，所以一家雇用精英主种植者的企业每年仍然生产 70 万枝玫瑰，即它的（未移动的）MC' 曲线等于市场价格 0.25 美元/枝所对应的点。

② 这是由于这一区域的面积＝(0.25－0.20)×700 000＝35 000 美元。

③ 请记住由于主种植者的工资是一项固定成本，所以边际成本曲线不受影响。

表 9-5　　经济租金和经济利润之间的关系

主种植者的年薪（万美元）	精英主种植者创造的经济租金（万美元）	"薪金溢价"（被精英主种植者获取的部分经济租金）（万美元）	经济利润（被雇用精英主种植者的企业获取的部分经济租金）（万美元）
7	3.5	0	3.5
7～10.5	3.5	0～3.5	3.5～0
10.5	3.5	3.5	0

企业和主种植者之间经济租金的分配最终取决于资源的流动性。如果主种植者可以轻易地从一家企业转移到另一家企业，我们则预期对其服务会有激烈的竞争，主种植者的工资会接近企业愿意支付的最大值 10.5 万美元/年。在这种情况下，玫瑰种植商的经济利润会被市场中的雇用主种植者的竞争消耗一空（这和棒球队的利润在它们竞争天才自由职业队员时被消耗掉一样）。相反，如果主种植者不能随便从一家企业转移到另一家企业，或者主种植者的优秀才能只适用于特定企业（即这名主种植者对某一特定企业来说是精英，而对其他一般企业来说则不是），主种植者的工资就不会被抬高，从而经济租金就会被企业以正的经济利润的形式获取。

□ 生产者剩余

在第 5 章我们引入了消费者剩余的概念，它是对价格接受型消费者在现行的市场价格下购买一种商品所获得的净收益的货币量度。在第 5 章，我们看到消费者剩余是指需求曲线和市场价格之间的区域。

在本节，我们会展示对价格接受型企业来说也存在一个类似的概念：**生产者剩余**（producer surplus）。生产者剩余是企业在市场中销售一件商品实际获得的数值与其想要在市场中供给商品就必须接受的最低数值之间的差额。就像消费者剩余为价格接受型消费者所获得的净收益提供量度一样，生产者剩余为价格接受型企业在既定的市场价格下销售一件商品所获得的净收益提供了量度。

> **生产者剩余**：对生产者在某一特定价格下生产一件商品所获得的货币收益的量度。

单个企业的生产者剩余

为阐释单个企业的生产者剩余，我们从一个简单的例子开始。假定一家造船厂来年可以建造一艘轮船，也可以什么都不造。只要它至少能够获得 5 000 万美元（即企业建造这艘轮船需要花费的额外成本，或者，如果企业不造这艘轮船就能避免的成本），这家企业就愿意建造这艘轮船。如果这艘轮船的市场价格是 7 500 万美元，企业就愿意提供轮船。这么做它就可以获得 7 500 万美元的额外收益，而花费的额外成本则是 5 000 万美元，所以其总利润增加。企业的生产者剩余就是 7 500－5 000＝2 500（万美元）。请注意生产者剩余仅是企业总收益和总非沉没成本（即可避免成本）之间的差值。

当然，正如我们在本章所见，企业愿意生产的通常不止一单位产品。例如，假定我们的造船厂在某一年里潜在的建造力最多是 4 艘。企业的供给曲线 S 如图 9-22 所示。它表明，为了使企业愿意建造第一艘轮船，企业必须至少收到 5 000 万美元/艘。它愿意建造第二轮艘船的最低价格是 6 000 万美元。它愿意供给第三艘轮船的最低价格是 7 000 万美元，愿意提供第四艘轮船的最低价格是 8 000 万美元。像我们最初的例子一样，造船厂愿意供给船只的最低价格反映了生产一艘船的额外成本。如果造船厂想在来年建造两艘而非一艘轮船，就必须使用造船厂中拥有更少现代设备的旧区域（相应地，其工人的生产率也会降低），所以为了供给第二艘轮船，造船厂会提出一个更高的价格。鉴于相同的原因，为了生产第三艘和第四艘轮船，造船厂会提出更高的价格。

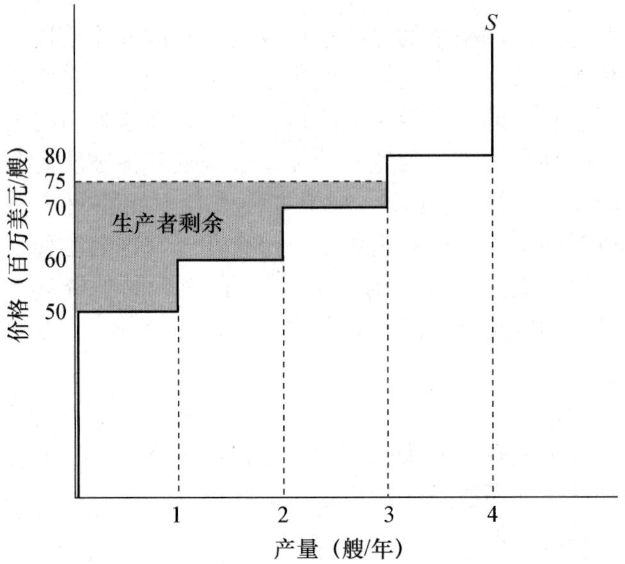

图 9-22　造船厂的生产者剩余

说明：供给曲线 S 表明，为使企业愿意供给第一艘轮船，企业必须至少获得 5 000 万美元/艘。为愿意供给第二轮艘船，企业必须至少获得 6 000 万美元/艘。为了愿意供给第三艘轮船，企业必须至少获得 7 000 万美元/艘，且为了供给第四艘轮船，企业必须至少获得 8 000 万美元/艘。如果轮船的市场价格是 7 500 万美元/艘，造船厂愿意供给 3 艘轮船。造船厂的生产者剩余是 4 500 万美元，即供给曲线和市场价格之间阴影部分的面积。

假设轮船的市场价格是 7 500 万美元/艘。在这一价格下，造船厂的供给曲线表明，来年它愿意生产 3 艘轮船。造船厂的生产者剩余是多少？想要知道结果，你需要把建造每艘船只的剩余加起来。生产第一艘轮船的生产者剩余是 2 500 万美元（和之前一样）：市场价格 7 500 万美元减去建造这艘船的可避免成本 5 000 万美元。第二艘轮船的生产者剩余是 7 500 万美元减去 6 000 万美元，即 1 500 万美元；第三艘轮船的生产者剩余是 7 500 万美元减去 7 000 万美元，即 500 万美元。因此，造船厂的生产者剩余就是 2 500＋1 500＋500＝4 500（万美元），即造船厂的总收入和其总非沉没成本之间的差值。

如图 9-22 所示，造船厂的生产者剩余是企业供给曲线和市场价格之间的区域。在这个例子中，企业的供给曲线是一系列“台阶”，这样我们可以很容易看出每单位产品的生产者剩余。但是，生产者剩余的概念也可以应用到拥有平滑供给曲线的例子中。

图 9-23 展示了拥有边际成本曲线 MC 和平均非沉没成本曲线 $ANSC$ 的企业的生产者剩余。对于这一企业，供给曲线先是一条延伸至停业价格 2 美元/单位的垂直“长钉” $0E$。超过这个价格，它是 MC 曲线的实线部分。在市场价格为 3.50 美元/单位时，

企业供给 125 单位产品。在价格为 3.50 美元/单位时，企业的生产者剩余是供给曲线和市场价格之间的区域，即 $FBCE$ 区域的面积。这个区域包括两部分：矩形 $FACE$ 和三角形 ABC。矩形 $FACE$ 是在企业提供前 100 单位产品时，总收益和总非沉没成本之间的差值。因此，它代表供给前 100 单位产品的生产者剩余。三角形 ABC 是企业将产量从 100 单位扩至 125 单位时的额外收益与额外成本之间的差值。因此，它代表供给最后 25 单位产品的生产者剩余。对于这一区域中的每单位的额外产出，企业利润的增加值就是这一额外单位产出的价格和边际成本 MC 之间的差值，所以区域 ABC 是产量从 100 单位增至 125 单位时的额外收益。和前面一样，在市场价格为 3.50 美元/单位时，总生产者剩余（区域 $FBCE$）等于其供给 125 单位时的企业的总收益与其总非沉没成本之间的差值。

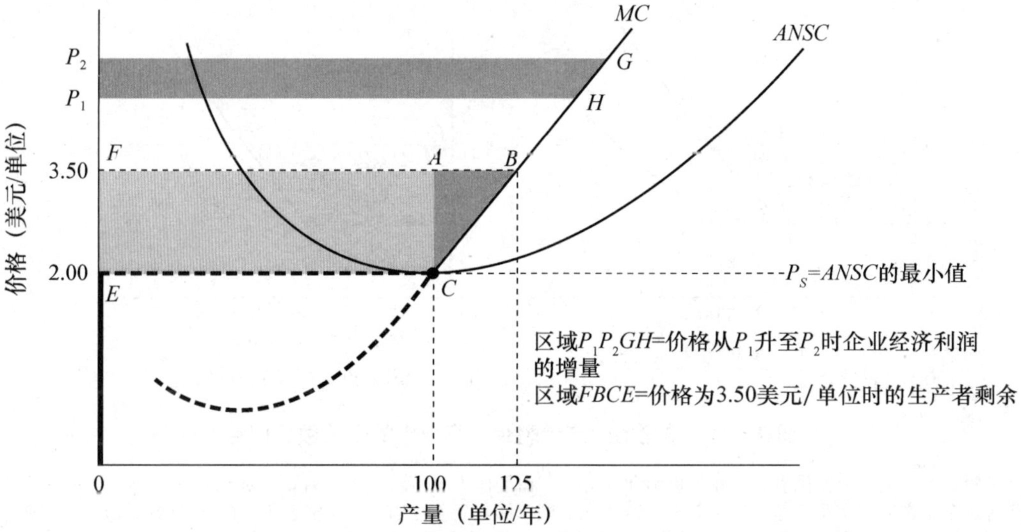

图 9-23　价格接受型企业的生产者剩余

说明：价格为 3.50 美元/单位的生产者剩余等于供给曲线和价格之间的区域，即区域 $FBCE$。这一面积等于企业生产 125 单位产出时的总收益和总非沉没成本之间的差值。当市场价格从 P_1 增至 P_2 时，生产者剩余的变化量等于 P_1P_2GH 的面积。这是由市场价格从 P_1 增至 P_2 带来的企业经济利润的变化量。

在短期中，当企业的部分固定成本是沉没成本时，企业的生产者剩余并不等于经济利润，而是受企业沉没成本的数量影响——具体而言，经济利润等于总收益减去总成本，生产者剩余等于总收益减去总非沉没成本。但是，在长期中，当所有成本都为非沉没成本（即可避免成本）时，生产者剩余等于经济利润。

请注意，在这两种情况下，某一市场价格下的生产者剩余和另一市场价格下的生产者剩余之间的差值等于这两种价格下的企业经济利润之间的差值（因为固定成本不变）。因此，如图 9-23 所示，区域 P_1P_2GH 是在价格从 P_1 增至 P_2 时企业获得的经济利润的增量以及生产者剩余的增量。

□ 整个市场的生产者剩余：短期

在短期中，行业中的生产者数量固定，市场供给曲线是单个生产者供给曲线的水平加总。因此，短期市场供给曲线和市场价格之间的区域是市场中的单个企业生产者剩余的加总。

图 9－24 用一个包括 1 000 家完全相同企业且每家企业的供给曲线都是 *ss* 的市场阐释了这一现象。图 9－24（b）的市场供给曲线 *SS* 是这些单条供给曲线的水平加总。这一供给曲线和价格之间的区域（即整个市场的生产者剩余）等于该行业中的所有企业的市场总收益减去总非沉没成本。例如，当价格为 10 美元/单位时，图 9－24 中的每家企业的产量都是 200 单位/年，且生产者剩余是区域 *ABCD*，这里等于 350 美元。① 价格为 10 美元/单位的市场总供给等于 20 万单位/年，市场供给曲线和价格之间的区域（区域 *EFGH*）等于 35 万美元。这是 1 000 家单家企业的总生产者剩余，其中每家的生产者剩余都是 350 美元。因此，35 万美元的市场生产者剩余是所有 1 000 家单家企业的总收益与它们的总非沉没成本之间的差值。

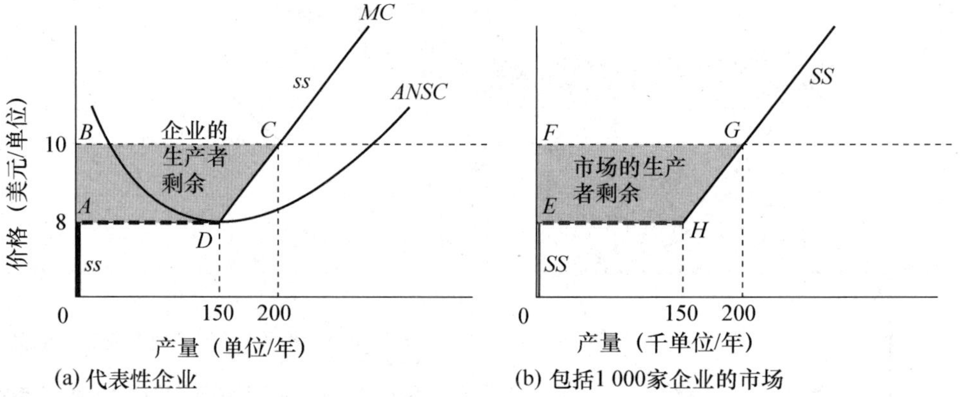

图 9－24　市场的生产者剩余：行业中的企业数目固定

说明：图（a）：一家代表性企业的供给曲线为 *ss*。在价格为 10 美元/单位时，企业供给 200 单位产品，且它的生产者剩余是区域 *ABCD*。这一区域等于 350 美元。图（b）：行业中有 1 000 家企业，市场供给曲线是 *SS*。在价格为 10 美元/单位时，市场供给是 20 万单位，且市场的生产者剩余是区域 *EFGH*。这一区域等于 35 万美元。

案例 9.9

为谋利而开采铜矿

在 20 世纪 90 年代末，需求的减少和价格的下降震动了世界铜矿市场。我们可以使用生产者剩余的概念以及我们在案例 9.5 中描述的铜的世界供给曲线，解释铜价下降对行业生产者剩余的影响。

在 1998 年年初，铜的价格约为 90 美分/磅。到了 1999 年年初，价格下降了约 22%，跌至约 70 美分/磅。市场的生产者剩余的综合减少量等于图 9－25（b）中的阴影区域 *ABCD* 的面积，大约是 35 亿美元。这是一个非常明显的下降。在价格为 90 美分/磅时，生产者剩余（供给曲线和 90 美分的价格之间的区域）近似为 65 亿美元。1999 年，下降了 22%的铜价使行业生产者剩余的减少超过了 50%。

① *ABCD* 的面积＝(10－8)×150＋(1/2)×(10－8)×(200－150)＝350。

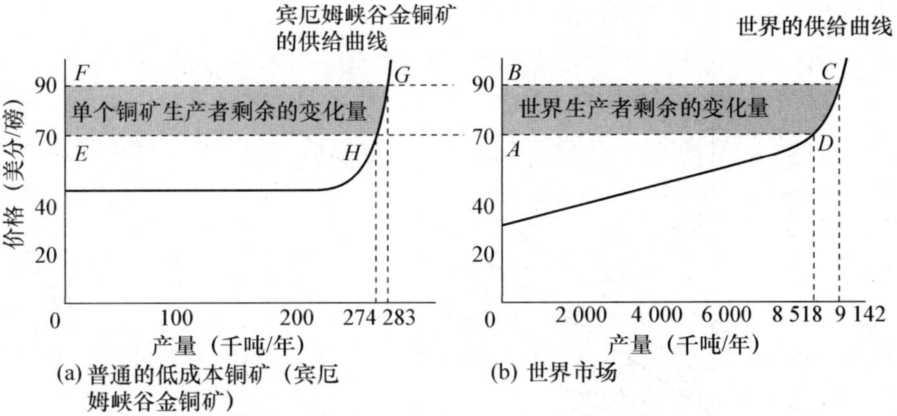

图 9－25　世界铜矿市场的生产者剩余

说明：图（b）的区域 *ABCD* 展示了当价格从 90 美分/磅降至 70 美分/磅时行业生产者剩余的减少量。图（a）的区域 *EFGH* 展示了一个具体铜矿生产者剩余的减少量，它就是犹他州的宾厄姆峡谷金铜矿，但其生产成本低，因此，尽管价格下降，却仍在以接近总生产能力的状态生产。

在价格为 90 美分/磅时，部分有利可图的高成本铜矿在价格降至 70 美分/磅时变得无利可图，这是行业生产者剩余下降的部分原因。这些高成本铜矿大量减少运营，甚至选择停业。但是，生产者剩余下降的主要原因还在于：许多低成本铜矿［比如案例 9.5 中描述的宾厄姆峡谷金铜矿，它的供给曲线在图 9－25（a）中以特写的形式被重新绘制］继续在接近总生产能力下运营，但利润率却降至更低。如阴影区域 *EFGH* 所示，这些铜矿在 70 美分/磅价格下运营的利润比在 90 美分/磅价格下的利润更低。但它们的所有者继续保持营业以赚取更多的利润，而不是停业。

边做边学习题 9.5

计算生产者剩余

假定牛奶的市场供给曲线是 $Q=60P$，Q 是指价格为 P 美元/加仑时的牛奶月销量（以千加仑度量）。

问题：

(a) 当市场价格为 2.50 美元/加仑时，市场的生产者剩余是多少？

(b) 当牛奶价格从 2.50 美元/加仑升至 4.00 美元/加仑时，生产者剩余增加了多少？

解：

(a) 图 9－26 展示了牛奶的供给曲线。当价格为 2.50 美元/加仑时，每月销售 15 万加仑牛奶（$Q=60\times2.50=150$ 千加仑）。生产者剩余是三角形 A，即供给曲线和市场价格之间的区域。这一面积等于$(1/2)(2.50-0)\times150\,000=187\,500$(美元)。所以，市场的生产者剩余是 187 500 美元。

(b) 如果价格从 2.50 美元/加仑升至 4.00 美元/加仑，供给量将会增至 24 万加仑/月。生产者剩余的增量是区域 B（225 000 美元）加上区域 C（67 500 美元）。因此，该市场的生产者剩余每月增加 292 500 美元。

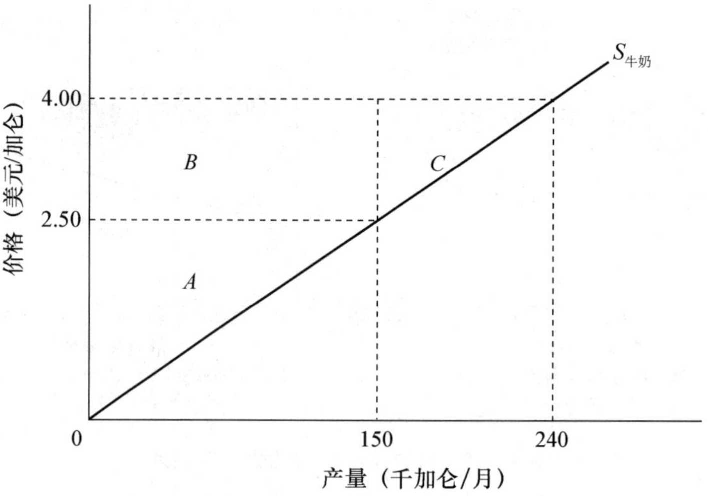

图 9－26　牛奶市场的生产者剩余

说明：在牛奶价格为 2.50 美元/加仑时，其生产者剩余是三角形 A，即 187 500 美元。如果价格从 2.50 美元/加仑增至 4.00 美元/加仑，生产者剩余的增加量是区域 B（225 000 美元）和区域 C（67 500 美元）的总和，即 292 500美元。

相似习题： 9.30，9.33，9.34

□ 整个市场的生产者剩余：长期

在长期均衡时，价格接受型企业赚取的经济利润为零。由于在长期中，企业的生产者剩余等于其经济利润，所以在完全竞争市场中处于长期均衡的企业的生产者剩余也一定为零。

图 9－27 展示了行业的长期供给曲线 LS 和市场均衡价格之间存在一个正的区域（FP^*E）。既然所有企业的经济利润都为零，区域 FP^*E 就不能代表行业中的企业的经济利润。那么这是什么？

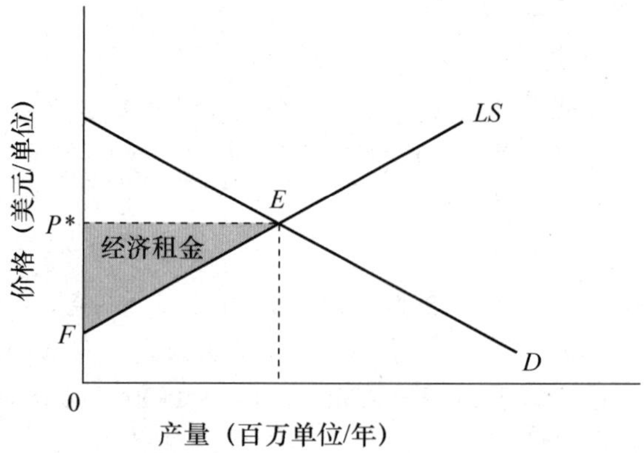

图 9－27　成本递增行业处于长期均衡时的生产者剩余

说明：在长期均衡价格 P^* 处，每家企业赚取的经济利润都为零。行业的长期供给曲线 LS 和均衡价格之间的区域 FP^*E 等于稀缺投入获得的经济租金。

我们必须记住，完全竞争行业的长期供给曲线之所以向上倾斜，是因为企业必须相互竞争以获取稀缺投入要素的服务（比如，玫瑰行业中的精英主种植者）。在前面讨论经济租金时，我们已经提到这类竞争的结果是使经济租金完全被投入的所有者占据。因此，区域 FP^*E 不是企业的经济利润（它等于 0），而是被稀缺行业特定投入的所有者获取的经济租金。例如，如果图 9－27 中的市场是玫瑰市场，区域 FP^*E 就是精英主种植者赚取的工资，而且超过了能够吸引他们为玫瑰企业提供服务所必需的最低工资。①

□ 经济利润、生产者剩余、经济租金

下面这个表格总结了我们在本章讨论的三个绩效评估（经济利润、生产者剩余和经济租金）之间的关系，我们就用这个表格来结束本节的讨论。

	短期	长期竞争均衡
行业的经济利润	＝总收益－总成本	＝总收益－总成本＝0
行业的生产者剩余	＝总收益－总非沉没成本	＝总收益－总成本＝0
行业供给曲线和行业市场价格之间的区域	＝行业的生产者剩余	在成本不变行业，这一区域为 0 在成本递增行业，这一区域为正，且等于被稀缺行业特定投入的所有者占据的经济租金

本章小结

● 完全竞争市场有四个特征：分散型行业、企业生产无差异产品、消费者对市场中所有卖家具有完全价格信息、所有企业都可以平等地获取资源。这些特点表明：企业是价格接受者、产品以相同的价格出售、所在行业以自由进入为特征。

● 经济利润（不是会计利润）是企业利润最大化的目标。经济利润是企业的销售收入和其全部的经济成本（包括所有相关的机会成本）之间的差值。

● 边际收益是企业因额外销售一单位产品而产生的额外收益，或者企业因减少生产一单位产品而放弃的收益。

● 一家价格接受型企业的边际收益曲线是一条等于市场价格的水平直线。

● 价格接受型企业通过生产边际成本等于市场价格所对应的产出水平实现利润最大化，且其边际成本曲线向上倾斜。

● 如果所有固定成本均是沉没的，那么只有当产品的市场价格超过平均可变成本时，完全竞争市场的企业才会选择生产正的产出。停业价格——低于此价格企业的产出就为零——是平均可变成本的最小值。（边做边学习题 9.1）

● 如果部分固定成本是非沉没的，那么只有当价格超过平均非沉没成本时，企业才会生产正的产出。停业价格是平均非沉没成本的最小值。（边做边学习题 9.2）

① 在成本递减行业中，向下倾斜的行业供给曲线和市场价格之间也有一个区域。想要理解这一区域的含义，需要使用超出本书的知识，在此我们不再讨论。

● 如果投入要素的价格不随市场产出的变化而变化，市场的短期供给曲线就是单家企业短期供给曲线的水平加总。

● 市场需求等于市场短期供给所对应的点就是短期均衡价格。(边做边学习题 9.3)

● 供给价格弹性度量了价格每变化 1%对应的供给数量的变化百分比。

● 在长期中，完全竞争企业可以调整它们的工厂规模，因此它们可以通过生产长期边际成本等于价格所对应的产量来实现利润最大化。

● 在长期中，自由进入使市场价格降至长期平均成本的最小值。如果企业拥有相同的 U 形长期平均成本曲线，那么每家企业的供给产量等于其最低有效规模。企业的均衡数量是市场总供给等于均衡价格下的需求数量所对应的数量。(边做边学习题 9.4)

● 在成本不变行业中，由企业进入行业引起的行业产量扩大不会影响市场价格。市场的长期供给曲线是水平的。

● 在成本递增行业中，由企业进入行业引起的行业产量扩大使行业特定投入的价格上涨。市场的长期供给曲线向上倾斜。在成本递减行业中，市场的长期供给曲线向下倾斜。

● 归功于稀缺投入要素的经济租金是企业愿意为投入支付的最大值与该项投入保留价值之间的差额。当企业占据投入的经济租金时，它赚取的经济利润为正值。但是，对稀缺投入要素的竞争会分散这些利润。在这种情况下，经济租金为正而经济利润为零。

● 生产者剩余是供给曲线和市场价格之间的区域。

● 对拥有固定沉没成本的企业，生产者剩余与经济利润不同。具体而言，生产者剩余等于总收益和非沉没总成本的差值，经济利润等于总收益和总成本之间的差值。如果企业没有固定沉没成本，生产者剩余就等于经济利润。

● 在短期中，市场的生产者剩余等于短期供给曲线和市场价格之间的区域。它等于市场中的单个企业生产者剩余的加总。(边做边学习题 9.5)

● 在成本递增行业中，行业的长期供给曲线向上倾斜。价格和长期供给曲线之间的区域度量的是稀缺性投入的经济租金，随着更多的企业进入行业，这些投入的价格逐渐上升。

复习题

1. 会计利润和经济利润之间的区别是什么？企业是怎样赚取正的会计利润而拥有负的经济利润的？

2. 为什么完全竞争企业的边际收益等于市场价格？

3. 如果价格低于平均可变成本的最小值，完全竞争企业是否会进行生产？如果价格低于短期平均成本的最小值呢？

4. 当所有固定成本均为沉没成本时，停业价格是多少？当所有固定成本均是非沉没成本时呢？

5. 如果市场需求曲线发生外生性移动，供给价格弹性如何影响短期均衡价格？

6. 考虑两个完全竞争行业——行业 1 和行业 2。除了行业 1 的最低有效规模是行业 2 的两倍外，两个行业的需求状况和成本状况都一样。在长期完全竞争均衡中，哪个行业拥有更多的企业？

7. 什么是经济租金？它与经济利润有何区别？

8. 单家企业的生产者剩余是什么？当行业中的企业数量固定且投入价格不随市场产出的变化而变化时，市场的生产者剩余是什么？生产者剩余何时等于经济利润（无论是对企业还是对行业）？生产者剩余和经济利润何时不相等？哪个更大？

9. 在成本递增行业的长期均衡中，每家企业赚取的经济利润都为零。但是在行业的长期供给曲线和长期均衡价格之间仍有一个区域。这个区域代表什么？

10. 解释以下几个概念之间的区别：生产者剩余、经济利润和经济租金。

习　题

9.1　当地一家花店的年会计收入和成本如下所示：

收入	250 000 美元
供给	25 000 美元
员工工资	170 000 美元

如果企业的所有者停业，他们可以把土地租出去获得 10 万美元/年，那么他们可以避免所有的员工工资和供给花费。请计算花店的会计利润和经济利润。店主最好是选择营业还是停业？说明原因。

9.2　去年，一家小药店的会计分类账展示了店主的年收入和支出信息（她住在一个无税的国家，所以不用担心税收）：

收入	100 万美元
雇用劳动支付的工资（除去她自己的）	30 万美元
公用设备（燃料、电话、水）	2 万美元
为商店购置药品和其他供应品	50 万美元
她自己的工资	10 万美元

她给工人支付的是更有竞争力的工资标准，公用设备、药品和其他供应品的价格都是以市场价格获得的。她已经拥有了房屋，所以不再为其支付费用。如果关闭商店，她就可以避免所有的开支，当然，也不再有收入。但是，她可以以 20 万美元/年的价格把房屋租出去。她自己也可以去任何地方工作。她的两个备选工作分别是做一名年薪为 10 万美元工资的律师，或者在当地一家餐厅工作（赚取 2 万美元/年）。如果她待在药店行业，计算其会计利润和经济利润。如果两者不同，解释其差别所在。

9.3　一家企业在完全竞争市场中以 50 美元/单位的价格销售一种商品。企业的固定成本是 30 美元/单位。填写下表并计算使利润最大化的产出水平。如果固定成本从 40 美元/单位增至 60 美元/单位，利润最大化的产出决策怎样变化？解释固定成本值通常如何影响产出决策。

产量（单位）	总收益（美元/单位）	总成本（美元/单位）	利润（美元）	边际收益（美元/单位）	边际成本（美元/单位）
0	0				
1					50
2					20
3					30
4					42
5					54
6					70

9.4　在完全竞争市场中，一家企业可以以 150 美元/单位的价格销售产品。下面是一个未完成的表格，它包含企业产量从 1 单位增至 6 单位时的不同成本。将表格中剩余的空格填满，然后计算企业在实现最大利润时赚取的利润。

Q	TC	TVC	AFC	AC	MC	AVC
1	200					
2		100				
3					20	
4		240				
5			24			
6	660				160	

9.5 一家实现利润最大化的竞争性企业，其短期平均成本曲线向上倾斜。这对企业的经济利润来说意味着什么？简要解释原因。

9.6 一家修车店在修自行车时，收取的价格是 10 美元/辆（竞争市场的价格）。企业的短期总成本是 $STC(Q)=Q^2/2$，相应的边际成本曲线是 $SMC(Q)=Q$。

a）如果企业想要获取最大利润，它应该生产多少产品？

b）画出修车店的总收益曲线和总成本曲线，同时在同一图中画出总利润函数。运用你的图，（近似地）阐明每种情况下的利润最大化产量。

9.7 在完全竞争市场中运营的生产者选择了利润最大化的产量。在这一产量下，他的收益和成本如下所示：

收益	200 美元
可变成本	120 美元
固定沉没成本	60 美元
非沉没固定成本	40 美元

计算他的生产者剩余和利润。他应该运用两者中的哪一个（如果是其中一个）来决定是否应该在短期退出市场？简要解释原因。

9.8 戴夫（Dave）鲜鲶是密西西比北部的一个农场，它在完全竞争的鲶鱼养殖行业中运营。戴夫的短期总成本曲线是 $STC(Q)=400+2Q+0.5Q^2$，Q 是指每月收获的鲶鱼量。相应的短期边际成本曲线是 $SMC(Q)=2+Q$。所有固定成本都是沉没的。

a）平均可变成本（AVC）的公式是什么？

b）平均可变成本的最小值是多少？

c）戴夫的短期供给曲线是什么？

9.9 罗恩（Ron）窗户清洗服务是一家小企业，它是伊利诺伊州埃文斯顿的完全竞争居民窗户清洗行业中的一员。其生产的短期总成本是 $STC(Q)=40+10Q+0.1Q^2$，Q 是指每天清洗的窗户数量。相应的短期边际成本函数是 $SMC(Q)=10+0.2Q$。当前的市场价格是每扇窗户 20 美元。

a）为了实现最大利润，罗恩应该清洗多少扇窗户？

b）罗恩每天的最大利润是多少？

c）画出 SMC、SAC 和利润最大化产量。在图中标明每天的最大利润。

d）假定每天的固定成本 40 美元全部是沉没的，罗恩的短期供给曲线是什么？

e）假定罗恩不生产，就可以将其固定资产外租或者卖掉以避免所有的固定成本，那么罗恩的短期供给曲线是什么？

9.10 螺丝钉行业包含 20 家生产商，其运营的短期总成本曲线都是 $STC(Q)=16+Q^2$，Q 是每家企业的年产出量。相应的短期边际成本曲线是 $SMC(Q)=2Q$。螺丝钉的市场需求曲线是 $D(P)=110-P$，P 是市场价格。

a）假定每家企业的 16 美元固定成本都是沉没的，那么企业的短期供给曲线是什么？

b）市场的短期供给曲线是什么？

c）计算该行业的短期均衡价格和均衡产量。

9.11 新闻用纸（报纸使用的纸张）在完全竞争市场中生产。每家相同企业的总可变成本是 $TVC(Q)=40Q+0.5Q^2$，相应的边际成本曲线是 $SMC(Q)=40+Q$。每家企业的固定成本等于 50，且全是非沉没的。

a）在短期，低于某一价格时，企业不会生产，计算这一价格。

b）假定该行业中有 12 家相同的企业。现在，新闻用纸的市场需求是 $D(P)=360-2P$，$D(P)$ 是价格为 P 时的对应市场消费量。短期均衡价格是多少？

9.12 石油钻井行业包括 60 家生产商，它们的短期总成本曲线完全一样，都是 $STC(Q)=64+2Q^2$，Q 是一家企业的月产出量，64 美元是每月的固定成本。相应的短期边际成本曲线是 $SMC(Q)=4Q$。假设企业的月产出为零，就可以避免 64 美元固定成本中的一半成本。石油钻井服务的市场需求曲线是 $D(P)=400-5P$，$D(P)$ 是价格为 P 时的月需求量。找出该市场的需求曲线，并判定短期均衡价格。

9.13 完全竞争的零件制造业中现有 10 家相同的企业。在短期中，每家企业运营的总固定成本是 F，总可变成本是 $2Q^2$，Q 是每家企业生产的零件数量。每家企业的边际成本是 $MC=4Q$。每家企业的非沉没固定成本是 128 美元。如果市场价格是 40 美元/单位，每家企业刚好达到收支平衡（赚取的经济利润为零）。（注意：当市场中有 10 家企业时，均衡价格不一定是 40 美元/单位。）

零件的市场需求是 $Q_M=180-2.5P$，这里 Q_M 是整个市场的购买量。

a）每家企业的总固定成本是多少？说明原因。

b）每家企业的停业价格是多少？说明原因。

c）画出这家企业的短期供给计划图，并将其清楚地标明。

d）市场中现有的 10 家企业的均衡价格是多少？

e）如果拥有这一习题为每家企业假定的成本结构，那么在处于每家企业的经济利润为零所对应的均衡时，市场中会有多少家企业？

9.14 某完全竞争行业包括两种类型的企业：100 家 A 类型企业，30 家 B 类型企业。每家 A 类型企业的短期供给曲线是 $s_A(P)=2P$。每家 B 类型企业的短期供给曲线是 $s_B(P)=10P$。市场需求曲线是 $D(P)=5\,000-500P$。这个市场的短期均衡价格是多少？在这一价格下，每家 A 类型企业和每家 B 类型企业分别生产多少？

9.15 一个市场包括一组完全相同的价格接受型企业。每家企业的边际成本曲线是 $SMC(Q)=2Q$，Q 是每家企业的年产量。一项研究表明：如果价格超过 20 美元/单位，企业就会选择生产；如果价格低于 20 美元/单位，企业就会停业。行业的市场需求曲线是 $D(P)=240-P/2$，P 是市场价格。在市场均衡价格下，每家企业生产 20 单位。市场的均衡价格是什么？行业中有多少家企业？

9.16 木制托盘市场包括许多相同的企业，每家的短期总成本函数是 $STC(Q)=400+5Q+Q^2$，Q 是企业的年产量（所有企业的 400 美元固定成本都是沉没的）。相应的边际成本函数是 $SMC(Q)=5+2Q$。该行业的市场需求曲线是 $D(P)=262.5-P/2$，P 是市场价格。现在该行业中的每家企业的经济利润都为零。该行业中有多少家企业？市场均衡价格是什么？

9.17 假设一家利润最大化的竞争性企业的短期平均成本曲线向上倾斜。这对企业的经济利润意味着什么？如果这家利润最大化企业的短期平均成本曲线向下倾斜，这对企业的经济利润又意味着什么？

9.18 一个竞争行业的企业在两家工厂进行生产。它在第一家工厂生产 Q_1 单位产品的总成本是 $TC_1=(Q_1)^2$，相应的边际成本是 $MC_1=2Q_1$。它在第二家工厂生产 Q_2 单位产品的总成本是 $TC_2=2(Q_2)^2$，相应的边际成本是 $MC_2=4Q_2$。市场价格是 P。工厂 2 生产的产品在企业总供给中占据的比例是多少？

9.19 一个竞争行业包括 6 家 A 类型企业和 4 家 B 类型企业。

每家 A 类型企业的供给曲线为

$$Q_A^{供给量}=\begin{cases}-10+P, & P>10\\ 0, & P\leqslant 10\end{cases}$$

每家 B 类型企业的供给曲线为

$$Q_B^{供给量}=2P,\ P\geqslant 0$$

a）假定市场需求是 $Q_{市场}^{需求量}=108-10P$。在市场均衡下，哪些企业进行生产？均衡价格是多少？

b）假设市场需求是 $Q_{市场}^{需求量}=228-10P$。在市场均衡下，哪些企业进行生产？均衡价格是多少？

9.20 一家企业的短期供给曲线如下：

$$s(P)=\begin{cases}0, & P<10\\ 3P-30, & P\geqslant 10\end{cases}$$

企业的边际成本曲线 $SMC(Q)$ 的公式是什么？

9.21 考虑价格和产量都为正值的供给曲线上的一点。当供给曲线分别如下时，判定这一点处的供给价格弹性的数值：

a）产量为正值的垂直线。

b）价格为正值的水平线。

c）经过原点且斜率为正值的一条直线。

9.22 在 2001 年 2 月 9 日至 15 日的一周里，美国玫瑰市场以 1.00 美元/枝的价格出清，这周的销量达 400 万枝。在 2001 年 6 月 5 日至 11 日的一周里，美国玫瑰市场以 0.20 美元/枝的价格出清，这周的销售量是 380 万枝。根据这一信息，关于美国玫瑰市场的供给价格弹性，你能得出什么结论？

9.23 全球钴矿行业是完全竞争的。每家现存企业和每家潜在进入企业面临着相同的 U 形平均成本曲线。平均成本的最小值是 5 美元/吨，此时每家企业的钴产量是 200 万吨/年。钴的市场需求曲线是 $D(P)=205-P$，$D(P)$ 是在市场价格为 P 美元/吨时钴的需求量，其单位是百万吨/年。钴的长期均衡价格是什么？在这一均衡价格下，每家企业生产多少钴？市场中将有多少家活跃的钴矿生产商？

9.24 全球的丙烯行业是完全竞争的，每家厂商的长期边际成本函数是 $MC(Q)=40-12Q+Q^2$。相应的长期平均成本函数是 $AC(Q)=40-6Q+Q^2/3$。丙烯的市场需求曲线是 $D(P)=2\,200-100P$。该行业的长期均衡价格是什么？在这一价格下，单家企业的产量是多少？在长期竞争均衡中，丙烯行业会有多少家活跃的厂商？

9.25 美国的树莓种植行业是完全竞争的，每家厂商的长期边际成本曲线是 $MC(Q)=20+2Q$，相应的长期平均成本函数是 $AC(Q)=20+Q+\frac{144}{Q}$。市场需求曲线是 $D(P)=2\,488-2P$。该行业的长期均衡价格是什么？在这一价格下，单家企业的产量是多少？在长期竞争均衡中，树莓种植行业会有多少家活跃的厂商？

9.26 假定钙的世界市场是完全竞争的，而且据初步估计，所有现存企业和潜在加入者均是完全相同的。考虑以下关于钙的价格的信息：

- 1990—1995 年，市场价格稳固在 2 美元/磅左右。
- 在 1996 年的前三个月，市场价格翻倍，达到了 4 美元/磅的高度，这一价格一直持续到 1996 年年底。
- 1997—1998 年，钙的市场价格下降，最终在 1998 年年底降至 2 美元/磅。
- 在 1998—2002 年，市场价格稳定在 2 美元/磅左右。

假定 1990—2002 年，生产钙的技术没有提高，厂商面对的投入价格保持固定，什么可以解释 1990—2002 年主流价格的模式？2002 年的钙生产商数量可能比 1990 年的更多、更少还是相同？请说明原因。

9.27 现在是 2017 年，你为一家有名的管理咨询企业工作。它的顾客是一家大型农产品企业，它正在考虑收购几家美国黄鲈养殖厂的股权（黄鲈是一种产于美国的鱼类，人工饲养作为食品进行商业销售）。作为从事这一项目的咨询团队的一员，你已经签署了这样的任务：解释美国的农场饲养黄鲈行业在过去的六年里如此发展的原因。

在 2010—2013 年，农场饲养黄鲈市场处于稳定状态。但是，2013 年发生的一场出人意料的外生冲击影响了市场的价格和产量。由于该行业在媒体上的报道不多，所以你不太了解该行业的细节，而且你很难在网络上找到关于这一行业情况的文章。通过与客户的沟通，你了解到这一影响可能和黄鲈市场的需求变化有关，也可能和玉米的价格变化有关（玉米会影响黄鲈饲料的价格）。但是你并不能确定到底是何者，你也不知道这一冲击是永久性还是暂时性的变化。但是，如附表所示，你拥有黄鲈的价格、市场需求、供给数量和生产者数量的数据（从客户处获得的）。这些数据的年份为 2010—2013 年、2014 年（冲击的一年内）和 2016 年（冲击后的第三年）。你也（从客户处）知道黄鲈养殖场其实是一样的，且拥有 U 形的长期平均成本曲线。你还从客户那了解到普通黄鲈养殖场的最低有效规模出现在约 1 000 磅/月的产量处（而且这不受诸如饲料和劳动等主要投入价格变化的影响）。

a）根据表中的数据，哪种类型的冲击最有可能解释黄鲈养殖行业从 2010—2013 年到 2016 年的发展模式？

	2010—2013 年	2014 年：冲击的 6 个月内	2016 年：冲击后的第三年
黄鲈的市场价格	3.00 美元/磅	4.00 美元/磅	3.00 美元/磅
美国的黄鲈总需求量	10 万磅/月	12 万磅/月	15 万磅/月
普通黄鲈养殖场的供给量	1 000 磅/月	1 200 磅/月	1 000 磅/月
活跃的黄鲈养殖场数量	100 家	100 家	150 家

b）如果 2016 年活跃的黄鲈养殖场的数量是 100 家，你的答案会怎样变化？

c）如果表中的数据是下面这样的，你的答案又会如何变化？

	2010—2013 年	2014 年：冲击的 6 个月内	2016 年：冲击后的第三年
黄鲈的市场价格	3.00 美元/磅	3.50 美元/磅	4.00 美元/磅
美国的黄鲈总需求量	10 万磅/月	9 万磅/月	8 万磅/月
普通黄鲈养殖场的供给数量	1 000 磅/月	900 磅/月	1 000 磅/月
活跃的黄鲈养殖场数量	100 家	100 家	80 家

9.28 矿泉水生产商的长期总成本函数是 $TC(Q)=cQ$，Q 是单一企业的年产量，单位为千升/年。市场需求曲线是 $D(P)=a-bP$。用 a、b 和 c 表示出长期均衡价格和产量。你能判定企业的均衡数量吗？如果可以，是多少？如果不可以，为什么？

9.29 你支持还是反对下述观点：“在长期中，企业的生产者剩余等于利润？”

9.30 在完全竞争的小装饰物行业中，每家企业不同产量 Q 下的边际成本值（MC）和总可变成本值（TVC）如下表所示。每家企业的总固定成本是 64 美元，固定沉没成本是 48 美元。

Q（单位）	1	2	3	4	5	6	7	8	9	10	11	12
MC（美元）	4	6	8	10	12	14	16	18	20	22	24	26
TVC（美元）	3	8	15	24	35	48	63	80	99	120	143	168

a）画出并清楚地标明单家企业的短期供给安排的图像。请一定要标明每家企业的停业价格，并解释你这样绘制供给曲线的原因。

b）当市场价格为 16 美元/单位时，每家企业的生产者剩余是多少？

c）每家企业的盈亏平衡价格是多少？

9.31 一个成本不变行业的企业拥有 U 形平均成本曲线，市场的长期供给曲线是一条水平直线。这条市场供给曲线不是单家企业长期供给曲线的水平加总。这里，市场的长期供给曲线与成本不变行业中的等于单家企业短期供给曲线水平加总的短期市场供给曲线不同。为什么长期市场供给曲线的推导与短期市场供给曲线的推导不同？

9.32 市场硬盘驱动器的长期平均成本是 $AC(Q)=\sqrt{wr}(120-20Q+Q^2)$，Q 是企业的年产量，$w$ 是熟练组装工人的工资率，r 是资本服务的价格。相应的长期边际成本曲线是 $MC(Q)=\sqrt{wr}(120-40Q+3Q^2)$。单家企业的劳动需求曲线是

$$L(Q,w,r)=\frac{\sqrt{r}(120Q-20Q^2+Q^3)}{2\sqrt{w}}$$

资本服务的价格固定在 $r=1$ 美元/单位。

a）处于长期竞争均衡时，每家企业会生产多少产品？

b）处于长期竞争均衡时，市场价格是多少？请注意，你的答案应是 w 的函数。

c）处于长期竞争均衡时，每家企业需要多少熟练工人？这里，你的答案还是 w 的表达式。

d）假定市场需求曲线为 $D(P)=10\,000/P$。市场均衡产量关于 w 的函数是什么？

e）企业的长期均衡数量关于 w 的表达式。

f）使用你在问题 c）和问题 e）中的答案来判定行业中的熟练工人的需求量关于 w 的表达式。

g）假定该行业中的熟练工人的供给曲线是 $\Gamma(w)=50w$。在 w 为何值时，熟练工人的供给量等于其需求量？

h）使用你在问题 g）中的答案，然后回到问题 b）、问题 d）和问题 e），判定该行业的长期均衡价格、市场需求和企业数量。

i）现在假定市场需求曲线变为 $D(P)=20\,000/P$，请重新分析这道题。

9.33 一家价格接受型企业的供给曲线是 $s(P)=10P$。如果市场价格是 20 美元/单位，这家企业的生产者剩余是多少？当价格从 20 美元/单位升至 21 美元/单位时，生产者剩余的变化量是多少？

9.34 半导体市场包含 100 家相同的企业，每家的短期边际成本曲线都是 $SMC(Q)=4Q$。市场的均衡价格是 200 美元/单位。假定所有企业的固定成本都是沉没的，那么单一企业的生产者剩余是多少？市场的生产者剩余是多少？

9.35 某个行业中的企业由首席执行官经营。有两种类型的首席执行官：优秀和普通型。优秀型首席执行官的供给固定为 100 个，而普通首席执行官的供给是无限的。该行业中的任意一个能够成为首席执行官的人期待的工资是 144 000 美元/年。在这一工资下，企业雇用一个优秀首席执行官的长期总成本是

$$TC_E(Q)=\begin{cases}144+\frac{1}{2}Q^2, & Q>0\\ 0, & Q=0\end{cases}$$

Q 是其年产量，单位是千单位。总成本的单位是千美元/年。相应的长期边际成本曲线是 $MC_E(Q)=Q$，边际成本的单位是美元/单位。企业雇用一个普通首席执行官（144 000 美元/年）的长期总成本是 $TC_A(Q)=144+Q^2$。相应的边际成本曲线是 $MC_A(Q)=2Q$。市场的需求曲线是 $D(P)=7\,200-100P$，P 是市场价格，$D(P)$ 是市场需求量，单位是千单位/年。

a）由普通首席执行官经营的企业的最低有效规模是多少？其长期平均成本的最小值是多少？

b）假定行业中的首席执行官既包括优秀的，也有普通的，那么其长期均衡价格是多少？

c）在这一价格下，拥有普通首席执行官的企业的产量是多少？拥有优秀首席执行官的企业呢？

d）在这一价格下，需求量是多少？

e）运用你在问题 c）和问题 d）中的答案判定在长期均衡中会有多少家企业拥有普通首席执行官。

f）优秀首席执行官产生的经济租金是多少？

g）如果企业以 144 000 美元/年的保留工资雇用这些优秀的首席执行官，这些企业赚取的经济利润是多少？

h）假定企业为雇用到优秀首席执行官互相竞价，那么你预期在长期竞争均衡中，他们的工资会是多少？

附录：利润最大化意味着成本最小化

在第 7 章和第 8 章中，我们讨论了企业的生产决策制定：在产出水平既定时，企业选择投入组合以实现成本最小化。在本章，我们研究了寻求利润最大化的价格接受型企业的产量选择。这些分析的相关程度如何呢？

它们之间是密切相关的。具体而言，利润最大化产出决策意味着成本最小化投入选择，或者简单地说，利润最大化意味着成本最小化。为了证实这一观点，请注意我们研究价格接受型企业利润最大化问题的两种方法：

- 投入选择法：我们可以认为，企业通过选择投入（比如，资金和劳动的数量）使利润最大化。请注意，这些投入选择通过生产函数来决定企业的产出。
- 产出选择法：我们可以认为企业先选择产出，然后在既定的产出水平上选择投入数量以实现成本最小化。

在本章我们使用了产出选择法。为了使你相信利润最大化意味着成本最小化，这里我们将会向你展示：投入选择法意味着一家利润最大化的企业必须用成本最小化的投入组合来生产产品。反过来说，这意味着，虽然产出选择法和投入选择法在分析上完全不同，但是在分析利润最大化企业的行为上却是殊途同归。

假定一家企业使用两种投入：资本和劳动。投入价格分别是 w 和 r。企业的生产函数是 $Q=f(L, K)$。这家企业在产出和投入市场上都是价格接受者（也就是说，它只能接受市场价格 P 与投入价格 w 和 r）。企业选择它的投入数量 L 和 K，请注意企业通过生产函数 $f(L, K)$ 来决定产出。因此，我们可以这样表达企业的利润最大化问题：

$$\max_{(L,K)} \pi(L,K)=Pf(L,K)-wL-rK$$

$Pf(L, K)$ 是企业的总收益（即市场价格乘以总产量）。后两项分别是总劳动成本和总资本成本。表达式 $\pi(L, K)$ 表明企业的总利润是其选择的劳动和资本的函数。

利润最大化暗含着两个条件：

$$\frac{\partial \pi}{\partial L}=P\frac{\partial f}{\partial L}-w=0 \Rightarrow P=\frac{w}{MP_L} \quad \text{(A9.1)}$$

$$\frac{\partial \pi}{\partial K}=P\frac{\partial f}{\partial K}-r=0 \Rightarrow P=\frac{r}{MP_K} \quad \text{(A9.2)}$$

在写这些表达式时，我们使用了在第 6 章引入并在第 7 章频繁使用的边际产量的表示法。

这两个条件表明利润最大化企业选择其投入以实现以下两个方面：（1）企业从在劳动上多花费一美元得到的附加产出（即 MP_L/w）等于市场价格的倒数；（2）企业从在资本上多花费一美元得到的

附加产出（即 MP_K/r）等于市场价格的倒数。给定利润最大化投入选择，这就意味着

$$\frac{MP_L}{w}=\frac{MP_K}{r} \tag{A9.3}$$

这也是我们在第 7 章中推导的成本最小化条件。所以，条件（A9.3）告诉我们，在企业可能用于生产的诸多投入组合中，利润最大化企业会选择成本最小化的那一个。因此，利润最大化意味着成本最小化。

第 10 章

竞争市场：实例应用

补贴是件好事吗

价格和收入补贴在全球都是件老生常谈的事。自 20 世纪 30 年代起，美国重要的农业项目都有补贴。尤其是在 1996 年以前，每年花费在这些项目上的政府支出高达几十亿美元。1996 年国会通过了一项废除或者减少重要项目补贴的农业法案。① 历史上，国会要求农业部补贴 20 多种商品的价格，其中包括食糖（甘蔗和甜菜）、棉花、大米、谷物饲料（包括玉米、大麦、燕麦、黑麦和高粱）、花生、小麦、烟草、牛奶、大豆和各种各样的油籽（比如向日葵籽和芥菜籽）。在 1983—1992 财年，花费在上述农业项目上的政府支出超过 1 400 亿美元。在之前法律的基础上，最近的农业法案《2008 年食品、自然保护和能源法案》旨在提供一系列补贴农产品价格、增加美国农民收入的项目。

价格补贴可以采用多种形式。例如，在“面积限制项目”下，小麦和谷物饲料种植者同意限制他们的种植面积。作为交换，政府给予农民一个备选项：以保证价格将谷物卖给政府。政府并没有要求农民一定要这么做，如果市场价格高于保证价格，农民就可以不这么做。但是，如果市场价格低于保证价格，农民就可以选择这个备选项。进一步来说，由于面积限制项目减少了市场上的谷物数量，所以市场价格一定比其原价格要高。

其他项目对另外的商品也有补贴价格。例如，政府通过确立“磅数配额”——限制农民销售的食用花生数量——补贴花生价格。在美国，国内的食糖生产商多年来一直依赖限制进口配额来提高食糖价格。政府还通过限定特定农场的烟草产品以及它们的生产数量补贴烟草价格。

① 2002 年，国会通过一项农业法案恢复或提升了部分农业项目的收益。

由于农产品有许多小规模的消费者和生产者，所以农业市场通常被认为是完全竞争市场的一个极好的例子。除了价格补贴外，供给和需求的限制也会形成竞争均衡以及农业资源的经济有效配置。

本章概要 在阅读和学习本章之后，你将会解决以下问题：

- 分析完全竞争市场中的各种形式的政府干预产生的后果，其中包括征收消费税、补贴生产商、价格上限、价格下限、生产配额，以及进口关税和配额。
- 解释在经济资源重新配置的情况下，政府干预如何导致完全竞争市场产生无谓损失。
- 说明干预如何影响消费者与生产者的收入和净收益的分配，尤其是如何使一些人的境况变得更好，却使另一些人的境况变得更糟。
- 运用经济分析理解各类竞争市场中的有关政府干预公共政策的议题。

10.1 “看不见的手”、消费税与补贴

在开始对政府干预进行分析之前，有必要介绍一下接下来我们将如何进行讨论。在本章中，我们将使用**局部均衡分析**（partial equilibrium analysis）的方法。它通常仅聚焦于一个单一的市场。例如，我们可能会检测房屋市场上的租金管制效果。局部均衡分析方法不允许我们讨论租金管制如何影响其他市场的价格，其中包括未被出租的房屋市场，以及家具、汽车和电脑市场。想要检测一个市场的变化如何同时影响所有的市场，我们需要采用**一般均衡分析**（general equilibrium analysis）模型。一般均衡分析将考虑所有市场的均衡价格和产量。我们将在第 16 章介绍这一更加复杂的分析形式。我们从局部均衡分析中得出的结论与从一般均衡分析中得出的结论并不总是相同。然而，局部均衡框架通常用于深入洞悉政府干预的主要影响。

局部均衡分析：给定其他市场中的价格，研究单一市场的均衡价格和均衡产出决策的分析。

一般均衡分析：研究同时决定超过一个市场的均衡价格和均衡数量的分析。

在本章，我们观测的市场是不存在政府干预的完全竞争市场。正如在第 9 章所探究的那样，在竞争市场中，所有生产者和消费者都是分散的。也就是说，他们在市场中非常渺小，他们扮演的都是价格接受者。如果决策制定者拥有影响市场价格的能力，我们就不能运用供给和需求分析。相反，我们需要运用关于市场势力的合适模型。这些模型将在第 11~14 章中讨论。

正如在第 9 章中所讨论的那样，完全竞争市场中的消费者关于供给产品的性质以及产品的价格具有完全信息。有时市场中的政府干预是因为消费者无法收集到市场产品的足够信息。例如，因为卫生保健服务有许多供应者和消费者，卫生保健市场似乎具有一个竞争性结构。然而，包括药物和医疗程序的卫生保健产品非常复杂，一般的消费者很难做出明智的选择。这个市场的政府干预通常用于保护复杂市场中的消费者。

进一步来讲，完全竞争市场没有**外部性**（externality）。如果消费者或者生产者的

行为导致的成本或收益并没有反映在这一市场的产品价格上，外部性就会出现在该市场上。例如，如果生产者污染了环境，产品外部性就会出现。污染引起的社会成本可能被缺乏政府干预的生产者忽略。当单个消费者的行为对其他消费者施加成本或产生收益时，就会出现消费的外部性。例如，房屋市场的分区法规意欲确保房屋消费者不会进行损害街坊财产的活动。在本章，我们不考虑外部性的影响。我们将在第 17 章专门讨论这个问题。

外部性：任意决策者的行动对其他消费者或生产者的影响，但要除去价格变化导致的影响。

最后，当干预影响市场价格时，我们使用消费者剩余度量消费者境况变得有多好或者有多差。正如第 5 章所示，当收入效应微不足道时（因为它们一般适用于代表消费者预算一小部分的商品），消费者剩余的改变通常是关于价格变化对消费者福祉影响的一个极好度量。但是，在第 5 章中，我们还看到，消费者剩余可能并不是度量价格变化对消费者影响的一个好办法。对具有高收入效应的商品，观测补偿变换或等价变换而不是使用消费者剩余的变化，或许更能检测出价格变化对消费者的影响。

□ 看不见的手

完全竞争市场的一个显著特点是：在处于均衡时，竞争市场能够有效地分配资源。图 10－1 阐明了这一点。在处于竞争均衡时，市场价格是 8 美元/单位，市场中的交易量是 600 万单位/年（点 R）。生产者剩余和消费者剩余的和是 VRW——需求曲线 D 以下、供给曲线 S 之上的区域，即 5 400 万美元/年。

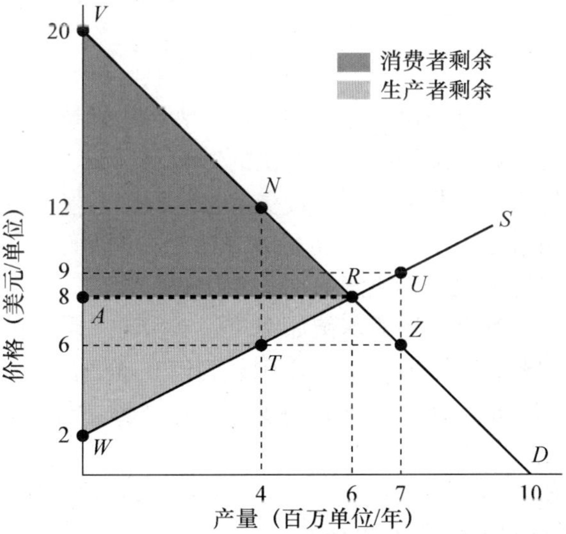

图 10－1　竞争市场的经济效率

说明：竞争均衡的市场价格是 8 美元/单位，交易量是 600 万单位。消费者剩余是区域 AVR（3 600 万美元），生产者剩余是区域 AWR（1 800 万美元）。供给曲线表明生产第 600 万单位产品的边际成本是 8 美元。由于每位至少愿意支付 8 美元边际成本的消费者接受了这件商品，且每家愿意以这一价格供给商品的生产者也这么做了，所以市场资源的分配很有效率。在既定的供给曲线和需求曲线下，消费者剩余和生产者剩余的总和（5 400 万美元）达到最高。

为什么市场生产 600 万单位是经济有效的？我们通过讨论为什么生产其他水平的产量就没有效率来回答这一问题。例如，为何在生产 400 万单位产品时，市场是没有效率的？需求曲线告诉我们，对第 400 万单位产品，消费者愿意支付 12 美元，但供给曲线表明生产这一单位产品的社会成本是 6 美元（请记住，供给曲线表明了市场中生产下一单位产品的边际成本）。因此，如果生产第 400 万单位产品，总剩余会增加 6（=12－6）美元。当需求曲线位于供给曲线上方时，如果再生产一单位产品，总剩余会增加。如果产量从 400 万单位增至 600 万单位，总剩余增加的区域就是 RNT，即 600 万美元。

市场生产 700 万单位产品有效吗？需求曲线表明，消费者愿意为最后一单位产品支付 6 美元，但供给曲线表明生产这一单位产品会额外花费 9 美元。因此，如果生产第 700 万单位产品，总剩余会减少 3（=9－6）美元。当需求曲线位于供给曲线下方时，减少商品的生产量就可以增加总剩余。如果产量从 700 万单位减至 600 万单位，总剩余增加的区域是 RUZ，即 150 万美元。

总的来看，除了 600 万单位/年的产出外，任意产出水平带来的总剩余都少于 5 400 万美元。由此断定：产出的有效值（最大化总剩余）就是由供给曲线和需求曲线的交点决定的那个值，也就是完全竞争均衡。

这给我们带来了第二个主要的结论。在完全竞争市场中，每个生产者以自身利润为导向，并依此决定是否进入某一市场；如果进入，则决定应该生产多少才能实现生产者剩余最大化。进一步来说，每位消费者也以其自身利益为导向，利用效用最大化来决定购买多少产品。但是没有全能的社会规划者告诉生产者和消费者如何采取行动才能生产有效率的产量。然而，完全竞争市场的产量必须使净经济效益达到最大值（以总剩余来度量）。正如亚当·斯密在其 1776 年的经典著作《国民财富的性质和原因的研究》中所述，好像有一只“看不见的手”在指导竞争市场实现生产和消费的有效水平。[①]

□ 消费税

消费税是对特定商品征收的税款，例如汽油、酒精、烟草或者机票。经济学家通常使用局部均衡模型来研究竞争市场中的消费税的影响。例如，我们可能会问：汽油税会如何影响消费者的支付价格以及生产商的接受价格？汽油市场的局部均衡分析假定其他商品的价格不变（例如汽车、轮胎，甚至是冰激凌）。如果征收汽油税，其他商品的价格由此改变，那么局部均衡框架不能涵盖那些变化的影响。

当不存在消费税时，竞争市场的均衡如图 10－1 所示。由于在处于均衡时市场出清，供给量（Q^s）等于需求量（Q^d）。在图 10－1 中，我们观察到：在处于均衡时，$Q^s=Q^d=$ 600 万单位。当不存在消费税时，消费者的支付价格（即 P^d）等于生产者的接受价格（即 P^s）。图中的均衡表明，$P^s=P^d=8$ 美元/单位。

假设政府征收 6 美元/单位的消费税。税收在消费者的支付价格和销售者的接受价格之间创造了一个“税收楔子”。考虑这个楔子的一个办法就是把它假想为销售者征集税收时的“行政责任”（这是大多数消费税在实践中的执行方法）。如果消费者被索要的

① Adam Smith, *An Inquiry into the Nature and Causes of the Wealth of Nations*, printed for W. Strahan and T. Cadell, London, 1776.

价格是市场价格，比如 10 美元/单位，销售者立刻向政府上缴 6 美元/单位，然后将剩下的 4 美元/单位放入口袋作为收益。更一般地讲，销售者的接受价格 P^s 低于消费者的支付价格 P^d，$P^s=P^d-6$，或者 $P^d=P^s+6$。这一关系式对任意数量的税收都适用：当消费税为 T/单位时（在这个例子中 $T=6$ 美元），$P^d=P^s+T$。

在供给曲线向上倾斜、需求曲线向下倾斜的市场中，消费税的影响如下：

- 市场会降低产量以使其低于有效水平（即不存在消费税时的供给量）。
- 消费者剩余比不存在消费税时更低。
- 生产者剩余比不存在消费税时更低。
- 由于筹集到了税收收入，所以对政府预算的影响是正向的。税收收入是社会净收益的一部分，原因在于它们将被分配给社会公众。
- 税收收入将低于消费者剩余和生产者剩余的减少量。因此，税收会引起净经济收益的下降（无谓损失——见后面的讨论）。

找出税收影响的一种方法是画一条新的曲线——在供给曲线的垂直方向加上税收量，例如，图 10-2 中的曲线 $S+6$ 美元。由于消费税的影响"好像"是每个销售者的边际成本每单位增加了 6 美元，所以我们将供给曲线垂直上移 6 美元。这条新的"好像"供给曲线告诉我们，当消费者被索要的价格涵盖了实际供给曲线上的产品的边际成本及 6 美元的税收时，生产者供给多少产品。例如，如果价格包括 10 美元的税负，生产者供给 200 万单位（图 10-2 中的点 E）。当消费者的支付价格是 10 美元/单位时，在销售价格减去消费税之后，生产者的接受价格仅是 4 美元/单位。实际供给曲线 S 上的点 F 表明：当生产者接受的税后净价格是 4 美元/单位时，他们会供给 200 万单位产品。

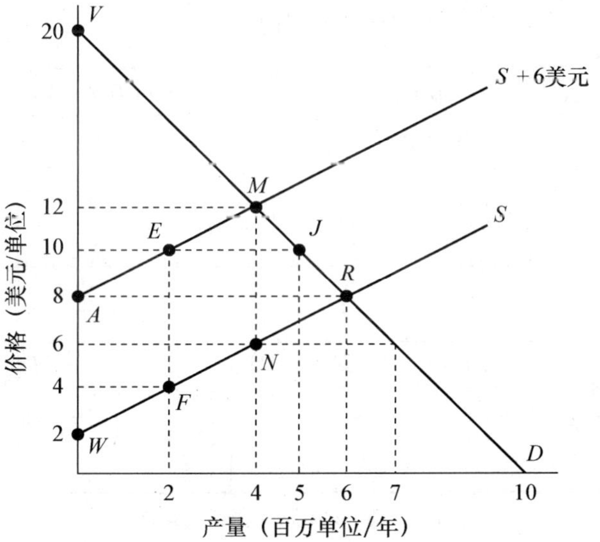

图 10-2　征收消费税时的均衡

说明：如果政府每单位征收 6 美元的消费税，当消费者支付的价格涵盖了产品的边际成本及税负时，标为 $S+6$ 美元的曲线表明生产者会供给多少产品。需求曲线 D 和曲线 $S+6$ 美元的交点决定了 400 万单位的均衡数量。当消费者每单位支付 12 美元（点 M）时，政府对每单位售出品征收 6 美元的税负，生产者每单位接受 6 美元的价格（点 N）。

图 10-2 表明，如果消费者的支付价格为 $P^d=10$ 美元/单位，市场无法实现出清。

在这一价格下，消费者想要购买 500 万单位产品（点 J），但是生产者只想销售 200 万单位（点 E）。因此，会有 300 万单位的需求过剩（点 E 和点 J 之间的水平距离）。

征税时的均衡由需求曲线和"好像"供给曲线 $S+6$ 美元的交点（点 M）决定，此时市场出清产量是 400 万单位，消费者的支付价格为 $P^d=12$ 美元/单位。政府对产品征收 6 美元/单位的消费税，生产者的接受价格是 $P^s=6$ 美元/单位（点 N）。

现在我们可以通过运用图 10－3 计算消费者剩余、生产者剩余、政府征税获得的收益、净经济收益和**无谓损失**（deadweight loss）（在征收税收时没有人——既不是生产者、消费者，也不是政府——获取的潜在净经济收益）来对比征税和不征税时的均衡。①

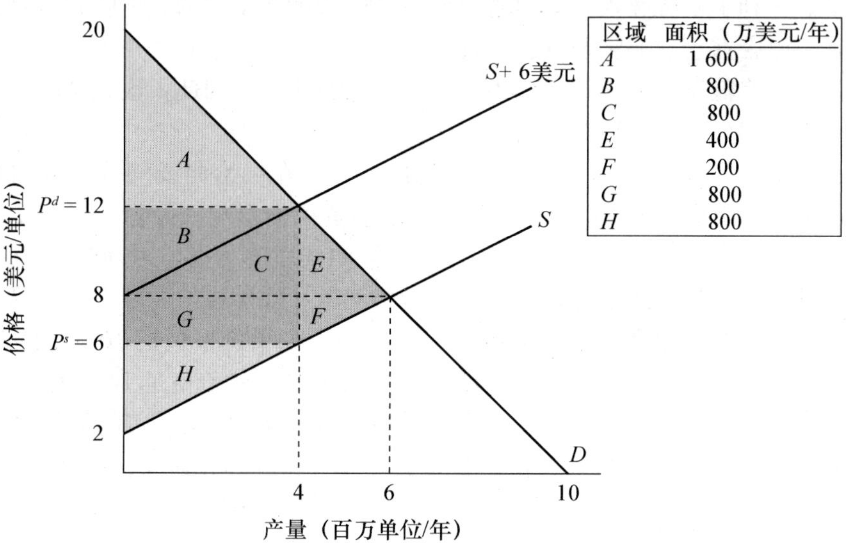

	不存在税收（万美元）	征税（万美元）	税收的影响（万美元）
消费者剩余	$A+B+C+E$ (3 600)	A（1 600）	$-B-C-E$ (－2 000)
生产者剩余	$F+G+H$ (1 800)	H（800）	$-F-G$ (－1 000)
政府征税获得的收益	0	$B+C+G$ (2 400)	$B+C+G$ (2 400)
净收益（消费者剩余＋生产者剩余＋政府收益）	$A+B+C+E+F+G+H$ (5 400)	$A+B+C+G+H$ (4 800)	$-E-F$ (－600)
无谓损失	0	$E+F$ (600)	$E+F$ (600)

图 10－3　6 美元消费税的影响

说明：当不征税时，消费者剩余和生产者剩余的总和是 5 400 万美元，这是该市场中的净收益的最大可能值。6 美元的消费税使得消费者剩余减少 2 000 万美元，生产者剩余减少 1 000 万美元，创造了 2 400 万美元的政府税收，同时使得净收益减少了 600 万美元（无谓损失）。

① 如第 1 章所述，征税市场和无税市场的对比是比较静态分析的一种。外生变量税收从 0 变至 6 美元/单位。我们可以研究其他各种内生变量（比如交易数量、生产者接受的价格和消费者支付的价格）如何随税收大小的变化而变化。

当不存在消费税时，消费者剩余是需求曲线 D 以下、消费者的支付价格（8 美元）之上的区域（消费者剩余$=A+B+C+E=$3 600 万美元/年）。生产者剩余是实际供给曲线 S 之上、生产者的接受价格（也是 8 美元）之下的区域（生产者剩余$=F+G+H=$1 800 万美元/年）。由于没有税收收入，净经济收益是 5 400 万美元/年（消费者剩余＋生产者剩余），也不存在无谓损失。

当征税时，消费者剩余是需求曲线之下、消费者的支付价格（$P^d=12$ 美元）之上的区域（消费者剩余$=A=$1 600 万美元/年）。那么生产者剩余呢？每单位售出品的生产者剩余等于销售者接受的税后净价格（$P^s=6$ 美元）与该单位边际成本之间的差值。由于实际的供给曲线 S 表明了税后净价格与供给数量之间的关系，所以我们推算生产者剩余是实际供给曲线 S 之上、生产者接受的 6 美元税后净价格（P^s）之下的区域（生产者剩余$=H=$800 万美元/年）。税收收入是销售量（400 万）乘以每单位的税收（6 美元）（税收收入$=B+C+G=$2 400 万美元/年）。净经济收益是4 800 万美元/年（消费者剩余＋生产者剩余＋税收收入），所以无谓损失是 600 万美元/年（无税时的净经济收益－征税时的净经济收益＝5 400 万美元－4 800 万美元）。

无谓损失： 由资源的无效分配导致的净经济收益的减少。

600 万美元的无谓损失之所以出现是因为税收使消费者剩余减少了 2 000 万美元，生产者剩余减少了 1 000 万美元（一共等于 3 000 万美元），却只创造了 2 400 万美元的税收收入（2 400 万－3 000 万＝－600 万美元）。在图 10－3 中，无谓损失是区域 E（400 万美元/年）和区域 F（200 万美元/年）的总和，这两者都是没有税收时的净收益的一部分。区域 E 是消费者剩余的一部分，区域 F 是生产者剩余的一部分，但是由于税收使消费者减少了他们的购买量，生产者降低了生产量（从 600 万单位降至 400 万单位），所以这两项收益都会消失。

潜在的净经济收益保持不变。它等于消费者剩余、生产者剩余、税收收入和无谓损失的总和（在这个例子中是 5 400 万美元）。但是，实际净经济收益的减少量等于无谓损失。所有这些都如下所示：

	消费者剩余（万美元）	生产者剩余（万美元）	税收收入（万美元）	无谓损失（万美元）	净经济收益（万美元）
不征税	3 600	1 800	0	0	潜在：5 400 实际：5 400
征税	1 600	800	2 400	600	潜在：5 400 实际：4 800

边做边学习题 10.1 ☞

消费税的影响

在这道题中，我们将使用代数方法决定图 10－3 中的均衡价格和均衡产量。图 10－3 中的需求曲线和供给曲线如下所示：

$$Q^d=10-0.5P^d$$

$$Q^S=\begin{cases}-2+P^s, & P^s\geqslant 2\\ 0, & P^s<2\end{cases}$$

这里Q^d是消费者支付价格为P^d时的需求量，Q^s是生产者接受价格为P^s时的供给量。供给方程的最后一行表明：如果生产者的接受价格低于 2 美元/单位，生产者不会供给产品。因此，当价格为 0～2 美元/单位时，供给曲线位于纵轴上。

问题：

(a) 当不征税时，均衡价格和均衡产量是多少？

(b) 假定政府每单位征收 6 美元的消费税。新的均衡产量是多少？购买者的支付价格是多少？销售者的接受价格是多少？

解：

(a) 在不征税时，必须满足以下两个条件：

(i) $P^d=P^s$（没有税收楔子）。由于市场上只有一个价格，我们称之为P^*。

(ii) 同时，市场出清，所以$Q^d=Q^s$。

这两个条件要求$10-0.5P^*=-2+P^*$，所以均衡价格$P^*=8$美元/单位。然后将$P^*=8$美元/单位代入供给方程或需求方程就可以得出均衡产量。如果代入需求方程，我们就可以得出均衡产量$Q^d=10-0.5\times 8=6$（百万单位）。

(b) 在征收 6 美元的消费税时，必须满足以下两个条件：

(i) $P^d=P^s+6$：在消费者的支付价格P^d和销售者接受的税后净价格P^s之间存在一个税收楔子。

(ii) 同时，市场出清，所以$Q^d=Q^s$，或者$10-0.5P^d=-2+P^s$。

因此，$10-0.5(P^s+6)=-2+P^s$，生产者的接受价格$P^s=6$美元/单位。消费者的支付价格$P^d=P^s+6$美元$=12$美元/单位。把$P^d=12$美元代入需求方程，从而得出均衡产量：$Q^d=10-0.5P^d=10-0.5\times 12=4$（百万单位）（或者，将$P^s=6$美元代入供给方程）。

相似习题：10.2，10.6，10.10，10.17，10.21

□ 税收归宿

当市场中的供给曲线向上倾斜、需求曲线向下倾斜时，消费税提高了消费者的支付价格，降低了销售者接受的税后净价格。税收会使哪个价格变化更大，是消费者支付的市场价格，还是销售者接受的税后净价格？在边做边学习题 10.1 中，消费者的支付价格提高了 4 美元/单位（从 8 美元/单位升至 12 美元/单位）。生产者的接受价格降低了 2 美元/单位（从 8 美元/单位降至 6 美元/单位）。**税收归宿**（incidence of a tax）是指税收对市场中的消费者支付价格和销售者接受价格的影响。税收归宿或者负担是由消费者和生产者共同承担的（在边做边学习题 10.1 中，消费者承担了更多的份额）。

税收归宿：度量税收对市场中的消费者支付价格和销售者接受价格的影响。

税收归宿取决于供给曲线和需求曲线的形态。图 10-4 阐释了两个例子。在这两个例子中，不征税时的均衡价格都是 30 美元/单位。但是，在这两个市场中，征收 10 美元/单位消费税的影响却截然不同。

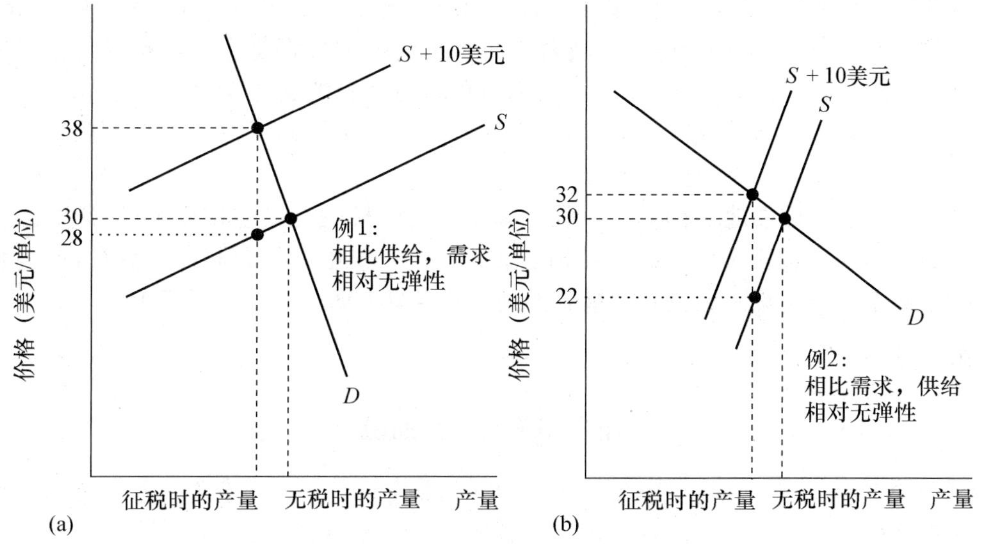

图 10－4　税收归宿

说明：在例 1 中，需求曲线相对无弹性，10 美元/单位的税收归宿主要由消费者承担；在例 2 中，供给曲线相对无弹性，税收归宿主要由生产者承担。

在例 1 中，需求曲线相对无弹性，供给曲线非常富有弹性。税收使消费者的支付价格上升了 8 美元/单位，使生产者的接受价格降低了 2 美元/单位。由于需求曲线相对无弹性，所以税收导致消费者的价格变化更大。

在例 2 中，供给曲线相对无弹性，但是需求曲线相当富有弹性。因此，税收对生产者的影响更大，他们的接受价格降低了 8 美元/单位，消费者的支付价格仅上升了 2 美元/单位。

正如这两个例子所示，如果在竞争均衡中，需求不如供给富有弹性，税收对消费者的影响更大；反之，对生产者的影响更大。至少对小幅度的价格变化来说，我们可以合理地假设需求曲线和供给曲线具有近似不变的自身价格弹性，$\epsilon_{Q^d,P}$ 和 $\epsilon_{Q^s,P}$，这就是说，我们可以将税收归宿和供给、需求的价格弹性之间的数量关系归纳如下：

$$\frac{\Delta P^d}{\Delta P^s}=\frac{\epsilon_{Q^s,P}}{\epsilon_{Q^d,P}} \tag{10.1}$$

公式（10.1）告诉我们：当价格弹性的绝对值相同时（请记住：需求的价格弹性为负值，供给的价格弹性为正值），消费税对消费者和生产者的价格变化的影响将会相等。[①] 例如，如果 $\epsilon_{Q^d,P}=-0.5$，$\epsilon_{Q^s,P}=+0.5$，那么 $\Delta P^d/\Delta P^s=-1$。换句话说，如果征收 1 美元/单位的消费税，消费者的支付价格上升 0.50 美元/单位，生产者的接受价格

① 想知道公式（10.1）为什么是正确的，我们来考虑在市场上征收低税负时的影响。假定没有税收时的均衡价格和均衡产量分别是 P^* 和 Q^*。对低税负，$\epsilon_{Q^d,P}=(\Delta Q/Q^*)/(\Delta P^d/P^*)$，也可以写作 $\Delta Q/Q^*=(\Delta P^d/P^*)\epsilon_{Q^d,P}$。类似地，$\epsilon_{Q^s,P}=(\Delta Q/Q^*)/(\Delta P^s/P^*)$，意味着 $\Delta Q/Q^*=(\Delta P^s/P^*)\epsilon_{Q^s,P}$。由于市场出清，税负使需求量和供给量的减少量相同（$\Delta Q/Q^*$）。这就要求（$\Delta P^d/P^*)\epsilon_{Q^d,P}=(\Delta P^s/P^*)\epsilon_{Q^s,P}$，即可简化为公式（10.1）。

下降 0.50 美元/单位。

现在假设供给相对于需求富有弹性（比如，$\epsilon_{Q^d,P}=-0.5$，$\epsilon_{Q^s,P}=2.0$）。此时，$\Delta P^d/\Delta P^s=-4$。在这个例子中，消费者支付价格的增加量将是生产者接受价格降低量的 4 倍。因此，如果征收 1 美元/单位的消费税，消费者的支付价格将上涨 0.80 美元/单位，而生产者的接受价格仅降低 0.20 美元/单位。所以说税收归宿主要由消费者承担。

公式（10.1）详细地解释了联邦政府和州政府的税收在诸多市场上的影响。例如，对诸如酒精和烟草这些商品的需求是相当无弹性的，供给曲线是相当有弹性的。因此，在这些市场上，消费税归宿更多地被分摊到消费者身上而不是生产者身上。

案例 10.1

加仑和美元：汽油税

2009 年，美国汽油的年购买量约为 1 400 亿加仑。汽油的消费者价格随时间和区域的变化而大幅波动，但消费者在加油站支付的平均价格（P^d）大约是 2.65 美元/加仑。不仅联邦政府征收汽油税，而且州政府和地方政府也征收汽油税。因此，税收随地域的变化而变化。2009 年，联邦政府对每加仑汽油征收 18.4 美分的税，州政府和地方的平均税收则刚好每加仑低于 22 美分。因此，每加仑汽油的总税收平均约为 40 美分。

在这个问题中，我们假定汽油税（T）是 0.40 美元/加仑。这就意味着生产者的接受价格（P^s）大约是 2.25 美元/加仑。研究表明，在中期（比如，2～5 年）中，自身的需求和供给价格弹性大约是 $\epsilon_{Q^d,P}=-0.5$，$\epsilon_{Q^s,P}=+0.4$。我们运用当前均衡的信息讨论以下两个问题：

（1）如果没有税收，我们预期的产量和价格是多少？

（2）汽油税每增加 1%，汽油税收能增加多少？

在这个例子中，我们假定需求曲线和供给曲线都为直线，且在消费税为 0.40 美元/加仑时，均衡处的弹性是精确的。我们首先确定需求曲线的方程，它必须经过图 10－5 中的点 R，且价格为 2.65 美元/加仑，产量为 140（以 10 亿加仑来度量）。如果需求曲线是直线，它的方程是

$$Q^d=a-bP^d \tag{10.2}$$

我们使用这些数据求出公式（10.2）中的常数 a 和 b。根据定义，自身的需求价格弹性是 $\epsilon_{Q^d,P}=(\Delta Q/\Delta P)(P^d/Q^d)$。在水平需求曲线中，$\Delta Q/\Delta P=-b$。因此，$-0.5=-b(2.65/140)$，即 $b=26.42$。现在知道 $Q^d=a-26.42P^d$。我们可以使用点 R 处的价格和产量数据推算 a。因此，$140=a-26.42\times2.65$，即 $a=210$。需求曲线的方程为 $Q^d=210-26.42P^d$。

水平供给曲线的方程是：

$$Q^s=e-fP^s \tag{10.3}$$

现在我们找出 e 和 f。根据定义，自身的供给价格弹性是 $\epsilon_{Q^s,P}=(\Delta Q/\Delta P)(P^s/Q^s)$。在方程（10.3）中，$\Delta Q/\Delta P=-f$。因此，在图 10－5 中的点 W 处，$0.4=f(2.25/140)$，即

$f=24.89$。因此，$Q^s=e+24.89P^s$。

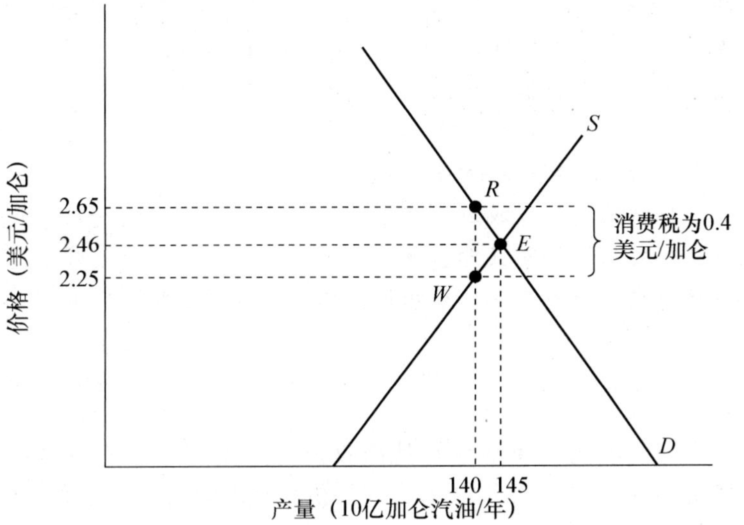

图 10－5　汽油税的影响

说明：如果对每加仑汽油征收 0.40 美元的消费税，消费者的支付价格约为 2.65 美元/加仑（点 R 处），生产者的接受价格约为 2.25 美元/加仑（点 W 处）。如果不征税，均衡价格约是 2.46 美元/加仑（点 E 处）。税收归宿基本上在消费者和生产者之间平摊。

我们可以使用点 W 处的价格和产量数据推算 e。所以，$140=e+24.89\times2.25$，即 $e=84$。故而，供给曲线的方程是 $Q^s=84+24.89P^s$。

图 10－5 绘出了供给曲线和需求曲线。如果不征税，均衡位于点 E，均衡价格为 $P^*=P^s=P^d$（此时没有税收楔子）。由于市场出清（$Q^s=Q^d$），我们知道 $210-26.42P^*=84+24.89P^*$，所以均衡价格 $P^*\approx2.46$。当没有税负时，大约售出 1 450 亿加仑汽油。

当前的税收（$T=0.40$ 美元/加仑）归宿几乎在消费者和生产者之间平摊。因为供给和需求的弹性基本一致，所以这一点并不奇怪。当征收消费税时，消费者每加仑支付 2.65 美元而不是 2.46 美元，生产者接受 2.25 美元而不是 2.46 美元。

我们可以再做一遍边做边学习题 10.1 以找出不同水平的汽油税将会如何影响销售量、消费者的支付价格和生产者的接受价格，以及从汽油税中获得的收入。下面这个表格展示了这道习题在税收从 0 变化至 0.60 美元/加仑时所对应的结果（没有展示推算过程，但你可以自己做）。

每加仑税收（美元）	产量（每 10 亿加仑）	生产者的接受价格（P^s）（美元）	消费者的支付价格（P^d）（美元）	税收（10 亿美元/年）
0	145.1	2.46	2.46	0
0.10	143.8	2.40	2.50	14.38
0.20	142.6	2.35	2.55	28.51
0.30	141.3	2.30	2.60	42.38
0.40	140.0	2.25	2.65	56.00
0.50	138.7	2.20	2.70	69.36
0.60	137.4	2.15	2.75	82.46

这个表显示：如果汽油税从当前的 0.40 美元/加仑增至 0.50 美元/加仑，征收汽油税增加的收入约是 133.6 亿美元/年（从 560 亿美元增至约 693.6 亿美元）。因此，至少在接近当前均衡时，税负每增加 1%，税收就会增加 13 亿美元。

尽管这个例子可以帮助我们理解汽油税的影响，但是我们必须记住，一系列严格的假设可能会限制这个模型的适用性，尤其是当我们试图用它来预测大的税收变化带来的影响时。首先，即使面临价格的巨大变化，供给曲线和需求曲线仍被假设为直线。尽管对在均衡处的小小移动来说，直线近似法很适用，但对一些大的变动来说或许就不再精确。其次，汽油税的大幅变化对其他市场的价格会产生显著影响。想研究汽油税的变化如何影响其他市场，我们需要在单一市场的局部均衡分析上做更多的工作。

□ 补贴

政府可能决定补助市场，而不是对其征收税款。我们可以把补贴看作一种负的税收：购买者支付市场价格 P^d，然后政府在这一价格之上给每位销售者支付 T 美元/单位的补贴，从而使销售者接受的补贴价格 P^s 等于 P^d+T。正如你所猜想的那样，补贴的许多影响与税收的相反。

- 相对于有效水平（即没有补贴时的供给量），市场会过量生产。
- 消费者剩余比没有补贴时更高。
- 生产者剩余比没有补贴时更高。
- 对政府预算的影响是负面的。由于支付在补贴上的资金必须从经济体的其他地方筹集，政府在补贴上的花费造成了负的净经济收益。
- 政府在补贴上的花费会高于消费者剩余和生产者剩余的增加量。因此，过量生产会带来无谓损失。

图 10－6 展示了 3 美元/单位的补贴如何影响图 10－1 所描绘的市场。在图 10－6 中，标示为 $S-3$ 美元的曲线从供给曲线上垂直减去补贴的数量。由于补贴的影响“好像”是将每位销售者的边际成本降低了 3 美元/单位，所以我们将供给曲线垂直下移 3 美元。这条“好像”供给曲线 $S-3$ 美元告诉我们：在生产者的接受价格包括消费者的支付价格和补贴的情况下，生产者会提供多少产品。

当没有补贴时，均衡点位于需求曲线 D 和供给曲线 S 的交点。在这一点，$P^d=P^s=8$ 美元/单位，市场出清产量 $Q^*=600$ 万单位/年。当存在补贴时，均衡产量为 $Q_1=700$ 万单位/年，此时需求曲线和“好像”供给曲线 $S-3$ 美元相交。在这一产量下，$P^d=6$ 美元/单位，$P^s=9$ 美元/单位（即 P^d 加上 3 美元/单位的补贴）。

现在我们可以通过使用图 10－6 计算消费者剩余、生产者剩余、政府预算的影响、净经济收益和无谓损失来对比存在补贴和没有补贴时的均衡。

当没有补贴时，消费者剩余是需求曲线以下、消费者的支付价格（8 美元/单位）以上的区域（消费者剩余$=A+B=$3 600 万美元/年）。生产者剩余是供给曲线以上、生产者的接受价格（也是 8 美元/单位）以下的区域（生产者剩余$=E+F=$1 800 万美元/年）。由于没有政府支出，所以净经济收益是 5 400 万美元/年（消费者剩余＋生产者剩余），同时不存在无谓损失。

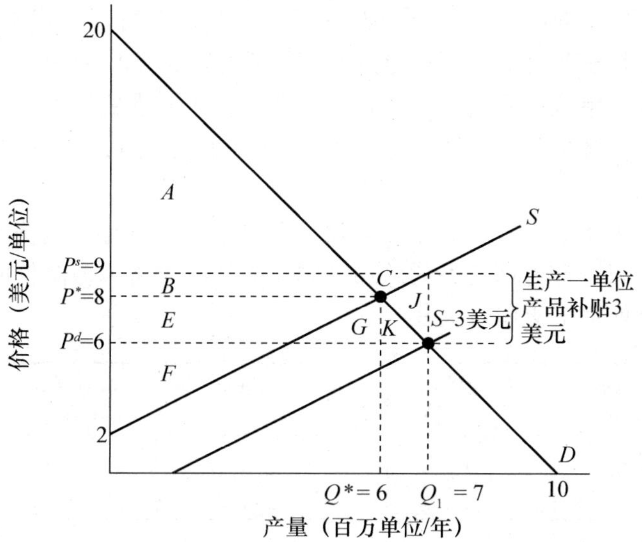

	不存在补贴（万美元）	存在补贴（万美元）	补贴的影响（万美元）
消费者剩余	$A+B$ (3 600)	$A+B+E+G+K$ (4 900)	$E+G+K$ (1 300)
生产者剩余	$E+F$ (1 800)	$B+C+E+F$ (2 450)	$B+C$ (650)
政府预算的影响	0	$-B-C-E-G-K-J$ (−2 100)	$-B-C-E-G-K-J$ (−2 100)
净收益（消费者剩余＋生产者剩余－政府花费）	$A+B+E+F$ (5 400)	$A+B+E+F-J$ (5 250)	$-J$ (−150)
无谓损失	0	J（150）	

图 10－6　3 美元补贴的影响

说明：当没有补贴时，消费者剩余和生产者剩余的和是 5 400 万美元，这也是市场净收益的最大可能值。补贴使得消费者剩余增加 1 300 万美元，生产者剩余增加 650 万美元，对政府预算产生－2 100 万美元的影响，同时净收益减少150 万美元（无谓损失）。

当存在补贴时，消费者剩余是需求曲线之下、消费者的支付价格（$P^d=6$ 美元/单位）之上的区域（消费者剩余＝$A+B+E+G+K$＝4 900 万美元/年）。生产者剩余是实际供给曲线 S 之上、生产者接受的补贴价格（$P^s=9$ 美元/单位）之下的区域（生产者剩余＝$B+C+E+F$＝2 450 万美元/年）。政府支出是售出单位数（700 万）乘以单位补贴（3 美元）。（政府支出＝$B+C+E+G+K+J$＝2 100 万美元/年；请注意，在图 10－6 的表格里，由于它必须使用从经济体的其他地方筹集的资金，所以用负收益表示。）净经济收益是 5 250 万美元/年（消费者剩余＋生产者剩余－政府支出），所以无谓损失是 150 万美元/年（不存在补贴时的净经济收益－存在补贴时的净经济收益＝5 400 万美元－5 250 万美元）。

之所以会出现 150 万美元（区域 J）的无谓损失，是因为补贴使消费者剩余增加 1 300 万美元，生产者剩余增加 650 万美元（一共等于 1 950 万美元），但必须有2 100

万美元的政府支出［1 950－2 100＝－150（万美元）］。看待这一现象的另一个角度是：在生产量从不存在补贴时的 600 万单位升至存在补贴时的 700 万单位的过程中，出现了无谓损失。在 600 万单位产出范围之外，供给曲线位于需求曲线的上方，所以每生产一单位产品，净收益就减少。因此，相对于有效产量来说，因为补贴引起市场过量生产，所以净经济收益减少。

和消费税的例子类似，潜在的净经济收益保持不变，且等于消费者剩余、生产者剩余、对政府预算的影响和无谓损失的总和，同时实际净经济收益降低的数量等于无谓损失的数量。所有这些如下表所示：

	消费者剩余（万美元）	生产者剩余（万美元）	对政府预算的影响（万美元）	无谓损失（万美元）	净经济收益（万美元）
不存在补贴	3 600	1 800	0	0	潜在：5 400 实际：5 400
存在补贴	4 900	2 450	－2 100	150	潜在：5 400 实际：5 250

边做边学习题 10.2

补贴的影响

和边做边学习题 10.1 一样，需求曲线和供给曲线是

$$Q^d=10-0.5P^d$$

$$Q^s=\begin{cases}-2+P^s,\ P^s\geqslant 2\\ 0,\ P^s<2\end{cases}$$

这里 Q^d 是消费者支付价格为 P^d 时的需求量，Q^s 是生产者接受价格为 P^s 时的供给量。

问题：

假设政府为每单位产品提供 3 美元的补贴。找出均衡产量、购买者的支付价格和销售者的接受价格。

解：

在有 3 美元的补贴时，均衡就必须满足以下两个条件：

(a) 3 美元的补贴楔子使销售者接受的补贴价格高于购买者支付的市场价格：$P^s=P^d+3$，或者 $P^d=P^s-3$。

(b) 同样地，由于市场出清，所以 $Q^d=Q^s$，或者 $10-0.5P^d=-2+P^s$。

因此，$10-0.5(P^s-3)=-2+P^s$，所以生产者的接受价格 $P^s=9$ 美元。消费者的支付均衡价格是 $P^d=P^s-3=6$ 美元/单位。我们把 $P^d=6$ 美元代入需求方程，从而得出均衡产量：$Q^d=10-0.5P^d=10-0.5\times 6=7$（百万单位）（或者，把 $P^s=9$ 美元代入供给方程）。

相似习题：10.17，10.18

10.2 价格上限与下限

有时政府会在市场中施加一个价格上限，比如食品或汽油的最高许可价格。租金管制为价格上限提供了另一个常见的例子，因为它们规定了房东向房客索要的最高价格。当价格上限给商品或服务指定的价格低于不存在上限时的均衡价格时，价格上限会影响收入分配和经济效率。

在其他例子中，政策制定者可能会在市场许可的价格上制定一个价格下限。例如，许多政府已经颁布了指定工人最低工资的法律；立法机关通常设定其他种类的价格下限，如高利贷法（设定最低贷款利率的法律）。价格下限用于给商品或服务设定一个价格，使其高于不存在下限时的均衡价格。

这与存在消费税和补贴时的探究结果相反，存在价格上限和下限时的市场不出清。这就意味着：在分析价格上限和下限对收入分配和经济效率的影响时，我们需要认真考虑商品或服务的分配方式。

□ 价格上限

如果市场上的供给曲线向上倾斜、需求曲线向下倾斜，价格上限低于均衡价格，那么，上限会产生以下影响：

- 市场不会出清。商品存在需求过剩。
- 相对有效值（即没有管制的市场中的供给量），市场产量过低。
- 生产者剩余比没有价格上限时更低。
- 部分（但不是全部）失去的生产者剩余将会转移给消费者。
- 由于在存在价格上限时存在需求过剩，消费者剩余的大小取决于哪些想要购买商品的消费者能够将其买到。当存在价格上限时，消费者剩余可能增加，也可能减少。
- 存在无谓损失。

我们以租金管制的形式观测价格上限的影响。数十年来，全世界许多城市都在强制实行租金管制。租金管制是依法律形式对房东向其房客索要的租金施加上限。它们通常起源于在战争通货膨胀时期征收的暂时性上限，正如第一次世界大战期间的伦敦和巴黎、第二次世界大战期间的纽约，以及 20 世纪 60 年代末 70 年代初越南战争期间的波士顿和几个邻近郊区。

1971 年，理查德·尼克松总统在全美国实施工资和价格管制，同时冻结全部租金。在联邦管制结束后，许多市政府继续实施租金上限。1997 年威廉·塔克（William Tucker）说道："在 20 世纪 70 年代，租金管制似乎是未来的信号……截止到 20 世纪 80 年代中期，占全国人口 20%左右的 200 多个郡县都在租金管制之下。但是，这是发展的趋势。随着通货膨胀压力的减轻，租金管制的扰动逐渐平息。"①

① William Tucker, "How Rent Control Drives Out Affordable Housing," Cato Policy Analysis, paper no. 274 (Washington, DC: The Cato Institute, May 21, 1997).

图 10－7 展示了特殊类型住房市场的供给曲线和需求曲线，比如纽约市的小型公寓市场。对不同的租金价格，供给曲线 S 展示了房东愿意出租的单位数，需求曲线 D 表明消费者愿意租住的单位数。

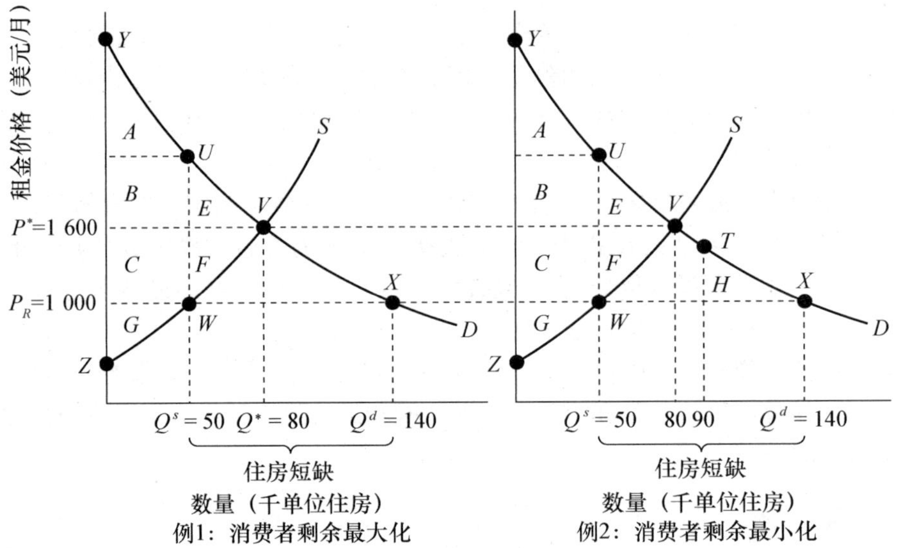

	自由市场（不存在租金管制）	存在租金管制		租金管制的影响	
		例 1（消费者剩余最大化）	例 2（消费者剩余最小化）	例 1（消费者剩余最大化）	例 2（消费者剩余最小化）
消费者剩余	$A+B+E$	$A+B+C$	H	$C-E$	$-A-B-E+H$
生产者剩余	$C+F+G$	G	G	$-C-F$	$-C-F$
净收益（消费者剩余＋生产者剩余）	$A+B+C+E+F+G$	$A+B+C+G$	$H+G$	$-E-F$	$-A-B-C-E-F+H$
无谓损失	0	$E+F$	$A+B+C+E+F-H$	$E+F$	$A+B+C+E+F-H$

图 10－7 租金管制的影响

说明：当不存在租金管制时，房东可以将每单位住房以 1 600 美元/月的价格租出，租金管制要求房东的要价不可以高于 1 000 美元/月。本图展示了这一情况下的两个例子（解释如下）。在这两个例子中，生产者剩余等于区域 G。例 1：如果 5 万单位的住房全部被支付意愿最高的（需求曲线 D 上点 Y 和点 U 之间的那些）消费者租住，租金管制下的消费者剩余达到最大，净经济收益也达到最大，无谓损失则是最小的。例 2：如果 5 万单位的住房全部被支付意愿最低的（需求曲线上点 T 和点 X 之间的那些）消费者租住，租金管制下的消费者剩余最小，净经济收益也最小，而无谓损失则达到最大。

当不存在租金管制时，均衡出现在需求曲线和供给曲线的交点（点 V）处。在该点处，均衡价格是 $P^*=1\ 600$ 美元/月，市场出清产量是 $Q^*=8$ 万单位住房。每位愿意支付均衡价格的消费者（需求曲线上点 Y 和点 V 之间的消费者）都能找到住房，每位愿意以这一价格提供住房的房东都会为市场服务。

假定政府通过设定 1 000 美元/月的最高出租价格来实施租金管制。在这一价格下，市场难以出清。房东愿意出租 5 万单位住房（点 W），但是消费者想租住 14 万单位住房

（点 X）。因此，租金管制减少了 3（=8−5）万单位供给，增加了 6（=14−8）万单位需求，从而导致 9（=3+6）万单位的需求过剩（住房市场的需求过剩通常被称为住房短缺）。

现在我们可以使用图 10－7 分别计算存在租金管制与不存在租金管制时的消费者剩余、生产者剩余、净经济收益和无谓损失。

当不存在租金管制时，消费者剩余是需求曲线以下、消费者支付价格（1 600 美元/月）以上的区域（消费者剩余$=A+B+E$）。生产者剩余是供给曲线以上、生产者接受价格（也是 1 600 美元/月）之下的区域（生产者剩余$=C+F+G$）。净经济收益是消费者剩余和生产者剩余的加总（净经济收益$=A+B+C+E+F+G$），此时不存在无谓损失。

案例 10.2

租金管制下的住房花落谁家

如图 10－7 所示，当存在租金管制时，市场并不出清，所以那些最想要住房的消费者并不一定能真正租到房。在例 1 中，那些最想要住房的消费者（需求曲线上点 Y 和点 U 之间的消费者）幸运地找到了住房。但是例 2 阐释了另外一种可能，即这些可用住房反而被分配到了点 T 和点 X 之间的消费者手中；最想要住房的消费者无一租到房。在现实的市场上，这些可用住房以各种可能的方式被分配出去，一部分被最想要它的消费者租去，还有一些被分配到了不那么珍惜它的消费者手中。在存在租金管制的住房分配方面，这些实证证据告诉了我们什么呢？

格莱泽（Glaeser）和卢特默（Luttmer）使用 1990 年的人口普查数据研究了纽约市的租金管制影响[①]。由于当时的租金管制大部分为不少于五户公寓的建筑，所以作者主要研究 5 单位以上的住房。

作者指出了租金管制导致住房分配不当的两种方式。其一，“公寓的分配按照随机或者排队式选择的机制，而不是按照价格分配。其二，租金管制为人们创造出一种保持现状而非搬家的激励。”总之，他们发现：“大约 20%的公寓都没有获得恰当使用。”这些公寓没有被最想要住房的消费者群体租到（对应着图 10－7 中的需求曲线上点 Y 和点 U 之间的消费者）。

格莱泽和卢特默发现：“长期以来，理论家一直都很清楚工资和价格控制将导致商品的不当分配。但是到目前为止，这一观点既没有提供实证证据，又没有渗入大多数经济学教材。”他们的研究只观测了一个存在租金管制的城市在一年内的情况，所以这一比率可能会随时间和城市的不同而变化。但是，这项研究表明，在分析租金管制的福利影响时，我们假定住房总是被分到了最想要它们的消费者手中，这并不是一个好的思路。

正如你在图 10－7 中所见，当存在租金管制时，我们将考虑以下两个例子，这因实

① 参见 E. Glaeser and E. Luttmer，“The Misallocation of Housing under Rent Controls，” *The American Economic Review*，September 2003。

际租住到可用房屋消费者的不同而不同：例 1 使消费者剩余最大化；例 2 使消费者剩余最小化。在这两个例子中，房东向市场提供供给曲线上点 Z 和点 W 之间的住房，他们获得的生产者剩余是供给曲线之上、接受价格（P_R＝1 000 美元/月）之下的区域（生产者剩余＝区域 G）。因此，当存在租金管制时，生产者剩余的减少量等于区域 $C+F$。生产者剩余的下降正好解释了房东为何如此强烈地反对租金管制。

同时，在这两个例子中，那些幸运地得到 5 万单位可用住房之一的消费者每月只需支付 1 000 美元而非 1 600 美元。生产者从这些单位住房中筹集到的收入的减少量等于区域 C。

想要了解租金管制如何影响消费者剩余、净经济收益和无谓损失，我们必须认识到有 14 万个消费者想要以 1 000 美元/月的价格租住单位住房，却只有 5 万单位的住房可供租住。在例 1 中，我们可以通过假设支付意愿最高的消费者租住到了全部可用住房，找出消费者剩余的可能范围。在例 2 中，我们可以通过假设支付意愿最低的消费者租住到了全部可用住房，找出消费者剩余的可能范围。

- 例 1（消费者剩余最大化）。支付意愿最高的消费者租住到全部可用住房（即需求曲线上点 Y 和点 U 之间的消费者）。消费者剩余是需求曲线上点 Y 和点 U 以下、消费者支付价格（P_R＝1 000 美元/月）以上的区域（消费者剩余＝$A+B+C$）；这是租金管制下的消费者剩余的最大可能值。净经济收益＝消费者剩余＋生产者剩余＝$A+B+C+G$。无谓损失＝不存在租金管制时的净经济收益－存在租金管制时的净经济收益＝$(A+B+C+E+F+G)-(A+B+C+G)=E+F$。之所以出现无谓损失是因为租金管制使可用住房的供给量减少了 3 万单位，区域 E 代表的消费者剩余和区域 F 代表的生产者剩余回归到了社会。
- 例 2（消费者剩余最小化）。支付意愿最低的消费者租住到全部可用住房（即需求曲线上点 T 和点 X 之间的消费者①，这就意味着，尽管需求曲线上点 Y 和点 T 之间的消费者愿意支付高于 1 000 美元/月的价格，但他们依然找不到房子）。消费者剩余是需求曲线上点 T 和点 X 以下、消费者支付价格（P_R＝1 000 美元/月）以上的区域（消费者剩余＝区域 H）；这是租金管制下的消费者剩余的最小可能值。净经济收益＝消费者剩余＋生产者剩余＝$H+G$。无谓损失＝不存在租金管制时的净经济收益－存在租金管制时的净经济收益＝$(A+B+C+E+F+G)-(H+G)=A+B+C+E+F-H$。由于可用住房单位以无效率的方式定量分配给消费者，所以这里的无谓损失比例 1 的更大（在数量上等于 $A+B+C-H$）。

这两个例子只考虑了租金管制对应的消费者剩余和无谓损失的上下限。实际的消费者剩余和无谓损失可能是这两个极端值中的任意值。想要找出消费者剩余和无谓损失的准确值，我们需要更多地了解可用住房在现实中是如何分配的。大多数教材用图 10－7 中的例 1 之类的图像描述价格上限的影响，其中假定商品最终到了支付意愿最高的消费者手中。当消费者可以轻易地将这一商品转售给其他支付意愿更高的消费者时，这一假设是合理的；但案例 10.2 表明，在商品最初出售时，他们就不一定能买到，所以这在实际中是不可行的。

---

① 我们不考虑需求曲线上点 X 右侧的消费者。这是由于，即使他们能够找到房屋，他们也不愿意以 1 000 美元/月的价格租住它。

案例 10.3

在互联网上倒卖超级碗门票

当国家橄榄球联盟（NFL）出售超级碗门票时，它制定的票面价值（印在门票上的价格）远低于市场价格。国家橄榄球联盟明白以票面价售出的门票将非常抢手。所以，它在比赛的前一年就接受门票申请，然后再随机选择门票的接收者。

在 2009 年佛罗里达州坦帕市举行第 43 届超级碗比赛的前一个月，票面价值为 800 美元的门票在互联网上以 2 350～3 750 美元的价格出售。在其他的超级碗比赛中，涨价更为严重，市场价格甚至可达票面价格的 10 倍。

随机抽取的获奖者着实幸运。他们可以自己使用这些门票，或者以相当可观的利润转售它们。一个方便、活跃的二手市场使这些门票最终落入最珍惜亲自观看这场比赛机会的人手中。

两种类型的交易成本影响了转售的可能性。首先，在一些州，转售（倒卖）是非法的。当违法的惩罚很高且转售被抓的概率也很高时，禁止转售的法律可能会更有效。尽管在许多地区转售是违法的，但在处罚很低且被抓概率也很低的地方，转售仍然是常见的。其次，在转售者寻找门票供应者、找到买家的过程中存在交易成本。

近年来，互联网大幅降低了这两种交易成本。购买者和销售者可以舒适地在家里或者办公室里展开交易。拥有了网络，倒卖者可以用极低的成本广泛宣传这些门票，而且被抓的概率也远低于在体育馆的隐蔽处进行交易的情况。

如果转售的成本很低，那么正如图 10－7 中的例 1 在讨论价格上限时所假设的那样，总剩余将非常接近最大可能值。部分剩余落入中间人（倒卖者和掮客）而不是门票的最终持有人手中，但是净收益并没有从经济中消失。

当然，倒卖一般都会存在一定的风险，比如，门票没有像广告所宣传的那般抢手或者它严重违法。那些反对倒卖的配套法律通常引用诈骗的案例。如果门票的最初卖家或者管理当局愿意施加严格的条件，就可能大幅减少转售。例如，卖家可以将买家的照片印在门票上（城市交通系统的月票往往是这么做的），或者把买家的名字写在门票上，然后要求买家在使用门票时出示身份证（航空公司经常这么做）。但是，这些措施对商家和执法工作都增加了很大的成本，而且通常实施起来也很困难。

案例 10.4

上限和短缺：委内瑞拉的食品

2003 年，针对每年 30%及以上的通货膨胀率，委内瑞拉政府对各种基本食品实施价格上限。① 为了维持其在主要选区的那些贫穷市民中的人气，委内瑞拉总统乌戈·查韦斯开始加强价格管制。截止到 2009 年年末，约 400 种食品被强制实施价格上限。

图 10－8 阐释了委内瑞拉的白米市场，其中白米的价格上限 P_R 低于没有限制的主

① 参见“Venezuela's Hugo Chavez Tightens State Control of Food Amid Rocketing Inflation and Food Shortages,” *Telegraph*, March 4, 2009。

体价格 P^*。在价格上限处，供给量（Q^s）低于需求量（Q^d），所以产生严重的大米短缺。这一管制造成的无谓损失就是区域 UVW。

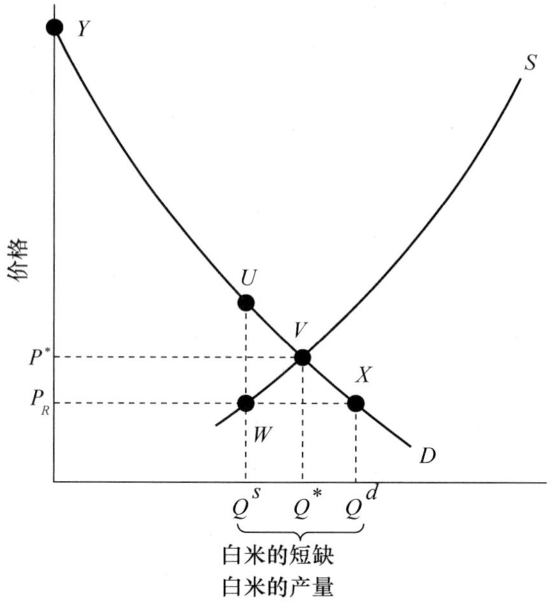

图 10－8　委内瑞拉的白米价格上限

说明：按照法律，白米的价格设定为 P_R。非管制价格是 P^*。上限导致短缺。无谓损失至少是区域 UVW 那么大。

事实上，自价格控制首次被实施以来，委内瑞拉一直被零星的食品短缺困扰着。在管制价格下，消费者很难找到食物，所以不得不排长长的队伍去购置那些可以买到的食物。食品公司也抱怨管制价格低于它们的平均成本，所以它们也在面临停业的危险。例如，2009 年大米的价格被设定在 2.15 玻利瓦尔/千克，而大米公司则声称它们的成本大约在 4.41 玻利瓦尔/千克。

为了避开价格上限，食品公司试图将它们的产品转型为没有管制的产品。例如，白米的价格被管制，但风味大米的价格就没被管制。大米公司只有改变它们的生产线——从白米转向风味大米，才可以提高价格。然后委内瑞拉政府对许多食品生产商强制实施生产配额以迫使它们生产更多存在价格上限的食品。现在，根据要求，大米公司的产品必须有 80%是白米。但是，由于食品公司限制了总产量（降到图 10－8 中的 Q^S），所以仍存在短缺。2009 年，委内瑞拉政府获取了几家食品加工厂的控制权，迫使它们增加产量，其中包括一家大米加工厂和几家咖啡厂。穿越哥伦比亚边境走私的低价食品在不断增加，委内瑞拉政府正在与之抗衡。

在结束租金管制之前，我们注意到，政府很少试图以一种直接的形式来管制某一商品的价格。比如，当房屋租赁市场出现短缺时，一些房东在租赁一套公寓之前可能会要求租客预付房租或者索要小费——未来租住者的额外支付。尽管这些支付是违法的，但是这很难监控，而且那些愿意支付比租金管制价格更高价格的租客或许也愿意（尽管不太情愿）支付预付租金。房东或许也认识到在需求过剩下，即使公寓质量恶化，他们也能找到租客。租金管制法通常试图明确指定质量要有保证，但是这个想法也很难通过法律得到有效实施。更进一步来说，房东也可能认识到，如果他们能够将租金管制下的公寓另当别用（比如套房公寓，甚至是停车场），使之不受价格管制，长此以往，他们的境况就会变得更好。租金管制的批评者经常评论说：随着管制房屋的所有者不断将之转为它用，可用房屋的数量随时间的推移会不断减少。①

我们必须指出，上述价格上限影响的局部均衡分析仍存在许多缺陷，如图 10－7 中的例子。如果对一居室的公寓市场实行租金管制，那些找不到一居室公寓的人就会寻找其他类型的房子，比如一个大些的公寓，一个套房式公寓，甚至是一个宅院式住房。这自然会影响其他类型房屋的需求量，从而影响到那些市场的均衡价格。随着其他类型房屋价格的改变，一居室公寓的需求就会变动，同时一居室公寓的短缺量出现附加影响，消费者剩余和生产者剩余以及无谓损失也都会出现变动。虽然这些附加影响的推算过程超出了简单局部均衡分析的范畴，但是你应该认识到这些都是很重要的。

价格上限的意外后果不仅出现在房屋市场，还出现在其他许多市场。例如，在对抗 20 世纪 70 年代通货膨胀的过程中，尼克松政府对国内的石油供应商实施价格上限，结果导致国内石油短缺。石油的需求过剩导致进口石油增加。当 1971 年开始实施价格管制时，进口量在国家供应量中只占到 25％。但随着时间的推移，短缺大量增加。截止到 1973 年，在美国消费的石油总量中，进口石油几乎占到了 33％。石油输出国组织的国家认识到了美国对石油进口的依赖，所以它们让进口石油的价格翻了两番。最终，与其最初意图相反，国内价格管制反而使美国的通货膨胀更高。②

边做边学习题 10.3 ☞

价格上限的影响

和本章之前的边做边学习题一样，需求曲线和供给曲线如下所示：

$$Q^d = 10 - 0.5P^d$$

$$Q^s = \begin{cases} -2 + P^s, & P^s \geq 2 \\ 0, & P^s < 2 \end{cases}$$

这里 Q^d 是消费者支付价格为 P^d 时的需求量，Q^s 是生产者接受价格为 P^s 时的供给量。

如图 10－9 所示，假定政府在市场中实施 6 美元/单位的价格上限。

问题：

(a) 在存在价格上限时，市场的短缺量是多少？生产者剩余是多少？

(b) 假定商品被支付意愿最高的消费者购得，消费者剩余的最大值是多少？净经济收益是多少？无谓损失呢？

(c) 假定商品被支付意愿最低的消费者购得，消费者剩余的最小值是多少？净经济收益是多少？无谓损失呢？

① 参见 Denton Marks, "The Effects of Partial-Coverage Rent Control on the Price and Quantity of Rental Housing," *Journal of Urban Economics* 16 (1984)：360－369。

② 参见 George Horwich and David Weimer, "Oil Price Shocks, Market Response, and Contingency Planning" (Washington, DC：American Enterprise Institute, 1984)。

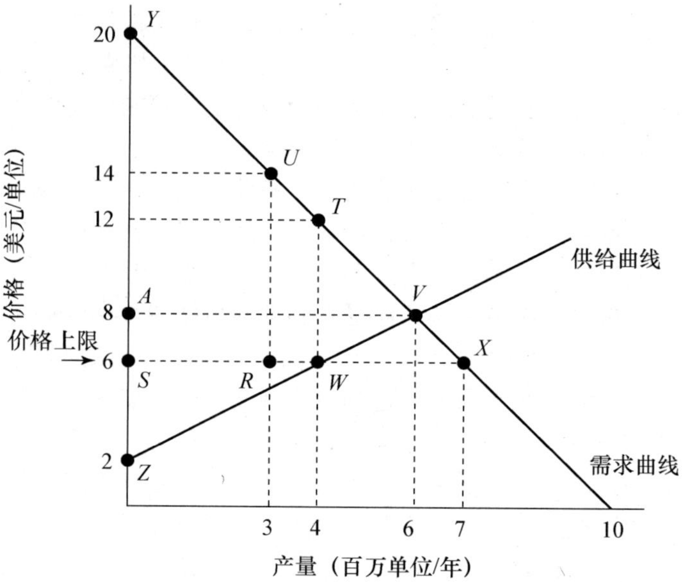

	不存在价格上限（万美元）	存在价格上限（万美元）	
		消费者剩余最大化	消费者剩余最小化
消费者剩余	区域 YAV=3 600	区域 $YTWS$=4 000	区域 URX=1 600
生产者剩余	区域 AVZ=1 800	区域 SWZ=800	区域 SWZ=800
净收益（消费者剩余+生产者剩余）	5 400	4 800	2 400
无谓损失	0	600	3 000

图 10－9　6 美元价格上限的影响

说明：当不存在价格上限时，消费者剩余和生产者剩余的总和是 5 400 万美元，也就是市场中的净经济收益的最大可能值。当存在价格上限时，生产者剩余减少 1 000 万美元。当消费者剩余达到最大时，消费者剩余增加 400 万美元，净收益减少 600 万美元（无谓损失）。当消费者剩余最小时，消费者剩余减少 2 000 万美元，同时净收益减少 3 000 万美元（无谓损失）。

解：

(a) 在存在价格上限时，消费者需求 700 万单位（点 X），但是生产者只供给 400 万单位（点 W）。因此，短缺（即需求过剩）是 300 万单位，这等于点 W 和点 X 之间的水平距离。

生产者剩余是供给曲线 S 以上、价格上限 6 美元以下的区域。这是区域 SWZ=800 万美元。

(b) 如果支付意愿最高的消费者（需求曲线 D 上点 Y 和点 T 之间的那些消费者）购买到可用的 400 万单位产品，消费者剩余就是需求曲线以下、价格上限以上的区域。这是区域 $YTWS$=4 000 万美元。

净经济收益是消费者剩余（4 000 万美元）和生产者剩余（800 万美元）的总和，即4 800 万美元。

无谓损失是没有价格上限时的净经济收益（5 400 万美元）和存在价格上限时的净经济收益（4 800 万美元）的差值，即 600 万美元。

(c) 如果支付意愿最低的消费者（需求曲线 D 上点 U 和点 X 之间的那些消费者）

购买到可用的400万单位产品，消费者剩余就是需求曲线以下、价格上限以上的区域。这是区域 URX = 1 600 万美元。

净经济收益是消费者剩余（1 600 万美元）和生产者剩余（800 万美元）的总和，即2 400万美元。

无谓损失是没有价格上限时的净经济收益（5 400 万美元）和存在价格上限时的净经济收益（2 400 万美元）的差值，即 3 000 万美元。

相似习题：10.1，10.12，10.13

□ 价格下限

当政府实行的价格下限高于自由市场的价格时，我们会在供给曲线向上倾斜、需求曲线向下倾斜的市场中观察到以下影响：

- 市场不会出清。市场中的商品或服务会出现供给过剩。
- 相比自由市场，消费者购买的商品会减少。
- 消费者剩余比没有价格下限时的低。
- 损失的部分（而非全部）消费者剩余会转移给生产者。
- 由于在存在价格下限时出现供给过剩，所以生产者剩余的大小取决于实际供应商品的生产者。在存在价格下限时，生产者剩余要么增加要么减少。
- 会出现无谓损失。

我们首先来研究最低工资法的影响。经济体中存在各种类型的劳动。一些工人没有技能，而另一些则技术娴熟。对大部分娴熟工人来说，政府设定的最低工资远低于自由市场上的均衡工资。最低工资法对这种市场就没有影响。因此，我们集中关注非娴熟劳动市场，此时要求的最低工资会高于自由市场的工资水平。在劳动市场中，生产者是提供劳动的工人，而消费者是购买劳动（即雇用劳动）的雇主。

图 10－10 阐释了非熟练劳动市场的供给曲线和需求曲线。纵轴表示劳动的价格，即每小时的工资，w。横轴度量劳动的小时数，L。供给曲线 S 展示了任意工资下的工人工作小时数。需求曲线 D 描述了雇主雇用多少小时劳动。

当不存在最低工资法时，均衡出现在需求曲线和供给曲线的交点处（点 V）。均衡工资是 5 美元/小时，市场出清的劳动数量是 1 亿小时/年。每位愿意以均衡工资提供劳动的工人（供给曲线上点 Z 和点 V 之间的工人）都能找到工作，而且每位愿意支付这一工资的雇主（需求曲线上点 Y 和点 V 之间的雇主）也可以全部雇用到他所需要的工人。

假设政府颁布了一项最低工资法，要求雇主每小时至少支付 6 美元。在这一工资下，市场无法出清。雇主需要 8 000 万小时的劳动（点 R），但是工人愿意提供 1.15 亿小时的劳动（点 T）。因此，最低工资法使劳动的需求量减少 2 000 万小时（＝1 亿－8 000万），同时造成 3 500 万小时（＝1.15 亿－8 000 万，或者点 T 和点 R 之间的水平距离）的超额劳动供给（失业人数）。失业人数度量的不仅是劳动需求的减少量（2 000 万小时），而且度量劳动的过剩供给（3 500 万小时）。

现在我们使用图 10－10 来计算存在最低工资法与不存在最低工资法时的消费者剩余、生产者剩余、净经济收益和无谓损失。（请注意，图 10－10 包含两个例子，解释如下。）

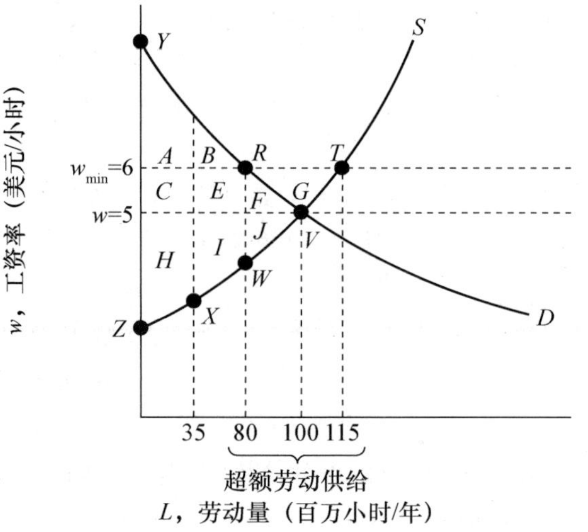

	自由市场（不存在最低工资）	存在最低工资		最低工资的影响	
		例 1（生产者剩余最大化）	例 2（生产者剩余最小化）	例 1	例 2
消费者剩余	$A+B+C+E+F$	$A+B$	$A+B$	$-C-E-F$	$-C-E-F$
生产者剩余	$H+I+J$	$C+E+H+I$	$E+F+G+I+J$	$C+E-J$	$E+F+G-H$
净收益（消费者剩余+生产者剩余）	$A+B+C+E+F+H+I+J$	$A+B+C+E+H+I$	$A+B+E+F+G+I+J$	$-F-J$	$-C-H+G$
无谓损失	0	$F+J$	$C+H-G$	$F+J$	$C+H-G$

图 10-10　最低工资法的影响

说明：最低工资法要求雇主最少支付 6 美元/小时的工资，但是自由市场（即不存在最低工资法）的均衡工资是 5 美元/小时。表格展示了两个例子（解释如下）。两个例子的消费者剩余相同。

例 1：如果效率最高的工人（供给曲线 S 上点 Z 和点 W 之间的工人）获得了全部工作，拥有最低工资的生产者剩余达到最大，净经济收益有一定的减少，同时存在部分无谓损失。

例 2：如果效率最低的工人（供给曲线上点 X 和点 T 之间的工人）获得了全部工作，拥有最低工资的生产者剩余变得最小，净经济收益比例 1 中的少，且无谓损失大于例 1 中的值。

当不存在最低工资时，消费者剩余是需求曲线之下、5 美元/小时的均衡工资之上的区域。在图 10-10 中，它是区域 $A+B+C+E+F$。生产者剩余是供给曲线之上、均衡工资之下的区域。在图 10-10 中，它是区域 $H+I+J$。净经济收益是消费者剩余和生产者剩余的总和。在图 10-10 中，它是区域 $A+B+C+E+F+H+I+J$。

当存在最低工资时，正如图 10-10 所示，我们根据实际找到工作的生产者（即工人）的不同将之分为两个例子：例 1 使生产者剩余最大化，而例 2 则使生产者剩余最小化。在这两个例子中，雇主愿意雇用的劳动量升至需求曲线上的点 R，他们接受的消费者剩余是需求曲线之下、他们支付的工资（6 美元）之上的区域。因此，当存在最低工资时，消费者剩余的减少量等于区域 $C+E+F$。消费者剩余的减少正好解释了企业家为何经常坚决地游说政策制定者不要涨最低工资。

在这两个例子中，以最低工资雇用 8 000 万小时的雇主每小时支付的价格为 6 美元而非 5 美元，所以会产生以区域 $C+E$ 度量的额外成本。

想要了解最低工资如何影响生产者剩余、净经济收益和无谓损失，我们需要认识到供给曲线上点 Z 和点 T 之间的所有劳动供给者都想找到工作，但是只有部分人能够获得工作。我们可以通过做出如下假定来得出生产者剩余的可能范畴（即生产者剩余最大化和生产者剩余最小化）：例 1，效率最高的工人找到工作；例 2，效率最低的工人获得工作。

- 例 1（生产者剩余最大化）。效率最高的工人找到工作（即：供给曲线上点 Z 和点 W 之间的工人找到工作；尽管点 W 和点 T 之间的其他工人很乐意以 6 美元/小时的工资工作，但是他们无法获得工作）。生产者剩余是供给曲线点 Z 和点 W 之间以上、工资（6 美元/小时）之下的区域（生产者剩余$=C+E+H+I$）；这是最低工资下的生产者剩余的最大可能值。净经济收益＝消费者剩余＋生产者剩余$=A+B+C+E+H+I$。无谓损失＝不存在最低工资时的净经济收益－存在最低工资时的净经济收益$=(A+B+C+E+F+H+I+J)-(A+B+C+E+H+I)=$区域 $F+J$。
- 例 2（生产者剩余最小化）。效率最低的工人获得工作（即供给曲线上点 X 和点 T 之间的工人找到工作）[①]，这意味着尽管供给曲线上点 Z 和点 X 之间的工人拥有以 6 美元/小时的工资工作的意愿，但他们依然无法找到工作。生产者剩余是供给曲线上点 X 和点 T 之间以上、工资（6 美元/小时）以下的区域（生产者剩余$=E+F+G+I+J$）；这是最低工资下的生产者剩余的最小可能值。净经济收益＝消费者剩余＋生产者剩余$=A+B+E+F+G+I+J$。无谓损失＝不存在最低工资时的净经济收益－存在最低工资时的净经济收益$=(A+B+C+E+F+H+I+J)-(A+B+E+F+G+I+J)=C+H-G$。由于低效率工人取代高效率工人时的生产者剩余更低，所以无谓损失要大于例 1 中的值。

这两个例子显示了最低工资法下的生产者剩余和无谓损失的上下限。实际的生产者剩余和无谓损失通常位于这两个极端值之间，这取决于哪些工人可以找到工作。

在分析最低工资法时，简化一些假设也很重要。首先，我们假设在出现最低工资时，劳动的质量不会改变。有时，雇主用更高的工资就可以雇用到更好的工人。若果真如此，这项分析就要修正，以便认可劳动质量会随工资的上升而变化。其次，一个市场中的最低工资法或许会影响其他市场的工资，最终影响许多商品和服务的价格。最后，很重要的一点是：我们要注意，关于最低工资法影响的讨论是一个局部均衡分析。想要分析最低工资法对经济系统的影响，要使用第 16 章呈现的工具来进行一般均衡分析。

在对部分行业进行的最低工资法影响的实证研究表明：最低工资法的影响或许与我们在前面展示的竞争市场分析的预测不同。当市场的劳动供给曲线向上倾斜、需求曲线向下倾斜时，竞争市场模型预测，增加一项最低工资法会导致该市场的雇佣量减少。但是，卡德（Card）和克鲁格（Krueger）检测了 1992 年新泽西州每小时的最低工资从 4.25 美元增至 5.05 美元的影响。[②] 他们使用快餐业的数据，但是没有发现任何能够表

① 我们不考虑供给曲线上点 T 右侧的工人。这是由于他们不愿意接受工资为 6 美元/小时的工作。

② D. Card and Alan Krueger, "Minimum Wages and Employment: A Case Study of the Fast-Food Industry in New Jersey and Pennsylvania," *American Economic Review* 84, no. 4 (September 1994): 772.

明提高最低工资会导致该行业雇佣量减少的迹象。他们的研究表明：或许是由于在劳动市场中雇主不是价格接受者，也可能是出于其他原因，该行业不是完全竞争行业。

非竞争市场的最低工资法影响以及某一市场最低工资法对其他市场影响的研究已经超出了我们这里分析的范畴，但你要知道这些难题或许也很重要。

边做边学习题 10.4 ☞

价格下限的影响

和本章之前的边做边学习题一样，需求曲线和供给曲线如下所示：

$$Q^d = 10 - 0.5P^d$$

$$Q^s = \begin{cases} -2 + P^s, & P^s \geq 2 \\ 0, & P^s < 2 \end{cases}$$

这里 Q^d 是消费者支付价格为 P^d 时的需求量，Q^s 是生产者接受价格为 P^s 时的供给量。

如图 10－11 所示，假定政府在市场中设定 12 美元/单位的价格下限。

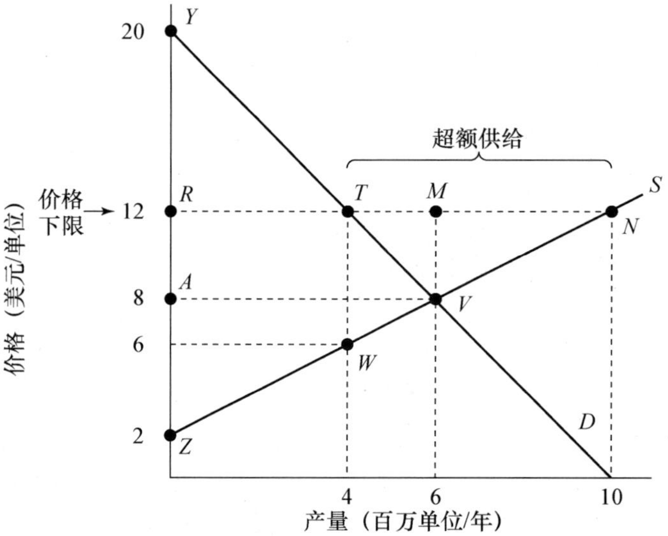

	不存在价格下限（万美元）	存在价格下限（万美元）	
		生产者剩余最大化	生产者剩余最小化
消费者剩余	区域 YVA＝3 600	区域 YTR＝1 600	区域 YTR＝1 600
生产者剩余	区域 AVZ＝1 800	区域 $RTWZ$＝3 200	区域 MNV＝800
净收益（消费者剩余＋生产者剩余）	5 400	4 800	2 400
无谓损失	0	600	3 000

图 10－11　12 美元价格下限的影响

说明：当不存在价格下限时，消费者剩余和生产者剩余的总和是 5 400 万美元，也就是市场中的净经济收益的最大可能值。当存在价格下限时，消费者剩余减少 2 000 万美元。当生产者剩余达到最大时，生产者剩余增加 1 400 万美元，净收益减少 600 万美元（无谓损失）。当生产者剩余最小时，生产者剩余减少 1 000 万美元，同时净收益减少 3 000 万美元（无谓损失）。

问题：

(a) 在存在价格下限时，市场的供给过剩是多少？消费者剩余是多少？

(b) 假定生产者以最低成本出售商品，生产者剩余的最大值是多少？净经济收益是多少？无谓损失呢？

(c) 假定生产者以最高成本售出商品，生产者剩余的最小值是多少？净经济收益是多少？无谓损失呢？

解：

(a) 在存在价格下限时，消费者只需 400 万单位（点 T），但是生产者想要提供1 000 万单位（点 N）。因此，供给过剩是 600 万单位，这等于点 T 和点 N 之间的水平距离。

消费者剩余是需求曲线 D 以下、12 美元的价格下限以上的部分。这是区域 YTR = 1 600 万美元。

(b) 如果效率最高的供应商（供给曲线 S 上点 Z 和点 W 之间的那些供应商）生产了消费者需要的 400 万单位，生产者剩余就是供给曲线之上与价格下限之下的区域。这是区域 $RTWZ$ = 3 200 万美元。

净经济收益是消费者剩余（1 600 万美元）和生产者剩余（3 200 万美元）的总和，即 4 800 万美元。

无谓损失是不存在价格上限时的净经济收益（5 400 万美元）和存在价格上限时的净经济收益（4 800 万美元）的差值，即 600 万美元。

(c) 如果效率最低的供应商（供给曲线 S 上点 V 和点 N 之间的那些供应商）生产了消费者需要的 400 万单位，生产者剩余就是供给曲线之上与价格下限之下的区域。这是区域 MNV = 800 万美元。

净经济收益是消费者剩余（1 600 万美元）和生产者剩余（800 万美元）的总和，即2 400 万美元。

无谓损失是不存在价格下限时的净经济收益（5 400 万美元）和存在价格下限时的净经济收益（2 400 万美元）的差值，即 3 000 万美元。

相似习题： 10.1，10.21

10.3 生产配额

如果政府想要支持的价格高于自由市场的均衡价格，政府就会使用配额来限制生产者的供给量。配额指限制市场上的生产者数量或者限制每家生产者的销售量。

在历史上，配额被设定在许多农业市场上。例如，政府可以限制农民种植的英亩数。配额也被用于其他行业。在许多城市里，政府限制出租车的运营数量，从而经常导致票价远高于在非管制市场中观测到的数据。

当政府对拥有向上倾斜的供给曲线和向下倾斜的需求曲线的市场实施配额时，我们可以观测到以下影响：

- 市场不会出清。市场中的商品或服务会出现供给过剩。
- 相比自由市场，消费者购买的商品减少。

● 消费者剩余低于没有配额时的值。

● 损失的部分（而非全部）消费者剩余会转移给生产者。

● 由于在存在配额时出现供给过剩，生产者剩余的大小将会取决于实际供应商品的生产者。在存在配额时，生产者剩余要么增加要么减少。①

● 存在无谓损失。

与图 10－6 所描述的市场一样，图 10－12 阐释了设定 400 万单位产量配额的影响（图 10－12 和以下的讨论都假设：效率最高的供应商——那些成本最低的供应商——供给配额许可的 400 万单位产品）。

当不存在配额时，均衡出现在点 G，即需求曲线 D 和供给曲线 S 的交点。该点的均衡价格是 8 美元，市场出清产量是 600 万单位/年。

现在我们可以使用图 10－12 来计算消费者剩余、生产者剩余、净经济收益和无谓损失，进而比较存在配额和不存在配额的市场。

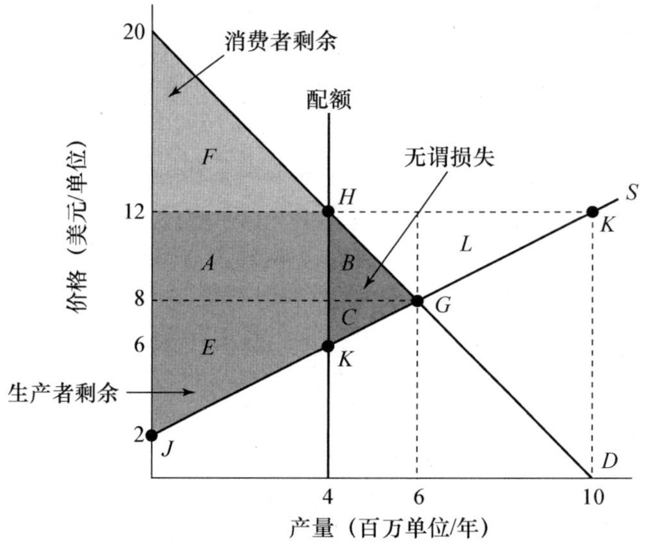

	不存在配额（万美元）	存在配额（万美元）	配额的影响（万美元）
消费者剩余	$A+B+F$ (3 600)	F (1 600)	$-A-B$ (−2 000)
生产者剩余	$C+E$ (1 800)	$A+E$ (3 200)	$A-C$ (1 400)
净收益（消费者剩余＋生产者剩余）	$A+B+C+E+F$ (5 400)	$A+E+F$ (4 800)	$-B-C$ (−600)
无谓损失	0	$B+C$ (600)	$B+C$ (600)

图 10－12　400 万单位生产配额的影响

说明：当不存在配额时，消费者剩余和生产者剩余的总和是 5 400 万美元，这也是净收益的最大可能值。配额使消费者剩余减少 2 000 万美元，使生产者剩余增加 1 400 万美元，同时净收益减少 600 万美元（无谓损失）。

① 如果效率最高的生产者服务于市场，某些水平的配额会使生产者剩余增加。但是，如果配额过低（比如，接近 0），生产者剩余实际就会减少。

当不存在配额时，消费者剩余是需求曲线以下、消费者支付价格（8美元）以上的区域（消费者剩余$=A+B+F=3\ 600$万美元/年）。生产者剩余是供给曲线以上、生产者接受价格（也是8美元）以下的区域（生产者剩余$=C+E=1\ 800$万美元/年）。净经济收益是5 400万美元/年（消费者剩余+生产者剩余），不存在无谓损失。

当存在配额时，消费者每单位支付12美元（点H）。在这一价格下，生产者想要供给1 000万单位，但配额限制为400万单位，所以出现600万单位的供给过剩。消费者剩余是需求曲线之下、消费者支付价格（12美元）之上的区域（消费者剩余$=F=1\ 600$万美元/年）。生产者剩余是供给曲线以上（由于我们假定400万单位产品全部由效率最高的供应商提供，所以这里指点J和点K之间的点）、生产者接受价格（也为12美元）以下的区域（生产者剩余$=A+E=3\ 200$万美元/年）。净经济收益是4 800万美元/年（消费者剩余+生产者剩余），所以无谓损失是600万美元/年（不存在配额时的净经济收益－存在配额时的净经济收益）。

消费者剩余之所以出现减少，就在于配额支持的12美元价格远高于竞争市场中的8美元均衡价格。生产者剩余的大小取决于市场中的实际供应商。当价格为12美元/单位时，生产者想要供给1 000万单位，所以我们无法保证配额许可的400万单位产品全部都由效率最高的生产者提供。这400万单位产品也可能由低效率的供应商提供，比如供给曲线上点G和点K之间的那些供应商。这样生产者剩余就更低了（区域$L=800$万美元）。请注意，在这个例子中，配额导致了生产者剩余的减少，继而产生了3 000万美元的无谓损失。（你可以证明这一点吗？）

案例 10.5

出租车的配额

出租车行业具备竞争市场的特点。出租车服务有许多小型消费者，如果市场进入不存在管制，这一行业将有许多公司。但是，世界上大多数城市的出租车都是受管制的。有时政府管制直接采取价格管制的形式。更多的城市则是限制在街上运营的出租车许可证数量。以前，许可证往往是政府发行的金属牌（称作执照牌），依此证明司机有权提供出租车服务。但现在，执照牌通常只是一份纸质文件。

由于执照牌数限制了出租车的供给，所以存在配额的城市的打车费大大高于允许自由进入的城市的打车费也就不足为奇了。比如，在华盛顿特区，由于市场进入相当容易，所以打车费就低，通常只是存在配额城市的费用的一半。

因此，执照牌所有者将其卖给其他司机的市场就特别活跃。如果你想在存在配额的城市中开出租车，你就必须从拥有执照牌的某个人手中购买或租借。由于配额支持的价格高于均衡值，所以执照牌就相当有价值。例如，2009年8月纽约市出租车执照牌的平均价格就高达76.6万美元。①

当执照牌可以出售时，高效率的供应者为执照牌支付的价格就要高于低效率的供应者支付的价格。出租车服务的供应者有可能具备低成本。这就表明，配额制度造成的无

① "Driver Competition Hot as NYC Taxi Medallions Hit \$766 000," *USA Today* (August 7, 2009).

谓损失处于理论可能范围的下限（例如，如果供给曲线和需求曲线类似于图 10-12，无谓损失就接近区域 $B+C$）。

近年来，许多城市为了增加这一市场的竞争性，已经增加了执照牌的数量。例如，在 20 世纪 80 年代初期，芝加哥具有严格的配额制度，它只允许两大供应商提供出租车服务（Yellow 和 Checker）。在 1959 年它将执照牌的数量限定在 4 600 个，自此之后再无增加。1987 年，Yellow 和 Checker 公司占据了 80%的执照牌。这一年，政府启动一项逐步增加执照牌数量的计划。2009 年，芝加哥拥有近 6 900 个执照牌，而且宣布将拍卖未知数量的新执照牌。2006 年的最后一次拍卖使每个执照牌的价格为 7.8 万美元。

推进竞争的政治原因非常有趣。随着执照牌数量的增加，执照牌的价值就会下降。执照牌的所有者通常会组成一个强有力的利益集团，极力阻止执照牌数量的增加。但是，支持进入也有很高的利益。低收入人群要经常乘坐出租车，所以他们强烈支持提升竞争的计划。政客明白，低打车费使出租车服务的消费者受益，而这些出租车消费者正是选民。最后，芝加哥的选民占据了优势，开启了推动竞争的运动。

或许有人会问：为何芝加哥不是通过撤销执照牌来一次性地全部放开出租车管制？这是出于对现存执照牌持有者的公平考虑，所以政府才随着时间的推移逐步增加进入。刚刚在增加进入计划宣布之前购买执照牌的人为之支付了高昂的价格。通过在多年间逐步实行这一计划，就可以让现在的持有者收回他们对执照牌的投资。

边做边学习题 10.5

比较消费税、价格下限和生产配额的影响

在进行进一步探讨之前，我们先来对比一下使消费者支付价格高于自由市场价格的三种类型的政府干预。在本章我们一直使用图 10-1 中的供给曲线和需求曲线来研究政府干预的影响。我们发现对以下形式的干预，消费者的支付价格都是 12 美元/单位：

- 6 美元的消费税（边做边学习题 10.1）。
- 12 美元的价格下限（边做边学习题 10.4）。
- 400 万单位的市场生产配额（图 10-13）。

为了复习和对比这些习题的答案，我们需要回答以下问题。

问题：

(a) 三个例子中的消费者剩余有何不同？

(b) 哪种干预形式下的市场生产者是有效供应商（在供给曲线下端的那些）？

(c) 生产者更喜欢哪一（哪些）类型的政府干预？

(d) 哪一（哪些）类型的政府干预造成的无谓损失最低？

解：

(a) 由于每种类型的干预向消费者索要的价格都是 12 美元，所以三个例子的消费者剩余完全相同。

(b) 由于在存在消费税时，市场出清，所以这一市场上的供应商是有效的。存在价格下限或者配额的市场并不出清，所以是低效率的供应商服务市场。但是，如果配额以授权生产的证书形式实施（如案例 10.5 中的出租车执照牌），而且证书可以在竞争市场

中被转售，我们就认为最终获得证书的供应商是有效的。

(c) 生产者更喜欢价格下限或者配额，因为这两者使生产者剩余增加。生产者最不喜欢消费税，因为它会降低生产者剩余。

(d) 由于三种干预形式下的价格和产出水平完全相同，所以有效生产者服务市场时的无谓损失最小 [(b) 部分总结了有效生产者服务市场的条件]。

相似习题：10.1，10.14，10.15，10.16，10.19

这道习题有助于我们理解，为什么有同一结果（这里指消费者的支付价格）的项目在其他方面可能完全不同。例如，较高的消费者支付价格不一定意味着生产者的福祉变得更好，或者可选项目同样有效。另外，如果在一个市场上征收的税收收入被用于减少其他市场的税收负担，那么不消费这种商品的人也可能受益。

10.4 农业部门的价格支持

本章在开篇时提到，农业部门的价格补贴项目常有发生。这些项目一般都会增加农民的生产者剩余。在美国，对大豆、玉米和花生等产品的补贴使其价格高于自由市场水平。由于价格补贴项目对纳税人来说是件挺花钱的事，所以过去十年里政府已经减少了这类项目。但依然保留着许多项目，而且在低价威胁到农业收入的年份里，它们就又会被重新启用。

在这一节我们就来探讨农业部门使用过的两个价格支持项目：面积限制项目和政府采购项目。

□ 面积限制项目

在实施面积限制项目时，政府通过支付给农民不种植奖励，使产量低于自由市场水平。图 10－13 使用类似于图 10－1 中的供给曲线和需求曲线阐释了这一项目是如何运行的（由于农业补贴项目通常使用十亿美元而不是百万美元，所以我们将横轴标为十亿蒲式耳）。在均衡时，价格为 8 美元/蒲式耳，农民每年生产 60 亿蒲式耳。

假定政府想要支持 10 美元/蒲式耳的价格。它并不实施配额，相反，它为农民提供奖励使其将产量降至 50 亿蒲式耳（即，使消费者支付价格变为 10 美元/蒲式耳的产值）。在 10 美元/蒲式耳的价格下，农民想要生产 80 亿蒲式耳，这就导致 30 亿蒲式耳的供给过剩。只有政府补偿农民不生产这额外 30 亿蒲式耳的损失，农民才会乐意将产量限制在 50 亿蒲式耳。如果农民将产量限制为 50 亿蒲式耳，他们获得的补偿就等于其放弃的生产者剩余。这个值等于图 10－13 中的区域 $B+C+G$，即 45 亿美元。

该项目使消费者剩余减少 110 亿美元（区域 $A+B$），生产者剩余增加 140 亿美元（区域 $A+B+G$）。同时花去政府 45 亿美元（区域 $B+C+G$）。带给社会的净收益是消费者剩余（250 亿美元）和生产者剩余（320 亿美元）的总和，再减去政府成本（45 亿美元），即 525 亿美元。无谓损失是 15 亿美元（区域 $B+C$）。

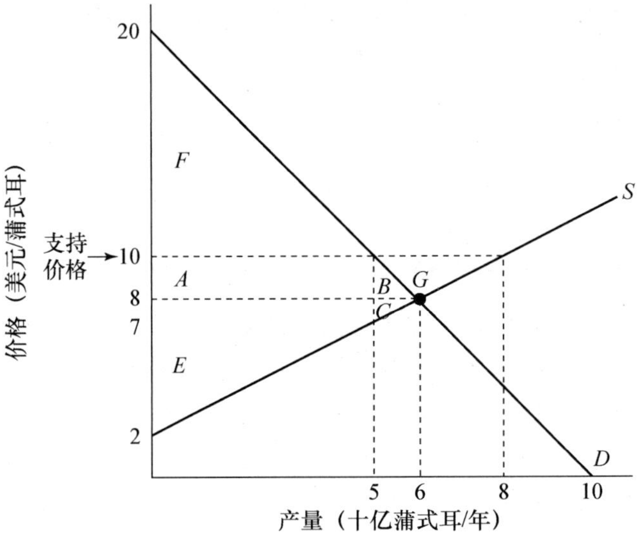

	不存在项目（亿美元）	存在面积限制项目（亿美元）	项目的影响（亿美元）
消费者剩余	$A+B+F$ (360)	F (250)	$-A-B$ (−110)
生产者剩余	$C+E$ (180)	$A+B+C+E+G$ (320)	$A+B+G$ (140)
对政府预算的影响	0	$-B-C-G$ (−45)	$-B-C-G$ (−45)
净收益（消费者剩余＋生产者剩余－支付支出）	$A+B+C+E+F$ (540)	$A+E+F$ (525)	$-B-C$ (−15)
无谓损失	0	$B+C$ (15)	

图 10－13　面积限制项目的影响

说明：政府通过向减少耕地面积的农民提供补贴使产量降至 50 亿蒲式耳，支持 10 美元/蒲式耳的价格。当不存在面积限制项目时，消费者剩余和生产者剩余的总和是 540 亿美元，即净收益的最大可能值。该项目使消费者剩余减少 110 亿美元，使生产者剩余增加 140 亿美元，对政府预算产生－45 亿美元的影响，同时净收益减少 15 亿美元（无谓损失）。

由于该项目带来了无谓损失，或许会有人问：为何政府不是先简单地给予农民补贴 140 亿美元（该补贴等于在实施面积限制项目下农民获得的生产者剩余），然后再让没有干预的市场机制以 8 美元的价格生产 60 亿蒲式耳？这一点似乎非常有吸引力，因为此时的无谓损失为 0。政府会从其他税收中筹集资金支付该项目。尽管这一项目非常有效，但是公众更愿意支付给农民 45 亿美元让其减少产量（而且放弃盈利机会），而不是给予他们 140 亿美元让其坐享其成。①

□ 政府采购项目

作为面积限制项目的备胎，政府可以实施政府采购项目来支持 10 美元/蒲式耳的价

① 当然，我们必须认识到，如果政府在其他市场征收 140 亿美元来支付面积限制项目，就很可能给其他市场带来无谓损失。

格。图 10-14 仍然使用图 10-13 中的供给曲线和需求曲线来阐释该项目的运行方法。在 10 美元/蒲式耳的价格下，农民想要生产 80 亿蒲式耳，但市场需求只有 50 亿蒲式耳。因此，此时存在 30 亿蒲式耳的供给过剩。

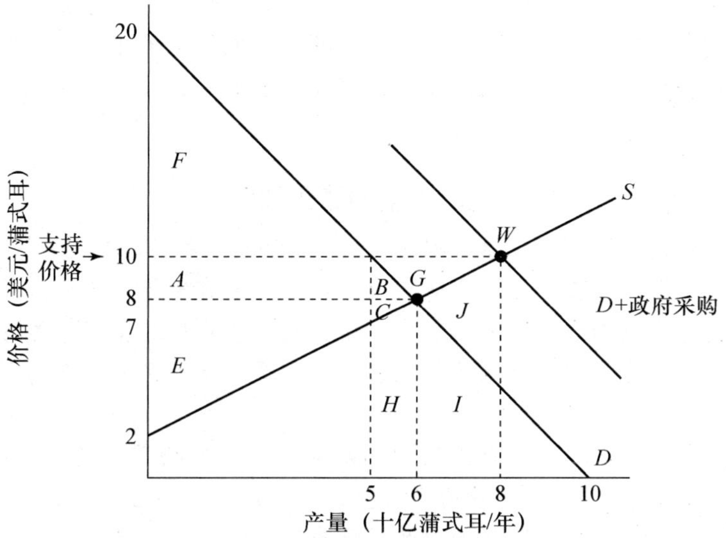

	不存在项目（亿美元）	存在政府采购项目（亿美元）	项目的影响（亿美元）
消费者剩余	$A+B+F$ (360)	F (250)	$-A-B$ (−110)
生产者剩余	$C+E$ (180)	$A+B+C+E+G$ (320)	$A+B+G$ (140)
对政府预算的影响	0	$-B-C-G-H-I-J$ (−300)	$-B-C-G-H-I-J$ (−300)
净收益（消费者剩余＋生产者剩余－政府支出）	$A+B+C+E+F$ (540)	$A+E+F-H-I-J$ (270)	$-B-C-H-I-J$ (−270)
无谓损失	0	$B+C+H+I+J$ (270)	

图 10-14　政府采购项目的影响

说明：当政府实施政府采购项目（即购买 30 亿蒲式耳的供给过剩）时，可以支持 10 美元/蒲式耳的价格。当没有该项目时，消费者剩余和生产者剩余的总和是 540 亿美元，即净收益的最大可能值。该项目使消费者剩余减少 110 亿美元，使生产者剩余增加 140 亿美元，对政府预算产生－300 亿美元的影响，同时净收益减少 270 亿美元（无谓损失）。

想要维持 10 美元/蒲式耳的价格，政府需要购买额外的 30 亿蒲式耳以消除供给过剩。当政府采购被附加到市场需求中时（参见图 10-14 中的标为 D＋政府采购的曲线），均衡价格就是 10 美元/蒲式耳（点 W 处）。在政府采购项目下，以初始需求曲线 D 下方区域度量的消费者剩余减少 110 亿美元，生产者剩余增加 140 亿美元，这和前面探讨的面积限制项目一样。但是，政府支出高于面积限制项目下的 45 亿美元，达到 300 亿美元（30 亿蒲式耳×10 美元/蒲式耳＝$B+C+G+H+I+J$）。这也意味着净经济收益的进一步减少（270 亿美元，相比面积限制项目时的 525 亿美元），且无谓损失会更大（270 亿美元，相比面积限制项目时的 15 亿美元）。

政府可以通过将30亿蒲式耳的产品卖给世界上的其他国家来减少该项目的成本（比如，以低价出售给有需要的国家）。但是，如果其售出的产品又重新回到美国市场，美国市场的价格就会下降，从而导致农民的生产者剩余减少，进而与项目的目标背道而驰。

政府采购项目比面积限制项目的成本更高，效率更低。[①] 在通常情况下，政府要使农民的生产者剩余增加1美元，其花费的成本就必然大于1美元。尽管如此，许多国家依然在依靠政府采购项目，而且这比直接给农民现金更具有政治偏好性。

案例10.6

奶酪之王的紧急救助

意大利奶酪帕玛森因其高品质和烹饪的多样性被称为“奶酪之王”。[②] 虽然其他地区的奶酪生产商也在试图模仿帕玛森的味道，但许多鉴赏家依然不认为其质量能与帕玛森媲美。真正的意大利帕玛森奶酪都是在严格控制下生产的。生产奶酪的牛奶来源于特定类型的奶牛，它们生活在意大利北部城市帕尔马周围特定区域的农场里。制作奶酪的方法亦受严格控制。

2008年，430家小公司生产真正的帕玛森奶酪。这些奶酪以整圆干酪的形式生产，每个重35千克（大约75磅）。据业内人士估计，生产一个整圆干酪的平均成本至少是8欧元（12美元）/千克。约有20%的奶酪用于出口。

对帕玛森奶酪制造商来说，遗憾的是，尽管在21世纪的头10年中投入（尤其是牛奶）的成本不断增加，但是市场价格却连年下降。在2008年年末，每千克帕玛森奶酪的价格约为7.4欧元，许多制造商都面临破产的威胁。意大利政府在2008年12月宣布购买10万块整圆干酪（还有10万块叫作哥瑞纳-帕达诺奶酪的类似奶酪），以此来提升市场价格，从而帮助这一行业。

帕玛森奶酪紧急救援的影响和图10－14阐释的分析非常相似。政府采购使行业均衡从点G移至点W。生产者剩余上升，消费者剩余下降，紧急救援的政府支出据说约为5 000万欧元。尽管这一项目达到了目的——使帕玛森生产商受益，但是会造成市场的无谓损失。

正如在政府采购项目的探讨中所注明的，如果政府采购的奶酪被转售到市场上，采购项目就不会成功地补贴帕玛森奶酪的价格。这会使需求曲线朝初始位置移动，同时达到图10－14中的点G处的均衡。因此，意大利政府宣布将这些奶酪捐给慈善机构，这些机构想必不会再主动购买帕玛森奶酪，而且不会转售这些受赠的奶酪。

10.5 进口配额与关税

当某一商品的世界价格低于不存在进口的国内均衡价格时，消费者就愿意进口这种商

① 如果我们从一般均衡的角度考虑（参见第16章），由于政府必须从其他地方筹集更多的税收来为该项目供给资金，所以一个部门的政府采购项目很可能给整个经济中的其他部门带来更多的无谓损失。

② 这个案例中的数据主要摘自下面的文章：“Blessed Are (Some of) the Cheesemakers,” Robert Mackey, *New York Times* (The Lede), December 19, 2008。

品。所以，为了支持该商品在国内市场的价格，许多政府都施加进口配额和关税，尤其是当世界价格相当低，无限制的进口可能损害国内生产商时。配额和关税使国内价格上涨，从而使国内生产者扩大产量并赚取更多的利润。在本节我们就会看到配额和关税使国内生产者剩余增加、国内消费者剩余减少。我们还会发现这些形式的政府干预会减少国内总剩余（生产者剩余加上消费者剩余，或者净经济收益）进而带来无谓损失。

□ 配额

配额是指对进口到一个国家的某种商品实施总量限制，也就是说，配额是对自由贸易（它允许无限制的商品进口）的限制。在极端情况下，配额可以采取完全禁止商品进口的形式（即允许进口的配额是0）；在一般情况下，配额通常将商品进口限制为某一正数值。

图10－15对某一商品国内市场（和图10－14描述的市场相同）的三种类型进行了对比：禁止贸易（配额＝0）、自由贸易（不存在配额）和每年300万单位的配额。我们可以运用图10－15从国内消费者剩余、生产者剩余（国内和国外的）、国内净经济收益和无谓损失这些方面来比较三种类型。

当完全禁止贸易时，市场均衡出现在国内的需求曲线和供给曲线的交点处，其价格为8美元/单位，市场出清产量为600万单位/年。国内消费者剩余是需求曲线以下、8美元/单位均衡价格以上的区域（消费者剩余＝A），国内生产者剩余是供给曲线以上、均衡价格以下的区域（生产者剩余＝$B+F+L$），国内净收益是国内消费者剩余与国内生产者剩余的总和（净收益＝$A+B+F+L$），无谓损失是自由贸易时的净收益（我们将会看到，它是区域$A+B+C+E+F+G+H+J+K+L$）与完全禁止贸易时的净收益之差（无谓损失＝$C+E+G+H+J+K$）。

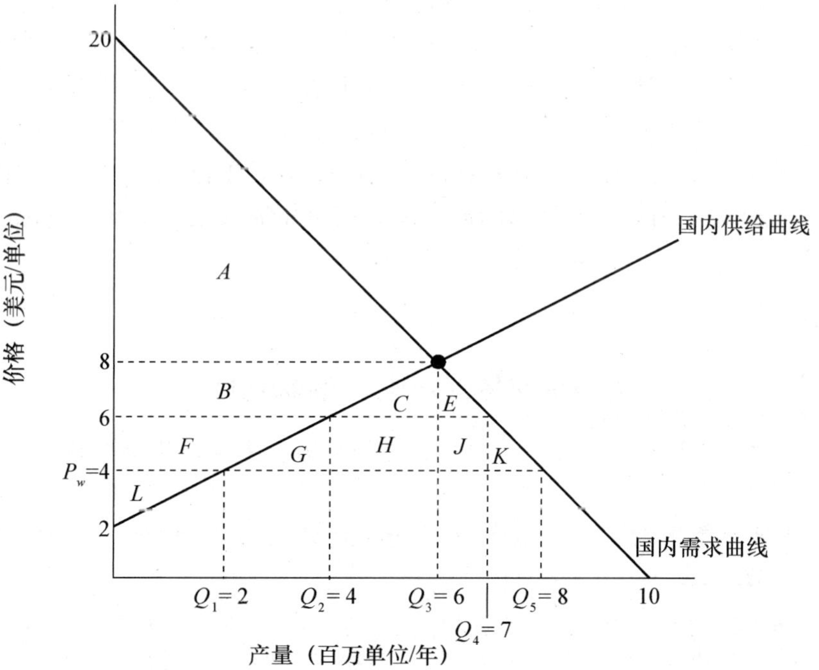

图10－15　禁止贸易、自由贸易和每年300万单位配额的影响

	自由贸易（不存在配额）	存在配额		配额的影响	
		禁止贸易（配额=0）	配额=300 万单位/年	禁止贸易的影响	配额=300 万单位/年的影响
消费者剩余（国内）	$A+B+C+E+F+G+H+J+K$	A	$A+B+C+E$	$-B-C-E-F-G-H-J-K$	$-F-G-H-J-K$
生产者剩余（国内）	L	$B+F+L$	$F+L$	$B+F$	F
净收益（国内）（消费者剩余+国内生产者剩余）	$A+B+C+E+F+G+H+J+K+L$	$A+B+F+L$	$A+B+C+E+F+L$	$-C-E-G-H-J-K$	$-G-H-J-K$
无谓损失	0	$C+E+G+H+J+K$	$G+H+J+K$	$C+E+G+H+J+K$	$G+H+J+K$
生产者剩余（国外）	0	0	$H+J$	0	$H+J$

图 10-15　禁止贸易、自由贸易和每年 300 万单位配额的影响（续）

说明：当禁止贸易时，市场的均衡价格为 8 美元/单位、产量为 $Q_3=600$ 万单位/年。当自由贸易时，商品出售的世界价格是 $P_w=4$ 美元/单位，其中国内供给量是 200 万单位，进口量为 600 万单位，总产量为 $Q_5=800$ 万单位/年。当每年存在 300 万单位的配额时，政府支持的价格为 6 美元/单位，国内供给 400 万单位，进口 300 万单位，其总产量为 $Q_4=700$ 万单位/年。相比自由贸易，禁止贸易使国内消费者剩余减少、国内生产者剩余增加、净收益减少，同时无谓损失上升；配额产生的效果是一样的，但影响小一些，也为国外供应商创造了生产者剩余。

现在我们假设国外生产者愿意以 $P_w=4$ 美元/单位的价格供应任意产量的商品。我们将 4 美元/单位称为世界价格。你应该将世界价格看作刚好足够支付国外生产者生产该商品的平均成本加上运送到国内市场的运费价格。在全球市场上，国外生产者的完全竞争使价格降至这一水平。由于世界价格低于禁止贸易时的国内市场均衡价格（8 美元/单位），所以国内消费者想要进口该商品，而且在自由贸易的管理体制下，他们可以这么做。在 4 美元/单位的价格下，国内需求将会是 $Q_5=800$ 万单位/年（在 P_w 和需求曲线的交点处），但是国内生产者只愿意供给 $Q_1=200$ 万单位/年（在 P_w 和供给曲线的交点处）。因此，为了满足国内市场的需求，我们每年需要进口 600 万单位（国内需求的 800 万单位－国内供给的 200 万单位＝进口的 600 万单位）。

案例 10.7

甜蜜的交易：美国食糖配额项目①

芝加哥可谓盛名远扬，其中一点就在于它是美国糖果生产的中心地。在 20 世纪 90 年代末期，芝加哥市区的糖果行业雇用了 1 万人。因此，2006 年年初，政客和商人都在热切地期待着由美国商务部完成的一项研究，即众所周知的情人节报告（发布于

① 这个案例以美国商务部、美国国际贸易委员会的资料为基础："Employment Changes in U. S. Food Manufacturing: The Impact of the Sugar Price" (February 1996); "Sugar Daddy; Quotas and the U. S. Government," Case 5-204-255 Kellogg School of Management (2002); "U. S. Sugar Rules Costly," *Chicago Tribune* (February 12, 2006), Section 3, p. 3。

2006 年 2 月 14 日)，这份报告讨论了美国食糖配额项目对美国消费者、美国糖果生产者和美国糖果行业就业的影响。

美国食糖配额项目于 1981 年生效，它限制糖类种植国在美国销售的食糖数量。配额最高的国家是多米尼加共和国、巴西和菲律宾。配额的结果是，美国消费者支付的食糖价格要高于在世界市场上购置食糖的普遍价格。情人节报告称："在过去 25 年间，美国精制糖的批发价格平均达到世界价格的 2～3 倍；2004 年，全球精制糖的价格为 10.9 美分/磅，而美国的价格为 23.5 美分/磅"(第三页)。当然，这对远离世界市场价格波动影响的食糖生产者来说绝对是个好消息。同时对生产食糖替代品的公司来说也是好事：由于美国食糖的价格高于它本来应有的价格，它们的产品需求量一定会上升。全球食品领导企业——ADM，曾经在星期天的早新闻节目中插播了一条广告，指出美国消费者消费的大部分食糖其实都是便宜货。之所以如此并不是因为它们生产糖果，而是因为它们用生产的高果糖玉米糖浆（除去别的替代品外）作为软饮料产品中食糖的替代品。当食糖的价格很高时，让美国消费者相信食糖为便宜货，这是一个让公司受益的好策略。

对购买食糖来烹饪或加甜食物（比如谷物或水果）的最终消费者来说，食糖配额引起的高价就明显地损害了他们的利益。但他们还不是直接的受害者，因为像谷物早餐、糖果和冰激凌等产品的制造商在购买食糖时也支付了高价，而且这一高价至少部分地传递给了这些产品的消费者。情人节报告引用了美国政府问责局和美国国际贸易委员会的一项研究。这项研究把 1998 年甘蔗精炼厂、食品制造商和最终消费者的经济损失核定为 19 亿美元。

除了伤害最终消费者外，美国的食糖配额项目还损害了食糖消费行业的就业。情人节报告显示：在 1997—2002 年，食糖消费行业的就业减少了 1 万多个岗位。相反，这一时期非食糖消费行业的就业量增加了 3 万多。食糖配额对芝加哥地区的打击尤为严重。情人节报告指出：在 1991—2001 年，芝加哥糖果、口香糖、麦片和面包行业减少了 4 000 多个岗位，降幅高达 27%。同期，伊利诺伊州的制造业岗位也减少了，但降幅只有 7%。芝加哥地区的政客和选民为美国食糖配额项目支付了很高的成本，而 2003 年布拉克糖果（Brach's Candy）芝加哥公司和 2004 年 Fannie May 芝加哥公司的关停就为此提供了生动的例证。

情人节报告揭示了对许多人来说都模糊不清或完全不知的项目。鉴于美国商务部已经公布了配额对经济产生严重的负面影响，而且《中美洲自由贸易协定》(2005 年由美国政府批准）已经削减配额以允许从中美洲进口额外食糖，所以美国食糖配额最终被撤除已是指日可待。然而，食糖生产商以及生产食糖替代品的公司仍在强烈地支持食糖配额项目，所以任何试图推翻它们、消除它们"甜蜜的交易"的企图都要面临其强烈的反抗。

自由贸易的影响是什么呢？国内消费者剩余是需求曲线以下、P_w以上的区域（消费者剩余$=A+B+C+E+F+G+H+J+K$)，国内生产者剩余是供给曲线以上、这一价格以下的区域（生产者剩余＝区域 L)，国内净收益是国内消费者剩余和国内生产者剩余的总和（净收益$=A+B+C+E+F+G+H+J+K+L$)，且此时不存在无谓损

失。因此，国内消费者剩余要高于禁止贸易时的对应值，但是国内生产者剩余特别少。

由于在进行自由贸易时，国内生产者要遭受损失，所以他们通常会极力限制甚至是消除进口。在禁止贸易的分析中，我们已经观察到了完全消除进口如何使生产者受益。现在我们通过实施每年允许进口最大数量的配额来考察部分限制进口的影响。

假设政府想要支持的国内价格为 6 美元/单位。作为一种妥协，也就是说，它位于国内消费者的利益（他们可以享受自由贸易时的 4 美元/单位低价）和国内生产者的利益（他们可以从禁止贸易时的 8 美元/单位高价中受益）中间。为了实现这一点，政府可以设定一个 300 万单位/年的配额。请注意国内市场的均衡价格是市场出清时的价格，也就是说，使总供给（国内和国外）等于国内需求的价格。在 6 美元/单位的价格下，消费者的需求将是 $Q_4=700$ 万单位/年（在这一价格与需求曲线的交点处），但是国内生产者每年只愿意供给 400 万单位（在这一价格与供给曲线的交点处）。因此，为了满足这一价格下的国内需求，每年就需要进口 300 万单位（国内需求的 700 万单位－国内供给的 400 万单位＝进口的 300 万单位）。

这一配额的影响又是什么呢？国内消费者剩余是需求曲线以下、6 美元/单位的价格以上的区域（消费者剩余$=A+B+C+E$），国内生产者剩余是供给曲线以上、这一价格以下的区域（生产者剩余$=F+L$），国内净收益是国内消费者剩余与国内生产者剩余的总和（净收益$=A+B+C+E+F+L$），无谓损失是自由贸易时的净收益与存在配额时的净收益之间的差值（无谓损失$=G+H+J+K$）。此外，在这一配额下，国外供应商获得了它们的生产者剩余，这是因为它们本乐意以 4 美元/单位的价格出售的产品却以 6 美元/单位的价格售出。

总之，当存在配额时，国内消费者剩余低于自由贸易时却高于禁止贸易时的对应值，而国内生产者剩余高于自由贸易时却低于禁止贸易时的对应值，同时国外的供应商获得了一些生产者剩余。

□ 关税

关税是对进口产品征收的税收。和配额一样，关税限制进口，政府可以利用关税达到与施加配额同样的目的——支持国内商品的价格。例如，在我们之前讨论的市场中，政府可以通过索要 5 美元/单位的关税来消除进口（就像禁止贸易所做的那样，即配额为 0）。这会造成进口产品的国内价格升至 9 美元/单位（4 美元的 P_w＋5 美元的关税＝9 美元）。在这种情况下，该商品的进口量为 0，因为没有消费者会在这一价格下购买它（国内生产者会以 8 美元/单位的价格满足消费者的需求）。因此，如果关税高于禁止贸易时的国内价格与世界价格的差值（即，如果我们这个例子的关税高于 4 美元/单位），就不会存在任何进口。

假定政府想要实现的目标与我们前面探讨的一致——支持 6 美元/单位的国内价格。图 10－16 表明，政府可以通过设定 2 美元/单位的关税来实现这一目标。我们解释过为何施加 300 万单位/年的配额可行，关于施加关税这一方法可行的原因的解释就与施加配额的解释非常类似。在 6 美元/单位的价格下，消费者每年需求 $Q_4=700$ 万单位，但是国内生产者每年只愿意供给 400 万单位。为了满足这一价格下的国内需求，我们每年就需要进口 300 万单位。因此，2 美元/单位的关税与 300 万单位/年的进口配额带来的均衡完全一样。

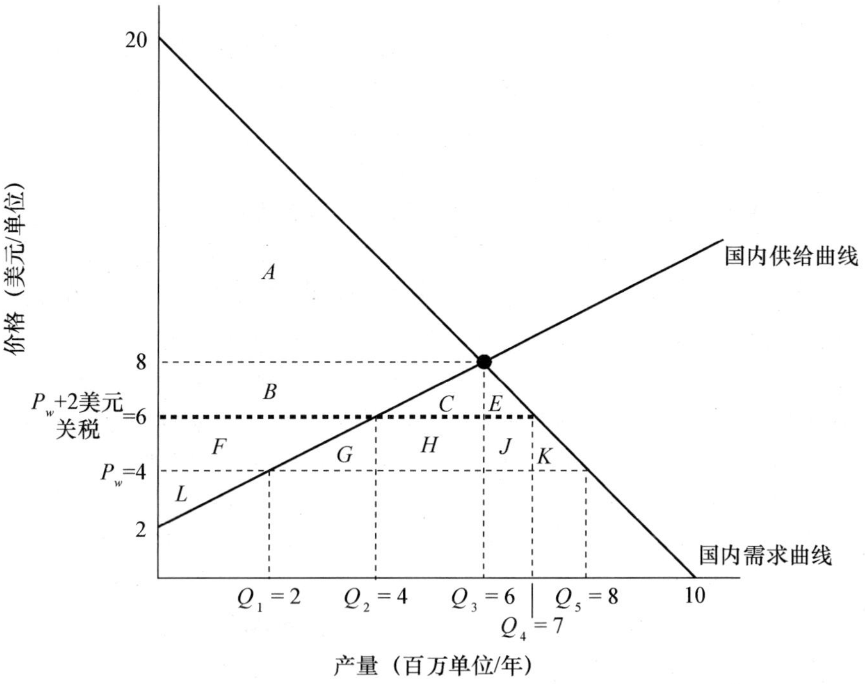

	自由贸易（没有关税）	征收关税	关税的影响
消费者剩余（国内）	$A+B+C+E+F+G+H+J+K$	$A+B+C+E$	$-F-G-H-J-K$
生产者剩余（国内）	L	$F+L$	F
对政府预算的影响	0	$H+J$	$H+J$
净收益（国内）（消费者剩余＋国内生产者剩余＋政府预算的影响）	$A+B+C+E+F+G+H+J+K+L$	$A+B+C+E+F+L$	$-G-H-J-K$
无谓损失	0	$G+K$	$G+K$
生产者剩余（国外）	0	0	0

图 10－16　2 美元/单位关税与自由贸易的影响

说明：当自由贸易时，商品的售出价格是世界价格 P_w=4 美元/单位，国内供给量为 200 万单位，进口量为 600 万单位，总量为 Q_5＝800 万单位/年。在每单位征收 2 美元关税时，政府支持 6 美元/单位的国内价格，此时国内供给量为 400 万单位，进口量为 300 万单位，总量为 Q_4＝700 万单位/年。相比自由贸易，除了为国外生产者创造生产者剩余外，关税和配额产生的大部分影响都是相同的（见图 10－15）。此外，它可以为政府带来使国内经济受益的收入。

这一关税的整体影响与配额的影响非常相似，但并不完全相同。如图 10－15 和图 10－16 中的表格所示，两个例子中的国内消费者剩余和国内生产者剩余相同。但是实施配额给国外生产者带来的生产者剩余却转换为实施关税对国内政府预算的正向影响。之所以如此是因为，政府从关税中获得了收益。这些收益的大小等于关税（2 美元/单位）乘以进口的数量（300 万/单位），即 600 万美元（两张图中的区域 $H+J$）。

因此，和实施配额一样，在征收关税时，国内消费者剩余低于自由贸易时却高于禁止贸易时的对应值，而国内生产者剩余高于自由贸易时却低于禁止贸易时的对应值。此外，与配额情况相反的是，政府可以通过重新分配关税收入使整个经济受益，征收关税的无谓损失要比实施配额的低。

案例 10.8

倾　销

在过去 10 年间，一些国家抱怨说，其他国家补贴本国的产业以帮助它们占据更多的世界市场份额。例如，已经有人提出，日本钢铁生产商以低于成本的价格在国外市场销售产品（倾销），其中部分原因在于日本政府的补贴。在这个案例中，我们来研究倾销的影响。

假设运送到美国的钢铁的世界价格是 P_w，这一价格是在价格、平均成本和边际成本相同的竞争性世界市场中设定的。如图 10－17 所示，如果某个外国政府为本国的生产者提供 S 美元/单位的补助，国内的消费者就可以以 P_w-S 的价格进口钢铁。在自由贸易（没有倾销）下，进口量为 Q_3-Q_2。但是，在存在倾销时，新的国内价格会更低，进口量会扩至 Q_4-Q_1。

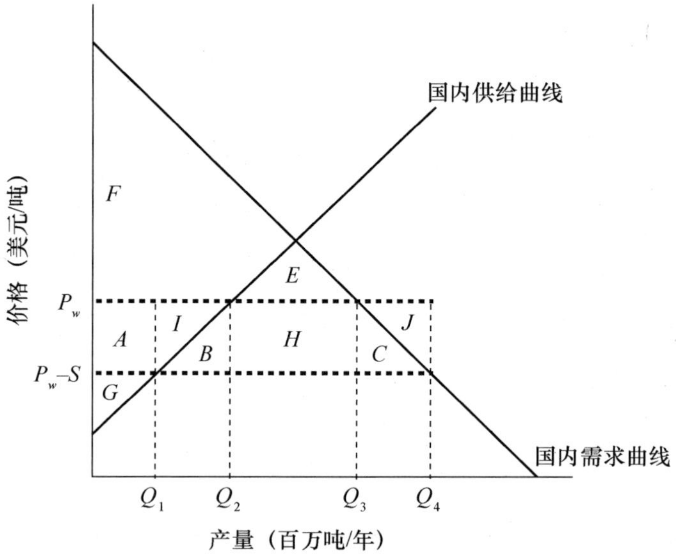

	自由贸易（不存在倾销）	存在倾销	倾销的影响
消费者剩余	$E+F$	$A+B+C+E+F+H+I$	$A+B+C+H+I$
国内生产者剩余	$A+G+I$	G	$-A-I$
净收益（国内）（消费者剩余＋生产者剩余）	$A+E+F+G+I$	$A+B+C+E+F+G+H+I$	$B+C+H$
对外国政府预算的影响	0	$-B-C-H-I-J$	$-B-C-H-I-J$

图 10－17　倾销的影响

说明：在自由贸易（不存在倾销）时，国内市场消费钢铁 Q_3，其售出价格为世界价格 P_w，国内供给 Q_2，进口 Q_3-Q_2。在存在倾销时，国内消费量升至 Q_4，价格降至 P_w-S，但国内仅供给 Q_1，进口量增至 Q_4-Q_1。在国内方面，倾销使消费者剩余增加、生产者剩余减少，同时净收益增加。净收益的增加在一定程度上反映了外国政府向其生产商支付的补贴。

倾销如何影响国内市场呢？它会使国内消费者获益：他们的剩余会增加 $A+B+C+H+I$。但是，国内生产者就会不高兴了：他们的剩余要减少 $A+I$。此外，国内生产商注意到，倾销使从事倾销国家的工人保持着良好的就业，国内的钢铁工人则很可能出现失业。我们常说，倾销使国内的工作出口给了资助该行业的国家，这就是其原因所在。

实际上，我们很难确定发生了倾销，原因在于我们需要企业在以低于成本的价格进行销售的证据，而收集国外企业的生产成本数据更是难上加难。

边做边学习题 10.6 ☞

进口关税的影响

DVD 播放器的国内需求为 $Q^d=100-P$，国内供给为 $Q^s=P$，这里 Q^s 和 Q^d 的度量单位是千台。现在 DVD 播放器可以以 20 美元/单位的世界价格自由进口。政府正计划对进口 DVD 播放器征收 10 美元/单位的关税。

问题：

在征收关税时，会进口多少单位产品？如果政府对每台 DVD 播放器施加 10 美元进口税，国内生产者剩余的变化量是多少？国内政府从 DVD 播放器进口中筹集到的收入是多少？

解：

下面的图展示了国内的供给曲线和需求曲线。在征收 10 美元/单位的关税时，国内消费者可以以 30 美元/单位的价格购买进口 DVD。他们需要 7 万单位，而国内供应商只会生产 3 万单位。所以需要进口 4 万单位。

在征收关税时，国内生产者剩余的增加量为区域 G（25 万美元）。政府从进口中筹集到的收入由区域 F 表示（40 万美元）。

相似习题：10.27，10.28

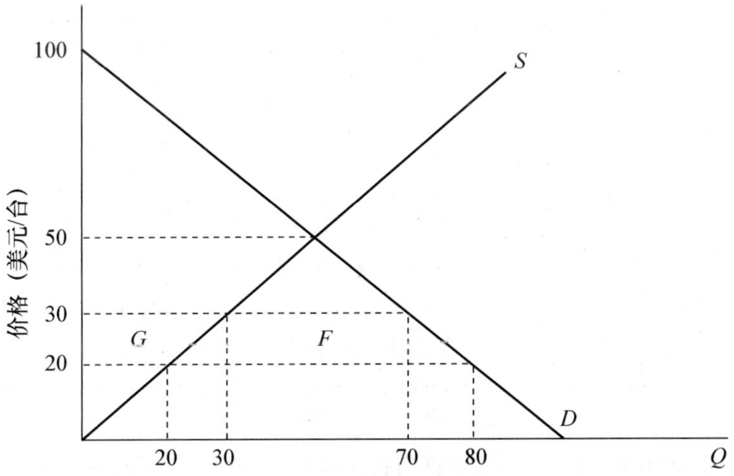

案例 10.9

关税、轮胎和贸易摩擦

数年来，许多美国制造行业都在与国外竞争相抗衡。在过去的数十年里，制造业的投资在美国经济中的份额剧烈下降。对制造业来说，最重要的国外竞争之一来源于中国，这主要是因为中国工人的工资低，所以它们通常可以以更低的成本生产产品。

2008 年美国经济陷入萧条。这又是一个选举年，总统候选人都在试图赢得各类选民的支持，其中也包括工会。在奥巴马的竞选过程中，他在限制自由国际贸易方面言辞强硬，所以在选举中，他赢得大部分工会成员的选票。

2009 年 9 月，奥巴马总统宣布对中国汽车和轻型卡车轮胎征收 35%的关税①，次年会降至 30%，再一年变为 25%。这个决策对美国钢铁工人联合会来说绝对是个大胜利，因为这个联合会代表了绝大多数轮胎行业的工人。2004—2008 年，美国从中国进口的轮胎增长了 3 倍，中国公司的市场份额从约 5%增至 17%。同时，四家美国轮胎工厂停产，而且预期还会出现更多的停产。

2001 年，美国签订了一项支持中国进入世界贸易组织的协议，协议中有一个特别规定；奥巴马总统的决策就是美国第一次应用这项规定。这个规定表明：如果工人或企业认为遭受到中国进口带来的“市场混乱”，就可以寻求政府保护。在这个例子中，联合会要求保护该行业，但是轮胎产业协会没有这么做。一个独立的政府机构——国际贸易委员会——分析了这一请求，最终以 4∶2 的投票建议征收关税。

当一个国家对另一个国家的进口产品施加限制或关税时，另一个国家也会做出回应：对第一个国家的产品施加限制，以此作为报复。在这个例子中，中国就立刻做出报复。美国的公告在星期五公布。周末的时候，中国商务部就陈述道：贸易摩擦会对两个国家都造成伤害。在接下来的周一，中国商务部宣布中国正在考虑对从美国运到中国的汽车和鸡肉产品进口征收关税。它还计划调查这些产品是否受到补贴，然后“倾销”到中国市场。假定它得出了这一结论，中国政府就会对来自美国的这些产品征收关税。在写这篇文章的时候，想要说明这是否会升级为更广泛的贸易摩擦还为时过早。

本章小结

● 在竞争市场中，生产者根据其自身利益决定是否进入市场，如果存在利益，就要决定其实现利益最大化时的产量。类似地，每位消费者也根据其自身利益，即效用最大化来决定购买多少单位商品。尽管没有社会规划者告诉生产者和消费者如何行动，竞争市场的产量总会使净经济收益最大（用剩余的总和来度量）。在竞争市场上好像有一只“看不见的手”在指导着产出和消费的有效值。

● 政府干预可以采用多种形式，其中包括消费税和补贴、价格上限和下限、生产配额、价格补贴

① Edmund Andrews, “U. S. Adds Tariff on Chinese Tires.” *New York Times* (September 11, 2009).

项目，以及进口配额和关税。部分类型的政府干预（比如税收和补贴）会使市场出清。其他种类的政府干预（比如价格上限、价格下限和生产配额）不能让市场出清。当市场不出清时，我们在度量消费者剩余和生产者剩余时必须知晓谁在参与市场。

● 在市场上征收消费税时，消费者支付价格的增量通常低于税收值，生产者接受价格的降低量也低于税收值。税收归宿度量了征税对消费者支付价格和销售者接受价格的影响。当需求相当无弹性而供给相对有弹性时，落在消费者身上的消费税要高于生产者。当弹性的相对大小对调时，落在生产者身上的税额要高于消费者。

● 竞争市场上的政府干预通常带来无谓损失。无谓损失是在消费者和生产者都没有获得潜在净收益时出现的经济无效性。

● 竞争市场上的政府干预通常将经济中的一个部门的收入重新分配到其他部门。如果政府从税收或关税中筹集到收入，这些收入就是经济体中的净收益的一部分，因为可以将它们重新分配。类似地，从政府流走的净利就是项目成本的一部分。

● 由于市场产出低于有效值，所以消费税会导致无谓损失。税收也会减少消费者剩余和生产者剩余。（边做边学习题 10.1）

● 当政府对每单位产品支付补贴时，市场产出高于有效值，进而带来无谓损失。补贴使消费者剩余和生产者剩余增加，但是这些增加低于政府支付补贴的成本。（边做边学习题 10.2）

● 当存在约束的价格上限时（即低于自由市场价格的上限），由于生产者限制供给量，所以市场中的交易量低于有效值。市场中会出现需求过剩，那些最需要商品的消费者也可能买不到商品。（边做边学习题 10.3）

● 当存在约束的价格下限时（即高于自由市场价格的下限），由于消费者购买的商品减少，市场中的交易量低于有效值。市场中会出现供给过剩，那些成本最低的生产者也不一定能够供应商品。（边做边学习题 10.4）

● 生产配额通过限制市场产量提高消费者的支付价格。当存在这一配额时，尽管生产者剩余增加是正常的预期，但也并非总是如此。由于存在生产配额时的市场不会出清，所以我们无法保证服务市场的就是成本最低的那些供应商。（边做边学习题 10.5）

● 面积限制项目和政府采购项目通常用于补贴农业部门的价格。对政府来说，这些项目成本巨大，并可能会带来巨大的无谓损失。

● 政府可能依靠进口配额和关税来提高国内供应商的生产者剩余。这些形式的干预使消费者剩余减少，并给国内经济带来无谓损失。（边做边学习题 10.6）

复习题

1. 在竞争市场中，“看不见的手”的意义是什么？

2. 在不存在政府干预时，竞争市场中的无谓损失是多大？

3. 税收归宿是什么意思？消费税的归宿与市场中的供给和需求的弹性有何相关性？

4. 在烈酒的竞争市场中，需求相对无弹性，而供给相对有弹性。对消费者和生产者来说，T 美元/单位消费税的归宿更多地落在哪个身上？

5. 变形器的生产和销售都在竞争市场上进行。当不存在消费税时，变形器的均衡价格是 100 美元/台。变形器自身的需求价格弹性大约是−0.9，自身的供给价格弹性约为 1.2。在对每台变形器征收 10 美元消费税的提议进行评论时，一家报纸评论道：“税负可能会导致变形器的价格上升 10 美元/台。”这是一个合理的说法吗？

6. Castoria 的奶酪制造行业是竞争的，且供给曲线向上倾斜、需求曲线向下倾斜。每生产 1 千克奶酪，政府就支付奶酪生产商 T 美元的补贴。消费者剩余会增加吗？生产者剩余会增加吗？会出现无谓损失吗？

7. 价格上限是否总会使消费者剩余增加？价格下限是否总会增加生产者剩余？
8. 竞争市场中的生产配额是否总会使生产者剩余增加？
9. 为何面积限制项目和政府采购项目等农业价格支持项目实施起来成本巨大？
10. 如果竞争市场中的进口关税和配额导致的价格相同，哪个会导致更大的国内无谓损失？
11. 为何市场在政府施加 T 美元/单位的消费税时出清？
12. 为何市场在政府给予生产者 S 美元/单位的补贴时出清？
13. 为何在存在生产配额时市场不出清？
14. 当存在价格下限时，供应市场的一定是那些效率最高的生产者吗？

习　题

10.1　在没有政府干预的竞争市场中，均衡价格是 10 美元/单位，均衡产量是 1 万单位。在存在以下各种形式的政府干预时，市场是否会出清？请说明原因。

a）政府征收 1 美元/单位的消费税。

b）政府对每单位产品支付 5 美元的补贴。

c）政府设定 12 美元/单位的价格下限。

d）政府设定 8 美元/单位的价格上限。

e）政府设定生产配额，只允许生产 5 000 单位。

10.2　在边做边学习题 10.1 中，我们检测了 6 美元/单位消费税的影响。若消费税变为 3 美元/单位，请将该习题重做一遍。

10.3　某种配件的生产和销售都在竞争市场中进行。当不征税时，每个配件的均衡价格是 20 美元。配件自身的需求价格弹性是－0.5。如果 4 美元/单位的消费税导致配件的价格升至 24 美元/单位，对配件自身的供给价格弹性来说，什么是一定成立的？

10.4　当汽油的价格达到 2.00 美元/加仑时，公共政策制定者就会考虑对每加仑汽油减少 0.10 美元的消费税以降低消费者的支付价格。在降低税收提议的影响的探讨中，一位新闻评论员认为税收减少使汽油价格变为约 1.90 美元/加仑，且如果价格没有下降这么多，这将是石油公司在一定程度上密谋以保持高油价的证据。请评论这一观点。

10.5　考虑一下原油市场。假定需求曲线由 $Q^d=100-P$ 表示，这里 Q^d 是消费者支付价格为 P（度量单位是美元/桶）时的购买量。供给曲线是 $Q^s=P/3$，这里 Q^s 是生产者接受价格为 P 时的供给量。当不存在税收和补贴时，原油市场最初处于均衡之中。由于政府认为石油的价格过高，所以希望通过宣布对生产者支付 4 美元/桶的补贴来帮助购买者。当地一家电视台的记者宣称 4 美元/桶的补贴会降低消费者的支付价格。找出补贴前后购买者的支付价格，进而分析这位记者的观点，并提供论据解释该论述正确还是错误。

10.6　案例 10.1 的表格表明：当每加仑汽油税从 0.4 美元升至 0.50 美元时，汽油税带来的收益大约增加 133.6 亿美元。运用案例 10.1 的供给曲线和需求曲线证明：当税负为 0.50 美元/加仑时，均衡产量、消费者的支付价格、生产者的接受价格和税收收入正如表格所示。画图阐释税收为 0.50 美元/加仑时的均衡。

10.7　在竞争市场中，现在不存在税收，均衡价格是 40 美元/单位。市场的供给曲线向上倾斜。政府准备施加 5 美元/单位的消费税。在存在税收的新均衡下，如果需求曲线有以下两种情况，生产者的接受价格和消费者的支付价格分别是多少？

a）完全有弹性？

b）完全无弹性？

请画图阐释你的答案。

10.8 在竞争市场中，现在不存在税收，均衡价格是 60 美元/单位。市场的需求曲线向下倾斜。政府准备施加 4 美元/单位的消费税。在存在税负的新均衡下，如果供给曲线有以下两种情况，生产者的接受价格和消费者的支付价格分别是多少？

a）完全有弹性？

b）完全无弹性？

请画图阐释你的答案。

10.9 竞争市场中的当前均衡价格是 100 美元/单位。需求的价格弹性是－4，供给的价格弹性是＋2。如果征收 3 美元/单位的消费税，你预期消费者支付的均衡价格变化多少？你预期生产者接受的均衡价格又将变化多少？

10.10 假定某一特定城镇香烟市场的供给曲线和需求曲线如下：$Q^S=P$，$Q^D=50-P$，这里的数量以千单位度量。假定镇议会需要增加 30 万美元的收入，其决定通过对香烟市场征税来实现这一目标。为了筹集到该数量的资金，消费税应该是多少？

10.11 假定竞争市场的供给曲线向上倾斜、需求曲线向下倾斜，且两者都为直线。当前市场征收的消费税为 T 美元/单位。假设税收加倍。无谓损失会增加几倍？（你可以假设在新的税收下，均衡产量为正。）

10.12 请参阅附图，该图描述了一个竞争市场。如果政府施加 P_1 美元的价格上限，请标出：

a）在这一变动中，消费者获益的最大值。

b）在这一变动中，消费者损失的最大值。

换句话说，为实施价格上限带来的消费者剩余的可能变化提供一个最大和最小界限。

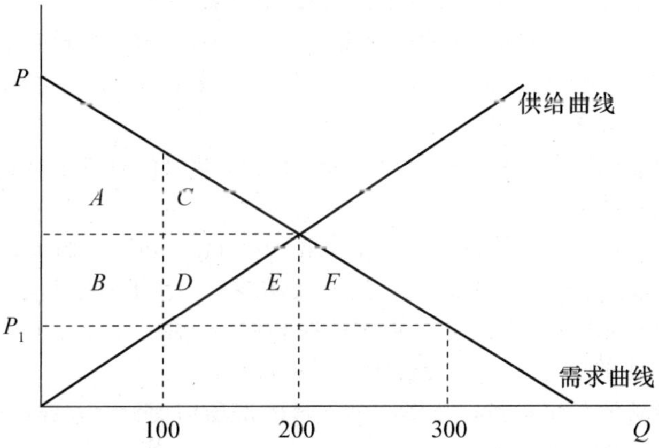

10.13 在一个完全竞争市场中，其市场需求曲线为 $Q^d=200-5P^d$，市场供给曲线为 $Q^d=35P^s$。

a）找出不存在价格管制时的均衡市场价格、需求量和供给量。

b）假定实施 2 美元/单位的价格上限。这一大小的价格上限对应的供给量是多少？价格上限造成的短缺量是多少？

c）找出不存在价格上限时的消费者剩余和生产者剩余。不存在价格上限的净经济收益是多少？

d）找出存在价格上限时的消费者剩余和生产者剩余。假设稀缺商品的分配尽可能高效，在这种情况下净经济收益是多少？价格上限会导致无谓损失吗？如果会，为多少？

e）假设稀缺商品的分配尽可能无效率，找出存在价格上限时的消费者剩余和生产者剩余。此时的净经济收益是多少？价格上限会导致无谓损失吗？如果会，为多少？

使用下面的信息来回答接下来的三道习题。变形器的市场是竞争的，且其供给曲线向上倾斜、需求曲线向下倾斜。当不存在政府干预时，均衡价格是 25 美元/台，均衡产量是 1 万/台。考虑以下形式的政府干预项目：

项目Ⅰ：政府对每台变形器征收 2 美元的消费税。

项目Ⅱ：政府给变形器生产商提供 2 美元/台的补贴。

项目Ⅲ：政府设定 30 美元/台的价格下限。

项目Ⅳ：政府实施 20 美元/台的价格上限。

项目Ⅴ：政府允许最多生产 8 000 台变形器。

10.14 哪些项目会导致市场交易量低于 1 万台？简要阐明原因。

10.15 在哪些项目下，市场会实现出清？简要阐明原因。

10.16 哪些项目一定会导致消费者剩余增加？简要阐明原因。

10.17 假定 Pulmonia 的玉米市场是竞争的，同时不允许进出口。需求曲线为 $Q^d=10-P^d$，这里 Q^d 是消费者支付价格为 P^d 时的需求量（单位：百万蒲式耳）。供给曲线为

$$Q^s=\begin{cases}-4+P^s,\ P^s\geqslant 4\\ 0,\ P^s<4\end{cases}$$

这里 Q^s 是生产者接受价格为 P^s 时的供给量（单位：百万蒲式耳）。

a）均衡价格和产量是多少？

b）在 a）的均衡下，消费者剩余、生产者剩余、无谓损失分别是多少？请将其用图像表示出来。

c）假定政府征收 2 美元/单位的消费税以筹集政府收入。新的均衡产量是多少？购买者的支付价格为多少？销售者的接受价格呢？

d）在 c）的均衡下，消费者剩余、生产者剩余、对政府预算的影响（这里是一个正数，即政府的税收收入）以及无谓损失分别是多少？请将其用图像表示出来。

e）假设政府在玉米收入对 Pulmonia 农民幸福重要性方面的态度发生转变。政府决定不征收税收，同时给予玉米种植商 1 美元/单位的补贴。均衡产量是多少？购买者的支付价格是多少？玉米种植商的接受价格（包括补贴）是多少？

f）在 e）的均衡下，消费者剩余、生产者剩余是多少？政府的总成本是多少？无谓损失又是多少？请将其用图像表示出来。

g）你在问题 b）、d）和 f）中的答案对应着这样一个加总：消费者剩余＋生产者剩余＋预算影响＋无谓损失。请证明其是完全相同的。为何这一加总在这三个例子中都相同？

10.18 在一个完全竞争市场中，市场需求曲线和供给曲线分别为：$Q^d=1\,000-10P^d$，$Q^s=30P^s$。假设政府为市场中的卖者提供 20 美元/单位的补贴。

a）找出均衡的需求量和供给量；找出买者支付的市场均衡价格；找出企业接受的均衡补贴价格。

b）找出不存在补贴时的消费者剩余和生产者剩余。不存在补贴时的净经济收益是多少？

c）找出存在补贴时的消费者剩余和生产者剩余。补贴对政府预算的影响是什么？补贴项目下的净经济收益是多少？

d）补贴会带来无谓损失吗？如果会，是多少？

10.19 在一个完全竞争市场中，其市场需求曲线是 $Q^d=10-P^d$，市场供给曲线是 $Q^s=1.5P^s$。

a）请证明：不存在政府干预时的均衡价格和均衡产量分别是 $P^d=P^s=4$，$Q^d=Q^s=6$。

b）考虑以下两种可能的政府干预：（1）1 美元/单位的价格上限；（2）支付给生产者 5 美元/单位的补贴。请证明：当存在补贴时，消费者支付的市场均衡价格等于 1 美元/单位，与价格上限相同。两种政府干预下的供给量和需求量分别相同吗？

c）在这些不同的政府干预下，消费者剩余有怎样的不同？

d）哪种形式的政府干预会使支付意愿最高的消费者购得产品？

e）哪种形式的政府干预会带来更低的无谓损失？为什么？

10.20 考虑这样一个完全竞争市场：市场需求曲线为 $Q^d=20-2P^d$，市场供给曲线为 $Q^s=2P^s$。

a）找出不存在政府干预时的均衡价格和均衡产量。

b）假定政府设定一个 3 美元/单位的价格上限。供给量会是多少？

c）作为替代方案，假设政府实施生产配额将供给量限定为 6 单位。这一干预类型下的市场价格是多少？价格上限下的供给量高于、低于还是等于生产配额下的供给量？

d）假定价格管制下的配给尽可能高效，且配额下的分配也尽可能高效，请问哪个项目下的无谓损失更大：价格上限还是生产配额？

e）假设价格管制下的配给尽可能低效，而配额下的分配则尽可能高效，请问哪个项目下的无谓损失更大：价格上限还是生产配额？

f）假设价格管制下的配给尽可能低效，且配额下的分配也尽可能低效，请问哪个项目下的无谓损失更大：价格上限还是生产配额？

10.21 图 10－18 展示了香烟的供给曲线和需求曲线。如果政府不干预，市场中香烟的均衡价格是 2 美元/包，市场交易量为 10 亿包。假设政府决定劝阻吸烟，且正在考虑两种可能的政策以使产量降至 6 亿包。这两种政策分别是：(i) 对香烟征税；(ii) 制定最低香烟价格法。请使用图表分析每种政策，并填写图中的表格。

a）想要实现政府的目标（即市场中的销售量降至 6 亿包），每单位香烟的税收是多少？想要实现这一目标，最低价格应该设为多少？说明原因。

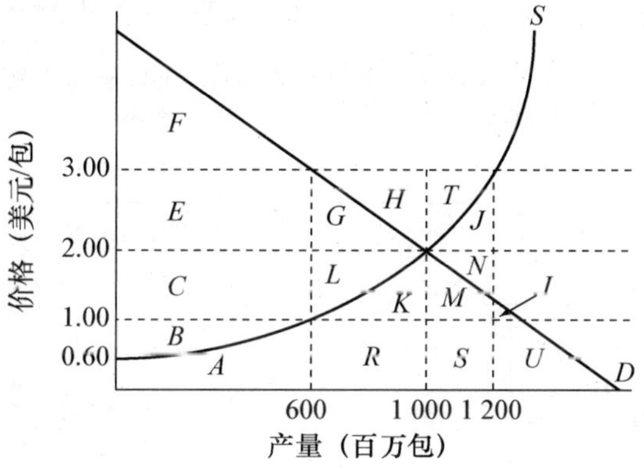

图 10－18 香烟税与最低价格

b）请使用图中的区域回答以下问题。

	税收	最低价格
消费者每包香烟支付的价格是多少？		
生产者每包香烟接受的价格是多少？		
哪些区域代表消费者剩余？		
哪些区域代表政策下的生产者剩余的最大可能值？		
哪些区域代表政策下的生产者剩余的最小可能值？		
哪些区域代表政府收入？		
哪些区域代表政策下的无谓损失的最小可能值？		

10.22 考虑一个供给曲线向上倾斜、需求曲线向下倾斜的市场。在实行政府采购项目时，下面哪些陈述是正确的，哪些是错误的？

（a）生产者剩余的增加量会超过政府的支出量。

（b）消费者剩余会增大。

（c）政府的支出量会超过无谓损失。

10.23 高粱的市场需求为 $Q^d=500-10P^d$，市场的供给曲线为 $Q^s=40P^s$。需求曲线和供给曲线如附图所示。因为政府想要增加农民的收入，所以正在考虑两种备选的政府干预：面积限制项目和政府采购项目。

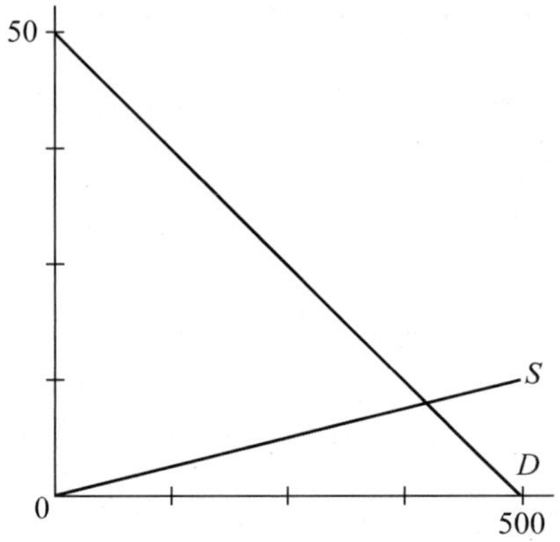

a）不存在政府干预时的市场均衡价格是多少？

b）政府的目标是将高粱的价格提至 15 美元/单位。这是一个补贴价格。15 美元/单位价格下的需求量是多少？在 15 美元/单位的价格下，农民想要提供多少单位？为了让农民自愿地将高粱的产出限制为 15 美元/单位价格对应的需求量，政府需要支付给农民多少资金？

c）填表：实施面积限制项目。

	不存在项目	实施面积限制项目	项目的影响
消费者剩余			
生产者剩余			
对政府预算的影响			
净收益（消费者剩余＋生产者剩余－政府支出）			
无谓损失			

d）作为支持 15 美元价格的一个备选方案，假设政府购买 15 美元价格对应的需求量与供给量的差值。政府在支持这一补贴项目上的花费是多少？

e）填表：实施政府采购项目。

	不存在项目	实施政府采购项目	项目的影响
消费者剩余			
生产者剩余			
对政府预算的影响			
净收益（消费者剩余＋生产者剩余－政府支出）			
无谓损失			

10.24 假设计算机芯片在国内市场的需求曲线是 $P^d=110-Q^d$，Q^d 是指价格 P^d 对应的芯片国内需求单位数量。国内供给曲线为 $P^s=10+Q^s$，Q^s 是指国内供应商接受价格 P^s 对应的芯片国内供给单位数量。国外的供应商愿意以 30 美元/单位的价格供应任意产量的芯片。政府正在考虑三种可能的政策：

政策Ⅰ：政府决定禁止芯片进口。

政策Ⅱ：允许国外供应商输入芯片（不征收关税）。

政策Ⅲ：政府允许进口，但是征收 10 美元/单位的关税。

请用数字填补完整图 10-19。

政策	政策Ⅰ 禁止进口	政策Ⅱ 没有关税	政策Ⅲ 征收进口关税
国内会消费多少单位芯片?			
国内会生产多少单位芯片?			
国内生产者剩余是多少?			
消费者剩余是多少?			
政府收入是多少?			

图 10-19 计算机芯片进口的政府政策

10.25 便携式收音机的国内需求曲线为 $Q^d=5\,000-100P$，Q^d 是价格 P 对应的收音机购买量。收音机的国内供给曲线是 $Q^s=150P$，Q^s 是价格 P 对应的国内收音机生产量。假设在世界市场中每台收音机的价格为 10 美元。国内收音机生产商已经成功地游说国会对每台收音机征收 5 美元的关税。

a）请绘出一张图，以阐释自由贸易（不存在关税）时的均衡，标明均衡价格。

b）对国内供应商来说，关税使生产者剩余增加多少?

c）政府从关税中筹集到的收入是多少?

d）关税带来的无谓损失是多少?

10.26 假设一个市场中的供给曲线向上倾斜，需求曲线完全无弹性。自由市场中的价格是 30 美元/吨。如果在市场中征收 2 美元/吨的消费税，其带来的无谓损失是多少?

10.27 假设电视机的国内需求曲线为 $Q^d=40\,000-180P$，且供给曲线为 $Q^s=20P$。如果电视机可以以 160 美元/台的价格自由进口，国内市场会生产多少台电视机? 如果政府对每台电视机征收 20 美元的关税，国内生产者剩余和无谓损失的变化量是多少? 如果关税变为 70 美元/台呢?

10.28 假设电视机的国内需求曲线为 $Q^d=40\,000-180P$，且供给曲线为 $Q^s=20P$。目前可以以 160 美元/台的价格自由进口电视机。假定政府禁止进口电视机。国内生产者剩余和无谓损失的变化量是多少?

10.29 假设玉米市场的需求曲线和供给曲线分别为 $Q^d=20\,000-50P$ 和 $Q^s=30P$。假设政府想要让价格变为 300 美元/单位，并准备通过采取政府采购项目人为地增加需求量。想要实现这一目标，政府需要花费多少资金? 如果政府成功地实现这一目标，无谓损失的总量是多少?

10.30 假设玉米市场的需求曲线和供给曲线分别为 $Q^d=20\,000-50P$ 和 $Q^s=30P$。假设政府想要通过实施面积限制项目使价格变为 300 美元/单位。想要实现这一目标，政府需要花费多少资金? 在政府成功实现这一目标的那一点，无谓损失的总量是多少?

第 5 部分

市场势力

第 11 章

垄断与买方垄断

垄断厂商如何做

"维珍银河（Virgin Galactic）公司现在预定首批送入太空的约 250 个宇航员的席次，价格是200 000 美元，定金为 20 000 美元。"① 维珍银河公司在网上描述了它们适合于所有人的亚太空旅游计划。游客首先在新墨西哥州的太空港进行为期三天的准备和培训；然后，他们将乘坐能搭载六个人和两名机组人员的维珍银河公司制造的"太空二号"，此时为期 2 小时的太空之旅正式开始。这个 60 英尺长的飞行器将带着他们升到离地 110 千米的高度，那时他们距太空的边界有 10 千米。

如果设计师理查德·布兰森（Richard Branson）的新飞行系统测试良好，维珍银河公司将运营首次太空商业之旅。作为这个市场唯一的供应商，维珍银河公司就是这个市场的垄断者。作为垄断者，它必须是该市场唯一的供应商。一开始，维珍银河公司作为太空飞行这个市场唯一的供应商，并没有竞争者，它控制着这个市场 100%的供应，因此它是一个完全垄断厂商。作为垄断的生产厂商，它面临的市场和完全竞争市场完全不同。在完全竞争市场里，任何一个厂商都是一个被动的"价格接受者"。这是因为，在完全竞争的环境里，每一个厂商的生产行为对整个市场的影响都是很微小的。但相反，维珍银河公司知道，要预定太空旅行的乘客都必须接受它的价格，所以它就可以任意设置太空旅行的价格。因此，维珍银河公司是市场的"价格制定者"。

然而，在现实中，完全垄断的厂商几乎是不存在的，顶多是占据了市场大部分份额的近似垄断者。例如，德国虹霓机器制造（Hauni Maschinenbau）公司是一个在全球香

① http://www.virgingalactic.com/booking/，访问日期为 2010 年 2 月 16 日。

烟市场占据超 90%份额的近似垄断者。另外一家公司科尼希 & 鲍尔（又名高宝）(Konig & Bauer) 公司，在全球印钞业的市场份额达到了 95%。在美国国内，微软的 Windows 操作系统占据了个人电脑操作系统 90%以上的市场份额。即便是维珍银河公司，在一开始时它可能是一个垄断者，但过一段时间有了其他厂商的进入，也可能变成一个近似垄断者。

不管是一个完全垄断者还是一个近似垄断者，它都必须认识到，它的生产行为将影响到市场的价格。例如，如果一个垄断厂商减少了产品生产，那么这个产品的价格很有可能上升。当然，一个厂商即便是维珍银河公司，也只能是有限度地提高价格，因为过高的价格会让所有消费者都望而生畏。因此，垄断者必须认识到需求曲线的特性——尤其是需求价格弹性——将影响到厂商在市场上的价格制定策略。

当一个单独的厂商可以影响市场的价格时，我们可以说这个厂商有绝对的市场势力。买方垄断市场只有一个买家，可以从许多卖家那儿买到同样的产品。买方垄断者经常出现在一些生产要素市场，例如原材料市场或者工业部件。他们也出现在其他行业，例如航空航天，买方往往是一个政府机构，如美国国防部或者美国国家航空航天局。

本章概要 在阅读和学习本章之后，你将会解决以下问题：

- 解释一个垄断厂商如何选择产量（和价格）以最大化利润。
- 在给定有关需求和成本信息的情况下，计算垄断厂商利润最大化时的产量和价格。
- 对完全竞争市场均衡和垄断市场的利润最大化选择进行比较。
- 决定垄断厂商如何对它所拥有的许多工厂分配产量。
- 解释买方垄断厂商如何选择投入要素以最大化利润。
- 在给定有关需求和成本信息的情况下，计算买方垄断厂商利润最大化时的产量和价格。
- 对完全竞争市场均衡和买方垄断市场的利润最大化选择进行比较。
- 解释垄断厂商的选择或买方垄断厂商如何导致市场无效率。

11.1 完全垄断厂商的利润最大化

在完全竞争市场中，一个厂商对市场的影响是无关紧要的，因此只能被动地接受市场给定的价格。相反的是，完全垄断厂商可以决定它所在市场的价格。是什么因素限制完全垄断厂商无法设置一个无限高的价格？对此的回答是“市场的需求曲线”：设置较高的价格，相应地销量就会下降；价格低一些，销量就会相应上升。因此，如图 11-1 所示，完全垄断厂商的需求曲线也是向下倾斜的。完全垄断厂商利润最大化的问题就是如何在销量（卖出的产品数量）与利润（价格与产品边际成本之间的差值）之间权衡，找出一个对其最有利的状况。讨论销量与利润的方法同样适用于我们在后面讲的一些非完全垄断型市场（寡头垄断和垄断竞争）。

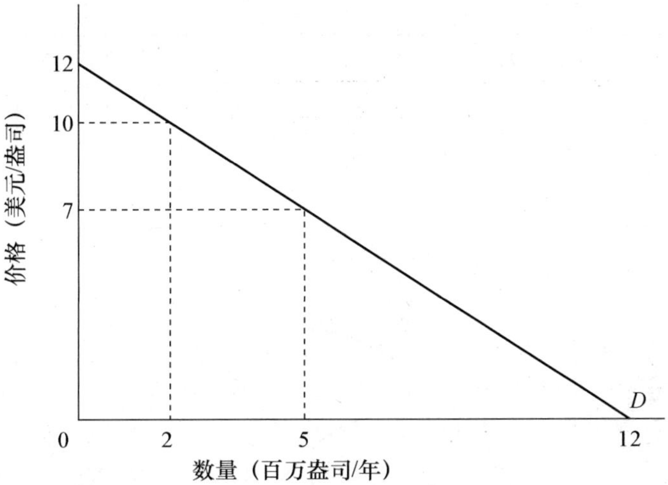

图 11-1　完全垄断厂商的需求曲线就是市场的需求曲线

说明：市场的需求曲线是 D。为了得到更多的销售额，完全垄断厂商必须降低价格。但是，在哪一个点上完全垄断厂商才能获得最大的利润呢？

□ 利润最大化的条件

假设完全垄断厂商的市场需求曲线是图 11-1 中的曲线 D。需求曲线的方程是 $P(Q)=12-Q$（Q 表示每年生产多少盎司的产品，P 表示每盎司产品用美元表示的价格）。为了卖掉 200 万盎司的产品，完全垄断厂商的定价必须是 10 美元/盎司。但为了卖出更多的产品，完全垄断厂商必须降到 7 美元/盎司才能将销量增到 500 万盎司。

沿着完全垄断厂商的需求曲线，不同的价格销量组合对应着不同的销售额。总收益就等于产量乘以价格，因此在这种情况下完全垄断厂商的总收益为 $TR(Q)=P(Q)\times Q=12Q-Q^2$。

我们进一步假设完全垄断厂商的总成本函数为 $TC(Q)=(1/2)Q^2$。表 11-1 列举了这个完全垄断厂商的产量、价格、总收益、总成本以及利润。图 11-2（a）画出了总收益、总成本和利润，并反映了随 Q 增加 TC 一直增长的趋势。相反，TR 和利润一开始时随 Q 增加而增加，随后开始下降。完全垄断厂商的利润最大点就是利润曲线的最高点，即在 $Q=400$ 万盎司的时候。

表 11-1　　垄断厂商的总收益、总成本和利润

Q（百万盎司）	P（美元/盎司）	TR（百万美元）	TC（百万美元）	利润（百万美元）
0	12	0	0	0
1	11	11.00	0.50	10.50
2	10	20.00	2.00	18.00
3	9	27.00	4.50	22.50
4	**8**	**32.00**	**8.00**	**24.00**
5	7	35.00	12.50	22.50
6	6	36.00	18.00	18.00

续前表

Q（百万盎司）	P（美元/盎司）	TR（百万美元）	TC（百万美元）	利润（百万美元）
7	5	35.00	24.50	10.50
8	4	32.00	32.00	0
9	3	27.00	40.50	−13.50
10	2	20.00	50.00	−30.00

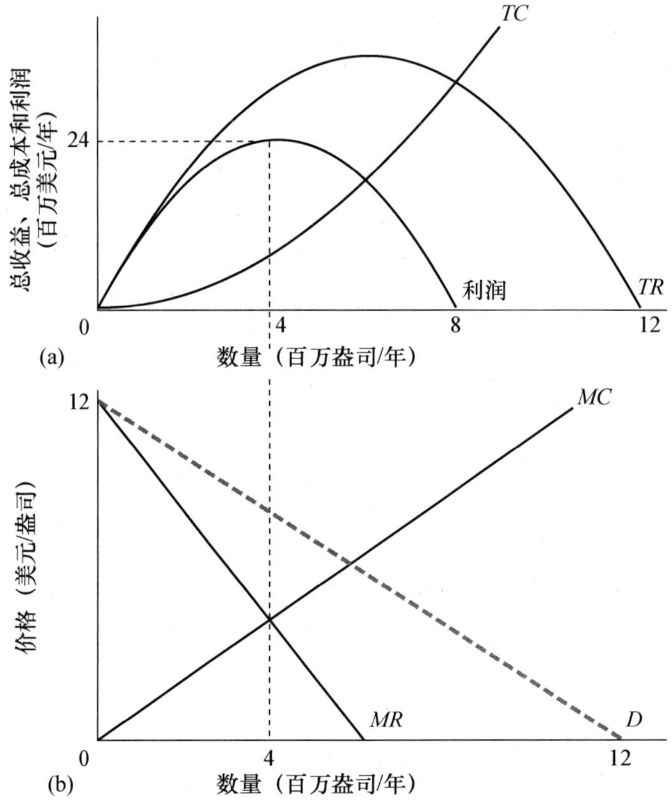

图 11-2　完全垄断厂商的利润最大化

说明：图（a）：总成本 TC 随 Q 的增加而增加。总收益 TR 和利润一开始时随 Q 的增加而增加，然后开始下降。完全垄断厂商在 Q=400 万盎司处达到利润最大化。

图（b）：完全垄断厂商的利润最大化条件是 MR=MC，就是边际收益曲线与边际成本曲线的交点。

当产量低于 Q=400 万盎司时，增加产出带来的收益增加要比增加的成本多得多（有利可图），因此，沿着曲线在最高点达到利润最大化。在图 11-2（b）中，在此阶段的生产过程中，边际收益大于边际成本：MR>MC。当产量高于 Q=400 万盎司时，减少产量能增加利润。对这些区域，总成本的减少速度要远远大于总收益的减少速度，因此，沿着曲线减少产量也能达到利润最大化的点。在这个范围内，完全垄断厂商的边际收益小于边际成本：MR<MC。

我们总结一下：

- 如果一个厂商的 MR>MC，此时厂商还没能实现利润最大化，因为厂商还可以通过增加产量来增加利润。

● 如果一个厂商的 $MR<MC$，此时厂商也没能实现利润最大化，因为厂商可以通过减少产量使利润继续增加。

● 因此，一个垄断厂商的利润最大化条件为它不能通过增加或者减少产量使其利润增加，也就是边际收益等于边际成本。

如果 Q^* 代表利润最大化时的产量，则

$$MR(Q^*)=MC(Q^*) \tag{11.1}$$

方程（11.1）是**完全垄断厂商的利润最大化条件**（profit-maximization condition for a monopolist）。图 11－2（b）展示了这个条件：边际收益与边际成本相等。

完全垄断厂商的利润最大化条件：完全垄断厂商的利润最大化条件就是边际收益等于边际成本。

利润最大化条件的方程（11.1）是一个通用条件，适用于垄断行业以及完全竞争行业。在第 9 章的完全竞争市场中，价格接受型厂商利润最大化的条件是边际成本等于边际收益（$MC=MR$），而在本章，我们看到垄断厂商利润最大化的条件也是这样的。

案例 11.1

戴比尔斯钻石会永远垄断吗①

戴比尔斯（DeBeers）是一家南非的钻石公司。直到 20 世纪 90 年代末，该公司几乎垄断了整个世界的钻石销售。戴比尔斯在非洲拥有钻石的独家开采权，生产量约占全世界产量的 80%，销售额占全世界销售额的 95%以上。大部分钻石通过伦敦的办事处销售。通过对非洲主要生产商卡特尔式的有效管理，戴比尔斯通过减少产量、提升价格来达到利润最大化。正如人们所预料的那样，作为钻石开采的一个近似垄断者，戴比尔斯在很多年里获得了相当大的利润。

但是随着时间的推移，戴比尔斯的垄断地位逐渐受到了威胁。戴比尔斯拥有销售产自苏联的钻石的权利。然而在苏联解体后，戴比尔斯就不能继续执行与苏联的协议。俄罗斯钻石销量急剧增长，超过了戴比尔斯的控制。几家珠宝公司，包括蒂芙尼（Tiffany），联合起来，进入俄罗斯进行钻石开采，以避免用高昂的价格从戴比尔斯购买钻石。在 2004 年，纳米比亚通过了一项法律，要求开采者必须将一定比例的钻石交由当地打磨，这也脱离了戴比尔斯的影响。其他一些非洲国家也在挑战戴比尔斯钻石分销与销售的主导地位，开始限制一些商业开采。在这个时期，戴比尔斯的市场份额开始逐渐下降。

然而，一项新发明更应该引起人们的关注：人造钻石。自然钻石是碳经过数亿年在地球表面的挤压下形成的。近年来，科学家发明了在实验室里经过不到一周时间高压力的挤压把碳变成钻石的方法。虽然在珠宝业，人造钻石对天然钻石的替代性非常小，但是在工业应用上却有极大的替代性（因为钻石表面的硬度极高，所以经常会被用来做切

① David McAdams & Cate Reavis, "DeBeers's Diamond Dilemma," Case 07－045, MIT Sloan School of Management, 2008.

割）。到 2007 年，人造钻石就已经抢占了 90％本来是戴比尔斯垄断的钻石工业市场。对戴比尔斯来说更为糟糕的是，人造钻石的工艺不断提高，已经提高到了即便是专业的珠宝鉴定师也难以区分天然钻石和人造钻石的地步。

人们不禁要问，未来人造钻石对珠宝行业的影响如何？即便人造钻石在成分还有色泽上已经和天然钻石没有不同，目前大部分珠宝商和顾客也倾向于购买天然钻石。显然，天然钻石的真实性在人们的情感诉求上还是有一定的价值。人造钻石的价格也只有天然钻石价格的约 30％。但是，随着消费者越来越习惯于人造钻石，并且认识到它们在功能上一样、更便宜时，偏好也可能会随时间的推移而改变。如果偏好真的发生了改变，戴比尔斯将会丧失大部分市场份额。现在戴比尔斯仍然控制着大部分天然钻石供应，但是曾经风光无限的戴比尔斯也有可能为了迎接更为激烈的市场竞争被迫降价（为了增加销量）。

□ 进一步看边际收益：边际部分以及超边际部分

从第 9 章的分析中我们可以看出，如果厂商作为一个价格接受者，其边际收益等于市场价格。但是一个完全垄断厂商的边际收益不等于市场价格。这是为什么？让我们先来看一下完全垄断厂商的需求曲线（见图 11－3）。假设完全垄断厂商一开始时的产量为 200 万盎司，价格是每盎司 10 美元，总收益为 200 万×10 美元，在图形上就是区域Ⅰ和区域Ⅱ。假设完全垄断厂商提高产量，生产 500 万盎司。为了卖掉这么多产品，完全垄断厂商必须沿着市场需求曲线把价格降到 7 美元/盎司，总收入就变成区域Ⅱ和区域Ⅲ。这样，当完全垄断厂商的产量从 200 万盎司增加到 400 万盎司的时候，收益的增加就变成区域Ⅲ和区域Ⅰ的差。我们进一步说明每一个区域所代表的意义。

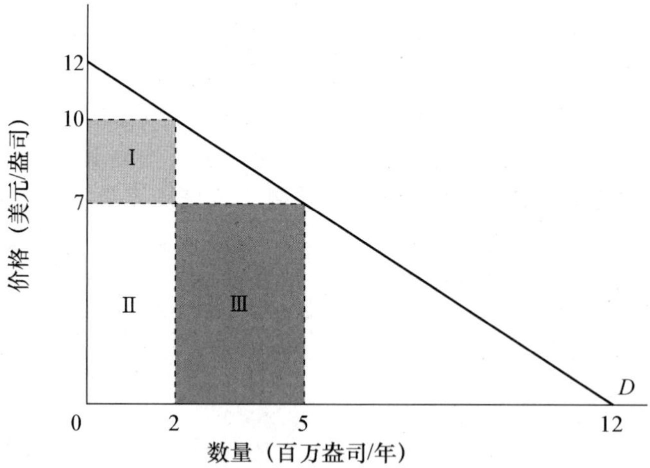

图 11－3　当完全垄断厂商增加产量时，总收益的变化

说明：当每年的产量从 200 万盎司增加到 500 万盎司时，完全垄断厂商作为价格制定者必须把价格从每盎司 10 美元降到 7 美元。300 万盎司的产量增加（边际部分）带来的收益增加等于区域Ⅲ，增加的产量牺牲了在初始产量为 200 万盎司（超边际部分）时相对较高价格带来的收益，即区域Ⅰ。因此，总收益的变化就等于区域Ⅲ减去区域Ⅰ。

- 区域Ⅲ代表，当价格降到 7 美元/盎司时，因完全垄断厂商增加 300 万盎司产量而带来的收益增加：7×(500 万－200 万)＝2 100 万（美元）。额外 300 万盎司的产量被称为边际部分。

● 区域Ⅰ代表着，为了增加销量，垄断厂商不得不降价而相对牺牲掉的一开始 200 万盎司销量的部分收益：(10－7)×200 万＝600 万（美元）。这个 200 万盎司的产量被称为超边际部分。

当完全垄断厂商降价同时增加产量时，总收益的变化 ΔTR 就等于边际部分所带来的收益减去超边际部分因价格下降而牺牲的部分收益：ΔTR＝区域Ⅲ－区域Ⅰ＝2 100 万－600 万＝1 500 万（美元）。也就是说，完全垄断厂商的收益按照每盎司 5（＝1 500 万/300 万）美元的速度增长。

为了获得更为一般的边际收益公式，请注意在图 11－3 中①：

区域Ⅲ＝价格×产量的变化＝$P\Delta Q$

区域Ⅰ＝－产量×价格的变化＝$-Q\Delta P$

因此，总收益的变化为 ΔTR＝区域Ⅲ－区域Ⅰ＝$P\Delta Q+Q\Delta P$。

如果用总收益的变化除以产量的变化，我们将得到总收益随产量变化而变化的变化率，或者叫作边际收益：

$$MR=\frac{\Delta TR}{\Delta Q}=\frac{P\Delta Q+Q\Delta P}{\Delta Q}=P+Q\frac{\Delta P}{\Delta Q} \tag{11.2}$$

方程（11.2）说明，边际收益包括两部分。第一部分，P，对应着由产量增加（边际部分）带来的收益增加。第二部分，$Q(\Delta P/\Delta Q)$（该部分是负的，因为 ΔP 是负的），对应着产量增加后超边际部分因价格下降而牺牲的部分收益。由于 $Q(\Delta P/\Delta Q)<0$，所以 $MR<P$。也就是说，对任何一个大于 0 的产量，垄断厂商的边际收益都小于价格。

边际收益可能是正的，也可能是负的。如果由产量增加带来的收益增加不足以抵消由降价造成的收益牺牲，边际收益就是负的。事实上，产量越大，边际收益是负数的可能性就越大，因为产量越大，价格会越低。一个很低的价格会极大地促进超边际部分的增加。

□ 平均收益和边际收益

在前几章，我们经常将一些边际量和一些平均量做对比（例如边际产量和平均产量，边际成本和平均成本）。对一个完全垄断厂商，对边际收益和平均收益的分析有助于我们了解为什么完全垄断厂商的边际收益曲线 MR 不同于需求曲线 D，如图 11－4（b）所示，也可参见图 11－2（b）。

完全垄断厂商的**平均收益**（average revenue）是总收益与产量的比：$AR=TR/Q$。因为总收益等于价格乘以产量，所以 $AR=(P\times Q)/Q=P$，即平均收益等于价格。另外，因为完全垄断厂商出售 Q 产量可索要的价格 $P(Q)$ 取决于市场需求曲线，所以完全垄断厂商的平均收益曲线与市场需求曲线重合：$AR(Q)=P(Q)$。

① 我们在区域Ⅰ的表达式前加一个负号是因为如果价格下跌（如图 11－2 所示），价格的变化是负的。负号保证计算出来的区域面积是正的。

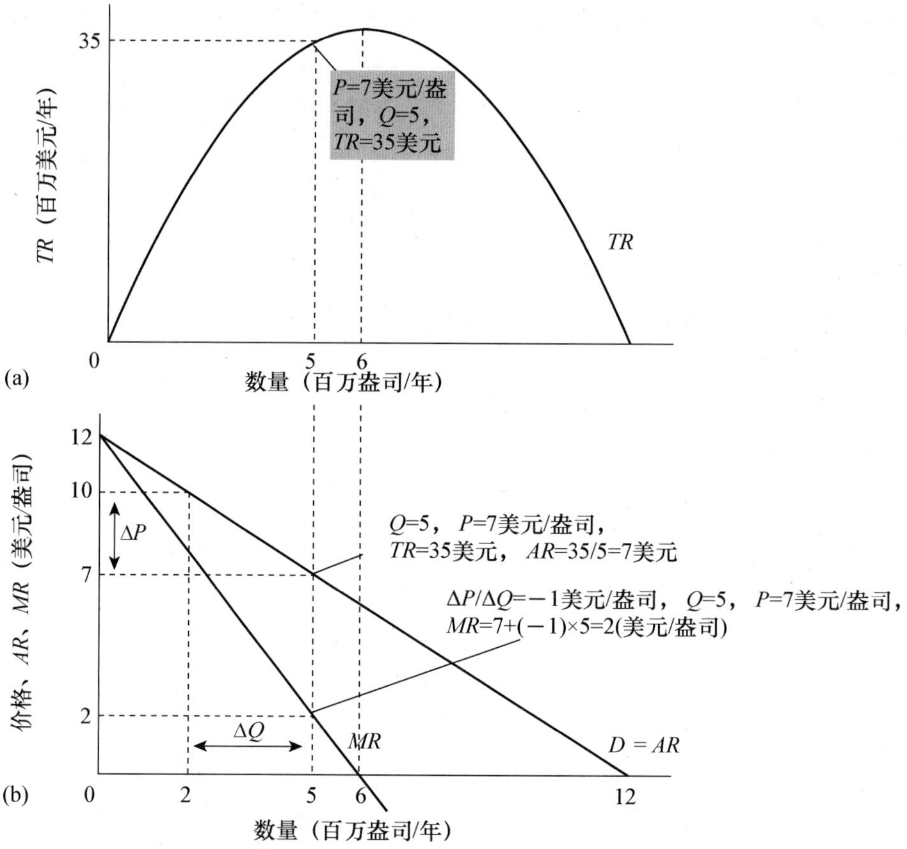

图 11－4　总收益、平均收益和边际收益

说明：需求曲线 D 和平均收益曲线 AR 是重合的。边际收益曲线 MR 在需求曲线的下方。需求曲线的斜率是 $\Delta P/\Delta Q=-1$。如果每盎司的价格下降 3 美元（从 10 美元/盎司降到 7 美元/盎司），产量就每年增加 300 万盎司（从 200 万盎司增到 500 万盎司）。当 $P=7$ 美元/盎司、$Q=500$ 万盎司时：

- 图（a）——总收益 $TR=P\times Q=7\times 5=35$（百万美元/年）。
- 图（b）——平均收益 $AR=TR/Q=35/5=7$（美元/盎司）。

边际收益 $MR=P+Q(\Delta P/\Delta Q)=7+5(-1)=2$(美元/盎司)。

在图（a）中，总收益在 $Q=6$ 时达到最大值，而在图（b）中，$MR=0$ 所对应的正是 $Q=6$。

平均收益：单位产出的总收益（即总收益与产量的比）。

结合前面的讨论，我们可以得出，当产量是正的（$Q>0$）时：

- 边际收益小于价格（$MR<P$）。
- 因为平均收益等于价格，所以边际收益小于平均收益（$MR<AR$）。
- 由于平均收益曲线与需求曲线重合，所以边际收益曲线在需求曲线的下方。

图 11－4 形象地展示了价格、产量、总收益、平均收益和边际收益之间的关系。

平均收益与边际收益之间的关系与我们在其他章节中所获得的边际量和平均量之间的关系是一致的。当平均量下降时，边际量一定小于平均量。这是因为，市场的需求曲线是向下倾斜的（逐渐下降），平均收益曲线与市场需求曲线重合，边际收益曲线一定处于平均收益曲线的下方。

边做边学习题 11.1 ☞

线性需求曲线的平均收益和边际收益

假设市场需求曲线的方程是 $P=a-bQ$。

问题：

平均收益以及边际收益的表达式是什么？

解：

平均收益与需求曲线是一致的。因此，$AR=a-bQ$。

根据方程（11.2）有

$$MR(Q)=P+Q\frac{\Delta P}{\Delta Q}$$

认识到 $\Delta P/\Delta Q=-b$（因为 $P=a-bQ$ 是一个线性方程）。代入上面的等式，可得

$$\begin{aligned}MR(Q)&=a-bQ+Q(-b)\\&=a-2bQ\end{aligned}$$

因此，线性需求曲线的边际收益曲线也是线性的。事实上，边际收益曲线与需求曲线拥有相同的截距（也就是 a），并且边际收益曲线的斜率是需求曲线斜率的两倍。这意味着，边际收益曲线与 Q 轴相交的点位于需求曲线与 Q 轴交点和原点的中点，也就是$Q=a/(2b)$ 处。当产量大于该点产量时，边际收益不仅位于需求曲线的下方，同时是负的。图 11-4（b）中的边际收益曲线形象地展现了我们上面得出的许多结论。

相似习题：11.1，11.2

□ 图示利润最大化条件

图 11-5 说明了完全垄断厂商利润最大化的条件，$MR=MC$。边际收益曲线 MR 是

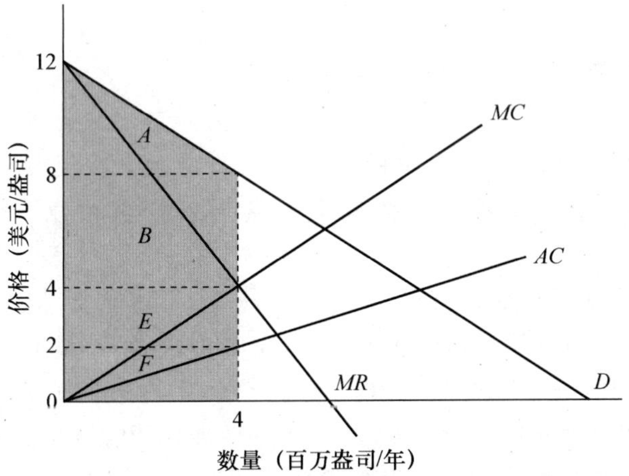

图 11-5 完全垄断厂商的利润最大化条件

说明：当 $MC=MR$，即每年的产量为 400 万盎司时，利润达到最大。在该产出水平上，价格为 8 美元/盎司（沿着需求曲线 D）。总收益就等于区域 $B+E+F$。总成本是区域 F。利润（总收益减去总成本）是区域 $B+E$。区域 A 是消费者剩余。

递减的。对所有正的产量，MR 曲线永远处于需求曲线 D（也是平均收益曲线）的下方。边际成本曲线 MC 和平均成本曲线 AC 都是从原点出发的射线。在所有正产量水平下，边际成本曲线永远处于平均成本曲线的上方。

完全垄断厂商利润最大化的产量就是 MR 与 MC 的交点：每年的产量是 400 万盎司。利润最大化的价格就是其产量对应的价格：8 美元/盎司（对应每年 400 万盎司的产量）。当利润最大化时，利润就等于总收益减去总成本。总收益等于价格（平均收益）乘以产量（区域 $B+E+F$），总成本等于平均成本乘以产量（区域 F）。因此，利润就等于区域 $B+E$，计算出来的结果就是 2 400 万美元，与表 11－1 中的值相对应。

图 11－5 展示了垄断市场均衡的三个重要特点：

● 第一，垄断厂商利润最大化的价格（8 美元/盎司）比对应的生产最后一单位产品的边际成本（4 美元）要高。这和完全竞争市场的均衡状态有些不一样，完全竞争市场的均衡价格等于生产最后一单位产品的边际成本。

● 第二，垄断厂商的经济利润是正的。这与长期均衡下完全竞争市场环境中的厂商相反。原因就在于，垄断市场的准入门槛很高，因此，其他厂商想进入这个市场几乎是不可能的。也就是说，没有竞争者可以将整个行业的利润拉到 0。

● 第三，尽管垄断厂商的均衡价格比边际成本高，并且利润也是正的，但是消费者仍然在此均衡上获得了不少福利。如图 11－5 所示，在均衡状态下，消费者剩余是价格以及需求曲线之间的部分，也就是区域 A，等于 800 万美元。在均衡点，整个社会的经济福利等于消费者剩余加上生产者剩余，也就是区域 $A+B+E$，等于 3 200 万美元/年。

边做边学习题 11.2 ☞

求完全垄断厂商的利润最大化条件

完全垄断厂商的需求曲线为 $P=12-Q$（如图 11－5 所示），边际成本的方程为 $MC=Q$，Q 的单位是百万盎司。

问题：

求此完全垄断厂商的利润最大化条件。

解：

为求出这个条件，首先，找出边际收益曲线；其次，令边际收益等于边际成本，求出利润最大化的产量；最后，再把这个产量代入需求曲线求出利润最大化时的价格。

此题中的垄断厂商需求曲线与边做边学习题 11.1 中的需求曲线的形式是一样的（$P=a-bQ$）。所以，垄断厂商的边际收益曲线与需求曲线拥有相同的截距（也就是 12），并且斜率是其两倍：$MR=12-2Q$。利润最大化的条件是 $MR=MC$，或者 $12-2Q=Q$。因此，利润最大化的产量为 $Q=4$（也就是 400 万盎司）。将这个结果代入需求曲线方程，我们可以得出利润最大化时的价格 $P=12-4=8$（也就是 8 美元/盎司）。当然，这个结果也与图 11－5 中的利润最大化点相对应。

相似习题： 11.5，11.6，11.7，11.8，11.9，11.10，11.12，11.13，11.14

□ 完全垄断厂商没有供给曲线

完全竞争市场的厂商将市场价格视为给定的，然后选择一个利润最大化的产量。事实上，完全竞争市场把价格作为一个外生变量，从而我们完全可以一步一步地构造厂商的供给，在任一可能的市场价格下，必然有与利润最大化相关联的产量。

但是，对完全垄断厂商来说，价格是内生的，而不是外生的。这意味着，完全垄断厂商同时决定产量和价格。依靠不同需求曲线的形状，完全垄断厂商完全可以在两个不同价格下提供相同数量的产品，也可以在相同价格下供应不同数量的产品。在完全竞争市场存在的价格与产量之间的特殊关系，在完全垄断市场是不存在的。因此，完全垄断厂商不存在供给曲线。

图 11-6 诠释了这一点。对需求曲线 D_1，利润最大化的产量是每年 500 万单位，对应的价格是 15 美元/单位。如果此完全垄断厂商的需求曲线变成 D_2，利润最大化的产量仍然是 500 万单位/年，但对应的价格变成了 20 美元/单位。因此存在这样一种可能性，完全垄断厂商完全可以根据需求曲线的不同，根据一个既定的利润通过最优化产量（图 11-6 中的 500 万盎司）来制定不同的价格（15 美元/单位和 20 美元/单位）策略。所以，对一个完全垄断厂商而言，不存在唯一的供给曲线。

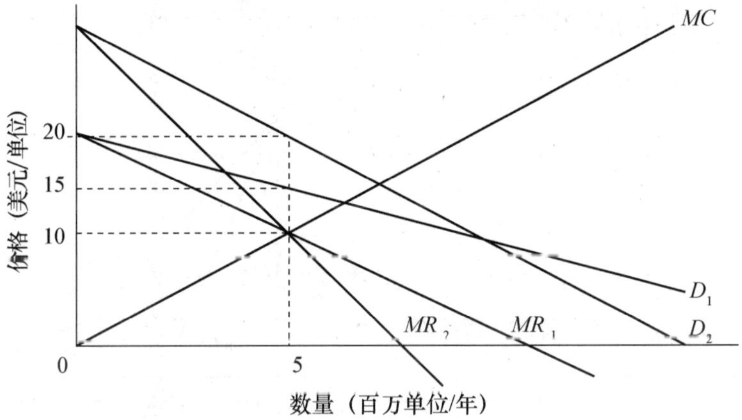

图 11-6　完全垄断厂商不存在供给曲线

说明：当需求曲线为 D_1 时，完全垄断厂商利润最大化的产量为 500 万单位，价格是 15 美元/单位；当需求曲线为 D_2 时，利润最大化的产量依然为 500 万单位，但价格为 20 美元/单位。因此，完全垄断厂商可以根据需求制定不同的价格。

11.2　需求价格弹性的重要性

我们已经发现，完全垄断厂商可以根据市场需求曲线来制定价格。同样我们也看到，垄断厂商利润最大化时的价格高于边际成本。在本节，我们将从需求曲线性质的角度探讨造成完全垄断厂商利润最大化时的价格和边际成本存在差距的原因，尤其是需求价格弹性对这种差距产生的重要影响。

□ 需求价格弹性和利润最大化的价格

图 11-7 向我们展示了，需求价格弹性对完全垄断厂商制定价格的重要性。图 11-7（a）向我们展示了，在特定的垄断市场 A 中，利润最大化对应的产量 Q_A 和价格 P_A。图 11-7（b）是另外一个对价格不特别敏感的垄断市场 B。以市场 A 利润最大化的点为中心旋转需求曲线，我们就构造出了市场 B 的需求曲线。这意味着，和市场 A 的需求曲线 D_A 相比，需求曲线 D_B 在点 P_A 的需求价格弹性较小。对比这两个市场，我们发现，在对应需求价格弹性相对较大的市场 A，利润最大化时的价格和边际成本之间的差距，要小于需求价格弹性相对较小的市场 B 的利润最大化时的价格和边际成本之间的差距。这意味着，在一定程度上，对垄断厂商来说，在制定销售产品的价格（高于边际成本多少）时，需求价格弹性起着至关重要的作用。

这一点同样表明，来自本行业外的非直接竞争也对厂商有重要的影响。真实世界的完全垄断厂商需要面对一些来自本行业外的竞争。尤其是，当完全垄断厂商的商品有替代品时，消费者对价格就敏感。因此，完全垄断厂商不可能设置一个高于边际成本太多的价格。尽管厂商是一个完全垄断厂商，但是替代品的威胁使它不会制定一个远高于边际成本的价格。这就解释了，一个完全垄断厂商为什么不能疯狂地提高其产品的价格。这也反映了需求价格弹性的重要性：如果设置一个非常高的价格，就会有一些消费者去购买其他类似的产品。

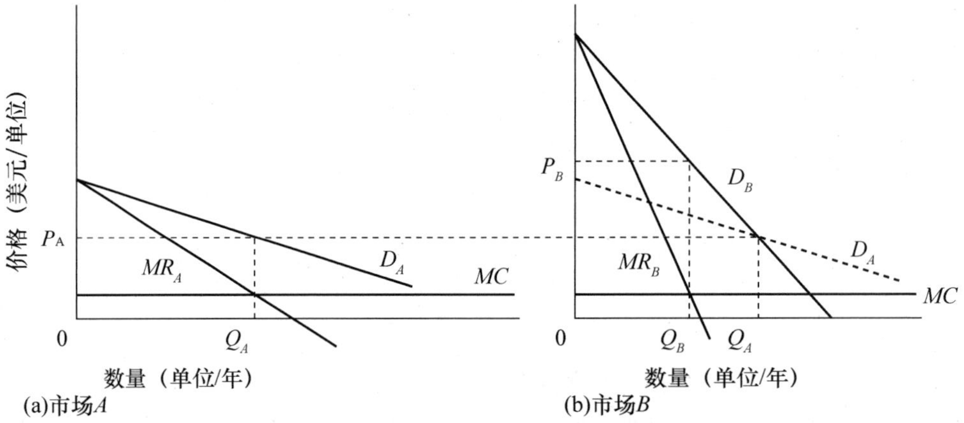

图 11-7　需求价格弹性如何影响垄断价格

说明：在市场 A，利润最大化的价格是 P_A。在市场 B，利润最大化的价格是 P_B，在点 P_A 的需求价格弹性较小。需求对价格越富有弹性，利润最大化的价格与边际成本的差距就会越小。

□ 边际收益和需求价格弹性

让我们用方程的形式表达垄断厂商需求价格弹性和垄断市场价格高于边际成本的比例之间的关系。首先，我们来看边际收益方程（11.2）。

$$MR=P+Q\frac{\Delta P}{\Delta Q}$$

对上述方程进行变形，我们可以写出用需求价格弹性 $\epsilon_{Q,P}$ 表示的边际收益[①]：

$$MR=P\left(1+\frac{1}{\epsilon_{Q,P}}\right) \tag{11.3}$$

这个公式表明，边际收益如何随需求价格弹性变化而变化。因为 $\epsilon_{Q,P}<0$，该公式同时确认了我们之前得出的结论 $MR<P$，并揭示了需求价格弹性和边际收益之间其他一些重要的关系（总收益和价格之间也有类似的关系），如下表所示。

需求曲线所在的区域	边际收益和 $\epsilon_{Q,P}$ 的关系	总收益和价格的关系
富有弹性（$-\infty<\epsilon_{Q,P}<-1$）	$MR>0$ [因为 $1+(1/\epsilon_{Q,P})>0$]	完全垄断厂商稍微一降价就可以带来总收益的增加（价格下降会带来产量的增加）
单位弹性（$\epsilon_{Q,P}=-1$）	$MR=0$ [因为 $1+(1/\epsilon_{Q,P})=0$]	当价格（或者产量）改变时，完全垄断厂商的总收益不变
缺乏弹性（$-1<\epsilon_{Q,P}<0$）	$MR<0$ [因为 $1+(1/\epsilon_{Q,P})<0$]	完全垄断厂商可以通过提升价格（尽管会造成销量下降）来提升总收益

这个表格与我们在第 2 章中关于价格变化如何影响一个厂商的总收益的讨论是对应的。边际收益与需求价格弹性的关系在此表中和图 11－8 中都得到了比较全面的反映。

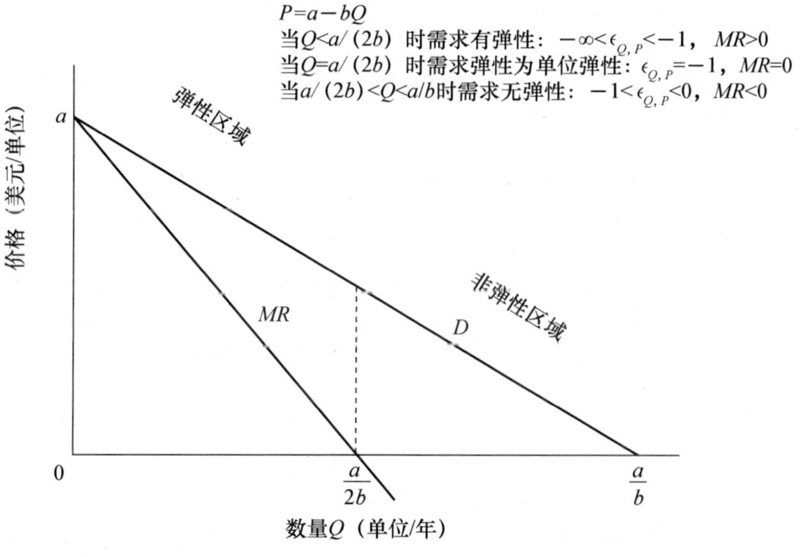

图 11－8　线性需求曲线的边际收益和需求价格弹性

说明：当需求富有弹性时，边际收益是正的；当需求是单位弹性的时，边际收益就是 0（也就是说，MR 正好在横轴上）。当需求缺乏弹性时，边际收益是负的。

---

① 从方程（11.2）我们可以得到

$$MR=P\left(1+\frac{Q}{P}\frac{\Delta P}{\Delta Q}\right)$$

需求价格弹性为 $\epsilon_{Q,P}=(\Delta Q/\Delta P)(P/Q)$。因此，$(Q/P)(\Delta P/\Delta Q)$ 就等于 $1/\epsilon_{Q,P}$，因此，可以得到

$$MR=P\left(1+\frac{1}{\epsilon_{Q,P}}\right)$$

□ 边际成本和需求价格弹性：逆弹性定价法则

边际收益和需求价格弹性之间的关系使我们可以用另外一种方式来表达完全垄断厂商的利润最大化条件：用边际成本来表示。在方程（11.1）中，在利润最大化的 P^* 和 Q^* 处，有 $MR(Q^*)=MC(Q^*)$。因此，对方程（11.3）有

$$MC(Q^*)=P^*\left(1+\frac{1}{\epsilon_{Q,P}}\right)$$

如果我们用 MC^* 代替 $MC(Q^*)$ 并整理方程，可以得到

$$\frac{P^*-MC^*}{P^*}=-\frac{1}{\epsilon_{Q,P}} \tag{11.4}$$

方程（11.4）的左边是完全垄断厂商制定的价格比边际成本多出多少比例才能达到利润最大化，数学表达为价格与边际成本之间的差占价格的比例。正是由于这个原因，方程（11.4）被称为**逆弹性定价法则**（inverse elasticity pricing rule，IEPR）。逆弹性定价法则表明，完全垄断厂商的定价高于边际成本的最理想比例等于需求价格弹性的负倒数。逆弹性定价法则同样告诉我们，在垄断厂商制定价格以使利润最大化时，需求价格弹性起着重要的作用。特别地，逆弹性定价法则总结了垄断价格和需求价格弹性之间的关系（如图 11－7 所示）：需求价格弹性越大，涨价空间就越小。

逆弹性定价法则：这个法则说明，利润最大化时的价格和边际成本之差占价格的百分比等于需求价格弹性的负倒数。

边做边学习题 11.3 和 11.4 说明，如果知道需求价格弹性，就可以通过逆弹性定价法则来计算利润最大化时的价格。

边做边学习题 11.3 ☞

计算常弹性需求曲线的利润最大化垄断价格

常弹性需求曲线的方程为 $Q=aP^{-b}$。在这条曲线的每一点处，需求价格弹性都等于 $-b$。[1]假设这个完全垄断厂商的边际成本 $MC=50$ 美元不变。

问题：

(a) 如果常弹性需求曲线方程为 $Q=100P^{-2}$，求完全垄断厂商的利润最大化价格。

(b) 如果常弹性需求曲线方程为 $Q=100P^{-5}$，求完全垄断厂商的利润最大化价格。

解：

对这两个问题，我们都可以通过逆弹性定价法则［方程（11.4）］来计算。

(a) 因为需求价格弹性 $\epsilon_{Q,P}=-2$，所以，

$$\frac{P-50}{P}=-\frac{1}{-2}$$

① 关于常弹性需求曲线的讨论，请参阅第 2 章及其附录。

$$P=100\text{（美元）}$$

(b) 需求价格弹性为 $\epsilon_{Q,P}=-5$，因此，

$$\frac{P-50}{P}=-\frac{1}{-5}$$

$$P=62.5\text{（美元）}$$

注意，当需求更富有弹性时，完全垄断厂商利润最大化时的价格较低（在边际成本不变的情况下）。

相似习题：11.17，11.18，11.19

边做边学习题 11.4 ☞

计算线性需求曲线的利润最大化垄断价格

虽然线性需求曲线的需求价格弹性是变化的，但是我们仍然可以用逆弹性定价法则计算利润最大化时的价格（然后，我们用计算出来的结果计算利润最大化时的产量）。当然，我们也可以通过方程（11.1）——$MC=MR$——来计算利润最大化时的价格和产量。

假设完全垄断厂商的边际成本不变，$MC=50$ 美元，需求曲线为 $P=100-Q/2$（也可以写成 $Q=200-2P$）。

问题：

(a) 使用逆弹性定价法则计算完全垄断厂商利润最大化时的价格和产量。

(b) 计算当 $MR=MC$ 时完全垄断厂商利润最大化时的价格和产量。

解：

由于是一条线性需求曲线，我们可以根据公式来计算需求价格弹性，$\epsilon_{Q,P}=(\Delta Q/\Delta P)(P/Q)$。[①]在这个例子中，我们有 $\Delta Q/\Delta P=-2$。因此

$$\epsilon_{Q,P}=-2\frac{P}{Q}$$

由于 $Q=200-2P$，则

$$\epsilon_{Q,P}=-\frac{2P}{200-2P}$$

使用逆弹性定价法则，我们可以得出：

$$\frac{P-50}{P}=-\frac{1}{-\left(\frac{2P}{200-2P}\right)}=\frac{200-2P}{2P}$$

等式的两边同时乘以 $2P$，我们可以得到一个简单的线性等式：$2P-100=200-2P$，得 $P=75$（美元/单位）。因此，利润最大化时的垄断价格为 75 美元/单位。我们将求出的利润最大化价格代入需求方程，可以得出：$Q=200-2\times75=50$（单位）。

(b) 在边做边学习题 11.1 中，线性需求曲线的形式为 $P=a-bQ$，边际收益为

① 关于线性需求函数的需求价格弹性的讨论，详见第 2 章。

$MR=a-2bQ$。在本题中，$MR=100-Q$。利用 $MR=MC$ 的结论和 $MC=50$（美元），推出$50=100-Q$，或者 $Q=50$（单位）。将这个产量代入需求曲线，我们得出 $P=100-50/2=75$（美元/单位）。

因此，利用逆弹性定价法则与利用 $MR=MC$ 条件求出的利润最大化价格和产量是一样的（其实，逆弹性定价法则就是利用 $MR=MC$ 条件推出来的）。注意，对线性需求函数，当它的需求价格弹性变化时，在我们使用逆弹性定价法则时，必须先求出 $\epsilon_{Q,P}$。

相似习题： 11.11

□ 垄断厂商永远都是在市场需求曲线富有弹性的区域进行生产

尽管从理论上来讲，完全垄断厂商可以沿着市场需求曲线任意定价，但是以利润最大化为目标的垄断厂商只会在富有弹性的区域进行生产（也就是说，$\epsilon_{Q,P}$ 介于 $-\infty$ 和 -1 之间）。图 11－9 说明了其中的奥秘。假设垄断厂商一开始时在点 A 进行生产，但由于点 A 是缺乏弹性的，此时如果将价格提到点 B 并减少产量，就能获得更多的收益。当从点 A 移到点 B 时，总收益增加的部分就是区域Ⅰ减去区域Ⅱ，由于产量减少，所以总成本是减少的。如果总收益增加，总成本减少，利润就会上升。因此，如果一开始时是在缺乏弹性的区域进行生产，垄断厂商肯定会将价格和产量调整到富有弹性的区域进行生产以获得更多的利润。

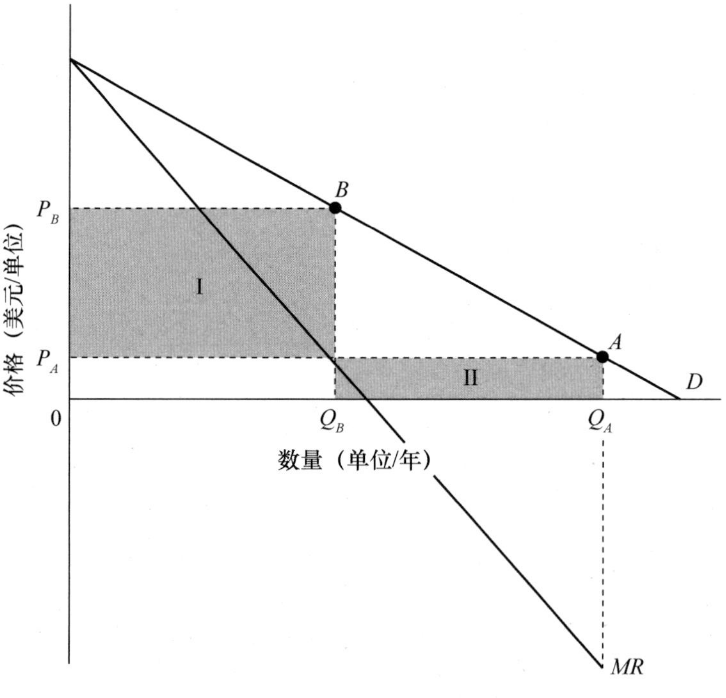

图 11－9　为什么以利润最大化为目标的垄断厂商不会在市场需求曲线缺乏弹性的区域进行生产

说明：点 A 处于需求曲线 D 缺乏弹性的区域，垄断厂商制定的价格是 P_A，销量为 Q_A。如果将价格提到 P_B，产量减到 Q_B，移动到需求曲线富有弹性的区域（点 B），总收益的增加为区域Ⅰ减去区域Ⅱ；由于垄断厂商的产量减少，所以总成本也减少了。因此，垄断厂商的利润会上升。

我们使用逆弹性定价法则也能得到同样的结论。原因在于，一开始，我们可以很明显地观察到边际成本是正的。这意味着，方程（11.3）中的$1+(1/\epsilon_{Q,P})$肯定也是正的。如果$1+(1/\epsilon_{Q,P})$是正的，$\epsilon_{Q,P}$就必须介于$-\infty$和-1之间，因此就要求需求对价格是富有弹性的。因此，通过逆弹性定价法则，我们也能得到，只有在市场需求曲线的弹性区域进行生产，才能达到垄断厂商的利润最大化。

案例 11.2

口香糖、婴儿食品和逆弹性定价法则

尽管超市并不是垄断的，但是许多顾客每个星期都会光顾同一个超市。[①] 显然，如果超市充分利用这个优势，就可以制定一个高于边际成本的价格。对大部分杂货类产品来说，消费者在超市购买时的价格要比超市从供货商（制造商或者分销商）处购买时的价格高出10%～40%。有趣的是，零售店对不同类别商品加价的比例是不同的，而且某种商品在一定时期的加价比例是稳定的。例如，零售商售卖的口香糖和糖果一般都加价30%～40%，而婴儿食品和一次性尿布通常都不到10%。

逆弹性定价法则可以帮助我们理解，为什么口香糖和糖果的加价幅度不同于婴儿食品和一次性尿布的加价幅度。零售商认为，口香糖和糖果是冲动型购买商品。也就是说，消费者往往是在商店里面突发奇想或者一时冲动才决定购买这些商品的，通常不会考虑商品的价格。相反，零售商认为，婴儿食品和一次性尿布并不是冲动型购买商品。他们认为，大部分消费者都是经过思考才来购买的，在决定购买多少时，会更关注价格。这表明，同口香糖和糖果相比，婴儿食品和一次性尿布的价格更富有弹性。如果是这样，根据逆弹性定价法则，我们可以准确地得出：在制定价格时，口香糖和糖果的加价幅度要高于婴儿食品和一次性尿布的加价幅度。对这些商品来说，零售商的价格制定策略和逆弹性定价法则是一致的。

□ 逆弹性定价法则并不仅适用于垄断厂商

逆弹性定价法则适用于任何一个产品需求曲线向下倾斜的厂商，它不仅限于垄断厂商，例如可口可乐公司。在美国的可乐市场上，可口可乐公司并不是一个垄断者，它还面临着一个重要的竞争对手：百事可乐公司。当然，可口可乐公司和百事可乐公司并不是完全竞争厂商（市场不是完全竞争市场）。换句话说，如果可口可乐公司提高价格，丧失的市场份额并不会被百事可乐公司夺取，如果降价，也不会夺取百事可乐公司的市场份额。原因就在于，这两种可乐有着明显的**产品差异**（product differentiation）。在消费者眼中，他们喜欢的产品是明显区别于其他产品的。也就是说，在市场上不可能有其

① 玛格丽特·斯莱德（Margaret Slade）指出，杂货店的市场经理认为，只有不到10%的消费者会在当地的杂货店中寻找价格最低的一家购物，90%的消费者每周在同样的地方购买东西，商店的位置（接近工作的地方或者家庭）和商店的品质（例如，产品的品种齐全，农产品的新鲜度）才是决定消费者购物的最重要因素。资料来源：M. Slade, "Product Rivalry with Multiple Strategic Weapons: An Analysis of Price and Advertising Competition," *Journal of Economics and Management Strategy* (Fall 1995): 445-476。

替代品。例如，和可口可乐相比，有些人喜欢百事可乐偏甜的口味。因此，即使百事可乐提高价格，这些人仍然会购买百事可乐。另外，你可能偏好可口可乐的口味，或者你对口味没什么偏好，但你喜欢可口可乐的包装以及广告。

产品差异：两种或者两种以上的产品才能形成差异，在消费者眼中，他们喜欢的产品是明显区别于其他产品的。也就是说，在市场上不可能有其替代品。

即使产品的销售方不是垄断者，差异化的产品也拥有向下倾斜的需求曲线。因此，对差异化产品的销售方来说，描述价格制定策略的法则就和逆弹性定价法则极为相似。例如，可口可乐（A）和百事可乐（I）的价格策略就可以描述为

$$\frac{P^A-MC^A}{P^A}=-\frac{1}{\epsilon_{Q_A,P_A}}$$

$$\frac{P^I-MC^I}{P^I}=-\frac{1}{\epsilon_{Q_I,P_I}}$$

在上面的方程中，ϵ_{Q_A,P_A}和ϵ_{Q_I,P_I}并不是市场层面的需求价格弹性，而是对百事可乐公司和可口可乐公司来说，是它们各自厂商所面临的需求价格弹性。因此，ϵ_{Q_A,P_A}代表，在保持影响可口可乐需求的其他条件（包括百事可乐的价格）不变的情况下，可口可乐的需求相对于可口可乐的价格的敏感度。①

□ 市场势力的量化：勒纳指数

当一个厂商拥有向下倾斜的需求曲线的［要么因为它是垄断厂商，要么因为它（例如可口可乐公司）生产独一无二的差异化产品］，这个厂商对市场价格有一定的控制力。对一个垄断者来说，制定价格的能力与其相关替代品的竞争有关。对一些差异化产品，厂商的直接竞争者限制了定价空间（例如百事可乐限制了可口可乐的定价空间）。

当一个厂商能或多或少地控制市场的价格时，我们就说它拥有**市场势力**（market power）。② 注意，完全竞争市场的厂商是没有市场势力的，因为完全竞争市场的厂商在价格等于边际成本的点进行生产，而垄断厂商以及生产差异化产品的厂商的价格通常高于边际成本。市场势力的衡量标准就是价格与边际成本之差占价格的百分比，也就是$(P-MC)/P$（逆弹性定价法则等式的左边）。这个衡量标准是由经济学家阿巴·勒纳（Abba Lerner）提出来的，并被称为**市场势力的勒纳指数**（Lerner Index of market power）。

勒纳指数的范围为0～1（或者0～100%）。完全竞争行业的勒纳指数是零。背离完全竞争的行业的勒纳指数是正的。从逆弹性定价法则可知，在垄断市场均衡时，勒纳指数与市场需求价格弹性逆相关。正如我们之前所讨论的，其他行业的替代品是影响需求价格弹性的一个重要因素。如果一个垄断厂商面临可替代产品的激烈竞争，勒纳指数将会很低。换句话说，一个厂商可能是一个垄断厂商，但是它的市场势力有可能很低。

---

① 第2章有关于市场层面和品牌层面的需求价格弹性的详细讨论。

② 在市场中，并不是只有完全垄断企业和生产差异化产品的企业才拥有市场势力，具体内容将在第13章中介绍。

市场势力：单个经济体对市场价格的控制力。

市场势力的勒纳指数：衡量垄断的标准，等于 $(P-MC)/P$。

案例 11.3

早餐谷物行业的市场势力

美国的早餐谷物市场被四家比较大的公司主导——通用磨坊（General Mills）、家乐氏（Kellogg）、宝氏（Post）和桂格燕麦（Quaker Oats）。在早餐谷物行业，这些公司有没有市场势力呢？如果有，它们是怎样影响价格的？超市扫描仪的使用使得经济学家能够获得相应的数据来研究这些问题。经济学家奇德米（Chidmi）和洛佩斯（Lopez）使用波士顿超市里的 37 个品牌的早餐谷物销售数据计算勒纳指数。[①] 他们估计平均市价比边际成本要高 28%。表 11-2 列举了一些商品在不同连锁超市的勒纳指数。从表中可以看出，玉米片的加价比例最高，曲奇饼干的加价比例最小。不同品牌在不同超市销售中的需求价格弹性和加价比例都是不同的。例如，连锁超市的市场占有率越高，提价的比例就越高。这表明，边际成本低的连锁超市可以更为有效地占有市场份额。研究人员发现：销量对价格相对敏感的是那些自身需求价格弹性在−7.1（曲奇饼干）和−2.4（玉米片）之间的产品。同时，在对比不同品牌在不同连锁超市的销量时，研究人员发现，不同品牌之间的交叉弹性是非常小的。也就是说，消费者有比较强的品牌和超市忠诚度。

在相关课题的早期研究中，经济学家尼沃（Nevo）使用价格、产品特点、消费群体（像家庭收入）等相关数据计算以下两种情况下的勒纳指数：一种是完全垄断时的利润最大化，另一种是生产差异化产品的公司利润最大化。[②] 尼沃发现，在一些合谋的行业中，单个品牌的勒纳指数为 65～70；在一个竞争比较充分的行业中，勒纳指数为 40～44。在 20 世纪 90 年代中期，整个行业的勒纳指数大约是 45。近些年勒纳指数相对上升的原因在于品牌的差异化，而不是制造商合谋。

表 11-2　　不同连锁店的早餐谷物商品样本的勒纳指数

谷物品牌	连锁超市				
	Stop&Shop	Shaw's	Demoulas	Star Market	平均
家乐氏玉米片	47.97	42.9	40.43	38.78	42.52
通用磨坊麦圈	32.01	32.13	26.61	26.08	29.21
宝氏葡萄坚果麦片	43.40	40.25	38.11	38.72	40.12
桂格船长麦片	29.64	29.27	27.91	23.61	27.61
纳贝斯克麦丝条	34.02	33.67	31.10	30.15	32.24
罗尔斯顿曲奇饼干	18.24	18.98	19.99	15.52	18.18
平均	30.07	28.79	27.51	25.52	27.97

资料来源：Chidmi & Lopez，2007.

① Benaissa Chidmi and Rigoberto Lopez, "Brand-Supermarket Demand for Breakfast Cereals and Retail Competition," *American Journal of Agricultural Economics* 27 (May 2007): 324−337.

② A. Nevo, "Measuring Market Power in the Ready-to-Eat Breakfast Cereal Industry," *Econometrica* 69 (March 2001): 307−342. 具体计算会用到第 13 章中的寡头垄断理论。

11.3 垄断的比较静态

我们已经讨论了垄断者如何决定利润最大化时的产量和价格以及需求价格弹性在这个过程中所起的作用。在此基础上，我们还可以探讨需求或成本变化如何影响垄断者的决策。

□ 市场需求移动

比较静态

图 11－10 说明了，市场需求曲线右移对垄断厂商价格和产量决策产生的影响。在该图中，我们假设：需求量在所有的市场价格下都是增加的（也就是说，需求曲线 D_0 和新需求曲线 D_1 是不相交的），并且需求曲线右移导致边际收益曲线右移（从 MR_0 到 MR_1）。

在图 11－10（a）中，边际成本 MC 随着产量的增加而增加。在这种情况下，需求的增加将导致理想产量的增加（从 200 万单位/年到 300 万单位/年）和理想价格的增加（从每单位 10 美元到 12 美元）。

和图 11－10（a）正好相反，在图 11－10（b）中，边际成本随着产量的增加而减少。即便相较于需求增加前，垄断者能以较高的价格出售产品（如在需求增加前，垄断者以 10 美元/单位的价格出售 200 万单位的产品；在需求增加以后，以 13 美元/单位出售同样的 200 万单位产品），但随着产量的增加（从每年 200 万单位到每年 600 万单位），也会引起价格的下降（从每单位 10 美元降到 9 美元）。然而，垄断者不会选择这么做，其原因就在于产量 600 万单位和价格 9 美元/单位已经达到了利润最大化。从图中能看出，当边际成本随产量的增加而减少时，需求曲线右移可能会使垄断者降低价格。

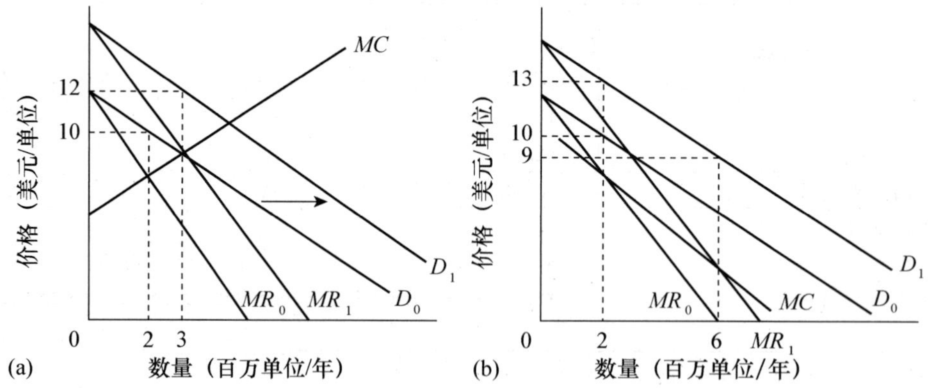

图 11－10　需求曲线的变化如何影响垄断者利润最大化时的产量和价格

说明：从本图中我们可以看出，需求曲线右移（从 D_0 到 D_1）会引起利润最大化时的产量提高。在图（a）中，边际成本 MC 随产量的增加而增加，利润最大化时的价格会上升。但是在图（b）中，边际成本随产量的增加而减少，利润最大化时的价格会下降。

总之，需求曲线右移将导致边际收益曲线右移，需求的增加将提高垄断者利润最大化时的产量。边际收益曲线右移同时保证了边际成本和边际收益交点处的产量高于初始点的产量。同样，伴随着需求的减少，相应的边际收益曲线将左移，这将减少垄断者利润最大化时的产量。但是，需求曲线移动对利润最大化时的价格影响主要取决于边际成本是随产量的增加而增加还是减少。

垄断中点法则

当垄断厂商的边际成本不变且需求曲线为线性需求曲线时，有一个方便的公式来确定利润最大化时的价格：**垄断中点法则**（monopoly midpoint rule）。如图 11-11 所示，垄断中点法则告诉我们，利润最大化时的价格 P^* 等于需求曲线的纵截距 a（也就是窒息价格）与边际成本曲线的纵截距 c 之和的一半。这意味着，窒息价格增加 Δa 会引起利润最大化时的价格增加。（$\Delta a/2$）就是相应的市场价格增加量（也就是说，如果窒息价格增加 10 美元，垄断者会把市场价格提高 5 美元）。因此，在边做边学习题 11.5 中，垄断中点法则可以被表示成 $P^*=(a+c)/2$。

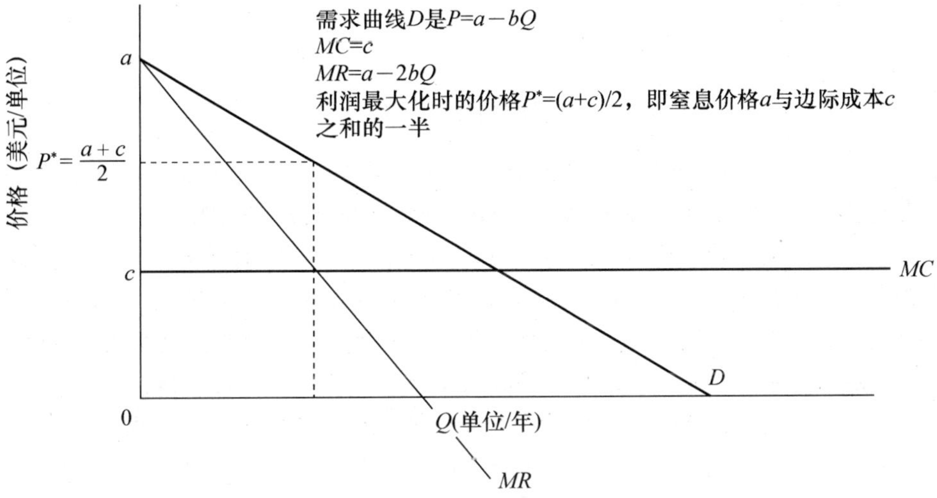

图 11-11 垄断中点法则

说明：当需求曲线为线性需求曲线且边际成本不变时，垄断者利润最大化时的价格 P^* 等于需求曲线的纵截距 a（窒息价格）与边际成本曲线的纵截距 c 之和的一半。

垄断中点法则：利润最大化时的价格为需求曲线的纵截距（窒息价格）与边际成本曲线的纵截距之和的一半。

边做边学习题 11.5 ☞

用垄断中点法则计算利润最大化时的价格

假设垄断厂商面临的市场需求曲线为 $P=a-bQ$，边际成本不变，并且 $MC=c$（如图 11-11 所示）。

问题：

求垄断厂商利润最大化时的价格和产量。

解：

从需求曲线方程求得，垄断厂商的边际收益 $MR=a-2bQ$。根据条件

$$MR=MC$$
$$a-2bQ^*=c$$

得

$$Q^*=\frac{a-c}{2b}$$

把上式代入需求曲线方程可以得出

$$P^*=a-b(\frac{a-c}{2b})=a-\frac{1}{2}a+\frac{1}{2}c=\frac{a+c}{2}$$

相似习题： 11.25

案例 11.4

芝加哥的停车费

2009 年，芝加哥市政府把停车计时器的安装、操作、销售以及所得都外包给了私人公司芝加哥停车计时器公司（Chicago Parking Meters，CPM）。费率的大幅上升导致市民抗议。截至 2010 年 1 月，在卢普（Loop）商业区的价格为 4.5 美元/小时。在其他一些繁华的市区为 2.5 美元/小时，相对没那么繁华的地区为 1.25 美元/小时。

垄断中点法则告诉我们，为什么芝加哥停车计时器公司能在繁华地段加价。如果驾驶者可以把车停到车库，或者乘坐出租车或公共交通，芝加哥停车计时器公司就不是一个完全垄断者。但是，为了在繁华地段出行更方便一些，人们往往选择自己驾驶。这也就意味着，芝加哥停车计时器公司面临的是一条向下倾斜的需求曲线。我们合理地假设边际成本是不变的。然而，卢普地区的需求曲线很可能在芝加哥其他地区需求曲线的右上方。因为这一街区越拥堵，司机就越愿意花费停车费以便处理一些紧急事务。因此，根据垄断中点法则，我们可以得出，芝加哥停车计时器公司可以在卢普地区收取较高的价格，而在其他一些相对不那么繁华的地区收取较低的价格。

□ 边际成本移动

比较静态

逆弹性定价法则告诉我们，在边际成本提高时，利润最大化时的价格也会相应提高。但因为需求曲线的斜率是负的，所以利润最大化时的产量会减少。图 11-12 验证了这一点。垄断厂商边际成本曲线上移导致边际收益曲线和边际成本曲线的交点向左上方移动，从而引起均衡状态时的价格上升和产量减少。（同时，边际成本曲线下移会引起完全垄断厂商利润最大化时的产量增加和价格下降。）

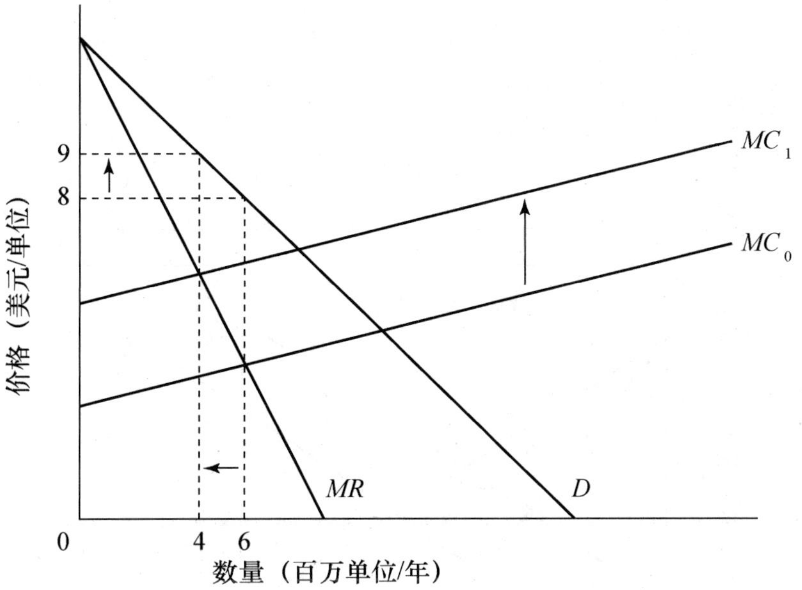

图 11－12　边际成本增加如何影响垄断时的均衡

说明：当一个完全垄断厂商的边际成本曲线从 MC_0 移动到 MC_1 时，利润最大化时的产量从每年 600 万单位跌到了每年 400 万单位，价格由每单位 8 美元提高到 9 美元。

边际成本变化对厂商收益的影响将告诉我们，厂商是否为利润最大化垄断厂商

案例 11.3 表明，如果一个行业只有很少的厂商，这些厂商有时会被控诉合谋（也就是说，整体作为一个利润最大化垄断厂商）。除了一些书面证据能证明这些公司合谋形成垄断外，还有没有其他办法能证明这些指控是否属实？答案是肯定的。通过考察行业总收益如何随边际成本变化，我们也能够判定该行业是否存在合谋行为。图 11－13 给出了其中的原因。

图 11－13 显示了边际成本从 MC_0 提高到 MC_1 对垄断厂商产生的影响。当边际成本上升时，垄断厂商将减少产量。因为垄断厂商只会在需求曲线的弹性区域进行生产，当边际收益为正时，垄断厂商一定会在总收益山状图的向上倾斜部分进行生产，如图11－13（a）所示。随着边际成本的上移，垄断厂商减少产量，垄断厂商沿着总收益山状图下移，因此总收益就会减少。这解释了下面的比较静态结论①：

- 边际成本曲线上移将减少垄断厂商利润最大化时的总收益。
- 边际成本曲线下移将增加垄断厂商利润最大化时的总收益。

我们可以使用这些比较静态结论来反驳上文的假说，即在非垄断行业中，厂商合谋，作为垄断者制定利润最大化时的价格。例如，增加联邦消费税将增加啤酒酿造业的总收益。比较静态分析可以告诉我们，如果啤酒厂商联合在一起作为一个垄断者，行业的收入是不会增加的；收入增加的事实就可以否定合谋的假设。

① 下面的论文对这些比较静态结论的应用有较深入的讨论：J. Panzar and J. Rosse，"Testing for Monopoly Equilibrium，" *Journal of Industrial Economics*（1987）。

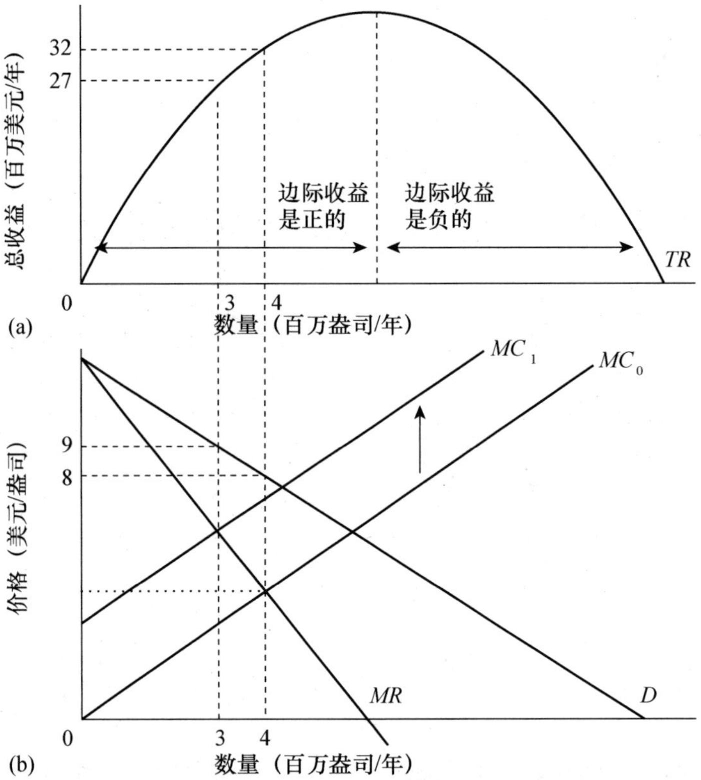

图 11-13　边际成本增加一定会使垄断厂商的总收益减少

说明：图（b）展示了边际成本曲线上移使垄断厂商利润最大化时的产量从 400 万盎司/年降到了 300 万盎司/年。由于垄断厂商始终会在市场需求曲线的弹性区域进行生产，所以，当产量下降时，总收益会下降。由于利润最大化时的产量减少，所以利润最大化时的年总收益从 3 200 万美元降到了 2 700 万美元。

案例 11.5

没有确凿的证据表明香烟生产商是垄断厂商

美国的烟草业是高度集中的行业。在 20 世纪 90 年代，四大烟草商占据了 92%以上的市场份额。纵观整个 20 世纪，卷烟行业的厂商显示了很明显的定价策略。每年两次（一般在 6 月和 12 月），占主导地位的公司会率先宣布提高香烟的定价；几天之内，其他卷烟制造商会跟着提高自己产品的价格。自 20 世纪 70 年代以来，菲利普·莫里斯公司（Philip Morris）和雷诺兹烟草公司（RJR）都当过价格的领导者。这样的定价策略使烟草业成为美国最赚钱的行业。这种极具协调性的定价策略很自然地使人提出了下面的问题：这些大的烟草公司是否可视为联合起来作为垄断者实行了利润最大化。

沙利文（Daniel Sullivan）使用我们之前讲过的比较静态分析法讨论了这个问题。① 使用统计法，沙利文研究了 1955—1982 年的价格、销量和收入如何随联邦消费税的变化而变化。研究发现，烟草厂商联合起来作为垄断者的假设是不成立的。

如果烟草公司不联合起来作为卡特尔的利润共同体，那么为什么它们看起来有利可

① D. Sullivan, "Testing Hypotheses about Firm Behavior in the Cigarette Industry," *Journal of Political Economy* (June 1985): 586-597.

图？在第 13 章中，我们将解释这个问题。在一些只有少数厂商的行业，即使它们不联合起来作为垄断者进行定价，它们依然是有利可图的。这再次提醒人们，市场势力和垄断不是等同的。

11.4 多个工厂的垄断与多个市场的垄断

有些公司拥有许多生产设施或拥有不止一个市场。例如，芝加哥联邦爱迪生公司经常使用几个发电厂发电。垄断理论同样可以适用于多个市场。首先我们考虑拥有两个工厂的垄断厂商。其次，我们把它推广到卡特尔的情况。最后，我们考察多个市场的情况。

□ 拥有两个工厂的产出决策

考虑拥有两个工厂的垄断厂商，其边际成本函数分别为 MC_1 和 MC_2。垄断厂商的产出问题分为两部分：总体而言，最优产量是多少，以及如何在两个工厂分配产量？

假设公司计划生产 600 万单位产品，工厂 1 和工厂 2 对半产出。如图11－14 所示，当产出同为 300 万单位时，工厂 1 的边际成本高于工厂 2 的边际成本：每单位 6 美元和每单位 3 美元（点 B 高于点 A）。在这种情况下，比较简单的减少总成本（保持总收益不变）的方法是：增加工厂 2 的产量，减少工厂 1 的产量。工厂 2 因增加产量而增加的成本为 3 美元/单位，但工厂 2 因减少产出而节省的成本是 6 美元/单位。因此，把配额从工厂 1 分配到工厂 2 将降低公司的总成本。由于重新分配始终是有利可图的，所以只要两个工厂的边际成本不同，厂商就会重新分配工厂的配额，因此，为了实现利润最大化，厂商将不停地调整不同工厂之间的配额，直到两个工厂的边际成本相等。

这一结论可以使我们清晰地构造多工厂厂商调整边际成本的过程。再次考虑图 11－14，挑选任意水平的边际成本，例如 6 美元/单位。如果这两个工厂的边际成本都达到这个水平，工厂 1 将生产 300 万单位产品（点 B），工厂 2 将生产 600 万单位产品（点 C）。因此，当厂商共生产 900 万单位产品（点 E）时，厂商的边际成本为 6 美元/单位。把这些边际成本相同的分工厂的曲线水平相加得到的集合就是**复合边际成本曲线**（multiplant marginal cost curve）MC_T。

复合边际成本曲线：各工厂边际成本曲线的水平和。

既然推出了复合边际成本曲线，我们就可以回答第一个问题了——垄断厂商的总产出是多少——这个相对来说还是比较容易得出的：垄断厂商的总产出为垄断厂商的边际收益等于复合边际成本（$MR=MC_T$）对应的产出。在图 11－14 中，这发生在产量为 375 万单位（点 F）时，对应这个产量的价格是 6.25 美元/单位（点 G）。

因此，我们确立了垄断厂商利润最大化时的总产量和价格。但是要确立两个工厂各自的产量还是稍微有点复杂。从图上看，在 $MR=MC_T$ 的点 F 作横轴的平行线。该平行线与各工厂边际成本曲线的交点就是各工厂的最优产量。因此，工厂 1 每年生产 125 万单位产品（点 H），工厂 2 每年生产 250 万单位产品（点 I）。边做边学习题 11.6 说明了如何从代数角度来推导这一结果。

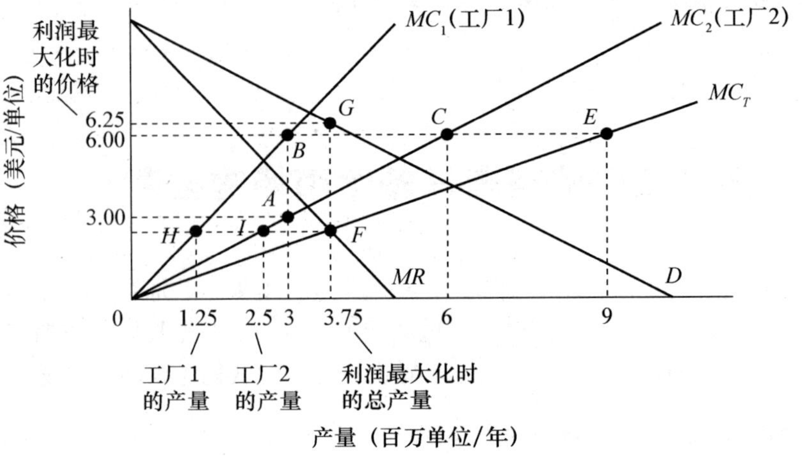

图 11-14　多工厂垄断者的利润最大化

说明：垄断厂商的复合边际成本曲线 MC_T 是旗下工厂的边际成本曲线 MC_1 和 MC_2 的水平加总。在 $MR=MC_T$ 时，垄断厂商的最优产量是每年 375 万单位，价格为每单位 6.25 美元。工厂 1 和工厂 2 分别生产 125 万单位和 250 万单位。

边做边学习题 11.6 ☞

求拥有多家工厂的垄断厂商的利润最大化产量、价格以及各分工厂的产量

假设垄断厂商面临的需求函数为 $P=120-3Q$。垄断厂商有两个工厂，工厂 1 的边际成本函数为 $MC_1=10+20Q_1$，工厂 2 的边际成本函数为 $MC_2=60+5Q_2$。

问题：

(a) 求这个垄断厂商利润最大化时的总产量和价格。

(b) 求在利润最大化时分工厂如何分配产量。

解：

(a) 首先，构造垄断厂商的复合边际成本函数 MC_T，曲线 MC_1 和曲线 MC_2 的水平加总。为了求出方程 MC_T，我们不可以把方程 MC_1 和方程 MC_2 直接相加，即 $10+20Q+60+5Q=70+25Q$。这是不对的，因为它给出的是两条曲线的垂直加总。为了求出水平加总，我们必须整理边际成本方程，改成变量为 MC 的函数：

$$Q_1=-\frac{1}{2}+\frac{1}{20}MC_1$$

$$Q_2=-12+\frac{1}{5}MC_2$$

将以上两个方程相加，可以得到曲线 MC_1 和曲线 MC_2 的水平加总：

$$Q_1+Q_2=-\frac{1}{2}+\frac{1}{20}MC_T-12+\frac{1}{5}MC_T=-12.5+0.25MC_T$$

令 $Q=Q_1+Q_2$ 为垄断厂商的总产量，这样就可以求关于 MC_T 的方程：$Q=-12.5+0.25MC_T$，或者 $MC_T=50+4Q$。

现在，我们就可以利用利润最大化条件（边际成本等于边际收益）求总产量：$MR=MC_T$，推出 $120-6Q=50+4Q$，得 $Q=7$。然后把这个产量代入需求函数得 $P=120-3\times7=99$。

(b) 为了求出垄断厂商分工厂的产量，我们先来求最优产量 $Q=7$ 时的边际成本：$MC_T=50+4\times7=78$。

现在我们就可以求出当边际成本为 78 时各个分工厂的产量：

$$Q_1=-\frac{1}{2}+\frac{1}{20}\times78=3.4$$

$$Q_2=-12+\frac{1}{5}\times78=3.6$$

这样，利润最大化时的总产量为 7 单位，工厂 1 的产量为 3.4 单位，工厂 2 的产量为 3.6 单位。

相似习题：11.21，11.22

□ 两个市场的产出决策

现在我们考虑服务两个市场的垄断厂商。这里，我们假定这两个市场的价格相同。（在第 12 章中，我们将讨论如果不同的市场存在“价格歧视”，厂商将如何制定价格策略。）市场 1 的需求为 $Q_1(P)$，其中，Q_1 是价格为 P 时的需求量。同样地，当价格为 P 时，市场 2 的需求为 $Q_2(P)$。厂商的总成本函数是总需求 Q 的函数，$Q=Q_1(P)+Q_2(P)$。厂商的总成本函数为 $C(Q)$，边际成本为 $MC(Q)$。如果要求两个市场同时达到利润最大化，该垄断厂商该如何制定价格？

服务两个市场的厂商的收益为两个市场的总收益与总成本之差。为了求出厂商在两个市场的总收益，必须确定累计需求：$Q=Q_1(P)+Q_2(P)$。从图上看，总需求就是两个市场的需求的水平加总。一旦求出总需求，厂商就可以使用利润最大化条件，令边际收益等于边际成本 $MC(Q)$。然后从总需求函数中求出利润最大化时的价格。

边做边学习题 11.7 ☞

求服务两个市场的垄断厂商利润最大化时的产出和价格

天空之旅是唯一一家为加勒比海上的一座小岛提供滑翔伞之旅的厂商。该厂商清楚地知道有两种类型的客户：商旅客户和度假客户。由于厂商是垄断的，所以它可以制定滑翔伞之旅的价格，但它必须向所有客户收取相同的价格 P。滑翔伞之旅的商旅客户的需求函数为 $Q_1(P)=180-P$，度假客户的需求函数为 $Q_2(P)=120-P$。厂商的边际成本函数为$MC(Q)=30$。

问题：

在利润最大化时，厂商会提供多少次滑翔伞之旅？求出价格。

解：

我们先分析厂商面临的总需求。商旅客户和度假客户的窒息价格分别为 180 美元/次和 120 美元/次。因此，当价格为 120～180 美元/次时，只有商旅客户购买滑翔伞之旅，总需求函数为 $Q=180-P$。当价格小于 120 美元/次时，两种顾客都会购买滑翔伞之旅，总需求函数为 $Q=300-2P$。总结如下：

当 $120\leqslant P\leqslant 180$ 时，总需求函数为 $Q=180-P$，或者 $P=180-Q$。边际收益函数为 $MR=180-2Q$。

当 $P\leqslant 120$/次时，总需求函数为 $Q=300-2P$，或者 $P=150-0.5Q$。边际收益函数为 $MR=150-Q$。

首先，我们考虑利润最大化时的价格高于 120 美元/次的可能性。（下面我们将得出，这种情况是不可能的。）假设 P 高于 120 美元/次。令 $MR=MC$；$180-2Q=30$，因此 $Q=75$。此时的价格为 $P=180-75=105$（美元/次）。但是这个价格小于 120 美元/次（前面的假设），因此，利润最大化时的 P 高于 120 美元/次的假设是不对的。

其次，让我们来讨论利润最大化时的价格小于 120 美元/次的可能性。首先假设 P 小于 120 美元/次。令$MR=MC$；$150-Q=30$，得出 $Q=120$。因此最理想的价格为 $P=150-0.5\times 120=90$（美元/次）。因此假设 P 小于 120 美元/次是正确的。此时，厂商将以 90 美元/次的价格提供 120 次滑翔伞之旅。商旅客户的需求为 90 次，度假客户将购买 30 次。

相似习题：11.24，11.25

□ 卡特尔的利润最大化

卡特尔（cartel）是一群生产者合谋决定市场价格和产量的组织。历史上最有名的卡特尔组织之一就是石油输出国组织——欧佩克，其成员国包括一些主要石油生产国，如沙特阿拉伯、科威特、伊朗和委内瑞拉。有时卡特尔组织甚至是由政府批准的。例如：在 20 世纪 80 年代初期，17 家日本的电力电缆厂商获得了日本国际贸易和工业部的允许，成立了一个卡特尔组织。卡特尔的目标是削减产量，提高价格，增加行业利润。

卡特尔：一群生产者合谋决定市场价格和产量的组织。

卡特尔作为单一的垄断公司，以行业利润总额最大化为目标为其成员服务。卡特尔面临在不同生产者之间分配产出水平，这和多工厂垄断厂商面临的分配问题是相同的。因此，卡特尔组织利润最大化的条件和多工厂垄断厂商利润最大化的条件是一样的。为了说明这个问题，假设一个卡特尔组织包含两个厂商，其边际成本函数分别为$MC_1(Q_1)$和 $MC_2(Q_2)$。在利润最大化时，卡特尔的配额应该是使两个厂商的边际成本相等，此时的边际成本和行业的边际收益是相等的。从数学上来讲，我们用 Q^* 表示卡特尔作为一个整体的利润最大化时的总产量，用 Q_1^* 和 Q_2^* 分别表示卡特尔组织成员利润最大化时的产出，这样我们就可以用以下公式表示利润最大化条件①：

① 我们也可以用逆弹性定价法则表示卡特尔的利润最大化条件，其中 P^* 为卡特尔利润最大化时的价格：
$$\frac{P^*-MC_1(Q_1^*)}{P^*}=\frac{P^*-MC_2(Q_2^*)}{P^*}=-\frac{1}{\epsilon_{Q,P}}$$

$$MR(Q^*)=MC_1(Q_1^*)$$
$$MR(Q^*)=MC_2(Q_2^*)$$

图 11－15（与图 11－14 有相同的曲线）展示了卡特尔利润最大化问题的解。在这个例子中，利润最大化时的年产量为 375 万单位，利润最大化时的价格是每单位 6.25 美元（同图 11－14 中的一样，这说明，卡特尔利润最大化问题与多工厂垄断厂商利润最大化问题是一样的）。然后，卡特尔给其成员分配生产配额，使其成员的边际成本相等。需要注意的是，拥有较高边际成本水平的厂商（厂商 1）被分配到的份额较小（厂商 1 为 125 万单位，厂商 2 为 250 万单位）。因此，卡特尔不一定平均分配份额：低边际成本的厂商要比高边际成本的厂商得到更多的配额。

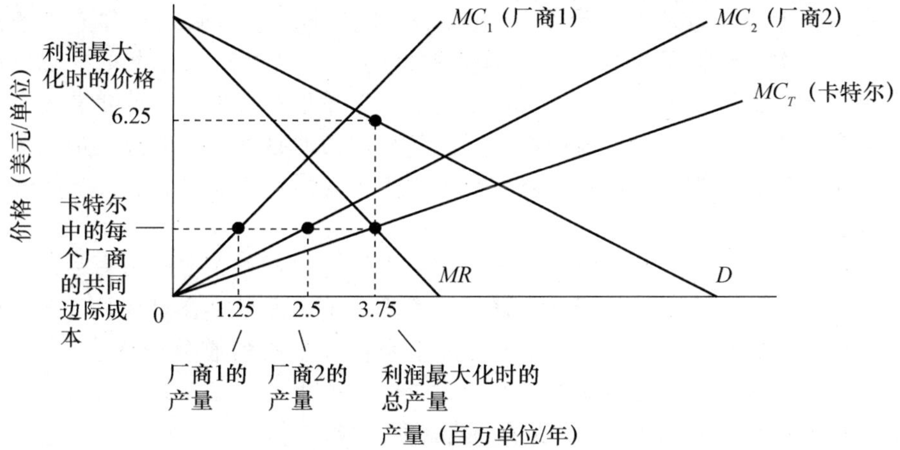

图 11－15　卡特尔的利润最大化条件

说明：卡特尔的边际成本曲线 MC_T 就是曲线 MC_1 和曲线 MC_2 的水平加总，曲线 MC_1 和曲线 MC_2 分别为卡特尔组织的成员厂商的边际成本曲线。当 $MR=MC_T$ 时，卡特尔的利润最大化时的总产量为 375 万单位，价格为每单位 6.25 美元。厂商 1 生产 125 万单位，厂商 2 生产 250 万单位。

案例 11.6

作为垄断者，卡特尔有效率吗

卡特尔的目标就是协调厂商之间的生产以及价格，共同行使垄断权力，否则将导致无序的恶性竞争。完美的卡特尔经营应该是价格、产量、利润完全垄断。然而，在现实中却是很少见的。例如，关于欧佩克及其成员国的研究发现，它们的产量高于完全垄断时的产量，价格低于完全垄断时的价格。[①] 原因之一就是，欧佩克需要在许多国家之间进行协调，但每个成员国都希望获得更高的配额，获取更多的利润，谈判并执行协议在某些国家是非常困难的。

一个更为简单的卡特尔是挪威的水泥业。1923 年，三家挪威水泥公司被授予了成立卡特尔的合法权利。它们建立了一个协调办公室来分配三家公司的生产。这种卡特尔

① S. Martin, *Industrial Economics: Economic Analysis and Public Policy* (New York: Macmillan, 1988), pp. 137-138.

执行起来应该比欧佩克容易得多。三家公司之间的协议非常容易达成，并且很容易监控和执行。此外，这三家公司都处在一个国家，没有一些迫在眉睫的国际问题，欧佩克的石油配额必须平衡其成员国的政治外交因素。挪威的例子是一个比较理想的研究对象，在 1968 年这三家水泥公司被允许合并，形成了彻底的垄断。

经济学家罗勒（Röller）和斯蒂恩（Steen）分析了卡特尔以及后来的完全垄断的产量及利润情况。[①] 他们发现：卡特尔的利润远远低于完全垄断时的利润，并且利润连年下降。尽管有诸多优势，但是卡特尔失败的一个重要原因就是卡特尔的份额分配机制。卡特尔要先决定总产量；所有不在国内销售的水泥都以世界平均价格出口销售；卡特尔按照三家公司的生产能力进行配额分配。

但首先要注意的是，这个规则并不是有效率的，它的配额分配标准并不基于每家公司的边际成本。更糟糕的是，由于过剩的产出被用于出口，每家公司都有激励扩大出口。即便边际成本高于世界价格，为了获得更大的卡特尔份额，公司也有动力扩大产量。这是为什么？虽然公司出口会亏钱，但是它可以凭借在挪威国内的销售而获取额外的卡特尔利润。实际上，罗勒和斯蒂恩发现：随着时间的推移，三家公司的产量都在增加。在卡特尔组织解散的时候，其价格已逼近世界市场的完全竞争价格。直到 1968 年，公司在出口上还是亏钱的。

直到合并成一个垄断厂商，这三家公司才不再扩大总产能。挪威国内的水泥价格开始上涨，合并之后公司的利润也开始上涨。有意思的是，虽然该公司的扩张已超过了效率产出（边际成本高于世界价格），但是经济学家估计垄断的整体效率高于卡特尔的。换句话说，垄断造成的消费者剩余损失小于出口带来的损失。然而，如果行业是竞争性的，总效率还会提高。案例 11.7 评估了一些福利效应。

那么卡特尔有什么不同？首先，它限制总产量。通过允许公司出口过剩产出，公司产能的扩大不仅超越了垄断水平，而且超越了完全竞争水平。其次，正如本节所讲的，它基于相关边际成本分配产量。当然，即便是出于同情让卡特尔合法化，也不如 1923 年就让其合并成一个垄断厂商。

11.5 垄断的福利经济学

在第 10 章中，我们发现完全竞争的均衡状态会最大限度地提高社会福利（净经济收益）。我们还发现，偏离完全竞争均衡将形成无谓损失。正如我们所看到的，在一般情况下，垄断均衡与完全竞争均衡并不一样。正因为这个原因，垄断均衡必须承受一些无谓损失。

□ 垄断均衡与完全竞争均衡的差异

图 11－16 展示了一个完全竞争市场的均衡。当行业的供给曲线 S 和需求曲线 D 相

① Lars-Hendrik Röller and Frode Steen, "On the Workings of a Cartel: Evidence from the Norwegian Cement Industry," *American Economic Review* 96 (March 2006): 321-338.

交时，完全竞争均衡时的价格是 5 美元/单位，均衡时的产量是 1 000 单位。

假如该行业是垄断的（我们假设一个厂商将完全竞争市场的其他厂商全部收购了，并使其中的一部分保持运营状态，另一部分保持停产状态）。现在回想一下第 9 章和第 10 章，从完全竞争市场的供给曲线中我们可以得出市场上每单位供应的边际成本。例如，在图 11－16 中，如果一个完全竞争市场供应 600 单位产品，从供给曲线中能得到第 600 单位产品的边际成本为 3 美元。当这个行业处于垄断时，供给曲线 S 就变成了垄断厂商的边际成本曲线 MC。因此，当 $MR=MC$ 时，垄断厂商达到利润最大化，此时均衡产量是 600 单位，均衡价格是 9 美元/单位。从图 11－16 中我们可以看出垄断均衡（点 J）和完全竞争均衡（点 K）的区别：垄断价格高于完全竞争时的价格，并且垄断产出小于完全竞争时的产出。

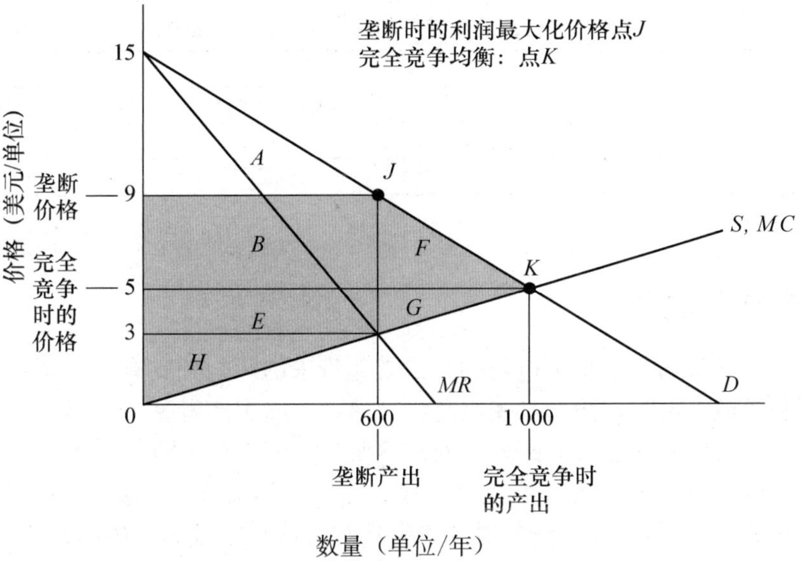

	完全竞争	垄断	垄断的影响
消费者剩余	$A+B+F$	A	$-B-F$
生产者剩余	$E+G+H$	$B+E+H$	$B-G$
净经济收益	$A+B+E+F+G+H$	$A+B+E+H$	$-F-G$

图 11－16　垄断均衡和完全竞争均衡的对比

说明：当利润最大化时，垄断产量是每年 600 单位，相应的价格是 9 美元/单位。在完全竞争市场，均衡产量是每年 1 000 单位，均衡价格为 5 美元/单位。在垄断均衡时，消费者剩余是区域 A，生产者剩余是区域 $B+E+H$。完全竞争市场的消费者剩余是区域 $A+B+F$，生产者剩余是区域 $E+G+H$。垄断带来的无谓损失为区域 $F+G$。

案例 11.7

挪威水泥行业的无谓损失

在案例 11.6 中，我们介绍了挪威水泥行业卡特尔的例子，其后来变成了完全垄断。经济学家罗勒和斯蒂恩同样研究了卡特尔、垄断以及古诺竞争之间的效率问题。在第 13 章中，我们将着重介绍古诺竞争。古诺竞争是一个比较集中又不太充分竞争的市场结构。虽然古诺竞争并不会导致完美的效率，但是它的产出和价格往往比垄断厂商或者运转良好的卡特尔更接近完全竞争时的产出和价格。因此，我们可以通过对垄断和卡特尔福利效应的分析对以上三种情况的福利效应做一些分析（一种是古诺假设，另外两种是在挪威水泥业实际观察到的垄断和卡特尔）。由于古诺竞争本身就会有一些额外的效率损失，所以这些分析将低估无谓损失。

表 11-3 列举了从卡特尔变成垄断的生产者剩余和消费者剩余的变化，以及两者净值的变化。[①] 消费者包括购买挪威出口水泥的外国消费者。该表同时估计了从卡特尔到假想的古诺竞争的一些变化。表中的数字指的是一年的变化。随着时间的增长，卡特尔和垄断的无谓损失将会变得更大。正如之前所讲的，这些无谓损失都低估了卡特尔和垄断真正带来的无谓损失，因为古诺竞争的效率低于完全竞争。从卡特尔或垄断变成古诺竞争将使福利收益从约 18 700 万美元/年升至 20 300 万美元/年。

表 11-3　　挪威水泥行业的卡特尔和完全垄断的无谓损失　　单位：百万美元

	变化		
	生产者剩余	消费者剩余	净值
从卡特尔到古诺竞争	−153.1	340.2	187.1
从卡特尔到完全垄断	68.6	−52.7	16.0

资料来源：Röller & Steen，2006.

□ 垄断的无谓损失

垄断均衡和竞争均衡给整个市场的经济效益带来的影响到底有何不同？在图 11-16 中，当垄断利润最大化时，消费者剩余是区域 A。垄断生产者剩余是指每单位销售的价格与其边际成本之差积聚起来的部分，对应区域 $B+E+H$。因此，垄断均衡时的净经济收益就是区域 $A+B+E+H$。在完全竞争市场，消费者剩余是区域 $A+B+F$，生产者剩余是区域 $E+G+H$。完全竞争时的净经济收益就是区域 $A+B+E+F+G+H$。

图 11-16 中的表格对比了垄断和完全竞争的净效益。完全竞争的净经济收益减去垄断的净经济收益等于区域 $F+G$。这个区域就是**垄断引起的无谓损失**（deadweight loss due to monopoly）。这个无谓损失与第 10 章的无谓损失类似。它代表垄断与完全竞争的净经济收益的差值，也就是完全竞争比垄断多出的净经济收益。在图 11-16 中，垄断无谓损失的产生是因为：在消费者边际支付意愿（需求曲线代表了边际支付意愿）超过边际成本 600～1 000 单位的区域，垄断厂商不生产。这部分产出虽然能提高总经济效益，但是降低了垄断厂商的利润。因此，垄断厂商不会生产这些产品。

垄断引起的无谓损失：垄断与完全竞争的净经济收益的差值。

□ 寻租活动

图 11-16 中的表可能低估了垄断的无谓损失。由于垄断往往能带来正的经济利润，所以厂商有获得垄断地位的动力。例如，在 20 世纪 90 年代，有线电视公司花费数百万

① 在 Röller & Steen 的 "On the Workings of a Cartel" 336 页表 3 的基础上，我们对挪威政府统计局的 1968—2009 年居民消费价格指数进行了通货膨胀调整，再利用 2009 年年底的汇率折成美元。

美元游说国会立法限制卫星广播公司与传统的有线电视服务竞争的能力。我们将旨在创造或保持垄断权力的活动称为**寻租活动**（rent-seeking activities）。寻租活动的支出（在图 11-16 中的表中没有得到反映）代表了垄断的一种重要社会成本。

寻租活动使厂商获得更多的潜在垄断利润（图 11-16 中的区域 $B+E+H$）。事实上，垄断利润代表了厂商愿意花在寻租上的最大费用。如果一个厂商为寻租付出了它愿意付出的最大花费，那么垄断的无谓损失将是垄断利润 $B+E+H$ 加上传统的无谓损失 $F+G$。如果垄断者致力于寻租活动以维持或获得垄断地位，那么区域 $F+G$ 是垄断的最低无谓损失，最高无谓损失是区域 $B+E+F+G+H$。

寻租活动： 旨在创造或保持垄断权力的活动。

11.6 为什么存在垄断

我们已经讨论了垄断厂商如何制定使利润最大化的产量和价格。因为垄断均衡时的价格和产量与完全竞争时的价格和产量不同，所以我们可以看到存在垄断引起的无谓损失。但为什么还存在垄断市场？例如，为什么英国天空广播公司（BSkyB）在英国拥有卫星广播的垄断权？为什么微软在个人电脑操作系统上拥有近 100%的市场份额？在本节我们将着重探讨垄断产生的原因。首先，我们讨论自然垄断。其次，我们分析进入壁垒。

□ 自然垄断

如果对一个市场的任何产出，一个厂商进行生产的总成本低于两个或两个以上厂商进行生产的成本之和，那么这个市场是**自然垄断**（natural monopoly）市场。自然垄断最好的例子就是卫星电视广播业。例如，如果一个拥有 5 000 万用户的市场有两个厂商，那么每 2 500 万用户必须承担购买一整套发射及维护卫星设备的费用。但是，如果市场上只有一家卫星电视广播公司，就可以使用之前为 2 500 万用户服务的那套卫星设备来为 5 000 万用户服务。这是因为，卫星设备的成本是固定的，它并不会因用户增加而增加。面对一个市场同样数目的用户群体，两个厂商需要两套卫星设备，而一个厂商就只需一套卫星设备就能提供服务。

自然垄断： 如果对一个市场的任何产出，一个厂商进行生产的总成本低于两个或两个以上厂商进行生产的成本之和，那么这个市场是自然垄断市场。

图 11-17 展示了一个自然垄断市场。市场的需求曲线是 D，每一个厂商都使用一种技术，相应的长期平均成本曲线是 AC。在任何小于 10 000 单位的年产出水平下，一个厂商进行生产的总成本均低于两个及两个以上厂商进行生产的总成本。为了说明其中的原因，我们先考虑 $Q=9\,000$ 单位/年的情况。一个厂商每年生产 9 000 单位产品的总成本为 $TC(9\,000)=9\,000\times AC(9\,000)=9\,000$（美元）[因为 $AC(9\,000)=1$ 美元]。现在从中间劈开分为两个厂商进行生产，则成本为 $9\,000\times AC(4\,500)=11\,800$（美元）

[因为$AC(4\,500)=1.20$美元]。因此，两个厂商每年一起生产 9 000 单位的成本要高于一个厂商每年生产 9 000 单位的成本。

请注意，在图 11－17 中，沿着需求曲线，有两个厂商比一个厂商生产成本低的区域（例如$Q=12\,000$）。但是，这个产量价格低于最低平均成本。因此，这时候是没有任何利润的。在现实中，每个厂商必须有利可图才会进行生产。因此，可以这么说，在任何需求水平下，一个厂商服务整个市场的总成本都最低。

如果在某个市场，一个厂商提供服务的总成本低于两个及以上厂商提供服务的成本之和，那么我们可以预期，这个市场最终会变成一个垄断市场。这就是英国的卫星广播市场只有一个厂商的原因。在 20 世纪 90 年代初期有两个厂商进入这个市场：英国卫星广播公司和天空电视台。但是，这两个厂商在市场上都没有获利。事实上，曾经两个厂商的损失超过了 100 万美元/天。最终，两个厂商合并，成立了垄断性的英国天空广播公司。自合并垄断以后，这个行业才开始变得有利可图。

关于图 11－17 的分析意味着，自然垄断需要两个重要条件。首先，自然垄断的一个必要条件是平均成本曲线必须在某个范围内随产量的增加而下降。也就是说，自然垄断市场必然需要规模经济。在广播卫星的例子中，卫星的固定成本投资以及相关基础设施成本将产生规模经济。其次，市场是否为自然垄断市场不仅取决于技术条件（曲线 AC 的形状），而且依赖于需求条件。一旦需求低迷、需求不是太高，市场就可能是自然垄断市场。这就可以解释为什么英国只有一个卫星广播公司（英国天空广播公司），而更大的美国市场可以容纳好几个竞争对手。

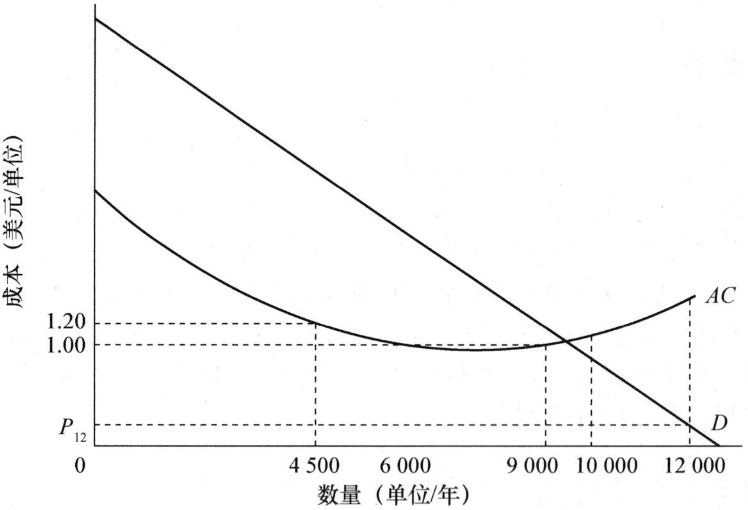

图 11－17　自然垄断市场

说明：对任何小于 10 000 单位/年的产出，由一个厂商生产并提供成本最低。例如，一个厂商产出为 9 000 单位时的平均成本是每单位 1 美元。当有两个厂商时，每个厂商生产 4 500 单位，平均成本将是每单位 1.2 美元。两个厂商总共生产 12 000 单位时的总成本要低于一个厂商生产的成本。但是，12 000 单位的产出是没有任何利润的，因为此时的价格 P_{12} 低于最低平均成本。

□ 进入壁垒

进入壁垒（barriers to entry）是极为普遍的现象，而自然垄断是其中一个典型例子。进入壁垒是允许在位厂商获得正的经济利润但新进入厂商无法获利的因素。完全竞争市场是没有进入壁垒的：当在位厂商有正的经济利润时，新的厂商进入这个行业，同时把整个行业的利润拉低到 0。进入壁垒是一个厂商维持其垄断地位的必不可少的条件。没有进入壁垒的保护，本来有经济利润的垄断行业或者卡特尔将吸引大量的新进入者，从而引起竞争，最终会稀释掉整个行业的利润。

进入壁垒可以是结构性的、法律许可的，或者战略性的。**结构性进入壁垒**（structural barriers to entry）是指在位厂商拥有成本或市场优势，这一因素使这个市场对一些想参与该市场的新厂商丧失了吸引力。由规模经济以及市场需求的相互作用引起的自然垄断，是一种非常典型的结构性进入壁垒。网上拍卖市场是另外一种结构性进入壁垒，这种壁垒形成的原因在于正的网络外部性。在第 5 章中我们提到，当一个厂商的产品对一些特定的消费者有吸引力时，其他消费者也会倾向于使用这个厂商的产品，此时就会产生正的网络外部性。拍卖网站的领导者 eBay 能够吸引购买者的主要原因就在于，它提供了如此多的销售项目以及销售同样产品的大量卖家。对 eBay 的卖家来说，它拥有众多的买家。大量交易本身也是 eBay 强大吸引力的所在。这个网络外部性创建了一个显著的进入壁垒。新进入者建立自己的互联网拍卖网站将面临巨大的挑战（像 eBay 一样通过交易佣金来赚钱）：由于缺少 eBay 的优势以及高质量的服务，很难成为具有吸引力的网站。这个进入壁垒说明了，为什么一些非常优秀的互联网公司，包括亚马逊和雅虎，也很难建立自己的拍卖网站而与 eBay 抗衡。

进入壁垒：允许在位厂商获得正的经济利润但新进入厂商无法获利的因素。

结构性进入壁垒：在位厂商拥有成本或市场优势，这一因素使这个市场对一些想参与该市场的新厂商丧失了吸引力。

因给在位厂商合法地赋予避免竞争的权利而形成的壁垒，我们称为**法定进入壁垒**（legal barriers to entry）。专利就是一个重要的法定进入壁垒。政府规章制度也是可以创建法定进入壁垒的。例如，在 1994—1999 年，网络解决方案（Network Solutions）公司就是因政府的特许而垄断了在互联网上注册域名的市场。

战略性进入壁垒（strategic barriers to entry）是指因在位厂商采取明确的措施阻止其他厂商进入该市场而形成的进入壁垒。战略型进入壁垒的一个例子就是，一个在位厂商积极地捍卫自己的市场，不让新进入者进入（如果有新进入者，就展开价格战）。久而久之，大家都知道，该行业的新进入厂商不会获得利益。宝丽来公司积极回应柯达在 20 世纪 70 年代进入即时摄影市场，就是这一战略的一个例证。

法定进入壁垒：因给在位厂商合法地赋予避免竞争的权利而形成的壁垒。

战略性进入壁垒：因在位厂商采取明确的措施阻止其他厂商进入该市场而形成的进入壁垒。

案例 11.8

美国政府和微软

2007 年，挪威欧普拉软件（Opera Software）公司向欧盟委员会提起诉讼，称微软通过捆绑浏览器软件（Internet Explorer）和Windows操作系统从事反竞争活动。这不是微软第一次在欧洲面对反垄断诉讼。2004年，在被认为具有里程碑意义的裁决中，欧盟委员会反对微软捆绑销售播放器和Windows操作系统。随后，微软上诉，在2007年欧洲一审法院维持委员会的裁决，认定微软“滥用市场主导地位”。① 美国的这个故事听起来更像10年前事件的重演。

在1998年10月到1999年6月，微软因违反了美国的反托拉斯法而受审。美国政府起诉微软，认为该公司使用一些策略来垄断个人计算机的操作系统市场。美国的地区法院认为：“微软……从事了一些旨在设置进入壁垒的活动，包括阻止网景（Netscape）通信公司的Web浏览器和升阳（Sun）公司的Java实现，使其避免竞争，从而维持其垄断地位。这些损害消费者利益的行为是显而易见的。”②

法院所说的设置进入壁垒是什么意思？法院使用这个术语描述了基于正网络外部性的PC操作系统市场的进入壁垒。从法院的意思可以看出，这个壁垒允许微软系统垄断英特尔芯片适用的PC市场。

多数人使用Windows系统使更多的消费者被其吸引。法院指出：基于大量的装机量，ISVs（编写应用程序的厂商）在做应用程序时会首先考虑适用于Windows……大量的基于Windows的应用又促进了Windows的装机量，加强了微软的主导地位，反过来又促进了ISVs编写Windows适用的软件。这种自我强化的循环通常被称为“正反馈循环”。此外，一些市场份额比较小的操作系统在拓展其应用程序上就会变得非常昂贵，进而其成为Windows替代品的可能性也变得比较小。（18～19页）

法院认为，在2001年案件以前，微软的行为是极具争议性的——微软对其竞争者采取的行动，如对网景通信公司和升阳公司，都是试图设置程序上的进入壁垒。例如，在1995年夏季，微软试图说服网景通信公司放弃开发一个基于互联网的可以发展成为平台的Web浏览器的应用程序。

法院认为：微软这么做是为了消除对其设置的程序进入壁垒的威胁，从而维持Windows的主导地位。

11.7 买方垄断

买方垄断市场（monopsony market）是指只含有一个买方却有很多卖方的市场。我们把这个单独的买家叫作买方垄断者。例如，直到1976年，职业棒球大联盟的球员都不能与超过一个球队同时进行议价。因此，在球员交易市场，每一个球队都是一个买方垄断者。在这种情况下，独家垄断买方可能是投入要素的唯一潜在购买厂商。独家垄断买方可能是个人或者一个组织，只要其是某种成品的唯一购买者。例如，美国政

① 出自“Microsoft loses anti-trust appeal，”BBC News，17 September 2007，on the web at http://news.bbc.co.uk/2/hi/business/6998272.stm。

② 此处引用下书的204页：*United States of America v. Microsoft*，United States District Court for the District of Columbia，Findings of Fact。

府是美军制服市场上的买方垄断者。在本节，我们将研究市场上只有一种投入的买方垄断厂商。

买方垄断市场：只含有一个买方却有很多卖方的市场。

□ 买方垄断的利润最大化条件

假设一个厂商的生产函数只有一种生产要素投入 L。厂商的总产出函数为 $Q=f(L)$。想象一下，例如，L 是一个煤矿所雇用的劳动数量。如果矿井的大小是固定的，每个月的煤炭产量 Q 只依赖于雇用的劳动量 L。设想这个厂商所在的煤炭市场是一个完全竞争的市场（也就是说，它的煤炭销往全国或者全世界），因此，市场价格 P 是给定的。煤炭厂商的总收益就是 $Pf(L)$。**劳动的边际产品收益**（marginal revenue product of labor）——记为 MRP_L——是指每增加一单位劳动投入给厂商带来的收益增加值。由于这个厂商是市场上的价格接受者，边际产品收益就等于价格乘以劳动的边际产品：$MRP_L=P\times MP_L=P(\Delta Q/\Delta L)$。

劳动的边际产品收益：每增加一单位劳动投入给厂商带来的收益增加值。

现在假设煤矿是这一区域劳动的唯一雇主。因此，在这个劳动市场上，煤矿就是一个买方垄断者。在煤炭公司运营区域的劳动供给可以表示为劳动供给曲线 $w(L)$，如图 11－18 所示。它告诉我们任何薪资水平下的劳动供给量。这条曲线也可以以相反的形式来解释：只要提供薪水，市场就会提供相应的劳动。

由于劳动的供给曲线向上倾斜，买方垄断者也清楚，如果雇用更多的劳动，就必须支付较高的工资。例如，如果买方垄断厂商需要在原本每周 4 000 小时劳动的基础上再雇用 1 000 小时劳动，就像图 11－18 中的一样，它必须把薪资水平由每小时 10 美元提高到每小时 12 美元。厂商的总成本就是厂商在劳动上的总花销：$TC=wL$。厂商的**边际劳动支出**（marginal expenditure on labor）——记为 ME_L——就是当雇用更多的劳动时，每多雇用一单位劳动，厂商的总成本增加的部分。图 11－18 显示，额外增加的成本有两部分：区域Ⅰ和区域Ⅱ。区域Ⅰ（$w\Delta L$）代表雇用更多的工人带来的额外成本。区域Ⅱ（$L\Delta w$）是来自不得不提高所有单位劳动工资（本来 10 美元/小时的工资水平）的额外成本。因此，劳动边际支出可以写为

$$
\begin{aligned}
ME_L &= \frac{\Delta TC}{\Delta L} = \frac{\text{区域Ⅰ}+\text{区域Ⅱ}}{\Delta L} \\
&= \frac{w\Delta L + L\Delta w}{\Delta L} \\
&= w + L\,\frac{\Delta w}{\Delta L}
\end{aligned}
$$

由于劳动的供给曲线是向上倾斜的，所以 $\Delta w/\Delta L>0$，因此，劳动边际支出曲线在劳动供给曲线的上方，如图 11－18 所示。

边际劳动支出：每多雇用一单位劳动，厂商的总成本增加的部分。

煤炭厂商的利润最大化问题就是选择一个合适的劳动投入 L 来使利润 π 最大化，也就是总收益与总成本的差：$\pi=Pf(L)-wL$。厂商在劳动的边际产品收益等于劳动边际支出时达到利润最大化：$MRP_L=ME_L$。在图 11－18 中，利润最大化发生在劳动投入等于每周 3 000 小时的时候。此时需要支付的薪水为 8 美元/小时，小于 $L=3\,000$ 小时的劳动边际支出（图中的点 T）。

为什么买方垄断厂商每周雇用超过 3 000 小时的劳动就无法实现利润最大化？我们以雇用第 4 000 单位劳动为例进行说明。如图 11－18 所示，当 $L=4\,000$ 时，$ME_L>MRP_L$。每增加一单位劳动的支出大于增加这一单位劳动带来的收益。因此，厂商最好是不雇用这一单位劳动（或者，任何超过 3 000 小时的劳动都不要雇用）。

同样，厂商不会雇用比 3 000 小时还少的劳动。如果厂商雇用了 2 000 小时劳动，每增加一单位劳动增加的收益高于每增加一单位劳动增加的边际支出（$MRP_L>ME_L$）。

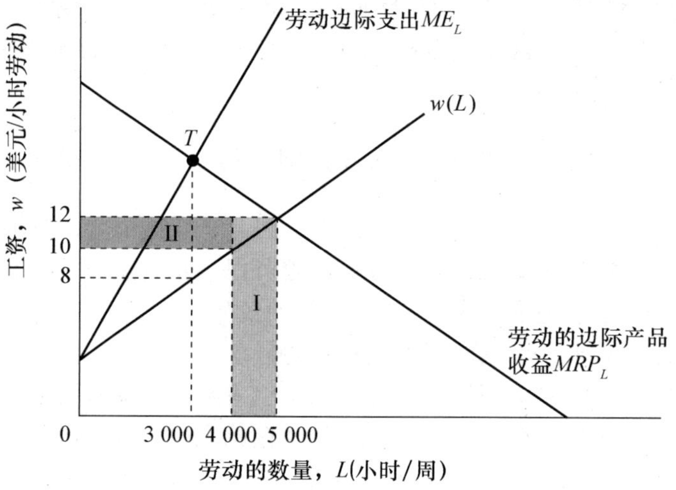

图 11－18　买方垄断厂商的利润最大化

说明：当劳动的边际产品收益等于劳动的边际支出时，买方垄断厂商实现了利润最大化，即 MRP_L 和 ME_L 的交点，也就是说，每周雇用 $L=3\,000$ 小时的劳动。为了激励劳动供给，厂商必须支付的工资为 8 美元/小时。

边做边学习题 11.8

推导买方垄断厂商的利润最大化条件

假设买方垄断厂商的投入只需要劳动这一种生产要素，并且其生产函数为 $Q=5L$，其中 L 是劳动投入的数量（单位是千小时/周）。假设产品的市场价格是 10 美元/单位，并且劳动的供给曲线为 $w=2+2L$。

问题：

当利润最大化时，厂商雇用多少劳动？并求出雇用价格。

解：

当买方垄断厂商利润最大化时，劳动的边际产品收益和劳动边际支出相等。

劳动边际支出 $ME_L=w+L(\Delta w/\Delta L)$。其中，$\Delta w/\Delta L$ 是劳动供给曲线的斜率。此时，$\Delta w/\Delta L=2$。现在，我们把 $\Delta w/\Delta L$ 的值代入并根据劳动供给方程给定的 w 的值求

ME_L：$ME_L=(2+2L)+2L=2+4L$。

劳动的边际产品收益 MRP_L 等于价格（10 美元）乘以劳动边际产品 $MP_L=\Delta Q/\Delta L=5$。因此，可以求出 $MRP_L=10\times5=50$。

现在令 ME_L 和 MRP_L 相等：$2+4L=50$，得出 $L=12$。我们将这个结果代入劳动供给曲线：$w=2+2\times12=26$。因此，买方垄断厂商利润最大化的条件是，以 26 美元/小时的价格每周雇用 12 000 小时的劳动。

相似习题：11.28，11.29，11.31

□ 买方垄断的逆弹性定价法则

垄断均衡条件 $MR=MC$ 产生了一个逆弹性定价法则。买方垄断均衡条件 $MRP_L=ME_L$ 也产生了一个逆弹性定价法则。在这个法则中关键的弹性是劳动供给弹性 $\epsilon_{L,w}$，薪资水平变化 1%所引起的劳动供给变化的百分比。①

买方垄断市场的逆弹性定价法则是

$$\frac{MRP_L-w}{w}=\frac{1}{\epsilon_{L,w}}$$

换句话说，在这种情况下，劳动的边际产品收益与劳动的薪水之差占薪水的百分比就等于劳动供给弹性的倒数。

为什么逆弹性定价法则如此重要？其中一个重要的原因是它可以区分完全竞争的劳动市场和买方垄断的劳动市场。在一个完全竞争的劳动市场上，每个厂商所购买的劳动的价格都是给定的 w。要使厂商利润最大化，就必须使劳动的边际产品收益等于劳动的价格：$MRP_L=w$。在一个买方垄断的劳动市场，正好相反，买方垄断厂商支付的薪水低于边际产品收益。逆弹性定价法则告诉我们，工资低于边际产品收益的程度是由劳动供给弹性的倒数决定的。

案例 11.9

沃尔玛是买方垄断厂商吗

沃尔玛是世界上最大的私有厂商，拥有全世界最高的销售额，有超过 200 万名员工。沃尔玛于 1969 年成立，在成长的大部分历史中，它采用了主要在较小都市地区和农村社区开店的策略。在这些地区，沃尔玛常常是利润率最高且最大的零售商。沃尔玛饱受批评的主要原因是一些小的商店，尤其是农村社区，在产品种类以及价格上都无法与沃尔玛进行竞争。当沃尔玛进驻之后，许多小的零售商都关闭了。

由于沃尔玛在当地的零售业占主导地位，并且在当地的劳动市场也占主导地位，所以，在一些地区沃尔玛可能是买方垄断的。经济学家博南诺（Bonanno）和洛佩斯（Lopez）研究了相邻的 48 个州的每一个县在 2006 年的雇佣和

① 这与我们在第 2 章和第 9 章讨论的供给价格弹性相似。

薪水数据。[1] 他们利用本节介绍的买方垄断厂商的逆弹性定价法则（即劳动的边际产品收益与工资之差占工资的百分比）进行计算。

如果把美国作为一个整体，博南诺和洛佩斯发现逆弹性定价法则为 2%，因此，平均而言，沃尔玛不具有买方垄断势力。但是，对县的估算却是不同的。在一些大城市以及人口更为密集的地区（例如美国的东北部），沃尔玛薪水的逆弹性定价法则几乎与零没什么差别。但是在一些小的社区，这个逆弹性定价法则为 5%。在中南部这个值就更大了。为什么会这样呢？这是因为，较大的城市和人口相对比较稠密地区可能会提供更多的就业机会。对任何厂商来说，都很难做到劳动市场的买方垄断。

边做边学习题 11.9 ☞

应用买方垄断厂商的逆弹性定价法则

一个厂商的产出用 Q 表示，不管以何种规模 Q 进行生产，市场上的价格总是 $P=12$。这个厂商只使用一种生产要素，劳动（用 L 表示）投入，生产函数为 $Q(L)=L$。劳动供给市场是完全竞争市场，沿着供给曲线任一点的供给弹性都为 2。该厂商在劳动市场是买方垄断者。

问题：

买方垄断支付的工资水平比完全竞争市场支付的工资水平低多少？

解：

每单位劳动带来 1 单位产出（$MP_L=1$），每单位产品的价格是 12。因此，$MRP_L=P(MP_L)=12$。如果是完全竞争市场，厂商支付的工资水平就等于劳动的边际产品收益，即 12。

现在来考虑下面的情况：如果是买方垄断者，厂商如何制定工资水平。由于劳动的供给弹性是不变的，所以我们可以使用买方垄断者的逆弹性定价法则：$(MRP_L-w)/w=1/\epsilon_{L,w}$。则买方垄断者的逆弹性定价法则可以写成 $(12-w)/w=1/2$。因此，买方垄断者需要支付的工资水平是 8，比厂商在完全竞争市场上支付的工资水平低 1/3。

相似习题： 11.30，11.32

□ 买方垄断的无谓损失

就像垄断市场会导致一些无谓损失一样，买方垄断也会这样。原因就在于，以图 11－19 中的买方垄断均衡为例，煤炭厂商支付的工资水平为 8 美元/小时，每周雇用 3 000 小时的劳动（图 11－18 说明了相同的情形）。在这个买方垄断市场，煤炭厂商是劳动服务的唯一消费者，工人就像是劳动服务的生产者。煤炭厂商的利润就等于总收益减去花费在劳动上的总支出。卖出产品的总收益就等于劳动的边际产品收益曲线

① Alessandro Bonanno and Rigoberto Lopez, "Wal-Mart's Monopsony Power in Local Labor Markets," presented at the 2008 annual meeting of the American Agricultural Economics Association, http://ageconsearch.umn.edu/handle/6219（访问日期：2010 年 2 月 16 日）。

MRP_L（一直到利润最大化时的劳动供给数量 3 000 小时）下的面积，即区域 $A+B+C+D+E$。厂商劳动投入的总成本是区域 $D+E$，因此煤炭厂商的利润，也就是消费者剩余，就是区域 $A+B+C$。

劳动供给者的生产者剩余就是所有劳动供给的工资之差与他们的机会成本。支付的总工资等于区域 $D+E$。劳动供给的机会成本反映在劳动供给曲线上。供给曲线 $w(L)$ 下面的区域直到劳动的数量为 3 000 小时（区域 E）是把这些劳动供给全部抽出时需要的补偿，其对应这些劳动从外部机会所能获得的最大经济收入。外部机会可能是工人享受闲暇的价值，也可能是迁移到其他劳动市场所能获得的工资。这样，生产者剩余就是区域 $D+E-E=$ 区域 D。生产者剩余加上消费者剩余（净经济收益）就等于区域 $A+B+C+D$。

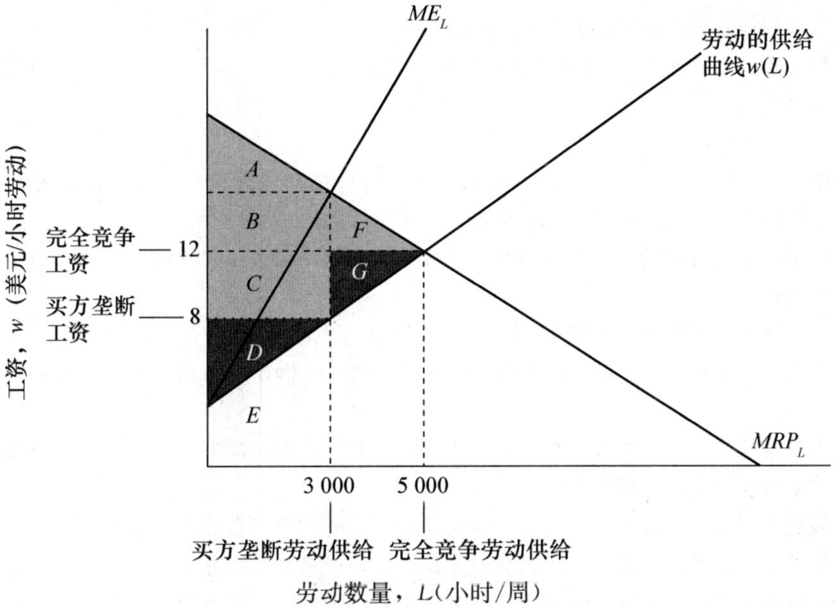

	完全竞争	买方垄断	买方垄断的影响
消费者剩余	$A+B+F$	$A+B+C$	$C-F$
生产者剩余	$C+D+G$	D	$-C-G$
净经济收益	$A+B+C+D+F+G$	$A+B+C+D$	$-F-G$

图 11-19　买方垄断均衡与完全竞争均衡

说明：当买方垄断劳动市场利润最大化时，每周雇用 3 000 小时的劳动，工资水平是 8 美元/小时。当完全竞争劳动市场均衡时，雇用的劳动数量为每周 5 000 小时，工资水平是 12 美元/小时。当买方垄断劳动市场均衡时，净经济收益是区域 $A+B+C+D$。当完全竞争劳动市场均衡时，净经济收益为区域 $A+B+C+D+F+G$。由于买方垄断造成的无谓损失为区域 $F+G$。

如果劳动市场是完全竞争的，劳动的市场出清价格就是 12 美元/小时，相应的供给为每周 5 000 小时的劳动。因此，相对于完全竞争市场，买方垄断市场均衡会导致不充分就业。在完全竞争市场，消费者剩余等于区域 $A+B+F$，生产者剩余等于区域 $C+D+G$。如图 11-19 中的表格所示，买方垄断是把生产要素拥有者的部分利益转移到了生产要素的购买者——在这个例子中，就是把工人的部分消费者剩余转移到了煤炭厂商的生产者剩余。由于买方垄断市场比完全竞争市场雇用的生产要素少，所以也有无谓损失。图 11 - 19 中的表格表明，这个无谓损失就是区域 $F+G$ 的面积。

本章小结

● 垄断市场是只包含一个卖方但有很多买方的市场。

● 垄断厂商必须沿着向下倾斜的市场需求曲线制定价格。价格越高，它能销售出的产品就越少；价格越低，它能卖出的产品越多。

● 在边际成本等于边际收益时，垄断厂商达到利润最大化。(边做边学习题 11.2)

● 当产量增加时，垄断厂商的边际收益分为两部分：和销售边际产品相对应的收益（等于市场价格）的增加以及和销售超边际产品相对应的收益的减少。

● 当产出是正的时，垄断厂商的边际收益小于平均收益，并且边际收益曲线位于市场需求曲线的下方。(边做边学习题 11.1)

● 垄断厂商没有供给曲线。

● 逆弹性定价法则（IEPR）说明，利润最大化时的价格和边际成本之差占价格的百分比等于需求价格弹性的负倒数。(边做边学习题 11.3 和 11.4)

● 逆弹性定价法则意味着，当面临正的边际成本时，利润最大化的垄断厂商只在市场需求曲线富有弹性的区域进行生产。

● 当一个厂商有能力控制市场价格时，我们就说这个厂商有市场势力。逆弹性定价法则告诉我们，不仅垄断厂商有市场势力，其他厂商也可能有市场势力，例如在市场中拥有差异化产品的厂商同样拥有市场势力。

● 如果需求增加（也就是曲线右移）导致边际收益曲线右移，需求增加也会增加垄断厂商的均衡产量。均衡价格可能上升，也可能下降。(边做边学习题 11.5)

● 当边际成本增加（上移）时，垄断厂商利润最大化时的价格会提高，但是产量会下降。

● 拥有多家工厂的垄断厂商为追求利润最大化，会把产量分配给分工厂，并使每家工厂的边际成本都相等。拥有多家工厂的垄断厂商使边际收益等于总边际成本。总边际成本曲线由垄断厂商各分工厂的边际成本曲线水平加总而得。(边做边学习题 11.6)

● 卡特尔利润最大化的条件和拥有多家工厂的垄断厂商是一样的。因此，为了使利润最大化而将产量平均分配给其成员是没有必要的。

● 当一个厂商面临两个市场且统一定价时，要找到利润最大化条件，首先要把两个市场的需求曲线进行水平加总。当加总需求曲线的边际收益等于厂商的边际成本时，厂商达到利润最大化。利润最大化时的价格是由加总需求曲线决定的。(边做边学习题 11.7)

● 在均衡状态时，垄断厂商的产量低于完全竞争时的产量。这意味着，垄断的定价策略必定带来无谓损失。寻租活动（旨在获得垄断或维护垄断地位的活动）同样增加了垄断带来的无谓损失。

● 垄断市场存在是因为自然垄断（一个卖方比多个卖方的成本要低），或者是因为进入壁垒，进入壁垒使该市场的新进者变得无利可图。

● 买方垄断市场包含一个买方、多个卖方。

● 买方垄断厂商利润最大化的条件是其购买生产要素（如劳动）的边际支出等于这种生产要素的边际产品收益。买方垄断厂商支付的生产要素价格由生产要素的供给曲线决定。(边做边学习题 11.8)

● 买方垄断市场的逆弹性定价法则说明，生产要素的边际收益与生产要素价格之差占生产要素价格的百分比等于生产要素供给弹性的倒数。(边做边学习题 11.9)

● 像卖方垄断一样，相比完全竞争市场均衡，买方垄断均衡也有一定的无谓损失。

复习题

1. 为什么垄断厂商的需求曲线就是市场的需求曲线？

2. 完全竞争市场厂商的边际收益等于市场的价格。为什么垄断厂商的边际收益低于产量为正时的市场价格？

3. 为什么垄断厂商在某些产量水平上的边际收益是负的？为什么当需求曲线不富有需求价格弹性时，边际收益是负的？

4. 假设垄断厂商在任何产量水平下的边际成本都是正的。

a）判断真假：当垄断厂商在市场需求曲线无弹性区域进行生产时，它可以通过减少产量来增加利润。

b）判断真假：当垄断厂商在市场需求曲线富有弹性的区域进行生产时，它可以通过生产更多的产品来获得更多的利润。

5. 在垄断厂商利润最大化时，总收益是否也最大？解释理由。

6. 什么是逆弹性定价法则？与垄断厂商利润最大化条件 $MR=MC$ 有什么联系？

7. 评论下面的说法：丰田厂商需要面对世界汽车市场上许多厂商的竞争，所以它没有市场势力。

8. 拥有多家工厂的垄断厂商按照什么原则把产量分配给旗下工厂？如果是完全竞争市场是否会采用相同的原则？

9. 为什么垄断均衡会产生无谓损失？

10. 买方垄断与卖方垄断有什么不同？一个厂商有没有可能既是买方垄断厂商又是卖方垄断厂商？

11. 买方垄断厂商的边际支出函数是什么？为什么买方垄断厂商的边际支出高于任何产量水平下的生产要素的价格？

12. 为什么买方垄断均衡会导致无谓损失？

习　题

11.1　市场需求曲线是 $Q=100-5P$。

a）求市场的逆需求曲线。

b）求垄断厂商在这个市场上的平均收益函数。

c）求基于这条需求曲线的边际收益函数。

11.2　垄断厂商的市场需求函数为 $P=40-2Q$。

a）求此厂商的边际收益函数。

b）求此厂商可以获得的最大收益。

11.3　证明：当且仅当边际收益为 0 时，需求价格弹性为 -1。

11.4　假设英特尔垄断了巴西的微处理器市场。2005 年它所面临的市场需求函数为 $P=9-Q$，其中 Q 是全年卖出的微处理器数量，单位是百万台。你不知道英特尔生产处理器的成本。假设英特尔是以利润最大化为目标来进行生产的垄断厂商，请问在 2005 年，在巴西有没有可能卖出 700 万台微处理器。

11.5　一个垄断厂商所在行业的需求曲线是 $Q=1\,000-20P$。垄断厂商的边际成本是不变的 8 美元。求垄断厂商利润最大化时的价格。

11.6 假设联合航空公司垄断了芝加哥-内布拉斯加州的奥马哈航线。在冬季（当年 12 月至次年 3 月），在这条航线上的月需求曲线为 $P=a_1-bQ$。在夏季（6—8 月），月需求曲线为 $P=a_2-bQ$，其中 $a_2>a_1$。假设夏季和冬季的边际成本函数是相同的，并且假设边际成本函数与乘客的数量 Q 无关，请问联合航空公司制定的价格在夏季更高还是在冬季更高？

11.7 垄断厂商在以下成本和需求数据下进行生产。总固定成本为 1 400 美元，总可变成本函数为 Q^2，其中 Q 是指生产的产品数。需求曲线是 $P=120-2Q$。沉没成本是 600 美元。厂商在可预见未来的需求和成本下做决策。

a）如果利润能最大化，最大化利润是多少？

b）在短期，厂商应该生产还是关闭？解释原因。

11.8 一个垄断厂商的成本分为固定成本和可变成本。部分固定成本为沉没成本，部分为非沉没成本。沉没固定成本和非沉没固定成本将怎样影响厂商短期利润最大化决策？

11.9 在何种情况下，垄断厂商利润最大化和收益最大化时的价格是相同的？

11.10 假设垄断厂商的成本函数为 $C=F+20Q$，其中 C 是总成本，F 是固定成本，Q 是产量。逆需求函数为 $P=60-Q$，其中 P 是市场价格。当价格为 30（不是利润最大化时的价格）时，厂商将没有任何利润。当厂商以利润最大化的价格进行生产销售时，最大利润是多少？

11.11 假设垄断厂商的总成本函数为 $TC=1\,200+0.5Q^2$，相应的边际成本函数为 $MC=Q$。市场的需求函数为 $P=300-Q$。

a）求这个垄断厂商利润最大化时的价格和产出。判定此时垄断厂商是否有利可图。

b）计算该厂商利润最大化时的需求价格弹性。计算利润最大化时的边际成本。验证逆弹性定价法则是否有效。

11.12 垄断厂商的需求函数为 $P=210-4Q$，一开始时边际成本不变，$MC=10$。

a）计算利润最大化时的产量，并计算利润最大化时的总收益。

b）假如垄断厂商的边际成本增至 $MC=20$，垄断厂商的总收益是否会下降？

c）假设市场是完全竞争市场，边际成本函数 $MC=10$。求长期均衡状态时的价格和产量。

d）假设边际成本函数增至 $MC=20$。验证边际成本的增加会导致整个行业收益增加。

11.13 垄断厂商的市场需求函数为 $P=120-2Q$。固定成本为 300。前 15 单位产品的边际成本是 10（当 $0\leqslant Q\leqslant 15$ 时，$MC=10$）。如果想继续生产更多的产品，就必须给工人增加工资，边际成本变成 20。求该厂商最多能获得多少利润。

11.14 垄断厂商的市场需求函数为 $P=100-Q+I$，其中 I 代表这个市场的消费者的平均收入。假设该垄断厂商的边际成本函数不向下倾斜。如果消费者的收入增加，请问该厂商会把产品的价格提高、降低还是保持不变？

11.15 不同市场的两个垄断厂商拥有相同的不变边际成本函数。

a）假设两个厂商面临的都是线性需求曲线并且这两条曲线平行。请问哪个垄断厂商拥有更高的利润（P 和 MC 之间的比率）：离原点近的还是离原点远的需求曲线？

b）假设它们的斜率不同，但拥有相同的垂直截距。请问哪个厂商拥有更高的利润：陡峭的还是平坦的需求曲线？

c）假设两个厂商的斜率不同，但是拥有相同的水平截距。请问哪个厂商拥有更高的利润：陡峭的还是平坦的需求曲线。

11.16 假设垄断厂商的市场需求曲线为 $P=a-bQ$。边际成本函数为 $MC=c+eQ$。假设 $a>c$ 且 $2b+e>0$。

a）用 a、b、c、d 的形式表示垄断厂商利润最大化时的产量和价格。

b）验证：增加 c（边际成本曲线上移）或减少 a（需求曲线左移）将导致均衡产量减少。

c）证明当 $e\geqslant 0$ 时，增加 a 会导致均衡价格增加。

11.17 假设垄断厂商的需求函数为 $Q=1\,000P^{-3}$。垄断厂商利润最大化时的价格与边际成本比是多少？

11.18 假设垄断厂商的市场逆需求函数为 $P=100Q^{-1/2}$。垄断厂商利润最大化时价格与边际成本比是多少？

11.19 在一家有特色的咖啡屋，一大杯拿铁的边际成本是 1 美元。大杯拿铁的需求价格弹性是不变的，约为－1.3。求利润最大化时的价格。

11.20

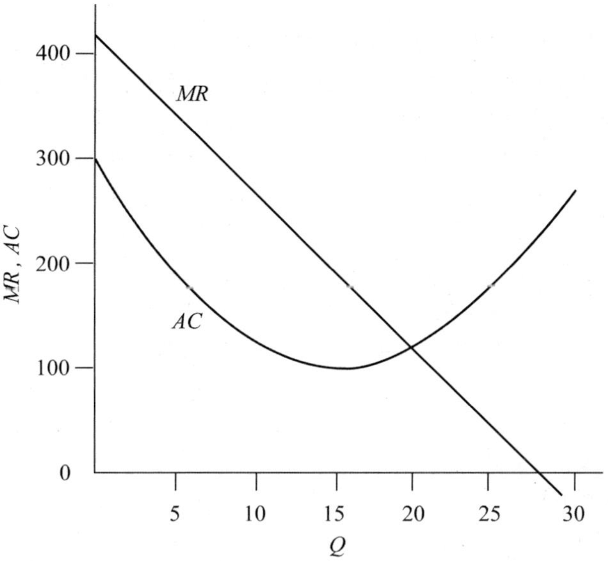

上图是一个垄断厂商的平均成本曲线和边际收益曲线。在利润最大化时厂商最有可能在哪个区域生产？并估计产量。

11.21 假设吉列公司垄断了墨西哥的剃须刀刀片市场。墨西哥剃须刀刀片市场的需求方程为 $P=968-20Q$，其中 P 是剃须刀刀片的价格，单位是美分，Q 是剃须刀刀片的需求数量，单位是百万个/年。吉列公司有两个工厂供应墨西哥的剃须刀刀片市场：一个在洛杉矶，另一个在墨西哥城。在洛杉矶分工厂生产刀片的边际成本是不变的，每个 8 美分。我们用 Q_1 和 MC_1 分别表示洛杉矶工厂的产量和边际成本，因此，我们可以得出 $MC_1(Q_1)=8$。墨西哥城分工厂的边际成本函数为 $MC_2(Q_2)=1+0.5Q_2$。

a）求吉列公司在墨西哥市场上实现利润最大化时的产量和价格。此时吉列公司如何分配墨西哥城分工厂和洛杉矶分工厂的产量？

b）假设洛杉矶分工厂的边际成本变成每个刀片 10 美分。求吉列公司在墨西哥市场上实现利润最大化时的产量和价格。此时如何分配两个分工厂的产量？

11.22 市场需求曲线为 $P=64-(Q/7)$。垄断厂商有三家分工厂，边际成本函数分别为

$$MC_1(Q_1)=4Q_1$$
$$MC_2(Q_2)=2+2Q_2$$
$$MC_3(Q_3)=6+Q_3$$

a）求利润最大化时的价格及每家分工厂的产量。

b）如果 $MC_2(Q_2)=4$，求利润最大化时的价格及每家分工厂的产量。

11.23 一个垄断厂商只生产一种产品，并且拥有两家工厂，边际成本函数分别为 $MC_1=20+2Q_1$，$MC_2=10+5Q_2$，其中 MC_1 和 MC_2 分别为工厂 1 和工厂 2 的边际成本，Q_1 和 Q_2 分别是每家分

工厂的产量。如果在该垄断厂商利润最大化时 $Q_2=4$，求 Q_1。

11.24 假设你是一个厂商的顾问，这个厂商拥有一种药品的专利，这个厂商垄断了两个市场。由于药品在这两个市场流通不产生任何流通费用，所以必须制定相同的价格。第一个市场的需求曲线为 $P_1=200-2Q_1$，其中 P_1 是该产品的价格，Q_1 为该市场的销量。第二个市场的需求函数为 $P_2=140-Q_2$，其中 P_2 是市场 2 的价格，Q_2 是该市场的销量。该垄断厂商的边际成本函数为 $MC=20+Q_1+Q_2$。求利润最大化时的价格。

11.25 某厂商是欧洲一种程序的垄断者。在欧洲的需求为 $Q_1=120-P$，其中 Q_1 是在欧洲的销量，价格为 P，厂商的边际成本是 20。

a）求利润最大化时的价格。

b）假设该厂商获得了该程序在美国的专利。该程序在美国的需求为 $Q_2=240-2P$，其中 Q_2 代表价格为 P 时的销量。因为此软件可通过互联网无成本地流通，所以必须在欧洲和美国制定相同的价格策略。求利润最大化时的价格。

c）用垄断中点法则（边做边学习题 11.5）来解释问题 a）和问题 b）中答案之间的联系。

11.26 假设垄断厂商的市场需求曲线为 $P=100-2Q$，边际成本函数为 $MC=Q/2$。

a）计算垄断厂商利润最大化时的产量和价格。

b）计算供给曲线为 $P=Q/2$ 的完全竞争情况下的价格和产量。

c）对比垄断情况和通过边际成本定价下的生产者剩余与消费者剩余。求垄断的无谓损失。

d）假设市场的需求函数为 $P=180-4Q$。求此时垄断的无谓损失。解释此时的无谓损失为什么与问题 c）中的不同。

11.27 一种商品的需求曲线为 $P=100-Q$。垄断厂商的边际成本为 $MC(Q)=Q$（$Q\leqslant 30$），能供应给市场的最大产量为 $Q=30$，也就是说，当 $Q>30$ 时，边际成本是无穷大的。

a）求利润最大化时的价格。

b）求垄断的无谓损失。

11.28 一个煤炭厂商的生产函数为 $Q=L/2$，其中 L 为劳动的雇佣数量，Q 是总产出。厂商是价格接受者，当前的价格为 32。在劳动市场上，该厂商是买方垄断的，劳动的供给曲线为 $w=4L$。

a）求买方垄断厂商的边际支出函数 ME_L。

b）计算利润最大化时的雇佣劳动数量及厂商需要支付的工资。

c）求买方垄断的无谓损失。

11.29 一个厂商的产量用 Q 表示，不管产量如何，市场价格都是不变的，$P=20$。该厂商只使用一种生产要素，劳动（用 L 表示）；生产函数为 $Q(L)=L$。劳动市场上有很多供给，供给函数为 $w=2L$，其中 w 是工资水平。厂商在劳动市场是买方垄断的。

a）厂商将付多少工资？

b）相对于完全竞争的劳动市场，该买方垄断厂商获得了多少额外的利润？

11.30 一个厂商的产量用 Q 表示，不管产量 Q 为多少，市场价格总是 4。厂商只使用一种生产要素（劳动 L）进行生产；生产函数 $Q(L)=10L$。劳动的供给是有竞争的，供给曲线上的供给弹性是不变的，都为 3。如果该厂商在劳动市场上是买方垄断的，求工人的工资水平。

11.31 某医院是阿斯托里亚的护士的唯一雇主，是该地区护士劳动的买方垄断者，并以利润最大化为目标制定劳动的工资水平。护士的边际产品收益函数为 $w=50-2N$，其中 w 是医院支付的工资，N 是雇用的护士人数（单位是百名）。护士的供给函数为 $w=14+2N$。

a）该医院会以多少工资雇用多少名护士？

b）求买方垄断造成的无谓损失。

11.32 一家医院是一个城市护士服务的买方垄断者。在利润最大化时，护士服务的供给弹性为 +1。通过这个条件你能得出劳动边际产品收益的数量和厂商当前支付的工人工资之间的关系吗？

第 12 章

捕获剩余

为什么你买的票总是比我买的便宜

美国航空公司每天都有往返伊利诺伊州芝加哥和比利时首都布鲁塞尔的直飞航班。如果你在 2010 年 3 月 15 日访问该公司的网站（aa.com）预定次月一周以内的往返机票，就会有大量日期和航班可供选择。表 12－1 列举了一些可选择的经济舱的航班。当然，美国航空公司还以更高的价格向一些希望以比较奢侈的形式旅行的人士提供商务舱服务（没有列在表中）。

表 12－1　　美国航空公司的往返票价，芝加哥到布鲁塞尔及回程[a]

芝加哥到布鲁塞尔，AA88	回芝加哥，AA89	超级经济舱（美元）	经济舱平价（美元）	弹性经济舱（美元）
星期六，4 月 3 日	星期六，4 月 10 日	1 128.90	3 491.90	3 408.90
星期六，4 月 10 日	星期六，4 月 17 日	1 193.90	3 491.90	3 924.90
星期二，4 月 13 日	星期二，4 月 20 日	854.90	3 491.90	3 924.90
星期六，7 月 10 日	星期六，7 月 17 日	1 270.90	3 491.90	3 924.90
星期二，7 月 13 日	星期二，7 月 20 日	1 361.90	3 491.90	3 924.90

a：是 2010 年 3 月 15 日（周一）对表中所示日期的报价。数据来自美国航空公司的网站（aa.com）。价格没有包括附加费，如托运行李的费用。

人们不禁要问，明明可以用更低的价格购买经济舱的机票，为什么有顾客愿意以较高的价格购买二等舱？另外，为什么航空公司对同样的服务却收取了不同的价格？航空公司认为，即便是固定的航班也拥有不同类型的顾客。一些顾客，尤其是那些商务出差的，需要在特定的时间到达特定的地点，即便价格很贵，也会有人买。其他的旅行者，如家庭度假的，就对机票的价格比较敏感。为了避免高的票价，他们很有可能改变旅行的时间（例如，4 月 13 日出发比 4 月 10 日出发更便宜，就会改到 4 月 13 日），或者直接改旅行目的地。为了省钱，他们可能提前几个星期或者几个月购买机票。

也有可能，许多乘客为了获得比较便宜的机票愿意接受弹性下降及优惠待遇下降。例如，相对于一些高价位的机票，芝加哥到布鲁塞尔的超级经济舱机票不允许退票。总之，以更高价位购买机票的乘客有很多优势，如在改变航班方面拥有更多的灵活性、特殊登机特权、减免托运行李的费用或者免费、更快的行李托运速度、在航班取消时享有更高级别的改签级别和住宿权利。

航空公司也要面临一些权衡。因为空座将没有任何收益，航空公司希望飞机上座率高。在飞机临起飞前，它会以更低的折扣把机票卖出去。最后，很有可能有顾客愿意溢价购买，但此时航班已经没有空座了。一旦航空公司可以通过改变固定航班的价格来影响乘客的人数，航空公司就有了市场势力。它利用一种管理系统使航班满座以实现利润最大化。收益管理系统可以帮助航空公司决定给何种价格分配多少个座位。

在第 11 章，我们了解了，管理一个有市场势力的企业比管理一个完全竞争市场的企业复杂得多。在完全竞争市场，经理不用控制产出或投入的价格，只需决定需要购买的生产要素数量和生产数量。但是，具有市场势力的企业的经理必须知道市场需求、企业产量以及价格之间的关系。具有市场势力的企业可以通过价格歧视的方式来增加它的利润。

本章概要　在阅读和学习本章之后，你将会解决以下问题：

- 解释具有市场势力的企业如何通过实施价格歧视获取更多的剩余，也就是说，对同一产品的不同顾客制定不同的价格。
- 说明为什么企业必须知道有关保留价格或者需求价格弹性以及防止转售的信息才能成功地实施价格歧视。
- 分析三种类型的价格歧视，并说明价格歧视如何影响价格、消费者剩余和生产者剩余。
- 解释为什么企业经常要创造不同形式的产品：低质量的产品，低价格吸引对价格敏感的消费者；高质量的产品，高价格吸引对价格不敏感的消费者。
- 解释为什么把两个相关产品打包出售可以获取更多的剩余。
- 解释企业如何用广告（一种非价格竞争形式）来创造和捕获剩余。尽管广告能创造需求，但是广告是有成本的。你将了解到，为了获得更多的剩余，企业将如何制定广告策略，如何根据广告支出制定价格。

12.1　捕获剩余概述

在第 11 章的例子中，垄断企业对所有消费者收取的价格都是一样的。在向下倾斜的需求曲线 D 上，边际收益 MR 和边际成本 MC 相等处的点对应的产量 Q_m，就是垄断企业利润最大化时的产量。为了让消费者购买数量为 Q_m 的产品，价格需要设定为 P_m。如图 12－1 所示，在这种情形下，垄断企业获得的最大生产者剩余是区域 $G+H+K+L$。

垄断企业不能获得代表着消费者剩余的区域 $E+F$（消费者获取了这部分收益）。此外，无谓损失是区域 $J+N$，这部分潜在的经济效益既没有被垄断企业获得，也没有被消费者获得。造成无谓损失的原因在于一些处在需求曲线上点 A 和点 B 之间的消费者不愿意在价格 $P=P_m$ 时购买产品，尽管他们愿意以低于 P_m 但大于或等于边际成本的价格（也就是说，以 P_1 和 P_m 之间的价格）购买产品，使垄断企业的产量增加到 Q_1。

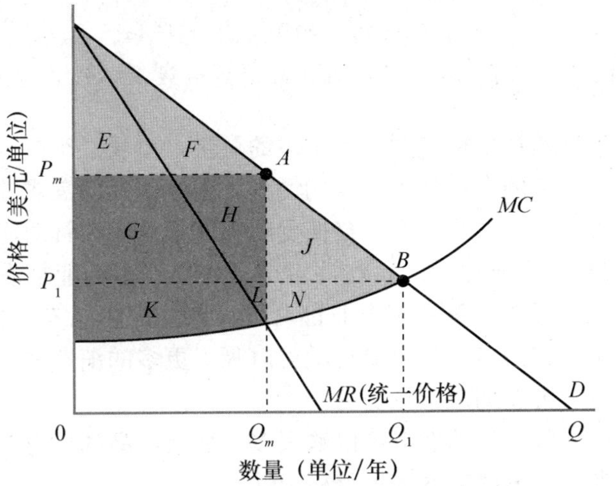

图 12-1　统一价格的垄断

说明：当垄断企业以统一价格最大化利润时，统一价格为 P_m，产量为 Q_m。生产者剩余为区域 $G+H+K+L$。但是，消费者抢走了部分生产者剩余（区域 $E+F$）。此外，无谓损失（区域 $J+N$）代表着潜在的剩余，这部分剩余消费者和生产者都没有获得。

价格歧视（price discrimination）（同一种产品针对不同的消费者采取不同价格策略的行为）可以使垄断企业或任何有市场势力的企业获取更多的剩余。价格歧视一共分为三种。

- **一级价格歧视**（first-degree price discrimination）。对每单位产品，企业都按照消费者的保留价格卖给消费者（也就是说，每单位产品都以消费者愿意为该单位产品支付的最高价格售出）。例如，企业在拍卖会上销售自己的产品，它希望消费者可以相互竞价，直到保留价格最高的消费者购买此产品。卖方希望以消费者愿意为这个商品支付的最大价格来出售产品。
- **二级价格歧视**（second-degree price discrimination）。企业按照消费者购买的数量给予折扣——如果消费者买得多，单位价格就会下降。例如，如果消费者购买 1～9 套电脑游戏软件的拷贝，软件公司卖给消费者的价格为每套 50 美元；如果购买 10～99 套拷贝，每套售价为 40 美元；如果购买超过 100 套拷贝，每套售价为 30 美元。
- **三级价格歧视**（third-degree price discrimination）。企业会在市场上对不同群体的消费者分组或分段进行标识，不同的组段有不同的需求曲线。然后，为了实现利润最大化，企业会按照边际成本等于边际收益的原则为不同组段的消费者设定各自的价格，等价于使用逆弹性定价法则（IEPR，在 11 章中讨论过）① 来定价。例如，对同样航班路线却拥有不同需

① 逆弹性定价法则为 $(P_i-MC_i)/P_i=-1/\epsilon_{Q_i,P_i}$，$P_i$ 是产品 i 的价格，MC_i 是边际成本，ϵ_{Q_i,P_i} 是该企业拥有的该产品的需求价格弹性。

求曲线的商务旅客和度假旅客，航空公司设置不同的价格——商务旅客的票价为 500 美元，而度假旅客的票价仅为 200 美元。

价格歧视：同一种产品针对不同的消费者采取不同价格策略的行为。

一级价格歧视：对每单位产品，企业都按照消费者的保留价格卖给消费者。也就是说，每单位产品都以消费者愿意为该单位产品支付的最高价格售出。

二级价格歧视：企业按照消费者购买的数量给予折扣。

三级价格歧视：针对同一市场不同群体的消费者设置不同价格的策略。

当然，企业如果想通过价格歧视获得更多的剩余，市场必须具备以下特征：

- 企业必须拥有一定的市场势力。换句话说，企业面临的需求曲线必须是向下倾斜的。如果企业没有市场势力，是一个价格接受者，就没有能力针对不同产量的产品制定不同的价格。就如第 11 章所讨论的，在许多市场中，许多企业拥有市场势力。在有的行业里，只有少数几家企业，每一家企业都对自己产品的价格有一定的控制力。例如，在航空业，每一家企业都知道，如果降价就可以吸引更多的消费者。即便航空公司不是一家垄断企业，它也有可能拥有市场势力。
- 企业必须知道一些关于消费者可以购买多少数量产品的信息。企业也必须清楚消费者的保留价格或者不同消费者的需求价格弹性不同。
- 企业必须能阻止倒卖窜货套利。如果企业不能阻止倒卖，以低价位购买商品的消费者就会以中间人的身份，把以低价位购买的商品卖给愿意出更高价格的其他消费者。在这种情形下，中间人获取了多余的剩余，企业将丧失部分剩余。

案例 12.1

迪士尼乐园令人眼花缭乱的价格

坐落在加利福尼亚州阿纳海姆的迪士尼乐园，每年吸引了大约 1 500 万名游客。在世界上最受欢迎的主题公园中，佛罗里达的迪士尼乐园排在第一，阿纳海姆的排在第二。迪士尼乐园运用了许多我们在本章介绍的技术，包括价格歧视、捆绑销售、广告，从消费者身上获取了更多的剩余。

最简单的迪士尼乐园门票就是一天的通票，在 2010 年 3 月的价格是 72 美元/张[①]。然而，迪士尼针对不同的顾客制定了不同的价格。3～9 岁顾客的一天通票价格是 62 美元/张。同美国汽车协会会员一样，南加州居民可以享受一定的折扣。在迪士尼网站上，在线订票可以获得 40 美元的折扣。团购可以获得更低的价格。迪士尼的这种针对不同顾客制定不同价格的策略就是典型的三级价格歧视。

针对不同的购买数量，迪士尼同样会提供不同的折扣，这就是二级价格歧视。人们也可以购买 2～6 天不同时长的连票。连的天数越多，每天的花费就越少。同样，迪士尼也销售一种豪华年票，持票人可以在每年的 315 天中自由出入迪士尼乐园，除了一些

① http://disneyland.disney.go.com/disneyland/en_US/reserve/ticketListing?name=TicketListingPage&bhcp=1（访问日期为 2010 年 3 月 17 日）。

热门的节假日外。消费者可以购买一种溢价票，只要乐园开张，就可以使用。

你也可以购买一些捆绑其他商品服务的套票。例如“二合一”旧套票，它允许你同时去迪士尼乐园和毗邻迪士尼的加州冒险乐园。去其中任何一个地方的标准票价是 72 美元，但套票是 97 美元（3～9 岁为 87 美元），比两个标准票价加在一起要便宜得多。此外，如果你在迪士尼乐园度假村酒店下榻或者通过旅行社购买打包的产品，也可以获得折扣。

以前，迪士尼使用的是另外的定价策略。1955—1982 年，迪士尼对进入主题公园的顾客收取较低的费用，但是要求乘客对每个游乐项目单独付费。一个游乐项目费用的高低决定于该项目的流行程度和刺激程度。票价从最便宜的 A 票到最贵的 E 票。事实上，从系统定价的角度来看，E 票包括了当下最好玩的游玩项目。

12.2 一级价格歧视：从每个消费者处攫取最大利益

为理解一级价格歧视，我们先看需求曲线的特性：需求曲线代表了消费者在某些价位愿意购买的产品数量。因此，我们可以做一个不同价位对应需求的表。由于需求曲线向下倾斜，消费者愿意为第一单位产品付出的价格要高于为第二单位产品付出的价格。随着购买数量的增加，购买单位产品愿意付出的最大价格将下降。

一级价格歧视就是从卖方角度来看最理想的销售方式。如果卖方可以按照一级价格歧视的原则销售产品，则每一单位产品都将按照消费者愿意支付的最高价格进行支付。①

假设你拥有一个经过特殊设计的牛仔裤品牌，并且市场上的所有顾客都会走进你的商店。当一个顾客走进你的商店时，假设你能清楚地知道他愿意为牛仔裤支付的最高价格。一旦所有的顾客都在你的商店里，你就能得到牛仔裤的需求曲线，如图 12-2 所示（这张图中的曲线与图 12-1 中的是相同的）。

你将如何给牛仔裤定价以使利润最大化？你可以向保留价格最高的顾客索要等于她的保留价格（需求曲线的顶端）的价格。例如，假设她愿意花 100 美元来买一条牛仔裤。你将以 100 美元的价格卖给她，获取所有的剩余。② 同样地，如果一个顾客的保留价格是第二高的保留价格 99 美元，你将以每条 99 美元的价格把牛仔裤卖给他，也获得了所有的剩余。如果是完全价格歧视，那么每条牛仔裤都是按照当前消费者愿意购买牛仔裤的保留价格来出售。

你将卖出多少条牛仔裤呢？如图 12-2 的边际成本和需求表所示，你将最多卖出 Q_1 单位。当超过 Q_1 时，牛仔裤的边际成本高于价格，因此最多卖出 Q_1 条牛仔裤。生产者剩余就是需求曲线和边际成本曲线之间的部分（区域 $E+F+G+H+J+K+L+$

① 正是因为这个原因，一级价格歧视也被称为完全价格歧视。

② 更精细点，当顾客的保留价格是 100 美元时，如果你卖给她的价格是 100 美元，她有可能处于买或者不买模棱两可之间。为了确保她会买这条牛仔裤，你可能卖给她的价格是 99.99 美元。她将有 0.01 美元的消费者剩余，而你作为生产者将获取其他剩余。实际情况是，如果你卖 100 美元，她将买这条牛仔裤。

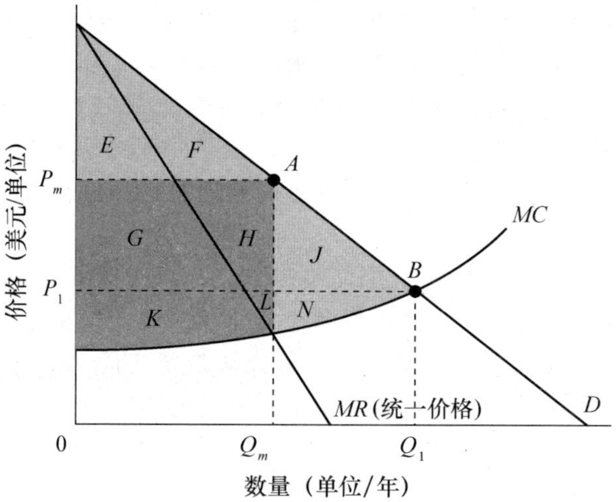

	统一价格	一级价格歧视
消费者剩余	$E+F$	0
生产者剩余	$G+H+K+L$	$E+F+G+H+J+K+L+N$
总剩余	$E+F+G+H+K+L$	$E+F+G+H+J+K+L+N$
无谓损失	$J+N$	0

图 12-2　统一价格和一级价格歧视

说明：当以统一价格销售时，生产者在价格为 P_m 时卖出数量为 Q_m 的产品。在这种情况下，生产者并没有获取所有的消费者剩余，因此会有一些无谓损失。当实施一级价格歧视时，卖出数量为 Q_1 的产品（也就是说，价格大于或等于边际成本 P_1 时的所有产量）。生产者对每个产品都按照消费者的保留价格进行出售。此时，生产者可以获取所有的剩余，并且没有无谓损失。

N)。[①] 此时，所有的剩余都被你获取，消费者得不到任何剩余。

我们使用这个例子说明，价格歧视需要三个先决条件。第一，卖方必须有市场势力，也就是说，牛仔裤的需求曲线必须是向下倾斜的。卖方不必垄断牛仔裤市场，因为其他商店有可能卖其他品牌的牛仔裤。

第二，卖方必须知道不同消费者的支付意愿。在这个例子中，我们假设，仅通过观察顾客，就能知道顾客的支付意愿。在真实世界中，得到这个信息是比较难的。如果你直接去问一个消费者，他告诉你的价格可能不是他内心真正愿意支付的价格，他通常会报一个比较低的价格以便可以获得更多的剩余。通常，卖方可以通过一个人的住所、工作地点、谈吐穿着、开什么车或者赚多少钱来估计这个人愿意支付的价格。虽然这个信息并不能完全反映消费者的支付意愿，但是可以帮助卖方获得比没有任何信息时更多的剩余。

第三，卖方必须能够阻止倒卖。在这个例子中，假如走进商店的人的保留价格为 50 美元或者更低，较高保留价格的人在商店外面等待。如果你以小于或等于 50 美元的价格卖给消费者，该消费者就可以变成中间人，把裤子以更高的价格卖给在外面等待的消费者。如果有倒卖，你将丧失一部分剩余。丧失的这部分剩余会被中间人获得。

如图 12-2 所示，当垄断企业统一价格时会有一些无谓损失。一级价格歧视有没有

① 如第 9 章所讲，生产者剩余是收益与非沉没成本的差。这里我们假设所有的固定成本都是沉没的。

无谓损失？在图 12-2 中，注意，每一个购买商品的消费者（Q_1 左边）的保留价格都大于或等于商品的边际成本。没有购买商品的消费者（Q_1 右边）的保留价格都小于商品的边际成本。完全一级价格歧视会有一个高效的产出水平，换句话说，就是没有无谓损失。①

边做边学习题 12.1

捕获剩余：统一价格和一级价格歧视

在这道习题中，我们将验证垄断企业实行一级价格歧视比实施统一价格能获取更多剩余。假设边际成本函数是不变的，$MC=2$，需求曲线为 $P=20-Q$，如图 12-3 所示。没有固定成本。

问题：

(a) 假设不允许价格歧视（或者不可能存在价格歧视）。生产者剩余是多少？

(b) 假设可以对市场实行完全一级价格歧视。生产者剩余是多少？

解：

(a) 边际收益曲线为 $MR=P+(\Delta P/\Delta Q)Q=(20-Q)+(-1)Q=20-2Q$。为了得到利润最大化时的产量，我们令边际成本等于边际收益。因此，$20-2Q=2$，得出 $Q=9$。将其代入需求曲线，我们可以得到 $P=20-9=11$。

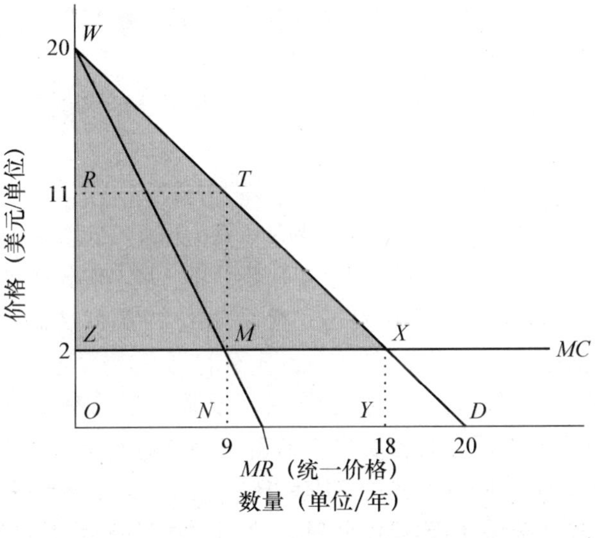

图 12-3　捕获剩余：统一价格和一级价格歧视

说明：当统一价格时，企业生产 9 单位产品（对应边际成本曲线 MC 与边际收益曲线 MR 的交点）。销售价格为每单位 11 美元，获得的生产者剩余为 81 美元（区域 $RTMZ$）。在完全一级价格歧视策略下，企业生产 18 单位产品（对应 MC 与需求曲线 D 的交点），捕获的生产者剩余是 162 美元（区域 WXZ）。

① 虽然完全一级价格歧视可以带来一个高效的市场（没有无谓损失），但并非每一个人都喜欢这种结果。尤其是，当所有的剩余都被生产者获得时，消费者就不乐意了。高效的市场不总是对市场所有的参与者都做到“公平”。效率和公平之间有很多冲突的地方，相关内容请参考 Edward E. Zajac, *Political Economy of Fairness* (Cambridge, MA: MIT Press, 1995)。

由于没有固定成本，生产者剩余（PS）等于总收益减去总可变成本。总可变成本等于边际成本乘以产量，为 $2Q$。由于总收益等于价格乘以产量，$PS=PQ-2Q=11\times9-2\times9=81$。在图 12－3 中，生产者剩余就是总收益（区域 $ORTN$）减去可变成本(边际成本曲线下的区域，$OZMN$)。生产者剩余就是区域 $RTMZ$。

(b) 当实行一级价格歧视时，企业卖出的每一单位产品的价格都要大于或等于边际成本。也就是说，利润最大化时的产量为需求曲线和边际成本曲线交点处的产量。为了求出这个产量，我们联立需求方程和边际成本方程：$20-Q=2$，得出 $Q=18$。总收益就是需求曲线可生产区域下的部分（区域 $OWXY$)，等于 198（三角形 WXZ 的面积加上矩形 $OZXY$ 的面积)。总可变成本等于边际成本乘以产量：$2\times18=36$。

生产者剩余就等于总收益减去总可变成本：$198-36=162$。在图 12－3 中，就是区域 $OWXY$（总收益）－区域 $OZXY$（总可变成本)＝区域 WXZ（生产者剩余)。

因此，实施完全的一级价格歧视的生产者剩余比统一价格时的生产者剩余多 81。

相似习题：12.2，12.3，12.4，12.5

边做边学习题 12.2 ☞

一级价格歧视时的边际收益曲线

在第 11 章中我们看到，统一价格时的边际收益曲线为 $MR=P+(\Delta P/\Delta Q)Q$。

问题：

一级价格歧视时的边际收益曲线是什么？企业是否会选择边际收益等于边际成本的点的产量进行生产？

解：

当统一价格时，边际收益的表达式为 $MR=P+(\Delta P/\Delta Q)Q$，该表达式告诉我们，当企业多卖出一单位产品时，边际收益包含两部分：(1) 卖出价格为 P 的一单位产品导致的收益增加部分；(2) 企业已经卖出了数量为 Q 的产品造成的产品价格下降 $\Delta P/\Delta Q$ 引起的收益减少部分。

当实行完全一级价格歧视时，只存在第一种效果。企业每卖出一单位价格为 P 的产品，就能获得收益 P，并不存在由卖出产品引起的价格变动造成的收益减少部分。因此，一级价格歧视时的边际收益曲线为 $MR=P$。边际收益曲线和需求曲线是一致的。

在图 12－3 中，当实行一级价格歧视时，卖方会选择边际收益等于边际成本时的产量进行销售。但是，卖方选择的是边际成本曲线和需求曲线相交时的产量（$Q=18$)。在这个产量水平下，最后一单位产品的边际收益是最后一单位产品的价格（2 美元)。当最后一单位产品的边际收益等于边际成本时，生产者正好能实现利润最大化。在产量小于 18 时，由于边际成本比边际收益小，所以生产者还会继续增加产量。类似地，当产量大于 18 时，边际收益就会小于边际成本，变得无利可图，所以生产者不会在产量大于 18 的区域进行生产。

相似习题：12.6，12.7

一级价格歧视的例子有很多。例如在二手市场上转悠，或者你想买一辆车或一个房子。基于对你的观察，销售者往往会评估你的支付意愿。销售方一开始时往往会问一下你的心理价位，但随着讨价还价，他更多地了解你，并相应地调整价位（当然，同时你也可以试探销售方愿意出售的最低价格，以增加消费者剩余）。拍卖机制的设计能把价格推高到更接近购买者的支付意愿。一件艺术品或者一块地皮拍卖的最高价可能低于出价者愿意支付的价格，但是拍卖者却希望潜在的购买者能够相互竞价拍卖品，抬高价格以便获得更多剩余。

案例 12.2

教育的一级价格歧视

美国的大学教育是非常昂贵的。一些私立大学四年的学费就超过 15 万美元，州立大学四年的学费只要 6 万多美元。大学自然会考虑，未来学生的家庭能否支付如此昂贵的学费。

因此，基于成绩和学生的学术表现，学校会给予学生一定的财政帮助。然而，在本科层面上，经济援助基本上是基于家庭的经济状况。一个学生家庭能承担的学费取决于这个家庭的储蓄以及这个家庭未来的收入。当然，学校也会评估学生负担得起的助学贷款和特定教育费用。

学校如何决定你愿意为大学教育支付多少费用呢？在获得各种经济援助以前，学生必须先填写一张关于家庭财务状况的表格，再完成联邦学生援助免费申请（FAFSA）。学校使用一个政府资助公式，计算出该家庭能够为大学学费贡献多少。这叫作预期家庭贡献（EFC）。如果预期家庭贡献大于或等于大学教育费用，学生很有可能得不到财政资助。但是，如果大学费用超过了预期家庭贡献，学生很有可能申请到资助，甚至可能是全额资助。

1991 年，美国司法部提起了针对常春藤联盟和麻省理工学院的诉讼，理由是在确定学生援助的资金水平方面违反了《谢尔曼法》。[①] 在 20 世纪 80 年代后期，每年 20 多所大学一起开会讨论现有和新录取学生的资助问题。司法部认为，这种协调会减少学生之间的竞争。常春藤联盟的学校签署法令阻止会议，但麻省理工学院拒绝签署，并把案件呈上了法庭。麻省理工学院认为，经济援助是对学生的赠予，是非营利的，并不适用《谢尔曼法》。1992 年，麻省理工学院输掉了官司。但是，在 1992 年，国会通过了《高等教育法案》，解决了此类行为的合法性问题。1993 年，麻省理工学院向法院提起上诉，并且赢得了胜利。现在，之前在审判期间有争议的行为已经被允许。

在 2001 年，普林斯顿大学宣布了一个新的“无贷款”经济援助政策。从这一年起，基于没有任何普林斯顿学生愿意用助学贷款支付学费的假定，普林斯顿大学对学生进行了全面的经济援助。普林斯顿大学向所有在财务方面需要帮助的学生提供同等价值的补助，而不是助学贷款。平均每个学生可以在四年间向大学借 15 000 美元，因此，相比

① Gustavo Bamberger and Dennis Carlton，“Antitrust & Higher Education：MIT Financial Aid (1993),” in John Kwoka and Lawrence White，*The Antitrust Revolution：Economics，Competition，and Policy*，New York：Oxford University Press，2003.

其他竞争者，普林斯顿大学的这项政策显得十分慷慨大方。普林斯顿大学说明，此项政策的实施是为了增加中低收入学生的比例，而此项政策也确实促进了中低收入学生在普林斯顿大学的入学率。其他的一些院校（如威廉姆斯大学和达特茅斯大学）近几年也采取了“无贷款”政策；然而，在2008—2009年的经济危机中，大学捐赠基金大幅缩水，这些院校不得不对一些学生重新采取助学贷款援助。

当大学根据你的支付能力制定援助政策时，他们就在从事一级价格歧视。尽管没有一所大学是垄断者，但每一所学校提供的教育的需求曲线都是向下倾斜的。如果一所大学的各种费用（住宿费、伙食费、学费，减去经济援助）都在增加，愿意入读该学校的学生就会减少。为了进行价格歧视，学校必须掌握学生最多愿意支付多少费用的相关信息。尽管大学无法计算出一个家庭愿意支付的确切的费用，但是可以通过预期家庭贡献计算出一个高度相关的数目。最后，学校当然不用担心倒卖的问题，因为你不可能把你的大学教育卖给任何人。

12.3 二级价格歧视：按数量打折

在一定时间内，许多市场的消费者可能购买不止一件同样的商品或不止一次服务。例如，每月，消费者都会购买很多单位电和水；许多上班族每日都会使用很多次公共交通工具；许多航空旅客会经常飞来飞去。

每一个销售者都清楚，对一种产品，每一个消费者的需求曲线都是向下倾斜的。换句话说，随着购买数量的增加，消费者愿意支付的价格会越来越低。销售者可以利用这个信息，通过提供一些折扣来获得额外剩余。

但是，并不是所有按数量打折的形式都是价格歧视。通常销售者打折的原因是较多的产出会使成本下降。例如，一块四人吃的比萨比两块两人吃的比萨便宜。劳动、烹饪和包装费用对比萨的尺寸不太敏感。这个价格反映了大块比萨的每盎司成本比较低。

那么什么形式的按数量打折是二级价格歧视呢？二级价格歧视的一个显著特点是：消费者购买的产品或者服务，在按照数量支付时有两个或者两个以上不同的价格。例如，许多消费者的电话服务会有多种不同的资费标准（不同的服务有不同的价格）。即便你一个电话都不打，你也需要每个月支付20美元（订阅费用）。当你拨打本地电话时，你还要为每通电话支付额外的5美分（使用费用）。

在本节，我们将考虑两种按照销售数量打折捕获剩余的二级价格歧视。首先，我们讨论分段定价（例如第12.1节中讨论的软件公司的电脑游戏的定价系统）。其次，我们来详细地了解一下由订阅费用和使用费用组成的定价方式。

□ 分段定价

假设电力市场上只有一个消费者购买电。消费者的需求曲线、边际成本曲线和图12-3中的是一样的：需求曲线为$P=20-Q$，边际成本曲线为$MC=2$，如图12-4所示。从边做边学习题12.1中我们可知，当统一价格时，利润最大化时的单位电价为

$P=11$ 美元。在此价格水平上，消费者购买 9 单位电，企业的生产者剩余为 81 美元。

现在假设企业按照数量给予一定的折扣——例如，消费者购买前 9 单位电，每单位 11 美元，继续购买则价格为每单位 8 美元。如图 12－4 所示，在这种情况下，消费者会继续购买 3 单位电，总共购买 12 单位电，企业从消费者继续买电中获得 18 美元的生产者剩余（区域 *JKLM*），总生产者剩余为 99 美元。

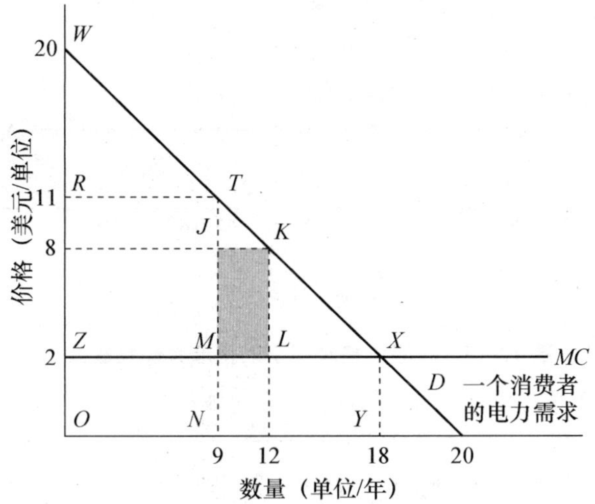

图 12－4　统一价格和二级价格歧视

说明：当统一价格时，生产者剩余为 81 美元（区域 *RTMZ*）。当分段计价时，消费者购买前 9 单位产品，企业收入为 11 美元，随后增加的 3 单位产品为企业带来的收入为 8 美元。在这个二级价格歧视的例子中，企业获取的生产者剩余为 99 美元（区域 *RTMZ*＋*JKLM*）。

这个价格表就是**分段定价**（block tariff）的典型例子（一种复合计价方式，因为有两个价格，前 9 单位产品和随后增加产品的价格不一样）。我们把这种按照产量给予折扣的方式归类为二级价格歧视，这是因为企业的边际成本是一直不变的，$MC=2$，也就是说，卖出数量的增加并没有导致成本减少（和前面讲的比萨的例子不同）。

分段定价： 二级价格歧视的一种形式，消费者在购买一定范围内的产品时有一个价格，再增加购买数量时会有另外一个价格（通常会变低）。

现在，我们不禁会问：企业最理想的分段定价方式是什么（使企业生产者剩余最大化的方式）？为简单起见，我们假设只分两个区域定价。

在图 12－5 中（和图 12－4 拥有相同的需求曲线和边际成本曲线），P_1 和 Q_1 分别代表第一区域生产者剩余最大化时的价格和产量，P_2 和（Q_2-Q_1）代表第二区域生产者剩余最大化时的价格和产量。计算最理想的分段定价方式包括三个步骤：

（1）用 Q_1 表达 Q_2。

（2）用 Q_1 表达生产者剩余（*PS*）。

（3）计算 *PS* 最大化时的 Q_1 值，并用 Q_1 来计算 P_1 和 Q_2，然后用 Q_2 计算出 P_2。

第一步：区段 *BE* 是去掉消费者第一区段购买数量 Q_1 产品后的需求曲线。这部分需求曲线相应的边际收益曲线是 *BN*。由于第二区段的价格是统一不变的，第二区段的

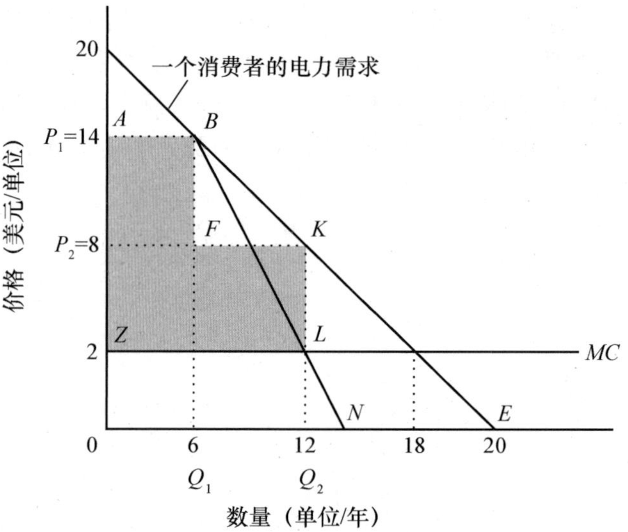

图 12-5　二级价格歧视下的生产者剩余最大化

说明：在理想的分段定价方式下（假设分两个区域定价），企业在每单位产品 14 美元时，卖出 6 单位产品，随后增加 6 单位销量的价格是每单位 8 美元。此时，生产者剩余达到最大，为 108 美元（区域 *ABFKLZ*）。

最优产量就是边际收益曲线和边际成本曲线 *MC* 相交的产量 Q_2。因为需求曲线是线性的，所以 Q_2 位于 Q_1 和 18 的中点处（根据我们在第 11 章边做边学习题 11.5 中推导的垄断中点法则）。也就是说，$Q_2=(Q_1+18)/2$。

第二步：生产者剩余等于总收益减去总可变成本。第一区段的收益为 P_1Q_1，第二区段的收益为 $P_2(Q_2-Q_1)$，总可变成本为 $2Q_2$。因此，生产者剩余 $PS=P_1Q_1+P_2(Q_2-Q_1)-2Q_2$。需求方程告诉我们，$P_1=20-Q_1$ 并且 $P_2=20-Q_2$。也就是说，$PS=(20-Q_1)Q_1+(20-Q_2)(Q_2-Q_1)-2Q_2$，化简得 $PS=-(3/4)(Q_1-6)^2+108$。

第三步：由于 $-(3/4)(Q_1-6)^2$ 对任何除了 6 外的 Q_1 值都是负的，所以在 $Q_1=6$ 时，*PS* 有最大值，最大值就是 108。因此，第一区段的最优产量是 $Q_1=6$，此时的价格 $P_1=20-6=14$（美元/单位）；第二区段的最优产量 $Q_2=(6+18)/2=12$，此时的最优价格 $P_2=20-12=8$（美元/单位）；生产者剩余的最大值为 108 美元。①

在这个例子中，最理想的二级价格歧视分段定价方式（假设只有两个区段）比统一价格时的生产者剩余多了 27（=108－81）美元。

边做边学习题 12.3

分段定价增加利润

Softco 是一家将自己拥有专利的电脑程序卖给企业的软件企业。每一个企业的需求曲线为 $P=70-0.5Q$。每一个程序的边际成本为 10 美元。假设没有固定成本。

① 我们也可以使用微积分找出最理想的分段定价方式。如上所述，$PS=(20-Q_1)Q_1+(20-Q_2)(Q_2-Q_1)-2Q_2$。如果令 *PS* 关于 Q_1 的偏导数为 0，我们可以得出 $Q_2=2Q_1$。令 *PS* 关于 Q_2 的偏导数为 0，我们可以得出 $18-2Q_2+Q_1=0$。然后，我们可以联立这两个方程求出 $Q_1=6$，$Q_2=12$，从而，我们可以计算出分段定价时不同区段的价格和生产者剩余。关于通过导数来求最大值，请参考本书结尾的数学附录。

问题：

(a) 如果Softco以统一价格出售产品，求利润最大化时的价格。卖出的产品数量是多少？并求出从每个顾客身上获得的最大利润。

(b) Softco想知道，如果分段定价能否获得更多的利润。假如Softco在第一区段按照问题(a)中求出的价格来定价，这一区段的产量就是上面问题(a)中求出的产量。求在第二区段利润最大化时的产量和价格。此时，Softco可以获得多少额外利润？

(c) 你认为有没有其他价格产量组合能比问题(b)中的组合获得更多的利润？解释原因。

解：

(a) 每个消费者的边际收益为 $MR=70-Q$。我们可以通过条件 $MR=MC$ 来求出最优产量，$70-Q=10$，得出 $Q=60$ 单位。利润最大化时的统一价格 $P=70-0.5\times60=40$（美元/单位）。收益 $PQ=40\times60=2\,400$（美元）。因为每单位产品的边际成本为10美元，并且没有固定成本，总成本为600美元。从每个顾客身上获得的利润为1 800美元。

(b) 在第一区段，$P_1=40$ 美元/单位，$Q_1=60$ 单位。也就是说，Softco为前60单位产品制定的价格为40美元/单位。

在给定第一区段的价格和产量的情况下，如何寻找第二区段的最优价格？我们可以用 $P=70-0.5(60+Q_2)=40-0.5Q_2$ 来代表超越 $Q_1=60$ 单位时的边际支付意愿。相应的边际收益 $MR=40-Q_2$。在第二区段利润最大化时 $MR=MC$：$40-Q_2=10$，因此 $Q_2=30$ 单位，$P_2=40-0.5\times30=25$（美元/单位）。

总之，Softco对前60单位产品以40美元/单位的价格出售，在数量超过60单位后产品的价格是25美元/单位。Softco在第一区段从每个消费者身上赚取了1 800美元的利润。在第二区段增加的收益为 $P_2Q_2=25\times30=750$（美元）。第二区段额外增加的成本为300美元。所以，在第二区段从每个顾客身上增加的收益为450美元。

(c) 在问题(b)中我们计算了在给定第一区段价格（40美元/单位）的情况下第二区段的最优价格。但是，如题中的建议一样，如果Softco在第一区段的价格不是40美元/单位，他就可以获得更多的利润。我们把第一区段的最优价格是多少的问题留作本章习题。

相似习题： 12.8，12.9，12.11

现在让我们来看一下按数量打折对消费者每单位平均支出的影响。每单位的平均支出就等于总支出 E 除以购买的总数量 Q。

当消费者的购买数量小于等于6单位时，每单位的价格为14美元。此时，消费者的总支出为 $14Q$ 美元。当购买数量超过6单位时，总支出为 $14\times6+8(Q-6)$ 美元：

$$E=\begin{cases}14Q,\ Q\leqslant6\\84+8(Q-6),\ Q>6\end{cases}$$

因此，消费者的平均支出为

$$\frac{E}{Q}=\begin{cases}14, & Q\leqslant 6\\ \dfrac{84+8(Q-6)}{Q}, & Q>6\end{cases}$$

由此可见，消费者的支出并不是线性的。**非线性支出表**（nonlinear outlay schedule）展现的是，随着购买数量的变化，平均支出的变化情况。在这种二级价格歧视下，消费者需要为不同数量的产品支付不同的价格，因此导致了支出的非线性。图 12－6 说明，若消费者的购买数量小于等于 6 单位，平均支出曲线 *AO* 是水平不变的，每单位支出 14 美元。如果继续增加购买的数量，平均支出曲线开始向下倾斜（也就是说，平均支出开始减少）。因此，如果消费者购买了 8 单位产品，平均支出是 12.5 美元（点 *B*）；如果消费者购买了 10 单位产品，平均支出为 11.6 美元（点 *C*）。

非线性支出表：随着购买数量的变化，平均支出的变化情况。

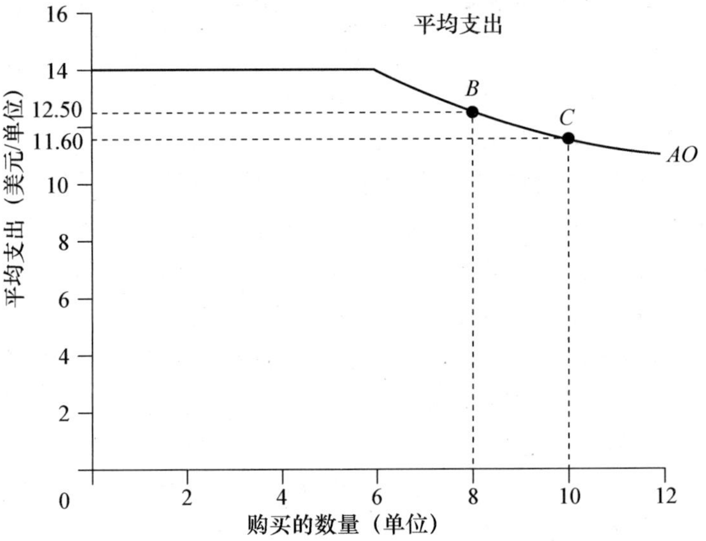

图 12－6　非线性支出表

说明：在图 12－5 分段定价的情况下，当购买数量小于等于 6 单位时，每单位的平均支出是不变的（14 美元/单位）。如果消费者购买数量大于 6 单位，平均支出开始下降。因此，平均支出曲线 *AO* 不是线性的，而是非线性的。

□ 订阅费用和使用费用

在第 12.3 节中，我们讨论了消费者购买电话服务的例子。在这个例子中，消费者每月需要为电话服务付出 20 美元的订阅费用（被电话系统捆绑的费用），以及每通本地电话 0.05 美元的使用费用。我们可以看到，一个按照数量进行折扣的系统会考虑用户每通电话的平均费用。如果消费者每个月只打两通电话，将支付 20＋0.10＝20.10 美元，每通电话的平均成本为 10.05 美元。相反，如果消费者每个月打 200 通电话，总费用为 20＋10＝30 美元，但每通电话的平均支出仅为 0.15 美元。

一个企业能否使用区分订阅费用和使用费用的方法来获得更多的剩余？我们来考虑

一个比较简单的例子，每个消费者关于电话服务的需求曲线都如图 12－7 所示。假设电话公司为每通电话设定 0.05 美元的边际成本。企业需要确保，如果对消费市场上的每个用户每通电话都收取 0.05 美元的费用，没有无谓损失。此时消费者每月打 Q_1 通电话，消费者剩余是区域 S_1。电话公司通过每月收取订阅费用的方式把消费者剩余占为己有。只要订阅费用小于 S_1 美元，消费者就会继续使用该企业的电话服务。

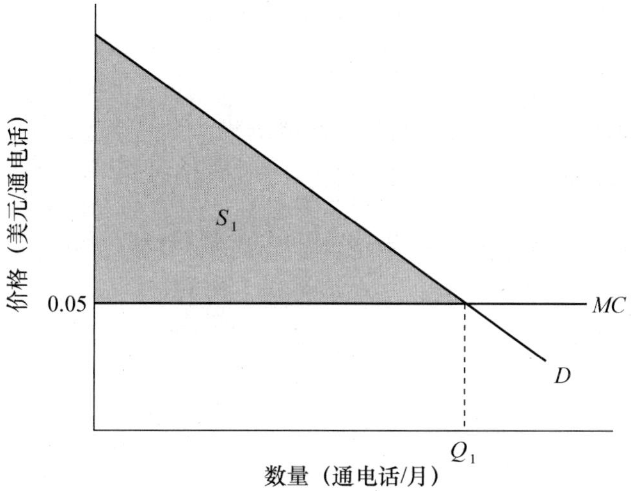

图 12－7　用户和其使用费用

说明：每个消费者的电话服务的需求曲线都为 D，并且每通电话的边际成本为 0.05 美元。如果企业为每通电话设定的价格为 0.05 美元，那么消费者将每月打 Q_1 通电话，此时消费者剩余为 S_1。实际上，电话公司通过每月收取略小于 S_1 美元的订阅费用来获取几乎全部剩余。

在本例中，如果企业把订阅费用设为 S_1，此时消费者可能会陷于用不用都可以的状态。为确保每个用户都会订阅企业的服务，在制定价格时，企业需要把订阅费用设置得比 S_1 稍微小一点，这样就能基本完全获取所有的剩余。

但在现实中，企业获取所有剩余并不那么容易，这有两个原因：首先，每一个消费者的需求是不一样的。如果企业按照一些需求比较大的消费者的需求制定订阅费用和使用费用以获取更多的剩余，需求相对较小的消费者就不会购买企业的服务。所以，企业需要事先知道，多少消费者有较大的需求，多少消费者的需求比较小。

此外，尽管企业可能知道有多少种不同类型的消费者，但是并不一定知道哪些消费者的需求比较大，哪些消费者的需求比较小。所以，企业需要提供一系列订阅费用和使用费用的不同组合，使每个消费者都能选择适合自己的最好的组合。例如，移动电话公司可能提供订阅费用为每月 20 美元和使用费用为每通电话 0.25 美元的组合，也可能提供订阅费用为每月 30 美元和使用费用为每通电话 0.2 美元的组合。每月少于 200 通电话的消费者可能选择第一种组合，每月多于 200 通电话的消费者可能选择第二种组合。①

① 更多关于二级价格歧视的介绍，请见 Robert B. Wilson, *Nonlinear Pricing* (New York: Oxford University Press, 1992), and S. J. Brown and D. S. Sibley, *The Theory of Public Utility Pricing* (New York: Cambridge University Press, 1986)。

在哪儿，你还能遇到订阅费用和使用费用组合？对了，俱乐部。订阅费用就是成为俱乐部会员的费用。使用费用就是你在俱乐部享受服务时的花销。例如，参加某音乐俱乐部，首先要交一笔入会费，然后你还要为买 CD 或者 MP3 单独付款。乡村俱乐部的会员也要先交一笔入会费，然后参加一些高尔夫课程或者排球课程还要单独付款。一些电脑网络服务也需要交订阅费用以获得这项服务的使用权，然后在使用网络服务时还要缴纳其他费用。

案例 12.3

电力的分段定价

当电力企业分区段为销售电力定价时，它有可能不知道每个消费者的需求。但是，它清楚地知道，肯定有一些消费者比其他消费者有更大的电力需求。它也清楚每一个消费者的需求曲线都向下倾斜，较低的定价促进消费者购买更多的电力。

假设市场上有两个消费者，大先生和小先生，需求曲线如图 12－8 所示。如果企业以统一价格 P_1 销售，小先生每月购买 Q_{1S} 单位电力，大先生每月购买 Q_{1L} 单位电力。但假设企业进行分段定价，前 Q_{1L} 单位产品的价格为 P_1，超过 Q_{1L} 部分每单位的价格为 P_2（$P_2 < P_1$）。分段定价对大先生和小先生以及电力公司的销售情况会产生怎样的影响？

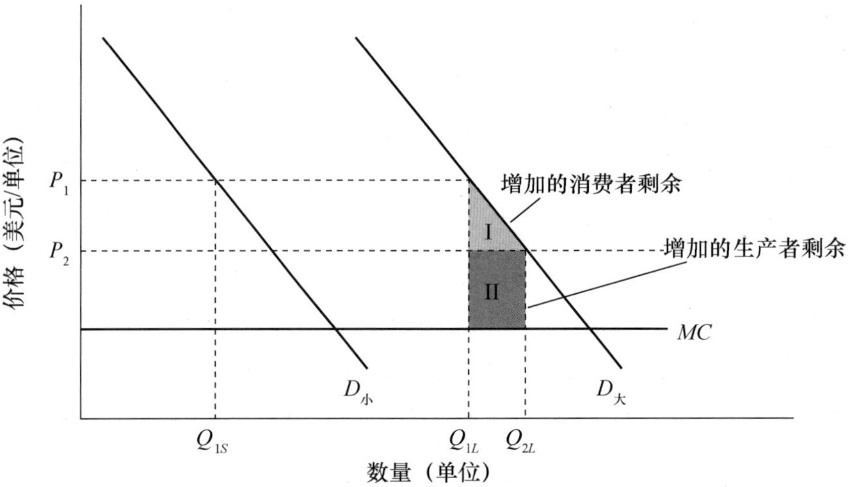

图 12－8　电力分段定价的好处

说明：当企业以统一价格 P_1 销售时，小先生购买了 Q_{1S} 单位，大先生买了 Q_{1L} 单位。引入分段定价（前 Q_{1L} 单位产品的价格为 P_1，再增加时的价格为 P_2），小先生的状况并没有改变，可以继续以价格 P_1 购买 Q_{1S} 单位产品，获得同样的消费者剩余。但大先生现在会购买 Q_{2L} 单位产品。大先生的消费者剩余会增加区域Ⅰ，企业的生产者剩余也会增加区域Ⅱ。

因为小先生的使用数量有限，没有超过 Q_{1L} 的电力，从而没有享受到优惠价格 P_2。所以，他仍然以价格 P_1 购买 Q_{1S} 单位电力，他的消费者剩余与统一价格时的消费者剩余是一样的。但是，大先生的消费量从 Q_{1L} 提高到 Q_{2L}，消费者剩余增加了区域Ⅰ。企业也会获利，这是因为企业的生产者剩余增加了区域Ⅱ。

这个例子说明了分段定价的潜在好处。一开始时我们设置一个与边际成本不同的统一价格，然后引入分段定价，导致资源**帕累托改进**（Pareto superior）再分配。资源帕累托改进再分配至少可以使一个参与者的境况变得更好，同时没有使任何一个人的境况变坏。[1]

帕累托改进：一种资源再分配，至少可以使一个参与者的境况变得更好，同时没有使任何一个人的境况变坏。

12.4 三级价格歧视：不同市场的差别定价

如果一个企业能够区分市场中不同的客户群体，并能估计出每部分群体的需求曲线，那么，企业可以针对不同群体设定利润最大化的价格，实施三级价格歧视。

□ 两个不同的群体，两种不同的价格

三级价格歧视的例子有许多，比如，美国的铁路公司针对运输煤炭和粮食的价格就是不同的。20 世纪 80 年代，美国的铁路运输行业就放松了管制。[2] 也就是从那时开始，铁路公司开始针对不同的货物实施不同的价格。虽然煤炭和粮食都是大宗商品；它们被卡车运输时也不需要进行特殊的处理或包装。另外，一辆满载粮食的汽车和一辆满载煤炭的汽车的重量也基本是相同的（大约 100 吨），因此，移动一吨粮食和一吨煤炭相同距离的边际成本是一样的[3]，但是，针对煤炭，铁路公司还是收取了相当于运输粮食两三倍的价格。为什么？

其原因就在于，煤炭和粮食对运输的需求不同。对粮食而言，铁路公司需要面临船运和卡车运输的竞争。例如，把粮食从艾奥瓦州运送到新奥尔良，可以沿着密西西比河的港口，或者使用卡车通过高速公路运输。所以，对铁路服务的价格，粮食运输还是比较敏感的。图 12-9（b）用需求曲线 D_g 说明了粮食对铁路运输价格的敏感性。如果铁路运输的价格比较高，许多粮食托运人就不会使用铁路运输。

煤炭正好相反，往往需要运输较长的距离（例如，从煤炭产地怀俄明州把煤炭运输到阿肯色州和路易斯安那州的发电厂），铁路运输比卡车运输有成本优势。此外，船运有很多限制，许多煤产地并不靠近河流的港口，因此，相对来说，船运就没有什么优

① 更多的讨论请见 R. D. Willig，"Pareto Superior Nonlinear Outlay Schedules，" *Bell Journal of Economics* 9 (1978)：56-69。对电力市场而言，分段定电价对具有非线性支出表的广大终端个人消费者（例如家庭）而言是帕累托改进的，这一点是毋庸置疑的。当电的使用者在其他市场展开竞争时，分段定电价是否是帕累托改进就比较复杂，这有很大的争议。问题复杂性的一个方面在于，分段定电价形成的数量折扣对那些用电量大但比小企业缺乏效率的大企业而言，可以降低它们的成本，因为这些大企业可以以较低的平均价格使用电。帕累托改进是以意大利经济学家 Vilfredo Pareto（1848—1923）命名的。

② 关于铁路运输业管制方面的改革，请参考 Ted Keeler，*Railroads*，*Freight*，*and Public Policy*（Washington，DC：The Brookings Institution，1983），and Tony Gomez-Ibanez and Cliff Winston，eds.，*Transportation Economics and Policy*：*A Handbook in Honor of John Meyer*（Washington，DC：The Brookings Institution，1999）。

③ 衡量一个运输公司产出的方法有很多种。在美国使用的一种是吨英里，指的是把一吨商品运输一英里。在世界的其他地方，衡量运输公司产出的单位是吨千米。

势。图 12－9（a）展示了煤炭托运人对铁路运输的需求曲线 D_c。由于煤炭运输比粮食运输更依赖铁路，所以他们要为铁路服务花费多一些。

图 12－9 反映了前面的假说：煤炭和粮食的运输边际成本是一样的（10 美元）。但是由于价格敏感度不同，在利润最大化时（根据 $MR=MC$ 求出来），煤炭的运输价格（每吨英里 24 美元）要比粮食的运输价格（每吨英里 12 美元）高得多。在这个例子中，铁路公司在实施对粮食和煤炭运输的价格歧视时几乎没有什么困难。一旦它们知道粮食和煤炭对铁路运输需求的本质，就不用担心倒卖的事情。它们很清楚地知道，谁需要运输煤炭（例如电力企业），谁需要运输粮食。一个需要购买煤炭的电力企业是不可能找得到其他更便宜的方式来运输煤炭的。

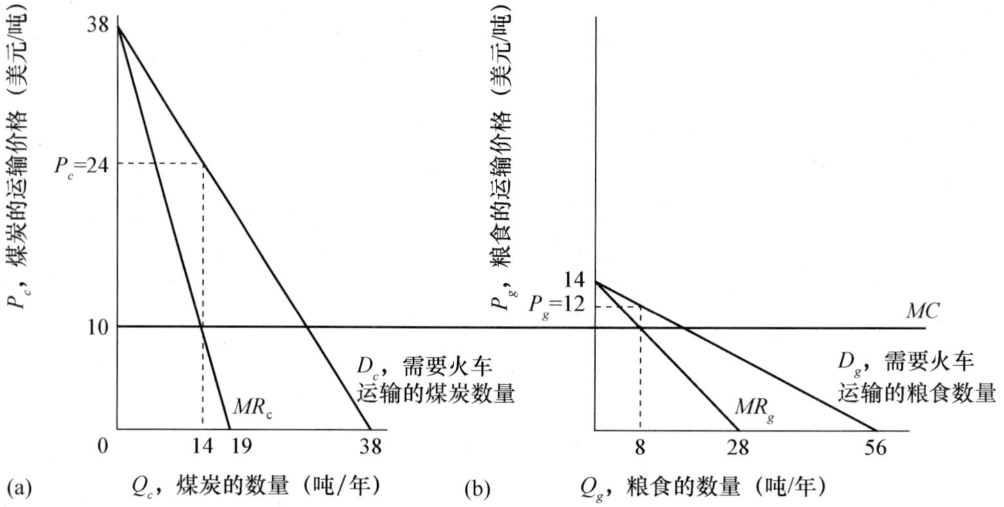

图 12－9　粮食和煤炭的铁路运输定价：三级价格歧视

说明：在对铁路运输的需求价格方面，煤炭不如粮食敏感。基于这种情况，虽然运输这两种货物的边际成本一样，但是在利润最大化时，铁路公司针对煤炭的价格要比粮食高。

边做边学习题 12.4 ☞

铁路运输的三级价格歧视

假设煤炭和粮食对铁路运输的需求曲线如图 12－9 所示。煤炭的需求曲线为 $P_c=38-Q_c$，Q_c 是铁路运输价格为 P_c 时的运输量。粮食的需求曲线为 $P_g=14-0.25Q_g$，Q_g 是铁路运输价格为 P_g 时的粮食运输量。运输以上任何一种商品的边际成本为 10 美元。

问题：

令边际收益等于边际成本，求出利润最大化时的煤炭和粮食的运输价格。

解：

对煤炭来说，边际收益曲线为 $MR_c=38-2Q_c$。此时，我们令边际成本等于边际收益：$38-2Q_c=10$，得出 $Q_c=14$。将其代入需求方程，得出 $P_c=38-14=24$。在利润最大化时，运输煤炭的价格为每吨英里 24 美元。

对粮食来说，边际收益曲线为 $MR_g=14-0.5Q_g$。我们令边际成本等于边际收益：$14-0.5Q_g=10$，得出 $Q_g=8$。将其代入需求方程，我们可以得出：$P_g=14-0.25\times 8=$

12。因此，在利润最大化时，运输粮食的价格为每吨英里 12 美元。

相似习题： 12.14，12.15，12.16，12.17，12.20，12.21，12.22

案例 12.4

向前整合实行价格歧视

在本章开始时我们指出，一个企业要成功地实施价格歧视就必须能阻止倒卖。一个有趣的战略就是向前整合，即企业进入其客户所在的行业。例如，在 20 世纪 90 年代中期，微处理器制造商英特尔实施了向前整合的战略，进军个人电脑市场（英特尔客户所在的市场）。

美国铝业公司是市场上铝锭的主要生产商，20 世纪 30 年代，为了实施价格歧视并防止倒卖，就使用了向前整合的战略。① 美国铝业公司知道，纯铝有很多用途。例如，它是轻金属，可以用来制造飞机的机翼。它也有特殊的延展性（可以承受很大的压力），因此可以用来做吊桥的缆索。由于在这些领域铝是不可替代的，所以，美国铝业公司很清楚，用来制造机翼和吊桥缆绳的铝的需求是缺乏弹性的。

在其他行业，相对于其他材料，铝的重要性就没有那么重要了。例如，铝可以用来制造锅和壶，但是铜、钢、铸铁也可以。由于有很多替代品，制造炊具对美国铝业公司的铝的需求是富有弹性的。

美国铝业公司想使用三级价格歧视策略，用较高的价格把铝卖给飞机和缆绳制造商，用较低的价格卖给炊具制造商。但最为担心的是，两个不同价格却同样的产品可能会被倒卖。如果用铝做炊具的购买者可以享受低一点的价格，每一个购买者都会声称自己购买铝是做炊具用的（包括机翼和缆绳制造商）。即便美国铝业公司知道购买者真的是用铝做炊具，如何防止它倒卖给机翼和缆绳制造商呢？

为了阻止倒卖，美国铝业公司决定自己制造锅和壶（也就是说，向前整合到炊具行业），然后低价把铝出售给自己的炊具公司。对其他购买者一律高价卖出。通过垂直整合，美国铝业公司就可以有效地实施价格歧视策略，并有效地阻止倒卖。

□ 甄别

你有没有想过为什么一些企业，如电影院、航空公司、城市轨道交通部门和饭店，经常给老年人和学生打折？一种回答是，这是一种价格歧视，它可以帮助企业获得更多的剩余。② 大部分学生和老人收入不高，尤其是那些已退休的老人。相比工作的人，学生和老人有更多的时间逛街购物。因此，老人和学生对一些产品和服务的需求是富有弹性的。根据逆弹性定价法则，企业可以对这些客户人群设定低一点的价格。

① Martin Perry, "Forward Integration by Alcoa: 1888 - 1930," *Journal of Industrial Economics* 29 (1980): 37-53.

② 当然，为老年人和学生提供折扣还有其他原因。例如，城市轨道交通系统的监管机构把给予这些消费者更低的价格作为一种高尚的社会品格，也有可能是为了创造更多的拥有购买力的消费者。

企业经常使用一些比较明显的特征，例如年龄和学生身份来作为**甄别**（screening）机制。甄别顾客种类要基于顾客的一些特征：(1) 企业能够获得的信息（例如年龄或者身份）；(2) 与消费者的个体特征强烈相关，但企业无法直接获得，又想获得（例如，需求价格弹性或者支付意愿）。例如，当顾客走近柜台时，电影院的经理想知道顾客的需求价格弹性或者支付意愿，但是经理并不能直接获得这些信息。如果经理直接询问顾客的支付意愿，顾客很有可能撒谎，因为如果曝出了真实意愿，他很有可能会支付一个较高的价格。

但是，经理可以观察到消费者的年龄或者学生身份。大部分学生和老人都有较高的需求价格弹性，因此经理可以设定较低的价格来吸引这部分人群。为了防止套利，经理要求顾客在进入影院时，必须出示证件确认年龄或者学生身份。

甄别：甄别顾客种类要基于顾客的一些特征：(1) 企业能够获得的信息（例如年龄或者身份）；(2) 与消费者的个体特征强烈相关，但企业无法直接获得，又想获得（例如需求价格弹性或者支付意愿）。

边做边学习题 12.5

机票的三级价格歧视

根据表 2-2，商务旅客对经济舱机票需求的价格弹性为 $\epsilon_{Q_B,P_B}=-1.15$，相应地休闲旅客的价格弹性为 $\epsilon_{Q_V,P_V}=-1.52$。[①] 假设航空公司想根据不同的弹性制定三级价格歧视以实现利润最大化，对应商务旅客的票价为 P_B，休闲旅客的票价为 P_V。假设航空公司服务这两种顾客的边际成本 MC 是一样的。

问题：

使用逆弹性定价法则［见方程 (11.4)］，求 P_B/P_V。

解：

通过逆弹性定价法则，我们得到 $(P_B-MC)/P_B=-(1/\epsilon_{Q_B,P_B})$。现在我们把 ϵ_{Q_B,P_B} 代入上式，求出 MC：$MC=0.13P_B$。

通过逆弹性定价法则同样可以得出 $(P_V-MC)/P_V=-(1/\epsilon_{Q_V,P_V})$。把 ϵ_{Q_V,P_V} 代入上式，然后就可以求出 MC，我们可以得出 $MC=0.342P_V$。

现在我们令这两个关于 MC 的表达式相等：$0.13P_B=0.342P_V$。整理，得 $P_B/P_V=0.342/0.130=2.63$。

因此，当航空公司实现利润最大化时，商务旅客支付的票价是休闲旅客支付的票价的 2.63 倍（确切的价格依赖边际成本）。

相似习题：12.13，12.18，12.19

在日常生活中，我们可以看到许多甄别顾客的例子，包括以下我们将要讨论的：时间价格歧视以及优惠券和抵扣。

① 尽管国际航班会区分商务舱和经济舱，但是许多国内航班并没有这种区分，因此商务乘客也会坐经济舱。

时间价格歧视

许多服务按照季节、一天中的不同时段或随着产品发售以后的时间长短制定不同的价格。例如，白天打电话费用就比较高，因为电话公司很清楚，消费者和企业必须在白天进行商业行为。类似地，在一天中的不同时段电的价格不同，电力公司通常在用电高峰期设置较高的价格。

有一些情形，例如消费者可能希望成为第一个拥有电脑产品的人，第一个购买最新家庭影音系统的人，第一个看到新上映电影的人。销售者清楚地知道，一些人为了更早地使用一些产品愿意接受高一点的价格，所以销售者经常使用时间作为甄别机制：当产品刚上市时，制定较高的价格。例如，在 20 世纪 60 年代具有四个功能的计算器（可以进行加减乘除运算）刚上市时，消费者通常要支付好几百美元才能购买到。很多年以后，类似的计算器只需要几美元。[①] 同样的趋势，我们也可以在电脑上看到。通常，在推出一年内，新机型的价格会下降 50%。

当然，在一个产品生命周期的早期设置较高价格的原因并不仅是价格歧视。有些产品价格下降的原因是制造成本下降了。电脑芯片的成本随着时间的推移而下降，因此使用这款芯片的电脑的价格也会下降。另外，当可以获得更新、更快的电脑时，旧型号电脑需求下降导致旧型号电脑的价格下降。

优惠券和抵扣券

大部分周报都有优惠券，你可以使用这些特定优惠券在特定的商店享受一些折扣。品牌经理通常都会对一些新产品、食物、宠物食品、厕纸和牙膏等提供一些优惠券。如果有优惠券，你就可以用更低的价格（零售价减去优惠券的价格）来购买相应的产品。抵扣券和优惠券有些相似，抵扣的信息一般都印在你所购买的产品的外包装上。例如，你买了一组电池，价格是 5 美元。包装上注明，如果你填回执并寄给生产商，你将获得 1.5 美元的抵扣。

研究人员指出，在消费品市场，优惠券和抵扣券经常被用来作为三级价格歧视的方式。基本的思路为：品牌经理很清楚，相对于不敏感的消费者，对价格比较敏感的消费者更愿意花时间收集并使用优惠券和抵扣券。[②] 对那些对产品需求价格弹性较高的消费者，企业通过优惠券和抵扣券的形式为其提供稍微低价的产品。

同样，价格歧视并不是提供优惠券或者抵扣券的唯一原因。例如，企业可能希望吸引消费者来尝试新产品，并希望初始的购买行为能够带来更多的购买行为。

□ 市场容量限制下的三级价格歧视

在许多情况下，当实行三级价格歧视时，企业需要面临在一定时期内能服务多少消费者的限制。例如，航空公司、汽车租赁公司、邮轮公司以及酒店。即使市场有容量限制，也不会改变拥有市场势力的企业通过设定歧视性价格获得更多利润的事实。当然，市场容量限制使决定利润最大化时的价格和产量变得有点复杂。

---

① N. Stokey, "Intertemporal Price Discrimination," *Quarterly Journal of Economics* 94 (1979): 355-371.

② 市场研究表明，使用优惠券购买产品的消费者的需求通常比不使用优惠券的消费者更富于弹性。详情参见 C. Narasimhan, "A Price Discrimination Theory of Coupons," *Marketing Science* (Spring 1984): 128-147。

为了说明有市场容量限制时的价格歧视，我们先考虑两个市场的情况。为简单起见，我们假设每个市场的边际成本 MC 是不变的。我们先假设每个市场的价格为 P_1 和 P_2，对应的销量为 Q_1 和 Q_2。进一步假设，Q_1+Q_2 就等于企业面临的市场的容量。换句话说，市场容量限制是绑定的。最后，在给定当前计划价格和产量的情况下，我们用 MR_1 和 MR_2 来代表每个市场的边际收益。

现在，假设 $MR_1-MC>MR_2-MC$，或者 $MR_1>MR_2$。边际收益就是企业每多卖出一单位产品所增加的收益（也就是，少卖出一单位产品时的总收益减少量）。$MR_1>MR_2$ 告诉我们，如果在市场 1 增加一单位销量，同时减少市场 2 一单位销量（这样，可以保持总产出不变，并等于市场容量），则由于市场 1 增加的收益比市场 2 减少的收益要多，所以总收益是增加的。每个市场的边际成本又是一样的，因此当将市场 2 的一单位产品转移到市场 1 销售时，企业的成本没有变，但是这种转移却增加了企业利润。该企业可以设计这样的方式来增加利润：降低市场 1 的价格，使其正好能增加一单位销量，同时提高市场 2 的价格，使其销量正好能下降一单位。

以上推理的过程也暗含着，如果 $MR_2>MR_1$，企业也可以增加市场 2 一单位销量（同时适当降低价格），并减少市场 1 一单位销量（同时适当提高价格），来增加企业的利润。我们看到不管是 $MR_2>MR_1$ 还是 $MR_1>MR_2$，当前的产量和价格并不能使企业的利润最大化。所以我们可以得出结论：当企业面临有限的市场容量时，在利润最大化时，应满足 $MR_1=MR_2$ 的条件。换句话说，面临市场容量限制，企业在实施价格歧视时，利润最大化的条件就是两个市场的边际收益相等。

整个市场边际收益相等的情况可能有点抽象。毕竟，在实际中，企业能确保满足这个条件吗？但在现实中，如航空公司、旅店都在试图使每一天的边际收益相等。就像本章开头所讨论的，航空公司和旅店（或者汽车租赁公司、邮轮）都会使用一套复杂的优化系统来分配飞机或酒店的市场容量。在这些行业中，即使市场容量分配改变较小，也会转变为较大的利润增长。因此，收益管理的能力——使边际收益相等的能力——是在面对市场容量有限时经营成功与否的决定性因素。

边做边学习题 12.6 ☞

市场容量有限时的价格歧视

这个边做边学习题展示了，在有市场容量限制的情况下，如何求出企业通过三级价格歧视获得利润最大化时的销量和价格。

假设市场 1 的需求曲线是 $Q_1=200-2P_1$，市场 2 的需求曲线为 $Q_2=250-P_2$。每个市场的边际成本都是每单位 10 美元。企业面临的市场容量是 150 单位。

问题：

求在利润最大化时每个市场的销量和价格。

解：

首先求出每个市场的边际收益函数。在市场 1，需求函数为 $Q_1=200-2P_1$，则反需求函数为 $P_1=100-1/2Q_1$，从而我们能求出边际收益函数 $MR_1=100-Q_1$。在市场 2，反需求函数为 $P_2=250-Q_2$，边际收益函数为 $MR_2=250-2Q_2$。令这两个市场的边际收益相等，我们可以得出 Q_1 和 Q_2 的关系：

$$100-Q_1=250-2Q_2$$

此外还需要第二个方程，我们知道，企业的总产量必须受市场容量的限制，因此我们有

$$Q_1+Q_2=150$$

所以，我们有了含有两个未知数的两个线性方程，通过一些简单的代数计算，我们可以解出 $Q_1=50$，$Q_2=100$。把值代入各自的逆需求曲线中，我们可以得到 $P_1=75$，$P_2=150$。

注意到每个市场的边际收益都是 50，远高于边际成本 10。因此，企业会按照市场容量满负荷生产。

相似习题：12.23，12.24，12.25，12.26

□ 实施价格歧视方案：构建“围栏”

即便公司想出了区分消费者的方法，也面临如何实施价格歧视方案的问题。也就是说，企业如何确保目标消费者以目标价格来购买商品。图 12－10（A）说明了这个问题。该图描述了企业面对两个不同市场时的情形。纵轴的价格 P 代表每一个市场的价格。在包含许多对价格敏感的消费者的市场（我们把这部分消费者称为贝塔群体），制定的价格为 50 美元。在包含对价格不敏感消费者的市场（我们把这部分消费者称为阿尔法群体），制定的价格为 125 美元。假设一开始，供应给每个消费群体的产品质量是一样的。如图 12－10 所示，我们用横轴表示质量 q。我们只能大致粗略地表示质量。它可能是一些产品显而易见的特征（例如，一台激光打印机的打印速度），也可能是指在商品使用过程中商品出故障的次数（也就是说，故障越多，q 就越低）。

在一开始，供应给每个群体的质量都是一样的，但随之而来会有一些问题。如果低价格的产品可以很容易地买到，阿尔法消费群体就会按照较低的价格购买此类商品。（这类消费群体对价格的敏感性可能不如其他消费群体，但是如果可以以较低的价格购买相同的产品，那么为什么要多付钱呢！）这就是一些百老汇业内人士一直关注百老汇演出价格变动趋势的原因（价格不同是因为剧院经理实施了价格歧视）。[①] 一些人认为，如果很容易就能获得打折票，就没有人愿意支付全价来购票了，并使可变的定价变成了整体降价。

如果低价产品不能被对价格不敏感的消费者容易地得到，以不同的价格可以购买到相同质量的产品就会吸引走私者：通过低价购买产品，然后高价卖给那些对价格不太敏感的消费者来获利（直接卖或通过中介），但是这个高价低于销售者的价格。出版业就存在类似的例子。出版商认为，和美国市场相比，A 国市场总体来说对价格更敏感，因此它们会以一个较低的价格将国际版卖到中国。但实际上，国际版的书并没有什么区别（除了一张印有不能在美国销售的贴纸），走私者会以较低的价格购买国际版的书，把贴纸撕掉，然后再把书走私到美国。这就导致了本来在 A 国销售的国际版书摆在了美国

① 参见“How Much Did Your Seat Cost?” *New York Times*（July 20，2003）。

大学书店的货架上。

如果所有的消费者都以低价买到了产品，企业的价格歧视策略就是失败的，企业就不能获得那些本来可以通过价格歧视获得的多余利润。那么企业该如何是好呢？此时，企业就需要建立起多兰（Dolan）和西蒙（Simon）称之为“围栏”的东西，以使对价格不敏感的消费者不能或者不会购买低价格版本的产品。①

企业建立“围栏”的一种方法就是建立以下常见的联系：对价格最不敏感的消费者往往对质量最敏感。也就是，对价格最不敏感的消费者往往希望以高一点的价格来购买质量好的产品。图 12－10（b）就向我们展示了如何建立“围栏”。曲线 u_A 是阿尔法消费群体的无差异曲线。阿尔法消费群体认为，在此条线上所有价格质量组合都与点 A 的价格质量组合相同——实际上就是企业向阿尔法消费群体提供的价格质量组合。和位于点 A 西北方向的质量价格组合相比（一个较高的价格或较低的质量），阿尔法消费群体更愿意购买位于点 A 东南方向的质量价格组合。

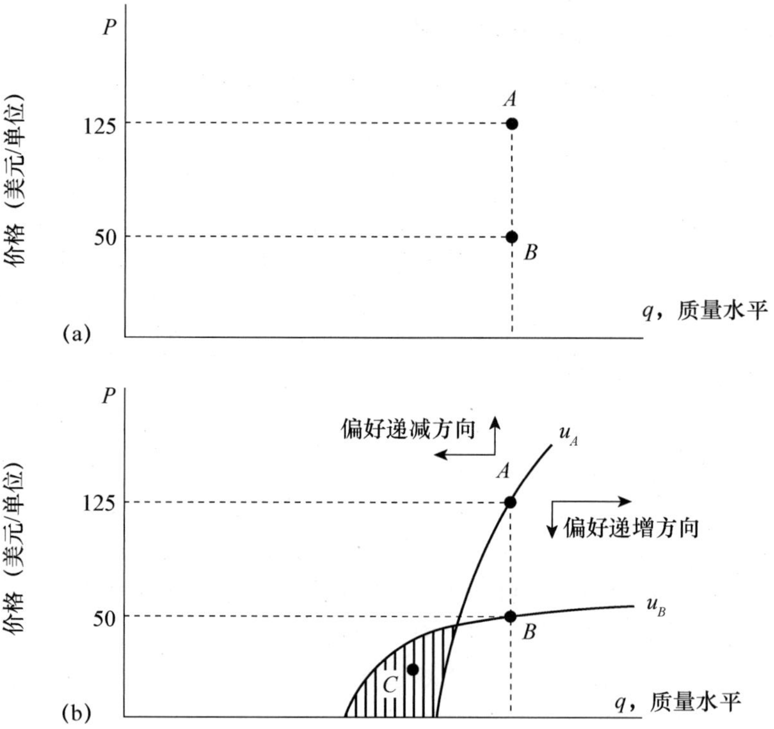

图 12－10　构建实施价格歧视的围栏

说明：图（a）说明了企业在不同价位提供相同质量产品的情形。图（b）展示了通过提供高价位（点 A）-高质量版本的产品和低价位（点 C）-低质量版本的产品来构建一个“围栏”的情形。阿尔法消费群体（低价高质敏感）更愿意选择 A 版本的产品，而贝塔消费群体（高价低质敏感）更愿意选择 C 版本的产品。

曲线 u_B 是贝塔消费群体（高价低质敏感）的无差异曲线，它可以用和曲线 u_A 一样的方式解释。注意，在曲线 u_A 和曲线 u_B 的交点处，u_A 比 u_B 陡峭。这说明，在给定质

① Robert J. Dolan and Hermann Simon, *Power Pricing: How Managing Price Transforms the Bottom Line* (New York: The Free Press, 1996), p. 122.

量价格组合的基础上，和贝塔消费群体相比，阿尔法消费群体更愿意为质量提升付更高的价格。

位于曲线 u_B 东边和位于曲线 u_A 西边的阴影部分就是需要建立围栏的区域。相比于点 B 的质量价格组合，贝塔消费群体更愿意选择在这个阴影部分的质量价格组合。因此，如果企业提供的是点 C（低价）的质量价格组合，而不是点 B，贝塔消费群体就会很乐意去购买点 C 的质量价格组合。此外，相对于点 A，贝塔消费群体也更愿意购买点 C 的组合。

与此相反，相较于点 C，阿尔法消费群体更愿意选择点 A 的质量价格组合。因此，他们就倾向于购买高质量-高价格的产品。因此，企业会制定以下策略：减少低价-低质量组合的供应，使其对阿尔法消费群体没有吸引力。但是，贝塔消费群体能够容忍质量下降，因此他们会购买低质量的产品（实际上，如果企业没有区分两种组合的质量，消费者更愿意选择这个版本而不是他们已经选好的组合）。

一种按照不同价格、不同质量水平销售两种或者更多种产品的策略叫作**版本控制**（versioning）。一种比较有趣的版本控制形式是德内克尔（Deneckere）和麦卡菲（McAfee）所谓的**损坏产品策略**（damaged goods strategy）。[1] 在此策略下，企业需要创造一种故意损坏的低版本全价产品：故意移除一些功能或降低一些性能，使其明显比同价格的产品差。具有讽刺意味的是，如果生产这种损坏的产品需要一个额外的步骤，生产这种损坏产品的边际成本比生产高端产品的边际成本还要高。如果企业成功地通过围栏设置了价格歧视并因此获利，那么这点额外成本的付出还是值得的。

> **版本控制：**一种按照不同价格、不同质量水平销售两种或者更多种产品的策略。
> **损坏产品策略：**通过故意损坏产品来创造一种全价低端产品的版本控制策略。

德内克尔和麦卡菲提供了一些损坏产品的例子。其中比较有趣的两个是：

● IBM 的 LaserPrinter E。在 20 世纪 90 年代早期，IBM 的激光打印机叫作 LaserPrinter。在 1990 年 5 月 IBM 推出了 LaserPrinter E。除了 LaserPrinter E 的打印速度是 LaserPrinter 的一半外，这两款产品事实上是一样的。这是因为 LaserPrinter E 多加了一块芯片，这块芯片除了会让打印机暂停外，没有其他功能，所以打印机的速度变慢了。

● 英特尔的 486SX。486 是英特尔在 20 世纪 90 年代初期推出的微处理器。当它的竞争对手，AMD，推出了一款更快的 386 产品时，英特尔推出了 486 的低端产品，就是 486SX，与此同时，把之前的型号（高端）改名为 486DX。德内克尔和麦卡菲认为，除了 486SX 的数学协处理器不能用外，486SX 和 486DX 其实是一样的产品。实际上，低端版本 486SX 的生产成本比高端版本 486DX 的还要高！

在某些情况下，通过构建围栏实行价格歧视与消费者类型的甄别是息息相关的。优惠券就是一个很好的例子。是否愿意花时间寻找、积累优惠券与消费者的价格敏感度相关（对价格更敏感的消费者愿意参加这些活动，而对价格不敏感的消费者不愿意参加这

---

① Raymond J. Deneckere, and Preston McAfee, "Damaged Goods," *Journal of Economics and Management Strategy*, 5, no. 2 (Summer 1996), pp. 149–174.

些活动)。从某种意义上说，优惠券也是一种甄别机制。与此同时，作为围栏，它使一些愿意全价购买商品的消费者不会以较低的价格购买商品。这是因为，获得优惠券是有一定难度的。对那些对价格敏感的消费者来说，他们更愿意花时间和精力去获得这些优惠券；对那些对价格不敏感的消费者来说，他们不会竭尽全力地去获得这些优惠券。

案例 12.5

机票的价格围栏

就像在本章开篇介绍的美国航空公司从芝加哥到布鲁塞尔的航班一样，航空公司一般都会对同样的机票设置不同的价格。三级价格歧视是航空公司吸引旅客获利最多的方式。即便服务每个乘客的边际成本几乎是一样的，航空公司也经常根据不同的座位设置不同的价格。不同的旅客支付的机票价格是不一样的。例如，度假旅客通常会提前几周甚至几个月订航班，希望能获得一个更优惠的价格，甚至会因票价而修改度假的目的地。因此，度假旅客通常对价格比较敏感，尤其是家庭旅行的乘客。相反，商务旅客通常对价格不敏感。如果一个顾客周一早上 8 点在伦敦有一个重要的会议，即便票价很贵，该乘客也不会改变行程。

航空公司清楚它需要服务不同类型的旅客，这包括需求价格弹性较小的商务旅客以及需求价格弹性较高的度假旅客。由于边际成本一样，通过逆弹性法则我们知道，航空公司会对商务旅客设置比较高的价格。

航空公司如何实施价格歧视呢？尽管它清楚有不同类型的旅客，但是不清楚每位旅客的具体类型。它可以很直接地问顾客是商务旅行还是休闲旅行。但如果旅客知道航空公司会给度假旅客一个比较低的价格，答案可能就不真实。经济学家把这种情况称为信息不对称：顾客知道自己的类型，但是航空公司不知道。

在信息不对称的情况下，航空公司如何实施价格歧视呢？答案就是建立一系列的围栏。通过降低质量或破坏质量的方式对机票做一些限制。不可退机票相对于可退机票的质量要差一点。需要支付托运行李费用的机票也是相对低质量的。需要在周六晚上停留或者提前 14 天购买的机票也是如此。通过建立围栏，航空公司可以创造不同的低质量-低价格的机票来吸引那些对价格敏感的消费者，用高质量-高价格的机票来吸引那些对价格不敏感的消费者。然后，消费者被引导到自主选择为他们设计的产品。

案例 12.6

你能“破坏”大都会艺术博物馆吗[①]

坐落在纽约市中央公园中心的大都会艺术博物馆是世界上参观人数最多的博物馆之一。几乎可以肯定的是，参观人数世界排名前三。

① 这个案例基于下面的报道：“Seeing Art: What's It Worth to You,” *New York Times* (July 21, 2006), p. 25。

众所周知，许多博物馆并不强制收取费用；但是，它们都希望自愿捐款。大都会艺术博物馆却选择了不同的做法。在博物馆售票厅挂有一个小牌子，上面印着：

成年人 15 美元

老人和学生 10 美元

如果看这些价格的上面，你将会看到用很小的字写着："推荐"。

大都会艺术博物馆选择的实际上是一种损坏产品策略。为了解释，思考牌子上的话的意思。

如果你是成年人且愿意支付全价，就支付 15 美元；如果不愿意，可以少付一些。如果老人和学生愿意付全价，就支付 10 美元；如果不愿意，可以少付一些。

这个内容反映了大都会艺术博物馆的政策。但如果大都会艺术博物馆使用这个内容作为指示牌，就会有很多人不付全价（不可能是全部，仍然有一部分人毫无疑问地支持一些类似于大都会艺术博物馆的机构）。大都会艺术博物馆所做的就是，给那些没有付全价的人设置一些障碍。一般有三种方式，首先，如上所述，印在价格上面的小字是很难被发现的。其次，大都会艺术博物馆使用"推荐"而不是"建议"或者"自愿"这种词汇来暗示大都会艺术博物馆是不收费的。这其中的区别是很微妙的，使用"推荐"使收费变得倾向于强制性。最后，那些不愿意花费时间和风险紧盯大厅里指示牌看的人也是自愿付出全价的。也就是说，没有支付全价的人可能愿意忍受麻烦去看牌子上的小字，而那些更加倾向于支付全价的人则认为支付全价可以避免售票人员鄙夷的眼神。

也就是说，大都会艺术博物馆提供了进入博物馆的两种不同版本的产品。全价产品不要求费心看牌子，人们不用担心是否收费的问题而且避免了进入博物馆时的尴尬。另外一个版本就是损坏的版本：需要努力地去观察与分析小字的内容，以及面对售票处人员鄙夷的眼神。毫无疑问的是，有一些收入良好的本可以付全价的人却不支付全价。但是，也有一些人本不用付全价，他们也就不付全价，但大都会艺术博物馆门票的损坏版本对那些主动付全价的人是没有吸引力的。

12.5 搭 售

另外一种捕获剩余的方法就是捆绑销售。**搭售**（tying）［也称**搭配销售**（tie-in sales)］是指客户在购买一种产品（搭售产品）的时候，必须购买其他一些产品（被搭售产品）。

通常，当消费者对他们购买的产品有使用频率上的不同时，厂商才能使用搭售的方法。例如，假设一家企业拥有一些复印机功能的专利。由于这个专利能阻止其他企业出售这种类型的复印机，所以这种专利赋予企业一些市场势力。此时，企业就可以实行价格歧视，对每个月复印 15 000 份的顾客收取的价格要比对仅复印 4 000 份的顾客高。但是，企业是不可能知道顾客复印多少份的。

那么，企业如何使用它在复印机市场上的市场势力来捕获剩余呢？企业可以将一些材料和复印机捆绑销售，如复印纸。例如，企业可以在"合同要求"下出售复印机，也就是说，这个合同规定购买复印机的顾客必须从该企业处购买复印纸。通过设置一个比成本高很多的价格，企业就可以获得更多的利润。

例如，在上述复印机的例子中，实施搭售的策略需要企业把产品捆绑起来销售以利用其市场势力。如果没有搭售，在正常情况下，企业不会在复印纸市场获得任何超额回报。复印纸市场是完全竞争的，这是因为复印纸的生产是不需要什么技术的。如果企业想把复印纸卖出一个较高的价格，就必须保证它的顾客不会从其他企业处购买复印纸。例如，它可能会强迫用户使用本企业的复印纸，这样用户才能获得复印机的保修服务。①

搭售往往会引发一些纠纷。一台计算机打印机的生产商可能希望用户购买自己生产的墨盒。打印机制造商认为使用它生产的墨盒是必要的，以此保证墨盒不会损坏或者堵塞打印机。但是，其他制造商可能认为捆绑销售方式是排他销售墨盒，违反了反托拉斯法。由于存在利益冲突，捆绑销售往往会带来一些冲突甚至是对簿公堂。

在美国，解决搭售的主要法律条款在《克莱顿法》第 3 节。此条款已经解决了一系列此类案件。在实际中，法院经常需要判定捆绑的产品是什么，并衡量其市场份额。当企业捆绑销售的产品仅占有很小的市场份额时，此类捆绑销售的合同就是合法的。如谢勒（F. M. Scherer）所指出的，"如果销售者的相关市场份额比较小，捆绑合同的目的就是为了规避挑战，并不是所有的合同都是不合法的"②。然而，在其他情况下，捆绑销售就是非法的。例如，当麦当劳销售专营权时，它就不能要求其加盟商从它这里购买餐巾、杯子等产品。加盟商可以从任何生产商那里购买符合麦当劳设置标准的杯子。

搭售（也称搭配销售）：是指客户在购买一种产品（搭售产品）的时候，必须购买其他一些产品（被搭售产品）。

□ 捆绑销售

捆绑销售（bundling）是指在购买商品时，消费者需要购买一揽子商品的组合，不能单独购买其中的任何一种。例如，当订阅有线电视时，通常需要同时购买一揽子频道，而不是订阅单个频道。当去迪士尼乐园玩时，在门口购买的门票就包含了游乐园里游玩项目的价格。③ 计算机制造商捆绑销售计算机主机（中央处理单元）和显示器。

捆绑销售：指在购买商品时，消费者需要购买一揽子商品的组合，不能单独购买其中的任何一种。

为什么企业有时需要一起打包卖出两个或者两个以上的产品，而不是各自单独出售

---

① 这种根据顾客使用产品多少收费不同的策略叫作"按量定价"。例如，复印机有一个可以计算使用复印纸数量的设备。当销售方维修设备时，可以得到使用了多少复印纸的数据。

② F. M. Scherer, *Industrial Market Structure and Economic Performance* (Chicago: Rand McNally, 1980), pp. 585-586.

③ 捆绑销售是搭售的一种，但并不是所有的搭售都是捆绑销售。例如上面介绍的例子，搭售要求购买复印机的消费者必须从复印机制造商那里购买复印纸。由于消费者不会因没有购买复印机而不能购买复印纸，所以复印机和复印纸并不是捆绑的。相反，在迪士尼门票捆绑的例子中，消费者不能不购买游乐项目直接购买门票进迪士尼乐园，也不能不购买门票直接购买游乐项目。

呢？当不能实行价格歧视而消费者对两种产品有不同偏好（不同的支付意愿）时，捆绑销售可以增加企业的利润。下面让我们来看一下，企业如何通过捆绑销售增加生产者剩余。我们考虑一个出售两种产品的企业：电脑主机和显示器。一台电脑主机的边际成本是 1 000 美元，一台显示器的边际成本是 300 美元。

为简单起见，假设市场上只有两个消费者，但企业不能实行价格歧视。表 12 - 2 展示了每个消费者在购买电脑主机和显示器时所愿意支付的最大价格。所有的消费者都希望购买一台新电脑主机和一台新显示器。但是，每个消费者只能购买一台新电脑主机（可能有一台旧显示器）或者购买一台新显示器（也许是为了给电脑主机配一台显示器）。消费者 1 愿意花 1 200 美元购买一台电脑主机，花 600 美元购买一台显示器；消费者 2 愿意花 1 500 美元购买一台电脑主机，花 400 美元购买一台显示器。

表 12 - 2　　当消费者的偏好负相关时捆绑销售可以提高利润　　单位：美元

	保留价格（顾客愿意支付的最大价格）	
	电脑主机	显示器
消费者 1	1 200	600
消费者 2	1 500	400
边际成本	1 000	300

我们首先来看一下，如果不捆绑销售电脑主机和显示器，企业获得的利润是多少。此时，企业如何设置电脑主机的价格（P_c）呢？如果把价格设置为 $P_c=1\,500$ 美元，就只能卖出一台电脑主机（卖给消费者 2），获得 500 美元的利润（就等于价格 1 500 美元减去电脑主机的边际成本 1 000 美元）。① 如果 $P_c=1\,200$ 美元，它可以卖出 2 台电脑主机（每个消费者都买一台），并获得 400 美元利润（每台电脑主机获利 200 美元）。因此，应该把电脑主机的价格设置为 1 500 美元。

那么，将如何设置显示器的价格（P_m）？如果把价格设置为 $P_m=600$ 美元，将仅卖出一台显示器（只卖给消费者 1），并且获得的利润为 300 美元（等于价格 600 美元减去显示器的边际成本 300 美元）。如果把价格设置为 $P_m=400$ 美元，则能卖出 2 台显示器（每个消费者购买一台），并获得 200 美元的利润（每台显示器获利 100 美元）。

当企业不捆绑销售时，可以设定的最高价格为 $P_c=1\,500$ 美元，$P_m=600$ 美元。然后销售一台电脑主机可以获利 500 美元，销售一台显示器可以获利 300 美元，总共可以获利 800 美元。

现在考虑把电脑主机和显示器打包出售的情形。可以获得的利润最多是多少？消费者 1 愿意付出的最大价格为 1 800 美元，消费者 2 愿意付出的价格为 1 900 美元。如果这个捆绑组合卖到 $P_b=1\,900$ 美元，则只有消费者 2 才会购买这个组合，则收益为 1 900 美元，并且成本为 1 300 美元（1 000 美元的电脑主机成本和 300 美元的显示器成本）。因此，利润为 600 美元。

但是，如果企业把价格设为 $P_b=1\,800$ 美元，就可以获利更多。每打包出售一套主

① 消费者 1 的保留价格为 1 500 美元。严格地说，如果制造商设定计算机主机的价格 $P_c=1\,500$ 美元，对消费者 1 来说，买和不买是无差异的。因此，我们假设消费者在价格等于其最大支付意愿时会购买产品（当然，企业可以把价格降低一美分，这样就可以保证消费者一定会购买产品）。

机和显示器，可以获利 500 美元，即获得的收益 1 800 美元减去成本 1 300 美元。此时，两个消费者都会购买产品组合，总获利为 1 000 美元。因此，当价格 P_b=1 800 美元时，制造商可以获得最大利润。捆绑销售使利润从（单独销售时的）800 美元提高到了（捆绑销售时的）1 000 美元。

为什么捆绑销售能提高利润？这是由于消费者的需求是负相关的。负相关意味着，消费者 2 愿意比消费者 1 付出更高的价格来购买电脑主机，同时消费者 1 愿意比消费者 2 付出更高的价格来购买显示器。通过捆绑销售，制造商诱导消费者同时购买两种产品。

为什么消费者的需求负相关如此重要？首先，如果消费者的需求是正相关的，情况会怎么样？假如消费者的需求如表 12－3 所示，这时就是正相关的，因为消费者 2 愿意为电脑主机和显示器付出的价格比消费者 1 的要高。

表 12－3　　当消费者的偏好正相关时捆绑销售并不能增加利润　　单位：美元

	保留价格（消费者愿意支付的最大价格）	
	电脑主机	显示器
消费者 1	1 200	400
消费者 2	1 500	600
边际成本	1 000	300

如果制造商不捆绑销售，在利润最大化时，电脑主机的价格为 1 500 美元，每台电脑主机可以获利 500 美元。在这个价位，只有消费者 2 愿意购买。企业从显示器市场获利最多为每台 300 美元，此时的价格为 600 美元。只有消费者 2 愿意在这个价位购买显示器。总收益为 800 美元。（可以验证一下，在以更低的价格同时吸引消费者 1 时，企业获得的利润更少。）

如果制造商把电脑主机和显示器捆绑销售，企业可以设定的最高价格为 2 100 美元，获利 800 美元。所以，捆绑销售并不会增加企业的利润。

□ 混合捆绑销售

在实际生活中，企业往往允许消费者单独购买产品，当然也可以购买捆绑产品。例如，你可以从戴尔购买一台主机，也可以单独购买一台显示器。这种销售方式叫作混合捆绑销售。让我们以表 12－4 为例来说明，为什么混合捆绑销售方式可以使企业获得最多的利润。在这个例子中，每个消费者都愿意付出 1 700 美元购买一个组合产品。一个愿意付出更高价格购买电脑主机的消费者愿意付出的购买显示器的价格比其他消费者要低。但是，制造商并不会仅提供 1 700 美元的捆绑产品。

表 12－4　　混合捆绑销售可以增加利润　　单位：美元

	保留价格（消费者愿意支付的最大价格）	
	电脑主机	显示器
消费者 1	900	800
消费者 2	1 100	600
消费者 3	1 300	400
消费者 4	1 500	200
边际成本	1 000	300

我们通过以下三种情况来探讨最理想的策略。

● 情况 1：没有捆绑。如果制造商并不捆绑销售，在利润最大化时，电脑主机的价格为1 300 美元，显示器的价格为 600 美元。当电脑主机的价格为 1 300 美元时，消费者 3 和消费者 4 都会购买电脑主机。由于两台电脑主机都按照 1 300 美元的价格销售，此时企业的边际成本为1 000 美元/台，则利润为 600 美元。当显示器的价格为 600 美元时，消费者 1 和消费者 2 都会购买显示器。此时能卖掉两台显示器，每台的价格为 600 美元，每台的边际成本为 300 美元。因此，显示器获利 600 美元，总利润为 1 200 美元。

● 情况 2：全部捆绑销售（仅使用捆绑销售策略）。如果制造商仅提供电脑主机和显示器的组合进行销售，价格为 1 700 美元，则四个消费者都得购买这个产品组合。每个组合能获得利润 400 美元（收益 1 700 美元减去边际成本 1 300 美元）。所以，总利润为 1 600 美元。

● 情况 3：混合捆绑销售。此时制造商会提供给消费者三种选择。单独电脑主机的价格为 P_c，单独显示器的价格为 P_m，一台电脑主机和一台显示器的捆绑价格为 P_b。

在这个例子中，为什么混合捆绑销售可以获得最大的利润？当消费者对一个部件的支付意愿比边际成本低时，这种定价策略阻止消费者购买该部件。

注意，消费者 1 仅希望花费 900 美元来购买一台电脑主机，这个价格比电脑主机的边际成本要低。没有利润，所以企业不会把产品卖给消费者 1。如果消费者 1 以1 700 美元的价格购买了产品组合，企业将从产品组合的销售中获利 400 美元（也就是说，1 700美元的收益减去 1 300 美元的成本）。如果消费者购买了此种产品组合，他将得不到任何消费者剩余。

但是，企业可以通过单独把显示器出售给消费者获取更多的利润。由于在单独购买显示器时，消费者 1 可以比在购买组合产品时获得更多的消费者剩余，所以企业可以激励消费者 1 单独购买显示器。如果制造商把单独销售显示器定为 799 美元，则消费者 1 购买显示器，并且企业从显示器的销售中可以获利 499 美元。此时，比把产品捆绑销售给消费者，企业的获利要更多（多出 99 美元）。消费者通过单独购买显示器也能获得 1 美元的消费者剩余（等于消费者愿意为购买显示器付出的最高价格 800 美元减去实际的价格 799 美元）。因此，企业应设置单卖显示器的价格 $P_m=799$ 美元。

同样，消费者 4 仅希望以 200 美元的价格购买显示器，比显示器的边际成本要小。由于没有利润，所以企业并不会把显示器卖给消费者 4。消费者 4 会很乐意以 1 499 美元的价格单独购买一台电脑主机（能获得 1 美元的消费者剩余），而不是以 1 700 美元的价格（此时的消费者剩余为 0）购买一台主机和一台显示器的产品组合。单独把电脑主机卖给消费者 4，可以为企业创造 499 美元的利润，而如果消费者 4 购买产品组合，企业只能获得 400 美元的利润。因此，企业会将单独销售电脑主机的价格设为 $P_c=1\ 499$ 美元。

最后，消费者 2 和消费者 3 的需求是负相关的。他们对每一部件所愿意支付的价格都比其边际成本要高。所以，企业会卖给他们捆绑产品。此时，一台电脑主机和一台显示器的捆绑组合的价格 $P_b=1\ 700$ 美元。

总之，在混合捆绑销售时，消费者 4 会单独购买电脑主机，消费者 1 会单独购买显示器，消费者 2 和消费者 3 会购买捆绑产品组合。总收益为 1 798 美元。混合捆绑销售的总利润比没有捆绑销售时的利润（1 200 美元）或只捆绑销售时的利润（1 600 美元）都要高。

案例 12.7

捆绑的电视频道

类似于康卡斯特（Comcast）公司的有线电视公司会提供一系列捆绑产品的组合套餐。例如，在芝加哥，消费者必须以每月约 25 美元的价格订阅基本套餐。这个套餐仅提供一些本地电视频道、儿童节目和气象观测。45 美元的套餐可以增加 100 多个电视频道和 45 个音乐频道。99 美元的套餐包括收费频道 HBO 和 Starz 等 50 多个频道。115 美元的套餐可以使用所有的付费频道、一个体育娱乐组合，还有 50 多个频道。当然，这些组合也可以与上网、电话或者与它们两个一起打包（三网合一）。实际上，康卡斯特公司使用一些混合捆绑策略，消费者不仅可以选择有线电视频道的组合，还可以选择数字语音服务和高速上网服务的组合。

消费者通常抱怨，对有线电视套餐，他们只会看其中一小部分频道。为什么康卡斯特公司愿意提供 100 个频道的打包价格而不是允许消费者选择自己喜欢的频道，并为每一个频道制定一个价格呢？我们可以使用捆绑销售来解释其中的道理。

为简单起见，假设市场上只有 2 个消费者——凯瑟琳（Kathryn）和迈克（Mike），两个频道——美食频道和旅游频道。凯瑟琳喜欢的是美食频道，迈克喜欢的是旅游频道。凯瑟琳愿意为美食频道付出的价格为 30 美元/月，为旅游频道付出的价格为 5 美元/月。迈克愿意为旅游频道付出的价格为 30 美元/月，为美食频道付出的价格为 5 美元/月。如果消费者可以单独订阅频道，康卡斯特公司能从每个频道上获得的最大收益为 30 美元（没有捆绑销售）。但是，如果捆绑销售，公司可以向每个人收取 35 美元。只要针对第二个频道增加的边际成本比 5 美元低（对康卡斯特公司来说，增加一个频道的边际成本很低），捆绑销售就能获得更多的利润。例如，当边际成本为 0 时，捆绑销售就会使康卡斯特公司的利润提高 10 美元。

12.6 广　告

到目前为止，本章所讨论的问题都是企业如何通过定价获取更多的剩余。现在，我们来讨论一个有市场势力的企业如何通过非定价策略创造和捕获剩余，如通过一定的广告投放量。

通过广告，销售者希望能增加对其产品的需求，使需求曲线右移以获得更多的剩余。但是，企业也承认广告是很昂贵的。只有正确地选择广告，企业才能尽可能地获得更多的剩余。

图 12 - 11 展示了广告产生的效果。假设企业不实行价格歧视策略，并且广告支出影响企业的固定成本，但不影响产品的边际成本（也就是说，假设边际成本曲线并不受广告的影响是合理的）。

如果企业一点广告都不做，产品的需求曲线和边际收益曲线就分别是 D_0 和 MR_0。

平均成本曲线和边际成本曲线分别为 AC_0 和 MC。企业的产量为 Q_0，产品价格为 P_0。当不做广告时，企业获得的最大利润为区域Ⅰ和区域Ⅱ。

如果企业花费 A_1 美元来做广告，产品的需求曲线就会右移至 D_1，边际收益曲线就会变成 MR_1。由于广告会增加企业的总成本，所以，平均成本曲线就会增至 AC_1。在利润最大化时，企业的产量为 Q_1，产品价格为 P_1。如图中描述的需求曲线和成本曲线，很明显，通过做广告，企业可以获得更多的利润。当花费 A_1 美元广告费时，企业可以获得的最大利润为区域Ⅱ和区域Ⅲ。

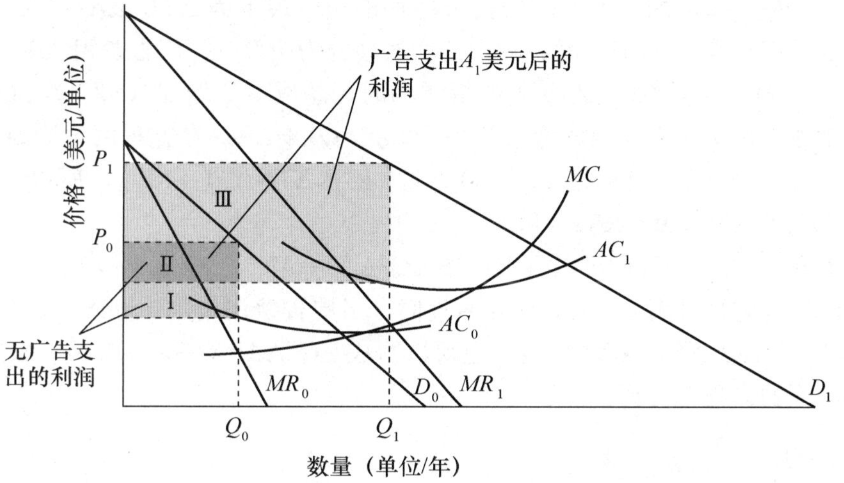

图 12-11　广告的影响

说明：当企业不做广告时（D_0，MR_0，AC_0，Q_0，P_0），能获得的最大利润为区域Ⅰ和区域Ⅱ。当企业花费了 A_1 美元在广告上（D_1，MR_1，AC_1，Q_1，P_1）时，能获得的最大利润为区域Ⅱ和区域Ⅲ。

对通过广告（广告上的花费为 $A>0$）、生产产量为正的（$Q>0$）产品最大化利润的企业而言，必须满足两个条件：

（1）当利润最大化的产量为 Q 时，生产最后一单位产品带来的总收益变化 $\Delta TR/\Delta Q$（也就是说，边际收益 MR_Q）必须等于最后一单位产品的边际成本 $\Delta TC/\Delta Q$（用 MC_Q 表示）。如第 11 章所述，$MR_Q=MC_Q$ 是垄断企业利润最大化时的条件。我们可以使用逆弹性定价法则写出利润最大化时的条件：

$$\frac{P-MC_Q}{P}=-\frac{1}{\epsilon_{Q,P}} \tag{12.1}$$

其中，P 为产品的价格，$\epsilon_{Q,P}$ 是企业产品的需求价格弹性。

（2）当投入的广告费用 A 可以使企业获得利润最大化时，花在广告费用上的最后一美元带来的边际收益 $\Delta TR/\Delta A$（用 MR_A 表示）必须等于花费在广告上的最后一美元增加的边际成本 $\Delta TC/\Delta A$（用 MC_A 表示）。

为什么在 $MR_A=MC_A$ 时能达到利润最大化？如果 $MR_A>MC_A$，增加一单位广告投入所带来的收益增长大于成本增加。所以，企业投入更多的广告，可以获得更多的利润。同样，如果 $MR_A<MC_A$，企业会减少广告投入，获得更多的利润。

假设市场上的价格是不变的，我们可以用另一种方式来表达条件 $MR_A=MC_A$。首先，广告水平变化对企业的总收益产生什么样的影响？如果产品的需求是 $Q(P, A)$（也就是说，需求由价格和广告来决定），企业的总收益 $TR=PQ(P, A)$。当广告费用增加很小一部分（ΔA）时，总收益变化 ΔTR 就等于价格 P 乘以当广告费用提高时需求的变化（ΔQ）。从而，$\Delta TR=P\Delta Q$。如果我们在两边同时除以 ΔA，就可以得到 $\Delta TR/\Delta A=P(\Delta Q/\Delta A)$。由于 $\Delta TR/\Delta A=MR_A$，所以，由广告带来的边际收益 $MR_A=P(\Delta Q/\Delta A)$。

我们不禁要问，广告支出费用的变化如何影响企业的总成本？总成本 $TC=C(Q(P,A))+A$。每增加一单位广告投入增加的边际成本为 $\Delta TC/\Delta A=MC_A$。当企业增加一小部分广告投入（ΔA）时，成本的增加会分为两部分：广告费用 ΔA，以及需求增加 ΔQ 所带来的成本增加。当企业产量增加时，总成本会增加 $(MC_Q)(\Delta Q)$。因此，广告投入增加所带来的成本增加为 $\Delta TC=MC_Q(\Delta Q)+\Delta A$。在方程两边同时除以 ΔA，我们可以得到 $\Delta TC/\Delta A=MC_Q(\Delta Q/\Delta A)+1$。由于 $\Delta TC/\Delta A=MC_A$，所以，广告的边际成本为 $MC_A=MC_Q(\Delta Q/\Delta A)+1$。

由于 $MR_A=MC_A$，我们可以得出：$P(\Delta Q/\Delta A)=MC_Q(\Delta Q/\Delta A)+1$。

需求的广告弹性（用 $\epsilon_{Q,A}$ 表示）告诉我们，当广告费用增加 1%时，需求会增加百分之几：$\epsilon_{Q,A}=(\Delta Q/\Delta A)(A/Q)$。我们也可以写成 $\Delta Q/\Delta A=Q\in_{Q,A}/A$。将 $\Delta Q/\Delta A$ 的表达式代入上面的方程，得到：

$$P\left(\frac{Q\epsilon_{Q,A}}{A}\right)=MC_Q\left(\frac{Q\epsilon_{Q,A}}{A}\right)+1$$

方程左右两边同时乘以 A：

$$PQ\epsilon_{Q,A}=MC_Q Q\epsilon_{Q,A}+A$$

同时除以 $\epsilon_{Q,A}$，可得

$$PQ=MC_Q Q+\frac{A}{\epsilon_{Q,A}}$$

整理得

$$Q(P-MC_Q)=\frac{A}{\epsilon_{Q,A}}$$

同时除以 Q：

$$P-MC_Q=\frac{1}{\epsilon_{Q,A}}\frac{A}{Q}$$

同时除以 P：

$$\frac{P-MC_Q}{P}=\frac{1}{\epsilon_{Q,A}}\frac{A}{PQ} \qquad (12.2)$$

由于等式（12.1）和等式（12.2）的左边是一样的（勒纳指数），可以得出

$$-\frac{1}{\epsilon_{Q,P}}=\frac{1}{\epsilon_{Q,A}}\frac{A}{PQ}$$

等式两边同时乘以 $\epsilon_{Q,A}$ 可得

$$\frac{A}{PQ}=-\frac{\epsilon_{Q,A}}{\epsilon_{Q,P}} \tag{12.3}$$

等式（12.3）的左边就是广告费用 A 占总收益 PQ 的比例；等式右边是需求广告弹性与需求价格弹性之比的负数。稍微想一下，你就能发现这个关系蕴含着巨大的商业信息。假设你调查了两个相似的市场，发现它们拥有相同的需求价格弹性，但是需求广告弹性极为不同。相对于广告需求价格弹性较低的市场，在广告高度敏感的市场中，你将会加大广告的投放力度。①

边做边学习题 12.7 ☞

定价和广告销售比

假设你有一家餐厅，专门提供精致的牛排晚餐，你想最大化你的利润。在进行市场调研后，你发现餐厅自身的需求价格弹性为−1.5，需求广告弹性为 0.1。假设不管价格如何变化、广告投入为多少，这些弹性都是不变的。

问题：

(a) 解释需求广告弹性。

(b) 你将如何根据晚餐的边际成本制定价格？如何制定广告销售比？

解：

(a) 需求广告弹性 $\epsilon_{Q,A}=0.1$，是指广告费用每提高 1%，需求量增加千分之一。

(b) 根据逆弹性定价法则方程（12.1）得出，$(P-MC_Q)/P--1/\epsilon_{Q,P}-1/1.5-2/3$。因此，$P-MC_Q=(2/3)P$，也就是 $P=3MC_Q$。晚餐价格是边际成本的三倍。根据方程（12.3），最理想的广告销售比应该为 $A/(PQ)=-\epsilon_{Q,A}/\epsilon_{Q,P}-(-0.1)/(-1.5)-0.067$。因此，广告费用应该占销售额的 6.7%。

相似习题： 12.29，12.30

案例 12.8

谷歌的广告

近年来，谷歌是世界上最受欢迎的搜索引擎。在 2009 年，谷歌大约占有搜索引擎 60%的市场，大约是第二名雅虎市场份额的四倍。谷歌的总收入超过 220 亿美元。但是，你是免费使用谷歌的。那么谷歌如何赚到这 220 亿美元呢？收入几乎全部来自其 web 页面的广告收入（如赞助商链接）。谷歌大约占据了整个互联网广告市场 60%的份额。

① 对于广告的前期研究工作，包括本节讨论的许多内容，详见 R. Dorfman and P. Steiner，“Optimal Advertising and Optimal Quality，” *American Economic Review* 44 (December 1954)：826−836。

和整个广告市场相比，互联网广告市场仍然是一个比较小的市场（5%～6%），但增长速度却很快。这其中有两个原因：首先，网页广告的费用非常低，边际成本几乎为0。互联网广告的好处在于，广告商通常可以更直接地把广告投放给它们的目标客户。通过追踪客户的使用习惯，像谷歌这种互联网服务搜索引擎就能够获得客户的一些特定信息。例如，如果你反复使用谷歌寻找关于经济学的文章，谷歌就会了解到你对经济学感兴趣。谷歌就可以使用这些信息帮助广告主找到最有可能对它们的广告感兴趣的消费者。此外，当你输入一个搜索请求时，谷歌就可以在搜索结果中显示出与之匹配的广告商广告。

根据客户上网和搜索习惯直接进行广告定位，可以节省更多的成本。这是因为，不用在对广告不感兴趣的客户身上浪费资源。在图 12 - 11 中，曲线 D_0 和曲线 MR_0 分别移动到曲线 D_1 和曲线 MR_1，增加区域 A。有目标地投放广告，能提高需求广告弹性。由于这个原因，许多企业愿意在互联网上有针对性地投放广告。

本章小结

● 拥有市场势力的企业可以影响市场上的价格并获取更多的剩余（也就是说，增加利润）。拥有市场势力的企业并不一定就是垄断企业，但其面临的需求曲线必须是向下倾斜的。

● 企业可以通过价格歧视获取更多的剩余——比单一定价获得的要多。有三种价格歧视：一级价格歧视，二级价格歧视，三级价格歧视。企业实行价格歧视必须满足三个条件：企业必须有市场势力，必须知道不同消费者有不同的保留价格或需求价格弹性，也必须能阻止倒卖。

● 当实施一级价格歧视时，对每单位产品，企业都以消费者的保留价格卖给消费者。所以，边际收益曲线和需求曲线是重合的。企业实施一级价格歧视可以获得所有的剩余。（边做边学习题 12.1 和 12.2）

● 当实施二级价格歧视时，企业按照数量给予消费者折扣。针对不同的购买数量分为两个购买区域：第一个区域制定一个价格；当购买的数量再增加时，会再制定一个价格（通常会低）。通过订阅费用和使用费用的组合，消费者可以支付使用权的费用（订阅费用），然后在使用服务的时候还需要继续付费（使用费用）。（边做边学习题 12.3）

● 当实施三级价格歧视时，企业针对市场中的不同消费群体，对每一部分消费者都用边际收益等于边际成本的标准制定利润最大化价格，等价于用逆弹性定价法则。对特定的群体，价格是统一的；但对不同的群体，价格是不同的。（边做边学习题 12.5）

● 为了实行三级价格歧视，企业有时使用甄别机制推断出消费者的保留价格或者不同消费者的需求价格弹性。通过观察消费者的特征（例如年龄或者身份），一些企业可以甄别出不同的消费者群体。这些特征是企业可以观察到的，并以此更深入地了解消费者的其他特征（也就是，消费者愿意为购买商品支付的最高价格或者需求价格弹性）。

● 在有市场容量限制时，为了实行三级价格歧视，在利润最大化时，企业分配产能的原则是使不同市场的边际收益相等。（边做边学习题 12.6）

● 一种企业实行价格歧视的途径就是提供不同版本的产品：吸引价格敏感的消费者的低质量-低价格版本产品和吸引价格不那么敏感的消费者的高质量-高价格版本产品。

● 搭售是指，在购买一种产品（搭售产品）的同时，消费者必须购买另外一种产品（被搭售产品）。消费者可以单独购买被搭售产品，但不能单独购买搭售产品。搭售可以扩展企业的市场势力。

● 捆绑销售是指，消费者必须同时购买两种或者几种产品的组合。消费者不能单独购买其中的产品。当消费者需求负相关时，企业通过捆绑销售可以获得更多的利润。企业也可以通过混合捆绑策略获得更多的利润。也就是说，企业允许消费者购买捆绑的产品组合，也可以单独购买产品。

● 当广告可以增加产品需求时，广告也可以帮助企业获得更多的剩余。但是，广告也是有成本的。当一个企业同时需要决定产量水平和广告水平时，必须满足以下条件：（1）产品的边际收益等于产品的边际成本；（2）广告的边际收益等于广告的边际成本。当利润最大化时，广告销售比就等于需求广告弹性和需求价格弹性之比的相反数。（边做边学习题 12.7）

复习题

1. 为什么企业实施价格歧视必须拥有一定的市场势力？

2. 只有垄断企业才能实行价格歧视吗？

3. 为什么只有阻止倒卖才能成功地实施价格歧视？

4. 一级价格歧视、二级价格歧视、三级价格歧视之间的区别是什么？

5. 在实施一级价格歧视时，为什么边际收益曲线和需求曲线重合？

6. 在实施完全一级价格歧视时，企业利润最大化时的无谓损失是多少？

7. 单一价格和非单一价格（非线性）的区别是什么？举一个非线性价格的例子。

8. 假设企业现在对两种产品实行单一价格：奶油和黄油脆皮花生。有必要实施三级价格歧视提高利润吗？实施价格歧视以后盈利情况更糟糕了吗？

9. 甄别机制如何帮助企业实施价格歧视？举一个甄别的例子，并解释它是如何运作的。

10. 为什么企业要实行搭售策略？搭售和捆绑销售的区别是什么？

11. 捆绑销售如何提高企业的利润？在什么情况下，捆绑销售不能提高利润？

12. 即便垄断企业知道广告可以使其产品的需求曲线右移，为什么企业还是决定不做广告？如果做广告，什么因素决定了广告的投放量？

习 题

12.1 判断下面的例子是一级价格歧视、二级价格歧视还是三级价格歧视。

a）杂志出版商针对个人客户的订阅价格为 75 美元/年，针对图书馆的订阅价格是 300 美元/年。

b）美国政府拍卖墨西哥湾的一片土地的出租权。石油公司拍卖到了探索土地并开采石油的权利。

c）在既定的日期前，乡村俱乐部前 9 个洞收取高尔夫球手 12 美元，再增加 9 个洞收取 9 美元，再增加 9 个洞收取 6 美元。

d）在周一至周六，电话公司按 0.10 美元/分钟收取长途电话费；在周日，按 0.05 美元/分钟收取。

e）购买一个电脑磁盘需要 10 美元，打包 3 个需要 27 美元，打包 10 个需要 75 美元。

f）从纽约飞到芝加哥，如果提前 14 天预定，机票价格为 250 美元，但是旅行当天购票，票价为 350 美元。

12.2 假设以利润最大化为目标的垄断企业面临的需求曲线为 $P=20-Q$。当产量为 Q 时，总成本 $TC=24+Q^2$。固定成本是沉没成本，边际成本曲线为 $MC=2Q$。

a）假如不能实施价格歧视，能获得的最大利润是多少？生产者剩余为多少？

b）假如实施一级价格歧视，能获得的最大利润是多少？生产者剩余为多少？

c）当实施一级价格歧视时，和统一价格相比，生产者获得了多少额外剩余？

12.3 假设产量为 Q 的垄断企业面临的需求曲线为 $P=20-Q$。产量为 Q 时的总成本 $TC=F+Q^2$，其中 F 是固定成本。边际成本 $MC=2Q$。

a）在统一价格的情况下，利润最大化企业的经济利润至少为 0，F 为何值？

b）在实施一级价格歧视时，利润最大化企业的经济利润至少为 0，F 为何值？

12.4 某企业的总可变成本函数为 $TVC=Q^2$。对应的边际成本函数为 $MC=2Q$。企业面临的市场需求函数为 $P=40-3Q$。

a）假如统一价格，求利润最大化时的价格。

b）假如企业能实施完全一级价格歧视，和统一价格时相比，利润最大化时的利润能多多少？

12.5 自然垄断企业的需求函数为 $P=100-Q$。边际收益曲线 $MR=100-2Q$。固定成本为 F，总可变成本 $TVC=20Q$。相应的边际成本是不变的，等于 20。

a）假如统一价格，利润最大化企业的利润为 0，F 为何值？

b）假如实施完全一级价格歧视，利润最大化企业的利润为 0，F 为何值？

12.6 假设垄断企业在一个市场实施一级价格歧视。第一单位产品的价格是 10 欧元，第二单位为 9 欧元，第三单位为 8 欧元，第四单位为 7 欧元，第五单位为 6 欧元，第六单位为 5 欧元。该企业把所有单位产品作为整体一起出售。

a）在生产 2 单位产品时，企业的总收益是多少？

b）在生产 3 单位产品时，总收益是多少？

c）第三单位产品的边际收益和价格之间的关系是什么？

d）第四单位产品的边际收益和价格之间的关系是什么？

12.7 假设习题 12.6 中的垄断企业每单位产品的边际成本是 5.5 欧元。没有固定成本的投入。

a）在利润最大化时，企业生产多少单位产品？（注意企业把所有产品作为整体。）

b）求利润最大化时的利润。

c）求利润最大化时的无谓损失，并解释。

12.8 Fore！是一家销售高尔夫球的公司，它通过数量折扣的形式来增加收益。为简单起见，假设只服务一个消费者，需求曲线为 $P=100-Q$。边际成本 $MC=10$。假如 Fore！公司在第一区段卖给消费者 Q_1 个高尔夫球，单价为 P_1。

a）如果 $Q_1=20$，$P_1=80$，求第二区段利润最大化时的价格和产量。

b）如果 $Q_1=30$，$P_1=70$，求第二区段利润最大化时的价格和产量。

c）如果 $Q_1=40$，$P_1=60$，求第二区段利润最大化时的价格和产量。

d）以上哪种分段方式可以使 Fore！公司获得最多的利润？

12.9 考虑习题 12.8 中的高尔夫球制造商。其需求曲线为 $P=100-Q$，每单位产品生产的边际成本为 10。在所有可能的分段区（分两个区段），哪一种可以获得最大利润？换句话说，哪一种（P_1，Q_1）和（P_2，Q_2）组合可以最大化利润？

12.10 假设一个生产小物件的垄断企业的产量为 Z，总成本函数为 $C(Z)=F+50Z$，其中 F 是企业的固定成本。边际成本 $MC=50$。假设市场上只有一个消费者，消费者的需求函数为 $P=60-Z$。

a）假设价格不变，求利润最大化时的价格。求在这个价格水平上可以获得正利润时的 F 最小值。

b）假设价格等于边际成本，即 $P=MC=50$。在这个价格水平上，消费者将购买多少单位产品？在图中说明你的答案（画出个人需求曲线和边际成本曲线）。

c）现在消费者必须首先支付一个订阅费用 S，然后才能支付使用费用。如果使用在问题 b）中的使用费用，求消费者购买产品时的最大固定费用。

d）如果遵循问题 c）中的定价策略，求恰好有正利润时的 F 值，这与问题 a）中的答案有什么联系？

e）假设小物品市场中有 N 个消费者，每一个消费者的需求函数为 $P=60-Z$。如果使用上述非线性定价策略，求有正利润时的最大固定成本 F。

12.11 在边做边学习题 12.3 的（c）问中，我们表明 Softco 公司第一区段和第二区段的利润最大化结构不同于（b）问中的定价结构（前 60 单位产品，每单位 40 美元；超过 60 单位，每单位 25 美元）。求利润最大化时的定价结构。

12.12 考虑有 100 个人的市场，每个人的电需求函数都为 $P=10-Q$。提供电力的电力公司的固定成本为 1 200 美元，不变的边际成本为 2 美元。现向消费者首先收取 S 的订阅费用，再征收每单位电价格为 m 的使用费用。在企业获得零经济利润时，求使消费者剩余与生产者剩余之和最大化的 S 及 m。

12.13 垄断企业面临着两个市场。在每个市场上，需求曲线的弹性是不变的。在市场 1，需求价格弹性为 -3；在市场 2，需求价格弹性为 -1.5。垄断企业每单位的边际成本是不变的，两个市场都为 5 美元。求在每一个市场上利润最大化时的价格。

12.14 假设 Acme 制药公司发现了可以治疗普通感冒的药物。在美国和欧洲都有工厂生产此药品，边际成本为 10。假设没有固定成本。在欧洲，药品的需求曲线为 $Q_E=70-P_E$，Q_E 是价格为 P_E 时的欧洲市场需求量；在美国，药品的需求函数为 $Q_U=110-P_U$，Q_U 是价格为 P_U 时的美国市场需求量。

a）如果企业实施三级价格歧视，求利润最大化时的美国和欧洲价格。

b）假设企业实行价格歧视是非法的，只能在美国和欧洲以统一的价格进行销售。求利润最大化时的价格，并求出此时的利润。

c）在实施价格歧视和统一价格间，哪一种的生产者剩余和消费者剩余之和比较多？公司将在美国和欧洲销售药品吗？

12.15 对习题 12.14 做如下变化：假设药品在欧洲的需求下降到 $Q_E=30-P_E$。如果企业不实行价格歧视，企业会不会同时在美国和欧洲销售药品？

12.16 对习题 12.14 做如下变化：假设药品在欧洲的需求变为 $Q_E=55-0.5P_E$。三级价格歧视能增加企业的利润吗？

12.17 思考习题 12.14 中 Acme 遇到的问题。不管欧洲和美国的需求曲线如何，实行三级价格歧视时的利润比没有价格歧视时的利润低吗？

12.18 用另外的方法解边做边学习题 12.5。边际收益 $MR=P+(\Delta P/\Delta Q)Q$，把 P 提出来，我们可以得到 $MR=P[1+(\Delta P/\Delta Q)(Q/P)]=P[1+(1/\epsilon_{Q,P})]$。实施三级价格歧视意味着，每一个市场的边际成本等于其边际收益，$MR_R=MR_V=MC$（题目中的边际成本是不变的）。因此 $P_R[1+(1/\epsilon_{Q_R,P_R})]=P_E[1+(1/\epsilon_{Q_E,P_E})]=MC$。请使用这个关系式重新验证边做边学习题 12.5 中的答案。

12.19 奇利亚诺（J. Cigliano）（“Price and Income Elasticities for Airline Travel: The North Atlantic Market,” *Business Economics*, September 1980）估计，北大西洋经济舱全价票的需求价格弹性为 $\epsilon_B=-1.3$。同时发现，打折机票的需求价格弹性约为 $\epsilon_V=-1.8$。假设跨大西洋（Transatlantic）航空公司面对的需求价格弹性是不变的；也就是说，不随价格而变化。由于都是经济舱，我们可以假设边际成本都是一样的。假设航空公司通过设置 P_R（全价票）和 P_V（打折票）的定价策略来实现利润最大化。如果边际成本是 200，企业将如何定价？

12.20 La Durazno 是远离南美洲海岸线的一个小岛上的唯一的度假旅店。该旅店面临两个市场：旅行客户和高端客户。旅行客户的需求曲线为 $Q_1=400-2P_1$。高端客户的需求曲线为 $Q_2=500-P_2$。在每个方程中，Q 为每天每种类型的旅客人数，P 代表每天的房价。边际成本是每位旅客 20 美元/天。

a）假如每种旅客都有正的需求曲线，求整个市场的需求曲线。

b）假如对所有旅客设定统一价格，求利润最大化时的价格。你可以假设，在利润最大化价格处，两种类型的旅客都享受了服务。求在统一价格时，每一种旅客的比例。

c）假设可以基于旅客是否为高端客户，对客户实施三级价格歧视。在每一个市场上如何定价才能实现利润最大化？在此价格歧视下，旅行客户和高端客户的比例分别为多少？

d）如果 La Durazno 无法判断顾客是旅行客户还是高端客户。La Durazno 如何甄别客户，才能实行你在问题 c）中提出的利润最大化时的价格歧视策略？

12.21 一个管道公司把汽油从炼油厂点 A 运输到点 R 和点 T。运往每个目的地的边际成本 $MC=2$。管道公司的固定成本为 160。从点 A 到点 R 运输汽油的需求曲线为 $Q_R=100-10P_R$，Q_R 是运输的数量，P_R 为每单位的运输价格。当 $P_T\leqslant 12$ 时，从点 A 运输到点 T 的需求是 20 单位。如果 $P_T>12$，在点 T 的消费者将从其他地方购买汽油，不会购买从管道运输过来的汽油。需求曲线如下图所示。

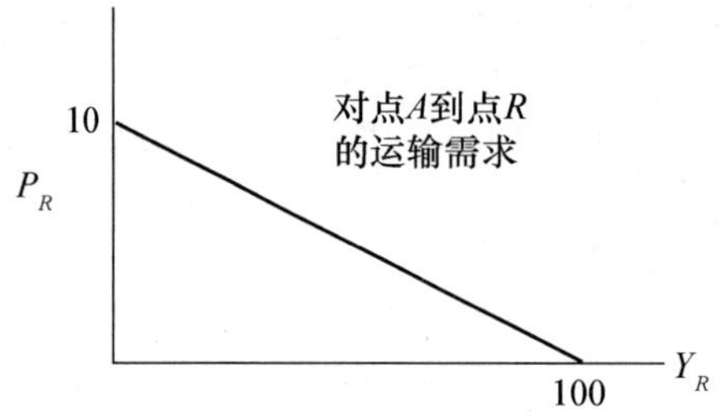

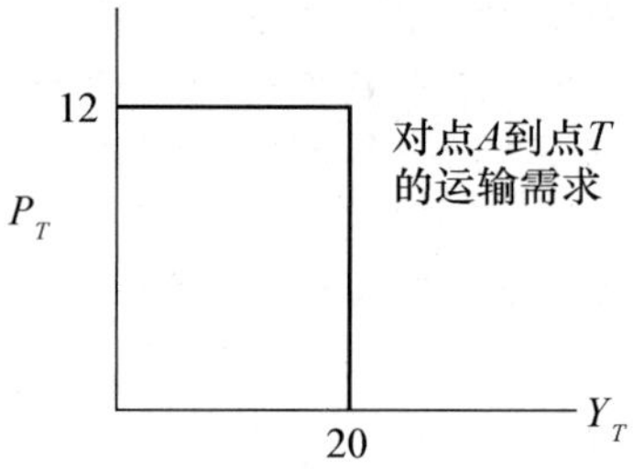

a）如果不能实施价格歧视（每个市场有相同的 P），求利润最大化时的价格。企业的利润如何？

b）如果能通过实施三级价格歧视实现利润最大化，求利润最大化时的价格，并求出企业获得的利润。

12.22 生产某种产品的边际成本 $MC=2$。假设一个消费群体的需求曲线为 $P_1=16-Q_1$，另外一个消费群体的需求曲线为 $P_2=10-(1/2)Q_2$。

a）如果对这两个消费群体实施价格歧视，求对每个消费群体如何定价。（可以利用边做边学习题 11.5 中的垄断中点法则。）

b）如果不能实施价格歧视，对每个消费群体设定的价格为 $P_1=P_2=P$，求利润最大化时的价格。

c）在实施价格歧视时，哪个消费群体能从中获益？

d）如果 $P_1=10-Q_1$，从价格歧视中有没有获益的消费群体？

12.23 一艘游轮每次航行可容纳 500 个旅客。有两个市场：老年旅客和年轻旅客。老年旅客的需求曲线为 $Q_1=750-4P_1$。年轻旅客的需求曲线为 $Q_2=850-2P_2$。在每个方程中，Q 代表旅客的人数，P 代表每天的价格。服务每位乘客的边际成本是每人每天 40 美元。假如邮轮实施价格歧视，求在利润最大化时每类乘客的数量，并求出在利润最大化时每类乘客的价格。

12.24 航空公司的一架小型飞机 A340 有 200 个座位。在 1 月 25 日周一早上，该飞机在芝加哥和迪拜间往返。如何将座位分配给商务旅客和度假旅客？先试验性地把 150 个座位分配给商务旅客，将 50 个分配给度假旅客，价格分别为 4 000 美元和 1 000 美元。同时知道以下信息：

a）为增加一张销售给商务旅客的机票，需要减价 25 美元；为减少一张商务旅客机票的需求，需要提价 25 美元。

b）为减少一张销售给度假旅客的机票，需要提价 5 美元；为增加一张度假旅客机票的需求，需要降价 5 美元。

假设转换机票类型的边际成本为 0，现在的座位分配是利润最大化的吗？如果不是，你将设置更多的商务旅客座位还是度假旅客座位？

12.25 夏季剧院为周六晚上的音乐会提供 200 个座位。允许观众进入的边际成本为 0。剧院以利润最大化为目标，面对两种不同的消费者。为老人和学生提供一些折扣，相对于其他消费者，这部分消费者对价格比较敏感。老人和学生的需求曲线为 $P_1=16-0.04Q_1$，Q_1 是指折扣后的价格 P_1 时的需求量。其他消费者享受不到折扣，他们的需求曲线为 $P_2=28-0.1Q_2$，Q_2 是没有折扣的价格 P_2 时的销量。求周六晚上的音乐会利润最大化时的价格。

12.26 在一个大城市附近有一个小岛，小岛上有美丽的海滩。一个企业销售海滩的日票，包括轮渡来回的价格。由于海滩大小有限，每天不能超过 200 张票。企业面对两种顾客：提前一个月预定的和当天购买的。那些提前一个月订票的消费者对价格比较敏感，其需求曲线为 $P_1=100-0.2Q_1$，P_1 为价格，Q_1 为提前预订的销量。当天购票的需求曲线为 $P_2=200-0.8Q_2$，P_2 为价格，Q_2 为当天购票的销量。

a）假设沙滩旅行的边际成本是每人 50 美元。企业将如何定价？

b）如果边际成本足够高，企业想卖少点，小于 200 张票。假设沙滩旅行的边际成本是每人 80 美元。请问：企业将如何定价？

12.27 假设你们公司是欧洲唯一出售北极旅游的公司。市场上只有三位消费者。你们将提供两种服务：来回机票和北极熊酒店的住宿。在北极熊酒店住宿将花 300 欧元，往返机票将花 300 欧元。如果不捆绑销售服务，消费者可能单独购买往返机票，并不住宿。消费者也能以其他方式（私人飞机）飞到北极，但是仍然住在北极熊酒店。消费者的保留价格如下。

保留价格（欧元）		
消费者	往返机票	住宿
1	100	800
2	500	500
3	800	100

a）如果不捆绑销售住宿和往返机票，利润最大化时的价格 P_A 和 P_H 为多少？并求出最大利润。

b）如果只捆绑住宿和往返机票，求利润最大化时的价格 P_B，并求出此时的利润。

c）如果实施混合捆绑策略，求利润最大化时的单独住宿价格、单独往返机票价格和捆绑后的价格（P_A，P_H，P_B），并求出此时的利润。

12.28 你在镇上经营一家速食店，卖汉堡包和薯条。市场上只有两个消费者：一个喜欢 Atkins 套餐，另一个喜欢 Zone 套餐，每一个消费者愿意支付的最大价格如下表所示。为了简单起见，假设每种组合搭配的固定成本和边际成本为 0。

消费者	汉堡（美元）	薯条（美元）	汉堡加薯条（美元）
Atkins 购买者	8	x	$(8+x)$
Zone 购买者	5	3	8

a）如果 $x=1$，并不捆绑销售产品，求利润最大化时的 P_B 和 P_F，并求此时的总剩余。

b）假设 $x>0$。假设你雇用了一个经济学家，他告诉你：在利润最大化时，捆绑价格（汉堡加薯条）为 8 美元；但如果你单独卖出产品（不捆绑销售），在利润最大化时，薯条的价格比 3 美元多。利用这些信息，求 x 的范围。

12.29 假设你的公司销售运动鞋。通过市场调研，你发现产品的需求价格弹性为 -3，需求广告弹性为 0.5。假设这些弹性是固定不变的。

a）在最优时，企业的销售价格和边际成本的比为多少？

b）企业的广告销售比应该是多少？

12.30 国内的电机市场包含几家比较大的企业。在 2003 年，国内电机市场的平均广告销售比为 1.8%。假设在利润最大化时，需求价格弹性为 -4，求需求广告弹性。

第 6 部分

不完全竞争与策略行为

第 13 章

市场结构与竞争

竞争总是一样的吗？如果不是，为什么

在学校里，你能买到什么品牌的可乐？如果是罗格斯大学或北卡罗来纳大学的学生，你能买到百事可乐，但买不到可口可乐；如果在亚利桑那大学或维拉诺瓦大学，你能买到可口可乐，但买不到百事可乐。你的选择是有限的。这是由于，最近 20 年来，可口可乐和百事可乐已竞相与美国院校签订独家经销协议。例如，1992 年，百事可乐通过支付给宾夕法尼亚州立大学 1 400 万美元成为学校官方饮料的供应商。根据这个协议，其他品牌的汽水不能在宾夕法尼亚州立大学的 21 个校区里销售。可口可乐也不甘示弱，1994 年可口可乐向明尼苏达大学支付 2 800 万美元，成为该校唯一的软饮料供应商，而且在体育场馆和校园餐饮服务区放置标志。这 2 800 万美元被用于奖学金、学生活动和女子曲棍球队。

百事可乐和可口可乐之间的“可乐战争”只是一些命运休戚相关公司之间竞争的一个例子。另外，可口可乐和百事可乐销售的是有区别的产品。尽管大多数人认为可口可乐和百事可乐是相似的产品，但是少数人认为它们是同样的产品。实际上，很多消费者长期忠诚于可口可乐或百事可乐。在发展年轻人对品牌忠诚度的激励下，可口可乐和百事可乐采取了这样的策略，以得到大学校园独家的销售许可。

在只有少数销售商或消费者认为产品是不完全替代产品的市场中，是什么力量推动了市场竞争的结果？我们既不能用第 9 章的完全竞争理论，也不能用第 11 章的垄断理论对这两个软饮料巨头间的竞争展开分析。

本章概要　在阅读和学习本章之后，你将会解决以下问题：

- 描述区分不同类型市场结构的环境，包括寡头垄断市场、主导厂商市场和垄断竞争市场。
- 在给定其他企业产品的价格或数量的情况下，找出一家企业的反应函数，该函数能够显示企业如何确定利润最大化条件下的数量或价格。

- 画出价格设定或数量设定寡头垄断市场的反应函数。
- 计算寡头垄断古诺模型的均衡，并以图形的形式说明。
- 解释在同质产品的寡头垄断中，古诺均衡和伯特兰均衡分别是什么。为什么这两种均衡不一样?
- 找出斯塔克尔贝格均衡，解释它如何及为什么不同于古诺均衡。
- 计算主导厂商市场中的均衡，并以图形的方式说明。
- 说明水平产品差异化和垂直产品差异化的区别。
- 在产品差异化的寡头垄断中，解释水平产品差异化怎样影响企业的需求曲线的形状。
- 在产品差异化的寡头垄断中，计算伯特兰均衡，并用图形的形式说明。
- 以图形的方式说明垄断竞争行业的长期均衡和短期均衡。

13.1 描述与衡量市场结构

不同的市场结构主要体现在以下两个重要方面：企业数量和产品差异性。① 表 13-1 说明，这些特征的不同组合形成了不同的市场结构。通过该表，我们可以从竞争市场（有许多销售者）移到寡头垄断市场（只有少数销售者），再到垄断市场（只有一个销售者）。该表表明，我们可以从相同或几乎相同产品的市场移动到差异化的产品市场。该表说明了适用于每个市场结构的经济理论，并为每个适用理论提供了一个例子（回忆在第 9 章和第 10 章学习的完全竞争市场与在第 11 章学习的垄断市场）。

表 13-1　市场结构类型

产品差异化	企业数量			
	许多	几个	一个主导厂商	一个
企业生产相同的产品	**完全竞争** （第 9 章） 例如：鲜切玫瑰市场	**同质产品寡头垄断市场** 例如：美国的玻璃容器市场	**主导厂商市场** 例如：美国的灯泡市场	**垄断市场** （第 11 章） 例如：互联网域名登记[a]
企业生产不同的产品	**垄断竞争** 例如：本地医生市场	**差异化产品寡头垄断市场** 例如：麦片早餐市场	无可应用的理论	

a. 直到 1999 年。

在本章中，我们将要学习已经遇到过的四种市场结构。

- 在**同质产品寡头垄断市场**（homogeneous products oligopoly markets）中，少数公司销售属性、性能特点、印象、（最终的）价格等几乎相同的产品。例如，在美国玻

① 回忆在第 11 章中对产品差异化概念的介绍和讨论。

璃容器市场，三家最大的公司［欧文斯伊利诺伊、圣戈班和安客（Anchor）］销售非常相似的产品，这三家公司占美国玻璃容器市场销售额82%的份额。[①] 在全球钛白粉（一种无机颜料，用于美白产品，如油漆和塑料）市场，杜邦、美礼联无机化工、亨斯迈和特诺等少数大企业销售的产品的化学性能几乎相同。

- 在**主导厂商市场**（dominant firm markets）中，一家企业拥有大部分市场份额，但该企业要和很多小企业竞争，每家企业提供同样的产品。美国灯泡市场就是主导厂商市场的典型案例。在这个市场中，有很多小企业，但通用电气公司在市场份额中占主导地位，占领了超过50%的美国市场。
- 在**差异化产品寡头垄断市场**（differentiated products oligopoly markets）中只有少数企业，但每家企业销售的产品可以互相替代，而且每家企业的产品在属性、外形、包装和印象等方面有所不同。例如，美国的软饮料市场，其中可口可乐和百事可乐是主要对手；在美国麦片早餐市场中，家乐氏、通用磨坊、宝氏和桂格的麦片销售超过85%的份额；日本啤酒市场中的朝日、麒麟、札幌和三得利4家企业的销售占日本啤酒市场近乎100%的份额。
- 在**垄断竞争**（monopolistic competition）市场中，有很多家企业生产差异化的产品，并有许多购买者。例如，本地市场中的DVD租赁、干洗、医疗服务都是很好的垄断竞争市场例子。

同质产品寡头垄断市场：在这个市场，少数公司销售属性、性能特点、印象、（最终的）价格几乎相同的产品。

主导厂商市场：在市场中，有一家企业拥有大部分市场份额，但该企业要和很多小企业竞争，每家企业提供同样的产品。

差异化产品寡头垄断市场：一个只有少数企业的市场，每家企业销售的产品可以互相替代，但每家企业的产品在属性、外形、包装和印象等方面有所不同。

垄断竞争：市场中很多家企业生产差异化的产品，并且有许多购买者。

经济学家使用几个不同的定量指标来描述一个市场的结构。一个普通的指标是四企业集中率（简称4CR）。这个指标计算一个行业中销售收入最大的4家企业占全行业销售额的份额。[②] 一个行业的销售额完全来自4家企业，则4CR的值等于100。一个行业中4家最大的企业占全部行业销售额的比例分别为3%、2%、2%和1%，则4CR等于8（=3+2+2+1）。

另一个描述市场结构的指标是赫芬达尔-赫希曼指数（简称HHI指数）。这个指数使用行业中每家企业的市场份额，先将每家企业的市场份额进行平方，然后将行业中所有企业市场份额的平方相加（一家企业的市场份额是它的销售收入除以总行业的销售收入，即那家企业所占的行业份额）。在垄断市场中，一家企业占行业销售100%的份额，$HHI=100^2=10\,000$。这是HHI的最大可能值。在分散行业中，有1 000家相同企业，

① "Owens-Illinois," Wikinvest, http://www.wikinvest.com/stock/Owens-Illinois_(OI) (accessed March 14, 2010).

② 也可以用产量、容量、职工数量来计算4CR。

每家占有行业销售额的 1/1 000，HHI 等于（1/1 000）^{2} 相加 1 000 次，或 1 000（1/1 000）^{2} = 0.001。随着企业数量的增加，企业的市场份额趋于 0，HHI 也就接近 0。因此，HHI 的值为 0～10 000。①

我们会发现，和表 13－1 中所描述的市场结构相对应的企业的 4CR 和 HHI 有极大的不同。我们可以预见，完全竞争和垄断竞争行业的 4CR 和 HHI 会很低。相反，垄断市场和主导厂商市场会有很大的 4CR 和 HHI（实际上，正如刚才所提到的，垄断行业的 HHI 是 10 000，且它的 4CR 等于 100），寡头垄断行业（无论是生产同质产品还是差异化产品）的 4CR 和 HHI 则处于中间。

案例 13.1

美国制造业市场结构的度量

表 13－2 为 2002 年美国部分制造业的 4CR 和 HHI。一些行业，如啤酒酿造、麦片早餐、导弹及航天器推进装置和玻璃容器制造，是高度集中的行业，它们的 4CR 都很大。这些行业被少数大企业控制。啤酒酿造、麦片早餐、导弹及航天器推进装置都是差异化产品寡头垄断的很好例子。这些市场由少数企业生产类似但不相同的产品。玻璃容器制造行业是同质产品寡头垄断的很好例子，在这个行业中，企业生产非常相似的产品，且三家最大企业的销售额占全行业销售额的比例超过 80%。

表 13－2　2002 年美国部分制造业的四企业集中率和赫芬达尔-赫希曼指数

行业	NAICS 代码[a]	总的企业数	4CR	HHI
导弹及航天器推进装置	336 414	13	96.0	—[b]
卷烟制造	312 221	15	95.3	—
啤酒酿造	312 120	349	90.8	—
灯泡及配件制造	335 110	57	88.5	2 757.6
玻璃容器制造	327 213	22	88.3	2 582.1
原铝生产	331 312	26	85.3	—
麦片早餐	311 230	45	78.4	2 521.3
狗和猫食品制造	311 111	176	64.2	1 845.5
制冰	312 113	425	42.9	763.1
自动售货机生产	333 311	106	42.3	679.0
水泥制造	327 310	131	38.7	568.5
窗帘和帏帐制造	314 121	1 778	16.1	111.0
钢结构制造	332 312	3 569	8.9	39.5

a. NAICS，北美行业分类系统是美国人口普查局使用的行业分类系统。

b. 对只有少数企业的行业，人口普查局并不公布 HHI，因为担心公布 HHI 会披露每家公司销售数据的机密性。

资料来源：U. S. Census Bureau，*Concentration Ratios*：*2002*，http://www.census.gov/epcd/www/concentration.html（accessed March 10，2010）.

其他行业，如窗帘和帏帐制造以及钢结构制造，则是高分散行业。这些行业包括数

① 在实践中，可以用行业中一部分企业来进行 HHI 的计算。例如，在表 13－2 中，HHI 只计算了最大的 50 家企业。由于其他企业拥有的市场份额非常小，包括所有企业的 HHI 只有非常小的变化。

千家企业，且生产几乎相同的产品。这些行业为完全竞争行业提供了一个好的近似。

表 13-2 说明，在许多时候，4CR 和 HHI 是高度相关的：当其中一个指标很大时，另一个指标也会比较大。然而，有时候有异常情况出现。例如，灯泡及配件制造业（主要产品是电灯泡）和玻璃容器制造业的 4CR 几乎相同，但灯泡业的 HHI 比玻璃容器业的 HHI 要高近 200 个点。这是因为，尽管两个行业的最大 4 家企业占的行业销售份额几乎相同，但灯泡业有约 30 家小企业，且行业中的最大企业通用电气公司比玻璃容器行业中的最大企业欧文斯伊利诺伊公司的市场份额要大得多。因此，灯泡业的市场结构比玻璃容器业更加不对称，这个特点由灯泡业更大的 HHI 得出。作为市场结构的一种测量，HHI 比 4CR 更有优势，它对市场中的不对称更敏感。

当进行市场结构指标评估时，我们必须认识到行业的地理范围是非常重要的。有的行业（如水泥制造业）主要是区域性的。虽然它不是高度集中的，但在州或区域市场上可能只有两三家大企业。相反，原铝生产业则是全球性的。尽管它看起来在美国相对集中，但由于美国企业和全球各地的企业竞争，所以从全球的角度看，行业可能会更分散，更接近完全竞争。

13.2 同质产品的寡头垄断

在完全竞争和垄断市场中，企业不需要担心它们的竞争者。在垄断市场中，垄断者没有竞争者；在完全竞争市场中，每个销售者的规模如此小以至对它的竞争对手几乎没有影响。相反，寡头垄断市场的一个重要特征是竞争的相互依存：每家企业的决定对竞争对手的利润有显著的影响。例如，在全球的内存芯片市场中，三星认识到它从销售 DRAM 芯片中得到的利润，部分地依赖于主要竞争者如 NEC 及 LG 生产的芯片量大小。如果三星的竞争者增加产出，DRAM 芯片的市场价格会下降；如果它们减少产出，则市场价格会上升。在制定现有设备生产多少芯片的计划时，或在决定扩大或建造新设备时，三星的管理层必须预测 NEC、LG 或其他大的半导体竞争者生产多少产量。因此，寡头垄断理论的一个核心问题是，市场上这些企业之间的紧密依存关系会对它们的行为产生怎样的影响。对这个问题的回答，有助于我们理解寡头垄断市场结构对价格、产出水平和利润的独特影响。

□ 寡头垄断的古诺模型

对寡头垄断者之间产生怎么样的相互影响，微观经济学为寡头垄断提供了几种模型。奥古斯丁·古诺 1838 年在《财富理论的数学原理的研究》一书中发展了第一种寡头垄断理论。[①] 尽管古诺寡头垄断模型是微观经济学（包括需求、垄断和税收）广泛应用数学处理的一部分，但古诺的寡头垄断理论是书中最新颖的一部分，而且对经济学领

① A. Cournot, "On the Competition of Producers," Chapter 7 in *Researches into the Mathematical Principles of the Theory of Wealth*, translated by N. T. Bacon (New York: Macmillan, 1897).

域产生了巨大影响。

古诺企业的利润最大化

古诺模型适用于同质产品的寡头垄断模型。古诺最初考虑**双寡头垄断市场**（duopoly market）：只有两家企业的市场。在古诺双寡头垄断中，两家企业生产矿泉水。为了让古诺理论有点更现代的感觉，让我们想象这两家企业是三星和LG，并且生产DRAM芯片。

双寡头垄断市场：只有两家企业的市场。

假设三星和LG生产相同的DRAM，而且它们的边际成本也一样，所以两家企业会制定相同的价格。每家企业需要做的唯一决定是生产多少。企业在选择产出的同时，不合作（没有相互勾结）且不知道对方的计划（没有彼此监视）。一旦双方决定它们的产出，市场价格就会立刻调整。即，给定企业的产出，市场价格是消费者愿意支付的价格；在该价格下，市场出清。

每家企业的产出选择依赖于市场价格，但市场价格依赖于两家企业的共同产出，即只有在两家企业做出产出选择后才能知道市场价格。因此，每家企业基于对另一家企业产出的预期做出它的产出选择，并使利润最大化。因此，在给定它认为的LG产出可能下，三星选择它的产出以最大化利润；同样，在给定它认为的三星产出下，LG选择它的产出以最大化利润。在古诺模型中，企业像是产量的接受者。

图13-1（a）展示了三星面临的产出选择问题。假设三星预期LG会生产50单位的产量，那么市场价格和三星产量的关系用**剩余需求曲线**（residual demand curve）（D_{50}）表示。剩余需求曲线是在另一家企业销售固定数量（在这个例子中是50单位）下，一家企业的产量和市场价格关系的曲线。剩余需求曲线（D_{50}）是市场需求曲线（D_M）向左平移50单位（LG的产出）。这就确保，当三星的产量加上LG的产量50单位时剩余需求曲线D_{50}上的价格和我们结合两家企业产量下的市场需求曲线D_M上的价格相等。例如，LG生产50单位和三星生产30单位，剩余需求曲线（D_{50}）上的价格是20美元，这也是当总产量是80单位时市场需求曲线（D_M）上的价格。MR_{50}是相关的边际收益曲线。它与剩余需求曲线之间的关系，同垄断者边际收益曲线与市场需求曲线的关系是一样的。

剩余需求曲线：在古诺模型中，剩余需求曲线是在竞争对手企业产量固定下，表明一家企业的产量和市场价格关系的曲线。

在选择产出时，三星和它的剩余需求曲线之间的关系同垄断者和需求曲线之间的关系一样。因此，MR_{50}和它的边际成本MC相等（边际成本固定在每单位10美元）。这发生在产量为20单位时。因此，20单位产量是三星对LG生产50单位时的**最优反应**（best response）。古诺企业的最优反应是在给定竞争对手产量下，选择产出最大化其利润。图13-1（b）说明，当LG的产量是20单位时，三星的最优反应是生产35单位。

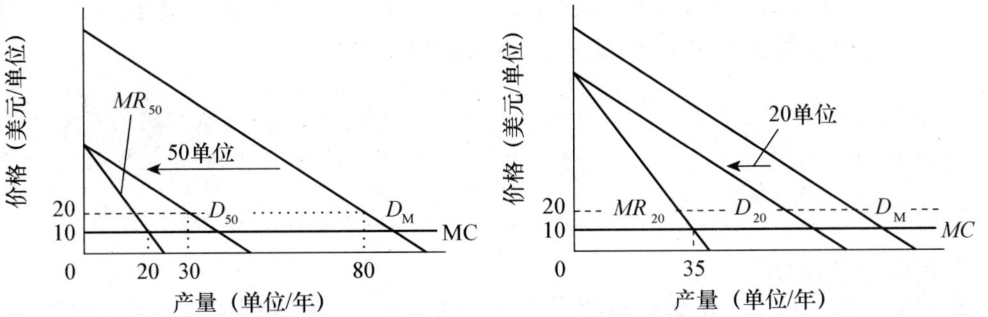

(a) 当LG产量为50单位时，三星的利润最大化问题

(b) 当LG产量为20单位时，三星的利润最大化问题

图 13-1　古诺模型中的价格决定和利润最大化

说明：图（a）说明，当三星生产 30 单位和 LG 生产 50 单位时，市场价格是 20 美元。当 LG 生产 50 单位时，三星的剩余需求曲线是 D_{50}，即市场需求曲线向左平移 50 单位。剩余需求曲线是当 LG 生产 50 单位时，三星的所有产量-价格组合点所组成的线。面对这条剩余需求曲线，三星生产 20 单位以最大化利润，即它的边际收益 MR_{50} 和边际成本 MC 相等的点。这个产量是三星对 LG 生产 50 单位的最优反应。图（b）说明，当 LG 生产 20 单位时，三星面临的剩余需求曲线和边际收益曲线分别是 D_{20} 和 MR_{20}，生产 35 单位以最大化利润，此时 $MR_{20}=MC$。

对 LG 可能选择的每一个产量，我们都可以像在图 13-1 中所做的那样找到三星利润最大化时的产出。图 13-2 中的曲线 R_S 描述了三星利润最大化时的产量选择。R_S 曲线就是**反应函数**（reaction function）。它告诉我们，在竞争对手企业产量一定的情况下，一家企业的最优反应（也就是利润最大化时的产量选择）。图 13-2 画出了 LG 的反

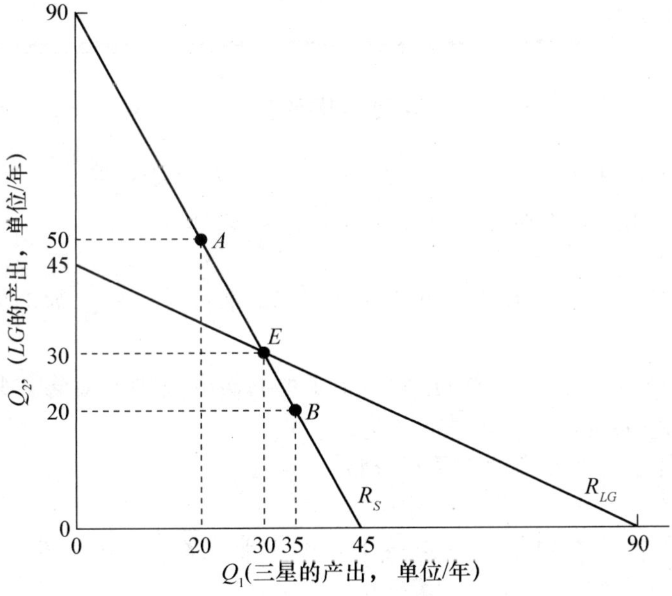

图 13-2　古诺反应函数和均衡

说明：R_S 是三星的反应函数，R_{LG} 是 LG 的反应函数。两个反应函数的交点 E 是古诺均衡。点 A 和点 B 分别代表在 LG 生产 20 单位和 50 单位时，三星的最优反应。这些点和图 13-1 中的利润最大化解相对应。

应函数 R_{LG}。[①] 注意到这两个反应函数都是向下倾斜的。因此，随着竞争对手生产更多的产量，每家企业利润最大化时的选择产量将变得更少。

最优反应： 在给定竞争对手企业产量水平下，一家企业利润最大化时的产量选择。

反应函数： 对竞争对手企业的每一个可能产量，该函数描述了企业的最优反应（即利润最大化时的产量或价格选择）。

古诺市场中的均衡

在完全竞争市场中，市场均衡的一个重要特点是：一旦达到市场均衡，没有企业有动机偏离其利润最大化的决定。古诺市场中的均衡同样如此：在**古诺均衡**（Cournot equilibrium）下，每家企业的产量是另一家企业产量的最优反应（即在均衡下，每家企业都是在给定另一家企业产量下最大化利润）。因此，没有企业事后有理由后悔它的产量选择。[②]

古诺均衡： 寡头垄断市场中的均衡，在该均衡下，任何一家企业都在给定另一家企业产量下选择利润最大化的产量。

在图 13－2 中，古诺均衡发生在点 E，两个反应函数的交点（即每家企业都生产 30 单位）。我们知道，这就是均衡。这是因为，当 LG 生产 30 单位时，从 R_S 可知，三星的最优反应是生产 30 单位；当三星生产 30 单位时，由 R_{LG} 可知，LG 的最优反应是生产 30 单位。如上面所提到的，没有任何一家企业会后悔它的产量选择。

边做边学习题 13.1 ☞

计算古诺均衡

在图 13－1 中，市场需求曲线 D_M 为 $P=100-Q_1-Q_2$，Q_1 代表三星的产量水平，Q_2 代表 LG 的产量水平。每家企业的边际成本是 10 美元。

问题：

(a) 在给定市场需求曲线下，当 LG 生产 50 单位时，三星的利润最大化产量是多少？

(b) 当 LG 生产任意一个产量 Q_2 时，三星的利润最大化产量是多少？（即三星的反应函数方程是什么？）

(c) 计算市场上古诺均衡的产量和价格。

解：

(a) 我们可以使用第 11 章垄断理论中的概念来计算三星的最优反应。当 LG 生产

① 如果企业是相同的，为什么它们的反应函数不一样？这是由于，在图 13－2 中，横轴表示的是三星的产量，纵轴表示的是 LG 的产量。在同一张图上，画出这两条反应曲线，一条看起来必然和另一条相反。但在代数表达上，这两个反应函数是一样的（如边做边学习题 13.1 所示）。

② 在第 14 章中，你将会发现古诺均衡是纳什均衡的一个特例。因此，一些书中将古诺均衡称为古诺-纳什均衡或产量中的纳什均衡。

$Q_2=50$ 时，三星的剩余需求曲线为 $P=100-Q_1-50=50-Q_1$。这条需求曲线是一条直线，所以，相应的边际收益（MR）是 $MR=50-2Q_1$。令边际收益和三星的边际成本相等，可得 $50-2Q_1=10$ 或 $Q_1=20$。

(b) 三星的剩余需求曲线为 $P=(100-Q_2)-Q_1$，加括号是强调从三星的角度看，该产量是固定的。这条线性剩余需求曲线的垂直截距是（$100-Q_2$），斜率为 -1。如我们在第 11 章中所了解的，边际收益曲线和相应的需求曲线有相同的垂直截距，但斜率为 2 倍，即 $MR=(100-Q_2)-2Q_1$。令边际收益和边际成本相等，可得三星的反应函数为：$10=(100-Q_2)-2Q_1$ 或 $Q_1=45-Q_2/2$（用同样的逻辑，我们可以计算出 LG 的反应函数是 $Q_2=45-Q_1/2$）。

(c) 两个反应函数的交点为古诺均衡。相应的两个产量，就是同时解这两家企业的反应函数（你可以证明这个方程组的解是 $Q_1=Q_2=30$）。我们将这些数量代入市场需求曲线方程，得到市场均衡价格：$P^*=100-30-30=40$。

相似习题：13.4，13.5，13.6，13.7，13.8，13.14，13.15，13.16，13.17

企业怎样才能达到古诺均衡

古诺理论是一个静态的寡头垄断模型。它并没有说明企业是如何达到与古诺均衡对应的产出选择的。

这两家公司会对此一无所知吗？显然不是。图 13-3 说明了三星的管理者是如何思考的。

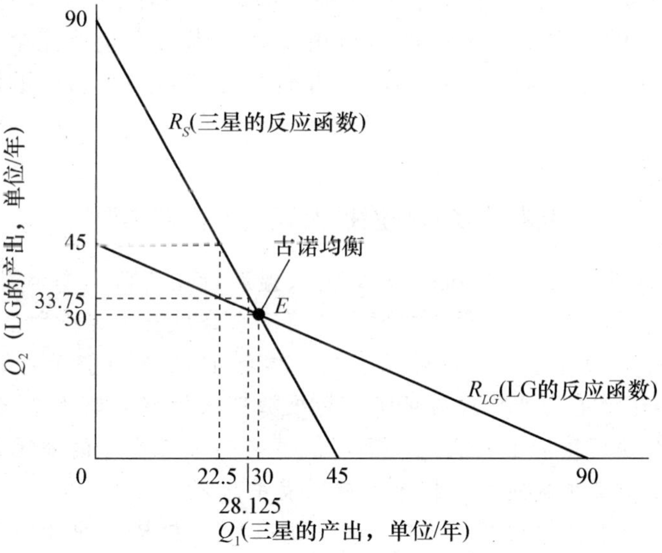

图 13-3 企业怎样达到古诺均衡

说明：三星推断 LG 会生产少于 45 单位。同样，LG 得出三星至少生产 22.5 单位。三星推断 LG 认识到这一点，因此得出 LG 会生产少于 33.75 单位。相应地，LG 推断三星至少生产 28.125 单位。这个推理过程直到三星推断 LG 会生产 30 单位，导致三星也生产 30 单位。如果 LG 也采用同样的思考过程，那么，两家公司都会生产 30 单位。

如果我们从 LG 的角度思考，那么 LG 永远不会选择生产大于 45 单位的数量。这是由于，不管选择多少产出，一个大于 45 单位的数量不能最大化 LG 的利润。这可以从 LG 的反应函数 R_{LG} 不会“超过” $Q_2=45$ 看出。[①]

如果他们是聪明的，三星的管理者会得出以下结论：

给定 LG 的产量不会超过 45 单位，我们至少可以生产 22.5 单位。这是为什么呢？这是因为，从 R_S 可以看出，给定 LG 的产量不会超过 45 单位，任何少于 22.5 单位的数量都不能使我们的利润最大化。

但三星可以思考得更深入些：

我们也应该假设 LG 和我们一样推理。毕竟，他们和我们一样聪明。但是，从 R_{LG} 可以看出，如果 LG 认识到我们不会生产少于 22.5 单位，那么，LG 的产量就不会超过 33.75 单位。

当然，三星的管理者仍然可以进一步推理：

给定 LG 不会生产超过 33.75 单位，我们至少可以生产 28.125 单位。这是为什么呢？这是因为，从 R_S 可以看出，在给定 LG 不会生产超过 33.75 单位的情况下，任何少于 28.125 单位的数量都不能使我们的利润最大化。

当然，你只看到了开头。随着三星的管理者通过思考 LG 和他们自己的最大化利润问题，他们会继续推出产出选择，并且直到他们达到古诺均衡，每家企业生产 30 单位。[②] 可以肯定的是，这是一个复杂的推理，但它并不比一个聪明的国际象棋或桥牌玩家和同样聪明的竞争对手之间的对抗更复杂。当两家企业完全了解它们之间的相互依赖性而且对双方的理性有信心时，古诺均衡就是一个自然的结果。

案例 13.2

玉米糖浆的产能扩大证实了古诺模型

波特（Porter）和斯彭斯（Spence）对玉米湿磨行业的研究是古诺模型在现实世界市场中的一个应用。[③] 玉米湿磨行业中的企业将玉米磨成玉米淀粉和玉米糖浆。直到 20 世纪 70 年代早期，这个行业一直是寡头垄断。但到 1972 年，有了新的发展：高果糖玉米糖浆（HFCS）生产的商业化成为可能。高果糖玉米糖浆可以用来代替糖，使产品变甜，如软饮料。在预期糖价上涨的情况下，很可能会形成重要的高果糖玉米糖浆市场。玉米湿磨行业的企业必须决定是否扩大产能以满足此需求。

通过构造一个竞争行为模型对行业中的 11 个主要竞争对手进行深入研究，波特和斯彭斯研究了这个产能扩大过程。然后他们使用这个模型计算了玉米湿磨

---

① 用第 14 章中我们将要介绍的博弈论语言来说，我们可以讲数量不超过 $Q_2=45$ 是占优策略。

② 在第 14 章中，我们将会学到，在博弈论中，这种方法就是剔除博弈中的劣策略。

③ M. Porter and A. M. Spence, “The Capacity Expansion Decision in a Growing Oligopoly: The Case of Corn Wet Milling,” in J. J. McCall, ed., *The Economics of Information and Uncertainty* (Chicago: University of Chicago Press, 1982), pp. 259-316.

行业中的古诺均衡。在这个均衡中，每家企业的产能选择是它在竞争对手企业产能选择预期下的最优反应，整个行业的产能扩大来自企业基于预期决定的最优选择。

基于他们的分析，波特和斯彭斯推断，在行业均衡的基础上，由于高果糖玉米糖浆的商业化，行业会增加适度的产量。表 13－3 是他们模型的具体预测和实际发生的产能扩张的对比。

虽然不算完美，但波特和斯彭斯计算的均衡和行业中实际产能的扩张很接近，特别是 1973 年和 1974 年。他们的研究表明，当适用于特定的行业状况时，古诺模型可以很准确地描述同质产品寡头垄断中的动态产能扩张。

表 13－3　　　　玉米湿磨行业中的产能扩张

	1973	1974	1975	1976＋	总计
实际的产能扩张	0.6	1.0	1.4	6.2	9.2
预期的产能扩张	0.6	1.5	3.5	3.5	9.1

说明：数据单位为十亿磅。

古诺均衡和垄断均衡、完全竞争均衡的比较

在上面三星-LG 的例子中，古诺均衡的价格 40 美元，超过了每家企业的边际成本（10 美元）。古诺均衡不属于完全竞争均衡。因此，总体上，古诺企业表现市场势力。

但这并不意味着，古诺企业可以达到垄断或合谋均衡。在我们的例子中，古诺均衡的行业产出是 60 单位，每家企业生产 30 单位，如图 13－4 所示（点 E）。这个产量并不能最大化行业利润。当边际收益等于边际成本时，市场垄断时的产量为 45 单位，相应的垄断价格是 55 美元。[①] 如果三星和 LG 组成一个利润最大化的卡特尔，它们会控制价格和平分市场，每家企业生产 22.5 单位（点 M）。通过独立最大化它们各自的利润，企业生产的产量比它们合谋时的行业最大化利润要多。这是寡头垄断行业的一个重要特征：通常，追求个体利益最大化并不能最大化整个行业的收益。

这两家企业由于以下原因不能达到合谋。当一家企业，比如三星，扩大它的产出时，这将降低市场价格，并减少 LG 的销售收入；但是，由于三星只追求最大化它自己的利润而不是整个行业的利润，所以它并不关心竞争对手收益的降低。因此，在产量的扩大方面，和追求最大化整个行业的利润相比，三星在追求自己利润最大化时要更积极。如果两家企业都这样做，则市场价格会比垄断价格低。

一家企业所占的市场份额越小，扩大产量而引起的私人利润和收入下降之间的差距会越大。这说明，如果行业中的企业数量增加，古诺均衡和垄断结果差距更大。在表 13－4 中，我们用和上面三星-LG 例子具有一样需求曲线和成本曲线的古诺寡头垄断市场中的均衡价格、产量和利润说明了这一点。[②] 随着企业数量的上升，每家企业的均衡价格和利润都在下降。在有无限多企业的极端情况下，每家企业和行业的利润都为零。

① 你可以进行相关的验证。

② 在边做边学习题 13.2 中，你将会学习怎样计算多于两家企业的古诺均衡。

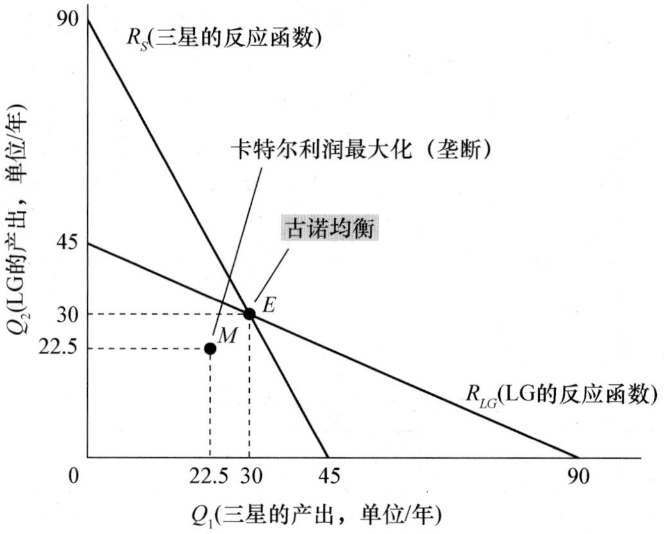

图 13－4　古诺均衡和垄断均衡的比较

说明：如果三星和 LG 组成一个利润最大化的卡特尔（垄断），它们会总共生产 45 单位。将此平分，每家公司生产 22.5 单位，因此，卡特尔均衡或垄断均衡（点 M）和古诺均衡（点 E）不同。

表 13－4　不同数量企业的古诺均衡

企业数	价格（美元）	市场数量	每家企业的利润（美元）	总利润（美元）
1（垄断）	55.0	45.0	2 025	2 025
2	40.0	60.0	900	1 800
3	32.5	67.5	506	1 519
5	25.0	75.0	225	1 125
10	18.2	81.8	67	669
100	10.9	89.1	<1	79
∞（完全竞争）	10.0	90.0	0	0

边做边学习题 13.2 ☞

计算线性需求的两家或更多企业的古诺均衡

假设一个市场包括 N 家相同的企业，市场的需求曲线是 $P=a-bQ$，且每家企业的边际成本是 c。

问题：

(a) 每家企业的古诺均衡产量是多少？

(b) 市场均衡产量和均衡价格是多少？

解：

(a) 任何一家企业（称它为企业 1）的剩余需求曲线是 $P=(a-bX)-bQ_1$，X 代表其他 $N-1$ 家企业的总产量。因此，企业 1 的边际收益曲线是 $MR=(a-bX)-2bQ_1$。为找出企业 1 的反应函数，我们使它的边际收益和边际成本相等：$(a-bX)-2bQ_1=c$，或者

$$Q_1=\frac{a-c}{2b}-\frac{1}{2}X$$

因为企业是相同的，每家企业生产相同的数量。因此，X 的值是 Q_1 乘以 $N-1$，所以，

$$Q_1=\frac{a-c}{2b}-\frac{1}{2}[(N-1)Q_1]$$

为找出每家企业的古诺均衡产量，从上面的方程中解出 Q_1（可以写成 Q^*，代表任意单个企业的产量）：

$$Q^*=\frac{1}{N+1}\left(\frac{a-c}{b}\right)$$

(b) 市场产量是单家企业产量的 N 倍：

$$Q=\frac{N}{N+1}\left(\frac{a-c}{b}\right)$$

为找出市场均衡价格，我们将 Q 的值代入市场需求曲线，得

$$P=a-b\frac{N}{N+1}\left(\frac{a-c}{b}\right)=\frac{a}{N+1}+\frac{N}{N+1}c$$

随着 N 变大，$N/(N+1)$ 越来越接近 1。这意味着，古诺均衡产量接近完全竞争产量，而且古诺均衡价格接近边际成本 c。

相似习题：13.9，13.10，13.13

在边做边学习题 13.1 和之前章节的其他边做边学习题中，你已经学到了怎样计算单家企业的均衡产量，以及垄断市场、古诺双寡头垄断市场及完全竞争市场下的均衡价格和产量。我们以边做边学习题 13.2 中的情形来做这些计算，并将得到的结果总结在表 13-5 中。从该表中我们可以看到，其他三种市场结构都可以被视为 N 家企业古诺寡头垄断的特殊情形，$N=1$（垄断），$N=2$（古诺双寡头垄断），$N-\infty$（完全竞争）。

表 13-5　　均衡的比较

市场结构	价格	市场数量	每家企业的产量
垄断	$\frac{1}{2}a+\frac{1}{2}c$	$\frac{1}{2}\left(\frac{a-c}{b}\right)$	$\frac{1}{2}\left(\frac{a-c}{b}\right)$
古诺双寡头	$\frac{1}{3}a+\frac{2}{3}c$	$\frac{2}{3}\left(\frac{a-c}{b}\right)$	$\frac{1}{3}\left(\frac{a-c}{b}\right)$
N 个企业的古诺寡头	$\frac{1}{N+1}a+\frac{N}{N+1}c$	$\frac{N}{N+1}\left(\frac{a-c}{b}\right)$	$\frac{1}{N+1}\left(\frac{a-c}{b}\right)$
完全竞争	c	$\frac{a-c}{b}$	实际为 0

古诺均衡和逆弹性定价法则

在第 11 章和第 12 章，我们知道如何使用逆弹性定价法则描述一个垄断者的利润最大化情形：

$$\frac{P^{*}-MC}{P^{*}}=-\frac{1}{\epsilon_{Q,P}}$$

方程的左边（垄断价格和边际成本之间的差作为价格的百分比）就是第 11 章中所指的勒纳指数，也被称为边际贡献百分比（PCM）。方程意味着，垄断者通过设定边际贡献百分比和市场需求价格弹性倒数的负数相等来最大化利润。逆弹性定价法则的修改版，也适用于 N 家企业古诺寡头垄断中的单家企业（在该市场中，每家企业都相同，且它们的边际成本是 MC）。在这种情况下，在古诺均衡时每家企业的边际贡献百分比为

$$\frac{P^{*}-MC}{P^{*}}=-\frac{1}{N}\times\frac{1}{\epsilon_{Q,P}}$$

这个修改版的逆弹性定价法则为市场结构和企业在寡头市场中的表现之间提供了一个令人信服的联系。它说明，一个行业中的企业越多，它们的边际贡献率就越低（这个关系在表 13－4 中已有说明）。在第 11 章中，勒纳指数一般用于测量市场势力。因此，古诺模型说明，随着更多企业在市场中竞争，市场势力在下降。

□ 伯特兰寡头垄断模型

在古诺模型中，每家企业选择生产一个产量，市场中所有企业的总产量决定市场价格。或者，可能有人会想，一个市场中的每家企业选择一个价格，并且准备在那个价格下满足对它产品的所有需求。这个竞争模型首先是由法国数学家伯特兰（Joseph Bertrand）1883 年在对古诺的书评中提出的。[①] 伯特兰批评了古诺的选择产量竞争的假设。他认为，一个更加合理的寡头垄断模型应该是每家企业选择一个价格，并将其他企业的价格作为给定价格。一旦企业选择了它们的价格，它们就会调整它们的产量来满足所有需求。[②] 如果企业生产相同的产品，则设定最低价格的企业获得整个市场需求，其他企业的销售为零。

为了说明伯特兰价格竞争，让我们回到三星－LG 的例子。在其他企业价格给定的情况下，当每家企业都选择一个利润最大化价格时，就达到了**伯特兰均衡**（Bertrand equilibrium）。回顾图 13－2，在古诺均衡处，每家企业生产 30 单位且销售价格为 40 美元/单位（图 13－5 中的点 E）。这也是伯特兰均衡吗？答案是：否。这是为什么呢？考虑图 13－5 中的三星价格问题。如果三星认为 LG 的价格固定在 40 美元，那么三星的需求曲线 D_S 是一条折线，即市场需求曲线 D_M 在价格 40 美元以下的部分和价格 40 美元以上的纵轴部分。如果三星比 LG 的价格稍微低点，要价 39 美元，那么它会拿走 LG 的所有业务，而且会刺激额外一单位的需求量。因此，更多的需求量补偿了它较低的价格。结果，三星利润的增加部分为面积 B（通过销售更多的产量获得）减去面积 A（因它本来可以在较高的价格 40 美元上销售 30 单位而减少的利润）。

---

① J. Bertrand, book reviews of Walras's *Theorie Mathematique de la Richese Sociale* and Cournot's *Researches sur les Principes Mathematiques de la Theorie des Richesses*, reprinted as Chapter 2 in A. F. Daughety, ed., *Cournot Oligopoly: Characterization and Applications* (Cambridge, UK: Cambridge University Press, 1988).

② 伯特兰写道："将（产量）作为独立变量，（古诺）假设一家企业改变产量，而另一家企业保持不变。反之亦然。"出处同上，77 页。

伯特兰均衡：在给定其他企业价格的情况下，每家企业都选择一个利润最大化的价格时所形成的均衡。

但是，必须注意，三星的价格 39 美元和 LG 的价格 40 美元不是一个均衡。这是因为，LG 可以降到跟三星一样的价格。实际上，只要两家企业设定的价格超过它们共同的边际成本 10 美元，任何一家企业就可以通过以略低于竞争者的价格来增加自己的利润。这意味着，伯特兰模型中的唯一可能均衡只有在每家企业设定的价格等于其边际成本 10 美元时才能达到。在这一点上，没有一家企业可以通过改变价格而使自己的境况变得更好。如果有企业继续降价，则它每销售一单位都在亏钱。如果有企业提高价格，那么它的销售额为零。因此，在伯特兰均衡上，$P=MC=10$ 美元，市场需求为 90 单位。因此，和古诺均衡中的两家企业不一样，两家企业的伯特兰均衡和一个有许多家企业的完全竞争市场有相同的结果。

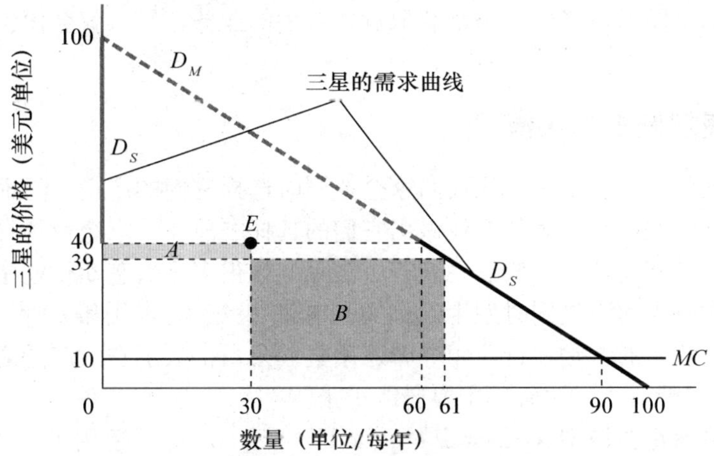

图 13-5　伯特兰价格竞争

说明：如果 LG 的价格是 40 美元，三星的需求曲线是折线 D_S。通过设定一个 39 美元的价格，三星增加的利润为面积 B 减去面积 A。这告诉我们，每家企业要价 40 美元，产量都是 30 单位，不是伯特兰均衡。

□ 古诺均衡和伯特兰均衡为什么不一样

古诺模型和伯特兰模型对寡头垄断竞争中出现的产量、价格和利润有明显不同的预测。在古诺模型中，均衡价格一般都在边际成本之上，且古诺均衡只有在市场上的竞争者数量变多时才接近完全竞争均衡。相反，在伯特兰模型中，即使是两家企业的竞争也足够复制完全竞争均衡。为什么这些模型如此不同？每个模型如何应用到现实世界中？

一个不同之处在于，古诺和伯特兰竞争侧重于不同的时间框架。古诺模型可以被认为是长期产量竞争。从这个角度看，企业首先选择产量，然后在给定产量下作为价格制定者竞争。这种“两阶段”（首先选择产量，然后选择价格）竞争的结果可以证明，在产量上是和古诺均衡相同的。① 相反，伯特兰模型可以被认为是短期价格竞争，两家企

① 古诺均衡可以（在一定的条件下）看成是“两阶段博弈”（企业首先选择产量，然后选择价格）的结果，这一想法来自 D. Kreps and J. Scheinkman, “Quantity Precommitment and Bertrand Competition Yield Cournot Outcomes,” *Bell Journal of Economics* 14 (1983): 326-337。

业有足够的产能满足任何价格大于或等于边际成本的市场需求。

古诺模型和伯特兰模型的另一个不同之处在于，它们对一家企业怎样预测它的竞争对手对其竞争行动的反应有不同的假设。古诺企业将竞争对手的产量视为给定，而且假设它的竞争对手会及时满足任何价格的变化，以保持它们的销售量不变。这种预期在采矿或化学加工行业可能有意义。在这些行业中，一般来说，企业调整它们的价格比调整产量的速度要更快。因为企业预期不能以较低的价格从竞争对手那“偷走”顾客，所以古诺竞争者比伯特兰竞争者表现得更不积极。因此，古诺均衡的结果，尽管会有正的利润且价格超过边际成本，但不是垄断结果。

相反，伯特兰竞争者相信只要将价格稍微下降一点，就可以从竞争对手那里将顾客引诱过来，而且它有足够的产能满足增加的需求。这可能对一些市场（如 21 世纪早期的美国航空业）有意义，因为它有足够的产能。当时，许多航空公司认为，它们的航班将没有顾客，除非它们的价格低于其竞争对手。（当然，如果市场上的所有企业都这样想，每家企业都试图通过降低价格来获取竞争对手的业务，结果就会使价格下降到和边际成本相等。）

□ 斯塔克尔伯格寡头模型

在古诺模型的产量制定中，假设两家企业同时选择它们的产量。然而，在一些情况下，更符合实际的假设是在其他企业做出它们的选择之前，一家企业选择它的产量。当我们把产量看成产能时，这个假设尤其符合实际。在很多寡头垄断行业中，产能扩大决定更倾向于依次发生而不是同时发生。例如，在 20 世纪 50 年代和 20 世纪 60 年代的美国涡轮发电机行业，通常是在行业领导者通用电气公司扩大了它的产能之后，西屋电气公司和阿利斯-查默斯公司才着手主要产能扩张。①

斯塔克尔伯格寡头模型（Stackelberg model of oligopoly）适用于这样一种情况：一家企业作为产量领导者，首先选择它的产量；其他企业作为追随者，在领导者行动之后再做出它们的产量决定。为说明斯塔克尔伯格寡头模型，我们继续使用 DRAM 市场的例子，但现在我们假设三星（企业 1）作为斯塔克尔伯格的领导者，并且首先选择它的产量；然后 LG（企业 2）作为斯塔克尔伯格的追随者，在领导者做出选择之后，LG 再选择它的产量。

斯塔克尔伯格寡头模型：一家企业作为产量领导者，首先选择它的产量，其他企业作为追随者。

首先，从考虑追随者的利润最大化问题开始，我们分析斯塔克尔伯格模型。追随者 LG 观察到领导者选择产量 Q_1，然后在这个产量下选择利润最大化。LG 对三星选择的任何产量 Q_1 的利润最大化反应均由 LG 从古诺模型中得出的反应函数给定。在边做边学习题 13.1 中，我们推出这个反应函数是 $Q_2=45-Q_1/2$，我们以图 13－6 中的 R_{LG} 来表示。

① 参见下面一书的第 11 章：Ralph Sultan，*Pricing in the Electrical Oligopoly*，*Volume II*（Cambridge，MA：Harvard University Press，1975）。

现在我们考虑三星会怎么做。如果三星知道 LG 会以其最大化利润行动，那它必然会知道 LG 会根据反应函数 R_{LG} 选择产量。这意味着，通过选择产量 Q_1，三星可以根据竞争对手的反应函数主导行业。例如，我们从图 13－6 中可以看到，如果三星选择 $Q_1=15$，那么 LG 会选择产量 37.5 单位，且行业在点 A 达到平衡。相反，如果三星选择 $Q_1=60$，那么 LG 会选择产量 15 单位，且行业在点 F 达到平衡。

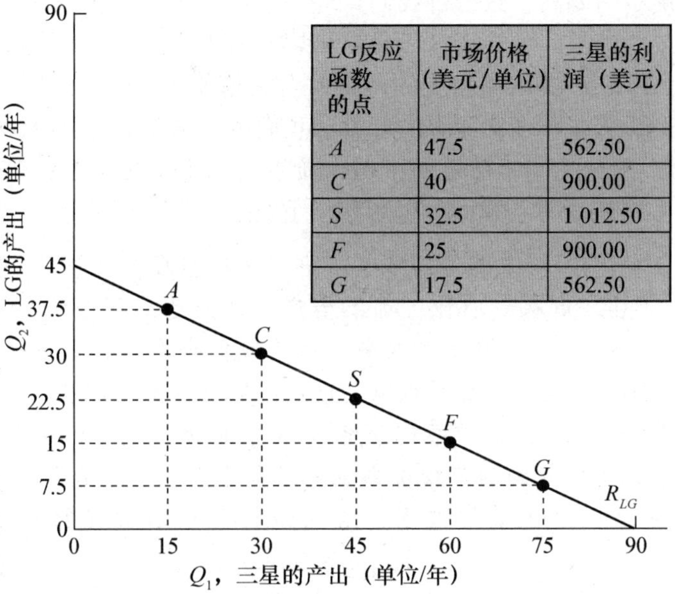

LG反应函数的点	市场价格（美元/单位）	三星的利润（美元）
A	47.5	562.50
C	40	900.00
S	32.5	1 012.50
F	25	900.00
G	17.5	562.50

图 13－6　斯塔克尔伯格模型和追随者的利润最大化

说明：直线 R_{LG} 表示 LG 的反应函数。右上角的表说明市场价格和在这个反应函数上的不同点三星的利润。在斯塔克尔伯格模型中，领导者（三星）选择追随者（LG）反应函数上的点使领导者的利润尽可能高。这在点 S 上发生。

三星究竟会选择哪个产量呢？它必然会选择利润最大化的产量。为说明利润最大化的产量位置，图 13－6 右上角的表格表明了市场价格和三星利润在 LG 反应函数不同点的数值。例如，在点 A（此时三星生产 15 单位，LG 的最优反应是生产 37.5 单位），市场价格是 $100-15-37.5=47.5$（美元/单位），三星的利润等于 $(47.5-10)\times 15=562.50$（美元）。在所显示的点中，三星的最大利润产出数量位于点 S。在这个点上，三星生产 45 单位的产量，而 LG 生产 22.5 单位的产量。

我们可以通过一些计算来进行验证。回想给定市场需求曲线方程 $P=100-Q_1-Q_2$。但是因为 Q_2（$Q_2=45-Q_1/2$）已给定，它遵循的市场价格最终取决于三星的产量选择 $P=100-Q_1-(45-Q_1/2)$，或 $P=55-Q_1/2$。这个表达式可以被认为是斯塔克尔伯格领导者面临的剩余需求曲线。它告诉领导者在考虑追随者对它的产量选择的反应下，市场价格怎样随着它的产量选择而变化。

现在可以明确地找到三星的最优产量选择。我们找出和领导者剩余需求曲线对应的边际收益曲线，并找到这个边际收益和领导者边际成本相等的产量。相应的边际收益曲线是 $MR=55-Q_1$，使此边际收益和三星的边际成本相等，得

$$55-Q_1=10，或 Q_1=45$$

和领导者的这个产量选择相对应，追随者选择的产量水平为 $Q_2=45-45/2=22.5$。

必须注意的是，斯塔克尔伯格均衡的结果（点 S）不同于古诺均衡的结果（点 C）。同古诺结果是对称的不一样，在斯塔克尔伯格结果下，领导者比追随者生产更多的产量（实际上恰恰是两倍）。实际上，尽管斯塔克尔伯格结果下的市场价格低于古诺结果下的市场价格（比较图 13－6 中的点 S 和点 C 的市场价格），但斯塔克尔伯格结果下的领导者利润比古诺均衡中的要高。这告诉我们，寡头垄断者通过先选择产量而获益。这个收益从何而来？先选择产量，领导者（三星）可以“控制”LG 的产出选择。特别是，当三星选择的产量大于它在古诺均衡中的产量时，它迫使 LG 处于这样一个位置：LG 的最优反应是选择少于它在古诺均衡中的产量（我们可以从 LG 的反应函数是向下倾斜的这个事实中看出）。为什么 LG 被逼处于这个位置？当 LG 的管理者知道三星决定生产较多而位于点 S 上的产量时，我们可以想象一下它会有以下反应：

> 哇，三星决定生产 45 单位的产量，这么多！在那个产量下，市场价格不能超过 55 美元，而且只有在我们什么都不生产时才能达到那个价！［$P=100-45=55$。］这将使我们处于一个不利的位置。如果我们生产和三星一样的产量或任何接近它的数量，市场价格就会变得很低，这对我们来说是坏消息。坦白说，在这一点上，三星没有给我们太多的“回旋余地”。对我们来说最好的事情是选择一个保守的产量。当然，我们得到的市场份额没有三星多，但至少我们将市场价格保持在一个合理的水平。三星的那些人，通过跑在我们前面先行动，真的打击到了我们。

斯塔克尔伯格寡头垄断模型是序贯博弈的一个特殊例子，在此博弈中一个参与人比其他参与人先行动。在第 14 章序贯博弈中，我们会看到先行动具有战略价值。

13.3 主导厂商市场

在一些行业中，一家拥有压倒性市场份额的企业——经济学家将之称为主导厂商——和很多小生产者竞争。每个小生产者拥有一个很小的市场份额。例如，2004 年，通用电气公司占有美国 71.5%的灯泡市场。第二大竞争者欧司朗（Osram Sylvania）只有 7.4%。[①] 在之前的一段时间，美国钢铁是美国钢铁行业的主导厂商，美国铝业公司是铝行业的主导厂商。

图 13－7 为一个由主导厂商制定价格的模型。市场需求是 D_M。主导厂商设定市场价格，而且和组成行业其他次要竞争的一组小企业共分市场需求。次要厂商生产相同的产品，而且像完全竞争者：每家厂商都将价格视为给定，然后选择一个产量。曲线 S_F 是次要竞争的供给曲线。[②]

---

① 参见 U.S. Business Reporter，Market Research，http://www.usbrn.com/mrktdetail2.asp?MarketID=MRK364105（访问日期：2007 年 1 月 1 日）。

② 在次要厂商数量固定的情况下，S_F 是次要厂商边际成本曲线的水平和。S_F 的纵截距说明了一家次要厂商愿意提供产量的最低价格。

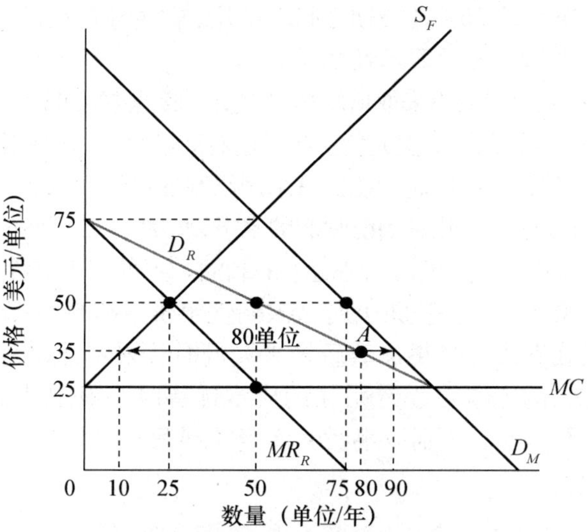

图 13 - 7　主导厂商市场

说明：主导厂商的剩余需求曲线 D_R 是市场需求曲线 D_M 和次要厂商供给曲线 S_F 的水平差。主导厂商利润最大化的产量是 50 单位，利润最大化的价格是每单位 50 美元。在这个价格下，次要厂商的供给是 25 单位。

主导厂商面临的问题是找出利润最大化的价格，并考虑这个价格对次要厂商供给的影响。为解决这个问题，我们需要找到主导厂商的剩余需求曲线 D_R。它告诉我们，主导厂商在不同的价格下能够销售多少。在每个价格下，市场需求减去次要厂商的供给，我们可以得到 D_R。例如，价格为 35 美元/单位，市场需求是 90 单位，接受这个价格的次要厂商的供给是 10 单位。因此，在 35 美元/单位的价格下，主导厂商的剩余需求是 80 单位，即曲线 D_R 上的点 A。通过找出在每一价格下 D_M 和 S_F 的水平距离，我们得到整条剩余需求曲线。在价格低于每单位 25 美元时，次要厂商不提供产量，主导厂商的剩余需求曲线和市场需求曲线一致。在价格为 75 美元/单位时，主导厂商的剩余需求曲线下降到零，次要厂商满足整个市场的需求。

使与剩余需求曲线相关的边际收益 MR_R 等于它的边际成本 MC（图 13 - 7 中的 25 美元），主导厂商找到它的最优产量和价格。我们看到，主导厂商的最优产量是每年 50 单位，利润最大化的价格是每单位 50 美元。我们使用剩余需求曲线而不是市场需求曲线来决定价格的原因在于，剩余需求曲线告诉我们在不同的市场价格下，主导厂商会销售多少。

在价格为 50 美元/单位时，市场需求是每年 75 单位，次要厂商供给 25 单位。通过制定价格为 50 美元/单位，两倍高于最低价格 25 美元/单位，在此价格下，次要厂商愿意提供产量。主导厂商创建一个价格保护伞，允许次要厂商盈利。当然，如我们刚才所说的，这个价格最大化了主导厂商的利润。主导厂商得到的利润等于（50－25）×50，或每年 1 250 美元。

图 13 - 8 显示了额外的次要竞争者进入市场会发生什么。次要厂商的供给曲线向右旋转，从 S_F 到 S'_F（在给定价格下，次要厂商的供给增加）。这导致主导厂商的剩余需求曲线 D_R 向左旋转到 D'_R（在给定价格下，主导厂商的供给减少）。最终，主导厂商的利润最大化价格变为每单位 42 美元，而不是每单位 50 美元。它的最优产量还是 50 单

位，但是次要厂商的供给从 25 单位增加到 33 单位。[1] 主导厂商的市场份额从 67%下降到 60%，它的利润从 1 250 美元下降到 833 美元。

既然如此，为什么主导厂商不采取措施减缓次要厂商的进入速度？在特定时间点（如在给定的某一年），价格 50 美元和 42 美元使主导厂商利润最大化。如果次要厂商的进入速率依赖于现在的市场价格，那么主导厂商可能愿意采用**限制性定价**（limit pricing）策略，即主导厂商将它的价格保持在低于最大化它当前利润的水平以减缓次要厂商的扩张速度。[2] 在限制性定价下，为了保持未来利润高于其他情况下的利润，主导厂商牺牲了今天的利润。

当高的现价吸引次要厂商快速扩大时，限制性定价策略是吸引人的。[3] 当主导厂商采取长远打算，而且在做决定时更加看重未来利润时，限制性定价也是很有吸引力的。最后，当主导厂商比它的竞争对手有明显的成本优势时，限制性定价策略也是吸引人的。成本优势允许主导厂商在不需要牺牲太多当前利润的情况下，通过保持低价格来降低次要厂商的进入速度。

限制性定价：主导厂商为了降低次要厂商的扩张速度，将它的价格保持在低于最大化它当前利润的水平的一种策略。

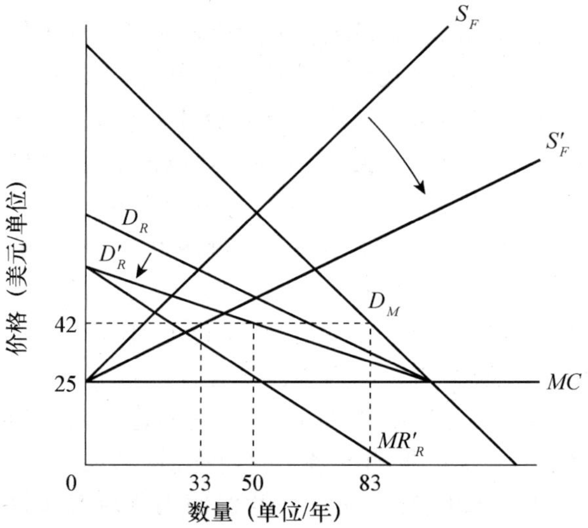

图 13－8　次要厂商规模增大时的主导厂商市场

说明：当次要厂商规模增大时，次要厂商的供给曲线向右旋转到 S'_F，导致剩余需求曲线向左旋转到 D'_R。主导厂商新的利润最大化产量是 50 单位，且利润最大化价格是 42 美元/单位。在这个价格下，次要厂商的供给为总市场需求 83 单位中的 33 单位。

---

① 主导厂商利润最大化的产量保持在每年 50 单位的原因主要在于，在这个例子中，我们所构造的需求曲线和次要厂商供给曲线的特殊方式。通常，次要厂商供给曲线的旋转会改变主导厂商利润最大化时的产量。

② 为什么次要厂商的扩张速度依赖于现在的行业价格？这是一个有趣的问题，但已超出了本书的范围。一个可能的原因是，现有次要厂商根据现有的利润来为它们的扩张计划提供资金。一个较低的价格意味着较低的当前利润和（对一些厂商而言）扩大产能中的更多困难。（当然，如果扩张是有利润的，有人可能会想，为什么次要厂商不向银行借款支持它们的扩张计划？）这一点在高级课程中会有很好的讨论，如产业经济学和金融学课程。

③ 这些关于限制性定价问题的观点来自 D. Gaskins, "Dynamic Limit Pricing: Optimal Pricing under the Threat of Entry," *Journal of Economic Theory* 3 (September 1971): 306－322。

边做边学习题 13.3 ☞

计算主导厂商模型中的均衡

假设全球矿业的市场需求曲线为 $Q^d=110-10P$，其中，Q^d 为以百万单位测量的年开采量，P 为以美元/单位度量的价格。该行业由一家边际成本为每单位 5 美元的大企业主导。也存在 200 家次要厂商，每家企业的边际成本是 $MC=5+100q$，q 代表一家典型次要厂商的产量。

问题：

(a) 次要厂商的供给曲线方程是多少？

(b) 主导厂商的剩余需求曲线方程是多少？

(c) 主导厂商的利润最大化产量是多少？最终的市场价格是多少？在这个价格下，次要厂商生产多少？次要厂商的市场份额是多少（即次要厂商的产量与总行业产量的比)？主导厂商的市场份额是多少？

解：

(a) 为找到次要厂商的供给曲线，我们遵从以下过程。每家价格接受型次要厂商在市场价格等于边际成本的点生产：$P=5+100q$，或 $q=(p-5)/100$。这个等式只有在市场价格大于或等于 5 时才有效。如果价格低于 5，每家次要厂商都不生产。在这个练习中，为不失一般性，假设市场价格超过 5，而且次要厂商的供给曲线由 $q=(P-5)/100$ 给定。这是因为主导厂商的边际成本是 5，且主导厂商不会在价格低于其边际成本的点上生产。因此，次要厂商的总供给曲线由单家次要厂商的供给曲线乘于次要厂商的数量 (200) 得到，即 $Q^s=200\ (P-5)/100=2P-10$。因此，总的次要厂商供给曲线是 $Q^s=2P-10$。

(b) 从市场需求曲线减去总的次要厂商供给，我们可以得到剩余需求曲线。用 Q^r 代表剩余需求，我们有 $Q^r=Q^d-Q^s=(110-10P)-(2P-10)$，即 $Q^r=120-12P$。

(c) 为找到主导厂商利润最大化的产量，我们首先反写剩余需求（去掉上标 r）得到：$P=10-(1/12)Q$。相应的边际收益曲线是 $MR=10-(1/6)Q$。使边际收益等于边际成本得到 $10-(1/6)Q=5$，即每年 $Q=30$ 百万单位。这导致市场价格 $P=10-(1/12)\times 30=7.5$（美元/单位)。在这个价格下，次要厂商的供给是 $2\times 7.50-10=5$（百万单位/年)。因此，行业的总产量是 35 百万单位/年：主导厂商生产 30 百万单位/年和次要厂商生产 5 百万单位/年。因此，次要厂商的市场份额是 $5/(5+30)=14.29\%$，同时主导厂商的市场份额是 85.71%。

相似习题： 13.20 ，13.21，13.23

13.4 水平差异化产品的寡头垄断

在很多市场，如啤酒、即食早餐麦片、汽车和软饮料市场中，顾客认为企业销售的产品是有差异的。在这些市场中，我们说企业生产差异化的产品。本节将在第 11 章简要讨论的基础上深入了解产品差异化，并探讨在差异化产品的寡头垄断市场中企业是怎样相互竞争的。

□ 什么是产品差异化

经济学家将产品差异化分为两种不同的类型：垂直的和水平的。**垂直差异化**（vertical differentiation）是关于低档或高档产品的。当消费者认为一个产品好于或差于另一个产品时，这两个产品是垂直差异化的。金霸王电池和一般品牌电池是垂直差异化的，这是由于金霸王电池的持续时间更长。这使得金霸王电池明显比一般电池好。

水平差异化（horizontal differentiation）是关于替代品的。对产品 A 和产品 B，在相同的价格上，一些消费者认为产品 B 是产品 A 的一个差的替代（即使 A 的价格比 B 的高，他们也会购买 A），同时，其他消费者认为产品 A 不是产品 B 的一个好的替代（即使 B 的价格比 A 的高，他们也会购买 B），那么，产品 A 和产品 B 就是水平差异化。可口可乐和百事可乐是水平差异化的。一些消费者认为，百事可乐是可口可乐的一个差的替代；同时其他消费者认为，可口可乐是百事可乐的一个差的替代。

垂直差异化：对两个产品，消费者认为其中一个产品明显好于或差于另一个。

水平差异化：对两个产品，一些消费者认为一个产品并不是另一个产品好的替代，即使另一个产品的价格高于这个产品也会购买。

水平差异化和垂直差异化是产品差异化的不同形式。例如，所有消费者可能都同意金霸王电池比一般品牌电池好，因为它的持续时间是其他电池的两倍，但所有消费者也同样认为两节一般品牌电池和一节金霸王电池等价，因此这两个产品，尽管垂直差异化，但并不是水平差异化。① 如果一般品牌电池的价格比金霸王电池价格的一半还要少，所有消费者都会选择一般品牌。相反，尽管很少有人能够给出一个令人信服的理由说明可口可乐明显比百事可乐质量更好，但是一些消费者还是忠于其中一个品牌，这些产品并不是完美替代的。这些品牌也是水平差异化的，不是垂直差异化的。

水平差异化是我们本章要学习的寡头垄断和垄断竞争的一个非常重要的概念。水平差异化的产品有一条向下倾斜的需求曲线，如图 13－9 所示。

在图 13－9（a）中，如果水平差异化非常弱，则企业的需求对它自己和竞争对手的价格改变会非常敏感。一个比较小的企业自己产品价格的上升（从 30 美元到 35 美元）将导致销售量的大幅下降（从 40 单位到 20 单位），竞争对手一个小的价格降幅将导致自己销售量的大幅减少。在图中，这表示为需求曲线 D 大幅度地向左移动到 D'。

在图 13－9（b）中，水平差异化非常强，企业的需求对它自己和竞争对手的价格改变不太敏感。一个相对较小企业自己产品价格的上升（从 30 美元到 35 美元）将导致销售量的小幅下降（从 40 单位到 38 单位），竞争对手一个小的价格降幅同样导致自己销售量的小幅减少。在图中，这表示为需求曲线 D 小幅度地向左移动到 D''。

---

① 第 4 章和第 5 章有有关金霸王电池和一般品牌电池的消费者无差异曲线是线性的的介绍。实际上，出于方便因素，消费者不会将两节普通电池等同于一节金霸王电池。使用寿命长的一节电池比两节电池所占空间少，而且不需要经常更换。为简单起见，这里我们忽略了方便因素。

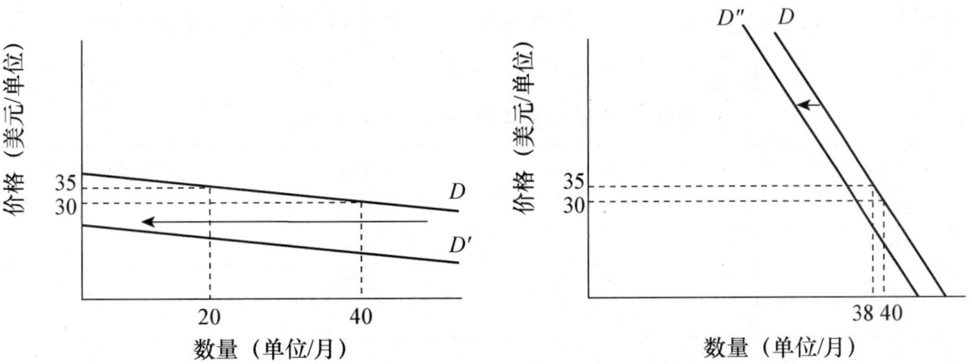

(a) 弱的水平差异化　　(b) 强的水平差异化

图 13-9　水平差异化和企业需求曲线

说明：在图（a）中，水平差异化非常弱。企业的需求曲线 D 是向下倾斜的，但产品需求量对企业价格的改变非常敏感。当价格从每单位 30 美元上升到 35 美元时，竞争者的价格不变，需求量大幅下降。当竞争者降低价格时，企业的需求曲线大幅向左移动，从 D 到 D'。相反，在图（b）中，水平差异化非常强，企业的需求对它自己价格的改变不敏感；当竞争者的价格下降时，企业的需求曲线小幅向左移动，从 D 到 D''。

案例 13.3

美国钢铁公司：价格控制[①]

美国钢铁公司的美国钢铁集团是美国最大的钢铁公司之一，它的销售额超过 60 亿美元。但在绝对方面，美国钢铁公司占美国国内钢铁销售不到 15%。尽管美国钢铁公司曾经更有控制力，但实际上，当 1901 年成立（通过合并）时，美国钢铁公司产量占美国钢锭销售的 66%。在那个年代，美国钢铁公司是典型的主导厂商。

然后，如表 13-6 所示，美国钢铁公司的市场份额随即开始下降，到 20 世纪 30 年代中期，下降到了只占有 33% 的市场。经济历史学家麦克劳（McCraw）和莱因哈特（Reinhardt）对此有如下描述：

> 30 年来（1900—1930 年），美国钢铁公司的价格和投资模式导致了它的市场份额逐步被侵蚀。不但没有增加钢铁业的进入壁垒，反而降低了进入壁垒。它既没有努力保持现有市场，也没有在结构性和并行市场中利用新的增长机遇。

为什么美国钢铁公司没有采取一个激烈的限制性定价策略来降低竞争对手企业的扩张速度？我们对主导厂商定价的讨论揭示了这个问题。研究过美国钢铁公司的历史的学者相信，在第二次世界大战（1941—1945 年）以前，美国钢铁公司并没有比它的竞争对手有明显的成本优势。谢勒（Scherer）先生写道："尽管集团的一些工厂可能有较低的成本，但美国钢铁公司实际的平均成本或潜在的成本不比它的那些竞争对手低。"[②]此

---

① 这个例子受 F. M. Scherer 的书《产业结构、策略和公共政策》（New York：HarperCollins，1996）中第 5 章的启发。该书非常全面详细地讨论了美国钢铁公司的历史和主导企业价格行为。以下的引用和表 13-6 中的数据来自 T. K. McCraw and F. Reinhardt，"Losing to Win：U. S. Steel's Pricing，Investment Decisions，and Market Share，1901-1938，" *Journal of Economic History* 49（September 1989）：593-619。

② F. M. Scherer，*Industry Structure*，*Strategy*，*and Public Policy*（New York：HarperCollins，1996），p. 155.

外，如谢勒提到，在20世纪早期，进入钢铁行业需要时间。它需要建造一个综合钢铁厂，而且在那个年代很难找到金融资本或可靠的铁矿石资源。

表 13-6　　1901—1935 年美国钢铁公司的市场份额

年份	市场份额（%）	年份	市场份额（%）
1901	66	1920	46
1905	60	1925	42
1910	54	1930	41
1915	51	1935	33

因此，美国钢铁公司回避采取激烈的限制性定价策略，反而将价格制定为等于或接近主导厂商模型的水平。如我们从图 13-8 中所看到的那样，随着次要厂商的扩张，主导厂商的市场份额随时间的流逝而被侵蚀。Yamawaki 提供的一些统计数据表明，美国钢铁公司确实是这样做的。[①] 利用来自那个年代钢铁价格和产量（来自美国钢铁公司和它的竞争对手企业）的数据，Yamawaki 说明，美国钢铁公司的定价策略受次要生产者的市场份额影响。他的研究同样说明，美国钢铁公司的定价对次要厂商的生产率和扩张率有明显的影响。基于这些证据，我们可以发现，有关主导厂商模型的理论逻辑非常适合于1900—1940年美国钢铁行业的竞争状况。

案例 13.4

智能手机大战[②]

很多年来，手机市场一直被诺基亚和摩托罗拉所主导，它们销售功能有限但便宜的手机。一个独特的竞争对手是由 Motion（RIM）研究的黑莓。黑莓是第一款智能手机——基本上是一个小型的手持电脑，不仅允许用户使用蜂窝电话，也可接收和发送电子邮件，管理用户的约会日历等。多年来，黑莓和标准手机有很大的水平差异化，非常独特。大多数黑莓用户都是商务人士，他们的电话费经常由雇主支付。

近年来，智能手机的功能有了快速的增加，但价格下降了。行业分析师估计到2010年年底，大概有40%的消费者使用或准备使用智能手机。2010年1月，最受消费者喜欢的智能手机是苹果公司的 iPhone，它在功能上超越了黑莓。这款手机延续了苹果公司优美设计和友好界面的传统。除了电话和照相功能外，iPhone 可以用来检查电子邮件，到网上冲浪，具有和 iPod 一样的存储和播放音乐功能。iPhone 还包括 GPS 功能（全球卫星定位）。和其他手机相比，它的屏幕比较大，它使用全新的触摸屏界面，而其他手机使用小按键来输入文本和数字。iPhone 的一个重要创新和水平差异化是“apps”

① H. Yamawaki, “Dominant Firm Pricing and Fringe Expansion: The Case of the U. S. Iron and Steel Industry, 1907-1930,” *Review of Economics and Statistics* 67 (August 1985): 429—437.

② Raven Zachary, “Who's Winning the Smartphone Wars?” *O'Reilly Radar*, August 24, 2009, http://radar.oreilly.com/raven (accessed March 11, 2010); “Smartphone Wars: Android Phones Close in on iPhone,” *ABC News*, *Ahead of the Curve*, January 20, 2010, http://blogs.abcnews.com/aheadofthecurve/2010/01/smartphone-wars-android-phones-close-in-on-iphone.html (accessed March 11, 2010).

的出现——iPhone 使用者可以下载小的应用程序（有些是免费的，有些收少量费用）。数以千计的 apps 由很多小公司开发出来，这使得 iPhone 用户可以为他们的智能手机增加广泛的功能。iPhone 的这些不同功能使它对其他手机，如黑莓，具有水平产品差异化。

iPhone 流行得非常迅速，2008 年销售不足 100 万台，2009 年的销售超过了 500 万台。对 iPhone 的第一个回应，RIM 推出了 Pre，这是一款和 iPhone 功能有些类似的智能手机。然后，在 Pre 发布两天后，苹果发布了它的新机型，iPhone 3GS。这个发布拖延了 Pre 的销售。2010 年年初，苹果的销售量和 RIM 差不多。

iPhone 的成功激起了来自摩托罗拉和谷歌的竞争回应。谷歌为智能手机设计了一个叫安卓的操作系统，希望可以为很多制造商打开智能手机市场。它的目的是刺激 apps 上的创新，并和 iPhone 竞争；同样，和其他手机制造商之间在创新和成本方面竞争。摩托罗拉是这一创新的早期进入者，在 2009 年年底发布了第一台安卓手机。

如果安卓的创新能够取得成功，苹果的 iPhone 就会失去很多水平差异化。在撰写本文时，我们讨论这个事情是否会发生可能还显得太早了。然而，2010 年 1 月的一个调查发现，在 2010 年计划买新智能手机的消费者中，要买安卓手机的占 21%，相比而言，半年前只有 6%。同时，计划买 iPhone 的人数从 32%降到 28%。非常显著的是，这个调查发现 iPhone 和安卓手机的潜在使用者对智能手机的使用方式非常相似（在电话、网络浏览、apps、社交网络和即时信息方面）——这是苹果差异化潜在损失的一个明确的证据。如果调查数据变成真实销售，那么安卓手机的市场份额在第一年将会和苹果的几乎一样。

□ 水平差异化产品的伯特兰价格竞争

现在我们来讨论在差异化产品市场中企业是怎样制定价格的。为讨论该问题，我们回到伯特兰定价模型，并且对它进行调整以适合处理水平差异化产品。① 作为这个模型的一个特例，我们考虑水平差异化非常明显的市场：美国可乐市场。

加斯米等人利用统计模型估计出可口可乐（企业 1）和百事可乐（企业 2）的剩余需求曲线为②③

$$Q_1=64-4P_1+2P_2 \tag{13.1}$$

$$Q_2=50-5P_2+P_1 \tag{13.2}$$

加斯米等人还估计出可口可乐和百事可乐的边际成本分别为 5 美元和 4 美元。④ 给定这

---

① 我们也研究差异化产品的古诺产量制定竞争模型。与无产品差异化古诺模型产生和伯特兰价格竞争模型不同的均衡一样，产品差异化古诺产量制定模型也产生和伯特兰模型不同的均衡价格（我们在本节中已讨论了伯特兰模型的均衡价格）。在习题 13.32 中你有机会自己验证这一点。

② 这个例子受我们的前同事 Jackson 的启发。他在凯洛格管理研究生院微观经济学的课上使用过相似的例子。

③ F. Gasmi，Q. Vuong，and J. Laffont，"Econometric Analysis of Collusive Behavior in a Soft-Drink Market，" Journal of Economics and Management Strategy (Summer 1992)：277－311. 为简单起见，我们将加斯米等人的估计（来自文章中的模型 10）用最接近的整数表示。在他们的文章中，价格是经过通货膨胀调整的，而且用每单位多少美元表示，数量用百万单位的可乐表示；一单位被定义为 10 箱，每箱 12 罐，每罐 24 盎司。

④ 这些也用每单位多少美元表示。

些需求曲线和边际成本，每家企业应该制定的价格是多少？

在古诺模型中，在给定其竞争对手的行动时，如果每家企业都做出了最优选择，均衡就会发生。找出这个均衡的逻辑和在古诺模型中使用的逻辑相似，所以，我们从导出每家企业的价格反应函数开始，即将它的利润最大化价格作为竞争对手价格的函数。

考虑可口可乐的问题。图 13－10（a）说明了，当百事可乐制定的价格为 8 美元时，可口可乐的需求曲线是 D_8。这条曲线告诉我们，给定百事可乐的价格 8 美元，可口可乐在不同价格下所能销售的数量［注意，曲线 D_8 必须满足方程（13.1）］。例如，如果可口可乐制定的价格为 7.50 美元，它可以销售 5 000 万单位。当可口可乐的边际收益 MR_8 等于它的边际成本 MC 时，利润最大化的产出是 3 000 万单位。为销售这个数量，可口可乐必须将价格设为 12.50 美元。因此，12.50 美元是可口可乐对百事可乐价格 8 美元的最优反应。图 13－10（b）说明，当百事可乐的价格为 12 美元时，可口可乐的最优反应为要价 13.50 美元。

这些结果为画出可口可乐的价格反应函数提供了数据，我们也可以为百事可乐推导出同样的数据，并画出百事可乐的价格反应函数。图 13－11 说明了这两个反应函数：曲线 R_1 说明了可口可乐利润最大化的价格如何随百事可乐的价格而变化，曲线 R_2 说明了百事可乐利润最大化的价格如何随可口可乐的价格而变化。注意，可口可乐利润最大化的价格如图 13－10 所示，（P_1＝12.50 美元，P_2＝8 美元）和（P_1＝13.50 美元，P_2＝12 美元）都位于曲线 R_1 上（这虽然没有在图 13－11 中特别标出）。同样注意，反应函数曲线都向上倾斜。因此，竞争对手的价格越低，你的价格也应越低。

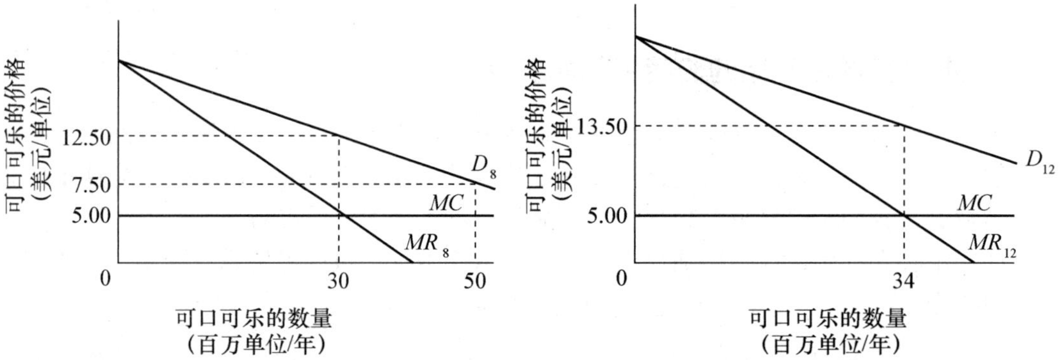

(a) 当百事可乐的价格为8美元时，可口可乐的利润最大化问题

(b) 当百事可乐的价格为12美元时，可口可乐的利润最大化问题

图 13－10　可口可乐利润最大化的价格设定

说明：MC 是可口可乐的边际成本曲线。图（a）：如果百事可乐的价格为 8 美元，可口可乐的需求曲线是 D_8，相应的边际收益曲线是 MR_8。可口可乐在数量为 30 百万单位和价格为 12.50 美元时最大化其利润。图（b）：如果百事可乐的价格为 12 美元，可口可乐的需求曲线是 D_{12}，相应的边际收益曲线是 MR_{12}。可口可乐在数量为 34 百万单位和价格为 13.50 美元时最大化其利润。这些结果可用于绘制可口可乐的价格反应函数，如图 13－11 所示。

在伯特兰均衡（点 E）时，每家企业在给定另一家企业的价格下，选择一个价格以最大化它的利润。[①] 如图 13－11 所示，这发生于两个反应函数的交点（P_1^*＝12.56 美

① 在第 14 章中你会看到伯特兰均衡，和古诺均衡一样，是纳什均衡的一个特例。因为这个原因，一些书将伯特兰均衡当作价格上的纳什均衡。

元，$P_2^* = 8.26$ 美元）。将这些价格代入需求函数，我们计算出可口可乐和百事可乐的均衡数量：$Q_1^* = 30.28$ 百万单位，$Q_2^* = 21.26$ 百万单位。实际上，在加斯米等人研究期间（1968—1986 年），可口可乐和百事可乐的平均价格（已经过通货膨胀调整）分别是 12.96 美元和 8.16 美元。相应的产量是 30.22 百万单位和 22.72 百万单位。因此，当伯特兰模型应用于由加斯米等人估计的需求曲线时，很好地匹配了两家企业在美国市场中的实际价格状况。

百事可乐的均衡价格比可口可乐的价格低这么多，这是由于下面两个重要的原因。首先，百事可乐的边际成本低于可口可乐。其次，更微妙的是百事可乐的需求价格弹性大于可口可乐（如表 2-7 所示）。① 我们（从第 11 章中）知道，在向下倾斜的需求曲线下，利润最大化意味着逆弹性定价法则成立。将逆弹性定价法则应用于可口可乐和百事可乐的价格问题就意味着，百事可乐的利润低于可口可乐。较低的利润适用于较低的边际成本，这使得百事可乐的价格低于可口可乐。

给定均衡价格，可口可乐和百事可乐的边际贡献率（PCM）分别是

$$\frac{P_1^* - MC_1}{P_1^*} = \frac{12.56 - 5}{12.56} = 0.60 \text{ 或 } 60\%$$

$$\frac{P_2^* - MC_2}{P_2^*} = \frac{8.26 - 4}{8.26} = 0.52 \text{ 或 } 52\%$$

可口可乐的边际贡献率意味着，可口可乐公司每销售一美元的可口可乐，有 60 美分用来支付销售费用、公司的间接开销、利息和税。这个边际贡献率高于美国制造业的平均边际贡献率。② 因此，这个例子说明，产品差异化降低了价格竞争。当产品像可口可乐和百事可乐一样具有巨大的差异化时，和产品完全替代相比，降低价格难以有效地窃取竞争对手的业务。当然，可口可乐和百事可乐为了实现产品的差异化承担了沉重的成本。这两家公司都花费数亿美元在美国宣传它们的可乐，并如在本章所讨论的那样，为培养年轻人的品牌忠诚度，这两家公司在大学校园独家分销协议上的竞争是非常激烈的。

尽管水平差异化缓和了价格竞争，但伯特兰均衡价格和垄断价格并不一致（即可口可乐和百事可乐联合起来，使利润达到最大化的价格）。如图 13-11 所示，点 M 的价格为可口可乐 13.80 美元和百事可乐 10.14 美元。在古诺模型中，独立做出利润最大化决策的寡头垄断者一般不能达到垄断者利润最大化的结果，因为没有一家企业会考虑价格下降对其竞争对手的不利影响，或价格上升对其竞争对手的有利影响。

① 因为加斯米等人是在实际平均价格的基础上计算它们的弹性，所以基于计算出的均衡价格进行的计算不会和案例 2.5 中的完全符合，但是会非常接近。

② 使用美国制造业的普查数据可构造出一种常用的边际贡献率估计：

$$PCM \approx \frac{\text{销售额}-\text{材料成本}-\text{工人工资}}{\text{销售额}}$$

这个公式使用材料成本和劳动成本作为边际成本的替代。到目前为止，已有 23%～25%的美国制造企业利用这种方法进行计算。

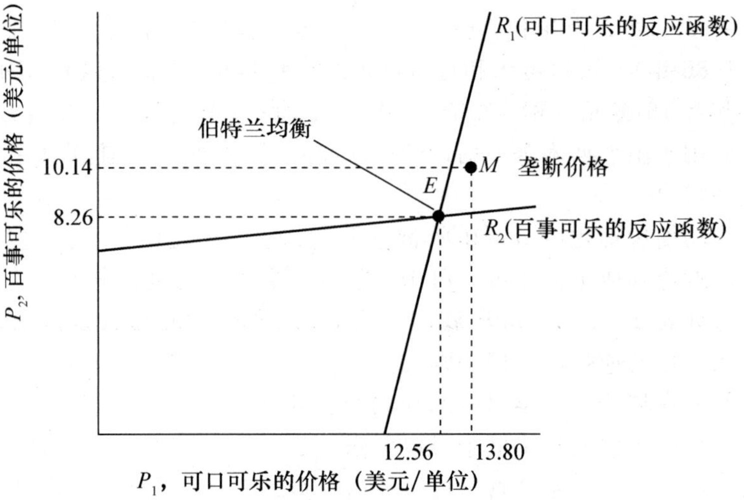

图 13－11　可口可乐和百事可乐的伯特兰均衡

说明：可口可乐的反应函数是 R_1。百事可乐的反应函数是 R_2。伯特兰均衡发生在这两个反应函数的交点（点 E，此时可口可乐定价 12.56 美元，百事可乐定价 8.26 美元）。这和垄断均衡（点 M，此时，可口可乐定价 13.80 美元，百事可乐定价 10.14 美元）不同。

边做边学习题 13.4

计算水平差异化产品市场中的伯特兰均衡

假设可口可乐和百事可乐的需求曲线分别由 $Q_1=(64+2P_2)-4P_1$ 和 $Q_2=(50+P_1)-5P_2$ 给定。[这与方程（13.1）和方程（13.2）相对应，重排表达式并加括号是为了说明对企业来说，表达式是固定的。] 可口可乐的边际成本是每单位 5 美元，百事可乐的边际成本是每单位 4 美元。

问题：

(a) 当百事可乐的价格为 8 美元时，可口可乐的利润最大化价格是多少？

(b) 可口可乐的价格反应函数方程是什么（即，当百事可乐制定任意价格 P_2 时，可口可乐利润最大化的价格）？

(c) 在伯特兰均衡时，可口可乐和百事可乐的利润最大化价格和产量是多少？

解：

(a) 将 $P_2=8$ 美元代入可口可乐的需求曲线，得 $Q_1=64+2\times8-4P_1=80-4P_1$，即 $P_1=20-0.25Q_1$。相应的边际收益曲线是 $MR=20-0.5Q_1$。使它和可口可乐的边际成本相等，得 $20-0.5Q_1=5$，即 $Q_1=30$。将此代入可口可乐的需求曲线，得 $P_1=20-0.25\times30$，即 $P_1=12.50$。因此，当百事可乐的价格为 8 美元时，可口可乐利润最大化的价格为 12.50 美元。

(b) 从可口可乐的需求曲线中我们可得 $P_1=(16+P_2/2)-Q_1/4$。相应的边际收益曲线是 $MR=(16+P_2/2)-Q_1/2$。令边际收益等于边际成本，得 $(16+P_2/2)-Q_1/2=5$ 或 $Q_1=22+P_2$。将此代入可口可乐的需求曲线方程，得 $P_1=(16+P_2/2)-(22+P_2)/4$，或 $P_1=10.5+P_2/4$。这就是可口可乐的价格反应函数方程。（必须注意，从百事可乐的剩余需求曲线开始，我们可以用同样的方法找出百事可乐的价格反应函数 $P_2 = 7 + P_1/10$。）

(c) 在两个反应函数相等的点达到伯特兰均衡（即两条反应函数曲线的交点）。因此，伯特兰均衡价格就是使这两个反应函数方程同时成立的解：$P_1 - P_2/4 = 10.5$（将可口可乐的反应函数移项）和 $P_2 - P_1/10 = 7$（将百事可乐的反应函数移项），即 $P_1^* = 12.56$ 美元，$P_2^* = 8.26$ 美元。将这些价格代入企业的剩余需求曲线方程，得到伯特兰均衡产量为：$Q_1^* = 30.28$ 百万单位和 $Q_2^* = 21.26$ 百万单位。

相似习题：13.26 ，13.28，13.29，13.30

案例 13.5

隧道与渡轮

在现代工程中，一个最令人印象深刻的工程是连接法国加来和英国多佛的 32 英里长的隧道（通道）。欧洲隧道（ET）是拥有并运营这个海底隧道的公司。它提供两个最主要的业务：客运业务和货运业务。在欧洲隧道的客运业务中，有一项叫作“乐穿梭”，你将你的车停在隧道末端一辆特别设计的轨道车上，然后火车将你的车（你在里面）通过隧道运送到另一端。[①] 在欧洲隧道的货运业务中，卡车停在铁路专用车上，然后火车将卡车通过隧道运到另一端。对于这两个业务，欧洲隧道和横渡英吉利海峡的渡轮之间存在竞争。当隧道开放时，有两家主要的渡轮公司：Britain's P&O 和 Sweden's Stena Line。这两家公司共占跨海峡客运和货运交通大约 80%的份额。但自那时起，这两家企业合并跨海峡运营，并作为一个寡头垄断企业和欧洲隧道进行竞争。

在隧道开通前，凯（Kay）等人（KMS）使用伯特兰价格竞争模型分析了欧洲隧道和渡轮运营者（将他们当作一个公司）之间在货运服务市场上展开价格竞争的各种可能结果。使用来自欧洲隧道 1987 年计划书（一份为投资者和贷款人准备的商业计划说明书）提供的信息和一些推测，凯等人估计了欧洲隧道和渡轮运营者的价格反应函数，如图 13－12 所示。他们预测，伯特兰均衡发生在隧道的价格为 87 英镑、渡轮运营者的价格为 150 英镑时。在估计中，凯等人认为，欧洲隧道货运班车服务的边际成本大大少于渡轮货运班车服务的边际成本，因此，欧洲隧道的均衡价格和渡轮运营者均衡价格的巨大差异就体现了这种状况。

凯等人的分析表明，欧洲隧道将成为跨海峡货运服务的一个强大竞争者。海峡开通两年后，欧洲隧道获得了跨海峡卡车运输 44%的份额，相比于渡轮运营者 40%的份额。到 2002 年，欧洲隧道的跨海峡卡车运输市场份额超过了 50%，货运业务可能是欧洲隧道利润最高的业务。

① 也为公共汽车提供这项服务。

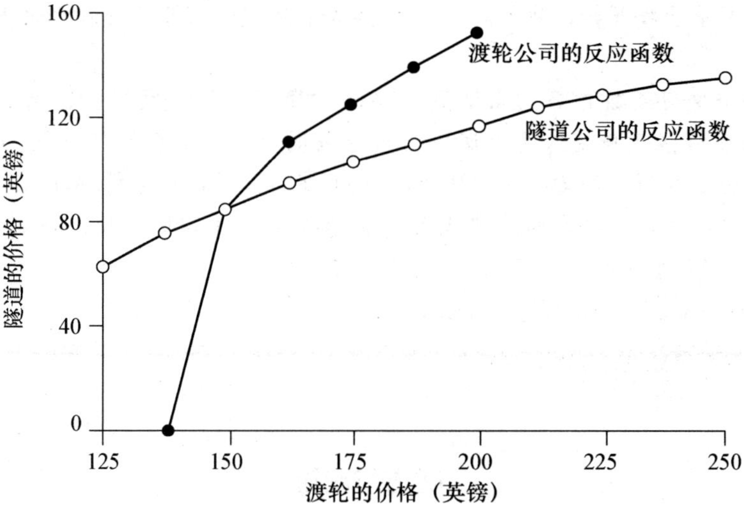

图 13-12　伯特兰均衡：隧道和渡轮

说明：曲线分别是海峡隧道公司和渡轮公司的反应函数。伯特兰均衡发生在隧道价格为 87 英镑和渡轮价格为 150 英镑时。

资料来源：Figure 18.7 from "Pricing the Tunnel," in J. Kay, *The Business of Economics* (New York: Oxford University Press), 1996.

案例 13.6

无线电话号码

对美国无线电话行业来说，2003 年 11 月 24 日是非常重要的一天。从那天开始，当用户从一个无线供应商换到另一个无线供应商时，用户被允许保留他们的电话号码。换句话说，如果你更换蜂窝电话的服务，比如从威瑞森（Verizon）换到辛格乐（Cingular），你的电话号码可以保持不变。在此之前，如果你改变你的无线供应商，那么你也必须改变你的电话号码，这为消费者制造了一个潜在的高转换成本。你需要将你的新电话号码通知你的同事、朋友和家庭成员，而且在他们适应你新号码的过程中，你可能会错过重要的电话。

通过将消费者变成忠诚的顾客，不能携无线号码可以加强供应商之间的产品水平差异化。无论是由谁提供，无线电话服务基本是一样的。在 2003 年 11 月 24 日，任何明显的水平差异化都消失了。经济理论预测，携无线号码开始将导致行业从边际贡献率为中等的均衡移动到边际贡献率很大的均衡，即移动到价格和边际成本很接近的均衡，可能和同质产品寡头垄断伯特兰模型中预测的结果很接近，此均衡中的价格等于边际成本。

这发生了吗？自 2003 年以来，在美国，有超过 1 000 万的人在改变服务供应商时使用原来的电话号码。帕克（Park）的研究表明，这强化了价格竞争。① 通话时间最少的月套餐的平均价格仅下降约 1%，然而，时间更长的电话套餐价格下降比较多。中等时

① Minjung Park, "The Economic Impact of Wireless Number Portability," Working Paper, University of Minnesota, October 2009.

长的套餐价格下降了约5%，时间更长的套餐价格大概下降了7%。此外，价格的离差（方差）下降得很快。

从这个例子中我们发现，消除创造转换成本的条件将加强竞争。构造消费者的转换成本将减少竞争并保持高价格。企业当然知道这一点，这就是为什么我们经常看到大量创造产品差异化的现象，例如飞行常客计划、积分卡以及每年花费数亿美元广告费。

13.5 垄断竞争

垄断竞争市场有三个特点。① 第一，市场是分散的——它包括很多买者和卖者。第二，自由进出——任何企业都可以利用市场竞争所需要的投入物（劳动、资本等）；当不需要时，企业可以释放这些投入物。第三，企业生产水平差异化产品——消费者认为企业的产品之间是不完全替代的。

本地的零售和服务市场就具有垄断竞争市场的特征。比如，伊利诺伊州埃文斯顿（Evanston）的餐饮市场。市场是高度分散的——例如，埃文斯顿的黄页有近5页的餐馆列表。同样，埃文斯顿的餐饮市场可以自由进出。有眼光的餐馆老板可以容易地租到场地、获取必需的厨具并雇用服务员。对2010年和2004年的黄页列表进行比较，就可以发现该餐饮市场具有非常明显的周期性特征。当经济情况好时，有新的餐馆开张；而当餐馆没有利润时，就有许多餐馆关闭。

市场分散和自由进出也是完全竞争市场的特点。但和完全竞争市场不同，埃文斯顿的餐馆有明显的产品差异化特征。有大量不同种类的餐馆（中餐、泰餐、意大利餐和素食）以迎合埃文斯顿消费者的各种口味。有些餐馆是正式的，而其他的是非正式的。对住在餐馆旁边或工作地离餐馆很近的人来说，每家餐馆都比较方便，但对开车几英里才能到达的人来说就不方便了。

□ 垄断竞争市场中的短期均衡和长期均衡

在选择价格时，垄断竞争者的行为和我们之前章节所介绍的产品差异化寡头垄断者的行为很像。尽管市场是分散的，但由于产品差异化，因此每家企业的需求曲线是向下倾斜的。将其他企业的价格视为给定，每家企业在其边际收益等于边际成本的点上最大化它的利润。

图13-13说明了一家典型企业在垄断竞争下面临的利润最大化问题。企业面临的需求曲线是D。当企业沿着需求曲线最大化它的利润时，它的定价为43美元/单位，生产57单位产量。43美元/单位的价格是企业对市场中其他企业定价的最优反应。在产品差异化的伯特兰寡头垄断模型中，市场在每家企业的定价是对市场上其他所有企业定

① 这种垄断竞争模型是由经济学家张伯伦在他下面的书中提出的：*The Theory of Monopolistic Competition* (Cambridge, MA: Harvard University Press, 1933)。

价的最优反应时达到均衡。我们假设，当每家企业的定价都是 43 美元时，这种情况也成立（即假设所有企业的市场价格都是一样的）。

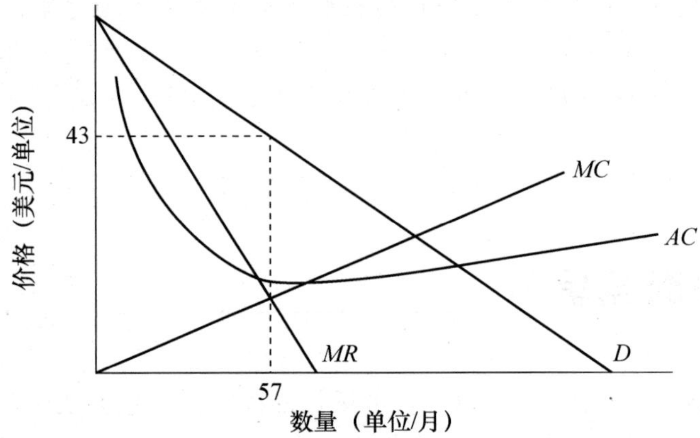

图 13 - 13　垄断竞争下的利润最大化和短期均衡

说明：每家企业面临的需求曲线是 D，当边际收益 MR 等于边际成本 MC 时达到利润最大化，此时产量是 57 单位，价格为 43 美元。这是短期均衡，但不是长期均衡，因为价格超过企业的平均成本 AC。这意味着，盈利机会的存在将吸引新的进入者。

然而，人们不禁要问，是什么使垄断竞争和产品差异化的寡头垄断存在差异？这是由于垄断竞争市场的特点是可以自由进入。如果市场上有盈利机会，新的进入者就会出现并分享盈利机会。在图 13 - 13 中，价格 43 美元超过了企业的平均成本，这意味着企业获得正的经济利润。图 13 - 13 中的情况构成了一个短期均衡——在给定所有竞争对手企业行为的情况下，一家典型企业最大化利润的条件——但这不是长期均衡，因为会有企业进入市场并分享盈利机会。

随着更多企业进入市场，每家企业的市场份额都会下降，即典型企业的需求曲线向左移动。当企业赚取零经济利润时，没有新企业进入，企业需求曲线左移会停止。在图 13 - 14 中，这在价格为 20 美元时发生。此时，每家企业的需求曲线 D' 和它的平均成本

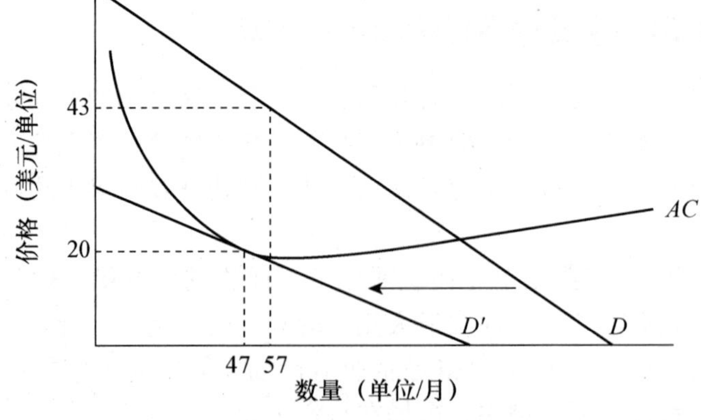

图 13 - 14　垄断竞争下的长期均衡

说明：随着企业进入垄断竞争市场，每家企业的需求曲线从 D 向左移动到 D'。长期均衡发生于价格等于 20 美元、产量为 47 单位时。此时，D' 刚好和它的平均成本曲线 AC 相切，且企业赚取零经济利润。

曲线 AC 相切。换句话说，企业的价格和它的可变成本之间的差额刚好能满足它运营的固定成本和前期进入成本。鉴于此，潜在进入者就没有动机进入市场。

□ 需求价格弹性、利润率和市场中的企业数量

在垄断竞争市场中，自由进出决定了市场上最终有多少企业参与竞争。图 13－15 说明了两个可能的长期均衡。

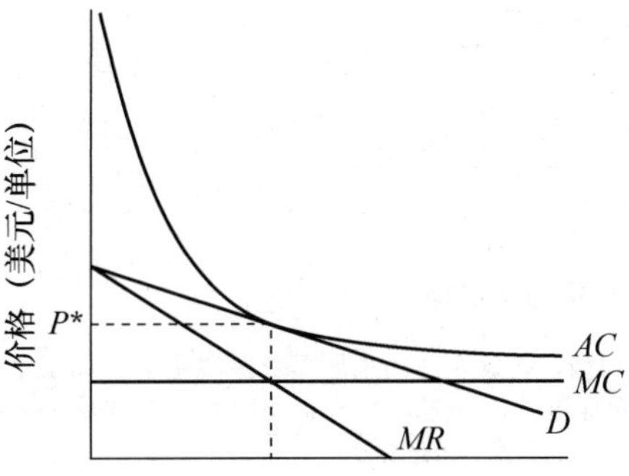

(a)在市场A中，企业面临相对有弹性的需求

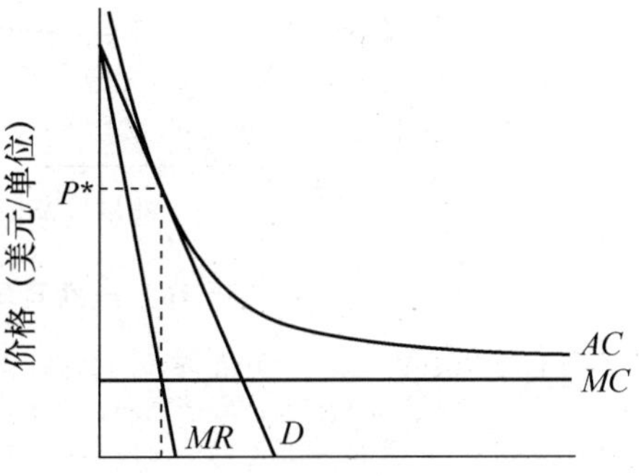

(b)在市场 B中，企业面临相对无弹性的需求

图 13－15　需求价格弹性和长期均衡

说明：在市场 A 中，企业面临相对有弹性的需求。在长期均衡上，价格和边际成本之间的差（P^*-MC）很小，但每家企业的产量很大。在市场 B 中，企业面临相对无弹性的需求。在长期均衡上，价格和边际成本之间的差很大，每家企业的产量很小。

在市场 A 中，当消费者在现有销售者之中选择时，他们对不同的价格非常敏感。市场需求曲线的价格弹性非常高。在长期均衡中（此时，需求曲线 D 和平均成本曲线 AC 相切），价格和边际成本之间的差（P^*-MC）很小，企业生产的产量很大。相反，在市场 B 中，消费者对销售者之间的价格差异不是特别敏感，所以企业的需求对价格不如市场 A 中敏感。在长期均衡上，价格和边际成本之间的差很大，但每家企业的产量很小。如果市场 A 和市场 B 均衡时的总销售量一样，那么市场 B 中的企业数量比市场 A 中的企业数量多，这是因为市场 B 中的企业的销售量比市场 A 中的企业小。

□ 当更多的企业进入时，价格会下降吗

在我们在前面章节学习古诺模型时，我们看到，随着更多的企业在市场中竞争，均衡价格会下降。图 13－14 描绘了垄断竞争市场中的一个类似现象。在该图中，更多企业的进入会导致市场价格的下降。

但是，更多企业进入导致价格下降也并不总是会发生的。这是为什么？请看图 13－16，它表示，一个垄断竞争行业在价格为 50 美元/单位时达到一个长期均衡。假设现在所有企业的平均成本（以图中的曲线 AC 移动到曲线 AC' 表示）下降了。在现有 50 美元/单位价格下，企业有正的经济利润，这将吸引新的企业进入。当达到长期均衡时，一家典型企业又只能获得零利润，但这在更高的价格 55 美元/单位时发生。更多企业的进入推动均衡价格的上升。

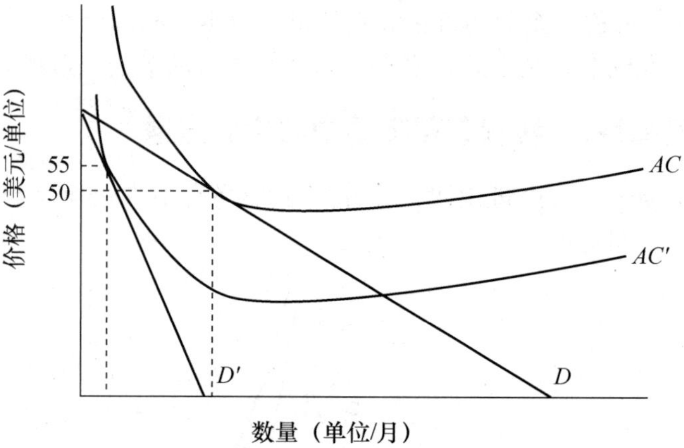

图 13 - 16　垄断竞争下的均衡价格

说明：在开始时，市场在价格为 50 美元/单位时达到长期均衡，每家企业面临的需求曲线是 D。如果平均成本曲线从 AC 移动到 AC'，企业开始获得正的经济利润。当更多企业进入市场时，每家企业的需求曲线从 D 移动 D'。在新的长期均衡上，价格（55 美元/单位）高于之前的，尽管市场上有更多的企业。

为什么会发生这样的情况？一个可能的原因是，新进入者吸走了对现有企业忠诚度不够的顾客——那些竞争的销售商之间存在或多或少的差异——只给现有企业留下一小部分忠诚的顾客。从而，更多企业进入市场会推动市场的进一步细分。例如城市地区的 DVD 租赁市场。新的 DVD 租赁店的进入可能引起现有商店失去居住地离它较远的客户，只给商店留下一个小市场，即包括那些居住地离它很近的客户。另一个可能的原因是，随着更多企业进入市场，消费者会发现，和所有卖家比较价格是很困难的。在没有进行充分比较的情况下，消费者在选择哪个卖家购买时对价格不敏感。这两个因素同时或其中之一导致典型企业的需求曲线随着更多的企业进入变得陡峭，如图 13 - 16 所示。当需求随着新进入者以这种方式变化时，每家企业的产量下降如此之大以至它沿着它的新平均成本曲线移动到更高的点。在新的长期均衡上，市场上有更多的企业，但每家企业都比以前更小，定价更高。

案例 13.7

葡萄酒还是玫瑰？

如果查看本地的黄页，你可能会看到花店比酒店更多。例如，2010 年芝加哥的黄页上有将近 500 家花店和 350 家酒店。为什么会这样？这些数字告诉我们对玫瑰的需求比葡萄酒更多吗？可能不是。实际上，典型的美国家庭每年在葡萄酒、啤酒和烈酒上的花费比在花上的花费更多。

相反，本地零售市场的这种结构模式很可能反映了图 13 - 15 中的部分逻辑。[①] 该图表明，当可以自由进入时，企业的价格和边际成本差较大的市场应该包括很多小企业；企业的价格和边际成本差较小的市场应该包括规模大、数量小的企业。在高利润率市场

① 当然，它也可能反映其他因素，如两个零售业的成本差异情况，花店和酒店中的产品种类范围不同，以及实际上，啤酒、葡萄酒（但不是烈酒）同样可以在食品杂货店和便利店购买到。

[如图 13-15（b）] 中，企业不需要大的销售量来弥补前期进入成本和运营业务的固定成本。很多企业进入市场是有利润的，在可以自由进入的情况下，很多企业会选择进入。在低利润率市场 [如图 13-15（a）] 中，企业需要大的销售量来弥补成本。很少有企业在市场中有利润，所以，即使可以自由进入，也很少有企业会进入。

在零售业中，价格和边际成本的差是毛利率的最好近似，对零售者来说，它表示一件产品的价格及其平均成本的差，以价格的百分比表示。花店一般有超过 40%的毛利，而酒店的毛利接近 20%。图 13-15 的逻辑告诉我们，在其他条件都相同的情形下，本地零售市场中的花店应该比酒店多。它也说明，我们看到的珠宝店（毛利在 50%左右）应该比面包店（毛利在 40%左右）多，而面包店比五金店（毛利为 20%～30%）多。在芝加哥的黄页上，有近 540 家珠宝店、420 家面包店以及 170 家五金店。查看你所在地的黄页来验证这个模式是否在你的城市也成立。

案例 13.8

何时难以找到一个好医生

本地的医生市场是垄断竞争的一个很好案例。不同的医生生产不同的产品，且进出并不困难。保利（Pauly）和萨特思韦特（Satterthwaite）研究了美国 92 个城市市场中的价格和医生数量之间的关系。① 在控制了人口和市场等影响一位病人看初级保健医生价格的因素后，保利和萨特思韦特发现，每平方英里（本地市场中初级保健医生数量的一个测量）初级保健医生数量的增加和每次看医生的平均价格的上升有关。换句话说，价格越高，市场中的企业也越多。

什么能解释这个发现呢？保利和萨特思韦特发现，消费者主要通过向朋友、亲属或同事询问，获得建议来寻找医生。在医生数量少（例如，3 个或 4 个）的本地市场中，寻找相对容易：每个医生可能在整个市场中都很有名气。大多数消费者会对每一个医生和他的收费价格有一个很清晰的印象。然而，在有很多医生的市场中，消费者要比较市场上不同医生的各种信息是很困难的。结果，消费者的搜寻倾向于不是很充分。因为在不同的医生之间进行比较非常困难，在有很多医生的市场，消费者变得对价格不敏感。在这样的市场中，单个医生的需求曲线更像图 13-16 中 D'，而不是 D。

为探讨消费者的充分搜寻是否对他们观察到的价格有明显的影响，保利和萨特思韦特关注了最近有很多流动人口（因此对本地医生的信息很少）的市场中的医生价格是否高于居民比较固定的市场。答案是肯定的。这个证据和他们收集的其他证据说明，消费者搜寻过程的充分性是本地医生市场价格的一个重要决定因素。

① M. Pauly and M. Satterthwaite, "The Pricing of Primary Care Physicians' Services: A Test of the Role of Consumer Information," *Bell Journal of Economics* 12 (1982): 488-506.

本章小结

● 在同质产品寡头垄断中，一小部分企业销售几乎相同的产品。在主导厂商市场中，一家企业占据大部分市场份额，并和很多小企业竞争，每家企业提供几乎相同的产品。在差异化产品寡头垄断中，一小部分企业销售差异化的产品。在垄断竞争下，很多企业销售差异化的产品。

● 四企业集中率和赫芬达尔-赫希曼指数是用于描述市场结构的两个数量指标。

● 同质产品寡头垄断中的古诺模型假设每家企业都是产量的接受者，每家企业都将它竞争对手的产量视为给定，然后生产一个产量以最大化它自己的利润。在古诺均衡下，每家企业的产量是对所有其他企业产量的最优反应，且没有企业在选择产量之后后悔。(边做边学习题 13.1 和 13.2)

● 古诺模型适用于对产出做出一次性且一劳永逸的决策的企业。在企业一劳永逸地同时选择产出并确信对手会理性地行动时，古诺均衡是一个自然结果。

● 古诺企业拥有市场势力。古诺均衡价格小于垄断价格但大于完全竞争价格。

● 在古诺均衡状态下，随企业数量的增加，整个行业的产出增加，均衡价格下降。

● 我们可以使用改进的逆弹性定价法则描述古诺均衡。

● 在同质产品寡头垄断的伯特兰均衡中，在其他企业价格给定的条件下，每家企业选择一个价格以最大化利润。如果所有企业有相同的不变边际成本，则伯特兰均衡价格等于边际成本。

● 我们可以用两种方式协调古诺模型和伯特兰模型对行业均衡的不同预测。第一，古诺模型可以被认为是关于长期产量竞争的，伯特兰模型可以被认为是关于短期价格竞争的。第二，两个模型关于每家企业预测竞争对手对它行动反应的假设不同。

● 在斯塔克尔伯格寡头垄断模型中，一家企业（领导者）首先做出它的产量选择。其他企业（追随者）观察到那个产量，然后做出产量选择。

● 在斯塔克尔伯格模型中，领导者生产的产量一般比古诺均衡中的产量要高，而追随者的产量比古诺均衡中的产量低。通过先选择产量，领导者可以控制追随者的产量选择以利于自己。从而，领导者的利润比它在古诺均衡中要高。

● 在主导厂商市场，主导厂商在制定价格时会考虑次要厂商的供给曲线。如果次要厂商的供给随着时间的推移而增加，那么主导厂商的价格会下降，并且它的市场份额也会下降。为防止此类情况发生，主导厂商可能会采取限制性定价策略。(边做边学习题 13.3)

● 当消费者认为一个产品明显好于或差于另一个产品时，这两个产品是垂直差异化的。当一些消费者认为一个产品不能很好地替代另一个产品，而其他消费者的观点相反时，这两个产品是水平差异化的。

● 在差异化产品的伯特兰均衡中，均衡价格一般比边际成本高。当企业之间的产品水平差异化明显时，价格和边际成本之间的差距是巨大的。(边做边学习题 13.4)

● 在垄断竞争市场上，每家企业面临一条向下倾斜的需求曲线。在其他企业的价格给定的情况下，每家企业选择一个利润最大化的价格达到短期均衡。在长期均衡上，自由进入使得企业的经济利润为零。

● 在一些条件下，更多企业进入一个垄断竞争市场会导致长期均衡的价格比之前高。

复习题

1. 在两家企业的古诺均衡上，在观察到竞争对手的产量选择之后，没有企业会后悔它的产量选择。解释原因。

2. 什么是反应函数？为什么反应函数的交点就是古诺均衡？

3. 为什么古诺均衡价格低于垄断价格？为什么古诺均衡价格高于完全竞争价格？

4. 解释伯特兰寡头垄断模型和古诺寡头垄断模型的不同。在同质产品寡头垄断中，有关这些产品的均衡价格和边际成本之间关系的预测是什么？

5. 次要厂商在主导厂商寡头垄断模型中扮演什么角色？为什么次要厂商规模增加会导致主导厂商利润最大化价格下降？

6. 垂直产品差异化和水平产品差异化有什么不同？

7. 在差异化产品的伯特兰寡头垄断模型中，产品差异化程度越大，价格和边际成本之间的差就越大。解释原因。

8. 垄断竞争行业的特征是什么？提供一个垄断竞争行业的例子。

9. 在垄断竞争的长期均衡上，为什么企业的需求曲线和平均成本曲线相切？为什么在需求曲线穿过平均成本曲线时达不到长期均衡？

习 题

13.1 氧化铍是一种用于药物应用的化学复合物。只有一种特殊的方法可以制造氧化铍，所有企业以同样标准的纯度和安全性生产氧化铍。最大企业的市场份额由下表给出：

企业	市场份额（%）
Mercury	80
Mars	1
Jupiter	1
Saturn	1

a）这个行业的四企业集中率是多少？

b）这个行业的赫芬达尔-赫希曼指数是多少？

c）在表 13 - 1 所描述的市场结构中，哪个最好地描述了氧化铍行业？

13.2 Inner Baldonia 地区的可乐行业包括 5 个销售者：两家国际品牌，可口可乐和百事可乐，以及三家本地竞争者，Bright、Quite 和 Zight。消费者认为这些产品是类似的，但并不相同。5 家企业的市场份额如下所示：

企业	市场份额（%）
可口可乐	25
Zight	24
百事可乐	23
Bright	20
Quite	8

a）这个行业的四企业集中率是多少？

b）这个行业的赫芬达尔-赫希曼指数是多少？

c）在表 13 - 1 所描述的市场结构中，哪个最好地描述了 Inner Baldonia 地区的可乐市场？

13.3 Outer Baldonia 是一个有很多小镇的农业区。每个镇通常有一个牲畜饲料零售店。几乎所有的小镇都只有一个。一般在这些商店购买饲料的农民都住在乡下。通常，他们会选择离他们较近的商店购买，但如果他们听说较远镇的零售商销售的饲料价格较低，他们有时候也会去那个商店购买饲料。

Outer Baldonia 地区饲料店市场份额如下表所示：

企业	市场份额（%）
Ben's Feed and Supplies	2
Joe's Hog and Cattle Supply	1
Hogwarts	1
Dave's Livestock and Tools	0.50
Ron's Supply Shed	0.25
Eddie's Feed Coop	0.25

a）Outer Baldonia 地区的饲料市场的四企业集中率是多少？

b）这个行业的赫芬达尔-赫希曼指数是多少？

c）在表 13－1 所描述的市场结构中，哪个最好地描述了 Outer Baldonia 地区的饲料市场？

13.4 市场的需求曲线是 $P=70-2Q$，且假设所有生产者在固定的边际成本 $c=10$ 下生产，固定成本为零。

a）如果市场是完全竞争的，均衡价格和产量是多少？

b）如果市场被垄断者控制，均衡价格和产量是多少？垄断者挣得多少利润？

c）现假设 Amy 和 Beau 作为古诺双寡头竞争。古诺均衡价格是多少？市场总产出是多少？每家企业挣得多少利润？

13.5 同质产品的双寡头垄断面临的市场需求函数为 $P=300-3Q$，其中 $Q=Q_1+Q_2$。两家企业有固定的边际成本 $MC=100$。

a）在给定企业 2 每年生产 50 单位产量的情况下，企业 1 的利润最大化产量是多少？当企业 2 每年生产 20 单位时，企业 1 的利润最大化产量是多少？

b）推出每家企业的反应曲线方程，并画出这些曲线。

c）在市场中，每家企业的古诺均衡产量和价格是多少？

d）如果是完全竞争，那么这个市场的均衡价格是多少？

e）如果这两家企业合谋制定垄断价格，那么这个市场的均衡价格是多少？

f）这个市场的伯特兰均衡价格是多少？

g）当一家企业的边际成本为 100、另一家企业的边际成本为 90 时，古诺均衡的产量和行业价格是多少？

13.6 Zack 和 Andon 在花生市场上竞争。Zack 生产花生的效率非常高，边际成本较低，为 $c_Z=1$；然后 Andon 有一个不变的边际成本 $c_A=10$。如果市场对花生的需求是 $P=100-Q$，找出古诺均衡时的价格和产量及每个竞争者的利润。

13.7 让我们考虑两家企业作为产量制定者的市场，市场的需求曲线是 $Q=4\,000-40P$。企业 1 有一个固定的边际成本 $MC_1=20$，而企业 2 的固定边际成本 $MC_2=40$。

a）找出每家企业的反应函数。

b）找出古诺均衡时的产量和价格。

13.8 在同质产品的双寡头垄断中，每家企业的边际成本曲线为 $MC=10+Q_i$（$i=1, 2$），市场需求曲线是 $P=50-Q$，其中 $Q=Q_1+Q_2$。

a）市场上的古诺均衡产量和价格是多少？

b）如果两家企业作为一个利润最大化的卡特尔行动，市场的均衡价格是多少？

c）如果企业作为价格接受者行动，则这个市场的均衡价格是多少？

13.9 假设假期邮轮的需求为 $P=1\,200-5Q$，Q 表示价格为 P 时的总乘客人数。

a）最初市场上只有三个销售商，Alpha Travel、Beta Worldwide 和 Chi Cruiseline。每个销售商有同样的边际成本，即每位乘客 300 美元。找出每个销售商的古诺均衡价格和产量。

b）现假设 Beta Worldwide 和 Chi Cruiseline 宣布它们打算合并。它们声称合并可以节约成本，以使它们的边际成本少于每位乘客 300 美元。假设合并后的企业 BetaChi 的边际成本 c 低于 300 美元；而 Alpha Travel 的边际成本还是 300 美元，和问题 a）相比，c 取何值时，合并会增加消费者剩余？

13.10 同质产品的寡头垄断市场包括 4 家企业，每家有一个固定的边际成本 $MC=5$。市场需求曲线为 $P=15-Q$。

a）古诺均衡的产量和价格是多少？假设每家企业的固定成本为零，在均衡时每家企业的利润是多少？

b）假设企业 1 和企业 2 合并，但它们的边际成本还是 5。新古诺均衡时的产量和价格是多少？合并后的企业的利润是大于还是小于问题 a）中均衡时的企业 1 和企业 2 的利润总和？为企业合并对利润的影响提供一个解释。

13.11 已知一个行业面临的需求价格弹性是 $\epsilon_{Q,P}=-3$。（假设在行业沿需求曲线移动时，需求价格弹性是固定的。）每家企业的边际成本是每单位 10 美元，该行业有 5 家企业。该行业达到古诺均衡时的勒纳指数是多少？

13.12 Besanko Inc. 是设备市场古诺双寡头垄断者之一。它和它的主要竞争者 Schmedders Ltd. 面临一条向下倾斜的市场需求曲线。每家企业有相同的边际成本，且边际成本与产量无关。请说明以下情况如何影响 Besanko 和 Schmedders 的反应函数以及古诺均衡时的 Besanko 和 Schmedders 的产量。

a）安全专家开始建议所有业主更换他们设备的烟雾探测器。

b）Besanko 和 Schmedders 的设备是以铂制造的，每个设备需要 1 千克铂。铂的价格上升了。

c）Besanko Inc. 的总固定成本增加了。

d）政府对 Schmedders 生产的设备施加一个额外的税收，但对 Besanko 生产的不施加。

13.13 假设在只有两家企业的行业中，企业每个月都选择一次产量，每个月企业产品的销售价格由它们所选择的产量决定。每家企业都有一个固定的边际成本，市场需求曲线是线性的，形式为 $P=a-bQ$，其中 Q 表示总的行业产量，P 是市场价格。假设初始时每家企业有相同的固定边际成本。进一步假设每个月企业达到产量的古诺均衡。

a）假设观察到每个月企业 1 的产量在下降，企业 2 的产量在上升，市场价格上升。和我们的观察一致的需求或成本条件改变是：

i）市场需求曲线以平行的方式向左移动。

ii）市场需求曲线以平行的方式向右移动。

iii）企业 1 的边际成本上升，而企业 2 的边际成本保持不变。

iv）企业 2 的边际成本上升，而企业 1 的边际成本保持不变。

v）以上都有可能。

b）假设观察到每个月企业 1 的产量在下降，企业 2 的产量在下降，市场价格下降。和我们的观察一致的需求或成本条件改变是：

i）市场需求曲线以平行的方式向左移动。

ii）市场需求曲线以平行的方式向右移动。

iii）企业 1 的边际成本上升，而企业 2 的边际成本保持不变。

iv）企业 2 的边际成本下降，而企业 1 的边际成本保持不变。

v）以上都有可能。

c）假设观察到每个月企业 1 的产量在上升，企业 2 的产量在上升，市场价格上升。和我们的观察一致的需求或成本条件改变是：

i）市场需求曲线以平行的方式向左移动。

ii）市场需求曲线以平行的方式向右移动。

iii）两家企业的边际成本都增加同样的数量。

iv）两家企业的边际成本都下降同样的数量。

v）以上都有可能。

d）假设观察到每个月企业1的产量在上升，企业2的产量在上升，市场价格下降。和我们的观察一致的需求或成本条件改变是：

i）市场需求曲线以平行的方式向左移动。

ii）市场需求曲线以平行的方式向右移动。

iii）两家企业的边际成本都增加同样的数量。

iv）两家企业的边际成本都下降同样的数量。

v）以上都有可能。

13.14 一个行业包括两家销售同质产品的古诺企业，市场需求曲线为 $P=100-Q_1-Q_2$。每家企业的边际成本是每单位10美元。

a）找出古诺均衡时的产量和价格。

b）如果企业表现得像垄断者一样，找出产量和价格（即找出合谋的结果）。

c）假设企业1和企业2签订了以下合同。企业1同意每生产一单位就支付 T 美元给企业2。同样地，企业2同意每生产一单位就支付 T 美元给企业1。作为交叉许可协议，这个支付是被政府认可的，使用一项由企业2开发的专利，企业1就支付版税。类似地，使用一项由企业1开发的专利，企业2就支付版税。当 T 为何值时，企业达到一个古诺均衡的合谋结果？

d）画一张目前状态下的反应函数图。

13.15 考虑企业选择产量的寡头垄断。逆市场需求曲线为 $P=280-2(X+Y)$，其中 X 表示企业1的产量，Y 表示企业2的产量。每家企业的边际成本等于40。

a）每家企业的古诺均衡产量是多少？古诺均衡时的市场价格是多少？每家企业的利润是多少？

b）当企业1是领导者时，斯塔克尔伯格均衡是多少？斯塔克尔伯格均衡时的市场价格是多少？每家企业的利润是多少？

13.16 商品化工行业的市场需求曲线为 $Q=600-3P$，其中 Q 表示每个月的需求量，P 是以美元表示的市场价格。在这个行业中，每个月在需求量等于总供给量的点上形成市场价格。假设这个行业中有两家企业：企业1和企业2。每家企业的边际成本都为每单位80美元。

a）找出每家企业古诺均衡时的产量。古诺均衡时的市场价格是多少？

b）假设企业1是斯塔克尔伯格的领导者，找出斯塔克尔伯格均衡时每家企业的产量。斯塔克尔伯格时的均衡价格是多少？

c）计算并比较每家企业在古诺均衡和斯塔克尔伯格均衡下的利润。在哪个均衡下，行业的总利润最大？为什么？

13.17 考虑一个市场，市场需求曲线为 $P=18-X-Y$，其中 X 是企业1的产量，Y 是企业2的产量。企业1的边际成本是3，企业2的边际成本是6。

a）找出市场中古诺均衡时的产量。每家企业获得多少利润？

b）找出企业1作为领导者的斯塔克尔伯格均衡。每家厂商获得多少利润？

13.18 考虑一个包含两家企业的市场，一家企业作为斯塔克尔伯格领导者，另一家是追随者。这意味着每家厂商都会选择一个产量，X（领导者的产量）和 Y（追随者的产量）。假设你已经确定了一条特殊的线性需求曲线的斯塔克尔伯格均衡并确定了边际成本。请说明如果按以下方法改变初始条件，X 和 Y 会怎样改变：

a）领导者的边际成本下降，但追随者的边际成本不变。

b) 追随者的边际成本下降，但领导者的边际成本不变。

13.19 假设钴的市场需求曲线为 $Q=200-P$。假设行业中有 10 家企业，每家企业的边际成本为每单位 40 美元。每家企业的古诺均衡产量是多少？市场均衡价格是多少？

13.20 考虑在和上题同样的条件下，假设行业中有一个主导厂商，Braeutigam Cobalt（BC），它的边际成本等于每单位 40 美元。另有 9 家次要厂商，每家厂商的边际成本曲线是 $MC=40+10q$，q 表示典型次要厂商的产量。假设每个生产者都没有固定成本。

a) 次要厂商的供给曲线是什么？

b) BC 的剩余需求曲线是什么？

c) 找出 BC 利润最大化时的产量和价格。在这个价格下，BC 的市场份额是多少？

d) 在有 18 家次要厂商的情况下，重做问题 a）～问题 c）。

13.21 苹果的 iPod 是一个便携 MP3 播放器。假设苹果有一个固定的边际成本 4，市场的需求为 $Q=200-2P$。

a) 如果苹果是一个垄断者，找出最优的价格和产量。利润是多少？

b) 现在有 12 家作为价格接受者的次要厂商，每家厂商的总成本函数为 $TC(q)=3q^2+20q$，相应的边际成本曲线是 $MC=6q+20$。找出次要厂商的供给函数。（提示：一个竞争企业的供给是边际成本曲线亏损点以上的部分。）

c) 如果苹果作为主导厂商，在市场上面临来自次要厂商的竞争，它的最优产量是多少？次要供给者的销售量是多少？市场价格是多少？苹果获得多少利润？

d) 图示你对问题 c）的回答。

13.22 布兰妮创作流行音乐专辑的总成本函数为 $TC(Q)=8Q$。流行音乐专辑的市场需求是 $P=56-Q$。假设有一个次要竞争者，他是价格接受型流行音乐艺术家，他的总供给函数为 $Q_{\text{fringe}}=2P-y$，其中 $y>0$ 且是正整数。如果布兰妮像主导厂商一样行动，在销售价格 $P=16$ 时最大化她的利润，找出（i）y 的值，（ii）布兰妮的产出水平，（iii）次要竞争者的产出水平。

13.23 澳大利亚镍行业的市场需求曲线为 $Q^d=400-8P$。该行业由一家大企业控制，该企业的边际成本固定，为每单位 10 美元。行业中有 100 家次要厂商，每家厂商的边际成本为 $MC=10+5q$，其中 q 代表典型次要厂商的产量。

a) 次要厂商的供给方程是多少？

b) 如果仅关注价格超过主导厂商边际成本的部分，那么剩余需求曲线方程是什么？

c) 主导厂商利润最大化时的产量是多少？最终的市场价格是多少？在这个价格下，次要厂商生产多少？次要厂商的市场份额是多少（即次要厂商的产量除以行业总产量）？主导厂商的市场份额是多少？

d) 让我们考虑基本主导厂商模型的一个变形。假设澳大利亚政府担心镍行业的控制力量，决定将主导厂商分成两家同样的厂商，每家厂商的边际成本固定为每单位 10 美元。进一步假设两家厂商作为古诺产量制定者行动，并考虑次要厂商的供给曲线。在古诺均衡时每家主导厂商生产的产量为多少？市场均衡价格是多少？在这个价格下，次要厂商生产多少？次要厂商的市场份额是多少？

13.24 考虑本章讨论的可口可乐和百事可乐的例子。

a) 请解释为什么每家企业的反应函数向上倾斜。也就是说，为什么可口可乐利润最大化的价格使百事可乐的价格升高？为什么百事可乐利润最大化的价格使可口可乐的价格升高？

b) 请解释为什么百事可乐利润最大化的价格对可口可乐的价格相对不敏感。也就是说，为什么百事可乐的反应函数是平的？

13.25 再考虑本章讨论的可口可乐和百事可乐的例子。使用反应函数的图形说明均衡价格将发生什么变化，如果

a) 可口可乐的边际成本增加。

b）对任何可口可乐和百事可乐的价格，百事可乐的需求上升。

13.26 两家企业，Alpha 和 Bravo，在欧洲的口香糖行业竞争。两家企业的产品是有差异的，每个月两家企业都制定它们的价格。每家企业的需求曲线是

$$Q_A = 150 - 10P_A + 9P_B$$
$$Q_B = 150 - 10P_B + 9P_A$$

下标 A 表示企业 Alpha，下标 B 表示企业 Bravo。每家企业有一个固定的边际成本每单位 7 美元。

a）找出每家企业的反应函数方程。

b）找出每家企业的伯特兰均衡价格。

c）简述下述情况对每家企业的反应函数产生怎样的影响：

i）Alpha 的边际成本下降（Bravo 的边际成本不变）。

ii）Alpha 和 Bravo 的边际成本都下降同样的数量。

ii）需求条件的改变使得需求函数中的“150”变得大于 150。

iv）每个需求函数中的“10”和“9”现在变大了（例如，它们分别变成“50”和“49”）。

d）用文字解释下述情况对每家企业的伯特兰均衡价格产生怎样的影响：

i）Alpha 的边际成本下降（Bravo 的边际成本不变）。

i）Alpha 和 Bravo 的边际成本都下降同样的数量。

ii）需求条件的改变使得需求函数中的“150”变得大于 150。

iv）每个需求函数中的“10”和“9”现在变大了（例如，它们分别变成“50”和“49”）。

13.27 在古诺模型中，当企业选择产量时，反应函数是向下倾斜的。但在差异化产品的伯特兰模型中，当企业选择价格时，反应函数是向上倾斜的。为什么产量反应函数和价格反应函数有此不同？

13.28 杰里（Jerry）和特迪（Teddy）是品牌雨伞行业仅有的两个销售者，消费者认为产品有差异。为简单起见，假设每个销售者的边际成本固定为零。当杰里定价为 p_J、特迪定价为 p_T 时，消费者从杰里处购买的雨伞总量为：

$$q_J = 100 - 3p_J + p_T$$

同样地，特迪面临的需求曲线为：

$$q_T = 100 - 3p_T + p_J$$

在一张图上说明每个销售者的最优反应函数。均衡价格是多少？每个销售者获得多少利润？

13.29 美国联合航空公司和美国航空公司都飞行芝加哥—旧金山航线，它们的需求曲线分别为 $Q_A = 1\,000 - 2P_A + P_U$，$Q_U = 1\,000 - 2P_U + P_A$。

Q_A 和 Q_U 分别是美国航空公司和美国联合航空公司的乘客数量。运载每位乘客的边际成本是每人 10 美元。

a）如果美国航空公司制定的价格为 200 美元，则美国联合航空公司的需求曲线方程和边际收益曲线方程是多少？当美国航空公司制定的价格为 200 美元时，美国联合航空公司利润最大化的价格是多少？

b）在假设美国航空公司制定的价格为 400 美元的条件下，重做问题 a）。

c）推出美国航空公司和美国联合航空公司的价格反应曲线方程。

d）这个市场的伯特兰均衡是多少？

13.30 有三家企业作为伯特兰的价格竞争者，在一个差异化产品的市场中竞争。每家企业的边际成本为零。每家企业的需求曲线如下：

$$Q_1 = 80 - 2P_1 + P_{23}$$

$$Q_2=80-2P_2+P_{13}$$
$$Q_3=80-2P_3+P_{12}$$

其中，P_{23}是企业 2 和企业 3 的平均价格，P_{13}是企业 1 和企业 3 的平均价格，P_{12}是企业 1 和企业 2 的平均价格［例如，$P_{12}=0.5(P_1+P_2)$］。每家企业的伯特兰均衡价格是多少？

13.31 巴尔多尼亚（Baldonian）的鞋市场由一家垄断企业控制。巴尔多尼亚的鞋需求为 $Q=10-P$，其中 Q 以每年百万双鞋（左鞋和右鞋）计，P 是每双鞋的价格。生产鞋的边际成本是固定的，等于每双鞋 2 美元。

a) 巴尔多尼亚的垄断者在什么价格下销售鞋？鞋的销售量是多少？

b) 巴尔多尼亚官方认为垄断鞋的销售不是一件好事情。受几年前美国政府将微软分成两部分的尝试的启发，巴尔多尼亚创建了两个公司：一个销售右鞋，另一个销售左鞋。P_1是右鞋生产者的定价，P_2是左鞋生产者的定价。当然，消费者仍然要购买一双鞋（一只右鞋和一只左鞋），所以一双鞋的需求还是 $10-P_1-P_2$。如果你仔细想想，这意味着右鞋生产者销售 $10-P_1-P_2$只右鞋，而左鞋生产者销售 $10-P_1-P_2$只左鞋。因为每双鞋的边际成本为 2 美元，右鞋生产者的边际成本为每只 1 美元，左鞋生产者的边际成本为每只 1 美元。

i) 推出右鞋生产者的反应函数（P_1用 P_2表示）。以同样的方式推出左鞋生产者的反应函数。

ii) 鞋的伯特兰均衡价格是多少？鞋的销售量是多少？

iii) 鞋垄断者的分解改进了消费者福利吗？

注意：欲知和这个问题潜在关联的微软垄断案，你可以翻阅 Paul Krugman，“The Parable of Baron von Gates，” *New York Times*（April 26，2000）。

13.32 重新考虑习题 13.29。假设美国航空公司和美国联合航空公司将彼此的产量视为给定而不是将彼此的价格视为给定。也就是说，假设美国航空公司和美国联合航空公司作为古诺竞争者而不是伯特兰竞争者行动。和习题 13.29 中的需求曲线对应的逆需求曲线是①

$$P_A=1\,000-\frac{2}{3}Q_A-\frac{1}{3}Q_U$$
$$P_U=1\,000-\frac{2}{3}Q_U-\frac{1}{3}Q_A$$

a) 假设美国航空公司选择每天运载 660 位乘客（即 $Q_A=660$），美国联合航空公司利润最大化时的乘客数量是多少？假设美国航空公司每天运载 500 位乘客，美国联合航空公司利润最大化时的乘客数量是多少？

b) 推出每家企业的数量反应函数。

c) 每家企业的古诺均衡数量是多少？两家企业相应的均衡价格是多少？

d) 为什么这个问题的古诺均衡和习题 13.29 中的伯特兰均衡不同？

13.33 我们设想本地的零售市场是垄断竞争市场。每家企业（和潜在进入者）是相同的，每家企业面临的边际成本与产量无关，边际成本等于每单位 100 美元。每家企业的年固定成本是每个月 300 000 美元。因为每家企业面临的需求价格弹性等于－2，逆弹性定价条件说明了，每家企业的利润最大化价格为（$P-100)/P=1/2$ 或 $P=200$。如果每家企业制定相同的价格，那么它们会平分整个市场需求，每个月为 96 000 单位。

a) 在长期均衡上，这个市场有多少企业在运营？

b) 如果每家企业面临的需求价格弹性为－4/3，制定的利润最大化价格为每单位 400 美元，你的回答会有怎样的改变？

---

① 在需求曲线上同时依据 Q_A和 Q_U解出 P_A和 P_U，我们就可推出逆需求曲线。

13.34 伊利诺伊州埃文斯顿的泰国餐馆行业是垄断竞争的。假设每家现存的和潜在的餐馆的总成本函数都为 $TC=10Q+40\,000$，其中 Q 是每个月的顾客人数，TC 是每个月的总成本。固定成本为 40 000 美元，包括固定的运营成本（如厨师的工资）、餐馆房租和开业所必需的银行贷款的利息支出。

现在，埃文斯顿有 10 家泰国餐馆。每家餐馆面临的需求函数为 $Q=\frac{4\,000\,000}{N}P^{-5}\overline{P}^{4}$，其中 P 是餐馆典型的开胃菜价格，$\overline{P}$ 是埃文斯顿其他所有泰国餐馆典型的开胃菜平均价格，N 是总的餐馆数量。每家餐馆在选择它的价格时，将其他泰国餐馆的价格视为给定。

a）一家典型餐馆面临的需求价格弹性是多少？

b）对一家典型餐馆而言，一个典型开胃菜的利润最大化价格是多少？

c）在利润最大化价格下，一家典型餐馆每个月服务多少位顾客？在给定这个顾客数量下，一家典型餐馆的平均总成本是多少？

d）在长期均衡下，埃文斯顿市场的泰国餐馆数量为多少？

附录：古诺均衡与逆弹性定价法则

在古诺均衡下，每家企业使得它的边际成本等于和它的剩余需求曲线对应的边际收益：

$$P^{*}+\frac{\Delta P}{\Delta Q}Q_i^{*}=MC,\ i=1,2,\cdots,N \tag{A.1}$$

Q_i^{*} 表示企业 i 的均衡产量。重新整理条件（A.1）得到：

$$\frac{P^{*}-MC}{P^{*}}=-\frac{\Delta P Q_i^{*}}{\Delta Q P^{*}} \tag{A.2}$$

对条件（A.2）右边的分子和分母同时乘以总的市场产量 Q^{*} 得到：

$$\frac{P^{*}-MC}{P^{*}}=-\left(\frac{\Delta P Q^{*}}{\Delta Q P^{*}}\right)\frac{Q_i^{*}}{Q^{*}} \tag{A.3}$$

注意到 $(\Delta P/\Delta Q)/(Q^{*}/P^{*})=1/\epsilon_{Q,P}$（即逆需求价格弹性）。另外，注意到 Q_i^{*}/Q^{*} 是企业 i 处于均衡市场时的市场份额。如果所有企业都是相同的，那么它们会平分市场。因此，$Q_i^{*}/Q^{*}=1/N$。所以，我们将古诺均衡条件（A.3）写成修改版的逆弹性定价法则：

$$\frac{P^{*}-MC}{P^{*}}=-\frac{1}{\epsilon_{Q,P}}\times\frac{1}{N} \tag{A.4}$$

第 14 章

博弈论与策略行为

什么是博弈

在 21 世纪的第一个十年，中国的汽车市场经历了快速发展。到 2004 年，仅在北京，每周增加 1 000 辆汽车。在一些年份，中国汽车需求每年增加 50%。① 一波扩大生产能力的投资热潮改变了这个 25 年前只有少数人才拥有私人汽车的国家。到 2009 年，中国轻型车的销售量已和美国相等。这比专家预测的提前了几年。在世界经济危机爆发之前，中国汽车的销售量达到了一个较高的水平。②

主要的汽车公司，如本田和丰田经常在全世界抓住机会进入增长中的市场。它们和它们的竞争者已经进入中国市场。但在任何市场做出增加产能的决定时，即使是在增长非常迅速的市场，它们必须思考比需求增长更多的东西。汽车工厂成本是很高的，一个新厂的利润取决于很多因素，包括竞争对手企业的决策。如果中国的产能增长过快，“牛奶和蜂蜜都会枯竭”，中国会成为“一个比很多人想象的更棘手的市场”。③

本田和丰田在进入其他市场时，也面临过相似问题，如在 20 世纪 90 年代后期，本田和丰田都要决定是否在北美建造新的汽车零件厂。④ 通过扩大产能，企业就可以在美国和加拿大销售更多的汽车。当面临这个问题时，增加产能的决定看起来是合理的。本田和丰田在北美销售汽车都赚到了钱，通过销售更多的汽车每家企业可以赚更多的钱。⑤ 但因

① “The Rich Hit the Road,” *The Economist*, June 17, 2004.

② “Motoring Ahead: More Cars Are Now Sold in China than in America,” *The Economist* online, October 23, 2009, http://www.economist.com/daily/news/displaystory.cfm?story_id=14732026&fsrc=nwl (accessed May 4, 2010).

③ “Here Be Dragons,” *The Economist* (September 2, 2004).

④ 例如，参见 “Detroit Challenge: Japanese Car Makers Plan Major Expansion of American Capacity,” *The Wall Street Journal* (September 24, 1997), p. A1。

⑤ 此外，本田和丰田在美国建新厂将避免美国的关税。同样地，如果在美国建厂，由于汽车将由美国工人生产，本田和丰田就可以摆脱美国政界人士对日本的批评。

为北美汽车市场需求增加得没有那么快，两家企业建造新厂和增加产能的决定可能使竞争车型（如本田思域和丰田花冠）的价格低于大家都不建新工厂的价格。但是如果两家企业都建造新厂，那么任何一家都会比不建造新厂更差。它的决定和竞争对手的决定互相依赖，这使每家企业的决策都非常复杂，每家企业都要考虑另一家的可能行为。

博弈论是微观经济学的分支，是关于竞争中的最优决定的分析，其中每一个决策者的行动对竞争对手的决策均有显著的影响。尽管博弈这个词似乎很无聊，但很多有趣的情况都可以用博弈来研究。本田和丰田之间的互相竞争影响就是一个例子。博弈论已被成功地应用在社会上其他个体之间相互作用行为的讨论，包括买家在拍卖中的竞争、国家间的核武器积累竞赛和选举中候选人之间的竞争。

本章的目的是向你介绍博弈论的核心思想。通过对各种竞争情况的介绍，让你了解博弈论的各种应用。从许多方面讲，你在第 13 章就已经开始学习博弈论了。第 13 章中的寡头垄断理论（如古诺、伯特兰）是博弈论模型的特例。在该基础上，本章将为你介绍博弈论的基本概念和工具，使你能分析现实生活中发生的相互竞争行为。

本章概要　在阅读和学习本章之后，你将会解决以下问题：

- 解释一个博弈中的策略和收益的概念。
- 区分博弈中的占优策略和劣策略。
- 解释纯策略和混合策略之间的不同。
- 描述一个纳什均衡。
- 求解一次博弈和重复博弈中的纳什均衡。
- 求解静态博弈和序贯博弈中的纳什均衡。
- 解释为什么一些类型的博弈可以使参与者合作，而其他的则不行。
- 解释为什么限制选择具有战略价值。

14.1　纳什均衡的概念

□ 一个简单博弈

为介绍**博弈论**（game theory）的核心概念，我们从最简单的博弈分析开始：同时行动的一次博弈。在这个类型的博弈中，两个或更多的参与者在同一时间单独做出决定。考虑本章开篇所描述的本田和丰田之间的竞争。回忆每家企业面临是否建造新汽车配件厂的决定。表 14-1 说明了两家企业扩大产能决定的潜在影响。每家企业有两个选择或**策略**（strategy）——建新厂或不建新厂——这导致有 4 个产能扩大方案。一个参与者在一个博弈中的策略，详细地说明了那个参与者在面临各种可能环境下所做出的行动。在同时行动的一次博弈中，策略是简单的：它们包括一个唯一的决定。

博弈论：微观经济学的分支，讨论在竞争情况下个体如何做出最优决策。
策略：一个参与者在博弈中面临各种可能环境下采取的行动计划。

在表 14-1 中，每个单元格的第一项是在一个策略组合下，本田的年经济利润（以百万美元表示），第二项是丰田的年经济利润（以百万美元表示）。① 这些利润代表博弈中的收益：参与者预期在不同的策略组合下获得的数量。表 14-1 中的收益说明了这个博弈的参与者互相依赖的程度：本田的收益依赖于丰田的行动，反之亦然。在博弈中，一个参与者很难控制自己的命运。表 14-1 中的收益是虚构的，但准确地反映了两家企业在那种状态下存在的相互作用。

表 14-1　　本田和丰田之间的产能扩大博弈*

		本田	
		建新厂	不建新厂
丰田	建新厂	16，16	20，15
	不建新厂	15，20	18，18

* 收益以百万美元计。

□ 纳什均衡

博弈论寻求下面问题的答案：博弈的可能结果是什么？为找出博弈的可能结果，博弈论使用**纳什均衡**（Nash equilibrium）的概念。纳什均衡是指在博弈中给定其他参与者的策略，每个参与者选择一个能带来最大收益的策略。这个想法和我们在第 13 章定义古诺均衡（在产量制定的寡头垄断中）和伯特兰均衡（在价格制定的寡头垄断中）的想法是一样的。实际上，这两个均衡都是纳什均衡的特例。

纳什均衡：在博弈中，给定其他参与者的策略，每个参与者选择一个能带来最大收益的策略。

在上述有关本田和丰田之间的博弈中，每家企业的纳什均衡策略均是“建新厂”。

● 在丰田建新厂的情况下，本田的最优反应也是建新厂：如果建新厂，可获得利润 1 600 万美元；如果不建新厂，只能获得 1 500 万美元（注意：对行参与者本田，我们比较两行之间的收益）。

● 在本田建新厂的情况下，丰田的最优反应也是建新厂：如果建新厂，可获得利润 1 600 万美元；如果不建新厂，只能获得 1 500 万美元。（注意，对列参与者丰田，我们比较两列之间的收益）。

为什么纳什均衡是博弈的一个合理结果？它最引人注目的特点是，纳什均衡结果是可以自我实施的。如果一个参与者预期另一个参与者会选择纳什均衡策略，那么实际上两个参与者都会选择他们的纳什均衡策略。在纳什均衡下，预期等于结果，预期行为和实际行为一致。这在非纳什均衡结果下是不正确的。如表 14-1 中的博弈所示：如果丰田（可能是愚蠢的）预期本田不会建新厂，但它自己却建了新厂，而本田——追求自身利益——会混淆丰田的预期，建新厂，这使丰田的收益比它预期的要差。

---

① 在该表和本章随后的所有表中，我们使用以下规定：表中第一项所列的是行参与者的收益；表中第二项所列的是列参与者的收益。

□ 囚徒困境

丰田和本田之间的产能扩大博弈说明了纳什均衡的一个值得注意的方面。纳什均衡并不需要和全体参与者总体利润最大化的结果相一致。通过不建新厂，丰田和本田的境况都会变得更好。然而，自身利益的理性追求使每个参与者最终做出损害他们共同利益的行动。

这种个人利益和集体利益的冲突通常被称为**囚徒困境**（prisoners' dilemma）。表14-1中的博弈和第13章中的古诺产量模型以及伯特兰价格模型都是囚徒困境博弈的特例，即纳什均衡和博弈中参与者集体利益最大化的结果不一致。囚徒困境的概念基于以下情景：两个嫌犯［戴维（David）和罗恩（Ron）］被捕后被关在单独的房间中。警察并没有真正的证据指控任何一人；私下给每个嫌犯认罪的机会，并暗示另一个会被治罪。他们告诉嫌犯，如果没有人招供，双方都会被判一个较轻的罪，且在监狱服刑1年；如果双方都招供，双方都会被判较严重的罪，但会得到一些宽容，因为他们与警方合作，每个人会在监狱服刑5年。如果一个嫌犯招供而另一个没有，则招供的嫌犯会被无罪释放，而另一个会被判有罪并在监狱服刑10年。表14-2说明了这个博弈的收益，和服刑相对应的收益是负的。

囚徒困境： 个人利益和集体利益存在冲突的一种博弈。

表 14-2 **囚徒困境博弈**

		戴维	
		招供	不招供
罗恩	招供	−5，−5	0，−10
	不招供	−10，0	−1，−1

在这个博弈中，每个参与者的纳什均衡策略是招供。在戴维招供的情况下，罗恩招供比不招供服刑期要短。在罗恩招供的情况下，戴维招供比不招供服刑期要短。在均衡下，两个嫌犯都招供，且每人服刑5年。尽管不招供使他们只需服刑1年，不招供使他们的集体利益会更好。

囚徒困境在社会科学中得到广泛研究。由于囚徒困境描述了我们周围世界经常出现的个人利益和集体利益之间的冲突，心理学家、政治科学家、社会科学家和经济学家都发现囚徒困境能够对其所研究的一些现象进行解释。例如，企业间的价格战导致行业中的所有企业都受到了伤害；政客运行的“攻击性”广告，它们引起的敌意和不信任使选举获胜者的有效治理变得更困难。对囚徒困境博弈的分析帮助我们理解为什么发生许多适得其反的结果。

□ 占优策略和劣策略

占优策略

在表14-1丰田和本田的博弈中，找到纳什均衡是容易的。这是由于，对每家企业来说，不管另一家企业选择什么策略（例如，如果丰田建新厂，本田也建新厂，本田可获得1 600万美元，而不是1 500万美元；如果丰田不建新厂，本田建新厂，本田可获得2 000万美元，而不是1 800万美元），“建新厂”的策略均比“不建新厂”的策略要好。在这样的情况下，我们说“建新厂”是一个**占优策略**（dominant strategy）。一个占优策略是指，不管另一个参与者采取什么策略，参与者选择的策略均比其他任何策略都要好。当参与者有一个占优策略时，这个策略就是参与者的纳什均衡策略。

占优策略：不管另一个参与者采取什么策略，参与者选择的策略均比其他任何策略都要好。

许多博弈有占优策略。但是，在很多博弈中，一些或所有参与者都没有占优策略。例如，考虑表 14-3 中的印度汽车市场中大使（Ambassador）和马鲁蒂（Marutti）之间的产能扩大博弈。在这个市场中，马鲁蒂比大使规模更大，且生产的汽车更好。因此，不管在什么产能下，马鲁蒂获得的利润都远比大使多。

在这个博弈中，马鲁蒂并没有占优策略。如果大使建新厂，马鲁蒂不建新厂会更好；但如果大使不建新厂，马鲁蒂愿意建新厂。尽管马鲁蒂没有占优策略，但仍有纳什均衡：大使建新厂，马鲁蒂不建新厂。要知道这是为什么，请注意：如果大使建新厂，马鲁蒂的最优反应是不建新厂。这是由于，如果不建新厂，马鲁蒂获得 1 500 万卢比；如果建新厂，只能获得 1 200 万卢比。如果马鲁蒂不建新厂，大使的最优反应是建新厂。这是由于，如果大使建新厂，可获得 600 万卢比；如果不建新厂，只能获得 500 万卢比。

表 14-3　　马鲁蒂和大使之间的产能扩大博弈*

		大使	
		建新厂	不建新厂
马鲁蒂	建新厂	12，4	20，3
	不建新厂	15，6	18，5

*收益以百万卢比计。

了解马鲁蒂在这个博弈中怎样计算并选择哪个策略是非常有趣的。如果它有上面的支付矩阵，那么它应该认识到它没有占优策略，但是大使是有占优策略的（即“建新厂”）。因此，马鲁蒂应该推断，大使会选择这个占优策略；在给定这个条件下，马鲁蒂应该选择“不建新厂”。纳什均衡是这个博弈的自然结果，因为马鲁蒂的管理者——从他们竞争对手的角度在思考——认为他们的竞争对手会选择占优策略，这会使马鲁蒂的行动受到约束。在博弈中，将自己置于竞争对手的角度去思考问题是有价值的（即从他们的角度理解世界，而不是从你自己的）。该认识是博弈论中最有价值的经验之一。纳尔波夫（Nalebuff）和布兰德伯格（Brandenberger）将此称为“非自我中心推理”。与之相对的是自我中心推理，它仅从个人自己的角度理解世界。①

案例 14.1

除了律师，每个人都输了

现代美国社会由于过多的官司而备受批评。个人和企业似乎越来越愿意聘请律师来解决他们的纠纷。但是，像通常所认为的那样，诉讼具有显著的社会成本，那么自由市

① B. J. Nalebuff and A. M. Brandenberger, *Coopetition* (New York: Currency Doubleday, 1996).

场体系为什么给律师带来了如此多的业务?

两个经济学家阿申费尔特(Ashenfelter)和布卢姆(Bloom)的研究对此给出了一个可能的回答。[①] 他们认为，雇用律师解决争端的决策是囚徒困境的结果。当争端双方自己解决争端或雇用一个中立的仲裁者解决他们的分歧时，他们的境况都会变得更好。但如果一方认为雇用律师可以极大增加获胜的可能性，这使得雇用律师是值得的，那么雇用律师是一个占优策略。当双方都这样做时，争端的解决和双方都不雇用律师是一样的，因为律师费使双方的境况都变得更差。

为了验证这一理论，阿申费尔特和布卢姆分析了新泽西州1981—1984年公职人员的工资纠纷。他们还研究了包括宾夕法尼亚州卸货工人的工会申诉。他们发现，雇用律师是占优策略的强有力证据。雇用律师的决定反映了一种囚徒困境类型。例如，基于新泽西州的数据，他们发现当一方雇用律师时，说服仲裁者裁定工资提议成功的可能性从大概50%上升到75%；但当双方都雇用律师时，赢的可能性还保持在50%左右。这说明，当双方都雇用律师时，雇用律师的收益就被抵消了。

雇用律师可能是囚徒困境博弈中的纳什均衡结果。这说明，要想社会减少诉讼是相当困难的。律师显然没有兴趣去遏制对他们服务的需求。囚徒困境的逻辑说明，尽管对整个社会而言，不雇用律师能够使整体更好，但争端中的任何一方都有强烈的动机去雇用律师。

劣策略

与占优策略相对应的是**劣策略**(dominated strategy)。劣策略是指存在一个策略，不管另一个参与者怎么做，参与者总有另一个策略比该策略有更高的收益。在表14-1中，每个参与者只有两个策略，如果一个策略是占优的，那么另一个一定是劣的。然而，当每个参与者的策略多于两个时，每个参与者也许有劣策略，但可能没有占优策略。

劣策略：指存在一个策略，不管另一个参与者怎么做，参与者总有另一个策略比该策略有更高的收益。

当没有一个参与者有占优策略时，识别劣策略有时可以帮助我们找出一个博弈中的纳什均衡。为说明这一点，让我们回到本田与丰田的博弈中。现在假设每家企业有三个策略：不建厂、建小厂、建大厂。表14-4说明了每个策略的收益。

没有参与者在这个博弈中有占优策略，并且有三个策略而不是两个，因此找到纳什均衡的任务看起来比较困难。但不管丰田怎么做，本田“建小厂”总比“建大厂”更好。类似地，不管本田怎么做，丰田“建小厂”总比“建大厂”更好。如果每个参与者都思考竞争对手的收益——如果每个参与者都使用非自我中心推理——每个参与者都会推断竞争对手不会选择“建大厂”。如果每个参与者假设另一个不会选择“建大厂”(且自己也不会选择“建大厂”)，那么表14-4中的博弈简化为表14-5中的博弈，这和表14-1中的博弈就一样了。在这个减少了策略的博弈中，每个参与者都有一个

① O. Ashenfelter and D. Bloom, “Lawyers as Agents of the Devil in a Prisoner's Dilemma Game,” NBER Working Paper No. W4447 (September 1993).

占优策略："建小厂"。通过排除一个劣策略，我们找到了每个参与者的一个占优策略，进而我们找到整个博弈的纳什均衡①：每个企业都建小厂。（你可以通过这个方法直接从表 14－4 中验证这一点：任何一家企业选择"建小厂"，另一家企业的最优反应都是"建小厂"。）

表 14－4　　丰田和本田之间修改过的产能扩大博弈*

		丰田		
		建大厂	建小厂	不建厂
本田	建大厂	0，0	12，8	18，9
	建小厂	8，12	16，16	20，15
	不建厂	9，18	15，20	18，18

*收益以百万美元计。

表 14－5　　在排除劣策略后，丰田和本田之间修改过的产能扩大博弈*

		丰田	
		建小厂	不建厂
本田	建小厂	16，16	20，15
	不建厂	15，20	18，18

*收益以百万美元计。

总结：通过识别占优策略和排除劣策略找到纳什均衡

我们可以将本节的主要结论总结如下：

- 当两个参与者都有占优策略时，这些策略就构成该博弈的纳什均衡。
- 如果只有一个参与者有占优策略，这个策略会是该参与者的纳什均衡策略。通过找到第二个参与者对第一个参与者占优策略的最优反应，我们可以找到第二个参与者的纳什均衡策略。
- 如果没有参与者有占优策略，但双方可能有劣策略，我们通常可以通过排除劣策略使博弈的分析变得简单，并找到纳什均衡。

边做边学习题 14.1

找到纳什均衡：可口可乐与百事可乐

表 14－6 说明了可口可乐和百事可乐在每家企业不同价格组合下的可能利润。

问题：

找到这个博弈中的纳什均衡。

解：

我们从寻找占优策略开始。对百事可乐而言，8.25 美元的价格是占优策略。这是由于，不管可口可乐选择什么样的价格，百事可乐在第三行的收益总是高于——定价 8.25 美元——其他行的收益。因此，对百事可乐来说，其他三个价格（6.25 美元、7.25 美元和 9.25 美元）是劣策略。我们注意到此情况，并通过画一条横穿它们的线排除表14－6a 中的劣策略。

① 这与我们在第 13 章中讨论三星和 LG 之间一次古诺产量博弈均衡所使用的逻辑是一样的。

如果可口可乐预期百事可乐会采取占优策略，那么可口可乐的最优反应是制定价格为 12.50 美元（在第三行中，这个价格带给可口可乐最高的收益）。

这个博弈的纳什均衡是百事可乐的价格为 8.25 美元，可口可乐的价格为 12.50 美元（这和我们在第 13 章讨论可口可乐与百事可乐之间的价格竞争时推导出的均衡对应）。

表 14-6　　可口可乐与百事可乐之间的价格竞争*

		可口可乐			
		10.50 美元	11.50 美元	12.50 美元	13.50 美元
百事可乐	6.25 美元	66，190	68，199	70，198	73，191
	7.25 美元	79，201	82，211	85，214	89，208
	8.25 美元	82，212	86，224	90，229	95，225
	9.25 美元	75，223	80，237	85，244	91，245

* 收益以百万美元计。

表 14-6a　　在识别百事可乐的占优策略和劣策略后，可口可乐和百事可乐之间的价格竞争*

		可口可乐			
		10.50 美元	11.50 美元	12.50 美元	13.50 美元
百事可乐	6.25 美元	~~66，190~~	~~68，199~~	~~70，198~~	~~73，191~~
	7.25 美元	~~79，201~~	~~82，211~~	~~85，214~~	~~89，208~~
	8.25 美元	82，212	86，224	90，229	95，225
	9.25 美元	~~75，223~~	~~80，237~~	~~85，244~~	~~91，245~~

* 收益以百万美元计。

相似习题： 14.3，14.5，14.6

□ 有多个纳什均衡的博弈

我们刚才学习的所有博弈都只有一个纳什均衡。但一些博弈有多个纳什均衡。一个著名的例子是斗鸡博弈：两个十几岁的男孩准备向他们的朋友证明他们的勇气。每个人都坐进位于一条路两端的车中，并以极快的速度向对方开去。如果一辆车在另一辆之前转向，不转向的那个人（即保持不变）就证明了他的勇气，并变成朋友眼中的英雄，而另一个人则丢了面子（他是一只“鸡”）。如果双方都转向，则什么都没证明：双方都丢面子，但双方都没有获得地位。如果没人转向，双方撞在一起，不是受伤就是死亡。

表 14-7 说明了两个少年卢克（Luke）和斯利克（Slick）之间斗鸡博弈的收益。在这个博弈中，有两个纳什均衡。第一个是卢克转向，斯利克保持不变；第二个是卢克保持不变，而斯利克转向。为证明第一个是纳什均衡，注意到如果卢克转向，斯利克保持不变（收益为 10）比转向（收益为 0）要好；如果卢克保持不变，斯利克转向（收益为－10）比保持不变（收益为－100）要好。

斗鸡博弈会在现实生活中发生吗？在 20 世纪 50 年代和 60 年代，很多人都认为斗鸡博弈较好地描述了美国和苏联之间的核危机。约翰·肯尼迪的国务卿迪安·腊斯克对“古巴导弹危机”有一名言：“我们四目对峙，对方［坚持不住］眨了眼睛。”这是对冷战时期斗鸡博弈有多高风险的一个说明。不是非常引人注目，但可能是比较普遍的现象为：当两家企业在同一个市场中竞争且该市场只能支持一家企业盈利时，斗鸡博弈就产生了（在第 11 章中，我们称这些为自然垄断市场）。斗鸡博弈中的纳什均衡告诉我们，一家企业最终会退出市场，一家企业会生存下去。

表 14-7　　斗鸡博弈

		斯利克	
		转向	保持不变
卢克	转向	0，0	−10，10
	保持不变	10，−10	−100，−100

案例 14.2

轨道中的斗鸡博弈：赢得北美的卫星广播战争①

2005 年左右，北美（美国和加拿大）的卫星广播市场就类似一个高风险的斗鸡博弈。同卫星传输一样，卫星广播使用几个地球轨道卫星来传输无线电信号。卫星广播提供 100 多个几乎完美的频道以吸引各种口味的听众。这个服务对驾驶员（如商业卡车司机）特别有吸引力，因为他们要行驶很长的距离，并穿过许多本地广播市场。从 2001 年开始，两家企业——XM 卫星广播公司和天狼星（Sirius）广播公司——为控制北美新兴的卫星广播市场展开竞争。

卫星广播业务包括高的固定成本和低的边际成本。这是由于，一旦企业发射了卫星且获得播出节目的权利（如报道体育赛事的权利），增加一个订阅者的边际成本就非常低。这个成本结构的一个关键含义是，卫星广播公司需要一个临界数量的订阅者来弥补平均成本。对 XM 和天狼星来说，因为这两家企业使用的是不兼容的技术，消费者接受一家企业的服务就不能接受另一家企业的服务，问题就变得更棘手了。尽管预期市场会快速增长，但无法明确未来市场是否足够大以使两家企业共存并盈利。

鉴于这些事实，可以想象北美卫星广播市场是一个自然垄断市场。如果是这样，XM 和天狼星为赢得市场的战争就可以被理解为斗鸡博弈。表 14-8 说明了我们怎么使用博弈论来预测北美卫星广播市场竞争的可能结果。在该表中，两家企业 XM 和天狼星都有留在市场或退出的选择。表中的收益是在各种竞争环境下企业预期获得的利润。②如果假设市场只能支持一家企业获取利润，而且两家企业都选择留在市场，每家企业都将蒙受重大损失。然而，如果一家企业退出市场，留下的企业将获得利润。

表 14-8 中的博弈有两个纳什均衡：一个是 XM 选择“留下”而天狼星选择“退出”。另一个是天狼星选择“留下”而 XM 选择“退出”。博弈论并不能告诉我们，这两个纳什均衡中的哪一个可能会发生。我们需要知道更多关于参与者以及所面临特殊环境的信息，才能做出谁能赢的预期。

2008 年，XM“转向”了。XM 和天狼星合并成立了一家新公司，天狼星 XM 广播

① 这个例子来自“Satellite Radio：Winning the Competitive Skirmishes，”*Satellite News*，27，no. 21（May 24，2004）and “XM，Sirius Eye Pristine Radio Market in Canada，”*Satellite News*，27，no. 15（April 5，2004）。

② 严格地讲，表 14-8 中的收益应被认为是未来利润（或损失）的现值。第 4 章附录已经介绍过，利润流的现值是给一个时期的利润流加上一个贴现率，这是考虑到 10 年后收到 1 美元利润的价值低于现在 1 美元利润的价值。第 4 章的附录为现值的概念提供了一个介绍。

公司。合并后，天狼星 XM 有超过 1 850 万的订阅者。2010 年，它为订阅者提供 140 多个节目频道，包括为移动设备如 iPod、iPhone 和黑莓手机提供应用。①

表 14-8　　XM 和天狼星之间的斗鸡博弈*

		天狼星	
		留下	退出
XM	留下	−200，−200	300，0
	退出	0，300	0，0

* 收益以百万美元计。

案例 14.3

银行挤兑

如果曾经看过电影《风云人物》(*Wonderful Life*)，你可能还会记得乔治和玛丽·贝利（詹姆斯·斯图尔特和唐娜·里德）刚结婚后的场景。他们正准备坐火车去度蜜月，有人告诉乔治："发生银行挤兑了!"在接下来的场景中，乔治到达他的家族企业（贝利兄弟储蓄贷款公司)，发现面前是一群焦虑的存款人。他们要求取回他们的钱。和 20 世纪 30 年代大萧条期间很多银行把门锁上不一样的是，乔治尽最大可能保持贝利兄弟储蓄贷款公司正常营业。乔治恳求储户不要取回他们的钱，或至少只取回他们需要支付账单的钱。

过去 10 年里世界发生的各种金融事件说明，银行或其他金融机构产生挤兑并不是过去的事情。在 21 世纪第一个十年中，金融危机的例子比比皆是。在 2007 年次贷危机期间，美国国家金融服务公司面临了资产挤兑。2008 年，债券持有人对全球投资企业贝尔斯登进行了挤兑，这家企业由此宣告破产。其他几家机构，包括美国最大的存贷公司（华盛顿互惠银行)、冰岛第二大银行（国民银行）都在 2008 年因挤兑而倒闭。

为什么会发生挤兑？它们是非理性的恐惧和歇斯底里的结果吗？看起来是这样。毕竟，如果所有储户都保持头脑清醒，他们将认识到如果银行没有挤兑，则每个人的境况都可以变得更好。银行保持营业，储户最终会拿到他们的钱。是不是还有其他什么原因？银行的挤兑和储户的理性最大化行为一致吗？博弈论对最后一个问题的回答是"是"。

表 14-9 显示了银行挤兑的一个简单博弈论分析。两个人都在贝利兄弟储蓄贷款公司存了 100 美元。银行接受了这笔钱，并将它用于投资（可能将钱用于房贷）。如果两个储户将他们的钱存在银行（"不取回"），则他们最终会拿回存款，并获得 10 美元的利息，即共 110 美元。如果双方都在同一时间取存款（银行挤兑），银行就必须清算投资并关门。在这种情况下，每个储户得到 25 美元。如果一个储户拿回他的钱而另一个没有，银行就必须清算投资并关门。取钱的储户可以得到 50 美元，将钱留在银行的倒霉储户则什么也得不到。

---

① "Sirius Completes Acquisition of XM Satellite," Reuters, July 29, 2008, http://www.reuters.com/article/idUSN2926292520080730?sp=true (accessed May 1, 2010).

和斗鸡博弈一样，银行挤兑博弈有两个纳什均衡。第一个纳什均衡是两个储户都将钱留在银行。如果储户2选择“不取回”，储户1选择“不取回”会更好（110的收益对50的收益）。这对储户1同样适用。第二个纳什均衡是两个参与者都取回他们的钱。如果储户2选择“取回”，储户1的最优反应是选择“取回”（反之亦然）。

在斗鸡博弈中，博弈论不能告诉我们究竟哪个均衡会发生，但它告诉我们银行挤兑会发生。即使我们假设所有储户都是理性的，银行挤兑会使所有储户的境况都变差，也是如此。但与在囚徒困境博弈中一样，个人追求效用最大化的行为并不一定导致博弈集体福利最大。

表14-9 **银行挤兑博弈***

		储户2	
		取回	不取回
储户1	取回	25，25	50，0
	不取回	0，50	110，110

*收益以美元计。

现在你已经学习了几个博弈——有的博弈只有一个纳什均衡，有的博弈有多个纳什均衡——你可能会想：是否有找出纳什均衡的一般方法？这是你在边做边学习题14.2中要做的工作。

边做边学习题14.2 ☞

找出博弈的所有纳什均衡

问题：

在表14-10a中，博弈的纳什均衡是什么？

解：

一般来说，找到一个博弈的纳什均衡的第一步是识别占优策略或劣策略，并尝试简化博弈，和我们在边做边学习题14.1中所做的一样。但在这个博弈中，没有参与者有占优策略或劣策略（在做之前，你应该先验证这一点）。因此，我们不能使用这个方法。

相反，为找到博弈中的所有纳什均衡，我们分三个步骤进行：

第一步：找到参与者1对参与者2三个可能策略的最优反应。这些策略用表14-10b中的带圈收益说明。

第二步：找到参与者2对参与者1三个可能策略的最优反应。这些策略用表14-10a中的带框收益说明。

第三步：我们知道，在纳什均衡中，给定其他参与者所选择的策略，每个参与者选择能带来最高收益的策略。在表14-10b中，这发生于既带圈又带框的单元格中。因此，在这个博弈中，我们有两个纳什均衡：一是参与者1选择策略A，参与者2选择策略E；二是参与者1选择策略C，参与者2选择策略D。

我们刚使用的这个方法——首先找出参与者1对参与者2每个策略的最优反应，其次找出参与者2对参与者1每个策略的最优反应，最后看看这些最优反应一起在哪里发生——是找出博弈中的所有纳什均衡的一般方法。

表 14-10a 什么是纳什均衡

		参与者 2		
		策略 D	策略 E	策略 F
	策略 A	4，2	13，6	1，3
参与者 1	策略 B	3，10	0，0	15，2
	策略 C	12，14	4，11	5，4

表 14-10b 参与者 1 和参与者 2 的最优反应

		参与者 2		
		策略 D	策略 E	策略 F
	策略 A	4，2	(13)，[6]	1，3
参与者 1	策略 B	3，[10]	0，0	(15)，2
	策略 C	(12)，[14]	4，11	5，4

相似习题： 14.1，14.2，14.4，14.5，14.6，14.7，14.8，14.9，14.22，14.23，14.24

□ 混合策略

1999 年 7 月，美国和中国的女子足球队在女子世界杯决赛中战成 0∶0。为决出结果，每个队选手轮流踢点球。比赛到了由美国队踢最后一个点球的时刻。如果美国的选手踢进一球，美国就会赢得比赛；如果中国的守门员拦住了这一球，则比赛继续进行，中国队获得一个点球的机会。美国的球员和中国的守门员都要在瞬间做出决定：踢球者的目标是左边还是右边？守门员是该扑向踢球者的左边还是右边？如果中国守门员扑向的方向正是踢球者的目标，则这次射门会被拦下，两个队保持胶着状态并进行下一轮点球大战；如果守门员猜错了，则美国队得分并赢得比赛。

表 14-11 显示的收益矩阵可以用来描述美国队和中国队之间的最终对抗。赢得比赛带给美国队的收益是 10，输掉比赛带给中国队的收益是 −10。如果两个队保持胶着状态，每个队（从这次对抗中）收到的收益是 0。

这个博弈似乎没有纳什均衡。如果中国守门员相信美国踢球者的目标是右边，则守门员的最优策略是扑向踢球者的右边；如果美国踢球者相信中国守门员会扑向踢球者的右边，则踢球者的最优策略是踢向左边；如果踢球者的目标是左边，则守门员的最优反应是扑向踢球者的左边。

这个博弈说明了**纯策略**（pure strategy）和**混合策略**（mixed strategy）之间的对比。纯策略是博弈所有可能策略中的一个特定策略。美国踢球者有两个纯策略："向右踢"和"向左踢"。相反，在混合策略下，一个参与者根据预先设定的概率，在两个及以上纯策略之间做选择。① 尽管一些博弈没有纯策略纳什均衡，但每个博弈至少有一个混合策略纳什均衡。表 14-11 中的博弈说明了这一点：它没有纯策略纳什均衡，但有一个混合策略纳什均衡。美国踢球者"向右踢"的概率为 1/2，"向左踢"的概率为 1/2；中国守门员"向右扑"的概率为 1/2，"向左扑"的概率为 1/2。如果美国踢球者相信中国

① 因为这个原因，混合策略有时候被认为是随机策略。

守门员向右扑或向左扑的概率为 1/2，则美国踢球者向左踢或向右踢（概率为 1/2）是最优选择。类似地，如果相信美国踢球者向右踢或向左踢（概率为 1/2），中国守门员向右扑或向左扑概率为 1/2，是最优选择。因此，当参与者选择这些混合策略时，在给定其他人的行动的情况下，每个人已做到最好了。

纯策略：博弈所有可能策略中的一个特定策略。

混合策略：根据预先设定的概率，在两个及以上纯策略之间随机选择。

表 14－11　　1999 年女子世界杯美国踢球者对中国守门员

		美国踢球者	
		向右踢	向左踢
中国守门员	向右扑	0，0	−10，10
	向左扑	−10，10	0，0

博弈有混合策略纳什均衡的事实说明，不可预测性有战略价值。当你的对手能够预测你的行动时，你会很被动。篮球、足球和网球等体育项目中的运动员对此有深刻理解，世界杯的博弈很好地说明了这点。如果踢球者知道守门员会扑向哪个方向，踢球者只踢向另一个方向就可以得分。不可预测性有它的价值，混合策略说明了该价值在博弈中是如何体现的。

□ 小结：在两个参与者的同时行动博弈中，怎样找出所有的纳什均衡

通过 5 个步骤，我们可以找出两个参与者的同时行动博弈的纳什均衡：

（1）如果两个参与者都有占优策略，那么这些占优策略构成他们的纳什均衡策略。

（2）如果一个参与者，如参与者 1，有一个占优策略，这就是参与者 1 的纳什均衡策略；然后，我们找到参与者 2 对参与者 1 占优策略的最优反应，以找出参与者 2 的纳什均衡策略。

（3）如果参与者没有占优策略，为简化博弈，我们依次排除每个参与者的劣策略，然后寻找纳什均衡策略。

（4）如果没有参与者有劣策略，找出参与者 1 对参与者 2 每个策略的最优反应，然后找出参与者 2 对参与者 1 每个策略的最优反应。在代表博弈的表中，在参与者 1 和参与者 2 最优反应同时发生的单元格中达到纳什均衡。（用这个方法，可以找到博弈中的所有纯策略纳什均衡——已在边做边学习题 14.2 中说明。）

（5）如果第（4）步不能发现任何纯策略纳什均衡——如果博弈中没有纯策略纳什均衡，和在女子世界杯博弈中一样——我们寻找混合策略纳什均衡。

14.2　重复的囚徒困境

囚徒困境的关键在于个人对利润最大化的追求并不一定导致参与者集体利润的最大化。但囚徒困境是一次博弈，你可能会想，如果博弈次数变得不同，由同样的参与者重复进行多次博弈，那将发生什么？当允许参与者重复博弈从而相互影响时，每个参与者

就可能将当前决策和对手之前的决策联系起来。正如我们在下面将看到的那样，这扩大了参与者采取的策略，可以明显地改变博弈的结果。

为说明重复博弈的影响，我们考虑表 14－12 中的囚徒困境博弈。对每个参与者而言，“欺骗”是占优策略；但当双方都选择“合作”时，参与者的集体利益将最大化。在一次博弈中，纳什均衡是两个参与者都选择“欺骗”。

表 14－12　　囚徒困境博弈

		参与者 1	
		欺骗	合作
参与者 2	欺骗	5，5	14，1
	合作	1，14	10，10

但现在让我们想象一下，在可预见的未来，这两个参与者将重复博弈。在这个例子中，参与者有可能达到合作的均衡。为说明其中的原因，假设参与者 1 相信参与者 2 会使用以下策略：从选择“合作”开始，只要参与者 1 合作就继续这么做；参与者 1 一旦选择“欺骗”，参与者 2 在下一次和以后的所有时间都选择“欺骗”。当然，如果参与者 2 在随后时间选择“欺骗”，参与者 1 也同样继续选择“欺骗”。参与者 2 的策略有时被称为“冷酷策略”。这是由于，一个参与者的一次欺骗就会打破剩余博弈中的合作。

图 14－1 说明了，通过在每一期合作，参与者 1 可以确保自己每期获得 10 的收益。相反，如果参与者 1 欺骗，当期他能获得 14 的收益，在随后所有时间获得的收益为 5。哪个策略更好？在缺乏参与者 1 在当前如何估计未来收益的信息下，我们还不能确定。但如果相对于当前收益，参与者 1 也非常重视未来收益，那么，相对于欺骗，参与者 1 更愿意继续合作。① 这说明了在重复的囚徒困境博弈中，在某些情况下，每个参与者的利己主义行为可以导致合作。

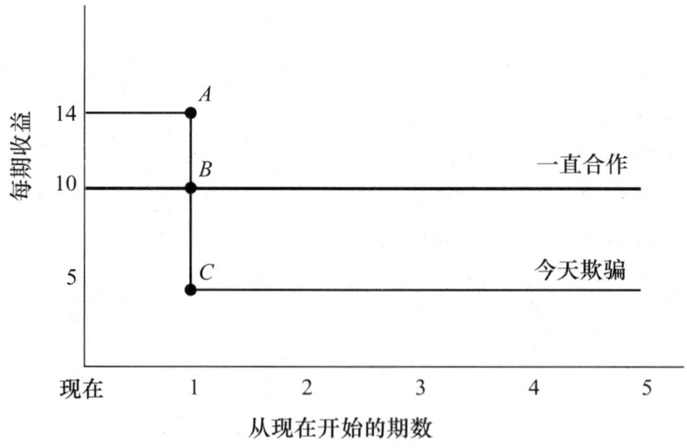

图 14－1　在“冷酷策略”下重复囚徒困境博弈的收益

说明：如果参与者 1 今天欺骗，他收到的收益流由细线给出；如果他今天合作，在未来他能确保他的收益是粗线。线段 AB 的长度代表参与者 1 从欺骗中获得的一次收益，线段 BC 的长度代表（由于参与者 2 对参与者 1 欺骗的报复）参与者 1 随后每次减少的收益。

---

① 利用前文所提及的现值概念，我们可以将未来的收益正式地用现在的收益表示。

冷酷策略并不是引起重复囚徒困境博弈合作行为的唯一策略（例如"以牙还牙"策略也可以导致合作，参见案例 14.4）。引起合作策略的共同特征是参与者会对其他参与者的欺骗进行惩罚。例如，如果一个参与者预期竞争对手会对欺骗行为进行报复，那么这个参与者会自发地在重复囚徒困境博弈中选择合作。这是由于，尽管欺骗在一次博弈中是占优策略，但最终会受到报复及初期后利润减少（由图 14-1 中的线段 BC 表示）的预期为参与者保持合作提供了足够的激励。

因此，当参与者在重复囚徒困境博弈中相互作用时，参与者维持合作是可能的。特别地，在下列条件下合作的可能性会增大：

- 参与者有耐心。也就是说，他们对未来时期和当前时期的收益一样重视。对有耐心的参与者而言，与从欺骗中得到的短期收益相比，惩罚的结果就显得比较突出。
- 参与者之间相互作用频繁。这意味着，一个"时期"是非常短的，一次欺骗产生的不良后果会在一个较短时期后累积。
- 欺骗很容易被发现。大体上，这和缩短时期有相同的效应：一个企业侥幸欺骗并不长久，从不合作行为中得到的短期收益是短暂的。
- 从欺骗中得到的一次性收益相对较小。例如，在图 14-1 中，与欺骗的最终成本线段 BC 的长度相比，线段 AB 的长度较短。

相比之下，合作结果的可能性在以下条件下会减小：

- 参与者没有耐心。也就是说，他们对当前收益比未来收益更加重视。
- 参与者之间的相互作用不频繁。这意味着，一个"时期"的长度是长的，一次欺骗产生的不良后果会在一个较长时期后累积。
- 欺骗很难被发现。在这种情况下，一个企业可以成功地长时间欺骗，并在一段相对长的时间内享受来自欺骗的收益。
- 与欺骗的最终成本相比，欺骗的一次性收益很大。

对重复囚徒困境博弈的分析给我们重要的启示：在竞争环境下，你必须预期竞争对手的反应。如果在你所在的环境中，你和你的竞争对手随着时间的推移有相互作用，那么预期他们对你行动的可能反应是重要的。特别地，你应该知道当你的行动被认为是欺骗时，你的竞争对手会有怎样的反应。例如，如果市场中的一家商业企业为增加市场份额而降低价格，它需要预期：降价是否会被发现？是否它的竞争对手会以同样的价格回应？如果是这样，它的竞争对手会持续多长时间？通过忽略竞争对手的可能反应，它可能会高估从各种不合作行为中累积的潜在收益，这是冒险的。同样可能有使市场陷入昂贵的价格战的风险，这会消除他从低于竞争对手的价格中得到的暂时收益。

案例 14.4

杀无赦，互相容忍，还是以牙还牙[1]

堑壕战是丑陋和残忍的。在第一次世界大战的西线，联军（法国和英国）面对德国

[1] 这个例子引自下面这本书的第 4 章：Robert Axelrod：*The Evolution of Cooperation*（New York：Basic Books，1984），pp. 73-87。

军队时的确如此。如罗伯特·阿克塞尔罗德所写的那样，尽管环境很残酷，但一个不同寻常的合作出现了。阿克塞尔罗德引用了一个英国参谋的论述。这个参谋是这样写的：

> 当观察到德国士兵走到步枪射程内时，我感到非常惊讶的是，我们的士兵似乎没注意到此情况。我暗下决心，当我们接管时，就应结束这种事情；这样的事情是不允许的。这些人显然不知道战争发生了。双方显然相信“互相容忍”政策。

阿克塞尔罗德继续指出，这些环境并不独立。“互相容忍系统在堑壕战中是局部存在的，”他写道，“尽管上级官员尽最大努力去阻止它，尽管战争引起了对立情绪，尽管军队的逻辑是杀或被杀，尽管最高指挥部可以安排直接休战以消除任何地方的这种形式的合作，但它还是流行起来了。”

阿克塞尔罗德将沿着西线的“合作”的堑壕战解释为重复囚徒困境博弈的结果。在沿着战线任何给定的点上，两个参与者是联军军营和德军军营（军队单位，大概由1 000 人构成）。在给定一天，一营可以“杀人”，一个与表 14－12 中的“欺骗”相对应的策略；可以“互相容忍”，一个和表 14－12 中的“合作”相对应的策略。阿克塞尔罗德认为，对每一个相对立的营而言，“杀人”是一个占优策略。这是因为，每个营有时候会收到军队最高指挥部去参加战线区域上的主要战斗的命令（例如，掌控对方的战壕）。通过杀人，一个营可以使它的对手变弱，在主要战争中应该遵照命令这样做，以便增加己方存活的可能性。在同一时间，当双方都“互相容忍”而不是“杀人”时，双方的境况都变得更好。因此，沿着西线两个对立营之间的“博弈”结构是一个囚徒困境。

但如果“杀人”是一个营的占优策略，为什么“合作”会出现？阿克塞尔罗德认为，原因就在于敌对营之间的囚徒困境博弈是一个重复博弈。堑壕战和其他的战争方式不同。这是由于每一个单位在一个时期内有好几个月面对同样的敌方单位。尽管联军军营和德军军营之间的合作通常包括突发事件（例如，在异常多雨天气的时期，战斗也不会发生），同样地，营之间的紧密相互作用允许他们一旦出现合作，就会持续采取这个策略。

西线敌对营之间保持合作的一个特别有价值的策略是**“以牙还牙”**（tit-for-tat）策略。在这个策略下，对手在上个时期怎么对你，你在这个时期就以同样的做法对付他。对西线战况的一个很好的理解就是：如果一方保持了克制，则另一方也会这样做；相反，如果一方开火了，另一方也会以同样的方式反击。一个士兵写道：

> 在敌人的战壕后面设置路卡就像小孩的游戏，路上挤满补给车和送水车，去一个血腥的荒野……但那里基本上只有沉默。毕竟，如果你阻止敌人得到补给，办法很简单：他会阻止你得到补给。

“以牙还牙”策略被发挥到极致。一个士兵写道：

> 如果英国炮轰德国，德国就会报复，且伤害是相等的：如果德军轰炸了一个英军高级战壕且杀了 5 个英国人，下一轮英军猛烈的射击就会杀死 5 个德国人。

“以牙还牙”策略的使用意味着，双方认识到一个攻击性行为会遭到同样的攻击性回应。在选择怎样战斗时，两边的军营在射击的短期收益与破坏克制产生的长期成本之间进行权衡取舍。面对这个权衡，西线的很多营都选择合作，而不是不合作。

最后，随着第一次世界大战渐近结束，西线的合作标准被打破了。原因是联军和德军的最高指挥部采取明确的措施来结束西线出现的大多数隐性停战。（从这个意义来说，最高指挥部类似于反垄断执法部门试图打破商业企业之间的暗中共谋行为。）特别地，军队的指挥官开始频繁组织袭击，且突击队被命令在敌人的战壕中杀死对方士兵。这就改变了囚徒困境博弈中的收益，所以“杀人”比“互相容忍”变得更有吸引力。随着更大、更频繁的袭击的发生，传统的战争法则“杀或被杀”占据了主导地位。最后，双方都回到了一个不断进攻的姿态。

以牙还牙：指参与者在博弈中采取如下策略：他在当期采取对手在上期所采取的策略。

案例 14.5

日本相扑的合谋[①]

相扑是日本独有的一种摔跤形式，其中两个大力士互相角力，并将对方摔向地面。相扑发明于 1 000 多年前。相扑的规则相当简单。摔跤手除了脚底外其他任何地方接触地面，或者摔跤手离开了场地，则该摔跤手就输掉比赛。相扑比赛时间非常短，有时候只有几秒钟，很少持续超过 1 分钟。每年，日本举行 6 次相扑大赛，包括 60 多名摔跤手，每个摔跤手在 15 天内参加 15 场比赛。

近年来，这一运动因一些相扑手互相勾结、操纵比赛而受到指控，变得非常混乱。尽管没有指控被正式证明，但也不能轻易否定。日本等级系统的工作方式使操纵比赛有较强的激励。在 15 场比赛中取得胜利记录就可以保证摔跤手正式升级，等级的上升可转化成显著的物质奖励以及巨大的声望。鉴于这种激励结构，“命运未定”的摔跤手（接近胜利记录，例如 7 胜 7 负）为确保胜利，就有强烈的动机去贿赂另一个摔跤手，让他故意输。

经济学家达根（Duggan）和莱维特（Levitt）使用 1989—2000 年日本几乎所有正式相扑比赛的数据，研究了相扑比赛中的合谋问题。实际上，他们通过提问来寻找比赛被操纵的“足迹”：如果存在操纵比赛现象，就能从数据中观察到从没有系统性操纵比赛中观察不到的东西。如果观察到这些现象，就能排除其他貌似合理的解释。达根和莱维特找到了和操纵比赛一致的强有力证据。例如，他们发现摔跤手确切地完成第 8 场（确保胜利记录所需的数）的胜利远比期望值高得多。更进一步，和其他比赛日相比，他们发现，命运未定的摔跤手在比赛最后一天获胜的可能性尤其高。

自然备择假说是这样解释这些发现的：“命运未定”的相扑手特别努力去赢得第 8 场比赛，以确保一个胜利记录。也就是说，他们为“提升一个等级”努力寻找一种胜利的方法。和这个解释不一样的是，他们用合谋对此进行解释。这种解释使用的是重复囚徒困境博弈的视角。这个模型告诉我们，摔跤手保持合谋交易的可能性和摔跤手之间相

① 这个案例取自下面的论文：M. Duggan and S. D. Levitt, “Winning Isn't Everything: Corruption in Sumo Wrestling,” *American Economic Review*, 92 (4) (December 2002): 1594-1605。

互作用的频繁度、他们在未来再次分成一组的可能性正相关。达根和莱维特的发现和这个预测一致。例如，他们发现在一个命运未定的摔跤手参与的比赛中，如果他在前一年经常和另一个摔跤手摔跤，则他不可预测的胜利次数会增加。进一步，他们发现处于职业生涯最后一年的摔跤手（因此他不能在未来重复参与比赛），当他命运未定时，获得不可预测大量比赛胜利的可能性不大。这些形式和合谋假设是一致的，但没有理由认为，命运未定的摔跤手只运用额外特别手段。尽管达根和莱维特没有发现说明相扑中有合谋的"确凿的证据"，但他们的间接证据是非常强大的，并建议举办相扑比赛的日本官方警惕任何贿赂比赛的迹象。

案例 14.6

战争的成本①

1993 年哥斯达黎加卷烟行业发生的情况，能很好地说明当一家企业对竞争对手的反应计算错误时会发生什么。1993 年，当菲利普·莫里斯发起"万宝路星期五"（Marlboro Friday）降价计划时，最著名的卷烟价格战就在美国发生了。几乎不为人所知的是，哥斯达黎加的价格战同样是由菲利普·莫里斯发起的，它开始于几个月前，并持续了一年。

在 20 世纪 90 年代初，两家企业主导了哥斯达黎加的卷烟市场：菲利普·莫里斯占有 30%的市场份额；英美烟草公司（B. A. T.）占有 70%的市场份额。市场包括三个部分：高端、中等价位和实惠（VFM）。菲利普·莫里斯在高端和中等价位细分市场领导品牌（分别是万宝路和都宝）；相反，英美烟草公司以 Delta 品牌主导了实惠细分市场。

在 20 世纪 80 年代，繁荣的哥斯达黎加经济导致了香烟需求的稳步增长。因此，英美烟草公司和菲利普·莫里斯都能够保持价格增长，并超过通货膨胀率。然而，在 20 世纪 80 年代末，市场开始出现了变化。健康问题减缓了哥斯达黎加的卷烟需求，这一趋势对高端和中等价位细分市场的打击比实惠细分市场严重得多。从 20 世纪 80 年代早期开始，英美烟草公司在 1992 年第一次从菲利普·莫里斯那得到了市场份额，菲利普·莫里斯面临需求增长减慢和市场份额下降的前景。

1993 年 1 月 16 日，星期六，菲利普·莫里斯将万宝路和都宝的卷烟价格下调了 40%。选择价格下调的时间并不是偶然的。菲利普·莫里斯推断，英美烟草公司的存货在年终假期后会降低。面对菲利普·莫里斯的降价，英美烟草公司没有足够的产品来满足它也降价而增加的需求。在星期六的早晨，菲利普·莫里斯发起了降价销售。菲利普·莫里斯预期，英美烟草公司的地方管理层在和伦敦总部进行漫长的协商前是无法做出回应的。

然而，英美烟草公司的快速反应让菲利普·莫里斯感到吃惊。在几个小时内，英美烟草公司将它的 Delta 品牌价格降低了 50%。业内的观察家估计，这个价格仅超过 Delta 边际成本一点点。英美烟草公司对菲利普·莫里斯在星期六早晨所采取的行动做出了

① 我们对彻丽（Andrew Cherry）（西北大学凯洛格商学院 MBA 1998 级学生）对该案例做出的贡献表示感谢。

快速反应，其销售人员在星期六下午以新价格出售。

随后的价格战持续了两年。由于价格变低，卷烟的销售上升了17%，市场份额并没有变。到价格战结束的1994年年底，菲利普·莫里斯在哥斯达黎加的市场份额不变，比价格战开始前损失了800万美元。英美烟草公司损失了更多——2 000万美元——但它保住了Delta品牌的市场份额，并保持了价格战前在细分市场的价格差距。

菲利普·莫里斯为什么要这么做？在20世纪90年代初，在其他中美洲国家（如危地马拉）以英美烟草公司市场份额下降为代价，菲利普·莫里斯增加了万宝路的市场份额。菲利普·莫里斯预期能在哥斯达黎加复制此前取得的成功。它没料到英美烟草公司有如此快速的反应。菲利普·莫里斯应该认识到，价格下降并不能导致市场份额的增加。不管菲利普·莫里斯的动机是什么，这个例子凸显了竞争对手的反击速度能抵消降价的优势。如果企业知道这一点，从长远考虑，它们将价格作为一个竞争武器而获得市场份额的手段是愚蠢的。

14.3 序贯博弈与策略行为

到目前为止，我们已经学习了参与者同时做出决定的博弈。然而，在很多有趣的博弈中，一个参与者可以在另一个参与者行动之前进行行动。这些博弈称为**序贯博弈**(sequential-move games)。在序贯博弈中，一个参与者（先行动者）在另一个参与者（第二行动者）行动之前采取行动，第二行动者在行动之前观察到先行动者的行动。（第13章中的斯塔克尔伯格寡头垄断模型就是序贯博弈的一个特例。）我们会看到，在序贯博弈中，先行动具有特殊的战略价值。

序贯博弈：一个参与者（先行动者）在另一个参与者（第二行动者）行动之前采取行动，第二行动者在行动之前观察到先行动者的行动。

□ 序贯博弈分析

为分析序贯博弈，让我们看表14－4中的丰田和本田之间同时进行的产能扩大的博弈。（为恢复你对那个博弈的记忆，表14－13显示了收益表。）

记得这个博弈的纳什均衡是丰田和本田都选择“建小厂”。

但现在假设本田能在丰田做出决策之前做出它的产能决定（可能是由于它加速了决策过程）。我们现在就有一个序贯博弈：本田是先行动者，丰田是第二行动者。为分析这个序贯博弈，我们使用**博弈树**（game tree）。它说明了每个参与者在博弈中所能采取的不同策略和这些策略被选择的顺序。图14－2为产能扩大博弈的博弈树。在任何博弈树中，行动的顺序都是从左向右。因为本田先行动，所以它位于最左边。对本田的每一个可能行动，博弈树显示了丰田的每一个可能行动。

博弈树：说明了每个参与者在博弈中所能采取的不同策略和这些策略被选择的顺序。

为分析图 14－2 中的博弈树，用一种被称为**“逆向归纳法”**（backward induction）的方法会更方便。当你使用逆向归纳法分析序贯博弈时，你应该从博弈树的末端开始，对每个决策点（由正方形代表）找到参与者在那个点的最优决策。你继续这么做，直到博弈的起点。逆向归纳法有一个吸引人的特点，它允许我们将一个非常复杂的博弈分解成几个部分。

逆向归纳法：分析序贯博弈的方法，该方法从博弈树的末端开始，寻找每个决策点的最优决策。

表 14－13　　丰田和本田之间的产能扩大博弈*

		丰田		
		建大厂	建小厂	不建厂
本田	建大厂	0，0	12，8	18，9
	建小厂	8，12	16，16	20，15
	不建厂	9，18	15，20	18，18

＊收益以百万美元计。

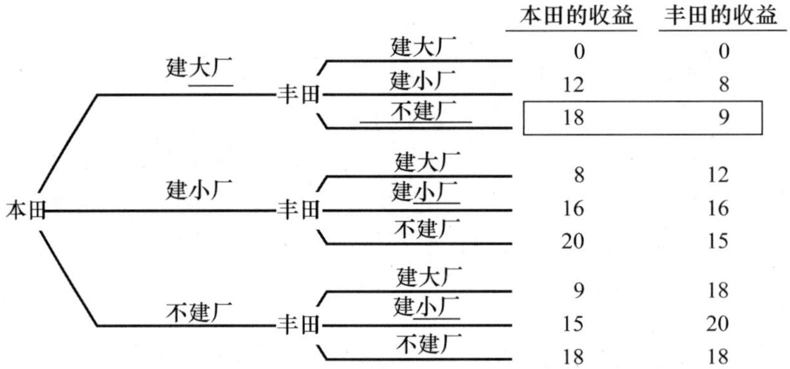

图 14－2　丰田和本田之间产能扩大序贯博弈的博弈树

说明：本田先行动，能够在博弈树之中选择策略；丰田在下一步行动（已观察到本田的行动），同样在博弈树中选择策略。假设丰田总会做出最优反应（收益最大化），本田通过选择“建大厂”最大化它的收益，而丰田的最优反应是“不建厂”。

为将逆向归纳法应用到这个例子中，我们必须找到丰田对本田可能做出的三个决策（“不建厂”、“建小厂”和“建大厂”）中的每一个的最优决策（在图 14－2 中，丰田的最优决策带下划线）：

- 如果本田选择“不建厂”，丰田的最优选择是“建小厂”。
- 如果本田选择“建小厂”，丰田的最优选择是“建小厂”。
- 如果本田选择“建大厂”，丰田的最优选择是“不建厂”。

在博弈树中逆推时，我们假设本田预期对它可能做出的三个决策中的每一个丰田都会选择它的最优反应。然后，在给定丰田的最优反应下，通过找出本田从它可能选择的每个选择中得到的利润，我们可以发现，在本田的三个决策中哪一个会给它最高利润：

- 在给定丰田的最优反应下，如果本田选择“不建厂”，本田的利润将会是 1 500 万美元。

● 在给定丰田的最优反应下，如果本田选择“建小厂”，本田的利润将会是 1 600 万美元。

● 在给定丰田的最优反应下，如果本田选择“建大厂”，本田的利润将会是 1 800 万美元。

因此，当本田选择“建大厂”时实现最大利润。这个博弈的纳什均衡是本田选择“建大厂”和丰田选择“不建厂”。在这个均衡下，本田的利润是 1 800 万美元，丰田的利润是 900 万美元。

必须注意的是，序贯博弈的纳什均衡和同时行动博弈的纳什均衡（两家企业都选择“建小厂”）明显不同。实际上，在序贯博弈中，如果丰田和本田同时做出它们的产能决定，本田的均衡策略（“建大厂”）将会是劣的。为什么当本田先行动时，它的行为会有如此不同？这是由于，在序贯博弈中，企业的决策问题和时间是相互关联的：丰田可以看到本田做了什么，而本田预计丰田对它选择的任何行动均会做出理性的反应。这允许本田将丰田逼入困境。通过一个大的产能扩张，本田将丰田置于最优做法是“不建厂”这样一种困境。相反，在同时行动博弈中，丰田不能提前观察到本田的决定，因此本田不能逼迫丰田。正因如此，本田“建大厂”的选择和它在序贯博弈中有不一样的强制性。

边做边学习题 14.3 ☞

一个进入博弈

迪克西特和奈尔伯夫是博弈论中的名著《策略思维》的作者。他们在书中写道，“聪明的木匠可以将树变成桌子；一个聪明的策略家知道怎样将桌子变成树。”① 在这个练习中，我们用一个简单的进入博弈说明他们的观点。

假设你有一家企业，考虑进入数码相机领域。你将和柯达（当前是一个垄断者）进行针锋相对的竞争。柯达以两种方法之一反应：它可以发起价格战或容忍新的进入者。你可以大规模进入或小规模进入这个领域。表 14－14 说明了你和柯达在各种可能情况下的收益。

问题：

你会大规模进入还是小规模进入这个领域？

解：

如果你和柯达同时选择策略，纳什均衡是你大规模进入，柯达发起价格战。大规模进入是你的占优策略。你可以非常容易地看到这一点。在你的这个选择下，柯达的最优反应是发起价格战。在这个纳什均衡下，你的利润将会是每年 200 万美元。

如果是在序贯博弈中，你可以做得更好。如果你能在柯达决定做什么之前首先承诺你的经营规模，则图 14－3 显示了该博弈树。如果你选择“大规模进入”，柯达的最优反应，如我们刚才看到的，是发起价格战，你能得到每年 200 万美元的收益。但如果你选择“小规模进入”，柯达的最优反应是“容忍”，你得到的收益是每年 400 万美元。因此，如果你先行动，你的最优策略是“小规模进入”。序贯博弈的纳什均衡是：你以小

① A. Dixit and B. Nalebuff, *Thinking Strategically* (New York: Norton, 1991), p. 122.

规模进入，柯达以“容忍”回应。

表 14－14　　进入数码相机业务*

		柯达：容忍	柯达：价格战
你	小规模进入	4，20	1，16
	大规模进入	8，10	2，12

*收益以百万美元计。

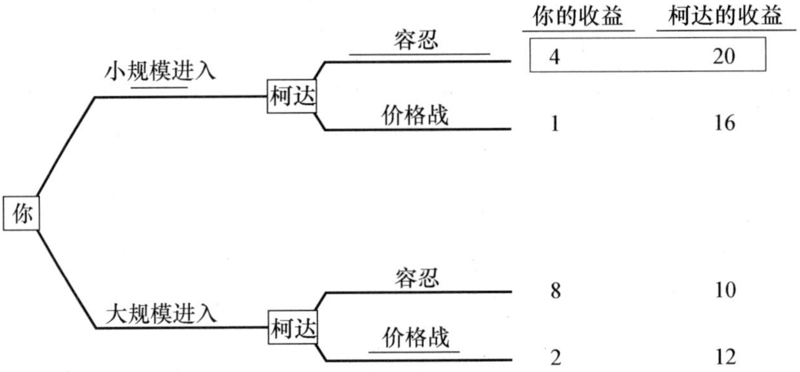

图 14－3　进入数码相机领域的博弈树

说明：你先行动，决定是大规模进入还是小规模进入；然后，柯达以“容忍”或发起“价格战”作为回应。你的最优选择是小规模进入，柯达的反应是容忍。

相似习题：14.10，14.15，14.17，14.21，14.22，14.23

□ 限制个人选择的战略价值

在产能扩大的序贯博弈中，本田首先承诺一个特定的行动，而丰田可以灵活地回应本田。本田的均衡利润是丰田的两倍。提前行动的企业的境况比保持灵活性的企业要好。

这揭示了一个深刻的道理。看起来限制选择的博弈行动，实际上可以使参与者受益。换句话说，没有灵活性也有价值。这是由于一家企业的承诺可以改变竞争对手关于怎样竞争的预期，这反过来会导致竞争对手做出有利于承诺企业的决定。在本田-丰田博弈中，当本田首先承诺一个显然的劣策略（“建大厂”）时，它改变了丰田关于它会做什么的预期。如果本田没有做出这个承诺，那么丰田知道本田从自己的利益出发会选择“建小厂”。这反过来会导致丰田同样选择“建小厂”。通过首先承诺一个更加激进的策略——建大厂，对丰田来说，扩大产能就不具有吸引力，本田在新的均衡中比在同时行动的博弈中的纳什均衡要好。

历史上，有许多将军知道没有灵活性的价值，著名的例子是埃尔南·科尔特斯征服墨西哥蒙特苏马的阿兹特克帝国。当他登陆墨西哥时，科尔特斯命令他的人烧掉除他所在船外的所有船。这不是什么愚蠢的行动，科尔特斯的行动是有目的的，并且是经过精心计算的：通过消除退路，科尔特斯方面的人除竭尽全力去获胜外，没有其他选择。卡斯蒂略（Bernal Diaz del Castillo）有如下记录（他记录了科尔特斯对阿兹特克人的征服）："科尔特斯说，除了来自上帝的帮助，我们没有其他帮助和后援，现在我们已没有船可以回古巴了。因此，我们必须依靠我们自己的好刀剑和决心了。"①

本田的抢先产能扩大和科尔特斯的毁船决定是**策略行为**（strategic moves）的例子。一个策略行为是你在博弈早期采取的行动，该行动在后面的博弈中以有利于你的方式改变了你和你的竞争对手的行为。② 在商业活动中，有很多策略行为的例子。关于怎样在市场中定位一个产品（"我们的目标是大众市场还是高端市场?"）、关于怎样补偿高管（"我们对高管的奖励是基于利润还是市场份额呢?"）和关于产品的兼容性（"我们的产品要和我们竞争对手的兼容吗?"）的决定都是策略行为的例子。这是由于，它们都对之后展开的市场竞争有重要的影响。③ 例如，一家企业将它的产品定位为高端市场的决定，由于减少了和其他竞争对手之间猛烈的价格竞争而具有战略价值。利基策略的直接效应能够限制潜在产品市场的规模也是这个道理。

策略行为：指参与者在博弈早期采取的行动，该行动在后面的博弈中以有利于参与者的方式改变了参与者和其竞争对手的行为。

除商业外，在其他领域，策略行为也有大量的应用。例如，以色列政府很多年来一直保持这样一个政策：在任何情况下，它都不会和恐怖分子谈判。阻止恐怖组织把劫持人质作为一个策略而迫使以色列政府让步（如释放囚犯），这是这个承诺的目标。这个政策对以色列政府的行为有巨大的约束。在可想象的特殊情况下，一个绝对的反对谈判的立场是不明智的；但如果无条件地拒绝谈判，通过阻止恐怖分子的行为改变博弈，这种不变性就有巨大的战略价值。

一个策略行为能够有效，它必须是可见的、可理解的和不可逆的。在产能扩大的例子中，丰田必须观察并理解本田已承诺"建大厂"的策略。否则，这个行动不会影响丰田的决策。为了保证策略行为的可信性，不可改变性是必要的。丰田必须相信本田"建大厂"的承诺。这是非常重要的。这是由于，在我们的例子中，本田的行动是要让丰田相信，它打算选择"建大厂"，从而引发丰田选择"不建厂"，然后实际选择"建小厂"。例如，本田宣布它有一个大的产能扩大计划，以此希望丰田放弃它的扩张决定。一旦这种情况发生，本田将缩减它之前决定的扩张规模。如果本田以这种方式虚张声势，并导致结果（"建小厂"和"不建厂"），本田得到的利润为 2 000 万美元，而如果它执行"建大厂"策略，得到的利润为 1 800 万美元。当然，丰田也理解，本田的行为本身就有虚张声势的成分。除非激进策略有可信的行动支持，否则，该激进策略最终必然是虎头蛇尾的。

---

① 引自下面一书的第 2 章：Richard Luecke：*Scuttle Your Ships before Advancing：And Other Lessons from History on Leadership and Change for Today's Managers*（New York：Oxford University Press，1994）。

② 这个术语是由 Thomas Schelling 在他下面的书中提出的：*The Strategy of Conflict*（Cambridge，MA.：Harvard University Press，1960）。

③ J. Tirole 的 *Theory of Industrial Organization*（Cambridge，MA.：MIT Press，1988）有许多对策略行为的详细分析；D. Besanko、D. Dranove 和 M. Shanley 的 *Economics of Strategy*，3rd ed.（New York：Wiley，2004）的第 7 章有许多商业中的策略行为的非正式讨论。

怎样才能使一个策略行为不可逆？策略行为所创造的专用性资产（即不能被轻易用于其他用途的资产）是形成不可逆的一个因素。为说明这点，假设空中客车希望在主要竞争对手波音决定形成一个生产下一代巨无霸空中客机计划之前，决定投资建造巨无霸空中客机。① 为建造巨无霸空中客机必须投资数十亿美元来生产专用工具和设备。除了对建巨无霸空中客机有用外，这些工具和设备没有其他用途。从而，一旦空中客车建造了生产巨无霸空中客机的工厂，除非竞争环境非常差以至它不能弥补它的非沉没成本，否则，空中客车不可能关闭工厂而放弃生产巨无霸空中客机。资产的专用性意味着，空中客车的大部分成本是沉没成本，平均非沉没成本很小。这为空中客车坚持策略的不可逆性形成了一个强大的经济激励。在波音和空中客车开发巨无霸空中客机的竞赛中，这种不可逆性非常重要。这是因为，大多数观察者相信，市场需求不足以支持一家以上企业盈利。

同样地，合同也会形成不可逆。这方面的一个例子是最惠消费者条款（MFCC）。如果销售者和顾客的销售合同中包含了这样一个条款：销售者被要求让同样的价格条款适用于其他顾客。例如，为从竞争对手那里获得客户，如果销售者以低于标价的价格向人销售，则合同中包括最惠消费者条款的顾客有权要求享受同样的折扣。最惠消费者条款使得折扣是“昂贵的”。由于这个原因，最惠消费者条款创造了一个可信的承诺，即折扣不低于官方标价。

有时候，行动意图的公开声明（“从现在起 6 个月内，我们计划为我们现有产品介绍一个新的改进的版本”）也会形成不可逆。然而，假如这是真的，那么该企业的竞争对手和客户必须理解，如果该企业或它的管理者言行不一致，该企业或它的管理者就会使他们的某些事物存在风险。否则，企业的竞争对手和客户应该认识到，企业做出的声明、承诺及对企业的威胁是不算数的，讲话是廉价的。如果企业没有履行承诺对企业及其高级管理层的声望有显著影响，那么这会提高企业承诺的可信度。在计算机软件行业，已有企业（如微软）对新产品性能、发布日期的承诺比小企业或行业新来者更常见。在一定程度上，这可能和下面的因素相关。就对顾客及个人电脑杂志（一个产品评论的重要论坛）意见领袖者形成的信用方面，和已有企业相比，如果不能兑现承诺，新来者损失得更多。由于这个原因，和有成功记录的现有企业相比，小企业更不愿做声明。言行不一致会导致小企业和它的高级管理层遭受一个较大的面子损失或声誉降低。

案例 14.7

航空公司的不可逆性和可信的策略

真实企业实际上做出的商业决定有多少是不可逆的？陈明哲（Ming-Jer Chen）和麦克米伦（MacMillan）就这个问题对航空业进行了研究。② 他们要求航空公司的高管和

① 巨无霸空中客机是能运载 500 或 600 个乘客的大型飞机。目前最大的可用商业飞机波音 747 能运载 400 个乘客。空中客车已决定开发巨无霸空中客机 A380。

② M.-J. Chen and I. C. MacMillan, “Nonresponse and Delayed Response to Competitive Moves: The Role of Competitor Dependence and Action Irreversibility,” *Academy of Management Journal*, 35 (1992): 539-570.

行业分析师（如金融分析师和学术专家）对航空公司经常做出的各种竞争行为的不可逆程度进行排名。根据行业参与者和观察者的观点，他们发现，兼并/收购、投资建立枢纽机场与通勤航空公司补给联盟的不可逆程度最高。放弃一条路线、提高旅行社代理人的佣金率、促销广告活动和价格决策被行业参与者与专家认为是最容易撤销的行动。

陈明哲和麦克米伦假设，当初始行动难以逆转时，竞争对手不太可能匹配一家航空公司的竞争行动。他们的逻辑和本章中的本田-丰田例子相似。一家企业关于激进策略举措承诺的可信度越高，作为回应，它的竞争对手越有可能选择不太激进的策略。这个逻辑说明，一家航空公司通过收购另一家航空公司扩大航线系统的行动，比短期促销或广告活动更不可能引起竞争对手相应的回应。通过详细研究航空业主要商业出版物《航空日报》在8年期（1979—1986）报道的竞争行动和对抗行动的记录，陈明哲和麦克米伦检验了这个假设。他们的发现支持了他们的假设：难以逆转的行动比容易逆转的行动更少受到相应的回应。这个研究说明，降价是特别挑衅的行动，因此也经常被快速回应。陈明哲和麦克米伦发现，和其他有类似或更高程度不可逆的行动相比，航空公司的竞争对手对降价的回应更加频繁。

本章小结

● 博弈论是经济学的分支，是关于最优决策形成的分析，其中所有决策者被假设为理性的，每一个决策者都考虑竞争对手的行为和反应。

● 博弈中的纳什均衡发生于，在给定其他参与者的选择的情况下，每个参与者都选择能带给自己最高收益的策略。（边做边学习题 14.1 和 14.2）

● 囚徒困境博弈说明了私人利益和集体利益之间的冲突。在囚徒困境博弈的纳什均衡中，尽管参与者的集体利益是追求合作，但每个参与者最终都选择“不合作”策略。

● 不管其他参与者做什么，占优策略的收益比参与者所能采取的其他策略的收益都要高。不管其他参与者做什么，劣策略比其他策略的收益都要低。

● 当两个参与者在博弈中都有占优策略时，占优策略被定义为纳什均衡。如果一个参与者有占优策略，纳什均衡被定义为另一个参与者对这个策略的最优反应。如果没有参与者有占优策略，我们通过排除劣策略找出纳什均衡。

● 在很多博弈中，一些或所有参与者既没有占优策略也没有劣策略；在一些博弈（如斗鸡博弈）中，纳什均衡不止一个。在博弈中找出纳什均衡的步骤为：首先，找到参与者 1 对参与者 2 的每个策略的最优反应；其次，找到参与者 2 对参与者 1 的每个策略的最优反应；最后，看这些最优反应在哪里同时发生。

● 纯策略是在博弈中所有可能行动的一个特定选择。在混合策略下，参与者根据预定的概率，在两个或更多纯策略之间选择。每个博弈至少有一个混合策略纳什均衡。

● 在重复囚徒困境博弈中，在均衡时，参与者可能选择合作。当参与者有耐心、他们的相互作用是频繁的、欺骗容易被发现、从欺骗中获得的一次性收益很小时，合作的可能性增大。

● 对序贯博弈的分析揭示了，先行动在博弈中具有战略价值。（边做边学习题 14.3）

● 策略行为是你在博弈早期采取的行动，该行动在后面的博弈中以有利于你的方式改变了你和你的竞争对手的行为。策略行为可限制一个参与者的灵活性，但这么做具有战略价值。

复习题

1. 纳什均衡是什么？为什么不能构成纳什均衡的策略不可能是博弈的结果？

2. 囚徒困境博弈有什么特殊的地方？本章所介绍的每个博弈都是囚徒困境博弈吗？

3. 占优策略和劣策略有什么不同？为什么参与者在博弈中不太可能选择劣策略？

4. 斗鸡博弈有什么特殊的地方？斗鸡博弈和囚徒困境博弈有什么不同？

5. 如果没有参与者有占优策略，博弈有纳什均衡吗？如果参与者没有劣策略，博弈有纳什均衡吗？

6. 纯策略和混合策略有什么不同？

7. 尽管在一次囚徒困境博弈中不合作是占优策略，但在无限重复囚徒困境博弈中，合作是如何出现的？

8. 什么条件能强化重复囚徒困境博弈中的合作可能性？

9. 同时行动博弈和序贯博弈之间有什么不同？

10. 什么是策略行为？为了具有战略价值，为什么策略行为必须难以逆转？

习　题

14.1　以下博弈的纳什均衡是什么？

		参与者2：左	参与者2：右
参与者1	上	2，6	8，−5
	下	0，9	12，3

14.2　忽略混合策略，以下博弈有纳什均衡吗？纳什均衡的个数多于1个吗？如果是，它们是什么？

		参与者2：西	参与者2：东
参与者1	北	2，1	1 000，900
	南	3，2	2，1

14.3　以下博弈中的每个参与者都有占优策略吗？如果有，请找出来。每个参与者都有劣策略吗？如果有，请找出来。这个博弈的纳什均衡是什么？

		参与者2：左	参与者2：中	参与者2：右
参与者1	上	15，12	14，8	8，10
	下	13，11	12，9	5，14

14.4　可口可乐和百事可乐在巴西的软饮料市场中展开竞争。每家公司都正在决定是否采取一个激进的广告策略。如果采取激进的策略，公司明显增加在媒体和户外广告上的开支，并且超过去年的水平。如果采取保守的策略，公司的广告支出和去年相等。每个策略的收益（以美元计）如下所示：

		百事可乐	
		激进	保守
可口可乐	激进	100，80	170，40
	保守	80，140	120，100

这个博弈的纳什均衡是什么？这个博弈是囚徒困境的一个例子吗？

14.5 在卡斯特里昂（Castorian）的航空市场，只有两家公司。每家公司都正在决定是否提供一个常旅客计划。每年的利润（以百万美元计）和下表（第一个数字是航空公司A的收益，第二个数字是航空公司B的收益）总结的每个策略相关：

		航空公司B	
		提供常旅客计划	不提供常旅客计划
航空公司A	提供常旅客计划	200，160	340，80
	不提供常旅客计划	160，280	240，200

a）每个参与者都有占优策略吗？请解释。

b）这个博弈中有纳什均衡吗？如果有，是什么？

c）这个博弈是囚徒困境博弈的一个例子吗？请解释。

14.6 朝日和麒麟是日本两家最大的啤酒销售商。这两家企业在日本的干啤酒市场中激烈竞争。下表为每家企业在不同啤酒价格下的利润（以百万日元计）：

		麒麟			
		630 日元	660 日元	690 日元	720 日元
朝日	630 日元	180，180	184，178	185，175	186，173
	660 日元	178，184	183，183	192，182	194，180
	690 日元	175，185	182，192	191，191	198，190
	720 日元	173，186	180，194	190，198	196，196

a）朝日有占优策略吗？麒麟呢？

b）朝日和麒麟都有劣策略；找到并指出它。

c）假设朝日和麒麟不会采取你在问题b）中识别的劣策略（即，在表中划掉每家企业的劣策略）。在排除劣策略后，说明朝日和麒麟有另一个劣策略。

d）假设朝日和麒麟不会采取你在问题c）中识别的劣策略。在排除这个劣策略后，朝日和麒麟现在是否有占优策略？

e）这个博弈的纳什均衡是什么？

14.7 考虑下面的博弈：

		参与者2	
		左	右
参与者1	上	1，4	−100，3
	下	0，3	0，2

a）这个博弈的纳什均衡是什么？

b）如果你是参与者1，你在这个博弈中会怎样做？

14.8 在2099年，月球已被人类开拓为殖民地。阿尔卡特（法国电信设备公司）和诺基亚（芬兰电信设备公司）正试图决定是否在月球上投资第一个蜂窝通信系统。这个市场仅够支持一家公司盈利。两家公司为了在月球上构建蜂窝网络必须做出巨大投资。每家公司进入或不进入月球市场的收益如下所示：

		诺基亚	
		进入	不进入
阿尔卡特	进入	−1 000，−1 000	500，0
	不进入	0，500	0，0

忽略混合策略，找到这个博弈中的所有纳什均衡。

14.9 ABC和XYZ是欧洲仅有的两家销售小玩意的企业。下表为每家企业在不同价格下（以每单位多少欧元表示）的利润（以百万欧元计）。ABC的利润是每个单元格左边的数字，XYZ的利润是右边的数字。

		XYZ			
	价格	20	24	28	32
ABC	20	60，60	68，56	70，50	72，46
	24	56，68	66，66	84，84	88，60
	28	50，70	64，84	82，82	96，80
	32	46，72	60，88	80，96	92，92

这个博弈中有唯一的纳什均衡吗？如果有，是什么？如果没有，为什么？请解释你是如何得出你的答案的。

14.10 两家管道企业打算进入一个将原油从一个端口运送到炼油厂的市场。管道企业1是两家企业中规模稍大的一家，正在计划它的产能策略，我们可以将这个策略大致描述为“激进”和“保守”。“激进”策略包括大量增加产能以增加企业的市场份额，“保守”策略包括不改变企业的产能。管道企业2是规模较小的那家，同样在考虑它的产能扩大策略。它也在“激进”和“保守”之间选择策略。下表显示了和两家企业选择相关的利润现值：

		管道企业2	
		激进	保守
管道企业1	激进	75，25	100，30
	保守	90，45	110，40

a）如果两家企业同时决定它们的策略，则纳什均衡是什么？

b）如果管道企业1先行动，而且承诺它的产能扩大策略，则它的最优策略是什么？管道企业2会怎么做？

14.11 露西（Lucy）和里基（Ricky）为星期六晚上制订计划。他们可以去看芭蕾舞剧或拳击比赛。每个人独立做出决定，结果如你从下表中所看到的。如果他们达成一致，会有一些收益。忽略混合策略，这个博弈有纳什均衡吗？如果有，是什么？

		里基	
		芭蕾舞剧	拳击比赛
露西	芭蕾舞剧	100，30	−90，−90
	拳击比赛	−90，−90	30，100

14.12 假设市场需求曲线是$P=130-Q$。

a）如果两家企业在这个市场中竞争，边际成本为$c=10$，找到古诺均衡产量和每家企业的利润。

b）如果市场中只有一家企业，边际成本为$c=10$，找到垄断产量和利润。

c）使用来自问题 a）和问题 b）的信息，构造一个 2×2 收益矩阵，矩阵中的每个参与者所能采取的策略为生产古诺均衡产量或垄断产量的一半。

d）问题 c）中的纳什均衡（或均衡）是什么？

14.13 考虑以下博弈（$x>0$）：

		企业 2	
		高价	低价
企业 1	高价	140，140	20，160
	低价	$90+x$，$90-x$	50，50

a）在 x 取何值时，两家企业都有占优策略？在此情况下，纳什均衡（或均衡）是什么？

b）在 x 取何值时，只有一家企业有占优策略？在此情况下，纳什均衡（或均衡）是什么？

c）是否存在使企业没有占优策略的 x？忽略混合策略，在这样的情况下有纳什均衡吗？

14.14 纳什教授宣布，他会在杰克与吉尔之间竞拍 20 美元的钞票，这两个学生是在刚上课的时候随机选择的。每个学生私下在一张纸上提交报价。报价高的人将赢得 20 美元的钞票（如果出现并列的情况，则每个学生获得 10 美元）。然而，需要注意的是，不管谁赢得拍卖，每个学生必须支付报价。假设每个学生那天只有两张 1 美元的钞票。所以，每个学生能够选择的策略是报价 0 美元、1 美元或 2 美元。

a）写出描述这个博弈的 3×3 收益矩阵。

b）这两个学生有劣策略吗？

c）这个博弈的纳什均衡是什么？

d）假设杰克与吉尔每个人都可以从教室中其他学生那里借钱，他们每个人用于报价的总钱数是 11 美元，（11，11）是纳什均衡吗？

14.15 考虑下面录像带播放器制造商索尼和电影制片厂哥伦比亚电影公司之间的博弈。每家公司必须决定是否使用 VHS 或 Beta 格式。索尼据此制造视频播放器，哥伦比亚电影公司据此将电影用于出租或销售。

		哥伦比亚电影公司	
		Beta	VHS
索尼	Beta	20，10	0，0
	VHS	0，0	10，20

a）只考虑纯策略，每家公司都有占优策略吗？这个博弈的纳什均衡（或均衡）是什么？

b）这个博弈有混合策略纳什均衡吗？如果有，是什么？

c）再次只关注纯策略，但现在集中于序贯博弈，其中索尼先选择它的策略。这个博弈的纳什均衡（或均衡）是什么？

14.16 在世界职业棒球大赛中，林瑟肯（Lincecum）是投手，而莫尔（Mauer）是击球员。莫尔的计分是 3 球 2 击。林瑟肯必须决定投快球还是投弧线球。莫尔必须决定挥棒还是不挥棒。如果林瑟肯投了一个快球而莫尔没有挥棒，这个投球几乎肯定是一个好球，莫尔会出局。然而，如果莫尔挥棒了，他击中的可能性很大。如果林瑟肯投了弧线球而莫尔挥棒了，则莫尔出局。但如果林瑟肯投了弧线球而莫尔没有挥棒，则为四坏球的可能性很大，莫尔会出局（假设在这种情况下出局和击中一样）。

下表显示了林瑟肯和莫尔的收益：

		莫尔	
		挥棒	不挥棒
林瑟肯	快球	−100，100	100，−100
	弧线球	100，−100	−100，100

a）这个博弈中有纯策略纳什均衡吗？

b）这个博弈中有混合策略纳什均衡吗？如果有，是什么？

14.17 在20世纪90年代中期，瓦卢杰（Value Jet）航空公司准备进入亚特兰大的航线市场和达美（Delta）航空公司进行正面竞争。瓦卢杰航空公司知道达美航空公司会以两种方式回应：达美航空公司发起“价格战”或“容忍”进入者，并将价格保持在高水平。瓦卢杰航空公司必须决定是以小规模进入还是以大规模进入。年利润（以百万美元表示）与下表总结中的每个策略相关（第一个数字是瓦卢杰航空公司的收益，第二个数字是达美航空公司的收益）：

		达美航空公司	
		容忍（高价）	低价（价格战）
瓦卢杰航空公司	小规模进入	8，40	2，32
	大规模进入	16，20	4，24

a）如果瓦卢杰航空公司和达美航空公司同时决定它们的策略，在纳什均衡时，两家公司会采取什么策略，且瓦卢杰航空公司的收益是多少？请解释。

b）如果瓦卢杰航空公司决定先行动，以小规模进入。它通过发布公开声明传达了这个信息，它在这个市场的愿望是有限的，而且没有计划扩大最初的小规模。分析此序贯博弈，其中瓦卢杰航空公司在第一阶段选择“小规模进入”或“大规模进入”，然后达美航空公司在第二阶段选择“容忍”或发起“价格战”。瓦卢杰航空公司通过先行动和以小规模进入提高了它的利润吗？如果是，它多得到了多少利润？如果不是，请解释。（提示：画出博弈树。）

14.18 贝赞可（Besanko）公司和布罗伊蒂加姆（Braeutigam）公司在高档碳纤维市场中竞争。两家公司销售相同等级的碳纤维，以相同市场价格销售一种商品。每家公司的挑战是对产能扩大做出决策。下面的问题与该选择有关。

a）假设：众所周知，这个行业的长期市场需求是稳健的。考虑到这一点，与贝赞可、布罗伊蒂加姆采取的各种产能扩大策略相关的收益（以美元计）显示在下表中。如果两家公司同时做出它们的产能选择，则每家公司的纳什均衡产能选择是什么？

b）假设下表给出了每家公司在不同产能情况下的收益，但现在假设贝赞可先承诺产能策略。也就是说，它可以选择不扩张、适度扩张或大扩张。布罗伊蒂加姆观察到这个选择并做出它的选择（不扩张或适度扩张）。这个序贯产能博弈的均衡是什么？

		布罗伊蒂加姆	
		不扩张	适度扩张
贝赞可	不扩张	1 013，1 013	844，1 125
	适度扩张	1 125，844	900，900
	大扩张	1 013，506	675，450

14.19 波音和空中客车为来自新加坡航空公司的订单展开竞争。每家公司提供一架喷气式飞机的价格为10百万美元或5百万美元。如果两家公司提供相同的价格，新加坡航空公司会在两家公司之间平分订单，50∶50。如果一家公司提供的价格高于另一家，价格较低的竞争者将赢得整个订单。以下是波音和空中客车预期从这次交易中得到的利润：

		波音	
		$P=5$	$P=10$
空中客车	$P=5$	30，30	270，0
	$P=10$	0，270	50，50

说明：图中数字的单位是百万美元。

a）这个博弈的纳什均衡是什么？

b）假设波音和空中客车预期从现在到可以预见的未来，它们每个季度都将为来自新加坡航空公司的订单展开竞争。在每个季度，每家公司提供一个价格，收益也由上表决定。每家航空公司提供的价格是公开信息。假设空中客车做出了如下公开声明：

> 为提高利润率，在下个季度我们打算像政治家一样为我们的飞机定价，即不会为了赢得订单而降价。然而，如果竞争对手利用我们上面的政策，则我们打算放弃这个政策，而且在随后的每个季度也用尽可能低的价格去竞争订单。

波音正考虑下个季度的价格策略。你推荐波音制定什么价格？**重要提示**：为评估收益，想象在每个季度，波音和空中客车都能立即收到它们的收益。（因此，如果在下个季度，波音选择定价 5 百万美元，而空中客车选择定价 10 百万美元，则波音会立即收到 270 百万美元的利润。）更进一步，假设波音和空中客车用以下方式评估未来收益：下个季度及随后的每个季度都能收到 1 百万美元，这一系列收益与本季度收到的一次性收益 40 百万美元具有相同的价值。

c）假设飞机的订单是一年收到一次，而不是一个季度收到一次。也就是说，波音和空中客车在今年会为了一个订单而相互竞争（收益由上表给出），但它们之间的下一次竞争不会在另一年发生。在评估现在收益和未来收益方面，假设每家公司认为，下一年及之后每一年都能收到 1 百万美元的收益，这一系列收益等于今年立即收到的 10 百万美元。再次假设空中客车会采取上面公开声明中的策略，你建议波音在今年及之后的每一年制定什么样的价格？

14.20 考虑一个购买者，在下个月，他决定是否从一个垄断销售商那里购买一件商品。销售商“宣称”提供高质量的产品（价格是以那个“宣称”为基础的）；然后，以低质量部分替换高质量部分，销售商降低了销售给购买者的产品质量，销售商这样做可以降低生产产品的可变成本和固定成本。购买者在购买的时候看不到产品的质量，在那个时候销售商不会告诉购买者产品是高质量的还是低质量的。只有在开始使用后，购买者才知道产品的质量。

销售商和购买者来自这次交易的收益（以美元计）如下所示：

		销售商	
		出售高质量产品	出售低质量产品
购买者	买	5，6	−4，12
	不买	0，−4	0，−1

购买者的收益（消费者剩余）先列出，销售商的收益（利润）随后列出。

依据上表，回答以下问题：

a）在一次博弈的情况下，销售商和购买者在这个博弈中的纳什均衡是什么？

b）再次假设只进行一次博弈（即购买者最多购买一次），但假设在博弈之前，销售商承诺提供一个保证：如果购买者对他所购买的产品不满意，销售商给购买者一个数额为 W 的金钱支付。W 的最小值是多少，才能使销售商选择提供高质量的产品、购买者选择购买？

c）没有保证，而是允许购买者重复购买。特别地，假设如果购买者购买了产品且发现买到的是高质量的产品，那么他下个月还会买。实际上，只要他上个月购买的产品的质量高，他就会继续购买，一月又一月（直到永远!）。然而，当购买者非常不满——如果销售商在一个特定月份中销售给他一件低质量的产品——从那之后，他会一直拒绝从销售商那里购买。假设销售商知道购买者会这样。更进一步，我们假设销售商用以下方式评估利润：下个月及之后的每个月都能收到 1 美元，这一系列收益与这个月立即收到的 50 美元收益具有相同的价值。销售商会提供低质量的产品还是提供高质量的产品？

14.21 两家企业在一个寡头垄断市场中展开竞争。企业 1，两家企业中规模较大的一家，正在思考它的产能策略：是选择“激进”策略还是“保守”策略。激进策略包括大量增加产能，目标是扩大市场份额，而保守策略包括不改变企业的产能。企业 2，规模较小的那家，同样正考虑它的产能扩大策略。它也在激进策略和保守策略之间选择。下表显示了和每一对策略相关的收益：

		企业 2 激进	企业 2 保守
企业 1	激进	25，9	33，10
	保守	30，13	36，12

a）如果两家企业同时决定它们的策略，纳什均衡是什么？

b）如果企业 1 先行动，且用可靠的承诺保证它的产能扩大策略，它的最优策略是什么？企业 2 会怎么做？

14.22 将产油区的原油运输到亚特兰蒂斯一个端口的两家管道公司是：星线（Starline）和管输（Pipetran）。下表显示了每家公司在不同产能下获得的年利润（以百万欧元计）。星线的利润是每个单元格左边的数字，管输的利润是右边的数字。在现有产能下（不扩张），星线的利润是每年 4 000 万欧元，而管输的利润是每年 1 800 万欧元。每家公司考虑一个产能扩大策略。由于管输是一家相当小的公司，所以它只能考虑小规模扩大它的产能。星线有能力考虑小规模和大规模的产能扩张。

		管输 不扩张	管输 小
星线	不扩张	40，18	28，22
	小	48，14	32，16
	大	38，10	24，5

a）如果两家公司同时做出关于扩张的决定，是否存在唯一的纳什均衡？如果有，是什么？如果没有，为什么？解释这个博弈是否为囚徒困境的一个例子。

b）如果产能策略的选择是依次的，星线有先行者优势吗？如果有，扼要说明它怎样可信地执行这个策略。

c）假设你被雇用去为管输的产能选择提出建议。如果管输有先行动的选择，你建议它先行动吗？请解释。

14.23 ABC 和 XYZ 是两家麦片生产商，正准备进入南美市场。每家企业有能力建造一个工厂，用于生产高纤维和低卡路里（高纤维）的麦片或生产一种甜味的（甜）不太健康的麦片。一旦工厂选择生产一种类型的麦片，转到生产另一种类型麦片的成本就非常高。下表显示了在给定生产选择下，每家企业获得的年收益（以百万比索计）。ABC 的利润是每个单元格左边的数字，XYZ 的利润是右边的数字。例如，如果 ABC 选择甜麦片而 XYZ 生产高纤维麦片，则 ABC 的年收益将会是 5 000 万比索，而 XYZ 是 6 000 万比索。

		XYZ 高纤维	XYZ 甜
ABC	甜	50，60	30，40
	高纤维	20，30	40，60

a）如果两家企业同时选择建厂类型，存在唯一的纳什均衡吗？如果有，是什么？如果没有，为什么？

b）如果产能选择是依次的，ABC 有先行者优势吗？如果有，扼要说明它怎样可信地执行这个策略。

c）如果产能选择是依次的，XYZ 有先行者优势吗？如果有，扼要说明它怎样可信地执行这个策略。

14.24 城市 A、城市 B 和城市 C 位于不同的国家。埃贾克斯航空公司（Ajax Air）是唯一为城市 A 和城市 B 之间提供服务的航空公司。它的总成本是 $C_{Ajax}=20Q_{AB}$。城市 A 和城市 B 之间的飞机票价格是 P_{AB}。同样地，天空航空公司（Sky Air）是唯一为城市 B 和城市 C 之间提供服务的航空公司。它的总成本是 $C_{Sky}=20Q_{BC}$。城市 B 和城市 C 之间的票价是 P_{BC}。这两家航空公司不服务其他任何市场。

在城市 A 和城市 C 之间飞行的所有航线仅将城市 B 作为和另一家航空公司联系的站点（换句话说，没有航班在城市 B 起飞或在城市 B 降落）。城市 A 和城市 C 之间的乘客服务需求是 $Q_{AC}=220-P_{AC}$，城市 A 和城市 C 之间的飞机票价格为 $P_{AC}=P_{AB}+P_{BC}$，Q 表示需要运输的乘客数量。

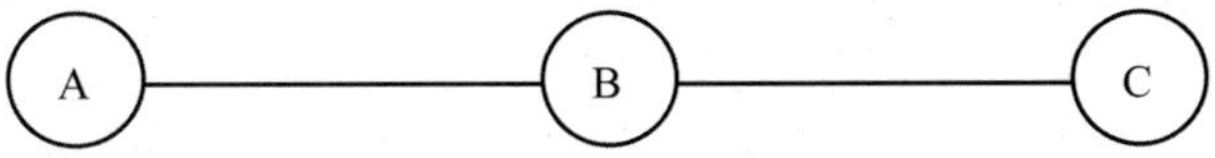

埃贾克斯：票价 $=P_{AB}$　天空：票价 $=P_{BC}$
成本：$C_{AB}=20Q_{AB}$　成本：$C_{BC}=20Q_{BC}$

a）下表显示了每家航空公司不同飞机票价格组合的利润。在单元格中左上角的数字是埃贾克斯航空的利润，右下角的数字是天空航空的利润。假设埃贾克斯航空定价为 $P_{AB}=100$，而天空航空定价为 $P_{BC}=90$。计算每家航空公司的利润，并将你的结果填入表中。

埃贾克斯航空 \ 天空航空	$P_{BC}=100$	$P_{BC}=95$	$P_{BC}=90$	$P_{BC}=85$	$P_{BC}=80$	$P_{BC}=70$	$P_{BC}=65$	$P_{BC}=60$	$P_{BC}=55$
$P_{AB}=100$	1600 1600	2000 1875		2800 2275	3200 2400	4000 2500	4400 2475	4800 2400	5200 2275
$P_{AB}=95$	1875 2000	2250 2250	2625 2450	3000 2600	3375 2700	4125 2750	4500 2700	4875 2600	5250 2450
$P_{AB}=90$	2100 2400	2450 2625	2800 2800	3150 2925	3500 3000	4200 3000	4550 2925	4900 2800	5250 2625
$P_{AB}=85$	2275 2800	2600 3000	2925 3150	3250 3250	3575 3300	4225 3250	4550 3150	4875 3000	5200 2800
$P_{AB}=80$	2400 3200	2700 3375	3000 3500	3300 3575	3600 3600	4200 3500	4500 3375	4800 3200	5100 2975
$P_{AB}=70$	2500 4000	2750 4125	3000 4200	3250 4225	3500 4200	4000 4000	4250 3825	4500 3600	4750 3325
$P_{AB}=65$	2475 4400	2700 4500	2925 4550	3150 4550	3375 4500	3825 4250	4050 4050	4275 3800	4500 3500
$P_{AB}=60$	2400 4800	2600 4875	2800 4900	3000 4875	3200 4800	3600 4500	3800 4275	4000 4000	4200 3675
$P_{AB}=55$	2275 5200	2450 5250	2625 5250	2800 5200	2975 5100	3325 4750	3500 4500	3675 4200	3850 3850

b）目前，不允许埃贾克斯航空和天空航空协调价格。它们在定价时不能合作。使用上表，找到纳什均衡票价。解释你是怎样得到答案的。

c）两家航空公司游说反托拉斯当局允许它们合并，这一行为可以使它们像垄断者一样共同定价。合并后的航空公司仍然在城市 B 降落加油，合并后航空公司的成本曲线和需求曲线不变。使用上表，合并后的航空公司将为城市 A 和城市 C 之间的航程制定什么样的价格？并解释你的理由。

第7部分

专题

第 15 章

风险与信息

我有多少可能会赢

作为体现互联网出现的一种商业工具，目前还没有一家公司能超越亚马逊公司。自从 32 岁的贝索斯（Jeff Bezos）在 1995 年 7 月创立“世界上最大的书店”开始，至今亚马逊公司已经开始提供光碟、视频、玩具、消费电子产品、衣服、工具甚至杂货。对一些消费者来说，亚马逊公司是他们第一并且唯一的目的地。

如果你已投资亚马逊公司，那么将会发生什么呢？假设在 1999 年 9 月，你购买了价值 1 000 美元的亚马逊公司股票。图 15－1 显示了，在接下来的 11 年中，这 1 000 美元投资的市场价值将如何改变。在你购买后的几个月中，它的价值增加，到 2001 年 12 月达到约 1 060 美元。但是，在接下来的两年，价值明显下降。到 2001 年 10 月，紧接着“9·11”及科技泡沫破灭后，你的投资仅值 87 美元，几乎损失了 93%。投资 5 年后，2004 年 9 月，你的投资值大约 500 美元。再过 3 年，到 2007 年 9 月，你的投资价值反弹到 1 165 美元，仅在 14 个月后，即 2008 年 11 月，正值金融危机和大衰退，它的价值跌到 534 美元。但大约 1 年半后，你的投资价值又一次增长，在 2010 年 4 月达到顶点，超过了 1 700 美元。

亚马逊公司股票价格的变化提供了有关风险的极好案例。投资亚马逊公司股票就像在浓雾里坐过山车，你知道它将上涨和下跌，但不知道什么时候涨什么时候跌，更不知道涨跌的幅度。经济生活中同样充满着风险：当开始新的业务时，企业家面临失败的风险；当以昂贵的合同签下一名自由球员时，体育队面临他低水平表现的风险；如果家庭成员生病或遭受事故，整个家庭都将面临巨额医疗费的风险；当参加拍卖会时，竞拍者有为未知价值物品付费过高的风险。

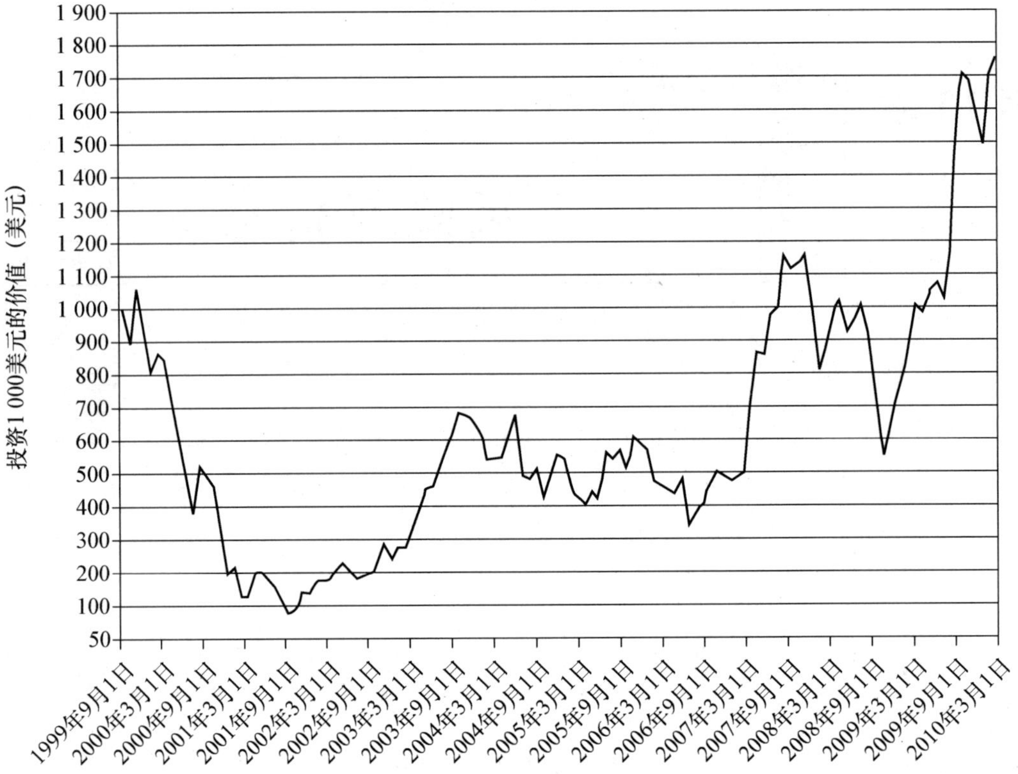

图 15-1　对亚马逊公司股票投资 1 000 美元的价值，1999 年 9 月 1 日至 2010 年 4 月 1 日

说明：在 1999 年 9 月以 1 000 美元投资的亚马逊公司股票的价值在接下来的 11 年里剧烈波动，到 2010 年 4 月价值超过 1 750 美元。

资料来源：Yahoo Finance，http：//finance. yahoo. com/q/hp?s＝AMZN（accessed April 10，2010）.

本章将介绍以下内容：风险；不完美信息；如何运用微观经济学中的工具分析风险现象及面对风险时的决策。

本章概要　在阅读和学习本章之后，你将会解决以下问题：

- 用概率、期望值、方差描述风险结果。
- 解释如何通过效用函数的形状描述个体对风险的态度。
- 通过计算期望效用评估风险结果。
- 计算一个风险厌恶决策者的风险溢价。
- 解释在公平定价条件下为什么风险厌恶者会购买全额保险。
- 了解保险市场上的两种不同方式的信息不对称：道德风险和逆向选择。
- 用决策树分析风险决策。
- 了解不同拍卖方式的差异。
- 解释什么是赢者诅咒。

本章介绍这些工具和概念是为了达到以下目标：使你能够更好地理解风险和不完美信息主导的经济环境，如保险和拍卖市场。我们还希望这些工具和概念有助于你在生活中更好地进行决策，比如，你应该接受什么工作，是否应该购买互联网公司（像亚马逊公司）的股票，或者在 eBay 和雅虎这样的网站上如何出价！

15.1 描述风险结果

假设你刚买了一个公司（比如亚马逊公司）价值为 100 美元的股票，但你并不清楚该股票明年会怎样，上升还是下降，因此，购买股票是有风险的。但风险是什么？如何比较你购买股票或进行其他投资面临的风险？回答这些问题，涉及对风险结果的描述。在这部分，你将了解描述风险结果的三个概念：概率分布、期望值及方差。

□ 彩票与概率

即使你不知道你购买的股票明年的价值是多少，你也可以描述它可能是多少。例如，你知道一年后你 100 美元的投资将会出现下面三种情况：

- 它的价值可能上升 20%，到 120 美元（结果 A）。
- 它的价值可能保持不变（结果 B）。
- 它的价值可能下降 20%，到 80 美元（结果 C）。

你在股票上的投资就是**彩票**（lottery）的一个例子。在现实生活中，彩票就是一个选择的博弈。在微观经济学中，对结果不确定的事件（如股票的投资、校园足球赛的结果及赌盘的旋转结果），我们可以使用彩票来描述。

彩票： 任何结果不确定的事件。

上面的彩票有 3 种可能的结果：A、B 和 C。一个彩票特定结果的**概率**（probability）就是这个结果发生的可能性。例如，如果结果 A 有 3/10 的机会发生，我们就说 A 的概率是 3/10 或者 0.3；如果结果 B 有 4/10 的机会发生，我们就说 B 的概率是 4/10 或者 0.4；如果结果 C 有 3/10 的机会发生，我们就说 C 的概率是 3/10 或者 0.3。彩票的**概率分布**（probability distribution）描述了彩票的所有可能结果和它们所对应的概率。条形图 15－2 描述了某个网络公司股票价格的概率分布。每个长条代表一种可能的结果，长条的高度对应着该结果的概率。对任何彩票，描述不确定性事件结果的概率有两个重要性质：

- 任何特定结果的概率值均在 0 和 1 之间。
- 所有可能结果的概率的总和等于 1。

概率： 彩票的特定结果发生的可能性。
概率分布： 描述了彩票的所有可能结果和它们所对应的概率。

如何得到概率及概率分布？一些概率源于自然规律。例如：掷硬币时正面朝上的概率是 0.50。你可以通过反复掷硬币证实它。在投掷次数足够多（100 次或者 200 次）后，正面朝上的比例差不多就是 50%。

但是，并不是所有风险事件都和掷硬币一样。在很多事件中，推断特定结果的概率非常困难。例如，你如何知道你购买的股票上涨 20%的概率真的是 0.3？你的估计只反

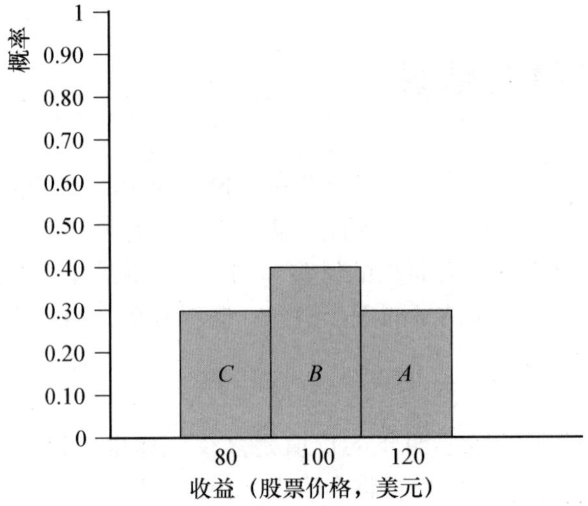

图 15-2　一个彩票的概率分布

说明：结果 A（上升 20%到 120 美元）的概率为 0.30，结果 B（保持 100 美元不变）的概率是 0.40，结果 C（下降 20%到 80 美元）的概率是 0.30。

映了一种有关事件可能如何发展的主观信念，没有反映不变的客观规律。反映有关风险事件主观信念的概率叫作**主观概率**（subjective probabilities）。主观概率也必须遵循上述概率的两个性质。但是，不同的决策者可能对给定风险事件可能结果的概率拥有不同信念。例如，对上述股票，一个更加乐观的投资者可能这么认为：

- 概率 A=0.50（股票价值有 5/10 的机会上涨 20%）。
- 概率 B=0.30（股票价值有 3/10 的机会保持不变）。
- 概率 C=0.20（股票价值有 2/10 的机会下跌 20%）。

虽然这个主观概率和刚才的不同，但是它们仍然保持前面所述的概率的两个重要性质：概率值在 0 和 1 之间；所有可能结果的概率的总和为 1。

主观概率： 反映有关风险事件主观信念的概率。

□ 期望值

给定风险投资的所有可能结果的概率，你期望获得多少收益，投资的**期望值**（expected value）是多少？彩票的期望值是这个彩票产生的平均收益。我们可以用互联网公司股票的例子来阐释它：

$$期望值 = A\text{ 的概率}\times A\text{ 的收益} + B\text{ 的概率}\times B\text{ 的收益} + C\text{ 的概率}\times C\text{ 的收益}$$

应用这个公式，我们得到：

$$期望值 = 0.30\times 120 + 0.40\times 100 + 0.30\times 80 = 100$$

互联网公司股票的期望值是所有收益的加权平均数，权数就是每个收益发生的概率。更一般地，如果 A，B，…，Z 代表一个彩票的所有可能结果，那么这个彩票的期望值就是：

$$期望值 = A 的概率 \times A 的收益 + B 的概率 \times B 的收益 + \cdots + Z 的概率 \times Z 的收益$$

在掷硬币的例子中，这个彩票的期望值就是在彩票大量重复时你可以从中获得的平均收益。如果一次次地做相同投资并且平均化收益，那么这个平均值将非常接近彩票的期望值 100 美元。

期望值：对彩票产生的平均收益的度量。

□ 方差

假设你有两个投资机会：价值 100 美元的互联网公司股票和价值 100 美元的公用事业公司（电力公司和自来水公司）的股票。图 15－3 描述了两类公司股票价格的概率分布。它们的期望值是相同的，都为 100 美元（你可以验证一下）。但是，由于公用事业股票可能保持现价 100 美元，而互联网公司股票有可能上涨或下跌，因此互联网公司股票比公用事业公司股票的风险更高。也就是说，拥有互联网公司股票比拥有公用事业公司股票可能赚得更多，也可能损失得更多。

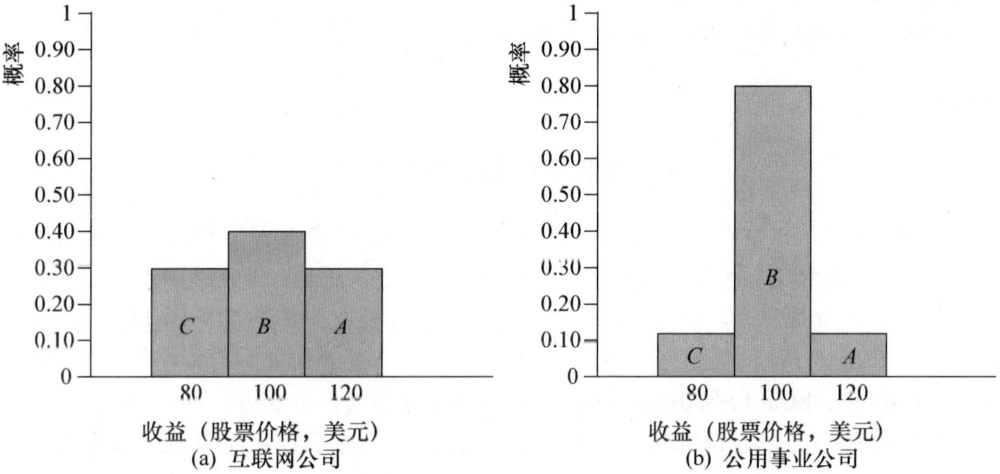

图 15－3　概率分布、风险和方差

说明：投资互联网公司的风险远远高于投资公用事业公司。投资互联网公司的实际结果不同于期望结果（两类公司的期望结果都为 *B*）的概率为 0.6；而投资公用事业公司的实际结果不同于期望结果的概率仅为 0.2。这反映出它们方差的不同（投资互联网公司的方差为 240 美元，投资公用事业公司的方差为 80 美元）。

我们用**方差**（variance）表示彩票的风险。彩票的方差是彩票所有可能结果的概率加权偏差平方和。一种结果的偏差平方是指，这种结果的收益与彩票期望值的差的平方。下面根据图 15－3（a）所示的可能结果，计算投资互联网公司的方差：

（1）得到期望值（EV）；在这个例子中，如前面所述，$EV=100$ 美元。

（2）找到每种结果的偏差平方；然后与其对应概率相乘得到概率加权偏差平方：

● 结果 A（120 美元收益）的偏差平方 $=(收益-EV)^2=(120-100)^2=400$（美元）。

结果 A 的概率加权偏差平方 $=0.30\times400=120$（美元）。

• 结果 B（100 美元收益）的偏差平方＝(收益－EV)^2＝(100－100)^2＝0（美元）。

结果 B 的概率加权偏差平方＝0.40×0＝0（美元）。

• 结果 C（80 美元收益）的偏差平方＝(收益－EV)^2＝(80－100)^2＝400（美元）。

结果 C 的概率加权偏差平方＝0.30×400＝120（美元）。

（3）加总概率加权偏差平方，得

$$方差=120+0+120=240(美元)$$

我们用同样的方法计算图 15－3（b）的方差，它的方差＝80 美元。①

这些结果反映了我们观察图 15－3 的直观印象。在公用事业公司投资中结果等于期望值（两类公司中的结果 B）的概率为 0.8，在互联网公司投资中仅为 0.4，因此投资公用事业公司比投资互联网公司风险更小。

标准差（standard deviation），即方差的平方根，是风险的另一个测度。互联网公司股票的标准差是 $\sqrt{240}=15.5$，公用事业公司股票的标准差是 $\sqrt{80}=8.9$。

一个彩票的方差比另一个彩票的方差更大，意味着那个彩票的标准差比另一个彩票的标准差更大。因此，和方差一样，标准差提供给我们关于彩票风险的相同信息。

方差：彩票所有可能结果的概率加权偏差平方和。

标准差：方差的平方根。

案例 15.1

掷骰子与幸运数字 7

数字 7 有时可以作为幸运数字。可能是因为在《圣经》“创世纪”中，造物持续 6 天后，第 7 天作为安息日度过。也可能是因为，彩虹有 7 种颜色（红色、橙色、黄色、绿色、蓝色、靛色和紫色）。或者是因为，在数字理论中 7 是幸运素数（集合中还有如 3，13，31，37，43，67，73，79，127 和 151 的素数）。但也可能因为它是两个骰子点数之和的期望值，这在掷骰子或如“大富翁”、Strat-O-Matic Baseball 的棋盘游戏中有实际的应用。

为了理解这一点，假设你掷两个骰子并加总点数。为了计算期望值，首先写出所有的可能结果。这里从 2 到 12 有 36（＝6×6）种可能性。

下表用这些信息计算期望值。第二列显示了掷两个骰子的所有可能结果的次数。例如，最可能的结果是 7，它在 36 种结果中发生了 6 次（看上表）；第二列的最后一行显示，掷两个骰子共有 36 种结果。第三列为骰子点数和的概率，由第二列的数字除以 36 得到。注意，在第三列的最后一行，概率之和为 1，符合性质。第四列计算了骰子点数和其概率的乘积；将它们加总，就可以得到最后一行的期望值 7。看第二列的次数就不难理解此期望值了。例如，点数 6 和 8 的概率相等，点数 5 和 9、点数 4 和 10 也是如此。点数的概率围绕期望值 7 呈对称分布。

① 为什么我们要把收益和期望值的偏差进行平方呢？这是由于：当期望值大于收益时（如两种投资下的结果 C），偏差为负数。如果用偏差而不是偏差的平方计算方差，正偏差和负偏差将会相互抵消，这两种情况下的方差将都是 0（可以通过计算进行验证）。因此，如果不将偏差平方，将掩盖而不是揭示两种投资的风险差异。

掷两个骰子的点数和

		骰子2					
		1	2	3	4	5	6
骰子1	1	2	3	4	5	6	7
	2	3	4	5	6	7	8
	3	4	5	6	7	8	9
	4	5	6	7	8	9	10
	5	6	7	8	9	10	11
	6	7	8	9	10	11	12

我们也可以计算掷两个骰子的方差。为了计算方差，我们首先计算每个值对期望值的偏差，然后平方。这就是第五列和第六列。第七列将这个偏差平方乘以各自的概率。第七列的最后一行就是方差，它约等于5.8。

计算掷两个骰子的期望值和方差

骰子点数	出现的次数	概率	概率×骰子点数	偏差（点数－期望值）	偏差^2	概率×偏差^2
2	1	0.028	0.056	－5	25	0.694
3	2	0.056	0.167	－4	16	0.889
4	3	0.083	0.333	－3	9	0.750
5	4	0.111	0.556	－2	4	0.444
6	5	0.139	0.833	－1	1	0.139
7	6	0.167	1.167	0	0	0.000
8	5	0.139	1.111	1	1	0.139
9	4	0.111	1.000	2	4	0.444
10	3	0.083	0.833	3	9	0.750
11	2	0.056	0.611	4	16	0.889
12	1	0.028	0.333	5	25	0.694
合计	36	1.000	7.000（期望值）			5.833 方差

15.2 评估风险结果

在上一节，我们了解了如何通过概率分布、期望值、方差描述风险结果。在本节，我们将探讨决策者如何对概率分布不同和风险不同的收益进行评估与比较。进一步，我们将会说明如何运用第3章介绍的效用函数来评估在不同风险选择中决策者所获得的利益。

□ 效用函数与风险偏好

如果你将要毕业并有两个工作机会。一个机会是加入一家大的知名公司。在这家公司中，你将每年获得收入54 000美元；另一个机会是加入一家新的创业公司。因为这家创业公司一直在亏本经营，你将被象征性地提供4 000美元工资（即你几乎免费工作)。但是，如果这家创业公司来年扭亏为盈，它承诺给你 100 000 美元奖金。根据你对这家创业公司前景的估计，你将有 0.5 的概率获得奖金，也有 0.5 的概率获得不了。根据这两家公司提供的薪水，你会接受哪一个工作?①

你面对一个有趣的抉择。在知名公司，你的薪水确定，即以 100%的概率得到 54 000 美元（没有其他可能的结果)，所以期望值就是 1.0×54 000=54 000 美元。在创业公司，你的薪水是一个彩票——有 0.5 的机会得到 4 000 美元，有 0.5 的机会得到 104 000 美元，所以期望值就是（0.5×4 000)+(0.5×104 000)=54 000（美元)。两种机会的期望值相同。虽然如此，你似乎也无法把它们等同视之。毕竟，虽然你可能拿到高额奖金，但是可能面对以 4 000 美元结束的重大风险。相比之下，知名公司的薪水不含风险。

怎样评估不同风险下的选择？一种方法是运用效用函数的概念。在第 3 章，我们看到效用测度了一个商品和服务篮子带来的满足感。图 15－4 描绘了有关你的收入 I 和效用 U 的一种可能关系。效用函数是收入的递增函数，所以你会选择更多的收入。它也显示了边际效用递减（在第 3 章讨论过)，即随着收入的增加，收入增加带来的额外效用变得越来越小。因此，当你的收入很低时（如 4 000 美元)，一个小的收入增加带来的效用增加量等于点 Q 到点 R 的距离。但是，当你的收入较高时（如 104 000 美元)，一个相等数量的收入增加带来的效用增加量等于点 S 到点 T 的距离。

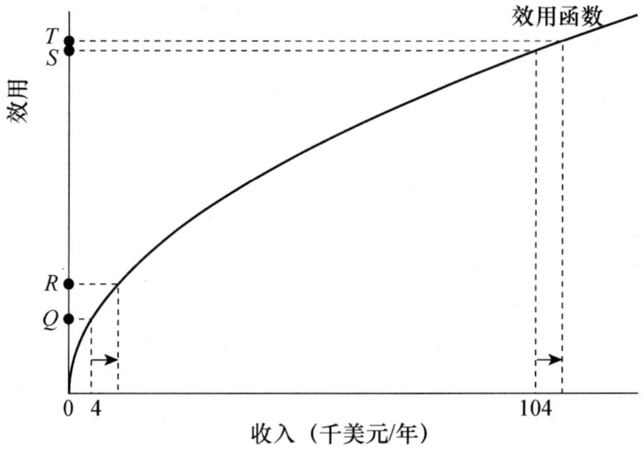

图 15－4　边际效用递减的效用函数

说明：边际效用递减是因为对一定数量的收入增加带来的效用增加量来说，低收入条件下的效用增加量要大于高收入时：当收入较低时（4 000 美元)，效用从点 Q 增加到 点 R；当收入较高时（104 000 美元)，效用从点 S 增加到点 T。

图 15－5 表示了我们如何运用效用函数来评估你所面临的两个机会：

• 在知名公司，你的效用对应于点 B，你得到 54 000 美元的收入，并达到 230 的效用——$U(54\ 000)=230$。

• 在创业公司工作，如果没有获得奖金，则对应于点 A，你得到 4 000 美元的收入，并达到 60 的效用——$U(4\ 000)=60$。

---

① 在真实世界中，你对工作的选择将不仅取决于该工作当前提供的薪水，还取决于该公司的长期前景。毫无疑问，你也会考虑许多非货币因素，例如工作性质、工作时间和工作地点。

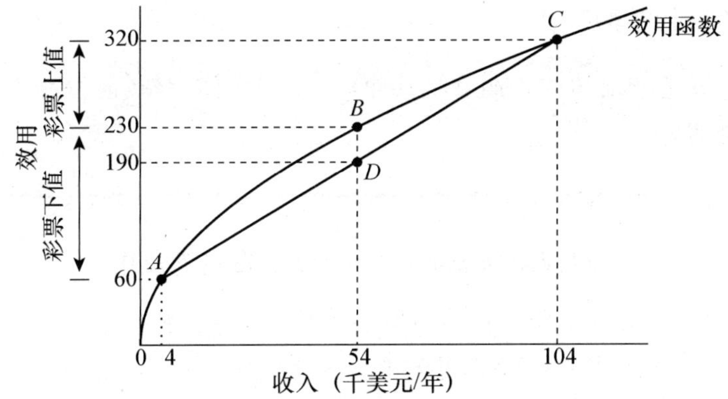

图 15－5　效用函数和期望效用

说明：选择去知名公司工作，效用为 230（点 B）。选择去创业公司工作，效用有 0.5 的可能为 320（点 C，你得到 104 000 美元），还有 0.5 的可能是 60（点 A，你得到 4 000 美元），期望效用为 190（点 D）。因为在知名公司工作的效用大于在创业公司工作的期望效用，所以应该选择知名公司。

● 在创业公司工作，如果获得奖金，则对应于点 C，你得到 104 000 美元的收入，并达到 320 的效用——$U(104\ 000)=320$。

● 你在创业公司的**期望效用**（expected utility）（即你在那里工作获得的效用的期望值）$=[0.5\times U(4\ 000)]+[0.5\times U(104\ 000)]=0.5\times 60+0.5\times 320=190$。这对应于点 D。

通常，一个彩票的期望效用是决策者从这个彩票的各收益中得到的效用水平的期望值。因此，如果 A，B，…，Z 代表一个彩票的所有可能收益的集合，那么该彩票的期望效用如下所示：

$$\text{期望效用}=A\text{ 的概率}\times A\text{ 的效用}+B\text{ 的概率}\times B\text{ 的效用}+\cdots+Z\text{ 的概率}\times Z\text{ 的效用} \qquad (15.1)$$

图 15－5 的分析表明，虽然两个机会的期望值相同，但在创业公司工作的期望效用比在知名公司工作的低。如果根据图 15－5 中的效用函数评估这两个机会，那么你将选择在知名公司工作。

期望效用：决策者从一个彩票的各收益中得到的效用水平的期望值。

图 15－4 和图 15－5 中的效用函数描述了一个风险厌恶者的偏好。**风险厌恶**（risk averse）是指，消费者具有下面的特征：比起有相同期望值的不确定事件，该消费者更喜欢确定事件。与在创业公司获得浮动薪水相比，风险厌恶（风险规避）者更愿意选择知名公司的固定薪水。通常，表现出边际效用递减的效用函数（见图 15－5）有下列性质：从确定事件中获得的效用将超过期望值和它相同的彩票的期望效用。为什么会这样？这是由于，如果去创业公司工作，当彩票出现好结果时，你将比去知名公司工作多获得 50 000（＝104 000－54 000）美元；当彩票出现坏结果时，你将比去知名公司工作少获得 50 000（＝54 000－4 000）美元。如图 15－5 所示，由于边际效用递减，坏结果时的效用减少量（230－60＝170）比好结果时的效用增加量（320－230＝90）大。由于边际效用递减，决策者在坏结果时遭受的伤害比在好结果时获得的收益要大。这将导致

风险厌恶者选择确定的事件。

风险厌恶：消费者具有下面的特性，即比起有相同期望值的不确定事件，该消费者更喜欢确定事件。

边做边学习题 15.1

计算风险厌恶者的两个彩票的期望效用

考虑如图 15-3 所示的两个彩票。它们有相同的期望值，但是第一个（投资互联网公司股票）比第二个（投资公用事业公司股票）有更大的方差。这告诉我们，第一个彩票比第二个的风险更大。假设你是一个效用函数为 $U(I)=\sqrt{100I}$ 的风险厌恶者，I 代表彩票的收益。

问题：

决策者将选择哪个彩票，即哪个彩票的期望效用较大？

解：

用方程（15.1）计算每个彩票的期望效用：

$$\text{投资互联网公司股票的期望效用}=0.30\sqrt{8\,000}+0.40\sqrt{10\,000}+0.30\sqrt{12\,000}$$
$$=0.30\times 89.4+0.40\times 100+0.30\times 109.5=99.7$$

$$\text{投资公用事业公司股票的期望效用}=0.10\sqrt{8\,000}+0.80\sqrt{10\,000}+0.10\sqrt{12\,000}$$
$$=0.10\times 89.4+0.80\times 100+0.10\times 109.5=99.9$$

因为投资公用事业公司股票有更高的期望效用，所以风险厌恶者将会选择它而不是投资互联网公司股票。这解释了一个常识：如果彩票 L 和彩票 M 有相同的期望值，但彩票 L 的方差比彩票 M 的小，风险厌恶者就会选择彩票 L 而不是彩票 M。

相似习题：15.5，15.6，15.7，15.8

□ 风险中性与风险爱好的选择

风险厌恶仅是决策者对风险的态度中的一种。决策者也可能具有**风险中性**（risk neutral）或者风险爱好。风险中性者仅通过期望值比较彩票，因此他认为期望值相同的彩票和确定事件之间是无差异的。为什么？这是由于风险中性者有一个线性效用函数，$U=a+bI$，这里 a 是一个非负常数，b 是一个正常数。考虑一个收益为 I_1 和 I_2，对应概率为 p 和 $1-p$ 的彩票。该彩票的期望效用 EU 是

$$EU=p(a+bI_1)+(1-p)(a+bI_2)$$
$$=a+b[pI_1+(1-p)I_2]$$

方括号中的式子等于彩票的期望值 EV，所以 $EU=a+b\,EV$。因此，当彩票的期望值与确定事件的收益相同时（当 $EV=I$ 时），期望效用等于确定事件的效用（$EU=U$）。

风险中性：这类决策者仅通过期望值比较彩票，因此认为期望值相同的彩票和确定事件之间是无差异的。

在选择工作的例子中，如果你是风险中性者，那么，从知名公司获得固定的 54 000 美元工资和从创业公司获得期望值为 54 000 美元的工资将是无差异的。图 15－6 显示了一个风险中性者的效用函数。由于效用函数是一条直线，所以收入的边际效用不变。即不管决策者的收入水平如何，给定数量收入增加带来的效用改变是相同的。

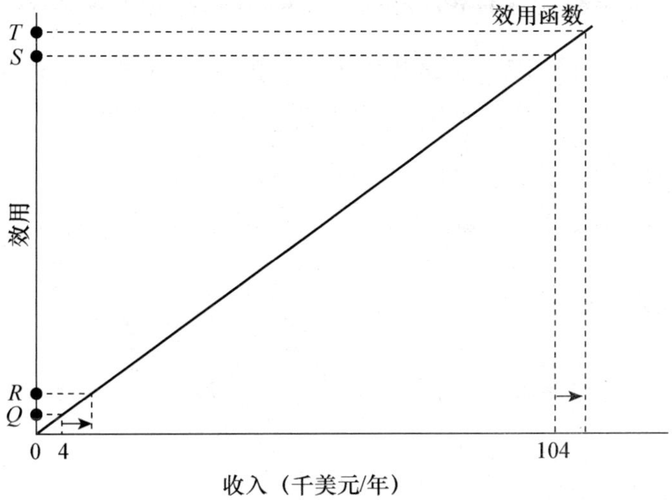

图 15－6　风险中性者的效用函数

说明：效用函数是一条直线，所以边际效用不变。不管决策者的收入水平如何，给定数量收入增加带来的效用改变是相同的（例如从点 Q 到点 R 的距离等于从点 S 到点 T 的距离）。

当决策者具有**风险爱好**（risk loving）时，他会选择彩票，而不是选择与彩票期望值相同的确定事件。在选择工作的例子中，去创业公司工作的期望效用将超过选择去知名公司工作的效用。如图 15－7 所示，风险爱好者有边际效用递增的效用函数。即随着决策者收入水平的提高，给定数量收入增加带来的效用改变是增加的。

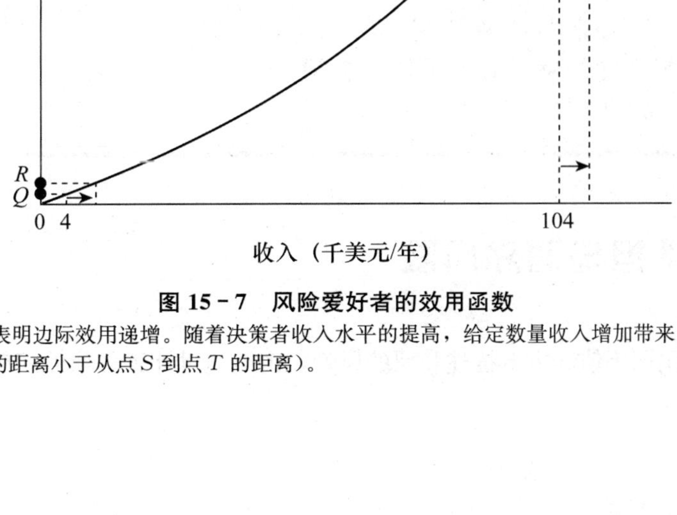

图 15－7　风险爱好者的效用函数

说明：效用函数表明边际效用递增。随着决策者收入水平的提高，给定数量收入增加带来的效用改变是增加的（例如从点 Q 到点 R 的距离小于从点 S 到点 T 的距离）。

风险爱好：决策者会选择彩票，而不是选择与彩票期望值相同的确定事件。

边做边学习题 15.2 ☞

计算风险中性者和风险爱好者的两个彩票的期望效用

假设两个决策者正考虑图 15－3 描述的两个彩票投资。其中一个是效用函数为$U(I)=100I$ 的风险中性者，另一个是效用函数为 $U(I)=100I^2$ 的风险爱好者，这里 I 代表彩票的收益。

问题：

(a) 风险中性者选择哪个彩票？

(b) 风险爱好者选择哪个彩票？

解：

(a) 对风险中性者，

投资互联网公司股票的期望效用 $=0.30\times 8\,000+0.40\times 10\,000+0.30\times 12\,000$
$=10\,000$

投资公用事业公司股票的期望效用 $=0.10\times 8\,000+0.80\times 10\,000+0.10\times 12\,000$
$=10\,000$

因为这两个投资有相同的期望效用，所以风险中性者认为它们是无差异的。注意，每个彩票的期望效用都等于彩票期望值的 100 倍。这说明，对风险中性者来说，彩票期望效用和期望值一样。

(b) 对风险爱好者，

投资互联网公司股票的期望效用 $=0.30\times 100\times 80^2+0.40\times 100\times 100^2+0.30\times 100\times 120^2$
$=1\,024\,000$

投资公用事业公司股票的期望效用 $=0.10\times 100\times 80^2+0.80\times 100\times 100^2+0.10\times 100\times 120^2$
$=1\,008\,000$

风险爱好者将选择投资互联网公司股票，因为它的期望效用高于投资公用事业公司股票。这说明，如果彩票 L 和彩票 M 有相同的期望值，但彩票 L 的方差比彩票 M 的大，风险爱好者就会选择彩票 L 而不是彩票 M。

相似习题：15.7，15.8

15.3 承担与消除风险

我们已经能用期望值和方差描述彩票的风险，也能通过计算彩票的期望效用决定选择哪一个，还能通过效用函数表征一个人对风险的态度（风险厌恶、风险中性、风险爱好）。

虽然有人是风险中性者，也有人是风险爱好者，但是经济学家认为，在重大决策上（如是否给汽车上保险或投资多少在股票上），大多数人更趋向于风险厌恶者的表现。例如，即使遭受车祸的概率相当小（在任意给定的年份，遭受车祸和不遭受车祸之比小于50∶50），大多数汽车主也愿意为汽车支付覆盖碰撞损害的保险费。原因就在于，当涉及自己汽车的损害，我们都是风险厌恶者。我们认为，与汽车真正遭受损害后的维修费用或者替换费用相比，保险费只是很小的开支。如果购买保险，这些费用就会被我们的保险单覆盖。但是，人们并不会力图完全消除生活中的风险。一些汽车司机购买有较大自付额的保险（即在达到一定数额损失前是得不到赔偿的），许多人会将一部分财富投资于股票。

因此，什么时候风险厌恶者会选择承担风险，什么时候会选择消除风险？下面，我们分步骤回答这个问题：先介绍风险溢价的概念，然后讨论一个风险厌恶者购买保险的激励。

□ 风险溢价

在前面有关选择工作的例子中，如果你是风险厌恶者，你将选择获得知名公司的固定收入而不是获得创业公司的风险收入。但是，我们改一下这个例子，令从创业公司得到的期望薪水等于从知名公司得到的固定薪水。如果你的期望薪水比固定薪水大得多，那么你可能会选择去创业公司而不是知名公司，如图15－8所示。该图表明，当创业公司的期望薪水是54 000美元，而知名公司的固定薪水是29 000美元时，选择创业公司（点 D）的期望效用将超过选择知名公司的效用（点 F）。这说明了一个重要现象：如果彩票的期望收益比确定事件的收益大得多，风险厌恶者可能会选择彩票，而不是选择确定事件。换句话说，在对风险用额外的奖励补偿后，风险厌恶者将会选择承受风险。

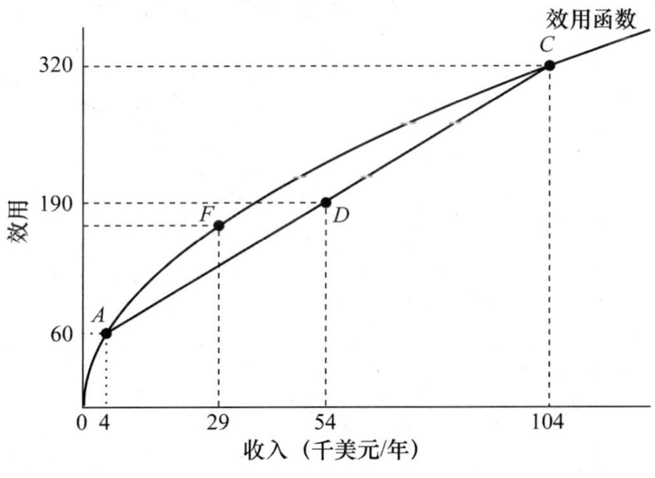

图15－8　风险厌恶者会选择彩票而不是确定事件

说明：如果知名公司每年只提供29 000美元的工资，选择创业公司（点 D）的期望效用将大于选择知名公司的效用（点 F）。在此情况下，你将选择一个彩票而不是一个确定事件。（与图15－5比较。）

彩票的**风险溢价**（risk premium）表示这个奖励应该为多少。风险溢价是指当决策者认为彩票和确定事件之间无差异时，彩票期望值与确定事件收益的最小差值。为了弄明白这是什么意思，再一次思考下面的情形：当确定事件的收益和彩票的期望值相等时，一个风险厌恶者会选择确定事件而不是彩票。假设确定事件的收益仅减少一点，决策者仍然选择它而不是彩票。但是，如果确定事件的收益以很小的数量不断减少，在某个点上，决策者将认为选择确定事件和选择彩票是一样的（即认为两者无差异）。风险溢价告诉我们这个点在哪里。它的数值等于，在确定事件收益少到使决策者认为确定事件和彩票无差异时，减少的收益数量。对收益为 I_1 和 I_2、对应概率为 p 和 $1-p$ 的彩票，我们可以运用下面的公式①来计算风险溢价（RP）：

$$pU(I_1)+(1-p)U(I_2)=U(pI_1+(1-p)I_2-RP)$$

式中，$pI_1+(1-p)I_2$ 代表彩票的期望值（EV）（如第 15.2 节所述），所以这个公式可变成：

$$pU(I_1)+(1-p)U(I_2)=U(EV-RP) \tag{15.2}$$

风险溢价：*是指当决策者认为彩票和确定事件之间无差异时，彩票期望值与确定事件收益的最小差值。*

回到选择工作的例子中，图 15－9 显示了如何用图示法寻找风险溢价。彩票的期望值（在创业公司工作）是 54 000 美元，对应点 D，效用等于 190。当两个工作的效用相同时，它们将是无差异的。当知名公司提供 37 000 美元的薪水时，你将获得数值为 190 的效用（对应效用函数上的点 E）。（我们将会在边做边学习题 15.3 中学习如何计算风险溢价。）因此，风险溢价——彩票的期望收益减去无差异于该彩票的确定事件的收益——是 17 000（＝54 000－37 000）美元。

这意味着，如果知名公司提供给你 37 000 美元的工资，只有当创业公司提供的期望薪水与知名公司提供的薪水的差值超过风险溢价时，你才选择去创业公司工作。（换句话说，期望薪水至少得是 54 001 美元，才会促使你选择创业公司并承担风险。）

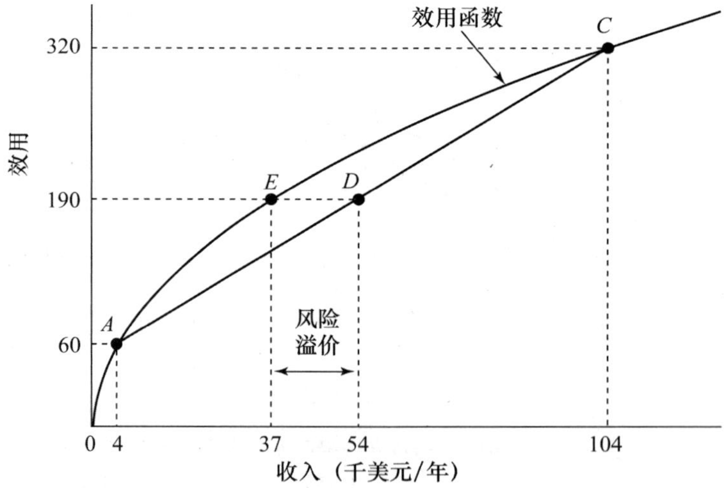

图 15－9　风险厌恶者的风险溢价

说明：当知名公司提供的工资为每年 37 000 美元时，选择创业公司和选择知名公司获得的效用都为 190，你认为这二者之间是无差异的。图中的线段 ED 就是风险溢价，为 17 000 美元。

---

① 这个公式的推导非常复杂，在此不做推导。

彩票的方差是决定风险溢价的一个重要因素。如果两个彩票有相同的期望值和不同的方差，方差大的彩票，风险溢价也高。这意味着，随着风险的增加，风险厌恶者承受风险所需要的奖励越大。

案例 15.2

员工股票期权的风险溢价

许多公司使用某种形式的工资支付作为对员工表现的激励。最近 15 年来，股票期权作为激励员工的手段，在世界范围内剧烈增加。在风险企业和高科技公司，股票期权非常普遍，但它在其他行业中的使用也在不断增长。员工股票期权赋予员工在一定时期（通常是 3 年）内以期权发行时设定的执行价格购买公司股票的权利。大多数员工期权发行时的执行价格与期权发给员工当天的公司股票价格相同。如果股票价格下降，员工就没理由执行期权，因为在公开市场上购买股票会更加便宜。但是如果股票价格上升，员工就可以通过执行期权获得利益。

考虑下面的例子。乔（Joe）在苹果公司工作，获得了执行价格等于苹果公司今天股价 50 美元的 100 份股票期权。如果股价涨到 75 美元，他可以执行期权，花费 50 美元把期权转换成股票。股票值 75 美元，所以每份期权可以盈利 25 美元。因此，如果将来苹果公司股票价格上升，乔将获益，这也是为什么企业有时用期权激励员工。

期权是一种风险很大的报酬，因为它们决定于公司股票未来的价格，而股票价格的变化是深不可测的。例如，如果苹果公司的股票价格下跌，那么乔的期权就没有价值。即使股价上涨，它未来的价值也是高度不确定的，所以乔的期权价值也是高度不确定的。

员工能因接受工资单中用期权代替薪水而要求风险溢价吗？一家名叫惠悦（Watson Wyatt）的薪酬咨询公司的报告显示，这是可以的。它调查了大企业中的员工，并估计了在工资单中员工愿意用多少固定工资来交换股票期权。之后将这些数值与这些期权的期望值相比。[①] 它估计，与期望值相比，期权要打折 30%～50%，公司股票的发行（事实上，股票期权执行价格为 0）也要打折 15%～20%。这意味着，这两种报酬的风险溢价都非常大，这同期权和股票都是风险很大的报酬是一致的。

边做边学习题 15.3 ☞

计算已知效用函数的风险溢价

让我们回到刚才讨论的薪水彩票中，假设你的效用函数为 $U=\sqrt{I}$。（它产生的图像与图 15－9 相似。）

问题：

(a) 找出选择创业公司薪水的风险溢价。

① 估计公司期权现金流的期望值的标准方法是利用布莱克－斯科尔斯方程，经济学家费希尔·布莱克（Fischer Black）和迈伦·斯科尔斯（Myron Scholes）在 20 世纪 70 年代发现了它。斯科尔斯最终凭借这个公式获得了诺贝尔奖。但那时布莱克已故，否则他也可能分享此奖项。

(b) 假设创业公司给你 0 工资，但在达到增长目标时，提供 108 000 美元奖金。(可验证，与最初的方案相比，这是一个期望值相同但方差更大的选择。) 与这个选择相关的风险溢价是多少?

解：

(a) 回忆方程 (15.2)：$pU(I_1)+(1-p)\ U(I_2)=U(EV-RP)$。再回忆关于选择创业公司的彩票，一种收益 ($I_1$) 是 104 000 美元，另一种收益 ($I_2$) 是 4 000 美元，两种收益的概率都是 0.50，则期望值是 54 000 美元。通过解方程 (15.2) 中的 RP 找到风险溢价：

$$0.5\sqrt{104\ 000}+0.5\sqrt{4\ 000}=\sqrt{54\ 000-RP}$$

$$192.87=\sqrt{54\ 000-RP}$$

两边平方取整数，得到 $37\ 199=54\ 000-RP$，或者 $RP=16\ 801$。

(b) 在这个例子中，$I_1=0$ 美元和 $I_2=108\ 000$ 美元，所以方程 (15.2) 变成 $0.5\sqrt{0}+0.5\sqrt{108\ 000}=\sqrt{54\ 000-RP}$，得 $RP=27\ 000$。(这也证实了在期望值固定时，彩票风险溢价随其方差增大而提高。)

相似习题： 15.12，15.14，15.15

□ 风险厌恶者在什么时候选择消除风险？ 对保险的需求

对风险溢价的分析告诉我们：只有得到足够多的奖励，风险厌恶者才会选择承受风险。风险厌恶的逻辑也阐明，风险厌恶者在什么条件下会选择购买保险来消除风险。

为了说明这一点，让我们假设你是一个风险厌恶者，刚刚购买了一辆新汽车。如果一切顺利——如果汽车如计划的那样工作并且没有交通事故——你每年将拥有 50 000 美元的收入去购买商品和服务。但是，如果出了交通事故并且没有保险，你将面临 10 000 美元的维修费用。这样你将只能拥有 40 000 美元去购买商品和服务。假设你发生交通事故的概率是 0.05，不发生的概率是 0.95。因此，如果不买保险，你将面对一个彩票：0.05 的概率拥有 40 000 美元的可支配收入和 0.95 的概率拥有 50 000 美元的可支配收入。

假设你有机会以每年 500 美元的价格购买覆盖这 10 000 美元的保险 (500 美元叫作保险费)。在这种保险下，当出现事故时，保险公司同意支付汽车 10 000 美元的维修费用。这种保险有两个显著特征。第一，在遭受事故时，它对全部损失承保 (高达 10 000 美元)。[①] 第二，它是**公平定价保险** (fairly priced insurance)。公平定价保险是指，保险费等于承诺赔偿期望值的保险。因为在 0.05 的概率下保险支付给你 10 000 美元和在 0.95 的概率下保险的支付为 0，所以它承诺支付的期望值等于 $0.05\times 10\ 000+0.95\times 0=500$ (美元)。[②] 如果保险公司向许多与你具有相似事故风险的个体售出保单，它将预期可实现盈亏平衡。

① 保险术语就是，该保险为覆盖全部损失赔付的保险。

② 描述公平定价保险的另一种方式是，保险费与保险额的比值 (500 美元/10 000 美元) 等于事故发生的概率。

公平定价保险：指保险费等于承诺赔偿期望值的保险。

我们用风险厌恶的逻辑证明你应该选择购买保险。如果你购买它，你将得到：

- 如果没有事故，50 000－500＝49 500 美元。
- 如果发生事故，50 000－500－10 000＋10 000＝49 500 美元。

因此，保险消除了所有的风险，不管在什么情况下，你都可以消费 49 500 美元的商品和服务。如果你不购买保险，你将得到：

- 如果没有事故，50 000 美元。
- 如果发生事故，40 000 美元。

在这种情况下，你的消费期望值是 0.05×40 000＋0.95×50 000＝49 500 美元。因此，如果不买保险，你的消费期望值等于购买保险的消费确定值。由于风险厌恶者会选择一个确定事件，而不是彩票，所以你将选择购买覆盖全部损失的公平定价保险，而不是不购买。

边做边学习题 15.4 ☞

保险的支付意愿

你现在的可支配收入是 90 000 美元。假设在 1%的概率下你的房屋会被烧毁。如果房屋被烧毁，你将花费 80 000 美元去修复，这将使你的可支配收入减少到 10 000 美元。假设你的效用函数是 $U=\sqrt{I}$。

问题：

(a) 你是否愿意花费 500 美元购买覆盖全部损失的保险？

(b) 在覆盖房屋烧毁全部损失的保险上，你愿意支付的最高价格是多少？

解：

(a) 如果不买保险，你的期望效用是 $0.99\sqrt{90\ 000}+0.01\sqrt{10\ 000}=298$。如果以 500 美元的价格购买全险，不管你的房屋是否被烧，你的可支配收入都是 89 500 美元。（你的保险费用是 500 美元，但是如果房屋被烧，保险公司将会赔偿 80 000 美元的维修费用。）因此，你购买保险的期望效用是 $\sqrt{89\ 500}=299.17$。因为购买保险的期望效用比不购买时的高，所以你愿意以 500 美元的价格购买保险。

(b) 设 P 是保险价格。如果购买保险，你的期望效用是 $\sqrt{90\ 000-P}$。你所愿意支付的最高价格 P 出现在购买和不购买保险无差异时：$\sqrt{90\ 000-P}=298$，或者 $90\ 000-P=88\ 804$，即 $P=1\ 196$ 美元。因此，你愿意对保险支付的最高价格是 1 196 美元。

相似习题：15.17，15.18，15.19，15.20

案例 15.3

即使美国国际集团破产，为什么还有人愿意提供保险

上面的讨论表明，一个风险厌恶者有保险需求。但为什么有人有提供保险的激励？

你可能会想，用风险厌恶者解释保险需求，用风险爱好者解释保险供给。保险供给者真的会去赌投保人不遭受损失吗？美国国际集团在2008年戏剧性地倒闭，这展示了无法清偿引起的严重后果。但是，对为什么有保险供给的回答更有意思，保险并不要求保险供给者是风险爱好者。保险的历史可以帮助我们澄清这个观点。

在有关风险概念的动人历史中，伯恩斯坦（Peter Bernstein）指出，古代社会是保险业务的起源。[①] 例如，在古希腊和古罗马，职业协会提供了最简单的人身保险版本。这些团体要求它们的成员向共同基金捐款。这个基金被用于对主要成员不幸死亡的家庭提供经济援助。在中世纪的意大利，当农民创立旨在相互保险以对付坏年景的合作组织时，农作物保险的最早版本就出现了。在该类保险下，国家收成好的地区的农民向收成差的地区的农民提供补偿。最著名的保险公司——伦敦的劳埃德（Lloyds）——创办于1771年，这时在劳埃德咖啡店谈生意的一群人（劳埃德协会）同意用他们的个人财富承保所有团体成员及他们的消费者的全部损失。这些向协会交纳保险费的团体包括船主、商人和建筑业主。

这些历史事例解释了保险的基本原则：没有遭受损失的那群人补偿遭受损失的人。在现代经济中，像保诚集团（Prudential）和州立农业（State Farm）保险公司实际上就是这个过程的中间商。例如，州立农业保险公司用你上个月交纳的汽车保险费赔偿在这个月中因事故而陷入灾难的汽车所有者。

因此，从根本上来说，保险是在一群人中进行风险分担的工具，团体中的任何成员都不会承受过度的风险。即使当事人全部是风险厌恶者，在某种程度上，只要他们独立地承受风险，保险市场就会经久不衰。也就是说，当一个人（或一个群体）遭受损失时，必然存在没有遭受损失的其他人。对每种风险，几乎都存在相应的保险。下面的例子说明，在2008—2009年的房屋抵押行业，这种独立性被破坏了。为了理解它，我们首先描述何为抵押贷款证券化和信用违约互换。

当用银行贷款购买房屋时，房屋所有者必须承诺完成该抵押贷款的月供（通常30年）。但是，有一部分房屋所有者可能存在停止支付月供的风险。例如，如果借款购房的房屋所有者失业，就无法偿还贷款。在正常经济条件下，一个房屋所有者以这种方式违约拖欠抵押贷款的风险独立于其他房屋所有者。即使一个人违约，其他房屋所有者通常也按时完成月供。另外，银行对所有抵押贷款者都收取一定的费用作为违约的保险。事实上，随着抵押贷款证券化的广泛使用，抵押贷款行业扩大了抵押贷款的风险。银行把抵押贷款出售给像房利美（联邦国民抵押贷款协会）这样的公司，这些公司接受联邦资助。房利美接着发行类似于债券的抵押贷款支持证券。证券的价值取决于大量贷款的月供。投资者和共同基金购买这些抵押贷款支持证券作为它们资产组合的一部分。因此，来自成千上万份个人抵押贷款的（本希望是相互独立的）风险被联合起来，这个联合风险随后传遍大量投资者。在21世纪第一个十年的早期，投资者可以购买以担保债务凭证（CDOs）为名的抵押贷款支持证券组合。实质上，担保债务凭证就是根据贷款风险不同分割的几组抵押贷款支持证券（用华尔街的语言，这些组就叫份）。

---

① 参见 P. L. Bernstein, *Against the Gods: The Remarkable Story of Risk* (New York: John Wiley & Sons), 1996 中的第5章。

随着风险的传播，一些投资于抵押贷款支持证券或担保债务凭证的人试着为他们的投资购买保险。这种保险叫作信用违约互换保险。它可以保护债券或者担保债务凭证免受违约的风险。这里的违约风险是指，债券或者担保债务凭证停止产生现金流并失去价值的可能性。信用违约互换本身就是债券或者担保债务凭证的保险。美国国际集团就是担保债务凭证的信用违约互换的重要发行商。

同所有保险供给者一样，美国国际集团的信用违约互换依赖于投保者风险的独立性。但遗憾的是，在21世纪第一个十年的后期，这种独立性仅是一种幻想。1997—2005年，房产价格剧烈增长。在21世纪第一个十年的早期，市场位于投机泡沫的中段，这时候每个人都决定把大部分个人财富投资于房产。银行增加发行次级贷款（即违约风险更高的贷款）。在2006年，泡沫开始缩小，房产的价格开始下降，这导致许多房主拥有的抵押贷款大于房产的市场价格。同时，在浮动利率下，次级贷款的利率开始从低“诱惑利率”（设计该利率就是为了吸引借款者）升到高利率。这些情况触发了2006年的贷款违约潮。在2006年和2007年，贷款违约率明显上升，不仅抵押贷款支持证券和担保债务凭证遭受了巨大损失，就连美国国际集团这样发行这些债券的保险公司也损失惨重。实际上，由于它没有足够多的资金满足那些购买其信用违约互换的投资者的支付要求，美国国际集团破产了。最终，它被美国政府救助。在这种形势下，发生了连穆迪和标准普尔这样的评级机构也没有料到的许多事件。这些评级公司在这之前把由次级贷款债券组成的担保债务凭证评为“AAA”。许多人［包括艾伦·格林斯潘这样的政策制定者及贝尔斯登（Bear Stearns）、雷曼兄弟（Lehman Brothers）和美林证券（Merrill Lynch）这些华尔街投资银行里的交易员］都明显没有预料到房屋价格会下降并引发贷款违约潮。房产价格不正常的剧烈下降意味着，个体贷款违约风险的独立性远小于大量华尔街投资者所认为的。遗憾的是，这最终引发了2008年的金融危机和2008—2010年的大萧条。

□ 保险市场的信息不对称：道德风险和逆向选择

如果你有一辆汽车，你的汽车保险条款中包含免赔额。免赔额就是在事故中，车主自己负担的部分（例如1 000美元以内的），保险公司负责赔偿剩下的。免赔额把保险从全额保险转化为部分保险。①

为什么保险有免赔额？一个重要的原因就是**信息不对称**（asymmetric information）。在信息不对称下，交易的一方对自己的行动或者个人特征知道的比另一方多。在保险市场中存在两种不同的信息不对称：道德风险，是由投保人没有积极采取行动降低事故发生的概率引起的；逆向选择，是由投保人隐藏有关事故风险的概率或损失信息引起的。

信息不对称：交易的一方对自己的行动或者个人特征知道的比另一方多的情形。

隐匿行动：道德风险

假设你刚刚购买了一份公平定价保险，这份保险将完全赔偿由汽车事故产生的任何损

① 医疗保险中的共同支付具有同样的作用。共同支付使投保人以一定比例支付一部分医疗费用（例如，10%或者10美元）。

失。因为知道自己投了全额保险，你的谨慎程度将如何变化？也许不会像没有全额保险时那么小心。或许在天气恶劣时你会驾驶得更快或更鲁莽。也许不再那么小心提防破坏或小偷了（例如，把汽车停在路边而不是车库）。你肯定不如没有全额保险时那样小心翼翼。这将导致该车遭受损失的概率提高。该车遭受损失的可能性从10%变成15%或20%。

这解释了**道德风险**（moral hazard）的概念，与没有保险时相比，投保人付出更少的谨慎。因为保险公司不可能监督保单持有者每天的行动——隐匿于描述之下的行动——它卖给了你保险，但不能影响你的行为。因为道德风险可以直接影响利润，这对保险公司而言是一个问题。假设这份保险仅可以使保险公司不赚不赔（假设损失发生的概率是10%），但如果投保人因投保了全额保险而行为更加鲁莽从而导致损失的概率变成20%，保险公司就要赔钱。

道德风险：与没有保险时相比，投保人付出更少的谨慎。

保险公司处理道德风险的一种可能方法是，仅赔偿投保人下列情况下的损失：车主必须证明事故不是由疏忽或鲁莽引起的。但实施这样的合同规定是不切实际的。保险公司需要对每次事故做详细的调查，即便如此，获得真相也困难重重——对个人来说隐藏行动是很容易的。（“我真的按限速行驶！”）

更好的解决方案是保险公司提供谨慎驾驶的激励。免赔额是提供激励的一种方式。如果你知道在发生事故时，你将支付一部分维修费用，就应该选择更加谨慎驾驶。这意味着，在与风险厌恶者的斗智斗勇中，保险公司面临一个有趣的权衡。保险中的赔偿部分必须大到使人们去买它，并且免赔额也要大到使人们主动当心。

隐藏信息：逆向选择

逆向选择（adverse selection）是保险单往往不提供全险的另一个原因。相对于道德风险涉及保险影响消费者行为谨慎的激励，逆向选择涉及保险价格如何影响保险消费者的类型。特别是，逆向选择意味着，保险费的提高将提高保险购买群体的总风险水平。

逆向选择：保险费的提高将提高保险购买群体总风险水平的一种现象。

在由各种类型的人组成的人群中，既有熟练或谨慎的司机，也有拥有更高事故发生概率的不熟练或者不谨慎的司机。保险公司知道这些。这也导致与另一群体的司机（年龄大于30岁的）相比，某个群体的司机（如年轻人）将支付更多的汽车保险费。

但是保险公司对高风险与低风险的区分仅可以做到这个程度。即使在高风险人群中，个体也可能会在具体的风险特征中存在不同，有关潜在投保人特征的信息经常是被隐藏的。不能鉴别投保人的风险导致了逆向选择问题。例如，一份医疗费用的全险对高风险患病人群（如由于遗传或者生活方式）的吸引力远大于低风险患病人群。这将使保险公司为这样一份保险付出更高的代价。你可能会想，提高保险费能否成为保险公司弥补高成本的一种方案？但是，当向所有的潜在客户提供相同的保险时，保险公司无法根据客户患病的风险区分客户。提高保险费将使境况更加恶化：高风险人群将会继续选择购买保险（因为对他们来说比较划算），但不出意外，低风险人群将选择放弃。① 提高

① 或者，低风险人群可能寻找花费更少的选择，例如进入健康维护组织。

保险费可以弥补保险公司的成本，但影响了潜在客户的风险水平（逆向选择的由来）。

面对逆向选择，保险公司如何赚钱呢？一种方法是为消费者提供一批不同的保险，并允许潜在消费者选择其喜欢的那一种。一份拥有较大免赔额和低保险费的保险，将吸引那些确信自己患病风险很低的人；一份拥有较小免赔额和高保险费的保险，将吸引那些面临高患病风险的人。另一种处理逆向选择的方法是保险公司向所有人出售保险。例如，如果一个特定企业的所有员工都参加一种公司健康保险计划，提供这份计划的保险公司将面临高低风险混合的人群。向不同个体类型的人提供相同的一份保险，低风险人群不能选择责任范围，因此，逆向影响被保险覆盖的混合人群。

案例 15.4

奥巴马医改与医疗保险中的逆向选择

2010 年 3 月，美国国会通过了（堪称几十年来意义最大的国内法案之一）《患者保护与平价医疗法案》(PPACA)。该法案也常被称作《医疗卫生改革方案》或者《奥巴马医改法案》(因为奥巴马总统大力支持此改革)。事实上，这个法案的中心议题是有关医疗保险市场的改革，特别是个体医疗保险市场的改革，因此，这个法案被认为旨在促进医疗卫生改革。但是，改革的措施、奥巴马医改的途径都和医疗保险市场中的逆向选择直接相关。

在美国，大多数公民通过雇主获取医疗保险。在 2008 年，58.5%的美国人被公司购买的保险计划覆盖；8.9%的人购买私人医疗保险市场上的保险；29%的人被政府医疗保险计划覆盖（联邦医疗保险、联邦医疗补助计划或军队医疗保险计划）；15.4%的人（大约 4 630 万人）没有医疗保险。（必须注意的是，一个人可能同时拥有私人保险与政府保险，这些百分比之和大于 100%。）① 如正文中所提到的那样，通过一大群人分摊风险，雇主统一支付下的医疗保险解决了逆向选择问题，企业（或工人）支付的保险费率反映了这个公司中的全部员工的平均风险，而不是高风险工人的风险水平。

然而，私人医疗保险市场却不同。这种市场向那些不能通过雇主或政府保险方案获得保险的人提供保险。和公司的团体医疗保险方案或政府提供的保险方案不一样的是，那些在私人市场购买保险的更健康者反而可能决定不购买保险。这种行为的结果导致逆向选择死亡螺旋，过程如下：以潜在保险购买者的平均风险水平为依据，保险公司设定保险价格。在这种价格下，相对健康的人选择不购买，这导致保险真正购买者的风险水平比预期的高。这反过来促使保险公司增加保险费以弥补高于预期的保险赔偿。如果保险费升高，更多的人选择离开这个保险市场，留下的是更加高风险的人群。最后的结果可能就是一个高保险费的稀薄市场，保险费高到只有那些最高风险的人愿意支付。上面描述了美国的私人保险市场。在某种程度上，大量没有购买保险的人体现了医疗保险市场的逆向选择。

在实践中，保险公司会采取许多措施，以个人健康风险水平为依据出售保险。通过预测风险设定价格是逆向选择的一个可能矫正方法，并使保险市场更有效地运转。这也是有病史的人可能无法在私人保险市场上获得保险的原因。病史是个人内在健康风险水

---

① 美国人口统计局，《美国的收入、贫困和医保报告（2008）》，2009 年 9 月，http://www.census.gov/prod/2009pubs/p60-236.pdf（访问日期：2010 年 4 月 30 日）。

平的一个信号。因病史拒绝投保人并不流行，在一些人看来也根本不公平。这是因为：一方面，病史可能不是人的过失引起的；另一方面，因病史拒绝投保人，将增加未保险人数。从经济效率的角度看，存在大量未保险者本身就是一个社会问题。未保险者也许缺少医疗服务，这本可以激励他们参加预防保健（每年的体检）或在疾病可以治疗时求医。由于没有医疗保险，一直要拖到问题严重时这些人才去就诊。此时往往是高费用的急诊治疗。由于缺乏医疗保险而抑制医疗服务，可能会增加美国医疗服务的总成本。

奥巴马医改的关键目标就是要减少未参加保险的人数，并减少因“病史”而遭拒绝的投保人。（用保险业的说法，保险应是保证签发保险单的保险。*）实际上，采用“保证签发保险单的保险”可能会自动地恶化逆向选择问题。你不可能拒绝保险，但可能会一直等到需要医疗服务时才会购买。因此，为了避免这个系统以这种方式运行下去（实际上，这是逆向选择的一种极端形式），奥巴马医改要求所有人都必须购买保险（即所谓的强制保险）。对那些不能通过雇主或没资格参加像医疗补助计划那样的政府医疗保险项目而没有医疗保险的人，他们可以在国家（或者州）交易所购买保险。这也旨在创造在医疗风险多样化下更广泛人群参与的竞争市场。但个人强制保险会形成另一个问题：它强制那些并不想购买（例如，他们对保险的最大支付意愿小于实际的保险费）或者无力购买保险的人参与保险。为了处理这个问题，根据个人的经济状况，奥巴马医改向这些购买保险的人发放一定的补贴。

大部分规定要到 2014 年才生效。然而，个人强制保险已变成对奥巴马医改批评的焦点。几乎是在《奥巴马医改法案》刚刚具有法律效力之后，几个州（例如，弗吉尼亚州、佛罗里达州）的司法部部长为了阻止个人强制保险的实施发起诉讼。这些诉讼是否取得成功，仍需拭目以待。然而，必须指出的是，在处理医疗保险市场的逆向选择问题时，个人强制保险可能不是必要的。为了解决逆向选择问题，实施有足够吸引力的补贴或“公共保险选择”的低费率，就可以把大量的人吸引到私人保险市场中来。为了对付欺骗，可以施行下面的规定：对那些已经放弃并打算以后重新开始交纳保险费的人，处以数目等于两三个月保险费的罚款。

但更重要的问题是，处理医疗保险市场中的逆向选择问题不是一件容易的事情。奥巴马医改非常复杂，这是因为许多方面（保证签发保险单的保险、个人强制保险、补贴和保险交易市场）必须联合起来，以提供一个使美国走向医保普及的机制。这些改革实践的效果如何，将是未来十年中最有趣的“现场直播”经济故事。

15.4 风险决策分析

现在让我们分析一下，在面对风险时，一个决策者如何选择行动方案。我们通过介绍**决策树**（decision tree）的概念展开讨论。决策树是指描述一个决策者的选择和风险的图形。在面对风险时，决策树是帮助决策者做出最优行动方案的一个有价值的工具。

* 指所设计的保险产品使特定群体的每一合格成员，在提出投保申请并满足某些条件情况下，均可以不用核保就向其签发保险单。——译者注

决策树：一个描述决策者在每个时间点上的可行选择和相应风险水平的图形。

□ 决策树要素

为了说明怎么用决策树在风险选择中决策，我们从一个简单的例子开始。假设一家石油公司刚刚发现了一块位于北海的近海油田。建造钻井有两种方案：大规模设备或者小规模设备。公司要建造设备的规模大小取决于石油储量。

● 如果石油储量很大，并且公司建造：

——一个大规模设备，公司的盈利是 5 000 万美元。

——一个小规模设备，公司的盈利是 3 000 万美元。

● 如果石油储量很小，并且公司建造：

——一个大规模设备，公司的盈利是 1 000 万美元。

——一个小规模设备，公司的盈利是 2 000 万美元。

在这个例子中，如果公司确切知道石油储量很大，那么它将建造大规模设备；同理，如果公司确切知道石油储量很小，那么它将建造小规模设备。但是石油公司不知道石油储量的大小。它相信石油储量有 50%的概率是大的，有 50%的概率是小的。

图 15－10 说明了这家石油公司的决策树。一个决策树有四大要素。

● 决策点。决策点，在决策树中用□代表，表示决策者面临的特殊决策。从决策点发出的每个分支相当于一个可能的决策。

● 机会点。一个机会点在决策树中用○代表，表示决策者面临的一个特定彩票。从机会点发出的每个分支相当于彩票的一种可能结果。

● 概率。每个可能的结果都有一个概率。从一个机会点发出的所有可能结果的概率之和等于 1。

● 收益。决策树右端的每个分支都有一个与之对应的收益。收益是每个选择和风险组合的结果。如果决策者是风险中性的，收益是货币价值。如果决策者是风险厌恶者或者风险爱好者，收益是与收益的货币价值对应的效用。

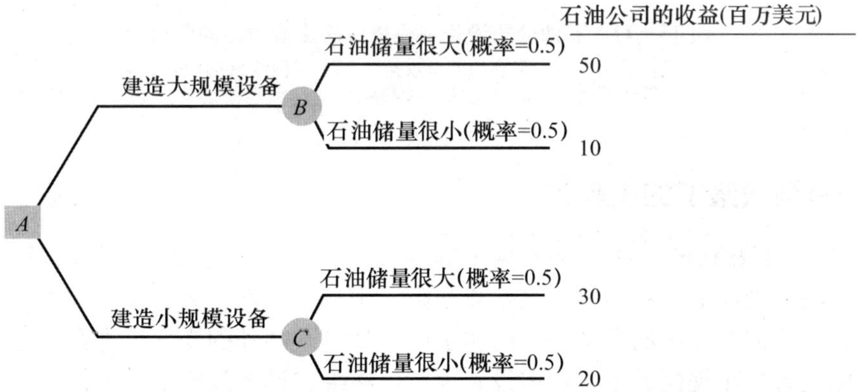

图 15－10　石油公司设备规模决策的决策树

说明：在决策点 A，公司有两个选择——建造大规模设备或建造小规模设备。在机会点 B 和机会点 C，公司都面临有两种可能结果的彩票（石油储量很大或很小，每种概率都是 0.50）。公司的收益（即它的盈利）取决于在决策点 A 的决策和彩票实际发生的结果。

现在让我们将这些概念应用于图 15－10 中的石油公司的决策树。首先，假定这家公司是风险中性的，收益就代表货币价值（例如，每种结果下的公司实际盈利）。[①] 决策点 A 代表公司的设备规模决策，它拥有两种可能的选择，表示为从决策点发出的两个分支（“建造大规模设备”和“建造小规模设备”）。机会点 B 和机会点 C 代表公司面临的彩票，该彩票取决于决策点 A 的决策。每个彩票有两种可能的结果，表示从机会点发出的两个分支（“石油储量很大”和“石油储量很小”），每种结果的概率是 0.50。公司的盈利取决于点 A 的决策和其对应彩票的实际结果。也就是说，如果公司在点 A 决定建造大规模设备，盈利可能是 5 000 万美元（如果石油储量很大）或者 1 000 万美元（如果石油储量很小）；如果公司在点 A 决定建造小规模设备，盈利可能是 3 000 万美元（如果石油储量很大）或者 2 000 万美元（如果石油储量很小）。

为了选择行动的最优方案，石油公司先计算每个彩票的期望值[②]，然后在决策点 A 做出使期望值最大的决策。因此，公司通过逆推法计算决策树，从右边到左边。这被称作决策树逆向归纳，这和我们在第 14 章中分析博弈树时使用的逆推法是一样的。

机会点 B 的彩票的期望值是（0.5×5 000 万）＋(0.5×1 000 万)＝3 000 万美元。机会点 C 的彩票的期望值是（0.5×3 000 万）＋(0.5×2 000 万)＝2 500 万美元。如图 15－11 所示，这里我们用每个彩票的期望收益代替了每种可能结果的收益，并且对每个彩票，用逆向归纳法计算期望收益，简化了决策树。用这种方式，我们可以立即发现，石油公司最好的办法（最优决策）是建造大规模设备。

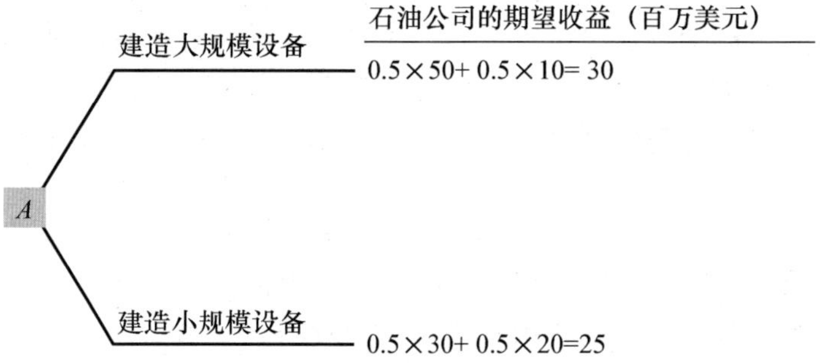

图 15－11　石油公司设备规模决策的决策树逆向归纳

说明：与图 15－10 相比：(1) 我们用每个彩票的期望收益代替了每种结果的收益；(2) 对每个彩票，我们采用逆向归纳法计算期望收益。很容易看到，石油公司的最优决策是建造大规模设备。（这个决策导致更高的期望收益。）

□ 一系列决策下的决策树

图 15－10 和图 15－11 中的决策树很容易分析，这是因为决策者仅面对一个决策。但是，有时决策者面临一系列的决策，或紧跟一个机会事件。为了说明这种更复杂的决策树分析，让我们在上面的石油公司的例子中增加一些额外的变化。这家公司仍然可以建造大规模设备或小规模设备，但假设它也可以在决定设备规模前进行地质测试，以鉴

① 如果假设企业是风险厌恶者，则需要对企业指定具体的效用函数，并计算每种结果的收益效用。

② 如果企业是风险厌恶者，则使用企业的效用函数计算所有收益的期望效用。

定石油储量。暂时假定这种测试免费并且 100%精确。① 这家公司是否应该进行这个测试？如果这样做，公司境况将变好多少？

为了回答这些问题，考虑图 15－12 中的决策树。从决策点 A 开始的上面两个决策分支和图 15－10 与图 15－11 是相同的，第三个分支代表新选择：建造设备前进行地质测试。如果公司进行测试，它将知道石油储量是大是小，这正如机会点 D 所描述的那样。进行测试的决策导致一个新机会点是因为，在进行测试前，公司不知道哪种结果将会发生。

在我们的例子中，测试有两种可能的结果，每种结果发生的概率都是 0.5，并且每种结果都会引起另外的决策：

● 如果测试表明石油储量很大，公司将面临的决策被决策点 E 代替。在点 E，它选择建造大规模设备（有 5 000 万美元的收益）或者建造小规模设备（有 3 000 万美元的收益）。

● 如果测试表明石油储量很小，公司将面临的决策被决策点 F 代替。在点 F，它选择建造大规模设备（有 1 000 万美元的收益）或者建造小规模设备（有 2 000 万美元的收益）。

决策点 E 和 F（和决策点 A 不同）不是彩票，直接是结果的收益。因此，在逆向归纳决策树的过程中（从右边到左边），我们不需要计算这些决策的期望收益，可以比较真实的收益。非常明显，在点 E（这里测试表明石油储量很大）的决策将是建造大规模设备；在点 F（这里测试表明石油储量很小）的决策是建造小规模设备。我们用划掉不明智决策的图 15－12 代表这些。这样做，将机会点 D 转换成一个拥有两个可能

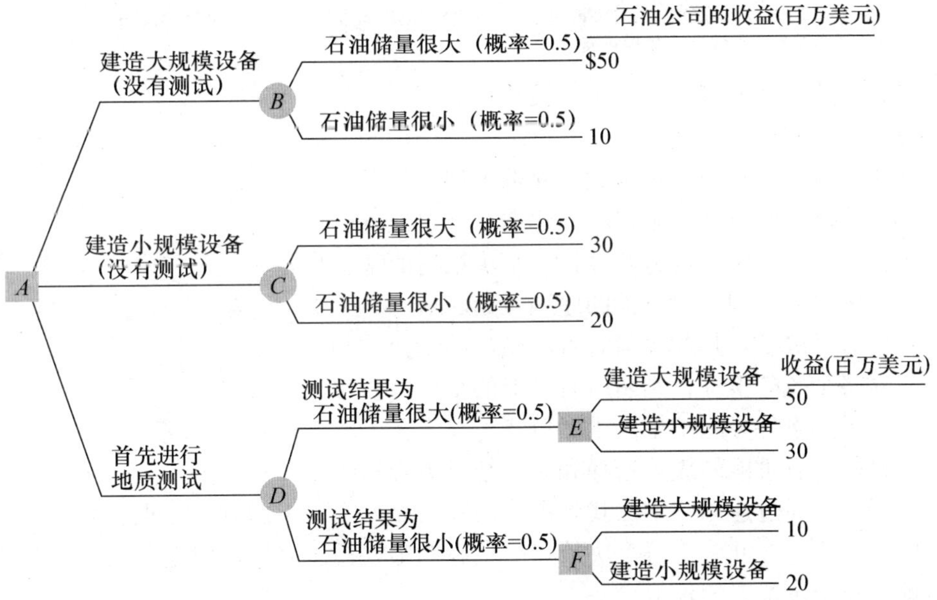

图 15－12　拥有测试选择时的石油公司设备规模决策的决策树

说明：与图 15－10 相比：现在公司拥有免费进行地质测试的选择。这个选择引起了一个新的机会点 D，它的结果又引起决策点 E 和决策点 F。如果我们对这些决策点上的选择收益进行比较，就可以取消不明智的选择，计算每个彩票的期望值，利用逆向归纳决策树，找到公司的最优决策（看图 15－13）。

① 在下一节，我们将讨论当测试花钱（就像现实中的那样）时将会怎样。

结果、每个结果的概率都是 0.5 的简单彩票。如果测试表明石油储量很大，那么公司建造大规模设备，收益就是 5 000 万美元；如果测试表明石油储量很小，那么公司建造小规模设备，收益就是 2 000 万美元。这个彩票的期望收益是 0.5×5 000 万+0.5×2 000 万=3 500 万美元。

现在我们简化了这个决策树，如图 15-13 所示。在这里，我们又一次用每个彩票的期望值代替每种可能结果的收益，通过逆向归纳计算期望收益。计算决策树将会变得非常简单：在点 A，最优决策是进行地质测试，因为这个决定导致最高的期望收益（和没有测试而去建造大规模设备的期望收益 3 000 万美元及没有测试而去建造小规模设备的期望收益 2 500 万美元相比，该收益为 3 500 万美元）。

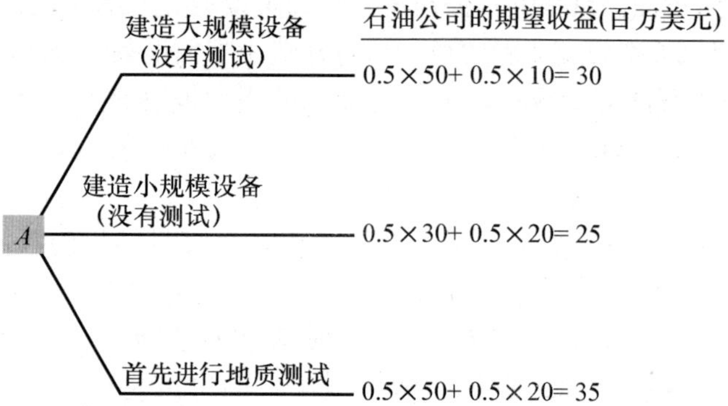

图 15-13　拥有测试选择时的石油公司设备规模决策的逆向归纳决策树

说明：与图 15-12 相比，在逆向归纳决策树下，石油公司的决策非常清楚。它最好的决策是先进行地质测试，再决定是建造大规模设备还是建造小规模设备。

因此，企业行动的最优决策可以被总结如下：

- 进行地质测试。
- 如果测试表明石油储量很大，建造大规模设备。
- 如果测试表明石油储量很小，建造小规模设备。

这个例子解释了关于构造和分析一个决策树的基本步骤：

（1）从画出决策和风险事件的序列开始。

（2）对每个决策，判断决策者可以做出的选择。

（3）对每个风险事件，判断所有可能的结果。

（4）对风险事件分配结果发生的概率。

（5）判断所有可能的决策选择和风险结果组合的收益。

（6）最后，通过逆向归纳法找到最优的决策序列。为了做到这一点，需要判断每个机会点的期望收益，并确定每个决策点的最高期望收益。之后，对应最大期望收益选择的收益就是那个决策点的价值。

□ 信息的价值

当面对风险进行决策时，决策者将从减少或者消除风险的信息中受益。信息的价值体现为在钻井之前石油公司愿意花钱进行地质测试，也体现在消费品公司在新产品大规模投放市场前花钱做市场调查，还反映在总统候选人在选举之前花钱进行民意调查和成立调研委员会。刚才进行的决策树分析可以帮助我们弄清信息的经济价值。

让我们总结一下先前部分中石油公司例子中的决策树的分析结果：

- 如果不进行地质测试，石油公司的最优行动方案是建造大规模设备。这种行动方案的期望收益是 3 000 万美元。
- 如果能免费进行地质测试，石油公司的最优行动方案是进行地质测试。如果测试表明石油储量很大，那么建造大规模设备；如果测试表明石油储量很小，那么建造小规模设备。这个行动方案的期望收益是 3 500 万美元。
- 因此，如果公司可以免费进行地质测试，它的期望收益比不进行时高出 500 万美元。

这个例子解释了**完美信息的价值**（value of perfect information，VPI），即当可以免费进行揭露风险事件结果的测试时，决策者期望收益的增加值。在我们石油钻井的例子中，完美信息的价值是 500 万美元，决策者可以免费进行地质测试时的期望收益与没有测试时的最优决策期望收益的差值。

完美信息的价值：当可以免费进行揭露风险事件结果的测试时，决策者期望收益的增加值。

为什么完美信息具有价值？也许你最初会猜想，这是由于个人的风险厌恶，但并不总是如此。以下两个方面很好地说明了理由：第一，即使地质测试揭露了石油储量的大小，也没有消除决策者的风险，因为在测试之前，测试结果的不确定对决策者来说也代表一种风险。第二，风险厌恶不能完全解释完美信息的价值，因为即使公司是风险中性的，完美信息的价值也是正的。

完美信息拥有价值是因为它使决策者做出的决策适合于实际的情况。在我们的例子中，当设备规模和石油储量规模匹配时，石油公司盈利最大（大规模设备在石油储量很大时盈利最大，小规模设备在石油储量很小时盈利最大）。

完美信息的价值告诉我们，对发现完美信息的测试，公司愿意支付的最大费用。简单地说，它就是公司对测试的支付意愿。在这个案例中，如果测试花费 400 万美元，公司将进行测试：它将为实际价值 500 万美元的测试支付 400 万美元。对比而言，如果测试花费 700 万美元，将不值得测试。不管测试的结果是什么，企业都已做出了最明智的选择。

案例 15.5

把钱投在海底新油井上？[1]

近些年石油价格剧烈上涨，部分原因来自如印度那样的新兴市场的经济增长。人们对当前石油供给的担心继续增长。两个因素——潜在的供给限制和增长的需求——意味

① 感谢 Jason Sheridan 推荐了这个案例，并提供了相关的背景资料。也可以参见"New Oil Field Deep in the Gulf a Potential Giant，"*Houston Chronicle*（September 6，2006）；以及"Deep Oil，Deep Unknowns，"*Forbes*（October 2，2009）。

着将来的石油价格仍然很高。

在价格很高并且上涨的时期，石油探测的风险是非常大的。石油公司正耗尽低探测和开采成本的油田。渐渐地，它们被迫到包括海底的偏远地区寻找石油。当石油存在于这些地区时，因为油井必须钻得很深，所以开采它们就变得非常昂贵。海底下的钻井成本、抽出石油的成本，还有建造输运石油到炼油厂的管道的成本常常以亿美元计。（如发生在2010年春天和夏天的英国石油公司深水漏油事故，海洋中开采石油也要承担重大的环境成本，而其中的一些需要石油公司负担。）一个能带来数十亿美元的成功油井也促成了当前的高价格。

这说明，信息对决策者来说拥有很高的价值。致力于海底新钻油井的成本是极其高的，一个成功油井的收益更高。但遗憾的是，一个油井以令人失望的产出而结束的概率也相当高。因此，错误的代价非常大，同时正确决策的收益也非常大。在今天，有关海底新钻油井的决策就是全世界最高风险的决策。因此，在偏远地区新钻油井之前，石油公司花巨资以提高信息的质量。

最近的例子是墨西哥海湾的杰克油田。它位于新奥尔良西南方大约270英里处。虽然石油地质学家认为，这个区域可能拥有易于开采的石油储备，但缺乏有关钻井的具体信息。因此，石油公司在获得有关信息上投入了大量资金。前几年，它们用石油勘探船进行最初的地质测试。以这些测试为依据，2004年雪佛龙公司和合作伙伴在海平面下29 000英尺的地方钻了一口初期实验油井，名叫杰克1号。这口实验井表明，这里可能拥有350英尺的油砂。一口实验井的成本是1.5亿～2.0亿美元。根据杰克1号井的结果，公司钻了杰克2号井来进一步测验油田的潜力，之后钻了第三口井。地质学家一直担心，石油因处于如此高的压力而很难抽出地面。但是，雪佛龙公司发现，只要在地面上对石油施加足够的正压力（换言之，将石油抽出地面的压力足够高），这个油田就拥有每天提取6 000桶石油的潜力。为了开采油田，在深海处建造一个石油平台需要花费20亿～40亿美元。每口井——像杰克这样的大油田将有10～20口井——的成本约为1亿美元。投资总额高达60亿美元。基于这一系列测试，估计油田最终会产生2 000亿～1万亿美元的收入。雪佛龙和它的合作伙伴正在继续发展杰克油田。

虽然这些测试还没有解决有关杰克油田的所有不确定性，但是它们提高了投资在这个油田上获得高额利润的概率。雪佛龙及其合作伙伴花巨资获取相关信息的做法说明，当风险很高时，对决策而言，获得信息是有价值的。虽然获得信息的成本高达数十亿美元，但由于存在大量不确定性，它们仍然小于完美信息的价值。

15.5 拍　卖

拍卖是经济学领域中一个重要的部分。自20世纪90年代中期起，一些国家（例如，美国、英国和德国）就已经采用拍卖的方式出售移动电话和无线网络通道这样的电信通信服务。其他国家，如墨西哥，采用拍卖的方式，对像铁路和通信公司这样的国有企业进行私有化。当然，现在任何人在网络中都可以采用拍卖方式，像eBay这样的公司已使网上拍卖成为互联网增长最快的几个商业领域之一。

经济学家已经研究拍卖很长时间了，形成了成熟的拍卖理论。拍卖主要涉及在不确定下相对较少的参与人。因此，有关拍卖的讨论，将把我们在第 14 章讨论的博弈论与本章刚刚学到的不确定下的决策和信息的概念联系起来。正因此，有关拍卖的讨论为我们提供了一个覆盖和综合这两章思想的好方法。

□ 拍卖类型和报价环境

拍卖类型

世界上有许多不同类型的拍卖。最熟悉的类型可能是**英式拍卖**（English auction）。（英式拍卖被大家熟知是因为它常常在电影或电视中出现。）在这种拍卖方式下，参与人报价，其他竞争买主可以不断抬高报价，直到出价最高的报价者获得拍卖品而结束拍卖。另一种常见的拍卖类型是**一级密封价格拍卖**（first-price sealed-bid auction）。在这种拍卖方式下，在不知道其他参与者的报价的情况下，每个报价者进行报价。报价最高者按照自己的出价获得拍卖品。在 eBay 网上的许多拍卖就是一级密封价格拍卖。还有一种拍卖是**二级密封价格拍卖**（second-price sealed-bid auction），这种拍卖方式曾被用于新西兰电视信号授权的拍卖中。正如一级密封价格拍卖，每个报价者提交报价并且出价最高者赢得拍卖品。但是，赢得拍卖品的拍卖者按照报价第二高者的出价获得拍卖品。最后，**荷兰式拍卖**（Dutch descending auction）方式常常被用于像烟草和花卉（包括荷兰的郁金香，这个名字的由来）这样的农产品的出售。在这种拍卖方式下，先由卖者提出一个较高的报价，然后开始逐渐降低价格，直到有人愿意接受当时价格买下拍卖品。

英式拍卖：在这种拍卖方式下，参与者报价，其他竞争买主可以不断抬高报价，直到出价最高的报价者获得拍卖品而结束拍卖。

一级密封价格拍卖：在这种拍卖方式下，在不知道其他参与者的报价的情况下，每个报价者进行报价。报价最高者按照自己的出价获得拍卖品。

二级密封价格拍卖：在这种拍卖方式下，在不知道其他报价的情况下，每个报价者提交报价；报价最高者按照报价第二高者的出价获得拍卖品。

荷兰式拍卖：在这种拍卖方式下，先由卖者提出一个较高的报价，然后开始逐渐降低价格，直到有人愿意接受当时价格买下拍卖品。

私人价值和共同价值

拍卖也可以根据它们涉及的私人价值和共同价值来分类。当购买者拥有**私人价值**（private values）时，每个报价者对拍卖物品都有私人估价。虽然知道这件东西对你价值多少，但你不确定它对其他潜在购买者的价值。在有私人价值的古董或者艺术品的拍卖中，对这些物品，每个人可能拥有不同的价值评价，即使发现其他人对这件物品的不同估价也不会改变自己的想法。在私人价值设定中你的态度将是：“我不管你怎么想，反正我就是喜欢这幅画。”

当购买者拥有**共同价值**（common values）时，对所有报价者来说，这件物品拥有相同的内在价值，但是没有人知道这个价值确切是什么。为了说明这一点，想象一下你的经济学教授来到教室并准备拍卖他的一个装满美元钞票的公文包。虽然包里钞票的货币价值对每个人来说都是相同的，但是没有人知道里面实际上有多少钱。共同价值的假设符合如石油租赁或国库券这样的物品的出售。在共同价值设定中，我们常常假设，报价者有机会获得物品价值的大约价值（例如，你可以用 30 秒时间看看公文包的里面）。你的估计将是你关于物品价值的最好猜测。在这种情况下，如果知道其他人的估价，你对物品的估价可能会改变。特别是当知道其他报价人对物品的估价小于你的估价时，你很可能降低对此物品的估价。

私人价值：在这种情况下，每个报价者对拍卖物品都有私人估价。

共同价值：在这种情况下，对所有报价者来说，拍卖物品拥有相同的内在价值，但没有人知道这个价值确切是什么。

□ 报价者拥有私人价值下的拍卖

为讨论拍卖中的报价者行为，让我们首先考虑报价者拥有私人价值的情形。我们将研究三种不同类型的拍卖：一级密封价格拍卖、英式拍卖和二级密封价格拍卖。我们的目标是看看拍卖的规则如何影响报价者的行为和卖者的拍卖收入。

一级密封价格拍卖

假设你和其他报价者在易趣网上竞购一张古董餐桌，并且假定：(1) 这张桌子对你来说价值 1 000 美元（即你购买桌子的最高花费是 1 000 美元）；(2) 你不知道其他潜在购买者的估价；(3) 你认为有些报价者的估价可能大于也可能小于 1 000 美元。

在选定报价策略时，递交 1 000 美元的报价似乎是很自然的。毕竟，它是桌子对你的价值，并且通过尽可能提高报价你可以最大化赢得桌子的概率。但是，在一般情况下，这可能并不是你的最优策略。在一级密封价格拍卖中，报价者的最优策略是递交一个比报价者最大支付意愿低的报价。

这是为什么？我们来看看，当你的报价从 1 000 美元降到 900 美元时，将发生什么。因为不知道其他报价者的估价，你不能说出此举的确切后果。但是，你赢得拍卖的概率下降是肯定的。假设图 15－14 中的曲线 S 描绘了你的报价和你赢得拍卖的概率的关系。（在后面，我们将讨论曲线 S 的由来。）如果你报价 1 000 美元，你支付的期望值——你的报价和赢得拍卖概率的乘积——就是面积 $A+B+C+D+E+F$。（在这部分，我们假设报价者是风险中性的——他们通过期望值评价成本和收益。）相比之下，如果你报价 900 美元，你的期望支付是面积 $E+F$（表 15－1 为你记录了这个面积）。因此，当报价 900 美元时，你的期望支付下降了面积 $A+B+C+D$。原因有两点：第一，如果赢得拍卖，你将支付得更少；第二，你赢得拍卖的概率会更低。降低期望支付是好事，但当降低报价时，你也降低了因赢得拍卖而带来的期望收益。你的期望收益等于你的 1 000 美元估价乘以赢得拍卖的概率。当报价 1 000 美元时，你的期望收益是面积 $A+B+C+D+E+F$；如果报价 900 美元，你的期望收益是面积 $D+E+F$。所以你的期望收益下降了面积 $A+B+C$。降低报价是否值得？答案是肯定的，因为当你降低报价时，期望支付的下降比你期望收益提高的幅度更大。与报价 1 000 美元获得的净利 0 美元相比，降低报价的净收益（期望利润）是面积 D。通过把报价降到真实估价以下，虽然降低了赢得拍卖的概率，但如果赢得拍卖，你将获得更多的净利。

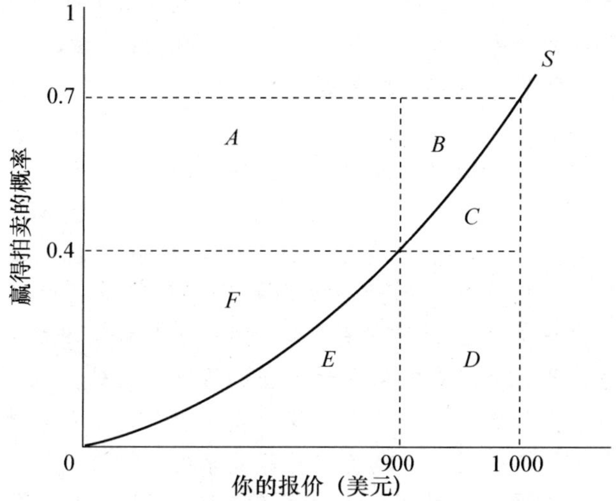

图 15-14　一级密封价格拍卖下的最优报价

说明：曲线 S 描绘了报价和赢得拍卖的概率的关系。如果报价 1 000 美元，你的期望支付和期望收益都是面积 $A+B+C+D+E+F$，所以你的期望净利是 0 美元。如果报价 900 美元，你的期望支付是面积 $E+F$，期望收益是面积 $D+E+F$，所以你的期望净利是面积 D。与报价 1 000 美元相比，报价 900 美元使你的福利得到改善。

表 15-1　　**一级密封价格拍卖下的不同报价的比较**　　单位：美元

	报价	
	1 000	900
期望收益	$A+B+C+D+E+F$	$D+E+F$
期望支付	$A+B+C+D+E+F$	$E+F$
期望利润	0	D

那么，你应该把报价降低多少呢？这取决于曲线 S 的形状，它又取决于你对其他报价者报价策略的信念。也就是说，取决于你对他们估价的信念。在报价博弈的纳什均衡中，通过推测每个报价者的估价和这个报价者的均衡报价行为的关系，每个参与人形成一个对报价和赢得拍卖概率的估计——图 15-14 中的曲线 S。[①] 在均衡条件下，这些推测必须和报价者的真实行为一致。（我们在 边做边学习题 15.5 中解释一级密封价格拍卖下的报价策略的纳什均衡。）

当存在 N 个报价者时，每个报价者的纳什均衡策略是提交等于报价者真实估价 $(N-1)/N$ 倍的报价。不管有多少报价者，报价最高的人赢得拍卖，并且他的真实支付小于最大支付意愿。随着参与人数的增加，均衡报价将提高。

边做边学习题 15.5 ☞

验证私人价值下的一级密封价格拍卖中的纳什均衡

两位女士（报价者 1 和报价者 2）在私人价值下以一级密封价格拍卖的方式竞购一

① 回忆第 14 章介绍的纳什均衡，在给定其他参与人的策略时，博弈中的每个参与人做出了最优决策。

件物品。每个报价者都相信其他人的估价可能为0～200美元。换句话说，她们相信0美元估价的概率等于1美元估价的概率或者等于2美元估价的概率或者3美元估价的概率，直到200美元估价的概率，就像有旋转刻度0～200的转盘，0和200（同一点）位于转盘的顶端：转盘停在每个数字的概率是一样的。

问题：

验证每个报价者的纳什均衡报价是她们自己估价的一半。

解：

因为每个报价者对其他人的估价有相同的信念，所以她们的最优报价策略是相同的。因此，我们只需验证报价者1的纳什均衡报价等于她估价的一半，即我们需要证明，如果报价者1估计报价者2提交的报价等于报价者2的估价的一半，报价者1提交的报价就等于自己估价的一半。我们将通过下面的推理证明这一点。

如果报价者1希望报价者2提交的报价等于报价者2估价的一半，那么报价者1相信报价者2的报价在区间0美元到100美元是等概率的（现在轮盘仅有100个数）。

因此，如果报价者1提交Q的报价，这里$Q\leqslant 100$，报价者1赢得拍卖的概率是$Q/100$。我们可以通过下面的推理说明这一点。首先，假设报价者2提交期望报价——提交0美元到100美元的报价——然后思考报价者1的可能报价。例如，如果报价者1提交50美元的报价，她赢得拍卖的概率是0.50（即报价者2有0.50的概率提交更高的报价，也有0.50的概率提交更低的报价），而$Q/100=0.50$。如果报价者1提交30美元的报价，她赢得拍卖的概率将是0.30（即报价者2有0.70的概率提交更高的报价，也有0.30的概率提交更低的报价），而$Q/100=0.30$。如此等等。（在轮盘的比喻中，轮盘停在某个数字的概率小于等于该数字除以100，比如说20，将是20/100，或者0.20。）

现在假设报价者1的估价是60美元（在这个问题中，每个数都是可以的）。在这种情况下，报价者1赢得拍卖的利润是她的期望收益减去期望支付。她的期望收益是她的估价乘以赢得拍卖的概率$=(60\times Q/100)$，她的期望支付是她的报价乘以赢得拍卖的概率$=(Q\times Q/100)$。因此，报价者1的利润$=(60\times Q/100)-(Q\times Q/100)=(0.60-0.01Q)Q$。

报价者1的净利方程类似于第11章线性需求函数下的总收入方程［也就是说，当线性需求曲线为$P=a-bQ$时，总收入$=(a-bQ)Q$］。因此，报价者1的边际利润是$0.60-0.02Q$（类似于第11章线性需求函数下的边际收益方程，$a-2bQ$）。在最优报价条件下，报价者1的边际利润为0：$0.60-0.02Q=0$，即$Q=30$。

因此，对任意估价（本例中的60美元），我们已经证明了我们需要证明的结论：如果报价者1估计报价者2提交的报价等于报价者2估价的一半，那么报价者1提交的报价等于自己估价的一半。

相似习题：15.26

英式拍卖

现在让我们考虑英式拍卖。假设你和另一位报价者竞购一张对你来说价值1 000美元的古董桌子。对手的估价是800美元，当然你是不知道的。如果拍卖商将开盘价设为300美元，你应该怎么做？

当购买者拥有私人价值时，英式拍卖中的占优策略是，只要低于拍卖者的最大支付意愿就继续报价。[①] 为什么？假设对手的报价为 450 美元，并且拍卖者接受在此之上增加 1 美元的报价。很明显，你应该将报价提到 451 美元。最糟糕的情况是，你的报价达到你的保留价格，在此情况下，你也没有任何损失。最好的情况是其他报价者退出，你以 451 美元的报价获得桌子，这个价格远小于你的最大支付意愿。

如果每个参与人都采取只要低于最大支付意愿就继续加价的策略，最后就是对物品估价最高的人赢得拍卖（在本例中，赢的人是你），支付的价格仅比拍卖中的第二高报价稍高一点。在这个例子中，当你报价 801 美元时，对手将退出。所以，你将以 801 美元的价格购买对你来说价值 1 000 美元的桌子。

二级密封价格拍卖

现在假设卖者采用二级密封价格拍卖的方式出售古董桌子。你应该怎么报价？这种拍卖看起来比英式拍卖或一级密封价格拍卖要复杂得多。但有趣的是，博弈论得出了清晰的结论：每个报价者的占优策略将是提交等于他最大支付意愿的报价。也就是说，如果你对桌子的估价是 1 000 美元，那么不管你认为对手如何报价，1 000 美元的报价最差也和提交其他任何报价一样好——有时可能还会更好。这其中的原因在于：

● 如果你的报价小于你的最大支付意愿 1 000 美元，你可能赢得拍卖，也可能没有，这取决于其他参与人的估价。但不管怎么样，你都不会因报价 1 000 美元而受到伤害。如果赢了，你支付的不是你的报价而是第二高的报价，并且通过增加报价提高了你赢得拍卖的概率。因此，等于最大支付意愿的报价占优于任何小于最大支付意愿的报价。

● 如果你的报价大于你的最大支付意愿 1 000 美元，比如说 1 050 美元，这又会怎么样？由于实际上你并不需要支付你的报价，这看起来很吸引人。但问题是，这个策略不仅不能帮到你，反而会伤到你。如果对手的报价高于 1 050 美元，你的报价从 1 000 美元提到 1 050 美元不能帮到你，你仍然会失去这张桌子。如果对手的报价低于 1 000 美元，你只要保持 1 000 美元的报价就能赢得拍卖，提高报价没有帮助你。当对手的报价为 1 000～1 050 美元时，你将赢得拍卖，但你的支付将大于桌子对你的价值。在这种情况下，报价 1 000 美元没有获得桌子将会更好。因此，任何高于最大支付意愿的报价均不可能好于等于最大支付意愿的报价，并且有时差于等于最大支付意愿的报价。

如果每个人均遵循占优策略，并提交等于最大支付意愿的报价，你提交 1 000 美元的报价，同时对手（假定她的估价等于 800 美元）提交 800 美元的报价。和在英式拍卖中一样，你赢得桌子。你的支付为 800 美元，这和英式拍卖中的 801 美元几乎一样。很明显，虽然二级密封价格拍卖的规则和英式拍卖不同，但产生了几乎相同的结果。（出现差异的原因在于，在英式拍卖中，我们规定报价增量是 1 美元。在一般情况下，英式拍卖和二级密封价格拍卖的支付差异完全取决于规定的报价增量。在理论上，如果报价增量无穷小，那么两种拍卖方式下的支付将会是相等的。）

等价收入

我们已经看到在三种拍卖方式（一级密封价格拍卖、英式拍卖和二级密封价格拍卖）下，当每个报价者都拥有私人价值并遵循纳什均衡策略时，拥有最高支付意愿的人

① 参见第 14 章讨论的占优策略。

赢得拍卖。我们还看到：

- 在一级密封价格拍卖中，赢得拍卖的报价者的支付小于其最大支付意愿。
- 在英式拍卖和二级密封价格拍卖中，赢得拍卖的报价者的支付等于拍卖中所有报价者第二高的私人估价。

因此，每种拍卖方式都可以鉴定出拥有最高估价的报价者，但卖者的收入（赢得拍卖的报价）小于最高的估价。很明显，当每个报价者拥有私人价值并且遵循纳什均衡策略时，在英式拍卖和二级密封价格拍卖中，卖者的收入（拍卖中所有报价者的第二高估价）和一级密封价格拍卖及其他所有类型拍卖中的卖者收入相同。这个令人惊奇的结果（这个证明非常复杂）被称为**等价收入定理**（revenue equivalence theorem）：当报价者拥有私人价值时，任何拍卖方式为卖者带来的收入都等于拍卖中所有报价者的第二高私人估价。

等价收入定理：当报价者拥有私人价值时，任何拍卖方式为卖者带来的收入都相等。

□ 拍卖者拥有共同价值时的拍卖：赢者诅咒

当报价者拥有共同价值时，会出现在报价者拥有私人价值时不会出现的非常复杂的情况，那就是赢者诅咒。**赢者诅咒**（winner's curse）是指，赢得拍卖的报价者可能的报价大于物品的真实价值。为了弄清为什么会这样，假设你的经济学教授带来一个装满钞票的公文包并打算将里面的钱拍卖掉。每位同学都能瞥一眼公文包里面以便估计包里有多少钱。你估计它装有 150 美元，这也代表你的最高报价。当然，你的同学都有自己的估价，并且他们的估价可能跟你的不同。让我们假设这些估计值的分布遵循图 15－15 的虚钟形曲线。曲线的高度表示不同估计值的相对频率。曲线以真实价值为中心（也就是说，包里的真实钱数是 80 美元），因为假设高估者与低估者相平衡可能是非常自然的。

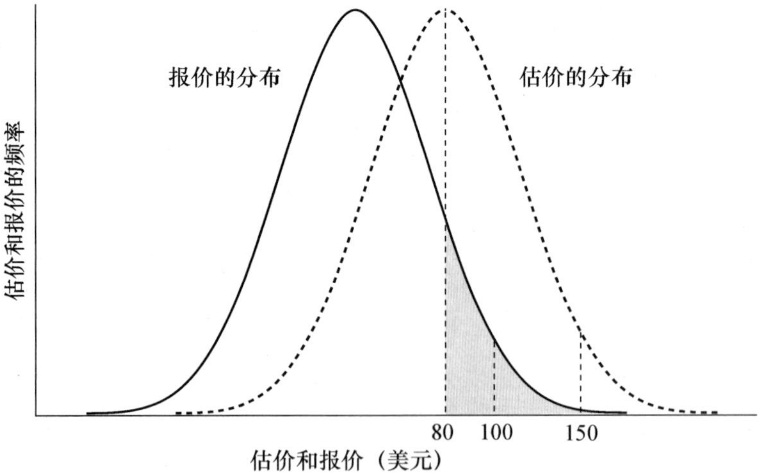

图 15－15　共同价值拍卖中的赢者诅咒

说明：虚钟形曲线表示报价者估计值的分布，以物品真实价值 80 美元为中心。实钟形曲线表示报价的分布，假设报价者可以像在私人价值拍卖中那样改变自己的报价。赢得拍卖的报价将在报价曲线中心右侧并且可能位于阴影部分。在阴影部分，报价大于物品的真实价值。如果是这样，赢得拍卖者将遭受赢者诅咒。

赢者诅咒：在共同价值拍卖中，赢得拍卖的报价者可能的报价大于物品真实价值的一种现象。

假设你的教授使用一级密封价格拍卖方式出售公文包里的钱。如果你和你的同学可以像在私人价值拍卖中那样降低报价，那么报价曲线将是另一条钟形曲线（图 15－15 中的实线），即估计值分布曲线左边的那条曲线。现在假设你报价 100 美元，这只是你估计值的 2/3。开始时，凭借报价最高，你能赢得这个包，也很高兴。但是，在你数了里面的钱后，你发现你花费 100 美元买了 80 美元。你刚经历了赢者诅咒。

图 15－15 帮助我们解释了为什么会出现赢者诅咒的现象。[①] 赢得拍卖的报价位于报价分布曲线的右侧。如图 15－15 所示，如果赢得拍卖的报价者高估了待售物品的价值，那么即使报价者降低报价，最终报价仍然属于一个区域（图 15－15 中的阴影部分），这里赢得拍卖的价格超过物品的真实价值。

我们怎么避免赢者诅咒呢？在第 14 章讨论的博弈论带给我们一个重要经验，那就是你应该未雨绸缪。你应该料到，如果你赢得拍卖，可能是因为你对物品的价值有过高的估价，所以你应该相应地调整报价策略。例如，在公文包拍卖中你应该这样推理：

- 我估计包里的钱数为 150 美元。
- 如果我赢得拍卖，这将意味着我的估计值比其他所有人都高，也意味着物品的真实价值极可能小于 150 美元。
- 因为我的目标是赢得拍卖而不是支付大于物品真实价值的费用，所以我应该假装我的估计值不是 150 美元，而是小于 150 美元。也就是说，估计值为 $a\times 150$ 美元，这里$a<1$。

对你估计值的打折（a）取决于其他报价者的数目。假设教室里还有 29 名同学。为了决定你该报价多少，你应该自问一下："如果我的估计值 150 美元在 30 个估计值中是最高的，我对物品真实价值的最好猜测是多少？"答案是这个真实价值应该远小于 150 美元——例如，85 美元。[②] 修正后的估计值应该是设计报价策略的起点。我们说起点是因为，当考虑其他报价者的可能报价策略时，你仍然希望尽可能地降低报价（就像在私人价值拍卖中所做的那样）。但与拥有私人价值的拍卖相比，出现赢者诅咒的可能使你的报价策略更加保守。

赢者诅咒暗示了，如果报价者通过调整报价策略避免它，增加更多的报价者实际上可以使报价者的行为更加保守。在私人价值拍卖中，增加报价者倾向于提高拍卖中的纳什均衡报价。当更多的人参与报价时，为什么你偏好更保守的报价？在什么情况下，你可能会更乐观地估计物品的价值——在 3 个报价者中赢得拍卖还是在 300 个报价者中赢得拍卖？在第一种情况下，如果你赢得拍卖，你的估计值只需超过 2 个人；在第二种情况下，你的估计值必须超过 299 个人。当报价在 300 个人中最高时，你对物品的估价更

① 该图来源于下面的论文：M. Bazerman and W. F. Samuelson，"I Won the Auction But Don't Want the Prize," *Journal of Conflict Resolution*，27，no. 4（December 1983）：618－634。

② 精确计算该物品的真实价值需要应用高等概率理论。

可能大于在仅有3个人中最高时的估价。

案例15.6

教室中的赢者诅咒[①]

如果你的经济学教授真的带来一包钱，你认为将会发生什么？你认为你的同学将会遭受赢者诅咒吗？两位教授［巴泽曼（Bazerman）和塞缪尔森（Samuelson）］在波士顿大学的许多MBA课堂上都做了这个实验。虽然实验中使用的是一罐硬币而不是一包钞票，但这个实验本质上和我们刚才描述的那个是一样的。学生被邀请去猜测罐子里的钱数。（罐子里有8美元硬币；为了激励精确猜测，猜的最接近真实价值的学生可以获得特殊的奖励。）随后，学生参加一级密封价格拍卖。在拍卖中，学生为得到罐子里的钱报价。

巴泽曼和塞缪尔森发现，果不其然，学生们陷入了赢者诅咒。在两位教授主导的48次拍卖中，赢得拍卖的平均价格是10.01美元，获胜者平均有2.01美元的损失。这个实验还发现，学生倾向于低估罐子里的钱数。平均的估计值是5.13美元，比它的真实价值低了2.87美元。因此，在这些拍卖中，赢者诅咒是被特殊力量操纵的。尽管低估了物品的真实价值，但相对于真实价值，学生们仍然过高地报价！如果报价者真的根据自己的估计值报价——假设物品的平均价值就是5.13美元——赢得拍卖的平均损失将是4.88（=10.01−5.13）美元。

教训是：谨防赢者诅咒！在拍卖中大胆报价的诱惑是非常强烈的。如果你成为它的牺牲品，你将因赢得拍卖而后悔。

案例15.7

谷歌关键字广告

谷歌不仅是世界上最流行的搜索引擎，而且是世界上最大的广告销售商之一。出现在谷歌搜索页的“赞助商链接”（以谷歌关键字广告闻名）由赞助商花钱购买。赞助商链接的显示取决于谷歌用户输入的关键字。谷歌使用一种算法（公司没有透露此程序）决定显示哪个赞助商链接，并以怎样的顺序显示在搜索结果页上。赞助商链接的顺序是非常重要的，因为第一个链接被点击的可能性最大。有趣的是，谷歌的利益与广告赞助商及谷歌搜索引擎用户都有关系。赞助商链接与用户的关键字越相关，用户通过使用搜索引擎获得的价值就越高。广告赞助商拥有较高的广告需求价格弹性（在第12章讨论广告时，我们讲过这一点），从而可以通过广告支出提高利润。如果算法能促进用户和赞助商的连接，谷歌获得的搜索用户就会更多，赞助商链接的需求和价格也会更高。

赞助商链接的价格和顺序大体上取决于两个因素：一个因素是用户搜索引起点击赞助商链接的概率，如一些用户很可能在搜索要买的产品，另外一些用户在搜索资料或者天气预报。搜索产品的用户更有可能点击赞助商链接，从而使谷歌的广告业务更有价值。为了评估这一点，谷歌对每个关键字分配一个“质量评分”，这种评分取决于用户

---

① 该例来源于Bazerman and Samuelson，“I Won the Auction But Don’t Want the Prize”。

在搜索中使用某个关键字后这个关键字被点击的频率。

确定赞助商链接价格和顺序的另一个因素是，赞助商愿意为广告花费多少。对应于想要做广告的产品，赞助商在谷歌搜索引擎页选择具体使用哪个关键字。那些使用那个关键字的用户，可能会点击赞助商的关键字。对每次点击，赞助商提交最高报价。换句话说，谷歌拍卖了赞助商链接。拍卖是决定本例中的价格的一种有效方式。这是因为，不仅关键字类型差异巨大，广告需求差异也巨大。即使谷歌可以尝试自己定价，也面临市场的复杂多变，这样这种方式将会比较昂贵，并且无效率。相反，拍卖是评估各个赞助商愿意为每次用户点击支付多少的一种方式。实际上，对每个搜索都使用一种新式拍卖。注意：这种方式因高速计算机而变得可能。

谷歌采用广义的二级密封价格拍卖方式出售关键字广告。这种方式类似于本章描述的二级密封价格拍卖，但要更加复杂。在标准的二级密封价格拍卖中，获胜者只有一名，并需要支付第二高的报价。在谷歌的拍卖中，许多赢得拍卖的赞助商都可以将它们的广告以赞助商链接的形式放在谷歌搜索页，但对每条广告的支付等于第二高报价。因此，链接在页面中的位置越高，价格就越高。谷歌以自己的方式发展了拍卖，但在推出之前，它请经济学家瓦里安（Varian）分析这种拍卖的前景。瓦里安认为，对配置网络广告来说，这是一种有效的方式。后来，谷歌推出了关键字广告，并取得了巨大成功，瓦里安也因此成为谷歌的首席经济学家。因为谷歌的算法增加了相关广告展示给搜索引擎用户的可能性，所以关键字广告的高利润不仅适用于谷歌，也适用于谷歌的客户。瓦里安的一份最新分析估计，广告带给赞助商的价值 2～2.5 倍于广告的成本。① 因此，从关键字广告中，企业获取了大量生产者剩余。

在密封价格拍卖中，如果报价者通过降低报价应对赢者诅咒，站在拍卖者的立场，一级密封价格拍卖是否最优？当报价者拥有共同价值时，对卖者而言，英式拍卖是更好的一种方式。在这种拍卖下，因为能看到其他报价，报价者可以在拍卖过程中重塑自己对物品的价值估计。尤其是，当你在一开始低估物品的价值时，其他参与人大胆报价的事实，将促使你提高对它的价值估计。这反过来减少了你和其他报价者因担心赢者诅咒而降低报价的激励。博弈论分析表明，在英式拍卖下，拍卖者的平均收益比一级密封价格拍卖、二级密封价格拍卖或者荷兰式拍卖下的都更高。② 这也部分解释了英式拍卖在现实世界中为什么如此流行。

本章小结

● 彩票是结果不确定的事件。我们通过对彩票的每个可能结果分配相应的概率描述这种不确定性。这些概率全都在 0～1，并且所有可能结果的概率之和等于 1。

● 源自自然规律的概率是客观的（比如硬币正面朝上的概率是 0.5），而反映某人信念的那些概率是主观的（比如对股票价格上涨或者下跌的信念）。

---

① 参见 Hal Varian，“Online Ad Auctions.” Working paper，University of California at Berkeley，2009。

② 不管报价者是风险中性者还是风险厌恶者都成立。

● 彩票期望值测度的是彩票可以产生的平均收益。

● 彩票方差测度的是彩票的风险——彩票可能结果及其期望值的平均偏差。

● 效用函数可以用于评估决策者在不同风险机会中的选择偏好。决策者可以是风险厌恶者、风险中性者、风险爱好者。

● 风险厌恶者更喜欢选择一个确定收益事件，而不是选择期望值与之相同的彩票。决策者通过期望效用评估彩票，这种决策者的效用函数呈现边际效用递减。(边做边学习题 15.1)

● 风险中性者在一个确定收益事件和期望值与之相同的彩票之间是无差异的。决策者通过期望效用评估彩票，这种决策者的效用函数呈现边际效用不变。(边做边学习题 15.2)

● 风险爱好者倾向于选择一个彩票而不是一个收益与其期望值相同的确定事件。决策者通过期望效用评估彩票，这种决策者的效用函数呈现边际效用递增。(边做边学习题 15.2)

● 风险溢价是使决策者对彩票和确定事件无差异时，彩票期望值与确定事件收益的最小差值。(边做边学习题 15.3)

● 公平定价保险是指保险费等于承诺赔偿期望值的保险。风险厌恶者总是选择购买全额赔偿的公平定价保险来预防损失。

● 保险公司必须处理来自信息不对称的风险（例如，保单中的免赔额)。信息不对称有两种方式：道德风险（投保人可能在保险公司不知情的情况下采取更加冒险的行为）和逆向选择（在保险公司不知情的情况下，增加保险费可能使投保人集体的总风险提高）。

● 决策树即一个描述决策者的选择和风险的图形。我们通过从决策树的最右端开始逆向推理分析决策树，而这个过程被称为逆向归纳。

● 完美信息的价值是指，当可以免费进行揭露风险事件结果的测试时，决策者期望收益的增加值。

● 拍卖在经济学中非常重要。世界上存在着不同类型的拍卖，包括英式拍卖、一级密封价格拍卖、二级密封价格拍卖和荷兰式拍卖。拍卖也可以通过报价者对待售物品拥有私人价值还是共同价值分类。

● 当在一级密封价格拍卖下报价者拥有私人价值时，报价者的最优策略是以低于其最大支付意愿的方式报价（折扣取决于其他报价者的人数）。(边做边学习题 15.4)

● 当在英式拍卖下报价者拥有私人价值时，报价者的占优策略是，只要低于其最大支付意愿就继续报价。

● 当在二级密封价格拍卖下报价者拥有私人价值时，报价者的占优策略是直接提交等于其最大支付意愿的报价。

● 在上述三种拍卖方式中，拥有最大支付意愿的人赢得拍卖，并且卖者的收益总是小于所有报价者中的最高估价。等价收入定理告诉我们，在私人价值下的所有拍卖方式中，只要报价者遵循纳什均衡策略，卖者的平均收益就等于所有报价者中的第二高估价。

● 在共同价值下的拍卖中，报价者要当心赢者诅咒——报价高于物品价值。报价者的最优策略是，对他对物品价值的估计值打折（折扣取决于其他报价者的人数)。在共同价值下，对卖者最优的拍卖方式是英式拍卖，因为与其他拍卖方式相比，它产生更高的平均收益。

复习题

1. 为什么一个彩票的所有可能结果的概率值相加等于 1?
2. 什么是彩票的期望值？什么是方差？

3. 彩票的期望收益和期望效用有什么区别？

4. 解释为什么边际效用递减意味着决策者是风险厌恶者。

5. 假设一个风险厌恶者面临两个彩票：彩票 1 和彩票 2。这两个彩票有相同的期望值，但彩票 1 的方差比彩票 2 的更大。这个风险厌恶者会选择哪个彩票？

6. 什么是风险溢价？什么决定了风险溢价的大小？

7. 什么是公平定价保险？为什么风险厌恶者总是倾向于购买全额赔偿的公平定价保险？

8. 在决策树中，机会点和决策点的区别是什么？

9. 为什么完美信息拥有价值，即使对风险中性者也如此？

10. 在拥有私人价值和拥有共同价值的情况下，在拍卖中，报价者有什么差异？

11. 什么是赢者诅咒？为什么在共同价值拍卖下会引起赢者诅咒，而在私人价值下则不会？

12. 为什么在共同价值拍卖下，在拍卖中实施保守报价是明智的？

习　题

15.1　考虑一个拥有三种可能结果的彩票。收益分别为－10 美元、0 美元和 20 美元。这些结果对应的概率分别是 0.2、0.5 和 0.3。

a）求出该彩票的概率分布。

b）计算彩票的期望值。

c）计算彩票的方差和标准差。

15.2　假设掷硬币。如果正面朝上，你将获得 10 美元；如果背面朝上，你将失去 10 美元。

a）计算这个彩票的期望值和方差。

b）现在修改这个彩票：你同时掷两枚硬币。如果两枚硬币正面同时朝上，你获得 10 美元；如果一枚正面朝上一枚背面朝上，你不赚也不赔——你的收益为 0 美元。如果两枚硬币正面同时朝下，你失去 10 美元。试证明：和掷一枚硬币的彩票相比，掷两枚硬币彩票的期望值不变，但方差更小。（提示：两枚硬币正面同时朝上的概率是 0.25，两枚硬币正面同时朝下的概率也是 0.25。）为什么掷两枚硬币的彩票拥有更小的方差？

15.3　考虑两个彩票。每个彩票的可能结果都为 1、2、3、4、5、6。在第一个彩票中，各种结果发生的概率相等。在第二个彩票中，结果 3 发生的概率是 0.40，结果 4 发生的概率是 0.40，其他结果发生的概率是 0.05。哪个彩票的方差更大？

15.4　考虑一个彩票。它有五种可能收益：9 美元、16 美元、25 美元、36 美元和 49 美元。每种结果发生的概率相同。假设决策者的效用函数为 $U=\sqrt{I}$。这个彩票的期望效用是多少？

15.5　假设你的效用函数为 $U=\sqrt{50I}$。考虑下面的彩票：收益为 0 美元的概率是 0.75，收益为 200 美元的概率是 0.25。

a）画出效用函数图，设 I 从 0 到 200 变化。

b）证明这个彩票的期望值是 50 美元。

c）这个彩票的期望效用是多少？

d）如果获得 50 美元的确定收益，你的效用是多少？它比这个彩票的期望效用大还是小？根据对这些问题的回答，判断你是否为一个风险厌恶者。

15.6　假设你的效用函数为 $U=2I+10\sqrt{I}$。你面临两个工作机会：一个为 40 000 美元的固定工资；另一个的基本工资为 20 000 美元，但在一定情况下提供 40 000 美元的奖金。你认为你获得奖金的概率是 0.50。

a）每个工作机会的期望工资是多少？

b）哪个工作给你更高的期望效用？

c）根据问题 a）和问题 b）的答案，判断你是否为风险厌恶者。

15.7 考虑彩票 A 和彩票 B。对于彩票 A，你有 0.90 的概率收益为 0 美元和 0.10 的概率收益为 400 美元。对于彩票 B，你有 0.50 的概率收益为 30 美元和 0.50 的概率收益为 50 美元。

a）证明彩票 A 和彩票 B 拥有相同的期望值，但彩票 A 的方差更大。

b）假设你的效用函数为 $U=\sqrt{I+500}$。计算每个彩票的期望效用。哪个彩票的期望效用更高？为什么？

c）假设你的效用函数为 $U=I+500$。计算每个彩票的期望效用。如果你拥有这样的效用函数，那么你是风险厌恶者、风险中性者还是风险爱好者？

d）假设你的效用函数为 $U=(I+500)^2$。计算每个彩票的期望效用。如果你拥有这样的效用函数，那么你是风险厌恶者、风险中性者还是风险爱好者？

15.8 考虑彩票 A 和彩票 B。对于彩票 A，你有 0.8 的概率收益为 10 000 美元和 0.2 的概率收益为 4 000 美元。对于彩票 B，你将获得 8 800 美元的确定收益。证明：两个彩票拥有相同的期望值，但彩票 A 的方差更大。根据下面的效用函数填写下表。

效用函数	彩票 A 的期望效用	彩票 B 的期望效用	哪个彩票的期望效用更大	决策者类型
$U=100\sqrt{I}$				
$U=I$				
$U=\frac{I^2}{10\,000}$				

15.9 当 I 从 0～100 美元变化时画出下列效用函数的图像。根据图像判断决策者是风险厌恶者、风险中性者还是风险爱好者：

a）$U=10I-(1/8)I^2$。

b）$U=(1/8)I^2$。

c）$U=\ln(I+1)$。

d）$U=5I$。

15.10 a）写出一个对应于风险中性者的效用函数。（注意：本题答案不唯一，下面两问也一样。）

b）写出一个对应于风险厌恶者的效用函数。

c）写出一个对应于风险爱好者的效用函数。

15.11 假设 I 代表收入。你的效用函数为 $U=10I$，并且只在 I 不大于 300 美元时成立。如果 I 大于 300 美元，你的效用固定为 3 000。假设你可以选择固定收入为 300 美元的工作机会，也可以选择有 0.5 的概率收入为 400 美元、0.5 的概率收入为 200 美元的彩票。

a）画出效用函数图像。

b）每个彩票的期望值是多少？

c）你选择哪个彩票？

d）你是一个风险厌恶者、风险中性者还是风险爱好者？

15.12 假设你的效用函数为 $U=\sqrt{I}$。计算习题 15.7 中的两个彩票的风险溢价。

15.13 假设你是一个风险厌恶者并且效用函数为 $U(I)=1-10I^{-2}$，I 代表你从投资中获得的货币收益，并且以千美元为单位。考虑一个投资，你从中有 0.6 的概率获得 10 000 美元（因此，$I=10$）和 0.4 的概率获得 5 000 美元（$I=5$），做这个投资的成本是 8 000 美元。你是否应该做这个投资？为什么？

15.14 假设你的效用函数为$U=10\ln I$。这里I代表你从投资中获得的货币收益。考虑下面一个投资：如果成功，你从中可以获得100 000美元的收益；如果失败，你只能获得20 000美元。每个结果发生的概率相等。这个彩票的风险溢价是多少？

15.15 在下一年中，来自你当前工作的收入是90 000美元。你有0.8的概率保住工作并赚到这个收入。但是，你仍然有0.2的概率被解雇，失业一段时间并不得不接受低工资工作。在这种情况下，你的收入是10 000美元。因此，你收入的期望值是74 000美元。

a）假设你的效用函数为$U=100I-0.000\,1I^2$，确定与这个彩票相关的风险溢价。

b）对本例中的风险溢价做出一种解释。

15.16 假设一个家庭拥有价值100 000美元的财产（电脑、音响设备、珠宝等）。这个家庭有0.10的概率遭受盗窃。如果盗窃真的发生，这个家庭需要花费20 000美元来配置这些物品。假设它可以花费500美元购买保险来赔偿事故发生时的全部损失。

a）这个家庭是否应该购买保险？

b）如果保险费是1 500美元，这个家庭是否应该购买保险？如果保险费是3 000美元呢？

c）这个家庭愿意支付的最大保险费是多少？你的结果和本章所讨论的风险溢价有什么联系？

15.17 如果保持健康，你的预期收入将是100 000美元。相比之下，假如成了残疾人，你将只能做兼职工作，你的平均收入将降到20 000美元。假设你成为残疾人的概率是0.05，你的效用函数为$U=\sqrt{I}$。对成为残疾人进行全额赔付的保险，你的最大支付意愿是多少？

15.18 假设你是一个风险厌恶者并且效用函数为$U(I)=1-3\,200I^{-2}$，这里I代表你的收入，并以千美元为单位。你的收入是100 000美元（$I=100$）。但是，你有0.2的概率因遭遇事故而损失20 000美元。现在，你有机会购买规避这种风险的保险（即如果发生事故，保险赔偿给你20 000美元）。对这种保险，你的最高支付是多少？

15.19 你是个相对谨慎的司机。你遭遇事故的概率仅是0.01。如果真的发生事故，维修和更换汽车的费用将使你的可支配收入从120 000美元降到60 000美元。汽车碰撞保险可以为你的损失提供保险。它的价格是对每一美元保险额收取0.1美元保险费。最后假设你的效用函数是$U=\sqrt{I}$。

考虑下面两种方案：购买有1 000美元免赔额（即只赔付59 000美元）的保险，或者购买全额保险。第一种保险的价格是5 900美元，第二种保险的价格是6 000美元，你会选择哪一种？

15.20 考虑一个风险厌恶者参与的市场，每个决策者的效用函数是$U=\sqrt{I}$。每个决策者的收入是90 000美元，但是有一定的概率面临收入损失50 000美元。每个决策者都可以为这个损失购买全额保险。保险费是5 900美元。假设每个决策者遭受损失的概率q不相等。

a）要使决策者购买保险，q的最小值是多少？

b）如果保险费从5 900美元涨到27 500美元，q的最小值怎么变化？

15.21 一家保险公司考虑为铁路公司提供一份保险。这份保险使铁路规避了车厢危险化学品泄漏造成的损失和人员伤亡的风险。不同的铁路面临的危险化学品泄漏风险不同。例如，新轨道铁路面临的风险比旧轨道铁路面临的风险小。（这是因为引起化学品泄漏的重要原因是火车脱轨，而旧轨道脱轨的概率更大。）讨论保险公司在提供这种类型的保险时面临的困难。也就是说，为什么保险公司难以从这类保险中获利？

15.22 一家企业考虑推出新产品。推出新产品需要投资1 000万美元（包括市场调查费用和新设备费用）。推出产品存在风险，这是因为需求可能很高也可能很低。如果企业不推出新产品，它的收益为0美元。推出新产品的可能收益如下表所示。

结果	概率	企业推出新产品的收益（百万美元）
高需求	0.5	20
低需求	0.5	−10

a）画出表示企业决策和对应决策收益的决策树。仔细区分决策树中的机会点和决策点。

b）假设企业是风险中性者，它应该如何选择？这种方案下的期望收益是多少？

15.23 一家大型国防承包公司正考虑投资一个生产直升机的专门设施。目前该公司与政府之间存在一份合同，该合同如果生效，对该公司的价值是 1 亿美元。它现在正考虑建造一个新的工厂来生产这些直升机，这样做将会减少公司的生产成本，把合同价值从 1 亿美元增加到 2 亿美元。建新工厂的成本是 0.6 亿美元。然而，政府有取消合同的可能性。如果出现这种情况，合同价值将下降到零。只能在完成新厂房后，公司才知道合同是否会被取消。在这一刻，政府取消合同的概率是 0.45。

a）画出表示企业决策和对应决策收益的决策树。仔细区分决策树中的机会点和决策点。

b）假设企业是风险中性者，企业是否应该建造新工厂？最优决策的期望收益是多少？

c）假设公司不是在建造新工厂后才知道合同有没有被取消，而是在建造新工厂前就能知道。画出对应于这种情况的新决策树。仍然假设企业是风险中性者。企业是否应该建造新工厂？

15.24 一家小型生物技术公司开发出了一种具有商业潜力的治疗烧伤的药品。该公司需要决定是自己生产这种新药还是把生产这种新药的专利出售给一家大型制药公司。这两种方案的收益取决于新药品生产能否被美国食品药品监督管理局批准。（美国食品药品监督管理局就是所有新药生产的监管机构，它根据药物对人体有效性的测试结果做出决定。）该公司必须在美国食品药品监督管理局的结果出来之前做决定。下表列出了制药公司在两种情况下的预期收益。

结果	概率	决策	
		出售专利（百万美元）	自己生产（百万美元）
美国食品药品监督管理局批准	0.20	10	50
美国食品药品监督管理局不批准	0.80	2	−10

a）画出表示公司决策和对应决策收益的决策树。仔细区分决策树中的机会点和决策点。

b）假设生物技术公司是风险中性者，它该如何选择？这种决策下的期望收益是多少？

15.25 考虑和习题 15.24 一样的问题，但假设这家生物技术公司可以免费检测新药品能否被美国食品药品监督管理局批准。生物技术公司的完美信息的价值是多少？

15.26 在私人价值下的一级密封价格拍卖中，你和另一位报价者竞购一件物品。你认为另一个报价者的估价可能是 0～500 美元中的任何数。你自己的估价是 200 美元。假设你预期对手的报价等于他估价的一半。因此，你认为对手的报价在 0～250 美元等概率分布。考虑到这些，如果你的报价是 Q，你赢得拍卖的概率就是 Q 超过对手报价的概率。这个概率应该等于 $Q/250$。（可以不用考虑这个方程的由来，但你可以通过代数从直觉上验证它。）你赢得拍卖的净利润＝(200－报价)×获胜的概率。证明你的利润最大化策略就是报价等于估价的一半。

第 16 章

一般均衡理论

汽油税如何影响经济

在过去的十年里，有关汽油价格的新闻总占据着报纸的头版。由于原油价格在2008年上涨到了一个创纪录的水平，汽油价格上升到了大约每加仑4美元，远远超过了世纪之交时1.3美元的平均价格。

图16－1显示了原油和汽油两者价格之间紧密联系的原因。原油成本是汽油价格的最重要决定因素。图16－1也显示了其他因素对汽油零售价格的影响。联邦、州和地方政府征税是影响汽油价格的第二大因素。在21世纪的第一个十年里，联邦和州政府对汽油的征税都已达到大约每加仑0.40美元。除此之外，有些州征收销售税，而有些市、县征收其他更多的税。

州与州对汽油的征税存在很大差异。和其他国家的消费者相比，美国消费者平均缴纳更少的税款。例如，在过去的十年里，英国、荷兰以及德国对每加仑汽油征的税都高于4美元。

你认为汽油税对谁的影响更大：低收入家庭还是高收入家庭？最直接的回答是对低收入家庭的影响更大，这是由于：一方面汽油税使汽油价格高于其不征税时的价格；另一方面，和高收入家庭相比，低收入家庭在汽油上需要花更高比例的收入。

但是，这个最直接的答案也许并不正确。这是由于，通过征收汽油税，政府将购买商品与服务。那么，这些税收应该如何花费才能对各个行业的经济活动起重要的作用，进而影响这些行业产品的价格以及这些行业所需使用的投入品的价格。在本章中，我们会看到，一旦考虑征税对经济产生的所有作用和影响，我们就会发现，和低收入家庭相比，高收入家庭因汽油税增加而受到的影响更大。

一般均衡理论是微观经济学的一部分，它主要研究在多个市场中产品和投入品的价格是如何同时被决定的。由于汽油税同时影响着多个市场（例如，汽油市场、建筑服务市场、建筑业的劳动市场），一般均衡分析适用于分析汽油税对不同类型家庭福利的影响。

本章概要 在阅读和学习本章之后，你将会解决以下问题：

- 区分局部均衡分析和一般均衡分析。
- 学会利用一般均衡分析去分析政府干预政策（如消费税）的总影响。
- 解释为什么瓦尔拉斯定律告诉我们，商品和服务的价格取决于商品或投入的相对价格，而不是绝对价格。
- 分析某种商品消费税的一般均衡影响。
- 应用一般均衡理论探讨在拥有多个竞争市场的经济中资源配置的有效性。这些竞争市场相互关联且同时达到均衡状态。
- 结合比较优势和专业化，解释一个国家如何通过自由贸易获益。

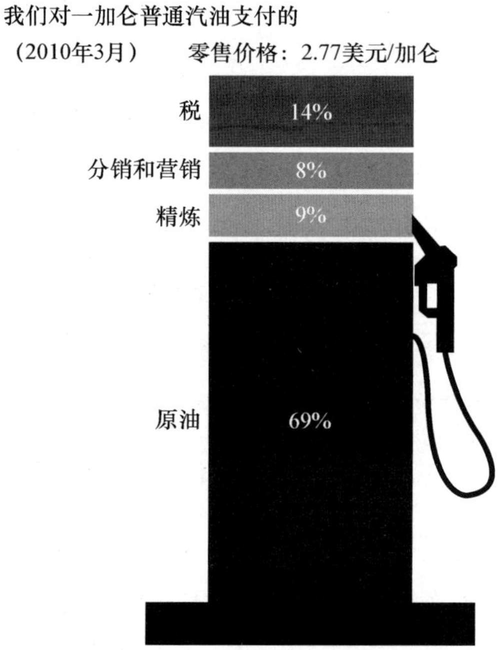

图 16-1 美国零售汽油的成本构成

说明：美国汽油的零售价格中最重要的构成是原油成本。本图显示了在 2010 年 3 月，联邦和州的征税在汽油价格中所占比例达到约 14%。

资料来源：美国能源部，美国能源信息管理局，http://tonto.eia.doe.gov/oog/info/gdu/gasdiesel.asp（accessed May 18，2010）。

16.1 一般均衡分析：两个市场

在第 2、9、10 章学习供给与需求分析时，我们运用了**局部均衡分析**（partial equilibrium analysis）。在其他市场价格给定的前提下，局部均衡分析讨论了单一市场上的价格和产出的确定。在本节中，我们将介绍**一般均衡分析**（general equilibrium analysis），主要研究在多个市场中价格和产出的确定。

为弄清这两种类型分析的不同，让我们首先考虑一个有两个市场的简单例子：咖啡市场和茶叶市场，如图 16－2 所示。图 16－2（a）显示了咖啡市场的供给和需求，而图 16－2（b）则显示了茶叶市场的供给和需求。

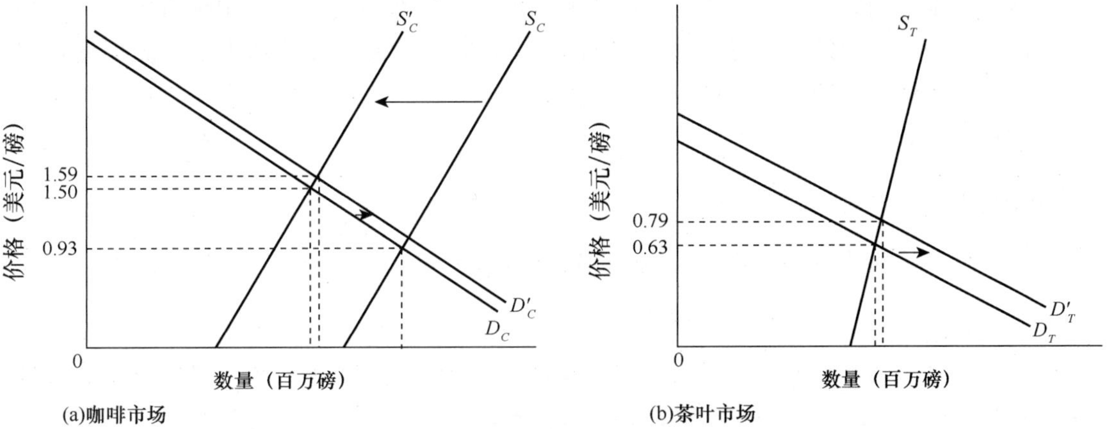

图 16－2　咖啡市场和茶叶市场的供给与需求

说明：咖啡和茶叶是替代品。最初，咖啡的均衡价格是每磅 0.93 美元，茶叶的均衡价格为每磅 0.63 美元。之后，严重的霜冻损害了咖啡作物，使它的供给曲线向左移动，从 S_C 移到 S'_C。供给曲线的移动产生了新的均衡：咖啡的需求曲线从 D_C 移动到 D'_C，而茶叶的需求曲线则从 D_T 移动到 D'_T。此时，咖啡的均衡价格为每磅 1.59 美元，茶叶的均衡价格为每磅 0.79 美元。

局部均衡分析： 一种考虑在其他所有市场价格给定的前提下，单一市场上均衡价格和产出如何决定的分析方法。

一般均衡分析： 一种研究多个市场上均衡价格和均衡数量如何同时决定的分析方法。

一般均衡分析适用于相关联的两个市场。在这个例子里，我们将假定（我们认为是可信的），消费者认为咖啡和茶叶是替代品。于是，一种商品价格上升或下降（在另一种商品价格固定不变时）会导致另一种商品的需求相应地下降或者上升。（例如，如果咖啡的价格上涨，而茶叶的价格保持不变，那么对茶叶的需求将增加。）

假定两个市场最初都是均衡的。咖啡的均衡价格为每磅 0.93 美元。此时，咖啡的需求曲线 D_C 与咖啡的供给曲线 S_C 相交。茶叶的均衡价格为每磅 0.63 美元，此时茶叶的需求曲线 D_T 与茶叶的供给曲线 S_T 相交。

现在想象一下，南美发生了严重的霜冻，这损害了很大一部分咖啡作物。因此，咖啡的供给曲线就向左移动，从 S_C 移动到 S'_C。最直接的影响就是导致咖啡的价格从每磅 0.93 美元上升到 1.50 美元。但是，由于咖啡和茶叶是替代品，咖啡价格的上涨使得对茶叶的需求上升。这使茶叶的需求曲线向右移动。相应地，茶叶的均衡价格也会提高。但是事情到这里并没有结束。由于咖啡和茶叶是替代品，茶叶价格的上升会使得对咖啡的需求增加，从而使咖啡的需求曲线向右移动，这导致咖啡的价格上涨了更多。这反过来又增加了对茶叶的需求，使茶叶的需求曲线向右移动。当所有影响被发挥出来后，茶叶的需求曲线从 D_T 移到了 D'_T，茶叶的价格也从每磅 0.63 美元升至 0.79 美元。此时，咖啡的需求曲线为 D'_C，均衡价格为 1.59 美元。（在边做边学习题 16.1 中，我们会讨论这些均衡价格是如何被决定的。）

我们刚刚进行了一个简单的一般均衡分析。这种分析是非常重要的，主要有以下两个原因。第一，我们发现，不能孤立地看待咖啡市场上的变动：咖啡供给的减少对茶叶的价格有很重要的影响。第二，由于咖啡和茶叶之间存在替代关系，咖啡市场的一个外生事件（比如，不利的天气导致咖啡价格上升），同时会使茶叶价格上升；类似地，一个导致咖啡价格下降的外生事件也会导致茶叶价格下降。这就告诉我们，替代品的价格往往正相关。

案例 16.1

税收的净影响?

上一次，你在网上买了一件产品——一本书、一张CD或一台笔记本电脑——你可能并没有支付那次交易的消费税。这并不是因为这样的交易不需缴税（它们往往是需要缴税的）。相反，它已经负担在你身上，负担在购买者的身上了。你所购买的那件产品中已经包含了需要支付的州和地方的消费税。（如果你不相信，请仔细看看发票上的小字。上面很有可能写着：买方负责向征税部门缴纳额外的税款。）这与传统的零售商形成对比。例如，当你在本地的音像店购买一张CD时，店家，而不是你，有义务向相关的税务部门缴纳税款。在网络上，每天有数以百万计的个人消费者进行着各种交易，对州和当地政府来说，强迫这些消费者支付消费税几乎是不可能的。

解决这个问题的最直接的方法就是像对待传统零售交易那样处理网络交易，要求卖方而非消费者缴纳消费税。然而，州法律不允许向本州外的公司销售的商品征收消费税。为了在网络交易中征得税款，公司必须在送货的州拥有一个“实体店”（比如店面、办公室或者配送仓库）。例如，亚马逊是世界上最大的网络零售商。它在美国的堪萨斯州、肯塔基州、纽约州、北达科他州和华盛顿州都拥有实体店，因此，亚马逊就可以向居住在这些州的消费者征收消费税。居住在其他州的消费者则无法被征税。在严格意义上，这些消费者应当算好他们的消费税并且向征税机构缴纳，但很少会有消费者这样做。因此，大部分跨州的网络销售实际上是免税的，这为网络零售商提供了竞争优势。

网络零售商具备的这个税款优势也许持续不了很长的时间。在2008年，纽约州通过了一项立法，它要求那些在纽约州网站上提供销售服务的网络零售商向纽约州的消费者征收消费税。亚马逊不仅直接销售产品，而且发挥了聚集的作用，为消费者与其他卖家之间的交易提供了渠道，范围涵盖了整个美国。因此，如果纽约州的税收规则在法庭上最终得到了支持，那么亚马逊也将受到相应的限制。北卡罗来纳州和罗得岛州也已经通过了类似的法律；加利福尼亚州、弗吉尼亚州、伊利诺伊州、科罗拉多州和夏威夷州正考虑采取同样的措施。①

如果允许各州直接向卖家征收消费税，会发生什么？让我们利用一般均衡分析来探讨这个问题。特别地，我们不仅想研究这个政策对产品价格（比如网络上卖的CD和书）的影响，而且想了解它对服务价格的影响，比如提供互联网链接——订购那个允许你链接到网络的在线服务。

① Evan Halper, “Lawmakers Want to Tax Amazon Sales in California.” *Los Angeles Times* (February 20, 2010).

图 16－3 分析了可能发生的情况。在一个典型的网络零售市场里，比如 CD 市场，要求卖方缴纳消费税的政策将提高 CD 卖方的边际成本，如图 16－3（a）所示的那样，使网络销售 CD 的供给曲线向左移动，从 S_{CD} 移动到 S'_{CD}。因此，网络上销售的 CD 的价格将升高。类似的价格上涨也会在其他网络零售市场发生，比如书籍市场、玩具市场、鲜花市场、个人电脑市场，这些产品的网络销售量将会下降。实际上，由经济学家古尔斯比（Austan Goolsbee）进行的研究显示，这种影响非常引人注目。[①] 古尔斯比估计，消费税将使现有电子商务减少 24% 的网络消费者人数。对这个影响的解释为消费者可以很轻松地在其他地方买到这种产品（比如，在当地的音像店或者沃尔玛）。

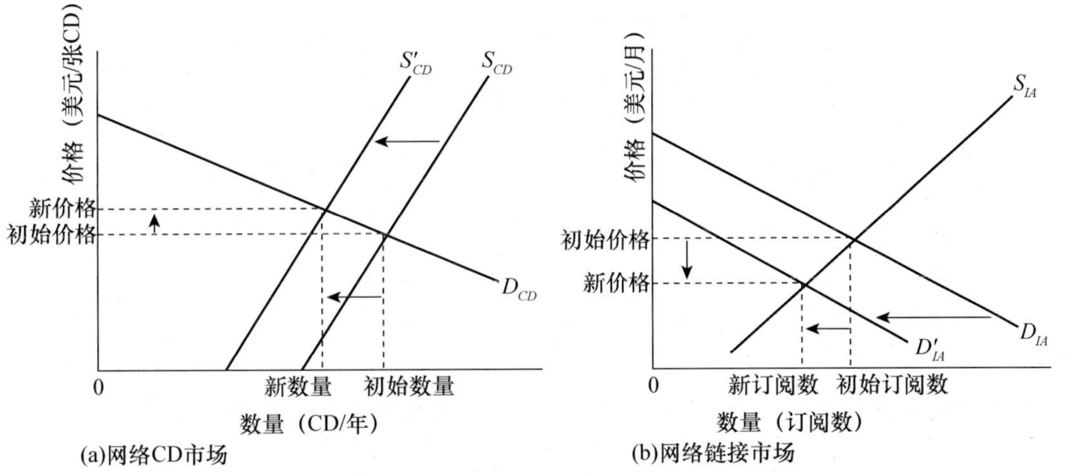

图 16－3　互联网消费税的影响

说明：网络商品（例如 CD）和网络链接是互补品。如果卖家被要求对网络销售的 CD（或者其他商品）支付消费税，那么 CD 的供给曲线会从 S_{CD} 向左移到 S'_{CD}。因为网络销售价格上升，CD 的销售量将下降。这（加上对其他网络销售商品征收消费税的影响）会减少消费者上网的价值。网络链接的需求曲线会从 D_{IA} 左移到 D'_{IA}，导致网络链接服务的价格下降，减少这项服务的用户数量。

但是向网络卖方征收消费税的影响远不止于此。由于在网络上购物变得越来越昂贵，消费者将减少这种消费，消费者从网络中获得的收益将下降。如图 16－3（b）所示，网络链接服务的需求曲线会向左移动，从 D_{IA} 移动到 D'_{IA}。向左移动会导致网络链接的价格下降。因此，如果网络商家被强制收取消费税，那么网上商品（比如 CD）的价格将会上升，网络链接的价格会下降。这种价格的降低有利于消费者，并降低网络运营商（比如 MSN）的盈利能力。这也许可以解释，为什么像 MSN 那样的知名科技公司一直明确地反对州向网络销售征税。

将这个分析与之前的咖啡和茶叶市场分析进行比较，你会发现：在之前的分析中，商品是需求替代品，因此它们的价格是正相关的。在这个例子中，网络链接和网络商品是需求互补的关系，因此，在网络零售市场中提高网络商品价格的外生事件会降低互补品——网络链接——的价格。

① Austan Goolsbee, "In a World without Borders: The Impact of Taxes on Internet Commerce." *Quarterly Journal of Economics* 115, no. 1 (2000): 561–576.

边做边学习题 16.1 ☞

在两个市场的一般均衡中寻找均衡价格

下面的表格显示了图 16－2 中的部分需求和供给曲线方程。

	初始需求曲线	初始供给曲线	霜冻后的供给曲线
咖啡	$Q_C^d=120-50P_C+40P_T$	$Q_C^s=80+20P_C$	$Q_C^s=40+20P_C$
茶叶	$Q_T^d=80-75P_T+20P_C$	$Q_T^s=45+10P_T$	$Q_T^s=45+10P_T$

问题：

(a) 初始时，咖啡和茶叶的一般均衡价格是多少？

(b) 在霜冻损坏咖啡作物后，一般均衡价格是多少？

解：

两个市场的一般均衡价格为两个市场供给同时等于需求时的价格。

(a) 初始时，一般均衡发生在 $Q_C^d=Q_C^s$ 且 $Q_T^d=Q_T^s$ 时。运用上面表格中的方程，我们可以将均衡条件写成

$$120-50P_C+40P_T=80+20P_C$$
$$80-75P_T+20P_C=45+10P_T$$

这是一个含有两个未知数 P_C 和 P_T 的由两个方程组成的方程组。解该方程组可以得到 $P_C=0.93$ 美元，$P_T=0.63$ 美元。这就是初始状态时的均衡价格。

(b) 在遭遇了霜冻后，均衡条件变成了 $Q_C^d=Q_C^s$ 和 $Q_T^d=Q_T^s$。再次运用上面表格中的方程，我们可以将均衡条件重新表达为

$$120-50P_C+40P_T=40+20P_C$$
$$80-75P_T+20P_C=45+10P_T$$

再次，这是一个拥有两个未知价格的由两个方程组成的方程组。解该方程组得 $P_C=1.59$ 美元，$P_T=0.79$ 美元。这就是霜冻后的均衡价格。

相似习题： 16.1，16.2，16.3，16.4

16.2 一般均衡分析：多个市场

前一节讨论的是以两个市场为例简化的一般均衡分析。然而，我们有时需要同时研究多个市场。比如，为了了解汽油税对低收入家庭和高收入家庭的影响，我们需要同时探究多个市场，包括投入品市场。在本节中，我们会了解如何进行这种分析。

□ 简单经济体中的供给和需求的起源

让我们来考虑一个由两种家庭组成的经济体，一种是白领家庭，另一种是蓝领家庭。每种类型的家庭都购买两种商品：能源（如电、供热燃料、汽车燃料）和食物。每

种商品只有两种投入要素：劳动和资本。

图 16－4 列出了这个经济体中的家庭与企业之间的相互作用。作为产成品的消费者，家庭购买由企业提供的能源和食物；企业作为投入品的消费者购买由家庭提供的劳动与资本。家庭为需要它们服务的企业提供劳动力。家庭通过出租自身拥有的土地、实物资产或者出售自己的知识资本向企业提供资本。

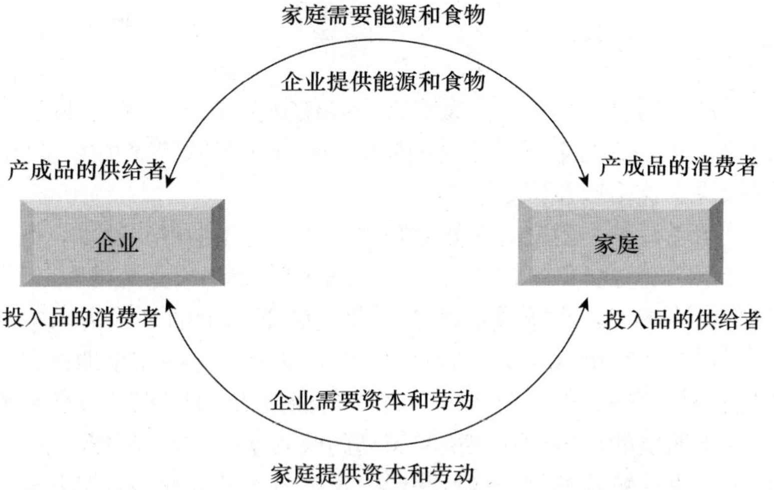

图 16－4　一般均衡中的企业与家庭的相互作用

说明：作为产成品的消费者，家庭购买由企业提供的能源和食物；作为投入品的消费者，企业购买由家庭提供的劳动与资本。

图 16－4 显示该经济体由四个主要部分构成：

- 家庭对能源和食物的需求。
- 企业对劳动和资本的需求。
- 企业对能源和食物的供给。
- 家庭对劳动和资本的供给。

这些构成的需求曲线和供给曲线从哪里来？

能源和食物的需求曲线来自家庭效用最大化

为了得到能源和食物的需求曲线，我们需要考虑单个家庭效用最大化的问题。家庭购买的能源数量表示为 x，家庭购买的食物数量则表示为 y。W 表示白领家庭，而 B 表示蓝领家庭。白领家庭的效用函数为 $U_W(x, y)$，蓝领家庭的效用函数为 $U_B(x, y)$。

每个家庭通过向企业提供劳动和资本获取收入。我们假定每个家庭有固定的劳动和资本要素禀赋，并且假设蓝领家庭是经济体中的劳动的主要供给者，白领家庭是资本要素的主要供给者。同时假设，劳动的总供给大于资本的总供给。原因可能是蓝领家庭数多于白领家庭数，也可能是每个蓝领家庭提供的劳动总量大于每个白领家庭提供的资本总量。如果单位劳动的价格为 w，单位资本的价格为 r，那么每种类型家庭的收入 I_W 和 I_B 将取决于 w 和 r。

现在假设单位能源的价格为 P_x；与此同时，单位食物的价格为 P_y。当一个家庭最大化效用时，需要将这些价格与投入要素价格视为固定的。因此，家庭效用最大化问题可以表示为

$$\max_{(x,y)} U_W(x,y)，满足\ P_x x + P_y y = I_W(w,r)$$

$$\max_{(x,y)} U_B(x,y)，满足\ P_x x + P_y y = I_B(w,r)$$

其中，$I_W(w, r)$ 和 $I_B(w, r)$ 表示家庭收入取决于家庭通过出售它们的劳动和资本取得的回报，而这些回报又取决于劳动和资本的价格 w 和 r。

我们已经在第 4 章中讨论了上述效用最大化时的最优条件：

$$MRS_{x,y}^W = \frac{P_x}{P_y} \text{ 和 } MRS_{x,y}^B = \frac{P_x}{P_y} \tag{16.1}$$

也就是说，要实现效用最大化，每个家庭就需要使其关于 x、y 的边际替代率等于 x 价格与 y 价格之比。在预算约束下，从这些最优条件就可以获得每个家庭的需求曲线。当然，这些条件取决于价格以及家庭收入。

图 16－5 显示了每种类型家庭对能源和食物的总需求曲线。比如，图 16－5（a）中的 D_x^W 为所有白领家庭对能源的总需求，D_x^B 表示所有蓝领家庭对能源的总需求。（在本节以及本章剩余的内容中，需求曲线和供给曲线的下标指的是被需求或者被供给的商品，上标指的是需求或供给的家庭或企业。）我们发现，这些需求曲线是通过将所有单个家庭的需求曲线加总得到的。能源的市场需求曲线 D_x 是 D_x^W 和 D_x^B 的水平加总。一般而言，这些需求曲线的位置往往取决于家庭的收入水平、商品的价格 y 以及每个家庭由效用函数体现出来的特殊偏好。也就是说，家庭收入的变化或商品价格 y 的变化导致 D_x、D_x^W 以及 D_x^B 移动。

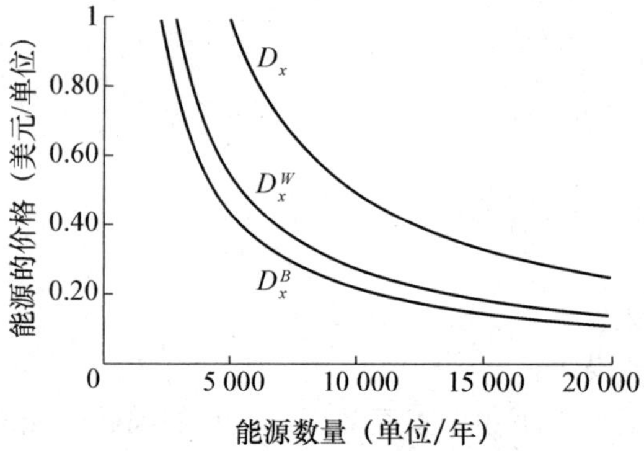

(a) 能源市场

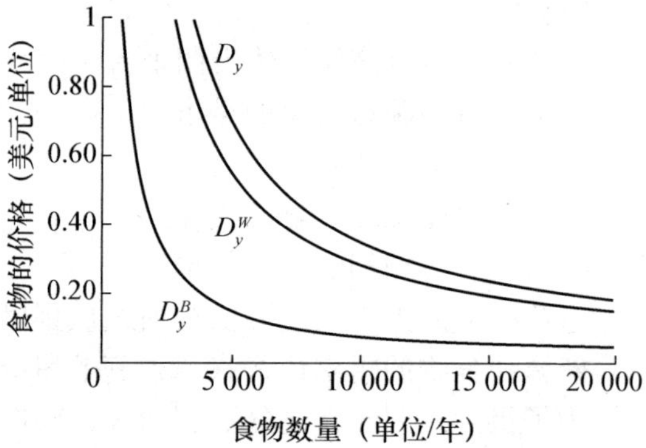

(b) 食物市场

图 16－5　能源和食物的需求曲线

说明：图（a）：D_x^W 和 D_x^B 分别表示白领家庭和蓝领家庭对能源的总需求曲线。能源的市场需求曲线 D_x 是 D_x^W 和 D_x^B 的水平加总。

图（b）：D_y^W 和 D_y^B 分别表示白领家庭和蓝领家庭对食物的总需求曲线。食物的市场需求曲线 D_y 是 D_y^W 和 D_y^B 的水平加总。

总之，在我们的简单经济体中，能源和食物的需求曲线来自家庭的效用最大化。加总所有单个家庭的能源以及食物的需求曲线就可以生成每种商品的市场需求曲线。

由企业成本最小化获得劳动和资本的需求曲线

为了得到一个经济体中的劳动和资本的需求曲线，我们需要考虑单个企业所面对的成本最小化问题（即投入选择决策）。假定一部分企业生产能源，另一部分企业生产食物；而且，所有的能源生产企业是相同的，所有的食物生产企业也是相同的，每个市场都是完全竞争的。每个单独的能源生产商都有一个生产函数 $x=f(l,\ k)$，其中 l 和 k 表示单个生产商所使用的劳动和资本量（大写字母 L 和 K 指的是市场中加总的劳动和资本量）。同时假设，该生产函数的特点是规模报酬不变（从第 6 章可以知道，这意味着劳动和资本量增加一倍，生产的能源数量也将增加一倍）。对一个能源生产商来说，生产 x 单位能源，其成本最小化问题可以表示为

$$\min_{(l,k)} wl+rk,\text{满足 } x=f(l,k)$$

类似地，每个食物生产商有一个生产函数 $y=g(l,\ k)$，其特点也是规模报酬不变。对食物生产商来说，成本最小化问题可以表示为

$$\min_{(l,k)} wl+rk,\text{满足 } y=g(l,k)$$

我们已经在第 7 章中讨论过，这些成本最小化问题的最优化条件为

$$MRTS_{l,k}^{x}=\frac{w}{r}\ \text{和}\ MRTS_{l,k}^{y}=\frac{w}{r} \tag{16.2}$$

也就是说，每个企业通过使劳动对资本的边际技术替代率 $MRTS_{l,k}$ 等于劳动价格与资本价格的比率选择它自己成本最小化时的投入组合。伴随着能源和食物的生产约束，这些最优条件可以决定单个能源和食物生产商的劳动和资本的需求曲线。这些需求曲线又取决于投入价格 w 和 r 以及企业的总产出数量。

图 16－6 显示了能源和食物行业对劳动和资本的总需求曲线。我们发现，这些需求曲线是通过加总每个行业中的所有单个企业的需求曲线得到的。比如，图 16－6（a）中的 D_L^x 就是能源行业中的企业对劳动需求的加总，D_L^y 是食物行业中的企业对劳动需求的

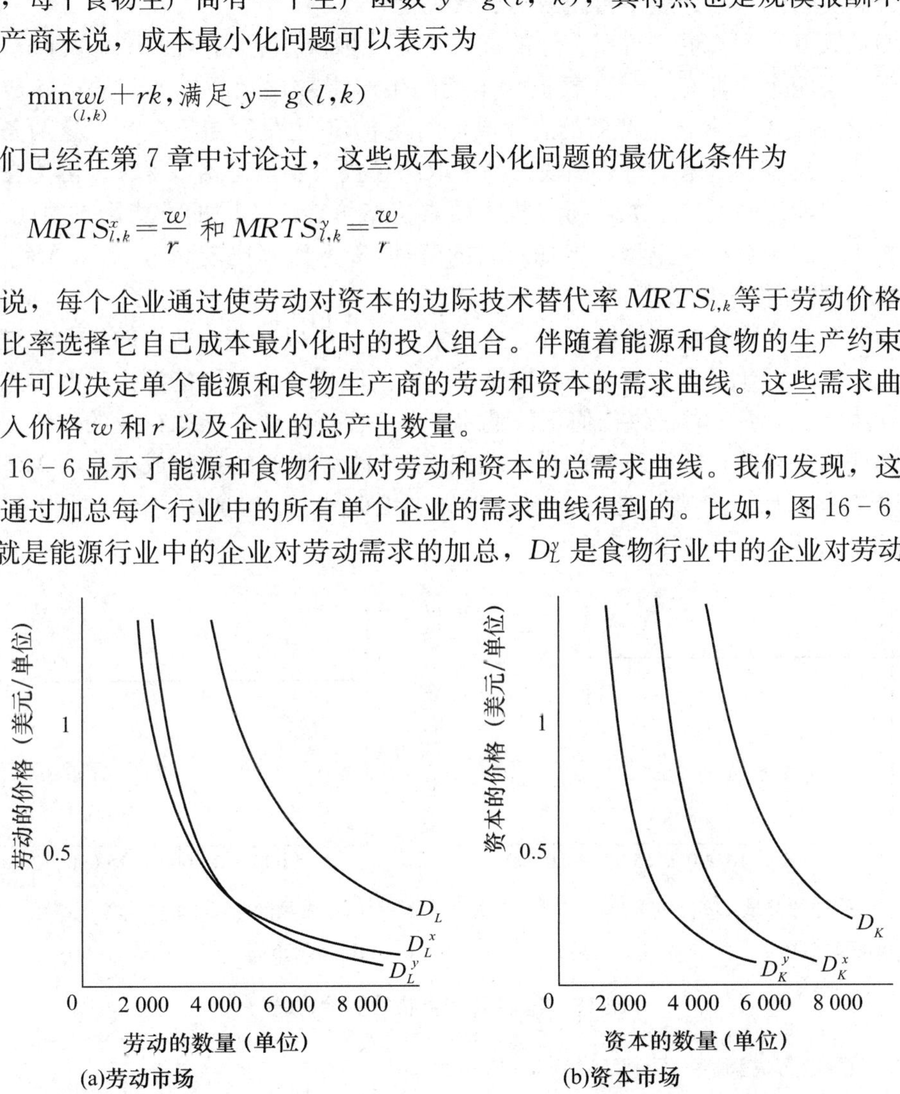

图 16－6　劳动和资本的需求曲线

说明：图（a）：能源生产商和食物生产商对劳动的总需求曲线分别为 D_L^x 和 D_L^y。劳动的市场需求曲线 D_L 是 D_L^x 和 D_L^y 的水平加总。

图（b）：能源生产商和食物生产商对资本的总需求曲线分别为 D_K^x 和 D_K^y。资本的市场需求曲线 D_K 是 D_K^x 和 D_K^y 的水平加总。

加总。劳动的市场需求曲线 D_L 是 D_L^x 和 D_L^y 的水平加总。这些需求曲线的位置取决于每个行业中的总产量、其他投入要素的价格以及在生产函数中体现出来的技术本质。例如，能源行业总产出的增加使行业对劳动的需求增加，于是 D_L^x 会向右移动，D_L 也因此向右移动。与之对应，资本价格 r 的降低会鼓励企业以资本替代劳动，使 D_L^x 和 D_L^y 都向左移动，D_L 也随之左移。

总而言之，在我们的简单经济体中，每个行业对劳动和资本的需求曲线主要取决于单个企业的成本最小化。加总所有行业中的所有单个企业对劳动和资本的需求曲线就可以得到市场对各种投入要素的需求曲线。

能源和食物的供给曲线来自企业利润最大化

我们从第 8 章中知道，每家企业的成本最小化取决于总成本曲线和边际成本曲线。这是由于，每家企业都有一个规模报酬不变的生产函数，能源生产商的边际成本曲线 MC_x 是固定不变的，食物生产商的边际成本曲线 MC_y 也是固定不变的。这两条曲线都在图 16－7 中被显示出来。每条曲线的高度取决于投入要素价格 w 和 r。因为食物的生产函数不同于能源的生产函数，所以投入要素价格可能以不同的方式影响曲线。比如，如果食物生产属于劳动密集型（即如果它的劳动-资本比率比较高），那么 MC_y 很有可能比 MC_x 对劳动价格更敏感。

因为能源和食物行业都被假定为完全竞争行业，所以这些行业里的企业都是价格接受者。由于能源行业里企业面对的是固定不变的边际成本，所以能源生产商愿意在价格 P_x 等于边际成本 MC_x 时提供任何正数量的产出。这意味着，能源行业的供给曲线是价格完全弹性的。因此，能源行业的供给曲线 S_x 与能源生产的边际成本曲线 MC_x 一致，如图 16－7（a）所示。类似地，食物行业的供给曲线 S_y 与食物生产的边际成本曲线 MC_y 一致，如图 16－7（b）所示。

(a)能源市场　　(b)食物市场

图 16－7　能源和食物的供给曲线

说明：图（a）：能源边际成本曲线 MC_x 也是能源市场供给曲线 S_x。
图（b）：食物边际成本曲线 MC_y 也是食物市场供给曲线 S_y。

因为供给曲线与边际成本曲线是一致的，所以，均衡价格必定等于边际成本：

$$P_x = MC_x \text{ 和 } P_y = MC_y \tag{16.3}$$

因为规模报酬不变，边际成本和平均成本相等，所以在该价格处每个生产商只能获得零利润。在此时，我们仍然不能说这些均衡价格是多少，因为每个市场的边际成本

MC_x 和 MC_y 取决于投入品的价格 w 和 r。反过来，这些投入品的价格又取决于投入品市场的供给和需求。因此，经济体中的每个市场是互相依赖的。

总的来说，经济体中的每个行业的供给曲线来自企业利润最大化。由于能源和食物行业的生产都是以规模报酬不变为特征的，所以每个行业的供给曲线都是与行业生产边际成本相同的水平线。

劳动和资本的供给曲线来自家庭收益最大化

经济体的最后一个组成部分就是劳动和资本的供给曲线。在经济体中，劳动和资本由家庭提供。如前所述，每个家庭可以提供固定的劳动和资本。假定提供这些劳动和资本没有机会成本（这简化了讨论，但不影响主要结论）。单个家庭收益最大化意味着，只要这些服务在市场中能够获得正的价格，家庭就会供给劳动和资本。同时假定，只要家庭从不同行业获得的工资 w 是相同的，对家庭来说，向能源行业还是食物行业提供劳动是无差异的。类似地，只要每个行业对资本服务的价格 r 都是相同的，家庭向两者中任意一方提供资本就都一样。

图 16－8 显示了这些假设的含义。劳动的市场供给曲线 S_L 是与劳动总供给一致的垂线，其主要由蓝领家庭提供。类似地，资本的市场供给曲线 S_K 是与资本总供给一致的垂线，主要由白领家庭提供。

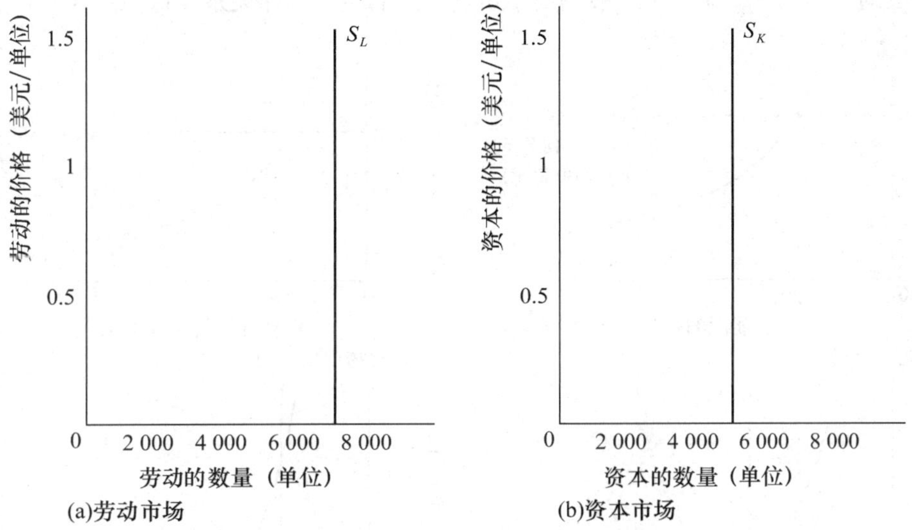

图 16－8 劳动和资本的供给曲线

说明：图（a）：劳动的市场供给曲线 S_L 是与家庭愿意供给的劳动总数一致的垂线。
图（b）：资本的市场供给曲线 S_K 是与家庭愿意供给的资本总数一致的垂线。

总而言之，经济体中的劳动和资本供给曲线来自家庭的收益最大化。因为我们假设每个家庭都提供了它能提供的固定劳动和资本，所以这些供给曲线是垂线。

□ 简单经济体的一般均衡

在简单经济体中，四个价格在一般均衡中同时被决定：能源价格 P_x、食物价格 P_y、劳动价格 w 以及资本价格 r。反过来，后面的两个价格决定了家庭的收入，家庭收入来自对企业的劳动和资本的销售。经济体中的四个价格是相互关联的。例如，能源的

价格由能源的边际成本决定，而能源的边际成本又取决于劳动和资本的价格。这些价格在四个市场同时出清时形成，即

家庭能源需求＝行业能源供给
家庭食物需求＝行业食物供给
行业劳动需求＝家庭劳动供给
行业资本需求＝家庭资本供给

图 16－9 阐述了简单经济体何时处于一般均衡——当全部四个市场同时满足供给等于需求时。图 16－9（a）和图 16－9（b）显示，当劳动和资本的价格分别为 0.48 美元和 1.00 美元时，能源和食物生产的边际成本分别为 0.79 美元和 0.70 美元。均衡时的投入品价格决定了行业供给曲线的高度，即 S_x 和 S_y。这些投入品价格也确定了家庭收入，即 $I_W(w, r)$ 和 $I_B(w, r)$，从而决定了能源和食物的需求曲线的位置（D_x 和 D_y）。在能源和食物市场中需求和供给的交点决定了各行业中的总产出：能源行业 6 202 单位和食物行业 4 943 单位。反过来，这些产出决定了图 16－9（c）和图 16－9（d）中的劳动以及资本的需求曲线的位置。投入品需求曲线和投入品供给曲线 S_L 和 S_K 的交点确定了劳动和资本的均衡价格（0.48 美元和 1.00 美元）。图 16－9 的说明是从劳动和资本的价格开始以及结束的。图 16－9 显示了一般均衡中市场之间的相互依存关系，这与图16－4 相同。

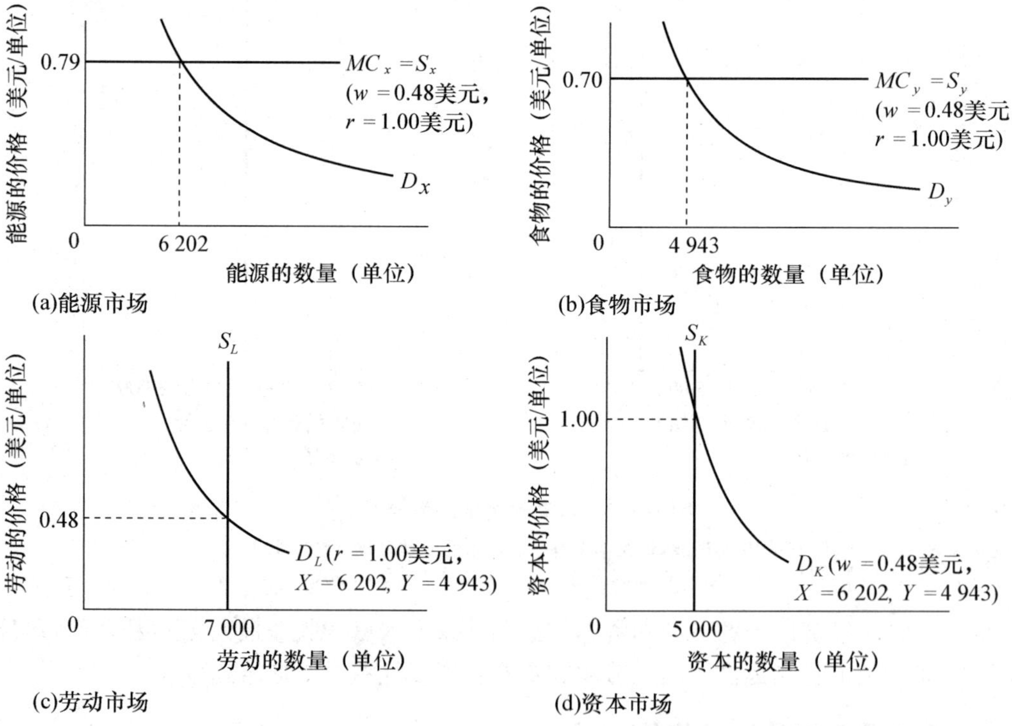

图 16－9　一般均衡

说明：在简单经济体中的一般均衡处，全部的四个市场（能源、食物、劳动和资本）同时处于均衡状态。图（a）和图（b）显示，当劳动和资本的价格分别为 0.48 美元和 1.00 美元时，能源和食物的均衡价格分别为 0.79 美元和 0.70 美元；能源和食物的均衡数量分别为 6 202 单位和 4 943 单位。图（c）和图（d）显示，当能源和食物的需求量分别为 6 202 单位和 4 943 单位时，劳动和资本的均衡价格分别为每单位 0.48 美元和 1.00 美元。

因此，可以总结得到以下结论：

- 劳动市场和资本市场的均衡投入品价格决定了能源和食物市场的供给曲线和需求曲线的位置。
- 供给曲线和需求曲线决定了能源和食物市场的均衡价格以及均衡数量。
- 能源和食物的均衡数量决定了劳动和资本市场的需求曲线的位置，这些曲线与劳动和资本的供给曲线的交点决定了劳动和资本的均衡价格。

从该分析中我们可以看出，即使在一个简单的经济体中，我们也不能只在一个市场中分析问题，需要考虑问题对其他市场的影响。案例 16.2 阐述了商品（如石油）价格的变化如何影响其他多个市场的均衡状态。

图 16－9 中的一般均衡分析强调了经济体中的生产要素的稀缺性、这些要素的相对价格以及收入分配之间的关系。在图 16－9 的经济中，资本的总供给要远小于劳动的总供给（即 S_K 要比 S_L 更加接近纵轴）。因此，资本服务的价格高于劳动的价格（即相对于劳动服务，资本服务贸易处于价格溢价）。反过来，这也允许资本投入的提供者（经济中的白领家庭）去赚取相对于劳动投入的提供者（主要是蓝领家庭）更高的收入。

边做边学习题 16.2 显示了如何通过供求相等条件确定简单经济体中的一般均衡。

案例 16.2

2007—2008 年石油价格上升的原因和影响

2007—2008 年，石油价格经历了大幅的增长。在过去的几年中，石油价格不断上升，从 2001 年每桶大约 20 美元到 2006 年每桶 70 美元。在 2007 年后期至 2008 年，价格突然上涨至每桶 145 美元。紧随其后的却是一个价格大幅的下降，降至大约每桶 40 美元。经济学家汉密尔顿（Hamilton）对这个现象的研究表明，石油行业的一系列事件对美国经济中的其他部门产生了重要的影响。①

首先，是什么造成了石油价格的急剧上涨？尽管那时媒体宣称很有可能是由投机者造成的，但是汉密尔顿发现，上涨是由供给曲线和需求曲线的移动造成的。直至 2005 年，石油的世界供给量一直在逐渐增加，但从 2005 年开始到 2008 年并没有太大的变化。其中的一个原因就是一些油田产量的下降，比如北海。尽管供给没有变化，但需求却不断地增加。更重要的是，印度等新兴经济体促使石油需求迅速移动。之前的研究发现，在世界范围内，对石油的需求相对缺乏弹性，需求价格弹性大约为－0.06。基于石油的销售量，这种弹性的确与价格从每桶 55 美元升到 145 美元的实际情况相符。静态供给和伴随经济增长移动的无弹性需求曲线相结合，似乎就造成了价格的上涨。

汉密尔顿认为，随之而来的价格下降主要由于两个因素。首先，世界已经进入大萧条以来最大的经济衰退。这必然导致石油需求曲线向左急剧地移动，最终导致一个近期价格上涨的逆转。其次，需求在 2008 年变得更具弹性，这主要是因为为了应对严重的衰退，制造商和消费者对他们的生产和消费做出了更深入的调整。换句话说，从更长远的角度看，需求弹性的绝对值会更大，这符合我们的预期。

---

① James Hamilton, "Causes and Consequences of the Oil Shock of 2007－2008." *Brookings Papers on Economic Activity*, 2009.

接着，汉密尔顿又分析了石油价格对美国经济冲击的影响。石油是生产过程中非常重要的一种要素，因为能源和燃料在任何经济中都具有基础作用。每个行业都要使用能源作为投入要素，消费者在交通上也花费了很大一部分预算。石油价格的上升提高了制造业和燃料的成本，从而使许多商品的供给曲线向左移动。除此之外，根据收入效应，在汽油上更高的花销降低了消费者的需求。汉密尔顿估计，2008 年 GDP 增长率下降中的一半有可能就是受到了石油价格冲击的影响（房地产市场的暴跌是另一个主要原因）。

受石油价格上涨影响最大的行业应该是汽车行业。2008 年，越野车的销售量下降了 25%。与此同时，美国国内汽车销售量下降了 7%，进口汽车的销售量上升了 10%，进口轻型卡车的销售量下降了 22%。这样的结果强有力地证明了，替代效应比收入效应更为关键。消费者从燃油效率低的车辆，比如越野车和卡车，向更小以及燃油效率更高的汽车（进口汽车更符合这类条件）移动。然而，到 2008 年年底，对消费者需求来说，严重的经济衰退使收入效应越来越重要。因此，汽车的销售，无论进口车还是国产车都开始大幅下降。除此之外，越野车、卡车和小汽车需求的下降也影响了劳动市场。在此期间，季节性因素的调整使得汽车以及零部件行业的就业人数减少了 125 000 人。自然而然地，失业进一步减少了许多消费商品的需求量，并增加了房地产市场的问题（尤其是在像底特律这样以汽车制造业为主要经济部门的城市里），这又进一步助长了经济衰退。

边做边学习题 16.2 ☞

寻找四个市场的一般均衡条件

假设图 16-9 中的简单经济体中的家庭有下表所示的特征：

	家庭数（户）	每户家庭的劳动供给（单位）	每户家庭的资本供给（单位）	家庭收入（美元）
蓝领	100	60	0	$I_B(w,\ r)=60w$
白领	100	10	50	$I_W(w,\ r)=10w+50r$

同时假设经济体中的市场供给和需求方程如下表所示，其中 X 表示能源的需求总量，Y 则表示食物的需求总量。①

	能源	食物	劳动（单位）	资本（单位）
供给	$P_x=w^{\frac{1}{3}}r^{\frac{2}{3}}$	$P_y=w^{\frac{1}{2}}r^{\frac{1}{2}}$	$L=7\,000^*$	$K=5\,000^*$
需求	$P_x=\dfrac{50I_w+75IB}{X}$	$P_y=\dfrac{50Iw+25I_B}{Y}$	$L=\dfrac{X}{3}\left(\dfrac{r}{w}\right)^{\frac{2}{3}}+\dfrac{Y}{2}\left(\dfrac{r}{w}\right)^{\frac{1}{2}}$	$K=\dfrac{2X}{3}\left(\dfrac{w}{r}\right)^{\frac{1}{3}}+\dfrac{Y}{2}\left(\dfrac{w}{r}\right)^{\frac{1}{2}}$

* 基于每户家庭的供给，家庭供给的数量为[$L=(100\times10)+(100\times60)=7\,000$；$K=(100\times50)+(100\times0)=5\,000$]。

① 在本章附录中，我们将介绍如何通过单个企业成本最小化问题以及单个家庭效用最大化问题获得这些曲线。

问题：

(a) 能源和食物市场的供求相等条件是什么？

(b) 劳动和资本市场的供求相等条件是什么？

(c) 我们如何找到该经济中的一般均衡？

解：

(a) 能源市场的供求相等条件是

$$w^{\frac{1}{3}}r^{\frac{2}{3}}=\frac{50I_W+75I_B}{X}=\frac{50(10w+50r)+75(60w)}{X}$$

$$=\frac{5\,000w+2\,500r}{X} \tag{16.4}$$

食物市场的供求相等条件是

$$w^{\frac{1}{2}}r^{\frac{1}{2}}=\frac{50I_W+25I_B}{Y}=\frac{50(10w+50r)+25(60w)}{Y}$$

$$=\frac{2\,000w+2\,500r}{Y} \tag{16.5}$$

方程（16.4）和方程（16.5）确定了图 16－9 中的 $S_x=D_x$ 以及 $S_y=D_y$ 时的两点。

(b) 劳动市场的供求相等条件是

$$7\,000=\frac{X}{3}\left(\frac{r}{w}\right)^{\frac{2}{3}}+\frac{Y}{2}\left(\frac{r}{w}\right)^{\frac{1}{2}} \tag{16.6}$$

资本市场的供求相等条件是

$$5\,000=\frac{2X}{3}\left(\frac{w}{r}\right)^{\frac{1}{3}}+\frac{Y}{2}\left(\frac{w}{r}\right)^{\frac{1}{2}} \tag{16.7}$$

(c) 为了找到一般均衡，我们解出方程（16.4）～方程（16.7）中的四个未知数（w，r，X 和 Y）。（这里我们不展现具体的运算过程。）之后，我们可以通过将这些值代回方程（16.4）～方程（16.7）确定每个市场的均衡（从而得到一般均衡）。这就是如何确定图 16－9 中的均衡。

相似习题：16.5，16.6

□ 瓦尔拉斯定律

如果你试图在边做边学习题 16.2 中解含有四个未知数的四个方程，你会发现一些令人惊喜的东西：相对于拥有四个未知数的四个不同的方程，你其实只需要三个方程就能解得这四个未知数。也就是说，供求相等的四个方程中有一个是多余的。

这是**瓦尔拉斯定律**（Walras' Law）的一个例子。瓦尔拉斯定律以瑞士经济学家利昂·瓦尔拉斯（Leon Walras）的名字命名，因为该定律是由瓦尔拉斯发现的。瓦尔拉斯定律阐述了，在由 N 个市场组成的一般竞争均衡中（在我们的简单例子中，$N=4$），如果前面的 $N-1$ 个市场实现了供给等于需求，那么在第 N 个市场中，供给也必定等于需求。

瓦尔拉斯定律：该定律说明，在一个由 N 个市场组成的一般竞争均衡中，如果前面的 $N-1$ 个市场实现了供给等于需求，那么在第 N 个市场中，供给也必定等于需求。

瓦尔拉斯定律成立的原因非常简单。之前我们看到，家庭收入等于由企业支付给家庭所提供劳动和资本服务的报酬。我们同样知道，当家庭最大化效用时，预算约束为家庭在商品和服务上的支出等于家庭收入。把这两个观测结果放在一起就意味着，在经济中，对商品和服务的家庭总支出必定等于企业为购买投入所付出的总支付。最后一个条件，结合在经济中前 $N-1$ 个市场实现了供求相等，可确保第 N 个市场实现供求的均衡。

由于瓦尔拉斯定律，在上面对简单经济体的分析中，我们可以用三个市场出清条件来获得四个未知数的值。这意味着，经济体中的一个均衡能够确定四个市场中的三个市场的价格。在第四个市场——所举例子中的资本市场——我们可以将价格设定为任何一个我们想设的数字。在分析中，我们将这个价格设为 1 美元。

瓦尔拉斯定律的意义是什么？瓦尔拉斯定律告诉我们，一般均衡分析决定了劳动、能源以及食物相对于资本的价格，而不是确定了这些价格的绝对水平。当然，我们可以将资本的价格设成其他数字，可以是 2 美元甚至 200 美元。要是我们这样设置，经济中的其他价格也将发生变化。然而，预设价格的多少并不影响不同投入要素、商品之间的价格比率。例如，无论资本价格设定为多少，劳动价格和资本价格的比率都会保持在 0.48。

16.3 一般均衡分析：比较静态分析

现在我们已经知道，在简单经济体中，一般竞争均衡是如何决定的，那么我们应该如何运用这种方法呢？经济学家可以运用一般均衡模型讨论税收或其他公共政策干预对经济的影响。大多数应用需要运用比较静态分析。比如，经济学家有可能会讨论外生变量（如劳动和资本的家庭禀赋或税率）的变化如何影响内生变量（价格和数量）。为此，经济学家使用的模型要比我们这里介绍的模型复杂得多。在一个分析中，经济学家运用了一个涉及 30 多个行业、7 种不同类型的家庭和 5 种投入（资本和 4 种不同类型的劳动）的模型来分析汽车燃油税的影响。① 在这一节中，我们将使用在前面章节中构建的模型说明一般均衡的比较静态分析。具体一点，我们考虑消费税的一般均衡影响。

假设在一个简单经济体中，政府对能源市场征收每单位 0.20 美元的消费税。再假设这些收入用于向食品行业购买商品，然后将这些商品移出这个经济体（比如，捐赠给正在经历饥荒的国家）。这些税收将怎样影响经济体中的价格和数量？另外，谁因税收受到了更大的损失：蓝领家庭还是白领家庭？

---

① A. Wiese，A. Rose，and G. Shluter，"Motor-Fuel Taxes and Household Welfare：An Applied General Equilibrium Analysis，" *Land Economics* (May 1995)：229-243.

你可能认为，蓝领家庭会受到更多的损失。从图 16－10 中我们可以看出，在最初的均衡中，蓝领家庭趋向于花费更多的钱在能源方面。相比之下，白领家庭在两种商品上的花费近似。然而，在我们完成能源税的一般均衡影响分析后，我们将看到税收的影响对蓝领家庭的影响不一定更大。

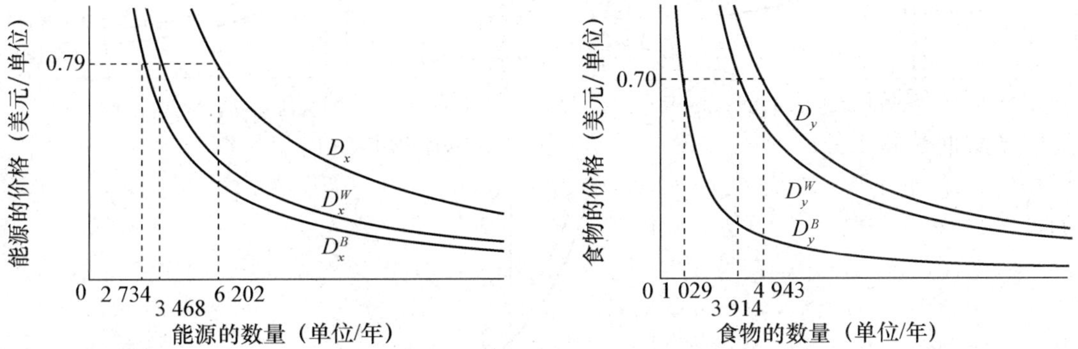

(a)能源市场　　(b)食物市场

家庭	能源上的支出（美元）	食物上的支出（美元）
蓝领家庭	2 734×0.79=2 160	1 029×0.70=720
白领家庭	3 468×0.79=2 740	3 914×0.7=2 740

图 16－10　初始均衡时蓝领家庭和白领家庭的消费

说明：图（a）显示了蓝领家庭和白领家庭的能源需求曲线（D_x^W 和 D_x^B）以及能源的总需求曲线（D_x）。图（b）显示了蓝领家庭和白领家庭的食物需求曲线（D_y^W 和 D_y^B）以及食物的总需求曲线（D_y）。表格显示了每种类型的家庭在每种商品上的总开销。

在开始比较静态分析时，我们利用瓦尔拉斯定律，并把我们的注意力集中到在保持资本价格等于每单位 1.00 美元时能源、食物以及劳动的价格变化上。税收产生了非常明显的影响，如图 16－11（a）所示，它使能源的供给曲线从 S_x 上移到了 $S_x+0.20$。这导致能源价格上升了 0.20 美元，从 0.79 美元变为 0.99 美元。反过来，这意味着，能源需求的均衡数量减少了。因此，能源行业对劳动的需求也将减少。然而，由于政府将税收收入花费在了食物上，食物的总需求（包括政府的需求以及家庭的需求）增加了，结果导致食物生产商对劳动力的需求增加。

随着能源生产商对劳动需求的减少以及食物生产商对劳动需求的增加，总的劳动需求发生了怎样的变化？换言之，总的劳动需求曲线是向右移还是向左移？一般来说，它可能朝任意一个方向移动。在图 16－11 中，我们发现，劳动需求曲线 D_L 向右移动。在这种情况下，相对于能源行业，食品行业需要使用更多的劳动去生产给定单位的产品。① 图 16－11（c）显示了，当 D_L 向右移动时，劳动的均衡价格 w 会升高。这反过来增加了能源和食物的边际成本，从而导致市场价格升高。但 w 的升高也增加了家庭收入，尤其是那些大部分收入都来自提供劳动的蓝领家庭。这使得能源和食物市场的需求曲线向右移动。

① 在本章附录的最后，我们发现，当我们使用从边做边学习题 16.2 中获得的供给曲线的生产函数计算均衡时，相比于能源行业，食品行业中的企业需要使用更多的劳动去生产给定单位的产品。

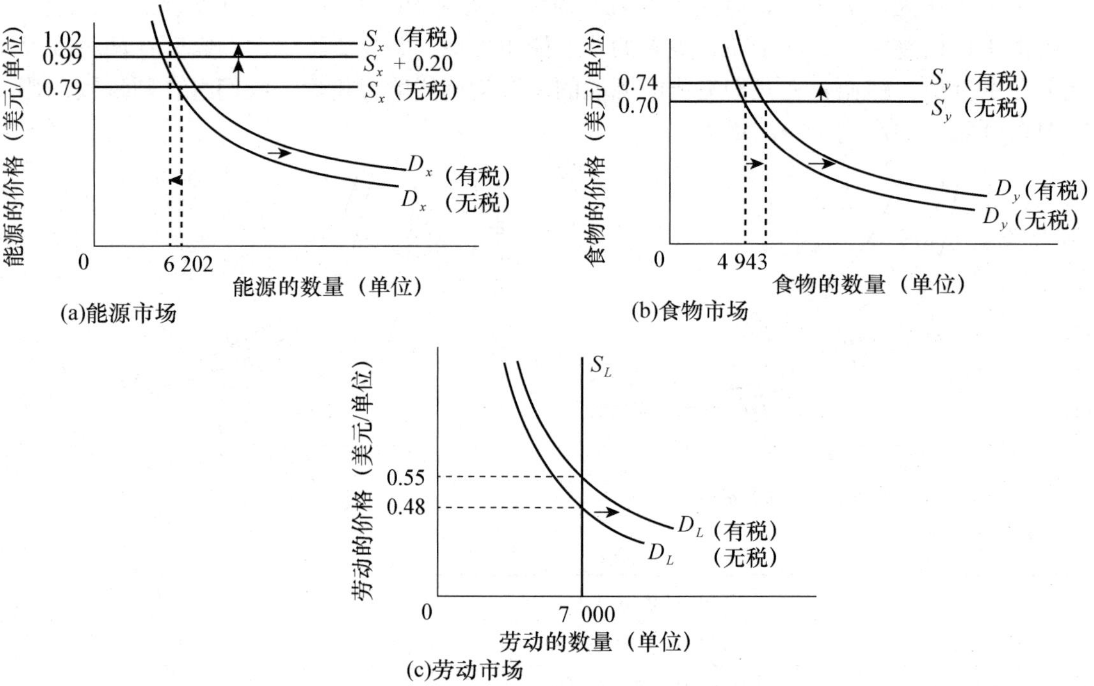

图 16-11　消费税的一般均衡影响：比较静态分析

说明：对能源征收每单位 0.20 美元的消费税，政府收入都用于购买食物（然后将这些食物移到经济体外）。征税后，经济最终产生了一个新的一般均衡：能源价格从 0.79 美元涨至 1.02 美元，食物价格则从 0.70 美元升至 0.74 美元，劳动的价格从 0.48 美元升至 0.55 美元。

图 16-11 显示，当我们考虑所有均衡影响时，新的均衡包含了劳动的价格略微提高（相比于最初的 0.48 美元，征税后为 w=0.55 美元）以及能源和食物的价格提高（相比于最初的 0.79 美元，征税后为 P_x=1.02 美元；相比于最初的 0.70 美元，征税后为 P_y=0.74 美元）。图 16-12 描绘了这些影响。由于劳动的价格升高，蓝领家庭的收入显著提高，白领家庭的收入适度提高。因为税收使价格升高，这两种类型的家庭都遭受了损失。但是，因税收遭受的损失，蓝领家庭要小于白领家庭，这主要是由于蓝领家庭相对更多地获得了收入增加。

我们有意构造这个例子来说明，到底谁受公共政策干预（比如税收）的影响更大，这并不是显而易见的。尽管在我们的例子里，针对能源征税，且蓝领家庭花费更多比例的收入在能源上，但白领家庭受税收的伤害更大。只有当我们了解了所有因税收形成的新均衡后，产生的影响才会变得明显。这个例子说明了，为什么经济学家经常使用一般均衡模型分析公共政策。

案例 16.3

谁最不喜欢汽油税

我们已经分析了拥有四个市场（能源、食物、劳动和资本）的简单经济体以及两种类型的家庭（蓝领家庭和白领家庭）。我们构建了一个合理的例子。在该例中，和蓝领家庭相比，对能源征收消费税对白领家庭产生的影响要更大。尽管我们的初始预期并不

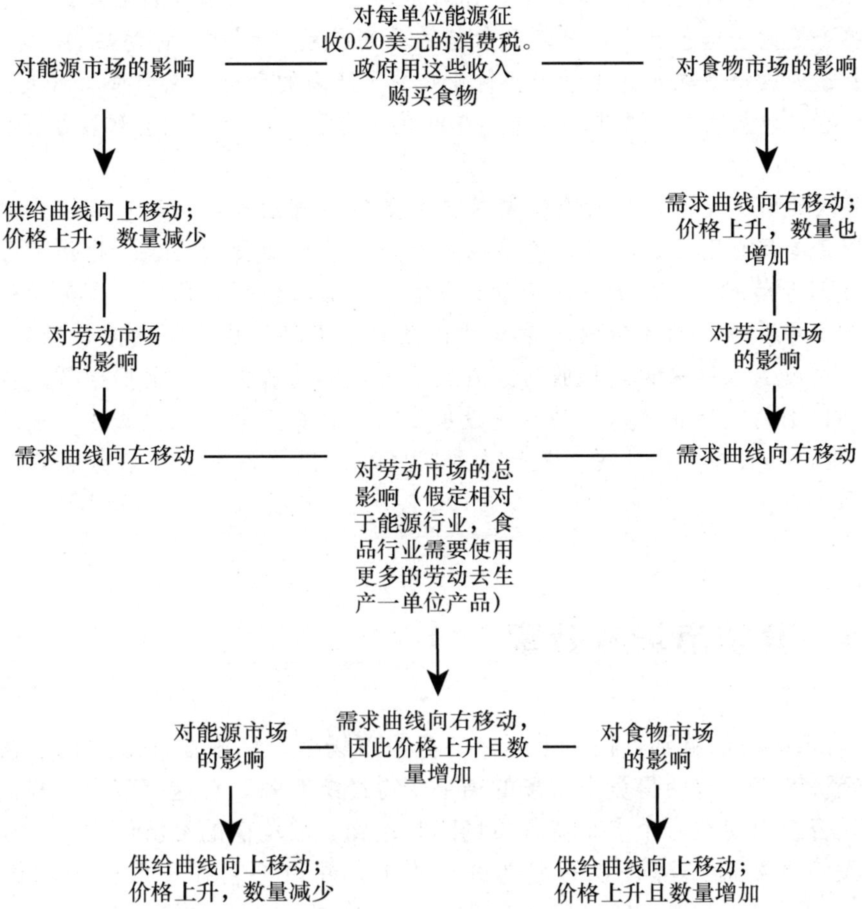

总影响（新的一般均衡）			
	能源	食物	劳动
价格	上升	上升	上升
数量	减少	增加	不变

图 16-12　能源消费税的一般均衡影响：流程图

说明：对每单位能源征收 0.20 美元消费税的一般均衡影响——在正文中进行了解释，并在图 16-11 中表现为比较静态分析——如流程图所示。

如此。这在真实世界中会发生吗？

威斯（Wiese）等人运用一般均衡分析回答了这个问题。① 一般来说，政府征的汽油税被用于公路建设。当政府征得了更多的汽油税并将其花费在公路建设上时，这往往会增加对公路建设企业的需求。进而，这也会增加公路建设企业对劳动的需求，抬高建设市场中的体力劳动工资。工资的增加会提高雇用体力劳动者的其他行业的边际生产成本。

① Arthur Wiese，Adam Rose，and Gerald Shluter，"Motor-Fuel Taxes and Household Welfare：An Applied General Equilibrium Analysis." *Land Economics*（1995）：229-243.

在图 16－11 所示的简单经济体中，体力劳动者工资的增加使得雇用体力劳动者的行业的最终产品的价格也升高。该产品价格的升高导致家庭对这种商品的需求量减少，这意味着制造业的产量减少。由于这些行业减少了产品的产出，它们将雇用更少的各种类型的劳动者，包括白领和专业劳动者。其中的一些行业甚至可能会解雇经理人和专业人士。

威斯等人的研究显示，当所有因素都被考虑时，汽油税增加的影响将是相当复杂的。所有消费者都会因更高的汽油价格以及产成品价格而受到伤害。此外，白领以及专业劳动者因劳动服务需求的减少而受到伤害。在另一方面，供给体力劳动的家庭将从更高的工资中受益。由于低收入家庭往往倾向于提供不成比例的高份额体力劳动，所以相对于高收入家庭来说，低收入家庭受到税收的伤害更小。他们同样发现，如果政府将较小比例的汽油税收入花费在建设项目上，将更多的收入花费在一般政府事务（如教育）上，那么增加汽油税对最高收入家庭和最低收入家庭伤害最多，对中等收入家庭的伤害最少。

16.4 竞争市场的效率

在第 10 章中我们看到，在一个单一的竞争市场中，竞争均衡最大化了在市场中形成的净经济利润。这使得竞争市场的结果变得经济有效。在这一节中，我们将探讨经济有效是否会出现在一个多个竞争市场同时达到一般均衡的经济体中。但在进行分析之前，我们需要对经济有效的定义进行改进，并讨论它在一般竞争均衡中如何应用。

□ 什么是经济有效

在图 16－9 所示的一般竞争均衡中，能源和食物由家庭消费，劳动和资本则由企业使用。我们将这种消费模式和投入用法叫作**商品和投入的分配**（allocation of goods and inputs）。如果没有其他商品和投入的分配方法能够使一些消费者的境况变得更好而不损害其他消费者的收益，我们就说这种商品和投入的分配是**经济有效**（economically efficient）的（有些书也将这称为帕累托有效）。相反，如果存在另一种商品和投入的分配方法能使所有消费者的境况比初始分配下的境况更好，我们就说商品和投入的分配是**经济无效**（economically inefficient）的（也称帕累托无效）。换句话说，对任何一种无效的分配，我们都能找到至少一种有效分配使消费者一致倾向于该分配。当商品和投入的分配无效时，经济体没有获得能从资源中获得的所有收益。

鉴于这种效率的定义，如图 16－9 所示的竞争均衡需要满足三个条件才能称为有效：

（1）给定所有能源和食物（商品）都被白领和蓝领两种类型家庭消费，并且在这些家庭中，没有办法通过重新分配使所有家庭的境况比竞争均衡时的境况更好。也就是说，商品的分配必须满足**交换有效**（exchange efficiency）条件。除非使一些消费者的境况变差，否则给定的消费品组合不能在经济体中的消费者之间进行重新分配，我们就说交换有效。当能够在消费者之间通过对给定的消费品组合进行重新分配使所有消费者境况变好时，我们就说交换是无效的。

（2）给定所有资本和劳动（投入）都被能源生产商和食物生产商这两种类型的企业使用，并且没有办法在这些企业之间通过重新分配使它们生产出比处于竞争均衡时更多的能源和食物。也就是说，投入要素的分配必须满足**投入有效**（input efficiency）的条件。一般来说，对给定的投入要素，除非使经济体所生产的一种产品的产量减少，否则无法在经济体中通过企业之间进行重新分配，这种状态就是投入有效。换句话说，当扩大一个行业（比如食物）的产出必须依靠减少另一个行业（比如能源）的产出时，我们就说投入是有效的。对给定的投入要素，当能够在企业之间通过重新分配使经济体所生产的所有商品的产量同时扩大时，我们就说投入是无效的。

（3）给定经济体中资本和劳动的数量，无法通过减少一种产品（如食物）的产出以生产更多的另外一种产品（如能源）的途径使所有消费者的境况变好。也就是说，在经济体中商品和投入的分配必须满足**替代有效**（substitution efficiency）条件。相反，当我们能够通过减少一种产品的产出生产更多的另外一种产品的途径使所有消费者的境况变好时，我们就说商品和投入的分配是替代无效的。

在接下来的三个部分中，我们将更详细地探讨每个效率的概念，并将展现图 16－9 中的一般竞争均衡满足这三个有效条件。

商品和投入的分配：经济体中在一般均衡时可能出现的消费模式和投入方法。

经济有效（帕累托有效）：是指在经济体中商品和投入分配具有下述特征：无法在不损害其他消费者的情况下使一些消费者的境况变好。

经济无效（帕累托无效）：商品和投入分配具有下述特征：有可行的商品和投入分配方法使所有的消费者相对于初始分配境况变好。

交换有效：资源分配具有下述特征：对给定的消费品组合，除非至少使一些消费者的境况变差，否则不能在经济体中的消费者之间进行重新分配。

投入有效：资源分配具有下述特征：对给定的投入组合，除非使经济体所生产的至少一种商品的产量减少，否则无法在经济体中的企业之间进行重新分配。

替代有效：资源分配具有下述特征：给定经济体中资本和劳动的数量，无法通过减少一种产品（如食物）的产出以生产更多的另外一种产品（如能源）的途径使所有消费者的境况变好。

□ 交换有效

为了了解竞争均衡是否满足交换有效的条件，我们需要开发一个被称为埃奇沃思盒状图的图形化工具，并用它描述交换有效和无效。

什么是埃奇沃思盒状图？

假定所给的能源和食物已经被生产出来了——每种商品 10 单位——商品被分配给经济体中的两种家庭，白领家庭和蓝领家庭。图 16－13 被称为**埃奇沃思盒状图**（Edgeworth box），它显示了两种商品的所有可能分配。埃奇沃思盒状图的宽度代表了可用能源的总量（10单位），埃奇沃思盒状图的高度代表了可用食物的总量（同样是10单位）。埃奇沃思盒状图上的每一点都代表了一种对能源和食物的可能分配。比如，在点G处，白领家庭消费了5单位能源和1单位食物，而蓝领家庭则消费了5单位能源和9单位食物。

埃奇沃思盒状图： 在给定每种商品的总可用供给的情况下，显示只有两种商品的经济中的所有可能商品分配的图。

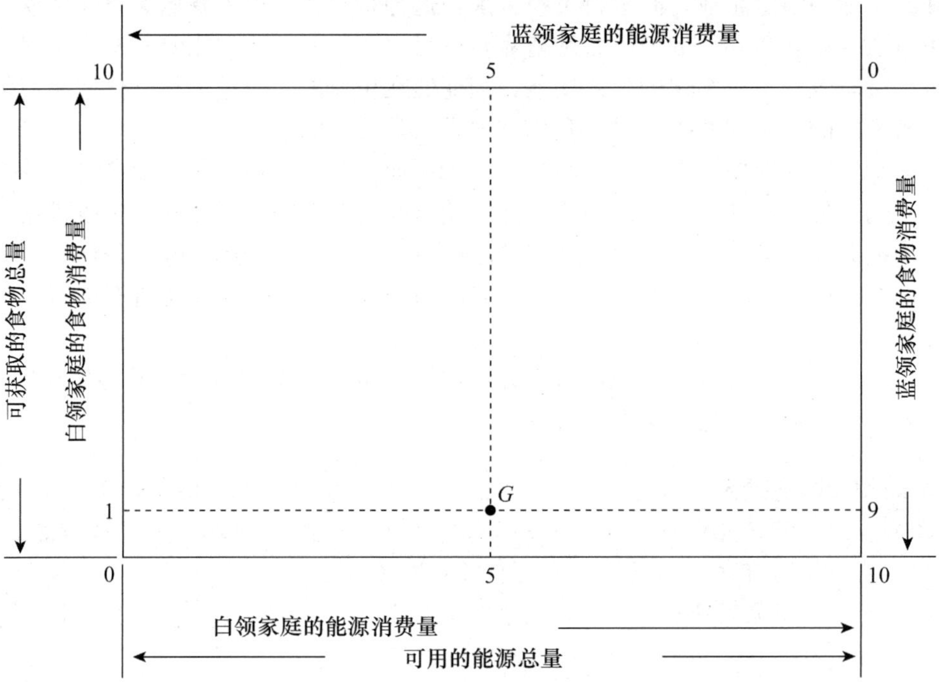

图16-13　埃奇沃思盒状图

说明：在一个只有两种商品（能源和食物）以及两种消费者（蓝领家庭和白领家庭）的经济体中，埃奇沃思盒状图显示了两种商品的所有可能分配（盒中的每一点，比如点G，都代表了一种可能的分配）。盒子的宽度代表可用能源的总量（10单位）；白领家庭的能源消费量（底轴）从左向右增加，蓝领家庭的能源消费量（顶轴）从右向左增加。盒子的高度代表可用食物的总量（10单位）；白领家庭的食物消费量（左轴）由下向上增加，蓝领家庭的食物消费量（右轴）由上向下增加。在点G处，白领家庭消费5单位能源和1单位食物，蓝领家庭则消费5单位能源和9单位食物。

运用埃奇沃思盒状图描述交换有效

点G所表示的分配方法是否满足交换有效的条件呢？这取决于家庭的偏好（即取决于它们的效用函数）。在图16-14中，白领家庭的无差异曲线和蓝领家庭的无差异曲线被叠加在图16-13的埃奇沃思盒状图上。白领家庭的消费由左边和底部的轴表示，而蓝领家庭的消费由右边和顶部的轴表示，每种商品消费增加的方向相反。这意味着，白领家庭向东北方向表示效用增加，蓝领家庭向西南方向表示效用增加。

点G是白领家庭和蓝领家庭的无差异曲线的交点。与点H比较——点H也位于两条无差异曲线上，但它是两条曲线的切点而不是交点。所有在埃奇沃思盒状图内的点不是像点G一样就是像点H一样。（比如，点J和点G一样，是两条无差异曲线的交点，

而点 I 就和点 H 一样，是两条曲线的切点。）

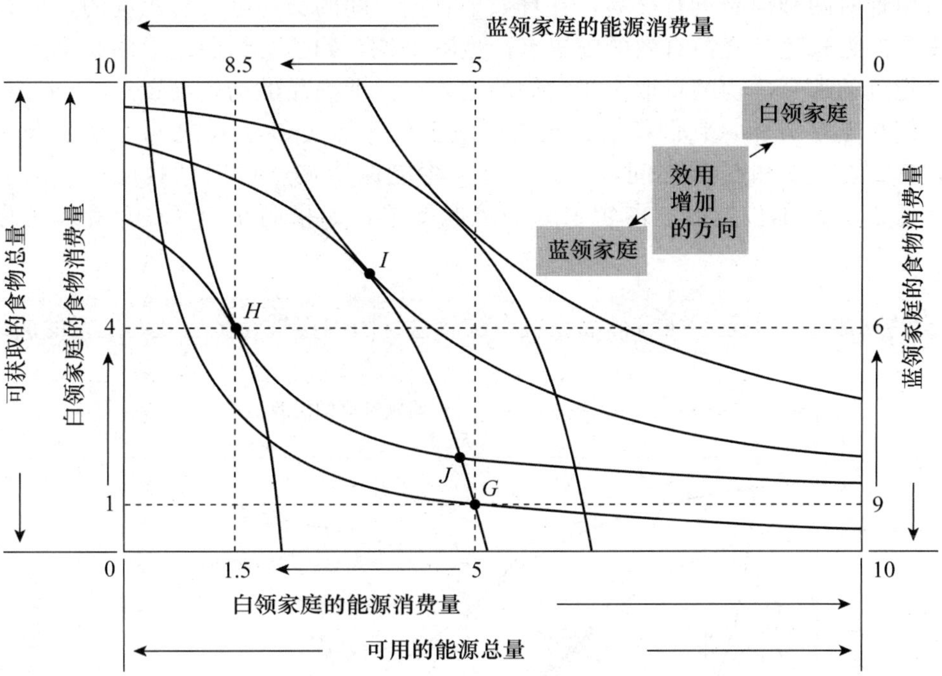

图 16-14　交易达成交换有效分配状态

说明：白领家庭的无差异曲线和蓝领家庭的无差异曲线相交于点 G 和点 J 并且相切于点 H 和点 I。点 G 和点 J（以及其他所有无差异曲线的交点）表示交换不具备经济有效的分配状态，因为无论处于哪一点的家庭都可以通过交易使双方家庭达到更高状态的无差异曲线。例如，在图中表示的贸易——白领家庭给蓝领家庭 3.5 单位能源以换得 3 单位食物——使分配状态从点 G 移动到点 H。在点 H，双方都处于更高水平的无差异曲线上。点 H 和点 I（以及其他所有无差异曲线的切点）表示交换达到经济有效的分配状态，因为在这种状态下，任何交易都会使至少一个家庭落到较低的无差异曲线上。

请注意，点 G 不能表示两种商品交换有效的配置。这是由于，在某些点，比如点 H，双方家庭都能达到更高水平的无差异曲线。因此，如果两个家庭从点 G 开始，它们可以通过交换（贸易）获得利益。比如，白领家庭可以给蓝领家庭 3.5 单位能源以换取 3 单位食物，从而达到点 H 所表示的配置，双方家庭的境况都将变好。在交换经济无效的配置下，存在消费者之间的潜在交换（贸易）能使所有消费者获益。（这种无效说明了一个事实：潜在收益没有被实现。）

我们已经知道，点 G 不能代表交换有效配置（同样的道理，点 J 和其他无差异曲线的交点也不能代表）。那么，哪个点可以表示交换有效配置呢？你可能会猜想，交换有效配置可以被那些无差异曲线的切点表示（比如点 H 和点 I）。这是为什么？这是由于，从这些点移动将导致至少一个家庭的满足程度变差（即使得至少一个家庭的无差异曲线向低水平移动）。因此，如果两个家庭如上所述那样进行贸易（从点 G 移动到点 H），那么任何交易都会损害至少一个家庭。在交换经济有效配置中，消费者之间没有潜在的交易能使所有消费者获益。

契约曲线

考虑一条连接所有埃奇沃思盒状图内达到交换有效配置的点（即所有的切点）的

曲线，如图 16-15 所示。这样的曲线被称为**契约曲线**（contract curve）。如果两个家庭是自由地对两种商品进行交易，并且如果它们之间的交易是互惠互利的，那么它们会以交易的方式达到交换有效的配置点。也就是说，到达契约曲线上的某个点。它们最终会达到的那个确切的点取决于它们的起始点（即商品的初始配置点）。举例来说，如果它们从点 G 开始，它们将达到契约曲线上位于点 I 和点 K 之间的某个点。这很容易理解：在点 I 和点 K 之间，双方家庭至少能保持在点 G 时的程度；当位于契约曲线上低于点 K 的位置时，白领家庭的境况变差，如果高于点 I，蓝领家庭的境况变差。

契约曲线：一条显示所有商品在埃奇沃思盒状图内实现经济有效的配置的曲线。

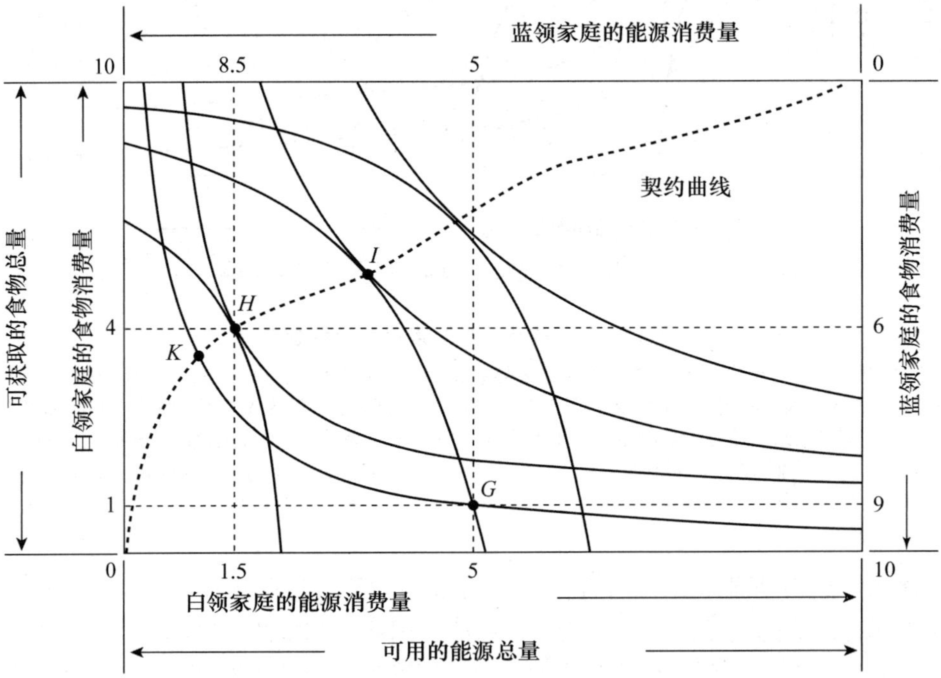

图 16-15　契约曲线

说明：契约曲线显示了所有埃奇沃思盒状图内交换达到经济有效的配置点。也就是说，所有白领家庭无差异曲线与蓝领家庭无差异曲线的切点。（在点 K 相切的蓝领家庭无差异曲线没有显示出来。）

边做边学习题 16.3 ☞

检查交换有效条件

两个人，索尼娅（Sonia）和安妮（Anne），共同拥有 6 个苹果和 10 个梨。设 x_S 表示索尼娅拥有的苹果的数量，y_S 表示索尼娅拥有的梨的数量。类似地，设 x_A 表示安妮拥有的苹果的数量，y_A 表示安妮拥有的梨的数量。进一步假设对索尼娅来说：

$$MRS_{x,y}^{\text{Sonia}}=\frac{2y_S}{x_S}$$

对安妮来说：

$$MRS_{x,y}^{\text{Anne}}=\frac{y_A}{x_A}$$

最后，假设索尼娅有 4 个苹果和 2 个梨，安妮有 2 个苹果和 8 个梨。

问题：

(a) 安妮和索尼娅之间的苹果与梨的分配是否满足交换有效条件?

(b) 你能否找到一个在安妮和索尼娅之间的交易使双方境况都更好?

解：

(a) 要满足交换有效条件，安妮和索尼娅的无差异曲线必须相切。为了检验是否相切，我们需要计算索尼娅和安妮两人的边际替代率。

当索尼娅有 4 个苹果和 2 个梨时，她的苹果对梨的边际替代率为

$$MRS_{x,y}^{\text{Sonia}}=\frac{2\times2}{4}=1$$

这告诉我们，为了得到额外的一个苹果，索尼娅愿意放弃一个梨。换句话说，这也告诉我们，为了得到额外的一个梨，索尼娅愿意放弃一个苹果。

当安妮拥有 2 个苹果和 8 个梨时，她的苹果对梨的边际替代率为

$$MRS_{x,y}^{\text{Anne}}=\frac{8}{2}=4$$

这告诉我们，为了得到额外的一个苹果，安妮愿意放弃 4 个梨。

从计算过程中，我们可以看出索尼娅和安妮的苹果对梨的边际替代率是不同的。因此，她们的无差异曲线不是相切的，交换有效的条件未能满足。

(b) 实际上，现有的对苹果和梨的分配是无效的，这意味着，安妮和索尼娅可以通过交易使双方的境况都变好。这是为什么? 假设安妮把她的 2 个梨给索尼娅从而换来索尼娅的 1 个苹果，这使两个人的境况都变好了。这是由于，安妮愿意为了获得额外的 1 个苹果放弃 4 个梨。由于她仅仅放弃了 2 个梨就获得了额外的苹果，安妮的境况自然变好了。那么索尼娅呢? 她愿意为了获得 1 个梨放弃 1 个苹果。在这种交易情况下，索尼娅放弃了 1 个苹果却得到了额外的 2 个梨。因此，索尼娅的境况也变好了。在安妮和索尼娅之间还有其他可能的交易使她俩的境况都变好。关键的一点是，当交换有效条件没有达到的时候，经济中总是存在使双方都获利的交易的可能性。

相似习题： 16.10，16.11，16.12，16.13，16.14

一般竞争均衡满足交换有效吗

再次思考图 16-9 中的一般均衡，其中企业向每个家庭大约供给 62 单位能源以及 49 单位食物。在均衡点，一个典型的白领家庭大约消费 35 单位能源以及 39 单位食物；一个典型的蓝领家庭大约消费 27 单位能源和 10 单位食物。能源的均衡价格为每单位 0.79 美元，食物的均衡价格为每单位 0.70 美元。由于这是竞争均衡，两种类型家庭的边际替代率是相等的，每种类型的家庭通过使其边际替代率等于均衡价格比（在下面的方程中，x 代表能源，y 代表食物）最大化效用：

$$MRS_{x,y}^{W}=MRS_{x,y}^{B}=\frac{P_x}{P_y}=\frac{0.79}{0.70}=1.13$$

因为边际替代率等于家庭无差异曲线的斜率，两种类型家庭的无差异曲线相切，切线的斜率（绝对值）等于能源与食物的均衡价格之比。最后，因为无差异曲线相切，在均衡时，能源和食物的配置必定位于契约曲线上，并且满足交换有效。这一切都如图16－16所示，其中埃奇沃思盒状图中的点 E 表示一般均衡时的配置。

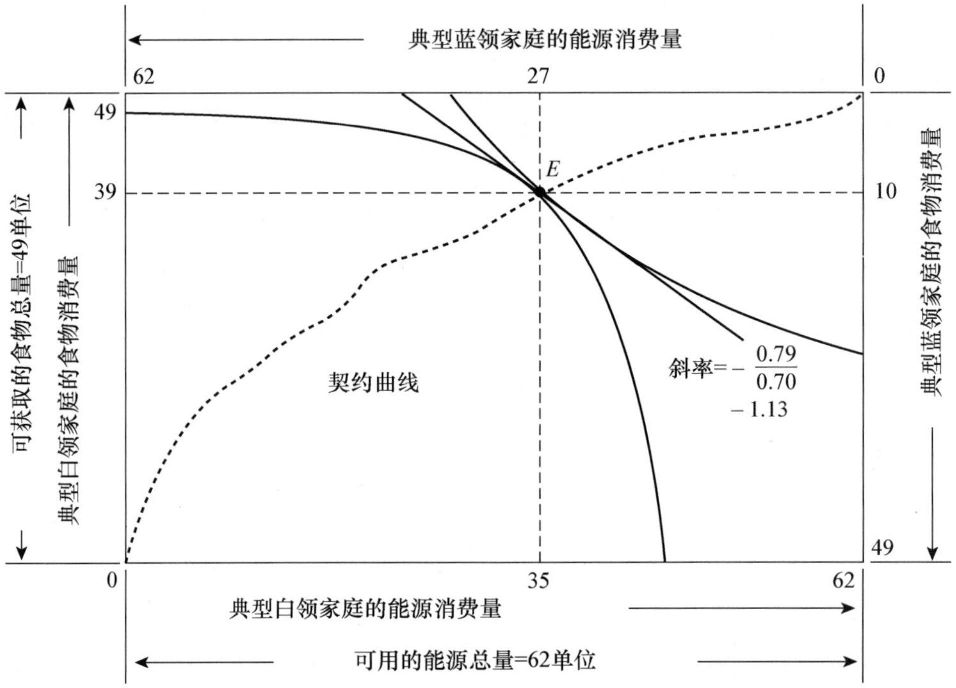

图 16－16　一般竞争均衡下的交换有效

说明：在埃奇沃思盒状图中，点 E 表示在一般均衡时在典型白领家庭和典型蓝领家庭之间的配置。在点 E，两种类型家庭的无差异曲线相切，并且切线的斜率（绝对值）等于均衡价格（能源每单位 0.79 美元，食物每单位 0.70 美元）之比。由于无差异曲线相切，点 E 同样位于契约曲线上。因此，在一般竞争均衡下，家庭之间并不能通过交易获得潜在利益。

已知点 E 位于契约曲线上，家庭之间不存在可能的交换而使两种类型的家庭都受益。尽管经济体中的家庭并没有直接进行交易，所有的交易都在家庭和企业之间进行，但这种情况的确存在。这表明，在竞争市场中，不管消费者是否自由、直接地进行交易，其结果（一般均衡）都是一样的。

□ 投入有效

我们已经知道，一般竞争均衡的结果是达到了消费品——能源和食物——交换有效率时的分配。然而，均衡中出现的劳动和资本的分配情况又是怎样的呢？它是否满足投入有效的条件？在交换有效的前提下，我们可以画一张埃奇沃思盒状图（在这种情况下，针对的是投入品而不是商品）来帮助我们回答这个问题。

利用埃奇沃思盒状图来描述投入有效

投入品的埃奇沃思盒状图（Edgeworth box for inputs），如图 16－17 所示，说明了固定数量的两种投入品，劳动和资本，如何在两种不同商品的生产者——能源生产者和食物生产者——之间被分配。盒状图的宽度表示可用的劳动总数（10 单位），而盒状图的高度表示可用的资本总数（也是 10 单位）。能源生产者的投入品用法被表示在左轴和底轴，食物生产者的投入品用法被表示在右轴和顶轴，每种投入品用量增加的方向相反。这就意味着，能源生产者产出的增加是朝东北方向的，食物生产者产出的增加是朝西南方向的。盒状图中的每一点代表了一种对可用劳动和资本的分配方式。比如，在点 G，能源生产者使用了 1 单位劳动和 6 单位资本，食物生产者使用了 9 单位劳动和 4 单位资本。盒状图中的曲线是每种生产者的等产量线。（每一条等产量线均代表能让企业生产出特定产量的劳动和资本的组合。）

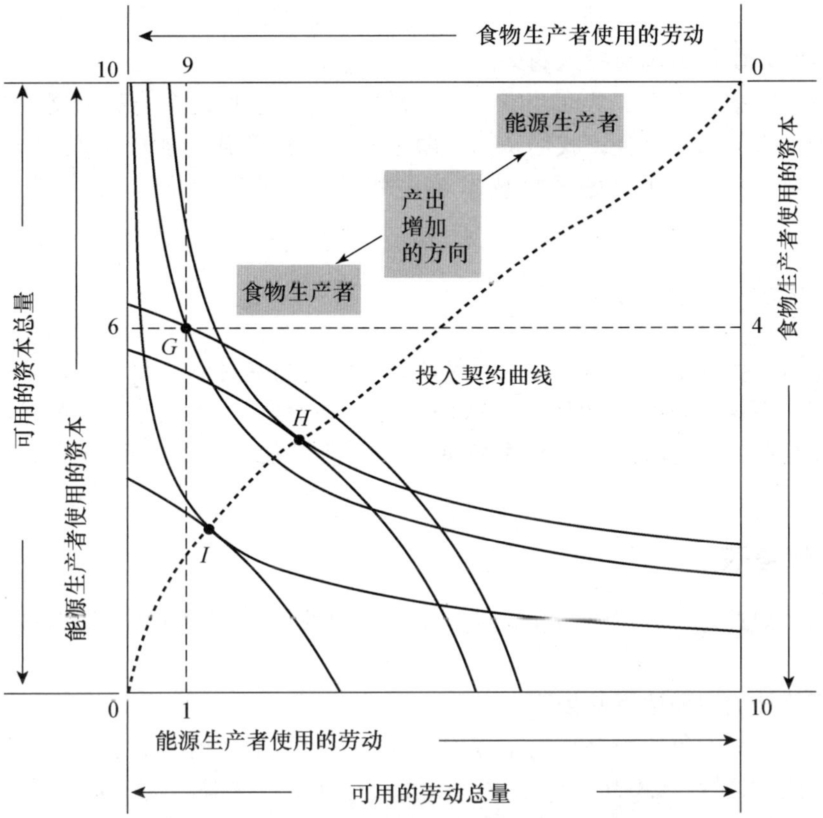

图 16－17　埃奇沃思盒状图中的投入有效

说明：食物生产者和能源生产者的等产量线相交于点 G，并且相切于点 H 和点 I。点 G（和其他所有的等产量线的交点）表示经济不是有效的投入配置。这是因为，任何一点都可以通过重新分配投入使两个行业的产出同时增加。点 H 和点 I（以及其他所有的等产量线的切点）表示经济有效的投入配置。这是因为，在这些点上，重新配置需要至少减少一个行业的产量。投入契约曲线连接了所有满足投入有效的配置点。

投入的埃奇沃思盒状图的特征完全类似于商品的埃奇沃思盒状图。因此，在图 16－17 中，埃奇沃思盒状图中的每个投入点都位于两条等产量线上，一条是能源生产者的等产量线，另一条是食物生产者的等产量线。在一些点上（比如点 G），两条等产量线相交，在另外一些点上（比如点 H），两条等产量线相切。等产量线的交点表示投入品的配置是经济无效的。这是由于，在这些点上，通过重新分配能实现同时增加两个行业的产出。（比如，在点 G 处；我们可以重新分配投入品以达到点 H 所表示的配置，在点 H 处能源和食物的产出都更高。）而等产量线的切点表示投入品的分配是经济有效的。这是由于不存在可能的重新配置。（比如，在点 H 处，任何投入品的重新分配都会在提高一个行业产量的同时降低另一个行业的产量。）图 16－17 中显示的**投入契约曲线**（input contract curve）（就像图 16－15 中的契约曲线）连接了所有投入品有效配置的点（即所有的等产量线的切点）。

投入品的埃奇沃思盒状图：对给定数量的劳动和资本，一张显示其在两种不同商品生产者之间所有可能配置的图。

投入契约曲线：一条由投入品的埃奇沃思盒状图中的所有投入有效的点组成的配置曲线。

一般竞争均衡是否满足投入有效

在竞争均衡中，给定了劳动和资本的价格，每个行业里的企业都依据生产成本最小化的原则确定投入品的组合。我们从第 7 章中知道，这意味着能源生产者（用 x 表示）和食物生产者（用 y 表示）的边际技术替代率都等于劳动价格（w）和资本价格（r）之比：

$$MRTS_{l,k}^{x}=MRTS_{l,k}^{y}=\frac{w}{r}$$

因为边际技术替代率是能源和食物生产等产量线斜率的绝对值，并且在竞争性均衡（等产量线相切）中这些斜率是相等的，从而可知，一般竞争均衡满足投入有效。也就是说，不存在行业之间投入品的重新配置使一个行业增加它的产量而不减少其他行业的产量。

□ 替代有效

我们已经知道，一般竞争均衡满足交换有效和投入有效的条件。那么它是否也满足替代有效呢？

生产可能性边界和边际转换率

为了确定一般竞争均衡是否满足替代有效，我们需要介绍一下生产可能性边界的概念。**生产可能性边界**（production possibilities frontier）是指，在给定可用的投入品下，经济体中所有能被生产出来的消费品的可能组合。图 16－18 显示了一个只有两种商品（x 和 y）的经济体的生产可能性边界。当在行业之间投入分配满足投入有效条件时，如果更多的商品 x 被生产出来，那么只能生产出更少的商品 y。这就是为什么生产可能性边界是向下倾斜的。如点 H，位于生产可能性边界内部，是无效的。实际上，这样的产出组合在一般竞争均衡中是不会出现的。这是因为，均衡满足投入有效。（即当投入有效时，考虑到商品 y 的生产所需的资源，企业将生产它们能够生产出来的商品 x，反之亦然。）

生产可能性边界的斜率显示，为了获得额外一单位商品 x，经济体必须放弃的商品 y 的总量。我们称生产可能性边界斜率的绝对值为 x 对 y 的**边际转换率**（marginal rate of transformation），或者 $MRT_{x,y}$。例如，在点 I 处，生产可能性边界切线的斜率为－2，所以 $MRT_{x,y}$ 等于 2。在这一点，经济体通过牺牲 2 单位商品 y 获得额外 1 单位商品 x。从这个意义来说，$MRT_{x,y}$ 告诉了我们，放弃 1 单位商品 y 生产商品 x 的边际机会成本。

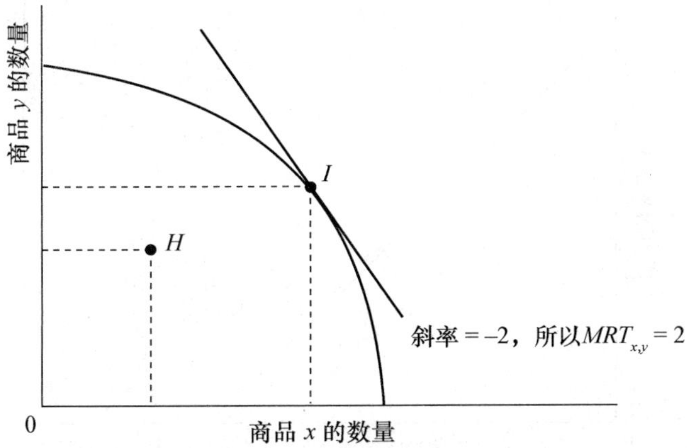

图 16-18　生产可能性边界

说明：生产可能性边界显示了使用所有可用的投入要素可能生产出来的商品 x 和商品 y 的组合。任何一个位于边界内部的点（比如点 H）都是无效的。这是因为，必定存在至少一个位于边界上的点代表了两种商品更多的产量（比如点 I）。在边界上的任一点，斜率的绝对值都等于 x 对 y 的边际转换率（$MRT_{x,y}$）。比如，在点 I 处，边界曲线的斜率为−2，所以 $MRT_{x,y}=2$，这意味着，生产额外 1 单位商品 x 就要减少生产 2 单位商品 y。

生产可能性边界：一条显示在给定可用的投入品下经济体中所有能被生产出来的消费品可能组合的曲线。

边际转换率：生产可能性边界斜率的绝对值。

边际转换率等于商品 x 的边际成本与商品 y 的边际成本之比：$MRT_{x,y}=MC_x/MC_y$。假设我们想要生产额外一单位商品 x，生产这额外一单位商品的额外资源（资本和劳动）的增加成本将等于 MC_x（假设等于 6 美元）。因为在经济体中资源的供给是固定不变的，我们需要从商品 y 的生产中拿走价值 6 美元的资源。如果商品 y 目前的边际成本为 3 美元，我们就需要减少 2 单位商品 y 的生产以获得我们为了生产价值为 6 美元的额外一单位商品 x 的资源。因此，如果边际成本之比 $MC_x/MC_y=6/3=2$，x 对 y 的边际转换率为 2。这证明了边际转换率等于边际成本之比。

在图 16-9 所示的简单经济体的均衡中，每个生产者都有一个规模报酬不变的生产函数，因此边际成本与产出无关。在这种情况下，生产可能性边界是一条直线，如图 16-19 所示，其中 $MRT_{x,y}=0.79/0.70=1.13$，即等于一般均衡中的边际成本之比。

一般竞争均衡是否满足替代有效

现在我们可以利用边际转换率的概念来确定在一般竞争均衡中是否有替代有效。假设 $MRT_{x,y}=1$，但经济体中的每个家庭的 $MRS_{x,y}=2$。在这种情况下，每生产额外一单位能源（商品 x）需要减少生产一单位食物（商品 y）。然而，由于 $MRS_{x,y}=2$，每个家庭愿意为了获得额外一单位能源放弃 2 单位食物。在这种情况下，如果更多的资源被投入能源生产、更少的资源被投入食物生产，家庭的效用将增加。我们可以用类似的推理来说明如果 $MRT_{x,y}>MRS_{x,y}$，家庭效用会因更少的资源被投入能源生产、更多的资源被投入食物生产而增加。我们从这个分析中可以知道，为了使竞争性均衡满足替代有效，必须满足 $MRT_{x,y}=MRS^W_{x,y}=MRS^B_{x,y}$。这个条件在竞争均衡中是否满足？回答是“是”。原因如下：

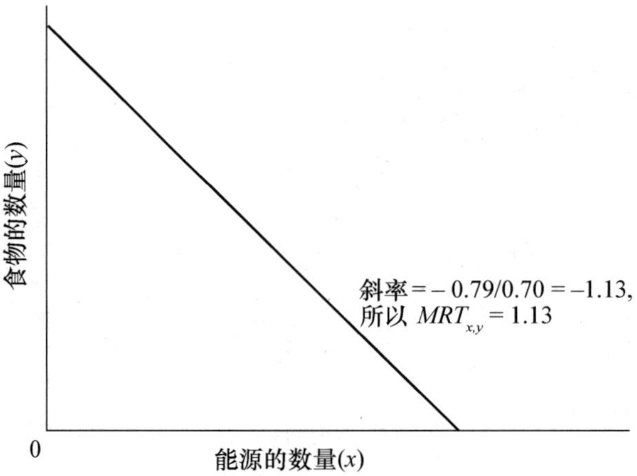

图 16－19　简单经济体的生产可能性边界

说明：在一个均衡如图 16－9 的简单经济体中，生产函数为规模报酬不变的，因此生产可能性边界是一条直线。它的斜率的绝对值等于边际转换率 $MRT_{x,y}$，即等于一般均衡中的边际成本之比（MC_x/MC_y）。

- 我们知道家庭效用最大化意味着 $MRS_{x,y}^{W}=MRS_{x,y}^{B}=P_x/P_y$。
- 我们同样知道，竞争企业利润最大化意味着在能源和食品行业价格等于边际成本。也就是说，$P_x=MC_x$ 且 $P_y=MC_y$，因此，$P_x/P_y=MC_x/MC_y$。
- 我们刚刚已经知道，$MRT_{x,y}=MC_x/MC_y$。

将这三点合并在一起就是 $MRT_{x,y}=MRS_{x,y}^{W}=MRS_{x,y}^{B}$。也就是说，在一般竞争均衡中替代有效是成立的。

案例 16.4

实验经济学看帕累托有效

2002 年，弗农·史密斯（Vernon Smith）与丹尼尔·卡尼曼（Daniel Kahneman）一起分享了诺贝尔经济学奖。诺贝尔奖委员会表彰史密斯“建立了将实验室实验法作为经验经济分析的一种工具，尤其是对替代市场机制的研究”。对在现实世界中难以研究的经济问题，史密斯是使用实验室实验法研究的先驱。由于史密斯早期的研究，实验经济学已逐渐发展成经济学的一个重要分支，实验室实验法在大部分经济学领域中得到正式使用。除此之外，实验经济学对公共政策和贸易的实践起到了非常重要的作用。例如，经济领域中的拍卖理论是高度抽象的，需要用到高级博弈理论的复杂数学模型。对设计中的拍卖具体规则的影响进行建模是一项巨大的挑战。然而，通过使用实验室实验法就能轻松地检验拍卖设计机制如何在实践中运行。能够做实验的能力增加了拍卖理论的实际应用能力，并促使经济学家对不同类型拍卖的设计和影响提供更好的建议。

在经济学理论中，难以在现实世界中被检验的一个例子就是市场的帕累托有效。现实市场要比经济学理论中用到的简单模型复杂得多。作为对理论分析的替代，可以设计实验性的市场，观察这些市场里的参与者行为是否符合效率要求。史密斯因一系列类似这样的经济实验而名气大增。

史密斯建立了由他的老师爱德华·张伯伦（Edward Chamberlin）设计的经济学实验。[①] 这可能是第一个经济学实验。张伯伦为他的学生建立了用以贸易的简单市场。在他的市场里，每个学生代表了一家企业或一个消费者。在给定成本下，每家企业被给予一单位要卖的物品。每个消费者都被分配了价值一单位的商品。学生在房间里四处走动以寻找另一个学生进行贸易。当达成交易时，他们将退出市场。该过程一直进行到没有学生愿意与其他任何人进行交易。当然，这可能会发生。例如，当所有剩下买家的价值比所有剩下卖家的成本低时，就会发生上述情况。张伯伦发现，那种类型的市场将不会达到帕累托有效。

史密斯随后决定，从两个方面改变实验的规则。第一，史密斯允许学生叫价去买或者卖他们的商品（在本书中，我们称之为双边拍卖）。这样的出价一直持续到没有学生愿意进行新的交易。第二，史密斯在第二天重复了这个实验。第二天的交易保持与第一天同样的规则。然而，一个很重要的区别是，学生已经观察到了第一天的交易情况。史密斯写道："我仍然处于从实验结果造成的震惊中恢复的状态。结果难以置信地与竞争价格理论保持一致。"他的学生收敛于经济理论所预测的帕累托有效结果。他对这个实验做出了各种变化，发现结果非常稳健。仅有 6 个参与者的实验市场收敛于竞争性均衡。

在后续的实验中，史密斯研究了其他许多市场设计，并且发现，各种各样的设计，包括几个互相关联的市场，往往趋向于达到竞争性均衡。他同样发现，如果实验中的参与者有实际的金钱激励（他们可以赢钱或输钱）——就像在真实市场中一样——那么市场会表现得更好。

与张伯伦的早期发现相比，史密斯的结论强调了模型的两个结构特点，这使市场比经济学家常用的简单理论模型能更快地达到均衡。第一个特点就是信息。由于叫价是公开宣布的，史密斯市场中的参与者比张伯伦市场中的参与者拥有更多的信息。当选择拥有了更多的信息（他们所卖商品的市场价值或他们所想买商品面临的竞争）时，买家和卖家更愿找到一个可以进行有利可图交易的人。第二个特点是，由于参与者可进行重复贸易，史密斯市场是动态的。这允许参与者改变行为，并给他们提供了额外的供给和需求的信息。

实验经济学认为，简单市场往往趋向于达到帕累托有效均衡，就像本节的理论论述的那样。实验经济学同样显示了市场的缺陷，比如交易成本和外部性都会导致市场结果低效。这就是我们已经在本书其他部分讨论过的各种类型市场（比如寡头垄断市场）。

□ 推进整体的分析：福利经济学定理

在前面的章节中我们已经看到，处于竞争性均衡的商品和投入品的配置满足了我们经济有效的三个条件：交换有效、投入有效以及替代有效。这意味着，我们已经证明了**福利经济学第一定理**（First Fundamental Theorem of Welfare Economics）：

① Theodore Bergstrom, "Vernon Smith's Insomnia and the Dawn of Economics as Experimental Science," *Scandinavian Journal of Economics* 105, no. 1 (2003): 181-205.

一般竞争均衡中产生的商品和投入品的配置是经济有效的。也就是说，给定经济体中可获得的资源，不存在其他可行的商品和投入品的分配方法能够同时使所有消费者的境况变好。

福利经济学第一定理：一般竞争均衡中产生的商品和投入品的配置是经济有效的。也就是说，给定经济体中可获得的资源，不存在其他可行的商品和投入品的分配方法能够同时使所有消费者的境况变好。

这个定理非常引人注目。它告诉我们，即使经济体中的家庭和企业的行为是独立的，并且大家都追求自己的利益，从利用所有可能的互利贸易或投入要素的重新配置的意义来说，由此产生的均衡是有效的。这就是亚当·斯密在其1776年专著《国民财富的性质和原因的研究》中提出的“看不见的手”观点的本质。[①]

当然，即使竞争均衡的结果是有效的，仍然不能保证在这种均衡下所有消费者的福祉是一样的。单个消费者的福祉取决于他拥有的稀缺经济资源禀赋。举例来说，在图16－9所示的均衡里，白领家庭（供给资本）比蓝领家庭（供给劳动）的境况更好。这是因为，白领家庭拥有的生产要素——资本——是稀缺的，更为生产者所需要。由于在经济中稀缺投入要素的所有制形式是不同的，所以收入的均衡分配以及效用将会是不同的。

图16－20利用效用可能性边界说明了这一点。**效用可能性边界**（utility possibilities frontier）是指，在只有两个消费者的经济体中，一条连接在商品和投入品配置经济有效时形成的所有可能效用组合的曲线。例如，在点E处，典型的白领家庭比典型的蓝领家庭享受着更高的效用，而在点F处，效用的分配是较为平等的。

效用可能性边界：在只有两个消费者的经济体中，一条连接在商品和投入品配置经济有效时形成的所有可能效用组合的曲线。

一个拥有权力的社会计划者是否可以通过重新分配稀缺资源的所有权使一般竞争均衡与效用可能性边界上的任意点一致？例如，在只有两个消费者的经济体中，社会计划者能否通过重新分配可用的劳动和资本创造一个一般均衡，使效用均等分配从而与图16－20中的点F一致？**福利经济学第二定理**（Second Fundamental Theorem of Welfare Economics）认为这个问题的答案——至少，在理论上——是肯定的：

通过合理地分配经济稀缺资源，任何商品以及投入品的经济有效配置都会达到一般竞争均衡。

福利经济学第二定理：通过合理地分配经济稀缺资源，任何商品以及投入品的经济有效配置都会达到一般竞争均衡。

这个定理的意义在于，它揭示了经济体能够同时达到有效配置以及由此产生效用在

① Adam Smith, *An Inquiry into the Nature and Causes of the Wealth of Nations*, printed for W. Strahan and T. Cadell, London, 1776.

某种意义上实现均等分配的可能性。然而，这绝不是能够轻易实现的。在第 10 章中我们可以看到，在民主社会中，大多数可行的财富重新分配机制（比如税收和补助）都是有代价的。也就是说，它们通常扭曲了经济决策并损害了效率。因此，即使在理论中公平与效率的目标是相互兼容的，在实际中，许多公共政策的选择也需要在公平和效率之间权衡，就像在第 10 章对公共政策干预的分析中我们所看到的那样。

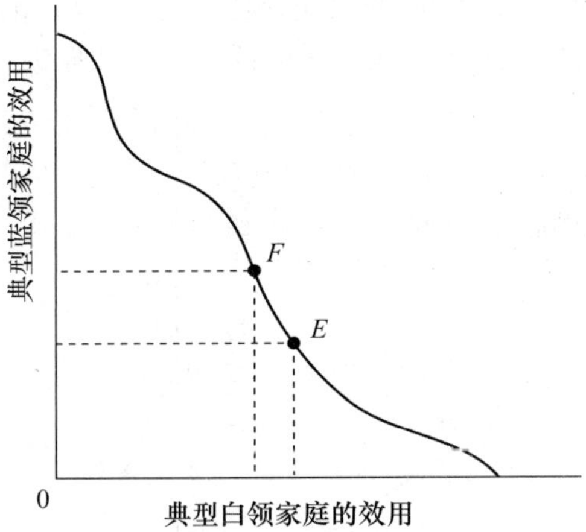

图 16 - 20　效用可能性边界

说明：效用可能性边界连接了在商品和投入品配置经济有效时形成的所有可能效用组合。点 F 是比点 E 更公平的效用分配。

16.5　从自由贸易中获利

在前面对交换有效的分析中，我们看到了个体间的贸易如何使所有个体的境况都变得更好。在这一节我们将看到，国家之间的贸易将使所有国家的境况都变得更好。即使在一个国家在生产任何一种产品上都比另一个国家更高效的情况下，这种现象也存在。

□ 自由贸易是互利的

为了展示无限制的自由贸易是有利于两个国家的，让我们来考虑一个简单的例子，美国和墨西哥各自生产两种产品：计算机和服装。为简单起见，我们假设每个国家在生产这些产品时只需要单一的投入：劳动。表 16 - 1 展示了生产每件产品所需的工时。

表 16 - 1　　美国和墨西哥对劳动的需求

	计算机（工时/台）	服装（工时/件）
美国	10	5
墨西哥	60	10

例如，在表 16 - 1 中，美国需要花费 10 工时生产一台计算机，墨西哥需要花费 60 工时生产一台计算机。类似地，美国需要花费 5 工时生产一件服装，墨西哥需要花费 10 工时。注意到，表 16 - 1 的数据显示，美国工人在计算机和服装生产上都比墨西哥工人更高效，因为生产任意商品美国工人都比墨西哥工人花费的工时少。

假设每个国家每星期均有 100 个可用工时。结合表 16－1 的数据，我们可以画出美国和墨西哥的生产可能性边界，如图 16－21 所示。对美国而言，计算机对服装的边际转换率为 10/5＝2。这是因为，每生产额外一台计算机都需要额外 10 工时。伴随固定的劳动供给，这 10 工时必须从服装生产中转移，也就意味着将少生产 2 件服装。换句话说，在美国，每生产额外一件服装的机会成本是 1/2 台计算机。对墨西哥而言，计算机对服装的边际转换率为 60/10＝6。每生产额外一台计算机的机会成本相当于 6 件服装，即额外生产一件服装的机会成本是 10/60 或 1/6 台计算机。

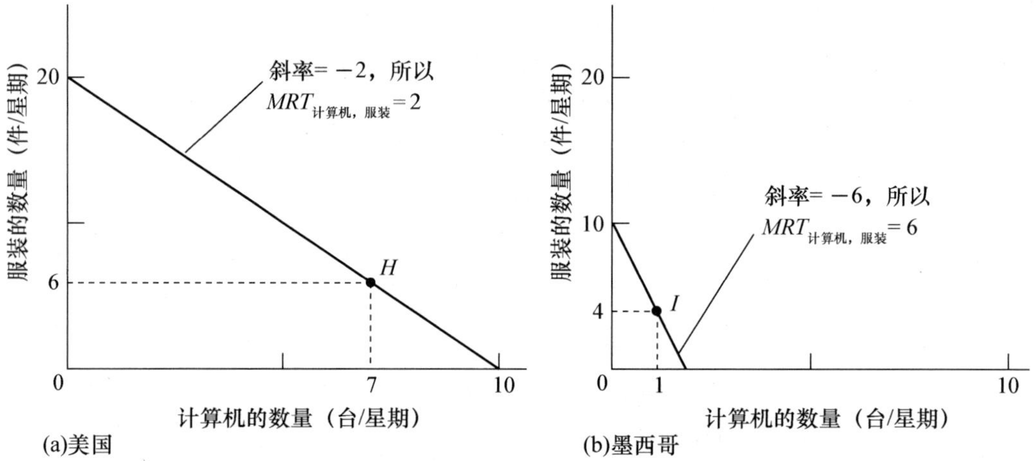

图 16－21　美国和墨西哥的生产及消费：不存在贸易的情况

说明：图（a）中的直线是美国的生产可能性边界，图（b）中的直线是墨西哥的生产可能性边界。如果国家之间没有贸易，美国消费者只能消费由美国生产商生产的计算机和服装。点 H 描述了这一结果。类似地，在没有贸易的情况下，墨西哥的消费者也只能消费由墨西哥生产商生产的计算机和服装。点 I 描述了这一结果。

现在假设美国与墨西哥之间最初没有贸易往来，进一步假设，在美国，每星期将 70 工时用于计算机生产，将剩余 30 工时用于服装生产。这在图 16－21（a）中显示为，美国经济处于其生产可能性边界的点 H，即美国每星期同时生产和消费 7 台计算机和 6 件服装。① 我们可以假定，这种计算机与服装的组合对美国经济是有效的。

假设在墨西哥，100 个可用工时中的 60 工时被用于计算机生产，剩余的 40 工时被用于服装生产。这在图 16－21（b）中显示为，墨西哥经济处于其生产可能性边界的点 I。在这个点上，墨西哥每星期同时生产和消费 1 台计算机和 4 件服装。假定这种结果对墨西哥消费者是有效的。表 16－2 总结了美国和墨西哥的消费情况。

表 16－2　　　　　　无贸易下的生产和消费情况

	计算机（台）	服装（件）
美国	7	6
墨西哥	1	4
总计	8	10

① 来看看其中的原因。这是由于，生产每台计算机需要 10 工时，若美国每星期花费 70 工时生产计算机，则可得到 70/10＝7 台计算机。同样，由于生产每件服装需要 5 工时，若美国每星期花 30 工时生产服装，则可得到 30/5＝6 件服装。

我们现在可以看到，这两个国家可以通过进行贸易使各自的境况都变得更好。假设美国专一计算机的生产，将 100 工时全用于生产计算机，墨西哥专一服装的生产，将 100 工时全用于生产服装。表 16－3 展示了这种情况下两个国家的总生产情况。这些结果反映在图 16－22 中的点 J 和点 K。

表 16－3　　　　自由贸易下的生产

	计算机（台）	服装（件）
美国	10	0
墨西哥	0	10
总计	10	10

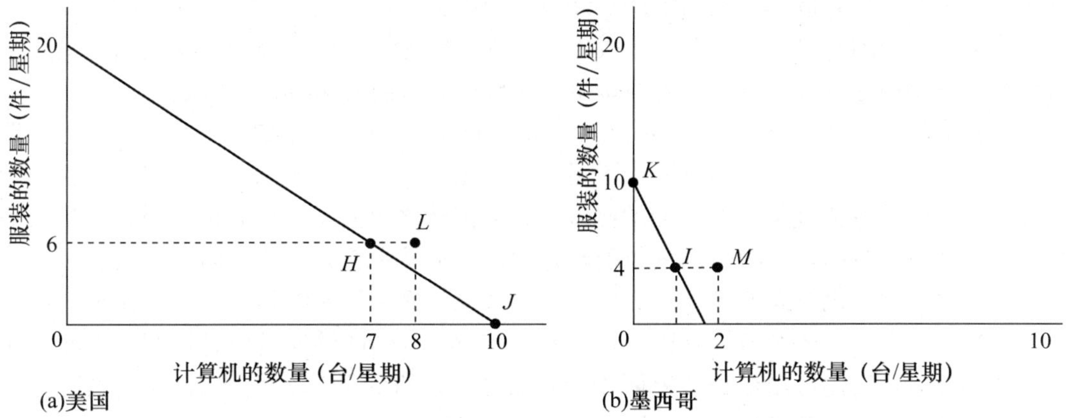

图 16－22　美国和墨西哥的生产及消费：存在自由贸易的情况

说明：在自由贸易下，美国生产 10 台计算机和 0 件服装（点 J），墨西哥专一生产服装，制得 0 台计算机和 10 件服装（点 K）。美国用 2 台计算机换了墨西哥 6 件服装，这使美国消费者可消费 8 台计算机和 6 件服装（点 L），墨西哥消费者可消费 2 台计算机和 4 件服装（点 M）。自由贸易使两国的消费者的境况都比之前变得更好。

现在假设美国每星期运输 2 台计算机到墨西哥换取 6 件服装，则可在表 16－4 中看到两个国家的总消费情况。

表 16－4　　　　自由贸易下的消费

	计算机（台）	服装（件）
美国	8	6
墨西哥	2	4
总计	10	10

贸易使两国的境况都变得更好了。两国消费的服装数量还和之前一样，但每个国家所消费的计算机数量增加了。如图 16－22 所示，专一化的生产与自由贸易结合起来使得各国的消费都超出了其生产可能性边界。因此，当两国之间允许进行自由贸易时，每个国家都可以扩大其对一些产品的消费而无须减少对其他产品的消费。

当然，在实际中，在经济体里不是所有的消费者都能从自由贸易带来的可能增加的消费机会中获得同等的好处。在我们的例子中，较之无贸易时，在自由贸易体制下，美国不生产服装。如果开始与墨西哥进行贸易往来，那么有纺织业技术的工人将面临降薪甚至失业。因此，即使总体上美国经济在自由贸易中是获利的，至少在短期内，这些利润也无法被经济体中的所有消费者平均共享。

□ 比较优势

自由贸易所带来的有利影响来自一个非常重要的微观经济学概念：**比较优势**（comparative advantage）。如果一个国家（如墨西哥）在放弃生产其他产品 y（如计算机）的情况下生产一件产品 x（如服装）的机会成本低于另一个国家（如美国），则第一个国家较之第二个国家在产品 x 的生产上有比较优势。在我们的例子中，墨西哥较之美国在服装生产上有比较优势。因为我们从前面可以看到，在墨西哥生产一件服装的机会成本是生产 1/6 台计算机，在美国生产一件服装的机会成本是生产 1/2 台计算机。

同样地，美国较之墨西哥在计算机生产上有比较优势。这是因为，在美国，生产一台计算机需要牺牲 2 件服装，在墨西哥生产一台计算机需要牺牲 6 件服装。

比较优势应该和**绝对优势**（absolute advantage）进行对比。如果一个国家生产一件产品 x 所需的稀缺投入（如劳动）少于另一个国家，则第一个国家较之第二个国家在产品 x 的生产上有绝对优势。在我们的例子中，美国较之墨西哥在计算机和服装生产上都拥有绝对优势。然而，美国却仍从与墨西哥的自由贸易中获利。这是因为，从自由贸易中获利取决于比较优势而不是绝对优势。一般来说，如果从两国间没有贸易往来的情况开始，当它们专一生产各自具有比较优势的产品时，两国能够通过贸易获利。因此，在之前的部分里，我们可以看到，墨西哥专一服装生产（它的比较优势），而美国则专一计算机生产（它的比较优势），通过自由贸易两国最终都会获利。

比较优势：如果一个国家在放弃生产另一产品 y 的情况下生产一件产品 x 的机会成本低于另一个国家，则第一个国家较之第二个国家在产品 x 的生产上有比较优势。

绝对优势：如果一个国家生产一件产品 x 所需的稀缺投入（如劳动）少于另一个国家，则第一个国家较之第二个国家在产品 x 的生产上有绝对优势。

案例 16.5

自由贸易中的获利

自第二次世界大战结束以来，在很长一段时间内，国际贸易壁垒有减弱的趋势。1948 年许多国家签署了《关税及贸易总协定》（GATT）。多年来，GATT 被用于国与国之间进行谈判和实施条约以减少关税和进口配额、对国内产业的补贴以及其他对自由贸易不利的壁垒。1995 年，GATT 被世界贸易组织（WTO）取代。最新一轮谈判为多哈回合，是因为 2001 年会议在卡塔尔的首都多哈举行。多哈回合谈判代表了为进一步减少贸易壁垒进行的尝试，包括服务和劳动。然而，在削减农业补贴和寻找让发展中国家能更有效地用药的方法（如允许在这些国家生产仿制药）等问题上各成员产生了分歧，导致了 2008 年的谈判失败。一些成员总是不愿消除对国内制造业的进口保护。至于 2010 年谈判是否能有实质上的进步尚不明确。然而，在过去的 60 年间，世界范围内的贸易壁垒已经有了缓慢但显著的减少。

进行自由贸易仍然是有争议的，许多抗议活动在多哈谈判城市中爆发。抗议者担心，贸易壁垒的消除可能会加剧发展中国家的贫困和环境破坏。很多人担心，减少贸易保护制度可能导致失业，工作机会被转移到其他国家。然而，以前的自由贸易协定显示出的迹象表明，许多这样的担心可能是毫无根据的。例如，许多人预期，《北大西洋自由贸易协定》（NAFTA）会导致美国的失业人口增加，如制造业工作会被转移到劳动力更便宜的墨西哥。但是，在该协定实施后，总体失业率并没有增加。

世界银行的经济学家安德森（Kym Anderson）使用世界经济的一般均衡模型，对实行多哈回合减少贸易壁垒带来的影响进行了估计。① 他发现，从自由贸易中的获利将是巨大的。即使在悲观的情况下（只减少25%的贸易壁垒和农业补贴），收益的净现值从2010年到2050年也约有13.4万亿美元（按2010年美元计算）。在更为乐观的情况下（减少50%的壁垒和补贴），安德森估计收益的现值为26.8万亿美元。贸易自由化大约一半的好处将流向发展中国家。发展中国家的很大一部分收益是通过农业和纺织业实现的。这是因为，这些行业往往有较高的贸易壁垒。发展中国家最贫穷的工人，如果在这些行业中被不成比例地聘用，将会得到不成比例的收益。随着营养、健康、医疗保健和教育的改善，多哈回合谈判的实现可能导致贫困和饥饿显著减少。

减少贸易壁垒对环境的影响是很难衡量的。然而，我们有理由期待，从长远来看，净效应可能是正的。许多环境问题是由贫瘠（如刀耕火种的农业）和贫穷国家的工业化引起的。然而，20世纪的经验表明，随着国家变得富裕，公民需要更清洁的环境，并趋向于通过制定政策缓解环境问题。在许多发达国家，环境质量指标（例如，空气和水的污染）正在改善。减少贸易壁垒可能会显著增加财富，以创造资源来解决环境问题。

在最近的一个对针对各种世界问题的解决方案的评价中，多哈回合谈判被评为改善福利的第二好政策，仅次于为全世界营养不良儿童提供维生素补充剂的政策。② 一般均衡分析的估算表明，基本上所有参与国家都能从减少贸易壁垒中受益。那么，为什么一些国家要抵抗类似于多哈回合的谈判协议呢？其中一个担忧是，消除贸易壁垒会导致短期的调整，从而使一些已失去行业保护的工人的境况变得更糟糕。

本章小结

- 局部均衡是在考虑给定其他所有市场价格的情况下，分析单一市场的价格和产出的决定。相比之下，一般均衡分析同时分析在多个市场上价格和产出的决定。（边做边学习题16.1）
- 在降低一种产品的价格的同时，外生事件往往也会倾向于降低替代品的价格。因此，替代品之间的价格往往会正相关。相比之下，在降低一种产品的价格的同时，外生事件往往也会倾向于提高互补品的价格。因此，互补品之间的价格是负相关的。

---

① Kym Anderson, "Subsidies and Trade Barriers." *Copenhagen Consensus Report*, 2004.

② *Copenhagen Consensus*, 2008. 丹麦的哥本哈根共识中心是一个智库，它为政府与慈善家的基金援助和发展提供最佳方案的建议。

● 在一般均衡中，对产成品的需求来自家庭效用最大化，对投入要素的需求来自企业成本最小化。产成品的供应来自企业利润最大化，投入的供应来自家庭收益最大化。

● 在一般均衡中，所有商品的价格均由每个市场供求相等的条件同时决定。（边做边学习题 16.2）

● 瓦尔拉斯定律告诉我们，一般均衡决定了商品和投入品相对于一个商品或投入品的价格，而不是决定了所有价格的绝对水平。

● 为了确定对一个特定商品征收消费税产生的一般均衡影响，在考虑了市场之间相互关系的情况下，我们需要分析税收对经济体中的所有市场的影响。

● 如果没有其他可行的对商品和投入品的分配能使一些消费者在不伤害其他消费者的情况下境况变得更好，那么这种对商品和投入品的配置是经济有效的。与初始配置相比，如果有另一种对商品和投入品的可行配置能使所有消费者都获利，那么对商品和投入品的初始分配是经济无效的。

● 经济有效要求交换有效、投入有效以及替代有效。（边做边学习题 16.3）

● 在一般竞争均衡中，所有三个效率条件都能得到满足，这个结果被称为福利经济学第一定理。

● 福利经济学第二定理认为，通过合理分配经济稀缺资源，一般竞争均衡能实现任何经济有效的商品和投入品配置。

● 和没有贸易相比，两个国家之间的自由贸易可以使两个国家境况变得更好。

● 如果一个国家在放弃生产其他产品的情况下，生产一种产品的机会成本低于另一个国家，则第一个国家较之第二个国家在这种产品的生产上有比较优势。当一个国家专一化生产其具有比较优势的产品时，将从自由贸易中获利。

复习题

1. 局部均衡分析和一般均衡分析有什么区别？在分析市场中的价格形成时，在什么情况下一般均衡分析比局部均衡分析更合适？

2. 在一般均衡分析中，有两个替代品 X 和 Y。请回答：当商品 Y 的供给增加时（即商品 Y 的供给曲线向右移动），商品 X 的市场价格会发生什么变化？如果 X 和 Y 是互补品，你又将如何作答？

3. 在一般均衡分析中，消费者效用最大化扮演什么样的角色？企业成本最小化又扮演什么样的角色？

4. 瓦尔拉斯定律是什么？它的意义是什么？

5. 什么是经济有效配置？经济有效配置与无效配置有什么不同？

6. 什么是交换有效？在埃奇沃思盒状图中，有效配置和无效配置有何区别？

7. 交换有效和投入有效有什么不同？有没有经济情况满足交换有效条件而不满足投入有效条件？

8. 假设一个经济体只有两种商品 X 和 Y。请判断以下说法是否正确：如果投入有效占优势，我们可以增加 X 的产量而不减少 Y 的产量。对你的判断进行解释。

9. 什么是生产可能性边界？边际转换率是什么？边际转换率与生产可能性边界之间有什么联系？

10. 如果边际转换率不等于消费者的边际替代率，经济体中的消费者怎样才能使境况变好？

11. 解释竞争市场中的效用最大化、成本最小化、利润最大化条件如何揭示了一般竞争均衡下的分配是经济有效的。

12. 什么是比较优势？什么是绝对优势？在确定从自由贸易中获利时，哪个概念更重要？

习 题

16.1 考虑黄油（B）市场和人造黄油（M）市场，它们的需求曲线分别为 $Q_M^d=20-2P_M+P_B$ 和

$Q_B^d=60-6P_B+4P_M$，供给曲线分别为 $Q_M^s=2P_M$ 和 $Q_B^s=3P_B$。

a）试求黄油和人造黄油的均衡价格及数量。

b）假设植物油的价格上涨导致人造黄油的供给曲线移至 $Q_M^s=P_M$。这个变化将如何影响黄油和人造黄油的均衡价格及数量？用文字和图形来解释，为什么人造黄油供给曲线的变动会使黄油的价格变化。

16.2 假设新款汽车的需求曲线为 $Q_A^d=20-0.7P_A-P_G$，其中 Q_A 和 P_A 分别为美国汽车销售的数量（百万辆）和平均价格（千美元/辆），P_G 为汽油的价格（美元/加仑）。汽车的供给曲线为 $Q_A^s=0.3P_A$。假设汽油的需求曲线和供给曲线分别为 $Q_G^d=3-P_G$ 和 $Q_G^s=P_G$。

a）试求汽油和汽车的均衡价格。

b）画图描述汽油供给的外生增加如何影响美国新款汽车的价格。

16.3 研究显示，市场中领带（t）和夹克（j）的供给和需求如下：

领带的需求：$Q_t^d=410-5P_t-2P_j$；领带的供给：$Q_t^s=-60+3P_t$。

夹克的需求：$Q_j^d=295-P_t-3P_j$；夹克的供给：$Q_j^s=-120+2P_j$。

只有当数量是正数的时候，上述对价格的估计才是有效的。

a）试求领带和夹克的均衡价格及数量。

b）需求计划揭示了夹克和领带在消费中是替代品、互补品还是独立的商品？你有何依据？

16.4 假设日本的钢铁需求为 $Q_S^d=1\,200-4P_S+P_A+P_T$，其中 Q_S 是所买钢铁的数量（百万吨/年），P_S 是钢铁的价格（日元/吨），P_A 是铝的价格（日元/吨），P_T 是钛的价格（日元/吨）。钢铁的供给为 $Q_S^s=4P_S$。类似地，铝和钛的需求和供给分别为 $Q_A^d=1\,200-4P_A+P_S+P_T$（铝的需求曲线），$Q_A^s=4P_A$（铝的供给曲线），$Q_T^d=1\,200-4P_T+P_S+P_A$（钛的需求曲线），$Q_T^s=4P_T$（钛的供给曲线）。

a）试求：在日本，钢铁、铝、钛的均衡价格。

b）假设日本钢铁行业的罢工使得钢铁的供给曲线移至 $Q_S^s=P_S$。这对钢铁、铝、钛的价格有何影响？

c）假设日本的啤酒行业迅速发展，铝罐的大买家对铝的需求增加，因此铝的需求曲线变成了 $Q_A^d=1\,500-4P_A+P_S+P_T$。这将对钢铁、铝以及钛的价格产生怎么样的影响？

16.5 考虑一个只生产两种商品的经济体，两种商品为啤酒（以 x 表示）和乳蛋饼（以 y 表示），使用两种类型家庭所供给的劳动和资本（分别以 L 和 K 表示），家庭由白领（以 W 表示）和蓝领（以 H 表示）组成。每一户蓝领家庭提供 100 单位劳动和 0 单位资本。每一户白领家庭提供 10 单位资本和 0 单位劳动。每一种类型有 100 户家庭。啤酒和乳蛋饼的生产都表现出规模报酬不变。啤酒和乳蛋饼的市场供给曲线为 $P_x=w^{\frac{1}{6}}r^{\frac{5}{6}}$ 和 $P_y=w^{\frac{3}{4}}r^{\frac{1}{4}}$，其中 w 表示劳动的价格，r 表示资本的价格。啤酒和乳蛋饼的市场需求曲线为 $P_x=\dfrac{20I_W+90I_H}{X}$ 和 $P_y=\dfrac{80I_W+10I_H}{Y}$，其中 X 和 Y 表示经济中对啤酒和乳蛋饼的总的需求数量，I_W 和 I_H 分别表示白领和蓝领家庭收入。最后，劳动和资本的市场需求曲线为 $L=\dfrac{X}{6}\left(\dfrac{r}{w}\right)^{\frac{5}{6}}+\dfrac{3Y}{4}\left(\dfrac{r}{w}\right)^{\frac{1}{4}}$ 和 $K=\dfrac{5X}{6}\left(\dfrac{w}{r}\right)^{\frac{1}{6}}+\dfrac{Y}{4}\left(\dfrac{w}{r}\right)^{\frac{3}{4}}$。

在我们的简单经济体中，有四个未知数：啤酒和乳蛋饼的价格 P_x 和 P_y，以及劳动和资本的价格 w 和 r。写出四个可以确定这四个未知数值的方程。

16.6 在一个经济体中，有 40 户白领家庭，每户家庭生产 10 单位资本（没有劳动），每单位资本的收益是 r。另外有 50 户蓝领家庭，每户家庭生产 20 单位劳动（没有资本），每单位劳动的收入是 w。

每户白领家庭的能源需求为 $X_W=0.8M_W/P_X$，其中 M_W 是家庭收入。每户白领家庭对食物的需求为 $Y_W=0.2M_W/P_Y$。

每户蓝领家庭的能源需求为 $X_B=0.5M_B/P_X$，其中 M_B 是家庭收入。每户蓝领家庭对食物的需求为 $Y_B=0.5M_B/P_Y$。

能源生产只使用资本。每单位资本生产一单位能源，所以 r 是能源的边际成本。能源的供给曲线用 $P_X=r$ 表示，P_X 是单位能源的价格。食物生产只使用劳动。每单位劳动生产一单位食物，所以 w 是食物的边际成本。劳动的供给曲线用 $P_Y=w$ 表示，其中 P_Y 是单位食物的价格。

a）在这个经济体中，劳动的需求量和供给量将达到 1 000 单位。请证明：资本的需求量和供给量将达到 400 单位。

b）写出能源和食物市场的供求相等条件。

c）在处于均衡状态时，单位能源的价格较之单位食物的价格如何？

d）在处于均衡状态时，每户白领家庭的收入较之每户蓝领家庭的收入如何？

16.7 瓦尔拉斯定律的含义之一是价格的比率（而不是绝对价格水平）在一般均衡中被确定。利用边做边学习题 16.2，验证劳动价格是资本价格的 $\frac{25}{52}\approx 0.48$ 倍，如图 16－9 所示。

16.8 瓦尔拉斯定律的含义之一是价格的比率（而不是绝对价格水平）在一般均衡中被确定。利用边做边学习题 16.2，验证能源价格和资本价格的比约为 0.79，如图 16－9 所示。

16.9 瓦尔拉斯定律的含义之一是价格的比率（而不是绝对价格水平）在一般均衡中被确定。利用边做边学习题 16.2，验证食物价格和资本价格的比约为 0.7，如图 16－9 所示。

16.10 两个消费者，乔希和玛丽，总共有 10 个苹果和 4 个橘子。

a）画出这个简单经济体中可用的一组可行分配的埃奇沃思盒状图。

b）假设乔希有 5 个苹果和 1 个橘子，而玛丽有 5 个苹果和 3 个橘子。在埃奇沃思盒状图中找出这个配置。

c）假设乔希和玛丽有相同的效用函数，假设这个效用函数显示出苹果和橘子的正向的边际效用以及苹果对橘子递减的边际替代率。那么问题 b）中的分配——乔希有 5 个苹果和 1 个橘子，而玛丽有 5 个苹果和 3 个橘子是经济有效的吗？

16.11 特德（Ted）和乔（Joe）各买了 x 个桃子、y 个李子。消费者有相同的效用函数：$MRS^{Joe}_{x,y}=10_{yj/xj}$，$MRS^{Ted}_{x,j}=10_{y_T/x_T}$。他们共有 10 个桃子和 10 个李子。验证以下配置是否在契约曲线上。

a）特德：8 个李子和 9 个桃子；乔：2 个李子和 1 个桃子。

b）特德：1 个李子和 1 个桃子；乔：9 个李子和 9 个桃子。

c）特德：4 个李子和 3 个桃子；乔：6 个李子和 7 个桃子。

d）特德：8 个李子和 2 个桃子；乔：2 个李子和 8 个桃子。

16.12 罗恩（Ron）和戴维（David）共有 1 000 张棒球卡和 5 000 张口袋妖怪卡片。用 x_R 表示罗恩拥有的棒球卡的数量，用 y_R 表示罗恩拥有的口袋妖怪卡片的数量。同样地，用 x_D 表示戴维拥有的棒球卡的数量，用 y_D 表示戴维拥有的口袋妖怪卡片的数量。进一步假设对于罗恩：$MRS^R_{x,y}=y_R/x_R$，对于戴维：$MRS^D_{x,y}=y_D/2x_D$，其中 $x_R=800$，$y_R=800$，$x_D=200$，$y_D=4\,200$。

a）画一个埃奇沃思盒状图展示这个简单经济体的一组可行分配。

b）解释当前卡片的分配不是经济有效的。

c）在罗恩和戴维之间确定一次卡片交易，该交易能够使双方的境况都变好。（注意：这个问题有很多可能的答案。）

16.13 经济体中有两个个体，乔和玛丽。目前，他们每个人主要消费两种商品：食物和衣服。他们的偏好特点是食物对衣服的边际替代率递减。在当前消费篮子里，乔的食物对衣服的边际替代率是 2，而玛丽的食物对衣服的边际替代率是 0.5。目前的消费篮子满足交换有效的条件吗？如果不满足，请举出一个使他们的境况都变好的交换方式。

16.14 一个经济体由三个人组成：莫琳（Maureen，M）、戴维（David，D）和苏瓦纳（Suvarna，S），其中两种商品是可用的：x 和 y。三个消费者的边际替代率分别为：$MRS_{x,y}^{\text{Maureen}}=2y_M/x_M$，$MRS_{x,y}^{\text{David}}=2y_D/x_D$，$MRS_{x,y}^{\text{Suvarna}}=y_S/x_S$。莫琳和戴维消费的 x 是 y 的两倍，苏瓦纳消费等量的 x 和 y。在这些消费模式下，经济有效吗？

16.15 两家公司共雇用 100 单位劳动和 100 单位资本。公司 1 雇用 20 单位劳动以及 80 单位资本。公司 2 已雇用了 80 单位劳动和 20 单位资本。每家公司的边际产量如下：公司 1：$MP_l^1=50$，$MP_k^1=50$；公司 2：$MP_l^2=10$，$MP_k^2=20$。这种投入品的分配是经济有效的吗？

16.16 经济体中有两家公司，它们目前各自拥有正数量的两种投入品，资本和劳动。其技术特点是劳动对资本的边际技术替代率递减。在当前生产的投入组合中，公司 A 的劳动对资本的边际技术替代率是 3，公司 B 的劳动对资本的边际技术替代率是 1。当前的生产组合满足投入有效条件吗？如果不满足，描述一个提高效率的投入方式。

16.17 两家公司共雇用 10 单位劳动（l）和 10 单位资本（k）。两家公司的边际技术替代率分别为：$MRTS_{lk}^1=k_1/l_1$，$MRTS_{lk}^2=4k_2/l_2$。下列哪个投入分配满足投入有效条件？

a）公司 1 使用 5 单位劳动，5 单位资本；公司 2 使用 5 单位劳动，5 单位资本。

b）公司 1 使用 5 单位劳动，8 单位资本；公司 2 使用 5 单位劳动，2 单位资本。

c）公司 1 使用 9 单位劳动，9 单位资本；公司 2 使用 1 单位劳动，1 单位资本。

d）公司 1 使用 2 单位劳动，5 单位资本；公司 2 使用 8 单位劳动，5 单位资本。

16.18 两家公司共雇用 20 单位劳动和 12 单位资本。公司 1 使用 5 单位劳动和 8 单位资本，劳动和资本的边际产量分别为 $MP_l^1=20$ 和 $MP_k^1=40$；公司 2 使用 15 单位劳动和 4 单位资本，边际产量为 $MP^2{}_l=60$ 和 $MP_k^2=30$。

a）画一张投入品的埃奇沃思盒状图以说明这两家公司间的投入分配。

b）这个投入分配经济有效吗？为什么？如果经济无效，确定一个投入的重新分配，使两家公司增加产出。

16.19 一个经济体生产两种商品：食物 x 和衣服 y，这两种商品的生产特点是规模报酬不变。已知在目前的投入价格下，服装生产的边际成本是每件 10 美元，食物生产的边际成本是每单位 20 美元。x 对 y 的边际转换率是多少？为了得到额外一单位食物需要放弃多少单位衣服的生产？

16.20 经济体由两个消费者［朱莉（Julie）和卡丽娜（Carina）］组成。目前，她们每个人主要消费两种商品：食物和衣服。食物和衣服的生产都需要两种投入要素，资本和劳动，使用的技术表现出规模报酬不变。以下是有关当前消费和生产组合的信息：生产食物的边际成本是 2 美元，衣服的价格是 4 美元/单位。工资率是资本租赁价格的 2/3；在服装生产中，资本的边际产量为 3 单位。在一般竞争均衡下：

a）食物的价格为多少？

b）食物对衣服的边际转换率为多少？

c）该经济体的生产可能性边界的形状是怎样的？

d）服装生产的劳动边际产量是多少？

16.21 一个经济体使用劳动和资本生产两种商品，啤酒（x）和花生（y），并确保规模报酬不变。12 盎司罐装啤酒的边际成本是 0.50 美元。12 盎司罐装花生的边际成本是 1.00 美元。目前，经济体生产 100 万罐 12 盎司装的啤酒和 200 万罐 12 盎司装的花生。在啤酒和花生行业中，劳动对资本的边际技术替代率是一样的。此外，在经济体中有 100 万个相同的消费者，每个人的啤酒对花生的边际替代率都为 $MRS_{x,y}=3y/x$。

a）画出该经济体的生产可能性边界，并在图中找出此时经济体的产出。

b）现有的配置满足替代有效吗？为什么？

16.22 美国和瑞士都生产汽车和手表。生产每单位产品所需的劳动如下表所示。

美国和瑞士的劳动需求

	汽车（工时/辆）	手表（工时/块）
美国	5	50
瑞士	20	60

a）哪个国家在手表生产上有绝对优势？在汽车生产上呢？

b）哪个国家在手表生产上有比较优势？在汽车生产上呢？

16.23 B国和C国可以生产棉花和大豆。生产每单位产品所需的劳动如下表所示。

B国和C国的劳动需求

	棉花（工时/单位）	大豆（工时/单位）
B国	10	80
C国	20	100

a）哪个国家在棉花生产上有绝对优势？在大豆生产上呢？

b）哪个国家在棉花生产上有比较优势？在大豆生产上呢？

附录：从图16-9和边做边学习题16.2中求得一般均衡的需求与供给曲线

图16-9和边做边学习题16.2中的简单经济体具有以下特征：有100户蓝领家庭（B）和100户白领家庭（W）；两种商品——能源（x）和食物（y），每一种商品由专门生产这种商品的100家企业生产（即有100家能源生产商和100家食物生产商）；有两种投入品——劳动（l）和资本（k）。能源生产商生产的能源总数为X，食物生产商生产的食物总数为Y。

在这个附录中，我们将得到这个经济体的需求和供给曲线，如图16-9所示，以及在边做边学习题16.2中的方程组。这些推导都基于以下的效用函数和生产函数：

白领家庭的效用函数：$U^W(x,y)=x^{\frac{1}{2}}y^{\frac{1}{2}}$

蓝领家庭的效用函数：$U^B(x,y)=x^{\frac{3}{4}}y^{\frac{1}{4}}$

能源生产者的生产函数：$x=1.89l^{\frac{1}{3}}k^{\frac{2}{3}}$

食品生产者的生产函数：$y=2l^{\frac{1}{2}}k^{\frac{1}{2}}$

□ 获取能源和食物的家庭以及市场需求曲线

首先，我们从获得经济体中的每种类型家庭的需求曲线开始，然后通过将这些需求曲线加总获得市场需求曲线。要这样做，我们将用到第5章中的技巧。

已知白领家庭的效用函数，能源和食物的边际效用为

$$MU_x^W=\frac{1}{2}\left(\frac{y}{x}\right)^{\frac{1}{2}}$$

$$MU_y^W=\frac{1}{2}\left(\frac{x}{y}\right)^{\frac{1}{2}}$$

能源对食物的边际替代率等于边际效用之比：$MRS_{x,y}^W=MU_x^W/MU_y^W$。使用上面边际效用的表达式，这一比率可写成$MRS_{x,y}^W=y/x$。假定家庭在预算约束下最大化效用，这将使边际替代率等于价格之比：$MRS_{x,y}^W=P_x/P_y$。除此之外，满足预算约束。因此，效用最大化给了我们含有两个未知数x和y的两

个方程。第一，$y/x=P_x/P_y$（由 $MRS_{x,y}^W=y/x$ 和 $MRS_{x,y}^W=P_x/P_y$ 得出）。第二，$xP_x+yP_y=I_W$（由预算约束得到），其中 I_W 表示家庭收入水平（这取决于投入品价格 w 和 r）。当我们解含有 x 和 y 的两个方程（将 P_x、P_y 和 I_W 当作常数），可以得到 $x=(1/2)(I_W/P_x)$ 及 $y=(1/2)(I_W/P_y)$。这些就是典型白领家庭对能源和食物的需求曲线。

我们假设经济体中含有 100 户这样的家庭。我们可以发现：能源和食物的总需求曲线由白领家庭的表达式乘以 100 得到。这就是图 16－5 中的 D_x^W 和 D_y^W 需求曲线：$x^W=50I_W/P_x$ 及 $y^W=50I_W/P_y$。

现在回到蓝领家庭。已知蓝领家庭的效用函数，能源和食物的边际效用为

$$MU_x^B=\frac{3}{4}\left(\frac{y}{x}\right)^{\frac{1}{4}} \text{和 } MU_y^B=\frac{1}{4}\left(\frac{x}{y}\right)^{\frac{3}{4}}$$

用对白领家庭的方法对蓝领家庭进行分析。我们发现，典型蓝领家庭的需求曲线为 $x=(3/4)(I_B/P_x)$ 以及 $y=(1/4)(I_B/P_y)$。将它们乘以 100 就可以得到蓝领家庭在图 16－5 中的总需求曲线 D_x^B 和 D_y^B：$x^B=75I_B/P_x$ 和 $y^B=25I_B/P_y$。

现在，我们可以通过将两种类型家庭的需求曲线水平加总得到能源和食物的市场需求曲线。用 X 表示经济中的能源需求总量。能源的市场需求曲线因此就是 $X=x^W+x^B$，或 $X=(50I_W/P_x)+(75I_B/P_x)$。在边做边学习题 16.2 中，我们将此表达为 $P_x=(50I_W+75I_B)/X$。类似地，食物的市场需求曲线为 $Y=y^W+y^B$，我们也可以将它表示为 $P_y=(50I_W+25I_B)/Y$。需要注意的是，这些市场需求曲线是由单个家庭的收入水平决定的。

□ 求劳动和资本的市场需求曲线

已知典型能源生产商的生产函数，劳动和资本的边际产量为

$$MP_l=\left(\frac{1}{3}\right)1.89l^{\frac{1}{3}}k^{\frac{2}{3}}l^{-1} \text{和 } MP_k=\left(\frac{2}{3}\right)1.89l^{\frac{1}{3}}k^{\frac{2}{3}}k^{-1}$$

回想第 7 章，边际技术替代率 $MRTS_{l,k}^x$ 是劳动边际产量与资本边际产量之比：$MRTS_{l,k}^x=MP_l/MP_k$。使用上面的边际产量表达式，我们发现这个比率可以简化为 $MRTS_{l,k}^x=(1/2)(k/l)$。

一个能源生产商必然通过使边际技术替代率等于投入品价格之比（$MRTS_{l,k}^x=w/r$）将成本最小化。除此之外，对生产所需的产出总量 x 来说，劳动力和资本的数量必须是充足的（即生产函数需要被满足）。因此，成本最小化给了我们含有两个未知数 k 和 l 的两个方程。第一，$(1/2)(k/l)=w/r$ [由 $MRTS_{l,k}^x=(1/2)(k/l)$ 和 $MRTS_{l,k}^x=w/r$ 的要求得到]。第二，$x=1.89l^{\frac{1}{3}}k^{\frac{2}{3}}$。

为了解带有未知数 k 和 l 的方程（将 w、r、x 看作常数），我们先解带有 k 的第一个方程并将结果代入第二个方程，就可以求出 l 的值。解第一个方程，得 $k=(2wl)/r$。将其代入第二个方程并解出 l 为①

$$l=\frac{x}{3}\left(\frac{r}{w}\right)^{\frac{2}{3}}$$

这就是典型能源生产商的劳动需求曲线。为了找到企业对资本的需求曲线，我们将上式代回 $k=$

---

① 以下是简化表达式的具体过程。当我们将 $k=(2wl)/r$ 代入生产函数时，我们可以得到 $x=1.89l^{\frac{1}{3}}\left(\frac{2wl}{r}\right)^{\frac{2}{3}}=1.89\ (2)^{\frac{2}{3}}\left(\frac{w}{r}\right)^{\frac{2}{3}}l^{\frac{2}{3}}l^{\frac{1}{3}}$。使用计算器，我们可以得到 $1.89\ (2)^{\frac{2}{3}}=3$。同时，$l^{\frac{2}{3}}l^{\frac{1}{3}}=l^{\left(\frac{2}{3}+\frac{1}{3}\right)}=l$。从而，$x=3\left(\frac{w}{r}\right)^{\frac{2}{3}}l$，或者

$$l=\frac{x}{3}\left(\frac{r}{w}\right)^{\frac{2}{3}}$$

这就是正文中所表示的劳动需求曲线。

$(2wl)/r$ 的表达式。简化得

$$k=\frac{2x}{3}\left(\frac{w}{r}\right)^{\frac{1}{3}}$$

这就是典型能源生产商对资本的需求曲线。

现在来考虑食品行业。已知典型食物生产商的生产函数，劳动和资本的边际产量为

$$MP_l=\left(\frac{1}{2}\right)2l^{\frac{1}{2}}k^{\frac{1}{2}}l^{-1}\text{和 }MP_x=\left(\frac{1}{2}\right)2l^{\frac{1}{2}}k^{\frac{1}{2}}k^{-1}$$

我们以对典型能源生产商的方式来进行分析（但省略实际计算），我们发现典型食物生产商对劳动和资本的需求曲线为

$$l=\frac{y}{2}\left(\frac{r}{w}\right)^{\frac{1}{2}}\text{和 }k=\frac{y}{2}\left(\frac{w}{r}\right)^{\frac{1}{2}}$$

现在我们可以求劳动和资本的总市场需求曲线。能源行业包括了 100 家相同的企业，每一家生产 x 单位能源，并且每一家企业的劳动需求曲线可表示为 $l=(x/3)\ (r/w)^{\frac{2}{3}}$。能源生产商的总体劳动需求曲线 l^x 等于 100 乘以上述表达式：$l^x=100\ (x/3)\ (r/w)^{\frac{2}{3}}$。由于有 100 家企业，每家企业生产 x 单位能源，总能源生产量 $X=100x$。因此，$l^x=(X/3)\ (r/w)^{\frac{2}{3}}$。这就是图 16－6（a）中的劳动需求曲线 D_L^x 的方程。

以类似的逻辑，我们可以确定食物生产商对劳动的总需求曲线是 $l^y=(Y/2)(r/w)^{\frac{1}{2}}$。这就是图 16－6（a）中劳动需求曲线 D_L^y 的方程。

劳动的总市场需求曲线 L 是能源和食品行业对劳动的需求的加总：

$$L=\frac{X}{3}\left(\frac{r}{w}\right)^{\frac{2}{3}}+\frac{Y}{2}\left(\frac{r}{w}\right)^{\frac{1}{2}}$$

这就是图 16－6（a）中劳动需求曲线 D_L 的表达式。

我们可以用相似的逻辑来求得资本的市场需求方程：

$$K^x=\frac{2X}{3}\left(\frac{w}{r}\right)^{\frac{1}{3}}\text{（能源行业对资本的需求）}$$

$$K^y=\frac{Y}{2}\left(\frac{w}{r}\right)^{\frac{3}{2}}\text{（食品行业对资本的需求）}$$

这些就是图 16－6（b）中资本需求曲线 D_k^x 和 D_k^y 的方程。将这些方程加总就得到资本的总市场需求，我们可以以 K 来表示：

$$K=\frac{2X}{3}\left(\frac{w}{r}\right)^{\frac{1}{3}}+\frac{Y}{2}\left(\frac{w}{r}\right)^{\frac{1}{2}}$$

这就是图 16－6（b）中的资本需求曲线 D_K 的方程。需要注意的是，经济体对劳动和资本的需求是由每个行业中的投入品价格与总产出之比决定的。

□ 求能源和食物的市场供给曲线

现在让我们来看看如何求图 16－7 所显示的能源和食物的市场供给曲线。正如之前我们在本章中所看到的，市场供给曲线就是能源和食物生产的边际成本曲线。我们将分两步求这些边际成本曲线。

让我们先求一个典型能源生产商和一个典型食物生产商的总成本曲线（回想在第 8 章中我们遇到的相似问题）。典型能源生产商的总成本是生产者的劳动和资本的成本加总，$TC=wl+rk$。在前面的章节中，我们已经推导了典型能源生产商在成本最小化时对劳动和资本的需求数量。如果将这些带有

l 和 k 的方程代入 TC 方程，我们可以得到

$$TC=w\left[\frac{x}{3}\left(\frac{r}{w}\right)^{\frac{2}{3}}\right]+r\left[\frac{2x}{3}\left(\frac{w}{r}\right)^{\frac{1}{3}}\right]$$

可以简化为①

$$TC_x=(w^{\frac{1}{3}}r^{\frac{2}{3}})x$$

用相似的方法，我们可以求得一个典型食物生产商的总成本曲线：

$$TC_y=(w^{\frac{1}{2}}r^{\frac{1}{2}})y$$

回想一下，边际成本是总成本变化量与产出变化量之比。我们刚刚求得一个能源生产商的总成本曲线随企业产出量 x 升高，并以固定比率升高。这个固定比率是总成本曲线方程中的 x 的系数 $(w^{\frac{1}{3}}r^{\frac{2}{3}})$。因此，一个能源生产商的边际成本曲线是

$$MC_x=w^{\frac{1}{3}}r^{\frac{2}{3}}$$

以同样的方法，单个食物生产商的边际成本曲线是总成本曲线方程中的 y 的系数：

$$MC_y=w^{\frac{1}{2}}r^{\frac{1}{2}}$$

需要注意的是，能源和食物生产商的边际成本曲线由劳动和资本的投入品价格决定。我们只有知道了这些投入品的价格，才能知道边际成本的实际水平。同样需要注意的是，能源和食物的边际成本曲线以不同的方式由投入品的价格决定。比如，能源的边际成本更多受到资本价格的影响而非劳动价格。这是因为，不同生产函数对能源和资本的使用存在差异。已知这些生产函数，相对于一个典型的食物生产商而言，一个能源生产商的资本-劳动比更高。也就是说，相对于食物生产来说，能源生产更倾向于资本密集。

① 下面是这个表达式的具体简化过程。首先进行重新整理：

$$\begin{aligned}TC&=w\left[\frac{x}{3}\left(\frac{r}{w}\right)^{\frac{2}{3}}\right]+r\left[\frac{2x}{3}\left(\frac{w}{r}\right)^{\frac{1}{3}}\right]\\&=\frac{x}{3}\frac{wr^{\frac{2}{3}}}{w^{\frac{2}{3}}}+\frac{2x}{3}\frac{rw^{\frac{1}{3}}}{r^{\frac{1}{3}}}\\&=\frac{x}{3}w^1w^{-\frac{2}{3}}r^{\frac{2}{3}}+\frac{2x}{3}r^1r^{-\frac{1}{3}}w^{\frac{1}{3}}\end{aligned}$$

现在，注意 $w^1w^{-\frac{2}{3}}=w^{1-\frac{2}{3}}=w^{\frac{1}{3}}$ 并且 $r^1r^{-\frac{1}{3}}=r^{1-\frac{1}{3}}=r^{\frac{2}{3}}$。将这些代入上式可得

$$TC_x=\frac{x}{3}w^{\frac{1}{3}}r^{\frac{2}{3}}+\frac{2x}{3}w^{\frac{1}{3}}r^{\frac{2}{3}}=xw^{\frac{1}{3}}r^{\frac{2}{3}}$$

第 17 章

外部性与公共产品

什么时候，“看不见的手”失灵

经济学家莫林（Herbert Mohring）向我们描述了一个大家都非常熟知的现象：“公路和其他交通网络的使用者不但经历过道路拥堵，而且道路拥堵正是由他们造成的。在决定如何及什么时候去旅行时，大多数旅行者会将交通拥挤情况考虑进去，却很少考虑因他们旅行造成的道路拥挤对别人施加的成本。”①该现象是由外部性引起的。这是因为，每个人承担的成本只是他旅行的社会成本的一部分。为什么会这样呢？请注意：当你在高速公路上驾驶汽车时，你的成本（即驾驶成本）包括汽油、汽车的磨损和各种通行费，以及你花费在驾驶上的时间成本（你可以把这些时间花在某些生产上）。当决定是否开车时，你很可能会考虑这些成本；但还有其他一些成本，你根本不会考虑它们，因为你自己不必承担这些成本。例如，增加交通拥堵进而增加其他司机的旅行时间（以及相关成本）。作为一个司机，你带给社会的成本包括两种——一种是由你自己承担的成本（内部成本），另一种是由其他人承担的成本（外部成本）。

外部成本（或收益）可以是显著的。例如，利用 20 世纪 90 年代的有关旅行方式的数据，莫林研究了明尼苏达州的明尼阿波利斯市和圣保罗市交通高峰时的阻塞影响。他发现，出行高峰时段带给其他出行者的平均成本大约等于他们出行直接成本的一半。

尽管公共产品对所有消费者都有利，但单个消费者或许不用为公共产品的提供支付费用。公共产品包括国防、公共电台和电视以及公园等。公共产品具有两个特点：(1) 一部分人对该产品的消费不会减少另外一部分人对该产品的消费数量；(2) 消费者

① H. Mohring, “Congestion,” Chapter 6 in *Essays in Transportation Economics and Policy: A Handbook in Honor of John R. Meyer*, J. Gomez-Ibanez, W. Tye, and C. Winston, eds. (Washington, DC: Brookings Institution Press, 1999).

不能被排除获得该产品。例如，任何人都可以观看公共电视台，一个人接收信号并不会减少其他人接收信号的机会。

为什么要担心外部性和公共产品的问题？在本章，我们会看到，当存在外部性或公共产品时，决策者从私人成本收益角度考虑和将社会作为一个整体考虑有很大的差异。这会造成市场对公共产品的供给不足，造成社会成本不同于社会收益的情况。因此，在一个有外部效应或公共产品的竞争市场中，"看不见的手"在资源分配中可能无法引导市场达到经济有效。

本章概要 在阅读和学习本章之后，你将会解决以下问题：

- 定义外部性和公共产品。
- 解释为什么外部性和公共产品是市场失灵的一个原因。
- 区分正外部性和负外部性。
- 分析在一个存在负外部性的竞争市场中，税收或排污标准如何降低经济无效率。
- 分析拥堵收费如何降低由负外部性交通拥堵带来的经济无效率。
- 解释在一个存在正外部效应的竞争市场中，补贴如何降低经济无效率。
- 描述科斯定理，并讨论它的经济意义。
- 说明公共产品的有效数量是如何确定的。
- 解释搭便车问题。

17.1 引 言

存在外部性的市场和有公共产品的市场是两类不能达到资源有效分配的市场。在第5章中，我们第一次提到外部性，并研究了网络的外部性。通常，我们定义**外部性**（externality）为一个消费者或一个厂商的行动使其他消费者或厂商受损或受益，在某种程度上并不全部反映在市场价格上。（比如在本章开篇，单个司机在高速公路上的驾驶成本并没有反映由其拥堵造成的社会成本。）通常，**公共产品**（public good）具有两个特点：（1）一部分人对该产品的消费（例如在高速公路上行驶了 x 英里）不会减少另外一部分人对该产品的消费数量（其他所有司机仍能在高速公路上行驶他们所希望的路程）；（2）所有消费者都能获得该产品（任何司机都能在高速公路上行驶）。

> **外部性：** 一个决策者的行动对其他消费者（厂商）产生的价格无法传递的影响。
>
> **公共产品：** 一种产品（比如国防），它有两个特点：（1）一部分人对该产品的消费不会减少另外一部分人对该产品的消费数量；（2）所有消费者都能获得该产品。

公共产品包括国防、公园、高速公路以及公共电台和电视台等服务。例如，为什么把公共电视台看作一个公共产品？因为它符合以上对公共产品的定义：当一个观众收看公共电视节目时，其他观众并没有被阻止收看该节目（换一种说法，额外观众的边际服务成本为零）；电视节目一旦播出，所有观众都可以收看。

在第10章中，我们用局部均衡分析了竞争市场中的消费者剩余和生产者剩余之和的最大化。因为，在完全竞争市场中没有外部性和公共产品，决策者面临的私人成本和收益等于社会成本和收益。在这种情况下，即使每一个厂商和消费者都依据个人兴趣采取行动，“看不见的手”也会引导市场达到有效产出水平。在第16章中，我们将竞争市场分析扩展到一般均衡，并表明在竞争性均衡中，资源的分配是经济有效的（我们同样也假设不存在外部性和公共产品）。

然而，当市场存在外部性或公共产品时，市场价格可能不能反映商品的社会价值，因此，市场就有可能不能最大化总剩余，即该均衡是经济无效率的。因此，外部性和公共产品通常被认为是市场失灵的原因。

案例 17.1

如何避免鱼类的“崩溃”

自20世纪70年代以来，科学家不断警告称，为了满足人类的消费，由于过度捕捞，许多鱼类处于危险中。过度捕捞或许最终会造成无法弥补的伤害，甚至是鱼类的灭绝。例如，在20世纪90年代初，大西洋鳕鱼数量的急剧下降导致加拿大政府在大浅滩（纽芬兰的一个海岸地区，是地球上最丰富的渔场之一）实行无限期暂停对鳕鱼的捕捞。2006年，美国国家海洋和大气管理局渔业服务部门估计，美国20%的渔场存在过度捕捞。[①] 另外，2006年《自然》上的一项研究表明，在被研究的鱼类中，有29%已经下降到它们最初水平的10%，该研究将此称为种类的“崩溃”。造成这种结果的主要原因是过度捕捞，其他原因包括环境污染、失去栖息地。

2008年，一个科学研究为解决过度捕捞问题带来了一些希望。[②] 为了找到一种能避免过度捕捞的方案，科学家研究了世界范围内的11 000多种鱼类。他们发现，实施一种叫作“捕捞份额”的方案是有前途的。在捕捞份额方案中，每年政府根据渔业专家的意见制定最大可捕捞量。特定的渔民得到一个确定比例的年度配额，并且只能在被允许的配额内捕捞该种鱼类。配额权可以依据市场价格进行买卖。如果鱼类数量变多，则该配额权的价值提高；如果鱼类数量变少，则该配额权的价值将降低。这就给渔民从过度捕捞到保护鱼类提供了一种激励。比如，在阿拉斯加州施行捕捞份额方案后，渔民开始用更少的鱼钩以减少对鱼类数量的伤害，因为他们不必再与其他人进行捕鱼竞争。当然，每年限制最大捕捞量也有助于解决过度捕捞问题。

在该研究中，研究者发现，在渔场采用捕捞份额方案后，鱼类灭绝的概率下降了一半。另外，在采用捕捞份额方案后，鱼的数量增加了许多。在某些采用捕捞份额的渔场，为更长远地改善渔场的经济价值，捕鱼行业支持实施比生物学家所建议的更严格的限制。

渔场是共同财产资源的一个例子，一个渔民的捕捞会对其他渔民造成负外部性，这就会导致市场失灵。在本章中，你将了解负外部性如何导致市场失灵，你将知道政府干预能抵消或消除市场失灵可能导致的无效率。你将发现，也许有解决外部性问题（主要出现在私人市场上）的方法，捕捞份额方案就是一个例子。

---

① Cornelia Dean, “Study Sees ‘Global Collapse’ of Fish Species,” *New York Times*, November 3, 2006.

② John Tierney, “How to Save Fish,” *New York Times*, September 18, 2008.

现在，全世界大约有1%的渔场采用该方案。尽管这是一个有前景的方案，但捕捞份额方案仍存在争议。一些环保组织反对该方案，但有一些组织则为该方案辩护。如果捕捞份额方案有助于克服市场失灵所导致的无效率，我们希望该方案能被更广泛地采用。我们很好奇，在下一个十年会发生什么。

17.2 外部性

尽管产生外部性的方式有很多，然而它们产生的影响总是相同的：一个消费者或厂商的行为可能会使其他消费者或厂商受益或受损。

如果消费者（或厂商）的行为有助于其他消费者或厂商，则外部性为正。从日常消费中，我们经常会观察到正外部性。例如，一个接种了疫苗的小孩就能防止感染某种传染病，则该小孩获得了个人收益。这是因为他获得了免疫能力。进而，由于他传染该疾病的可能性下降，社区里的其他小孩同样受益（因为其他小孩接触病源的机会减少）。在第5章中，我们所研究的从众效应是一个正外部性效应，因为某个消费者决定购买一件商品进而提高了其他消费者的幸福感。

还有许多产生正外部性的例子。新技术（像激光或晶体管）的发展通常不仅使发明者受益，而且使社会中的其他厂商和消费者受益。

当厂商或消费者的行为让其他厂商或消费者增加成本或减少收益时，外部性为负。例如，如果一个企业在生产工业产品的同时导致了环境污染（污染空气或水），就出现了负外部性。正如我们在第5章中所看到的，如果存在虚荣效应，在消费时就会产生负外部性。

在本章开篇，我们所讨论的高速公路拥堵的例子就是一个负外部性的情况。你可能会想到其他相似的有关拥堵外部性的例子，如我们经常遇到的计算机网络、电话系统以及空中运输等拥堵的情况。

外部性出现在许多市场模式中，不仅包括竞争市场，而且包括前面章节所讨论的垄断市场和不完全竞争市场。在本章中，我们将主要讨论竞争市场下的外部性效应。在学习本章的过程中，你或许会思考该怎样运用我们所介绍的原理分析非竞争市场中的外部性效应。

案例17.2

去网上冲浪?

如果你上过网，你就会相信你所遇到的上网情况就同在高速公路上驾驶一样。通常，你能从一个网页快速地跳转到另一个网页，但在某些时候，你就会感觉如置身在一个走走停停的交通网络中，你要等待网页反应、等待网页发送或下载数据。每个人通过宽带发送电子邮件或下载文件，都在考验网络传送数据的能力。有时网络处理负荷的能力十分强大，则不存在网络拥堵。但在有大量负荷时，网络变得十分拥堵，额外的信息使网络变得更加缓慢。

通常，网络被描绘成信息“高速公路”，互联网是一个将全球数百万台计算机连接在一起的超级网络。一些较大的连接服务通过电缆进行，大家所熟知的最大的电缆叫作互联网骨干网。骨干网是连接主要网络服务提供商（ISPs）的网络，如 UUNet、AT&T、Sprint Nextel 和 Level 3 网络服务提供商。这些网络在五个节点（华盛顿特区、新泽西州、芝加哥以及加利福尼亚州的旧金山和圣何塞）上相互连接，允许计算机与国内外的计算机互相连接。还有许多较小的电缆，它们通常将居民和商业消费者的计算机连接到骨干网。

当连接到互联网时，由于时间是有价值的，你将产生个人成本，这包括网络拥堵造成的成本。当然，你也要为连接到网络的每分钟付费。如果你从上网中得到的收益大于产生的个人成本，你就会继续保持在线。如果网络拥堵给你造成的成本过高，你可能会选择在其他时间上网。

许多用户向网站咨询网络拥堵情况的即时信息，就像大多数人在决定驾车出游前通过广播或电视收听交通报道一样。例如，互联网交通报道测量了用互联网发送信息的来回反应时间。图 17-1 展示了 2010 年 2 月 19 日北美互联网在山区标准时间（Mountain Standard Time，MST）18：00—22：00 是相对拥堵的，在凌晨时间段（如 3：00—5：00）相对不拥堵。该网站还报告了亚洲、大洋洲、欧洲和南美洲在相应时间的网络拥堵情况。

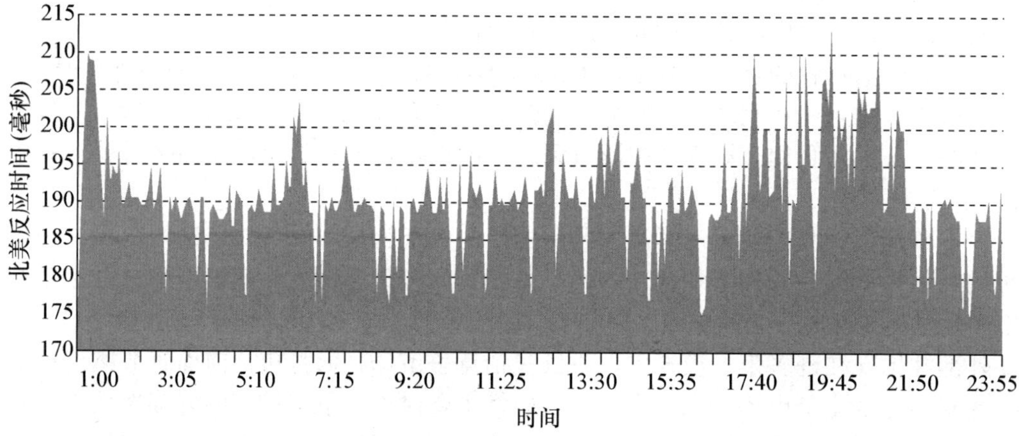

图 17-1　互联网拥堵

说明：互联网一天中的网速取决于互联网的拥堵量。本图展示了 2010 年 2 月 19 日北美的数据流速。“反应时间”表示数据从点 A 到点 B 的来回时间。反应时间的单位是毫秒（一秒的千分之一）。200 毫秒的反应时间意味着来回完整地传送数据要花 1 秒的 2/10。

资料来源：互联网交通报道（www.internettrafficreport.com/namerica.htm），2010-02-19。

当你浏览网页时，由于你增加了网络的拥堵，可能给其他用户施加了外部成本。就像汽车通勤一样，你考虑了个人（内部）成本，但很可能不会考虑因你增加的交通拥堵而强加给其他人的外部成本。

□ 负外部性和经济有效

在一个存在负外部性的竞争市场中，为什么厂商总是生产得太多？大家想一下，化工产品的生产过程会发生什么。这个过程会产生有毒废物，进而污染环境。让我们假设只有可用的一种技术生产某化工产品。此技术按照一个固定的比例生产化工产品和污染物：每生产一吨化工产品排放一单位污染物。在整个市场中，每个化工厂都是很小的一员，所以每个厂商都是价格接受者。

如果所有厂商都不需要为它们造成的环境污染买单，则每个厂商的私人成本都将小于生产该化工产品的社会成本。厂商的私人成本包括资本成本、劳动成本、原材料以及生产所需的必要能源的成本。然而，私人成本并没有包含有毒废物对地球大气或水造成的污染成本。社会成本包括私人成本和环境污染的外部成本两部分。

图 17-2 表明了在竞争市场中外部性的影响。由于存在负外部性，边际社会成本大于边际私人成本。边际私人成本曲线 *MPC* 表示生产该化工产品的行业边际成本。因为按照固定比例生产污染物和化工产品，所以横轴表示污染物的数量和化工产品的数量。污染

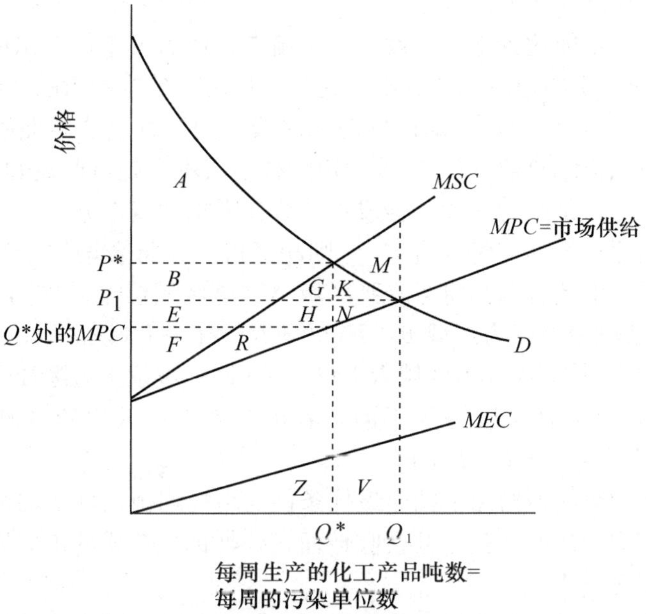

	均衡时（价格＝P_1）	社会最优时（价格＝P^*）	社会最优与均衡时的差
消费者剩余	$A+B+G+K$	A	$-B-G-K$
私人生产者剩余	$E+F+R+H+N$	$B+E+F+R+H+G$	$B+G-N$
一外部成本	$-R-H-N-G-K-M$	$-R-H-G$	$M+N+K$（外部成本节约）
净社会收益（消费者剩余＋私人生产者剩余－外部成本）	$A+B+E+F-M$	$A+B+E+F$	M（社会最优时增加的净效益）
无谓损失	M	0	M

图 17-2　负外部性

说明：在存在负外部性时，边际社会成本 *MSC* 大于边际私人成本 *MPC* 的部分为边际外部成本 *MEC*。假设厂商不需要为外部成本买单，市场供给曲线就是行业的边际私人成本曲线，均衡价格就是 P_1，均衡市场产出是 Q_1。在社会最优时，企业为外部成本买单，市场价格和产量变为 P^* 和 Q^*。因此，由外部性造成的过度产出为（Q_1-Q^*），无谓损失等于区域 *M*。

的边际外部成本用 MEC 表示。MEC 是一个增函数，因为更多的污染物对环境的伤害会更大。边际社会成本 MSC 大于边际私人成本，这是由一定数量的边际外部成本造成的。我们有 $MSC=MPC+MEC$。也就是说，边际社会成本曲线是由边际私人成本曲线和边际外部成本曲线在垂直方向上相加得到的。

假设厂商不需要为外部成本买单，市场供给曲线就是行业的边际私人成本曲线（单个厂商的边际私人成本曲线在水平方向上的加总）。均衡价格是 P_1，均衡产出是 Q_1。

在图 17-2 的表中，第二列给出了负外部性下市场均衡时的净经济收益。消费者剩余为区域 $A+B+G+K$，即市场需求曲线 D 下方和均衡价格 P_1 上方的区域。私人生产者剩余为区域 $E+F+R+H+N$（即市场价格下方和市场供给曲线上方的区域）。外部成本是区域 $R+H+N+G+K+M$（即边际社会成本曲线下方和市场供给曲线上方的区域），也等于区域 $Z+V$。净社会收益等于消费者剩余与私人生产者剩余之和减去外部成本，即区域 $A+B+E+F-M$。

为什么竞争市场不能达到生产有效？在均衡点，最后一单位产出的边际收益是 P_1，P_1 小于最后一单位产出的边际社会成本。这样，最后一单位产出的净经济收益就为负。

市场的有效产出数量为 Q^*，即市场需求曲线与边际社会成本曲线的交点。在这一点上，最后一单位的边际收益（P^*）等于边际社会成本。超过产量 Q^* 的任一单位产出都会造成无谓损失。这是因为边际社会成本曲线在需求曲线上方。

假设消费者为化工产品支付价格 P^*，则净经济收益将会增加，如图 17-2 表中的第三列所示。此时，消费者剩余将会降到区域 A（该区域位于需求曲线下方和价格 P^* 上方），私人生产者剩余将变为区域 $B+E+F+R+H+G$（该区域位于价格 P^* 下方和市场供给曲线上方）。外部成本为区域 $R+H+G$（该区域位于边际社会成本曲线下方和市场供给曲线上方）。净社会收益等于消费者剩余加上私人生产者剩余减去外部成本（$-R-H-G$），即区域 $A+B+E+F$。

图 17-2 表中的第四列给出了社会最优条件与市场均衡条件下的消费者剩余、私人生产者剩余和外部成本的差。就净社会收益而言，外部性造成的市场失灵产生了无谓损失，无谓损失等于区域 M。

简而言之，负外部性导致市场过度生产了（$Q_1—Q^*$）。减少的净经济收益等于区域 M，负外部性产生了无谓损失。

边做边学习题 17.1 将帮助你理解为什么禁止负外部性行业的生产不是社会最优的。

边做边学习题 17.1 ☞

污染物的有效数量

问题：

评价下面的说法："因为污染具有负外部性，所以，宣布任何造成污染的生产活动都是违法的将会使社会最优。"

解：

结合图 17-2 考虑。在社会最优时，净社会收益为区域 $A+B+E+F$。存在外部成本（区域 $R+H+G$），即使将外部成本考虑在内，生产化工产品的净社会收益也为正。如果因生产化工产品具有负外部性而宣布其为非法，则社会将丧失净收益（区域 $A+$

$B+E+F$)。这样，污染的最优数量并不是 0。

如果将所有污染宣布为非法，则我们将丧失生活中的许多重要产品和服务，包括汽油和石油、电力、加工食品、钢铁产品与塑料产品以及大部分现代交通工具。

相似习题：17.1，17.3，17.26

排污标准

图 17－2 有助于我们理解一个有负外部性的市场为什么无法实现生产有效。但如何才能消除或减少经济无效？一种可行的方法就是政府干预，政府限制化工产品的生产数量。相应地，作为副产品的污染物数量也得到限制。政府对可排放的污染物数量所进行的限制被称为**排污标准**（emissions standard）。

排污标准：政府对可排放的污染物数量所进行的限制。

在美国，环境保护局（EPA）是政府的主要环保部门，最主要的职责就是努力监督以保持大气清洁。基于 20 世纪 90 年代通过的《清洁空气法案》(Clean Air Act)，美国环境保护局对全美各地允许排放到大气中的各种污染物数量进行了限制。对空气质量的监督是一项复杂的任务。这是由于存在各式各样的大气污染，而且污染的形式年年都在变。美国环境保护局的监管主要集中在可能对人体有害的污染物排放上，包括烟尘、一氧化碳、铅、微颗粒物、二氧化硫以及二氧化氮等。还有许多空气中的其他物质（统称为有毒物质）可能对人体造成伤害。

在《清洁空气法案》下，联邦和州政府可以要求较大污染源生产企业（如能源企业或工厂）申请排污许可证。该许可证规定了可排放的污染物的种类和数量，以及能够确保监控和控制污染的措施。美国环境保护局可以对企业超出排放规定的污染进行罚款。大约有 35 个州已经实施了空气污染许可项目。

但遗憾的是，对政府来说，决定最优的排放标准并不是一件容易的事。再次考虑我们所提到的化工企业的例子。为了估计出整个市场的最优排放量，政府得知道化工产品的市场需求曲线，以及边际私人成本曲线和边际社会成本曲线。如果减少污染的唯一方法是削减化工产品的数量，图 17－2 中的有效排污标准就是 Q^* 单位污染物（即当生产 Q^* 吨化工产品时排放到空气中的污染物数量）。

即使监管者能够计算出整个市场的最优排放规模，也必须决定每一个企业被许可的排放量是多少。当某些企业比其他企业有更低的减排成本时，它更有能力减少排放。在市场中，对每个企业所允许的最优排放量取决于每个企业的减排成本。

为什么知道减排成本是非常重要的？我们可以假设，政府希望减少一单位污染物，还假设企业 A 减少一单位污染物将花费 1 000 美元，而企业 B 减少同样数量的污染物只需花费 100 美元。因此，要求企业 B 削减污染就会使社会成本更小。在某种程度上，准许企业自行交易排污许可证，可以简化政府有效分配排污权的任务。在竞争市场中，政府可以在一开始就分配排污权，然后允许企业交易排污权。对一单位排污权，有更高减排成本的企业比有较低减排成本的企业有更高的估价。因此，具有较低减排成本的企业会有将自己的部分排污权出售给具有较高减排成本企业的激励。所以在均衡时，排污权的再分配会使（所有企业）的总减排成本尽可能低。

在《清洁空气法案》下，实施排污许可交易成为可能。例如，消除酸雨项目包括排污许可可以被交易。

排污费

政府通过对企业的产出或对企业排放的污染物数量进行征税，也能降低来自负外部性的经济无效。**排污费**（emissions fee）是对排放到环境中的污染物征收的一种税。

排污费：对排放到环境中的污染物征收的一种税。

图 17-3 解释了排污费对化工生产的影响。假设政府对每吨化工产品征收 T 美元的税收。因为每个企业生产一吨化工产品就会排放一单位污染物，所以我们也可以将该税收看作每单位污染物的排污费。

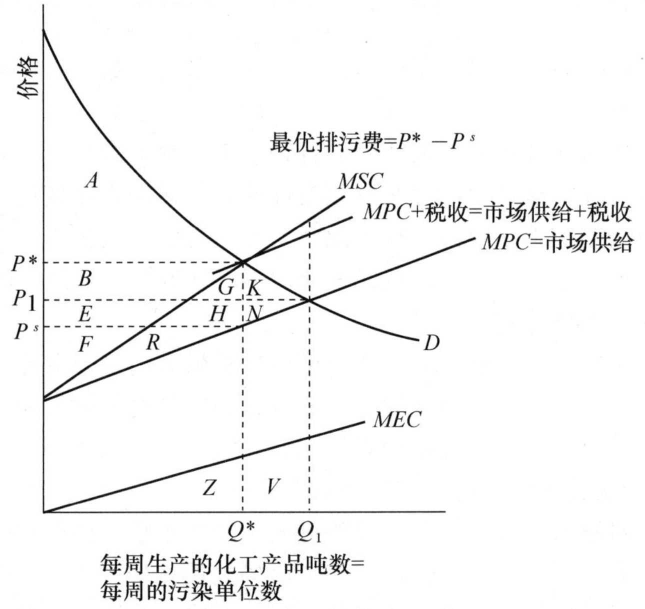

	均衡时（征税时）
消费者剩余	A
私人生产者剩余	$F+R$
一外部成本	$-R-H-G$
政府收到的排污税	$B+G+E+H$
净社会收益（消费者剩余＋私人生产者剩余一外部成本）	$A+B+E+F$

图 17-3　负外部性下的最优排污费

说明：在竞争市场中，最优排污费（或税）导致经济有效产出 Q^*。此时，消费者支付的价格不仅包括边际私人生产成本，还包括排污费。“市场供给＋税收”曲线表示，当对消费者收取的费用包含边际私人成本加税收时，厂商愿意供给的产量。在最优税收处，需求曲线与“市场供给＋税收”曲线相交，社会最优产量为 Q^*。消费者支付价格 P^*，厂商收到价格 P^S。政府收到的税收等于区域 $B+G+E+H$。因为净收益是潜在最大（区域$A+B+E+F$），所以不存在无谓损失。

理解税收产生的影响的一种方法就是在图中画一条新的曲线，新曲线由税收和市场供给曲线在垂直方向相加得到，这同我们在第 10 章所讨论的竞争市场中的消费税影响情况的方法一样。在图 17－3 中，该曲线被标记为“市场供给＋税收”，该曲线表明了当向消费者收取的价格包括生产的边际私人成本加上税收时，厂商出售多少产品。需求曲线与“市场供给＋税收”曲线的交点决定了税收情况下的均衡点。

在图 17－3 中，我们选择税收来最大化总剩余。市场出清的交易量为 Q^*，和在图 17－2 中我们所定义的经济有效的产出水平点是相同的。在产量 Q^* 处边际社会收益为 P^*，即消费者为每一吨化工产品支付的价格。厂商收到的价格 P^s 仅包含了厂商生产的边际私人成本。每销售一吨化工产品政府就征税 P^*-P^s（可看作对每单位污染物收排污费 P^*-P^s）。当整个行业生产最后一吨化工产品时，税收正好等于污染排放的边际外部成本。这样，边际社会收益（P^*）等于边际私人成本（P^s）加上边际外部成本。

图 17－3 中的表给我们提供了另一种理解图中的税收为什么是经济有效的的途径。消费者为化工产品支付价格 P^* 导致消费者剩余等于区域 A，区域 A 位于需求曲线下方和价格 P^* 上方。私人生产者剩余为区域 $F+R$，该区域位于厂商接受价格 P^s 下方和边际私人成本曲线上方。外部成本为区域 $R+H+G$，其等于区域 Z。政府收到的税收等于区域 $B+G+E+H$。净社会收益等于消费者剩余加上私人生产者剩余加上税收收入，再减去外部成本（$-R-H-G$），即等于区域 $A+B+E+F$。这与在图 17－2 中社会最优时所得到的结果一样。①

边做边学习题 17.2 ☞

排污费

考虑化工生产的例子。假设化工产品的逆需求曲线（也是边际收益曲线）为 $P^d=24-Q$，其中 Q 表示消费者支付价格为 P^d（美元/吨）时的消费数量（百万吨/年）。

逆供给曲线（也就是边际私人成本曲线）为 $MPC=2+Q$，其中 MPC 是行业产出为 Q 时的边际私人成本。

化工行业每生产一吨化工产品就会产生一单位污染物。只要污染物的年排放量少于 2 百万单位，外部成本就为 0；但是当污染物的年排放量超过 2 百万单位时，边际外部成本为正。边际外部成本曲线为

$$MEC=\begin{cases}0, & Q\leqslant 2\\ -2+Q, & Q>2\end{cases}$$

MEC 为边际外部成本。

还假设政府希望对每单位排污收取 T 美元的排污费，以引导整个化工市场达到生产的经济有效。

① 正如第 10 章所讲的，当用局部均衡分析解释图 17－3 时，我们必须非常谨慎。一个市场的消费量的变化可能会影响整个市场的价格、福利等。当政府将其征收的排污费用到经济的其他地方时，也许会有另外的福利影响。图 17－3 并没有考虑这些影响。

问题：

(a) 画图和表比较有排污费和没有排污费时的均衡情况。

● 画出需求曲线、供给曲线（没有排污费时的）、边际外部成本曲线以及边际社会成本曲线。在图中标出两个点：一个点表示没有外部纠正（即没有排污费）时的均衡价格和均衡产量；另一个点表示整个化工市场在社会最优条件下应当供给的数量。在每个点上，列出实际价格和产量。

● 征收排污费（引导化工行业达到经济有效产出）后，画出供给曲线。列出消费者支付的价格和厂商接收的价格。

● 在表中，列出使化工产出达到经济有效的排污费大小（美元/单位）。在均衡时，分别列出有排污费和没有排污费的以下信息（在图上指明区域和实际美元数）、消费者剩余、私人生产者剩余、净社会收益以及无谓损失。

(b) 解释为什么下面的公式在有排污费和没有排污费时是相等的：消费者剩余＋私人生产者剩余－外部成本＋政府收入＋无谓损失。

解：

(a) 见图 17－4。需求（边际收益）曲线是 D，供给（边际私人成本）曲线是 MPC，边际外部成本曲线是 MEC（它有一个截点，即点 G，因为当 $Q\leqslant 2$ 时，$MEC=0$），边际社会成本曲线是 MSC（MPC 和 MEC 垂直方向上的和，有一个拐点，即点 V，对应 MEC 上的截点，即点 G）。

没有排污费的均衡点为点 H，该点是需求曲线和供给曲线的交点。当供给等于需求时，$24-Q=2+Q$，即 $Q=11$；因为 $P^d=24-Q$，当 $Q=11$ 时，$P^d=24-Q=13$，即在均衡点，消费者为每吨产品支付的价格是 13 美元，厂商每年供给 11 百万吨产品。

社会最优产出是在点 M，该点是需求曲线和边际社会成本曲线的交点。当需求等于边际社会成本时，$24-Q=(2+Q)+(-2+Q)$（边际社会成本等于边际私人成本和边际外部成本之和），即 $Q=8$；当 $Q=8$ 时，$P^d=24-Q=16$，即在社会最优时，消费者为每吨产品支付 16 美元，厂商每年供给 8 百万吨产品。

为引导化工行业的生产实现经济有效，在征收排污费后，供给曲线将穿过点 M（社会最优产出水平，$Q=8$），供给曲线等于边际私人成本加上排污费，即曲线 $MPC+T$。当 $Q=8$ 时，$MPC=2+Q=10$。这样，在均衡点，消费者支付 16 美元/吨，厂商收到 10 美元/吨，所以排污费 $T=16-10=6$（美元/单位）。

对每种均衡，表中给出了消费者剩余、私人生产者剩余、外部成本、政府收到的排污费（当征收排污费时）、净社会收益。

(b) 如表中数据所示，无论有无排污费，消费者剩余＋私人生产者剩余－外部成本＋政府收入＋无谓损失＝94 百万美元。该数字表示了市场中的潜在净收益，无论有没有排污费，它都是相同的。当没有征收排污费时，市场表现为无效率，因为存在负外部性和无谓损失（94 百万美元的潜在净收益只得到 80.5 百万美元的净社会收益）。当征收排污费时，市场表现为有效，所有潜在净收益都能得到（不存在无谓损失）。

相似习题： 17.4，17.10，17.11，17.12

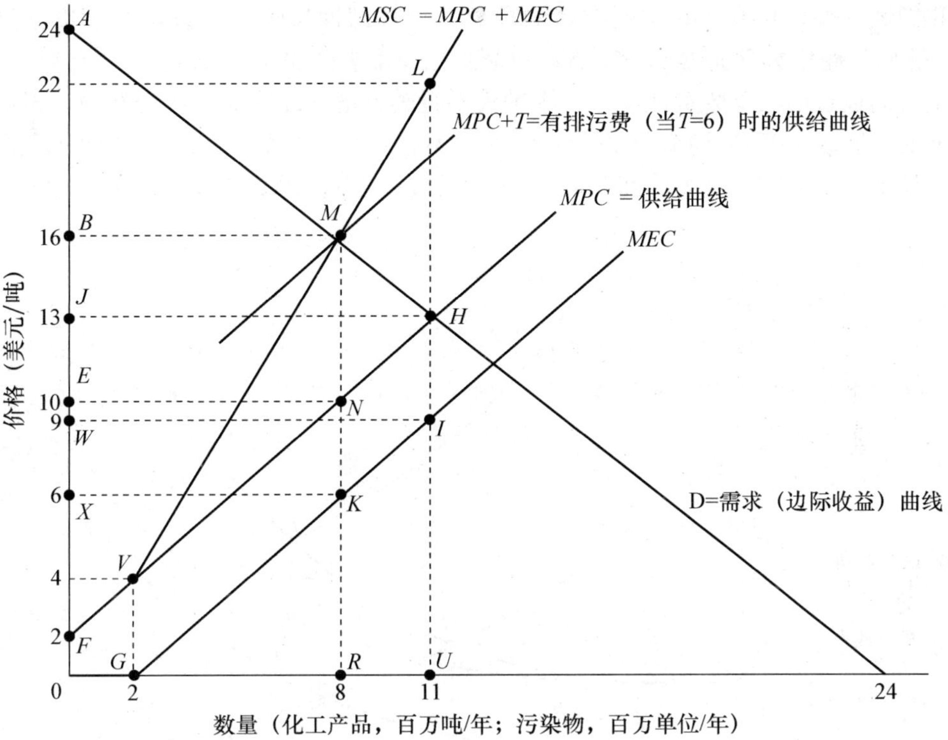

	没有排污费时	排污费为 6 美元/单位时
消费者剩余	*AJH* 60.5	*ABM* 32
私人生产者剩余	*FJH* 60.5	*FEN* 32
一外部成本	－*VLH*（＝－*GIU*） －40.5	－*VNM*（＝－*GKR*） －18
政府收到的排污费	0	*ENMB* 48
净社会收益（消费者剩余＋私人生产者剩余－外部成本＋政府收到的排污费）	*AMVF*－*MLH* 80.5	*AMVF* 94

图 17-4　排污费

说明：经济有效的年产出是 8 百万吨，由需求曲线 *D* 和边际社会成本曲线 *MSC* 的交点（点 *M*）决定。6 美元/单位的排污费会促使有效的产出水平。在没有排污费时，化工产品的价格是每吨 13 美元，且每年产出 11 百万吨。负外部性导致高污染的低效率，且每年造成无谓损失 13.5 百万美元。

公共财产

当某种技术在生产产品或服务的同时产生了不需要的副产品时，排污费和排污标准都有助于纠正经济无效。在没有副产品的市场里，负外部性情形也会出现，如我们已经了解到的高速公路或网络的使用情况一样。这些都是**公共财产**（common property）的例子。公共财产是指任何人都能够获得的资源。

公共财产： 任何人都能够获得的资源，比如公园、高速公路或互联网。

我们经常观察有关公共财产拥堵的现象。负外部性导致公共设施的过度使用。图 17－5 解释了拥堵如何造成经济无效。横轴表示高速公路的交通量（或能力）大小，用每小时内通过的汽车数量来衡量；纵轴表示行驶价格（即汽油、车辆磨损、司机花在开车上的时间成本等）。当交通量低于 Q_1 时，不存在交通拥堵。所以，当交通量低于 Q_1 时边际外部成本为零。这表示在交通量 Q_1 以下时，边际私人成本等于边际社会成本。

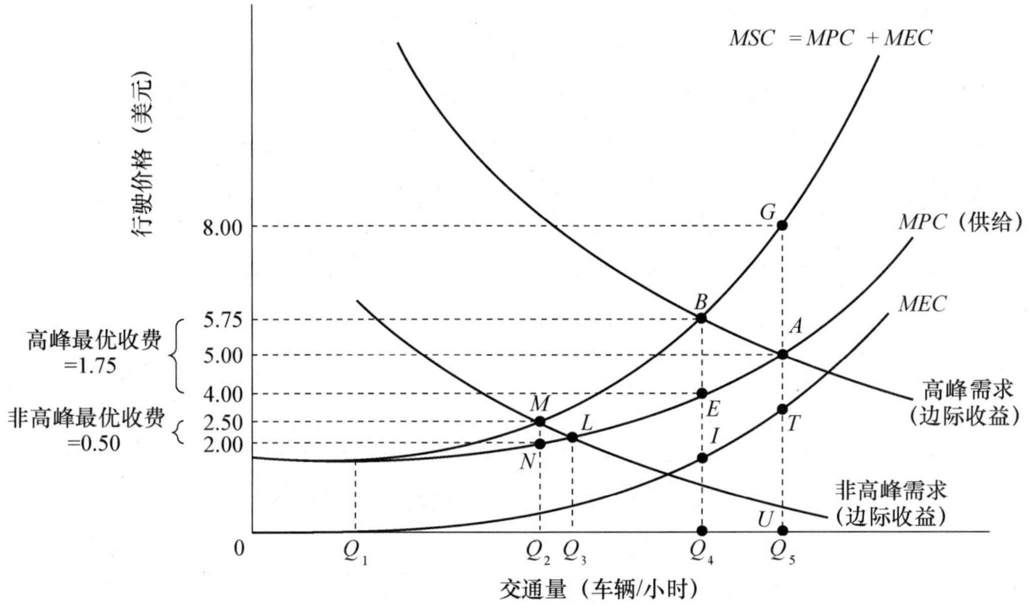

图 17－5　拥堵定价

说明：只要交通量低于 Q_1，就不存在拥堵情况。随着交通量的上升，拥堵的负外部性出现。一个最优收费会使交通量达到边际收益等于边际社会成本。在高峰时段，不收费的均衡点是点 A，无谓损失是区域 ABG。在收取 1.75 美元（线段 BE 的长度）的费用后，均衡会移动到经济有效的均衡点（点 B）。非高峰时段将收费 0.5 美元，即线段 MN 的长度。在非高峰时段，不收费的均衡点是点 L，无谓损失是区域 LMN。在收取 0.5 美元（线段 MN 的长度）的费用后，均衡移动到经济有效的均衡点（点 M）。

当交通量超过 Q_1 时，出现交通拥堵。每新增加一辆汽车进入该高速公路就会增加所有车辆的通行时间。这就是为什么随着交通量的增加会出现边际外部成本。

现在让我们来考虑下面的情况：在一天中两个不同的时间里交通拥堵产生的影响。在峰值阶段（高峰时段），对高速公路的使用需求很高。在没有政府干预的情况下，均衡的交通水平是 Q_5，它由高峰需求曲线和边际私人成本曲线的交点（点 A）决定。在点 A，对最后一辆汽车的边际收益是 5 美元，边际私人成本同样是 5 美元。但是由最后一辆汽车带来的边际社会成本是 8 美元（点 G）。所以，最后一辆汽车给其他汽车增加的成本就是边际外部成本，为 3 美元，即线段 AG 的长度（也等于线段 TU 的长度）。

社会最优的交通量 Q_4 由高峰需求曲线和边际社会成本曲线的交点（点 B）决定。在点 B，最后一辆汽车的边际收益和边际社会成本都是 5.75 美元。边际私人成本是 4 美元（点 E）。高速公路管理局能通过在高峰时段征收 1.75 美元的费用纠正负外部性，使交通量下降到 Q_4。

在非高峰时段，高速公路的使用需求较低。在不收费时，均衡的交通量水平将是 Q_3，对应非高峰需求曲线和边际私人成本曲线的交点（点 L），在点 L，最后一辆汽车的边际收益为 2 美元。社会最优的交通水平是 Q_2，对应非高峰需求曲线和边际社会成本曲线的交点（点 M）。在点 M，最后一辆汽车的边际收益是 2.5 美元。所以，有效的非高峰费用是 0.5 美元，即线段 MN 的长度。

拥堵费就像排污费一样，是一种能被用来纠正负外部性的税收。目前，许多收费公路上的自动收费装置都没有按时段自动变化收取费用的能力。然而，正如案例 17.2 中所说的，随着新技术的发展，公路按时段变化收取费用即将来到。

除了拥堵，还有其他关于公共财产负外部性的例子。比如，大多数湖泊和河流、许多狩猎场都是公共财产。如果一个人去捕鱼，就会给其他捕鱼者带来负外部性。如果商业性渔业企业之间竞争，就会使负外部性变得更显著，竞争会导致严重消耗鱼类资源，损害未来的渔业收获。政府可以通过征税或限制捕鱼数量减少鱼类资源的消耗。

石油行业同样也会产生负外部性。在一些大型油田或天然气田，有许多拥有矿业开采权的业主。如果一家厂商从油田中提取了一桶石油，就减少了其他厂商可利用的石油资源。能从石油资源中成功恢复的油田采油数量依赖于石油的提取方式。如果单个厂商之间竞争激烈，都尽可能快地提取石油，就会损害整个石油资源，减少总产量。为提高总回报率和减少负外部性效应，厂商之间经常协调产量。通常，对这类“统一”的领域，成立一家合资企业进行生产经营。

案例 17.3

加利福尼亚州的交通拥堵收费

最近几年，加利福尼亚州存在经常性财政危机。在 2008—2010 年萧条期间，加利福尼亚州的税收直线下降，创造了该州历史最差纪录。2009 年加利福尼亚州让公务员休假，冻结了许多项目的支出，甚至向承包商和退税的居民打白条。到 2010 年年初，该州拥有最差的信用评级。为了筹集资金，加利福尼亚州不得不对发行的一般责任债券支付高额利率。事实上，在 2010 年 1 月，该州停止销售所有州债券。

另一个资金来源就是收益债券。收益债券由一个专门的资金来源对这些债券提供担保，如来自收费公路的收入。加利福尼亚州有一条创新收费公路——91 号公路。该公路建于 1995 年，是第一条由私人融资建造的公路，也是第一条使用拥堵定价收费的公路。收费使得该公路每天都畅行无阻。

在南加州，交通拥堵是个由来已久的问题。91 号公路连接了主要的就业中心橙郡和人口快速增长的洛杉矶及圣贝纳迪诺。在 1995 年，在原有的 8 个车道的免费公路中间（修建时已经预留出来）开辟了一条长 10 英里的有 4 个车道的收费公路。为了使用收费公路，司机必须购买一个感应器（电子设备），并在账户中充钱。感应器的功能很像一张信用卡，包含了司机账户中的余额信息。每次司机使用收费公路，高速公路上方的天线与感应器相连并从账户中扣费。没有收费站。费率随一天的时间变化而变化。在星期四最繁忙时段下午 4 点到下午 5 点，向东行驶的收费是 9.9 美元，这是收费公路中收费最高的。

在加州交通局的授权下，1.3 亿美元的公路建设成本由私人公司（加州私人交通运输公司，CPTC）融资。完成建设后，加州交通局获得该收费公路的所有权，加州私人交通运输公司则租赁该设施 35 年。加州私人交通运输公司收取公路使用费，并向州政府提供的执法付费，同时负责保养公路。但是，该交易是有争议的（加州交通局已经同意不拓宽收费公路旁边的免费公路），于是2003年橙郡交通部门花了2.075亿美元从加州私人交通运输公司手中收回该收费公路。

案例17.4

伦敦的交通拥堵收费①

2003年2月17日，伦敦把微观经济学理论运用到实际当中，开始收取8英镑（约12美元）的费用，目的在于减少中心城区的交通拥堵。在周一到周五，从早上7：00到晚上6：30，司机进入伦敦收费的21平方千米范围将被要求支付费用。收费区域包含伦敦大部分地区，包括金融城、伦敦西区、伦敦主要商业和娱乐中心。

从中世纪以来，伦敦的道路系统几乎没有变化。伦敦中心长期受困于交通拥堵。早在17世纪，作家佩皮斯（Samuel Pepys）就描写了马车被困在交通拥堵中的情形。② 现在估计伦敦每年由交通拥堵造成的成本达到3亿美元。由于伦敦为出行提供了可行的选择（有大量的公交车和地铁服务），有关交通拥堵的中心主题是如何鼓励人们不再开车而是选择公共交通出行。

1975年新加坡率先实行了拥堵收费。为了减少拥堵，司机进入城区需支付一笔费用。随后，该方案被扩大到几条免费公路的部分路段。1998年，该系统在小汽车上实行全自动化收费。这样做以后，交通畅行无阻。爱丁堡、斯德哥尔摩、米兰以及其他城市都已经实施了类似的系统。

当伦敦引入拥堵收费系统时，随着报纸讨论"疯狂飙车"的问题，大家广泛怀疑该计划是否能起作用。托尼·布莱尔的工党政府撇清了自己与推选该系统的伦敦市市长的关系。一些有名的商业团体声称反对拥堵收费，认为这样做将严重伤害收费区内的零售业。司机团体和一些工会也反对拥堵收费。其他人担心公共交通在处理选择放弃开车的人流方面将会能力不足。

拥堵收费方案的日常运行外包给了一家私人企业。司机可以通过位于该区域的机器支付拥堵费，就像选择零售和通过网络支付一样。如果司机进入该收费区，就会被该收费区入口或出口的203个摄像头中的一个拍到照片。这些摄像头记录车牌并查核车主是否付费。没有付费的车主会被罚60～180英镑（90～270美元）。

与之前所担心的相反，该方案十分有效。每天，有超过10万辆汽车进入收费区并支付费用。从拥堵收费中得到的税收达到20万英镑，超过了管理者的花费。拥堵收费对交通量和交通速度产生了明显的影响。进入该区域的汽车下降了23%，而平均速度上升了21%。伦敦方案成功的一个标志就是该区外围的几个地区也希望加入收费的行列。在2007年收费区域向西扩展后，扩展后的面积大约是原来的两倍。

---

① Georgia Santos and Blake Shaffer, "Preliminary Results of the London Congestion Charging Schemes," *Public Works Management & Policy* (2004).

② Randy Kennedy, "The Day the Traffic Disappeared," *New York Times*, April 20, 2003.

□ 正外部性和经济有效

在日常生活中，我们身边都有正外部性情形。例如教育、卫生保健、研发、公共交通，以及我们在第 5 章中学习的从众效应。当有正外部性时，从商品或服务中得到的边际社会收益大于边际私人收益。一个消费者受教育或保持健康也会使他身边的人从中受益。相似地，当一个企业成功发明一种新产品或新技术时，通常会产生溢出效应，使其他企业受益，最终使消费者受益。

如当存在负外部性时企业过度生产一样，当存在正外部性时，企业生产不足。和消费者没有考虑外部成本导致过度生产一样，消费者没有考虑外部收益将导致生产不足。也就是说，当你决定是否购买产品时，你会考虑你的回报（边际私人收益），但是你不会考虑你的消费对其他人产生的好处。图 17－6 解释了，为什么在一个有正外部性的竞争市场中会出现生产不足的现象。

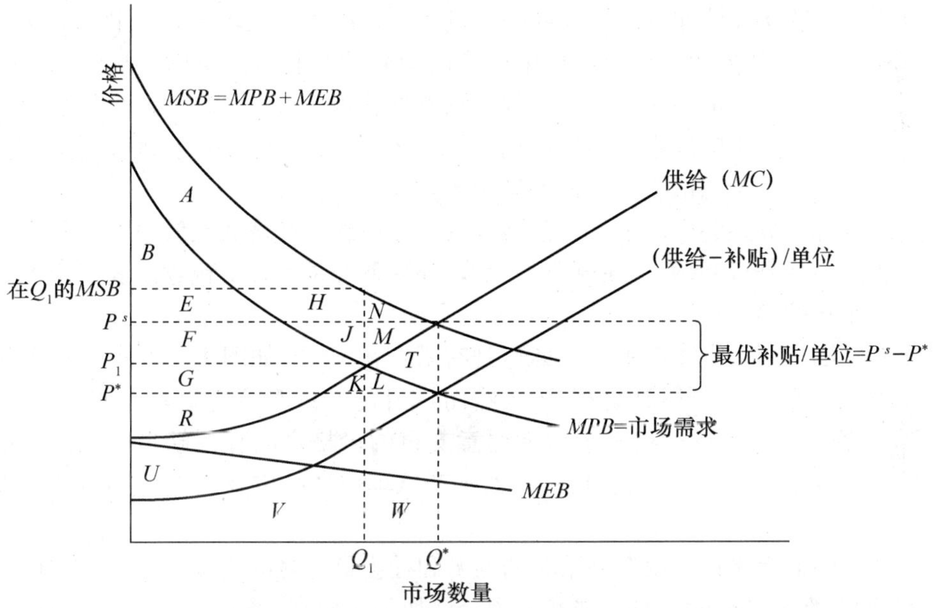

	均衡（无补贴）	社会最优（有补贴的均衡）	两者之差
私人消费者剩余	$B+E+F$	$B+E+F+G+K+L$	$G+K+L$
生产者剩余	$G+R$	$F+G+R+J+M$	$F+J+M$
外部收益	$A+H+J$	$A+H+J+M+N+T$	$M+N+T$
一政府的补贴支出	0	$-F-G-J-K-L-M-T$	$-F-G-J-K-L-M-T$
净社会收益（私人消费者剩余＋生产者剩余＋外部收益－政府的补贴支出）	$A+B+E+F+G+H+J+R$	$A+B+E+F+G+H+J+M+N+R$	$M+N$

图 17－6　正外部性下的最优补贴

说明：当存在正外部性时，边际社会收益 MSB 等于边际私人收益 MPB 加边际外部收益 MEB。在一个外部性没有得到纠正的竞争市场中，需求曲线（即边际私人收益曲线 MPB）和供给曲线的交点决定了均衡位置。均衡价格是 P_1，均衡数量是 Q_1。

社会最优产出是 Q^*，由供给曲线与边际社会收益曲线的交点决定。因外部性导致的市场生产不足的数量为 Q^*-Q_1。政府补贴可达到社会最优。每单位最优补贴是厂商接受价格 P^s 与消费者支付价格 P^* 之差。最优补贴消除了没有补贴时的无谓损失（区域 $M+N$）。

在图 17 - 6 中，市场需求曲线 MPB 是市场中所有个人边际私人收益曲线在水平方向上的加总。市场供给曲线 MC 是行业边际成本曲线。如果没有对外部性进行纠正，市场的均衡点位于需求曲线和供给曲线的交点，在该点，价格为 P_1，市场产出为 Q_1。在均衡时，私人消费者剩余为市场需求曲线 MPB 下方和价格 P_1 上方的区域（区域 $B+E+F$）。生产者剩余为价格 P_1 下方和市场供给曲线 MC 上方的区域（区域 $G+R$）。

因为有正外部性，所以市场中存在外部收益，该外部收益用边际外部收益曲线 MEB 来表示。边际社会收益 MSB 大于边际私人收益的部分是边际外部收益，即 $MSB=MPB+MEB$。如果没有对外部性进行纠正，在均衡时（此时市场产出为 Q_1^*），外部收益为位于 MSB 曲线下方和 MPB 曲线上方的区域（区域 $A+H+J$），该区域等于 MEB 曲线下方的区域（区域 $U+V$）。在均衡时，净社会收益是私人消费者剩余与生产者剩余以及外部收益之和（区域 $A+B+E+F+G+H+J+R$）。

为什么竞争市场无法实现经济有效的产量？这是由于，在均衡时，最后一单位产出的边际成本 P_1 低于从最后一单位产出中得到的边际社会收益。所以，从生产另一单位产品中得到的净社会收益为正。经济有效的市场产出是 Q^*，在此点，边际社会收益等于最后一单位产出的边际成本。如果市场产出扩大到 Q^*，则净收益将会增加。不生产这些额外的产品导致了无谓损失，损失等于区域 $M+N$。

面对正外部性导致的生产不足，公共政策应如何纠正经济的无效率？一种可行的方法就是对生产产品进行补贴。（回顾第 10 章，补贴就像是一种负税收。我们学习了补贴是如何促进生产的。）

那么补贴的规模多大才能引导市场达到有效产出 Q^*？如图 17 - 6 所示，为供应最后一单位产品，厂商必须得到价格 P^s。然而，消费者只愿意为该单位产品支付价格 P^*。于是，在厂商要求的价格和消费者愿意支付的价格之间存在缺口。因此，如果政府提供的补贴等于 P^s-P^*，就会促使厂商生产该单位产品以及消费者愿意购买该单位产品。

图 17 - 6 中的表比较了没有补贴时的均衡和社会最优时的均衡（该均衡由政府的补贴行为引起）。在有补贴时，私人消费者剩余增加了区域 $G+K+L$，生产者剩余增加了区域 $F+J+M$，外部收益增加了区域 $M+N+T$，政府的补贴支出等于区域 $F+G+J+K+L+M+T$。所以，在有补贴的情况下，净社会收益增加了区域 $M+N$，且没有无谓损失。①

案例 17.5

知识溢出效应与创新

经济学家很早就注意到了一个重要的正外部性，它就是知识溢出效应。交换新的想法、从其他活动中学习，通常都能激发创新。例如，一家制药企业利用一种特殊的有机分子研发了一种新畅销药。其他企业也许会被该研发激发去研发相似的分子模型，该分

① 再一次，在应用局部均衡分析时（如图 17 - 6 所示），我们必须非常谨慎。如果政府对一个市场进行补贴，它必须在经济体的其他市场为其进行的补贴进行筹资。这会产生其他无谓损失，图 17 - 6 并没有考虑这些影响。

子模型可能能够生产新的药品。正是因为知识溢出效应，政府经常对研发进行补助，特别是对大学的研发进行补助。

像大多数外部性一样，知识溢出效应的出现是因为产权的模糊。如果法律（通过专利、版权或商标保护）能保护一家企业的创新的经济用途，那么企业将进行创新活动。企业从这些应用中获得利润（如通过出售或租借这些应用权利给其他企业），这会激发更多的创新。然而，正如在前面所讨论的，这里存在一个权衡的问题，因为对创新的保护同样会给企业造成垄断利润。此外，一家企业在利用它新发明的所有应用时不一定都能获益。创造活动经常源自创意以及不同人或企业的信息的交流结合，将一个想法运用到一个意想不到的新应用中。出于以上原因，经济学家常常认为知识溢出效应对创新和经济增长有显著的正影响。

研究创新的经济学家描述了两类相关的知识溢出效应。第一类是 MAR 溢出效应，该效应以最先分析这类效应的经济学家马歇尔（Marshall）、阿罗（Arrow）以及罗默（Romer）的名字命名。当在相同地理区域内聚集了相同产业的企业时，MAR 溢出效应就会出现。硅谷就是一个典型的 MAR 溢出效应的例子。成千上万的高科技企业位于一个狭小的区域内。当使用相关技术的企业集中在一起时，不同企业的员工很可能会交流自己的专长或社会情况或跳槽。这些交流增加了新创意在企业之间增值的可能，产生额外的创新。

第二类知识溢出效应就是雅各布斯（Jacobs）溢出效应（以雅各布斯的名字命名）。雅各布斯认为，不同行业（与 MAR 溢出效应不同）的企业聚集在一起也可能产生知识溢出效应，因为一个行业的创新也可以运用到其他行业当中。雅各布斯溢出效应是建立在以下看法的基础上的：许多创新行为是跨学科相互作用的结果。这就是现在大学建设一些跨学科实验室的部分原因。它们希望通过跨学科研究寻找新的创新（如将信息技术运用到医学中）。

卡利诺（Carlino）最近的研究总结了之前有关这些问题的实证研究，并提出了一些新证据。① 研究表明，在同一区域内聚集企业的溢出效应确实对创新非常重要。例如，在 20 世纪 90 年代，92%的专利来自大都市地区，尽管大都市地区只占全美国人口的 75%。例如，加利福尼亚州圣何塞市每 10 000 个居民拥有 17.6 项专利，而全美国平均只有 2.5 项。表 17-1 给出了美国在 20 世纪 90 年代每 10 000 个居民中拥有专利数最高和高低的 10 个城市。经济学家还研究了哪些专利被引用到了新专利中。在大都市地区，专利被引用 5～10 次就很可能出现新的专利。这证明了不同企业员工之间相互交流产生了知识溢出效应。

表 17-1　　美国大都市地区每 10 000 人拥有的专利数量

前 10 名		后 10 名	
大都市地区	每万人拥有的专利数量	大都市地区	每万人拥有的专利数量
圣何塞	17.6	罗克福德	4.0

① Gerald Carlino, "Knowledge Spillovers: Cities' Role in the New Economy," *Business Review*, Federal Reserve Bank of Philadelphia, Quarter 4, 2001.

续前表

前 10 名		后 10 名	
大都市地区	每万人拥有的专利数量	大都市地区	每万人拥有的专利数量
博伊西	14.1	辛辛那提	3.9
纽约，罗切斯特	13.0	哈特福德	3.8
博尔德	11.2	蒙默恩-大洋	3.8
特伦顿	10.5	阿克伦	3.8
伯灵顿	9.0	阿伦敦	3.8
明尼苏达，罗切斯特	9.0	格里利县	3.8
波基普西	8.8	西雅图	3.8
安娜堡	8.3	卡拉马佐	3.8
奥斯汀	8.0	希博伊根	3.8

资料来源：Carlino (2001).

□ 产权与科斯定理

到目前为止，我们看到了政府如何运用税收（排污费和收费）和数量管制（排污标准）来纠正外部性。处理外部性的另外一个方法就是政府可以分配（或指定）**产权**(property right)，即对资产或资源的使用具有独家控制权，不受其他人的干预。

产权：对资产或资源的使用具有独家控制权。

在解决外部性问题时，产权为什么这么重要？让我们回顾化工品生产及排放污染（以某种副产品形式）的情况。在介绍负外部性时，我们观察到厂商不必为它们排放到空气中的污染物向任何人进行补偿。因此，企业的生产决定只取决于私人边际成本，而私人边际成本没有包含污染环境带来的伤害。对企业来说，污染成本是外部成本。

在此例中，我们还假设在社区中没有人（或组织）有义务去清洁空气。如果社区拥有享有清洁空气的产权，那么社区会要求企业为它的污染行为做出补偿。如果企业继续生产化工品，那么它的边际私人成本将包括污染成本。换句话说，污染成本将变成企业的内部成本，而不再是外部成本。

1960 年，科斯（Coase）建立了一个基础性理论，以阐述如何通过分配产权的方法解决外部性问题。[①] 他用两个农场的例子阐释了这种方法。农场 A 养牛，但牛有时候会跑到相邻的农场 B；农场 B 种植作物。如果农场 A 的牛损害了农场 B 的作物就产生了负外部性。

科斯提出了以下问题：应当允许牛去农场 B 闲逛吗？农场 B 可以要求农场 A 的主人修建一道栅栏以限制牛的活动吗？如果可以，谁该为修建栅栏买单？将产权分配给农场 A 还是农场 B，这重要吗？

① Ronald H. Coase, "The Problem of Social Cost," *Journal of Law and Economics* 3 (1960): 1-44.

科斯定理（Coase theorem）认为，当存在外部性时，无论产权是如何分配的，只要当事人之间不存在交易成本，资源的分配就是有效的。如果农场A有权让牛去农场B闲逛，那么当牛对农场B的损害大于修栅栏的成本时，农场B愿意向农场A支付修栅栏的费用。如果修栅栏的成本大于作物损失，那么农场B不愿为栅栏买单，且牛可在农场B闲逛。换句话说，只有当修建栅栏是社会有效的时，栅栏才会被修建起来以消除外部性。

科斯定理：当存在外部性时，无论产权是如何分配的，只要当事人之间不存在交易成本，资源的分配就是有效的。

相反，假设产权被分配给农场B（农场B有权不让牛到农场B闲逛），那么农场A必须对农场B的任何损失做出补偿。如果对农场B的作物损失大于栅栏的成本，那么农场A将修建栅栏。但是，如果修建栅栏的成本比作物的损失更大，那么农场A宁愿向农场B赔偿，牛仍将会在农场B闲逛。

这个例子完美地证明了科斯定理中最重要的部分：无论将产权分配给农场A还是农场B，结果都是相同的，而且是社会有效的。同时，只要修栅栏的成本大于作物损失，就永远不可能修建栅栏。

边做边学习题17.3 ☞

科斯定理

问题：

(a) 在正文所描述的闲逛的牛的案件中，假设当事人之间不存在交易成本。当修建栅栏的成本是2 000美元而且作物损失是1 000美元时，请验证科斯定理。

(b) 如果修建栅栏的成本为2 000美元，作物损失是4 000美元，请验证科斯定理。

解：

(a) 假设将产权分配给农场A。农场B可以花2 000美元修栅栏，或者容忍1 000美元的损失。因此，农场B发现不值得修栅栏，所以不修栅栏，牛继续过来闲逛。农场B得不到1 000美元损失的任何赔偿。

假设将产权分配给农场B。农场A可能选择花2 000美元修建栅栏，或者不修建栅栏而是向农场B赔偿1 000美元损失。农场A发现不值得修栅栏，所以不修栅栏，牛继续过来闲逛。农场B的损失是1 000美元，但是农场A将赔偿农场B的损失。

无论产权怎么分配，结果都是一样的：牛继续到处闲逛。不修建栅栏是经济有效的，这是因为修建栅栏的成本大于牛造成的损失。

(b) 假设将产权分配给农场A。现在，农场B发现修建栅栏是值得的，牛再也不能到处闲逛。

假设将产权分配给农场B。现在，农场A发现修建栅栏是值得的，牛再也不能到处闲逛。

再一次说明，无论产权怎么分配，结果都是一样的：牛不能再到处闲逛。修建栅栏是经济有效的，这是因为修建栅栏的成本小于牛造成的损失。

相似习题： 17.14，17.15，17.16，17.19，17.20

无论产权如何分配，科斯定理称资源配置都将是经济有效的，资源的分布在很大程度上取决于谁拥有产权。在边做边学习题 17.3 中，假设修建栅栏的成本是 2 000 美元，(牛造成的) 损失是 1 000 美元。没有人愿意为修栅栏买单。所以，产权的拥有者会得到 1 000 美元，好过他没有产权时的情况。

当（牛造成的）损失是 4 000 美元时，有人愿意为修栅栏买单。如果农场 A 拥有产权，那么农场 B 将为修栅栏买单。但是，如果农场 B 拥有产权，那么农场 A 将为修栅栏买单。所以，产权的拥有者得到 2 000 美元，好过他没有产权时的情况。

在这个例子中，一旦界定产权，当事人之间的"交易"就特别简单。如果当事人之间存在财产转移，转移数量是以下两者中的较小者：修建栅栏的成本或作物的损失。

科斯在他的研究中没有进一步探讨交易的机会。但是，只要有交易的可能，他的方法就能被运用到更复杂的模型中。假设牛进入农场 B 造成的作物损失是 4 000 美元，但是我们现在增加一个修建另外一条栅栏的选择。农场 A 沿其农场修栅栏的成本是 2 000 美元，另外，农场 B 花费 3 000 美元可以沿其农场修建一条栅栏以阻止牛进入。

当我们将产权分配给农场 B 时，会发生什么？农场 A 有三个选择：(1) 在农场 A 修建栅栏，花 2 000 美元；(2) 给农场 B 提供 3 000 美元在农场 B 修建栅栏；(3) 允许牛到处闲逛并向农场 B 赔偿作物受损的 4 000 美元。农场 A 为了使成本最小化，将会在农场 A 修建栅栏。

相反，我们假设产权属于农场 A。农场 B 有三个选择：(1) 在农场 B 修建栅栏，花费 3 000 美元；(2) 向农场 A 支付费用（下面将会讨论），在农场 A 修建栅栏；(3) 什么都不做，产生 4 000 美元的作物损失。现在，在第二个选项下，存在着讨价还价的空间。如果农场 A 愿意围住它的土地，那么农场 B 愿意向农场 A 支付的最高金额为 3 000 美元。(农场 B 不会向农场 A 支付超过 3 000 美元，因为农场 B 只需 3 000 美元就可以在农场 B 修建一条栅栏。）同时，农场 A 围住自己土地愿意接受的补偿不能少于 2 000 美元。如果它们同意由农场 B 向农场 A 支付 2 000 到 3 000 美元之间的一定费用，在农场 A 修栅栏，那么这会使双方的境况都变得更好。例如，双方可能达成协议，农场 A 收到 2 500 美元，在其农场修建一条栅栏。

和前面一样，无论谁拥有产权，结果都是一样的：在农场 A 修建栅栏。进一步而言，这个结果是社会有效的，因为在农场 A 修栅栏的成本小于在农场 B 修栅栏的成本，也小于由牛闲逛造成的作物损失。

因此，科斯定理表明，只要交易是没有成本的，为外部性指定产权，无论产权归谁，都会得到一个有效的结果。但是，这一有力命题建立在交易无成本的基础上。如果交易过程本身是有成本的，那么当事人也许会发现，达成协议是不值得的。考虑我们前面关于企业生产化工产品并污染空气的例子。如果污染伤害了成千上万人的健康，那么，负外部性的受害者组织起来去同企业谈判寻求赔偿，这恐怕不太容易。类似地，如果在该行业中存在大量企业，把企业组织起来也需要成本。

交易（谈判）还存在其他潜在的困难。如果当事人不知道减少外部性的成本和收益，或者他们对成本和收益有不同的看法，那么交易也不可能达到有效的结果。最后，当事人双方只有实际受益才会达成协议。如果一方当事人拒绝交易或拒绝给另一方一个可接受的赔偿，交易就不可能达到资源分配有效。

17.3 公共产品

我们已经知道，当存在外部性时，一个竞争市场为什么无法实现社会的最优产出。对有正外部性的产品，消费者的购买决定取决于边际私人收益，而边际私人收益小于边际社会收益。这样，市场就生产低于社会最优的产量。尽管生产产品能够带来正的净社会收益，但私人收益可能低到根本就没有产品供给。

在这一部分中，我们考察另一种市场供给不足的产品——公共产品。尽管单个消费者不用为公共产品的供给买单，但公共产品会让所有消费者从中受益。公共产品有两个特点：非竞争性和非排他性。

非竞争性产品（nonrival good）是指这样一类产品，当一部分人消费该产品时，不会减少其他人对该产品的消费数量。非竞争性产品的一个例子就是公共广播。当一个观众收听时，其他人可收听的节目量并不会减少。国防也是非竞争性产品。当社会中的一个人受到保护时，其他人得到的保护量并不会减少。为另外一个消费者提供非竞争性产品的边际成本为零。

相反，我们在日常生活中所遇到的产品大都是**竞争性产品**（rival goods）。对一定数量的竞争性产品，一部分人消费该产品会减少其他人可消费的产品数量。例如，当你买了一条牛仔裤、一个足球或一台计算机时，你就已经减少了其他人买到相同产品的可能性。

非排他性产品（nonexclusive good）是指一种产品一旦被生产出来，所有消费者都可获得，没有人能被排除在消费该产品外。非排他性产品一旦被生产出来，即使消费者不为其买单，也能从该产品中受益。非排他性产品的例子十分多，包括国防、公园、电视与电台信号以及公共场所的艺术品。相反，**排他性产品**（exclusive good）是指这样一种产品，消费者或许无法获得该产品。

非竞争性产品：当一部分人消费该产品时，不会减少其他人对该产品的消费数量。

竞争性产品：一部分人消费该产品会减少其他人可消费的产品数量。

非排他性产品：一种产品一旦被生产出来，所有消费者都可获得，没有人能被排除在消费该产品外。

排他性产品：消费者或许无法获得该产品。

许多产品同时具有排他性和竞争性，比如计算机、油画、服装以及汽车。假设企业生产了 1 000 辆汽车，一个消费者购买了一辆汽车，就只剩下 999 辆汽车可供其他人购买（即该产品是竞争性的）。此外，企业可以拒绝消费者免费获得汽车——为了享受汽车的好处，消费者就必须购买它（即产品是排他性的）。

有一些产品是非排他性产品，却是竞争性产品。在公园，任何人都可能占到一张野餐桌，但是当一个人在某个时段占了某张桌子时，其他人就不能在同一时段再占用该桌子。在公共狩猎场打猎是非排他性的，因为每个人都已经进入该游戏，但是，如果猎人收获猎物，就减少了留给其他人的猎物量。

最后，有一些产品可能是非竞争性的，却是排他性的。付费电视频道就是排他性的，因为厂商可以控制频道的进入。但是，付费电视频道也是非竞争性的。如果某人购买了收看该频道的权利，该行为并不会减少其他观众收看同样节目的机会。

正如我们所观察到的，公共产品（如国防和公共广播）具有非竞争性和非排他性。为了避免困惑，在我们学习公共产品时，请记住有许多产品是向公众提供的，但它们不是公共产品。这一点十分重要，这是因为它们或具有竞争性，或具有排他性，或同时具有竞争性和排他性。例如，因为公立大学有一定的接收能力，在公立大学学习是一种竞争性产品。如果一个学生入学，另一个有希望的学生就可能被取消入学。进一步而言，在公立大学学习可以是排他性产品，因为大学可以拒绝申请者的入学申请，同时大学可以开除没有交学费的学生。

□ 公共产品的有效供给

为最大化社会净收益，应当提供多少公共产品？与其他产品一样，只要提供额外单位公共产品的边际收益至少与边际成本一样大，就应当提供该公共产品。公共产品的边际成本是指，使用经济资源生产该产品而不是其他产品的机会成本。因为公共产品是非竞争性的，许多消费者都能从额外单位产品中受益，所以，边际收益是所有人的额外单位产品收益的总和。

图 17－7 显示了公共产品的有效生产水平。为了简化，我们假设市场中只有两个消费者。D_1是第一个消费者对公共产品的需求曲线，D_2是第二个消费者的需求曲线。消费者的需求曲线在任何数量的高度表示了额外一单位产品给消费者带来的边际收益。例如，第一个消费者每年消费第 70 单位产品的边际收益为 30 美元，第二个消费者消费同量的产品有 130 美元的边际收益。

因为公共产品是非排他性的，两个消费者同时获得该产品。所以，第 70 单位产品的边际社会收益就是这两个消费者的边际收益在垂直方向的和：130＋30＝160（美元）。在图 17－7 中，边际社会收益曲线就是弯折的曲线 EGH。在 G 和 H 之间（即当 $Q>$100 单位时）边际社会收益曲线与 D_2重合，因为第一个消费者不再愿意为这些单位的产品支付费用。（超过点 H——当 $Q>200$ 单位时——边际社会收益曲线与横轴重合，因为两个消费者都不愿意付费。）

现在，我们决定公共产品经济有效的产量水平。假设公共产品的边际成本是 240 美元。经济有效的产量是边际社会收益等于边际成本时的产量，即 30 单位。超过 30 单位产品就不是有效的了，因为生产额外单位产品的边际成本大于边际收益。例如，我们已经知道第 70 单位产品的边际社会收益是 160 美元，然而这小于边际成本（240 美元）。因此，提供 70 单位的公共产品不是社会有效的。

同样，生产少于 30 单位的产品也不是有效的。在这个范围内生产，边际社会收益大于边际成本。这样，在边际社会收益等于边际成本之前扩大生产都将是经济有效的。

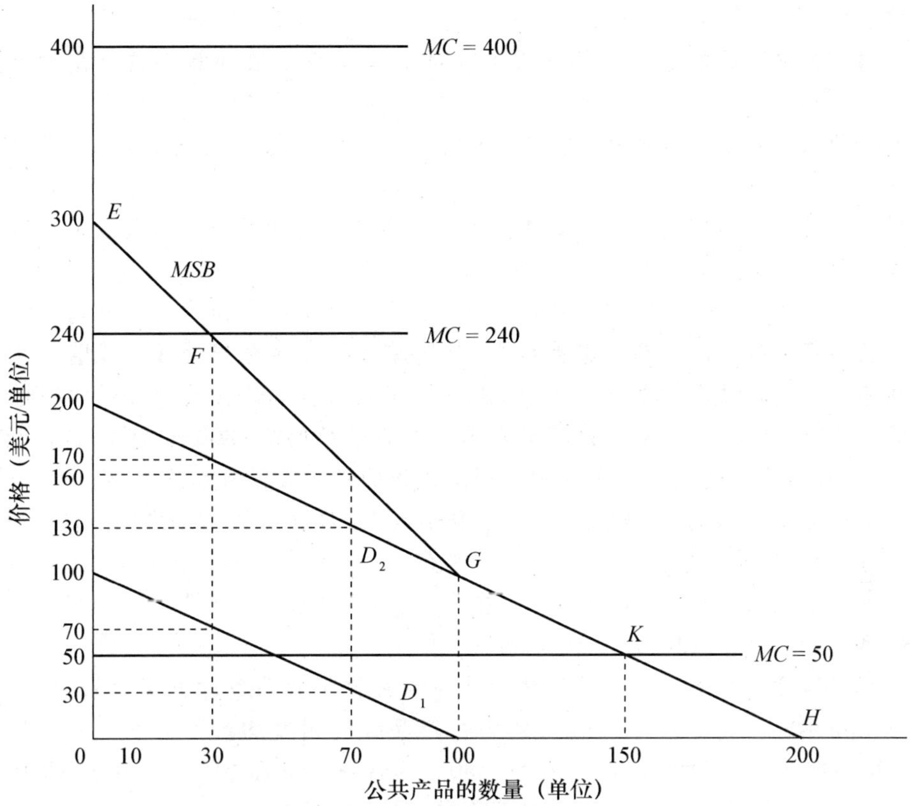

图 17-7 公共产品的有效供给

说明：公共产品的边际社会收益由市场中所有消费者的需求曲线在垂直方向相加而得。边际社会收益曲线是 *EGH*。当公共产品的边际成本为 240 美元时，经济有效的产出水平是 30 单位，在该产出处，边际成本曲线与边际社会收益曲线相交。

如果边际成本是 50 美元，有效的产出水平是 150 单位；如果边际成本是 400 美元，则提供该产品是完全无效率的。

在 30 单位的有效产出水平处，第一个消费者的边际收益是 70 美元，第二个消费者的边际收益是 170 美元。所以，在第 30 单位处的边际社会收益是 240 美元，边际社会收益正好等于边际成本。

这个例子说明，即使没有消费者愿意支付等于边际成本的费用，提供该产品也可能是社会最优的。因为该产品具有非竞争性，边际社会收益是所有消费者对该产品的支付意愿的总和，不只是单个消费者的支付意愿。

边做边学习题 17.4 将帮助我们更好地理解如何用图形和代数方法找到公共产品的最优产量。它也将有助于我们理解如何垂直加总需求曲线。

边做边学习题 17.4 ☞

公共产品的最优供给

在图 17-7 中，需求曲线 D_1 是 $P_1=100-Q$，需求曲线 D_2 是 $P_2=200-Q$。（我们写出了需求曲线的逆函数形式，价格在左边，产量在右边，下面会具体解释原因。）

问题：

(a) 假设公共产品的边际成本是 240 美元。用代数方法计算公共产品的有效生产水平。

(b) 假设公共产品的边际成本是 50 美元。用图形和代数方法计算公共产品的有效生产水平。

(c) 假设公共产品的边际成本是 400 美元。用图形和代数方法计算公共产品的有效生产水平。

解：

(a) 公共产品的边际社会收益曲线 MSB 是单个消费者需求曲线在垂直方向上的加总。当垂直加总时，我们加总价格（即支付意愿），则 $MSB=P_1+P_2=(100-Q)+(200-Q)=300-2Q$。在达到有效产量水平时，$MSB=MC$，$300-2Q=240$，则 $Q=30$ 单位。(如上面所提到的，我们需要利用需求曲线的逆函数形式加总价格。)

(b) 如果边际成本为 50 美元，我们发现曲线 MSB 和曲线 MC 的交点是有效产量水平。如图 17-7 所示，这个交点为点 K，则 $Q=150$ 单位。为用代数方法得出最优点，我们必须想到，当 $Q>100$ 时，$P_1=0$。在本题中，$MSB=P_1+P_2=0+P_2=200-Q$。当 $MSB=MC$ 时，$200-Q=50$，则 $Q=150$。

(c) 如果边际成本是 400 美元，边际成本曲线位于整条边际社会收益曲线的上方，如图 17-7 所示。因此，生产任何量的公共产品都是无效的。下面用代数方法。如果 $MSB=MC$，即 $300-2Q=400$，则 $Q=-50$。这表明，当 $Q>0$ 时，曲线 MSB 和曲线 MC 不可能相交（即不存在公共产品为正的有效产量水平）。

在加总需求曲线的过程中，你会发现一条有用的线索。首先，你需要知道是否应该垂直或水平加总需求曲线。正如我们在本章中所介绍的，如果你想找出公共产品的最优产量，你需要在垂直方向上加总需求曲线。在垂直方向上加总需求曲线，需写出单条需求曲线的逆需求曲线，然后把它们相加，就像我们刚刚所做的一样。

与此相反，如第 5 章所讲的，由于希望知道在任何价格的需求量，在从单条需求曲线得出正常的市场需求曲线时，我们必须在水平方向上加总需求曲线。在第 5 章我们所讨论的产品是竞争性产品。这就是我们为什么没有加总消费者对额外单位产品的支付意愿。为了在水平方向上加总需求曲线，写出单条需求曲线的正常形式，Q 在左边以及 P 在右边。参照表 5-1 的讨论，你可以复习一下如何在水平方向加总需求曲线。

相似习题： 17.21，17.22，17.23，17.24，17.25

□ 搭便车问题

公共产品（如水库、公园、公共广播）有数千甚至数百万的消费者。为公共产品的有效产出提供融资，消费者必须同意每人的付费等于自己的支付意愿。但是，由于提供公共产品有非排他性，一旦提供了公共产品，每个人都会从中受益。自然而然，单个消费者就没有激励去支付与产品带给他的价值一样大小的费用。该消费者的行为就像一个**搭便车**（free riding）的人不愿为产品付费，却期待其他人买单。

搭便车：某个消费者或厂商不愿为非排他性的产品付费，却希望其他人为此买单。

搭便车问题让私人市场有效提供公共产品变得更困难。通常，在组织人们为某个项目自愿捐款时，若捐款人的数目很小，这是很容易做到的，因为每个人都会认识到他的贡献是很重要的。然而，当公共产品的消费者人数变得很庞大时，许多消费者将更有可能选择搭便车。为确保公共产品的有效提供，公共干预是十分有必要的。因此，通常政府自己生产公共产品或向提供公共产品的企业给予补贴。

案例 17.6

公共广播中的搭便车问题[①]

公共电视台和公共电台都是公共产品的例子。它们具有非竞争性和非排他性。公共电视台和公共电台拥有数百万观众，其中就有许多搭便车者，这一点并不令人意外。

公共广播系统（Public Broadcasting System，PBS）是一家私人的、非营利的媒体公司，在全美提供了大约365个公共电视台。每周，公共电视为近6 500万名观众服务。但大多数观众都是搭便车者。每年，少于500万的个人和家庭为公共电视做出了贡献，他们通过捐赠、抵押和会员费等方式贡献的资金大约相当于PBS总收入的25%。PBS有18%的收入来自商业，约8%来自基金、10%来自其他来源。PBS所有资金的大约40%来自联邦、州以及当地政府。

这与公共电台一样。全国公共电台（National Public Radio，NPR）是私人的非营利公司，大约有800个电台，每周约2 600万名听众。然而，NPR的资金只有32%来自用户。约21%的资金来自商业，10%的资金来自基金，约10%的资金来自各级政府。因为存在搭便车问题，基金对公共广播的支持来自方方面面。过去数十年，政府的补贴保持了公共广播行业的活力。

本章小结

• 除了价格外，当一个决策者（消费者或厂商）的行为影响到市场中其他消费者的收益或其他厂商的生产成本时，就出现了外部性。若外部性降低了其他人的收益，则为负外部性。若外部性给其他人带来收益，则为正外部性。

• 在竞争市场中，外部性使市场失灵。当存在外部性时，“看不见的手”不能引导竞争市场生产经济有效的产出水平。

• 当存在负的生产外部性时，厂商的私人边际成本低于社会边际成本。在存在负的消费外部性时（如吸二手烟），消费者不需要为他的行为给其他人造成的成本买单。相应地，竞争市场会生产数量超过社会最优水平的产品。政府利用指定配额（如排污标准）或征税（如排污费）可以削减产品数量从

① “Public Broadcasting Revenue，Fiscal Year 2008，” *Corporation for Public Broadcasting* (2009).

而提高经济效率。(边做边学习题 17.1 和 17.2)

● 在市场中，当有公共财产（任何人都可获取的资源）时，也会出现负外部性。当存在公共财产时，道路拥堵的负外部性经常出现。政府可以对公共财产的使用者进行征税以达到经济有效。

● 当有正外部性（如教育或阻止疾病传染的免疫）时，私人边际收益小于社会边际收益。相应地，一个有正外部性的竞争市场的产出小于社会最优水平的产出。通过对产品补贴，政府可以提高效率。

● 如果外部性的产权（即由外部性引起的产权）被明确地指定，并且当事人之间可以交易，由外部性产生的无效率就能被消除。科斯定理表明，假设当事人交易没有成本，无论产权在谁手里，交易结果都将是经济有效的。然而，如果交易包含了许多当事人，或者交易是有成本的，达到有效的交易结果就可能很困难。尽管产权分配不会影响经济效率，但它会影响收入的分布。(边做边学习题 17.3)

● 公共产品是一种非竞争性且非排他性的产品。公共产品的边际社会收益曲线是单个需求曲线在垂直方向上的加总。当边际社会收益等于边际成本时，公共产品是有效提供的。

● 由于消费者经常选择搭便车（从该产品中受益，却不付费），所以公共产品很可能生产不足。为确保公共产品的提供是社会有益的，政府通常自己生产该产品，或对生产该产品的企业给予补贴。(边做边学习题 17.4)

复习题

1. 正外部性与负外部性之间有什么不同？分别举例说明。
2. 为什么一个有负外部性竞争市场的产出超过经济有效的产出？
3. 为什么一个有正外部性竞争市场的产出少于经济有效的产出？
4. 什么时候需要政府干预外部性？什么时候这样的干预是不必要的？
5. 在一个有负外部性的市场，排污费如何引导市场达到有效产出水平？
6. 在一个有负外部性的市场，排污标准如何引导市场达到有效产出水平？
7. 什么是科斯定理？什么时候，它有助于引导一个存在外部性的市场提供社会有效的产出？
8. 非竞争性产品与非排他性产品有何不同？
9. 什么是公共产品？如何决定公共产品的最优供给水平？
10. 为什么搭便车问题使得市场有效提供公共产品变得更困难或不可能？

习　题

17.1　一般地，为什么设定排污标准为零排污不是社会有效的？

17.2　教育经常被看作有正外部性的产品。请解释教育如何产生正外部性的收益。政府采取哪种行动能引导教育市场表现得更有效？

17.3　a) 请解释为什么雪茄经常被看作负外部性的产品。

b) 为什么对雪茄征税会使雪茄市场表现得更有效？

c) 你如何评价禁止抽烟的建议？禁止抽烟是经济有效的吗？

17.4　思考边做边学习题 17.2，存在社会有效的排污费。假设技术改善使边际私人成本下降了 1 美元。如果给出新的边际私人成本曲线，政府计算最优排污费，以下变量会发生什么变化？

a）最优税收的大小。

b）消费者的支付价格。

c）厂商的接受价格。

17.5 思考图 17－5 中的拥堵定价问题。

a）假如在高峰期没有收费，那么由负外部性造成的无谓损失是多大？

b）为什么在高峰期的最优收费不是 3 美元（当交通量是 Q_5 时，边际社会成本和边际私人成本的差）？

c）如果在高峰期收费，当局每小时收取多少费用才是经济有效的？

17.6 汽油的需求曲线和供给曲线如下图所示。使用汽油产生了负外部性，如 CO_2，这是一种造成温室效应的很重要的气体。用下面的图形和表格计算：

- 汽油的均衡价格和均衡数量。
- 市场均衡时的生产者剩余和消费者剩余。
- 自由市场均衡时的外部成本。
- 自由市场均衡时的净社会收益。
- 汽油的社会最优价格。
- 社会最优时的消费者剩余和生产者剩余。
- 社会最优时的外部成本。
- 社会最优时的净社会收益。
- 外部性造成的无谓损失。

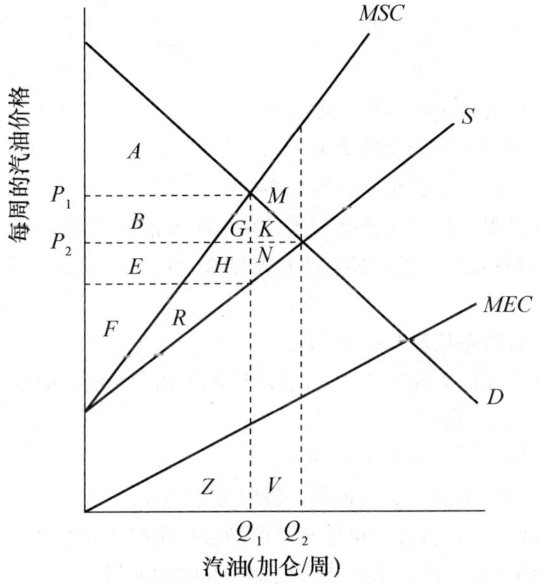

	均衡价格和数量＝	社会最优价格与数量＝	社会最优与均衡时的差＝
消费者剩余			
私人生产者剩余			
一外部成本			
净社会收益			
无谓损失			

17.7 下图表示一个存在外部性的完全竞争市场。在该市场中，一个消费者最多购买一单位某种产品。在该市场中，有许多消费者，他们的最大支付意愿各不相同。假设图是按比例绘制的。

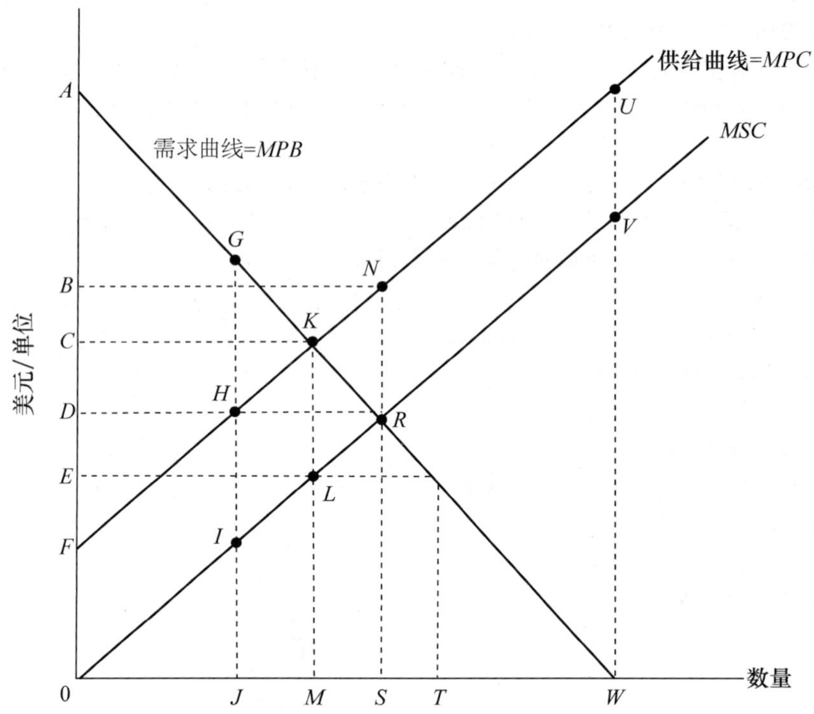

a）在该市场中，外部性表现为哪一种：正或负？

b）在该市场中，能得到的潜在社会剩余最大水平是多少？

c）在该市场中，竞争性均衡时的无谓损失是多少？

d）假设厂商得到一笔补贴：每单位产品应当补贴多少才能让市场达到社会有效的结果？

下面的问题：指出和没有政府干预时的竞争均衡结果相比，政府的干预会提高社会效率，降低社会效率，还是不改变：

e）给购买产品的消费者每单位产品补贴 $0F$。

f）政府取代私人卖家，且免费供应产品。（假设相较于私人厂商，政府没有固定成本优势或劣势；还假设政府的生产成本靠征税融资。）

g）政府对价格设定上限，最大价格等于 $0D$。

h）政府对没有购买产品的消费者进行征税，税收等于 NR。

17.8 一个竞争性炼油行业，每炼一单位石油产品就产生一单位废气。该行业以将废气排放到大气中的方式处理废气。石油产品的逆需求曲线（也是边际收益曲线）为 $P^d=24-Q$，Q 是消费者支付价格为 P^d 时的消费量；逆供给曲线（也是边际私人成本曲线）为 $MPC=2+Q$，MPC 为行业生产 Q 单位时的边际私人成本。边际外部成本曲线为 $MEC=0.5Q$，MEC 是该行业排放 Q 单位废气时的边际外部成本。

a）当不纠正外部性时，石油产品的均衡价格和均衡数量各是多少？

b）在社会最优条件下，市场应当供给多少石油产品？

c）外部性造成的无谓损失是多大？

d）假设政府对每单位排污收取 T 美元的排污费。如果市场生产经济有效的石油产品，那么排污费规模是多少？

17.9 在制造一产品的过程中会产生污染。该产品的年需求为 $Q^d=100-3P$；市场年供给为 $Q^s=P$。在这两个方程中，P 是每单位产品的美元价格。每生产一单位产品就产生一单位污染。每单位污染造成的边际损害是 $2Q$。

a）在没有政府干预的情况下，市场中的均衡价格和均衡数量为多少？

b）利用你计算出的均衡结果计算：(i) 消费者剩余；(ii) 生产者剩余；(iii) 总污染损失。在市场中，总社会收益是多少？

c）找出产品的社会最优数量。社会最优的市场价格是多少？

d）利用你计算出的社会最优结果计算：(i) 消费者剩余；(ii) 生产者剩余；(iii) 总污染损失。在市场中，总社会收益是多少？

e）假设对厂商征收排污费。征收多少排污费才能达到社会最优的产出？

17.10 对装饰品的需求为 $P=60-Q$。装饰品由竞争市场供给，逆供给曲线（边际私人成本）为 $MPC=c$。然而，生产装饰品要排放有毒气体到空气中，由此造成的边际外部成本为 $MEC=Q$。

a）假设政府正在考虑对每单位产品征税 T 美元。为确保生产社会最优数量的装饰品，税收水平 T 应该为多少？

b）假设装饰品技术取得突破，边际私人成本 c 降低了 1 美元。这将如何影响你在问题 a）中找出的最优税收？

17.11 对小机械的市场需求为 $P^d=120-Q$，Q 是价格为 P^d 时的消费量。小机械是竞争市场供给，逆供给曲线（边际私人成本）为 $MPC=2Q$，Q 是当产品的价格等于 MPC 时所有厂商愿意生产的总数量。生产小机械会排放有毒物到水中，由此造成的边际外部成本为 $MEC=Q$。政府想通过征收销售税纠正外部性。当厂商收到的价格等于 MPC 时，消费者必须支付 $(1+t)MPC$，t 为销售税税率。找出确保生产社会最优数量小机械的税率水平。

17.12 阿米蒂维尔有一个竞争性的巧克力行业，其（逆）供给曲线为 $P^s=440+Q$；对巧克力的市场需求为 $P^d=1\,200-Q$。从飘满全镇的巧克力气味中，阿米蒂维尔的居民得到外部收益。边际外部收益为 $MEB=6-0.05Q$。

a）在不存在政府干预时，生产的巧克力均衡数量是多少？社会最优的巧克力生产量是多少？

b）如果阿米蒂维尔政府对每单位巧克力补贴 S 美元，以鼓励最优巧克力生产，那么补贴水平应该是多少？

17.13 两个人口稠密的小岛只有一条公路相连。在高峰期，大量车辆通行会产生拥堵。公路上车辆的增多会使得拥堵的边际外部成本上升。目前，在均衡时，拥堵的边际外部成本是每辆车 5 美元。向每辆车收费 5 美元，道路上会达到经济有效的汽车数量吗？如果不能，你认为经济有效的收费是大于 5 美元还是小于 5 美元？

17.14 企业生产钢铁可在烟囱上安装也可不安装过滤器。如果没有过滤器，则每年对社区的外部成本是 500 000 美元。如果有过滤器，则没有外部成本，同时企业将因为过滤器每年产生固定成本 300 000 美元。

a）用科斯定理解释：无论产权归社区还是企业，无成本的交易都会导致社会有效的结果。

b）如果因过滤器产生的年固定成本是 600 000 美元，这将如何影响你对问题 a）的回答？

17.15 两个农场相邻。在暴风雨期间，污水从农场 1 流进位于农场 2 的小河里。这条小河是农场 2 牲畜的饮用水来源。当小河被污水污染后，牲畜会生病和死亡。每年因此给农场 2 带来的损失是 100 000 美元。农场 1 可以通过安装排水管来阻止污水流出。排水管的成本是 200 000 美元。

a）讨论科斯定理在该例中的运用。

b）假设每年给农场 2 带来的损失是 500 000 美元，而不是每年 100 000 美元（排水管的成本不变，仍然是 200 000 美元）。讨论科斯定理在该例中的运用。

17.16 假设工厂位于河边，排放污染给下游居民造成的环境损失是 2 百万美元。工厂完全可以通过花费 1.6 百万美元来治理水污染。同样，居民也可以花费 0.8 百万美元在上游建一座水净化厂，这并不能完全消除污染但可以将污染损失降至 0.5 百万美元。在目前的法律下，工厂必须为它造成的任何环境污染向小镇做出赔偿。工厂主和小镇之间的讨价还价（或交易）是没有成本的。根据科斯定理，小镇和工厂主的交易结果会是什么？

17.17 对节能电器的需求为 $P=100/Q$，逆供给（边际私人成本）曲线为 $MPC=Q$。通过减少对电力的需求，节能电器产生了外部边际收益，$MEB=eQ$。

a）在私人市场，节能电器的均衡交易量是多少？

b）假设节能电器的社会有效数量是 $Q=20$，那么 e 的值是多少？

c）如果政府对节能电器的生产提供每单位 S 美元的补贴，那么引导社会有效产出水平的补贴水平是多少？

17.18 在皮奥里亚，对空气净化器的需求是 $P^D=48-Q$。空气污染造成的边际外部成本为 $MEC=2+Q$。净化器的供给为 $P^S=10+cQ$。假设社会有效的净化器水平是 $Q^*=12$，找出在社会有效水平时净化器数量均衡时的税收及 c 的值。

17.19 斯蒂尔维尔镇有三家钢铁厂，每家都会污染空气。斯蒂尔维尔镇有 10 个居民，每个居民从减少空气污染中得到的边际收益曲线为 $p(Q)=5-Q/10$，Q 是从空气中减少的污染物数量。减少污染是一种公共产品。对三个空气污染源，下表列出了在不变边际成本下它们产生的污染。

污染来源	当前生产的污染物单位数	减排的边际成本（美元）
工厂 A	20	10
工厂 B	40	20
工厂 C	60	30

a）画图描述减少污染的边际收益（“需求”）和边际成本（“供给”）。有效的污染减少量是多少？哪家工厂应当削减污染？减少污染的总成本是多少？在私人市场上，会提供多少该公共产品？

b）现在，斯蒂尔维尔议会考虑采用以下政策减少污染：

i. 要求每家工厂减少 10 单位污染物。

ii. 要求每家工厂只生产 30 单位污染物。

iii. 要求每家工厂减少 1/4 的污染物。

计算每项政策下减少污染的总成本。将该总成本与问题 a）中的有效的污染减少量相比较。这些政策中有造成无谓损失的吗？

c）另一个政策是制定污染许可证，并分配额度。如果需要，污染许可证可以在企业之间进行交易。假设分配了交易许可证的工厂被允许生产 30 单位污染物，哪家工厂会交易污染许可证？（假设交易成本为零。）如果有交易，那么许可证的交易价格是多少？

d）你在问题 c）中的回答和在问题 a）中的回答有何关联？解释科斯定理如何在这种关系中发挥作用。

17.20 一家化工企业将有毒废水排进河里。废水会减少河中鱼的数量，每年对当地渔业造成的损失为 100 000 美元。企业可以每年花费 60 000 美元来消除废水。当地渔业有许多的小企业。

a）运用科斯定理，解释无论产权在化工企业手中还是在渔业手中，无成本的交易都将会产生社会有效的结果。

b）为什么交易不可能是没有成本的？

c）如果废水给渔业造成的损失为 40 000 美元，问题 a）的回答将如何变化？（和前面的假设一样，企业可以每年花费 60 000 美元来消除废水。）

17.21 考虑一个有两个个体的经济。个体 1 对公共产品的（逆）需求曲线为 $P_1=60-2Q_1$，个体

2 对公共产品的（逆）需求曲线为 $P_2=90-5Q_2$。价格以每单位美元计。假设生产公共产品的边际成本是 10 美元。公共产品的有效产出水平是多少？

17.22 公共产品有三个消费者。消费者的需求如下：

消费者 1：$P_1=60-Q$；

消费者 2：$P_2=100-Q$；

消费者 3：$P_3=140-Q$。

Q 表示产品的数量，P 是价格（美元）。

该公共产品的边际成本是 180 美元。该公共产品的经济有效产出水平是多少？画图解释你的回答。

17.23 假设由于搭便车问题，习题 17.22 中所说的产品一点都没有供给。由市场失灵引起的无谓损失是多少？

17.24 在习题 17.22 中，假如该公共产品的边际成本是 60 美元，你的回答将如何变化？如果边际成本是 350 美元呢？

17.25 佛罗里达州的一个小镇正考虑每年雇一支乐队在公园表演。乐队演奏的音乐具有非竞争性和非排他性。在详细研究小镇的音乐品味后，发现两类群体：音乐爱好者和音乐发烧友。如果要为露天音乐会买票，则音乐爱好者的需求曲线是 $Q_1=100-(1/20)P_1$，Q_1 是将出席音乐会的次数，P_1 是音乐会的票价。音乐发烧友的需求曲线为 $Q_2=200-(1/10)P_2$。假设每场音乐会的边际成本是 2 800 美元，那么每年音乐会的有效场数是多少？

17.26 一些观察者认为，在网络拥堵时，互联网是被过度使用的。

a）你认为互联网是公共财产吗？你有上不去网的经历吗？

b）画图解释，当有拥堵时，为什么在高需求时段的访问量比有效水平更高。画图反映出以下互联网特点。

i. 在低访问量时，没有网络拥堵，边际私人成本等于边际外部成本。

ii. 但是，在高访问量时，边际外部成本为正，边际外部成本随访问量的增加而增加。

c）在图中解释，在网络拥堵时段，如何运用税收去提高经济效率。

d）作为税收的替代方法，一旦超过互联网的经济有效访问量，可简单地拒绝额外用户的访问。为什么一个最优的税收比拒绝访问更有效？

17.27 在鲍莫尼亚有两类居民。第一类居民对公共广播的需求无弹性，每天有 $Q=8$ 小时；他们的最大支付愿意为 30 美元/小时。第二类居民对公共广播的需求为 $P=60-3Q$。

a）假设公共广播的边际成本是 $MC=15$。公共广播的经济有效水平是多少小时？（提示：画出两类居民的需求曲线对你的解答有帮助。）

b）当 $MC=45$ 时，重新回答问题 a）。

数学附录

本附录提供了学习微观经济学时可能用到的一些数学概念。除了介绍和总结这些概念外，我们将利用书中的例子说明它们。

A.1 函数关系

经济分析经常需要将一个经济变量和其他经济变量联系在一起。有三种重要的表达变量之间关系的方式：图、表和函数。例如，图 A.1 就是一幅油漆需求图。下方的表表明，在不同的价格水平下，消费者将购买多少油漆。比如，如果油漆的价格是 10 美元/升，市场中的消费者每年会买 3 百万升。图中的点 T 能显示这个信息。根据惯例，经济学家绘制纵轴为价格、横轴为数量的需求曲线。由于数量位于横轴（以百万升为单位），点 T 的坐标为（3，10）。同理，当价格为 8 美元/升时，消费者购买 4 百万升［在图中显示为点 U，坐标为（4，8）］。点 S、点 V 和点 W 是由表中的数据绘制成的其他点。如图 A.1 所示，图和表能够非常有力地表现变量间的关系。

通过函数表现经济关系也很有用。我们使用函数符号表达价格和数量间的关系：

$$Q=f(P) \tag{A.1}$$

这里的函数 f 揭示，当价格为 P（以美元/升衡量）时，油漆的消费量 Q（以百万升衡量）为多少。描述图 A.1 中的数据的一个具体函数为

$$Q=8-0.5P \tag{A.2}$$

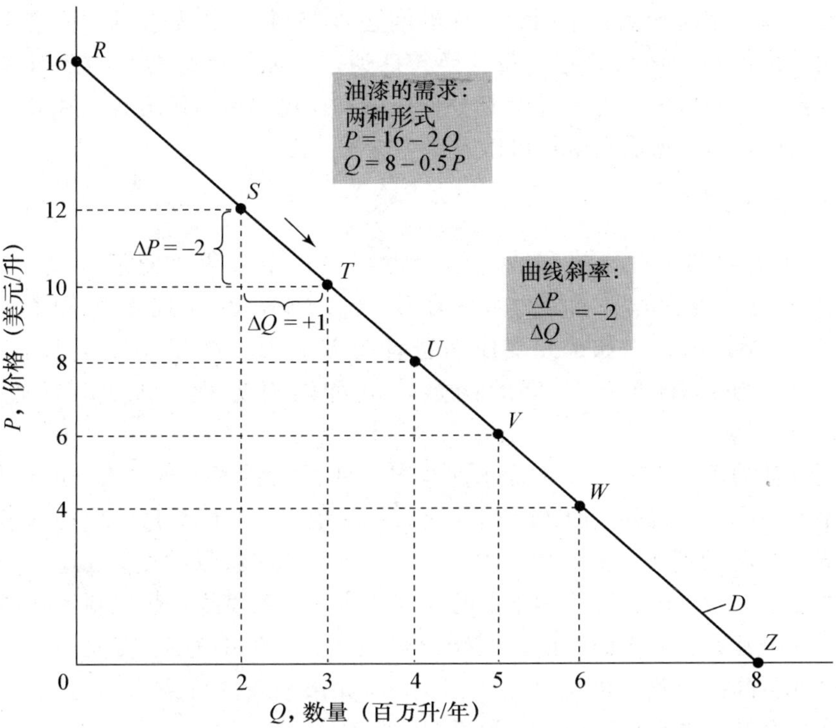

图上的点	油漆的价格（美元/升）	数量（百万升/年）
S	12	2
T	10	3
U	8	4
V	6	5
W	4	6

图 A.1　函数关系：需求曲线的例子

说明：本图显示了市场中油漆的需求数量（Q）和油漆的价格（P）之间的关系。例如，表的第一行表示，当价格为 12 美元/升时，每年的需求量为 2 百万升。这与点 S 相符。用代数方法表示数量和价格间的函数关系有两种方法：如果把价格写成数量的函数，那么需求曲线的形式为 $P=16-2Q$；同理，也可以把数量写成价格的函数，那么需求曲线的形式为 $Q=8-0.5P$。

方程（A.2）是包含图 A.1 中所有点的需求函数。在方程（A.1）和方程（A.2）中，Q 在方程左侧，P 在方程右侧。自然地，我们需要给出能回答下面问题的函数："销售量如何依靠价格?" 此函数方程必然是左侧变量（Q）为因变量、右侧变量（P）为自变量。

接下来，利用方程（A.2），我们找出当价格为 8 美元/升时消费者将会购买多少油漆。当 $P=8$ 时，$Q=8-0.5\times8=4$。因此，消费者每年将会购买 4 百万升。为了强调 Q 是 P 的函数，方程（A.2）也可以写成 $Q(P)=8-0.5P$。

我们也可以使用需求函数来回答下面的问题：“对特定的需求量，价格应为多少?”现在我们问的是价格如何依赖销售量。换句话说，P 如何依赖 Q? P 充当因变量的角色，Q 充当自变量的角色。为了看出 P 如何依赖 Q，可以通过解方程（A.2）得到 P 如何依赖 Q。我们发现，逆需求函数可以表示为方程（A.3）：

$$P=16-2Q \tag{A.3}$$

图 A.1 中的表的所有价格和数量组合也满足这个方程。使用方程（A.3），找出什么价格将使消费者的需求量为 4 百万升/年。当将 $Q=4$ 代入方程时，我们发现 $P=16-2\times4=8$。因此，如果想要使消费者的需求为 4 百万升/年，应该把价格定在 8 美元/升。为了强调 P 是 Q 的函数，也可以将方程（A.3）写成 $P(Q)=16-2Q$。

当绘制纵轴为 P、横轴为 Q 的需求曲线时，曲线的斜率仅是“增长的趋势”。也就是说，斜率是当沿着曲线移动时价格的变动（纵轴距离）除以数量的变动（横轴距离）。例如，当从点 S 移动到点 T 时，价格的变动 $\Delta P=-2$，数量的变动 $\Delta Q=+1$。因此，斜率为 $\Delta P/\Delta Q=-2$。因为这个例子上的需求曲线是一条直线，所以斜率在曲线上的任何位置都是一个常数。需求曲线的纵截距出现在点 R，价格为 16 美元/升。这意味着，在这个价格或更高的价格，油漆销售不出去。[①] 如果油漆的价格为 0 美元/升，那么人们将需要 8 百万升。这就是横截距，为点 Z。

为了练习绘制任何方程的供给曲线和需求曲线，你可以复习边做边学习题 2.1 和 2.2。

边做边学习题 A.1 ☞

画出总成本

这个例子将帮你理解如何画曲线图和构建一个总成本函数表。假设该函数代表产品的总成本（C）和产出量（Q）之间的关系，形式如下：

$$C(Q)=Q^3-10Q^2+40Q \tag{A.4}$$

问题：

在表中，显示下面每一数量产出所需要的总成本：$Q=0$，$Q=1$，$Q=2$，$Q=3$，$Q=4$，$Q=5$，$Q=6$，$Q=7$。画出以总成本为纵轴、数量为横轴的总成本函数。

解：

表 A.1 的前两列说明每一产出水平的总成本。例如，为了生产 3 单位，我们求 $C(Q)$。当 $Q=3$ 时，我们发现 $C(3)=3^3-10\times3^2+40\times3=57$。（不要担心表中的其他列。稍后将提到它们。）

总成本曲线被画在图 A.2（a）中。[不要担心图 A.2（b）。稍后将会提到它。]

① 回想一下，在代数课程中一条直线的方程是 $y=mx+b$，这里的 y 被绘制在纵轴上、x 被绘制在横轴上。在这张图中，m 是曲线的斜率，b 是纵截距。在图 A.1 中，因为 P 被绘制在纵轴上，变量“y”是 P，而变量“x”（在横轴上的变量）是 Q。因此，正文用 $P=-2Q+16$ 替代 $y=-2x+16$，斜率为 -2 且纵截距为 16。

表 A.1　　　　　　　　在一张表中建立总成本、平均成本和边际成本的关系 *

(1) 产出数量 (单位) Q	(2) 总成本（美元） C	(3) “弧 ” 边际成本 (美元/单位) $C(Q)-C(Q-1)$	(4) “点” 边际成本 (美元/单位) dC/dQ	(5) 平均成本 (美元/单位) C/Q
0	0		40	
1	31	$C(1)-C(0)=31$	23	31
2	48	$C(2)-C(1)=17$	12	24
3	57	$C(3)-C(2)=9$	7	19
4	64	$C(4)-C(3)=7$	8	16
5	75	$C(5)-C(4)=11$	15	15
6	96	$C(6)-C(5)=21$	28	16
7	133	$C(7)-C(6)=37$	47	19

* 本表显示了成本函数为 $C(Q)=Q^3-10Q^2+40Q$ 时的总成本、边际成本和平均成本。

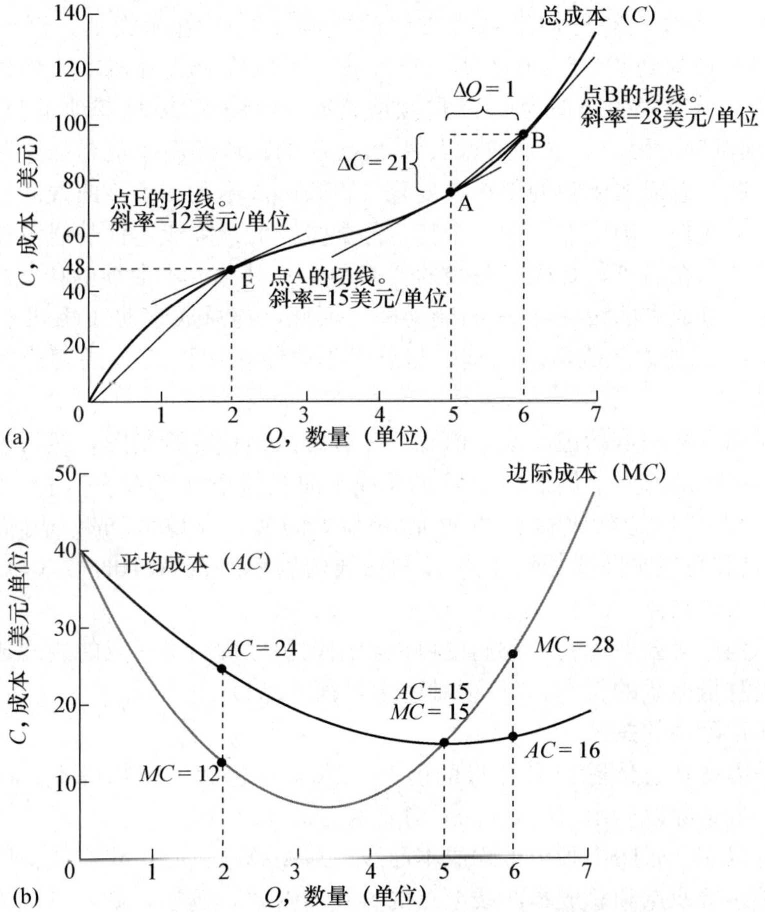

图 A.2　用图表示总成本、平均成本和边际成本的关系

说明：图（a）说明生产任一特定数量的产出的总成本。该图的纵轴单位是货币（美元）。图（b）说明与图（a）的总成本对应的边际成本曲线和平均成本曲线。该图的纵轴单位为美元/单位。在图（b）中，每一数量的边际成本的值与图（a）中的总成本的斜率相同。

A.2 什么是“边际”

决策者经常对一个因变量的边际值感兴趣。边际值衡量一个因变量的变动与一单位自变量变动之间的关系。因此，边际成本衡量成本变动的比率，即 $\Delta C/\Delta Q$。因为边际成本能告诉决策者每多生产一单位将会花费多少，所以决策者会对边际成本感兴趣。

表 A.1 是基于方程（A.4）的总成本。因变量是总成本，自变量是生产数量。表 A.1 展示了测量边际成本的两种方法。第（3）列阐释了第一种方法，即通过展示当每多生产一单位时，总成本将如何变动。这一列被描述为“弧”边际成本。这是由于当产量增加一单位时，它通过弧（区域）度量总成本的变化。例如，当数量从 $Q=2$ 增加到 $Q=3$ 时，总成本从 $C(2)=48$ 增加到 $C(3)=57$。因此，这一区域成本曲线的边际成本为 $C(3)-C(2)=9$。同样地，位于弧上方的从 $Q=5$ 到 $Q=6$ 的边际成本是 $C(6)-C(5)=21$。

我们也可以将边际成本画在图中。在图 A.2（a）中，纵轴表示总成本，横轴表示数量。对总成本曲线上的任何区域，我们都能够计算弧边际成本。例如，当数量从 $Q=5$（在点 A）增加到 $Q=6$（在点 B）时，我们可以确定边际成本。构建一条线段连接点 A 和点 B。该直线的斜率为 21。它就是成本的变动（“纵轴变动量”）除以数量变动（“横轴变动量”）。因此，这个通过点 A 和点 B 的直线的斜率就是弧边际成本。请注意：在这个区域，总成本函数的斜率在变化。弧边际成本大约为该曲线的斜率。

我们可以测量任一确定点（即一个特定的数量）的边际成本代替通过弧估计的近似边际成本。例如，在点 A，总成本曲线的斜率是点 A 处总成本曲线的切线的斜率。该切线的斜率衡量了总成本曲线在点 A 的变动率。因此，与总成本曲线相切于点 A 的切线的斜率说明了点 A 的边际成本。同理，与总成本曲线相切于点 B 的切线的斜率说明了点 B 的边际成本。

我们如何确定某一点的边际成本值呢？一种方法是精确绘制图，然后测量与曲线相切于某一点的切线的斜率。例如，点 B 的总成本曲线斜率（当 $Q=6$ 时）为 28 美元/单位。因此，当 $Q=6$ 时边际成本是 28 美元/单位。同理，当 $Q=2$ 时，边际成本是 12 美元/单位，这是和总成本曲线相切于点 E 的切线的斜率。表 A.1 的第（4）列为在每一数量下边际成本的具体“点”值。

正如我们稍后将会展示的，我们也可以利用微积分找出某一点的边际成本，而不是绘制图并精确测量曲线的斜率。（见边做边学习题 A.5。）

平均值和边际值的关系

平均值是因变量总值除以自变量的值。表 A.1 也包含了平均成本。换句话说，平均成本就是总成本除以产出（C/Q）。平均成本在第（5）列。

我们也可以在一张图中画出平均成本曲线。对图 A.2（a），我们能证明，任一数量的平均成本是连接原点和总成本曲线上点的直线的斜率。例如，确定数量 $Q=2$（点 E）时的平均成本。我们可以构建一条连接原点和点 E 的线段 $0E$。线段 $0E$ 的斜率是总成本 48（纵轴变动量）除以数量 2（横轴变动量）。因此，这部分的斜率就是平均成本 24。

一般而言，平均成本的值与边际成本的值是不同的。例如，在 $Q=2$ 时（再一次强调，线段 $0E$ 的斜率）平均成本是 24，然而，边际成本（与总成本曲线相切的切线的斜率）是 12。在图 A.2（b）中，我们绘制了边际成本值和平均成本值。

我们需要用一张图绘制总成本值，用另外一张图表示平均成本曲线和边际成本曲线。总成本的单位是货币（如美元）。因此，图 A.2（a）中的纵轴单位用美元来衡量。然而，边际成本（$\Delta C/\Delta Q$）的单位和平均成本（C/Q）的单位是美元/单位。总成本的特征与平均成本、边际成本的特征是不同的。

理解边际值与平均值之间的关系是十分重要的。既然边际值代表总值的变化率，那么下面的陈述一定是正确的：

- 如果边际值大于平均值，平均值一定增加。
- 如果边际值小于平均值，平均值一定下降。
- 如果边际值等于平均值，平均值将是常数。

这些关系适用于任一边际值和平均值的测量。例如，假设你们班的学生的平均身高为 180 厘米。现在，有一个叫马尔金的新生加入这个班级。他的身高为 190 厘米。这个班级的平均身高将发生怎样的变化？由于马尔金的身高超过原来的平均身高，那么平均身高一定上升。

同理，如果马尔金的身高只有 160 厘米，班级的平均身高一定下降。最后，如果马尔金的身高正好是 180 厘米，那么班级的平均身高将会保持不变。

基本的数学直觉有助于我们理解平均产量和边际产量（见图 6－3 和图 6－4）、平均成本和边际成本（见图 8－7、图 8－8、图 8－9、图 8－10）、垄断者的平均收益和边际收益（见图 11－2 和图 11－4）以及买方垄断者的平均支出和边际支出（见图 11－18）。

边做边学习题 A.2 ☞

平均成本和边际成本的关系

下面的例子将会加深你对边际值和平均值之间关系的理解。考虑图 A.2（b）中的平均成本曲线和边际成本曲线。

问题：

利用边际成本和平均成本间的关系解释平均成本曲线在下列产量时为什么上升、下降或不变：

（a）$Q=2$。

（b）$Q=5$。

（c）$Q=6$。

解：

（a）当 $Q=2$ 时，边际成本曲线位于平均成本曲线的下方。因此，平均成本曲线一定下降（存在负的斜率）。

（b）当 $Q=5$ 时，边际成本曲线等于平均成本曲线（它们相交）。因此，在这一产出水平上，平均成本曲线一定既不上升也不下降（存在为 0 的斜率）。在这种情况下，我们知道，这意味着正处于平均成本的最小值点。（后面我们将讨论函数的最小值和最大值。）

（c）当 $Q=6$ 时，边际成本曲线位于平均成本曲线的上方。因此，平均成本曲线一定上升（存在正的斜率）。

A.3 导 数

在图 A.2 中，我们显示了找出边际成本的一种方法，即通过绘制总成本曲线，并精确地测算每一产量的斜率。这是一个沉闷乏味的过程。另外，画一条精确的切线和准确测算斜率通常都是很困难的。取而代之，我们可以使用更有力的技巧（即微分）找出边际成本或其他边际值。

假设在一个函数中，y 是因变量，x 是自变量：

$$y=f(x)$$

考虑图 A.3，它描述了在纵轴的因变量的值和在横轴的自变量的值。

正如我们已经讨论过的那样，如果 y 衡量的是总值，那么曲线上任意一点的斜率衡量的是边际值。（例如，如果 y 衡量总成本，x 衡量产量，那么成本函数的斜率就是任意产量的边际成本。）可以使用**导数**（*derivative*）的概念帮助我们找到一个函数在任意一点的斜率，比如图 A.3 中的点 E。

我们通过图 A.3 说明如何计算导数。从曲线斜率的代数近似值开始这个过程。函数$y=f(x)$ 已被绘制，所以我们知道它的斜率沿着曲线改变。我们可以通过选择曲线上的两个点（点 E 和点 F）近似估计该曲线在点 E 的斜率。接下来画一条线段 EF 将这两个点连接起来。这条线段的斜率仅在 $\Delta x(\Delta x=x_3-x_1)$ 部分增加（$\Delta y=y_3-y_1$）。因此，线段 EF 的斜率就是 $\Delta y/\Delta x=(y_3-y_1)/(x_3-x_1)$。该曲线说明，线段 EF 的斜率不能非常准确地表示点 E 的切线的斜率。正如曲线所画，线段 EF 的斜率将会比该函数在点 E 的切线的斜率小。

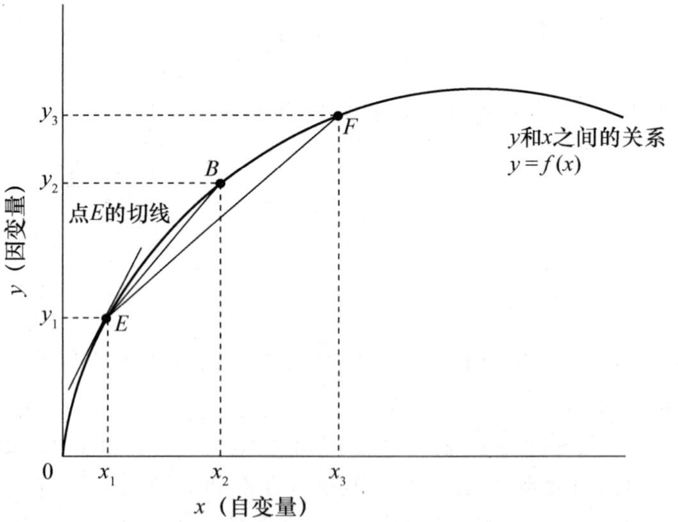

图 A.3 导数的含义

说明：当 $x=x_1$时，y 关于 x 的导数（即 dy/dx）就是点 E 的斜率。

如果我们在曲线上选择另一个更接近点 E 的点，比如点 B，就能得到点 E 处更精确的斜率估计值。画一条线段 EB 连接这两个点，线段 EB 的斜率为 $\Delta y/\Delta x=(y_2-y_1)/(x_2-x_1)$。再一次，曲线告诉我们，线段 EB 的斜率不能准确表示点 E 的斜率（它仍然低估了点 E 的斜率），但它确实给我们提供了点 E 处更精确的斜率。

如果我们选择一个非常接近点 E 的点，那么斜率的估计值将会非常接近点 E 的真实斜率。当两个点彼此极其接近时，Δx 趋于 0。当 Δx 趋于 0 时，近似估计值就是导数，写成 $\mathrm{d}y/\mathrm{d}x$。我们用数学方法表示导数的概念：

$$\frac{\mathrm{d}y}{\mathrm{d}x}=\lim_{\Delta x\to 0}\frac{\Delta y}{\Delta x} \tag{A.5}$$

这里的“$\lim\Delta x\to 0$”告诉我们，当 Δx 趋于 0 时，应该在极限情况下估计斜率 $\Delta y/\Delta x$。点 E 处的曲线斜率就是导数值 $\mathrm{d}y/\mathrm{d}x$。

A.4 如何求导数

在这一部分，我们将说明如何求一些在经济模型中常见的函数形式的导数。你可以查阅任何标准的微积分教科书学习更多有关导数的内容，包括许多这里没有提及的其他形式的导数。

常数的导数

如果因变量 y 是一个常数，它关于 x 的导数就为 0。换句话说，假设 $y=k$，这里的 k 是一个常数。那么 $\mathrm{d}y/\mathrm{d}x=0$。

例如，函数 $y=4$。在图 A.4 中画出该函数，我们可以通过两种方式找到该函数的斜率。首先，因为该曲线是直的，y 的值不会随 x 的变化而变化。因此，我们观察到该曲线的斜率为 0。

其次是求导。由于一个常数的导数为 0，$\mathrm{d}y/\mathrm{d}x=0$。由于该导数一直为 0，函数 $y=4$ 的曲线的斜率一直为 0。

幂函数的导数

幂函数的形式为

$$y=ax^b \tag{A.6}$$

这里的 a 和 b 是常数。这样一个函数的导数为

$$\frac{\mathrm{d}y}{\mathrm{d}x}=bax^{b-1} \tag{A.7}$$

例如，$y=4x$，图 A.5（a）画出了该函数。由于该函数是一条直线，它的斜率为常数。我们能通过两种方法求函数的斜率。第一种方法，在曲线中找两个点，比如点 A 和点 B。我们发现斜率 $\Delta y/\Delta x=(16-8)/(4-2)=4$。

第二种方法是求导。$y=4x$ 是如等式（A.6）的一个幂函数，其中，$a=4$，$b=1$。正如等式（A.5）所示，导数 $\mathrm{d}y/\mathrm{d}x=bax^{b-1}=4x^0=4$。由于导数 $\mathrm{d}y/\mathrm{d}x$ 一直为 4，所以函数 $y=4x$ 的曲线的斜率一直为 4。

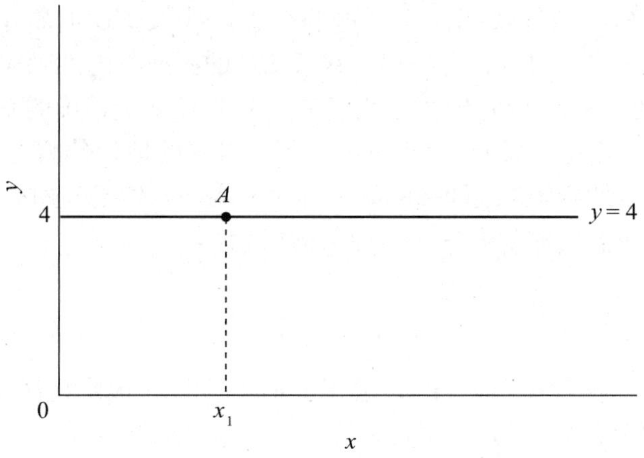

图 A.4　常数的导数

说明：该曲线表示函数 $y=4$。由于 y 值不会随着 x 变化而变化，该曲线是一条水平直线。该曲线的斜率一直为0。导数 $\mathrm{d}y/\mathrm{d}x=0$ 表明该函数的斜率一直为 0。

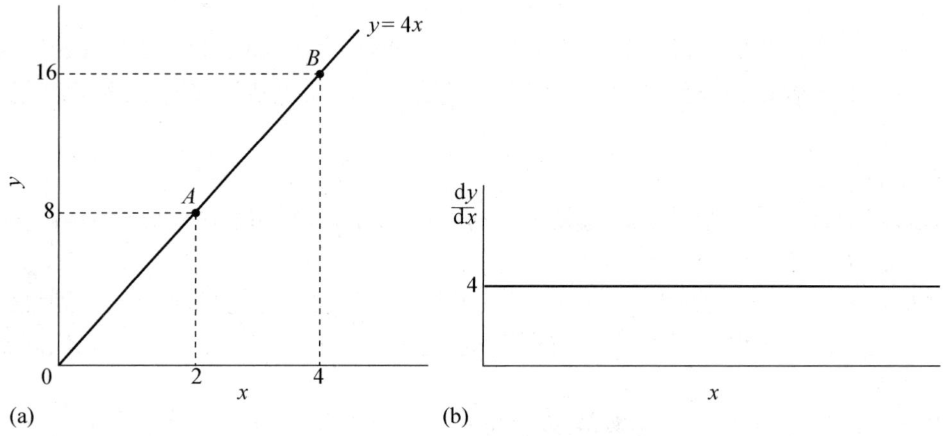

图 A.5　$y=4x$ 的导数

说明：图（a）表示函数 $y=4x$。该曲线的斜率为 4。利用幂函数求导的法则，我们能求导数，$(\mathrm{d}y/\mathrm{d}x)=4$，并且在图（b）中绘制导数。导数一直为 4 意味着，图（a）中的函数的斜率一直是 4。

边做边学习题 A.3

幂函数的导数

函数 $y=3x^2$，见图 A.6（a）。

问题：

求该函数在以下情况下的斜率：

（a）$x=-1$。　（b）$x=0$。　（c）$x=+2$。

解：

（a）$y=3x^2$ 是如等式（A.6）的一个幂函数，其中 $a=3$，$b=2$。如等式（A.7）所示，其导数为 $\mathrm{d}y/\mathrm{d}x=bax^{b-1}=6x$。［导数的曲线见图 A.6（b）。］因此，函数 $y=3x^2$ 的斜率将会是 $6x$。当 $x=-1$ 时，导数值为 $\mathrm{d}y/\mathrm{d}x=6\times(-1)=-6$。这告诉我们函数 $y=3x^2$ 的斜率［在图 A.6（a）的点 A 处］是 -6。

(b) 当 $x=0$ 时，导数值为 $dy/dx=6\times0=0$。因此，函数 $y=3x^2$ 在点 B 处的斜率是 0。

(c) 当 $x=2$ 时，导数值为 $dy/dx=6\times2=12$。因此，函数 $y=3x^2$ 在点 C 处的斜率是 12。

对导数的一种用途的总结，请参考图 A.6。我们可以以两种方式确定图 A.6（a）中的曲线上的任意一点的斜率。第一种方法，我们可以精确地画出曲线，然后构造一条线段与该曲线相切。例如，如果想确定点 A 处的斜率，我们可以画一条过点 A 的切线，接着测算该切线的斜率。如果精密地做了这些，我们会发现点 A 处的斜率就是 -6。然而，这很麻烦，而且很容易出错，特别是因为曲线的斜率会随着 x 的变化而变化。一种更简单、更实际的求斜率的方法是求导数，然后计算我们想要知道斜率的任意一点的导数值。

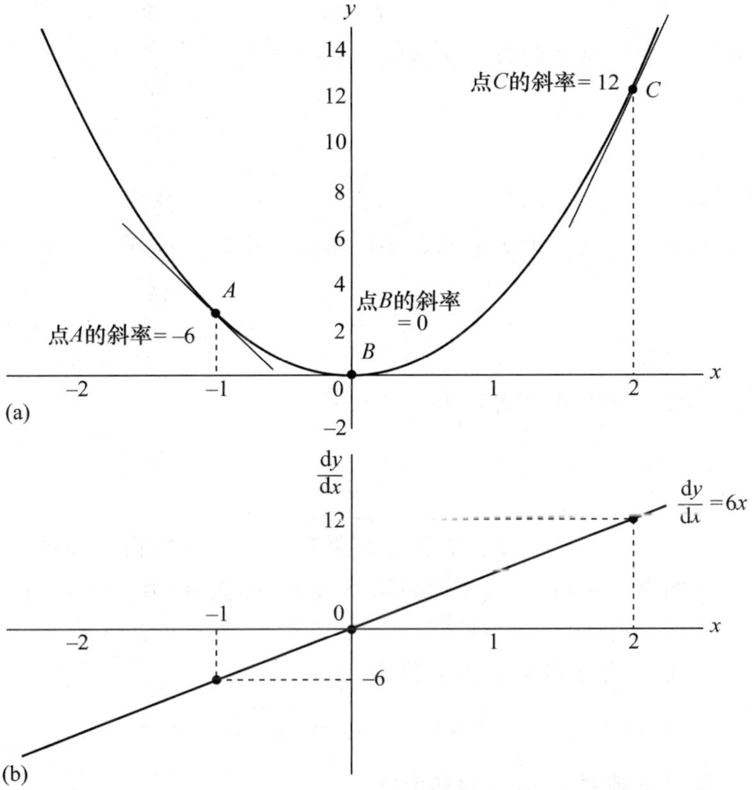

图 A.6 $y=3x^2$ 的导数

说明：图（a）表示函数 $y=3x^2$。该曲线的斜率随 x 的变化而变化。使用幂函数的求导法则，我们能求得导数 $dy/dx=6x$，然后将该导数绘制在图（b）中。当 $x=-1$ 时，导数值是 -6。因此，当 $x=-1$ 时，图（a）中的斜率为 -6。同理，导数告诉我们，当 $x=0$ 时，图（a）中的斜率为 0；当 $x=2$ 时，图（a）中的斜率为 12。

边做边学习题 A.4

效用和边际效用

在第 3 章（见图 3-2），我们讨论了效用函数 $U(y)=\sqrt{y}$。这里的 U 是因变量，y

是自变量，相应的边际效用函数为 $MU(y)=0.5/\sqrt{y}$。

问题：

证明该边际效用公式是正确的。

解：

该边际效用 $MU(y)$ 是效用函数的斜率。也就是说，该边际效用等于导数 $\mathrm{d}U/\mathrm{d}y$。由于 $U(y)=\sqrt{y}=y^{(1/2)}$ 是一个幂函数（这是形式为 $U=ay^b$ 的幂函数，其中 $a=1$，$b=1/2$），我们能轻易地求得导数为 $\mathrm{d}U/\mathrm{d}y=bay^{b-1}=(1/2)y^{(1/2)-1}=0.5y^{-1/2}=0.5/\sqrt{y}$。

自然对数的导数

一个对数函数有以下形式：

$$y=\ln x \tag{A.8}$$

其中“ln”表示一个数的自然对数。该自然对数的导数为

$$\frac{\mathrm{d}y}{\mathrm{d}x}=\frac{1}{x} \tag{A.9}$$

和与差的导数

假设 $f(x)$ 和 $g(x)$ 是关于 x 的两个不同函数。再进一步假设 y 是 f 和 g 的和，也就是说，

$$y=f(x)+g(x)$$

y 关于 x 的导数就是 f 和 g 的导数之和。因此，

$$\frac{\mathrm{d}y}{\mathrm{d}x}=\frac{\mathrm{d}f}{\mathrm{d}x}+\frac{\mathrm{d}g}{\mathrm{d}x}$$

例如，$f(x)=5x^2$，$g(x)=2x$。f 和 g 都是幂函数，其各自的导数分别为 $\mathrm{d}f/\mathrm{d}x=10x$，$\mathrm{d}g/\mathrm{d}x=2$。如果 $y=f(x)+g(x)=5x^2+2x$，那么 $\mathrm{d}y/\mathrm{d}x=(\mathrm{d}f/\mathrm{d}x)+(\mathrm{d}g/\mathrm{d}x)=10x+2$。

同理，如果 y 是 f 和 g 的差，也就是说，

$$y=f(x)-g(x)$$

那么，y 关于 x 的导数就是 f 和 g 的导数之差：

$$\frac{\mathrm{d}y}{\mathrm{d}x}=\frac{\mathrm{d}f}{\mathrm{d}x}-\frac{\mathrm{d}g}{\mathrm{d}x}$$

边做边学习题 A.5 ☞

和与差的导数

回想边做边学习题 A.1 的成本函数：

$$C(Q)=Q^3-10Q^2+40Q$$

问题：

找出以下情况的边际成本：

(a) $Q=2$。　　(b) $Q=5$。　　(c) $Q=6$。

解：

边际成本 $MC(Q)$ 是总成本函数的导数 dC/dQ。总成本函数由三项组成，包括幂函数的和与差。因此，$MC(Q)=3Q^2-20Q+40$。

(a) 当 $Q=2$ 时，边际成本为 $MC(2)=3\times2^2-20\times2+40=12$。该边际成本是当产量为 2 时，图 A.2 (a)（总成本曲线）的斜率。边际成本的数值被绘制在图 A.2 (b) 中。

(b) 当 $Q=5$ 时，边际成本为 $MC(5)=3\times5^2-20\times5+40=15$。

(c) 当 $Q=6$ 时，边际成本为 $MC(6)=3\times6^2-20\times6+40=28$。

注意：该问题的边际成本在表 A.1 的第 (4) 列。

乘积的导数

假设 y 是 $f(x)$ 和 $g(x)$ 的乘积，也就是说，

$$y=f(x)g(x)$$

那么，y 关于 x 的导数为

$$\frac{dy}{dx}=f\frac{dg}{dx}+g\frac{df}{dx}$$

假定 $f(x)=x^2$，$g(x)=(6-x)$。函数 f 是幂函数，函数 g 是幂函数的和。因此，它们各自的导数分别为 $df/dx=2x$，$dg/dx=-1$。如果 $y=f(x)g(x)=x^2(6-x)$，那么 $dy/dx=f(dg/dx)+g(df/dx)=x^2(-1)+(6-x)2x=-3x^2+12x$。

作为对该问题的检验，我们可以先展开函数 $y=x^2(6-x)=6x^2-x^3$，再求幂函数之差的导数，可以得到 $dy/dx=12x-3x^2$。

商的导数

假设 y 是 $f(x)$ 和 $g(x)$ 的商，也就是说，

$$y=\frac{f(x)}{g(x)}$$

那么 y 关于 x 的导数为

$$\frac{dy}{dx}=\frac{g\frac{df}{dx}-f\frac{dg}{dx}}{g^2}$$

再一次假定 $f(x)=x^2$，$g(x)=(6-x)$。和之前一样，f 和 g 都是幂函数，它们各自的导数分别为 $df/dx=2x$，$dg/dx=-1$。如果

$$y=\frac{f(x)}{g(x)}=\frac{x^2}{(6-x)}$$

那么，

$$\frac{dy}{dx}=\frac{g\frac{df}{dx}-f\frac{dg}{dx}}{g^2}=\frac{(6-x)(2x)-(x^2)(-1)}{(6-x)^2}=\frac{12x-x^2}{(6-x)^2}$$

求其他形式的函数导数有不同的法则。然而，你只要掌握我们这里讨论的法则，就可以计算本书中提及的问题。

总之，在经济学中，导数能有效地帮助我们理解和计算许多“边际”概念。最常见的三个边际概念是边际效用、边际成本和边际收益。

- 假设描述总效用的函数是 $U(Q)$。那么特定点 Q 处的导数值 dU/dQ 就是总效用曲线的斜率和该产量的边际效用。(见边做边学习题 A.4 和图 3-2)
- 假设描述总成本的函数是 $C(Q)$。那么特定点 Q 处的导数值 dC/dQ 就是总成本曲线的斜率和该产量的边际成本。(见边做边学习题 A.5，表 A.1 和图 A.2)
- 假设描述总收益的函数是 $R(Q)$。那么特定点 Q 处的导数值 dR/dQ 就是总收益曲线的斜率和该产量的边际收益。

A.5 最大化与最小化问题

我们可以通过求导数找到在哪一个点函数值达到最大或最小。假设在图中纵轴为因变量 y、横轴为自变量 x。其主要思想是：最大值或最小值只会出现在曲线的斜率为 0 处。换句话说，在一个最大值点或最小值点，导数 dy/dx 一定等于 0。

下面为一个求最大值的例子。图 A.7 显示了函数 $y=-x^2+6x+1$ 的曲线。我们知道，在一个函数的最大值点，斜率必为 0。由于斜率就是导数，我们寻找使导数为 0 的 x 值。y 是幂函数项的和，其导数为 $dy/dx=-2x+6$。在最大值点，其导数为 0（即 $dy/dx=-2x+6=0$）。当 $x=3$ 时，导数为 0。因此，y 的最大值就是 $y=-3^2+6\times3+1=10$。

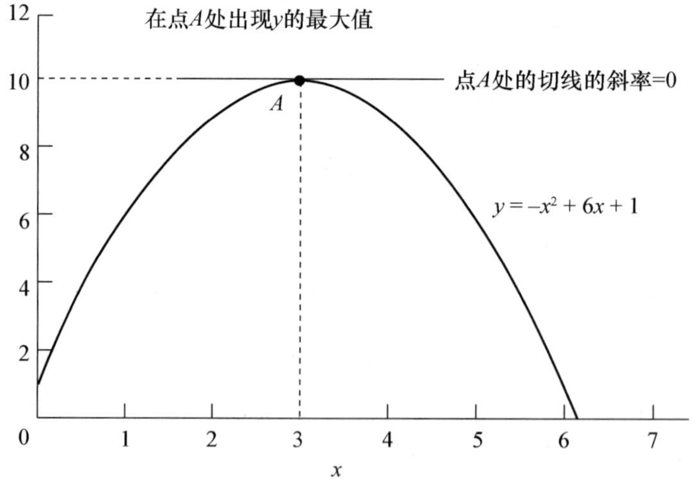

图 A.7　一个函数的最大化

说明：该曲线说明，当斜率为 0 时，一个函数达到它的最大值点。在点 A，当 $x=3$ 时，y 达到它的最大值（$y=10$）。曲线的斜率——对应导数值（dy/dx）——在点 A 处为 0。

现在考虑有最小值的函数。图 A.6 展示了函数 $y=3x^2$。我们可以利用导数验证该函数在 $x=0$ 处有最小值。我们知道，在一个函数的最小值点，其斜率为 0。由于导数就是斜率，我们需要找到使导数为 0 的 x 值。正如之前所示，导数为 $\mathrm{d}y/\mathrm{d}x=6x$。在最小值点，导数为 0（即 $\mathrm{d}y/\mathrm{d}x=6x=0$）。因此，当 $x=0$ 时，导数为 0。所以，y 的最小值将会出现在 $x=0$ 时。

如上面这两个例子所示，当导数为 0 时，我们可以取得最大值或最小值。如果我们观察到 $\mathrm{d}y/\mathrm{d}x=0$，单从这一信息我们还是无法判断该值是最大值还是最小值。为了确定我们得到的是最大值还是最小值，我们需要检验 y 关于 x 的二阶导数，即 $\mathrm{d}^2y/\mathrm{d}x^2$。二阶导数就是一阶导数 $\mathrm{d}y/\mathrm{d}x$ 的导数。换句话说，一阶导数（$\mathrm{d}y/\mathrm{d}x$）告诉我们曲线的斜率。二阶导数告诉我们斜率是随着 x 的增加而增加还是随着 x 的增加而减小。如果二阶导数是负的，随着 x 的增加，斜率就会更小（或者更负）。如果二阶导数是正的，随着 x 的增加，斜率就会更大（或者少负）。

- 如果一个点的 $\mathrm{d}y/\mathrm{d}x=0$ 且 $\mathrm{d}^2y/\mathrm{d}x^2<0$，那么该点为该函数的最大值点。
- 如果一个点的 $\mathrm{d}y/\mathrm{d}x=0$ 且 $\mathrm{d}^2y/\mathrm{d}x^2>0$，那么该点为该函数的最小值点。

为了使用二阶导数证明我们是否已经找到了一个最大值或者最小值，再次假定函数 $y=-x^2+6x+1$，见图 A.7。我们已经发现，当 $x=3$ 时曲线的斜率为 0，该 x 值使得 $\mathrm{d}y/\mathrm{d}x=-2x+6$ 等于 0。我们可以通过二阶导数验证曲线达到最大值（而不是最小值）。$-2x+6$ 关于 x 求导是二阶导数，因此 $\mathrm{d}^2y/\mathrm{d}x^2=-2$。由于二阶导数是负的，当我们从左侧到达 $x=3$ 点时，曲线的斜率正值更小；当我们向 $x=3$ 右侧移动时，曲线的斜率变得更负。这证实了该曲线确实在 $x=3$ 时达到最大值。

同理，我们利用二阶导数说明当 $x=0$ 时图 A.6 中的曲线达到最小值（而不是最大值）。我们已经发现，当 $x=0$ 时，该曲线的斜率为 0，该 x 值使 $\mathrm{d}y/\mathrm{d}x=6x$ 等于 0。$6x$ 关于 x 求导是二阶导数，因此 $\mathrm{d}^2y/\mathrm{d}x^2=6$。由于二阶导数是正的，当我们从左侧到达 $x=0$ 点时，曲线的斜率变得少负；当我们向 $x=0$ 右侧移动时，曲线的斜率正值更大。这证实了该曲线确实在 $x=0$ 时达到最小值。①

边做边学习题 A.6 ☞

利用导数找最小值

再一次考虑总成本函数：

$$C(Q)=Q^3-10Q^2+40Q$$

平均成本函数 $AC(Q)$ 就为 $C(Q)/Q$：

$$AC(Q)=Q^2-10Q+40$$

图 A.2（b）展示了该平均成本曲线。

---

① 本附录中的计算说明了如何应用导数找到一个局部最大值或局部最小值。然而，许多函数将会有不止一个最大值或者最小值。为了找到一个函数的整体最大值，你需要比较所有的局部最大值，然后选择达到函数最大值的点。同理，为了找到一个函数的整体最小值，你需要比较所有的局部最小值，然后选择达到函数最小值的点。

问题：

(a) 利用导数，证明平均成本曲线的最小值出现在 $Q=5$ 时。同时说明，在该最小值点，平均成本的值为 15。

(b) 利用二阶导数，证明：当 $Q=5$ 时，平均成本达到最小（不是最大）。

解：

(a) 当其斜率（同理，导数 dAC/dQ）为 0，平均成本曲线达到最小值。$AC(Q)$ 是幂函数之和。因此，其导数为 $dAC/dQ=2Q-10$。当导数等于 0 时，我们发现此时 $Q=5$。这是使 AC 最小的产量。该产量的平均成本值为 $AC(5)=5^2-10\times5+40=15$。

(b) 平均成本函数的二阶导数为 $d^2AC/dQ^2=2$。由于二阶导数是正的，当我们从左侧到达 $Q=5$ 时，曲线的斜率负值更小；当我们向 $Q=5$ 右侧移动时，曲线的斜率正值更大。这证明了该曲线确实在 $Q=5$ 时达到最小值。

最优数量选择法则

一旦你已理解如何通过计算找到一个函数的最大值或最小值，将该技巧应用到经济问题中就易如反掌。我们首先将最优数量选择法则应用到在给定价格下追求利润最大化的公司上。第 9 章［见等式（9.1）］已说明，作为价格接受者的公司想最大化利润必然是选择使价格等于边际成本的产量。因变量是经济利润，记为 π。经济利润是公司的总收益（市场价格 P 乘以产量 Q）和总成本 $C(Q)$ 之差。因此，

$$\pi=PQ-C(Q)$$

因为该公司只占有小份额市场，所以它接受市场价格 P（一个常数）。为了最大化利润，该公司选择 Q，所以该利润曲线的斜率为 0（见图 9－1）。根据微积分，公司选择 Q，所以 $d\pi/dQ=0$。π 的导数为

$$\frac{d\pi}{dQ}=P-\frac{dC}{dQ}$$

其中 dC/dQ 就是边际成本。因此，该公司为了最大化利润必须选择 Q 使价格等于边际成本（生产使得 $d\pi/dQ=0$）。

同理，我们已经在第 11 章［见等式（11.1）］说明，追求利润最大化的垄断厂商选择其产量必然使边际收益等于边际成本。因变量是经济利润，记为 π。经济利润是公司的总收益 $R(Q)$ 和公司的总成本 $C(Q)$ 之差。因此，

$$\pi=R(Q)-C(Q)$$

为了最大化利润，该公司选择 Q 使得利润曲线的斜率为 0（见图 11－2）。根据微积分，该公司选择 Q 使 $d\pi/dQ=0$。π 的导数为

$$\frac{d\pi}{dQ}=\frac{dR}{dQ}-\frac{dC}{dQ}$$

其中，dR/dQ 就是边际收益，dC/dQ 就是边际成本。因此，该公司为了最大化利润必须选择 Q 使得边际收益等于边际成本（再一次，生产使得 $d\pi/dQ=0$）。

A.6 多元函数

到现在为止，我们已经解决了一个变量函数的最大值或最小值问题。然而，在许多情况下，因变量将会与两个甚至更多的自变量相关。例如，一个公司的利润 π 可能取决于两个产出量，Q_1 为它生产的第一种产品的数量，而 Q_2 为它生产的第二种产品的数量。假设该公司的利润函数为

$$\pi=13Q_1-2(Q_1)^2+Q_1Q_2+8Q_2-2(Q_2)^2 \tag{A.10}$$

图 A.8 展示了利润函数的曲线。因为有三个变量，所以该图是三维的。因变量（利润）在纵轴。该图形说明了两个自变量，Q_1 和 Q_2，它们分别位于其他两个坐标轴上。正如该图所示，利润函数是“山形的”。该公司在点 A 最大化其利润，生产 $Q_1=4$ 和 $Q_2=3$，所获得的利润 $\pi=38$。

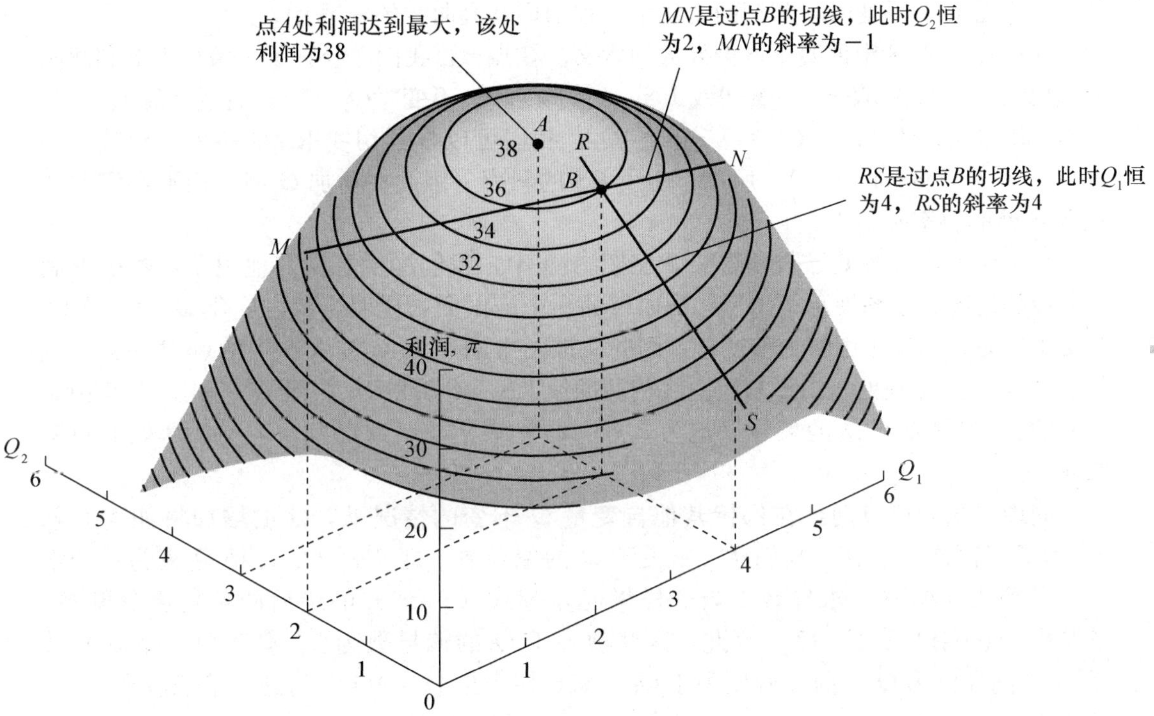

图 A.8　最大化双变量函数

说明：当斜率为 0 时，一个函数达到其最大值。在点 A，当 $Q_1=4$ 和 $Q_2=3$ 时，利润函数达到最大值 38。山形利润曲线在各个方向的斜率都为 0（同理，偏导数 $\partial\pi/\partial Q_1$ 和 $\partial\pi/\partial Q_2$ 的值在点 A 为 0）。

在点 B，当 $Q_1=4$ 和 $Q_2=2$ 时，利润函数达到较小值（36）。山形利润曲线在各个方向的斜率都不为 0。在点 B，偏导数值 $\partial\pi/\partial Q_2=+4$。这意味着当我们增加 Q_2（但保持 $Q_1=4$）时，山形利润曲线的斜率为 4。这也是切线 RS 的斜率。

在点 B，偏导数值 $\partial\pi/\partial Q_1=-1$。这意味着，当 Q_1 增加（但保持 $Q_2=2$）时，山形利润曲线的斜率为 -1。这也是切线 MN 的斜率。

接下来一起看如何利用微积分找出使因变量（例子中的 π）最大的自变量（例子中的 Q_1 和 Q_2）的值。为了达到目的，我们需要理解在保持其他所有自变量不变的情况下，每个自变量的变动如何影响因变量。

看图 A.8 中的点 B，其中 $Q_1=4$，$Q_2=2$，$\pi=36$。如曲线所示，这并不是使利润最大化的产量组合。

该公司可能会问：在保持其他自变量 Q_1 不变的情况下，增加 Q_2 对 π 产生怎样的影响？为了获得这一信息，对 π 求关于 Q_2 的偏导数，记为 $\partial\pi/\partial Q_2$。为了得到该偏导数，我们对等式（A.10）求导数，但把 Q_1 视为一个常数。当我们这样做时，等式（A.10）的前两项将会是常数，这是因为它们仅取决于 Q_1；因此，这些项关于 Q_2 的偏导数为 0。第三项（Q_1Q_2）关于 Q_2 求偏导仅为 Q_1。最后两项［$8Q_2-2(Q_2)^2$］关于 Q_2 求偏导将是 $8-4Q_2$。当我们将这些信息放在一起时，我们知道

$$\frac{\partial\pi}{\partial Q_2}=Q_1+8-4Q_2 \tag{A.11}$$

等式（A.11）描述了 Q_2 的边际利润（有时叫作边际利润率）。该边际利润是指当 Q_2 变化、Q_1 保持不变时，利润的变化率（和山形利润曲线的斜率）。

我们在图 A.8 中说明了该偏导数的含义。在点 B，我们已经画了一条与山形利润曲线相切的线（切线 RS）。沿着切线 RS，我们保持 Q_1 不变（$Q_1=4$）。通过计算 $Q_1=4$、$Q_2=2$ 时的偏导数 $\partial\pi/\partial Q_2=Q_1+8-4Q_2$，我们可以找到切线 RS 的斜率。导数值为 $\partial\pi/\partial Q_2=4+8-4\times2=4$。所以，切线 RS 的斜率（因此在增加 Q_2 时，山形利润曲线在点 B 处的斜率）是 4。

为了帮助你理解偏导数的含义，在图 A.9 中，我们提供了从其他视角观察山形利润曲线的情况。该图展示了山形利润曲线的一个横截面，说明当我们变化 Q_2 而保持 Q_1 为 4 不变时，利润小山将如何变化。因此，该图中的点 B 与图 A.8 中的点 B 一样。我们已画出了在点 B 处与山形利润曲线相切的线 RS。（切线 RS 在图 A.8 和图 A.9 中是一样的。）利润关于 Q_2 的偏导（记为 $\partial\pi/\partial Q_2$）表示该切线的斜率①，点 B 处的斜率为 4。

同理，我们可以问：在保持其他自变量 Q_2 不变的情况下，Q_1 的增加将如何影响 π？为了获得这一信息，我们对 π 求关于 Q_1 的偏导数，即 $\partial\pi/\partial Q_1$。把 Q_2 视为一个常数，对等式（A.10）求导数。当这样做时，等式（A.10）的最后两项将会是常数。这是由于它们仅取决于 Q_2。因此，这些项关于 Q_1 的偏导数为 0。第三项（Q_1Q_2）关于 Q_1 求偏导仅为 Q_2。前面两项关于 Q_1 求偏导将会是 $13-4Q_1$。将这些信息放在一起，我们有

$$\frac{\partial\pi}{\partial Q_1}=13-4Q_1+Q_2 \tag{A.12}$$

① 图 A.9 是理解偏导数含义的另一种方法。该方法是将 $Q_1=4$ 代入利润函数 $\pi=13Q_1-2(Q_1)^2+Q_1Q_2+8Q_2-2(Q_2)^2$。那么，利润就变为 $\pi=20+12Q_2-2(Q_2)^2$。因为我们已经假设 Q_1 为 4 保持不变，所以这就是图 A.9 中的山形利润曲线的表达式。因此，图 A.9 中的山形利润曲线的斜率为 $d\pi/dQ_2=12-4Q_2$。在点 B 处，$Q_2=2$，$d\pi/dQ_2=4$，这就是切线 RS 的斜率。

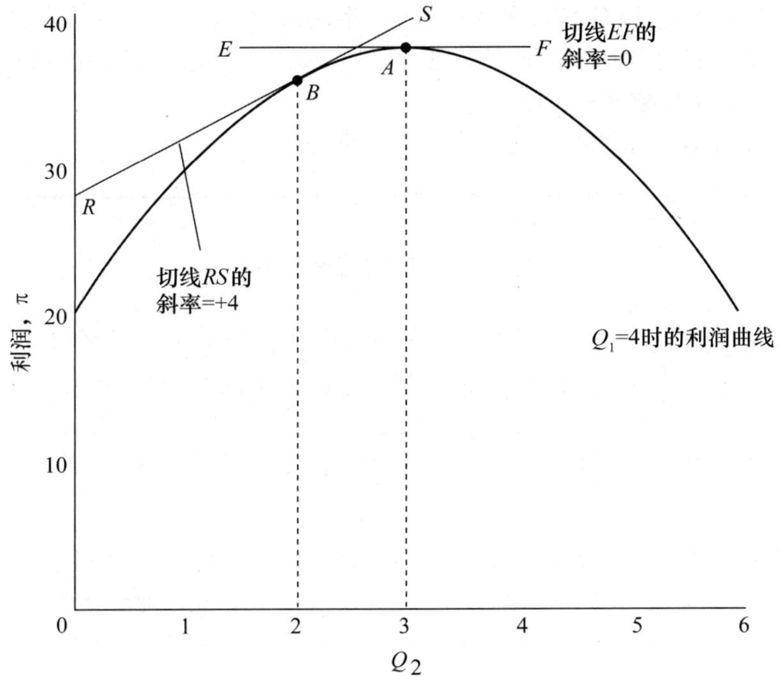

图 A.9　偏导数的阐述

说明：本图展示了图 A.8 的山形利润曲线的一个横截面。该横截面说明，当我们变化 Q_2 而保持 Q_1 为 4 不变时，山形利润曲线将会如何变化。因此，本图的点 B 与图 A.8 中的点 B 一样。我们已经画出了山形利润曲线在点 B 处的切线。利润关于 Q_2 的偏导数值（记为 $\partial\pi/\partial Q_2$）表示该切线的斜率。

在点 A，$Q_1=4$ 和 $Q_2=3$，该产出使利润最大化。因此，本图中的点 A 与图 A.8 中的点 A 一样。由于我们已经达到了利润曲线的最高点，图 A.9 中的山形利润曲线的斜率为 0。这意味着该偏导数 $\partial\pi/\partial Q_2=0$。

等式（A.12）描述了 Q_1 的边际利润，即当 Q_1 变化而 Q_2 保持不变时利润的变化率。接下来计算图 A.8 中点 B 的偏导数。当 $Q_1=4$ 且 $Q_2=2$ 时，我们发现 $\partial\pi/\partial Q_1=13-4\times4+2=-1$。在保持 $Q_2=2$ 不变的前提下，在点 B 处画一条直线与山形利润曲线相切，并将该线记为 MN。该切线的斜率将为 -1。

数学附录

找到一个最大值或者最小值

在图 A.8 中，我们如何寻找山形利润曲线的顶端？在最大值点，山形利润曲线在各个方向的斜率都为 0。这意味着在最大值点，偏导数 $\partial\pi/\partial Q_1$ 和 $\partial\pi/\partial Q_2$ 必须都为 0。因此，在该例子中，

$$\frac{\partial\pi}{\partial Q_1}=13-4Q_1+Q_2=0$$

$$\frac{\partial\pi}{\partial Q_2}=Q_1+8-4Q_2=0$$

求解这两个等式，我们发现 $Q_1=4$，$Q_2=3$。这些产量就可以引导我们登上山形利润曲线的顶端，即图 A.8 的点 A。① 接下来，我们考虑图 A.9 中的点 A，在点 A，$Q_1=$

① 为了确保有最大值，必须将最大值或最小值进行区别，我们也需要检验二阶条件找到最优值。在本附录中，我们将不呈现多自变量函数的这些条件，你可以翻阅其他标准微积分教科书。本附录已讨论过的技巧可以向你展示哪里存在一个局部最大值或最小值，但你可能需要进一步检验局部最大值或最小值是否为整体最优值（见 A.5 节中的脚注）。

4 和 $Q_2=3$。点 A 的 Q_1 和 Q_2 值能最大化利润。因此，图 A.9 中的点 A 与图 A.8 中的点 A 一样。由于我们已经到达利润曲线的顶端，图 A.9 中的点 A 处的山形利润曲线的斜率为 0，这意味着偏导数 $\partial\pi/\partial Q_2$ 为 0。

为了练习偏导数，你可以尝试做一下下面的练习。

边做边学习题 A.7

两个自变量的边际效用

在第 3 章（边做边学习题 3.1）中，我们介绍了效用函数 $U=\sqrt{xy}$。U 是因变量，x 和 y 是自变量。对应的边际效用函数为 $MU_x=\sqrt{y}/(2\sqrt{x})$，$MU_y=\sqrt{x}/(2\sqrt{y})$。

问题：

使用偏导数验证这些边际效用的表达式是否正确。

解：

将效用函数 $U=\sqrt{xy}$ 写成如 $U=x^{1/2}y^{1/2}$ 的形式可能对我们有帮助。x 的边际效用函数就是 U 关于 x 的偏导数，即 $\partial U/\partial x$。为了找到该导数，我们把 y 看作一个常数。因此，我们只需要找到括号中项的导数：$U=[x^{1/2}]y^{1/2}$。（$y^{1/2}$ 仅是一个倍增系数。）我们观察到 $x^{1/2}$ 是一个幂函数，其导数为 $(1/2)x^{-1/2}$，也可以写成 $1/(2\sqrt{x})$。那么边际效用为 $MU_x=\sqrt{y}/(2\sqrt{x})$。

同理，y 的边际效用就是 U 关于 y 的偏导数，即 $\partial U/\partial y$。为了找到该导数，我们把 x 看作一个常数。因此，我们只需要找到括号中项的导数：$U=x^{1/2}[y^{1/2}]$。我们观察到 $y^{1/2}$ 是一个幂函数，其导数为 $(1/2)y^{-1/2}$，也可以写成 $1/(2\sqrt{y})$。那么边际效用为 $MU_y=\sqrt{x}/(2\sqrt{y})$。

边做边学习题 A.8

两个自变量的边际成本

问题：

假设生产两种产品的总成本为 $C=Q_1+\sqrt{Q_1Q_2}+Q_2$，其中 Q_1 是第一种产品的数量，Q_2 是第二种产品的数量。当 $Q_1=16$ 且 $Q_2=1$ 时，求第一种产品的边际成本 MC_1。

解：

将总成本函数 $C=Q_1+\sqrt{Q_1Q_2}+Q_2$ 写成如 $C=Q_1+(Q_1)^{1/2}(Q_2)^{1/2}+Q_2$ 的形式可能对我们有帮助。Q_1 的边际成本就是 C 关于 Q_1 的偏导数，也就是 $\partial C/\partial Q_1$。为了找到该导数，我们把 Q_2 看作一个常数。接下来逐一考虑成本函数的每一项：

（1）对第一项，Q_1 关于 Q_1 的导数为 1。

（2）对第二项，我们只需要找出括号中项的导数：$[(Q_1)^{1/2}](Q_2)^{1/2}$。$[(Q_2)^{1/2}$ 仅是一个倍增系数。$]$ 我们观察到 $(Q_1)^{1/2}$ 是一个幂函数，其导数为 $(1/2)(Q_1)^{-1/2}$，也可以写成 $1/(2\sqrt{Q_1})$。那么第二项的导数为 $\sqrt{Q_2}/(2\sqrt{Q_1})$。

(3) 对第三项，Q_2一直保持不变。由于一个常数的导数为 0，第三项的导数为 0。

因此，第一种产品的边际成本为 $MC_1=1+\sqrt{Q_2}/(2\sqrt{Q_1})$。我们能计算任一产出水平下的边际成本。例如，当 $Q_1=16$ 且 $Q_2=1$ 时，我们求得 $MC_1=1+\sqrt{1}/(2\sqrt{16})=9/8$。换句话说，当该公司生产 16 单位第一种产品和 1 单位第二种产品时，第一种产品的边际成本为 9/8。

A.7 约束最优化

正如我们在第 1 章中所阐述的那样，经济决策者经常想要使一个经济变量值（比如利润、效用或总生产成本）最值化（达到最大值或者达到最小值）。然而，他们通常会碰到约束条件限制他们所做出的决策。这就是为什么经济学经常被描述为约束选择的科学。

约束最优化问题很广，经常涉及许多决策变量和许多约束。在接下来的部分，我们将介绍解决约束最优化问题的两种方法。为了简化该讨论，我们关注有两个决策变量（x 和 y）、一个约束条件的问题。我们讨论的方法很容易被应用到其他更复杂的问题上。

$F(x, y)$ 为目标函数（决策者想要最大化或者最小化的函数），它必须满足的约束条件的函数形式为 $G(x, y)=0$。

对一个最大化问题，我们将约束最优化问题写成以下形式：

$$\max_{(x,y)} F(x,y)$$
$$\text{满足 } G(x,y)=0$$

其中第一行表示目标函数需要最大化。（如果目标函数要最小化，那么“max”将会被“min”替代。）“max”下面是一系列决策者控制的内生变量（x 和 y）。第二行表示决策者必须满足的约束条件。决策者只能选择满足 $G(x, y)=0$ 的 x 和 y 的值。

在第 3 章和第 4 章，我们讨论过约束最优化问题，如消费者选择问题。一个消费者可能想最大化他的满足程度，但不能超过可支配收入的约束条件。对这个问题，F 就是效用函数，G 是消费者所面对的预算约束条件。在第 7 章，我们讨论了生产者的投入成本最小化选择。一个经理想最小化产品成本，但必须有一个特定数量的产出。目标函数是总成本，约束条件是该公司必须提供的产品数量。在其他条件下，经理经常有预算约束，即限制他们在一个活动（比如广告）上能花费的钱。

在这一部分，我们将说明通过将约束条件代入目标函数解一个约束最优化问题，然后利用微积分找出最大值或最小值是有可能的。我们通过两道边做边学习题阐释如何做。

边做边学习题 A.9

电台和啤酒广告

第 1 章描述了一个生产高品质啤酒的小型啤酒公司的产品经理面临的问题。该经理有 1 百万美元广告预算能花费在电视或者电台的广告上。表 1-1 没有给出新啤酒销售量与广告数量相关的函数。相反，它直接给出了各种具体的值。

现在假设你已经知道新啤酒销售量（B，以桶测算）取决于在电视上的广告量（T，以十万美元为单位）和在电上的广告量（R，以十万美元为单位）①：

$$B(T,R)=5\,000T-250T^2+1\,000R-50R^2$$

因为 $B(T,R)$ 是决策者想要最大化的函数，所以函数 $B(T,R)$ 是目标函数。然而，该经理只能在广告上花费 1 百万美元。这意味着，该经理面临一个约束条件，即 $T+R=10$。我们将该最大化问题写在这里：

$$\max_{(T,R)} B(T,R) \tag{A.13}$$
$$\text{满足 } T+R=10$$

其中 T 和 R 以十万美元为单位。

问题：

求该问题的最优电台广告数量和电视广告数量。

解：

该问题的约束条件有一个很简单的形式（$T+R=10$）。从约束条件中我们知道 $R=10-T$。我们只需要将 R 的表达式代入目标函数：

$$\begin{aligned}B&=5\,000T-250T^2+1\,000R-50R^2\\&=5\,000T-250T^2+1\,000(10-T)-50(10-T)^2\\&=5\,000T-300T^2+5\,000\end{aligned}$$

关键点是：因为我们将约束条件代入原目标函数（$B=5\,000T-250T^2+1\,000R-50R^2$），所以新目标函数（$B=5\,000T-300T^2+5\,000$）已含有约束条件。现在可以通过使电视广告数量的一阶导数为 0 选择电视广告的最优数量：

$$\frac{dB}{dT}=5\,000-600T=0$$

这告诉我们，$T=8.33$。也就是说，经理应该花费大约 833 333 美元在电视广告上。那么我们可以使用关系式 $R=10-T$ 来决定电台广告的最优数量，所以 $R=1.67$。经理应该花费大约 166 667 美元在电台广告上。这个“精确的”解决办法与第 1 章中仅用表格显示值所提出的近似解决办法非常接近。

边做边学习题 A.10 ☞

农民的栅栏问题

第 1 章描述了一个有约束的最优化问题，涉及一个农场的栅栏设计。一个农民希望

① 作为一个单独的练习，你可以用表 1-1 中电视广告和电台广告不同组合下的新啤酒销售量的值验证函数 $B(T,R)=5\,000T-250T^2+1\,000R-50R^2$。

为他的羊建造一个矩形栅栏。他只有 F 英尺的栅栏，已无力购买更多的栅栏。然而，他可以选择栅栏的大小，长为 L 英尺，宽为 W 英尺。他希望选择 L 和 W 以最大化栅栏面积。因此，目标函数是面积 LW。他也面临一个约束条件；他必须保证使用的栅栏总长度（栅栏的周长）不超过 F 英尺。在第 1 章，我们将农民的决策描述成：

$$\max_{(L,W)} LW \tag{A.14}$$
$$满足\ 2L+2W\leqslant F$$

我们已经知道，农民将使用所有可用的栅栏来最大化栅栏面积。因此，我们知道约束条件将会是一个等式，问题被简化成：

$$\max_{(L,W)} LW \tag{A.15}$$
$$满足\ 2L+2W=F$$

问题：

解这个问题，确定栅栏的最优大小。

解：

这个问题的约束条件有一个简单的形式（$2L+2W=F$）。约束条件告诉我们，$W=(F/2)-L$。我们只要将该式代入原目标函数 LW 就可以得到一个含有约束条件的新目标函数：

$$面积=LW=L(\frac{F}{2}-L)=\frac{FL}{2}-L^2$$

现在我们能通过使一阶导数为 0 来选择栅栏的最优长度 L。

$$\frac{d\,面积}{dL}=\frac{F}{2}\quad 2L=0$$

这告诉我们 $L=F/4$。那么我们可以利用关系式 $W=(F/2)-L$ 来确定最优宽度，即 $W=F/4$。该解答告诉我们，使栅栏面积最大化的矩形是一个正方形，其边长为 $F/4$。

在我们离开这个例子之前，正如第 1 章所描述的那样，利用解答的结果进行比较静态分析是很值得讨论的。在该问题中，外生变量（已经给定农民的变量）是 F，即农民可用的栅栏长度。内生变量（农民自己决定的变量）是长度 L、宽度 W 和面积（面积 $=LW$）。我们可以利用导数来回答以下问题：

(1) 当栅栏的总长度变化时，栅栏的长会如何变化？我们知道 $L=F/4$。因此，$dL/dF=1/4$。周长每增加一英尺，长将会增加 1/4 英尺。

(2) 当栅栏的总长度变化时，栅栏的宽会如何变化？我们知道 $W=F/4$。因此，$dW/dF=1/4$。周长每增加一英尺，宽将会增加 1/4 英尺。

(3) 当栅栏的总长度变化时，栅栏的面积会如何变化？我们知道面积 $=LW=F^2/16$。因此，d 面积 $/dF=F/8$。周长每增加一英尺，面积将会增加 $F/8$ 平方英尺。

A.8 拉格朗日乘数

在前面我们说明了，通过解单变量的约束条件，然后将约束条件代入目标函数来解约束最优化的问题。在约束条件（或一系列约束条件）有简单形式时，这个技巧很有可能起作用。然而，在复杂问题上，可能不能使用这种方法。

现在我们说明通过构造方程（即目标函数和约束条件组合的拉格朗日函数）解有约束的最优化问题。我们首先大致描述该方法，然后用两个边做边学习题阐述如何使用它。

首先，构建拉格朗日函数：$\Lambda(x, y, \lambda)=F(x, y)+\lambda G(x, y)$。该函数是两项之和：(1) 目标函数，(2) 约束条件，被未知因子 λ 乘，λ 被称为拉格朗日乘数。接下来我们使拉格朗日函数关于三个未知数（x，y，λ）的偏导数为0。

$$\frac{\partial\Lambda}{\partial x}=0\rightarrow\frac{\partial F(x,y)}{\partial x}-\lambda\frac{\partial G(x,y)}{\partial x}=0 \tag{A.16}$$

$$\frac{\partial\Lambda}{\partial y}=0\rightarrow\frac{\partial F(x,y)}{\partial y}-\lambda\frac{\partial G(x,y)}{\partial y}=0 \tag{A.17}$$

$$\frac{\partial\Lambda}{\partial\lambda}=0\rightarrow G(x,y)=0 \tag{A.18}$$

接下来我们可以利用三个方程［方程（A.16）、方程（A.17）和方程（A.18）］解出三个未知数。为了理解如何应用这种方法，看下面的两道边做边学习题。

边做边学习题 A.11 ☞

电台和啤酒广告

问题：

这里的问题和边做边学习题 A.9 中的问题一样。现在让我们用拉格朗日乘数的方法一起解决这个问题。

解：

我们定义拉格朗日函数

$$\Lambda(T,R,\lambda)=B(T,R)+\lambda(10-T-R)$$

其中，λ 是拉格朗日乘数。请注意，我们已经将约束条件改写，这样右侧为0（即 $10-T-R=0$）。接下来我们将左侧的约束条件放入拉格朗日函数。

一个内部最优值（$T>0$ 且 $R>0$）的条件为

$$\frac{\partial\Lambda}{\partial T}=0\rightarrow\frac{\partial B(T,R)}{\partial T}-\lambda=0 \tag{A.19}$$

$$\frac{\partial\Lambda}{\partial R}=0\rightarrow\frac{\partial B(T,R)}{\partial R}-\lambda=0 \tag{A.20}$$

$$\frac{\partial\Lambda}{\partial\lambda}=0\rightarrow 10-T-R=0 \tag{A.21}$$

这个问题的偏导数为 $\partial B(T, R)/\partial T=5\,000-500T$ 和 $\partial B(T, R)/\partial R=1\,000-100R$。因此，我们可以将方程（A.18）写成：

$$5\,000-500T=\lambda \tag{A.22}$$

$$1\,000-100R=\lambda \tag{A.23}$$

由于等式（A.22）和等式（A.23）的右侧一样（为 λ），我们知道最优值满足 $5\,000-500T=1\,000-100R$。这是等式（A.24）。等式（A.25）和等式（A.21）一样。放在一起，等式（A.24）和等式（A.25）给我们含两个未知数（T 和 R）的两个等式。现在我们知道电台广告和电视广告的最优数量由这两个等式决定：

$$5\,000-500T=1\,000-100R \tag{A.24}$$

$$T+R=10 \tag{A.25}$$

那么，$T=8.33$（十万美元），$R=1.67$（十万美元），和我们在边做边学习题 A.9 中的解一样。

在最优值处计算拉格朗日乘数 λ 的值也是可能的。这个值有一个重要的经济解释。我们观察到 $\lambda=5\,000-500T=5\,000-500\times(25/3)=833.33$。或 $\lambda=1\,000-100R=1\,000-100\times(5/3)=833.33$。$\lambda$ 值告诉我们，广告预算每增加一“单位”（在这个问题中，一单位广告是 100 000 美元），将（大约）增加多少啤酒销售。经理可以预期每增加一美元的广告，啤酒销售量大约增加 0.008 33 桶。

边做边学习题 A.12 ☞

回顾农民的栅栏问题

问题：

这里的问题和边做边学习题 A.10 中的问题一样。现在让我们用拉格朗日乘数的方法一起解决这个问题。

解：

我们定义拉格朗日函数

$$\Lambda(L,W,\lambda)=LW+\lambda(F-2L-2W)$$

其中，λ 是拉格朗日乘数。请注意，我们已经将约束条件改写，这样右侧为 0（即 $F-2L-2W=0$）。接下来我们将左侧的约束条件放入拉格朗日函数。

一个内部最优值（$L>0$ 且 $W>0$）的一阶必要条件为

$$\frac{\partial\Lambda}{\partial L}=0\rightarrow\frac{\partial(LW)}{\partial L}-2\lambda=0 \tag{A.26}$$

$$\frac{\partial\Lambda}{\partial W}=0\rightarrow\frac{\partial(LW)}{\partial W}-2\lambda=0 \tag{A.27}$$

$$\frac{\partial\Lambda}{\partial\lambda}=0\rightarrow F-2L-2W=0 \tag{A.28}$$

这个问题的偏导数为 $\partial(LW)/\partial L=W$ 和 $\partial(LW)/\partial W=L$。因此，我们可以将等式

(A. 26）和等式（A. 27）写成：

$$W=2\lambda$$
$$L=2\lambda$$

由于等式（A. 26）和等式（A. 27）的右侧一样（为 2λ），我们知道最优值满足$W=L$。这是等式（A. 29）。等式（A. 30）和等式（A. 28）一样。现在我们知道了最优大小由这两个等式决定：

$$W=L \tag{A. 29}$$
$$2L+2W=F \tag{A. 30}$$

那么，$L=W=F/4$。

在最优值处，计算拉格朗日乘数 λ 的值也是可能的。我们观察到 $\lambda=L/2$ 且 $L=F/4$。因此，我们知道 $\lambda=F/8$。λ 值告诉我们，周长每增加一单位（即一英尺），面积将如何增加。农民能够预期，每增加一英尺围栏，面积会增加约 $F/8$ 平方英尺。

为了理解如何使用拉格朗日乘数，接下来假设围栏的长度从 $F=40$ 英尺增加到 $F=41$ 英尺。拉格朗日乘数告诉我们面积（目标函数）会因此增加大约 $F/8$ 平方英尺，或大约 5 平方英尺。

接着我们看这个近似值有多么精确。40 英尺的围栏，最优大小为 $L=W=10$ 英尺，面积为 $10\times10=100$ 平方英尺。41 英尺的围栏，最优大小为 $L=W=10.25$ 英尺，面积为 $10.25\times10.25=105.06$ 平方英尺。利用拉格朗日乘数计算的面积大约增加值与面积的真实增加值非常接近。周长增加越少，面积增加的估计值和精确值之间的差距就越小。

在正文中，我们已经说明了拉格朗日乘数可以用来解决涉及约束最优化的经济问题。在第 4 章的附录中，我们使用该方法解决消费者选择问题，一个消费者要最大化效用，但受制于预算约束。在第 7 章的附录中，我们将这个方法应用到投入品的组合，在任意一个产出水平下实现成本最小化。

小　结

- 经济分析经常需要我们理解经济变量之间如何联系。这里主要有三种表达方式：图、表和代数函数。（边做边学习题 A. 1）
- 函数的边际值测量与一单位自变量变化量相关的因变量的变化量。它还测量纵轴为因变量、横轴为自变量的总值的曲线的斜率。因变量的平均值是因变量的总值除以自变量的值。理解边际值和平均值之间的关系很重要：

（1）如果边际值大于平均值，那么平均值肯定上升。（边做边学习题 A. 2）

（2）如果边际值小于平均值，那么平均值肯定下降。

（3）如果边际值等于平均值，那么平均值将会不变。

- 在帮助我们理解和计算经济上的许多“边际”值方面，导数非常有用。三种最常见的边际值是边际效用、边际成本和边际收益。总效用函数的导数是总效用曲线的斜率和边际效用。总成本函数的导数是总成本曲线的斜率和边际成本。总收益函数的导数是总收益曲线的斜率和边际收益。(边做边学习题 A.3，A.4 和 A.5)

● 我们可以使用导数寻找函数在哪里达到一个最大值或最小值。决策者想要最大化或者最小化的函数被称作目标函数。当只有一个因变量时，目标函数在最大值或者最小值点关于决策变量（内生变量）的一阶导数必然为 0。同样地，目标函数在一个最大值点或者最小值点的曲线斜率为 0。我们必须检验二阶导数以考察函数是达到最大值还是达到最小值。(边做边学习题 A.6)

● 我们也可以使用导数求含多个自变量的因变量的边际值（比如边际成本、边际收益和边际效用)。为了实现此目的，我们对因变量求关于自变量的偏导数。为了使一个含有多个因变量的目标函数达到最大值或者最小值，我们将函数的所有偏导数设定为 0。(边做边学习题 A.7 和 A.8)

● 一个约束最优化问题是在受制于一系列约束条件下决策者追求目标函数的最大或者最小。解决约束最优化问题有两种方法。有时候将约束条件直接代入目标函数是可行的，然后使用导数找出最优解。在一些更复杂的问题中，将约束条件直接代入目标函数不可行，那么使用拉格朗日乘数方法可以解出有约束的最优解。(边做边学习题 A.9，A.10，A.11 和 A.12)

部分习题解答

第 1 章

1.1 虽然市场永远不可能真正达到均衡的说法可能存在争议，但是即使市场永远不能达到均衡，均衡的概念依然非常重要。这是因为均衡提供了一个预测外生变量变化时市场价格和产量如何变化的简单方法。因此，尽管当市场向均衡移动时供给计划和需求计划也变动，可能也无法达到一个特定的均衡价格，但是我们可以轻松地进行预测，例如，当导致均衡移动的外生性因素改变时，价格是上升还是下降。当外生变量继续变化时，我们可以继续预测内生变量变化的方向。这不是“无用的”。

1.13 a）由 $I_1=20$，得 $Q^s=P$ 和 $Q^d=30-P$，这意味着均衡价格为 15。

由 $I_2=24$，得 $Q^s=P$ 和 $Q^d=34-P$。找到 $Q^s=Q^d$ 的均衡点：

$$Q^s=Q^d$$
$$P=34-P$$
$$2P=34$$
$$P=17$$

b）将 a）中的结果代入 Q^s 的等式，得新的均衡数量为 $Q=17$。

1.14 a）将每个计划表示为租赁录像数量 V 的函数。

$$TC_A=3V$$
$$TC_B=50+2V$$
$$TC_C=150+V$$

于是有

$$TC_A(75)=225$$

$TC_B(75)=200$

$TC_C(75)=225$

如果你租借 75 部录像，计划 B 提供了可能的最低花费，即 200 美元。

b）$TC_A(125)=375$

$TC_B(125)=300$

$TC_C(125)=275$

如果你租借 125 部录像，计划 C 提供了可能的最低花费，即 275 美元。

c）在这种情况下，因为是在给定录像的租借数量下进行选择，所以录像的租借数量是外生变量。

d）因为我们可以选择计划，所以计划是内生变量。但是，单个计划的细节是外生变量。

e）因为我们可以选择计划，而且计划意味着给定录像租借数量下的总成本，所以我们间接地选择了总支出水平。因此，总支出是内生变量。

第 2 章

2.1 a）当坚果的价格上升时，所有价格水平下的需求数量都会减少（需求曲线向左移动）。啤酒和坚果是需求互补品。

b）当收入增加时，所有价格水平下的需求数量都会增加（需求曲线向右移动）。

c）

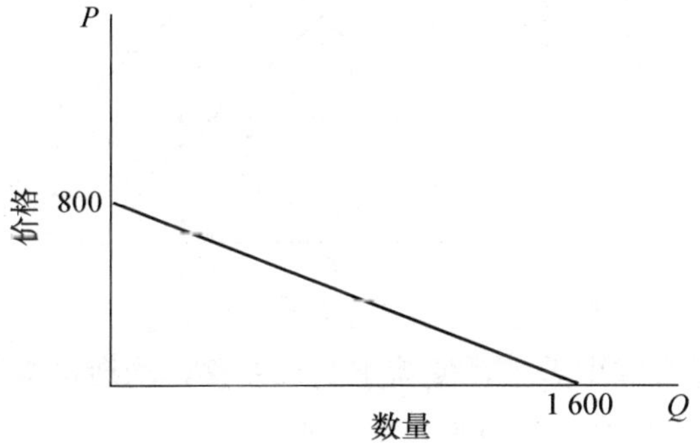

2.3 a）

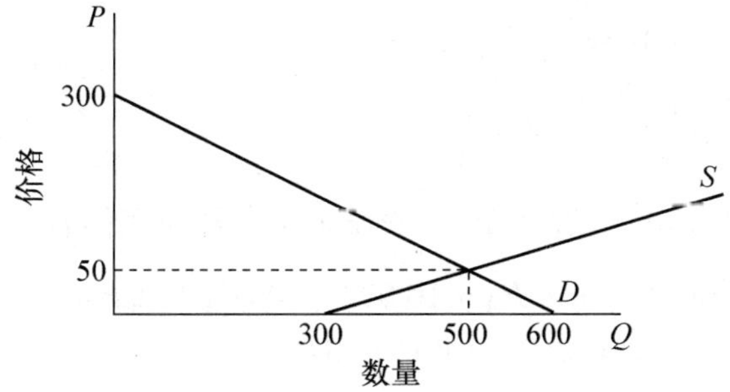

b）$600-2P=300+4P$

$300=6P$

$50=P$

将 $P=50$ 代入供给方程或需求方程，得 $Q=500$。

2.11 a)

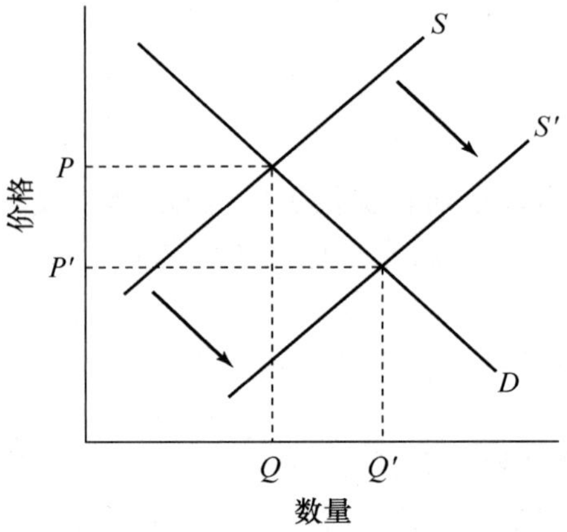

降雨量的增加将会增加供给，降低均衡价格、增加均衡数量。

b)

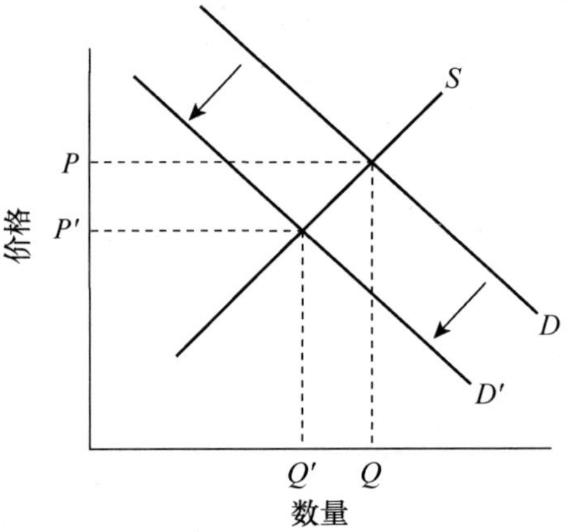

可支配收入的下降将减少需求，使需求曲线左移，均衡价格和均衡数量都下降。

2.21 a) $Q_U^d=10\ 000-100\times300+99\times300$

$Q_U^d=9\ 700$

利用已知的 $P_U=300$ 和 $Q_U^d=9\ 700$，得

$$\epsilon_{Q,P}=-100\left(\frac{300}{9\ 700}\right)=-3.09$$

b) 市场需求方程为 $Q^d=Q_U^d+Q_A^d$。假设定价一样，我们有

$$Q^d=10\ 000-100P_U+99P_A+10\ 000-100P_A+99P_U$$
$$Q^d=20\ 000-100P+99P-100P+99P$$
$$Q^d=20\ 000-2P$$

当 $P=300$、$Q^d=19\ 400$ 时，这意味着弹性为

$$\epsilon_{Q,P}=-2\left(\frac{300}{19\,400}\right)=-0.030\,9$$

2.28 1999年的恐慌使需求曲线左移，在供给曲线上确定第二个点。该信息意味着，当数量下降150万时，价格下降0.5美元。这说明

$$b=\frac{-0.5}{-1.5}=\frac{1}{3}$$

利用线性供给曲线，我们有

$$P=a+\frac{1}{3}Q^s$$

$$5=a+\frac{1}{3}\times 4$$

$$a=\frac{11}{3}$$

最后，将 a 和 b 的值代入供给方程，得

$$P=\frac{11}{3}+\frac{1}{3}Q^s$$
$$3P=11+Q^s$$
$$Q^s=-11+3P$$

2000年的洪水减少了供给。沿着需求曲线移动，供给曲线将会确定第二个点。由于1999年的恐慌已经结束，假设需求已恢复到1998年的状态。2000年的价格和数量变化意味着价格上涨3.00美元，数量下降50万蒲式耳。

重复上面的步骤，我们有

$$-b=\frac{3}{-0.5}=-6$$

利用1998年的价格和数量信息，得

$$P=a-bQ^d$$
$$5=a-6\times 4$$
$$a=29$$

最后，将 a 和 b 的值代入线性需求方程，有

$$P=29-6Q^d$$
$$6Q^d=29-P$$
$$Q^d=\frac{29}{6}-\frac{1}{6}P$$

第3章

3.4 a）无论是 x 还是 y 增加，U 都增加，因此，对每一种商品，消费者都认为越多越好。对正值 x 和 y，也可以验证 MU_x 和 MU_y 都为正。

b）由于 $MU_x=(y/2\sqrt{x})$，当 x 增加时（y 保持不变），MU_x 下降，因此，x 的边际

效用是递减的。然而，由于 $MU_y=\sqrt{x}$，当 y 增加时，MU_y 是一个常数，所以，偏好是一个常数，也就是 y 的边际效用不是递减的。

3.6

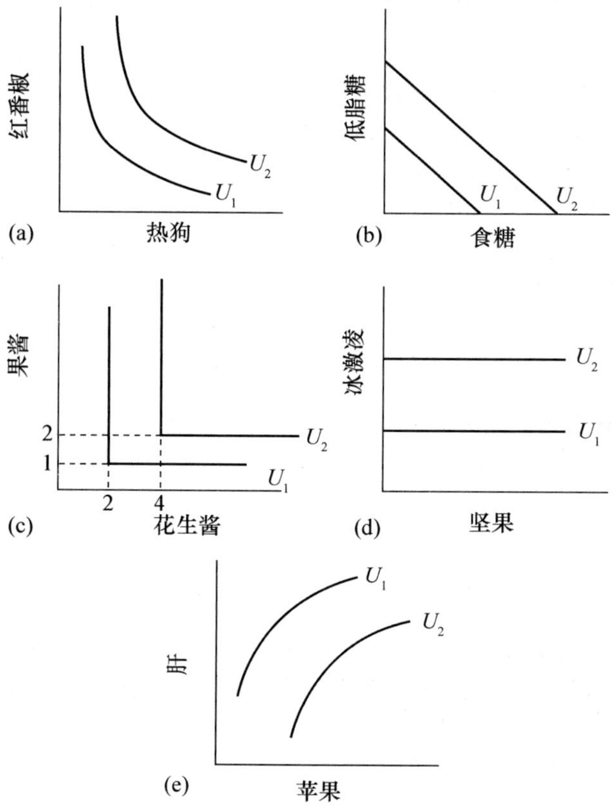

3.15 a）是的，这两种商品满足越多越好的假设。这是由于当两种商品中的一种的数量增加时，$U(x, y)$ 增加。

b）随着消费者购买更多的商品 x，x 的边际效用为 3，不变。

c）$MRS_{x,y}=3$。

d）当沿着无差异曲线移动时，$MRS_{x,y}$ 保持不变。

e），f）见下图。

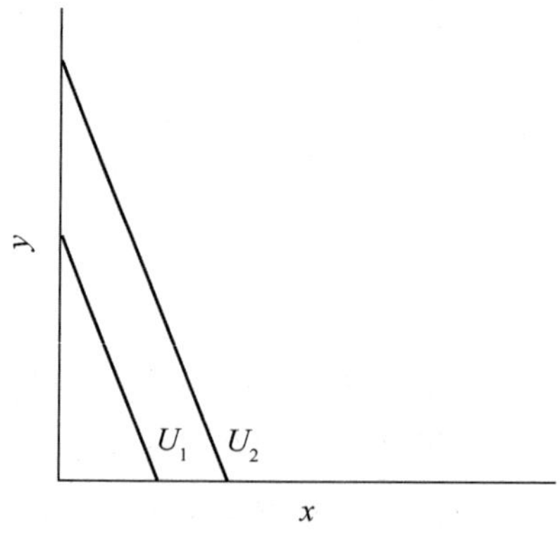

3.18 a）是的，这两种商品满足越多越好的假设。这是由于当两种商品中的一种的数量增加时，$U(x, y)$ 增加。

b）x 的边际效用是正的，但当消费者购买更多的 x 时，x 的边际效用下降。

c）$MRS_{x,y}=\frac{0.4(y^{0.6}/x^{0.6})}{0.6(x^{0.4}/y^{0.4})}=\frac{0.4y}{0.6x}$。

d）随着消费者用 x 替代 y，$MRS_{x,y}$ 将下降。

e）见图。

f）见图。

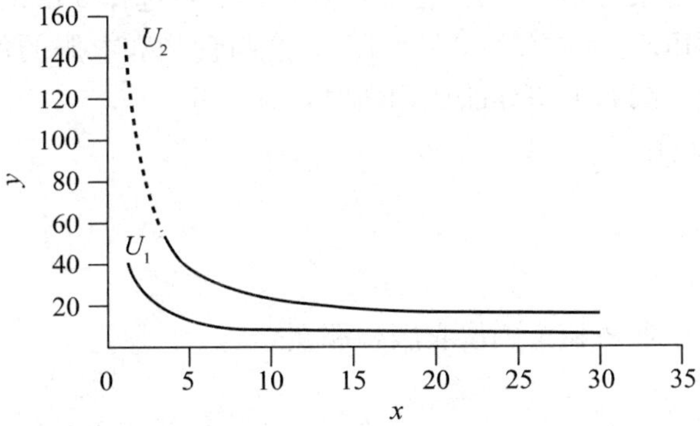

3.20 a）是的，这两种商品满足越多越好的假设。这是由于当两种商品中的一种的数量增加时，$U(x, y)$ 增加。

b）x 的边际效用是正的。当消费者购买更多的 x 时，其边际效用上升。

c）$MRS_{x,y}=\frac{2x}{2y}=\frac{x}{y}$。

d）随着消费者用 x 替代 y，$MRS_{x,y}$ 将会上升。

第 4 章

4.3 a）见图。

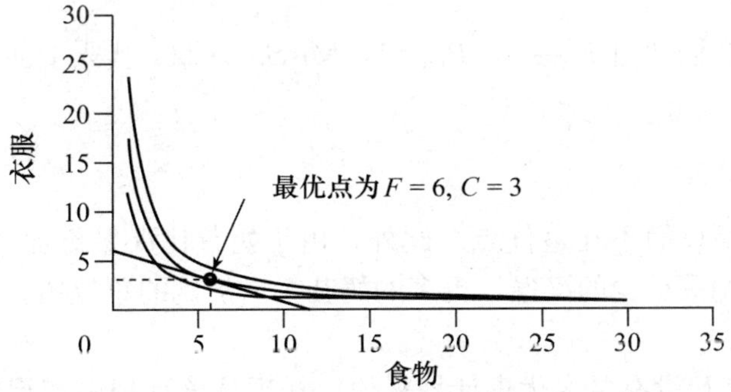

b）相切条件为

$$\frac{MU_F}{MU_C}=\frac{P_F}{P_C}$$

代入已知信息中，有

$$\frac{C}{F}=\frac{1}{2}$$

$$2C=F$$

把结果代入预算线，$F+2C=12$，得

$$2C+2C=12$$

$$4C=12$$

$$C=3$$

最后，将结果代入相切条件得 $F=6$。在最优点，消费者选择 6 单位食物和 3 单位衣服。

c）在最优点，$MRS_{F,C}=C/F=3/6=1/2$。这与食物和衣服的价格比率相等。从上页图可以看出，当预算线和无差异曲线相切时，$U=18$。

d）相切条件要满足

$$\frac{MU_F}{P_F}=\frac{MU_C}{P_C}$$

如果消费者购买 4 单位食物和 4 单位衣服，那么

$$\frac{MU_F}{P_F}>\frac{MU_C}{P_C}$$

这意味着，消费者重新分配花费（即购买更多的食物和更少的衣服）能增加总效用。事实上，在点（4，4），总效用是 16，消费者花费 12 美元。通过放弃一单位衣服，消费者可以节省 2 美元，并用此 2 美元购买 2 单位食物（它们每单位花费 1 美元）。这将导致一个新的点（6，3），总效用为 18，花费 12 美元。通过重新分配花费，消费者能增加总效用，同时仍然保持在预算约束之内。

4.6 如果简目前正好位于最优点，就必须满足相切条件。尤其是，必须满足

$$\frac{MU_H}{MU_M}=\frac{P_H}{P_M}$$

通过已给的信息，我们知道 $P_H=3$，$P_M=1$，$MRS_{H,M}=2$。代入上面的条件得

$$2<\frac{3}{1}$$

由于它们不相等，所以简不在最优点。此外，由于奶昔比汉堡更加“划算”，简可以通过重新分配花费，购买更少的汉堡、更多的奶昔，增加她的总效用。

4.13 a）见图。

b）相对于在点 B 没有常客优惠计划来说，托妮从该计划中获得的福利更高。在没有常客优惠计划时，在预算线的延长线上，她能达到的最优点是点 C，该点的总效用更低。在这一系列无差异曲线中，常客优惠计划使她的境况变得更好。

c）相对于在点 A 没有常客优惠计划来说，托妮从该计划中没有获益。在该点处，她的无差异曲线与预算线的一部分相切。在该点处，常客优惠计划不适用（不足 10 次

往返）。在这一系列无差异曲线中，常客优惠计划没有使她的境况变得更好。

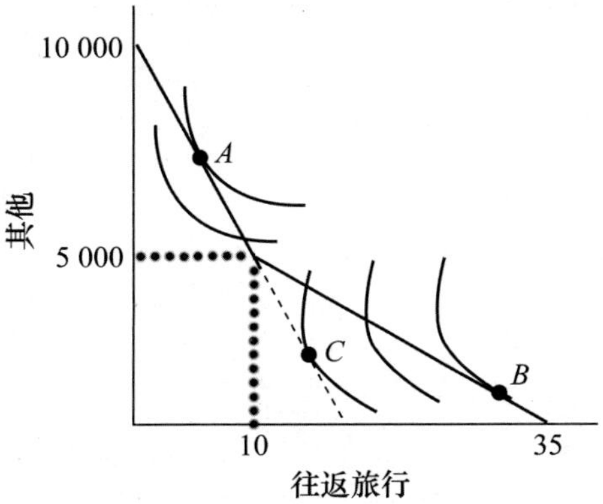

4.21

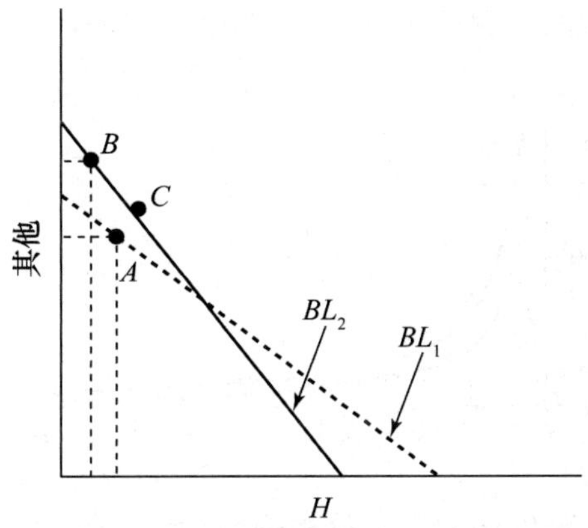

当预算线为 BL_1 时，萨利选择点 A。当她的收入和房子价格都增加时，预算线旋转为 BL_2，她选择点 B。从这一信息我们可以推断出 $B>A$。这是正确的，因为(1) 当点 C 和点 B 的花费一样时，点 B 被选择，所以，点 B 至少和点 C 一样好；(2) 相对于点 A，因为点 C 位于点 A 的东北方向，所以点 C 是严格偏好的。利用传递性，点 B 一定严格偏好于点 A。

第 5 章

5.2

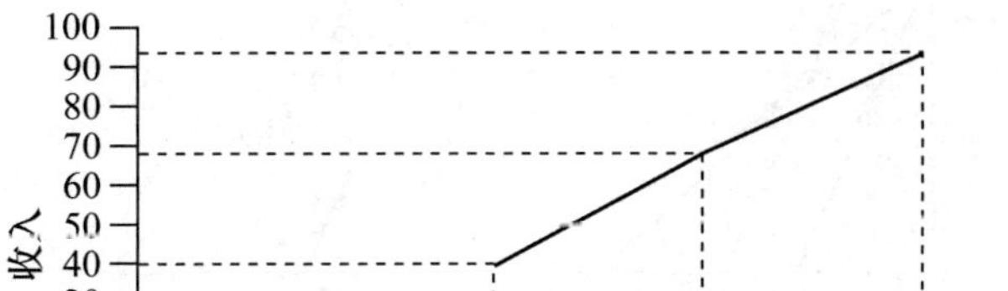

5.6 a）在消费者的最优点，我们有

$$\frac{MU_x}{P_x}=\frac{MU_y}{P_y}$$

$$\frac{y}{P_x}=\frac{x}{P_y}$$

代入预算线，$P_x x+P_y y=I$，有

$$P_x\left(y\left(\frac{P_y}{P_x}\right)\right)+P_y y=I$$

$$2P_y y=I$$

$$y=\frac{I}{2P_y}$$

b）是的，衣服是正常品。保持 P_y 不变，如果 I 增加，y 也增加。见图。

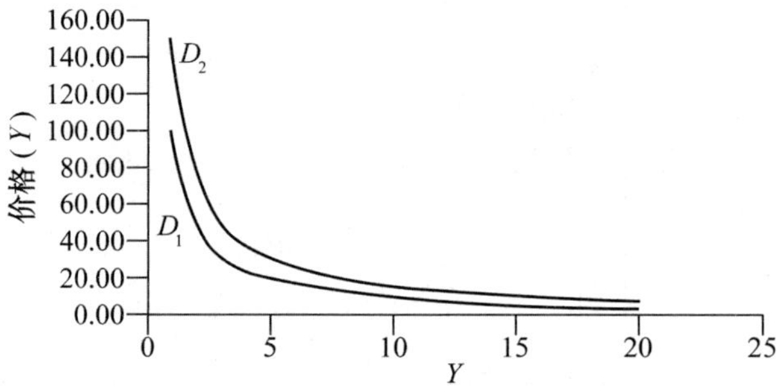

c）食物需求相对于衣服价格的交叉价格弹性为 0。在 a）中，这种效用函数的 y 的需求不取决于 x 的价格。同理，x 的需求也不取决于 y 的价格。事实上，不管 x 和 y 其中一个价格发生怎样的变化，消费者都将她的收入在两种商品之间均分。由于需求不取决于其他商品的价格，所以交叉需求价格弹性一定为 0。

5.9 a）

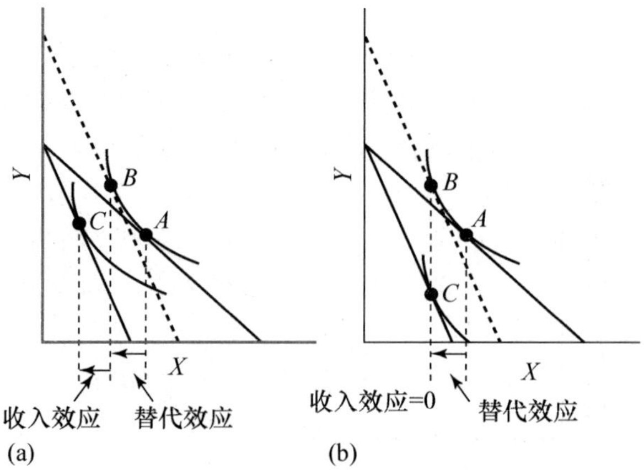

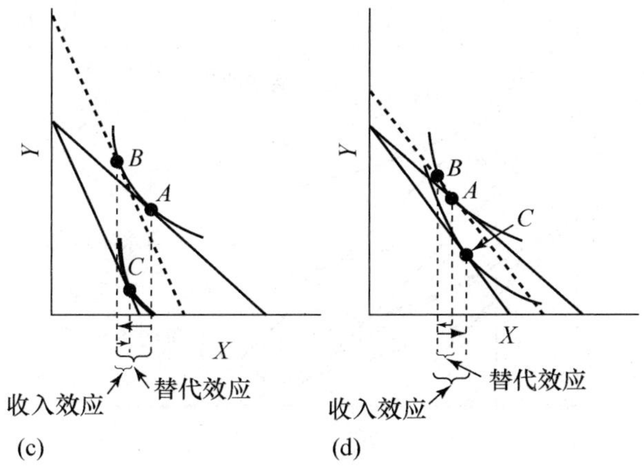

5.15 a）

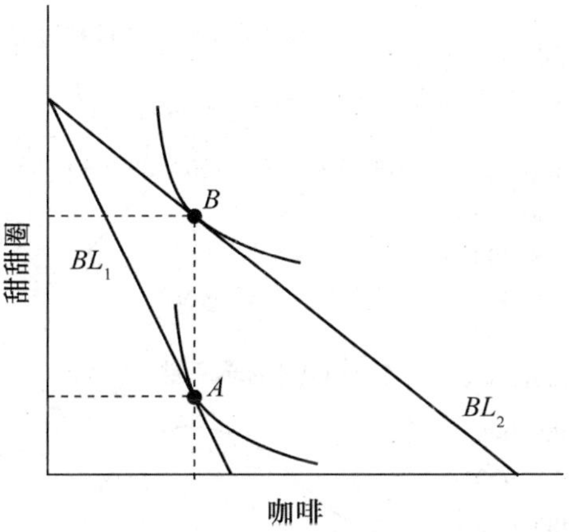

在上面的图中，在咖啡的价格下降后，消费者消费同等数量的咖啡和更多的甜甜圈。

b）错，该行为不符合拟线性效用函数。如果该描述正确，拟线性效用函数是没有收入效应的。当咖啡的价格下降时，替代效应将继续引导消费者购买更多的咖啡。

5.27 a）如果收入消费曲线是垂直的，效用函数就没有收入效应。例如，拟线性效用函数就会出现这种情况。不管总效用水平为多少，对特定数量的茶，这个效用函数将有相等的边际替代率。如果茶的价格下降，预算线变平坦，消费者将达到新的最优点，此时，边际替代率等于新预算线的斜率。因为预算线扁平化了，在之前茶最优数量的情况下这是不可能发生的。替代效应意味着，新的茶最优数量水平将会比之前的数量水平更高。因此，当茶的价格下降时，茶的需求量会上升，即需求曲线向下倾斜。如下页图所示。

b）是的，值是 30 美元。当收入消费曲线垂直时，消费者的效用函数将没有收入效应。正如正文中所陈述的那样，当不存在收入效应时，补偿变化和等价变化将会是相等的，而且这些也等于消费者剩余，即需求曲线以下的面积。

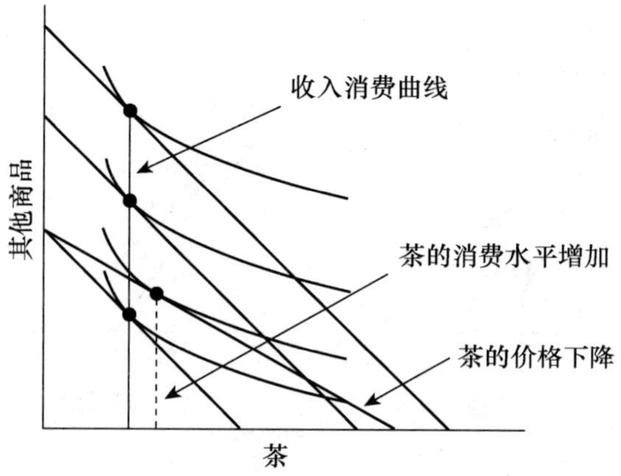

第 6 章

6.4 a)

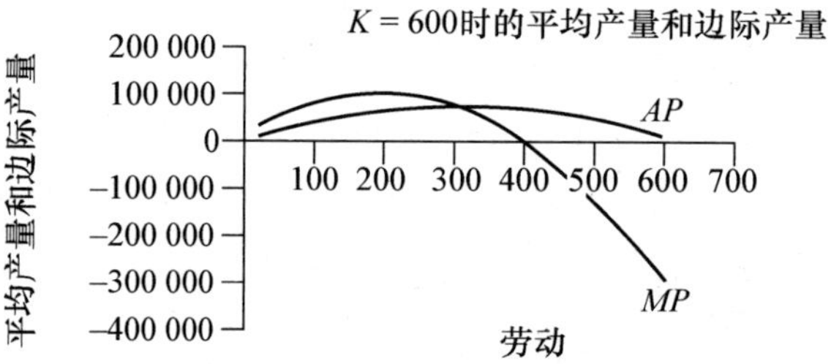

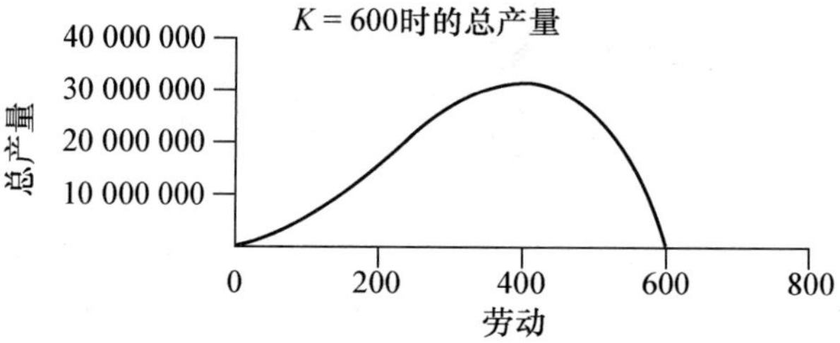

从图中可以看出，平均产量在 Q=300 时达到最大值。边际产量在 Q=200 时达到最大值。

b)

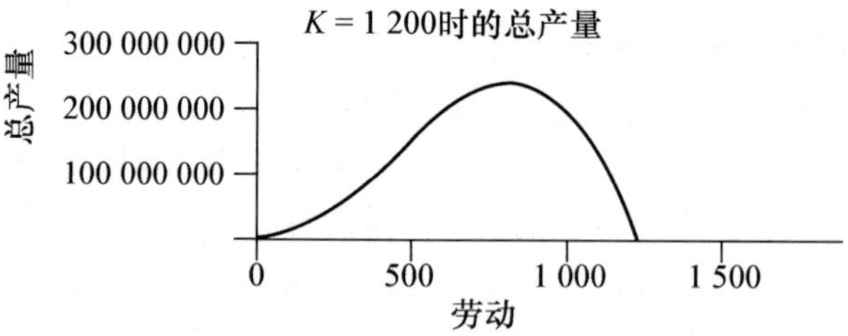

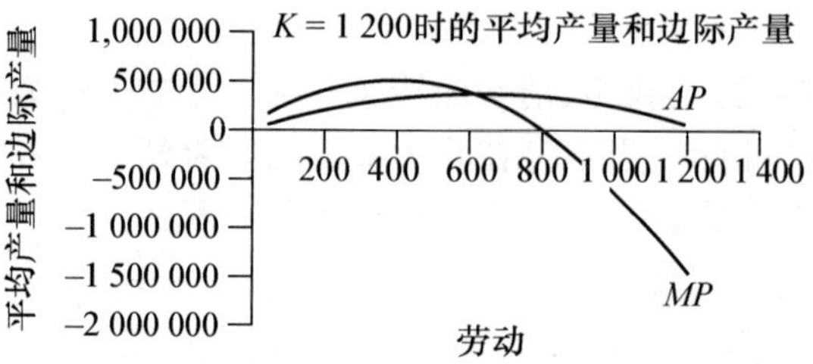

从图中可以看出，平均产量在 $Q=600$ 时达到最大值。边际产量在 $Q=400$ 时达到最大值。

c）在这两个例子中，对较小的 L 值，总产量以一个递增的增长率在增加。所以在这两个例子中，生产函数表现出当超出一定范围时，L 的边际产量递增。

6.5 a）不对。当 $MP>AP$ 时，AP 是递增的。当 $MP<AP$ 时，AP 是递减的。

b）不对。如果 MP 是负的，$MP<AP$。这只说明，AP 在下降。事实上，由于总产量永远不可能为负，所以 AP 永远不可能是负的。

c）不对。平均产量一直是正的。因此，这并没有告诉我们任何关于总产量变化的信息。

d）不对。如果总产量在增加，我们知道 $MP>0$。然而，如果给定边际产量递减，边际产量虽然在减少，但依然是正的。

6.10

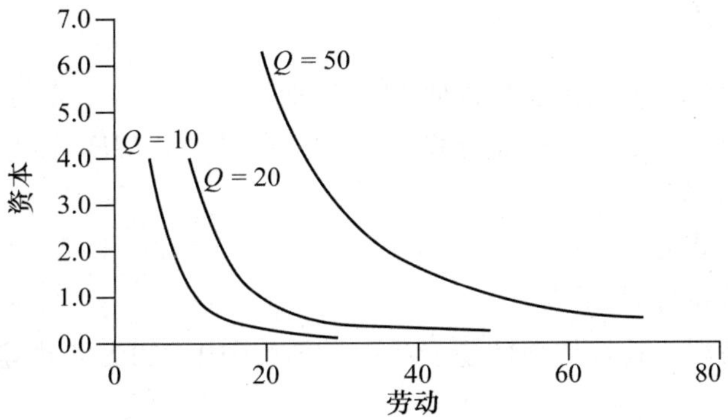

因为这些等产量线凸向原点，所以边际技术替代率递减。

6.17 a）该情况的等产量线将会是 L 形的，如下图所示。

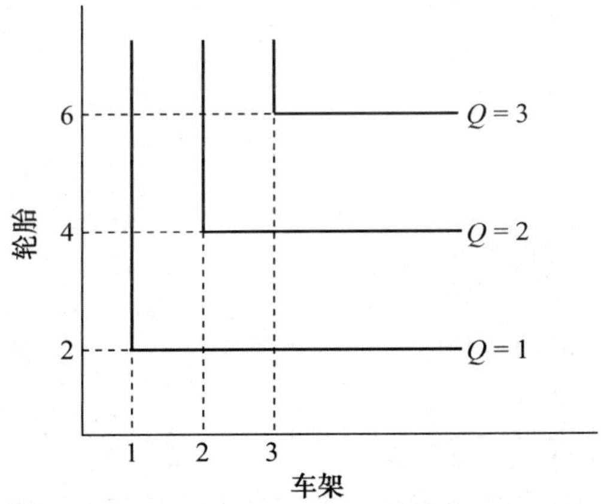

这些 L 形的等产量线说明，你必须要有适当的投入组合，即 2 个车架和 4 个轮胎。额外增加一单位一种资源但不额外增加对应的另一种资源，将不会增加产出。

b）这个生产函数用数学形式可以写为

$$Q=\min\left(F,\frac{1}{2}T\right)$$

其中，F 和 T 分别代表车架和轮胎的数量。

6.21 a）为了确定规模报酬的性质，先按一定比例 λ 增加所有投入，再确定产量增加的比例是小于 λ、大于 λ 还是等于 λ。

$$
\begin{aligned}
Q_\lambda &= 50\sqrt{\lambda M \lambda L} + \lambda M + \lambda L \\
&= 50\lambda\sqrt{ML} + \lambda M + \lambda L \\
&= \lambda[50\sqrt{ML} + M + L] \\
&= \lambda Q
\end{aligned}
$$

如果按一定比例 λ 增加投入，则产量按相应比例 λ 增加。由于投入和产量按同一比例增加，所以这个生产函数是规模报酬不变的。

b）劳动的边际产量是

$$MP_L = 25\sqrt{\frac{M}{L}} + 1$$

假设 $M>0$。保持 M 固定、增加 L 将使 MP_L 下降。对任一 L，劳动的边际产量是下降的。然而，因为上面等式的所有部分将一直大于等于 0，MP_L 永远不会是负的。事实上，对该生产函数，$MP_L \geqslant 1$。

6.24 a）对形式为

$$Q = [aL^{\frac{\sigma-1}{\sigma}} + bK^{\frac{\sigma-1}{\sigma}}]^{\frac{\sigma-1}{\sigma}}$$

的 CES 生产函数，其替代弹性是 σ。在这个例子中，CES 生产函数的形式为

$$Q = [K^{0.5} + L^{0.5}]^2$$

为了确定替代弹性，设定 $(\sigma-1)/\sigma = 0.5$ 或 $\sigma/(\sigma-1) = 2$，解出 σ。

$$
\begin{aligned}
&\frac{\sigma-1}{\sigma} = 0.5 \\
&\sigma - 1 = 0.5\sigma \\
&0.5\sigma = 1 \\
&\sigma = 2
\end{aligned}
$$

在任何情况下，替代弹性都是 2。

b）
$$
\begin{aligned}
Q_\lambda &= [(\lambda K)^{0.5} + (\lambda L)^{0.5}]^2 \\
&= [(\lambda^{0.5})(K^{0.5} + L^{0.5})]^2 \\
&= \lambda[K^{0.5} + L^{0.5}]^2 \\
&= \lambda Q
\end{aligned}
$$

由于投入和产出按同样的比例增加，所以这个生产函数是规模报酬不变的。

c）
$$
\begin{aligned}
Q_\lambda &= [100 + (\lambda K)^{0.5} + (\lambda L)^{0.5}]^2 \\
&= [100 + (\lambda^{0.5})(K^{0.5} + L^{0.5})]^2 \\
&= \lambda\left[\frac{100}{\lambda^{0.5}} + K^{0.5} + L^{0.5}\right]^2 < \lambda Q
\end{aligned}
$$

当投入都按比例 λ 增加时，产出增加的比例小于 λ，这说明规模报酬递减。直观上，在这个生产函数中，尽管你可以增加 K 和 L 的投入，但是你无法增加不变的部分，所

以产量增加不可能与投入增加一样多。

第 7 章

7.4 在最优点处，我们有

$$\frac{MP_K}{r}=\frac{MP_L}{w}$$

在这个问题中，我们有

$$\frac{200}{0.25}>\frac{1\ 000}{10}$$

$$800>100$$

这意味着，该制造商花费额外一美元在机器上的产出比花费额外一美元在劳动上的产出更多。因此，当使用更少的劳动、更多的设备实现同样水平的产出时，该制造商可以降低成本。

7.7 不会。如果边际技术替代率递减，不同投入价格组合的扩展线不会相交。为了理解这一点，假设它们相交于某一点。我们知道，当产出增加时，扩展线是成本最小化的投入组合。从本质上来说，扩展线是等成本线和等产量线的切点集。这些点必然满足

$$\frac{MP_L}{MP_K}=\frac{w}{r}$$

如果扩展线在某一点相交，那么成本最小化投入组合的两组价格一定相等。这要求

$$\frac{MP_K}{r_1}=\frac{MP_L}{w_1}\text{和}\frac{MP_K}{r_2}=\frac{MP_L}{w_2}$$

两个等式都满足是不可能的，除非这些价格是成比例的。因此，扩展线不可能相交。在价格成比例的情况下，两条扩展线将会相同。

7.8 在最优点处

$$\frac{MP_K}{r}=\frac{MP_L}{w}$$

这意味着

$$\frac{[L^{1/2}+K^{1/2}]K^{-1/2}}{r}=\frac{[L^{1/2}+K^{1/2}]L^{-1/2}}{w}$$

$$\frac{1}{r\sqrt{K}}=\frac{1}{w\sqrt{L}}$$

$$w\sqrt{L}=r\sqrt{K}$$

$$\frac{K}{L}=\frac{w^2}{r^2}$$

给定 $w=10$ 和 $r=1$，这意味着

$$100=\frac{K}{L}$$

$$100L=K$$

由于 $Q=121\,000$，因此，有

$$121\,000=[L^{1/2}+K^{1/2}]^2$$

$$121\,000=[L^{1/2}+(100L)^{1/2}]^2$$

$$121\,000=[L^{1/2}+10L^{1/2}]^2$$

$$121\,000=[11L^{1/2}]^2$$

$$121\,000=121L$$

$$1\,000=L$$

由于 $K=100L$，$K=100\times1\,000=100\,000$。生产 121 000 架飞机的成本最小化的资本数量和劳动数量分别是 $K=100\,000$ 与 $L=1\,000$。

7.13 相切条件要求

$$\frac{MP_L}{MP_K}=\frac{w}{r}$$

对这个生产函数，$MP_K=L$ 和 $MP_L=K$。因此

$$\frac{K}{L}=\frac{w}{r}$$

$$K=\left(\frac{w}{r}\right)L$$

代入生产函数，得

$$Q=LK$$

$$Q=L\left(\frac{w}{r}\right)L$$

$$Q=\left(\frac{w}{r}\right)L^2$$

$$L=\left(\frac{rQ}{w}\right)^{1/2}$$

这是 L 的投入需求曲线。由于

$$K=\left(\frac{w}{r}\right)L$$

我们有

$$K=\left(\frac{w}{r}\right)\left(\frac{rQ}{w}\right)^{1/2}$$

$$=\left(\frac{wQ}{r}\right)^{\frac{1}{2}}$$

这是 K 的投入需求曲线。

第 8 章

8.5 从相切条件开始，我们有

$$\frac{MP_L}{MP_K}=\frac{w}{r}$$
$$\frac{K}{L}=\frac{2}{1}$$
$$K=2L$$

代入生产函数，得

$$Q=LK$$
$$Q=L(2L)$$
$$L=\sqrt{\frac{Q}{2}}$$

将此式代入上面 K 的表达式，得

$$K=2\sqrt{\frac{Q}{2}}$$

最后，将这些代入总成本方程，得

$$TC=2\left(\sqrt{\frac{Q}{2}}\right)+2\left(\sqrt{\frac{Q}{2}}\right)$$
$$=4\sqrt{\frac{Q}{2}}=\sqrt{8Q}$$

平均成本为

$$AC=\frac{TC}{Q}=\frac{\sqrt{8Q}}{Q}=\sqrt{\frac{8}{Q}}$$

8.14 a）从相切条件开始，我们有

$$\frac{MP_L}{MP_K}=\frac{w}{r}$$
$$\frac{[L^{1/2}+K^{1/2}]L^{-(1/2)}}{[L^{1/2}+K^{1/2}]K^{-(1/2)}}=\frac{2}{1}$$
$$\frac{K}{L}=4$$
$$K=4L$$

代入生产函数，得

$$Q=[L^{1/2}+(4L)^{1/2}]^2$$
$$Q=[3L^{1/2}]^2$$
$$Q=9L$$
$$L=\frac{Q}{9}$$

将这个代入上面 K 的表达式，有

$$K=\frac{4Q}{9}$$

b) $TC=2\left(\frac{Q}{9}\right)+\frac{4Q}{9}=\frac{2Q}{3}$。

c) $AC=\frac{TC}{Q}=\left(\frac{2Q}{3}\right)\Big/Q=\frac{2}{3}$。

d) 当 $Q<9$ 时，企业不需要劳动力。如果 $Q>9$，企业需要雇用劳动力。假设 $\bar{K}=9$，代入生产函数，得

$$Q=[L^{1/2}+9^{1/2}]^2$$
$$Q^{1/2}=L^{1/2}+3$$
$$L^{1/2}=Q^{1/2}-3$$
$$L=[Q^{1/2}-3]^2$$

因此，

$$L=\begin{cases}(Q^{1/2}-3)^2 & Q>9\\ 0 & Q\leqslant 9\end{cases}$$

e) $$TC=\begin{cases}2(Q^{1/2}-3)^2+9 & Q>9\\ 9 & Q\leqslant 9\end{cases}$$

短期和长期的总成本显示在下图中。

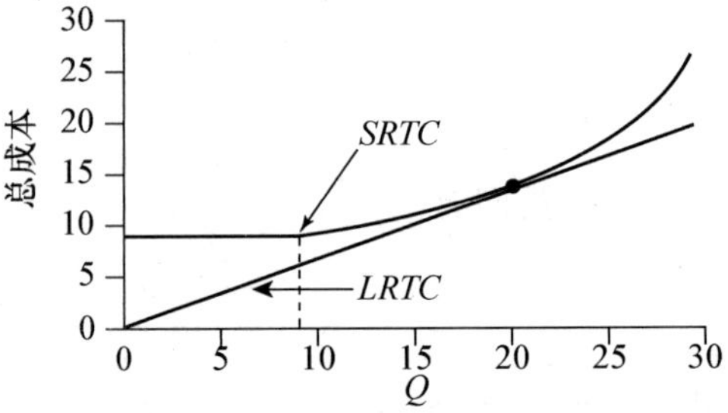

8.27 见图。由于每一条短期平均成本曲线均在平均成本为 2.0 时达到最小值，所以，由这些短期平均成本曲线组成的长期平均成本曲线将会是一条水平线，并在长期平均成本为 2.0 的地方与这些短期平均成本曲线相切。

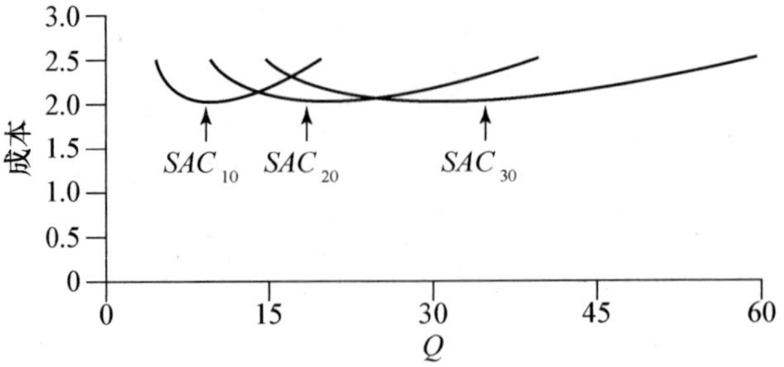

8.28 对一些固定投入，在给定企业规模下这些固定投入可能并不是最优的。因

此，在企业利用一些固定投入达到最优（即成本最小化）时，在短期生产额外一单位产量很有可能比在长期要贵。

8.30 如果下式成立，就存在范围经济：

$$TC(Q_1,Q_2)-TC(Q_1,0)<TC(0,Q_2)-TC(0,0)$$

在这种情况下

$$TC(Q_1,Q_2)=1\ 000+2Q_1+3Q_2$$
$$TC(Q_1,0)=1\ 000+2Q_1$$
$$TC(0,Q_2)=1\ 000+3Q_2$$
$$TC(0,0)=0$$

所以，如果下式成立，就存在范围经济：

$$(1\ 000+2Q_1+3Q_2)-(1\ 000+2Q_1)<1\ 000+3Q_2$$
$$3Q_2<1\ 000+3Q_2$$

因此，在公司已经提供一个体育频道时增加一个电影频道的花费比一个新公司白手起家提供一个电影频道要少（1 000 美元）。卫星电视公司存在范围经济。

第 9 章

9.9 a）为了最大化利润，罗恩应该在 $P=MC$ 处经营。

$$20=10+0.2Q$$
$$Q=50$$

b）罗恩的利润为 $\pi=TR-TC$。

$$\pi=20\times 50-(40+10\times 50+0.1\times 50^2)=210$$

c）

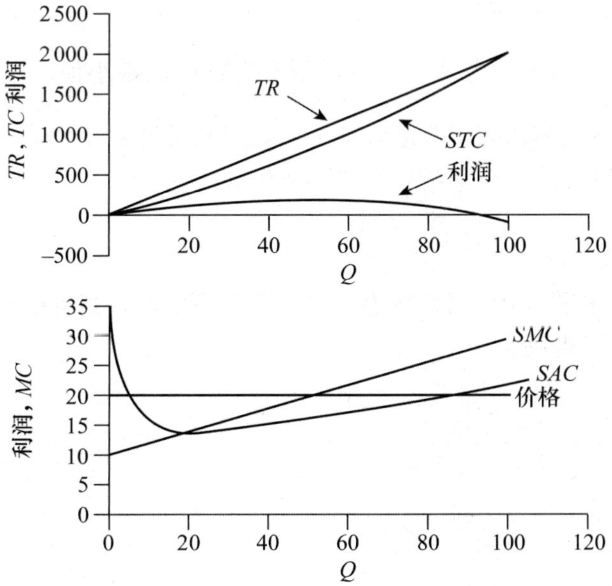

d）首先，通过设定 $AVC=SMC$ 找出 AVC 的最小值。

$$AVC=\frac{10Q+0.1Q^2}{Q}=10+0.1Q$$

$$10+0.1Q=10+0.2Q$$

$$Q=0$$

因此，AVC 的最低水平为 10 美元/扇。当价格低于 10 美元/扇时，企业将不生产。当价格高于 10 美元/扇时，供给曲线可以由 $P=SMC$ 得到。

$$P=10+0.2Q$$

$$Q=5P-50$$

因此，企业的短期供给曲线为

$$s(P)=\begin{cases}0 & P<10\\ 5P-50 & P\geqslant 10\end{cases}$$

e）如果所有固定成本都是非沉没成本，在这种情况下，停业原则是 $P<SAC$。

$$SAC=\frac{STC}{Q}=\frac{40}{Q}+10+0.1Q$$

SAC 的最低点出现在 $SAC=SMC$ 处。

$$\frac{40}{Q}+10+0.1Q=10+0.2Q$$

$$Q=20$$

因此，SAC 的最低水平是 14 美元/扇。当价格低于 14 美元/扇时，该企业将不生产。当价格高于 14 美元/扇时，供给可以和之前一样由 $P=SMC$ 得到。

$$s(P)=\begin{cases}0 & P<14\\ 5P-50 & P\geqslant 14\end{cases}$$

9.10 a）首先，通过设定 $AVC=SMC$ 找出 AVC 的最小值。

$$AVC=\frac{TVC}{Q}=\frac{Q^2}{Q}$$

$$AVC=Q$$

$$Q=2Q=0$$

因此，AVC 的最低水平为 0。当价格为 0 时，企业不生产，当价格在 0 以上时，供给曲线可以通过 $P=SMC$ 得到。

$$P=2Q$$

$$Q=\frac{1}{2}P$$

因此，

$$s(P)=\frac{1}{2}P$$

b）市场供给曲线是由单家企业的供给曲线水平加总而来。由于市场中存在 20 家无差异的企业，市场供给曲线为

$$S(P)=20s(P)=10P$$

c）均衡价格和均衡产量发生在 $S(P)=D(P)$ 处。

$$10P=110-P$$
$$P=10$$

将 $P=10$ 代入 $D(P)$。这说明，均衡产量为 $Q=100$ 单位。所以，在均衡点，$P=10$ 美元/单位和 $Q=100$ 单位。

9.24 a）在长期均衡中，所有企业获取的经济利润都为零，此时 $P=AC$，且每家企业都在 $P=MC$ 处生产。因此，

$$40-12Q+Q^2=40-6Q+\frac{1}{3}Q^2$$
$$Q=9$$

如果 $Q=9$，$P=40-12\times9+9^2=13$（美元/单位）。

b）当 $P=13$ 美元/单位时，每家企业生产 $Q=9$ 单位。

c）由于 $D(P)=2\,200-100P$，

$$D(P)=2\,200-100\times13=900$$

如果每家企业生产 9 单位，在均衡状态下，市场上将会有 100 家企业。

d）由于每家企业生产 9 单位，为了使市场中的企业数量增到 200，总需求为 1 800 单位。这说明 $1\,800=A-100P$。由于 $P=13$，

$$1\,800=A-100\times13$$
$$A=3\,100$$

当 $A=3\,100$ 时，该行业中的企业数量将翻一番。

9.35 a）最低有效规模出现在平均成本达到最小值处。这个点出现在 $MC=AC$ 处。

$$2Q=\frac{144}{Q}+Q$$
$$Q=12$$

在 $Q=12$ 处，

$$AC=\frac{144}{Q}+Q=24$$

b）在长期，均衡价格由雇用普通首席执行官的最低平均成本决定。因此，$P=24$。在该价格下，雇用普通首席执行官的企业获取的经济利润为零，雇用优秀首席执行官的企业将会获取正的经济利润。

c）在这个价格下，雇用普通首席执行官的企业将在 $P=MC$ 处生产：

$$24=2Q$$
$$Q=12$$

雇用优秀首席执行官的企业将在 $P=MC$ 处生产：

$$Q=24$$

d）在这个价格下，$D(P)=7\,200-100P=4\,800$。

e）由于这里有 100 个优秀首席执行官，假设他们都被雇用了。雇用优秀首席执行官的企业的总供给为 $S_E=100\times24=2\,400$。

还有 $Q=4\,800-2\,400=2\,400$ 单位需要由雇用普通首席执行官的企业供给。因此，

$$N_A=\frac{2\,400}{12}=200$$

f）为了计算优秀首席执行官的经济租金，我们必须推断企业最多会付多少工资给优秀首席执行官。这个工资将驱使经济利润为零。我们把这个数量称为 S^*。由于雇用优秀首席执行官的企业生产 $Q=24$ 单位，企业的平均成本为

$$AC=\frac{144}{24}+\frac{1}{2}\times24=18$$

由于 $P=24$，优秀首席执行官有 6 美元/单位的成本优势。这意味着

$$\frac{S^*}{24}-\frac{144}{24}=6$$
$$S^*=288$$

经济租金是工资 288 000 美元和保留工资 144 000 美元之间的差额。因此，优秀首席执行官的经济租金为 144 000 美元。

g）花 144 000 美元雇用优秀首席执行官的企业将会获得优秀首席执行官的所有经济租金，因此获取的经济利润为 144 000 美元。

h）在长期竞争均衡中，当其他企业也试图获取优秀首席执行官的经济租金时，优秀首席执行官的工资会被抬高。因此，企业会提高优秀首席执行官的工资直到雇用优秀首席执行官的企业的经济利润为零。所以，在长期均衡中，优秀首席执行官的工资应该接近 288 000 美元/年。

第 10 章

10.1 a）市场将会出清。消费税改变均衡价格和均衡产量，但是将不存在需求过剩和供给过剩。

b）市场将会出清。补贴将会改变均衡价格和均衡产量，但是将不存在需求过剩和供给过剩。

c）市场将不会出清。在均衡价格之上的价格下限将创造供给过剩。

d）市场将不会出清。在均衡价格之下的价格上限将创造需求过剩。

e）市场将不会出清。因为价格会被驱动至均衡价格之上，在均衡水平之下的限定产出配额将创造供给过剩。

10.3 税收归宿在数量上可以被概括为

$$\frac{\Delta P^d}{\Delta P^s}=\frac{\epsilon_{Q^s,P}}{\epsilon_{Q^d,P}}$$

从已知的信息中可得，$\Delta P_D=4$，$\Delta P_S=0$，$E_D=-0.5$。这些价格变化意味着税负100%由消费者负担，说明供给弹性一定等于无穷大。供给是完全有弹性的。

10.11 无谓损失三角形的高度是税收 T。无谓损失三角形的长度是由税收（相对于无税收的均衡）导致的减少的产量。通过一条线性的需求曲线和供给曲线，减少的产量 ΔQ 为线性比例的税收变动，即 $\Delta Q=kT$，其中 k 是一个常数，其值取决于供给曲线和需求曲线的斜率。因此，由税收造成的无谓损失三角形的面积为 kT^2。如果 T 变为原来的两倍，那么无谓损失将会变为 $k(2T)^2=4kT^2$，所以无谓损失将以系数 4 增加。

10.17 a）设定 $Q^d=Q^s$，结果为

$$10-P=-4+P$$
$$P=7(\text{美元/蒲式耳})$$

将该结果代入需求方程，得 $Q=3$ 百万蒲式耳。

b）在均衡处，消费者剩余为 $(1/2)\times(10-7)\times3=4.5$，生产者剩余为 $(1/2)\times(7-4)\times3=4.5$（都以百万美元为单位）。在这个例子中，没有无谓损失，总的净收益等于 9 百万美元。见图；面积 A 代表消费者剩余，面积 B 代表生产者剩余。

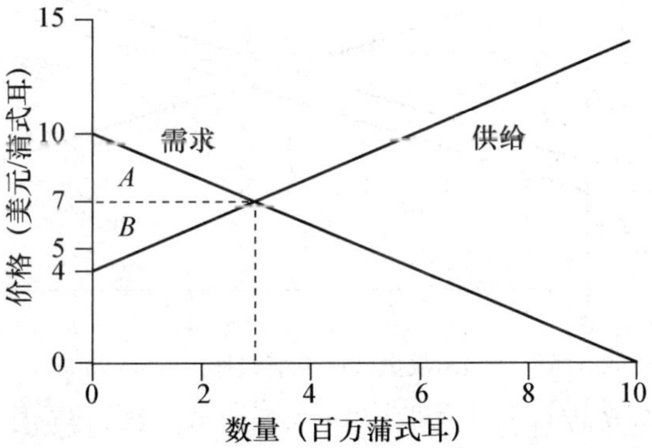

c）如果政府征收 2 美元/单位的消费税，新的均衡为

$$10-(P^s+2)=-4+P^s$$
$$P^s=6(\text{美元/蒲式耳})$$

由于 $P^d=P^s+2$，我们知道 $P^d=8$，把 P^s 代入供给方程得到 $Q=2$ 百万蒲式耳。

d）现在消费者剩余为 $(1/2)\times(10-8)\times2=2$，生产者剩余为 $(1/2)\times(6-4)\times2=2$，税收收入为 $2\times2=4$，无谓损失为 $(1/2)\times(8-6)(3-2)=1$（都以百万美元为单位）。见图；面积 A 代表消费者剩余，面积 B 代表生产者剩余，面积 $C+D$ 代表政府税收收入，面积 E 代表无谓损失。

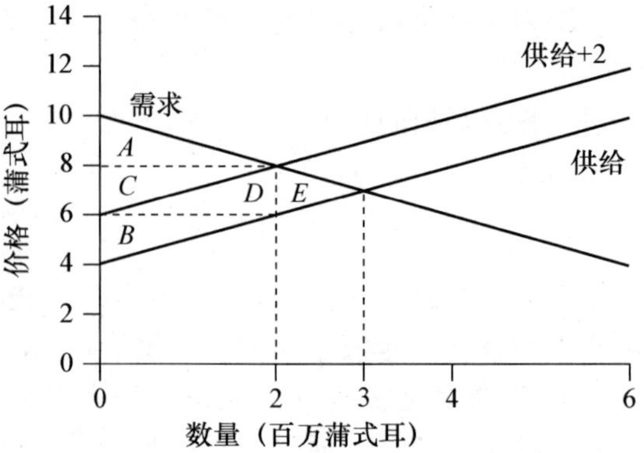

e）如果政府提供 1 美元/单位的补贴，新的均衡为

$$10-(P^s-1)=-4+P^s$$

$$P^s=7.5(\text{美元/蒲式耳})$$

将结果代回等式得到 $P^d=6.5$；把 P^s 代入供给等式，得 $Q=3.5$ 百万蒲式耳。

f）消费者剩余为（1/2）(10－6.5)×3.5＝6.125，生产者剩余为（1/2）(7.5－4)×3.5＝6.125；补贴费用为－1×3.5＝－3.5（负的，因为政府在支付这一数额）；无谓损失为（1/2）（7.5－6.5）（3.5－3)＝0.25（都以百万美元为单位）。见图；面积 $A+B+E$ 代表消费者剩余，面积 $B+C+F$ 代表生产者剩余，面积 $B+C+D+E$ 代表政府补贴费用，面积 D 代表无谓损失。

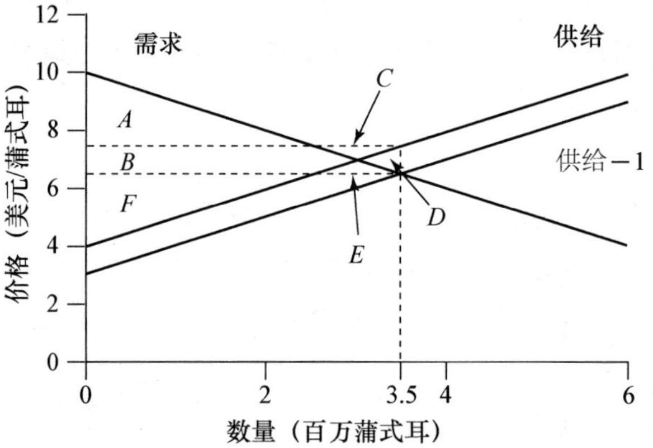

g）对问题 b，潜在净收益为 4.5＋4.5＋0＋0＝9；对问题 d，潜在净收益为 2＋2＋4＋1＝9；对问题 f，潜在净收益为 6.125＋6.125－3.5＋0.25＝9。因此，在每种情况下，潜在净收益都一样（和上面的一样，以百万美元为单位）。

10.21 a）根据图，政府需要设定 2.00 美元/单位的税来实现售出 600 百万包的政府目标。通过设定税收为 2.00 美元，供给曲线将会向上移动 2.00 美元，与需求曲线相交在新的均衡点：$P=3.00$，$Q=600$。

b）

	税收	最低价格
消费者每包香烟支付的价格是多少？（美元）	3.00	3.00

续前表

	税收	最低价格
生产者每包香烟接受的价格是多少？（美元）	1.00	3.00
哪些区域代表消费者剩余？	F	F
哪些区域代表政策下的生产者剩余的最大可能值？	B	$B+C+E$
哪些区域代表政策下的生产者剩余的最小可能值？	B	$G+H+L+T$
哪些区域代表政府收入？	$C+E$	0
哪些区域代表政策下的无谓损失的最小可能值？	$G+L$	$G+L$

如果需求完全无弹性，需求曲线将是一条垂直直线。征税后，价格将恰好上升 2 美元，消费者需要承担 100%的税负。消费者剩余为下降的 2 美元乘以市场数量，此时产量将和征税前垂直需求曲线的产量一样。政府的税收收入是增加的 2 美元乘以市场数量，这完全弥补了消费者剩余的减少。因为消费者承担 100%的税负，生产者剩余将保持不变。由于政府的税收收入完全弥补了消费者剩余的减少，所以社会没有损失。当需求曲线完全无弹性时，消费税不会造成无谓损失。

第 11 章

11.1 a）如果需求曲线为 $Q=100-5P$，逆需求曲线可以通过解 P 得到。这意味着逆需求曲线为 $P=20-(1/5)Q$。

b）平均收益为

$$AR=\frac{TR}{Q}=\frac{PQ}{Q}=P$$

因此，平均收益为 $P=20-(1/5)Q$。

c）对线性需求曲线 $P=a-bQ$，边际收益为 $MR=a-2bQ$。在这个例子中，需求曲线为 $P=20-(1/5)Q$，说明 $MR=20-(2/5)Q$。

11.6 如果边际成本独立于 Q，那么边际成本是恒定的。假设 $MC=c$。那么在冬季，该公司将会在 $MR=MC$ 处生产。

$$a_1-2bQ=c$$

$$Q=\frac{a_1-c}{2b}$$

在这个产量下，定价为

$$P=a_1-b\left(\frac{a_1-c}{2b}\right)=\frac{a_1+c}{2}$$

在夏季，该公司将会在 $MR=MC$ 处生产。

$$a_2-2bQ=c$$

$$Q=\frac{a_2-c}{2b}$$

在这个产量下，定价为

$$P=a_2-b\left(\frac{a_2-c}{2b}\right)=\frac{a_2+c}{2}$$

由于我们已经知道 $a_2>a_1$，所以夏季的定价将高于冬季。

11.12 a）需求曲线为 $P=210-4Q$，$MR=210-8Q$。由 $MR=MC$ 得

$$210-8Q=10$$
$$Q=25$$

由 $Q=25$ 得，价格为 $P=210-4Q=110$。在这个价格和产量下，总收益为 $TR=110\times25=2\,750$。

b）如果 $MC=20$，那么由 $MR=MC$ 得

$$210-8Q=20$$
$$Q=23.75$$

在 $Q=23.75$ 处，价格 $P=115$。在这个价格和产量下，总收益为 $TR=115\times23.75=2\,731.25$。因此，边际成本的增加将导致公司总收益减少。

c）如果竞争市场中的所有公司的 $MC=10$，由 $P=MC$（完全竞争公司的利润最大化条件）得

$$210-4Q=10$$
$$Q=50$$

在这个产量下，价格为 $P=10$。

d）如果竞争市场中的所有公司的 $MC=20$，由 $P=MC$ 得

$$210-4Q=20$$
$$Q=47.50$$

在这个产量下，价格为 $P=20$。当 $MC=10$ 时，$TR=10\times50=500$。当 $MC=20$ 时，$TR=20\times47.50=950$。因此，在边际成本增加后，完全竞争公司的总收益增加了。

11.21 a）为了保持边际成本相等，追求利润最大化的公司将在各家工厂间分配产量。由于这个例子中的第一家工厂有恒定的边际成本（8），那么利润最大化解必然为所有工厂的 $MC=8$。为了计算总产出，设定 $MR=MC$。需求曲线为 $P=968-20Q$，边际收益为 $MR=968-40Q$。这意味着

$$968-40Q=8$$
$$Q=24$$

在这一产量下，公司的定价为 $P=968-20\times24=488$。因此，一个剃须刀刀片的价格为 4.88 美元，且吉列公司将供给 2 400 万个。

工厂间的分配需要满足所有工厂的 $MC=8$。在工厂 2，$MC=1+0.5Q_2$。设定 MC 等于 8，得到 $Q_2=14$。由于总产出为 24，那么公司将会在工厂 1 生产 10。

b）如果在工厂 1，$MC=10$，由 $MR=MC$ 得

$$968-40Q=10$$

$Q=23.95$

在这一产量下，价格为 4.89 美元。工厂间的分配需要满足所有工厂的 $MC=10$。设定在工厂 1，$MC=10$，得到 $10=1+0.5Q_2$，得 $Q_2=18$。由于总产出是 23.95，所以公司将会在工厂 1 生产 5.95。

11.26 a）需求曲线为 $P=100-2Q$，$MR=100-4Q$。设定 $MR=MC$，得

$$100-4Q=0.5Q$$
$$Q=22.2$$

在这个产量下，价格为 $P=55.6$。

b）通过边际成本定价，在完全竞争的环境中公司设定 $P=MC$。在这个例子中，

$$100-2Q=0.5Q$$
$$Q=40$$

在这个产量下，价格为 $P=20$。

c）对垄断者，消费者剩余为 $0.5\times(100-55.6)\times22.2=493.83$；生产者剩余为 $0.5\times11.1\times22.2+(55.6-11.1)\times22.2=1\,111.11$。对竞争性公司，消费者剩余为 $0.5\times(100-20)\times40=1\,600$，生产者剩余为 $0.5\times20\times40=400$。在垄断情况下，生产者剩余和消费者剩余的和为 1 604.94；在竞争情况下，生产者剩余和消费者剩余的和为 2 000。因此，由垄断造成的无谓损失为 395.06。

d）如果需求曲线为 $P=180-4Q$，那么 $MR=180-8Q$。垄断者设定 $MR=MC$，得

$$180-8Q=0.5Q$$
$$Q=21.18$$

在这个产量下，价格 $P=95.29$。竞争性公司将设定 $P=MC$，得

$$180-4Q=0.5Q$$
$$Q=40$$

在这个产量下，价格 $P=20$。

当存在垄断时，消费者剩余为 $0.5\times(100-95.29)\times21.18=49.88$，生产者剩余为 $0.5\times10.59\times21.18+(95.29-10.59)\times21.18=1\,906.09$。当存在完全竞争时，消费者剩余为 1 600，生产者剩余为 400，和之前一样。现在，生产者剩余和消费者剩余的和为 2 000，在垄断时为 1 955.97。因此，这种情况下的无谓损失是 44.03。

尽管两条需求曲线的完全竞争解是一样的，但是第一种情况的无谓损失更大。这种差别是由于第二条需求曲线更缺乏弹性。如果消费者不愿意随价格变化而改变数量，该公司可能从市场中获取更多的剩余。在这个例子中，第二种情况的勒纳指数为 88.9%，（与第一条需求曲线的 80%相比）说明这家公司更具有市场势力。

第 12 章

12.1 a）三级——公司对不同的细分市场，个人和图书馆，设定不同的价格。

b）一级——每个消费者支付他所愿意支付的最高价格。

c）二级——公司提供数量折扣。随着打高尔夫球的洞数增加，每个洞的平均支出下降。

d）三级——公司对不同的细分市场设定不同的价格。对商业用户的定价比对在周日使用电话的用户（如家庭电话）的定价更高。

e）二级——公司提供数量折扣。

f）三级——航空公司对不同的细分市场设定不同的价格。对提前购票的顾客定一个价格，然后对临时购票的顾客定一个不同的价格。

12.2 a）如果价格歧视不可行，公司将会设定 $MR=MC$。

$$20-2Q=2Q$$
$$Q=5$$

在这个产量下，价格为 $P=15$，总收益为 $TR=75$，总成本为 $TC=49$，利润为 $\pi=26$。生产者剩余就正好为总收益减去非沉没成本，或者，在这个情况下为总收益减去总可变成本。因此，生产者剩余为 $75-5^2=50$。

b）通过完全一级价格歧视，该公司通过设定 $P=MC$ 来确定产出水平。

$$20-Q=2Q$$
$$Q=6.67$$

然而，对每个消费者的定价有变化。设定的价格将是消费者所愿意支付的最高价格，将和需求曲线一致。总收益为 $0.5\times(20-13.33)\times6.67+13.33\times6.67=111.16$。由于公司总共生产 6.67 单位，总成本为 $TC=68.49$。那么利润 $\pi=42.67$，生产者剩余为总收益－总可变成本 $=111.16-6.67^2=66.67$

c）如果可以实行完全一级价格歧视，公司将增加 16.67 的经济利润和生产者剩余。

12.14 a）实行三级价格歧视的公司应该通过在每个市场设定 $MR=MC$ 来确定价格和产量。因此，在欧洲设定 $MR=MC$。

$$70-2Q_E=10$$
$$Q_E=30$$

在这个产量下，价格为 $P_E=40$。那么在欧洲的利润为 $\pi_E=(P_E-10)Q_E=(40-10)\times30=900$。在美国设定 $MR=MC$ 意味着

$$110-2Q_U=10$$
$$Q_U=50$$

在这个产量下，价格 $P_U=60$。那么，在美国的利润为 $\pi_U=(P_U-10)Q_U=(60-10)\times50=2\,500$。总利润为 $\pi=3\,400$。

b）如果公司只能以一个价格出售药品，那么它将通过设定价格来最大化总利润。该公司面临的总需求为 $Q=Q_E+Q_U$。在这种情况下，

$$Q=70-P+110-P$$
$$Q=180-2P$$

那么，总的逆需求函数为 $P=90-(1/2)Q$。

由于 $MC=10$，设定 $MR=MC$ 意味着

$$90-Q=10$$

$$Q=80$$

在这个产量下，价格 $P=50$。如果公司设定价格为 50，那么公司将销售 $Q_E=20$ 和 $Q_U=60$。利润 $\pi=50\times80-10\times80=3\,200$。

c）公司将用任意一种方案在美国和欧洲销售药品。如果公司能够进行价格歧视，消费者剩余为 $0.5\times(70-40)\times30+0.5\times(110-60)\times50=1\,700$，生产者剩余（等于利润）为 3 400。因此，总剩余为 5 100。如果公司不能进行价格歧视，消费者剩余为 $0.5\times(70-50)\times20+0.5\times(110-50)\times60=2\,000$，生产者剩余（等于利润）为 3 200。因此，总剩余为 5 200。

12.27 a）在不实行捆绑销售时，公司能做的最好选择是将往返机票价格定为 800 美元，住宿价格定为 800 美元。在每种情况下，公司吸引一个顾客，能从每个旅客身上获取 500 美元的利润，总利润为 1 000 美元。在价格为 500 美元时，在每种情况下，公司都能吸引两个顾客，能从每个旅客身上获取 200 美元的利润，总利润为 800 美元，比定价为 800 美元时的利润少。

b）在实行捆绑销售时，公司能做的最好选择是将往返机票和住宿的总价格定为 900 美元。在这个价格下，公司将会吸引所有的顾客，从每个顾客身上获取 300 美元的利润，总利润为 900 美元。公司可以将价格提高到 1 000 美元，但是只能吸引一个顾客，总利润为 400 美元。必须注意的是，在实行捆绑销售时，公司不能和混合捆绑销售一样做。这是因为：(a) 需求是负相关的，这是通过捆绑销售增加利润的关键；(b) 顾客 1 愿意支付的机票价格低于边际成本，顾客 3 愿意支付的住宿费低于边际成本。公司通过混合捆绑销售应该可以做得更好。

c）因为顾客 1 愿意支付的往返机票价格低于边际成本，顾客 3 愿意支付的住宿费低于边际成本，所以公司有通过混合捆绑销售获取更多利润的可能性。在本题中，如果公司对单订机票定价 800 美元，对单订旅馆定价 800 美元，捆绑销售定价 1 000 美元，那么消费者 1 将会付住宿费，消费者 2 将会购买捆绑产品，顾客 3 将会购买往返机票。公司将会获得 1 400 美元的利润。这说明，在本题中混合捆绑销售是最好的选择。

12.29 a）使用逆弹性定价法则，

$$\frac{P-MC}{P}=-\frac{1}{\epsilon_{Q,P}}$$

$$\frac{P-MC}{P}=-\frac{1}{-3}$$

$$\frac{P}{MC}=1.5$$

公司将会将价格设定为边际成本的 1.5 倍。

b）最优的广告销售比可通过下面的等式找到：

$$\frac{A}{PQ}=-\frac{\epsilon_{Q,A}}{\epsilon_{Q,P}}=-\frac{0.5}{-3}=0.167$$

因此，广告花费应该大约为销售收入的 16％或 17％。

第 13 章

13.5 a）有两家企业，需求为 $P=300-3Q_1-3Q_2$。如果 $Q_2=50$，那么 $P=300-3Q_1-150$ 或者 $P=150-3Q_1$。设定 $MR=MC$ 得

$$150-6Q_1=100$$
$$Q_1=8.33$$

如果 $Q_2=20$，那么 $P=240-3Q_1$。设定 $MR=MC$ 得

$$240-6Q_1=100$$
$$Q_1=23.33$$

b）对于企业 1，$P=(300-3Q_2)-3Q_1$。设定 $MR=MC$ 得

$$(300-3Q_2)-6Q_1=100$$
$$Q_1=33.33-0.5Q_2$$

由于两家企业的边际成本都一样，由对称性得 $Q_2=33.33-0.5Q_1$。这些反应函数如下图所示。

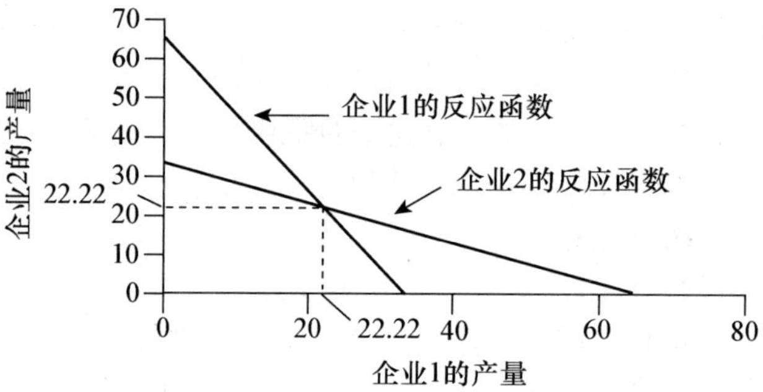

c）在均衡中，两家企业将选择同一水平的产出。因此，我们使 $Q_1=Q_2$，解得

$$Q_2=33.33-0.5Q_2$$

这意味着 $Q_2=22.22$。

由于两家企业将选择同一水平的产出，两家企业都会生产 22.22 单位。通过将产量代入每家企业的市场需求可得价格 $P=300-3\times44.44=166.67$。

d）如果市场是完全竞争的，均衡将出现在 $P=MC=100$ 时。

e）如果企业之间合谋设定了一个垄断价格，那么

$$300-6Q=100$$
$$Q=33.33$$

因此，市场价格 $P=300-3\times(200/6)=200$。

f）如果企业实行伯特兰寡头模式，均衡将会和完全竞争均衡一样，$P=100$。

g）假设企业 1 有 $MC=100$，企业 2 有 $MC=90$。对于企业 1，$P=(300-3Q_2)-3Q_1$。设定 $MR=MC$ 得

$(300-3Q_2)-6Q_1=100$

$Q_1=33.33-0.5Q_2$

对于企业 2，$P=(300-3Q_1)-3Q_2$。设定 $MR=MC$ 得

$(300-3Q_1)-6Q_2=90$

$Q_2=35-0.5Q_1$

同时解这两个反应函数得 $Q_1=21.11$，$Q_2=24.44$。在这两个产量下，市场价格 $P=163.36$。

13.10 a）有四家企业，需求函数为 $P=15-Q_1-Q_2-Q_3-Q_4$。让 X 代表企业 2、3 和 4 的总产出。那么，企业 1 面临的需求为 $P=(15-X)-Q_1$。设定 $MR=MC$ 得

$(15-X)-2Q_1=5$

$Q_1=5-0.5X$

由于所有企业均有同样的边际成本，产量是对称的。让 Q^* 代表每家企业的最优产出，

$Q^*=5-0.5(3Q^*)$

这说明 $Q^*=2$。

因此，行业总产出将会为 8，每家企业生产 2 单位产出。在这个产量下，价格 $P=15-8=7$。每家企业的利润 $\pi=TR-TC=7\times2-5\times2=4$。

b）如果两家企业合并，那么市场中企业的数量下降到 3。每家企业的新产量为：

$Q^*=5-0.5(2Q^*)$

这说明 $Q^*=2.5$。

现在，行业总产出将会为 7.5，每家企业生产 2.5 单位产出。在这个产量下，价格 $P=15-7.5=7.5$。每家企业的利润 $\pi=TR-TC=7.5\times2.5-5\times2.5=6.25$。

因此，合并后，每家企业的利润增加。但利润并没有变为两倍，合并使两家企业净赚较小的总利润。对没有合并的其他两家企业，每家企业的利润在合并后增加了。这是因为总的企业数量下降了，单家企业有更大的市场势力。这个更大的市场势力允许每家企业设定更高的价格，生产更少，从而获得更多的利润。

13.25 a）当可口可乐的边际成本增加时，可口可乐的反应函数将远离原点。这将有同时提高可口可乐价格和百事可乐价格的效应。见下图。

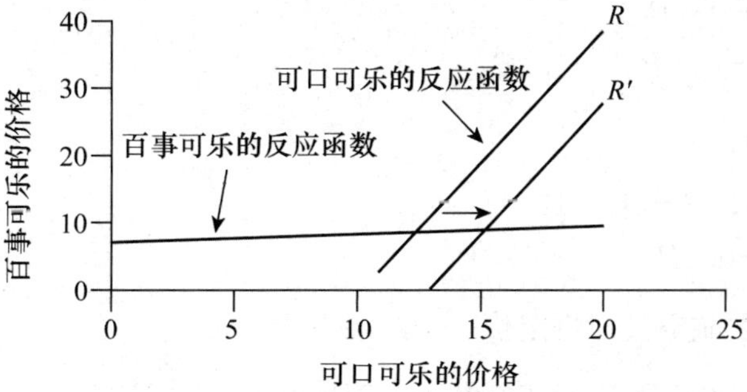

b）当百事可乐的需求增加时，百事可乐的反应函数向上移动。这将有同时提高可

口可乐价格和百事可乐价格的效应。见下图。

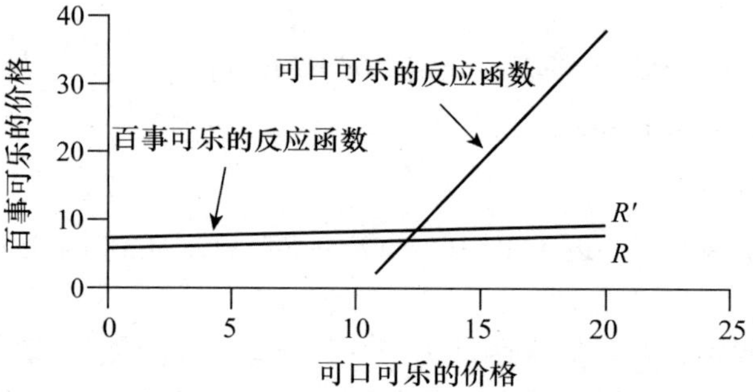

13.29 a）如果美国航空公司设定价格为 200 美元，我们可以将这个价格代入美国联合航空公司的需求曲线，得到美国联合航空公司的需求曲线。

$$Q_U = 1\,000 - 2P_U + 200$$
$$P_U = 600 - 0.5Q_U$$

为了找到美国联合航空公司利润最大化时的价格，设定 $MR=MC$。

$$600 - Q_U = 10$$
$$Q_U = 590$$

在这个产量下，美国联合航空公司将会定价 $P_U = 600 - 0.5 \times 590 = 305$。

b）如果美国航空公司设定价格为 400 美元，那么美国联合航空公司的需求曲线为：

$$Q_U = 1\,000 - 2P_U + 400$$
$$P_U = 700 - 0.5Q_U$$

令 $MR=MC$ 得到：

$$700 - Q_U = 10$$
$$Q_U = 690$$

在这个产量下，美国联合航空公司将会定价 $P_U = 700 - 0.5 \times 690 = 355$。

c）美国航空公司的需求为：

$$2P_A = (1\,000 + P_U) - Q_A$$
$$P_A = (500 + 0.5P_U) - 0.5Q_A$$

令 $MR=MC$ 意味着

$$(500 + 0.5P_U) - Q_A = 10$$
$$Q_A = 490 + 0.5P_U$$

在这个产量下，美国航空公司将定价

$$P_A = (500 + 0.5P_U) - 0.5(490 + 0.5P_U)$$
$$= 255 + 0.25P_U$$

由于公司有相同的边际成本和对称的需求曲线，美国联合航空公司的价格反应函数为：

$$P_U=255+0.25P_A$$

d）伯特兰均衡将会出现在这些价格反应函数相交的点。将 P_U的表达式代入 P_A的等式得

$$P_A=255+0.25(255+0.25P_A)$$

这意味着 $P_A=340$。

代入 P_U的表达式得到 $P_U=340$。所以，在伯特兰均衡中，每家公司将会定价 340，产量为 660。

第 14 章

14.4

		百事可乐：激进	百事可乐：保守
可口可乐	激进	100，80	170，40
可口可乐	保守	80，140	120，100

在这个博弈中，对两家公司来说，“激进”都是占优策略。因此，对这两家公司而言，纳什均衡策略是选择“激进”。

这个博弈是囚徒困境博弈的一个例子。在这个博弈中，两个参与者都有占优策略，产生一个不能最大化参与者集体收益的结果。如果两个参与者都选择“保守”策略，那么双方都会增加利润，而且集体收益能够最大化。

14.19

		波音：$P=5$	波音：$P=10$
空中客车	$P=5$	30，30	270，0
空中客车	$P=10$	0，270	50，50

说明：图中数字的单位是百万美元。本题图下同。

a）在这个博弈中，两个参与者都有占优策略。占优策略是选择“$P=5$”。因此，当空中客车选择“$P=5$”且波音选择“$P=5$”时，纳什均衡结果会出现。

b）空中客车的声明说明，只要波音选择“$P=10$”，空中客车就会在本季度和随后的季度选择“$P=10$”。然而，如果波音选择“$P=5$”，空中客车就会在随后的季度选择“$P=5$”。

从波音的支付矩阵看，如果它继续选择“$P=10$”，那么在每一个季度将获得收益 50 百万美元。如果它选择降价到“$P=5$”，那么在第一个季度得到 270 百万美元。在随后的所有季度中，波音所能做的最优选择是“$P=5$”，空中客车一样，波音将会得到 30 百万美元。因此，波音的两个可能收益流为：

波音	$P=5$	270　30　30 …… 30
	$P=10$	50　50　50 …… 50

当本季度一次性收益为 40 百万美元时，波音从下个季度开始的收益流为 1 百万美元。因此，波音的两个收益流为：

$P=5$	$270+40\times30=1\,470$
$P=10$	$50+40\times50=2\,050$

因此，当“$P=10$”时，以现在美元计的值更大，所以波音应该在这个季度和接下来的所有季度选择“$P=10$”。

c）现在波音有不同的收益流。在当前的情况下，波音认为明年开始的 1 百万美元收益流相当于现在得到 10 百万美元。因此，波音将会有如下收益流：

$P=5$	$270+10\times30=570$
$P=10$	$50+10\times50=550$

现在，与“$P=10$”相比，“$P=5$”以现在美元计的值更大。因此，今年波音应该选择“$P=5$”，得到今年的高回报，之后选择“$P=5$”，每年得到收益流 30 百万美元。

14. 21

		企业 2 激进	企业 2 保守
企业 1	激进	25，9	33，10
	保守	30，13	36，12

a）如果两家企业同时选择，那么企业 1 将会选择它的占优策略“保守”。知道企业 1 有一个占优策略，企业 2 将会猜测企业 1 会选择这个策略，它自己将选择“激进”，这是给定企业 1 可能选择情况下的最优策略。因此，纳什均衡为企业 1 选择“保守”，企业 2 选择“激进”。

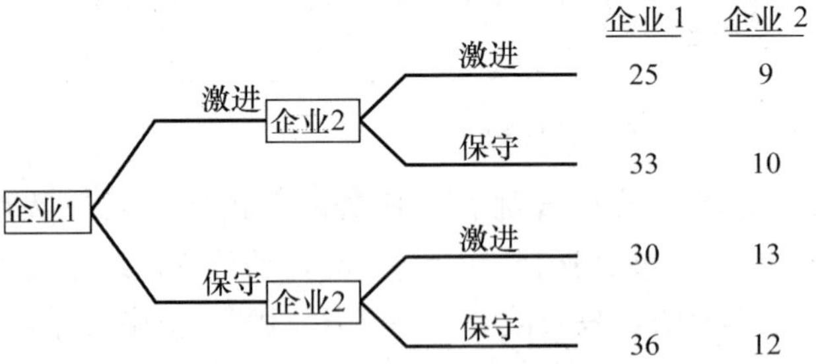

b）如果企业 1 可以先进行选择，那么，如果它选择“激进”，企业 2 将选择“保守”，企业 1 将会得到 33；如果企业 1 选择“保守”，企业 2 将选择“激进”，企业 1 将会得到 30。因此，如果企业 1 先行动，它的最优选择是“激进”。在这种情况下，企业 2 的最优选择是“保守”，企业 1 获得 33，企业 2 获得 10。

第 15 章

15.1 a)

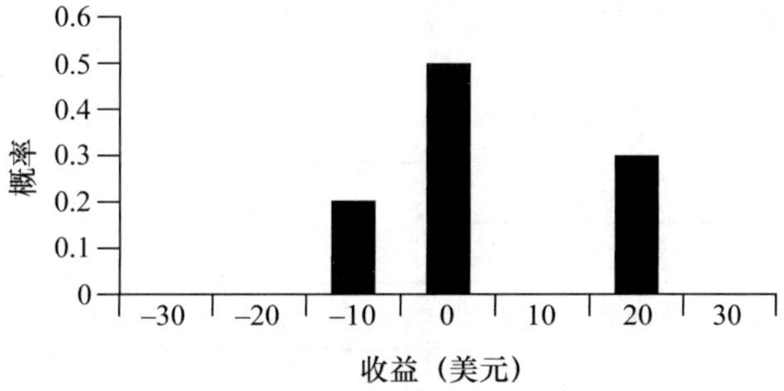

b) $EV=0.2\times(-10)+0.5\times0+0.3\times20=4.0$。

c) 方差$=0.2(-10-4)^2+0.5\times(0-4)^2+0.3\times(20-4)^2=124$。

标准差$=\sqrt{方差}=\sqrt{124}=11.14$。

15.5 a)

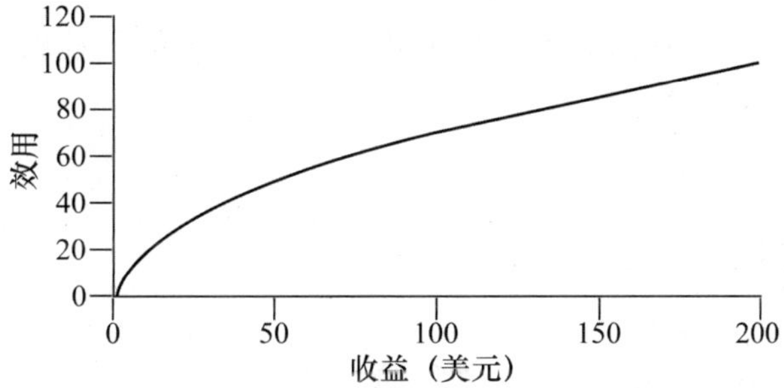

b) $EV=0.75\times0+0.25\times200=50$。

c) 期望效用$=0.75\sqrt{50\times0}+0.25\sqrt{50\times200}=25$。

d) 效用$=\sqrt{50\times50}-50$。

固定收益的效用为 50，比有相同预期收益的彩票的预期效用要高。因此，和有相同预期收益的彩票相比，决策者更偏爱确定的事物，有这样效用函数的决策者是一个风险厌恶（规避）者。

15.12 如果你的效用函数为$U=\sqrt{I}$，那么彩票 A 的风险溢价为：

$$0.90\sqrt{0}+0.10\sqrt{400}=\sqrt{40-RP_A}$$
$$\sqrt{40-RP_A}=2$$
$$40-RP_A=4$$
$$RP_A=36$$

彩票 B 的风险溢价为：

$$0.50\sqrt{30}+0.50\sqrt{50}=\sqrt{40-RP_B}$$
$$\sqrt{40-RP_B}=6.27$$

$40 - RP_B = 39.36$

$RP_B = 0.64$

彩票A的风险溢价为36，彩票B的风险溢价为0.64。

15.24 a）

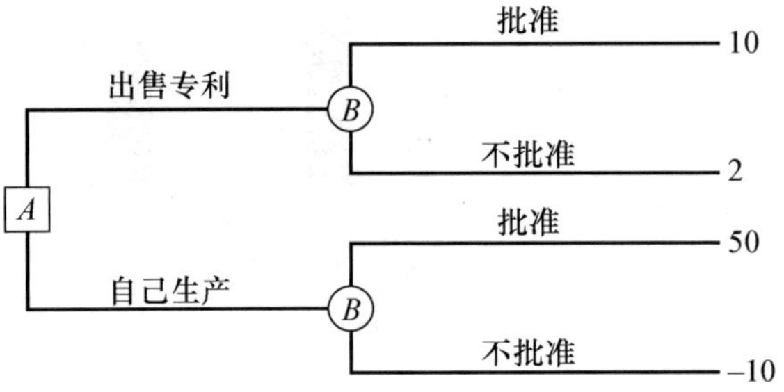

b）“出售专利”的预期收益为0.20×10+0.80×2=3.60。“自己生产”的预期收益为0.20×50+0.80×(-10)=2.0。因此，公司应该出售专利，获得预期收益3.60。

第16章

16.1 a）在均衡中，我们必须使黄油市场和人造黄油市场的供给量等于需求量。这意味着在均衡中，我们将有

$Q_M^d = Q_M^s$ 和 $Q_B^d = Q_B^s$

代入已知曲线，这意味着

$20 - 2P_M + P_B = 2P_M$

$60 - 6P_B + 4P_M = 3P_B$

从第一个等式中解出 P_B，并代入第二个等式，得

$60 + 4P_M = 9(4P_M - 20)$

$60 + 4P_M = 36P_M - 180$

$P_M = 7.5$

当 $P_M = 7.5$ 时，$P_B = 10$。此时 $Q_M = 15$，$Q_B = 30$。

b）当人造黄油的供给曲线移动到 $Q_M^s = P_M$ 时，我们有

$20 - 2P_M + P_B = P_M$

$60 - 6P_B + 4P_M = 3P_B$

从第一个等式中解出 P_B，并代入第二个等式，得

$60 + 4P_M = 9(3P_M - 20)$

$60 + 4P_M = 27P_M - 180$

$P_M = 10.43$

当 $P_M = 10.43$ 时，$P_B = 11.30$。此时，$Q_M = 10.43$，$Q_B = 33.91$。植物油价格上涨提高

了人造黄油的价格，降低了人造黄油的消费量。当消费者转向黄油时，黄油的价格提高，黄油的消费量也上升。

当植物油的价格上涨时，因为黄油和人造黄油互为替代品，黄油的价格提高。影响可从下图中看出。

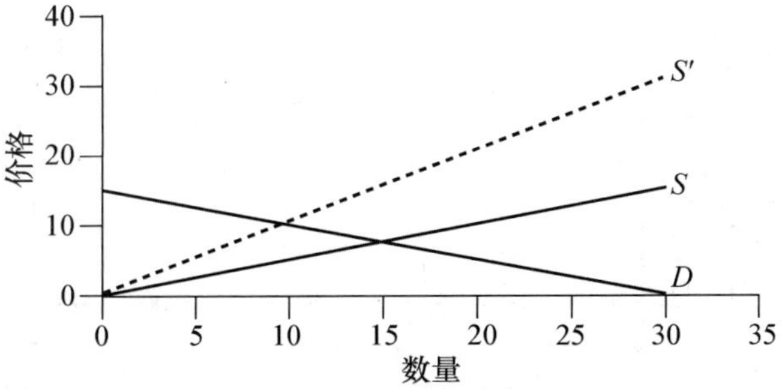

(a) 人造黄油市场

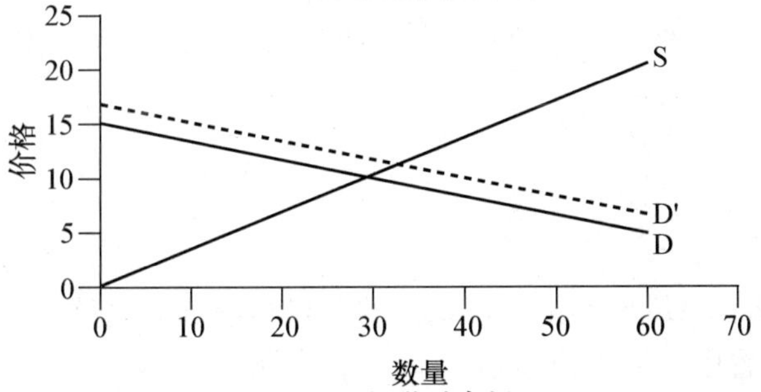

(b) 黄油市场

因为商品互为替代品，人造黄油供给的下降将导致人造黄油的价格上升，消费者购买黄油代替人造黄油，这使得黄油的需求增加，黄油的均衡产量和均衡价格也增加。

16.5 首先，在均衡中，啤酒和乳蛋饼的供给数量必须等于需求数量。这意味着

$$w^{1/6}r^{5/6}=\frac{20I_W+90I_H}{X}$$

$$w^{3/4}r^{1/4}=\frac{80I_W+10I_H}{Y}$$

现在，由于每户蓝领家庭供给 100 单位劳动和 0 单位资本，而每户白领家庭供给 10 单位资本和 0 单位劳动，

$$I_W(w,r)=10r$$

$$I_H(w,r)=100w$$

将这些代入上面的条件得

$$w^{1/6}r^{5/6}=\frac{200r+9\ 000w}{X}$$

$$w^{3/4}r^{1/4}=\frac{800r+1\ 000w}{Y}$$

其次，在均衡中，劳动和资本的供给数量必须等于需求数量。由于每种类型有 100 户，我们有 $L=100\times100=10\ 000$，$K=100\times10=1\ 000$。使这些等式等于需求，得到

$$10\ 000=\frac{X}{6}\left(\frac{r}{w}\right)^{5/6}+\frac{3Y}{4}\left(\frac{r}{w}\right)^{1/4}$$

$$1\ 000=\frac{5X}{6}\left(\frac{w}{r}\right)^{1/6}+\frac{Y}{4}\left(\frac{w}{r}\right)^{3/4}$$

16.12 a)

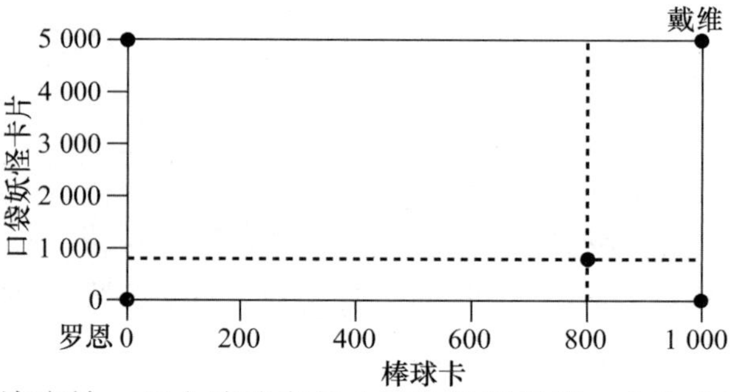

b）为了达到经济有效，两个消费者的 *MRS* 必须相等。在这个配置中我们有

$$MRS^{R}_{x,y}=\frac{y_r}{x_r}=\frac{800}{800}=1$$

$$MRS^{D}_{x,y}=\frac{y_d}{2x_d}=\frac{4\ 200}{2\times200}=\frac{21}{2}$$

由于两个消费者的 *MRS* 不相等，现在的配置是经济无效的。

c）在当前的配置中，罗恩愿意以一张口袋妖怪卡片换取一张棒球卡，戴维愿意用 21 张口袋妖怪卡片换取 2 张棒球卡。如果戴维给罗恩 21 张口袋妖怪卡片换取 10 张棒球卡，两个消费者的境况都将会变得更好。

戴维愿意用 21 张口袋妖怪卡片换取 2 张棒球卡，通过这次贸易，他得到 10 张棒球卡。因此，戴维的境况得到改善。罗恩愿意用 10 张棒球卡换取 10 张口袋妖怪卡片。通过这次贸易，用 10 张棒球卡换取了 21 张口袋妖怪卡片。因此，罗恩的境况也改善了。

16.18 a)

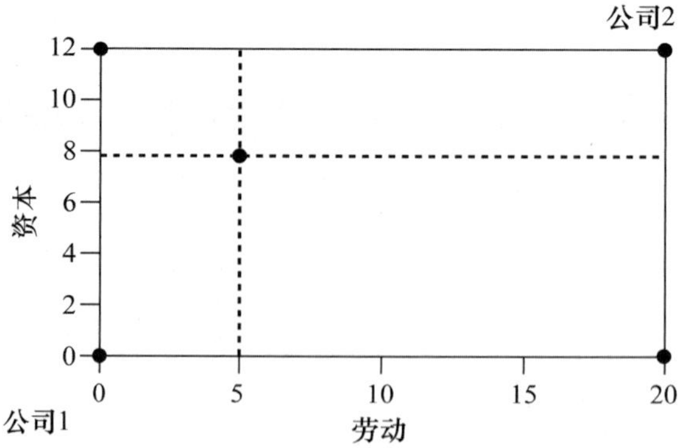

b）为了满足投入有效，我们必须有

$$MRTS^{1}_{l,k}=MRTS^{2}_{l,k}$$

$$\frac{MP^{1}_{l}}{MP^{1}_{k}}=\frac{MP^{2}_{l}}{MP^{2}_{k}}$$

代入已知信息，得

$$\frac{20}{40}\neq\frac{60}{30}$$

$$0.5\neq2$$

由于 $MRTS$ 不相等，现在的投入配置在经济上是无效的。

在现在的配置中，公司 1 可以用 2 单位劳动换取 1 单位资本而不改变产出。通过放弃一单位劳动获得一单位资本，该公司可以增加产出。在现在的配置中，公司 2 可以用 2 单位资本换取 1 单位劳动而不影响产出。通过放弃一单位资本获得一单位劳动，公司 2 可以增加产出。因此，通过将公司 2 的一单位资本配置到公司 1，将一单位劳动从公司 1 配置到公司 2，两家公司都可以生产更多的产出。

16.22 a）从表格中可知，美国生产一块手表只需要花费 50 小时，瑞士则需要 60 小时，因此，美国在手表生产上有绝对优势。

美国生产一辆汽车只需要花费 5 小时，瑞士则需要 20 小时，因此，美国在汽车生产上也有绝对优势。

b）在美国，生产一块手表的机会成本是 10 辆汽车。在瑞士，生产一块手表的机会成本是 3 辆汽车。因为瑞士的机会成本比美国的低，所以瑞士在手表生产上有比较优势。

在美国，生产一辆汽车的机会成本是 1/10 块手表。在瑞士，生产一辆汽车的机会成本是 1/3 块手表。因为美国的机会成本比瑞士的低，所以美国在汽车生产上有比较优势。

第 17 章

17.1 如果政府设置一个零污染的排放标准，这个标准对社会将不是有效的。在设定标准为零的前提下，政府可以通过阻止污染产业生产某些社会需要的物品减少污染。然而，通过设定标准为零，政府也将由于减少这种产品的生产而丧失社会收益。总体来说，生产时的社会收益将很有可能超过非零水平的生产（污染）社会成本，这说明社会有效的生产水平是非零的。

17.5 a）在图 17－5 中，无谓损失为面积 ABG。因为超过最优点（Q_4）的每一辆车的边际社会成本均超过边际收益，这个面积为无谓损失。面积 ABG 近似为（假设在该图中的这个部分以上，需求曲线和 MPC 曲线是接近直线的）$0.5(Q_5-Q_4)(8-5)=1.5(Q_5-Q_4)$。

b）社会有效的交通量出现在边际社会成本曲线和边际收益曲线相交处。在图 17－5 中，这个点出现在点 Q_4。在点 Q_4 处，边际收益为 5.75 美元，边际私人成本为 4.00 美元。为了实现社会最优，应该设定通行费使边际收益等于边际私人成本加上通行费，如此方能有效地迫使驾驶员将进入高速公路的外部成本计算进去。在点 Q_4 处，通行费为 $5.75-4.00=1.75$ 美元。

通行费不是 3.00 美元。这是因为，设定通行费的目的是迫使驾驶员在点 Q_4 观察到进入高速公路的外部成本。如果设定通行费为 3.00 美元，MPC 和 MB 的差额在点 Q_5，设定通行费的目的是迫使驾驶员在点 Q_4 观察到外部成本，从而在 Q_5 不进入高速公路。

但是，因为在最优点 Q_5，驾驶员不会进入高速公路，这个成本不重要。3.00 美元的通行费将会使交通量低于社会最优点。

c）如果当局设定通行费为 1.75 美元，当局获取的收益等于通行费乘以驾驶员的数量。在这种情况下，收益为 $1.75Q_4$ 美元。

17.22

经济有效的产出水平出现在 $MSB=MC$ 处。由于这个产出水平出现在三个消费者都在的市场，我们有

$$(60-Q)+(100-Q)+(140-Q)=180$$
$$3Q=120$$
$$Q=40$$

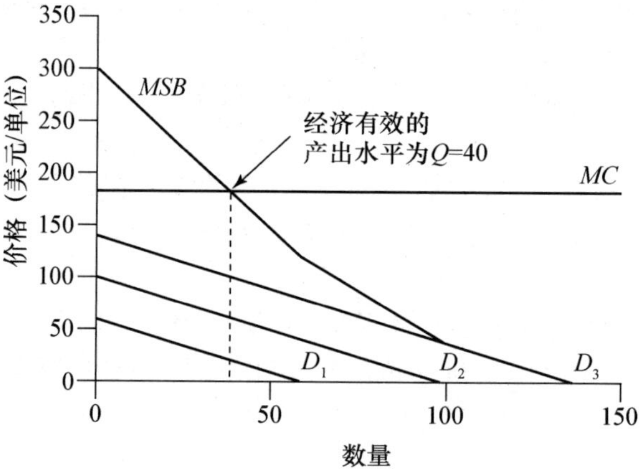

17.23 如果产品完全不被提供，无谓损失为曲线 MSB 以下和边际成本曲线以上的面积，即 $0.5\times(300-180)\times40=2\,400$。因为它表示的是如果产品不被提供，潜在净经济收益将会消失，所以这就是无谓损失。

术语表

A

绝对优势（Absolute advantage）：如果一个国家生产一件产品 x 所需的稀缺投入（如劳动）少于另一个国家，则第一个国家较之第二个国家在产品 x 的生产上有绝对优势。

会计成本（Accounting costs）：过去已经发生的显性成本的总和。

逆向选择（Adverse selection）：保险费的提高将提高保险购买群体总风险水平的一种现象。

商品和投入的分配（Allocation of goods and inputs）：经济体中在一般均衡时可能出现的消费模式和投入方法。

年金（Annuity）：指在一段时间期限内一系列恒定等间隔的支付。

套利（Arbitrage）：一个实施价格歧视的公司以不同的价格销售同样版本的产品，这种行为导致一些消费者作为中间商，他们以低价买入并重新销售给其他愿意付更高价格的消费者，此时套利发生。当套利发生时，中间商获取该公司本希望通过价格歧视所获得利润的一部分。

信息不对称（Asymmetric information）：交易的一方对自己的行动或个人特征知道的比另一方多的情况。

平均固定成本（Average fixed cost）：每单位产出的总固定成本。

平均非沉没成本（Average nonsunk cost）：平均可变成本和平均非沉没固定成本之和。

单位劳动平均产量（Average product of labor）：每单位劳动的平均产出。

平均收益（Average revenue）：单位产出的总收益（即总收益与产量的比值）。

平均可变成本（Average variable cost）：每单位产出的总可变成本。

B

逆向归纳法（Backward induction）：分析序贯博弈的方法，该方法从博弈树的末端开始，寻找每个决策点的最优决策。

从众效应（Bandwagon effect）：一种正的网络外部性，指的是随着更多的消费者购买一种商品，每一个消费者对商品的需求均会增加。

进入壁垒（Barriers to entry）：一些使在位厂商获得正的经济利润而使新进入厂商无法获利的因素。

篮子（Basket）：消费者可能消费的商品和服务组合。

伯特兰均衡（Bertrand equilibrium）：在给定其他企业价格的情况下，每家企业都选择一个利润最大化的价格时所形成的均衡。

最优反应（best response）：在给定竞争企业产出水平情况下，一个企业追求利润最大化时所选择的产出。

分段定价（Block tariff）：二级价格歧视的一种形式，消费者在购买一定范围内的产品时有一个价格，再增加购买数量时会有另外一个价格（通常会变低）。

预算约束（Budget constraint）：消费者在有限的收入下能够购买的篮子集。在预算线上或之内的点都满足预算约束。

预算线（Budget line）：消费者在花费掉所有的可支配收入时能够购买的篮子集。

捆绑销售（Bundling）：搭配销售的一种形式。在购买商品时，消费者需要购买一篮子商品的组合，不能单独购买其中的任何一种。

C

资本需求曲线（Capital demand curve）：描述在成本最小化下，资本需求如何随资本价格改变的曲线。

资本-劳动比（Capital-labor ratio）：资本数量和劳动数量的比值。

资本节约型技术进步（Capital-saving technological progress）：这种技术进步使劳动边际产量的增加量大于资本边际产量的增加量。

基数偏好（Cardinal ranking）：相比另一个篮子来说，消费者可以在数量上度量对一个篮子的偏好。

卡特尔（Cartel）：一群生产者合谋决定价格和产量的组织。

窒息价格（Choke price）：需求数量下降为 0 时的价格。

科斯定理（Coase theorem）：该定理强调，不管初始产权如何界定，当当事人的交易成本为零时，资源的配置就是有效的。

柯布-道格拉斯生产函数（Cobb-Douglas production function）：形式为 $Q=AL^{\alpha}K^{\beta}$ 的生产函数，其中，Q 为用 L 单位劳动和 K 单位资本所生产的产出数量，A、α 和 β 都为正的常数。

柯布-道格拉斯效用函数（Cobb-Douglas utility function）：形式为 $U=Ax^{\alpha}y^{\beta}$ 的效用函数，其中 U 表示消费者从消费 x 单位的一种商品和 y 单位的另一种商品中得到的效用，A、α 和 β 都为正的常数。

公共财产（Common property）：任何人都能够获得的资源，比如公园、高速公路或互联网。

共同价值（Common values）：在这种情况下，对所有报价者来说，拍卖物品拥有相同的内在价值，但没有人知道这个价值确切是什么。

比较优势（Comparative advantage）：如果一个国家在放弃生产另一产品 y 的情况下生产一件产品 x 的机会成本低于另一个国家，则第一个国家较之于第二个国家在产品 x 的生产上有比较优势。

比较静态分析（Comparative statics analysis）：在一个经济体中用于讨论外生变量的变化如何影响内生变量的水平的分析。

补偿变化（Compensating variation）：在一件商品价格下降后，为了维持价格下降前的效用水平，消费者愿意放弃的钱的数量。

复合商品（Composite good）：代表除了正在购买的商品外其他的所有商品。

常弹性成本函数（Constant elasticity cost curve）：一个总成本与相应产量和投入价格之间弹性不变的成本函数。

常弹性需求曲线（Constant elasticity demand curve）：形如 $Q=aP^{-b}$ 的需求曲线，a 和 b 是正的常数，$-b$ 为此需求曲线的需求价格弹性。

常数替代弹性生产函数［Constant elasticity of substitution（CES）production function］：包括线性生产函数、固定比例生产函数、柯布-道格拉斯生产函数的生产函数，这三种生产函数都是 CES 生产函数的特殊形式。

成本不变行业（Constant-cost industry）：增加或减少行业产出均不会影响投入价格的行业。

规模报酬不变（Constant returns to scale）：以同一比例同时增加所有投入要素数量导致产出以相同比例增加。

约束优化分析（Constrained optimization analysis）：一个有助于做出最好（最优）选择的分析工具，考虑了该选择的任何可能的限制性或局限性因素。

约束条件（Constraints）：在约束优化问题中，强加给决策者的限制性或局限性因素。

消费者偏好（Consumer preferences）：在可以免费得到篮子的假设下，对任意两个可能的篮子，消费者如何排列或比较。

消费者剩余（Consumer surplus）：消费者为一个物品愿意支付的最高价格和他或她实际购买时支付价格的差。

契约曲线（Contract curve）：一条显示所有商品在埃奇沃思盒状图内实现经济有效的配置的曲线。

角点（Corner point）：当完全没有购买某种商品时，消费者最优选择问题的一个解决方案，而且在这种情况下，最优篮子位于坐标轴上。

成本驱动因素（Cost driver）：影响或驱动总成本或平均成本的因素。

成本最小化问题（Cost-minimization problem）：在特定产出水平下，选择一个投入组合以最小化企业成本的问题。

成本最小化企业（Cost-minimizing firm）：旨在在给定产出的条件下最小化生产成本的企业。

古诺均衡（Cournot equilibrium）：在寡头垄断市场中，在给定其他企业产出的情况下，每家企业选择利润最大化产出所形成的均衡。

需求交叉价格弹性（Cross-price elasticity of demand）：一个物品的需求数量变化的百分比和另一个物品价格变化的百分比的比值。

D

损坏产品策略（Damaged goods strategy）：通过故意损坏产品来创造一种全价低端产品的版本控制策略。

无谓损失（Deadweight loss）：由资源的无效分配导致的净经济收益的减少。

垄断引起的无谓损失（Deadweight loss due to monopoly）：完全竞争市场的净经济收益与垄断均衡获得的净经济收益的差额。

决策树（Decision tree）：一个描述决策者在每个时间点上的可行选择和相应风险水平的图形。

成本递减行业（Decreasing-cost industry）：随着行业产量的增加，部分或全部投入价格下降的行业。

规模报酬递减（Decreasing returns to scale）：以同一比例增加所有投入导致产出以较低的比例增加。

需求互补品（Demand complements）：如果一种商品的价格上升，另一种商品的需求量减少，以该种形式关联的两种商品为需求互补品。

需求替代品（Demand substitutes）：如果一种商品的价格上升，另一种商品的需求量增加，以该种形式关联的两种商品为需求替代品。

导数（Derivative）：一个用于描述因变量的斜率（变化率）随自变量变化而变化的函数。

派生需求（Derived demand）：由其他商品的生产和销售衍生出来的需求。

差异化产品寡头垄断市场（Differentiated products oligopoly markets）：一个只有少数企业的市场，每家企业销售的产品可以互相替代，但每家企业的产品在属性、外形、包装和印象等方面有所不同。

边际替代率递减（Diminishing marginal rate of substitution）：消费者偏好具有的一个特点，就是沿着无差异曲线，随着一种商品消费量的增加，另一种商品替代该种商品的边际替代率递减。

边际技术替代率递减（Diminishing marginal rate of technical substitution）：生产函数的一个特征：沿着等产量线，随着劳动的增加，劳动替代资本的边际技术替代率递减。

劳动边际收益（报酬）递减（Diminishing marginal returns to labor）：随着劳动投入的增加，产出增加，但增加的速度逐渐变小。

劳动总收益（报酬）递减（Diminishing total returns to labor）：总产量随劳动投入的增加而减少。

直接需求（Direct demand）：由买方想直接消费商品产生的需求。

贴现率（Discount Rate）：贴现率就是用于现值推算的利率。

规模不经济（Diseconomies of scale）：随着产出的增加，平均成本也上升的生产特征。

主导厂商市场（Dominant firm markets）：在一个市场中，一家企业拥有很大的市场份额，但它和无数提供同样产品的小企业进行竞争。

占优策略（Dominant strategy）：指存在一个策略，不管其他参与者采取什么策略，对参与者来说，该策略都比其他策略好。

劣策略（Dominated strategy）：指这样的策略，不管另一个参与者怎么做，参与者总有另一个策略比该策略有更高的收益。

对偶性（Duality）：函数（比如生产函数和投入函数）之间的联系，能让我们由一个函数推出另一个函数。

双寡头垄断市场（Duopoly market）：一个只存在两家企业的市场。

耐用品（Durable goods）：比如汽车和飞机之类，经过许多年依然能提供有价值的服务的产品。

荷兰式拍卖（Dutch descending auction）：在这种拍卖方式下，先由卖者提出一个较高的报价，然后开始逐渐降低价格，直到有人愿意接受当时价格买下拍卖品。

E

经济成本（Economic costs）：企业的显性成本和隐性成本的总和。

经济利润（Economic profit）：企业的销售收入和其全部经济成本（包括所有相关的机会成本）之间的差值。

生产经济区域（Economic region of production）：等产量线向下倾斜的区域。

经济租金（Economic rent）：由供给稀缺且极其高产的投入所带来的经济收益。一个固定投入的经济租金是企业为获得该固定投入服务所愿意支付的最大值和它们使用投入品需要支付的最小值的差额。

经济增加值（Economic value added）：一个广泛使用的经济利润的度量指标，它等于公司的会计利润减去企业投资者要求的投资资本的最低收益。

经济有效（帕累托有效）：[Economically efficient（Pareto efficient）]：是指经济体中商品和投入分配具有下述特征：无法在不损害其他消费者的情况下使一些消费者的境况变好。

经济无效（帕累托无效）[Economically inefficient（Pareto inefficient）]：商品和投入分配具有下述特征：有可行的商品和投入分配方法使所有的消费者相对于初始分配境况变好。

经验经济（Economies of experience）：由积累的经验所带来的成本优势，又称干中学。

规模经济（Economies of scale）：平均成本随产量的增加而降低，这种生产的特征就为规模经济。

范围经济（Economies of scope）：一家企业生产既定数量的两种产品的总成本低于在两家生产单一产品的企业中分别生产这些产品的总成本的情况。

埃奇沃思盒状图（Edgeworth box）：在给定每种商品的总可得供给情况下，显示在只有两种商品经济中所有可能商品分配的图。

投入品的埃奇沃思盒状图（Edgeworth box for inputs）：对给定数量的劳动和资本，一张显示其在两种不同商品生产者之间所有可能配置的图。

弹性需求（Elastic demand）：需求价格弹性在$-\infty$和-1之间。

替代弹性（Elasticity of substitution）：劳动和资本替代关系难易性的度量尺度。它是指，当我们沿着等产量线移动时，劳动替代资本的边际技术替代率变化1个百分点时，资本-劳动比的变化程度。

排污费（Emissions fee）：对排放到环境中的污染物征收的一种税。

排污标准（Emissions standard）：政府对可排放的污染量的限制。

内生变量（Endogenous variable）：由研究的经济方案（模型）决定变量值的变量。

恩格尔曲线（Engel curve）：当产品价格不变时，一条表示产品的消费数量和收入水平之间的关系的曲线。

英式拍卖（English auction）：在这种拍卖方式下，参与者报价，其他每个竞争的买主可以不断抬高报价，直到出价最高的报价者获得拍卖品而结束拍卖。

平等地获取资源（Equal access to resources）：所有企业（那些当前处于该行业中的企业以及潜在的进入者）都可以获得相同的技术和投入；完全竞争行业的特质之一。

均衡（Equilibrium）：在外生变量保持不变的情况下，市场价格没有任何变化趋势的点。

等价变化（Equivalent variation）：在一件商品价格下降后，为了达到价格下降后的效用水平，消费者需要增加的钱的数量。

需求过剩（Excess demand）：一种在给定价格下需求数量超过供给数量的情形。

供给过剩（Excess supply）：一种在给定价格下供给数量超过需求数量的情形。

交换有效（Exchange efficiency）：资源分配具有下述特征：对给定的消费品组合，除非至少使一些消费者的境况变差，否则不能在经济体中的消费者之间进行重新分配。

排他性产品（Exclusive good）：消费者或许无法获得该产品。

外生变量（Exogenous variable）：在一个经济方案（模型）的分析中，值已经给定的变量。

扩展线（Expansion path）：在投入要素价格保持不变时，由最小化成本形成的反映产量和投入要素之间关系的线。

期望效用（Expected utility）：在一个不确定事件中，决策者获得的效用的期望值。

期望值（Expected value）：对不确定事件中平均收益的度量。

支出最小化问题（Expenditure minimization problem）：既能使总花费最小又能达到既定效用水平的商品间消费者选择。

经验曲线（Experience curve）：平均可变成本与累计产量之间的关系。它被用于描述经验经济。

经验弹性（Experience elasticity）：累计产量每增加1%，平均可变成本变化的百分比。

显性成本（Explicit costs）：涉及直接货币支出的成本。

外部性（Externality）：一个决策者的行动对其他消费者（厂商）产生的价格无法

传递的影响。

F

生产要素（Factors of production）：用于生产产品的资源。

公平定价保险（Fairly priced insurance）：指保险费等于承诺赔偿期望值的保险。

一级价格歧视（First-degree price discrimination）：企业将每单位的产品都按照消费者的保留价格（消费者的最大支付意愿）卖给消费者的策略。

福利经济学第一定理（First Fundamental Theorem of Welfare Economics）：一般竞争均衡中产生的商品和投入品的配置是经济有效的。也就是说，给定经济体中可获得的资源，不存在其他可行的商品和投入品的分配方法能够同时使得所有消费者的境况变好。

一级密封价格拍卖（First-price sealed-bid auction）：在这种拍卖方式下，在不知道其他参与者的报价的情况下，每个报价者报价。报价最高者按照自己的出价获得拍卖品。

固定比例生产函数（Fixed-proportions production function）：一种投入品和另一种投入品以一个不变比例投入的生产函数。

分散型行业（Fragmented industry）：一个包含许多小型买家和卖家的行业；完全竞争行业的特质之一。

自由进入（Free entry）：任何潜在的进入者都可以获得与现存企业相同的技术和投入。

搭便车（Free riding）：某个消费者或厂商不愿为排他性的产品付费，却希望其他人为此买单。

G

博弈论（Game theory）：微观经济学的分支，讨论在竞争情况下个体如何做出最优决策。

博弈树（Game tree）：说明了每个参与者在博弈中所能采取的不同策略和这些策略被选择的顺序。

一般均衡分析（General equilibrium analysis）：一种研究多个市场上均衡价格和均衡数量如何同时决定的分析方法。

吉芬商品（Giffen good）：收入效应超过替代效应的强劣等品。在某个价格区域内，它的需求曲线是向上倾斜的。

H

同质产品寡头垄断市场（Homogenous products oligopoly markets）：在这个市场中，少数公司销售属性、性能特点、印象和（最终的）价格几乎相同的产品。

水平差异化（Horizontal differentiation）：对两个产品，一些消费者认为一个产品并不是另一个产品好的替代，即使另一个产品的价格高于这个产品也会购买。

I

隐性成本（Implicit costs）：不涉及直接货币支出的成本。

税收归宿（Incidence of a tax）：对税收对市场中消费者支付价格和销售者接受价格影响程度的度量。

收入消费曲线（Income consumption curve）：在商品价格不变的情况下，当收入变化时，由消费者效用最大化篮子组成的集合。

收入效应（Income effect）：当所有商品价格不变时，消费者消费商品的数量随购买力变化而变化。

需求收入弹性（Income elasticity of demand）：当价格和其他影响需求的因素保持不变时，需求数量变化的百分比和收入变化的百分比的比值。

劳动边际收益（报酬）递增（Increasing marginal returns to labor）：随着劳动投入的增加，产出增加，但增加的速度逐渐变大。

规模报酬递增（Increasing returns to scale）：当投入同比例增加时，产出增加的比例比投入增加的比例大。）

成本递增行业（Increasing-cost industry）：行业产出增加使投入价格上涨的行业。

无差异曲线（Indifference curve）：一条连接一系列对消费者产生相同满意度的消费篮子的曲线。

不可分割投入（Indivisible input）：一种只有在某一特定最小规模才可使用的投入。即使企业的产量降为0，它的数量也不可能被缩减。

行业特定投入（Industry-specific inputs）：只被某一特定行业使用而不被经济中其他行业使用的稀缺性投入。

无弹性需求（Inelastic demand）：需求价格弹性在−1和0之间。

劣等品（Inferior good）：随消费者收入增加而减少消费的商品。

劣等投入要素（Inferior input）：在成本最小化下，随着产出的增加，投入数量下降的投入要素。

投入契约曲线（Input contract curve）：一条由投入品的埃奇沃思盒状图中的所有投入有效的点组成的配置曲线。

投入有效（Input efficiency）：资源分配具有下述特征：对给定的投入组合，除非使经济体所生产的至少一种商品产量减少，否则无法在经济体中的企业之间进行重新分配。

投入（Inputs）：组合起来用于生产制成品的资源，如劳动、资本设备和原材料。

内部最优（Interior optimum）：消费者购买的所有商品都是正数的最优篮子。

逆需求曲线（Inverse demand curve）：需求曲线的方程，其形式为将价格表示为数量的函数。

逆弹性定价法则（Inverse elasticity pricing rule）：这个法则说明，利润最大化时的价格和边际成本之差占价格的百分比就等于需求价格弹性的负倒数。

等成本线（Isocost line）：使企业有相同总成本的劳动和资本的一系列组合。

等产量线（Isoquant）：显示产出相同情况下生产要素不同组合的线。

L

劳动需求曲线（Labor demand curve）：描述在成本最小化下，劳动需求如何随劳动价格改变的曲线。

劳动需求函数（Labor requirements function）：在既定产量下，需要使用的劳动最少的函数。

劳动节约型技术进步（Labor-saving technological progress）：这种技术进步使资本边际产量的增加量大于劳动边际产量的增加量。

需求定律（Law of demand）：在其他条件不变的情况下，价格和需求量之间存在负相关关系。

边际收益（报酬）递减规律（Law of diminishing marginal returns）：在其他生产要素投入不变的情况下，随着一种生产要素的增加，边际产量会先增加，然而到一定程度后会逐渐下降的规律。

一价定律（Law of one price）：在完全竞争行业，买家和卖家的所有交易都以单一、相同的市场价格进行。

供给定律（Law of supply）：当其他影响供给的因素不变时，价格和供给量之间存在正相关关系。

法定进入壁垒（Legal barriers to entry）：因给在位厂商合法地赋予避免竞争的权利而形成的壁垒。

市场势力的勒纳指数（Lerner Index of market power）：衡量垄断的标准，等于$(P-MC)/P$。

限制性定价（Limit pricing）：主导厂商为了降低次要厂商的扩张速度，将它的价格保持在低于最大化它当前利润的水平的一种策略。

线性需求曲线（Linear demand curve）：以$Q=a-bP$为表达式的需求曲线，其中a和b是正的常数。

线性生产函数（Linear production function）：形式为$Q=aL+bK$的生产函数，其中a和b都是正的常数。

长期（Long run）：只要有需要，企业可以任意改变任何投入数量的时期。

长期平均成本（Long-run average cost）：企业每单位产量的成本。它等于总成本除以总产量。

长期需求曲线（Long-run demand curve）：在该需求曲线上，消费者能根据价格充分调整他们的购买决策。

长期边际成本（Long-run marginal cost）：长期总成本的改变量与相应产量改变量的比值。

市场长期供给曲线（Long-run market supply curve）：假定全部市场调整（工厂规模的调整、新的进入）均能实现，一条能够展示出不同价格所对应的总供给量的曲线。

完全竞争长期均衡（Long-run perfectly competitive equilibrium）：市场价格和产量是供给等于需求时所对应的点，已有企业没有动机退出该行业，潜在企业没有动机进入该行业。

长期供给曲线（Long-run supply curve）：在该供给曲线上，销售者能根据价格变动充分调整供给决策。

长期总成本曲线（Long-run total cost curve）：在投入要素价格保持不变和成本最小化时，说明最小总成本如何随着产量的变化而变化的曲线。

彩票（Lottery）：任何结果不确定的事件。

M

管理不经济（Managerial diseconomies）：当企业以某一既定比例增加产量时，其在管理上增加的花费高于该比例的状况。

边际劳动支出（Marginal expenditure on labor）：每多雇用一单位劳动，厂商的总成本增加的部分。

劳动边际产量（Marginal product of labor）：总产量变化量和劳动投入变化量的比值。

边际替代率（Marginal rate of substitution）：在保持效用水平不变的前提下，消费者放弃一种商品去获得更多的另一种商品的比值。

劳动替代资本的边际技术替代率（Marginal rate of technical substitution of labor for capital）：在保持产量不变的情况下，增加一单位劳动投入需要减少多少单位资本投入。

边际转换率（Marginal rate of transformation）：生产可能性边界斜率的绝对值。

边际收益（Marginal revenue）：总收益相对于产量的变化比值。

劳动的边际产品收益（Marginal revenue product of labor）：每增加一单位劳动投入给厂商带来的收益增加值。

边际效用（Marginal utility）：商品总效用的改变量与商品消费量改变量的比值。

边际值（Marginal value）：因变量的变化与自变量的变化的比率。

市场需求曲线（Market demand curve）：表示在不同价格水平下，消费者愿意购买的商品数量的曲线。

市场势力（Market power）：单个经济体对市场价格的控制力。

市场供给曲线（Market supply curve）：一条显示商品供给者在不同价格下愿意提供的商品总量的曲线。

最低有效规模（Minimum efficient scale）：长期平均成本曲线上的最低点所对应的最小产量。

混合策略（Mixed strategy）：根据预先设定的概率，在两个及以上纯策略之间随机选择。

垄断竞争（Monopolistic competition）：市场中有很多家生产差异化产品的企业，并且有许多购买者。

垄断中点法则（Monopoly midpoint rule）：利润最大化时的价格为需求曲线的纵截距与边际成本曲线的纵截距之和的一半。

买方垄断市场（Monopsony market）：由一个买方和许多卖方组成的市场。

道德风险（Moral hazard）：与没有保险时相比，投保人付出更少的谨慎。

复合边际成本曲线（Multiplant marginal cost curve）：各工厂边际成本曲线的水平和。

N

纳什均衡（Nash equilibrium）：在博弈中，给定其他参与者的策略，每个参与者选择一个赋予他最大收益的策略。

自然垄断（Natural monopoly）：如果对一个市场的任何产出，一个厂商进行生产的总成本都要比两个或两个以上厂商进行生产的成本之和还要低，那么这个市场是自然垄断市场。

网络外部性（Network externalities）：指需求具有下面的特性：消费者对一种商品的需求取决于购买这种商品的其他消费者的数量。

中性技术进步（Neutral technological progress）：在既定产量的情况下，这种技术进步可以节省劳动和资本的投入，同时也不影响劳动对资本的边际技术替代率。

非排他性产品（Nonexclusive good）：一种产品一旦被生产出来，所有消费者都可获得，没有人能被排除在消费该产品外。

非线性支出表（Nonlinear outlay schedule）：平均支出（花费）随购买数量的变化而变化。

非竞争性产品（Nonrival good）：当一部分人消费该产品时，不会减少其他人对该产品的消费数量。

非沉没成本（Nonsunk costs）：在做出一个特定决策后才发生的成本。

非沉没固定成本（Nonsunk fixed cost）：企业生产任意产量时一定会存在，而在产出为零时不一定存在的固定成本。

正常品（Normal good）：随消费者收入增加而增加消费的商品。

正常投入要素（Normal input）：在成本最小化条件下，随着企业产出的增加，投入数量也增加的投入要素。

规范分析（Normative analysis）：主要集中于对社会福利问题的分析，讨论在公共产品中什么产品应该加强或什么产品应该减少。

O

目标函数（Objective function）：决策者寻求最大化或最小化的函数关系。

机会成本（Opportunity cost）：因做出一个选择而放弃的次优选择的价值。

最优选择（Optimal choice）消费者选择这样的一篮子商品：（1）它能够使得满意度（效用）最大；（2）它能够使消费者的消费保持在预算约束之内。

序数偏好（Ordinal ranking）：一种关于消费者相比一个篮子是否更喜欢另一个篮子的偏好，但这种偏好不包含消费者偏好强度的定量信息。

产出（Output）：一个企业生产的商品或服务的数量。

总成本产出弹性（Output elasticity of total cost）：当产出变化1%时，总成本的百分比变化量。

P

帕累托改进（Pareto superior）：一种资源配置的改变方式，这种改变至少使一个参与者的境况变好，但同时没有使任何一个人的境况变坏。

局部均衡分析（Partial equilibrium analysis）：给定其他市场中的价格，研究单一市场的均衡价格和均衡产出决策的分析。

完全互补品（在消费中）[Perfect complements（in consumption）]：在消费中，消费者总是愿意以固定比例来消费的两种商品。

完全互补（在生产中）[Perfect complements（in production）]：固定比例生产函数的生产要素投入之间的关系。

完全价格信息（Perfect information about prices）：消费者对市场中所有卖家的报价拥有充分的信息；完全竞争行业的特质之一。

完全替代品（在消费中）[Perfect substitutes（in consumption）]：在消费中，一种商品替代另一种商品的边际替代率保持不变的两种商品。因此，无差异曲线是直线。

完全替代（在生产中）[Perfect substitutes（in production）]：生产函数的要素投入之间拥有不变的边际技术替代率。

完全弹性需求（Perfectly elastic demand）：需求价格弹性等于$-\infty$。

完全无弹性需求（Perfectly inelastic demand）：需求价格弹性为0。

永续年金（Perpetuity）：永续年金是持续到永远的年金。

实证分析（Positive analysis）：指试图解释一个经济系统是如何工作的，或去预测它随着时间的推移如何变化的分析方法。

现值（Present value）：在t期（现在为0期），你能获得C美元；当每期利率为r时，你现在在账户中存入一笔钱（每期你都能获利，利率为r）；如果你存入的那笔钱到t期（利息加本金）等于C美元，那么C美元的现值就是那笔钱。

价格消费曲线（Price consumption curve）：在收入和其他商品价格不变的情况下，当一种商品的价格改变时，由消费者效用最大化篮子组成的集合。

价格歧视（Price discrimination）：对同一产品或服务以不同的价格销售给不同的消费者。

需求价格弹性（Price elasticity of demand）：在影响需求的其他因素保持不变的情况下，需求量变化的百分比除以价格变化的百分比。

资本需求价格弹性（Price elasticity of demand for capital）：当资本价格改变1%时，成本最小化下的资本需求数量改变的百分比。

劳动需求价格弹性（Price elasticity of demand for labor）：当劳动价格改变1%时，成本最小化下的劳动需求数量改变的百分比。

供给价格弹性（Price elasticity of supply）：在保持其他因素不变的情况下，供给数量变化的百分比和价格变化的百分比的比值。

价格接受者（Price taker）：一个卖家或者买家在制定产量决策（卖家）或者投资决策（买家）时，认为产品的价格是既定的。

边际效用递减规律（Principle of diminishing marginal utility）：在某一点之后，商品的边际效用随着该商品消费量的增加而递减的规律。

囚徒困境（Prisoners' dilemma）：集体利益和个人利益存在冲突的一种博弈。

私人价值（Private values）：在这种情况下，每个报价者对拍卖物品都有私人评价。

概率（Probability）：一个不确定事件发生特定结果的可能性。

概率分布（Probability distribution）：描述一不确定事件的所有可能结果以及它们所对应的结果。

生产者剩余（Producer surplus）：对生产者在某一特定价格下生产一件商品所获得的货币收益的量度。

产品差异（Product differentiation）：两种或者两种以上的产品才能形成差异，在消费者的眼中，他们喜欢的产品是明显区别于其他产品的。也就是说，在市场上不可能有其替代品。

生产函数（Production function）：在既定生产要素投入的情况下能达到最大产出的数学表达式。

生产可能性边界（Production possibilities frontier）：一条显示在给定可用的投入品下经济体中所有能被生产出来的消费品可能组合的曲线。

生产集（Production set）：由所有技术上可行的投入-产出构成的集合。

完全垄断厂商的利润最大化条件（Profit-maximization condition for a monopolist）：在边际成本等于边际收益的点生产能实现完全垄断厂商利润最大化。

产权（Property right）：对资产或资源的使用具有独家控制权。

公共产品（Public good）：一种产品（比如国防），它有两个特点：第一，一部分人对该产品的消费不会减少另一部分人对该产品的消费数量；第二，所有消费者都能获得该产品。

纯策略（Pure strategy）：博弈所有可能策略中的一个特定策略。

Q

拟线性效用函数（Quasilinear utility function）：至少有一种消费的商品线性相关，但另外的商品可能不线性相关的一种效用函数。

R

时间偏好率（Rate of time preference）：消费者从未来消费中获取效用的折扣率。它衡量了消费者的耐心程度。

反应函数（Reaction function）：对竞争对手企业的每一个可能产量，该函数描述了企业的最优反应（即利润最大化时的产量或价格选择）。

寻租活动（Rent-seeking activities）：旨在创造或保持垄断权力的活动。

保留价值（Reservation value）：投入的所有者将其用于行业之外的最佳选择所获得的收益。

剩余需求曲线（Residual demand curve）：在古诺模型中，剩余需求曲线是在竞争对手企业产量固定下，表明一家企业的产量和市场价格关系的曲线。

规模报酬（Returns to scale）：当所有生产要素投入增加一定比例时，企业的产出增加了多少比例。

显示性偏好（Revealed preference）：通过观察消费者对篮子的选择如何随价格和收入的变化而变化，显示性偏好能够使我们了解到消费者对篮子的序数排序。

等价收入定理（Revenue equivalence theorem）：当报价者拥有私人价值时，任何拍卖方式为卖者带来的收入都相等。

风险厌恶（Risk averse）：消费者具有下面的特性，即比起有相同期望值的不确定事件，该消费者更喜欢确定事件。

风险爱好（Risk loving）：消费者具有下面的特性，即该消费者选择彩票而不选择与彩票期望值相同的确定事件。

风险中性（Risk neutral）：消费者具有下面的特性，即他根据期望值比较不确定事件，认为有着相同期望值的不确定事件和确定事件是没有差异的。

风险溢价（Risk premium）：不确定事件的期望收益减去无差异于该不确定事件的确定事件的收益。

竞争性产品（Rival goods）：一部分人消费该产品会减少其他人可消费的产品数量。

S

甄别（Screening）：把顾客归类要基于顾客的一些特征：（1）企业能够获得的信息（例如年龄或者身份）；（2）与消费者的个体特征强烈相关，但企业无法直接获得，但又想获得（例如需求价格弹性或支付意愿。

二级价格歧视（Second-degree price discrimination）：企业按照消费者购买的数量给予折扣。

福利经济学第二定理（Second Fundamental Theorem of Welfare Economics）：通过合理地分配经济稀缺资源，任何商品以及投入品的经济有效配置都能达到一般竞争均衡。

二级密封价格拍卖（Second-price sealed-bid auction）：在这种拍卖方式下，在不知道其他报价的情况下，每个报价者提交报价；报价最高者按照报价第二高者的出价获得拍卖品。

序贯博弈（Sequential-move games）：一个参与者（先行动者）在另一个参与者（第二行动者）行动之前采取行动，第二行动者在行动之前观察到先行动者的行动。

谢泼德引理（Shephard's Lemma）：长期总成本函数和投入需求函数的关系：在投入要素价格给定时，长期总成本函数的变化率等于对应的投入要素需求函数。谢泼德引理也可以被应用到短期总成本函数和短期投入需求函数的关系中。

短期（Short run）：至少有一种投入的数量不能被改变的时期。

短期平均成本（Short-run average cost）：在企业拥有一种或更多固定投入的情况下，其单位产量的总成本。

短期需求曲线（Short-run demand curve）：在该需求曲线上，消费者不能根据价格充分调整他们的购买决策。

短期边际成本（Short-run marginal cost）：短期总成本曲线的斜率。

短期市场供给曲线（Short-run market supply curve）：当某行业中企业的数目固定时，一条展示在每个可能的市场价格下市场中所有企业供给数量总和的曲线。

完全竞争短期均衡（Short-run perfectly competitive equilibrium）：在短期中，需求量等于供给量所对应的市场价格和产量。

短期供给曲线（Short-run supply curve）：在企业不能完全调整它的投入（比如，资本或土地的数量）的假定下，企业利润最大化的产量随市场价格变化而变化的供给曲线。

短期总成本曲线（Short-run total cost curve）：一条展示生产既定产量时的最小总成本的曲线，但其中至少一项投入是固定的。

停业价格（Shut-down price）：在短期经营中，低于此价格企业就会供给零产出。

经验曲线的斜率（Slope of the experience curve）：当累计产量翻倍时，平均可变成本下降为初始水平的百分之多少。

虚荣效应（Snob effect）：一种负网络外部性，指的是随着更多消费者购买一种商品，每一个消费者对商品的需求均会减少。

斯塔克尔伯格寡头模型（Stackleberg model of oligopoly）：市场中一家企业担任领导者，该企业首先选择其产量，其他企业充当追随者。

独立成本（Stand-alone cost）：一家单一产品企业生产一种产品时的成本。

标准差（Standard deviation）：方差的平方根。

战略性进入壁垒（Strategic barriers to entry）：因在位厂商采取明确的措施阻止其他厂商进入该市场而形成的进入壁垒。

策略行为（Strategic moves）：指在博弈早期参与者采取的行动，该行动在后面的博弈中以有利于参与者的方式改变了参与者和其竞争对手的行为。

策略（Strategy）：一个参与者在博弈中面临各种可能环境下采取的行动计划。

结构性进入壁垒（Structural barriers to entry）：在位厂商拥有成本或市场优势，这一因素使市场丧失了对新进入者进入这个行业的吸引力。

主观概率（Subjective probabilities）：反映有关风险事件主观信念的概率。

替代效应（Substitution effect）：在效用水平和其他商品的价格保持不变的前提下，消费者消费商品的数量随商品的价格变化而变化。

替代有效（Substitution efficiency）：资源分配具有下述特征：给定经济体中资本和劳动的数量，无法通过减少一种产品的产出以生产更多的另外一种产品的途径使所有消费者的境况变好。

沉没成本（Sunk costs）：已经发生并且不能收回的成本。

固定沉没成本（Sunk fixed cost）：即使企业关闭且产出为零也无法避免的固定成本。

T

技术有效（Technically efficient）：在劳动给定情况下，企业能获得最大产出的集合。

技术无效（Technically inefficient）：企业所获得的产出比其在既定劳动使用下能获得的最大产出少的集合。

技术进步（Technological progress）：由生产过程改变导致在给定生产要素投入组合下，企业可以获得更多的产出。也就是说，企业可以以更少的投入获得同样的产出。

三级价格歧视（Third-degree price discrimination）：针对同一市场不同群体的消费者设置不同价格的策略。

以牙还牙（Tit-for-tat）：指参与者在博弈中采取如下策略：他在当期采取对手在上期所采取的策略。

总成本函数（Total cost function）：一个表明总成本如何随影响它的因素（包括产量和投入价格）变化而变化的数学关系式。

总固定成本（Total fixed cost）：固定投入的成本，不随产出变化而变化。

总固定成本曲线（Total fixed cost curve）：一条展示固定投入且不随产量变化的曲线。

总产量函数（Total product function）：在单一投入下，反映投入与产出之间关系的函数。

总产量山状图（Total product hill）：生产函数的三维立体图。

总收入（Total revenue）：销售价格乘以销售数量。

总可变成本（Total variable cost）：像劳动和原材料那样，在短期成本最小化下可变投入的全部支出。

总可变成本曲线（Total variable cost curve）：在短期成本最小化下，一条展示企业在诸如劳动和原料等各种可变投入上的花费总和的曲线。

超越对数成本函数（Translog cost function）：假定总成本的对数和投入价格、产出的对数之间存在二次关系的成本函数。

搭售（也称搭配销售）［Tying（tie-in sales）］：是指客户在购买一种产品（搭售产品）的时候，必须购买其他一些产品（被搭售产品）。

U

无差异产品（Undifferentiated products）：消费者感知相同的产品；完全竞争行业的特质之一。

生产不经济区域（Uneconomic region of production）：等产量线向上倾斜或向后弯曲的区域；在此区域，有一种生产要素投入的边际产量是负的。

单位弹性需求（Unitary elastic demand）：需求价格弹性等于－1。

效用函数（Utility function）：一种度量消费者从消费任何篮子的商品和服务中所获得的满意程度的函数。

效用可能性边界（Utility possibilities frontier）：在只有两个消费者的经济体中，一条连接在商品和投入品配置经济有效时形成的所有可能效用组合的曲线。

V

完美信息的价值（Value of perfect information）：当可以免费进行揭露风险事件结果的测试时，决策者期望收益的增加值。

方差（Variance）：对概率不确定事件所有可能结果偏差平方的概率加权平方和。

版本控制（Versioning）：一种按照不同价格、不同质量水平销售两种或者更多种产品的策略。

垂直差异化（Vertical differentiation）：涉及两个产品，例如消费者认为其中一个产品明显比另一个更好或更差的情况。

W

瓦尔拉斯定律（Walras' law）：该定律说明，在一个由 N 个市场组成的一般竞争均衡中，如果前面的 $N-1$ 个市场实现了供给等于需求，那么在第 N 个市场中，供给也必定等于需求。

赢者诅咒（Winner's curse）：在共同价值拍卖中，赢得拍卖的报价者可能的报价大于物品真实价值的一种现象。

译者后记

本书的翻译和出版得到了中国人民大学出版社高晓斐老师和浙江财经大学的李井奎博士、茹玉骢博士的大力帮助。在此表示衷心的感谢。

在本书翻译过程中，我校学生也参与了本书的部分翻译工作和讨论。他们是：许端迪、黄苏玉、李静、李宇凡、王锐、吴游、刘朝良等同学。特此致谢！特别感谢我所在单位浙江财经大学所营造的相对轻松的环境，这使我得以有时间安心进行本书的翻译。

最后感谢我的父亲、母亲和妻子对我的一贯支持和爱护。尤其要谢谢我的女儿张铭禾同学。没有她的陪伴和笑声，这个世界对于我来说，就少却了太多的温柔和可爱。

最后一句话，翻译是"为他人作嫁衣"，从来都是一件吃力不讨好的事情：好看是因为作者写得好，不好看是因为译者的问题。虽然我已付出了相当大的努力，译文倘仍有错误和不当之处，敬请谅解。

张利风谨识于浙江财经大学·钱塘之滨

经济科学译丛

序号	书名	作者	Author	单价	出版年份	ISBN
1	微观经济学(第四版)	戴维·A.贝赞可等	David A. Besanko	125.00	2020	978-7-300-28647-1
2	经济建模:目的与局限	劳伦斯·A.博兰德	Lawrence A. Boland	49.00	2020	978-7-300-28532-0
3	计量经济分析(第八版)(上下册)	威廉·H.格林	William H. Greene	158.00	2020	978-7-300-27645-8
4	微观经济学(第四版)	保罗·克鲁格曼等	Paul Krugman	86.00	2020	978-7-300-28321-0
5	发展宏观经济学(第四版)	皮埃尔·理查德·阿根诺等	Pierre-Richard Agenor	79.00	2020	978-7-300-27425-6
6	平狄克《微观经济学》(第九版)学习指导	乔纳森·汉密尔顿等	Jonathan Hamilton	42.00	2020	978-7-300-28281-7
7	经济地理学:区域和国家一体化	皮埃尔-菲利普·库姆斯等	Pierre-Philippe Combes	56.00	2020	978-7-300-28276-3
8	公共部门经济学(第四版)	约瑟夫·E.斯蒂格利茨等	Joseph E. Stiglitz	96.00	2020	978-7-300-28218-3
9	递归宏观经济理论(第三版)	拉尔斯·扬奎斯特等	Lars Ljungqvist	128.00	2020	978-7-300-28058-5
10	策略博弈(第四版)	阿维纳什·迪克西特等	Avinash Dixit	85.00	2020	978-7-300-28005-9
11	劳动关系(第10版)	小威廉·H.霍利等	William H. Holley, Jr.	83.00	2020	978-7-300-25582-8
12	微观经济学(第九版)	罗伯特·S.平狄克等	Robert S. Pindyck	93.00	2020	978-7-300-26640-4
13	宏观经济学(第十版)	N.格里高利·曼昆	N. Gregory Mankiw	79.00	2020	978-7-300-27631-1
14	宏观经济学(第九版)	安德鲁·B.亚伯等	Andrew B. Abel	95.00	2020	978-7-300-27382-2
15	商务经济学(第二版)	克里斯·马尔赫恩等	Chris Mulhearn	56.00	2019	978-7-300-24491-4
16	管理经济学:基于战略的视角(第二版)	蒂莫西·费希尔等	Timothy Fisher	58.00	2019	978-7-300-23886-9
17	投入产出分析:基础与扩展(第二版)	罗纳德·E.米勒等	Ronald E. Miller	98.00	2019	978-7-300-26845-3
18	宏观经济学:政策与实践(第二版)	弗雷德里克·S.米什金	Frederic S. Mishkin	89.00	2019	978-7-300-26809-5
19	国际商务:亚洲视角	查尔斯·W.L.希尔等	Charles W. L. Hill	108.00	2019	978-7-300-26791-3
20	统计学:在经济和管理中的应用(第10版)	杰拉德·凯勒	Gerald Keller	158.00	2019	978-7-300-26771-5
21	经济学精要(第五版)	R.格伦·哈伯德等	R. Glenn Hubbard	99.00	2019	978-7-300-26561-2
22	环境经济学(第七版)	埃班·古德斯坦等	Eban Goodstein	78.00	2019	978-7-300-23867-8
23	管理者微观经济学	戴维·M.克雷普斯	David M. Kreps	88.00	2019	978-7-300-22914-0
24	税收与企业经营战略:筹划方法(第五版)	迈伦·S.斯科尔斯等	Myron S. Scholes	78.00	2018	978-7-300-25999-4
25	美国经济史(第12版)	加里·M.沃尔顿等	Gary M. Walton	98.00	2018	978-7-300-26473-8
26	组织经济学:经济学分析方法在组织管理上的应用(第五版)	塞特斯·杜玛等	Sytse Douma	62.00	2018	978-7-300-25545-3
27	经济理论的回顾(第五版)	马克·布劳格	Mark Blaug	88.00	2018	978-7-300-26252-9
28	实地实验:设计、分析与解释	艾伦·伯格等	Alan S. Gerber	69.80	2018	978-7-300-26319-9
29	金融学(第二版)	兹维·博迪等	Zvi Bodie	75.00	2018	978-7-300-26134-8
30	空间数据分析:模型、方法与技术	曼弗雷德·M.费希尔等	Manfred M. Fischer	36.00	2018	978-7-300-25304-6
31	《宏观经济学》(第十二版)学习指导书	鲁迪格·多恩布什等	Rudiger Dornbusch	38.00	2018	978-7-300-26063-1
32	宏观经济学(第四版)	保罗·克鲁格曼等	Paul Krugman	68.00	2018	978-7-300-26068-6
33	计量经济学导论:现代观点(第六版)	杰弗里·M.伍德里奇	Jeffrey M. Wooldridge	109.00	2018	978-7-300-25914-7
34	经济思想史:伦敦经济学院讲演录	莱昂内尔·罗宾斯	Lionel Robbins	59.80	2018	978-7-300-25258-2
35	空间计量经济学入门——在R中的应用	朱塞佩·阿尔比亚	Giuseppe Arbia	45.00	2018	978-7-300-25458-6
36	克鲁格曼经济学原理(第四版)	保罗·克鲁格曼等	Paul Krugman	88.00	2018	978-7-300-25639-9
37	发展经济学(第七版)	德怀特·H.波金斯等	Dwight H. Perkins	98.00	2018	978-7-300-25506-4
38	线性与非线性规划(第四版)	戴维·G.卢恩伯格等	David G. Luenberger	79.80	2018	978-7-300-25391-6
39	产业组织理论	让·梯若尔	Jean Tirole	110.00	2018	978-7-300-25170-7
40	经济学精要(第六版)	巴德、帕金	Bade, Parkin	89.00	2018	978-7-300-24749-6
41	空间计量经济学——空间数据的分位数回归	丹尼尔·P.麦克米伦	Daniel P. McMillen	30.00	2018	978-7-300-23949-1
42	高级宏观经济学基础(第二版)	本·J.海德拉	Ben J. Heijdra	88.00	2018	978-7-300-25147-9
43	税收经济学(第二版)	伯纳德·萨拉尼耶	Bernard Salanié	42.00	2018	978-7-300-23866-1
44	国际贸易(第三版)	罗伯特·C.芬斯特拉	Robert C. Feenstra	73.00	2017	978-7-300-25327-5
45	国际宏观经济学(第三版)	罗伯特·C.芬斯特拉	Robert C. Feenstra	79.00	2017	978-7-300-25326-8
46	公司治理(第五版)	罗伯特·A.G.蒙克斯	Robert A. G. Monks	69.80	2017	978-7-300-24972-8
47	国际经济学(第15版)	罗伯特·J.凯伯	Robert J. Carbaugh	78.00	2017	978-7-300-24844-8

经济科学译丛						
序号	书名	作者	Author	单价	出版年份	ISBN
48	经济理论和方法史(第五版)	小罗伯特·B. 埃克伦德等	Robert B. Ekelund. Jr.	88.00	2017	978-7-300-22497-8
49	经济地理学	威廉·P. 安德森	William P. Anderson	59.80	2017	978-7-300-24544-7
50	博弈与信息:博弈论概论(第四版)	艾里克·拉斯穆森	Eric Rasmusen	79.80	2017	978-7-300-24546-1
51	MBA宏观经济学	莫里斯·A. 戴维斯	Morris A. Davis	38.00	2017	978-7-300-24268-2
52	经济学基础(第十六版)	弗兰克·V. 马斯切纳	Frank V. Mastrianna	42.00	2017	978-7-300-22607-1
53	高级微观经济学:选择与竞争性市场	戴维·M. 克雷普斯	David M. Kreps	79.80	2017	978-7-300-23674-2
54	博弈论与机制设计	Y. 内拉哈里	Y. Narahari	69.80	2017	978-7-300-24209-5
55	宏观经济学(第十二版)	鲁迪格·多恩布什等	Rudiger Dornbusch	69.00	2017	978-7-300-23772-5
56	国际金融与开放宏观经济学:理论、历史与政策	亨德里克·范登伯格	Hendrik Van den Berg	68.00	2016	978-7-300-23380-2
57	经济学(微观部分)	达龙·阿西莫格鲁等	Daron Acemoglu	59.00	2016	978-7-300-21786-4
58	经济学(宏观部分)	达龙·阿西莫格鲁等	Daron Acemoglu	45.00	2016	978-7-300-21886-1
59	中级微观经济学——直觉思维与数理方法(上下册)	托马斯·J. 内契巴	Thomas J. Nechyba	128.00	2016	978-7-300-22363-6
60	环境与自然资源经济学(第十版)	汤姆·蒂坦伯格等	Tom Tietenberg	72.00	2016	978-7-300-22900-3
61	货币金融学(第十一版)	弗雷德里克·S. 米什金	Frederic S. Mishkin	85.00	2016	978-7-300-23001-6
62	动态优化——经济学和管理学中的变分法和最优控制(第二版)	莫顿·I. 凯曼等	Morton I. Kamien	48.00	2016	978-7-300-23167-9
63	国际经济学:理论与政策(第十版)	保罗·R. 克鲁格曼等	Paul R. Krugman	89.00	2016	978-7-300-22710-8
64	国际金融(第十版)	保罗·R. 克鲁格曼等	Paul R. Krugman	55.00	2016	978-7-300-22089-5
65	国际贸易(第十版)	保罗·R. 克鲁格曼等	Paul R. Krugman	42.00	2016	978-7-300-22088-8
66	投资学精要(第九版)	兹维·博迪等	Zvi Bodie	108.00	2016	978-7-300-22236-3
67	环境经济学(第二版)	查尔斯·D. 科尔斯塔德	Charles D. Kolstad	68.00	2016	978-7-300-22255-4
68	MWG《微观经济理论》习题解答	原千晶等	Chiaki Hara	75.00	2016	978-7-300-22306-3
69	横截面与面板数据的计量经济分析(第二版)	杰弗里·M. 伍德里奇	Jeffrey M. Wooldridge	128.00	2016	978-7-300-21938-7
70	宏观经济学(第十二版)	罗伯特·J. 戈登	Robert J. Gordon	75.00	2016	978-7-300-21978-3
71	动态最优化基础	蒋中一	Alpha C. Chiang	42.00	2015	978-7-300-22068-0
72	管理经济学:理论、应用与案例(第八版)	布鲁斯·艾伦等	Bruce Allen	79.80	2015	978-7-300-21991-2
73	微观经济分析(第三版)	哈尔·R. 范里安	Hal R. Varian	68.00	2015	978-7-300-21536-5
74	财政学(第十版)	哈维·S. 罗森等	Harvey S. Rosen	68.00	2015	978-7-300-21754-3
75	经济数学(第三版)	迈克尔·霍伊等	Michael Hoy	88.00	2015	978-7-300-21674-4
76	发展经济学(第九版)	A. P. 瑟尔沃	A. P. Thirlwall	69.80	2015	978-7-300-21193-0
77	宏观经济学(第五版)	斯蒂芬·D. 威廉森	Stephen D. Williamson	69.00	2015	978-7-300-21169-5
78	现代时间序列分析导论(第二版)	约根·沃特斯等	Jürgen Wolters	39.80	2015	978-7-300-20625-7
79	空间计量经济学——从横截面数据到空间面板	J. 保罗·埃尔霍斯特	J. Paul Elhorst	32.00	2015	978-7-300-21024-7
80	战略经济学(第五版)	戴维·贝赞可等	David Besanko	78.00	2015	978-7-300-20679-0
81	博弈论导论	史蒂文·泰迪里斯	Steven Tadelis	58.00	2015	978-7-300-19993-1
82	社会问题经济学(第二十版)	安塞尔·M. 夏普等	Ansel M. Sharp	49.00	2015	978-7-300-20279-2
83	时间序列分析	詹姆斯·D. 汉密尔顿	James D. Hamilton	118.00	2015	978-7-300-20213-6
84	微观经济理论	安德鲁·马斯-克莱尔等	Andreu Mas-Collel	148.00	2014	978-7-300-19986-3
85	产业组织:理论与实践(第四版)	唐·E. 瓦尔德曼等	Don E. Waldman	75.00	2014	978-7-300-19722-7
86	公司金融理论	让·梯若尔	Jean Tirole	128.00	2014	978-7-300-20178-8
87	公共部门经济学	理查德·W. 特里西	Richard W. Tresch	49.00	2014	978-7-300-18442-5
88	计量经济学导论(第三版)	詹姆斯·H. 斯托克等	James H. Stock	69.00	2014	978-7-300-18467-8
89	中级微观经济学(第六版)	杰弗里·M. 佩罗夫	Jeffrey M. Perloff	89.00	2014	978-7-300-18441-8
90	计量经济学原理与实践	达摩达尔·N. 古扎拉蒂	Damodar N. Gujarati	49.80	2013	978-7-300-18169-1
91	经济学简史——处理沉闷科学的巧妙方法(第二版)	E. 雷·坎特伯里	E. Ray Canterbery	58.00	2013	978-7-300-17571-3
92	环境经济学	彼得·伯克等	Peter Berck	55.00	2013	978-7-300-16538-7
93	高级微观经济理论	杰弗里·杰里	Geoffrey A. Jehle	69.00	2012	978-7-300-16613-1

经济科学译丛

序号	书名	作者	Author	单价	出版年份	ISBN
94	高级宏观经济学导论:增长与经济周期(第二版)	彼得·伯奇·索伦森等	Peter Birch Sørensen	95.00	2012	978-7-300-15871-6
95	卫生经济学(第六版)	舍曼·富兰德等	Sherman Folland	79.00	2011	978-7-300-14645-4
96	现代劳动经济学:理论与公共政策(第十版)	罗纳德·G. 伊兰伯格等	Ronald G. Ehrenberg	69.00	2011	978-7-300-14482-5
97	计量经济学基础(第五版)(上下册)	达摩达尔·N. 古扎拉蒂	Damodar N. Gujarati	99.00	2011	978-7-300-13693-6
98	《计量经济学基础》(第五版)学生习题解答手册	达摩达尔·N. 古扎拉蒂等	Damodar N. Gujarati	23.00	2012	978-7-300-15080-8

金融学译丛

序号	书名	作者	Author	单价	出版年份	ISBN
1	金融市场与金融机构(第12版)	杰夫·马杜拉	Jeff Madura	99.00	2020	978-7-300-27836-0
2	个人理财(第11版)	E. 托马斯·加曼等	E. Thomas Garman	108.00	2020	978-7-300-25653-5
3	银行学(第二版)	芭芭拉·卡苏等	Barbara Casu	99.00	2020	978-7-300-28034-9
4	金融衍生工具与风险管理(第十版)	唐·M. 钱斯	Don M. Chance	98.00	2020	978-7-300-27651-9
5	投资学导论(第十二版)	赫伯特·B. 梅奥	Herbert B. Mayo	89.00	2020	978-7-300-27653-3
6	金融几何学	阿尔文·库鲁克	Alvin Kuruc	58.00	2020	978-7-300-14104-6
7	银行风险管理(第四版)	若埃尔·贝西	Joël Bessis	56.00	2019	978-7-300-26496-7
8	金融学原理(第八版)	阿瑟·J. 基翁等	Arthur J. Keown	79.00	2018	978-7-300-25638-2
9	财务管理基础(第七版)	劳伦斯·J. 吉特曼等	Lawrence J. Gitman	89.00	2018	978-7-300-25339-8
10	利率互换及其他衍生品	霍华德·科伯	Howard Corb	69.00	2018	978-7-300-25294-0
11	固定收益证券手册(第八版)	弗兰克·J. 法博齐	Frank J. Fabozzi	228.00	2017	978-7-300-24227-9
12	金融市场与金融机构(第8版)	弗雷德里克·S. 米什金等	Frederic S. Mishkin	86.00	2017	978-7-300-24731-1
13	兼并、收购和公司重组(第六版)	帕特里克·A. 高根	Patrick A. Gaughan	89.00	2017	978-7-300-24231-6
14	债券市场:分析与策略(第九版)	弗兰克·J. 法博齐	Frank J. Fabozzi	98.00	2016	978-7-300-23495-3
15	财务报表分析(第四版)	马丁·弗里德森	Martin Fridson	46.00	2016	978-7-300-23037-5
16	国际金融学	约瑟夫·P. 丹尼尔斯等	Joseph P. Daniels	65.00	2016	978-7-300-23037-1
17	国际金融	阿德里安·巴克利	Adrian Buckley	88.00	2016	978-7-300-22668-2
18	个人理财(第六版)	阿瑟·J. 基翁	Arthur J. Keown	85.00	2016	978-7-300-22711-5
19	投资学基础(第三版)	戈登·J. 亚历山大等	Gordon J. Alexander	79.00	2015	978-7-300-20274-7
20	金融风险管理(第二版)	彼德·F. 克里斯托弗森	Peter F. Christoffersen	46.00	2015	978-7-300-21210-4
21	风险管理与保险管理(第十二版)	乔治·E. 瑞达等	George E. Rejda	95.00	2015	978-7-300-21486-3
22	个人理财(第五版)	杰夫·马杜拉	Jeff Madura	69.00	2015	978-7-300-20583-0
23	企业价值评估	罗伯特·A.G. 蒙克斯等	Robert A. G. Monks	58.00	2015	978-7-300-20582-3
24	基于Excel的金融学原理(第二版)	西蒙·本尼卡	Simon Benninga	79.00	2014	978-7-300-18899-7
25	金融工程学原理(第二版)	萨利赫·N. 内夫特奇	Salih N. Neftci	88.00	2014	978-7-300-19348-9
26	国际金融市场导论(第六版)	斯蒂芬·瓦尔德斯等	Stephen Valdez	59.80	2014	978-7-300-18896-6
27	金融数学:金融工程引论(第二版)	马雷克·凯宾斯基等	Marek Capinski	42.00	2014	978-7-300-17650-5
28	财务管理(第二版)	雷蒙德·布鲁克斯	Raymond Brooks	69.00	2014	978-7-300-19085-3
29	期货与期权市场导论(第七版)	约翰·C. 赫尔	John C. Hull	69.00	2014	978-7-300-18994-2
30	国际金融:理论与实务	皮特·塞尔居	Piet Sercu	88.00	2014	978-7-300-18413-5
31	货币、银行和金融体系	R. 格伦·哈伯德等	R. Glenn Hubbard	75.00	2013	978-7-300-17856-1
32	并购创造价值(第二版)	萨德·苏达斯纳	Sudi Sudarsanam	89.00	2013	978-7-300-17473-0
33	个人理财——理财技能培养方法(第三版)	杰克·R. 卡普尔等	Jack R. Kapoor	66.00	2013	978-7-300-16687-2
34	国际财务管理	吉尔特·贝克特	Geert Bekaert	95.00	2012	978-7-300-16031-3
35	应用公司财务(第三版)	阿斯沃思·达摩达兰	Aswath Damodaran	88.00	2012	978-7-300-16034-4
36	资本市场:机构与工具(第四版)	弗兰克·J. 法博齐	Frank J. Fabozzi	85.00	2011	978-7-300-13828-2

Microeconomics, Fourth Edition by David A. Besanko, Ronald R. Braeutigam, and Michael J. Gibbs
ISBN: 0470646063

图书在版编目（CIP）数据

微观经济学：第四版/（美）戴维·A. 贝赞可，（ ）罗纳德·R. 布罗伊蒂加姆，（ ）迈克尔·J. 吉布斯著；张利风译. --北京：中国人民大学出版社，2020.11

（经济科学译丛）

书名原文：Microeconomics（Fourth Edition）

ISBN 978-7-300-28647-1

Ⅰ.①微… Ⅱ.①戴…②罗…③迈…④张… Ⅲ.①微观经济学-教材 Ⅳ.①F016

中国版本图书馆 CIP 数据核字（2020）第 201285 号

"十三五"国家重点出版物出版规划项目

经济科学译丛

微观经济学（第四版）

戴维·A. 贝赞可

罗纳德·R. 布罗伊蒂加姆　著

迈克尔·J. 吉布斯

张利风　译

Weiguan Jingjixue

出版发行	中国人民大学出版社		
社　　址	北京中关村大街 31 号	**邮政编码**	100080
电　　话	010－62511242（总编室）		010－62511770（质管部）
	010－82501766（邮购部）		010－62514148（门市部）
	010－62515195（发行公司）		010－62515275（盗版举报）
网　　址	http://www.crup.com.cn		
经　　销	新华书店		
印　　刷	涿州市星河印刷有限公司		
规　　格	185 mm×260 mm　16 开本	**版　　次**	2020 年 11 月第 1 版
印　　张	52.75 插页 2	**印　　次**	2020 年 11 月第 1 次印刷
字　　数	1 211 000	**定　　价**	125.00 元

WILEY

John Wiley 教学支持信息反馈表

www.wiley.com

老师您好，若您需要与 **John Wiley** 教材配套的教辅（免费），烦请填写本表并传真给我们。也可联络 **John Wiley** 北京代表处索取本表的电子文件，填好后 **e-mail** 给我们。

原书信息

原版 ISBN：
英文书名（Title）：
版次（Edition）：
作者（Author）：

配套教辅可能包含下列一项或多项

教师用书（或指导手册）/ 习题解答/ 习题库 /PPT 讲义/ 其他

教师信息(中英文信息均需填写)

- 学校名称（中文）：
- 学校名称（英文）：
- 学校地址（中文）：
- 学校地址（英文）：
- 院 / 系名称（中文）：
- 院 / 系名称（英文）：

课程名称（Course Name）：
年级 / 程度（Year / Level）： □大专 □本科 Grade: 1 2 3 4 □硕士 □博士 □MBA □EMBA
课程性质（多选项）： □必修课 □选修课 □国外合作办学项目 □指定的双语课程
学年（学期）：□春季 □秋季 □整学年使用 □其他（起止月份____________）
使用的教材版本： □中文版 □英文影印（改编）版 □进口英文原版（购买价格为____元）
学生：______个班共______人

授课教师姓名：
电话：
传真：
E-mail：

WILEY - 约翰威立商务服务（北京）有限公司
John Wiley & Sons Commercial Service (Beijing) Co Ltd
北京市朝阳区太阳宫中路12A号,太阳宫大厦8层 805-808室，邮政编码100028
Direct +86 10 8418 7869 Fax +86 10 8418 7810
Email: sliang@wiley.com 梁爽